최신판

TAX AFFAIRS

사례와 함께하는

조세범처벌법

최상림 저

SAMIL | 삼일인포마인

추천사

저자의 〈사례와 함께하는 조세범처벌법〉은 실무자의, 실무자에 의한, 실무자를 위한 책입니다.

저는 1993년 목포세무서 부가가치세과에 처음 발령받아서 세법·세정의 기초를 배울 때 저자와 같이 근무하면서 인연을 맺었습니다. 특이하게도 저자는 국세공무원이면서 경찰수사연수원, 서울경찰청, 경기남부경찰청, 경기북부경찰청에서 조세범처벌법을 강의하였고 현재까지도 경찰공무원들에게 조세범칙사건의 처리 방법을 자문해주고 있습니다. 2019년 제가 공직을 떠난 후에도 저자는 경기북부경찰청에서 계속 강의를 해오면서 제게 조세범칙사건 처리를 어려워하는 일선 경찰서 수사관들에게 강의하는 사람으로서 어떻게 하면 수사관들의 조세범칙사건에 대한 부담을 덜어줄까 토로하곤 하였습니다. 이후 2021년 여름에 저자가 경찰수사연수원 등에서 강의하여 온 자료와 수사관들로부터 자문받았던 내용을 정리하여 수사관들의 부담을 덜어주는 데 도움이 될 수 있는 책을 쓰기 시작한다고 했는데 무려 4년간의 작업 끝에 이 책이 출간되었습니다. 한 분야의 전문서적을 쓴다는 것은 오랜 시간이 걸릴 뿐만 아니라 독자들의 평가까지 염두에 두면 전문적인 연구자도 엄두를 내기 어려운 일인데 현직 국세공무원으로 근무하는 저자가 용기를 내어 이 책을 출간한다고 하니 그 노력과 열정에 경의를 표할 수 밖에 없습니다.

이 책은 세금계산서등의 범칙행위를 수단으로 하여 조세포탈이 이루어졌을 경우 일선 세무서에서도 실수하기 쉬운 세금계산서등의 범칙행위에 대한 처리 방법과 포탈세액등의 계산에 대한 실제 계산 사례를 세금계산서등의 범칙행위별로 제시하고 있습니다. 책의 사례들이 세금계산서등의 범칙행위와 조세포탈행위의 처리 방법뿐만 아니라 이들의 행위에 수반되어 발생할 수 있는 업무상 횡령행위 등의 기타 범칙행위에 대한 처리내용도 담고 있어 평소 조세범칙행위에 대한 실무를 자주 접하지 못한 경찰청 등의 수사기관에 소속된 수사관과 국세공무원에게 이 책은 업무편람과 같은 역할을 할 것으로 기대됩니다.

이 책의 특징이자 장점은 수사관 등이 세금계산서등의 범칙행위 또는 세금계산서등의 범칙행위를 수단으로 한 조세포탈사건 처리 시 책 속의 사례에서 같은 행태의 범칙유형을 찾아서 바로 업무에 활용할 수 있다는 것입니다.

특히, 이 책은 세법과 세무실무의 지식이 부족하지만 조세범칙행위에 대한 수사역량을 키우려는 수사관이나 조세범칙조사 등에 대한 조사역량을 키우려는 국세공무원에게 도움이 될 것으로 생각합니다.

끝으로 저자의 앞날에 하나님의 은혜가 함께하기를 기도합니다.

제25대 국세청 차장 이은항

추천사

　오늘날 우리는 복잡하고 다양한 4차 산업혁명 시대에 살고 있고, 범죄도 그 유형과 수법이 날로 지능화·고도화되고 있어 이에 대응하는 첨단 수사 기법의 도입이 절실히 요구된다. 특히 지능 범죄는 강력 범죄와는 달리 고도로 조직화되고, 범죄자들이 전문 지식을 가지고 범죄를 숨기는 특징이 있다. 지능 범죄 중 하나인 조세 범죄 역시 4차 산업혁명 시대에 맞추어 첨단화되고 있다. 이런 지능화된 조세범을 수사하려는 수사관이 수사 능력을 갖추기 위해 전문 서적을 찾아보지만, 조세 범죄 수사 관련 전문 서적 부재로 혼란스러운 시점에 〈사례와 함께하는 조세범처벌법〉이라는 책이 출간되어 다행스럽게 생각한다.

　본 책은 저자가 조세 범죄를 수사하는 경찰 수사관을 대상으로 강의와 자문을 하여 오면서 쌓은 조세범에 대한 수사 기법과 사례 등을 담은 전문 서적으로 자신 있게 소개해 볼 만하다. 특히, 조세범칙행위를 수사하는 경찰 수사관과 국세공무원에게 유용한 업무지침서가 될 것으로 기대된다. 저자가 책에 다양한 사례들을 담아 세무 관련 종사자, 법률 전문가, 학계 연구자, 경찰 수사관 등 여러 독자층이 업무에 활용할 수 있도록 한 점은 여느 책과 비교하여도 손색이 없는 탁월한 책이다.

　본인과 저자는 수사연수원과 경기북부경찰청에서 강의로 만나 저자가 집필하며 고생하는 모습을 옆에서 지켜본 사람으로서 저자의 고생의 결실인 이 책을 동료 수사관들에게 추천하게 되어 한량없이 기쁘다.

충주의 중앙경찰학교 교수연구동에서
이학박사 송태화

추천사

　20년 전 제가 국세공무원 대상 세법 관련 출강을 하면서 저자와 인연을 맺어 오던 중 2021년 8월경 조세범처벌법에 관한 책을 집필한다는 이야기를 들었습니다. 저자는 집필을 시작한 이후 세법해석, 회계와 조세범처벌법의 관계, 세법과 조세범처벌법의 관계 등에 대히여 제가 귀찮아 할 만큼 자주 자문을 해 왔습니다. 4년 동안 자문하며 저자와 토론하다 보니 어느새 저도 관심이 없었던 조세범처벌법 분야에 전문가가 되었습니다. 이점 저자에게 감사를 표합니다.

　출판과정에서 책의 내용을 검토하여 보니 여러 책을 집필한 경력자인 저도 감탄할 만큼 책이 잘 만들어졌다는 것을 알 수 있었습니다. 책의 내용을 "조세범처벌법 입문을 위한 세법", "조세범처벌법", "세금계산서등의 범칙행위와 조세포탈의 관계" 세 장으로 구성한 것은 여느 책과 비교할 때 색다른 시도로 세법을 모르는 사람도 조세범처벌법에 쉽게 입문할 수 있도록 하였습니다. 특히, 제3장 "세금계산서등의 범칙행위와 조세포탈의 관계"의 사례들은 경찰청 등의 수사기관에 근무하는 수사관과 국세청에서 세금계산서등 조세범칙행위를 다루는 국세공무원에게 업무에 바로 활용할 수 있는 내용으로 이 책의 특징이자 장점이라 할 수 있습니다. 그뿐만 아니라 공인회계사, 세무사 등이 평소 접하기 어려운 명의대여 사건, 체납처분면탈 사건, 세금계산서등 범칙사건, 조세포탈사건 등을 접하였을 때 활용할 수 있는 내용들을 담고 있어 세무대리인에게도 유용한 책이라 판단됩니다.

　끝으로 2007년부터 경찰수사연수원, 경기북부경찰청 등 경찰청 산하기관에서 강의와 수사 자문을 해온 결실을 한 권의 책으로 거두신 것을 축하드리며 이만 줄이겠습니다.

공인회계사 오 종 원

머리말

이 책을 쓸 수 있게 건강·인내·용기를 주시고 지혜로운 사람들을 붙여 주신 하나님께 영광을 돌립니다.

필자가 조세범처벌법과 인연을 맺은 것은 경찰청 특수수사과에 파견 근무(2007.10. ~ 2008.9.) 중 수사1팀에서 가공세금계산서와 위장가공세금계산서의 차이점에 대하여 강의를 하면서부터이다. 그 후 국세청 감사관실에 근무하는 선배로부터 경찰수사연수원과 서울경찰청의 강의 자리를 물려받아 2007년부터 조세범처벌법에 대해 본격적으로 강의를 하게 되면서 조세범처벌법과 친해졌다.

경찰청 특수수사과에 파견되어 수사를 지원하고 경찰수사연수원 등에서 강의하여 오는 동안 수사관들로부터 자문받은 내용들을 답변해 주면서 필자는 조세범처벌법에 관한 지식이 수사관의 수사능력을 향상시킬 수 있다는 것을 알게 되었다. 그래서 강의할 때마다 "조세범처벌법은 수사능력을 향상시킬 수 있는 도구"라고 이야기하며 조세범처벌법을 소개하였다.

경찰청 강의를 시작한 후 필자는 조세범칙사건은 다루기 힘들다, 조세범처벌법은 이해하기 힘들다, 조세범처벌법을 공부하였지만 실무에 적용하기 힘들다, 조세범처벌법을 공부하기 위한 책이 없다는 등의 말을 수사관들로부터 들었고 강의하는 사람으로서 수사관들의 말이 부담이 되었다. 어떻게 하면 수사관들이 조세범처벌법을 잘 이해할 수 있도록 도와주고 수사관들의 조세범칙사건에 대한 부담을 덜어줄까 고민하던 차에 어느 무더운 여름날 ○○경찰서 수사과에 근무하는 수사관이 공소시효가 임박한 조세범칙사건(세금계산서등의 범칙사건) 처리 문제로 고민하다 필자에게 도움을 청하여 함께 사건을 검토하게 되었다. 그런데 그 수사관은 세금계산서의 개념, 공급가액, 공급대가, 가공세금계산서 등에 대한 개념조차도 이해하지 못한 상태에서 사건을 맡았다. 때문에 필자는 수사관에게 가공세금계산서 등의 개념을 설명해 주고 사건처리 방향을 잡아주느라 무려 6시간을 투자하였다. 사건을 마무리한 수사관은 필자에게 조세범처벌법에 대해 공부하기를 원한다면서 조세범처벌법을 공부하기 위한 세법내용, 관련 세무실무, 세금계산서등의 범칙사건에 대한 실무사례가 함께하는 책을 추천하여 달라고 부탁하였다. 필자가 "그런 책은 없습니다"라고 말하였더니 그러면 "교수님이 써주시면 되겠습니다"라고 이야기하였다. 도움을 준 수사관으로부터 집필을 부탁받기 전에도 강의를 하고 나면 수사관들로부터 책을 써달라는 말을 여러 차례 들어온 터라 많은 고민 끝에 2021년 8월경부터 집필을 시작하였다.

강의하는 동안 필자는 수사관들이 조세범처벌법을 이해하기 힘든 사유와 조세범칙사건을 힘들어 하고 기피하는 사유가 수사관들의 조세범치벌법을 공부하기 위해 필요한 세법과 세무실무에 대한 지식 부족이라는 것을 알았다. 이 두 가지를 반영하여 필자가 집필한 책을 읽고 나면 수사관들이 세금계산서등의 범칙사건과 조세포탈사건 처리 시 세금계산서등의 범칙행위를 특정하고 포탈세액등의 규모를 파악하여 수사를 진행하면서 맡은 사건이 세무공무원등의 고발을 받아야 하는 사건인지 아닌지를 파악할 수 있게 하는 등 실제로 조세범칙사건을 처리하는 데 도움이 되는 책을 만들기로 집필의 방향을 잡았다.

책은 제1장 "조세범처벌법 입문을 위한 세법", 제2장 "조세범처벌법", 제3장 "세금계산서등의 범칙행위와 조세포탈의 관계" 세 장으로 구성하였다. 제1장에는 조세범처벌법을 이해하는 데 필요한 최소한의 세법내용과 세무실무를 담았고, 제2장에는 조세범처벌법의 내용을 담았고, 제3장은 수사관들이 세금계산서등의 범칙사건과 조세포탈사건 처리 시 세금계산서등의 범칙행위를 특정하고 포탈세액등의 규모를 파악하는 능력을 가질 수 있도록 하기 위하여 세금계산서등의 범칙행위를 수단으로 하여 조세포탈행위를 한 실무사례를 담았다. 특히, 실무사례는 세무실무에서 구분하는 사업자 유형별(과세사업자, 면세사업자, 겸영사업자)로 개인사업자와 법인사업자로 분류하여 세금계산서등의 범칙유형별(세금계산서 또는 계산서를 발급하지 아니한 행위와 발급받지 아니한 행위, 거짓으로 기재하여 세금계산서 또는 계산서를 발급한 행위와 거짓으로 기재한 세금계산서 또는 계산서를 발급받은 행위, 부분자료상의 가공세금계산서 또는 가공계산서 수수행위, 부분자료상의 위장가공세금계산서 또는 위장가공계산서 수수행위, 완전자료상의 가공세금계산서 또는 가공계산서 수수행위)로 대응(예 : 재화 또는 용역을 공급하고 세금계산서를 발급하지 아니한 행위 ↔ 재화 또는 용역을 공급받고 세금계산서를 발급받지 아니한 행위) 되게 만들었다.

각 사례는 "범죄사례 제시 → Ⓐ소득세·법인세 신고내용 등 → Ⓑ세금계산서등의 범칙행위 검토 및 실행위자 확인 → Ⓒ신고누락 수입금액 및 탈루소득금액→ Ⓓ부가가치세, 소득세, 법인세, 개·법인지방소득세 포탈세액등 계산 → Ⓔ법인 또는 개인사업자에 대한 양벌규정 적용 검토 → Ⓕ조세범칙행위 외 범죄행위 검토 → Ⓖ세무대리인 등에 대한 공범 또는 방조범 해당 여부 검토 → Ⓗ총 범칙행위 수"의 순서로 구성하였다. 필자가 사업자 유형별로 개인사업자와 법인사업자로 구분하여 세금계산서등의 범칙유형별 사례 62개를 만든 사유는 두 가지로, 하나는 이 책의 1장과 2장의 내용을 공부한 후 사례의 풀이를 통해서 세금계산서등의 범칙행위를 특정하고 포탈세액등을 계산할 수 있는 능력을 길러주기 위해서이고, 다른 하나는 조세범처벌법 등을 접해보지 아니한 상태에서 세금계산서등과 관련된 조세범칙행위 사건을 맡았을 경우 자신이 맡은 범칙유형에 해당하는 사례를 이 책에서 찾아 사건을 해결하는 데 도움을 주어 수사관들의 조세범칙사건에 대한 부담을 덜어주기 위해서이다.

필자는 수사관뿐만 아니라 국세공무원과 세무대리인으로부터 자문을 받아 왔다. 국세공무원으로부터 자문받았던 내용 중 기억에 남는 것들은 ① 가공세금계산서 발급 후 해당 가공세금계산서에 대해 음수의 수정세금계산서가 발급된 경우 서로 상계할 수 있는지 여부, ②「특정범죄 가중처벌 등에 관한 법률」제8조의2 적용 시 가공세금계산서 수수행위가 연속적 포괄일죄에 해당하는 경우 공소시효는 어떻게 되는지, ③ 과세관청이 조세범칙행위로 통고처분하였으나 통고를 이행하지 아니하여 고발한 후 범칙행위자가 통고를 이행한 경우 어떻게 되는지, ④ 명의차용자가 명의를 차용하면서 자신이 신용불량자라 은행에 통장을 개설할 수 없어서 그런다고 명의대여자에게 이야기하여 명의대여자가 명의차용자의 말을 믿고 명의를 대여하여 준 경우 명의대여자를 처벌할 수 있는지 등이다. 세무대리인으로부터 자문받았던 것들은 ⓐ 사업자가 자신 명의의 은행계좌로 수수료 30억 원을 입금받은 후 해당 금액을 부가가치세와 소득세 신고에 누락하였으나 세무조사 시까지 당초 입금받은 금액을 동일 계좌에 계속하여 보관하고 있는 경우 조세포탈행위에 해당되는지, ⓑ 실제 거래금액보다 과다하게 세금계산서를 발급하였을 경우 과다하게 발급된 공급가액에 대하여「특정범죄 가중처벌 등에 관한 법률」제8조의2가 적용될 수 있는지, ⓒ 사업자가 매출누락한 금액으로 직원들의 임금을 지급하고 부외자산을 구입하였을 경우 조세포탈죄로 의율할 수 있는지 등이다. 이 책은 국세공무원에게는 세금계산서등의 범칙행위와 조세포탈행위 등의 범칙사건을 처리하는 데, 세무대리인에게는 부딪힐 기회가 적은 조세범칙사건을 해결하는 데 도움이 될 수 있을 것으로 확신한다.

이 책이 만들어지는 과정에서 감수를 하여 주신 윤영선 변호사님(법무법인 게이트)과 윤형준 변호사님(법무법인 게이트), 교정작업에 도움을 주신 한주희 조사관님(구리세무서 근무)·윤주영 조사관님(경기광주세무서 근무)·염선경 조사관님(중부지방국세청 감사관실 근무)·신영은 감사관님(감사원 근무, 세무사), 출판에 도움을 주신 하태안 이사님(삼일피더블유씨솔루션 근무)께 두 손 모아 감사드립니다. 끝으로 집필하면서 힘든 시기를 보내는 동안 옆에서 늘 응원하고 격려하여준 아내 장미집사님, 수사관으로 근무하는 아들 바울, 자격증 취득을 위해 공부하고 있는 딸 한나에게 남편과 아버지로서 사랑과 감사의 마음을 전한다.

을사년 3월, 봄이 오는 길목에서
저자 최상림

차 례

CONTENTS

차 례

CONTENTS

CONTENTS

제**2**장 조세범처벌법

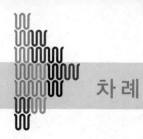

차 례

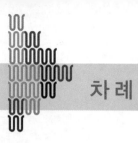

CONTENTS

차 례

CONTENTS

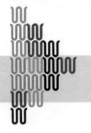

CONTENTS

CONTENTS

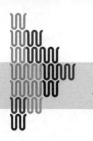

차 례

CONTENTS

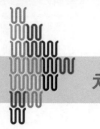

차 례

CONTENTS

CONTENTS

제 **1** 장

조세범처벌법 입문을
위한 세법

제 1 절

조세의 정의 및 종류 등

I. 조세의 정의

조세란 국가 또는 지방자치단체가 운영경비 충당을 위하여 헌법(헌법 제38조, 헌법 제59조)과 법률(국세기본법과 지방세법에 세목이 정해져 있고, 각 세법에 과세요건, 부과 및 징수절차 등이 규정돼 있음)에 근거한 과세권에 의하여 과세요건을 충족한 모든 사람에게 반대급부 없이 일방적이고 강제적으로 부과하여 징수하는 금전적 급부를 말한다.

1. 조세의 분류

조세의 분류는 과세주체에 따른 분류, 조세담세자에 따른 분류, 과세표준의 계산단위에 따른 분류, 독립된 세원을 가지고 있는지 여부에 따른 분류 등 여러 가지가 있다. 이 책에서는 「조세범처벌법」을 공부하기 위해 필요한 것들만 설명하고자 한다.

(1) 과세주체에 따른 분류

과세주체가 국가(국세청 또는 관세청)인지 지방자치단체인지 여부에 따라 조세를 분류하는 방법으로 국세와 지방세로 분류한다. 국세는 국가가 부과하는 조세를 총칭하고, 지방세는 지방자치단체가 부과하는 조세를 총칭한다.

(2) 조세 담세자에 따른 분류

납세의무자가 납부하는 조세의 자금원이 누구냐에 따라 분류하는 방법으로 직접세와 간접세로 분류한다. 직접세는 납세의무자와 담세자가 같은 조세를 말하고 간접세는 조세부담이 다른 사람에게 전가[주1]돼 납세의무자와 담세자가 다른 조세를 말한다.

주1) 조세부담 전가의 대표적인 조세는 부가가치세이다. 부가가치세는 납세의무자가 부가가치세가 과세되는 재화 또는 용역을 공급받는 자(소비자 등)에게 공급할 때 부가가치세를 거래징수하였다가 부가가치세 신고시 자신이 과세 되는 재화 또는 용역을 공급받을 때 거래징수당한 부가가치세를 차감하고 남은 차액을 납부하는 조세이다. 따라서 납세의무자가 납부하는 차액(납부할 부가가치세)의 자금원은 납세의무자가 아니고 공급받는 자(소비자 등)인 것을 알 수 있다. 이처럼 납세의무자가 자신이 납부하는 세액을 실질적으로 다른 사람(법인 포함)에게 부담시키는 것을 전가라 한다.

(3) 과세표준의 계산단위에 따른 분류

과세대상의 가액을 과세표준으로 하는 조세를 종가세라 하고, 과세대상의 수량(명, ℓ, 건 등)을 과세표준으로 하는 조세를 종량세라고 한다. 소득세, 법인세, 부가가치세 등 대부분의 국세와 취득세, 주민세, 재산세 등 대부분의 지방세는 종가세에 속하고, 주세(ℓ), 교통·에너지·환경세(ℓ), 인지세(건), 카지노 입장 시 부과되는 개별소비세(명), 골프장 입장 시 부과되는 개별소비세(명), 담배소비세(개피, 밀리리터당, 그램당) 등은 종량세에 속한다.

Ⅱ 조세의 종류

조세의 종류는 아래 표의 내용과 같이 14가지 종류의 국세와 11가지 종류의 지방세가 있다(국기법 제2조 제1호). 국세는 과세객체의 국경통과 여부에 따라 13가지 종류의 내국세와 관세로 나누어지며, 내국세의 범칙행위는 「조세범처벌법」의 규율을 받고 관세의 범칙행위는 「관세법」의 규율을 받는다.

아래 조세의 종류 및 총괄표를 보면 내국세의 종류는 13가지 종류이지만 소득세가 종합소득세, 양도소득세, 퇴직소득세로 분류과세 되기 때문에 실제 「조세범처벌법」에서 다루어지는 내국세의 종류(세목)는 15가지 종류이다.

| 조세의 종류 및 총괄표 |

과세주체에 따른 분류	세목	세세구분	근거법률	주무관청
국세	소득세	직접세, 종가세	소득세법	국세청
	법인세	직접세, 종가세	법인세법	
	종합부동산세	직접세, 종가세	종합부동산세법	
	상속세	직접세, 종가세	상속세 및 증여세법	
	증여세	직접세, 종가세	상속세 및 증여세법	
	부가가치세	간접세, 종가세	부가가치세법	
	개별소비세	간접세, 종가 또는 종량세[주2]	개별소비세법	
	주세	간접세, 종량세	주세법	
	교통·에너지·환경세	간접세, 종량세	교통·에너지·환경세법	
	인지세	간접세, 종량세	인지세법	
	증권거래세	간접세, 종가세	증권거래세법	

과세주체에 따른 분류	세목	세세구분	근거법률	주무관청
국세	교육세	간접세, 종가세	교육세법	국세청
	농어촌특별세	직접세, 종가세	농어촌특별세법	
	관세	간접세, 종가세	관세법	관세청
지방세	취득세		지방세법	지자체
	등록면허세			
	주민세			
	지방소득세			
	지방소비세			
	재산세			
	자동차세			
	레저세			
	담배소비세			
	지역자원시설세			
	지방교육세			

주2) 다른 간접세들은 종가세이지만, 개별소비세는 과세대상에 따라 종가세와 종량세로 구분된다. 과세대상이 유흥장소의 소비행위 또는 골프채 등 과세물품에 부과되는 개별소비세는 종가세이고, 카지노·골프장 등에 출입하는 행위 등에 부과되는 개별소비세는 종량세이다.

Ⅲ 국세와 지방세의 관계

국세(내국세)와 지방세는 관계가 없을 것으로 생각할 수 있지만 지방세 중 국세의 과세표준 또는 본세를 과세표준으로 하는 지방세가 존재한다. 국세의 과세표준을 과세표준으로 하는 지방세는 개인·법인지방소득세이고 국세의 본세를 과세표준으로 하는 지방세는 자동차세(자동차 주행에 대한 자동차세)이다. 개인지방소득세는 소득세(종합소득세, 양도소득세, 퇴직소득세)의 과세표준을 과세표준으로 하고, 법인지방소득세는 법인세의 과세표준을 과세표준으로 하고, 자동차세는 교통·에너지·환경세의 본세를 과세표준으로 한다. 따라서 소득세, 법인세, 교통·에너지·환경세의 포탈이 발생하면 연관된 지방세의 포탈도 같이 발생한다. 그러므로 지방세 중 국세의 과세표준 또는 본세를 과세표준으로 하는 지방세는 국세와 밀접한 관계에 있다.

그뿐만 아니라 조세포탈죄의 가중처벌법인 「특정범죄 가중처벌에 관한 법률」 제8조는 연간 포탈세액 계산 시 지방세의 포탈세액도 합산대상이기 때문에 지방세포탈도 국세의 포탈과 관련성이 있다. 여기에서 말하는 지방세는 위에서 기술한 개인·법인지방소득세, 자동차세뿐만 아니라 모든 지방세를 의미한다.

　따라서 개인사업자의 소득세(종합소득세, 양도소득세, 퇴직소득세)포탈 사건과 법인사업자의 법인세포탈 사건, 교통·에너지·환경세포탈 사건을 다룰 때는 반드시 연관된 지방세(개인지방소득세, 법인지방소득세, 자동차세)의 포탈세액 및 기타 지방세 포탈세액도 계산하여 특가법 제8조의 적용 여부를 검토하는 습관을 가져야 한다. 이와 관련된 내용은 "제3장 세금계산서등의 범칙행위와 조세포탈 관계" 단원의 사례를 참고하여 확인하길 바란다.

제 **2** 절

납세의무의 성립

Ⅰ 납세의무의 의의

납세의무란 헌법(제38조 "모든 국민은 법률이 정하는 바에 의하여 납세의 의무를 진다")에 의해 부여된 의무 중 하나로 각 세법에 정해진 '과세요건'[주1]을 충족한 자(자연인 또는 법인)가 조세를 납부할 의무를 말한다.

주1) 과세요건이란 납세의무의 성립에 필수적인 법률상의 요건을 말하고, 통상 다음 네 가지를 말한다. 첫째, 납세의무자가 존재하여야 한다. 둘째, 소득·소비·재산 등의 과세객체(과세대상)가 있어야 한다. 셋째, 과세표준을 가액 또는 수량으로 계산할 수 있어야 한다. 넷째, 세율이 있어야 한다.

Ⅱ 납세의무의 성립시기

납세의무는 납세의무자가 각 세법이 정하고 있는 과세요건을 충족하면 납세자의 의지와 상관없이 일방적으로 성립하고 그 성립시기는 아래 표의 내용과 같다(국기법 제21조).

| 세목별 납세의무 성립시기 |

세목	성립시기	비고(예외)
소득세	과세기간이 끝나는 때	
법인세	과세기간이 끝나는 때	청산법인은 법인이 해산하는 때
부가가치세	과세기간이 끝나는 때	수입재화는 수입신고를 하는 때
상속세	상속을 개시하는 때	
증여세	증여 재산을 취득하는 때	
종합부동산세	매년 6월 1일	
인지세	과세문서를 작성한 때	
증권거래세	매매거래가 확정되는 때	
주세	주류를 제조장에서 반출하는 때	수입주류는 수입신고를 하는 때
교통·에너지·환경세	유류를 제조장에서 반출하는 때	수입유류는 수입신고를 하는 때

세목	성립시기	비고(예외)
개별소비세	• 과세물품 : 제조장에서 반출하는 때 • 입장행위 : 과세장소에 입장할 때 • 유흥행위 : 유흥음식행위를 할 때 • 영업행위 : 과세영업장소의 영업행위를 할 때	과세물품을 수입하는 경우 수입신고할 때
농어촌특별세	본세의 납세의무가 성립하는 때	
교육세	본세의 납세의무가 성립하는 때	

- 예외적으로 특별한 납세의무 성립시기
  - 원천징수하는 소득세·법인세 : 소득금액 또는 수입금액을 지급하는 때
  - 납세자조합이 징수하는 소득세와 예정신고납부하는 소득세 : 해당 과세표준 금액이 발생한 달의 말일
  - 중간예납하는 소득세·법인세 또는 예정신고기간 부가가치세 : 중간예납기간 또는 예정신고기간이 끝나는 때

제 3 절

납세의무의 확정

Ⅰ 》 납세의무 확정의 의의

1. 의의

납세의무의 확정이란 세법에 의해서 추상적으로 성립한 납세의무에 대하여 납세의무자 또는 과세관청(정부)이 과세표준과 세액을 구체적으로 실현(확정)하는 것을 말한다. 즉 납세의무자가 과세관청에 납부할 세목의 과세표준과 세액을 확정하는 것을 말한다.

(1) 추상적으로 성립한 납세의무

추상적으로 성립한 납세의무란 납세의무자가 납세의무를 가진 상태를 말한다. 예를 들면 최상엽이 10년 전에 1,000,000,000원을 주고 매입한 토지를 2023.6.20. 5,000,000,000원에 양도하였을 경우 양도차익 4,000,000,000원을 가진 상태를 양도소득세에 대한 '추상적으로 성립한 납세의무'를 가진 것이다.

(2) 납세의무를 구체적으로 실현(확정)하는 것

납세의무를 구체적으로 실현(확정)하는 것이란 추상적인 납세의무를 가진 납세의무자의 과세표준과 세액을 확정시키는 "납세의무자가 과세표준과 세액이 기재된 과세표준신고서 제출 행위"나 "납세의무자의 과세표준과 세액"을 "과세관청(정부)이 결정 또는 조사결정하는 행위"를 말한다. 납세의무를 구체적으로 실현(확정)하는 것은 납세의무의 확정방법에 따라 실현되는 행태가 다르다. 납세의무의 확정방법이 신고납세제도에 속하는 세목의 경우에는 납세의무자가 과세표준신고서를 과세관청(정부)에 제출하는 행위를 의미하고, 부과과세제도(정부결정제도)에 속하는 세목의 경우에는 과세관청(정부)이 결정 또는 조사결정하는 행위를 의미한다.

> **사례 1** 신고납세제도에 속하는 세목의 "추상적으로 성립한 납세의무를 가진 상태" 및 "납세의무를 구체적으로 실현하는 것"

최상엽이 10년 전에 매입(매입가 1,000,000,000원)한 토지를 2023.6.20. 5,000,000,000원에 매각하고 양도차익 4,000,000,000원을 남겨 2023.8.31. 양도소득세 과세표준신고서(과세표준 3,500,000,000원, 납부할 세액 1,600,000,000원)를 작성하여 국세청에 제출하면서 양도소득세 1,600,000,000원을 납부하였다. 이 경우 「토지를 양도하고 4,000,000,000원의 양도차익을 남겨」가 "추상적으로 성립한 납세의무를 가진 상태"이고, 「양도소득세 과세표준신고서를 작성하여 국세청에 제출」은 "납세의무를 구체적으로 실현(확인)하는 것"이다.

> **사례 2** 부과과세제도에 속하는 세목의 "추상적으로 성립한 납세의무를 가진 상태" 및 "납세의무를 구체적으로 실현하는 것"

윤사슴이 2023.6.20. 「아버지로부터 현금 1,000,000,000원을 증여받아」 2023.9.30. 증여세 과세표준신고서(과세표준 950,000,000원, 증여세 225,000,000원)를 작성하여 국세청에 제출하고 증여세 225,000,000원을 납부하자, 「○○세무서 재산세과에 근무하는 세무공무원 봉형종이 제출한 증여세 과세표준신고서를 검토한 바 신고내용이 적법하고 세액이 납부되었기에 2023.10.15. 신고내용대로 결정하고 결정내용을 윤사슴에게 통지」하였다. 이 경우 「아버지로부터 현금 1,000,000,000원을 증여받아」가 "추상적으로 성립한 납세의무를 가진 상태"이고, 「○○세무서 재산세과에 근무하는 세무공무원 봉형종이 제출한 증여세 과세표준신고서를 검토한 바 신고내용이 적법하고 세액이 납부되었기에 2023.10.15. 신고내용대로 결정하고 결정내용을 윤사슴에게 통지」는 "납세의무를 구체적으로 실현(확인)하는 것"이다.

Ⅱ 납세의무의 확정 방법

1. 의의

납세의무의 확정방법이란 납세의무자의 과세표준과 세액을 확정하는 방법을 말한다. 납세의무의 확정방법은 부과과세제도, 신고납세제도, 과세표준신고서 제출 없이 납세의무를 확정하는 제도가 있다(국기법 제22조).

(1) 부과과세제도(정부결정제도)

부과과세제도란 납세의무자의 과세표준과 세액을 과세관청(정부)이 결정 또는 조사결정하여 확정하는 제도를 말한다. 납세의무의 확정주체는 과세관청(정부)이고 납세의무자의 과세표준신고서 제출 여부와 관계없이 과세관청(정부)이 결정 또는 조사결정하여 납세의무를 확정한다.

내국세 중 부과과세제도에 속하는 세목은 상속세, 증여세, 종합부동산세(정부가 납부고지하는 종합부동산세)[주1]가 있다.

부과과세제도에 속하는 세목은 납세의무자가 "법정신고·납부기한"[주2] 내에 과세표준신고서를 제출하고 세액을 납부할지라도 납세의무의 확정은 되지 않는다. 부과과세제도에 속하는 세목의 "납세의무의 확정"은 과세표준신고서의 제출 여부와 상관없이 과세관청(정부)의 결정 또는 조사결정에 의하여 확정되고(국기법 제22조 제3항), 과세관청(정부)은 그 결정 또는 조사결정한 내용을 납세의무자에게 통지[주3]하여야 하며(상증법 제77조), 납세의무자가 통지를 받을 때 납세의무의 확정 효력이 발생한다고 규정하고 있다(국기법 제12조 제1항). 이처럼 세법은 납세의무의 확정과 효력발생을 별개로 구분하고 있다.

그러나 판례(대법원 1998.2.27. 선고 97누18479 판결)는 「부과과세방식의 조세에 속하는 소득세(소득세도 당초에는 부과과세제도에 속하는 세목이었음)에 있어서는 소득세법이 정하는 바에 따른 세액의 결정과 통지가 있어야 비로소 조세채무가 확정되는 것이며, "납세의무자의 과세표준확정신고에 의하여 과세표준확정신고결정을 할 경우"에도 그와 같은 결정과 통지가 없는 한 조세채무를 확정하는 부과처분은 있었다고 할 수 없고 과세관청이 과세표준확정신고를 내부적으로 확인·수리하였다고 해서 확인적 의미의 부과처분이 존재한다고 볼 수도 없다」라고 판시하였다.

따라서 부과과세제도에 속하는 세목은 납세의무자의 과세표준신고서 제출 여부와 상관없이 과세관청의 결정 또는 조사결정 후 과세관청이 결정 또는 조사결정한 내용을 납세의무자에게 통지하여 통지서(납부고지서 또는 결정통지서)가 납세의무자에게 도달하여야만 납세의무의 확정이 이루어진다고 봄이 타당하다.

주1) 종합부동산세는 부과과세제도에 속하는 세목이지만 납세의무자의 필요에 따라 과세표준신고서를 작성하여 제출할 수 있는 세목으로 과세표준신고서를 제출할 경우 신고납세제도에 속하게 된다. 납세자가 과세표준신고서를 제출한 경우에는 납세의무의 확정시기는 신고서를 제출할 때가 되고 조세포탈범의 기수시기도 신고·납부기한이 경과한 때가 된다.

주2) 법정신고·납부기한이란 상속세는 상속개시일이 속하는 달의 말일부터 6개월 이내(피상속인이나 상속인이 외국에 주소를 둔 경우에는 9개월 이내)이고, 증여세는 증여받은 날이 속하는 달의 말일부터 3개월 이내이고, 종합부동산세는 납세의무자가 부과과세제도를 취한 경우는 신고기한은 존재하지 않고 정부가 납세의무자에게 납부고지서를 발부하므로 납부기한(12월 15일)이 존재한다.

주3) 결정 또는 조사결정한 내용을 납세의무자에게 통지방법은 상속세는 상속세결정통지서 또는 납부고지서, 증여세는 증여세결정통지서 또는 납부고지서, 종합부동산세는 납부고지서이다.

(2) 신고납세제도

신고납세제도란 납세의무자가 과세표준신고서를 작성하여 과세관청(정부)에 제출하는 행위로 납세의무자의 과세표준과 세액이 확정되는 제도를 말하고, 과세표준과 세액을 납세의무자가 스스로 계산하여 확정하기 때문에 납세의무의 확정주체는 납세의무자 자신이다. 신고납세제도에 속하는 세목은 국세(내국세) 중 상속세, 증여세, 종합부동산세(납세의무자가 과세표준신고서를 제출한 경우에는 신고납세제도 세목에 포함된다), 인지세를 제외한 모든 국세(내국세)이다.

신고납세제도의 세목은 원칙적으로 납세의무자 자신이 납부하고자 하는 세목의 과세표준신고서를 작성하여 과세관청에 제출함으로써 납세의무가 확정된다. 그러나 납세의무자가 무신고 또는 기한후신고한 경우, 기결정하였거나 조사결정한 내용에 세액의 탈루 또는 오류가 있어 정부(과세관청)가 경정하거나 조사결정하는 경우에는 신고납세제도에 속하는 세목일지라도 정부(과세관청)가 납세의무의 확정주체가 된다.

(3) 과세표준신고서 제출 없이 납세의무를 확정하는 제도

"과세표준신고서 제출 없이 납세의무를 확정하는 제도"란 과세표준신고서 제출의무가 없어 납세의무자의 과세표준신고서 제출 없이 납세의무가 확정되는 제도를 말한다. 내국세 중 과세표준신고서 제출 없이 납세의무가 확정되는 조세는 인지세와 납부고지 되는 종합부동산세가 있으나, 납부고지 되는 종합부동산세는 정부가 결정하여 납부고지하므로 부과과세제도(정부결정제도)에 속하지만, 인지세는 납세의무자가 과세문건 작성 시(종이 과세문건은 과세문건을 작성한 달의 다음 달 10일까지) 전자수입인지를 구입하여 과세문건에 첨부하는 방법에 의하여 납세의무가 확정된다. 인지세는 납세의무의 확정을 납세의무자 자신이 확정한다는 면에서는 신고납세제도의 특징을 가지나 과세표준신고서 제출 의무가 없어 신고납세제도로 분류하는 것은 논리적으로 맞지 않고, 납부고지 되는 종합부동산세처럼 정부가 결정도 하지 않아 부과과세제도로도 분류할 수 없다. 따라서 인지세를 두 제도(부과과세제도 또는 신고납세제도) 중 어느 제도에도 포함시킬 수 없으므로 "과세표준신고서 제출 없이 납세의무를 확정하는 제도"로 분류하였다.

Ⅲ 납세의무의 확정시기

1. 의의

납세의무의 확정시기란 납세의무자의 과세표준과 세액이 확정되는 시점을 말하고, '부과과세제도에 속하는 세목이냐?, 신고납세제도에 속하는 세목이냐?, 납세의무의 성립과 납세의무의 확정이 동시에 이루어지는 세목이냐?'에 따라 달라진다.

(1) 부과과세제도에 속하는 세목의 납세의무의 확정시기

부과과세제도에 속하는 세목의 납세의무의 확정시기는 납세의무자의 과세표준과 세액을 과세관청이 결정 또는 조사결정 후 그 결정 또는 조사결정한 사실을 납세의무자에게 통지하여 통지서(납부고지서 또는 결정통지서)가 납세의무자에게 도달한 때이다(대법원 1998.2.27. 선고 97누18479 판결).

위 기술한 내용은 부과과세제도에 속하는 세목의 납세의무의 확정시기를 규정하고 있는 「국세기본법」 제22조 제3항(제2항 각 호 외의 국세는 해당 국세의 과세표준과 세액을 정부가 결정하는 때에 확정된다)이 규정하는 내용과 다르다. 다른 사유는 부과과세제도에 속하는 세목은 과세관청(정부)이 결정 또는 조사결정 후 그 결정 또는 조사결정한 내용을 납세의무자에게 통지하여 도달한 때에 효력이 발생하고(국기법 제12조 제1항), 통지가 납세의무자에게 도달하기 전까지는 납세의무의 확정 효력이 없으므로 과세관청(정부)의 결정 또는 조사결정은 과세관청 내부의 업무처리에 불과하기 때문이다(대법원 1998.2.27. 선고 97누18479 판결).

따라서 「국세기본법」 제22조 제3항의 개정이 요망된다.

(2) 신고납세제도에 속하는 세목의 납세의무의 확정시기

신고납세제도에 속하는 세목(원천징수되는 소득세와 법인세, 납세조합이 징수하는 소득세 또는 예정신고납부하는 소득세, 중간예납하는 소득세·법인세 또는 예정신고기간·예정부과기간에 대한 부가가치세 등은 제외)의 납세의무의 확정시기는 납세자가 과세표준확정신고서를 작성하여 과세관청에 제출하는 때이다(국기법 제22조 제2항). 과세표준확정신고서 제출 시 세액의 납부 여부는 납세의무의 확정에 영향을 미치지 않는다. 즉, 과세표준확정신고서를 제출하면서 세액을 납부하지 않더라도 과세표준확정신고서에 기재된 납부할 세액의 납세의무는 확정된다.

그러나 법정신고·납부기한 내에 과세표준신고서를 제출하지 아니하거나 기한후신고한 경우, 기결정하였거나 조사결정한 내용에 세액의 탈루 또는 오류가 있어 납세의무자의 과세표준과 세액을 정부(과세관청)가 경정하거나 조사결정하는 경우에는 신고납세제도에 속하는 세목일지라도 납세의무의 확정주체가 정부(과세관청)가 된다. 이들의 경우 납세의무의 확정시기는 부과과세제도에 속하는 세목과 같이 납세의무자의 과세표준과 세액을 정부(과세관청)가 경정하거나 조사결정한 후 그 경정 또는 조사결정한 사실을 납세의무자에게 통지하여 납세의무자에게 도달한 때이다.

(3) 납세의무의 성립과 납세의무의 확정이 동시에 이루어지는 세목의 납세의무의 확정시기

납세의무의 성립과 납세의무의 확정이 동시에 이루어지는 세목은 원천징수되는 소득세와 법인세, 납세조합이 징수하는 소득세와 예정신고납부하는 소득세, 중간예납하는 법인세·소득세와 예정신고기간·예정부과기간에 대한 부가가치세, 인지세 등이다.

원천징수되는 소득세와 법인세는 원천징수의무자가 납세의무자에게 소득금액 또는 수입금액을 지급할 때 납세의무가 성립하고 동시에 납세의무도 확정된다. 납세조합이 징수하는 소득세와 예정신고납부하는 소득세는 과세표준이 되는 금액이 발생한 달의 말일에 납세의무가 성립하고 동시에 납세의무도 확정된다. 중간예납하는 법인세·소득세와 예정신고기간·예정부과기간에 대한 부가가치세는 중간예납기간 또는 예정신고기간·예정부과기간이 끝나는 때에 납세의무가 성립하고 납세의무도 확정된다.

Ⅳ 결정, 조사결정, 경정, 재경정

1. 결정의 의의

결정이란 납세의무자의 과세표준과 세액을 확정하는 것을 말하는 것으로 납세의무자가 하는 결정과 정부(과세관청)가 하는 결정으로 구분한다.

"납세자가 하는 결정"은 납세의무자가 과세표준신고서를 작성하여 과세관청(정부)에 제출하는 행위에 의하여 납세의무자의 과세표준과 세액이 확정되는 것을 말하고(신고납세제도의 세목), "과세관청(정부)이 하는 결정"이란 "정부(과세관청)가 검증"(과세관청의 소속 공무원의 검증)하여 납세의무자의 과세표준과 세액을 확정하는 것을 말한다(부과과세제도의 세목).

2. 조사결정의 의의

조사결정이란 신고납세제도에 속하는 세목은 납세의무자가 무신고 또는 기한후신고를 하였거나 기결정 또는 조사결정한 내용에 세액의 탈루·오류가 있는 경우에 납세의무자의 과세표준과 세액을 정부(과세관청)가 조사라는 방법을 통해서 결정하는 것을 말하고, 부과과세제도에 속하는 세목은 납세의무자가 무신고하였거나 납세의무자가 신고·기한후신고한 내용 또는 정부가 기결정·조사결정한 내용에 탈루·오류 등이 있을 때 납세의무자의 과세표준과 세액을 정부(과세관청)가 조사라는 방법을 통해서 결정하는 것을 말한다.

3. 경정의 의의

경정이란 결정 또는 조사결정한 내용에 탈루·오류 등이 있는 경우 그 탈루·오류 등을 바로 잡는 결정을 경정이라 한다. 경정은 결정 또는 조사결정한 내용이 없으면 할 수 없다.

4. 재경정의 의의

경정한 내용에 탈루·오류 등이 있는 경우 그 탈루·오류 등을 바로 잡는 결정을 재경정이라 한다. 재경정을 다시 경정하는 것은 재재경정이라 하고 기경정한 내용이 없으면 재경정은 할 수 없다.

제 4 절

납세의무의 소멸, 국세의 부과제척기간, 국세징수권의 소멸시효 등

I 납세의무의 소멸

1. 납세의무 소멸의 의의

납세의무의 소멸이란 성립된 납세의무가 납부, 충당, 부과의 취소, 국세부과 제척기간의 만료, 국세징수권의 소멸시효의 완성 등의 사유로 소멸되는 것을 말한다. 납세의무가 소멸되면 국가의 조세채권도 소멸된다(국기법 제26조).

(1) 납부

납부란 납세자가 납세의무가 확정된 조세를 금전 등으로 이행하는 것을 말한다.

납부는 일반적으로 금전으로 이행하고 일시에 이루어진다. 하지만 소득세, 법인세 등은 분납이 가능하고, 상속세는 물납이 가능하며, 인지세는 전자인지를 금융기관에서 구입하여 과세문건에 첨부하는 방법으로 납부한다.

(2) 충당

충당이란 납세자에게 환급할 세액이 있고 납세자가 납부하여야 할 세액이 있는 경우 둘을 서로 상계하는 것을 말한다.

납세자가 납부하여야 할 세액 중 납기 전인 고지된 세액과 자진납부하는 세액은 납세자의 충당동의나 충당청구가 있어야 충당할 수 있고 체납된 세액 등의 경우는 과세관청이 직권으로 충당한다(국세징수사무처리규정 제66조).

(3) 부과의 취소

부과의 취소란 과세관청이 유효하게 성립한 부과처분에 대해 그 부과처분에 흠결이 있는 경우 과세관청의 직권 또는 납세자의 불복청구에 대한 결과(결정 또는 판결)에 의해 부과처분의 효력을 취소시키는 행위를 말한다.

(4) 국세 부과제척기간의 만료

1) 국세 부과제척기간의 의의

국세의 부과제척기간이란 납세의무가 성립된 국세에 대해 국가가 국세를 부과할 수 있는 일정한 법정기간을 말한다(국기법 제26조의2).

2) 국세 부과제척기간의 만료

국세 부과제척기간의 만료란 국가가 납세의무가 있는 납세자에게 국세를 부과할 수 있는 권리를 부과권이라 하는데, 부과권을 행사할 수 있는 일정기간(부과제척기간)이 지나 부과제척기간이 완성된 것을 말한다. 국세 부과제척기간이 만료되면 납세의무가 소멸되어 국가는 부과권을 행사할 수 없다.

3) 국세 부과제척기간의 기산일

국세 부과제척기간의 기산일은 국세를 부과할 수 있는 날부터 기산하고 그 내용을 요약하면 아래 내용과 같다(국기령 제12조의3).

① 과세표준과 세액을 신고하는 국세(신고하는 종합부동산세 제외)

　　해당 국세의 과세표준신고기한의 다음 날

② 종합부동산세와 인지세

　　해당 국세의 납세의무가 성립한 날[종합부동산세 : 과세기준일(매년 6월 1일), 인지세 : 과세문건 작성 시]

③ ①과 ②의 외 경우

　㉮ 원천징수의무자 또는 납세조합에 대하여 부과하는 국세

　　• 해당 원천징수세액 또는 납세조합징수세액의 법정납부기한의 다음 날

　㉯ 과세표준신고기한 또는 법정납부기한이 연장된 경우

　　• 그 연장된 기한의 다음 날

　㉰ 공제, 면제, 비과세 또는 낮은 세율의 적용 등에 따른 세액(소득공제를 받은 경우에는 공제받은 소득금액에 상당하는 세액을 말하고, 낮은 세율을 적용받는 경우에는 일반 세율과의 차이에 상당하는 세액을 말한다)을 의무불이행 등의 사유로 인하여 징수하는 경우

　　• 해당 공제세액 등을 징수할 수 있는 사유가 발생한 날

4) 국세 부과제척기간의 종류

국세 부과제척기간의 종류는 크게 세 가지로 분류할 수 있고 그 세 가지는 '상속세와 증여세를 제외한 국세의 제척기간', '상속세와 증여세의 제척기간', '부과제척기간의 연장특례'이다.

① 상속세와 증여세를 제외한 국세의 제척기간

구분	종류	부과제척기간
일반원칙	ⓐ 아래 예외적인 경우를 제외한 국세의 경우 (일반적인 국세의 제척기간)	해당 국세를 부과할 수 있는 날로부터 5년(역외거래인 경우 7년)
예외	㉮ 납세자가 법정신고기한까지 과세표준신고서를 제출하지 아니한 경우(일명 무신고)	해당 국세를 부과할 수 있는 날로부터 7년(역외거래인 경우 10년)
	㉯ 납세자가 사기나 그 밖의 부정한 행위로 국세를 포탈하거나 환급공제 받은 경우	해당 국세를 부과할 수 있는 날로부터 10년(역외거래인 경우 15년)
	㉰ 납세자의 부정행위로 다음의 가산세 부과대상이 되는 경우 ㉠ 소득세법과 법인세법에 따른 계산서 미발급 등의 계산서불성실가산세 ㉡ 부가가치세법에 따란 세금계산서 미발급 등의 세금계산서불성실가산세	해당 가산세를 부과할 수 있는 날로부터 10년
	㉱ 이 표의 ⓐ와 ㉮의 제척기간이 끝난 날이 속하는 과세기간 이후의 과세기간에 소득세법 또는 법인세법에 따라 이월결손금을 공제하는 경우	이월결손금을 공제한 과세기간의 법정신고기한으로부터 1년
	㉲ 부담부증여에 따라 증여세와 함께 양도소득세가 과세되는 경우	증여세에 대하여 정한 기간(10년 또는 15년)

② 상속세와 증여세의 제척기간

구분	종류	부과제척기간
일반원칙	ⓐ 아래 예외적인 경우를 제외한 상속세·증여세의 경우(일반적인 상속세·증여세의 제척기간)	해당 국세를 부과할 수 있는 날로부터 10년
예외	㉮ 납세자가 부정행위로 상속세·증여세를 포탈하거나 환급·공제받은 경우	해당 국세를 부과할 수 있는 날로부터 15년
	㉯ 상속세 및 증여세법에 따른 과세표준신고서를 제출하지 아니한 경우	

구분	종류	부과제척기간
	㉱ 상속세 및 증여세법에 따라 신고서를 제출한 자가 '거짓신고 또는 누락신고를 한 경우'[주1](그 거짓신고 또는 누락신고를 한 부분만 해당한다)	
특례제척기간	납세자가 부정행위로 상속세·증여세를 포탈하는 경우로서 다음 중 어느 하나에 해당하고 그 해당 재산의 합계액이 50억 원을 초과하는 경우 ㉮ 제3자의 명의로 되어 있는 피상속인 또는 증여자의 재산을 상속인이나 수증자가 보유하고 있거나 그 자의 명의로 실명전환을 한 경우 ㉯ 계약에 따라 피상속인이 취득할 재산이 계약 이행기간에 상속이 개시됨으로써 등기·등록 또는 명의개서가 이루어지지 아니하고 상속인이 취득한 경우 ㉰ 국외에 있는 상속재산이나 증여재산을 상속인이나 수증자가 취득한 경우 ㉱ 등기·등록 또는 명의개서가 필요하지 아니한 유가증권, 서화, 골동품 등 상속재산 또는 증여재산을 상속인이나 수증자가 취득한 경우 ㉲ 수증자의 명의로 되어 있는 증여자의 금융자산을 수증자가 보유하고 있거나 사용·수익한 경우 ㉳ 비거주자인 피상속인의 국내재산을 상속인이 취득한 경우(2017.1.1. 이후) ㉴ 상속세 및 증여세법 제45조의2에 따른 명의신탁재산의 증여의제에 해당하는 경우	상속 또는 증여가 있음을 안 날로부터 1년 이내

주1) 거짓신고 또는 누락신고를 한 경우란 다음의 경우를 말한다(국기령 제12조의2).
　㉮ 상속재산가액 또는 증여재산가액에서 가공의 채무를 빼고 신고한 경우
　㉯ 권리의 이전이나 그 행사에 등기, 등록, 명의개서 등이 필요한 재산을 상속인 또는 수증자의 명의로 등기 등을 하지 아니한 경우로서 그 재산을 생속재산 또는 증여재산의 신고에서 누락한 경우
　㉰ 예금, 주식, 채권, 보험금, 그 밖의 금융자산을 상속재산 또는 증여재산의 신고에서 누락한 경우

③ 국세 부과제척기간의 연장 특례

국세 부과제척기간의 연장 특례란 국세 부과제척기간이 만료되더라도 세법이 인정하는 이의신청, 심사청구, 심판청구, 「감사원법」에 따른 심사청구 또는 「행정소송법」에 따른 소송에 대한 결정이나 판결이 확정되는 등의 사유가 있는 경우에 일정 기간 부과제척기간을 연장하는 것을 말한다. 국세 부과제척기간의 연장 특례 기간 내에 과세관청은 경정이나 그 밖의 필요한 처분을 할 수 있다.

국세 부과제척기간의 연장 특례를 둔 사유는 상속세·증여세 특례제척기간을 제외한 국세 부과제척기간이 만료된 후 불복에 대한 결과가 나오거나, 상호합의에 대한 결과가 나오거나, 후발적 경정청구 사유가 발생하였을 경우 이들에 대한 결과를 반영할 수 없게 되는 문제가 있어 이를 해결하기 위해서이다.

종류	연장된 부과제척기간
㉮ 이의신청, 심사청구, 심판청구, 감사원법에 따른 심사청구 또는 「행정소송법」에 따른 소송에 대한 결정이나 판결이 확정된 경우	결정 또는 판결이 확정된 날로부터 1년
㉯ 위 ㉮의 결정이나 판결이 확정됨에 따라 그 결정 또는 판결의 대상이 된 과세표준 또는 세액과 연동된 다른 세목이나 과세기간의 과세표준 또는 세액의 조정이 필요한 경우	㉮의 결정 또는 판결이 확정된 날로부터 1년
㉰ 2022.1.1. 이후 「형사소송법」에 따른 소송에 대한 판결이 확정되어 「소득세법」 제21조 제1항 제23호(뇌물) 또는 제24호(알선수재 및 배임수재에 의하여 받는 금품)의 소득이 발생한 것으로 확인된 경우	판결이 확정된 날로부터 1년(2021.12.21. 신설)
㉱ 조세조약에 부합하지 아니하는 과세의 원인이 되는 조치가 있는 경우 그 조치가 있음을 안 날로부터 3년 이내(조세조약에서 따로 규정하는 경우에는 그에 따른다)에 그 조세조약의 규정에 따른 상호합의가 신청된 것으로서 그에 대하여 상호합의가 이루어진 경우	상호합의 절차의 종료일로부터 1년
㉲ 최초의 신고결정 또는 경정에서 과세표준 및 세액의 계산근거가 된 거래 또는 행위 등이 그 거래행위 등과 관련된 소송에 대한 판결(판결과 같은 효력을 가지는 화해나 그 밖의 행위를 포함)에 의하여 다른 것으로 확정된 경우	판결이 확정된 날로부터 1년
㉳ 역외거래와 관련하여 「국제조세조정에 관한 법률」 제36조 제1항에 따라 조세의 부과와 징수에 필요한 조세정보를 외국의 권한 있는 당국에 요청하여 조세정보를 요청한 날로부터 2년이 지나기 전까지 조세정보를 받은 경우	조세정보를 받은 날로부터 1년

종류	연장된 부과제척기간
㉝ 위 ㉓의 결정이나 판결에서 「소득세법」 제119조 및 「법인세법」 제93조에 따른 국내 원천소득의 실질귀속자가 확인된 경우	그 결정 또는 판결이 확정된 날부터 1년
㉞ 일반적 사유 및 후발적 사유에 따른 경정청구가 있는 경우	경정청구 또는 조정권고 일로부터 2개월이 지나기 전까지
㉟ 「국제조세조정에 관한 법률」 제19조 제1항(국세의 정상가격과 관세의 과세가격간 조정을 위한 경정청구) 및 제33조 제1항(특정외국법인 관련 외국납부세액의 세액공제 및 손금산입)에 따른 경정청구가 있는 경우	
㊀ 「국제조세조정에 관한 법률」 제20조 제2항(기획재정부장관의 과세당국 또는 세관장에 대한 거래가격에 대한 과세의 조정권고)에 따른 조정권고가 있는 경우	
㊁ 상기 ㉞~㊀에 따른 경정청구 또는 조정권고의 대상이 된 과세표준 또는 세액과 연동된 다른 과세기간의 과세표준 또는 세액의 조정이 필요한 경우	

(5) 국세징수권의 소멸시효 완성

1) 국세징수권 소멸시효의 의의

소멸시효는 권리의 불행사라고 하는 사실 상태가 일정기간 계속 되는 경우 그 권리를 소멸케 하는 제도로 국세의 징수를 목적으로 하는 국가의 권리인 국세징수권도 일정기간 그 권리를 행사하지 않으면 국세징수권이 소멸되는 것을 말한다(국기법 제27조).

2) 국세징수권 소멸시효의 완성

국세징수권도 일정기간 행사하지 아니하여 소멸시효가 완성되면 국세징수권이 소멸되어 납세자의 납세의무도 소멸한다.

소멸시효가 완성된 때에는 그 국세의 납부지연가산세 중 납부고지서에 따른 납부기한 후의 납부지연가산세(舊 가산세), 강제징수비 및 이자상당세액에도 그 효력이 미치며, 주된 납세자의 국세가 소멸시효의 완성에 의하여 소멸한 때에는 제2차 납세의무자, 납세보증인과 물적납세의무자에도 그 효력이 미친다(통칙 27-0-2).

3) 국세징수권 소멸시효의 기산일

국세 소멸시효의 기산일은 국세징수권을 행사할 수 있는 때로부터 기산하고 그 내용을 요약하면 아래 내용과 같다(국기법 제27조 제3항).

① 과세표준과 세액의 신고에 의하여 납세의무가 확정되는 국세의 경우 신고한 세액

    그 법정 신고·납부기한의 다음 날

② 과세표준과 세액을 정부가 결정, 경정 또는 수시부과 결정하는 경우 납부고지한 세액

    그 고지에 따른 납부기한의 다음 날

③ ①과 ②의 외 경우

    ㉮ 원천징수의무자 또는 납세조합으로부터 징수하는 국세의 경우 납부고지한 원천징

      수세액 또는 납세조합징수세액

       • 그 고지에 따른 납부기한의 다음 날

    ㉯ 인지세의 경우 납부고지한 세액

       • 그 고지에 따른 납부기한의 다음 날

    ㉰ 「국세기본법」 제27조 제3항 제1호의 법정 신고·납부기한이 연장된 경우

       • 그 연장된 기한의 다음 날

4) 국세징수권 소멸시효의 기간

국세징수권의 소멸시효 기간은 국가가 국세징수권을 행사할 수 있는 때로부터 5억 원 미만인 국세(가산세 제외)는 5년간, 5억 원 이상인 국세(가산세 제외)는 10년간 행사하지 않으면 소멸시효가 완성된다(국기법 제27조 제1항).

5) 국세징수권 소멸시효의 중단과 정지

국세징수권 소멸시효는 불변기간인 부과제척기간과 달리 소멸시효의 중단과 정지가 있다.

① 소멸시효의 중단

    ㉮ 의의

      소멸시효의 중단이란 국세징수권의 권리행사로 볼 수 있는 사실이 있는 경우 이미 경과한 시효기간의 효력을 상실시키는 것을 말한다.

    ㉯ 소멸시효의 중단 사유

      소멸시효의 중단 사유는 ㉠ 납부고지, ㉡ 독촉, ㉢ 교부청구, ㉣ 압류, ㉤ 수색(국세징수를 위한 수색) 이들 다섯 가지이고 이들 사유가 끝나면 시효는 새로이 시작된다(국기법 제28조 제1항).

② 소멸시효의 정지

    ㉮ 의의

      소멸시효의 정지란 국세징수권을 행사할 수 없는 일정한 사유가 있을 경우 시효의

진행이 일시적으로 멈춘 것을 말한다. 이 경우 이미 경과한 시효기간의 효력은 유지된다.

⑭ 소멸시효의 정지 사유

소멸시효는 ㉠ 세법에 따른 분납기간, ㉡ 세법에 따른 납부고지의 유예, 지정납부기한·독촉장에서 정하는 기간의 연장, 징수유예기간, ㉢ 세법에 따른 압류·매각의 유예기간, ㉣ 세법에 따른 연부연납기간, ㉤ 세무공무원이 「국세징수법」 제30조에 따른 사해행위취소소송이나 「민법」 제404조에 따른 채권자대위소송을 제기하여 그 소송이 진행 중인 기간, ㉥ 체납자가 국외에 6개월 이상 계속 체류하는 경우 해당 국외 체류기간에 진행이 정지된다(국기법 제28조 제3항).

6) 국세징수권 소멸시효의 만료(완성)일

국세징수권 소멸시효의 만료일에 대해서는 세법에 관련 규정이 없으므로 민법의 규정을 적용하여 계산하여야 한다(국기법 제27조 제2항).

따라서 소멸시효기간이 월 또는 연의 처음으로부터 기산하는 경우는 기산일로부터 5년이 되는 월의 말일에 만료하고, 월 또는 연의 처음부터 기산하지 아니하는 경우에는 기산일로부터 5년이 되는 연에서 그 기산일에 해당하는 날의 전일로 만료하고, 최종의 월에 그 해당일이 없는 경우에는 그 월의 말일로 만료하고, 만료일이 공휴일 등인 경우에는 그 다음 날로 만료한다.

제 5 절

세법의 각종 신고 · 납부기한 등과 조세포탈범의 기수시기와 관계

Ⅰ 기간과 기한

1. 기간

기간이란 일정 시점에서 일정 시점까지의 시간을 말한다. 세법에서는 기간계산 방법을 「국세기본법」과 세법에 특별한 규정이 있는 경우를 제외하고는 민법의 규정을 따르도록 하고 있다(국기법 제4조).

1) 기간의 기산점(초일불산입 원칙)

민법(제157조)은 기간계산 시 초일을 산입하지 아니하고, 다음 날 오전 0시부터 기산한다. 이를 초일불산입의 원칙이라 한다. 다만 초일이 오전 0시부터 시작한 경우나 연령을 계산할 경우는 초일을 산입한다.

2) 기간의 만료점

기간의 만료 시점은 아래와 같다.

① 기간을 일 · 주 · 월 · 년으로 정한 때에는 기간의 말일로 기간이 만료한다.

② 기간의 말일이 공휴일에 해당하는 때에는 그 익일로 기간이 만료한다.

③ 기간을 주 · 월 · 년으로 정한 때에는 역(曆)에 따라 계산하며, 주 · 월 · 년의 처음으로부터 기간을 기산하지 아니한 때에는 최후의 주 · 월 · 년에서 그 기산일에 해당하는 날의 전일로 기간이 만료한다.

④ 월 또는 년으로 기간을 정한 경우에 최종의 월에 해당일이 없는 때에는 그 월의 말일로 기간이 만료한다.

2. 기한

기한이란 특정한 법률행위의 효력발생이나 소멸 또는 특정한 의무이행을 위하여 정해진 일정한 시점을 말한다.

1) 세법에서 규정하고 있는 기한의 특례

① 기한이 공휴일·토요일 및 근로자의 날에 해당하는 때

세법(국기법 제5조 제1항)은 정해진 각종 신고·납부기한이나 고지서 납부일의 기한(만료일)이 공휴일·토요일 또는 근로자의 날에 해당하는 때에는 그 다음 날을 기한으로 규정하고 있다.

② 정보처리장치의 장애로 각종 전자신고나 전자납부를 할 수 없게 된 때

세법에서 규정하는 각종 신고기한 만료일 또는 납부기한 만료일에 정전, 통신상의 장애, 프로그램의 오류, 그 밖의 부득이한 사유로 국세정보통신망의 가동이 정지되어, 전자신고나 전자납부 등을 할 수 없을 때에는, 그 장애가 복구되어 신고 또는 납부할 수 있게 된 날의 다음 날을 기한으로 한다고 세법(국기법 제5조 제5항)은 규정하고 있다.

2) 납세고지서 또는 납부통지서 송달지연으로 인한 납부기한의 연장특례

세법(국기법 제7조 제1항)은 세무서에서 납세의무자에게 세금을 부과·징수하기 위하여 납부고지서 또는 납부통지서를 송달하였는데, 도달한 날에 이미 납부기한이 지났거나 도달한 날로부터 14일 이내에 납부기한이 도래한 경우에는, 도달한 날로부터 14일이 지난 날을 납부기한으로 규정하고 있다.

Ⅱ > 세법의 각종 신고·납부기한과 조세포탈죄의 기수시기

조세포탈죄의 기수시기는 제2장에서 공부해야 할 내용이지만 세법이 정하고 있는 각종 신고·납부기한과 밀접한 관계를 가지고 있으므로 이 단원에서 간단히 언급한다. 세법의 기한은 ① 각종 세목의 신고·납부기한과 ② 납부고지서(납부통지서)의 납부기한, ③ 각종 세무자료 제출기한으로 나눌 수 있고 이들 중 ①과 ②는 조세포탈죄의 기수시기를 정하는 기준이 된다. 여기서 언급하고자 하는 내용은 세법의 신고·납부기한 또는 고지서의 납부기한의 종료일이 토요일 또는 공휴일 등일 경우 기수시기도 변동된다는 것이다. 아래 사례들은 위에 언급된 "세법에서 규정하고 있는 기한의 특례"와 "납부고지서 또는 납부통지서 송달지연으로 인한 납부기한의 연장특례"의 내용을 기수시기와 연결하여 만들어진 것들이다.

1. 세법에서 규정하고 있는 기한의 특례와 조세포탈죄의 기수시기

세법에서 규정하고 있는 기한의 특례는 "기한의 만료일이 공휴일·토요일 및 근로자의

날에 해당하는 때"와 "정보처리장치의 장애로 각종 전자신고나 전자납부를 할 수 없게 된 때"에 대한 기한연장의 내용을 담고 있다. 세법은 이 두 가지 경우에 기한을 연장한다. 기한이 연장되면 조세포탈죄의 기수시기도 연장된 기한에 따라 판단하여야 한다.

사례 1 신고·납부기한의 종료일이 공휴일 등인 경우

사업자 W가 2021년 제1기 과세기간 중 식당을 운영하면서 부가가치세를 포탈할 목적으로 현금매출액 15억 원(공급가액)을 누락하여 부가가치세 신고를 완료하였음이 2022.1.25. 확인되었다. 사업자 W의 2021년 제1기 부가가치세 신고·납부기한과 조세포탈죄 기수시기는 언제인가?

① 2021년 제1기 부가가치세 신고·납부기한

사업자 W의 2021년 제1기 부가가치세 신고·납부기한은 2021.7.25.이다. 그런데 2021.7.25.은 일요일이다. 따라서 신고·납부기한이 공휴일인 일요일이기 때문에 신고·납부기한은 월요일인 2021.7.26.이 된다.

② 부가가치세 포탈죄의 기수시기

사업자 W의 2021년 제1기 부가가치세 신고·납부기한은 2021.7.26.이므로 부가가치세 포탈죄의 기수시기는 2021.7.26.이 지난 때가 된다.

사례 2 정보처리장치의 장애로 각종 전자신고나 전자납부를 할 수 없게 된 때

사업자 Q는 2022년 제1기 부가가치세 신고·납부를 신고·납부기한인 2022.7.25. 전자신고로 하려 하였으나 국세청 홈택스의 서버에 문제가 발생하여 신고서를 입력하지 못해 부가가치세 신고를 할 수 없었다. 국세청에서 홈택스 서버의 문제를 해결하여 2022.7.26.부터 전자신고가 가능해졌다. 이 경우 2022년 제1기 부가가치세 신고·납부기한은 언제이고, Q가 2022년 제1기 중 부가가치세 10억 원을 포탈하였다면 부가가치세 포탈죄의 기수시기는 언제인가?

① 2022년 제1기 부가가치세 신고·납부기한

국세청에서 서버의 문제를 해결하여 7월 26일부터 전자신고가 가능했으므로 7월 26일 다음 날인 7월 27일이 신고·납부기한이다.

② 부가가치세 포탈죄의 기수시기

사업자 Q의 2022년 제1기 부가가치세 신고·납부기한은 2022.7.27.이므로 부가가치세 포탈죄의 기수시기는 2022.7.27.이 지난 때가 된다.

2. 납부고지서(납부통지서)가 송달 지연된 경우와 조세포탈죄의 기수시기

세법에서 규정하고 있는 기한의 특례는 "기한의 만료일이 공휴일·토요일 및 근로자의 날에 해당하는 때"와 "정보처리장치의 장애로 각종 전자신고나 전자납부를 할 수 없게 된

때" 외에 "납부고지서(납부통지서)가 송달 지연된 경우"도 납부기한이 연장된다. 송달지연으로 납부기한이 연장된 경우 부과과세제도에 속하는 세목들(상속세, 증여세, 종합부동산세)은 납부기한이 경과한 때가 조세포탈죄의 기수시기이므로 연장된 납부기한이 지난 때가 기수시기가 된다.

사례 1 납부고지서(납부통지서)가 송달 지연된 경우

상속인 A는 2020.7.10. 아버지가 사망으로 인해 100억 원을 상속받고 2021.1.31. 상속세 신고서를 ○○세무서에 제출하면서 상속세 15억 원을 납부하였다. 신고서를 제출받은 ○○세무서 재산세과에서는 A의 상속세 신고내용을 조사한 바 신고내용에 하자를 발견하지 못하여 2022.5.31. 당초 신고내용대로 조사 결정하였다. 그런데 2022.6.30. A가 상속세 신고 시 피상속인의 가공부채 60억 원을 넣어서 신고하였다는 내용의 탈세제보가 접수되었다. ○○세무서 재산세과에서 탈세제보 내용을 확인코자 세무조사를 하여 확인한 바 탈세제보 내용이 사실로 확인돼 2022.9.1. 포탈한 상속세 30억 원을 조사 결정하였다. ○○세무서 재산세과에서는 2022.9.3. 상속세 납부고지서(납부기한 : 2022.9.30.)를 A에게 등기우편으로 송달하였으나 A의 이사로 납부고지서가 반송되자 이사 간 주소지를 찾아 재송달하는 과정에서 2022.9.25. A에게 고지서가 송달되었다. 하지만 A는 상속세 납부고지서의 납부기한까지 상속세를 납부하지 않았다. 이 경우 상속세 납부고지서의 납부기한은 언제이고, 상속세 포탈죄의 기수시기는 언제인가?

① 반송된 상속세 납부고지서의 납부기한

A에게 상속세 납부고지서가 도달한 날은 2022.9.25.이고, 9월 25일로부터 14일이 지난 날(2022.10.9.)이 납부기한이므로 2022.10.10.이 납부기한이다(초일불산입).

② 상속세 포탈범의 기수시기

상속세 납부고지서의 납부기한이 2022.10.10.이므로 기수시기는 2022.10.10.이 지난 때이다.

제 6 절

원천징수, 근로장려금

Ⅰ 〉 원천징수

1. 원천징수의 의의

원천징수란 '세법(소득법 제127조 제1항 및 법인법 제73조 제1항)에서 규정한 원천징수 대상 소득금액 또는 수입금액을 지급하는 자'(원천징수의무자)가 지급하는 소득금액 또는 수입금액 지급 시 지급금액과 관련된 조세를 지급받는 자(납세의무자)에게서 징수하여 과세관청에 지급한 달의 다음 달 10일(반기별 납부 대상자는 반기 마지막 달의 다음 달 10일)까지 납부하는 것을 말한다.

2. 원천징수의무자

원천징수의무자란 국내에서 거주자, 비거주자 및 법인에게 세법에서 규정한 원천징수대상 소득금액 또는 수입금액을 지급하는 개인이나 법인으로서 세무서에 사업자등록 또는 고유번호등록 여부와 관계없이 지급받는 자로부터 소득세 또는 법인세를 원천징수하여 국고에 납부하여야 할 의무를 가진 자를 말한다(소득법 제127조 제7항, 소득령 제184조 제3항).

3. 원천징수 대상 소득금액 또는 수입금액

(1) 거주자 또는 비거주자의 원천징수 대상 소득

1) 거주자 원천징수 대상 소득

거주자의 원천징수 대상 소득은 「소득세법」(소득법 제127조 제1항, 소득령 제184조 제1항, 소득령 제184조의2)에서 규정하는 이자소득, 배당소득, 사업소득, 근로소득, 연금소득, 기타소득(종교인소득 포함), 퇴직소득, 봉사료수입금액 등이다.

2) 비거주자의 원천징수 대상 소득

비거주자의 원천징수 대상 소득은 이자소득, 배당소득, 부동산소득, 선박 등의 임대소득, 사업소득, 인적용역소득, 근로소득, 퇴직소득, 토지건물의 양도소득, 사용료소득, 유가증권 양도소득, 기타소득 등이다(소득법 제119조).

(2) 내국법인 또는 외국법인의 원천징수 대상 소득

1) 내국법인의 원천징수 대상 소득

내국법인의 원천징수 대상 소득은 「법인세법」(법인법 제73조 제1항, 법인령 제111조 제1항, 소득령 제184조의2)에서 규정하는 이자소득, 배당소득(집합투자기구로부터의 이익 중 투자신탁의 이익에 한정) 등이다.

2) 외국법인의 원천징수 대상 소득

외국법인의 원천징수 대상 소득은 이자소득, 배당소득, 부동산소득, 선박 등의 임대소득, 사업소득, 인적용역소득, 토지건물의 양도소득, 사용료소득, 유가증권양도소득, 기타소득 등이다(법인법 제98조).

4. 원천징수하는 세목들

원천징수하는 세목은 원천징수 대상 소득을 지급받는 자에 따라 징수하는 세목이 달라진다. 지급받는 자가 거주자 또는 비거주자인 경우에는 소득세(원천징수 대상 소득의 종류에 따라 소득세의 세목이 달라진다. 예를 들면 이자소득을 지급하는 경우는 이자소득세를 원천징수하고 근로소득을 지급하는 경우에는 근로소득세를 원천징수한다)를 원천징수하고 내국법인 또는 외국법인인 경우에는 법인세를 원천징수한다.

그뿐만 아니라 원천징수의무자는 소득세 또는 법인세를 원천징수하면서 지방세 특별징수의무(지방세법 제103조의13 및 제103조의29)에 따라 원천징수하는 소득세 또는 법인세와 관련된 개인·법인지방소득세 등도 원천징수하여야 한다.

5. 원천징수 신고·납부 절차

(1) 원천징수 및 원천징수영수증의 교부

원천징수의무자는 원천징수대상 소득금액 또는 수입금액을 지급하는 때에 그에 대한 소득세·법인세 등을 원천징수하고 소득금액·수입금액과 원천징수세액, 상대자의 납세자번호 또는 주민등록번호 기타 필요한 사항을 기재한 원천징수영수증을 지급받는 자에게 교부하여야 한다(소득법 제143조 제1항, 법인법 제74조 제1항).

(2) 납부 및 원천징수이행상황신고서 등 제출

1) 매월 납부 및 원천징수이행상황신고서 제출

원천징수의무자는 원천징수대상 소득금액 또는 수입금액을 지급하고 원천징수한 소득세·법인세를 그 징수일이 속하는 달의 다음 달 10일까지 납세지 관할 세무서, 한국은행 또는 체신관서 등에 납부(소득법 제128조 제1항, 법인법 제73조 제1항)하여야 하고, 원천징수 내용을 담은 원천징수이행상황신고서(별지 제21호 서식)도 원천징수한 소득세·법인세를 그 징수일이 속하는 달의 다음 달 10일까지 원천징수 관할 세무서장에게 제출(소득령 제185조 제1항, 법인령 제115조)하여야 한다.

2) 반기별 납부 및 원천징수이행상황신고서 제출

반기별로 납부할 수 있도록 승인을 받거나 지정받은 원천징수의무자는 원천징수한 세액을 그 징수일이 속하는 반기의 마지막 달의 다음 달 10일까지 납부할 수 있고(소득법 제128조 제2항 및 법인법 제73조 제7항), 원천징수 내용을 담은 원천징수이행상황신고서도 원천징수한 소득세·법인세를 그 징수일이 속하는 반기의 마지막 달의 다음 달 10일까지 원천징수 관할 세무서장에게 제출하여야 한다(법인령 제115조 제6항, 원천징수사무처리규정 제26조 제1항).

① 반기별 납부를 적용받을 수 있는 원천징수의무자의 범위(소득령 제186조 제1항)
   ㉮ 직전 연도(신규로 사업을 개시한 사업자의 경우 신청일이 속하는 반기를 말함)의 상시고용인원이 20명 이하인 원천징수의무자(금융 및 보험업을 경영하는 자는 제외)
   ㉯ 종교단체

(3) 지급명세서 제출

지급명세서란 원천징수의무자가 법에서 규정한 원천징수 대상 소득금액 또는 수입금액을 지급하고 지급받는 자의 인적사항, 소득금액 또는 수입금액의 종류와 금액, 지급시기와 귀속연도, 지급기간 등을 기재하여 법정 제출기한까지 원천징수 관할 세무서장에게 제출하여야 하는 법령서식이다.

지급명세서의 법정제출기한은 아래 표의 내용과 같다.

1) 법정 제출기한(소득세법 제164조 제1항 및 법인세법 제120조 제1항)

구분		제출시기	
		계속사업 시	휴업·폐업 또는 해산 시
근로소득, 퇴직소득, 사업소득, 종교인소득, 연금소득		다음 연도 3월 10일	휴업일·폐업일 또는 해산일이 속하는 달의 다음 다음 달 말일
이자소득, 배당소득, 기타소득 등 그 밖의 소득		지급일이 속하는 연도의 다음 연도 2월 말일	
일용 근로소득	2021.6.30. 이전 지급분	지급일이 속하는 분기의 마지막 달의 다음 달 말일	휴업일·폐업일 또는 해산일이 속하는 분기의 마지막 달의 다음 달 말일
	2021.7.1. 이후 지급분	지급일이 속하는 달의 다음 달 말일	휴업일·폐업일 또는 해산일이 속하는 달의 다음 달 말일
간이지급명세서 (거주자의 사업소득)	2021.6.30. 이전 지급분	지급일이 속하는 반기의 마지막 달의 다음 달 말일	휴업일·폐업일 또는 해산일이 속하는 반기의 마지막 달의 다음 달 말일
	2021.7.1. 이후 지급분	지급일이 속하는 달의 다음 달 말일	휴업일·폐업일 또는 해산일이 속하는 달의 다음 달 말일
간이지급명세서(근로소득)		지급일이 속하는 반기의 마지막 달의 다음 달 말일	휴업일·폐업일 또는 해산일이 속하는 반기의 마지막 달의 다음 달 말일

Ⅱ 근로장려금

1. 근로장려금의 의의

근로장려금이란 저소득자의 근로를 장려하고 소득을 지원하기 위하여 근로자, 사업자 (전문직 제외), 종교인 가구에 대해 국가가 가구원 구성의 근로소득, 사업소득 또는 종교인 소득, 재산 규모 등에 따라 지급하는 장려금을 말한다(조특법 제100조의2).

2. 근로장려금의 신청자격

근로장려금을 신청할 수 있는 자는 근로소득, 사업소득(전문직 사업자 제외) 또는 종교인소득이 있는 거주자(12월 31일 현재 대한민국 국적자)로서 아래의 표의 요건을 모두 충족하여야 한다(조특법 제100조의3).

총소득금액[주1] 기준	가구유형	단독가구[주2]	홑벌이가구[주3]	맞벌이가구[주4]
	기준금액	2,200만 원 미만	3,200만 원 미만	3,800만 원 미만
재산요건	전년도 6월 1일 기준, 가구원 모두가 소유하고 있는 재산합계액이 2.4억 원 미만일 것 ・ 재산은 주택, 토지 및 건축물, 승용자동차, 전세금, 현금, 금융자산, 유가증권, 회원권, 부동산을 취득할 수 있는 권리 등이고, 재산 평가 시 부채는 차감하지 아니함.			

주1) 총소득금액은 거주자와 배우자의 소득합계액으로 근로소득(총급여액), 사업소득(총수입금액 × 업종별조정률), 종교인소득(총수입금액), 기타소득(총수입금액 − 필요경비), 이자・배당・연금소득(총수입금액)을 합산한 금액
주2) 단독가구란 배우자, 부양자녀(18세 미만), 70세 이상의 직계존속이 없는 가구
주3) 홑벌이가구란 배우자의 총급여액 등이 3백만 원 미만인 가구, 배우자가 없어도 부양자녀(18세 미만) 또는 70세 이상의 직계존속이 있는 가구
주4) 거주자 및 배우자 각각의 "총급여액 등"이 3백만 원 이상인 가구

3. 근로장려금의 신청

(1) 정기신청

근로장려금을 받으려는 거주자는 종합소득세과세표준 확정신고기간(매년 5월 1일부터 5월 31일까지)에 납세지 관할 세무서장에게 신청하여야 한다(조특법 제100조의6 제1항).

(2) 반기신청

거주자 본인과 그 배우자가 해당 소득세 과세기간이 속하는 연도의 반기 동안 근로소득(본인 및 배우자의 직계존비속으로 받은 근로소득, 사업자등록증 또는 고유번호를 부여받지 아니한 자로부터 받은 근로소득, 법인세법에 따라 상여로 처분된 금액은 제외)만 있고 근로장려금 신청자격이 충족된 자는 근로장려금을 반기별로 신청할 수 있다(조특법 제100조의6 제7항, 조특령 제100조의7 제8항).

구 분	신청기간
상반기 소득분(1~6월)	당해 연도 9.1.~9.15.
하반기 소득분(7~12월)	다음 연도 3.1.~3.15.

제 7 절

해외금융계좌의 신고

I ▷ 해외금융계좌의 신고(해외금융계좌 신고제도)

해외금융계좌를 보유한 거주자 또는 내국법인 중 신고대상 해당 연도의 매월 말일 중 어느 하루의 해외금융계좌 잔액이 대통령령으로 정하는 금액(5억 원)을 초과하는 자는 해외금융계좌정보[주1]를 다음 연도 6월 1일부터 30일까지 납세지 관할 세무서장에게 신고해야 한다(국조법 제53조 제1항). 이를 해외금융계좌 신고제도라 한다.

주1) 해외금융계좌정보란 ㉠ 보유자 성명주소 등 신원에 관한 정보, ㉡ 계좌번호, 해외금융회사 등의 이름, ㉢ 매월 말일의 보유계좌 잔액의 최고금액 등 보유계좌에 관한 정보 이들 세 가지이다(국조법 제52조).

II ▷ 신고의무자

해외금융계좌의 신고의무자는 신고대상 해당 연도의 매월 말일 중 어느 하루의 해외금융계좌의 잔액이 5억 원을 초과한 거주자 또는 내국법인이다. 거주자와 내국법인은 신고의무 면제자가 아니여야 한다.

1. 거주자와 내국법인의 범위

(1) 거주자

거주자란 국내에 주소[주2]를 두거나 183일 이상 거소[주3]를 둔 개인을 말한다(소득법 제1조의2 제1항 제1호).

주2) 주소는 국내에서 생계를 같이 하는 가족 및 국내에 소재하는 자산의 유무 등 생활관계의 객관적 사실에 따라 판정한다(소득령 제2조 제1항).
주3) 거소란 주소지 외의 장소 중 상당기간에 걸쳐 거주하는 장소로서 주소와 같이 밀접한 일반적 생활관계가 형성되지 아니한 장소를 말한다(소득령 제2조 제2항).

(2) 내국법인

내국법인이란 본점, 주사무소 또는 사업의 실질적 관리장소가 국내에 있는 법인을 말한다(법인법 제2조).

(3) 신고의무 면제자

해외금융계좌신고의무자 중 다음에 해당하는 경우에는 신고의무를 면제한다(국조법 제
54조).

1) 외국인 거주자

신고대상연도 종료일 10년 전부터 국내에 주소나 거소를 둔 기간의 합계가 5년 이하인
경우

2) 재외국민[주4]

신고대상연도 종료일 1년 전부터 국내에 거소를 둔 기간의 합계가 183일 이하인 경우

주4) 재외국민이란 대한민국 국민으로서 외국의 영주권을 취득한 자 또는 영주할 목적으로 외국에 거주하고
    있는 자(재외동포의 출입국과 법적 지위에 관한 법률 제2조)

3) 금융회사, 기타 면제기관

금융회사 등[주5] 및 다른 법령에 따라 국가의 관리·감독이 가능한 기관을 말한다.

주5) 「금융실명거래 및 비밀보장에 관한 법률」에 따른 금융회사 등

4) 해외금융계좌 관련자

해외금융계좌 관련자 중 다음 어느 하나의 신고를 통해 본인의 모든 해외금융계좌 정보
가 제출된 자

① 해외금융계좌의 명의자와 실질적 소유자

해외금융계좌의 명의자와 실질적 소유자가 다른 경우에는 명의자와 실질적 소유자
모두 신고의무자에 해당한다(국조법 제53조 제2항). 명의자와 실질적 소유자 둘 중 하나
가 자신의 해외금융계좌 신고 시 다른 신고의무자의 해외금융계좌 정보를 함께 신고
하여 납세지 관할 세무서장이 다른 신고의무자가 보유한 모든 해외금융계좌정보를
확인할 수 있는 경우에는 그 다른 사람은 신고의무가 면제된다.

② 해외금융계좌의 공동명의자

해외금융계좌가 공동명의계좌인 경우 명의자 모두에게 신고의무가 있고 신고서 작성
시 보유계좌 잔액의 최고금액은 각자의 지분율 등에 관계없이 해당 계좌의 잔액 전부
를 각각 보유한 것으로 보아 기재하여야 한다(국조법 제53조 제2항). 공동명의자 중 어느
한 명이 다른 공동명의자의 해외금융계좌정보를 함께 신고하여 관할 세무서장이 다
른 공동명의자가 보유한 모든 해외금융계좌정보를 확인할 수 있는 경우에는 그 다른

공동명의자는 신고의무가 면제된다.

⚙ 피상속인 명의의 해외금융계좌를 수인이 공동으로 상속받은 경우, 「국제조세조정에 관한 법률」 제34조 제1항에 따른 공동상속인의 신고의무 이행 여부는 해당 계좌에 대한 공동상속 각각의 상속분을 기준으로 판단하는 것임(기획재정부 국제조세제도과-436, 2018.4.26.).

Ⅲ> 신고대상 해외금융계좌

신고대상이 되는 해외금융계좌의 내용은 아래 표의 내용과 같다(국세청, 2022년 알기쉬운 해외금융계좌 신고제도, 9쪽).

| 신고대상 해외금융계좌 |

구분	신고 대상
신고 계좌 유형	해외금융회사등[주6]에 ① 예적금계좌 등 은행업무와 관련하여 개설한 계좌 ② 증권(해외증권 포함)의 거래를 위하여 개설한 계좌 ③ 파생상품(해외파생상품 포함)의 거래를 위하여 개설한 계좌 ④ 가상자산의 거래를 위하여 개설한 계좌[주7] ⑤ 그 밖의 금융거래, 가상자산거래를 위하여 개설한 계좌
신고 대상 자산	현금, 주식(예탁증서 포함), 채권, 집합투자증권, 보험상품, 가상자산 등 위 신고대상 해외금융계좌에 보유한 모든 자산을 신고
신고 대상 금액	위 신고 대상 자산의 산정금액 합계가 신고대상연도 매월 말일 중 어느 하루라도 5억 원을 초과한 경우 그 잔액의 최고금액

주6) 해외금융회사 등이란 국외에 소재하는 금융업 및 보험업과 이와 유사한 업종을 하는 금융회사, 「특정 금융거래정보의 보고 및 이용 등에 관한 법률」 제2조 제1호 하목의 가상자산사업자 및 이와 유사한 사업자로서 외국의 관련 법령에 따라 설립된 금융회사, 가상자산사업자 등을 말하고, 국내금융회사가 해외에 설립한 국외사업자(해외지점)는 포함하나 외국금융회사가 우리나라에 설립한 국내사업장(국내지점)은 제외된다(국세청, 2022년 알기쉬운 해외금융계좌 신고제도. 9쪽 하단부).

주7) 「특정금융정보법」상 가상자산 및 그와 유사한 자산의 거래를 위하여 개설한 계좌의 경우 2022.1.1. 이후 신고의무 발생 분부터 신고대상에 포함된다.

Ⅳ 신고기준 금액

해외금융계좌의 신고의무는 신고대상 연도 중 매월 말일의 종료시각 현재 보유하고 있는 해외금융계좌 잔액의 합계액이 5억 원을 초과하는 날이 하루라도 있으면 발생하므로 신고기준 금액은 '신고대상 연도 중 매월 말일의 종료시각 현재 보유하고 있는 해외금융계좌 잔액의 합계액이 5억 원 초과'이다.

1. 잔액의 5억 원 초과 여부 계산 방법

신고대상 연도 매월 말일 보유계좌 잔액은 해외금융계좌(거래실적 등이 없는 계좌, 연도 중에 해지된 계좌 등 해당 연도 전체 기간 중에 보유한 모든 계좌를 포함)에 보유한 자산별로 계산방법에 따라 산정한 금액을 해당 표시통화의 환율(「외국환거래법」에 따른 일별 기준환율[주8] 또는 재정환율[주9])로 각각 환산한 금액을 합산하여 계산한다.

주8) 기준환율이란 미국 달러화와 우리나라 통화의 교환비율이다.
주9) 재정환율은 기준환율을 이용하여 제3국의 환율을 간접적으로 계산하는 환율을 말한다.

| 해외금융계좌 자산별 계산방법 | (국조령 제93조 제1항)

구분	계산방법
현금	해당하는 매월 말일 종료시각 현재의 잔액
상장된 주식과 그 주식을 기초로 발행한 예탁증서	해당하는 매월 말일의 종료시각 현재의 수량 × 해당하는 매월 말일의 최종가격(해당하는 매월 말일이 거래일이 아닌 경우 그 직전 거래일의 최종가격)
상장채권	
가상자산	
집합투자증권 및 이와 유사한 해외집합투자증권	해당하는 매월 말일의 종료시각 현재의 수량 × 해당하는 매월 말일의 기준가격(해당하는 매월 말일의 기준가격이 없는 경우 해당하는 매월 말일 현재의 환매가격 또는 해당하는 매월 말일 전 가장 가까운 날의 기준가격)
보험상품 및 이와 유사한 해외보험상품	해당하는 매월 말일의 종료시각 현재의 납입금액
위 이외의 자산	해당하는 매월 말일의 종료시각 현재의 수량 × 해당하는 매월 말일의 시가(시가산정이 곤란한 경우에는 취득가액)

V 〉 신고시기 및 신고방법

1. 신고시기

해외금융계좌 신고기간은 다음 해 6월 1일부터 6월 30일까지 납세지 관할 세무서장에게
한다(국조법 제53조 제1항).

2. 신고방법

신고의무자는 「해외금융계좌신고서」(「국제조세조정에 관한 법률」 시행규칙 별지 제45
호 서식)를 작성하여 납세지 관할 세무서에 제출하거나, 홈택스 또는 손택스에서 전자신고
도 할 수 있다.

VI 〉 수정신고 및 기한 후 신고

1. 수정신고

해외금융계좌 신고기한 내에 해외금융계좌정보를 신고한 자로서 과소신고한 경우 과세
당국이 과태료를 부과하기 전까지는 해외금융계좌정보를 수정신고할 수 있다(국조법 제55조
제1항).

2. 기한 후 신고

해외금융계좌 신고기한 내에 해외금융계좌정보를 신고하지 아니한 경우 과세당국이 과
태료를 부과하기 전까지 기한 후 신고를 할 수 있다(국조법 제55조 제2항).

VII 〉 신고의무 위반에 대한 제재

1. 과태료 부과

(1) 미신고 또는 과소신고 과태료

해외금융계좌 신고의무자가 신고기한까지 해외금융계좌정보를 신고하지 아니(미신고
금액)하거나 과소신고한 경우(과소신고 금액)에는 두 가지 경우의 금액을 합산한 금액의
20% 이하(10%~20%)에 상당하는 과태료를 부과한다(국조법 제90조 제1항).

(2) 미소명 또는 거짓소명 과태료

해외금융계좌 신고의무자가 신고기한까지 해외금융계좌정보를 신고하지 아니하거나 과소신고한 경우에는 과세당국은 신고하지 아니하거나 과소 신고한 금액(이하 "신고의무 위반금액"이라 한다)의 출처에 대해 소명을 요구할 수 있고, 과세당국으로부터 소명을 요구받은 신고의무자는 그 요구를 받은 날로부터 '90일 이내'(소명기간)에 소명을 하여야 하나 자료의 수집·작성에 상당한 시간이 걸리는 등 부득이한 사유가 있을 때는 과세당국의 승인을 얻어 60일 범위 내에서 한 차례만 연장이 가능하다. 단, 해외금융계좌 신고의무자가 수정신고 및 기한 후 신고를 한 경우(단, 과세당국이 과태료를 부과할 것을 미리 알고 신고한 경우에는 신고의무 위반금액의 출처 소명 대상임)에는 신고의무 위반금액의 출처에 대한 소명대상자에서 제외한다(국조법 제56조).

국조법 제56조 제2항에 따라 해외금융계좌 신고의무자가 신고의무 위반금액의 출처에 대하여 소명하지 아니하거나 거짓으로 소명한 경우에는 소명하지 아니하거나 거짓으로 소명한 금액의 20%에 상당하는 과태료를 부과한다. 다만, 천재지변 등 대통령령(존재하지 않음)으로 정하는 부득이한 사유가 있는 경우에는 과태료를 부과하지 아니한다(국조법 제90조 제2항).

2. 명단공개 및 형사처벌

(1) 명단공개

해외금융계좌 신고의무자가 미신고 또는 과소신고한 금액이 50억 원을 초과하는 경우에는 국세정보위원회의 심의를 거쳐 성명·나이·직업·주소·위반금액 등 인적 사항을 공개할 수 있다(국기법 제85조의5).

다만, 국세정보위원회가 신고의무자의 신고의무 위반에 정당한 사유가 있다고 인정한 경우나, 신고의무자가 수정신고 및 기한 후 신고를 한 경우(단, 해당 해외금융계좌와 관련하여 세무공무원이 세무조사에 착수한 것을 알았거나 과세자료 해명 통지를 받고 수정신고 및 기한 후 신고를 한 경우는 공개 대상)에는 명단공개대상에서 제외한다(국기법 시행령 제66조 제1항 제4호).

(2) 형사처벌

해외금융계좌 신고제도와 관련하여 신고의무 불이행 등으로 형사처벌을 받을 수 있는 자는 신고기한 내에 신고하지 아니한 금액이나 과소 신고한 금액이 50억 원을 초과하는 계좌

신고의무자, 해외금융계좌정보 관련 업무를 담당하는 세무공무원, 세무공무원으로부터 해외금융계좌정보를 알게 된 자이다.

1) 계좌신고의무자(해외금융계좌 신고의무자)

해외금융계좌의 신고기한 내에 신고하지 아니한 금액이나 과소신고한 금액이 50억 원을 초과하는 자는 「조세범처벌법」 제16조에 의하여 처벌된다.

2) 세무공무원

세무공무원이 해외금융계좌정보를 타인에게 제공 또는 누설하거나 목적 외의 용도를 사용한 경우에는 「조세범처벌법」 제15조에 의하여 처벌된다.

3) 세무공무원으로부터 해외금융계좌정보를 알게 된 자

「국제조세조정에 관한 법률」 제57조의 단서에 의하여 세무공무원으로부터 해외금융계좌정보를 알게 된 자가 그 해외금융계좌정보를 타인에게 제공 또는 누설하거나 그 목적 외의 용도로 사용한 경우에는 「조세범처벌법」 제15조에 의하여 처벌된다.

VIII 〉 신고포상금 제도

해외금융계좌 신고제도의 실효성을 제고하고 성실한 신고를 강제하기 위하여 해외금융계좌 신고포상금제도를 도입하였다.

해외금융계좌 신고의무 위반행위를 적발하는 데 '중요한 자료'[주10]를 제보한 경우에는 부과되는 과태료 또는 벌금액의 5~15%에 해당하는 포상금을 20억 원의 범위 내에서 제보자에게 지급할 수 있다(국기법 제84조의2 제1항 제6호). 다만, 포상금이 지급되려면 부과되는 과태료 또는 벌금액이 2천만 원 이상이고 납부되는 등 부과처분이 확정되어야 한다(국기법 시행령 제65조의4 제1항 제1호 및 제7항 제2호).

주10) '중요자료'란 해외금융기관명칭, 계좌번호, 계좌잔액, 계좌 명의자 등 해외금융계좌의 구체적인 정보를 확인하여 처벌 또는 과태료 부과의 근거로 활용할 수 있는 자료를 말한다.

제 8 절

강제징수 등 국세징수법 관련 내용들

I **국세징수법**

국세징수법은 국세의 징수에 필요한 징수절차 등을 규정한 법으로 국민의 납세의무의 적정한 이행을 통하여 국세수입을 확보하는 것을 목적으로 한다(국징법 제1조).

II **국세징수법에서 사용되는 주요 용어의 정의**

1. 국세징수법 제2조에서 정의하는 내용

(1) 납부기한

"납부기한"이란 납세의무자가 확정된 국세(가산세를 포함한다)를 납부하여야 할 기한으로서 다음의 기한을 말한다(국징법 제2조 제1항 제1호).

1) 법정납부기한(국징법 제2조 제1항 제1호 가목)

국세의 종목과 세율을 정하고 있는 법률, 「국세기본법」, 「조세특례제한법」 및 「국제조세조정에 관한 법률」에서 정한 기한

> **사례** 법정납부기한
>
> ① 종합소득세 : 매년 5월 31일(단, 성실신고확인서 제출대상자는 6월 30일)
> ② 1기 확정 부가가치세 : 매년 7월 25일
> ③ 2기 확정 부가가치세 : 매년 1월 25일

2) 지정납부기한(국징법 제2조 제1항 제1호 나목)

관할 세무서장이 납부고지를 하면서 지정한 기한(납부고지서에 납부기한으로 표기된 날짜)

(2) 체납

"체납"이란 국세를 지정납부기한까지 납부하지 아니한 것을 말한다. 다만, 지정납부기한

후에 납세의무가 성립·확정되는 「국세기본법」 제47조의4에 따른 납부지연가산세 및 같은 법 제47조의5에 따른 원천징수 등 납부지연가산세의 경우 납세의무가 확정된 후 즉시 납부하지 아니하는 것을 말한다(국징법 제2조 제1항 제2호).

> **사례** 고지서의 납부기한까지 납부하지 못한 경우
>
> ○○세무서에서 2023.7.3. 납세자 김성실에게 부가가치세 100,000,000원을 2023.7.31. 납기로 고지하여 김성실이 2023.7.5. 고지서를 수령하였으나 김성실은 자금사정이 좋지 않아 납부기한(지정납부기한)까지 납부하지 못하였음. 이 경우 2023.8.1. 납부지연가산세 3,000,000원 (100,000,000원 × 3%)이 확정된다. 여기에서 3,000,000원은 국기법 제47조의4에 따른 납부지연가산세이다.

(3) 체납자

"체납자"란 국세를 체납한 자를 말한다(국징법 제2조 제1항 제3호).

(4) 체납액

"체납액"이란 체납된 국세와 강제징수비를 말한다(국징법 제2조 제1항 제4호).

2. 기타 국세징수법에서 사용되는 주요 용어의 정의

(1) 강제징수비

"강제징수비"라 함은 「국세징수법」의 강제징수에 관한 규정에 따른 재산의 압류, 보관, 운반과 매각에 든 비용(매각을 대행시키는 경우 그 수수료를 포함한다)을 말한다(국기법 제2조 제6호).

(2) 자력집행력

"자력집행력"이란 국세의 징수기관이 국세징수의 확보를 위하여 민사상 채권의 강제실현절차와는 달리 사법부의 힘을 빌리지 않고 「국세징수법」에서 규정하고 있는 강제징수의 방법에 의하여 국세의 징수기관 스스로 국세채권을 강제실현하는 능력을 말한다.

Ⅲ 징수의 의의 및 임의징수와 강제징수

1. 징수의 의의

징수(徵收)란 국가 기관이 국민으로부터 돈(세금 등), 물품 등을 아무런 대가 없이 강제로 거두어들이는 개념이나, 「국세징수법」에서의 징수의 개념은 과세관청이 납세의무가 확정된 국세에 대하여 납세자에게 임의납부할 수 있도록 청구하는 납부고지·독촉 등의 임의징수와, 납세자가 임의징수를 이행하지 않았을 경우 행하는 압류·매각·청산 등의 강제징수를 포괄하는 개념이다.

(1) 임의징수

1) 임의징수의 의의

임의징수란 확정된 국세채권에 대해 납부기한 내에 납세자가 스스로 이행(납부)하는 것을 의미하고, 일반적인 임의징수 방법과 특별 임의징수 방법으로 구분하며, 일반적인 임의징수 방법으로는 납부고지와 독촉이 있고 특별 임의징수 방법으로는 납부기한 전 징수, 재난 등으로 인한 납부기한 등의 연장, 납부고지의 유예가 있다.

① 일반적인 임의징수 방법
    ㉮ 납부고지

        납부고지란 관할 세무서장이 국세를 징수하기 위하여 국세의 과세기간, 세목, 세액, 산출 근거, 납부하여야 할 기간(지정납부기한 : 납부고지를 하는 날로부터 30일 이내) 및 납부장소를 적은 납부고지서로 납세자에게 이행을 청구하는 것을 말한다(국징법 제6조).

        납부고지는 납세고지서가 납세자에게 도달할 때 효력이 발생하고, ㉠ 국세채권을 확정시키는 부과처분, ㉡ 징수처분을 시작하는 징수처분, ㉢ 납세자에게 국세채권의 이행청구, ㉣ 국세징수권의 소멸시효 중단 등의 효력을 갖는다.

    ㉯ 독촉

        독촉이란 관할 세무서장이 납부고지를 받은 납세자가 지정납부기한까지 완납하지 아니한 경우 지정납부기한이 지난 후 10일 이내에 체납된 국세에 대해 납세자에게 독촉장으로 독촉기한(독촉하는 날로부터 20일 이내) 내에 임의납부를 청구하는 것을 말한다(국징법 제10조).

        독촉은 독촉장이 납세자에게 도달할 때 효력이 발행하고, 독촉기한(지정납부기

한)까지 납세자가 임의납부를 이행하지 않아 독촉 지정납부기한이 경과되면 강제
징수의 시작행위인 압류의 압류요건을 충족시켜 강제징수(압류)를 시작할 수 있
게 하고 국세징수권의 소멸시효를 중단시키는 효과를 갖는다.

② 특별 임의징수 방법

㉮ 납부기한 전 징수

'납부기한 전 징수'란 확정된 국세에 대하여 납세자에게 납부기한 전 징수의 사유
가 발생하여 납세자의 자력이나 신용상태 등으로 보아 납부기한까지 기다려서는
국세를 징수하기 곤란하다고 판단되는 경우에 과세관청이 납세자의 기한 이익을
박탈하여 당초 납부기한 전에 그 국세를 징수하는 것을 말한다(국징법 제9조 제1항).
'납부기한 전'에서 납부기한이라 함은 납부고지서에 지정된 납부기한과 신고·납
부기한 및 원천징수세액의 납부기한 등을 말한다(국세공무원교육원, 2022년 조세법총론
Ⅱ, 27쪽 하단).

㉠ 납부기한 전 징수의 사유(국징법 제9조 제1항)

ⓐ 국세, 지방세 또는 공과금의 체납으로 강제징수 또는 체납처분이 시작된 경우

ⓑ 「민사집행법」에 따른 강제집행 및 담보권 실행 등을 위한 경매가 시작되거
나 「채무자회생 및 파산에 관한 법률」에 따른 파산선고를 받은 경우

ⓒ 「어음법」 및 「수표법」에 따른 어음교환소에서 거래정지처분을 받은 경우

ⓓ 법인이 해산한 경우

ⓔ 국세를 포탈(逋脫)하려는 행위가 있다고 인정되는 경우

ⓕ 납세관리인을 정하지 아니하고 국내에 주소 또는 거소를 두지 아니하게 된
경우

㉯ 재난 등으로 인한 납부기한 등의 연장

납세자에게 다음의 어느 하나에 해당하는 사유가 발생하여 국세를 납부기한 또는
독촉장에 정하는 기한(이하 '납부기한 등'이라 한다)까지 납부할 수 없다고 인정
되는 경우에는 관할 세무서장이 대통령령으로 정하는 바에 따라 납부기한 등을 연
장하거나 세액을 분할하여 납부하도록 하는 제도를 말한다(국징법 제13조 제1항).

㉠ 납부기한 등의 연장 사유

ⓐ 납세자가 재난 또는 도난으로 재산상에 심한 손실을 입은 경우

ⓑ 납세자가 경영하는 사업에 현저한 손실이 발생하거나 부도 또는 도산의 우
려가 있는 경우

ⓒ 납세자 또는 그 동거가족이 질병이나 중상해로 6개월 이상의 치료가 필요한

경우 또는 사망하여 상중인 경우

ⓓ 그 밖에 납세자가 국세를 납부기한 등까지 납부하기 어렵다고 인정되는 것으로서 대통령령으로 정하는 경우

㉰ 납부고지의 유예

납세자에게 위 '재난 등으로 인한 납부기한 등의 연장'의 사유로 국세를 납부할 수 없다고 인정되는 경우 관할 세무서장이 대통령령으로 정하는 바에 따라 납부고지를 유예하거나 세액을 분할하여 납부고지 하는 제도를 말한다(국징법 제14조 제1항).

(2) 강제징수

1) 강제징수의 의의

강제징수란 확정된 국세채권에 대해 납부고지 또는 독촉이라는 임의징수의 이행통지를 받은 납세자가 납부기한 내에 임의징수를 이행하지 아니하였을 경우 납세자의 재산 등에 압류·매각·청산 등의 절차를 통해 국세 등을 징수하는 것을 의미하고, 일반 강제징수인 '압류, 압류재산의 매각·추심, 청산'의 절차와 특별 강제징수인 '사해행위의 취소 및 원상회복, 가압류·가처분 재산에 대한 강제징수, 상속 또는 합병의 경우 강제징수의 속행 등, 제3자의 소유권 주장, 고액·상습체납자의 수입물품에 대한 강제징수의 위탁 등'을 포함하는 개념이다.

① 일반 강제징수(압류, 매각 또는 추심, 청산 절차)

일반 강제징수는 관할 세무서장(체납기간 및 체납금액을 고려하여 대통령령으로 정하는 체납자의 경우에는 지방국세청장을 포함한다)이 납세자가 「국세징수법」 제10조에 따른 독촉 또는 제9조 제2항에 따른 납부기한 전 징수의 고지를 받고 지정된 기한까지 국세 또는 체납액을 완납하지 아니한 경우 재산의 압류(교부청구·참가압류를 포함한다), 압류재산의 매각·추심 및 청산의 절차에 따라 징수하는 것을 말한다(국징법 제24조).

㉮ 압류

압류란 국세채권의 강제징수를 위한 첫 단계로서 체납자 등에게 다음의 요건이 발생한 경우 체납자 등이 소유한 특정 재산의 법률상 또는 사실상의 처분을 금지하여 그 재산을 환가할 수 있는 상태에 두는 강제징수절차를 말한다.

압류의 종류는 압류의 원인인 국세채권의 확정 여부에 따라 압류와 확정 전 보전압류(납세자에게 「국세징수법」 제9조 제1항 각 호의 어느 하나에 해당하는 사유가

있어 국세가 확정된 후 그 국세를 징수할 수 없다고 인정할 때에 국세로 확정되리라고 추정되는 금액의 한도에서 납세자의 재산을 압류하는 것을 말한다)로 나눈다. 등기·등록을 하여야 압류효력이 발생하는 부동산 등의 경우에는 세무공무원이 등기·등록기관에 압류서류를 접수시켜 압류를 진행하지만, 체납자 등이 현금·귀금속·유가증권 등을 주소지·거소지·사업장 등에 은닉한 혐의가 있는 경우에는 혐의가 있는 장소를 영장 없이 수색 등의 강제집행을 하여 압류를 진행하는 경우도 있다.

㉠ 압류의 요건

ⓐ 납세자가 「국세징수법」 제10조에 따른 독촉을 받고 독촉장에서 정한 기한까지 국세를 완납하지 아니한 경우

ⓑ 납세자가 「국세징수법」 제9조 제2항(납부기한 전 징수)에 따라 납부고지를 받고 단축된 기한까지 국세를 완납하지 아니한 경우

ⓒ 납세자에게 「국세징수법」 제9조 제1항 각 호의 어느 하나에 해당하는 사유 (납부기한 전 징수 사유)가 있어 국세가 확정된 후에는 그 국세를 징수할 수 없다고 인정할 때(국세로 확정되리라고 추정되는 금액의 한도에서 납세자의 재산을 압류할 수 있음)

㉮-1 교부청구

교부청구란 관할 세무서장이 체납자에게 다음의 사유가 발생하여 체납자의 재산에 타기관의 강제환가절차가 개시된 경우에 동일한 재산에 대한 중복 압류를 피하고 당해 재산의 환가대금 중에서 국세채권 징수의 목적을 달성하고자 관계집행기관(관할 세무서장, 지방자치단체의 장, 「공공기관의 운용에 관한 법률」 제4조에 따른 공공기관의 장, 「지방공기업법」 제49조 또는 제76조에 따른 지방공사 또는 지방공단의 장, 집행법원, 집행공무원, 강제관리인, 파산관재인 또는 청산인)에 대하여 그 배당을 요구하는 강제징수절차를 말한다(국징법 제59조).

㉠ 교부청구 요건

ⓐ 국세, 지방세, 또는 공과금의 체납으로 체납자에게 대한 강제징수 또는 체납처분이 시작된 경우

ⓑ 체납자에 대하여 「민사집행법」에 따른 강제집행 및 담보권 실행 등을 위한 경매가 시작되거나 체납자가 「채무자 회생 및 파산에 관한 법률」에 따른 파산선고를 받은 경우

ⓒ 체납자인 법인이 해산한 경우

㉮-2 참가압류

참가압류란 체납자에게 다음의 사유가 있을 경우 관할 세무서장이 압류하려는 재산을 이미 다른 기관에서 압류하고 있을 때 교부청구에 갈음하여 참가압류통지서를 그 재산을 이미 압류한 기관에 송달하여 그 압류에 참가하는 강제징수절차를 말한다(국징법 제61조).

  ㉠ 참가압류의 요건

   ⓐ 체납자가 독촉 납부기한이 지나는 등 압류 요건에 해당할 것

   ⓑ 압류하고자 하는 체납자의 재산이 이미 다른 기관에 의하여 압류되어 있을 것

㉯ 매각 또는 추심

매각이란 압류한 체납자의 재산을 공매 또는 수의계약의 방법으로 환가하는 강제징수절차를 말한다. 매각은 체납된 국세와 관련하여 심판청구 등이 계속 중인 경우,「국세징수법」또는 다른 세법에 따라 압류재산의 매각을 유예한 경우, 압류재산의 감정평가가 곤란한 경우, 그 밖에 이에 준하는 사유로 법률상·사실상 매각이 불가능한 경우를 제외하고는 압류 후 1년 이내에 하여야 한다(국징법 제64조 제1항). 압류 재산이 금전인 경우에는 그 금전의 액수만큼 체납액을 징수한 것으로 보고, 유가증권인 경우 그 유가증권에 따라 행사할 수 있는 금전의 급부를 목적으로 한 채권을 추심할 수 있으며 이 경우 추심한 채권의 한도에서 압류와 관계되는 체납액을 징수한 것으로 본다(국징법 제50조). 따라서 금전 또는 금전의 급부를 목적으로 한 채권을 추심할 수 있는 유가증권을 제외한 압류재산은 공매 또는 수의계약에 의하여 환가하여야 한다.

추심이란 압류한 재산이 채권 등인 경우 세무서장이 채권자인 체납자를 대위(代位)하여(국징법 통칙 41-0…13) 제3채무자로부터 체납액의 한도 내에서 세무서장의 이름으로 채권을 받아내는 강제징수절차를 말한다.

  ㉠ 공매

  공매란 매각이라는 강제징수절차의 실행방법 중 하나로 세무서장이 압류재산을 경쟁입찰(공매를 집행하는 공무원이 공매예정가격을 제시하고, 매수신청인에게 문서로 매수신청을 하게 하여 공매예정가격 이상의 신청가격 중 최고가격을 신청한 자를 매수인으로 정하는 방법) 또는 경매(공매를 집행하는 공무원이 공매예정가격을 제시하고, 매수신청인에게 구두 등의 방법으로 신청가격을 순차로 올려 매수신청을 하게 하여 최고가 매수신청인을 매수인으로 정하는 방법)의 방법으로 매각하는 것을 말한다(국징법 제65조). 공매의 대표적인 사

례로는 세무서장의 위탁을 받은 한국자산관리공사가 진행하는 공매이다.

ⓒ 수의계약

수의계약이란 「국세징수법」 제67조【수의계약】의 사유가 있는 압류재산에 대해 경쟁입찰 또는 경매의 방법에 의하지 않고 세무서장 또는 세무서장의 위탁을 받은 한국자산관리공사가 매수인과 매각을 위하여 맺는 계약을 말한다.

㉰ 청산

청산이란 압류 또는 매각처분 등에 의하여 취득한 금전을 국세채권에 충당함과 동시에 권리 있는 타 채권자에게도 교부하고 그 잔여가 있는 때에는 이를 체납자에게 돌려주는 일련의 행위로 강제징수를 종결짓는 강제징수절차를 말한다(국세공무원교육원, 2022년 조세법총론Ⅱ 184page 상단).

② 특별 강제징수

특별 강제징수란 일반 강제징수 절차를 제외한 ㉮ 사해행위의 취소 및 원상회복, ㉯ 가압류·가처분 재산에 대한 강제징수, ㉰ 상속 또는 합병의 경우 강제징수의 속행 등, ㉱ 제3자의 소유권 주장, ㉲ 고액·상습체납자의 수입물품에 대한 강제징수의 위탁 등의 강제징수제도를 말한다.

㉮ 사해행위의 취소 및 원상회복

"사해행위의 취소"란 납세자가 조세채권자인 '국가를 해할 목적'(국세의 강제징수를 피하기 위해)으로 자신의 일반재산을 감소시키는 법률행위(매매, 증여, 변제, 교환, 소비대차, 담보권설정, 채권양도, 채무면제 등)를 하여 조세채무를 변제할 수 없는 상태가 되었을 경우 국가가 「민법」 제406조·제407조 및 「신탁법」 제8조를 준용하여 법원의 소송을 통해 재산을 감소시킨 법률행위를 취소하는 것을 말한다(국징법 제25조).

"원상회복"이란 국가가 납세자의 사해행위를 발견하고 사해행위취소소송을 제기하여 승소할 경우 재산을 감소시킨 법률행위로 인해 변동된 법률행위의 결과가 사행행위 이전 상태로 돌아가는 것을 말한다(예: 납세자 김사해가 국세의 강제징수를 피하기 위해 자신이 가지고 있던 건물을 김소득에게 매매를 가장하여 소유권을 이전시켜 체납액을 변제할 능력이 없는 경우, 국가가 이를 인지하고 사해행위취소소송을 제기하여 승소하면 토지의 소유권은 김사해 명의로 회복된다).

㉯ 가압류·가처분 재산에 대한 강제징수

"가압류·가처분 재산에 대한 강제징수"란 재판상의 가압류 또는 가처분 재산이 강제징수 대상인 경우에 관할 세무서장이 강제징수 하는 것을 말한다(국징법 제26조).

ⓓ 상속 또는 합병의 경우 강제징수의 속행 등
"상속 또는 합병의 경우 강제징수의 속행 등"이란 체납자의 재산에 대하여 강제징수를 시작한 후 체납자가 사망하였거나 체납자인 법인이 합병으로 소멸된 경우에도 관할 세무서장이 그 재산에 대한 강제징수는 계속하여 진행하여야 한다는 것을 말한다(국징법 제27조 제1항).

ⓔ 제3자의 소유권 주장
"제3자의 소유권 주장"이란 압류한 재산에 대하여 소유권을 주장하고 반환을 청구하려는 제3자가 그 재산의 매각 5일 전까지 소유자로 확인할 만한 증거서류를 관할 세무서장에게 제출하며 소유권을 주장하고 반환을 청구하는 것을 말한다. 제3자의 소유권 주장이 있으면 관할 세무서장은 그 재산에 대한 강제징수를 정지하여야 하며, 제3자의 청구내용이 정당하다고 인정되면 압류를 해제하고, 부당하면 그 뜻을 제3자에게 통지하여야 하고, 제3자가 통지받을 날부터 15일 이내에 체납자를 상대로 소유권에 관한 소송을 제기한 사실을 증명하지 아니하면 그 재산에 대하여 강제징수를 계속 진행한다(국징법 제28조).

ⓕ 고액·상습체납자의 수입물품에 대한 강제징수의 위탁
"고액·상습체납자의 수입물품에 대한 강제징수의 위탁"이란 관할 세무서장이 체납 발생일로부터 1년이 지난 국세의 합계액이 2억 원 이상인 경우 체납자의 수입물품에 대한 강제징수를 세관장에게 위탁하는 것을 말한다(국징법 제30조).

제 9 절

과세기간(과세시점), 과세표준, 세목별 신고 · 납부기한

I ▷ 과세기간(과세시점)

1. 과세기간(과세시점)의 의의

과세기간(과세시점)이란 과세표준을 계산함에 있어 기준이 되는 일정 기간(또는 일정 시점)을 말한다.

소득세는 1월 1일부터 12월 31일까지의 소득을 합산하여 소득세 과세표준을 계산하고, 부가가치세는 제1기 과세기간(1월 1일부터 6월 30일까지)과 제2기 과세기간(7월 1일부터 12월 31일까지)의 부가가치를 합산하여 부가가치세 과세표준을 계산하고, 법인세는 법인의 정관에 정해진 기간(1회계기간)의 소득을 합산하여 법인세 과세표준을 계산한다. 이처럼 과세표준을 계산함에 있어 기준이 되는 기간을 과세기간이라 한다.

상속세는 피상속인이 사망한 날을 기준으로 상속세 과세표준을 계산하고, 증여세는 증여일을 기준으로 증여세 과세표준을 계산하고, 종합부동산세는 지방세인 재산세 과세 기준일(매년 6월 1일)을 기준으로 종합부동산세 과세표준을 계산한다. 이처럼 과세표준을 계산함에 있어 기준이 되는 시점을 과세시점이라 한다.

과세기간(과세시점)은 세목에 따라 그 부르는 명칭이 달라지는 경우가 있다. 예를 들면 소득세(종합소득세, 양도소득, 퇴직소득세)와 부가가치세 등은 과세기간이라 부르지만 법인세에서는 사업연도라 부르고, 과세시점이 과세표준의 계산의 기준이 되는 조세인 경우 상속세는 상속개시일, 증여세는 증여일, 종합부동산세는 과세기준일이라 부른다.

II ▷ 과세표준

1. 과세표준의 의의

과세표준이란 세액을 산출하기 위하여 세율이 곱해지는 가액 또는 수량을 말한다. 과세대상을 가액으로 표시하는 종가세는 가액(원)이 과세표준이 되고, 과세대상을 수량으로 표시하는 종량세는 수량(ℓ, 명, 건, 갑, ㎥, 킬로그램당 등)이 과세표준이 된다.

과세표준이 가액인 종가세

윤사자가 서울 강남구 삼성동에서 운영하는 웅치레스토랑의 2023년 제1기(2023.1.1.~6.30.)의 매출액은 1,000,000,000원(공급가액)이다.

> 1,000,000,000원(과세표준) × 10%(세율) = 100,000,000원(산출세액)
> - 1,000,000,000원은 부가가치세 산출세액을 산출하기 위하여 세율(10%)이 곱하여지는 과세표준이고, 과세표준이 가액(원)이므로 부가가치세는 종가세이다.
> - 과세기간은 2023년 1월 1일부터 6월 30일까지임.

과세표준이 수량인 종량세

㈜대한석유가 2023년 7월 중 제조하여 반출한 휘발유가 100,000ℓ이다.

> 100,000ℓ(과세표준) × 475원(세율) = 47,500,000원(산출세액)
> - 100,000ℓ는 교통·에너지·환경세 산출세액을 산출하기 위하여 세율(475원)이 곱하여지는 과세표준이고, 과세표준이 수량(ℓ)이므로 교통·에너지·환경세는 종량세이다.
> - 과세기간은 2023년 7월 1일부터 7월 31일까지임.

Ⅲ 신고·납부기한

1. 신고·납부기한(법정신고·납부기한)의 의의

신고·납부기한(법정신고·납부기한)이란 납세의무자가 과세표준신고서를 작성하여 사업장 또는 납세지 관할 세무서장에게 제출하고 납부할 세액을 국고수납기관 등에 납부하여야 하는 기한을 말하고, 각 개별세법에 규정되어 있으며 "법정신고·납부기한"이라고도 한다.

「조세범처벌법」을 공부하는 사람은 세목별로 규정된 신고·납부기한(법정신고·납부기한)을 명확히 알아야 한다. 그 이유는 신고·납부기한(법정신고·납부기한)은 조세포탈범의 기수시기를 판단하는 데 있어 기준이 되기 때문이다.

인지세와 조세포탈의 행태 중 부정환급을 제외하고는 조세포탈죄의 기수시기를 판단함에 있어 신고·납부기한이 기준이 된다. 신고납세제도에 속하는 세목의 조세포탈죄의 기수시기는 각 "세목별로 정해진 신고·납부기한이 지난 때"이고, 부과과세제도(정부결정제도)에 속하는 세목의 조세포탈죄의 기수시기는 "해당 세목의 과세표준을 정부가 결정하거나 조사결정한 후 그 납부기한이 지난 때"(단, 납세의무자가 조세를 포탈할 목적으로 과세표준을 신고하지 아니한 때는 해당 세목의 과세표준의 신고기한이 지난 때)이다(조처법 제3

조 제5항).

이 단원에서는 신고·납부기한의 내용을 소개하면서 독자들이 접할 기회가 드문 개별소비세와 주세 및 이들 세목과 관련된 교육세 등의 신고·납부기한과 세액계산 대한 사례를 만들어 소개하였으니 개별소비세, 주세, 그리고 이들 세목과 관련된 교육세 등의 부가세(기생세)를 이해하는 데 도움이 될 것이다.

2. 세목별 과세기간(과세시점)과 신고·납부기한(법정신고·납부기한)

(1) 부가가치세

1) 부가가치세의 의의

부가가치세란 사업자가 재화 또는 용역을 생산하거나 유통하는 등의 모든 거래단계에서 창출한 부가가치에 과세하는 조세를 말한다.

2) 부가가치세의 과세기간

부가가치세의 과세기간은 일반과세자이면서 계속사업자의 경우는 제1기 과세기간(1월 1일부터 6월 30일까지)과 제2기 과세기간(7월 1일부터 12월 31일까지)이 있어 반기별로 하나의 과세기간이 되고, 간이과세자이면서 계속사업자인 경우는 과세기간(1월 1일부터 12월 31일까지)은 연단위가 과세기간이다. 그리고 일반과세자와 간이과세자가 신규로 사업을 개업하거나 폐업한 경우, 또는 유형전환한 경우의 과세기간은 아래 표의 내용과 같다.

| 계속사업자의 경우 과세기간 |

구분	과세기간 명칭	기간	비고
일반과세자	제1기 과세기간	1.1.~6.30.	일반과세자는 1년에 과세기간 2개임
	제2기 과세기간	7.1.~12.31.	
간이과세자		1.1.~12.31.	간이과세자는 1년에 과세기간이 1개임

| 신규 개업, 폐업, 유형전환 시 과세기간 |

구분	신규로 개업한 경우	폐업한 경우	유형전환한 경우
일반과세자	개업일부터 과세기간 종료일	과세기간 개시일부터 폐업일	과세기간 개시일부터 종료일
간이과세자	개업일부터 과세기간 종료일	과세기간 개시일부터 폐업일	과세기간 개시일부터 유형전환 전일

3) 신고 · 납부기한

부가가치세 기초이론 단원에서 신고 · 납부 참조할 것

(2) 소득세

1) 소득세의 의의

소득세란 개인[주1]이 얻은 소득에 부과하는 조세를 말한다. 소득세법은 개인의 소득 종류를 ㉮ 이자소득, ㉯ 배당소득, ㉰ 사업소득, ㉱ 근로소득, ㉲ 연금소득, ㉳ 기타소득, ㉴ 양도소득, ㉵ 퇴직소득 총 여덟 가지로 구분하고, 이들 여덟 가지 소득을 종합소득 · 퇴직소득 · 양도소득세 세 종류로 분류하여 과세한다. 여기에서 퇴직소득과 양도소득을 종합소득세에 합산하지 않고 각 소득별로 소득세를 과세하는 것을 '분류과세'라 하고 이렇게 분류과세하는 사유는 퇴직소득과 양도소득이 갖는 '결집효과'[주2]를 해소하기 위해서이다.

주1) 개인은 거주자와 비거주자로 구분되고 거주자냐 비거주자냐에 따라 소득세 납세의무의 범위가 다르다. 거주자란 국내에 주소나 183일 이상 거소를 둔 개인을 말하고 국내원천소득과 국외원천소득을 합산하여 납세의무를 가진다. 비거주자란 거주자가 아닌 개인을 말하고 국내원천소득에 대해서만 소득세 납세의무를 가진다.

주2) 결집효과란 퇴직소득과 양도소득처럼 장기간에 걸쳐 이루어진 소득이 일시에 실현되는 것을 말한다.

① 종합소득세

종합소득금액이 있는 개인에게 부과하는 소득세를 말한다. 여기에서 종합소득금액이란 ㉮ 이자소득, ㉯ 배당소득, ㉰ 사업소득, ㉱ 근로소득, ㉲ 연금소득, ㉳ 기타소득 이들 모두를 합산한 금액을 말한다.

② 퇴직소득세

근로자가 현실적으로 퇴직함으로 인하여 지급받는 퇴직금, 공적연금 관련법에 따라 받는 일시금, 기타 이와 유사한 성실의 급여를 받는 개인에게 부과하는 소득세를 말한다. 여기에서 현실적인 퇴직이라 함은 고용계약에 의한 근로관계가 실질적으로 종료됨으로서 퇴직하는 것을 의미한다.

③ 양도소득세

토지, 건물, 부동산을 취득할 수 있는 권리 등의 부동산에 관한 권리, 특정 주식 등의 양도로 인하여 발생한 소득이 있는 개인에게 부과하는 소득세를 말한다.

2) 과세기간

거주자의 소득세 과세기간은 1월 1일부터 12월 31일까지이다. 그리고 거주자가 사망한 경우에는 '1월 1일부터 사망한 날'까지이고, '주소 또는 거소를 국외로 이전'(출국)하여 비거주자가 되는 경우에는 '1월 1일부터 출국한 날'까지이다(소득법 제5조). 하지만 거주자가 폐업하는 경우의 과세기간은 폐업일과 관계없이 1월 1일부터 12월 31일까지이다(국세공무원교육원, 2023년 소득법, 16쪽 중단).

3) 신고 · 납부기한

개인이 소득세 납부를 위하여 하는 신고·납부는 확정신고·납부, 중간예납추계액의 신고·납부, 양도소득과세표준 예정신고·납부, 양도소득과세표준 확정신고·납부, 원천징수이행상황신고·납부 네 종류가 있다. 이들의 신고·납부기간의 종료일을 확정신고·납부기한, 중간예납추계액의 신고·납부기한, 양도소득세과세표준 예정신고·납부기한, 양도소득세과세표준 확정신고·납부기한, 원천징수이행상황신고·납부기한이라 한다.

① 확정신고 · 납부기한

확정신고·납부란 종합소득금액, 퇴직소득금액, 양도소득금액이 있는 거주자가 납세지 관할 세무서장에게 해당 그 과세기간의 다음 연도 5월 1일부터 5월 31일까지 해당 소득에 대한 과세표준신고서를 제출하고 납부할 세액을 납부하는 것을 말하며, 그 신고·납부기간의 종료일을 확정신고·납부기한이라고 한다(소득법 제70조, 제71조, 제72조, 제110조, 제111조). 다만, 종합소득금액이 있는 거주자가 성실신고확인대상사업자여서 성실신고확인서[주3]를 제출하는 경우, 거주자가 사망한 경우, 거주자가 주소 또는 거소를 국외로 이전하는 경우 등의 확정신고·납부기한은 다음의 표의 내용과 같이 특례가 적용된다.

주3) 성실신고확인서란 성실신고확인대상사업자가 종합소득 과세표준 확정신고를 할 때에 비치·기록된 장부와 증명서류에 의하여 계산한 사업소득이 적정하다는 사실을 세무사 등이 확인하고 작성하는 확인서를 말한다. 성실신고확인대상사업자는 성실신고확인서를 종합소득과세표준확정신고 시 납세지 관할 세무서장에게 제출하여야 하고 제출할 경우 종합소득과세표준확정신고는 해당 과세기간의 다음 연도 5월 1일부터 6월 30일까지 할 수 있다. 성실신고확인대상사업자는 다음의 표의 내용과 같다(소득법 제70조의2).

| 성실신고확인대상사업자 | (소득령 제133조 제1항)

업 종	2014~2017년 기준수입금액	2018년 이후 기준수입금액
농업·임업 및 어업, 광업, 도·소매업(상품중개업 제외), 부동산매매업, 기타 아래에 해당하지 아니하는 사업	20억 원	15억 원
제조업, 숙박 및 음식점업, 전기·가스·증기 및 공기 조절 공급업, 수도·하수·폐기물처리·원료재생업, 건설업(비거주용 건물 건설업은 제외), 부동산개발 및 공급업(주거용 건물 개발 및 공급업에 한함), 운수업 및 창고업, 정보통신업, 금융 및 보험업, 상품중개업	10억 원	7.5억 원
부동산임대업, 부동산업(부동산매매업 제외), 전문과학 및 기술서비스입, 사업시설관리·사업지원 및 임대서비스업, 교육서비스업, 보건업 및 사회복지서비스업, 예술·스포츠 및 여가관련 서비스업, 협회 및 단체, 수리 및 기타 개인서비스업, 가구내 고용활동	5억 원	5억 원

| 소득세의 확정신고·납부기한 |

구분	원칙적인 신고·납부기한	특례가 적용되는 경우		
		성실신고확인서 제출	거주자 사망	비거주자가 된 경우
종합소득세 (종합소득금액)	다음 해 5. 1.~5. 31.	다음 해 5. 1.~6. 30.	아래 ★) 참조	아래 ☆) 참조
퇴직소득세 (퇴직소득금액)	다음 해 5. 1.~5. 31.	해당없음	아래 ★) 참조	아래 ☆) 참조
양도소득세 (양도소득금액)	다음 해 5. 1.~5. 31.	해당없음	아래 ★) 참조	아래 ☆) 참조

★) 상속 개시일이 속하는 달의 말일부터 6개월이 되는 날까지 사망일이 속하는 과세기간에 대한 그 거주자의 과세표준을 신고하여야 됨(소득세법 제74조 제1항).

☆) 출국일이 속하는 과세기간의 과세표준을 출국일 전날까지 신고하여야 됨. 거주자가 1월1일과 5월31일 사이에 출국하는 경우 출국일이 속하는 과세기간의 직전 과세기간에 대한 과세표준확정신고를 하여야 됨(소득법 제74조 제4항 및 제5항).

② 중간예납추계액의 신고·납부기한

"중간예납추계액의 신고·납부"란 해당 종합소득이 있는 거주자가 중간예납기간(1. 1.부터 6. 30.까지)의 종료일 현재 그 중간예납기간 종료일까지의 종합소득금액에 대한 소득세액(중간예납추계액)이 중간예납기준액의 100분의 30에 미달하는 경우 또는 중간예납기준액이 없는 거주자 중 복식부기의무자가 해당 과세기간의 중간예납기간 중 사업소득이 있는 경우에는 11.1.부터 11.30.까지의 기간에 중간예납추계액을 계산하여 중간예납세액으로 납세지 관할 세무서장에게 신고하고 납부할 세액을 국고수납기관 등에 납부하는 것을 말하며, 그 신고·납부기간의 종료일을 중간예납추계액의 신고·납부기한이라 한다(소득법 제65조 제3항, 제5항, 제6항).

⚙ 중간예납이란 종합소득이 있는 거주자에 대하여 납세지 관할 세무서장이 1.1.부터 6.30.까지의 기간을 중간예납기간으로 하여 직전 과세기간의 종합소득에 대한 소득세로서 납부하였거나 납부하여야 할 세액의 2분의 1에 해당하는 금액(중간예납기준액)을 결정하여 11.30.까지 징수하는 것을 말한다(소득법 제65조 제1항).

③ 양도소득과세표준 예정신고·납부기한

양도소득과세표준 예정신고·납부란 거주자가 토지, 건물, 부동산을 취득할 수 있는 권리 등의 부동산에 관한 권리, 특정 주식 등의 양도로 발생한 소득이 있을 경우 그 양도일이 속하는 달의 말일부터 2개월(토지거래계약허가구역에 있는 토지를 양도할 때 토지거래계약허가를 받기 전에 대금을 청산한 경우에는 그 허가일이 속하는 달의 말일로부터 2개월) 이내에 납세지 관할세무서장에게 양도소득세과세표준신고서를 제출하고 납부할 세액을 국고수납기관 등에 납부하는 것을 말하며, 그 신고·납부기간의 종료일을 양도소득과세표준 예정신고·납부기한이라 한다(소득법 제105조 제1항 제1호 및 제106조 제1항). 다만, 주권상장법인의 주식 중 대주주가 양도하는 주식 또는 증권시장 외에서 거래한 주식을 양도하였을 경우에는 그 양도일이 속하는 반기(半期)의 말일부터 2개월 이내에 신고·납부하여야 하고 부담부증여의 채무액에 해당하는 부분으로서 양도로 보는 경우에는 그 양도일 속하는 달의 말일부터 3개월 이내에 신고·납부하여야 한다(소득법 제105조 제1항 제2호, 제3호).

④ 양도소득과세표준 확정신고·납부기한

양도소득과세표준 확정신고·납부란 거주자가 토지, 건물, 부동산을 취득할 수 있는 권리 등의 부동산에 관한 권리, 특정 주식 등의 양도로 발생한 소득이 있을 경우 그 양도소득과세표준을 그 과세기간의 다음 연도 5월 1일부터 5월 31일까지[제105조 제1항 제1호 단서에 해당하는 경우에는 토지거래계약에 관한 허가일(토지거래계약허가를 받기 전에 허가구역의 지정이 해제된 경우에는 그 해제일을 말한다)이 속하는 과세기간의 다음 연도 5월 1일부터 5월 31일까지] 납세지 관할 세무서장에게 양도소득세과세표준신고서를 제출하고 납부할 세액을 국고수납기관 등에 납부하는 것을 말하며, 그 신고·납부기간의 종료일을 양도소득과세표준 확정신고·납부기한이라 한다

(소득세법 제110조 제1항 제1호 및 제111조 제1항).

⑤ 원천징수이행상황신고·납부기한

원천징수이행상황신고·납부란 원천징수의무자가 개인 또는 법인에게 원천징수대상 소득금액 또는 수입금액을 지급하는 때 원천징수한 소득세 또는 법인세를 그 징수일 이 속하는 달의 다음 달 10일(반기별 납부제도 적용자는 징수일이 속하는 반기(半期) 의 마지막 달의 다음 달 10일)까지 원천징수 관할 세무서장에게 원천징수이행상황신 고서를 제출하고 납부할 세액을 국고수납기관 등에 납부하는 것을 말하며, 그 신고· 납부기간의 종료일을 원천징수이행상황신고·납부기한이라 한다(소득법 제127조 제1항, 제128조, 소득령 제185조 제1항).

(3) 법인세

1) 법인세의 의의

법인세란 법인(국가와 지방자치단체는 제외)의 각 사업연도 소득, 청산소득, 토지 등의 양도소득, 미환류소득에 과세하는 조세를 말한다(법인법 제4조).

2) 사업연도(과세기간)

사업연도란 법인의 소득을 계산하는 1회계기간을 말한다(법인법 제2조 제5호). 법인의 경우 과세기간을 사업연도라 칭한다. 1회계기간은 법인의 정관 또는 법령 등에 규정하여 놓았을 경우에는 정관 또는 법령 등에 규정된 기간이 1회계기간(사업연도)이 되고 그 기간은 1년 을 초과하지 못한다. 정관 또는 법령 등에 규정이 없는 경우에는 법인이 사업연도를 사업장 관할 세무서에 신고한 경우에는 신고한 1회계기간이 사업연도가 되고, 사업연도를 신고하 지 아니한 경우에는 매년 1.1.부터 12.31.까지의 기간이 사업연도가 된다. 신규 개업 법인, 폐업 법인, 해산하는 법인 등의 사업연도는 아래 표의 내용과 같다.

| 법인의 사업연도(과세기간) |

구분	정관 또는 법령에 규정	정관 또는 법령에 규정 안된 경우	
		사업연도를 신고한 경우	사업연도를 신고하지 않은 경우
계속사업 법인 ('폐업 법인'[주4] 포함)	정관 또는 법령에 규정된 1회계기간	신고된 사업연도	1.1.~12.31.

구분	정관 또는 법령에 규정	정관 또는 법령에 규정 안된 경우	
		사업연도를 신고한 경우	사업연도를 신고하지 않은 경우
신설 법인	최초사업연도 개시일[주5]부터 회계기간 종료일	최초사업연도 개시일[주5]부터 회계기간 종료일	최초사업연도 개시일[주5]부터 12.31.
해산, 합병·분할 등인 법인	다음의 사업연도의 의제 내용과 같음.		

주4) 폐업 법인의 사업연도(과세기간)는 계속사업 법인의 사업연도와 같다. 그 사유는 법인이 폐업을 하였더라도 해산등기 완료 후 청산절차를 완료하지 않는 경우에는 법인은 존재하기 때문이다. 그러므로 폐업은 법인의 사업연도에 영향을 미치지 않는다.

주5) 법인의 최초사업연도의 개시일은 아래 표의 내용과 같다(법인령 제4조).

구 분	최초사업연도 개시일
내국법인	설립등기일(내국법인이 법인으로 보는 법인 아닌 단체의 경우는 설립일, 허가일·인가일 또는 등록일, 기본재산의 출연을 받은 날, 승인일 등이다)
외국법인	국내사업장을 가지게 된 날(국내사업장이 없는 경우에는 부동산소득 또는 양도소득이 최초로 발생한 날)
최초사업연도 개시일 전에 생긴 손익이 발생하여 특례를 적용한 경우	당해 법인에 귀속시킨 손익이 최초로 발행한 날

① 사업연도의 의제

사업연도의 의제란 법인에게 해산, 합병 또는 분할, 사업연도 중 연결납세방식을 적용받는 경우, 외국법인이 사업연도 중 국내사업장을 가지지 아니하게 된 경우, 국내사업장이 없는 외국법인이 사업연도 중에 국내원천 부동산소득 또는 국내원천 부동산양도소득이 발생하지 아니하게 되어 납세지 관할 세무서장에게 신고한 경우 등의 사유가 있으면「법인세법」제8조에 의하여 그 발생일을 기준으로 새로운 사업연도를 부여하는 것을 말한다. 그 내용은 아래 표와 같다.

사업연도 의제 사유	의제 사업연도
㉮ 내국법인이 사업연도 중에 해산(파산)하는 경우	㉠과 ㉡ (㉠그 사업연도 개시일부터 해산(파산)등기일까지의 기간, ㉡해산(파산)등기일 다음날부터 그 사업연도 종료일까지의 기간) • 법인으로 보는 단체의 해산일 경우에는 해산일을 해산등기일로 봄.

사업연도 의제 사유		의제 사업연도
㉯ 내국법인이 사업연도 중에 합병 또는 분할에 따라 해산한 경우		그 사업연도 개시일부터 합병등기일 또는 분할등기일까지의 기간
㉰ 내국법인이 조직을 변경한 경우		조직변경 전의 사업연도가 계속되는 것으로 본다.
㉱ 청산 중인 내국법인	잔여재산가액이 사업연도 중 확정된 경우	그 사업연도 개시일부터 잔여재산가액 확정일까지의 기간
	사업을 계속하는 경우	㉠과 ㉡ (㉠ 그 사업연도 개시일부터 계속등기일까지의 기간, ㉡ 계속등기일 다음 날부터 그 사업연도 종료일까지의 기간)
㉲ 내국법인이 사업연도 중에 '연결납세방식'[주6]을 적용받는 경우		그 사업연도 개시일부터 연결사업연도 개시일 전날까지의 기간
㉳ 국내사업장이 있는 외국법인이 사업연도 중에 그 국내사업장을 가지지 아니하게 된 경우		그 사업연도 개시일부터 그 사업장을 가지지 아니하게 된 날까지의 기간
㉴ 국내사업장이 없는 외국법인이 사업연도 중에 국내원천 부동산소득 또는 국내원천 부동산양도소득이 발생하지 아니하게 되어 납세지 관할 세무서장에게 그 사실을 신고한 경우		그 사업연도 개시일부터 신고일까지의 기간

주6) 연결납세방식(연결납세제도)이란 모회사와 자회사가 출자관계를 통해 경제적으로 결합돼 있어 모회사가 자회사를 완전지배하는 경우 모법인과 자법인을 하나의 과세단위로 보아 소득금액을 합산하여 법인세를 과세하는 제도를 말한다. 연결납세제도를 취하면 모법인에만 법인세 신고의무가 있다.

3) 신고 · 납부기한

법인이 법인세 납부를 위하여 하는 신고 · 납부는 확정신고 · 납부(과세표준 등의 신고), 중간예납세액신고 · 납부(중간예납 의무), 원천징수이행상황신고 · 납부 세 종류가 있다. 이들의 신고 · 납부기간의 종료일을 확정신고 · 납부기한, 중간예납신고 · 납부기한, 원천징수이행상황신고 · 납부기한이라 한다.

① 확정신고 · 납부기한(과세표준 등의 신고)

확정신고 · 납부(과세표준 등의 신고)란 각 사업연도 소득, 청산소득, 토지 등의 양도소득, 미환류소득이 있는 법인이 사업연도 종료 후 3개월(성실신고확인서[주7]를 제출하는 경우에는 4개월) 이내에 납세지 관할 세무서장에게 과세표준신고서를 제출하고 납부할 세액을 국고수납기관 등에 납부하는 것을 말하며, 그 신고 · 납부기간의 종료일을 확정신고 · 납부기한(과세표준 등의 신고기한)이라고 한다(법인법 제60조 제1항, 제

3항). 다만, 「주식회사 등의 외부감사에 관한 법률」 제4조에 따라 감사인에 의한 감사를 받아야 하는 내국법인이 해당 사업연도의 감사가 종결되지 아니하여 결산이 확정되지 아니하였다는 사유로 신고기한의 연장을 신청한 경우에는 그 신고기한을 1개월의 범위에서 연장할 수 있다(법인법 제60조 제7항, 제8항). 확정신고·납부기한(과세표준 등의 신고기한)을 정리하면 아래 표의 내용과 같다.

| 법인세의 확정신고·납부기한(과세표준 등의 신고 기한) |

구분	원칙적인 신고·납부기한	특례가 적용되는 경우	
		성실신고확인서 제출	감사 미종결로 결산확정을 못한 경우
법인세 (각 사업연도 소득 등)	사업연도 종료일로부터 3개월 이내	사업연도 종료일로부터 4개월 이내	1개월의 범위 내에서 연장 가능함.

주7) 성실신고확인서란 내국법인의 성실한 납세를 위하여 법인세 과세표준과 세액을 신고할 때 비치·기록된 장부와 증명서류에 의하여 계산한 과세표준금액의 적정성을 세무사 등이 확인하고 작성한 확인서이고, 법인세 신고서 시 납세지 관할 세무서장에게 제출한다(법인세법 제60조의2). 성실신고확인서 작성자인 세무사 등은 세무사, 세무사법에 따라 등록한 공인회계사, 세무법인, 회계법인이며, 성실신고확인서 제출 대상 법인은 아래의 내용과 같다.
㉠ 아래의 소규모법인 요건에 해당하는 내국법인(유동화전문회사 등은 제외)
 ㉠ 해당 사업연도의 상시근로자 수가 5인 미만
 ㉡ 지배주주 및 특수관계자 지분 합계가 전체의 50% 초과
 ㉢ 부동산임대업 법인 또는 이자·배당·부동산임대소득이 수입금액의 50% 이상인 법인
㉯ 성실신고확인서 제출대상자인 개인사업자가 사업용자산을 현물출자하거나 사업의 양도양수 등의 방법에 따라 내국법인으로 전환한 경우 그 내국법인(사업연도 종료일 현재 법인으로 전환한 후 3년 이내의 내국법인으로 한정)
㉰ ㉯에 따라 전환한 내국법인으로부터 현물출자 및 사업양도를 통해 해당 사업을 인수하여 영위중인 내국법인(㉯에 따른 전환일부터 3년 이내인 경우로서 인수한 사업을 계속 경영하고 있는 경우로 한정)

② 중간예납세액 신고·납부기한(중간예납 의무)

중간예납세액 신고·납부란 사업연도의 기간이 6개월을 초과하는 내국법인이 각 사업연도(합병이나 분할에 의하지 아니하고 새로 설립된 법인의 최초 사업연도는 제외한다) 중 중간예납기간(사업연도의 개시일부터 6개월이 되는 날까지)에 대한 법인세액을 중간예납기간 종료일로부터 2개월 이내에 납세지 관할 세무서장에게 중간예납신고납부계산서를 제출하고 납부할 세액을 국고수납기간 등에 납부하는 것을 말하며, 그 신고·납부기간의 종료일을 중간예납세액 신고·납부기한이라 한다. 다만, 다음 표의 내용에 포함되는 법인은 중간예납세액 납부의무가 없다(법인법 제63조).

㉮ 다음에 해당하는 법인

ㄱ 「고등교육법」 제3조에 따른 사립학교를 경영하는 학교법인

ㄴ 서울대학교, 인천대학교

ㄷ 「산업교육진흥 및 산학연협력촉진에 관한 법률」에 따른 산학협력단

ㅁ 「초·중등교육법」 제3조 제3호에 따른 사립학교를 경영하는 학교법인

㉯ 직전 사업연도의 중소기업으로서 중간예납세액이 50만원 미만인 내국법인

③ 원천징수이행상황신고·납부기한

원천징수이행상황신고·납부란 원천징수의무자가 법인에게 원천징수대상 이자소득 등을 지급하는 때 원천징수한 법인세를 그 징수일이 속하는 달의 다음 달 10일[반기별 납부제도 적용자는 징수일이 속하는 반기(半期)의 마지막 달의 다음 달 10일)까지] 원천징수 납세지 관할 세무서장에 원천징수이행상황신고서를 제출하고 납부할 세액을 국고수납기관 등에 납부하는 것을 말하며, 그 신고·납부기간의 종료일을 원천징수이행상황신고·납부기한이라 한다(법인령 제115조 제1항).

(4) 상속세

1) 상속세의 의의

상속세란 상속개시일 현재 피상속인의 모든 상속재산(피상속인이 거주자인 경우는 모든 상속재산, 피상속인이 비거주자인 경우는 국내에 있는 모든 상속재산)에 부과하는 조세를 말한다(상증법 제3조). 여기에서 상속재산이란 피상속인에게 귀속되는 금전으로 환산할 수 있고 경제적 가치가 있는 모든 물건과 재산적 가치가 있는 법률상 또는 사실상의 모든 권리(일신에 전속하는 것으로서 피상속인의 사망으로 인하여 소멸하는 것은 제외)를 말한다(상증법 제2조 제3호).

2) 상속개시일(과세시점)

상속개시일이란 피상속인이 사망한 날 또는 실종선고일을 말한다(상증법 제2조 제2호). 상속세는 과세시점을 기준으로 하여 부과하는 조세로 과세기간이라는 용어를 사용하지 않고 상속개시일이라 한다.

3) 신고·납부기한

신고·납부란 상속세 납세의무가 있는 상속인 또는 수유자가 상속개시일이 속하는 달의 말일부터 6개월 이내(피상속인이나 상속인이 외국에 주소를 둔 경우에는 9개월 이내)에 피

상속인의 납세지 관할 세무서장에게 과세표준신고서를 제출하고 납부할 세액을 국고수납 기관 등에 납부하는 것을 말하며, 그 신고·납부기간의 종료일을 신고·납부기한이라 한다(상증법 제67조).

(5) 증여세

1) 증여세의 의의

증여세란 증여일 현재 증여재산에 부과하는 조세를 말한다(상증법 제4조). 여기에서 증여 재산이란 증여로 인하여 수증자에게 귀속되는 모든 재산 또는 이익을 말하며, 금전으로 환 산할 수 있고 경제적 가치가 있는 모든 물건, 재산적 가치가 있는 법률상 또는 사실상의 모든 권리, 금전으로 환산할 수 있는 모든 경제적 이익을 포함한다(상증법 제2조 제7호).

2) 증여일(과세시점)

증여일(증여재산의 취득시기)이란 수증자가 증여재산을 취득하는 시점(시기)인 재산을 인도한 날 또는 사실상 사용한 날 등을 말한다(상증법 제32조). 증여세는 과세시점을 기준으 로 부과하는 조세로 과세기간이라는 용어를 사용하지 않고 증여일이라 한다.

3) 신고·납부기한

신고·납부란 증여세 납세의무자가 증여받은 날이 속하는 달의 말일부터 3개월 이내에 납세지 관할 세무서장에게 과세표준신고서를 제출하고 납부할 세액을 국고수납기관 등에 납부하는 것을 말하며, 그 신고·납부기간의 종료일을 신고·납부기한이라 한다. 다만, 비 상장주식의 상장 또는 법인의 합병 등에 따른 증여세 과세표준 정산 신고기한은 정산기준 일이 속하는 달의 말일부터 3개월이 되는 날로 하며, 증여의 원인이 특수관계법인과의 거래 를 통한 이익의 증여 의제(상증법 제45조의3) 또는 특정법인과의 거래를 통한 이익의 증여 의 제(상증법 제45조의5)인 경우에는 수혜법인 또는 특정법인의 과세표준 등의 신고기한(확정신 고·납부기한)이 속하는 달의 말일로부터 3개월이 되는 날이다(상증법 제68조).

(6) 종합부동산세

1) 종합부동산세의 의의

종합부동산세란 납세의무자가 과세기준일(6월 1일) 현재 보유한 부동산의 '과세유형별 로 공시가격[주8]이 일정금액 이상을 초과한 금액'에 부과하는 조세를 말한다. 여기에서 '과세 유형별'은 「주택, 종합합산토지, 별도합산토지」를 의미하고, '공시가격이 일정금액 이상'은

주택의 가액이 9억 원 또는 12억 원(1세대 1주택인 경우)을 초과한 금액, 종합합산토지의 가액이 5억 원을 초과한 금액, 별도합산토지의 가액이 80억 원을 초과한 금액을 의미한다. 과세방법은 과세유형별로 각각 초과한 금액에 대해 세액을 산출하고 합산하여 과세한다(종부법 제5조, 제8조 제1항, 제13조 제1항~제2항).

주8) 공시가격이란 「부동산 가격공시에 관한 법률」에 따라 가격이 공시되는 주택(개별·공동주택가격) 및 토지(개별공시지가)의 가액을 말한다(종부법 제2조 제9호).

2) 과세기준일(과세시점)

과세기준일이란 「지방세법」 제114조에 따른 재산세의 과세기준일과 같은 날로 매년 6월 1일이다(종부법 제3조). 종합부동산세는 과세시점을 기준으로 하여 과세하는 조세로 과세기간이라는 용어를 사용하지 않고 과세기준일이라 한다.

3) 신고·납부기한과 납부기간

종합부동산세는 내국세 중 유일하게 신고납세제도와 부과과세제도 중 하나를 납세의무자가 선택하여 적용받을 수 있는 세목이다. 신고·납부(정기분 신고·납부기한)란 종합부동산세 납세의무자가 신고납세제도를 선택하여 12월 1일부터 12월 15일까지 납세지 관할 세무서장에게 과세표준신고서를 제출하고 납부할 세액을 국고수납기관 등에 납부하는 것을 말하며, 그 신고·납부기간의 종료일을 신고·납부기한이라 한다(종부법 제16조 제3항, 제4항, 종부령 제8조 제2항).

납부기간이란 납세의무자가 부과과세제도를 선택한 경우 납세지 관할 세무서장은 납부하여야 할 종합부동산세의 세액을 해당 연도 12월 1일부터 12월 15일까지 부과·징수하는데 그 부과·징수기간을 말한다(종부법 제16조 제1항, 제2항, 종부령 제8조 제1항).

> 🔖 납세의무자가 과세표준신고서를 납세지 관할 세무서장에게 제출하면 신고납세제도를 선택하는 것이 되고 그렇지 아니하면 부과과세제도를 선택하는 것이 된다. 종합부동산세는 납세의무자가 신고납세제도를 선택한 경우에는 신고납세제도에 속하는 세목이 되고, 부과과세제도를 선택한 경우에는 부과과세제도에 속하는 세목이 된다.

(7) 개별소비세

1) 개별소비세의 의의

개별소비세란 특정한 물품 소비행위, 특정한 장소 입장행위, 특정한 장소에서의 유흥음식행위 및 특정한 장소에서의 영업행위에 대하여 부과하는 조세를 말한다(개소법 제1조 제1항). 개별소비세는 과세대상에 따라 종가세와 종량세로 과세표준이 다르고, 과세대상별로 세율이 다르고, 탄력세율이 적용되는 과세대상도 존재하고, 신고·납부기한이 과세대상별로 다르고, 기준가격 등이 있어 다른 내국세들과 비교하면 여러 특징들을 가지는 세목이다. 이들 특징 중 반드시 알아야 할 내용은 '과세대상 종류'(특정한 물품 소비행위, 특정한 장소 입장행위, 특정한 장소에서의 유흥음식행위 및 특정한 장소에서의 영업행위)라 할 수 있고 그 내용은 다음과 같다.

① 특정한 물품(과세물품) 소비행위

특정한 물품(과세물품) 소비행위란 납세자가 개별소비세가 과세되는 물품인 ㉮ 수렵용 총포류 및 투전기 등, ㉯ 보석 및 고급 시계 등, ㉰ 자동차 등, ㉱ 휘발유 및 경유 등, ㉲ 담배 등을 소비하는 행위를 말한다. 특정 물품의 구체적인 내용과 세율은 아래 표의 내용과 같다(개소법 제1조 제2항).

㉮ 수렵용 총포류 및 투전기 등

과세물품	과세표준	세율
투전기, 오락용 사행기구, 그밖의 오락용품	물품가격	100분의 20
수렵용 총포류	물품가격	100분의 20

㉯ 보석 및 고급 시계 등

과세물품	기준가격[주9]	과세표준[주10]	세율
보석(공업용 다이아몬드 가공하지 아니한 원석 및 나석은 제외), 진주 별갑, 산호 호박 및 상아와 이를 사용한 제품, 귀금속 제품, 고급 모피와 그 제품	개당 500만 원	과세가격	100분의 20
고급 시계, 고급 가방, 고급 융단[주11]	개당 200만 원	과세가격	100분의 20
고급 가구	조당 800만 원 개당 500만 원	과세가격	100분의 20

주9) 기준가격이란 과세물품의 과세가격을 계산하는데 기준이 되는 금액을 말한다. 보석류 등 과세물품은 일정 금액을 초과하는 금액에 개별소비세를 과세하는데 초과금액을 정하는 기준이 되는 금액을 기준가격이라 한다. 과세물품별 기준가격은 보석과 귀금속은 1개당 500만 원, 고급 모피와 그 제품 또는 가구는 조당 800만 원 또는 개당 500만 원, 시계와 가방은 1개당 200만 원이고, 융단은 물품 면적에 제곱미터당 10만원을 곱하여 200만 원을 초과하는 경우에 그 금액으로 한다(개소령 제4조).

주10) 과세가격이란 물품가격에서 기준가격을 차감한 금액을 말하고 개별소비세의 과세표준이 된다.

주11) 고급융단의 기준가격은 융단은 물품 면적에 제곱미터당 10만 원을 곱하여 200만 원을 초과하는 경우에 그 금액으로 한다.

㉓ 자동차

과세물품	과세표준	세율
배기량이 2천시시를 초과하는 승용자동차와 캠핑용자동차	물품가격	100분의 5
배기량이 2천시시 이하인 승용자동차(배기량이 1천시시 이하인 것으로서 경차인 경우는 제외)와 이륜자동차	물품가격	100분의 5
전기승용자동차	물품가격	100분의 5

㉔ 휘발유 및 경유류 등

과세물품	과세표준	세율
휘발유 및 이와 유사한 대체유류(代替油類)	ℓ	475원
경유 및 이와 유사한 대체유류	ℓ	340원
등유 및 이와 유사한 대체유류	ℓ	90원
중유(重油) 및 이와 유사한 대체유류	ℓ	17원
석유가스(액화한 것을 포함) 중 프로판	킬로그램당	20원
석유가스 중 부탄	킬로그램당	252원
천연가스(액화한 것을 포함)	킬로그램당	60원
석유제품 외 물품을 생산하는 과정에서 부산물로 생산되는 유류	ℓ	90원
유연탄	킬로그램당	46원

㉕ 담배 등

과세물품			과세표준	세율
피우는 담배	제1종 궐련		20개비당	594원
	제2종 파이프담배		1그램당	21원
	제3종 엽권련		1그램당	61원
	제4종 각련		1그램당	21월
	제5종 전자담배	니코틴 용액	1밀리리터당	370원
		연초 및 연초고형물을 사용하는 경우 궐련형	20개비당	529원
		연초 및 연초고형물을 사용하는 경우 기타유형	1그램당	51원
	제6종 물담배		1그램당	422원
씹거나 머금은 담배			1그램당	215원
냄새 맡는 담배			1그램당	15원

② 특정한 장소 입장행위

특정한 장소 입장행위(과세장소)란 개인이 경마장, 경륜장·경정장, 투전기를 설치한 장소, 골프장, 카지노 등에 고객으로 입장하는 행위를 말하고 과세표준과 세율은 아래 표의 내용과 같다(개소법 제1조 제3항).

과세장소	과세표준	세율
경마장	명	1회 1,000원, 장외발매소는 2,000원
경륜장·경정장	명	1회 400원, 장외매장은 800원
투전기설치장소	명	1회 10,000원
골프장	명	1회 12,000원
카지노	명	1회 50,000원, 외국인은 1회 2,000원, 「폐광지역개발지원관련특별법」 관련 카지노는 1회 6,300원

③ 특정한 장소에서의 유흥음식행위

"특정한 장소에서의 유흥음식행위"(과세유흥장소)란 개별소비세가 과세되는 장소인 유흥주점(룸싸롱, 나이트클럽, 카바레), 외국인전용 유흥음식점, 그 밖의 유사한 장소에서의 유흥음식행위를 말하고 과세표준과 세율은 다음의 내용과 같다(개소법 제1조 제4항).

과세유흥장소	과세표준	세율
유흥주점(룸싸롱, 나이트클럽, 카바레, 외국인전용 유흥음식점, 그 밖에 이와 유사한 장소	유흥음식요금	100분의 10

④ 특정한 장소에서의 영업행위

"특정한 장소에서의 영업행위"(과세영업장소)란 개별소비세가 과세되는 장소에서 영업하는 행위를 말하고, 개별소비세가 과세되는 장소는 「관광진흥법」 제5조 제1항에 따라 허가를 받은 카지노(폐광지역개발 지원에 따라 설립된 카지노 포함)이다(개소법 제1조 제5항).

과세영업장소	과세표준 (연간 총매출액)	세율
카지노 (폐광지역개발 지원에 따라 설립된 카지노 포함)	500억 원 이하	100분의 0
	500억 원 초과 1천억 원 이하	500억 원을 초과하는 금액의 100분의 2
	1천억 원 초과	10억 원 + 1천억 원을 초과하는 금액의 100분의 4

2) 과세기간 및 신고·납부기한

① 과세기간

개별소비세의 과세기간은 과세대상의 종류에 따라 과세기간이 다르고 그 과세기간은 세 종류[1개월, 3개월(분기별), 1년(1.1.~12.31.)]로 아래 표의 내용과 같다(개소법 제9조).

② 신고·납부기한

신고·납부란 과세대상인 물품을 제조장에서 반출 또는 수입 등을 하거나, 과세유흥 장소에서 유흥행위 등을 제공하거나, 과세장소에 입장시키거나, 과세영업장소를 운영 하는 개별소비세 납세의무자가 사업장 관할 세무서장에게 과세표준신고서를 제출하 고 납부할 세액을 국고수납기관 등에 납부하는 것을 말하며, 그 신고·납부기간의 종 료일을 신고·납부기한이라 한다. 다만, 수입과세물품에 대해서는 세관장에게 수입신 고를 한 때에 개별소비세 신고도 같이 한 것으로 본다(개소법 제9조). 신고·납부기한 은 아래 표의 내용과 같다.

과세대상	과세기간	신고·납부기한
ⓐ 휘발유 등 석유류 ⓑ 담배 등	1개월	판매 또는 반출한 달의 다음 달 말일까지
ⓒ 과세유흥장소 유흥행위 ⓓ 사업장(판매장, 제조장, 과세장소, 과세유흥장소, 과세영업장소)을 폐업하게 된 경우 ⓔ 과세물품이 판매장이나 제조장에 있다가 공매 또는 경매되거나, 파산절차로 환가된 물품	1개월	유흥행위가 있었던 달, 폐업한 달, 공매 등의 환가행위가 있었던 달의 다음 달 25일까지
㉠ 제조장에서 반출된 과세물품(휘발유 등 석유류 및 담배 등은 제외) 또는 판매장에서 판매된 과세물품(휘발유 등 석유류 및 담배 등은 제외) ㉡ 제조장이나 판매장에서 소비된 과세물품(휘발유 등 석유류 및 담배 등은 제외) ㉢ 과세장소 입장	3개월 (분기별)	과세물품이 제조장에서 반출 또는 판매장에서 판매가 있었던 분기의 달, 과세물품이 제조장 또는 판매장에서 소비가 있었던 분기의 달, 과세장소 입장행위가 있었던 분기의 달 다음 달 25일까지
㉠ 과세영업장소 운영(영업)	1년 (1.1.~12.31.)	과세영업장소 운영(영업)행위가 있었던 다음 해 3월 31일까지

사례 1 휘발유 등 석유류의 개별소비세 신고·납부기한

현재 휘발유 등 석유류에 대해서는 개별소비세를 부과하지 않고 대신 교통·에너지·환경세를 부과하고 있다. 따라서 사례는 생략한다.

사례 2 유흥주점의 신고·납부기한

구분	1월	2월	3월
매출액	10,000,000원	20,000,000원	30,000,000원

로마룸싸롱의 2023년 1~3월까지 영업실적이 위 표의 내용과 같을 경우의 개별소비세 신고·납부기한은 아래와 같다.

구분	1월	2월	3월
신고·납부기한	2023.2.25.	2023.3.25.	2023.4.25.
과세표준 (종가세)	10,000,000원	20,000,000원	30,000,000원
개별소비세	1,000,000원 * 계산식 = 10,000,000 × 10%	2,000,000원 * 계산식 = 20,000,000 × 10%	3,000,000원 * 계산식 = 30,000,000 × 10%

사례 3 폐업한 사업장에 잔류 과세물품의 신고·납부기한

폐업일	2023.7.25.	비고
폐업한 사업장에 잔류 과세물품	① 수렵용 엽총 5정(1정당 물품가액 2백만 원) ② 다이아목걸이 1개(물품가액 1천만 원) ③ 자개장농 1개(물품가액 2천만원)	

㈜우주만물의 폐업일 현재 사업장에 잔류한 과세물품 명세가 위 표의 내용과 같을 경우의 개별소비세 신고·납부기한은 아래와 같다.

신고·납부기한	2023.8.25
과세가격 (종가세)	① 수렵용 엽총 5정 : 10,000,000원 = 5정 × 2,000,000원 ② 다이아목걸이 1개 : 5,000,000원 = 10,000,000원 − 5,000,000원(기준가격) ③ 자개장농 1개 : 15,000,000원 = 20,000,000원 − 5,000,000원(기준가격) • 총 과세가격(①+②+③) = 30,000,000원
개별소비세	6,000,000원 = 30,000,000원 × 20%

사례 4 석유류와 담배 등을 제외한 제조장에서 반출된 과세물품의 신고·납부기한

구분	1월	2월	3월
매출내용	가방 10개	가방 20개	가방 20개

귀족가방(주)의 2023년 1~3월까지 개별소비세 과세물품인 가방을 반출한 내용이 위 표의 내용과 같을 경우의 개별소비세 신고·납부기한은 아래와 같다. 단, 가방의 반출가액은 개당 5,000,000원임.

신고·납부 기한	2023.4.25.
과세가격 (종가세)	가방 50개 : 150,000,000원 = 50개 × 3,000,000원**) **) 2,000,000원이 기준가격이므로 5,000,000원(가방반출가액)에서 2,000,000원(기준가격)을 뺀 금액임 • 총 과세가격(①) : 150,000,000원
개별소비세	30,000,000원 = 150,000,000원 × 20%

사례 5 과세장소 입장의 신고·납부기한

구분	1월	2월	3월
입장인원	5,000명	7,000명	10,000명

한성골프클럽(주)의 2023년 1~3월까지 입장인원이 위 표의 내용과 같을 경우의 개별소비세 신고·납부기한은 아래와 같다.

신고·납부 기한	2023.4.25.
과세가격 (종가세)	22,000명 = 5,000명 + 7,000명 + 10,000명
개별소비세	264,000,000원 = 22,000명 × 12,000원(세율)

사례 6 과세영업장소 운영의 신고·납부기한

> 2022년 ㈜대관령카지노의 연간 매출액이 99,000,000,000원임.

㈜대관령카지노의 2022년의 연간매출액이 위 표의 내용과 같을 경우의 개별소비세 신고·납부기한은 아래와 같다.

신고 · 납부 기한	2023.3.31.
과세가격 (종가세)	49,000,000,000원 = 99,000,000,000원 − 50,000,000,000원
개별소비세	980,000,000원 = 49,000,000,000원 × 2/100

(8) 주세

1) 주세의 의의

주세란 주류를 제조하여 제조장으로부터 반출하는 자(위탁 제조하는 주류의 경우에는 주류 제조 위탁자를 말한다) 또는 주류를 수입하여 「관세법」에 따라 관세를 납부할 의무가 있는 자에게 부과하는 조세이다(주세법 제3조).

주세도 개별소비세 못지않게 주류의 종류에 따라 세율과 과세표준의 종류(종가세 또는 종량세)가 다르고, 가격변동지수가 세율에 반영되는 등 여러 특징을 가지고 있다. 그뿐만 아니라 '주류', '주정', '알코올분', '주류의 규격', '밑술', '술덧', '국', '전통주' 등 주세에서 사용되는 용어들이 있다. 주세를 알기 위해서는 주류의 종류, 주류의 종류에 따른 세율, 주세에서 사용되는 용어들의 정의 등은 반드시 알아야 할 내용이다.

① 주류의 종류

주류의 종류는 아래 표의 내용과 같다(주세법 제5조 제1항).

주정	발효주류	증류주류	기타 주류
주정	탁주	소주	
	약주	위스키	
	청주	브랜디	
	맥주	일반 증류주	
	과실주	리큐르	

② 주류의 종류별 세율과 과세표준의 종류(종가세 또는 종량세) 구분

주세는 주류의 종류에 따라 세율과 과세표준의 종류가 달라지고 그 내용은 아래 표와 같다(주세법 제8조). 아래 표에서 과세표준 단위가 수량이면 종량세이고 가액이면 종가세이다.

주류(과세대상)		과세표준 단위	세율
주정		1킬로리터(1,000ℓ)	57,000원 (알코올분 95도를 초과하는 1도마다 600원 더하여 계산)
발효주류	탁주	1킬로리터(1,000ℓ)	직전연도 12월 31일 기준세율 × [1 + 가격변동지수] • 1킬로리터당 기준세율 44,400원, 가격변동지수 3.57%
	맥주	1킬로리터(1,000ℓ)	직전연도 12월 31일 기준세율 × [1 + 가격변동지수] • 1킬로리터당 기준세율 885,700원, 가격변동지수 3.57%
	약주·과실주·청주	반출되는 주류가격	100분의 30
증류주		반출되는 주류가격	100분의 72
주세법 별표 제4호 가목 및 다목부터 마목까지 주류		반출되는 주류가격	100분의 72 (주세법 별표 제4호 다목의 주류 중 불휘발분이 30도 이상인 것은 100분의 10)
주세법 별표 제4호 나목의 주류		반출되는 주류가격	100분의 30
전통주		전통주로서 대통령령으로 정하는 주류 중 경감세율 적용대상 주류에 해당하는 주류(주세령 제7조 제2항~제3항)는 주세법 제8조 제1항 세율의 100분의 50	

※ 탁주와 맥주의 세액계산 시 100원 미만은 버린다.

③ 주세에서 사용되는 주요 용어의 정의(주세법 제2조)

용어	의미
주류	주류란 「주세법」 별표(주류의 종류별 세부 내용)의 내용에 열거된 주정 또는 알코올분 1도 이상의 음료 등 술의 종류를 총칭하는 단어이다.
주정	희석하여 음용할 수 있는 에틸알코올을 말하며, 불순물이 포함되어 있어서 직접 음용할 수는 없으나 정제하면 음용할 수 있는 조주정을 포함한다.
알코올분	주류의 전체용량에 포함되어 있는 에틸알코올을 말한다.
불휘발분	술 전체용량에 포함되어 있는 휘발되지 아니하는 알코올이 아닌 성분

용어	의미
주류의 규격	주류를 구분하는 것으로서 ㉠ 주류의 제조에 사용되는 원료의 사용량(탁주, 약주, 청주 등), ㉡ 주류에 첨가할 수 있는 재료의 종류 및 비율(맥주, 과실주 등), ㉢ 주류의 알코올분 및 불휘발분의 함량(주정, 소주 등), ㉣ 주류를 나무통에 넣어 저장하는 기간(위스키, 브랜디 등), ㉤ 주류의 여과 방법, ㉥ 그 밖의 주류 구분 기준 등이다.
밑술	효모를 배양·증식한 것으로서 당분이 포함되어 있는 물질로 알코올을 발효시킬 수 있는 재료를 말한다.
술덧	주류의 원료가 되는 재료를 발효시킬 수 있는 수단을 재료에 사용한 때부터 주류를 제성(조제하여 만듦)하거나 증류하기 직전까지의 상태에 있는 재료를 말한다.
국	녹말이 포함된 재료에 곰팡이류를 번식시킨 것, 녹말이 포함된 재료와 그 밖의 재료를 섞은 것에 곰팡이류를 번식시킨 것, 효소로서 녹말이 포함된 재료를 당화시킬 수 있는 것 등의 물질을 말하며, 술을 발효할 때 쓰이는 누룩과 같은 역할을 하는 물질이다.
전통주	주류부문 국가무형문화재 보유자(무형문화재 보전 및 진흥에 관한 법률 제17조) 및 주류부문 시·도무형문화재 보유자(무형문화재 보전 및 진흥에 관한 법률 제32조)가 제조한 주류, 주류부문의 대한민국식품명인(식품산업진흥법 제14조)이 제조한 주류, 농업경영체 및 생산자단체(농업·농촌 및 식품산업 기본법 제3조)와 어업경영체 및 생산자단체(수산업·어촌 발전 기본법 제3조)가 직접 생산한 주류, 주류제조장이 소재한 지역에서 생산한 농산물을 주원료로 하여 제조한 주류로서 특별시장·광역시장·특별자치시장·도지사, 특별자치도지사(전통주 등의 산업진흥에 관한 법률 제8조 제1항)의 추천을 받아 제조한 주류 등을 말한다.

2) 과세기간 및 신고·납부기한

① 과세기간

주세의 과세기간은 과세대상인 주류를 제조하여 제조장에서 반출하는 경우에는 분기별로 하나의 과세기간이 되고 수입하는 경우에는 기간단위 과세기간을 적용하지 않고 수입신고 건별로 과세표준과 세액의 신고·납부 대상이 된다(주세법 제9조 제1항 및 제3항).

② 신고·납부기한

신고·납부란 국내의 제조장에서 주류를 제조하여 반출한 자 또는 주류를 수입하는 자가 주류의 종류, 알코올분, 수량, 가격, 세율, 산출세액 등을 적은 신고서를 관할 세무서장 또는 관할 세관장에게 제출하고 납부할 세액을 국고수납기관 등에 납부하는 것을 말하며, 그 신고·납부기간의 종료일을 신고·납부기한이라고 한다.

주세는 국내의 제조장에서 제조된 주류냐 수입되는 주류냐에 따라 주세를 신고·납부하는 과세관청과 신고·납부기한이 다르다. 신고·납부 과세관청은 국내의 제조장에서 제조된 주류는 관할 세무서장이고, 수입하는 주류는 관할 세관장이다. 신고·납부기한은 국내의 제조장에서 제조된 주류는 제조장에서 반출한 날이 속하는 분기의 다음 달 25일까지이고, 수입하는 주류는 수입하는 주류에 대하여 수입신고를 하는 때이다. 그뿐만 아니라 주류는 주류의 종류에 따라 과세표준의 종류(종가세 또는 종량세)가 다르다. 아래 표의 내용과 같이 주정·탁주·맥주는 과세표준이 리터(ℓ)이므로 종량세이고, 주정·탁주·맥주 외 주류는 주류가격이 과세표준이므로 종가세이다(주세법 제7조 제1항 및 제2항).

| 주세의 과세기간(과세시점) 및 신고·납부기한 |

과세대상	과세기간(과세시점)		신고·납부기한
주정, 탁주, 맥주 (주류 수량)	제조장 반출 주류	분기(3개월)	반출한 날이 속하는 분기의 다음 달 25일까지
	수입 주류	수입 신고하는 때 (과세시점)	수입 신고하는 때
주정, 탁주, 맥주 외 주류 (주류가격[주12])	제조장 반출 주류	분기(3개월)	반출한 날이 속하는 분기의 다음 달 25일까지
	수입 주류	수입 신고하는 때 (과세시점)	수입 신고하는 때

주12) 주류가격에는 주세는 포함되지 않고 주류 포장용기 대금과 포장비용은 포함된다(주세법 제7조 제3항). 그러나 주류를 넣을 목적으로 특별히 제조된 도자기병과 이를 포장하기 위한 포장물의 가격, 주류 제조자가 빈용기보증금을 받고 반출할 경우의 용기 또는 포장물의 가격, 전통주에 사용되는 모든 용기 대금과 포장비용, 병입(甁入)반출하지 않는 경우 반환조건으로 사용된 용기 또는 포장물 비용 등은 주류가격에 포함하지 않는다(주세법 제7조 제3항 단서, 주세령 제6조 제2항 및 제3항).

사례 1 제조장에서 주정을 반출한 경우의 신고·납부기한과 세액

구분	4월	5월	6월
반출 주정(주정 알코올분은 95도)	10,000 ℓ	20,000 ℓ	30,000 ℓ

주정 제조업체인 ㈜상엽주정의 2023년 4~6월까지 주정 반출량이다. ㈜상엽주정의 2분기 주세 신고·납부기한은 아래와 같다.

과세기간	4.1.~6.30.
신고 · 납부기한	2023.7.25.
과세과표(종량세)	60킬로리터 = 10킬로리터 + 20킬로리터 + 30킬로리터
주세	3,420,000원 = 60킬로리터 × 57,000원

사례 2 제조장에서 탁주를 반출한 경우의 신고 · 납부기한과 세액

구분	4월	5월	6월
반출 탁주	10,000 ℓ	20,000 ℓ	30,000 ℓ

㈜천생탁주의 2023년 4~6월까지 탁주 반출량이다. ㈜상엽주정의 2분기 주세 신고 · 납부기한은 아래와 같다.

과세기간	4.1.~6.30.
신고 · 납부기한	2023.7.25.
과세과표(종량세)	60킬로리터 = 10킬로리터 + 20킬로리터 + 30킬로리터
주세	2,759,100원 = 60킬로리터 × (44,400원 × 1.0357)

- 위 주세 계산식의 주세는 2,759,104원이나 탁주와 주세의 세액계산 시 100원 미만은 버리므로 주세는 2,759,100원이 된다. 44,400원은 기준세율이고, 1.0357은 가격변동지수(3.57%)를 반영한 것이다.

사례 3 제조장에서 맥주를 반출한 경우의 신고 · 납부기한과 세액

구분	4월	5월	6월	7월	8월	9월
반출 맥주	10,000 ℓ	20,000 ℓ	30,000 ℓ	40,000 ℓ	50,000 ℓ	60,000 ℓ

㈜장미맥주의 2023년 4~9월까지 맥주 반출량이다. ㈜장미맥주의 2분기와 3분기 주세 신고 · 납부기한은 아래와 같다.

① 2023.2분기 과세기간의 신고 · 납부기한과 세액

과세기간	4.1.~6.30.(2분기)
신고 · 납부기한	2023.7.25.
과세과표(종량세)	60킬로리터 = 10킬로리터 + 20킬로리터 + 30킬로리터
주세	55,039,100원 = 60킬로리터 × (885,700원 × 1.0357)

- 위 주세 계산식의 주세는 55,039,169원이나 탁주와 주세의 세액계산 시 100원 미만은 버리므로 주세는 55,039,100원이 된다.

② 2023.3분기 과세기간의 신고·납부기한과 세액

과세기간	7.1.~9.30.(3분기)
신고·납부기한	2023.10.25.
과세과표(종량세)	150킬로리터 = 40킬로리터 + 50킬로리터 + 60킬로리터
주세	137,597,900원 = 150킬로리터 × (885,700원 × 1.0357)

⚙ 위 주세 계산식의 주세는 137,597,923원이나 탁주와 주세의 세액계산 시 100원 미만은 버리므로 주세는 137,597,900원이 된다.

사례 4 제조장에서 약주, 과실주, 청주를 반출하였을 경우의 신고·납부기한과 세액

구분	1월	2월	3월	4월	5월	6월
약주	1,000,000원	2,000,000원	3,000,000원	4,000,000원	5,000,000원	6,000,000원
과실주	1,000,000원	2,000,000원	3,000,000원	4,000,000원	5,000,000원	6,000,000원
청주	1,000,000원	2,000,000원	3,000,000원	4,000,000원	5,000,000원	6,000,000원

매실주 등의 주류를 생산하는 제조업체인 ㈜승조매실의 2023년 1~6월까지 매실주 등의 반출내용이다. ㈜승조매실의 2023년 1~6월까지의 주세 신고·납부기한은 아래와 같다. 단, 반출하는 주류 모두 포장용기에 대해 빈용기보증금을 받고 있다.

① 2023.1분기 과세기간의 신고·납부기한과 세액

과세기간	1.1.~3.31.(1분기)
신고·납부기한	2023.4.25.
과세과표(종가세)	18,000,000원 = 6,000,000원(약주) + 6,000,000원(과실주) + 6,000,000(청주)
주세	5,400,000원 = 18,000,000원 × 100분의 30

② 2023.2분기 과세기간의 신고·납부기한과 세액

과세기간	4.1.~6.30.(2분기)
신고·납부기한	2023.7.25.
과세과표(종가세)	45,000,000원 = 15,000,000원(약주) + 15,000,000원(과실주) + 15,000,000(청주)
주세	13,500,000원 = 45,000,000원 × 100분의 30

사례 5 제조장의 제조면허가 취소돼 제조장에 주류가 남아 있는 경우나, 제조장에 있는 주류가 공매 또는 경매 혹은 파산절차에 따라 환가되는 경우의 신고·납부기한과 세액

① ㈜허당주류는 주류면허 허가조건을 위반하여 2023.4.30. 면허가 취소되었다. 취소될 당시 제조장에는 주정 10,000ℓ가 반출되지 않고 남아 있었다. 2023.4.1.~2023.4.29.까지 반출한 주정은 50,000ℓ이고 주정은 95도 이상이다.

② ㈜지영맥주는 부도가 나 ㈜지영맥주 창고에 보관 중이던 맥주 50,000ℓ를 채권자들이 2023.5.31. 1억 원에 경매처분하였다.

상기 ①, ② 주류 제조업체들의 주세 신고·납부기한과 세액은 아래와 같다.

	과세기간	4.1.~5.31.
①	신고·납부기한	2023.7.25.
	과세과표(종량세)	60킬로리터 = 10킬로리터(제조장에 남아있는 주정) + 50킬로리터(4.1~29. 반출주정)
	주세	3,420,000원 = 60킬로리터 × 57,000원
②	과세기간	4.1. ~ 6.30.
	신고·납부기한	2023.7.25.
	과세과표(종량세)	50킬로리터
	주세	45,865,900원 = 50킬로리터 × (885,700원 × 1.0357)

(9) 교통·에너지·환경세

1) 교통·에너지·환경세의 의의

교통·에너지·환경세란 휘발유·경유와 이 둘과 유사한 대체유류에 부과하는 조세를 말한다(교통·에너지·환경세법 제3조).

① 과세물품 및 세율(교통·에너지·환경세법 제2조, 교통·에너지·환경세법령 제3조)

구분	과세품목	과세표준	세율
휘발유와 이와 유사한 대체유류	㉮ 휘발유	ℓ	475원
	㉯ 휘발유와 유사한 가짜석유제품		
	㉰ 「자동차관리법」 제2조 제1호에 따라 자동차, 같은 법 시행령 제2조 각 호에 따른 기계 또는 차량(휘발유를 연료로 사용하는 것으로 한정)에 연료로 사용이 가능한 것으로서 ㉮와 ㉯에 해당하지 않는 것		

구분	과세품목		과세표준	세율
경유와 이와 유사한 대체유류	㉮ 경유		ℓ	340원
	㉯ 경유와 유사한 가짜석유제품			
	㉰ 「자동차관리법」 제2조 제1호에 따라 자동차, 같은 법 시행령 제2조 각 호에 따른 기계 또는 차량(경유를 연료로 사용하는 것으로 한정)에 연료로 사용이 가능한 것으로서 ㉮와 ㉯에 해당하지 않는 것			

2) 과세기간 및 신고·납부기한

① 과세기간

제조장에서 반출되는 과세물품의 교통·에너지·환경세의 과세기간은 1개월이다(교통·에너지·환경세법 제7조 제1항).

② 신고·납부기한

신고·납부란 교통·에너지·환경세의 납세의무자가 과세대상인 물품을 제조장에서 반출 또는 수입 등을 하는 경우 사업장 관할 세무서장에게 과세표준신고서를 제출하고 납부할 세액을 국고수납기관 등에 납부하는 것을 말하며, 그 신고·납부기간의 종료일을 신고·납부기한이라 한다. 다만, 납세의무자가 보세구역에서 반출한 과세물품과 관세가 부과되는 과세물품을 수입하는 경우에는 세관장에게 수입신고를 한 때에 과세표준과 세액을 관할 세무서장에게 신고한 것을 본다. 신고·납부기한은 아래 표의 내용과 같다(교통·에너지·환경세법 제7조).

과세대상	과세기간	신고·납부기한
휘발유와 이와 유사한 대체유류	1개월	제조장에서 반출한 달의 다음 달 말일까지 • 단, 납세의무자가 과세물품을 보세구역에서 반출하거나 과세가 부과되는 과세물품은 세관장에게 수입신고하는 때
경유와 이와 유사한 대체유류	1개월	

사례 1 경유 등 석유류의 교통·에너지·환경세 신고·납부기한

구분	1월	2월	3월
반출량	10,000 ℓ	20,000 ℓ	30,000 ℓ

㈜천생정유의 2023년 1~3월까지 경유 반출량이 위 표의 내용과 같을 경우의 교통·에너지·환경세의 신고·납부기한은 아래와 같다.

구분	1월	2월	3월
신고·납부기한	2023.2.28.	20231.3.31.	2023.4.30.
과세표준(종량세)	10,000 ℓ	20,000 ℓ	30,000 ℓ
교통·에너지· 환경세	3,400,000원 * 계산식 = 10,000 ℓ × 340원	6,800,000원 * 계산식 = 20,000 ℓ × 340원	10,200,000원 * 계산식 = 30,000 ℓ × 340원

🔗 현재 경유 등 석유류에 대해서는 개별소비세를 부과하지 않고 교통·에너지·환경세를 부과하고 있다. 교통·에너지·환경세와 개별소비세의 세율은 같다.

(10) 교육세

1) 교육세의 의의

교육세란 금융·보험업자와 개별소비세 납세의무자, 주세 납세의무자, 교통·에너지·환경세 납세의무자에게 부과하는 조세를 말한다(교육세법 제3조). 다만, 금융·보험업자의 「공익신탁법」에 따른 공익신탁의 신탁재산에서 발생하는 수입금액(교육세법 제4조), 「개별소비세법」 제1조 제2항 제4호 가목(휘발유 및 유사 대체유)·나목(경유 및 유사 대체유)·마목(석유가스 중 프로판)·사목(천연가스)·자목(유연탄) 및 같은 항 제6호의 물품(담배류 등)과 주정·탁주·약주에는 교육세를 부과하지 아니한다(교육세법 제3조 제1호, 제2호, 제4호의 괄호).

① 금융·보험업자(교육세법 별표)

호별	금융·보험업자
1	「은행법」에 따라 인가를 받아 설립된 은행
2	「한국산업은행법」에 따라 설립된 한국산업은행
3	「중소기업은행법」에 따라 설립된 중소기업은행
4	「자본시장과 금융투자업에 관한 법률」에 따른 종합금융회사
5	「상호저축은행법」에 따른 상호저축은행
6	「보험업법」에 따른 보험회사(대통령령으로 정하는 외국보험회사를 포함한다)
7	「농업협동조합법」에 따른 농협은행
8	「수산업협동조합법」에 따른 수협은행
9	「자본시장과 금융투자업에 관한 법률」에 따른 집합투자업자
10	「자본시장과 금융투자업에 관한 법률」에 따른 신탁업자
11	「외국환거래법」에 따른 환전영업자

호별	금융ㆍ보험업자
12	「자본시장과 금융투자업에 관한 법률」에 따른 투자매매업자 및 투자중개업자
13	「여신전문금융업법」에 따른 여신전문금융회사
14	「한국수출입은행법」에 따른 한국수출입은행
15	「대부업 등의 등록 및 금융이용자 보호에 관한 법률」 제2조에 따른 대부업자 또는 대부중개업자(같은 법 제9조의4에 따른 미등록대부업자 또는 미등록대부중개업자를 포함한다)

② 개별소비세 납세의무자

개별소비세의 납세의무자는 개별소비세법 제1조 제2항 제4호 가목(휘발유 및 유사 대체유)ㆍ나목(경유 및 유사 대체유)ㆍ마목(석유가스 중 프로판)ㆍ사목(천연가스)ㆍ자목(유연탄) 및 같은 항 제6호의 물품(담배류 등)에 관한 개별소비세 납세의무자를 제외한 개별소비세 납세의무자를 말한다.

③ 주세 납세의무자

주세 납세의무자는 주정, 탁주, 약주에 관한 주세를 제외한 주세 납세의무자를 말한다.

④ 과세대상(과세객체) 및 세율(교육세법 제5조)

과세대상(과세객체)	세율
금융ㆍ보험업자의 수입금액	1천분의 5
「개별소비세법」에 따라 납부하여야 할 개별소비세액	100분의 30. 「개별소비세법」 제1조 제2항 제4호 다목ㆍ라목ㆍ바목 및 아목의 물품인 경우에는 100분의 15로 한다.
「교통ㆍ에너지ㆍ환경세법」에 따라 납부하여야 할 교통ㆍ에너지ㆍ환경세액	100분의 15
「주세법」에 따라 납부하여야 할 주세액	100분의 10. 다만, 다음 각 목의 주류에 대해서는 100분의 30으로 한다. 가. 「주세법」 제8조 제1항 제2호 다목의 맥주 나. 「주세법」 제8조 제1항 제3호의 증류주류 다. 「주세법」 제8조 제1항 제4호 가목의 주류, 다만, 같은 목 단서의 주류는 제외한다.

2) 과세기간 및 신고·납부기한

① 과세기간

교육세의 과세기간은 과세대상의 종류, 사업자가 법인 또는 개인사업자냐에 따라 달리한다. 납세의무자가 금융·보험업자의 경우는 법인세와 소득세의 과세기간과 같고, '개별소비세, 주세, 교통·에너지·환경세'의 납세의무자의 경우에는 교육세의 과세표준이 되는 본세의 과세기간과 일치한다. 과세기간은 아래 표의 내용과 같다(교육세법 제8조).

② 신고·납부기한

신고·납부란 교육세의 납세의무자가 교육세의 과세표준이 되는 본세의 납부 시 사업장 관할 세무서장에게 과세표준신고서를 제출하고 납부할 세액을 국고수납기관 등에 납부하는 것을 말하며, 그 신고·납부기간의 종료일을 신고·납부기한이라 한다. 납세의무자가 교육세 납부를 위하여 하는 신고·납부는 확정신고·납부와 중간예납(법인인 금융·보험업자만 해당됨)이 있다. 교육세 납세의무자가 법인 금융·보험업자이면 확정신고·납부와 중간예납을 하여야 하고, 그 외의 교육세 납세의무자는 확정신고·납부만 하면 된다. 이들 신고·납부기간의 종료일을 확정신고·납부기한 또는 중간예납기한이라고 한다.

㉮ 확정신고·납부기한

확정신고·납부란 교육세 납세의무자가 과세표준이 되는 세목의 신고·납부기한 또는 과세기간 종료일이 속하는 달로부터 3개월 이내(단, 연결납세방식을 취하는 법인은 4개월 이내)에 과세표준신고서를 납세지 관할 세무서장에게 제출하고 납부할 세액을 국고수납기관 등에 납부하는 것을 말하며, 그 신고·납부기간의 종료일을 확정·신고납부기한이라 한다. 확정신고·납부기한은 아래 표의 내용과 같다(교육세법 제9조 제1항 및 제2항).

과세대상(과세객체)		과세기간	신고·납부기한
금융·보험업의 수입금액	법인	법인의 사업연도와 일치한다.	과세기간 종료일이 속하는 달로부터 3개월 이내(단, 연결납세방식을 취하는 금융·보험업자는 4개월 이내)
	개인	개인의 과세기간과 일치한다.	
개별소비세액		개별소비세의 과세기간과 일치한다.	본세(개별소비세)의 신고납부·기한과 같음.
주세액		주세의 과세기간과 일치한다.	본세(주세)의 신고납부·기한과 같음.

과세대상(과세객체)	과세기간	신고 · 납부기한
교통 · 에너지 · 환경세액	교통 · 에너지 · 환경세의 과세기간과 일치한다.	본세(교통 · 에너지 · 환경세)의 신고 · 납부기한과 같음.

㉮ 중간예납기한

중간예납이란 교육세 납세의무자가 금융 · 보험업자이면서 사업연도가 4개월 이상되는 법인인 경우 중간예납기간이 끝난 후 2개월 이내에 교육세중간예납계산서(별지 제1호 서식)를 납세지 관할 세무서장에게 제출하고 납부할 세액(직전 과세기간의 교육세로서 확정된 산출세액에서 직전 과세기간의 월수로 나눈 금액에 3을 곱하여 계산한 금액)을 국고수납기관 등에 납부하는 것을 말하며, 그 예정납부기간의 종료일을 예정납부기한이라 한다. 다만, 새로 설립된 법인으로서 설립 후 최초 과세기간인 경우, 직전 최초 과세기간의 교육세로서 확정된 산출세액이 없는 경우 및 중간예납기간의 납부기한까지 직전 과세기간의 교육세액이 확정되지 아니한 경우에는 중간예납세액을 0으로 한다. 중간예납기간은 아래 표의 내용과 같다(교육세법 제8조의2 제1항).

제1차 중간예납기간	직전 사업연도(과세기간) 종료 후 최초 3개월
제2차 중간예납기간	제1차 중간예납기간 종료 후 최초 3개월
제3차 중간예납기간	제2차 중간예납기간 종료 후 최초 3개월

사례 1 금융 · 보험업자의 교육세 신고 · 납부기한

○ 수입금액 : 99,000,000,000원
○ 사업연도(과세기간) : 1.1.~12.31.
○ 중간예납세액 : 300,000,000원(1차 100,000,000원, 2차 100,000,000원, 3차 100,000,000원)

㈜운림종합금융의 2023년 연간 수입금액 등이 위 표의 내용과 같을 경우 교육세 신고 · 납부기한은 아래와 같다.

신고 · 납부기한	2024.3.31.
매출과표(종가세)	수입금액 : 99,000,000,000원
교육세	납부할 세액 : 195,000,000원 * 계산식 = (99,000,000,000원 × 5/1,000) - 300,000,000원(중간예납세액)

교통·에너지·환경세 납세의무자(휘발유 등 석유류)의 교육세 신고·납부기한

구분	1월	2월	3월
반출량	10,000 ℓ	20,000 ℓ	30,000 ℓ

㈜상엽석유의 2023년 1~3월까지 휘발유 반출량이 위 표의 내용과 같을 경우의 교통·에너지·환경세의 신고·납부기한은 아래 표의 내용과 같다.

구분	1월	2월	3월
신고·납부기한	2023.2.28.	2023.3.31.	2023.4.30.
과세표준(종량세)	10,000 ℓ	20,000 ℓ	30,000 ℓ
교통·에너지·환경세	4,750,000원 * 계산식 = 10,000 ℓ × 475원	9,500,000원 * 계산식 = 20,000 ℓ × 475원	14,250,000원 * 계산식 = 30,000 ℓ × 475원

위 내용은 ㈜상업석유의 휘발유 등 석유류에 대한 교통·에너지·환경세의 계산내용이다. 이에 대한 교육세의 신고·납부기한은 아래 표의 내용과 같다.

구분	1월	2월	3월
신고·납부기한	2023.2.28.	2023.3.31.	2023.4.30.
과세표준(종량세)	10,000 ℓ	20,000 ℓ	30,000 ℓ
교통·에너지·환경세	4,750,000원 * 계산식 = 10,000 ℓ × 475원	9,500,000원 * 계산식 = 20,000 ℓ × 475원	14,250,000원 * 계산식 = 30,000 ℓ × 475원
교육세	712,500원 * 계산식 = 4,750,000원 × 15/100	1,425,000원 * 계산식 = 9,500,000원 × 15/100	2,137,500원 * 계산식 = 14,250,000원 × 15/100

🔑 교육세는 금융·보험업자를 제외하고는 과세표준이 되는 세목의 신고·납부기한과 일치한다. 따라서 본세의 조세포탈이 발생하면 교육세의 조세포탈도 같이 발생한다.

개별소비세 납세의무자(유흥주점)에 대한 교육세 신고·납부기한

구분	1월	2월	3월
매출액	10,000,000원	20,000,000원	30,000,000원

로마룸싸롱의 2023년 1~3월까지 영업실적이 위 표의 내용과 같을 경우의 개별소비세 신고·납부기한은 아래와 같다.

구분	1월	2월	3월
신고 · 납부기한	2023.2.25.	2023.3.25.	2023.4.25.
과세표준(종가세)	10,000,000원	20,000,000원	30,000,000원
개별소비세	1,000,000원 * 계산식 = 10,000,000 × 10%	2,000,000원 * 계산식 = 20,000,000 × 10%	3,000,000원 * 계산식 = 30,000,000×10%

위 내용은 로마룸싸롱의 2023년 1~3월까지의 개별소비세 계산내용이다. 이에 대한 교육세의 신고 · 납부기한은 아래 표의 내용과 같다.

구분	1월	2월	3월
신고 · 납부기한	2023.2.25.	2023.3.25.	2023.4.25.
과세표준(종가세)	10,000,000원	20,000,000원	30,000,000원
개별소비세	1,000,000원 * 계산식 = 10,000,000 × 10%	2,000,000원 * 계산식 = 20,000,000 × 10%	3,000,000원 * 계산식 = 30,000,000 × 10%
교육세	300,000원 * 계산식 = 1,000,000원 × 30/100	600,000원 * 계산식 = 2,000,000원 × 30/100	900,000원 * 계산식 = 3,000,000원 × 30/100

사례 4 주세납세의무자(주류)의 교육세 신고 · 납부기한과 세액

구분	4월	5월	6월
반출 청주	10,000,000원	20,000,000원	30,000,000원

주정 제조업체인 ㈜상엽청주의 2023년 4~6월까지 청주 반출량이다. ㈜상엽청주의 2분기 주세 신고 · 납부기한은 아래와 같다.

과세기간	4.1.~6.30.
신고 · 납부기한	2023.7.25.
과세과표(종가세)	60,000,000원 = 10,000,000원 + 20,000,000원 + 30,000,000원
주세	18,000,000원 = 60,000,000원 × 100분의 30

위 내용은 ㈜상엽청주의 2023년 4~6월까지 반출한 청주에 대한 주세 계산내용이다. 이에 대한 교육세의 신고 · 납부기한은 아래 표의 내용과 같다.

과세기간	4.1.~6.30.
신고·납부기한	2023.7.25.
과세과표(종가세)	60,000,000원 = 10,000,000원 + 20,000,000원 + 30,000,000원
주세	18,000,000원 = 60,000,000원 × 100분의 30
교육세	1,800,000원 = 18,000,000 × 100분의 10

(11) 농어촌특별세

1) 농어촌특별세의 의의

농어촌특별세란 ㉮ 「농어촌특별세법」 제2조 제1항 각 호 외의 부분에 규정된 법률에 따라 소득세·법인세·관세·취득세 또는 등록에 대한 등록면허세의 감면을 받는 자, ㉯ 「개별소비세법」 제1조 제2항의 물품 중 같은 항 제1호 가목·나목, 같은 항 제2호 나목 1)·2)의 물품 또는 같은 조 제3항 제4호의 입장행위에 대한 개별소비세 납세의무자, ㉰ 「증권거래세법」 제3조 제1호에 규정된 증권거래세 납세의무자, ㉱ 「지방세법」에 따른 취득세 또는 레저세의 납세의무자, ㉲ 「종합부동산세법」에 따른 종합부동산세의 납세의무자에게 부과하는 조세를 말한다(농특법 제3조).

① [「개별소비세법」 제1조 제2항의 물품 중 같은 항 제1호 가목·나목, 같은 항 제2호 나목 1)·2)의 물품 또는 같은 조 제3항 제4호의 입장행위]의 내용은 아래 표의 내용과 같다.

구분	과세품목 또는 특정장소 입장행위
제1조 제2항 제1호 가목	투전기, 오락용 사행기구, 그 밖의 오락용품
제1조 제2항 제1호 나목	수렵용 총포류
제1조 제2항 제2호 나목 1)	고급 모피와 그 제품(토끼 모피 및 그 제품과 생모피는 제외)
제1조 제2항 제2호 나목 2)	고급 가구
제1조 제3항 제4호	골프장 입장행위

② 과세표준과 세율

농어촌특별세의 과세표준과 세율은 아래 표의 내용과 같다(농특법 제5조).

항 호	과세표준	세율
제1항 제1호	「조세특례제한법」·「관세법」·「지방세법」 및 「지방세특례제한법」에 따라 감면을 받는 소득세·법인세·관세·취득세 또는 등록세 대한 등록면허세의 감면세액(제2호의 경우는 제외한다)	100분의 20

항 호	과세표준	세율
제1항 제2호	「조세특례제한법」에 따라 감면받은 이자소득·배당소득에 대한 소득세의 감면세액	100분의 10
제1항 제4호	가. 「개별소비세법」 제1조 제3항 제4호의 경우	100분의 30
	나. 가목 외의 경우	100분의 10
제1항 제5호	「자본시장과 금융투자업에 관한 법률」에 따른 증권시장으로서 대통령령으로 정하는 증권시장에서 거래된 증권의 양도가액	1만분의 15
제1항 제6호	「지방세법」 제11조 및 제12조의 표준세율을 100분의 2로 적용하여 「지방세법」, 「지방세특례제한법」 및 「조세특례제한법」에 따라 산출한 취득세액	100분의 10
제1항 제7호	「지방세법」에 따라 납부하여야 할 레저세액	100분의 20
제1항 제8호	「종합부동산세법」에 따라 납부하여야 할 종합부동산세액	100분의 20
제2항	「조세특례제한법」 제72조 제1항에 따른 조합법인 등의 경우 • 과세표준 = "해당 법인의 각 사업연도 과세표준금액에 「법인세법」 제55조 제1항에 규정된 세율을 적용하여 계산한 법인세" - "해당 법인의 각 사업연도 과세표준금액에 「조세특례제한법」 제72조 제1항에 규정된 세율을 적용하여 계산한 법인세액	100분의 20
제3항	비과세 및 소득공제를 받는 경우에는 대통령령으로 정하는 계산방법에 의하여 계산한 금액을 과세표준으로 본다.	100분의 20
제4항	「조세특례제한법」에 따라 이자소득·배당소득에 대한 소득세가 부과되지 아니하거나 소득세특례세율이 적용되는 경우 • 과세표준 = "이자소득·배당소득에 100분의 14를 곱한 금액" - "「조세특례제한법」에 따라 납부하는 소득세액(소득세가 부과되지 아니하는 경우에는 영으로 한다)"	100분의 10
제5항	「농어촌특별세법」 제1항 제6호에도 불구하고 「지방세법」 제15조 제2항에 해당하는 경우에는 같은 항에 따라 계산한 취득세액을 제1항 제6호의 과세표준으로 본다.	100분의 10

③ 비과세

아래 표의 내용에 대하여는 농어촌특별세를 부과하지 아니한다(농특법 제4조).

항 호	비과세 내용
제4조 제1호	국가(외국정부를 포함한다)·지방자치단체 또는 지방자치단체조합에 대한 감면

항 호	비과세 내용
제4조 제2호	농어업인 또는 농어업인을 조합원으로 하는 단체에 대한 감면으로서 대통령령으로 정하는 것
제4조 제3호	「조세특례제한법」 제6조·제7조에 따른 중소기업에 대한 세액감면·특별세액감면 및 「지방세특례제한법」 제58조의3 제1항·제3항에 따른 세액감면
제4조 제3의2	「조세특례제한법」 제40조에 따른 양도소득세의 감면
제4조 제3의3	「조세특례제한법」 제16조의 소득공제에 따른 감면
제4조 제4호	「조세특례제한법」 제86조의3·제86조의4·제87조·제87조의2·제87조의5·제88조의2·제88조의4·제88조의5·제91조의14, 제91조의16부터 제91조의22까지에 따른 저축이나 배당에 대한 감면
제4조 제5호	「조세특례제한법」 제21조에 따른 이자소득 등에 대한 감면 중 비거주자 또는 외국법인에 대한 감면
제4조 제6호	국제협약·국제관례 등에 따른 관세의 감면으로서 대통령령으로 정하는 것
제4조 제7호	「증권거래세법」 제6조에 따라 증권거래세가 부과되지 아니하거나 같은 법 제8조 제2항에 따라 영의 세율이 적용되는 경우
제4조 제7호의2	「조세특례제한법」 제117조 제1항 및 제2항에 해당하는 경우
제4조 제8호	「지방세법」과 「지방세특례제한법」에 따른 형식적인 소유권의 취득, 단순한 표시변경 등기 또는 등록 등에 대한 취득세 및 등록면허세의 감면으로서 대통령령으로 정하는 것
제4조 제9호	대통령령으로 정하는 서민주택에 대한 취득세 또는 등록에 대한 등록면허세의 감면
제4조 제10호	「지방세특례제한법」 제6조 제1항의 적용대상이 되는 농지 및 임야에 대한 취득세
제4조 제10호의2	「지방세법」 제124조에 따른 자동차에 대한 취득세
제4조 제10호의3	「지방세특례제한법」 제35조 제1항에 따른 등록면허세의 감면
제4조 제10호의4	「지방세법」 제15조에 제1항 제1호부터 제3호까지의 규정에 따른 취득세
제4조 제10호의5	「지방세특례제한법」 제8조 제4항에 따른 취득세
제4조 제11호	대통령령으로 정하는 서민주택 및 농가주택에 대한 취득세
제4조 제11호의2	「조세특례제한법」 제20조·제100조·제140조 및 제141조에 따른 감면
제4조 제11호의3	「조세특례제한법」 제30조의2 및 제30조의4에 따른 감면
제4조 제11호의4	「조세특례제한법」 제121조의24에 따른 감면
제4조 제12호	기술 및 인력개발, 저소득자의 재산형성, 공익사업 등 국가경쟁력의 확보 또는 국민경제의 효율적 운영을 위하여 농어촌특별세를 비과세할 필요가 있다고 인정되는 경우로서 대통령령으로 정하는 것

2) 과세기간 및 신고·납부기한

① 과세기간

농어촌특별세의 과세기간은 해당 본세의 과세기간과 같다.

② 신고·납부기한

신고·납부란 농어촌특별세 납세의무자가 해당 본세를 신고·납부하면서 농어촌특별세의 과세표준신고서를 납세지 관할 세무서장에게 제출하고 납부할 세액을 국고수납기관 등에 납부(환급신청)하는 것을 말하고, 그 신고·납부기간의 종료일을 신고·납부기한이라 한다. 신고·납부기한은 통상 해당 본세의 신고·납부기한과 일치하고 아래 표의 내용과 같다(농특법 제7조).

과세표준(감면세액)	신고·납부기한
㉠ 「조세특례제한법」·「관세법」·「지방세법」 및 「지방세특례제한법」에 따라 감면을 받는 소득세·법인세·관세·취득세 또는 등록세 대한 등록면허세의 감면세액(제2호의 경우는 제외한다)	해당 본세의 신고·납부기한
㉡ 「법인세법」에 따른 연결납세방식을 적용받는 법인이 받는 감면세액	해당 본세의 신고·납부기한
㉢ 「소득세법」에 따른 원천징수의무자가 소득금액을 지급하는 때에 받는 감면세액(『「조세특례제한법」·「관세법」·「지방세법」 및 「지방세특례제한법」에 따라 감면을 받는 소득세·법인세·관세·취득세 또는 등록세 대한 등록면허세의 감면세액(제2호의 경우는 제외한다)』과, 『「조세특례제한법」에 따라 감면받은 이자소득·배당소득에 대한 소득세의 감면세액』)	원천징수하는 해당 본세의 신고·납부기한
㉣ 위 ㉠,㉡,㉢의 외 감면세액	해당 본세의 신고·납부기한

(12) 증권거래세

1) 증권거래세의 의의

증권거래세란 주권 또는 지분의 양도에 대하여 부과하는 조세를 말한다. 다만, 다음에 해당하는 양도에 대해서는 증권거래세를 부과하지 아니한다(증권거래세법 제2조).

㉮ 증권시장과 비슷한 시장으로서 외국에 있는 시장에 상장된 주권등을 양도하는 경우. 여기에서 외국에 있는 시장이란 ㉠ 뉴욕증권거래소, ㉡ 전미증권업협회중개시장, ㉢ 동경증권거래소, ㉣ 런던증권거래소, ㉤ 도이치증권거래소, ㉥ '㉢·㉣·㉤'과 기능이 유사한 거래소로서 「자본시장과 금융투자업에 관한 법률」 제406조 제1항 제2호의 외

국 거래소를 말한다(증권거래세법 제2조 제1호, 증권거래세법 시행령 제1조, 시행규칙 제1조).

㉯ 외국증권시장에 주권등을 상장하기 위하여 인수인에게 주권 등을 양도하는 경우

㉰ 「자본시장과 금융투자업에 관한 법률」에 따라 거래소허가를 받은 거래소로서 금융위원회가 지정하는 거래소가 같은 법 제377조 제1항 제3호에 따라 채무인수를 하면서 주권 등을 양도하는 경우

① 과세표준과 세율

증권거래세의 과세표준과 세율은 아래 표의 내용과 같다(증권거래세법 제7조 및 제8조).

법령	과세표준	세율
증권거래세법 제7항 제1항 제1호	㉮ 증권시장에서 양도되는 증권 양도가액, 증권시장 밖에서 「자본시장과 금융투자업에 관한 법률 시행령」 제78조 또는 제178조 제1항에 따른 기준에 따라 매매하는 주권 양도가액	1만분의 35 • 2021년 1월 1일부터 2022년 12월 31일까지는 1만분의 43
증권거래세법 제7항 제1항 제2호	㉯ 위 ㉮ 외 주권등으로서 양도가액을 알 수 있는 경우는 해당 양도가액이고, 양도가액을 알 수 없는 경우는 대통령령으로 정하는 양도가액 평가방법에 따라 평가한 가액	

• 대통령령으로 정하는 양도가액 평가방법이란 다음과 같다(증권거래세법 시행령 제4조 제2항).
　㉠ 「자본시장과 금융투자업에 관한 법률」에 따른 상장법인의 주권등을 증권시장 및 다자간매매체결회사 밖에서 양도하는 경우 : 「자본시장과 금융투자업에 관한 법률」에 따른 거래소가 공표하는 양도일의 매매거래 기준가액
　㉡ 「자본시장과 금융투자업에 관한 법률」 제283조에 따른 한국금융투자협회가 같은 법 시행령 제178조 제1항에 따른 기준에 따라 거래되는 종목으로 지정한 주권등을 같은 항에 따른 기준 외의 방법으로 양도하는 경우 : 한국금융투자협회가 공표하는 양도일의 매매거래 기준금액
　㉢ 위 ㉠ 및 ㉡ 외의 방식으로 주권등을 양도한 경우 : 「소득세법 시행령」 제150조의22 【주식등 기준시가의 산정】에 따라 계산한 금액

2) 과세기간 및 신고 · 납부기한

① 과세기간

증권거래세의 과세기간은 주권 등의 거래방법에 따라 1개월 또는 반기로 구분되고 아래 표의 내용과 같다(증권거래세법 제10조 제1항).

② 신고 · 납부기한

신고 · 납부란 증권거래세 납세의무자가 과세표준신고서를 관할 세무서장에게 제출

하고 납부할 세액을 국고수납기관 등에 납부하는 것을 말하며, 그 신고·납부기간의 종료일을 신고·납부기한이라 한다. 신고·납부기한은 아래 표의 내용과 같다(증권거래세법 제10조 제1항 및 제2항).

거래방법	과세기간	신고·납부기한
㉮ 전자등록기관, 한국예탁결제원, 금융투자업자를 통하여 양도한 경우	1개월	양도일이 속하는 달의 다음 달 10일
㉯ 위 ㉮ 외의 방법으로 양도한 경우	반기	양도일이 속하는 반기의 말일로부터 2개월 이내

(13) 인지세

1) 인지세의 의의

인지세란 국내에서 재산에 관한 권리 등의 창설·이전 또는 변경에 관한 계약서나 이를 증명하는 그 밖의 문서를 작성하는 자에게 부과하는 조세를 말한다(인지세법 제1조 제1항). 2인 이상이 공동으로 문서를 작성하는 경우 그 작성자는 해당 문서에 대한 인지세를 연대하여 납부할 의무를 가진다(인지세법 제1조 제2항).

① 과세문서 및 세액

과세문서는 통장인 경우는 1권마다, 통장 외의 과세문서는 1통마다 인지세를 납부하여야 하고 과세문서 및 세액은 아래 표의 내용과 같다(인지세법 제3조 제1항 및 제2항).

과 세 문 서	세 액
1. 부동산·선박·항공기의 소유권 이전에 관한 증서	기재금액이 1천만 원 초과 3천만 원 이하인 경우 : 2만 원
	기재금액이 3천만 원 초과 5천만 원 이하인 경우 : 4만 원
	기재금액이 5천만 원 초과 1억 원 이하인 경우 : 7만 원
	기재금액이 1억 원 초과 10억 원 이하인 경우 : 15만 원
	기재금액이 10억 원을 초과하는 경우 : 35만 원
2. 대통령령으로 정하는 금융·보험기관과의 금전소비대차에 관한 증서	제1호에 규정된 세액

과 세 문 서	세 액
3. 도급 또는 위임에 관한 증서 중 법률에 따라 작성하는 문서로서 대통령령으로 정하는 것	제1호에 규정된 세액
4. 소유권에 관하여 법률에 따라 등록 등을 하여야 하는 동산으로서 대통령령으로 정하는 자산의 양도에 관한 증서	3,000원
5. 광업권, 무체재산권, 어업권, 양식업권, 출판권, 저작인접권, 또는 상호권의 양도에 관한 증서	제1호에 규정된 세액
6. 다음 각 목의 어느 하나에 해당하는 시설물이용권의 입회 또는 양도에 관한 증서 가. 「체육시설의 설치·이용에 관한 법률」에 따른 회원제골프장이나 종합체육시설 또는 승마장을 이용할 수 있는 회원권에 관한 증서 나. 「관광진흥법」에 따른 휴양 콘도미니엄을 이용할 수 있는 회원권에 관한 증서	제1호에 규정된 세액
7. 계속적·반복적 거래에 관한 증서로서 다음 각 목의 어느 하나에 해당하는 것 가. 「여신전문금융업법」 제2조에 따른 신용카드회원으로 가입하기 위한 신청서 나. 삭제 〈2020.3.31.〉 다. 「여신전문금융업법」 제2조 제5호에 따른 신용카드가맹점으로 가입하기 위한 신청서와 그 밖에 대통령령으로 정하는 것	300원 300원
8. 대통령령으로 정하는 상품권(모바일 상품권은 제외한다) 및 선불카드	권면금액이 1만 원인 경우 : 50원 권면금액이 1만 원 초과 5만 원 이하인 경우 : 200원 권면금액이 5만 원 초과 10만 원 이하인 경우 : 400원 권면금액이 10만 원을 초과하는 경우 : 800원
8의2. 모바일 상품권(판매일부터 7일 이내에 판매가 취소되어 전액 환불되고 폐기되는 것은 제외한다)	권면금액이 5만 원 초과 10만 원 이하인 경우 : 400원 권면금액이 10만 원을 초과하는 경우 : 800원
9. 「자본시장과 금융투자업에 관한 법률」 제4조 제2항에 따른 채무증권, 지분증권 및 수익증권	400원
10. 예금·적금에 관한 증서 또는 통장, 환매조건부채권	100원

과 세 문 서	세 액
매도약정서, 보험증권 및 신탁에 관한 증서 또는 통장	
11. 「여신전문금융업법」 제2조 제10호에 따른 시설대여를 위한 계약서	1만 원
12. 채무의 보증에 관한 증서 　가. 사채보증에 관한 증서 또는 그 밖에 이와 유사한 것으로서 대통령령으로 정하는 채무의 보증에 관한 증서	1만 원
나. 「신용보증기금법」에 따른 신용보증기금이 발행하는 채무의 보증에 관한 증서 또는 그 밖에 이와 유사한 것으로서 대통령령으로 정하는 채무의 보증에 관한 증서	1,000원
다. 「보험업법」에 따른 보험업을 영위하는 자가 발행하는 보증보험증권, 「농림수산업자 신용보증법」 제4조에 따른 농림수산업자신용보증기금이 발행하는 채무의 보증에 관한 증서 또는 그 밖에 이와 유사한 것으로서 대통령령으로 정하는 채무의 보증에 관한 증서	200원

2) 인지세의 납부기한

인지세법 개정 전까지 인지세는 과세표준신고서 제출의무가 없어 신고·납부기한이 없었다. 2022.12.31. 인지세법 개정으로 2023.1.1.부터 작성되는 과세문건부터는 납부기한이 도입되었다. 그 납부기한은 과세문건을 작성한 달의 다음 달 10일까지이다. 따라서 2023.1.1.부터 작성되는 과세문건은 종이문서와 전자문서를 구분하지 않고 납부기한은 과세문건을 작성한 달의 다음 달 10일이 되었다. 그러다가 2023.12.31. 인지세법을 추가로 개정해 2024.1.1.부터는 과세문건을 종이문서와 전자문서로 구분하여 종이문서는 과세문건을 작성한 달의 다음 달 10일로, 전자문서는 과세문건 작성일로 납부기한을 규정하였다(인지세법 제8조 제3항).

① 인지세의 납부 방법

인지세의 납부 방법은 두 가지로 하나는 전자수입인지(종인문서인 경우는 종이문서용 전자수입인지, 전자문서인 경우는 전자문서용 전자수입인지)를 구입하여 과세문서에 첨부하는 것이고(인지세법 제8조 제1항 및 제2항), 다른 하나는 계속적·반복적이면서 대량의 과세문서(통장, 상품권 등)인 경우 사업장 관할 세무서장에게 현금납부 승인신청을 하고 승인을 받아 현금납부하는 것이다(인지세법 시행령 제11조 제1항).

제 10 절

수정신고, 기한 후 신고, 경정 등의 청구

I 》 수정신고

1. 수정신고의 의의

수정신고란 과세표준신고서를 법정신고기한까지 제출한 자(「소득세법」 제73조 제1항 제1호부터 제7호까지의 어느 하나에 해당하는 자를 포함한다) 및 「국세기본법」 제45조의3 제1항에 따라 기한후과세표준신고서를 제출한 자가 ① 과세표준신고서 또는 기한후과세표준신고서에 기재된 과세표준 및 세액이 세법에 따라 신고하여야 할 과세표준 및 세액에 미치지 못할 때, ② 과세표준신고서 또는 기한후과세표준신고서에 기재된 결손금액 또는 환급세액이 세법에 따라 신고하여야 할 결손금액이나 환급세액을 초과할 때, ③ ①과 ② 외에 원천징수의무자의 정산 과정에서의 누락 또는 세무조정 과정에서의 누락 등의 사유로 불완전한 신고를 하였을 때 관할 세무서장이 각 세법에 따라 해당 국세의 과세표준과 세액을 결정 또는 경정하여 통지하기 전까지 해당 세목의 부과제척기간 내에 과세표준과 세액을 수정하여 과세표준수정신고서를 제출하는 것을 말한다(국기법 제45조 제1항).

수정신고는 법정신고기한까지 과세표준신고서를 제출한 자, 기한후과세표준신고서를 제출한 자, 원천징수의무자에 의하여 원천징수이행상황신고서가 제출된 자만 할 수 있고 이를 수정신고 자격이라 한다. 과세표준수정신고서는 별도의 양식이 존재하지 않고 당초 제출한 과세표준신고서 또는 원천징수이행상황신고서와 같고, 기제출한 과세표준신고서 또는 원천징수이행상황신고서의 내용을 과세표준신고서 또는 원천징수이행상황신고서에 붉은 색 글씨로 기재하고 수정된 내용은 검정색 글씨로 기재하여 제출한다.

II 》 경정 등의 청구

1. 경정 등의 청구의 의의

경정 등의 청구란 과세표준신고서를 법정신고기한까지 제출한 자 및 「국세기본법」 제45조의3 제1항에 따라 기한후과세표준신고서를 제출한 자가 ① 과세표준신고서 또는 기한후과세표준신고서에 기재된 과세표준 및 세액(각 세법에 따라 결정 또는 경정이 있는 경우에는 해당 결정 또는 경정 후의 과세표준 및 세액을 말한다)이 세법에 따라 신고하여야 할 과세표준 및 세액을 초과할 때, ② 과세표준신고서 또는 기한후과세표준신고서에 기재된 결손금액 또는 환급세액(각 세법에 따라 결정 또는 경정이 있는 경우에는 해당 결정 또는 경정 후의 결손금액 또는 환급세액을 말한다)이 세법에 따라 신고하여야 할 결손금액이나 환급세액에 미치지 못할 때에는 최초신고 및 수정신고한 국세의 과세표준 및 세액의 결정 또는 경정을 법정신고기한이 지난 후 5년 이내에 관할 세무서장에게 청구하는 것을 말한다(국기법 제45조의2 제1항). 다만, 결정 또는 경정으로 인하여 증가된 과세표준 및 세액에 대하여는 해당 처분이 있음을 안 날(처분의 통지를 받은 때에는 그 받은 날)부터 90일 이내(법정신고기한이 지난 후 5년 이내로 한정한다)에 청구할 수 있다(국기법 제45조의2 제1항 단서).

그뿐만 아니라 과세표준신고서를 법정신고기한까지 제출한 자 또는 국세의 과세표준 및 세액의 결정을 받은 자가 ① 최초의 신고 · 결정 또는 경정에서 과세표준 및 세액의 계산 근거가 된 거래 또는 행위 등이 심사청구, 심판청구, 「감사원법」에 따른 심사청구에 대한 결정이나 소송에 대한 판결(판결과 같은 효력을 가지는 화해나 그 밖의 행위를 포함한다)에 의하여 다른 것으로 확정되었을 때, ② 소득이나 그 밖의 과세물건의 귀속을 제3자에게로 변경시키는 결정 또는 경정이 있을 때, ③ 조세조약에 따른 상호합의가 최초의 신고 · 결정 또는 경정의 내용과 다르게 이루어졌을 때, ④ 결정 또는 경정으로 인하여 그 결정 또는 경정의 대상이 된 과세표준 및 세액과 연동된 다른 세목(같은 과세기간으로 한정한다)이나 연동된 다른 과세기간(같은 세목으로 한정한다)의 과세표준 또는 세액이 세법에 따라 신고하여야 할 과세표준과 세액을 초과할 때 등의 사유가 발생할 때에는 그 사유가 발생한 것을 안 날부터 3개월 이내에 결정 또는 경정을 청구할 수 있다(국기법 제45조의2 제2항).

경정 등의 청구를 받은 세무서장은 그 청구를 받은 날부터 2개월 이내에 과세표준 및 세액을 결정 또는 경정하거나, 결정 또는 경정하여야 할 이유가 없다는 뜻을 그 청구한 자에게 통지하여야 한다(국기법 제45조의2 제3항).

그리고 「소득세법」 또는 「법인세법」에 의한 원천징수대상자와 「종합부동산세법」 제7조 및 제12조에 따른 납세의무자로서 종합부동산세를 부과 · 고지받은 자의 경우에도 경정 등의 청구를 할 수 있다(국기법 제5항 및 제6항).

Ⅲ 기한 후 신고

1. 기한 후 신고의 의의

기한 후 신고란 법정신고기한까지 과세표준신고서를 제출하지 아니한 자가 관할 세무서장이 세법에 따라 해당 국세의 과세표준과 세액(국기법 및 세법에 따른 가산세를 포함한다)을 결정하여 통지하기 전까지 기한후과세표준신고서를 제출하는 것을 말한다. 기한후과세표준신고서를 제출받은 세무서장은 세법에 따라 신고일로부터 3개월 이내에 해당 국세의 과세표준과 세액을 결정 또는 경정하여 신고인에게 통지하여야 한다(국기법 제45조의3 제1항 및 제3항).

기한 후 신고를 한 경우에는 신고납세제도에 속하는 세목이든 부과과세제도에 속하는 세목이든 과세관청에서 결정할 때 "납세의무의 확정"이 이루어지고 그 효력은 통지서가 납세의무자에게 도달할 때 발생한다(국기법 제22조 제2항 및 제3항).

제 11 절

가산세

Ⅰ. 가산세의 정의

가산세란 납세의무자가 세법에서 규정한 의무를 위반하였을 시 「국세기본법」 및 개별세법 규정에 의하여 부과하는 금액을 말한다(국기법 제47조). 가산세는 납세의무자가 세법에서 규정하는 의무를 성실하게 이행케 하기 위한 수단으로 일종의 행정벌이다.

「국세기본법」에서 규정하는 가산세는 무신고가산세, 과소신고·초과환급신고가산세, 납부지연가산세, 원천징수 등 납부지연가산세이다. 「부가가치세법」, 「소득세법」, 「법인세법」, 「양도소득세법」, 「상속·증여세법」 등 각 개별세법에서 규정하는 가산세는 세무공무원인 필자도 그 종류가 몇 개인지 파악하지 못할 정도로 많다. 하여 필자는 「국세기본법」에 규정된 가산세는 모두 소개하고 각 개별세법에서 규정하고 있는 가산세는 「조세범처벌법」을 공부하는데 필요하다 생각되는 가산세만을 선택하여 소개하고자 한다.

1. 「국세기본법」에서 규정하는 가산세

(1) 무신고가산세

무신고가산세란 납세의무자가 각 세목마다 규정된 법정신고기한까지 세법에 따른 국세의 과세표준 신고(예정신고 및 중간신고를 포함하며, 교육세법 제9조에 따른 신고 중 금융보험업자가 아닌 자의 신고와 「농어촌특별세법」 및 「종합부동산세법」에 따른 신고는 제외)를 하지 아니하였을 때 당초 신고하였을 경우 납부하여야 할 세액에 「국세기본법」에서 규정한 비율로 납부할 세액에 가산하는 금액을 말한다.

무신고가산세의 종류는 무신고를 일반 무신고행위와 부정 무신고행위로 구분하여 일반 무신고가산세와 부정 무신고가산세로 나눈다.

1) 일반 무신고가산세

일반 무신고가산세란 부정행위로 인한 무신고가 아닌 무신고에 적용하는 가산세를 말한다(국기법 제47조의2 제1항 제2호). 여기에서 일반 무신고는 납세의무자가 신고기한 등을 착각,

망각 등의 원인으로 법정신고기한까지 세법에 따른 과세표준 신고를 하지 아니한 경우를 말한다. 일반 무신고일 경우 가산세 산출방식은 아래와 같다.

| 일반 무신고가산세 산출방식 |

구 분	계산식
법인세 또는 소득세법 상 복식부기의무자의 소득세	• 무신고가산세 = Max(①, ②) ① 무신고납부세액 × 20% ② 수입금액 × 7/10,000
부가가치세	• 무신고가산세 = 무신고납부세액 × 20% ※ 영세율 과세표준이 있는 경우 무신고가산세 = ① + ② ① 무신고납부세액 × 20% ② 영세율과세표준 × 5/1,000
기타 세목	• 무신고가산세 = 무신고납부세액 × 20%

2) 부정 무신고가산세

부정 무신고란 납세의무자가 법정신고기한까지 부정행위(조세범처벌법 제3조 제6항의 행위들)로 법정신고기한까지 세법에 따른 국세의 과세표준 신고를 하지 아니한 경우를 말한다(국기법 제47조의2 제1항 제1호). 부정 무신고일 경우 가산세 산출방식은 아래와 같다.

| 부정 무신고가산세 산출방식 |

구 분	계산식
법인세 또는 소득세법 상 복식부기의무자의 소득세	• 부정 무신고가산세 = Max(①, ②) ① 무신고납부세액 × 40%(역외거래에서 발생한 부정 무신고는 60%) ② 수입금액 × 14/10,000
부가가치세	• 부정 무신고가산세 = 무신고납부세액 × 40% ※ 영세율 과세표준이 있는 경우 무신고가산세 = ① + ② ① 무신고납부세액 × 40%(역외거래에서 발생한 부정 무신고는 60%) ② 영세율과세표준 × 5/1,000
기타 세목	• 부정 무신고가산세 = 무신고납부세액 × 40%(역외거래에서 발생한 부정 무신고는 60%)

(2) 과소신고·초과환급신고가산세

과소신고·초과환급신고가산세란 납세의무자가 법정신고기한까지 세법에 따른 국세의 과세표준 신고(예정신고 및 중간신고 포함하며,「교육세법」제9조에 따른 신고 중 금융보험업자가 아닌 자의 신고와「농어촌특별세법」에 따른 신고는 제외)를 한 경우로서 '납부할 세액을 신고하여야 할 세액보다 적게 신고'(이하 "과소신고"라 한다)하거나 '환급받을 세액을 신고하여야 할 금액보다 많이 신고'(이하 "초과신고"라 한다)한 경우에는 과소신고한 납부세액과 초과신고한 환급세액을 합한 금액(국세기본법 및 세법에 따른 가산세와 세법에 따라 가산하여 납부하여야 할 이자 상당 가산액이 있는 경우 그 금액은 제외한다)에「국세기본법」에서 규정한 산출방법을 적용하여 산출한 금액을 말한다.

과소신고·초과환급신고가산세의 종류는 가산세의 발생 원인이 부정행위로 인한 것이냐 아니냐에 따라 일반 과소신고·초과환급신고가산세와 부정 과소신고·초과환급신고가산세로 구분된다.

그리고「부가가치세법」에 따라 신고하는 사업자가 영세율과세표준을 과소신고하였을 경우에는 일반 과소신고·초과환급신고냐 또는 부정한 과소신고·초과환급신고냐에 상관 없이 과소신고·초과환급신고가산세에 영세율과세표준의 1,000분의 5에 상당하는 금액을 가산한다.

1) 일반 과소신고·초과환급신고가산세

일반 과소신고·초과환급신고가산세란 부정행위 없이 과소신고·초과환급신고하였을 경우 과소신고한 납부세액 또는 초과신고한 환급세액에 적용하는 가산세를 말한다. 가산세의 산출방식은 아래의 내용과 같다(국기법 제47조의3 제1항 제2호).

| 일반 과소신고·초과환급신고가산세 산출방식 |

구 분	계산식
모든 세목	• 일반 과소신고·초과환급신고가산세 = 과소신고·초과환급신고세액 × 10% ※「부가가치세법」에 따른 사업자가 영세율 과세표준을 과소신고하였을 경우 　일반 과소신고·초과환급신고가산세 = ① + ② 　① 과소신고·초과환급신고세액 × 10% 　② 과소신고된 영세율과세표준 × (5/1,000)

2) 부정 과소신고·초과환급신고가산세

부정 과소신고·초과환급신고가산세란 부정행위(조세범처벌법 제3조 제6항의 행위들)

로 과소신고하거나 초과신고한 경우에 과소신고한 납부세액 또는 초과신고한 환급세액에 적용하는 가산세를 말한다. 가산세의 산출방식은 아래의 내용과 같다.

부정 과소신고·초과환급신고가산세가 적용될 경우 일반 과소신고·초과환급신고가산세가 있는지를 검토하고 둘을 합산하여 아래 표의 내용처럼 총가산세를 계산하여야 한다(국기법 제47조의3 제1항 제1호).

| 부정 과소신고·초과환급신고가산세가 있을 경우 산출방식 |

구 분	계산식
법인세 또는 소득세법 상 복식부기의무자의 소득세	• 부정 과소신고·초과환급신고가산세 = ① + ② ① 부정 과소신고·초과환급신고가산세 = Max(ⓐ, ⓑ) 　ⓐ 부정 '과소신고납부세액등'[주1] × 40%(역외거래에서 발생한 과소신고·초과환급신고분은 60%) 　ⓑ 부정 '과소신고수입금액'[주2] × (14/10,000) ② 일반 과소신고·초과환급신고가산세 = 일반 과소신고납부세액등 × 10%
기타 모든 세목	• 부정 과소신고·초과환급신고가산세 = ① + ② ① 부정 과소신고·초과환급신고가산세 = 부정 과소신고납부세액등 × 40%(역외거래에서 발생한 과소신고·초과환급신고분은 60%) ② 일반 과소신고·초과환급신고가산세 = 일반 과소신고납부세액등 × 10% ※「부가가치세법」에 따른 사업자가 영세율 과세표준을 부정 과소신고하였을 경우 • 부정 과소신고·초과환급신고가산세(① + ② + ③) ① 부정 과소신고·초과환급신고가산세액 = 부정 과소신고납부세액등 × 40%(역외거래에서 발생한 과소신고·초과환급신고분은 60%) ② 일반 과소신고·초과환급신고가산세 = 일반 과소신고납부세액등 - 부정 과소신고납부세액등 × 10% ③ 과소신고된 영세율과표준분 가산세 = 과소신고된 영세율과세표준 × (5/1,000)

주1) '과소신고납부세액등'은 과소신고한 납부세액과 초과신고한 환급세액을 합한 금액을 의미한다.
주2) '과소신고수입금액'이란 복식부기의무자인 사업자가 법인세 또는 소득세 신고 시 누락한 수입금액 등을 말한다.

(3) 납부지연가산세

납부지연가산세란 납세의무자(연대납세의무자, 납세자를 갈음하여 납부할 의무가 생긴 제2차 납세의무자 및 보증인을 포함한다)가 법정납부기한까지 국세(인지세는 제외한다)의 납부(중간예납·예정신고납부·중간신고납부를 포함)를 하지 아니하거나 납부하여야 할 세액보다 적게 납부(이하 "과소납부")하거나 환급받아야 할 세액보다 많이 환급(이하 "초과환급")받은 경우에 아래 ①·②·③의 금액을 합산한 금액을 말한다(국기법 제47조의4).

① 납부불성실 세액에 대한 가산세 = 납부하지 아니한 세액 또는 과소하게 납부한 세액 × 경과일수[주3] × 가산세율[주4]

주3) 납부기한(법정납부기한)의 다음 날부터 자진납부일 또는 납부고지일(납부일로부터 납부고지서에 따른 납부기한까지의 기간은 제외, 2020년부터 시행되는 납부지연가산세부터 적용)까지의 기간

주4) 가산세율을 2019.2.11.까지는 1일 10,000분의 3이고, 2019.2.12.부터 2022.2.14.까지는 1일 100,000분의 25이고, 2022.2.15.부터는 100,000분의 22이다.

② 초과환급받은 세액에 대한 가산세 = 초과환급받은 세액 × 경과일수[주5] × 가산세율[주4]

※ 초과환급받은 세액에 대한 가산세는 「부가가치세법」에 따른 사업자가 아닌 자가 부가가치세액을 환급받은 경우에도 적용한다(국기법 제47조의2 제2항).

주5) 환급받은 날의 다음 날부터 자진납부일 또는 납부고지일(납부고지일로부터 납부고지서에 따른 납부기한까지의 기간은 제외, 2020년부터 시행되는 납부지연가산세부터 적용)까지의 기간

③ 납부고지서를 받고 체납하였을 시 가산세 = ㉠ + ㉡

㉠ 체납발생(고지서의 납부기한까지 납부하지 않은 경우) 시 가산세 = '법정납부기한까지 납부하지 아니한 세액 또는 과소 납부한 세액'[주6] × 100분의 3

㉡ 체납발생 후 계속 납부하지 않을 경우 가산세 = '법정납부기한까지 납부하지 아니한 세액 또는 과소 납부한 세액' × 경과일수[주7] × 대통령령으로 정하는 이자율

※ ㉡의 가산세는 체납된 국세의 납부고지서별·세목별 세액이 150만 원 미만인 경우는 적용하지 아니한다(국기법 제47조의4 제8항).

주6) 국세를 납부고지서에 따른 납부기한까지 완납하지 아니한 경우로 한정(2020년부터 시행되는 납부지연가산세부터 적용됨)하고, 2020년 이후 납세의무 성립분부터 적용된다.

주7) 경과일수는 납부고지서를 발급받고 납부기한의 다음 날부터 납부일까지 기간을 말하고 그 기간이 5년을 초과할 경우에는 5년으로 한다(국기법 제47조의4 제7항).

④ 인지세의 납부지연가산세

「인지세법」 제8조 제1항에 따른 인지세(「인지세법」 제3조 제1항 제1호의 문서 중 소유권 이전에 관한 증서에 대한 인지세는 제외한다)를 납부하지 아니하거나 과소납부한 경우에는 납부하지 아니한 세액 또는 과소납부분 세액의 100분의 300에 상당하는 금액을 가산세로 한다. 다만, 납세의무자가 법정납부기한(과세문건 작성할 때)이 지

난 후 3개월 이내에 납부한 경우(과세표준과 세액을 경정할 것을 미리 알고 납부하는 경우에는 제외한다)에는 납부하지 아니한 세액 또는 과소납부분 세액의 100분의 100을, 3개월 초과 6개월 이내에 납부한 경우에는 납부하지 아니한 세액 또는 과소납부분 세액의 100분의 200을 가산세로 한다(국기법 제47조의4 제9항).

(4) 원천징수 등 납부지연가산세

원천징수 등 납부지연가산세란 '국세를 징수하여 납부할 의무를 지는 자'[주8]가 징수하여야 할 세액(납세조합의 경우에는 징수한 세액)을 '법정납부기한'[주9]까지 납부하지 아니하거나 과소납부한 경우에는 납부하지 아니한 세액 또는 과소납부분 세액의 100분의 50(다음 표의 ⓐ의 금액과 ⓑ의 금액 중 법정납부기한의 다음 날부터 납부고지일까지의 기간에 해당하는 금액을 합한 금액은 100분의 10)에 상당하는 금액을 한도로 하여 아래 표의 ⓐ와 ⓑ를 합한 금액을 말한다(국기법 제47조의5).

주8) '국세를 징수하여 납부할 의무를 지는 자'란 국내에서 거주자나 비거주자 또는 법인에게 세법에 따른 원천징수 대상 소득 또는 수입금액을 지급하는 개인이나 법인인 원천징수의무자

주9) '법정납부기한'이란 원천징수일이 속하는 달의 다음 달 10일(반기별 납부대상 원천징수의무자는 반기 마지막 달의 다음 달 10일까지)이고 납부고지서를 받은 경우는 납부기한임.

| 원천징수 등 납부지연가산세 계산식 |

원천징수 등 납부지연가산세 = ⓐ + ⓑ
ⓐ '납부하지 아니한 세액 또는 과소납부분 세액' × 100분의 3
ⓑ '납부하지 아니한 세액 또는 과소납부분 세액' × 경과일수[주10] × 가산세율[주11]

주10) 법정납부기한의 다음 날부터 자진납부일 또는 납부고지일까지의 기간(납부고지일로부터 납부고지서에 따른 납부기한까지의 기간은 제외)

주11) 가산세율은 2019.2.11.까지는 1일 10,000분의 3이고, 2019.2.12.부터 2022.2.14.까지는 1일 100,000분의 25이고, 2022.2.15.부터는 100,000분의 22이다.

(5) 가산세 한도 및 적용기간

1) 가산세 한도

아래 표의 내용에 해당하는 가산세에 대해서는 그 의무위반의 종류별로 각각 5천만 원(「중소기업기본법」 제2조 제1항에 따른 중소기업이 아닌 기업은 1억 원)을 한도로 한다(국기법 제49조 제1항).

| 한도가 있는 가산세 종류 |

의무위반의 종류
① 「소득세법」 제81조, 제81조의3, 제81조의6, 제81조의7, 제81조의10, 제81조의11 및 제81조의13에 따른 가산세
② 「법인세법」 제75조의2, 제75조의4, 제75조의5, 제75조의7, 제75조의8(제1항 제4호는 제외한다) 및 제75조의9에 따른 가산세
③ 「부가가치세법」 제60조 제1항(같은 법 제68조 제2항에서 준용되는 경우를 포함한), 같은 조 제2항 제1호・제3호부터 제5호까지 및 같은 조 제5항부터 제8항까지의 규정에 따른 가산세
④ 「상속세 및 증여세법」 제78조 제3항・제5항(같은 법 제50조 제1항 및 제2항에 따른 의무를 위반한 경우만 해당한다)・제12항・제13항 및 제14항에 따른 가산세
⑤ 「조세특례제한법」 제30조의5 제5항 및 제90조의2 제1항에 따른 가산세

2) 가산세 한도 적용기간

가산세 한도가 적용되는 세목의 가산세 한도 적용기간은 아래 표의 내용과 같다(국기령 제29조의2).

| 가산세 한도 적용기간 |

가산세 한도가 적용되는 의무위반 종류	가산세 한도 적용기간
「소득세」, 「법인세법」 및 「부가가치세법」에 따른 가산세	과세기간 단위
「상속세」 및 「증여세법」에 따른 가산세	같은 법에 따라 의무를 이행하여야 할 기간 단위
「조세특례제한법」 제30조의5 제5항에 따른 가산세	같은 법에 따라 의무를 이행하여야 할 기간 단위
「조세특례제한법」 제90조의2 제1항에 따른 가산세	소득세의 과세기간 단위

2. 개별세법에서 규정하고 있는 가산세

앞 단원에서 「국세기본법」에서 규정하고 있는 가산세들을 소개하였다. 이제는 개별세법에서 규정하고 있는 가산세들을 소개하고자 한다. 개별세법에서 규정하고 있는 가산세들은 그 종류가 매우 많다. 그리하여 앞에서 언급한 것처럼 개별세법에 규정된 가산세 중 「조세범처벌법」을 공부하는데 필요하다 생각되는 최소한의 것들만 소개하고자 한다.

(1) 「부가가치세법」에서 규정하고 있는 가산세들

「부가가치세법」에서 규정하고 있는 가산세들은 다음 표의 내용과 같다. 다음 표의 가산세 중 세금계산서 미발급가산세, 거짓세금계산서등 발급가산세, 거짓세금계산서등 수취가산세, 가공세금계산서등 발급가산세, 가공세금계산서등 수취가산세, 위장가공세금계산서등 발급가산세, 위장가공세금계산서등 수취가산세 등의 부과사유와 가산세율은 알아야 할 내용들이다.

│「부가가치세법」에서 규정하고 있는 가산세 및 계산식│

구 분	명칭	가산세 부과 사유	가산세율
세금계산서불성실가산세	ⓐ 세금계산서 미발급 가산세(부가법 제60조 제2항 제2호)	• 재화·용역을 공급하고 공급시기가 속하는 과세기간에 대한 확정신고기한까지 발급하지 아니한 경우	공급가액의 2%
		• 전자세금계산서를 발급 의무자가 전자세금계산서 외의 세금계산서를 발급한 경우	공급가액의 1%
		• 둘 이상의 사업장을 가진 사업자가 재화 또는 용역을 공급한 사업장의 명의로 세금계산서를 발급하지 아니하고 자신의 다른 사업장 명의로 세금계산서를 발급한 경우	공급가액의 1%
	ⓑ 세금계산서 지연발급 가산세(부가법 제60조 제2항 제1호)	• 세금계산서의 발급시기가 지난 후 재화 또는 용역의 공급시기가 속하는 과세기간에 대한 확정신고 기한까지 세금계산서를 발급한 경우	공급가액의 1% ★ 한도적용
	ⓒ 전자세금계산서 지연전송 가산세(부가법 제60조 제2항 제3호)	• 전자세금계산서 발행 후 전송기한[주12]이 경과한 후 공급시기가 속하는 과세기간에 대한 확정신고기한까지 국세청장에게 전송한 경우	공급가액의 0.3% ★ 한도적용
	ⓓ 전자세금계산서 미전송 가산세(부가법 제60조 제2항 제4호)	• 전자세금계산서 발행 후 전송기한이 경과한 후 공급시기가 속하는 과세기간에 대한 확정신고기한까지 국세청장에게 전송하지 아니한 경우	공급가액의 0.5% ★ 한도적용
	ⓔ 세금계산서 부실기재발급 가산세(부가법 제60조 제2항 제5호)	• 세금계산서의 필요적 기재사항의 전부 또는 일부가 착오 또는 과실로 적혀 있지 아니하거나 사실과 다른 경우	공급가액의 1% ★ 한도적용

구 분	명칭	가산세 부과 사유	가산세율
세금계산서불성실가산세	ⓕ 가공세금계산서등 발급가산세(부가법 제60조 제3항 제1호)	• 재화 또는 용역을 공급하지 아니하고 세금계산서 또는 신용카드매출전표등을 발급한 경우	공급가액의 3%
	ⓖ 가공세금계산서등 수취가산세(부가법 제60조 제3항 제2호)	• 재화 또는 용역을 공급받지 아니하고 세금계산서 또는 신용카드매출전표등을 발급받은 경우	공급가액의 3%
	ⓗ 위장세금계산서등 발급가산세(부가법 제60조 제3항 제3호)	• 재화 또는 용역을 공급하고 실제로 재화 또는 용역을 공급하는 자가 아니 자 또는 실제로 재화 또는 용역을 공급받지 아니한 자의 명의로 세금계산서등을 발급한 경우	공급가액의 2%
	ⓘ 위장세금계산서등 수취가산세(부가법 제60조 제3항 제4호)	• 재화 또는 용역을 공급받고 실제로 재화 또는 용역을 공급하는 자가 아닌 자의 명의로 세금계산서등을 발급받은 경우	공급가액의 2%
	ⓙ 거짓기재세금계산서등 발급가산세(부가법 제60조 제3항 제5호)	• 재화 또는 용역을 공급하고 공급가액을 과다하게 기재하여 세금계산서등을 발행한 경우	공급가액의 2%
	ⓚ 거짓기재세금계산서등 수취가산세(부가법 제60조 제3항 제6호)	• 공급받은 재화 또는 용역의 공급가액보다 과다하게 기재된 세금계산서등을 발급받은 경우	공급가액의 2%
	ⓛ 가공세금계산서 수수가산세(부가법 제60조 제4항)	• 사업자가 아닌 자가 재화 또는 용역을 공급하지 아니하고 세금계산서를 발급하거나 또는 재화 또는 용역을 공급받지 아니하고 세금계산서를 발급받은 경우	공급가액의 3%
신용카드매출전표등 미제출·과다기재 가산세	ⓜ 신용카드매출전표등 미제출가산세(부가법 제60조 제5항 제1호)	• 신용카드매출전표등을 미제출하여 경정기관의 확인을 거쳐 매입세액을 공제받은 경우	공급가액의 0.5% ★ 한도적용
	ⓝ 신용카드매출전표등 과다기재제출가산세(부가법 제60조 제5항 제2호)	• 신용카드매출전표등을 수령명세서에 공급가액을 과다하게 기재하여 제출한 경우	공급가액의 0.5% ★ 한도적용

구 분	명칭	가산세 부과 사유	가산세율
매출처별세금계산서합계표 미제출 등 가산세	ⓞ 매출처별 세금계산서합계표 미제출가산세(부가법 제60조 제6항 제1호)	• 사업자가 세금계산서를 발급하고 매출처별 세금계산서합계표를 제출하지 아니한 경우	공급가액의 0.5% ★ 한도적용
	ⓟ 매출처별 세금계산서합계표 부실기재가산세(부가법 제60조 제6항 제2호)	• 사업자가 매출처별 세금계산서합계표를 부실기재(거래처별 등록번호 또는 공급가액의 전부 또는 일부가 적혀 있지 아니하거나 사실과 다르게 적은 경우)하여 제출한 경우	공급가액의 0.5% ★ 한도적용
	ⓠ 매출처별 세금계산서합계표 지연제출가산세(부가법 제60조 제6항 제3호)	• 사업자가 예정신고 시 제출한 매출처별 세금계산서합계표에 기재누락분을 확정신고 시 매출처별 세금계산서합계표에 기재하여 제출한 경우	공급가액의 0.3% ★ 한도적용
매입처별세금계산서합계표 미제출 등 불성실 가산세	ⓡ 매입처별 세금계산서합계표 기재누락가산세(부가법 제60조 제7항 제1호)	• 사업자가 매입처별 세금계산서합계표 제출 시 기재누락한 세금계산서(㉠ 사업자가 재화 또는 용역을 공급받은 후 확정신고기한 내에 발급받은 세금계산서 ㉡ 확정신고기한이 지난 후 1년 이내에 발급받은 세금계산서, ㉢ 재화 또는 용역의 공급시기 전에 발급받은 세금계산서로서 그 세금계산서 발급일로부터 6개월 이내에 공급시기가 도래한 세금계산서)에 대해에 경정기관[주13]의 확인을 거쳐 매입세액을 공제받는 경우	공급가액의 0.5% ★ 한도적용
	ⓢ 매입처별 세금계산서합계표 미제출·부실기재가산세(부가법 제60조 제7항 제2호)	• 사업자가 매입처별 세금계산서합계표를 제출하지 아니하거나 또는 부실기재하여 제출한 매입처별 세금계산서합계표 상의 공급가액에 대해 경정기관의 확인을 거쳐 매입세액을 공제받는 경우	공급가액의 0.5% ★ 한도적용
	ⓣ 매입처별 세금계산서합계표 거짓기재제출가산세(부가법 제60조 제7항 제3호)	• 사업자가 매입처별 세금계산서합계표 제출 시 공급가액을 과다하게 기재하여 제출한 경우	공급가액의 0.3% ★ 한도적용

구 분	명칭	가산세 부과 사유	가산세율
사업자등록불성실	ⓤ 미등록가산세(부가법 제60조 제1항 제1호)	• 사업자가 사업개시일로부터 20일 이내에 사업자등록을 하지 않은 경우	공급가액[주14]의 1% ★ 한도적용
사업자등록불성실	ⓥ 허위등록가산세(부가법 제60조 제1항 제2호)	• 사업자가 타인[주15]의 명의로 사업자등록을 하거나 타인의 명의의 사업자등록을 이용하여 실제 사업을 하는 것이 확인된 경우	공급가액[주16]의 1% ★ 한도적용
현금·매출세기서등미제출 부실기재가산세	ⓦ 현금매출명세서 미제출·부실기재가산세(부가법 제60조 제8항)	• '현금매출명세서 제출대상 사업자'[주17]가 현금매출명세서를 미제출하거나 사실과 다르게 제출한 경우	미제출금액 또는 차액의 1% ★ 한도적용
현금·매출세기서등미제출 부실기재가산세	ⓧ 부동산임대공급가액명세서 미제출·부실기재가산세(부가법 제60조 제8항)	• 부동산임대사업자가 부동산임대공급가액명세서를 미제출하거나 부동산임대공급가액명세서를 사실과 다르게 제출한 경우	미제출금액 또는 차액의 1% ★ 한도적용

주12) 전송기한은 전자세금계산서를 발급한 날의 다음 날이다.
주13) 경정기관이란 과세관청인 국세청을 말한다.
주14) 사업개시일부터 사업자등록 신청 직전일까지의 공급가액을 말한다.
주15) 타인이란 배우자를 제외한 사람들을 말한다.
주16) 타인 명의의 사업개시일부터 확인된 날 직전일까지의 공급가액을 말한다.
주17) 예식장업, 부동산중개업, 변호사업, 심판변론인업, 변리사업, 법무사업, 공인회계사업, 세무사업, 경영지도사업, 기술지도사업, 감정평가사업, 건축사업, 도선사업, 측량사업 등의 업종을 하는 사업자를 말한다(부가령 제100조).

1) 가산세 중복적용 배제

가산세를 적용하다 보면 한 행위에 여러 개의 가산세가 적용되는 경우가 발생한다. 다음의 표의 내용과 같이 중복적용을 배제하고 있다(부가법 제60조 제9항 및 제10항).

| 「부가가치세법」에서 규정하고 있는 가산세의 중복적용 배제내용 |

적용되는 가산세 항목	적용배제 되는 가산세 항목	비고
ⓤ와 ⓥ	ⓑ, ⓒ, ⓓ, ⓔ, ⓜ, ⓝ, ⓞ, ⓟ, ⓠ	부가세법 제60조 제9항 제1호
ⓑ, ⓒ, ⓓ, ⓔ	ⓞ, ⓟ, ⓠ	부가세법 제60조 제9항 제2호
ⓐ 또는 ⓕ, ⓖ, ⓗ, ⓘ, ⓙ, ⓚ	ⓤ, ⓥ, ⓞ, ⓟ, ⓠ, ⓡ, ⓢ, ⓣ	부가세법 제60조 제9항 제3호

적용되는 가산세 항목	적용배제 되는 가산세 항목	비고
ⓗ	ⓐ	부가세법 제60조 제9항 제4호
ⓙ	ⓔ	부가세법 제60조 제9항 제5호
「법인세법」 제75조의6 제2항 제3호 또는 「소득세법」 제81조의9 제2항 제3호 가산세 (현금영수증 미발급가산세)	ⓐ,ⓟ	부가세법 제60조 제10항 제5호

(2) 「소득세법」에서 규정하고 있는 가산세들

「소득세법」에서 규정하고 있는 가산세들은 다음 표의 내용과 같다. 다음 표의 가산세 중 계산서 미발급가산세, 계산서 부실기재가산세, 가공계산서등 발급가산세, 가공계산서등 수취가산세, 위장가공계산서등 발급가산세, 위장가공계산서등 수취가산세 등의 부과사유와 가산세율은 알아야 할 내용들이다.

| 「소득세법」에서 규정하고 있는 가산세 및 산출방식 |

구 분	명칭	가산세 부과 사유	가산세율
Ⓐ 계산서 등 제출불성실 가산세	계산서 부실기재가산세(소득법 제81조의10 제1항 제1호)	• 교부한 계산서에 기재사항의 전부 또는 일부가 기재되지 아니하거나 사실과 다르게 기재된 경우	공급가액의 1% ★ 한도적용
	계산서 미발급가산세 (소득법 제81조의10 제1항 제4호 가목)	• 재화 · 용역을 공급하고 공급시기가 속하는 과세기간의 다음 연도 1월25일까지 계산서를 발급하지 아니한 경우	공급가액의 2% ★ 한도적용
		• 전자계산서 발급의무자가 전자계산서 외의 계산서를 발급한 경우	공급가액의 1% ★ 한도적용
		• 재화 · 용역의 공급시기에 계산서를 발급하지 않고 공급시기가 속하는 과세기간의 다음 연도 1월25일까지 발급한 경우	공급가액의 1% ★ 한도적용
	전자계산서 발급명세지연 전송가산세(소득법 제81조의10 제1항 제5호)	• 전자계산서 발급 후 전송기한[주18]이 경과한 후 공급시기가 속하는 '과세기간 말의 다음 달 25일'[주19]까지 전자계산서 발급명세를 국세청장에게 전송한 경우	공급가액의 0.3% ★ 한도적용

구 분	명칭	가산세 부과 사유	가산세율
	전자계산서 발급명세미전송 가산세(소득법 제81조의10 제1항 제6호)	• 전자계산서 발급 후 전송기한이 경과한 후 공급시기가 속하는 '과세기간 말의 다음 달 25일'까지 전자계산서 발급명세를 국세청장에게 전송하지 아니한 경우	공급가액의 0.5% ★ 한도적용
Ⓑ 계산서등 제출불성실 가산세	가공계산서등 발급가산세 (소득법 제81조의10 제1항 제4호 나목)	• 재화 또는 용역을 공급하지 아니하고 "계산서등"[주20]을 발급한 경우	공급가액의 2% ★ 한도적용
	가공계산서등 수취가산세 (소득법 제81조의10 제1항 제4호 다목)	• 재화 또는 용역을 공급받지 아니하고 계산서등을 발급받은 경우	공급가액의 2% ★ 한도적용
	위장가공계산서등 발급가산세(소득법 제81조의10 제1항 제4호 라목)	• 재화 또는 용역을 공급하고 실제로 재화 또는 용역을 공급하는 자가 아닌 자의 명의로 계산서등을 발급한 경우	공급가액의 2% ★ 한도적용
	위장가공계산서등 수취가산세(소득법 제81조의10 제1항 제4호 마목)	• 재화 또는 용역을 공급받고 실제로 재화 또는 용역을 공급하는 자가 아닌 자의 명의로 계산서등을 발급받은 경우	공급가액의 2% ★ 한도적용
	가공계산서 수수가산세(소득법 제81조의10 제2항) ※ 완전 자료상에 적용	• 사업자가 아닌 자가 재화 또는 용역을 공급하지 아니하고 계산서를 발급하거나 또는 재화 또는 용역을 공급받지 아니하고 계산서를 발급받은 경우	공급가액의 2% ★ 한도적용
Ⓒ 계산서등 가산세 제출불성실	매입·매출처별 계산서합계표 미제출·부실기재가산세 (소득법 제81조의10 제1항 제2호)	• '매입·매출처별 계산서합계표를 제출기한'[주21]까지 제출하지 아니한 경우 또는 제출한 합계표에 기재하여야 할 사항의 전부 또는 일부가 기재되지 아니하거나 사실과 다르게 기재된 경우	공급가액의 0.5% ★ 한도적용
		• 매입·매출처별 계산서합계표를 제출하지 아니한 후 1개월 이내에 제출한 경우	공급가액의 0.3% ★ 한도적용

구 분	명칭	가산세 부과 사유	가산세율
ⓒ 계산서등 가산세 제출불성실	매입처별 세금계산서합계표 미제출·부실기재가산세 (소득법 제81조의10 제1항 제3호)	• 매입처별 세금계산서합계표를 제출기한[주22]까지 제출하지 아니한 경우 또는 제출한 합계표에 기재하여야 할 사항의 전부 또는 일부가 기재되지 아니하거나 사실과 다르게 기재된 경우	공급가액의 0.5% ★ 한도적용
		• 매입처별 세금계산서합계표를 제출하지 아니한 후 1개월 이내에 제출한 경우	공급가액의 0.3% ★ 한도적용
증빙서류 가산세 수취불성실	증명서류 수취불성실가산세 (소득법 제81조의6)	• 사업자(소규모사업자[주23] 및 '소득금액을 추계'[주24]하는 사업자는 제외)가 사업과 관련하여 다른 사업자(법인을 포함하다)로부터 재화 또는 용역을 공급받고 정규증명서류[주25]를 받지 아니하거나 사실과 다른 증명서류를 받은 경우 그 받지 아니하거나 사실과 다르게 받은 금액으로 필요경비에 산입하는 경우	'그 받지 아니하거나 사실과 다르게 받은 금액 (건별로 받아야 할 금액과의 차액)'의 2% ★ 한도적용
영수증등 미제출 가산세 수취명세서	영수증수취명세서 미제출·작성불성실가산세(소득법 제81조)	• 영수증수취명세서 제출의무사업자 (소규모사업자 및 소득금액을 추계하는 사업자는 제외)가 영수증수취명세서를 과세표준 확정신고기한 내에 제출하지 않거나 또는 영수증수취명세서가 불분명하다고 인정되는 경우	미제출·불분명 지급금액의 1% ★ 한도적용
현황신고 관련	사업장 현황신고 불성실가산세(소득법 제81조의3)	• 사업자(주로 사업자가 아닌 소비자에게 재화 또는 용역을 공급하는 의료업·수의업·약사업에 종사하는 사업자에만 적용)가 사업장현황신고서를 하지 아니하거나 수입금액을 미달하게 신고한 경우	미신고한 수입금액·미달하게 신고한 수입금액의 0.5% ★ 한도적용

※ 위 표의 Ⓐ, Ⓑ, ⓒ 가산세들은 증빙서류 수취불성실가산세, 「부가가치세법」 제60조 제2항·제3항·제5항·제6항의 따른 세금계산서 가산세가 적용되는 경우와 직전과세기간의 수입금액이 4,800만원에 미달하는 간편장부사업자, 신규사업자, 연말정산대상 사업자인 보험모집인·방문판매원·음료배달판매원에게는 적용하지 않는다(국세공무원교육원 교재 2023년 소득세법 539쪽 중단).

주18) 전송기한은 전자계산서를 발급하고 다음 날 24시까지이다.

주19) 과세기간 말의 다음 달 25일까지는 1월 25일이다.

주20) 계산서등이란 계산서, 신용카드매출전표, 현금영수증을 의미한다.

주21) '매입·매출처별 계산서합계표를 제출기한' 이란 일반적인 경우는 과세기간 다음 연도 2월 10일이다 (소득세법 제78조 제1항).

주22) '매입처별 세금계산서합계표를 제출기한'이란 일반적인 경우는 과세기간 다음 연도 2월 10일이다(소득세법 제163조의2 제1항). 다만 사업자(거주자)가 사망한 경우는 상속인이 그 상속개시일이 속하는 달의 말일부터 6개월이 되는 날까지이고(상속인이 그 상속개시일이 속하는 달의 말일부터 6개월이 되는 날 사이에 출국하는 경우에는 출국일 전날), 사업자(거주자)가 출국하는 경우에는 출국일 전날까지이다.

주23) 소규모사업자란 직전과세기간의 수입금액이 4,800만원에 미달하는 간편장부사업자, 신규사업자, 연말정산대상 사업자(보험모집인·방문판매원·음료배달판매원)를 말한다.

주24) '소득금액을 추계'란 장부기장 능력이 부족한 소규모사업장에게 도움을 주기 위해 소득금액 계산을 장부에 의하지 않고 단순경비율을 적용하여 계산[소득금액 = 수입금액 − (수입금액 × 단순경비율)]하는 것을 말한다.

주25) 정규증빙서류란 세금계산서, 계산서, 신용카드매출전표, 현금영수증 등을 말한다.

(3) 「법인세법」에서 규정하고 있는 가산세들

「법인세법」에서 규정하고 있는 중요 가산세들은 다음 표의 내용과 같고 이들 중 계산서 미발급가산세, 계산서 부실기재가산세, 가공계산서등 발급가산세, 가공계산서등 수취가산세, 위장가공계산서등 발급가산세, 위장가공계산서등 수취가산세 등의 부과사유와 가산세율은 알아야 할 내용들이다.

| 「법인세법」에서 규정하고 있는 가산세 및 산출방식 |

구 분	명칭	가산세 부과 사유	가산세율
매입처별 미제출 세금등계산서가산 서합계표	매입처별 세금계산서합계표 미제출·부실기재 가산세(법인법 제75조의8 제1항 제1호)	• 부가가치세가 면제되는 사업을 하는 법인이 매입세금계산서를 교부받고 매입처별 세금계산서합계표를 제출기한[주26] 까지 제출하지 아니하거나 합계표의 내용을 부실하게 기재한 경우	공급가액의 0.5% ★ 한도적용

구 분	명칭	가산세 부과 사유	가산세율
계산서등 불성실 가산세	계산서 부실기재발급 가산세(법인법 제75조의8 제1항 제2호)	• 계산서 발급 시 기재사항을 전부 또는 일부를 적지 아니하거나 사실과 다르게 적은 경우	공급가액의 1% ★ 한도적용
	매입·매출처별 계산서 합계표 미제출·부실 기재가산세(법인법 제75조의8 제1항 제3호)	• 매입·매출처별 계산서합계표를 제출기한^{주27)}까지 제출하지 아니하거나 내용을 부실하게 적어 제출한 경우	공급가액의 0.5% ★ 한도적용
	미발급가산세(법인법 제75조의8 제1항 제4호 가목)	• 재화·용역을 공급하고 공급시기가 속하는 '사업연도 말의 다음 달 25일'^{주28)}까지 계산서를 발급하지 아니한 경우	공급가액의 2%
		• 전자계산서를 발급하지 아니하고 전자계산서 외의 계산서를 발급한 경우	공급가액의 1%
		• 재화·용역의 공급시기에 계산서를 발급하지 않고 공급시기가 속하는 '사업연도 말의 다음 달 25일'까지 발급한 경우	공급가액의 1%
	가공계산서등 발급가산세(법인법 제75조의8 제1항 제4호 나목)	• 재화 또는 용역을 공급하지 아니하고 "계산서등"^{주29)}을 발급한 경우	공급가액의 2%
	가공계산서등 수취가산세(법인법 제75조의8 제1항 제4호 다목)	• 재화 또는 용역을 공급받지 아니하고 계산서등^{주29)}을 발급받은 경우	공급가액의 2%
	위장가공계산서등 발급가산세(법인법 제75조의8 제1항 제4호 라목)	• 재화 또는 용역을 공급하고 실제로 재화 또는 용역을 공급하는 법인이 아닌 법인의 명의로 계산서등^{주29)}을 발급한 경우	공급가액의 2%
	위장가공계산서등 수취가산세(법인법 제75조의8 제1항 제4호 마목)	• 재화 또는 용역을 공급받고 실제로 재화 또는 용역을 공급하는 법인이 아닌 법인의 명의로 계산서등^{주29)}을 발급받은 경우	공급가액의 2%
	전자계산서 발급명세 지연전송가산세(법인법 제75조의8 제1항 제5호)	• '전자계산서 발급 후 전송기한'^{주30)}이 경과한 후 공급시기가 속하는 사업연도 말의 다음 달 25일까지 전자계산서 발급명세를 국세청장에게 전송한 경우	공급가액의 0.3% ★ 한도적용

구 분	명칭	가산세 부과 사유	가산세율
	전자계산서 발급명세 미전송 가산세(법인법 제75조의8 제1항 제6호)	• 전자계산서 발급 후 전송기한이 경과한 후 공급시기가 속하는 과세기간 말의 다음 달 25일까지 전자계산서 발급명세를 국세청장에게 전송하지 아니한 경우	공급가액의 0.5% ★ 한도적용
적격불성실증명서류가수취세	적격증명서류 수취불성실가산세(법인법 제75조의5)	• 사업자로부터 건당 3만원(부가가치세 포함) 초과의 재화 또는 용역을 공급받고 "법정증명"[주31] 외의 증명서류를 수취한 경우	법정증명 미수취 금액 또는 사실과 다른 증명 수취금액의 2% ★ 한도적용

주26) 제출기한은 매년 2월 10일을 말한다(법인령 제163조의2 제1항).

주27) 제출기한은 매년 2월 10일을 말한다(법인령 제164조의 제4항).

주28) '사업연도 말의 다음 달 25일'은 통상 매년 1월 25일이다. 하지만 이 날은 법인의 사업연도의 기간단위에 따라 월이 달라진다. 예를 들어 법인의 사연연도단위가 6개월이고 각 반기별로 사업연도를 정관에 규정하였을 경우는 상반기 '사업연도의 다음 달 25일'은 7월 25일이 되고, 하반기 '사업연도의 다음 달 25일'은 1월 25일이 된다.

주29) 계산서등이란 신용카드매출전표, 현금영수증, 계산서를 의미한다.

주30) '전자계산서 발급 후 전송기한'이란 전자계산서 발급일의 다음 날이다(법인령 제164조 제5항).

주31) 법정증명이란 세금계산서, 계산서, 신용카드매출전표, 현금영수증 등을 말한다.

개별세법에서 규정하고 있는 가산세 명칭

「부가가치세법」, 「소득세법」, 「법인세법」의 가산세를 소개하면서 표에 쓰인 "명칭"은 세법에 명확하게 규정되어 있지 아니하여 필자가 가산세의 부과 사유 등을 참고하여 명칭을 부여하였다. 때문에 다른 세법 관련 책에 표기된 가산세의 명칭과 다를 수 있다.

제 **12** 절

부가가치세의 기초이론

I ≫ 부가가치세의 기초이론을 기술하는 사유

국세공무원들은 부가가치세를 국세 중 선행세목이라고 한다. 선행세목이라 부르는 이유는 부가가치세의 과세대상인 거래에서 소득세, 법인세 등의 과세자료가 시작되기 때문이다.

"부가가치세의 기초이론" 단원을 기술한 사유는 「부가가치세법」에서 사용되는 용어 등이 「소득세법」, 「법인세법」, 「개별소비세법」, 「조세범처벌법」 등을 공부하는데 기초가 되기 때문이다.

따라서 이 단원에서 언급된 내용 중 용어의 정의, 부가가치세의 과세대상(과세객체)인 재화·용역·수입의 개념, 부가가치세의 과세 여부에 따라 구분되는 과세거래(영세율거래 포함)와 면세거래의 개념, 세금계산서와 계산서의 개념·발급방법에 따른 구분(전자세금계산서, 수기로 발급하는 세금계산서 등), 세금계산서합계표·계산서합계표 등 작성 방법 및 개념 등의 내용은 반드시 알아야 할 것들이다.

II ≫ 부가가치세의 의의와 납세의무자

1. 부가가치세의 의의

부가가치세란 사업자가 재화 또는 용역을 생산하거나 유통하는 등의 거래단계에서 창출한 부가가치에 과세하는 조세를 말한다.

사업자가 재화 또는 용역을 공급할 때 재화 또는 용역의 공급가액에 세율을 적용하여 공급받는 자에게서 부가가치세를 징수하는 데 이를 거래징수라 한다. 거래징수하는 사업자를 부가가치세의 징수의무자라 칭한다(부가법 제31조).

사업자는 동일한 과세기간에 거래징수한 부가가치세에서 거래징수 당한 부가가치세를 서로 상계하여 그 차액을 납부하거나 환급받으므로 부가가치세의 징수의무자이면서 납세의무자이다(부가법 제3조 제1항).

(1) 부가가치의 의의

부가가치란 사업자가 재화 또는 용역을 생산 또는 유통하는 과정에서 창출한 가치의 증가분을 말한다.

> **사례** 부가가치
>
> ㈜대한선박이 선박 제조업으로 사업자등록을 마친 후 2023년 8월 2일 철판 100,000,000원(공급가액)을 매입하고 전기료 5,000,000원, 인건비 50,000,000원, 선박 제조를 위한 기타 경비 20,000,000원을 투입하여 선박을 제조한 후, 2023년 8월 31일 250,000,000원(공급가액)에 ㈜보성해운에게 판매하였을 경우의 부가가치와 부가가치세는 얼마인가?
> - 부가가치 : 250,000,000원 − 175,000,000원 = 75,000,000원
> - 부가가치세 : 75,000,000원(부가가치) × 10%(세율) = 7,500,000원

2. 부가가치세의 납세의무자

부가가치세의 납세의무자는 사업자 또는 재화를 수입하는 자로서 「부가가치세법」에 따라 부가가치세를 납부할 의무가 있는 개인, 법인(국가ㆍ지방자치단체와 지방자치단체조합을 포함한다), 법인격이 없는 사단ㆍ재단 또는 그 밖의 단체를 말한다(부가법 제3조).

Ⅲ 용어의 정의

「부가가치세법」에서 사용되는 용어들에 대해 「부가가치세법」 제2조에서 다음과 같이 정의하고 있다. 제2조에서 정의하는 용어 외에 기타 「조세범처벌법」 등을 이해하는데 필요하다 생각되는 부가가치세 관련 용어들도 함께 기술한다.

1. "재화"란 재산 가치가 있는 물건 및 권리를 말한다. 대통령령으로 정하는 구체적인 물건과 권리의 범위는 다음 표의 내용과 같다.

| 구체적인 물건과 권리의 범위(부가령 제2조) |

구분	구체적인 범위
물건	• 상품, 제품, 원료, 기계, 건물 등 모든 유체물
	• 전기, 가스, 열 등 관리할 수 있는 자연력
권리	• 광업권, 특허권, 지적권 등 물건 외에 재산적 가치가 있는 모든 권리

2. "용역"이란 재화 외에 재산 가치가 있는 모든 역무(役務)와 그 밖의 행위를 말한다. 대통령령으로 정하는 구체적인 내용은 다음과 같다.

│ 구체적인 역무와 그 밖의 행위의 범위(부가령 제3조 제1항) │

구체적인 범위
㉮ 건설업
㉯ 숙박 및 음식점업
㉰ 정보통신업(출판업과 영상·오디오 기록물 제작 및 배급업은 제외한다.)
㉱ 금융 및 보험업
㉲ 부동산업[다만, '전·답·과수원·목장용지·임야 또는 염전 임대업'과 공익사업을 위한 토지 등의 취득 및 보상에 관한 법률 제4조에 따른 공익사업과 관련해 지역권·지상권(지하 또는 공중에 설정된 권리를 포함한다)을 설정하거나 대여하는 사업은 제외한다.]
㉳ 전문, 과학 및 기술 서비스업과 사업시설 관리, 사업 지원 및 임대서비스업
㉴ 공공행정, 국방 및 사회보장 행정
㉵ 교육서비스업
㉶ 보건업 및 사회복지 서비스업
㉷ 예술, 스포츠 및 여가관련 서비스업
㉸ 협회 및 단체, 수리 및 기타 개인서비스업과 제조업 중 산업용 기계 및 장비 수리업
㉹ 가구 내 고용활동 및 달리 분류되지 않은 자가소비 생산활동
㉺ 국제 및 외국기관의 사업[건설업(㉮)과 부동산업(㉲) 중 부동산 매매업 또는 그 중개를 사업목적으로 나타내어 부동산을 판매하는 사업과 사업상 목적으로 1과세기간 중에 1회 이상 부동산을 취득하고 2회 이상 판매하는 사업은 재화를 공급하는 사업으로 본다(부가칙 제2조 제2항)].

3. "사업자"란 사업 목적이 영리이든 비영리이든 관계없이 사업상 독립적으로 재화 또는 용역을 공급하는 자를 말한다.

4. "간이과세자"(簡易課稅者)란 부가가치세법 제61조 제1항에 따라 직전 연도의 재화와 용역의 공급에 대한 대가(부가가치세가 포함된 대가를 말한다)의 합계액이 "대통령령으로 정하는 금액"(10,400만 원, 부동산임대업자 및 과세유흥장소를 경영하는 사업자는 4,800만 원)에 미달하는 사업자로서, 「부가가치세법」 제7장에 따라 간편한 절차로 부가가치세를 신고·납부하는 개인사업자를 말한다.

5. "일반과세자"란 간이과세자가 아닌 사업자를 말한다.

6. "과세사업"이란 부가가치세가 과세되는 재화 또는 용역을 공급하는 사업을 말한다.

7. "면세사업"이란 부가가치세가 면제되는 재화 또는 용역을 공급하는 사업을 말한다.

8. "비거주자"란 「소득세법」 제1조의2 제1항 제2호(거주자가 아닌 개인을 말한다)에 따른 비거주자를 말한다.

9. "외국법인"이란 「법인세법」 제2조 제3호 및 동법 시행령 제1조 제2항에 따른 외국법인으로 외국에 본점 또는 주사무소를 둔 단체(국내에 사업의 실질적 관리장소가 소재하지 아니한 경우만 해당함)로서 설립된 국가의 법에 따라 법인격이 부여된 단체, 구성원이 유한책임사원으로만 구성된 단체, 구성원과 독립하여 자산을 소유하거나 소송이 당사자가 되는 등 직접 권리·의무의 주체가 되는 단체 등의 법인을 말한다.

   법인사업자는 사업목적의 영리 유무에 따라 영리법인과 비영리법인으로 구분되고 본점 또는 주사무소의 국내 유무에 따라 내국법인과 외국법인으로 구분된다.

10. "사업장"이란 사업자가 사업을 하기 위하여 거래(매출)의 전부 또는 일부를 하는 고정된 장소를 말한다(부가법 제6조 제2항).
    • "임시사업장"이란 기존사업장이 있는 사업자가 기존사업장 외에 각종 경기대회·박람회·국제회의 기타 이와 유사한 행사가 개최되는 장소에서 국세청장이 정하는 바에 따라 임시로 개설하는 장소이나, 사업장으로 보지 아니한다(부가법 제6조 제5항 제2호).
    • "직매장"이란 사업자가 자기의 사업과 관련하여 생산하거나 취득한 재화를 직접 판매하기 위하여 특별히 판매시설을 갖춘 장소를 말하고, 사업장으로 본다(부가령 제8조 제3항).
    • "하치장"이란 사업자가 재화를 보관하고 관리할 수 있는 시설만 갖춘 장소로서 하치장설치신고서를 하치장 관할 세무서장에게 제출한 장소를 말하고, 사업장으로 보지 아니한다(부가법 제6조 제5항 제1호).

11. "납세지"란 사업자의 납세지는 각 사업장의 소재지로 한다(부가법 제6조 제1항). 납세지는 사업자가 과세표준신고서를 작성하여 신고·납부하는 장소를 의미할 뿐 아니라 과세관청이 조세의 부과·징수권을 행사하는 장소이기도 하다. 납세지에 원칙에 대한 예외로는 주사업장총괄납부제도와 사업자단위과세제도가 있다.

(1) 주사업장총괄납부제도

사업장이 둘 이상인 사업자(사업장이 하나이나 추가로 사업장을 개설하려는 사업자를 포함한다)가 "주된 사업장"(개인사업자는 주사무소, 법인사업자는 본점 또는 지점) 관할 세무서장에게 주사업장 총괄 납부를 신청한 경우에는 각 사업장의 납부할 세액(또는 환급세액)을 주된 사업장에서 총괄하여 납부할(환급받을) 수 있고 이를 주사업장총괄납부제도라고 한다(부가법 제51조 제1항).

(2) 사업자단위과세제도

사업장이 둘 이상인 사업자는 사업자단위로 본점 또는 주사무소 관할 세무서장에게 등록을 신청할 수 있다(부가법 제6조 제4항). 사업자단위로 사업자등록을 한 사업자에게는 사업장이 여러 개라도 사업자등록번호는 하나만 발급되고 본점 또는 주사무소에서 각 사업장을 총괄하여 신고·납부한다. 이를 사업자단위과세제도라고 한다.

12. "과세사업자, 면세사업자, 겸영사업자"이란 이는 사업자가 공급하는 재화 또는 용역의 과·면세 여부에 따라 사업자를 구분하는 방법으로, 부가가치세가 과세되는 재화 또는 용역을 공급하는 사업자를 과세사업자라 하고, 부가가치세가 면제되는 재화 또는 용역을 공급하는 사업자를 면세사업자라 하고, 부가가치세가 과세되는 재화 또는 용역과 면제되는 재화 또는 용역을 함께 공급하는 사업자를 겸영사업자라고 한다.

Ⅳ 과세대상

1. 과세대상의 의의

과세대상이란 세법에서 과세하는 것으로 규정하고 있는 물건·행위 등을 말하며, 개별세법에 의한 납세의무의 성립 또는 발생을 위하여 반드시 필요한 물적기초로 조세가 부과되는 과세객체 또는 과세물건을 말한다(2024년 부가가치세법, 국세공무원교육원 31쪽 중단).

부가가치세의 과세대상은 사업자가 행하는 재화 또는 용역의 공급과 재화의 수입이다(부가법 제4조).

(1) 재화의 공급

재화의 공급이란 계약상 또는 법률상의 모든 원인에 의하여 재화를 인도하거나 양도하는 것을 말한다(부가법 제9조 제1항, 부가령 제18조).

재화의 공급은 실제공급(계약상·법률상 원인에 의한 공급), 간주공급(재화공급의 특례), 비과세거래(재화의 공급으로 보지 아니하는 거래)로 구분된다.

1) 실제공급(계약상·법률상 원인에 의한 공급)

실제공급이란 재화가 일반상거래에서와 같이 거래 당사자 간의 매매의사가 표시되는 계약이나, 거래당사자 간의 의사표시와 관계 없이 수용, 판결 등으로 재화의 인도 또는 양도가 강제되는 법률상의 원인으로 재화가 실제로 인도 또는 양도되는 것을 말한다. 그 구체적인 내용은 다음 표의 내용과 같다.

| 실제공급의 구체적인 범위 |

구분	공급(거래) 범위	공급 범위의 내용
일반적인 재화 공급의 범위	㉮ 매매계약에 의한 재화의 인도·양도 (부가령 제18조 제1항 제1호)	현금판매, 외상판매, 할부판매, 조건부 및 기한부 판매, 위탁판매와 그 밖의 매매계약에 따라 재화를 인도하거나 양도하는 것
	㉯ 가공계약[주1]에 의한 재화의 인도 (부가령 제18조 제1항 제2호)	자기가 주요자재의 전부 또는 일부를 부담하고 상대방으로부터 인도받은 재화를 가공하여 새로운 재화를 만드는 가공계약에 따라 재화를 인도하는 것
	㉰ 교환계약에 의한 재화의 공급 (부가령 제18조 제1항 제3호)	재화의 인도 대가로서 다른 재화를 인도받거나 용역을 제공받는 교환계약에 따라 재화를 인도하거나 양도하는 것
	㉱ 기타 원인에 의한 재화의 공급 (부가령 제18조 제1항 제4호)	경매, 수용, 현물출자[주2]와 "그 밖의 계약상 또는 법률상의 원인에 따라 재화를 인도하거나 양도하는 것"[주3]
	㉲ '보세구역 내 특정창고'[주4] 임치물의 국내반입(부가령 제18조 제1항 제5호)	국내로부터 보세구역에 있는 창고(부령 제18조 제2항 제1호 및 제2호에 따른 창고로 한정한다)에 임치된 임치물을 국내로 다시 반입하는 것

주1) 가공계약(加工契約)이란 제3자로부터 제공받은 물건에 자신의 힘을 더하여 새로운 물건(재화)을 만들어 제3자에게 주기로 하는 계약으로, 가공하는 자가 새로운 물건(재화)을 만들면서 주요자재의 전부나 일부를 부담하고 물건(재화)을 만들어 인도하는 경우는 재화의 공급으로 보고(부가령 제18조 제1항 제2호), 주요자재를 전혀 부담하지 않고 제3자로부터 받은 물건을 단순히 가공만 하여 주는 경우는 용역의 공급으로 본다(부가령 제25조 제2호). 다만, 건설업의 경우 건설업자가 건축 시 건설자재의 전부 또는 일부를 부담하더라도 용역의 공급으로 본다(부가령 제25조 제1호).

주2) 현물출자란 사업자가 법인의 설립 또는 개인 공동사업을 위하여 자본금 또는 출자금을 금전 이외의 재산으로 출자하는 것을 말한다.

주3) "그 밖의 계약상 또는 법률상의 원인에 따라 재화를 인도하거나 양도하는 것"에 해당하는 사례들은 ㉠ 출자지분의 현물반환, ㉡ 법인직영차량의 개인사업 면허전환, ㉢ 망실재산 등의 현물반환, ㉣ 금융리스자산의 인도, ㉤ 소유자별 사업을 위한 공동사업용 건물의 지분별 분할등기, ㉥ 사업자가 신축한 건물을 자기가 과세사업에 무상사용할 조건으로 국가 등에 기부채납 하는 것 등이다.

주4) 보세구역 내 특정창고란 보세구역 내에 있는 조달청 창고와 런던금속거래소의 지정창고를 말한다.

2) 간주공급

간주공급이란 실제공급에는 해당하지 아니하더라도 사업자가 재화를 대가 없이 공급하거나, 자기의 사업이나 개인적인 목적으로 사용하는 등의 일정 요건에 해당하는 경우 재화의 공급으로 보는 것을 말한다. 간주공급은 자가공급, 개인적 공급, 사업상 증여, 폐업 시 잔존재화로 구분하고 그 구체적인 내용을 요약하면 다음 표와 같다.

| 간주공급(재화공급의 특례)의 구체적인 범위 |

구분	공급(거래) 범위		공급 범위의 내용
간주공급	㉮ 자가공급 주5)	㉠ 면세사업 전용 (부가법 제10조 제1항)	사업자가 "자기생산·취득재화"주6)를 자신이 면세사업을 위하여 직접 사용하거나 소비하는 것
		㉡ 「개별소비세법」 제1조 제2항 제3호에 따른 소형승용차주7)와 그 유지를 위한 재화 (부가법 제10조 제2항)	『사업자가 자기생산·취득재화를 매입세액이 매출세액에서 공제되지 아니하는 「개별소비세법」 제1조 제2항 제3호에 따른 자동차에 사용 또는 소비하는 것』과 "'운수업 등"주8)을 경영하는 사업자가 자기생산·취득재화 중 「개별소비세법」 제1조 제2항 제3호에 따른 자동차와 그 자동차의 유지를 위한 재화를 해당 업종에 직접 영업용으로 사용하지 아니하고 다른 용도로 사용하는 것』
		㉢ 판매목적 직매장 반출 (부가법 제10조 제3항)	사업장이 둘 이상인 사업자가 자기생산·취득재화를 판매할 목적으로 자기의 다른 사업장에 반출하는 것 단, 사업자가 "사업자단위과세사업자"이거나 "주사업장총괄납부사업자"인 경우는 재화의 공급으로 보지 아니함.
	㉯ 개인적 공급 (부가법 제10조 제4항)		사업자가 자기생산·취득재화를 사업과 직접적인 관계없이 자기의 "개인적인 목적"주9)이나 "그 밖의 다른 목적"주10)을 위하여 사용·소비하거나 그 사용인 또는 그 밖의 자가 사용·소비하는 것으로서 사업자가 그 대가를 받지 아니하거나 시가보다 낮은 대가를 받는 것
	㉰ 사업을 위한 증여 (부가법 제10조 제5항)		사업자가 자기생산·취득재화를 자기의 고객이나 불특정 다수에게 증여하는 것(증여하는 재화의 대가가 주된 거래인 재화의 공급에 대한 대가에 포함되는 경우는 제외한다)
	㉱ 폐업하는 때 남아 있는 재화 (부가법 제10조 제6항)		사업자가 폐업할 때 자기생산·취득재화 중 남아 있는 재화는 자기에게 공급하는 것으로 본다.

주5) 자가공급이란 사업자가 자기의 사업과 관련하여 생산하였거나 취득한 재화를 자기의 사업을 위하여 면세사업에 전용하거나, 판매목적으로 다른 사업장에 반출하거나, 「개별소비세법」 제1조 제2항 제3호에 따른 소형승용차와 그 유지를 위해 사용하거나 소비한 것을 말한다.

주6) 자기생산·취득재화란 ㉠ 매입세액이 공제된 재화, ㉡ 사업양도로 취득한 재화로 사업양도자가 매입세액을 공제받은 재화, ㉢ 내국신용장 또는 구매확인서에 의하여 영세율을 적용받은 재화를 말한다(부가법 제10조 제1항 제1호~3호).

주7) '「개별소비세법」 제1조 제2항 제3호에 따른 소형승용차'란 ㉠ 승용자동차(승용차는 정원 8인승 이하의 자동차를 말하고 배기량이 1,000CC 이하의 것으로서 길이가 3.6m 이하이고 폭이 1.6m 이하인 것은 제외), ㉡ 이륜자동차(내연기관을 원동기로 하는 것은 총배기량 125cc를 초과하는 이륜자동차와 내연기관 외의 것을 원동기로 하는 것을 그 정격출력이 1kw를 초과하는 것만 해당한다), ㉢ 캠핑용 자동차, ㉣ 전기 승용자동차(정원 8인 이하의 자동차로 한정하고, 길이가 3.6m 이하이고 폭이 1.6m 이하인 것은 제외)를 말한다(개소법 제1조 제2항 제3호).

주8) "운수업 등"이란 ㉠ 운수업, ㉡ 자동차 판매업, ㉢ 자동차 임대업, ㉣ 운전학원업, ㉤ 경비업(기계경비업, 출동차량에 한정함), ㉥ ㉠~㉤까지의 업종과 유사한 업종을 말한다.

주9) "개인적인 목적"이란 예를 들면 책상을 제조하는 사업자가 자신의 아들에게 책상을 무상으로 제공하거나 또는 시가보다 낮게 판매하는 경우를 말한다.

주10) "그 밖의 다른 목적"이란 예를 들면 책상을 제조하는 사업자가 자신의 종업원에게 책상을 무상으로 제공하거나 또는 시가보다 낮게 판매하는 경우를 말한다.

3) 비과세거래(재화공급으로 보지 않는 거래)

비과세거래란 「부가가치세법」에 의하여 재화의 공급으로 보지 않는 거래를 말한다. 그 구체적인 내용을 요약하면 다음 표의 내용과 같다.

| 비과세거래(재화공급으로 보지 않는 거래)의 구체적인 범위 |

공급(거래) 범위 및 내용
㉮ 보세구역에 있는 조달청 창고에 보관된 물품에 대하여 조달청장이 발행하는 창고증권의 양도로서 임치물의 반환이 수반되지 아니하는 것(부가령 제18조 제2항 제1호)
㉯ 보세구역에 있는 런던금속거래소의 창고에 보관된 물품에 대하여 같은 거래소의 지정창고가 발행하는 창고증권의 양도로서 임치물의 반환이 수반되지 아니하는 것(부가령 제18조 제2항 제2호)
㉰ 사업자가 위탁가공을 위해 원자재를 국외의 수탁가공사업자에게 대가 없이 반출하는 것(단, 반출된 원자재가 국외의 수탁가공사업자에 의해 가공된 후 재화가 국외에서 양도되어 영세율이 적용된 경우는 재화의 공급으로 본다)(부가령 제18조 제2항 제3호)
㉱ 한국석유공사가 「석유 및 석유대체연료 사업법」에 따라 비축된 석유를 수입통관하지 아니하고 보세구역에 보관하면서 국내사업장이 없는 비거주자 또는 외국법인과 '무위험차익거래주11)' 방식으로 소비대차하는 것(부가령 제18조 제2항 제4호)
㉲ 국세징수법 제66조에 따라 공매(같은 법 제67조에 따른 수의계약에 따른 매각을 포함한다)에 따라 재화를 인도하거나 양도하는 것(부가령 제18조 제3항 제1호)

공급(거래) 범위 및 내용
㉻ 「민사집행법」에 따른 경매(같은 법에 따른 강제경매, 담보권 실행을 위한 경매와 민법·상법 등 그 밖의 법률에 따른 경매를 포함한다)에 따라 재화를 인도하거나 양도하는 것(부가령 제18조 제3항 제2호). 단, 사경매는 재화의 공급으로 본다.
㉼ 「도시 및 주거환경정비법」, 「공익사업을 위한 토지 등이 취득 및 보상에 관한 법률」 등에 따른 수용절차에서 수용대상 재화의 소유자가 수용된 재화에 대한 대가를 받는 경우(부가령 제18조 제3항 제3호)
㉽ 재화를 담보로 제공하는 것으로서 질권, 저당권, 또는 양도담보의 목적으로 동산, 부동산 및 부동산상의 권리를 제공하는 것(부가법 제10조 제9항 제1호, 부가령 제22조)
㉾ '사업장별로 그 사업에 관한 모든 권리와 의무를 포괄적으로 승계하여 매각되는 사업장'으로 사업의 양도에 해당하는 것(부가법 제10조 제9항 제2호, 부령 제23조). 단 사업장을 양수받은 자가 대가를 지급할 때 양도자로부터 부가가치세를 징수하여 납부한 경우에는 재화의 양도로 본다.
㈁ 사업용 자산으로서 「상속세 및 증여세법 제73조」 및 「지방세법」 제117조에 따라 물납하는 것(부가법 제10조 제9항 제3호, 부가령 제24조)
㈂ 신탁재산의 소유권 이전으로서 ㉠ 위탁자로부터 수탁자에게 신탁재산을 이전하는 경우, ㉡ 신탁의 종료로 인하여 수탁자로부터 위탁자에게 신탁재산을 이전하는 경우, ㉢ 수탁자가 변경되어 새로운 수탁자에게 신탁재산을 이전하여 경우 이들 세 가지 경우에서 소유권 이전 대상이 되는 재화(부가법 제10조 제9항 제4호)
㈃ 수재, 화재, 도난, 파손, 재고감고손실 등으로 인하여 재화를 잃어버리거나 멸실된 경우(부가 기본통칙 9-18-5). 이 경우는 내용을 증명하는 증빙이 있는 경우에만 인정된다.
㈄ 계약 지체 등 각종 원인으로 받는 손해배상금(부가 기본통칙 4-0-1)

주11) '무위험차익거래'란 거래 후 가격변동으로 인한 손익위험이 없는 거래를 말한다.

(2) 용역의 공급

용역의 공급이란 계약상 또는 법률상의 모든 원인에 의하여 역무를 제공하거나 시설물, 권리 등 재화를 사용하게 하는 것을 말한다(부가법 제11조 제1항).

용역의 공급은 실제공급(계약상·법률상 원인에 의한 공급), 간주공급(용역공급의 특례), 비과세거래(용역의 공급으로 보지 아니하는 거래)로 구분된다.

1) 실제공급(계약상·법률상 원인에 의한 공급)

실제공급이란 용역이 일반상거래에서와 같이 거래 당사자 간의 거래의사가 표시되는 계약에 의하여 역무를 제공하거나 시설물, 권리 등을 사용케 하는 것을 말한다. 그 구체적인 내용을 요약하면 다음 표와 같다.

| 실제공급의 구체적인 범위 |

구분	공급(거래) 범위	공급 범위의 내용
일반적인 용역 공급의 범위	㉮ 건설업의 경우 건설사업자가 건설자재의 전부 또는 일부를 부담하는 것(부가령 제25조 제1호)	건설업자가 건물건축 시 철근, 레미콘 등의 자재를 부담하고 건물을 만들어 제공하는 경우에도 용역의 공급에 해당한다는 것이다. ※ 통상 용역의 공급시 주요자재를 일부라도 부담하고 재화를 만들어 인도하는 경우에는 재화의 공급으로 보나 건설업의 경우에는 용역으로 공급으로 본다.
	㉯ 자기가 주요자재를 전혀 부담하지 아니하고 상대방으로부터 인도받은 재화를 단순히 가공만 해 주는 것(부가령 제25조 제2호)	사업자가 상대방이 가공하여 달라고 제공한 재료에 주요자재를 전혀 부담하지 아니하고 가공하여 가공품을 상대방에게 인도하는 경우는 용역의 공급에 해당한다는 것이다. ※ 사업자(가공업자)가 부수자재를 부담하는 경우에도 용역의 공급에 해당한다.
	㉰ 산업상·상업상 또는 과학상의 지식·경험 또는 숙련에 관한 정보(Know-how)를 제공(부가령 제25조 제3호)	사업자가 자신이 가진 사업관련 지식을 공급하는 것은 용역의 공급에 해당한다는 것이다.

2) 간주공급(자가공급)

간주공급(자가공급)이란 사업자가 자기의 사업을 위하여 대가를 받지 아니하고 자신의 용역을 공급함으로써 다른 사업자와의 과세형평을 침해하는 경우에 자기에게 용역을 공급하는 것으로 보는 것을 말한다. 용역의 간주공급(자가공급)을 규정하는 「부가가치세법」 제12조 제1항의 말미에 "그 용역의 범위는 대통령령으로 정한다"라고 간주공급의 범위를 대통령령으로 정하도록 되어 있으나 현재 「부가가치세법」 시행령에 용역의 간주공급(자가공급)에 대한 규정이 없으므로 용역의 간주공급은 과세되지 않고 있다.

3) 비과세거래(용역공급으로 보지 않는 거래)

비과세거래란 「부가가치세법」에 의하여 용역의 공급으로 보지 않는 거래를 말한다. 그 구체적인 내용을 요약하면 다음 표와 같다.

구분	공급(거래) 범위	공급 범위의 내용
비과세 거래의 구체적 범위	㉮ 용역의 무상공급 (부가법 제12조 제2항)	사업자가 대가를 받지 아니하고 타인에게 용역을 공급하는 것은 용역의 공급으로 보지 아니한다. 다만, 특수관계인[주12]에게 사업용 부동산의 임대 용역을 공급하는 것은 용역의 공급으로 본다.
	㉯ 고용관계에서의 근로 제공 (부가법 제12조 제3항)	고용관계에 따라 근로를 제공하는 것은 용역의 공급으로 보지 아니한다.

주12) 특수관계인에 대하여 「부가가치세 시행령」 제26조 제1항에 「소득세법 시행령」 제98조 제1항 또는 「법인세법 시행령」 제2조 제5항 각 호에 따른 자를 말한다라고 기술되어 있으나, "「법인세법 시행령」 제2조 제5항 각 호"라는 문언은 오류이다. 따라서 「소득세법 시행령」 제98조 제1항에 따른 자만 특수관계인으로 보는 것이 타당하다. "「소득세법 시행령」 제1항에 따른 자"는 「국세기본법 시행령」 제1조의2 제1항, 제2항 및 같은 조 제3항 제1호에 따른 특수관계인을 말하는 것으로 그 내용은 아래 표와 같다.

> **제1조의2(특수관계인의 범위)**
> ① 법 제2조 제20호 가목에서 "혈족·인척 등 대통령령으로 정하는 친족관계"란 다음 각 호의 어느 하나에 해당하는 관계(이하 "친족관계"라 한다)를 말한다. 〈개정 2023. 2. 28.〉
> 1. 4촌 이내의 혈족
> 2. 3촌 이내의 인척
> 3. 배우자(사실상의 혼인관계에 있는 자를 포함한다)
> 4. 친생자로서 다른 사람에게 친양자 입양된 자 및 그 배우자·직계비속
> 5. 본인이 「민법」에 따라 인지한 혼인 외 출생자의 생부나 생모(본인의 금전이나 그 밖의 재산으로 생계를 유지하는 사람 또는 생계를 함께하는 사람으로 한정한다)
> ② 법 제2조 제20호 나목에서 "임원·사용인 등 대통령령으로 정하는 경제적 연관관계"란 다음 각 호의 어느 하나에 해당하는 관계(이하 "경제적 연관관계"라 한다)를 말한다.
> 1. 임원과 그 밖의 사용인
> 2. 본인의 금전이나 그 밖의 재산으로 생계를 유지하는 자
> 3. 제1호 및 제2호의 자와 생계를 함께하는 친족
> ③ 법 제2조 제20호 다목에서 "주주·출자자 등 대통령령으로 정하는 경영지배관계"란 다음 각 호의 구분에 따른 관계(이하 "경영지배관계"라 한다)를 말한다.
> 1. 본인이 개인인 경우
> ④ 생략

(3) 재화의 수입

재화의 수입이란 외국으로부터 국내에 도착한 물품(외국 선박에 의하여 공해에서 채집되거나 잡힌 수산물을 포함)으로서 수입신고가 수리되기 전의 것과 수출신고가 수리된 물품으로서 선(기)적 완료되었던 물품을 국내에 반입하는 것(보세구역[주13]을 거치는 것은 보세구역에서 반입하는 것)을 말한다(부가법 제13조).

1) 재화의 수입 시 부가가치세 징수 방법

수입하는 재화에 대한 부가가치세는 재화를 수입하는 자가 누구인가에 관계없이 그 재화를 수입하는 때에 세관장이 「관세법」에 따라 징수한다(부가법 제58조 제2항). 세관장은 납세자가 수입신고 수리를 통보받고 부가가치세를 납부하면 전자수입세금계산서를 발급하면서 부가가치세를 징수한다.

■ 용역의 수입에 대한 부가가치세 징수와 대리납부

1. 용역 수입의 의의

용역의 수입은 「대외무역관리법」 시행령 제2조 제4호 다목 및 라목에 규정하고 있는데 그 내용을 요약하면 『경영 상담업, 디자인, 컴퓨터시스템 설계 등 업종의 사업을 영위하는 비거주자가 용역을 거주자에게 국경을 넘은 이동 등의 방법에 의해 제공하는 것과 비거주자가 거주자에게 소프트웨어, 영상물(영화, 게임, 애니메이션, 만화, 캐릭터를 포함한다), 음향·음성물, 전자서적, 데이터베이스 등을 정보통신망을 통하거나 컴퓨터 등 정보처리능력을 가진 장치에 저장한 상태로 반입 후 제공하는 것』이라고 규정하고 있다.

2. 용역의 수입에 대한 부가가치세 징수와 대리납부

「부가가치세법」 제4조는 과세대상을 재화의 수입과 사업자가 행하는 재화 또는 용역의 공급이라고 규정하지만, 용역의 수입은 과세대상에서 빠져있다. 용역의 수입이 과세대상에서 빠진 사유는 두 가지로 생각할 수 있는데, 그중 하나인 재화의 수입은 세관장이 「관세법」에 따라 통관절차를 통해서 부가가치세를 징수하는 반면 「관세법」은 "수입"을 『외국물품을 우리나라에 반입하거나 우리나라에서 소비 또는 사용하는 것을 말한다』라고 정의하고 있어 용역의 수입은 관세법상 통관절차의 대상이 아니어서이고, 다른 하나는 용역의 수입 성격상 통관절차에서 용역에 대한 거래사실을 포착하여 과세하는 것이 현실적으로 어렵기 때문이다.

용역의 수입에 대해 부가가치세를 과세하지 않는다면, 국내 사업자가 수입되는 용역과 같은 종류의 용역을 국내에서 공급할 경우 부가가치세만큼의 가격 경쟁에서 불이익을 갖게 돼 국내 사업자는 외국 사업자와 불공정한 경쟁을 해야 하는 문제가 발생한다. 이런 불공정의 문제를 해결하고자 용역을 수입하고 그 대가를 지급하는 자가 국외에서 용역을 공급하는 자를 대신하여 부가가치세를 징수하여 납부하도록 하였고 이를 대리납부라 한다(부가법 제52조 제1항).

---

(1) 대리납부

    1) 대리납부 징수의무자

        국외사업자[주13]로부터 국내에서 용역 또는 권리를 공급받는 자는 그 대가를 지급하는 때에 그 대가를 받는 자(공급받은 그 용역등을 과세사업에 제공하는 경우는 제외하되, 부가법 제39조에 따라 매입세액이 공제되지 아니한 용역등을 공급받은 경우는 포함한다)로부터 부가가치세를 징수하여야 한다(부가법 제52조 제1항). 용역의 수입에 대하여 부가가치세 대리납부 징수의무자는 용역 또는 권리를 공급받는 자이다.

        다만, 국외사업자로부터 국내에서 용역 또는 권리를 공급받는 자라도 그 공급받은 용역 또는 권리를 과세사업에 제공하는 경우에는 대리납부의무가 없고, 부가가치세가 과세되지 아니하는 사업에 제공 또는 소비된 경우에만 대리납부의무가 있다. 사업자가 공급받은 용역 또는 권리를 과세사업과 면세사업에 공통으로 사용하는 경우에는 안분하여 면세사업에 사용된 부분에 대해서만 대리납부의무를 가진다. 또한 국외사업자로부터 국내에서 공급받은 용역 또는 권리에 대한 부가가치세가 면제되는 경우와 공급받는 자가 국외에서 공급받은 경우에도 대리납부의무는 없다.

        그리고 대리납부의무는 사업자뿐만 아니라 사업자가 아닌 일반 소비자도 대리납부의무를 가질 수 있다.

        주13) 국외사업자란 다음의 내용과 같다.

            ㉮ 「소득세법」 제120조 또는 「법인세법」 제94조에 따른 국내사업장이 없는 비거주자 또는 외국법인

            ㉯ 국내사업장이 있는 비거주자 또는 외국법인[비거주자 또는 외국법인의 국내사업장과 관련 없이 용역 등을 공급하는 경우로서 대통령령(부가령 제95조 제4항)이 정하는 경우만 해당한다]

(2) 대리납부 방법

    부가가치세를 징수한 자는 부가가치세 대리납부신고서와 함께 부가가치세를 「부가가치세법」 제48조 제2항(예정신고납부) 및 제49조 제2항(확정신고납부)을 준용하여 징수한 사업장 또는 주소지 관할 세무서장에게 제출하고 납부하여야 한다(부가법 제52조 제2항, 부가령 제95조 제1항).

(3) 대리납부 세액 계산의 기준 금액

    국외사업자로부터 용역 또는 권리를 공급받고 대가를 외화로 지급하는 경우에는 다음의 구분에 따른 금액을 기준으로 한다(부가령 제95조 제3항).

    ㉮ 원화로 외화를 매입하여 지급하는 경우 : 지급일 현재의 대고객외국환매도율에 따라 계산한 금액

    ㉯ 보유 중인 외화로 지급하는 경우 : 지급일 현재의 「외국환거래법」에 따른 기준환율 또는 재정환율에 따라 계산한 금액

■ 수 입

1. 수입의 의의

수입이란 「관세법」과 「대외무역관리법」에서 각각 정의하고 있으며 그 내용은 다음과 같다. 둘의 차이는 관세법상 수입은 외국물품에 대한 수입을 정의하고 대외무역관리법상 수입은 외국물품과 용역의 수입에 대해 정의하고 있어 「대외무역관리법」의 수입의 개념이 범위가 넓다.

(1) 「관세법」에서 규정하는 수입의 의의

"수입"이란 외국물품[주1]을 우리나라에 반입(보세구역을 경유하는 것은 보세구역으로부터 반입하는 것을 말한다)하거나 우리나라에서 소비 또는 사용하는 것(우리나라의 운송수단 안에서의 소비 또는 사용을 포함하며, 제239조 각호의 어느 하나에 해당하는 소비 또는 사용은 제외한다)을 말한다(관세법 제2조 제1호).

다만, 외국물품이 소비나 사용이 되는 경우라도 수입으로 보지 아니하는 「관세법」 제239조의 내용은 다음과 같다.

㉮ 선박용품·항공기용품 또는 차량용품을 운송수단 안에서 그 용도에 따라 소비하거나 이용하는 경우

㉯ 선박용품·항공기용품 또는 차량용품을 세관장이 정하는 지정보세구역에서 「출입국관리법」에 따라 출국심사를 마치거나 우리나라에 입국하지 아니하고 우리나라를 경유하여 제3국으로 출발하려는 자에게 제공하여 그 용도에 따라 소비하거나 사용하는 경우

㉰ 여행자 휴대품을 운송수단 또는 관세통로에서 소비하거나 사용하는 경우

㉱ 이 법에서 인정하는 바에 따라 소비하거나 사용하는 경우

주1) 외국물품이란 외국으로부터 우리나라에 도착한 물품[외국의 선박 등이 공해(공해, 외국의 영해가 아니 경제수역을 포함한다)에서 채집하거나 포획한 수산물 등을 포함한다]으로서 「관세법」 241조 제1항에 따른 수입의 신고가 수리되기 전의 것과 「관세법」 제241조 제1항에 따른 수출의 신고가 수리된 물품(관세법 제2조 제4호)

(2) 「대외무역법」에서 규정하는 수입의 의의

수입이란 다음의 것을 말한다(대외무역법 시행령 제2조 제4호).

㉮ 매매, 교환, 임대차, 사용대차, 증여 등을 원인으로 외국으로부터 국내로 물품을 이동하는 것

㉯ 유상으로 외국에서 외국으로 물품을 인수하는 것으로서 산업통상자원부장관이 정하여 고시하는 기준에 해당하는 것(외국인수수입[주2])

주2) "외국인수수입"이란 수입대금은 국내에서 지급되지만 수입 물품등은 외국에서 인수하거나 제공받는 수입을 말한다(대외무역관리규정 제2조 제11호).

㉰ 비거주자가 거주자에게 "산업통상자원부장관이 정하여 고시하는 방법[주3]"으로 제3조에 따른 용역[주4]을 제공하는 것

주3) "산업통상자원부장관이 정하여 고시하는 방법'이란 다음의 것을 말한다(대외무역관리규정 제3조 제1항)

　　　　㉠ 용역의 국경을 넘은 이동에 의한 제공
　　　　㉡ 거주자의 외국에서의 소비에 의한 제공
　　　　㉢ 비거주자의 상업적 국내주재에 의한 제공
　　　　㉣ 비거주자의 국내로 이동에 의한 제공

주4) "제3조에 따른 용역'이란 다음 표의 내용과 같다(대외무역법 시행령 제3조).

> **제3조(용역의 범위)** 「대외무역법」(이하 "법"이라 한다) 제2조 제1호 나목에서 "대통령령으로 정하는 용역"이란 다음 각 호의 어느 하나에 해당하는 용역을 말한다. 〈개정 2008.2.29., 2013.3.23.〉
> 1. 다음 각 목의 어느 하나에 해당하는 업종의 사업을 영위하는 자가 제공하는 용역
>   가. 경영 상담업
>   나. 법무 관련 서비스업
>   다. 회계 및 세무 관련 서비스업
>   라. 엔지니어링 서비스업
>   마. 디자인
>   바. 컴퓨터시스템 설계 및 자문업
>   사. 「문화산업진흥 기본법」 제2조 제1호에 따른 문화산업에 해당하는 업종
>   아. 운수업
>   자. 「관광진흥법」 제3조 제1항에 따른 관광사업(이하 "관광사업"이라 한다)에 해당하는 업종
>   차. 그 밖에 지식기반용역 등 수출유망산업으로서 산업통상자원부장관이 정하여 고시하는 업종
> 2. 국내의 법령 또는 대한민국이 당사자인 조약에 따라 보호되는 특허권·실용신안권·디자인권·상표권·저작권·저작인접권·프로그램저작권·반도체집적회로의 배치설계권의 양도(讓渡), 전용실시권(專用實施權)의 설정 또는 통상실시권(通常實施權)의 허락

㉣ 비거주자가 거주자에게 정보통신망을 통한 전송과 그 밖에 "산업통상자원부장관이 정하여 고시하는 방법"[주5]으로 "제4조에 따른 전자적 형태의 무체물"[주6]을 인도하는 것

주5) "산업통상자원부장관이 정하여 고시하는 방법"이란 컴퓨터 등 정보처리능력을 가진 장치에 저장한 상태로 반출·반입한 후 인도·인수하는 것을 말한다(대외무역관리규정 제5조).

주6) "제4조에 따른 전자적 형태의 무체물"이란 다음 표의 내용과 같다(대외무역법 제4조).

> **제4조(전자적 형태의 무체물)** 법 제2조 제1호 다목에서 "대통령령으로 정하는 전자적 형태의 무체물"이란 다음 각 호의 어느 하나에 해당하는 것을 말한다. 〈개정 2008.2.29., 2013.3.23., 2020.12.8.〉
> 1. 「소프트웨어 진흥법」 제2조 제1호에 따른 소프트웨어
> 2. 부호·문자·음성·음향·이미지·영상 등을 디지털 방식으로 제작하거나 처리한 자료 또는 정보 등으로서 산업통상자원부장관이 정하여 고시하는 것
> 3. 제1호와 제2호의 집합체와 그 밖에 이와 유사한 전자적 형태의 무체물로서 산업통상자원부장관이 정하여 고시하는 것

(4) 부수 재화 및 용역의 공급

부수 재화 및 용역의 공급이란 "주된 재화 또는 용역의 공급에 함께" 또는 "주된 사업과 함께" 공급되는 재화 또는 용역을 말한다.

주된 재화 또는 용역의 공급에 함께 공급되는 재화 또는 용역은 주된 재화 또는 용역의 공급에 포함된 것으로 보아 과세 또는 면세 여부를 판단하고, 주된 사업과 함께 공급되는 재화 또는 용역은 주된 사업에 포함된 것으로 보아 과세 또는 면세를 판단한다(부가법 제14조 제1항 또는 제2항).

> **사례** 주된 사업에 공급되는 재화
>
> 우리나라에서 생산된 화초·수목 등의 공급에 대하여 면세하나, 조경공사용역의 공급가액에 포함된 화초·수목 등에 대하여는 「부가가치세법」 제14조에 따라 과세한다(부가 통칙 26 – 34 – 7).

🔗 우리나라에서 생산된 화초, 수목 등은 화초만 거래하거나 또는 수목만 거래하면 부가가치세가 면세가 되나, 조경공사를 수주한 사업자가 조경공사를 하면서 식재한 화초 또는 수목은 원래는 면세재화이나 조경공사가 과세 되는 용역에 속하므로 과세재화가 된다. 이 경우 조경공사는 주된 사업에 되고 식재된 화초 또는 수목은 부수재화가 된다.

Ⅴ 공급시기와 공급장소

1. 공급시기(거래시기)

공급시기란 재화 또는 용역, 수입하는 재화의 거래가 이루어지는 시기를 말한다.

거래 시 공급자는 세금계산서 등을 발급하여야 하고, 공급하는 재화 또는 용역 등이 과세 대상인 경우는 부가가치세 등을 거래징수하여야 하며, 부가가치세·소득세·법인세 등을 신고·납부할 의무를 갖게 되므로 거래시기를 특정하는 것은 중요하다. 특히, 사업자가 공급시기를 오인 등을 하여 신고 납부할 과세기간을 놓치거나 세금계산서 등을 제때에 교부하지 못하였을 경우에는 거래 당사자는 여러 종류의 가산세를 부담할 수 있다. 그뿐만 아니라 세금계산서등의 범칙행위와 조세포탈행위 등의 조세범칙행위를 수사하는 경우에도 범칙행위와 범칙금액을 특정하는데 있어 공급시기는 반드시 알아야 할 내용이다.

(1) 재화의 공급시기

재화의 공급시기는 재화의 거래가 이루어지는 시기로 '일반적인 공급시기', '거래행태별 공급시기', '재화의 공급시기의 특례' 등으로 구분한다.

1) 일반적인 공급시기

재화의 일반적인 공급시기는 아래 표의 내용과 같다(부가법 제15조 제1항).

| 구체적인 재화의 공급시기 |

구분	거래행태	공급시기
일반적인 공급시기	① 재화의 이동이 필요한 경우	재화가 인도되는 때
	② 재화의 이동이 필요하지 아니한 경우	재화가 이용가능하게 되는 때
	③ ①과 ②의 규정을 적용할 수 없는 경우는 재화의 공급이 확정되는 때	재화의 공급이 확정되는 때

2) 거래행태별 공급시기

거래행태별 공급시기란 재화의 일반적인 공급시기 규정을 적용할 경우 공급시기를 특정하는데 부족한 면이 있는 개별적인 거래행태에 대해 「부가가치세법 시행령」 제28조에 거래행태별로 규정해 놓은 공급시기를 말한다(부가령 제28조).

| 거래행태별 재화의 공급시기 |

구분	거래행태	공급시기
거래행태별	① 현금판매, 외상판매, 할부판매 (부가령 제28조 제1항 제1호)	재화가 인도되거나 이용 가능하게 되는 때
	② 상품권 등을 현금 또는 외상으로 판매하고 그 후 상품권 등이 현물과 교환되는 경우(부가령 제28조 제1항 제2호)	재화가 실제로 인도되는 때
	③ 재화의 공급으로 보는 가공의 경우 (부가령 제28조 제1항 제3호)	가공된 재화를 인도하는 때
	④ 반환조건부 판매[주14], 동의조건부 판매[주15], '그 밖의 조건부 및 기한부 판매'[주16] (부가령 제28조 제2항)	그 조건이 성취되어 기한이 지나 판매가 확정되는 때
	⑤ 다음에 해당하는 거래 ㉠ 장기할부판매[주17] ㉡ 완성도기준지급조건부[주18]로 재화공급 ㉢ 중간지급조건부[주19]로 재화공급 ㉣ 전력이나 '그 밖에 공급단위를 구획할 수 없는 재화'[주20]를 계속적으로 공급(부가령 제28조 제3항)	대가의 각 부분을 받기로 한 때 ※ ㉡과 ㉣의 경우는 재화가 인도되거나 이용가능하게 되는 날, 이후에 받기로 한 대가의 부분은 재화가 인도되거나 이용가능하게 되는 날이 공급시기임.

구분	거래행태	공급시기
거래행태별	⑥ 간주공급의 공급시기 　㉠ 면세사업에 전용 등 자가공급 　㉡ 개인적 공급 　㉢ 사업을 위한 증여 　㉣ 폐업하는 때 남아 있는 재화 　　　(부가령 제28조 제4항)	㉠은 재화를 사용하거나 소비하는 때 ㉡은 재화를 사용하거나 소비하는 때 ㉢은 증여하는 때 ㉣은 폐업일
	⑦ 무인판매기를 이용한 재화의 공급 　　　(부가령 제28조 제5항)	사업자가 무인판매기에서 현금을 꺼내는 때
	⑧ 수출하는 재화 　㉠ 내국물품을 외국으로 반출하는 것 　㉡ '내국신용장 또는 구매확인서'[주21]에 　　 의해 공급하는 재화 　㉢ 원양어업 또는 '위탁판매수출'[주22] 　㉣ 중개무역방식의 수출[주23] 　㉤ 위탁가공무역[주24] 　㉥ 외국인도수출[주25] 　㉦ '원료를 대가 없이 국외의 수탁가공 　　 사업자에게 반출하여 가공한 재화를 　　 양도하는 경우 그 원료의 반출'[주26] 　　　(부가령 제28조 제6항)	㉠은 수출재화의 선(기)적일 ㉡은 재화가 인도되는 때 ㉢은 수출재화의 공급가액이 확정되는 때 ㉣은 수출재화의 선(기)적일 ㉤~㉦은 외국에서 해당 재화가 인도되는 때
	⑨ 사업자가 보세구역 안에서 보세구역 밖의 국내에 재화를 공급하여 수입하는 경우(부가령 제28조 제7항)	수입신고 수리일
	⑩ 보세구역에 있는 조달청 창고 및 런던금거래소의 지정창고에 보관된 임치물의 반환이 수반되어 재화를 공급하는 경우 　㉠ 창고증권을 소지한 사업자가 해당 　　 조달청 창고 또는 거래소의 지정창 　　 고에서 실물을 넘겨받은 후 보세구 　　 역의 다른 사업자에게 해당 재화를 　　 인도하는 경우 　㉡ 해당 재화를 실물로 넘겨 받는 것이 　　 재화의 수입에 해당하는 경우 　㉢ 국내로부터 조달청 창고 또는 지정 　　 창고에 임치된 임치물이 국내로 반 　　 입되는 경우(부가령 제28조 제8항)	㉠은 해당 재화를 인도하는 때 ㉡은 수입신고 수리일 ㉢은 반입신고 수리일

구분	거래행태	공급시기
거래행태별	⑪ 폐업 전에 공급한 재화의 공급시기가 폐업일 이후에 도래하는 경우 (부가령 제28조 제9항)	폐업일
	⑫ 위탁판매의 공급시기 ㉠ 위탁판매 또는 대리인에 의한 매매의 경우 ㉡ 위탁판매 또는 대리인에 의한 매매에서 위탁자 또는 본인을 알 수 없는 경우(부가령 제28조 제10항)	㉠ 수탁자 또는 대리인의 공급을 기준으로 하여 위 "①~⑪"의 규정을 적용 ㉡ 위탁자와 수탁자 또는 본인과 대리인 사이에도 공급이 이루어진 것으로 보아 위 "①~⑪"의 규정을 적용
	⑬ 리스(Lease) 자산의 공급시기 납세의무 있는 사업자가 여신전문금융업법에 의하여 등록을 한 시설대여업자(리스회사)로부터 시설 등을 임차하고 그 시설 등을 공급자 또는 세관장으로부터 직접 인도받은 경우	임차한 사업자가 공급자로부터 재화를 직접 공급받거나, 외국으로부터 직접 수입한 것으로 보아 위 "①~⑪"의 규정을 적용

주14) "반환조건부판매"란 재화를 공급하면서 공급받은 자가 공급받은 재화를 일정기간까지 반환할 수 있다는 조건을 붙여 판매하는 것을 말한다. 예를 들면 2023.7.1. 재화(피아노)를 인도한 후 공급받은 자가 2023.7.31.까지 반환할 수 있다는 약정을 하고 2023.7.31.까지 반환하지 아니하면 판매가 확정된다.

주15) "동의조건부판매"란 재화를 공급하면서 공급받은 자의 매입동의가 있어야 한다는 조건을 붙여 판매하는 것을 말한다.

주16) "그 밖의 조건부 및 기한부판매"란 재화를 공급하면서 특정조건을 약정하고 하는 판매로 시용판매, 검수조건부판매 등이 있다. 시용판매란 재화(상품)를 고객에게 인도하여 주고 고객이 일정기간 시험적으로 사용해 본 후 구입의사를 표시하여야 한다는 조건으로 판매하는 것을 말한다. 검수조건부판매란 재화를 공급받는 자가 검수하여 약정한 검수조건에 부합됨을 조건으로 판매하는 것을 말한다.

주17) "장기할부판매"(용역의 장기할부조건부판매)

재화의 장기할부판매 (부가칙 제17조)	재화를 공급하고 그 대가를 월부, 연부 또는 그 밖의 할부의 방법에 따라 받는 것 중 아래 ㉠과 ㉡의 요건을 모두 갖춘 경우를 말한다. ㉠ 2회 이상으로 분할하여 대가를 받을 것 ㉡ 해당 재화의 인도일의 다음 날부터 최종 할부금 지급기일까지의 기간이 1년 이상일 것
용역의 장기할부조건부판매 (부가칙 제19조)	용역을 공급하고 그 대가를 월부, 연부 또는 그 밖의 할부의 방법에 따라 받는 것 중 다음 ㉠과 ㉡이 요건을 모두 것으로 한다. ㉠ 2회 이상으로 분할하여 대가를 받을 것 ㉡ 해당 용역의 제공이 완료된 날의 다음 날부터 최종 할부금 지급기일까지의 기간이 1년 이상일 것

주18) "완성도기준지급조건부"란 건물, 선박, 기계 등을 만드는데 장기간이 소요되는 경우에 진행률 또는 완성도를 확인하여 그 비율만큼의 대가를 지급받는 것을 말한다.

주19) "중간지급조건부"

재화의 중간지급조건부 (부가칙 제18조)	중간지급조건으로 재화를 공급하는 것은 다음의 세 가지 경우이다. ㉠ 계약금을 받기로 한 날의 다음 날부터 재화를 인도하는 날 또는 재화를 이용 가능하게 하는 날까지의 기간이 6개월 이상인 경우로서 그 기간 이내에 계약 금 외의 대가를 분할하여 받는 경우 ㉡ 「국고금관리법」 제26에 따라 경비를 미리 지급받은 경우 ㉢ 「지방재정법」 제73조에 따라 선급금을 지급받는 경우
용역의 중간지급조건부 (부가칙 제20조)	중간지급조건으로 용역을 공급하는 것은 다음의 세 가지 경우이다. ㉠ 계약금을 받기로 한 날의 다음 날부터 용역의 제공을 완료하는 날까지의 기간 이 6개월 이상인 경우로서 그 기간 이내에 계약금 외의 대가를 분할하여 받는 경우 ㉡ 「국고금관리법」 제26에 따라 경비를 미리 지급받은 경우 ㉢ 「지방재정법」 제73조에 따라 선급금을 지급받는 경우

재화와 용역의 중간지급조건부의 내용들 중 ㉠의 경우 대가를 계약금을 포함하여 최소 3회 이상으로 분할하여 받고 6개월 이상이라는 기간 조건을 모두 충족해야 중간지급조건부로 인정되나, ㉡과 ㉢은 기간과 분할 횟수 조건이 적용되지 않아도 국가기관과 지방자치단체로부터 선급금을 받으면 중간지급조건부로 인정된다. 따라서 국가기관이나 지자체로부터 선급금을 받으면 선급금을 받는 때가 공급 시기가 된다.

주20) "그 밖에 공급단위를 구획할 수 없는 재화"의 대표적인 것으로는 지역난방공사에서 제공하는 지역난방이다.

주21) "내국신용장 또는 구매확인서"란 내국신용장(Local Letter of Credit)은 수출업자가 국내의 다른 사업자 로부터 수출을 위한 원자재, 완제품 또는 수출재화 임가공용역을 공급받고자 하는 경우 외환은행에 자신 이 수취한 원신용장(Master L/C) 등을 담보로 자신에게 원자재 등을 공급하는 자에게 신용장 개설을 요청하여 외환은행장이 발급하여 주는 신용장을 말한다(대외무역관리규정 제2조 제19호). 구매확인서는 수출업자가 내국신용장 개설한도나 수출금융 융자한도 등을 초과하여 내국신용장을 개설할 수 없는 경우 외환은행장이 수출업자가 수출용 원자재 등을 원활하게 공급받게 하기 위하여 내국신용장에 준하여 발급 하여 주는 증서를 말한다(대외무역관리규정 제2조 제19호).

주22) "위탁판매수출"이란 물품 등을 "무환(無煥)으로 수출"하여 해당 물품이 판매된 범위에서 대금을 결제하 는 계약에 의한 수출을 말한다(대외무역관리규정 제2조 제4호).
※ "무환으로 수출"이란 줄여서 무환수출이라 부르고 외국환 거래가 수반되지 아니하는 물품의 수출을 말한다.

주23) "중개무역방식의 수출"이란 수출할 것을 목적으로 물품 등을 수입하여 보세구역 및 보세구역 외 장치의 허가를 받은 장소 또는 자유무역지역 이외의 국내에 반입하지 아니하는 방식의 수출을 말한다(대외무역 관리규정 제2조 제11호).

주24) "위탁가공무역"이란 가공임을 지급하는 조건으로 국외에서 가공(제조, 조립, 재성, 개조 등 포함)할 원료 의 전부 또는 일부를 거래 상대방에게 수출하거나 외국에서 조달하여 가공한 후 가공물품 등을 외국으로 인도하는 방식의 수출을 말한다(대외무역관리규정 제2조 제6호).

주25) "외국인도수출"이란 수출대금은 국내에서 영수(領收)하지만 국내에서 통관되지 아니한 수출물품 등을 외국으로 인도하거나 제공하는 수출을 말한다(대외무역관리규정 제2조 13호).

주26) "원료를 대가 없이 국외의 수탁가공사업자에게 반출하여 가공한 재화를 양도하는 경우 그 원료의 반출" (국외 위탁가공을 위한 원재료 반출)이란 원료를 대가 없이 국외의 수탁가공사업자에게 반출하여 가공한 재화를 국내로 반입하지 않고 양도(수출)하는 경우 그 원료를 반출하는 것을 말한다.

(2) 용역의 공급시기

용역의 공급시기는 역무의 제공이 완료되는 때 또는 시설물, 권리 등 재화가 사용되는 때를 말하고 일반적인 공급시기, 거래행태별 공급시기, 용역 공급의 특례 등으로 구분한다.

1) 일반적인 공급시기

용역의 일반적인 공급시기는 아래 표의 내용과 같다(부가법 제16조 제1항).

| 구체적인 재화의 공급시기 |

구분	거래행태	공급시기
일반적인 공급시기	① 역무를 제공하는 경우	역무의 제공이 완료되는 때
	② 시설물, 권리 등 재화를 사용하는 경우	시설물, 권리 등 재화를 사용하는 때

2) 거래행태별 공급시기

거래행태별 공급시기란 용역의 일반적인 공급시기 규정을 적용할 경우 공급시기를 특정하는데 부족한 면이 있는 개별적인 거래행태에 대해 「부가가치세법 시행령」 제29조에 거래행태 별로 규정해 놓은 공급시기를 말한다(부가령 제29조).

| 구체적인 용역의 공급시기 |

구분	거래행태	공급시기
거래행태별	① 다음의 거래 행태 등의 경우 　㉠ 할부 및 장기할부조건부 또는 그 밖의 조건부로 용역 공급 　㉡ 완성도기준지급조건부로 용역 공급 　㉢ 중간지급조건부로 용역 공급 　㉣ 공급단위를 구획할 수 없는 용역을 계속적으로 공급(부가령 제29조 제1항)	대가의 각 부분을 받기로 한 때
	② 「'역무의 제공이 완료'[주27]되는 때 또는 대가를 받기로 한 때를 공급시기로 볼 수 없는 경우」(부가령 제29조 제2항 제1호)	역무의 제공이 완료되고 그 공급가액이 확정되는 때
	③ '사업자가 부동산 임대용역을 제공하는 경우로서 다음의 경우'[주28] 　㉠ 사업자가 부동산 임대용역을 공급하고 전세금 또는 임대보증금을 받은 경우(간주임대료) 　㉡ 사업자가 둘 이상의 과세기간에 걸쳐 부동산 임대용역을 공급하고 그 대가를 선불 또는 후불로 받는 경우 　㉢ 사업자가 전대하여 전세금과 임대보증금을 받은 경우(부가령 제29조 제2항 제2호)	부가가치세 예정신고기간 또는 과세기간 종료일

구분	거래행태	공급시기
④ 사업자가 '특정용역'[주29]을 둘 이상의 과세기간에 걸쳐 계속적으로 제공하고 그 대가를 선불로 받은 경우(부가령 제29조 제2항 제3호)		부가가치세 예정신고기간 또는 과세기간 종료일
⑤ 사업자가 'BOT방식'[주30]을 준용하여 설치한 시설을 장기간 이용하게 하고 둘 이상의 과세기간에 걸쳐 그 대가를 받은 경우 (부가령 제29조 제2항 제4호)		부가가치세 예정신고기간 또는 과세기간 종료일
⑥ 폐업일 이후 공급시기가 도래하는 경우(부가령 제29조 제3항)		폐업일

주27) "역무의 제공이 완료되는 때"란 거래사업자 사이의 계약에 따른 역무제공의 범위와 계약조건 등을 고려하여 역무의 제공사실을 가장 확실하게 확인할 수 있는 시점, 즉 역무가 현실적으로 제공됨으로써 역무를 제공받는 자가 역무제공의 산출물을 사용할 수 있는 상태에 놓이게 된 시점을 말한다(대법원 2015.6.11. 선고 2013두22291 판결).

사례 : 「역무의 제공이 완료되는 때 또는 대가를 받기로 한 때를 공급시기로 볼 수 없는 경우」
최회광이 서귀포횟집 사장(어부임)에게 다금바리를 잡으면 연락해주라고 부탁하였다. 사장이 다금바리를 잡았다 연락하자 2023.8.14. 최회광이 서귀포횟집에 가 다금바리회를 먹었다. A가 식사를 마친 후(역무의 제공이 완료된 때) 계산하려 하자 종업원이 다금바리 값이 비싸 얼마를 받아야 할 줄 모르니 오늘은 가셨다가 추후 사장님과 계산하세요라고 말하였다. 2023.8.18. 최회광이 횟집에 방문하여 사장을 만나 횟값을 100만 원으로 협의하고(횟값을 확정한 때가 공급시기이다) 계산하였다. 이 경우 공급시기는 2023.8.18.이 공급시기가 된다.

주28) '사업자가 부동산 임대용역을 제공하는 경우'의 공급시기 및 과세표준 산정 방법

구분	공급시기	과표계산 방법
㉠ 월세를 받은 경우	계약서에 명시된 월세를 받기로 한 날(공급시기가 도래 전에 세금계산서를 발행한 경우는 세금계산서를 발행 시)	월세 × 월수
㉡ 임대보증금을 받은 경우 (부가령 제29조 제2항 제2호 가목)	부가가치세 예정신고기간 또는 과세기간 종료일	"간주임대료 계산식"[*1] 참조
㉢ 둘 이상의 과세기간에 걸쳐 임대용역을 제공하고 선불 또는 후불을 받는 경우(부가령 제29조 제2항 제2호 나목)	부가가치세 예정신고기간 또는 과세기간 종료일	선불 또는 후불로 받은 금액 ÷ 개월 수 ※ 개월 수에는 첫월이 1개월 미만이더라도 산입하고 종료일이 속하는 월이 1개월 미만이면 산입하지 아니한다(부가령 제61조 제2항 제6호)
㉣ 부동산을 임차하여 임대용역을 공급하고 임대보증금을 받은 경우(부가령 제29조 제2항 제2호 다목)	부가가치세 예정신고기간 또는 과세기간 종료일	"전대의 간주임대료 계산식"[*2] 참조

*1) 간주임대료 계산식

$$\left[\begin{array}{c} \text{임대보증금} \\ \text{또는 전세금} \end{array} \times \begin{array}{c} \text{과세대상} \\ \text{기간의 일수} \end{array} \right] \times \begin{array}{c} \text{계약기간 1년의 정기} \\ \text{예금 이자율(해당 예} \\ \text{정신고기간 또는 과세} \\ \text{기간 종료일 현재)} \end{array} \times \frac{1}{365(\text{윤년은 } 366)}$$

$$\left[\begin{array}{c} (\text{해당 기간의 전세금} \\ \text{또는 임대보증금} - \\ \text{임차시 지급한 전세} \\ \text{금 또는 임차보증금}) \end{array} \times \begin{array}{c} \text{과세대상} \\ \text{기간의 일수} \end{array} \right] \times \begin{array}{c} \text{계약기간 1년의 정기} \\ \text{예금 이자율(해당 예} \\ \text{정신고기간 또는 과} \\ \text{세기간 종료일 현재)} \end{array} \times \frac{1}{365(\text{윤년은 } 366)}$$

☆ 정기예금 이자율을 기획재정부장관이 고시한다.

기 간	2018.1.1.~	2019.1.1.~	2020.1.1.~	2021.1.1.~	2022.1.1.~
이자율	1.8%	2.1%	1.8%	1.2%	2.9%

★ 간주임대료는 세금계산서 발급의무가 면제돼 세금계산서를 발행할 수 없고(부가령 제71조 제1항 제6호), 간주임대료의 부가가치세는 임대자가 부담하는 것이 원칙이나 임차자와 별도의 계약이 있으면 임차자가 부담할 수 있다(부가 통칙 33-71-1).

사례 1) ⓛ의 경우 :

최상엽이 2021.6.1.부터 2026.5.31.까지 자신의 건물을 이대박에게 보증금 5억 원을 받고 임대하여 주었다. 이 경우 2021. 2기 간주임대료(간주임대료 계산 시 원 이하는 절사)는 얼마이고 공급시기는 언제인가?

• 간주임대료 : (500,000,000원 × 184일) × 0.012 × 1/365 = 3,024,657원
• 간주임대료의 공급시기 : 2021.12.31.(과세기간 종료일)

사례 2) ⓒ의 경우

김장미가 2021.1.20.부터 2026.1.19.까지 자신의 건물을 백장미에게 임대하여 주고 선불로 임대료 60,000,000원을 받았다. 이 경우 2021. 1기 선불로 받은 임대용역의 공급가액은 얼마이고 공급시기는 언제인가?

• 임대용역의 공급가액 : (60,000,000원 ÷ 60개월) × 6개월 = 6,000,000원
• 선불 임대료 용역의 공급시기 : 2021.6.30.(과세기간 종료일)

주29) "특정용역"이란 다음에 해당하는 사업에서 제공되는 용역을 말한다.
　　ㄱ 헬스클럽 장 등 스포츠센터를 운영하는 사업자가 연회비를 미리 받고 회원들에게 시설을 이용하게 하는 것
　　ㄴ 사업자가 다른 사업자와 상표권 사용계약을 할 때 사용대가 전액을 일시불로 받고 상표권을 사용하게 하는 것
　　ㄷ 「노인복지법」에 따른 노인복지시설(유료인 경우에만 해당한다)을 설치·운영하는 사업자가 그 시설을 분양받은 자로부터 입주 후 수영장·헬스클럽장 등을 이용하는 대가를 입주 전에 미리 받고 시설 내 수영장·헬스클럽 등을 이용하게 하는 것
　　ㄹ 그 밖에 위와 유사한 용역
주30) "BOT방식(Built Operate Transter)"이란 사업자가 「사회기반시설에 대한 민간투자법」 제4조 제3호의 방식을 준용하여 사회기반시설을 준공하면 일정기간 동안 사업자의 소유로 인정하여 사용·수익하게 한 후, 일정기간 만료 시 사회기반시설의 소유권을 국가 또는 지방자치단체에 귀속시키는 민간투자 방식이다.

(3) 재화 또는 용역의 공급시기의 특례

사업자가 재화와 용역의 공급시가 되기 전에 재화와 용역에 대한 대가의 전부 또는 일부를 받은 경우, 재화 또는 용역의 공급시기가 되기 전에 세금계산서를 발급하는 등 일반적인

공급시기 기준을 벗어나는 거래를 하는 경우 아래 표의 내용과 같이 특례규정을 두고 있다 (부가법 제17조).

| 재화 또는 용역의 공급시기의 특례 |

구분	거래행태	공급시기
재화·용역의 공급시기의 특례	① 공급시기가 되기 전에 대가를 받고 세금계산서 등을 발행하는 경우(부가법 제17조 제1항)	세금계산서 등을 발급하는 때
	② 공급시기가 되기 전에 세금계산서 등을 교부하고 대가를 7일 이내에 받은 경우(부가법 제17조 제2항)	
	③ 공급시기가 되기 전에 세금계산서 등을 교부하고 7일이 지난 후 거래당사자 간의 계약서 또는 약정서 등에 대금 청구시기(세금계산서 발급일을 말함)와 지급시기를 따로 적고 대금청구시기와 지급시기 사이의 기간이 30일 이내인 경우(부가법 제17조 제3항 제2호)	
	④ 공급시기가 되기 전에 세금계산서 등을 교부하고 7일이 지난 후 세금계산서 등의 발급일이 속하는 과세기간(공급받는 자가 조기환급을 받은 경우에는 세금계산서 발급일부터 30일 이내)에 재화 또는 용역의 공급시기가 도래하고 세금계산서에 적힌 대금을 지급받은 것이 확인되는 경우(부가법 제17조 제3항 제3호)	

(4) 수입하는 재화의 수입시기(공급시기)

수입하는 재화의 수입시기는「관세법」에 따른 수입신고가 수리된 때로 한다(부가법 제18조). 여기에서 "수입신고가 수리된 때"란 수입자가「관세법」제241조 또는 제244조에 의해 수입신고서를 접수하면 수입통관공무원에게 배부되고 배부받은 수입통관공무원이 수입신고서의 내용을 심사하여 하자가 없으면 신고내용대로 받아들이는 행위를 수입신고 수리라 하고(「관세법」제248조), 이 수입신고 수리를 위해 세관장의 결재를 득한 때를 수입신고가 수리된 때라고 한다. 수입신고가 수리된 때에 외국물품(수입하는 재화)은 국내물품이 되고 세관장은 수입자에게 전자세금계산서를 발급한다.

「부가가치세법」은 수입하는 재화에 대해서는 공급시기라는 용어를 사용하지 않고 수입시기라는 용어를 사용한다.

2. 공급장소

공급장소란 재화 또는 용역이 거래되는 장소를 말한다. 부가가치세는 국내에서 이루어진 거래에 대하여 과세한다. 여기서 국내란 대한민국의 주권(主權)이 미치는 지역을 말한다

(대외무역법 시행령 제2조 제1항). 따라서 우리나라의 주권이 미치는 장소냐 아니냐는 과세의 장소적 기준이 된다. 즉, 우리나라의 주권이 미치는 장소에서 이루어진 거래는 부가가치세 과세대상이고 우리나라의 주권이 미치지 않는 장소(외국)에서 이루어진 거래는 부가가치세 과세대상이 아니다.

(1) 재화의 공급장소

「부가가치세법」은 재화의 공급장소를 다음의 내용과 같이 규정하고 있다(부가법 제19조 제1항).

구 분	장 소
재화의 이동이 필요한 경우	재화의 이동이 시작되는 장소
재화의 이동이 필요하지 아니한 경우	재화가 공급되는 시기에 재화가 있는 장소

(2) 용역의 공급장소

「부가가치세법」은 용역의 공급장소를 다음의 내용과 같이 규정하고 있다(부가법 제20조 제1항).

구 분	장 소
역무의 제공이나 시설물, 권리 등 재화를 이용하는 경우	역무가 제공되거나 시설물 또는 권리 등 재화가 사용되는 장소
국내외에 걸쳐 용역이 제공되는 국제운송의 경우	사업자가 비거주자 또는 외국법인이면 여객이 탑승하거나 화물이 적재되는 장소
전자적 용역의 경우	용역을 공급받는 자의 사업장 소재지, 주소지 또는 거소지

Ⅵ 과세거래(영세율거래 포함)와 면세거래

「부가가치세법」은 모든 거래가 부가가치세 과세대상이라는 관점에서 출발한다. 「부가가치세법」에서는 거래의 종류를 '부가가치세의 과세 여부'와 '과세객체'에 따라 구분한다. 부가가치세의 과세 여부에 따라 구분되는 거래는 과세거래(영세율 포함)와 면세거래 두 가지이고, 과세객체에 따라 구분하는 거래는 '재화의 거래(재화의 공급), 용역의 거래(용역의 공급), 재화의 수입' 세 가지이다. 이들 다섯 가지 거래의 개념을 명확히 이해하는 것은 「부가가치세법」 등의 세법과 「조세범처벌법」을 공부하는 데 있어 갓난아이가 걷기 전에 바닥을 기는 것에 비유할 수 있다.

　과세거래와 면세거래를 구분하여야 하는 사유는 "부가가치세를 거래징수하여야 하는 거래인지 아닌지를 구분하는 것"과 "과세거래에 따라붙는 거래증빙은 세금계산서 등이고 면세거래에 따라붙는 거래증빙은 계산서 등이라는 것"을 판단하기 위해서이다.

　사업자는 재화 또는 용역을 거래(공급)하면서 자신이 하는 거래(공급)가 과세거래인지 또는 면세거래인지 구분하여 과세거래이면 부가가치세를 거래징수해야 하고 발급할 거래증빙(영수증)은 세금계산서 등이며, 면세거래이면 부가가치세는 거래징수하지 않아도 되고 발급할 거래증빙(영수증)은 계산서 등이라는 것을 판단하여야 한다. 수사기관이 ㈜건희농산에 조세포탈행위, 세금계산서 등의 범칙행위, 뇌물공여행위, 횡령행위 등의 범죄혐의가 있어 압수수색 해 가져온 압수물에서 2022년 1월 1일부터 2022년 6월 30일까지 한우생갈비(공급가액 50억 원)와 양념한우불고기(공급가액 100억 원)를 매출누락한 사실이 확인되었을 경우, 수사관은 매출누락이 확인된 양념한우불고기는 과세거래에 해당하므로 "부가가치세(10억 원) 포탈행위"(조처법 제3조 제1항)와 "세금계산서를 발급하지 아니한 행위"(조처법 제10조 제1항 제1호)로 의율하고 한우생갈비는 면세거래이므로 "계산서를 발급하지 아니한 행위"(조처법 제10조 제1항 제2호)로 의율하여야 한다. 하지만 사업자와 수사관이 과세거래와 면세거래를 구분하지 못하면 위에서 기술한 두 가지 경우에 있어 원활한 일 처리는 기대할 수 없다.

1. 과세거래(영세율거래 포함)

(1) 과세거래의 의의

　"과세거래"란 거래 중 부가가치세가 과세되는 거래를 말하고 영세율거래를 포함한다.
　"과세거래"라는 단어에서 "과세"란 「부가가치세법」 제31조 【거래징수】에 의하여 사업자가 "부가가치세가 과세되는 재화 또는 용역을 공급"하면서 공급받는 자로부터 부가가치세를 "거래징수"하는 것을 의미한다. 과세거래에 따라 붙는 거래증빙은 세금계산서 등이다.

> **사례 1** 거래징수 행태A
> 　사업자 윤징수가 2023.8.16. 자신이 제조한 침대를 100개를 하도매에게 200,000,000원(공급가액)에 판매하였다. 이 경우 사업자 윤징수는 하도매에게 세금계산서를 발급하면서 침대값 200,000,000원과 부가가치세 20,000,000원을 하도매로부터 받는다. 윤징수가 하도매로부터 부가가치세 20,000,000원을 받는 행위가 부가가치세를 과세하는 행위, 즉 부가가치세를 '거래징수'하는 모습이다.

사례 2 거래징수B

　　백두피자집을 대표 김백두가 손님 홍길순에게 피자 한 판을 판매하고 홍길순로부터 22,000원을 받았다. 이 사례는 세금계산서를 교부하지 않고 거래징수하는 모습이다. 김백두가 홍길순에게 세금계산서를 발행하지 않았지만, 홍길순으로부터 받은 피자값 22,000원에 부가가치세 2,000원(22,000 ÷ 1.1)이 포함되어 있다. 김백두가 홍길순으로부터 『피자 한 판을 판매하고 피자값에 부가가치세 2,000원을 포함시켜 받는 행위』가 '부가가치세를 과세'하는 행위, 즉 부가가치세를 '거래징수'의 모습이다.

(2) 영세율거래(영세율)의 의의

　　영세율거래(영세율)란 특정한 재화 또는 용역의 공급에 대하여 "영(零)"의 세율이 적용되는 거래를 말한다. 여기에서 "영(零)의 세율이 적용"이라는 개념은 재화 또는 용역의 공급가액에 10%의 세율 대신 "0%"의 세율을 곱한다는 것을 의미하고 이를 영세율제도라 한다.

　　영세율제도를 도입한 목적은 '소비지국 과세원칙'에 따라 재화 등을 생산하는 국가에서는 소비세(간접세)를 과세하지 않고 소비하는 국가에서 과세하도록 함으로써 '국제적 이중과세'[주31]를 방지하고, 수출 장려 및 장애인 지원 등의 조세정책적 목적을 달성하기 위해서다.

　　재화 또는 용역의 공급에 "0(零)"의 세율이 적용되면 매출세액은 0원이 돼 "영(零)"의 세율이 적용되는 재화 또는 용역을 생산하기 위하여 투입된 원재료 등과 관련된 부가가치세 매입세액은 환급되는데 이를 "영세율환급"이라 한다.

　　그리고 영세율거래에 속하는 재화 또는 용역의 공급에 0(零)의 세율에 적용되어 부가가치세 매출세액이 0원이 되므로 면세거래로 오인할 수 있으나 영세율거래는 공급가액에 0%의 세율을 적용하기 때문에 과세거래이다. 따라서 영세율이 적용되는 거래(국내거래분에 한함)에 따라다니는 거래증빙(영수증)은 계산서가 아니라 세금계산서이다.

주31) '국제적 이중과세'란 재화가 국경을 넘을 경우 재화를 생산한 국가에서 국경 넘어 수입자에게 간접세(부가가치세)를 부과하고, 수입국가에서 수입된 재화가 소비될 경우 소비자에게 수입국가의 소비세(간접세)를 부과하는 것을 의미한다. 이를 방지하기 위해서 재화가 생산된 국가에서 소비 국가로 국경을 넘을 때는 간접세를 부과하지 않고 소비지국에서 소비지국의 간접세를 부과하도록 하고 있다. 이를 '소비지국 과세원칙'이라고 한다.

1) 영세율이 적용되는 "특정한 재화 또는 용역의 공급"

　　영세율이 적용되는 "특정한 재화 또는 용역의 공급"은 「부가가치세법」과 「조세특례제한법」에서 규정하고 있다. 「부가가치세법」이 규정하는 영세율은 주로 수출 관련 영세율의 내용이고, 「조세특례제한법」이 규정하는 영세율은 농・어민 지원 등 조세정책 등과 관련된 영세율이다.

수출 관련 영세율은 ㉮ 재화 수출(부가법 제21조), ㉯ 용역의 국외공급(부가법 제22조), ㉰ 외국항행용역(부가법 제23조), ㉱ 외화획득 재화 또는 용역의 공급(부가법 제24조) 등과 관련된 재화 또는 용역의 공급에 적용된다. 조세정책 등과 관련된 영세율은 ㉠ 방위사업법에 따라 지정을 받은 방산업체가 공급하는 방산물자(조특법 제105조 제1항 제1호), ㉡ 국군조직법에 따라 설치된 부대 또는 기관에 공급하는 석유류(조특법 제105조 제1항 제2호), ㉢ 국가, 한국철도공사 등에 공급하는 도시철도건설용역(조특법 제105조 제1항 제3호), ㉣ 국가 또는 지방자치단체에 공급하는 사회기반시설 또는 사회기반시설의 건설용역(조특법 제105조 제1항 제3호의2), ㉤ 장애인 보장구 등(조특법 제105조 제1항 제4호), ㉥ 농민 등에게 공급하는 농·축·임업용 기자재(조특법 제105조 제1항 제6호) 등과 관련된 재화 또는 용역의 공급에 적용된다.

2) 영세율이 적용되는 경우와 적용되지 아니한 경우의 차이

○ ㈜HK자동차가 화물트럭 1,000대를 생산한 후,
  ① 영국에 소재한 무역회사에 100,000,000,000원(대당 100,000,000원)에 수출하였을 경우
  ② 국내 화물운송회사에 100,000,000,000원(대당 100,000,000원)에 판매하였을 경우
  ※ HK자동차가 화물트럭 1,000대를 생산하는데 철판 등을 구입하면서 수취한 매입세 금계산서 등의 공급가액은 50,000,000,000원이고 거래징수 당한 부가가치세는 5,000,000,000원이다.

① 영세율이 적용되는 경우

㈜HK자동차가 영국에 소재한 무역회사에 100,000,000,000원(대당 100,000,000원)에 수출하였으므로 영세율이 적용된다. 즉, ㈜HK자동차가 영국에 소재한 무역회사와 한 거래는 영세율거래이다.

아래 계산내용과 같이 납부할 세액이 −5,000,000,000원이므로 이는 환급을 의미하고 이를 "영세율환급"이라고 한다. 다른 거래가 없다는 가정하에 ㈜HK자동차가 부가가치세 신고를 하면 ㈜HK자동차는 수출한 화물트럭을 제조하기 위해 투입된 원재료 등을 구입하면서 거래징수 당한 부가가치세 5,000,000,000원을 세무서에서 환급받는다.

㉮ 매출세액 : 100,000,000,000원(매출과표) × 0% = 0원

  ⛓ 위 계산식은 과세표준 100,000,000,000원에 "영(零)"의 세율을 적용한 모습이다. 이처럼 매출과표(공급가액)에 0%의 세율을 곱하면 매출세액은 0원이 된다.

㉯ 매입세액 : 50,000,000,000원(매입과표) × 10% = 5,000,000,000원(거래징수당한 세액)

ⓓ 납부할 세액 : 0원(매출세액) − 5,000,000,000원(매입세액) = −5,000,000,000원

　　　⊙ 부가가치세 계산식은 "매출세액(매출과표 × 10%) − 매입세액(매입과표 × 10%)"이다.

② 영세율이 적용 안 되는 경우

　㈜HK자동차가 제조한 화물트럭을 국내 화물운송회사에 공급(공급가액 100,000,000,000원)하였으므로 영세율이 적용되지 아니하는 과세거래가 된다.

　따라서 ㈜HK자동차는 국내 화물운송회사에 화물트럭 공급 시 세금계산서(공급가액 100,000,000,000원, 부가가치세 10,000,000,000원)를 발급하고 부가가치세 10,000,000,000원을 화물운송회사로부터 거래징수하였다.

　아래 계산내용과 같이 납부할 세액이 5,000,000,000원이므로 ㈜HK자동차는 부가가치세 신고 시 5,000,000,000원을 납부하여야 한다.

ⓐ 매출세액 : 100,000,000,000원(매출과표) × 10% = 10,000,000,000원

ⓑ 매입세액 : 50,000,000,000원(매입과표) × 10% = 5,000,000,000원(거래징수 당한 세액)

ⓒ 납부할 세액 : 10,000,000,000원(매출세액) − 5,000,000,000원(매입세액) = 5,000,000,000원

③ 영세율이 적용되는 경우와 적용되지 아니한 경우 비교

구 분	거래종류	세금계산서 교부의무	납부할 세액
영세율이 적용되는 경우	과세거래	교부의무 없음[주32]	−5,000,000,000원
영세율이 적용되는 아니한 경우	과세거래	교부의무 있음	5,000,000,000원

주32) 국외로 수출되는 거래는 세금계산서 교부의무가 없다. 그러나 국내 사업자에게 공급하는 영세율거래는 세금계산서 교부의무가 있다.

2. 면세거래(면세)

(1) 면세거래의 의의

　"면세거래"란 거래 중 부가가치세가 면제되는 거래를 말한다.

　"면세"란 특정한 재화 또는 용역 공급에 대하여 부가가치세 납세의무를 면제하는 것을 말하고 이를 "면세제도"라고 한다.

　면세제도를 둔 사유는 간접세가 갖는 가장 대표적인 문제 중의 하나인 "세부담의 역진성"[주33]을 해결하고 국민후생복지 지원, 농ㆍ어민 지원, 예술인 지원, 금융ㆍ보험업 지원 등의 여러 조세정책적 목적, 사회정책적 목적 등을 달성하기 위해서이다. 면세거래의 반대 개

념은 과세거래이고 면세거래에 따라 붙는 거래증빙은 계산서 등이다.

주33) "세부담의 역진성"이란 연 소득이 10억 원인 사람, 1억 원인 사람, 5천만 원인 사람, 1천만 원인 사람, 1백만 원인 사람 이들 다섯 사람이 W호텔 뷔페식당에서 100,000원짜리 식사를 하면 각자 식당에서 나올 때 110,000원(음식비 100,000원 + 부가가치세 10,000원)을 지불하게 된다. 이 경우 각자가 부담하는 간접세(부가가치세 10,000원)에 대한 조세부담의 크기가 아래 표의 내용과 같이 소득 크기에 반비례한다는 것을 의미하는 말이다.

| 소득과 세부담의 관계 |

연 소득 크기	부담세액	세부담의 비율 크기
100억원인 사람	10,000원	0.000001(10,000/10,000,000,000)
10억원인 사람	10,000원	0.00001(10,000/1,000,000,000)
1억원인 사람	10,000원	0.0001(10,000/100,000,000)
5천만원인 사람	10,000원	0.0002(10,000/50,000,000)
1천만원인 사람	10,000원	0.001(10,000/10,000,000)

(2) 면세가 적용되는 "특정한 재화 또는 용역의 공급"

면세가 적용되는 "특정한 재화 또는 용역의 공급"은 「부가가치세법」과 「조세특례제한법」에서 규정하고 있다. 「부가가치세법」(부가법 제26조 제1항 제1호~20호)이 규정하는 면세거래 품목은 가공되지 아니한 식료품, 수돗물, 여성용 생리 처리 위생용품 등 주로 생활필수품이거나 국민후생복지 및 예술인 지원 등과 관련된 재화 또는 용역이고, 「조세특례제한법」(조특법 제106조 제1항 제1호~12호, 제2항 제1호~21호, 동법 106조의2 제1항 제1호~2호, 동법 제126조의7 제1항 제1호~2호)이 규정하는 면세거래 품목은 국민 주거 생활 지원, 특정 업종에 종사하는 종업원 지원, 농·어민 등의 지원을 위한 면세유 등과 관련된 재화 또는 용역이다.

(3) 면세가 적용되는 경우와 적용되지 아니한 경우의 차이

○ ㈜두륜생수는 두륜산에서 2023년 8월 중 식수를 1,000,000톤 생산하여 공급하였다. 톤당 공급가액은 10,000원이다.
① 해남군에 도관(導管)을 통해 수돗물로 공급한 경우
② ㈜해남생수에 생수원료로 공급한 경우
※ 1,000,000톤의 식수를 생산하기 수취한 세금계산서 합계액은 공급가액 1,000,000,000원이고 거래징수당한 부가가치세는 100,000,000원이다.

① 면세가 적용되는 경우

㈜두륜생수가 해남군청에 도관을 통해 수돗물로 공급하였으므로 공급한 10,000,000,000원의 물은 면세 품목에 해당하는 재화로 면세거래에 해당한다(부가법 제26조 1항 제2호). 따라서 부가가치세가 없고, ㈜두륜생수는 해남군청에 면세거래 품목인 수돗물을 공급하였으므로 거래증빙(영수증)은 계산서를 발급하여야 한다.

② 면세가 적용되지 아니한 경우

㈜두륜생수가 ㈜해남생수에 생수원료로 공급하였으므로 공급한 10,000,000,000원의 물은 과세거래에 해당한다.

따라서 ㈜두륜생수는 ㈜해남생수에 공급한 10,000,000,000원의 물이 과세거래에 해당하므로 거래증빙(영수증)은 세금계산서(공급가액 10,000,000,000원, 부가가치세 1,000,000,000원)를 발급하고 부가가치세 1,000,000,000원을 ㈜해남생수로부터 거래징수한다.

아래 계산내용과 같이 납부할 세액이 900,000,000원이므로 ㈜두륜생수는 부가가치세 900,000,000원을 납부하여야 한다.

㉮ 매출세액 : 10,000,000,000,000원(매출과표) × 10% = 1,000,000,000원

㉯ 매입세액 : 1,000,000,000원(매입과표) × 10% = 100,000,000원(거래징수 당한 세액)

㉰ 납부할 세액 : 1,000,000,000원(매출세액) − 100,000,000원(매입세액) = 900,000,000원

③ 면세가 적용되는 경우와 적용되지 아니한 경우 비교

구 분	거래종류	발급하여야 할 거래증빙(영수증)	납부할 세액
면세가 적용되는 경우	면세거래	계산서	없음
면세가 적용되지 아니한 경우	과세거래	세금계산서	900,000,000원

Ⅶ 》 납부세액 등의 계산

부가가치세의 "납부세액 등"이란 매출세액, 납부(환급)세액, 차감 납부할 세액(환급받을 세액) 등을 포함하는 개념이다.

부가가치세의 납부세액 등의 계산 방법은 일반과세자이냐 간이과세자이냐에 따라 그 방법을 달리한다. 일반과세자는 「부가가치세법」 제37조【납부세액 등의 계산】에서 간이과세자는 「부가가치세법」 제63조【간이과세자의 과세표준과 세액】에서 납부세액 등의 계산 방법을 규정하고 있다.

1. 일반과세자 납부세액 등의 계산 방법

구 분				금액	세율	세액
과세 표준 및 매출 세액	과세	세금계산서 발급분	(1)		10/100	
		매입자발행 세금계산서	(2)		10/100	
		신용카드·현금영수증 발행분	(3)		10/100	
		기타(정규영수증 외 매출분)	(4)		10/100	
	영세율	세금계산서 발급분	(5)		0/100	
		기타	(6)		0/100	
	예정 신고 누락분		(7)			
	대손세액 가감		(8)			
	합계		(9)		㉮	
매입 세액	세금계산서 수취분	일반매입	(10)			
		수출기업 수입분 납부유예	(10-1)			
		고정자산 매입	(11)			
	예정 신고 누락분		(12)			
	매입자발행 세금계산서		(13)			
	그 밖의 공제매입세액		(14)			
	합계 (10)-(10-1)+(11)+(12)+(13)+(14)		(15)			
	공제받지 못할 매입세액		(16)			
	차감계 (15)-(16)		(17)		㉯	
납부(환급)세액 (매출세액 ㉮ - 매입세액 ㉯)					㉰	
경감 · 공제 세액	그 밖의 경감·공제세액		(18)			
	신용카드매출전표등 발행공제 등		(19)			
	합계		(20)		㉱	
소규모 개인사업자 부가가치세 감면세액			(20-1)		㉲	
예정 신고 미환급 세액			(21)		㉳	
예정 고지 세액			(22)		㉴	
사업양수자가 대리납부한 세액			(23)		㉵	
매입자 납부특례에 따라 납부한 세액			(24)		㉶	
신용카드업자가 대리납부한 세액			(25)		㉷	
가산세액 계			(26)		㉸	
차감·가감하여 납부할 세액(환급받을 세액)(㉰-㉱-㉲-㉳-㉴-㉵-㉶-㉷+㉸)						

위 표의 내용을 정리하면 납부세액 등은 다음 네 가지로 구분할 수 있다.

(1) 매출세액(㉮) = 해당 과세기간 매출세액 + 예정신고누락분 세액 + 대손세액가감액

(2) 매입세액(㉯) = 세금계산서 수취분 + 기타공제 − 공제받지 못할 매입세액

(3) 납부(환급)세액 = 매출세액(㉮) − 매입세액(㉯)

　　　✅ 매입세액이 매출세액을 초과하는 분은 "환급세액"이 된다.

(4) 차가감하여 납부할(환급받을) 세액 = 납부(환급)세액 − 경감·공제세액 등 + 가산세

2. 간이과세자 납부세액 등의 계산 방법

(1) 납부세액

1) 계산식 = 과세표준(해당 과세기간의 공급대가) × "업종별 부가가치율"[주34] × 10/100

　　주34) "업종별 부가가치율"이란 직전 3년간 사업자가 신고한 업종별 평균 부가가치율을 말한다. 여기에서 부가가치율이란 일정기간 동안 사업자가 창출한 부가가치를 매출액으로 나누어 계산한 비율을 말한다.

① 업종별 부가가치율(2021.7.1. 이후 공급분, 부가령 제111조 제2항)

업종별	부가가치율
㉮ 소매업, 음식점업, 재생용 재료수집 및 판매업	15/100
㉯ 제조업, 농·임·어업, 소화물 전문 운송업	20/100
㉰ 숙박업	25/100
㉱ 건설업, 운수 및 창고업(소화물 전문 운송업은 제외), 정보통신업, 그 밖의 서비스업	30/100
㉲ 금융 및 보험 관련서비스업, 전문·과학 및 기술서비스업(인물사진 및 행사용 영상촬영업 제외), 사업시설관리·사업지원 및 임대서비스업, 부동산 관련 서비스업, 부동산 임대업	40/100

② 업종별 부가가치율(2021.6.30. 이전 공급분)

업종별	부가가치율
㉮ 전기·가스·증기 및 수도사업	5/100
㉯ 소매업, 음식점업, 재생용 재료수집 및 판매업	10/100
㉰ 제조업, 농업·임업 및 어업, 숙박업, 운수 및 통신업	20/100
㉱ 건설업, 부동산임대업, 그 밖의 서비스업	30/100

(2) 차가감 납부할(환급받을) 세액

1) 계산식 = 납부세액 + 재고납부세액[주35] − 공제세액[주36] + 가산세[주37] − 예정고지(신고)세액

주35) "재고매입세액"이란 간이과세자가 일반사업자로 유형이 전환될 때 신고한 재고품, 건설중인 자산, 감가상각자산 등의 당초 매입세액 중 일부를 추가 공제하여 주는 세액을 말한다(부가령 제86조 제7항).

주36) "공제세액"이란 간이과세자가 부가가치세 신고 시 다른 사업자로부터 세금계산서등을 발급받아 매입처별 세금계산서합계표 또는 신용카드매출전표등 수령명세서를 제출한 경우에 공제하여 주는 세액을 말하고 공급대가의 0.5퍼센트를 공제받는다. 다만, 공제되지 아니하는 매입세액을 공제받을 수 없다(부가법 제63조 제3항).
공제세액이 납부세액과 재고매입세액을 초과하는 경우에는 그 초과하는 부분은 없는 것으로 본다(부가법 제63조 제5항).

주37) 미등록, 세금계산서합계표제출불성실, 신고·납부불성실, 영세율 과세표준 신고불성실 가산세 등을 말한다.

Ⅷ 신고·납부

신고·납부란 납세자가 조세를 납부하기 위하여 과세표준신고서를 납세지 관할 세무서에 제출하고 세액을 납부하는 행위를 말한다. 인지세나 정부에서 부과하는 종합부동산세를 제외한 내국세 모두는 납세자가 세액을 납부하려면 납부하고자 하는 세목의 세법이 규정하고 있는 신고·납부기한 내에 과세표준신고서를 제출하고 세액을 납부하여야 한다. 세목의 세법이 규정하고 있는 신고·납부기한을 법정신고·납부기한이라 한다.

부가가치세의 신고 종류는 예정신고, 확정신고, 월별조기환급신고, 수정신고, 경정청구, 기한후신고, 폐업확정신고 총 일곱 가지 종류가 있다.

1. 예정신고

예정신고란 각 과세기간의 예정신고기간(제1기 : 1월 1일부터 3월 31일까지, 제2기 7월 1일부터 9월 30일까지) 전체의 과세표준과 납부세액 또는 환급세액을 그 과세기간이 끝난 후 25일 이내에 납세지 관할 세무서장에게 하는 신고를 말한다. 예정신고 시 예정신고기간

중 조기환급을 받기 위하여 신고한 내용이 있을 경우 그 신고한 내용은 제외하여야 한다. 예정신고기한은 제1기는 4월 25일까지(예정신고기간은 4월 1일부터 25일까지)이고, 제2기는 10월 25일까지(예정신고기간은 10월 1일부터 25일까지)이다(부가법 제48조 제1항).

| 예정신고 · 납부기한 요약 |

구 분	예정신고기간		신고 · 납부기한(신고 · 납부기간)
일반과세자	계속사업자	1.1.~3.31.(제1기)	4.25.(4.1.~4.25.)
		7.1.~9.30.(제2기)	10.25.(10.1.~10.25.)
	신규사업자	개업일~3.31.(제1기)	4.25.(4.1.~4.25.)
		개업일~9.30.(제2기)	10.25.(10.1.~10.25.)

(1) 예정신고 대상자

1) 개인사업자

개인사업자는 원칙적으로 예정신고 의무가 없으나, 예외적으로 휴업 또는 사업부진 등으로 인하여 각 예정신고기간의 공급가액 또는 납부세액이 직전 과세기간의 공급가액 또는 「부가가치세법」 제48조 제3항에 따른 납부세액의 3분의 1에 미달하는 자와 각 예정신고기간분에 대하여 조기환급을 받으려는 자는 예정신고를 할 수 있다(부가령 제90조 제6항).

2) 법인사업자

법인사업자는 원칙적으로 직전 과세기간 공급가액의 합계액이 1억5천만 원 미만인 법인사업자(부가령 제90조 제4항)를 제외하고는 예정신고 대상자이다(부가령 제90조 제4항).

(2) 예정고지납부

예정고지납부란 예정신고 의무가 없는 개입사업자와 직전 과세기간 공급가액의 합계액이 1억5천만 원 미만인 법인사업자에게 관할하는 세무서장이 예정신고기간마다 직전과세기간에 대한 납부세액의 50퍼센트(1천원 미만 단수는 버림)를 결정하여 예정신고기간이 끝난 후 25일까지 징수(결정세액이 50만원 미만인 경우, 간이과세자에서 해당 과세기간 개시일 현재 일반과세자로 변경된 경우, 국세징수법 제13조 제1항 각 호의 사유로 관할 세무서장이 징수하여야 할 금액을 사업자가 납부할 수 없다고 인정한 경우는 징수하지 아니함)하는 것을 말한다(부가법 제48조 제3항).

2. 확정신고

확정신고란 사업자가 각 과세기간 전체의 과세표준과 납부세액 또는 환급세액을 그 과세기간이 끝난 후 25일 이내에 납세지 관할 세무서장에게 하는 신고를 말한다. 확정신고 시 예정신고 또는 조기환급을 받기 위하여 신고한 내용이 있을 경우 그 신고한 내용은 제외하여야 한다(부가법 제49조 제1항).

제1기 과세기간의 확정신고기한은 7월 25일까지(확정신고·납부기간은 7월 1일부터 7월 25일까지)이고 제2기 과세기간의 확정신고기한은 1월 25일까지(확정신고·납부기간은 1월 1일부터 25일까지)이다.

| 확정신고 · 납부기한 요약 |

구 분		과세기간	신고 · 납부기한(신고 · 납부기간)
일반과세자	계속사업자	1.1.~6.30.(제1기)	7.25.(7.1.~7.25.)
		7.1.~12.31.(제2기)	다음 해 1.25.(1.1.~1.25.)
	신규사업자	개업일~6.30.(제1기)	7.25.(7.1.~7.25.)
		개업일~12.31.(제2기)	다음 해 1.25.(1.1.~1.25.)
간이과세자	계속사업자	1.1.~12.31.	다음 해 1.25.(1.1.~1.25.)
	신규사업자	개업일~12.31.	

3. 폐업확정신고

폐업확정신고란 사업자가 과세기간 중 폐업하는 경우 과세기간 개시일부터 폐업일까지의 과세표준과 납부세액을 폐업일이 속하는 달의 다음 달 25일 이내에 납세지 관할 세무서장에게 하는 신고를 말한다(부가법 제49조 제1항).

폐업확정신고기한은 폐업한 달의 다음 달 25일까지(폐업확정신고기한은 폐업일로부터 다음 달 25일까지)이다.

| 폐업확정신고 · 납부기한 요약 |

구 분		과세기간	신고 · 납부기한(신고 · 납부기간)
일반과세자	폐업자	1.1.~폐업일(제1기)	폐업한 일이 속하는 다음 달 25일
		7.1.~폐업일(제2기)	(폐업일로부터 폐업일이 속하는 다음 달 25일)
간이과세자	폐업자	1.1.~폐업일	폐업한 일이 속하는 다음 달 25일 (폐업일로부터 폐업일이 속하는 다음 달 25일)

4. 월별조기환급신고

월별조기환급신고란 "「부가가치세법」 제59조 제2항 제1호부터 제3호의 사유"[주38]로 예정신고 또는 확정신고 전에 1개월 또는 2개월 단위로 과세표준과 환급세액을 환급사유가 발생한 달의 다음 달(과세기간이 1개월인 경우) 또는 다다음 달(과세기간이 2개월인 경우) 25일 이내에 납세지 관할 세무서장에게 하는 환급신고를 말한다(부가법 제59조 제2항).

주38) "「부가가치세법」 제59조 제2항 제1호부터 제3호의 사유"란 다음의 경우를 말한다.
  ㉮ 사업자가 「부가가치세법」 제21조부터 제24조까지의 규정에 따른 영세율을 적용받는 경우
  ㉯ 사업자가 사업 설비를 신설취득확장 또는 증축하는 경우
  ㉰ 사업자가 재무구조개선계획을 이행 중인 경우

| 월별조기환급신고기한 요약 |

구 분	과세기간(조기환급 신청 월수)	신고·납부기한(신고·납부기한)
일반과세자	1.1.~1.31.(1개월)	2.25.(2.1.~2.25.)
	2.1.~ 2.28.(1개월)	3.25.(3.1.~3.25)
	3.1.~3.31.(1개월)	4.25.(4.1.~4.25., 예정신고)
	1.1.~2.28.(2개월)	3.25.(3.1.~3.25.)
	3.1.~3.31.(1개월)	4.25.(4.1.~4.25., 예정신고)
	4.1.~4.30.(1개월)	5.25.(5.1.1~5.25.)
	5.1.~5.31.(1개월)	6.25.(6.1.~6.25.)
	6.1.~6.30.(1개월)	7.25.(7.1.~7.25., 확정신고)
	7.1.~8.31.(2개월)	9.25.(9.1~9.25)
	9.1.~9.30.(1개월)	10.25.(10.1.~10.25., 예정신고)

✅ 월별조기환급신고기한은 조기환급 신청 과세기간의 월수에 따라 신고기한이 달라진다. 월별조기환급신고 신청 과세기간은 1개월 또는 2개월 단위로 신청할 수 있다.

5. 수정신고, 경정청구, 기한후신고

수정신고, 기한 후 신고, 경정 등의 청구 단원 참조

제 13 절

세금계산서(세금계산서 매입·매출합계표) 및 계산서(계산서 매입·매출합계표)

Ⅰ 세금계산서

1. 세금계산서의 의의

거래징수의무자인 사업자가 과세되는 재화·용역을 공급하는 때에 그에 대한 부가가치세를 거래상대방(공급받는 자)으로부터 징수하고 그 사실과 거래내용을 증명하기 위하여 거래상대방(공급받는 자)에게 작성하여 발급하는 일정 양식의 계산서를 말한다(부가법 제32조 제1항). 세금계산서는 송장, 청구서, 거래증빙, 과세자료 등의 역할을 한다.

(1) 세금계산서의 필요적 기재사항

「㉮ 공급자의 등록번호와 성명 또는 명칭, ㉯ 공급받는 자의 등록번호(공급받는 자가 사업자가 아닌 경우는 공급받는 자의 고유번호 또는 주민등록번호 기재), ㉰ 공급가액과 부가가치세액, ㉱ 작성 연월일」 이들 네 가지는 세금계산서에 필수적으로 기재하여 발급하여야 할 내용들로 필요적 기재사항이라고 한다(부가법 제32조 제1항). 만약 이들 중 하나라도 기재되어 있지 않으면 세금계산서를 수취한 자는 매입세액 공제를 받을 수 없다.

1) 공급가액과 공급대가

세금계산서의 필요적 기재사항 중 공급가액이란 일반적으로 순수한 재화 또는 용역의 가액을 말하나, 공급되는 재화 또는 용역이 관세, 주세, 개별소비세, 교통·에너지·환경세 등의 간접세 과세대상인 경우 그 간접세와 그 간접세를 본세로 하여 부과되는 일명 기생세(교육세, 자동차세 등)도 재화 또는 용역의 가액에 합산되어 공급가액을 구성하게 된다. 따라서 공급가액은 순수한 재화 또는 용역의 가액, 간접세, 기생세가 합산된 금액이다.

공급대가란 세금계산서의 공급가액과 부가가치세를 합친 금액을 말한다.

> **사례 1** 재화 또는 용역이 개별소비세 등 간접세의 과세대상인 경우의 공급가액 계산
>
> 로마룸싸롱의 2023년 1월부터 2월까지 영업실적은 아래 표의 내용과 같다. 각 월별 부가가치세의 공급가액은 얼마인가?

구분	1월	2월
매출액	10,000,000원(유흥비)	20,000,000원(유흥비)

| 부가가치세 과세표준 등 계산 과정 |

구 분	1월	2월
개별소비세 신고·납부기한	2023.2.25.	2023.3.25.
① 과세표준	10,000,000원(유흥비)	20,000,000원(유흥비)
② 개별소비세	1,000,000원 = 10,000,000원 × 10%	2,000,000원 = 20,000,000 × 10%
③ 교육세	300,000원 = 1,000,000원 × 30%	600,000원 = 2,000,000원 × 30%
④ 공급가액 (①+②+③)	11,300,000원	22,600,000원
⑤ 부가가치세	1,130,000원 = 11,300,000원 × 10%	2,260,000원 = 22,600,000원 × 10%
⑥ 공급대가 (④+⑤)	12,430,000원 = 11,300,000원 + 1,130,000원	24,860,000원 = 22,600,000원 + 2,260,000원

(2) 세금계산서의 임의적 기재사항

『㉮ 공급자의 주소, ㉯ 공급받는 자의 상호·성명·주소, ㉰ 공급자와 공급받는 자의 업태와 종목, ㉱ 공급품목, ㉲ 단가와 수량, ㉳ 공급 연월일, ㉴ 거래의 종류, ㉵ 사업자 단위 과세 사업자의 경우 실제로 재화 또는 용역을 공급하거나 공급받는 종된 사업장의 소재지 및 상호』이들 여덟 가지도 세금계산서에 기재하여 발급하여야 할 내용들로 임의적 기재사항이라고 한다. 필요적 기재사항과는 달리 이들을 기재하지 않고 발급하여도 세금계산서를 수취한 자는 매입세액 공제를 받을 수 있다(부가법 제32조 제1항, 부가령 제67조 제2항).

2. 세금계산서 발급의무자 및 세금계산서를 발급할 수 있는 자

(1) 세금계산서 발급의무자

「부가가치세법」 제32조 제1항의 법문은 세금계산서를 발급하여야 할 자(발급의무자)에 대하여 "사업자가 재화 또는 용역을 공급(부가가치세가 면제되는 재화 또는 용역의 공급은 제외한다)하는 경우에는 세금계산서를 그 공급을 받는 자에게 발급하여야 한다"고 규정하고 있다.

여기서 '사업자'란 사업 목적이 영리이든 비영리이든 관계없이 사업상 독립적으로 재화 또는 용역을 공급하는 자를 말한다(부가법 제2조 제3호). 구 부가가치세법에서는 세금계산서를 발급하여야 할 자가 '납세의무자로 등록한 사업자'이었으나 세법개정(2013.6.7. 법률 제11873호)으로 2013.7.1.부터는 사업자등록 여부와 상관없는 사업자로 변경되었다. 따라서 세금계산서를 발급하여야 할 사업자의 범위에 부가가치세가 과세되는 재화 또는 용역을 공급하는 미등록사업자도 포함된다(대법원 2019.7.24. 선고 2018도 16168 판례).

그렇다면 세금계산서를 발급하여야 할 사업자에 면세사업자와 간이과세자가 포함되는지 의문이 든다.

1) 면세사업자가 세금계산서를 발급하여야 할 사업자에 포함되는지 여부

「부가가치세법」 제32조 제1항은 세금계산서를 발급하여야 할 자에 대하여 『"사업자"가 재화·용역을 공급(부가가치세가 면제되는 재화 또는 용역의 공급은 제외한다)하는 때에 세금계산서를 발급하여야 한다』라고 규정한다. 「부가가치세법」 제32조 제1항의 『"사업자"가 재화·용역을 공급(부가가치세가 면제되는 재화 또는 용역의 공급은 제외한다)하는 때에 세금계산서를 발급하여야 한다』라는 법문을 검토해 보면 "사업자"에서 면세사업자를 제외한다는 언급이 없고, "사업자"가 세금계산서를 발급하여야 할 대상 공급을 "재화·용역을 공급(부가가치세가 면제되는 재화 또는 용역의 공급은 제외한다)하는 때"라고 표현하여 부가가치세가 과세되는 재화 또는 용역의 공급으로 구분한 것은 면세사업자가 사업자에 포함한다는 것을 간접적으로 보여주고 있다.

대법원 판례(대법원 2019.7.24. 선고 2018도16168 판결)는 "피고인은 공소외 주식회사의 대표자로서 2013.7.4.경 부산항 5부두에서 해상용 연료유 판매상과 통정하여 공급가액 20,685,400원 상당의 벙커A 32,000ℓ를 공급받으면서 세금계산서를 발급받지 아니한 것을 비롯하여 그때부터 2015.12.24.까지 사이에 총 1,037회에 걸쳐 해상용 연료유 판매상들로부터 합계 6,285,028,035원 상당의 해상용 연료유(이하 '이 사건 물품'이라고 한다)를 공급받았음에도 세금계산서를 발급받지 아니한 사건"을 원심법원이 '등록사업자로서 실제로 재화나 용역을 공급한 사람'만이 부가가치세법상 세금계산서 발급의무를 부담한다고 전제한 다음, 피고인과 거래한 판매상들이 등록한 사업자인지 여부를 인정할 아무런 증거가 없다는 이유로 피고인을 유죄로 인정한 제1심판결을 파기하고 무죄를 선고한 판결(부산지법 2018.9.20. 선고 2017노4147 판결)에 대하여 『피고인이 거래한 판매상들이 부가가치세법에 따른 사업자등록을 하지 않았다고 하더라도, 피고인에게 이 사건 물품을 공급한 사업자인 이상, 구 조세범처벌법 제10조 제1항 제1호의 '부가가치세법에 따라 세금계산서를 작성하여 발급하여야 할 자'에 해당한다고 봄이 타당하다. 그렇다면 피고인이 판매상들로부터 이 사건 물품을 공급받았음에도 판매상들과 통정하여 세금계산서를 발급받지 않았을 경우 위와 같은 행위는 구 조세범처벌법 제10조 제2항 제1호에 해당한다.』라고 판단하였다. 따라서 "미등록한 사업자라도 재화 또는 용역을 공급하면 세금계산서를 작성하여 발급하여야 할 자에 해당한다고 봄이 타당하다.

「부가가치세법」 제32조 제1항이 규정하는 세금계산서를 발급하여야 할 사업자에서 면세사업자를 제외하면 미등록 사업자가 부가가치세가 과세되는 재화 또는 용역을 공급하고 세금계산서를 발급하지 아니한 경우 위 판례의 법리에 의하여 「조세범처벌법」 제10조 제1항 제1호로 처벌되지만 사업자등록한 면세사업자가 부가가치세가 과세되는 재화 또는 용역을 공급하고 세금계산서를 발급하지 아니하여도 처벌할 수 없다는 불합리한 경우가 발생하게 된다.

그러므로 세금계산서를 발급하여야 할 사업자에서 면세사업자를 제외한다는 언급이 없는 점, 세금계산서를 발급해야 할 대상을 「부가가치세법」 제32조 제1항이 "부가가치세가 과세대상이 되는 재화 또는 용역의 공급"이라고 구분한 점, 대법원 판례(대법원 2019.7.24. 선고 2018도16168 판결)가 미등록 사업자라도 재화 또는 용역을 공급하면 세금계산서를 작성하여 발급하여야 할 자에 해당한다고 판단한 점, 미등록 사업자가 부가가치세가 과세되는 재화 또는 용역을 공급하고 세금계산서를 발급하지 아니할 경우 세금계산서를 발급하지 아니한 행위로 처벌되지만 사업자등록한 면세사업자가 부가가치세가 과세되는 재화 또는 용역을 공급하고 세금계산서를 발급하지 아니할 경우에는 처벌할 수 없다는 불합리한 면이 존재하는 점 등을 고려하면 세금계산서를 발급하여야 할 사업자에 면세사업자가 포함된다는 것이 필자의 소견이다.

2) 간이과세자가 세금계산서를 발급하여야 할 사업자에 포함되는지 여부

간이과세자는 세금계산서를 발급할 수 없어 영수증을 발급하였으나 2021.7.1. 이후 재화 또는 용역을 공급한 분에 대해서는 '신규 개업하였거나 직전연도 공급대가 합계액이 4,800만 원 미만인 간이과세자'를 제외한 간이과세자에게 세금계산서 발급의무가 부여되었다(부가법 제36조 제1항 제2호). 따라서 '신규 개업하였거나 직전연도 공급대가 합계액이 4,800만원 미만인 간이과세자'를 제외한 간이과세자는 「부가가치세법」 제32조 제1항의 세금계산서를 발급하여야 할 "사업자"에 포함된다.

(2) 세금계산서를 발급할 수 있는 자

"세금계산서를 발급할 수 있는 자"와 "세금계산서 발급의무자"는 얼핏 보면 서로 같은 개념으로 이해하기 십상이다. 하지만 아래 기술하는 내용과 같이 둘의 개념은 다르다.

"세금계산서를 발급할 수 있는 자"는 "미등록 사업자를 제외한 모든 사업자"라고 필자는 판단한다. 미등록 사업자는 어떤 경우라도 세금계산서를 발급할 수 없다. 필자의 의견에 대해 세무실무에서 면세사업자는 세금계산서 발급을 허용하지 않고, 간이과세자 중 '신규 개업하였거나 직전연도 공급대가 합계액이 4,800만 원 미만인 간이과세자'는 세금계산서 발급이 금지된다고 생각하며 의문을 가질 수 있다. 하지만 면세사업자, 간이과세자(모든 간이과세자), 고유번호를 부여받은 자도 아래 사례들의 내용과 같이 위탁판매(부가법 제10조 제7항, 부가령 제21조) 또는 공동매입(부가령 제69조 제14항 및 제15항) 거래의 경우에는 세금계산서를 발급할 수 있다. 따라서 면세사업자, 신규개업하였거나 또는 직전연도 공급대가의 합계액이 4,800만 원 미만인 간이과세자가 세금계산서를 발급할 수 없다는 생각은 바뀌어야 한다.

사례 1 면세사업자가 위탁판매 시 세금계산서를 발급할 수 있는 경우

서울 송파구 가락시장에 소재한 "진도농산물직거래판매점"(면세사업자)이 진도군 홍주마을에서 제조한 홍주를 홍주마을로부터 판매위탁(홍주는 마을 주민들이 제조하였기 때문에 제조자와 위탁자 등을 특정인으로 특정할 수 없음)을 받아 전통주류 소매점을 운영하는 대한전통술에 20박스(1박스 5병 판매가 10만 원)를 판매하였다.

⇒ 이 경우 "진도농산물직거래판매점"은 비록 면세사업자이지만 대한전통술에 세금계산서(공급가액 2,000,000원, 부가가치세 200,000원)를 발급할 수 있음.

사례 2 간이과세자가 공동매입 시 세금계산서를 발급할 수 있는 경우

목포시에서 임대업(간이과세자, 2023년 공급대가 4천만 원, 1층 건물 1동, 임차인 4명)을 하는 사업자 삼학도가 임대건물에 사용된 2024년 12월 전기료 100만 원을 납부하고 한전에서 세금계산서(공급가액 1,000,000원, 부가가치세 100,000원)를 발급받았다.

⇒ 이 경우 삼학도는 비록 직전연도 공급대가 합계액이 4,800만 원 미만인 간이과세자일지라도 100만 원의 범위 내에서 세입자들에게 세금계산서를 발급할 수 있음.

3. 세금계산서의 발급시기

세금계산서의 발급시기는 (1) 원칙적 발급시기, (2) 공급시기의 특례에 따른 발급시기, (3) 발급시기 특례에 따른 발급시기, (4) 매입세액 불공제 특례에 따른 발급시기로 나뉜다. 세금계산서 발급시기를 이해하기 위해서는 재화 또는 용역의 공급시기를 규정하는 「부가가치세법」 제15조와 동법 제16조, 공급시기의 특례에 따른 발급시기를 규정하는 동법 제17조, 매입세액 불공제 특례에 따른 발급시기를 규정하는 동법령 제75조 제3호 및 제7호를 우선 공부하여야 한다. 이들 법령 등이 규정하는 재화 또는 용역의 공급시기 등이 세금계산서의 발급시기가 되기 때문이다.

(1) 원칙적 발급시기

사업자는 「부가가치세법」 제15조 및 제16조에 따른 재화 또는 용역의 공급시기에 재화 또는 용역을 공급받은 자에게 세금계산서를 발급하여야 하며, 이를 "원칙적 발급시기"라 한다(부가법 제34조 제1항).

> **사례 1** **재화를 현금을 받고 공급한 경우**
>
> 사업자 김원칙이 2021.10. 26. 주택신축판매 사업자 최주택에게 합판(공급가액 1억 원)을 자신의 사업장에서 판매하고 판매대금은 전액 현금으로 지급받았다.
>
> ⇒ 김원칙의 세금계산서 발급시기 : 2021.10.26.

> **사례 2** **재화를 외상으로 공급한 경우**
>
> 대한주방재료 대표 최한식이 2021.10.26. 한라식당 대표 이한식에게 식기를 판매(공급가액 1,000,000원)하고 대금은 2021.11.30. 받기로 하였다.
>
> ⇒ 대한주방재료의 세금계산서 발급시기 : 2021.10.26.

✍ 본 사례에서처럼 일반적인 거래에서는 재화 또는 용역이 공급이 이루어지면 대금을 받지 못하더라도 세금계산서를 발급하여야 한다.

> **사례 3** **재화를 조건부로 공급한 경우**
>
> ㈜HK정공이 2022.6.23. ㈜영광전기에 금형기계 1대(공급가액 100억 원)를 납품하면서 ㈜영광전기가 2022.9.30.까지 납품받은 금형기계를 반품하지 않으면 양자 간의 거래가 확정되는 것으로 계약하였다. ㈜영광전기는 납품받은 금형기계를 2022.10.1.에도 반품하지 않고 계속하여 사용하고 있었다.
>
> ⇒ ㈜HK정공의 세금계산서 발급시기 : 2022.10.1.

✍ 본 사례는 반환조건부판매로 반환조건의 마지막 날인 2022.9.30.이 지나면 공급이 된다.

(2) 공급시기의 특례에 따른 발급시기

사업자는 아래 표의 내용과 같은 사유가 있으면 「부가가치세법」 제15조 및 제16조에 따른 재화 또는 용역의 공급시기가 되기 전에 세금계산서를 발급할 수 있으며, 이를 "공급시기의 특례에 따른 발급시기"라 한다(부가법 제34조 제2항).

| 세금계산서 선발급 사유 |

선발급 사유	공급시기
㉮ 재화 또는 용역을 공급하기 전에 제공할 재화 또는 용역의 대가 전부 또는 일부를 받았을 경우(부가법 제17조 제1항)	세금계산서를 발급하는 때
㉯ 재화 또는 용역의 공급 전에 세금계산서를 발급하고 그 발급일로부터 7일 이내에 대가를 받는 경우(부가법 제17조 제2항)	세금계산서를 발급하는 때
㉰ 재화 또는 용역의 공급 전에 세금계산서를 발급하고 그 발급일로부터 7일이 지난 후 대가를 받더라도 거래 당사자 간의 계약서·약정서 등에 대금 청구시기(세금계산서 발급일을 말함)와 지급시기를 따로 적고, 대금 청구시기와 지급시기 사이의 기간이 30일 이내인 경우(부가법 제17조 제3항 제1호)	세금계산서를 발급하는 때
㉱ 재화 또는 용역의 공급 전에 세금계산서를 발급하고 재화 또는 용역의 공급시기가 세금계산서 발급일이 속하는 과세기간 내(공급받는 자가 제59조 제2항에 따라 조기환급을 받은 경우에는 세금계산서 발급일로부터 30일 이내)에 도래하는 경우(부가법 제17조 제3항 제2호)	세금계산서를 발급하는 때
㉲ 사업자가 할부로 재화 또는 용역을 공급한 후 대통령령으로 정하는 경우의 공급시기가 되기 전에 세금계산서를 발급한 경우(부가법 제17조 제4항) ※ 이 내용은 사업자가 실제로 재화 또는 용역을 공급하였으나 장기할부인 경우에는 대가의 각 부분을 받기로 한 때가 공급시기이므로 실제 공급은 이루어졌으나 공급되지 아니한 것으로 간주한다(부가령 제28조 제3항, 부가칙 제19조). 세법상 공급시기가 도래하지 않았기 때문에 세금계산서 선발급으로 분류한다. 따라서 ㉲는 부진정 선발급이다.	세금계산서를 발급하는 때

세무실무에서는 선발급되는 세금계산서를 선세금계산서라고 칭한다. 하지만 세무실무에서 선발급된 세금계산서를 "선세금계산서"라고 부른다 하여 발행되는 세금계산서가 "선세금계산서"라고 표기되지 않고 세금계산서라고 표기된다. "선세금계산서"라는 명칭의 세금계산서는 실제 존재하지 않고 세금계산서 선발급을 설명하는 과정에서 불리는 명칭이다.

사례 1 ㉮의 경우

㈜목포조선은 2023.1.9. ㈜보성해운과 화물선 1척을 건조하여 주는 계약(공급가액 : 1천억 원, 부가가치세 별도, 납품기한 2023.12.31.)을 하고 ㈜보성해운으로부터 선박대금으로 5백억 원을 받았다. ㈜보성해운이 선금을 줌과 동시에 세금계산서 발행을 요구하여 2023.1.9. ㈜목포조선은 ㈜보성해운에 세금계산서(공급가액 50,000,000,000원, 부가가치세 5,000,000,000원)를 발급하여 주었다.

 ⇒ ㈜목포조선은 선박을 공급하지 않았지만 선금을 받은 날인 2023.1.9. 세금계산서를 발급할 수 있음(상대방 매입세액 공제가능).

㉯의 경유

㈜해남기계는 2023.1.9. ㈜보성건축과 크레인 1대 납품계약(공급가액 : 10억 원, 부가가치세 별도, 납품기한 2023.6.30.)을 하고, 2023.1.12. ㈜보성건축이 세금계산서 선발급을 요구해 세금계산서(공급가액 1,000,000,000원, 부가가치세 100,000,000원)를 발급하여 주었다. 2023.1.18. ㈜보성건축으로 세금계산서 발행금액을 입금받았다.

⇒ ㈜해남기계는 크레인 납품 전에 선금도 받지 않았고 세금계산서를 발급 후 7일 이내에 대가를 받았으므로 2023.1.12. 발행한 세금계산서는 정상적인 세금계산서로 인정됨(상대방 매입세액 공제가능).

사례 3 ㉰의 경우

㈜해남기계는 2023.1.9. ㈜보성건축과 크레인 1대 납품계약(공급가액 : 10억 원, 부가가치세 별도, 세금계산서 선발행, 대금은 세금계산서 발행일로부터 7일 이내 지급, 대금을 7일 이내에 지급하지 못하면 30일 이내에 지급, 납품기한 2022.6.30.)을 하고, ㈜보성건축이 세금계산서 선발급을 요구해 2023.1.12. 세금계산서(공급가액 1,000,000,000원, 부가가치세 100,000,000원)를 발급하여 주었는데, 대금은 당초 약속한 7일 이내에 지급받지 못하고 2023.2.9. 전액 입금받았다.

⇒ ㈜해남기계는 크레인 납품 전에 선금도 받지 않고 세금계산서를 발급하여 7일 이내에 세금계산서 대금을 받지 못하였지만, 대금 청구시기와 지급시기 사이의 기간 30일 이내에 대금을 받았으므로, 2023.1.12. 발급한 세금계산서는 정상적인 세금계산서로 인정됨(상대방 매입세액 공제가능).

사례 4 ㉱의 경우

㈜해남기계는 2023.1.9. ㈜보성건축과 크레인 1대 납품계약(공급가액 : 10억 원, 부가가치세 별도, 세금계산서 선발행, 대금은 세금계산서 발행일로부터 7일 이내 지급, 대금을 7일 이내에 지급하지 못하면 30일 이내에 지급, 납품기한 2023.6.30.)을 하고, ㈜보성건축이 세금계산서 선발급을 요구해 2023.1.12. 세금계산서(공급가액 1,000,000,000원, 부가가치세 100,000,000원)를 발급하였다. ㈜해남기계는 ㈜보성건축이 2023.6.20.까지 대가를 지급하지 않았으나, 2023.6.25. 당초 계약한 크레인을 납품하였고, 대가는 2023.6.30. 보성건축으로부터 전액 입금받았다.

⇒ ㈜해남기계는 크레인 공급 전에 세금계산서를 발급하고 대금을 받지 못하였지만, 세금계산서를 발급한 과세기간 내에 크레인을 ㈜보성건축에 납품하였으므로, 2023.1.12. 발급한 세금계산서는 정상적인 세금계산서로 인정됨(상대방 매입세액 공제가능).

사례 5 ㉲의 경우

㈜한국자동차는 2023.11.21. ㈜하남상사에게 화물차 1대를 36개월 할부(공급가액 150,000,000원, 계약금 16,500,000원)로 판매하고 매출세금계산서(공급가액 150,000,000원, 부가가치세 15,000,000원)를 발급하였다.

⇒ ㈜한국자동차는 자동차를 장기할부로 판매하고 세무상 공급시기 전인 2023.11.21. 세금계산서를 발급하였을지라도 세금계산서 선발급 사유에 해당되므로 발급한 세금계산서는 정상적인 세금계산서로 인정됨(상대방 매입세액 공제가능).

(3) 발급시기 특례에 따른 발급시기

사업자는 「부가가치세법」 제15조 및 제16조에 따른 재화 또는 용역의 공급시기에 재화 또는 용역을 공급받는 자에게 세금계산서를 발급하여야 하는데 아래 표의 내용과 같은 사유가 있는 경우 재화 또는 용역의 공급일이 속하는 달의 다음 달 10일(그 날이 공휴일 또는 토요일인 경우에는 바로 다음 영업일을 말한다)까지 세금계산서를 발급할 수 있으며, 이를 "발급시기의 특례에 따른 발급시기"라 한다(부가법 제34조 제3항).

| 월합계세금계산서 등 발급 사유 |

월합계 발급 사유	공급시기
㉮ 거래처별로 1역월(1曆月)의 공급가액을 합하여 해당 달의 말일을 작성 연월일로 하여 세금계산서를 발급하는 경우(부가법 제34조 제3항 제1호)	세금계산서 작성일
㉯ 거래처별로 1역월 이내에서 사업자가 임의로 정한 기간의 공급가액을 합하여 그 기간의 종료일을 작성 연월일로 하여 세금계산서를 발급하는 경우(부가법 제34조 제3항 제2호)	세금계산서 작성일
㉰ 관계 증명서류 등에 따라 실제거래사실이 확인되는 경우로서 해당 거래일을 작성 연월일로 하여 세금계산서를 발급하는 경우(부가법 제34조 제3항 제3호)	세금계산서 작성일

월합계세금계산서와 관련된 재화 또는 용역의 공급시기는 세금계산서 작성일이다. 하지만 선세금계산서와 마찬가지로 "월합계세금계산서"라는 명칭의 세금계산서는 존재하지 않는다. 다만, 월합계하여 발급하는 세금계산서를 설명하는 과정에서 불리는 명칭이다.

사례 1 ㉮의 경우

㈜신장철강은 2023.11.1.~2023.11.30. 기간 동안 ㈜남도건설과 10건의 거래를 하였고 총 거래액은 30억 원(공급가액)이었다.

⇒ ㈜신장철강은 2021.12.10.까지 아래 표의 내용과 같이 세금계산서 발급 가능함.

거래기간	발급매수	작성일자	발급일자	공급가액	부가가치세
11.1.~11.30.	1	11.30.	12.10	3,000,000,000원	300,000,000원

㈏의 경우

㈜신장철강은 2023.11.1.~2023.11.30. 사이에 ㈜덕풍건설과 30건의 거래(11.1.~11.10. 10억, 11.11~11.20. 5억, 11.21.~11.30. 15억)를 하였고 거래액은 30억 원(공급가액)이었다. ㈜신장철강은 10일 단위로 정산하여 세금계산서를 발급하기로 하였다.

⇒ ㈜신장철강은 2023.12.10.까지 아래의 내용과 같이 세금계산서 발급이 가능함.

거래기간	발급매수	작성일자	발급일자	공급가액	부가가치세
11.1.~11.10.	1	11.10.	12.10	1,000,000,000원	100,000,000원
11.11.~11.20.	1	11.20.	12.10	500,000,000원	50,000,000원
11.21.~11.30.	1	11.30.	12.10	1,500,000,000원	150,000,000원

사례 3 ㈐의 경우

㈜신장철강은 2023.11.3. ㈜춘궁건설과 1건의 거래(공급가액 3억 원)가 있었으나 세금계산서를 발급하지 아니한 사실이 2023.12.5. 확인되었다.

⇒ ㈜신장철강은 2023.12.10.까지 아래 표의 내용과 같이 세금계산서 발급 가능함.

거래기간	발급매수	작성일자	발급일자	공급가액	부가가치세
11.3.	1	11.3.	12.10	300,000,000원	30,000,000원

(4) 매입세액 불공제 특례에 따른 발급시기

사업자는 「부가가치세법」 제34조가 규정하는 세금계산서 발급시기에 세금계산서를 발급하지 아니한 경우 「부가가치세법」 제39조 제1항 제2호의 단서 및 「부가가치세법 시행령」 제75조 제7호에 따라 재화 또는 용역의 공급시기가 속하는 확정신고기한이 지난 후 확정신고기한 다음 날부터 1년 이내에 세금계산서를 발급할 수 있으며, 이를 매입세액 불공제 특례에 따른 발급시기라 한다(부가법 제39조 제1항 제2호 단서, 부가령 제75조 제7호).

"매입세액 불공제 특례"란 사업자가 재화 또는 용역을 공급받고 「부가가치세법」 제34조가 규정하는 세금계산서 발급시기에 세금계산서를 발급받지 아니한 경우 등에 재화 또는 용역의 공급시기가 속하는 확정신고기한이 지난 후 확정신고기한 다음 날부터 1년 이내에 공급자로부터 세금계산서를 발급받으면 매입세액공제를 허용하는 제도를 말한다(부가법 제39조 제1항 제2호 단서, 부가령 제75조 제7호). 이를 역으로 생각하면 공급자도 재화 또는 용역의 공급시기가 속하는 확정신고기한이 지난 후 확정신고기한 다음 날부터 1년 이내에 세금계산서를 발급할 수 있다.

매입세액 불공제 특례에 의하여 발급되는 세금계산서는 발급자와 수취자가 가산세를 부담한다는 것 외에 세금계산서의 기능적인 면에서는 정상적인 세금계산서 발급 시기에 발급된 세금계산서와 다른 것이 없다. 따라서 매입세액 불공제 특례는 실질적인 세금계산서 발급시기의 확대라 할 수 있다.

그러나 매입세액 불공제 특례에 따른 세금계산서 발급시기에 따라 세금계산서를 수수한 행위는 「부가가치세법」 제34조가 규정하는 발급시기가 지난 후에 세금계산서를 수수하는 것으로, 이는 「조세범처벌법」 제10조 제1항 제1호 또는 동법 제10조 제2항 제1호의 범칙행위에 해당한다.

| 매입세액 불공제 특례에 의한 세금계산서 발급시기 |

발급 사유	공급시기

㉮ 재화 또는 용역의 공급시기 이후에 발급받는 세금계산서로서 해당 공급시기가 속하는 과세기간에 대한 확정신고기한까지 발급받은 경우(부가령 제75조 제3호)
  • **부담하는 가산세**
    세금계산서 발급자 : 공급가액의 1%
    세금계산서 수취자 : 공급가액의 0.5%
	세금계산서
	작성일

㉯ 재화 또는 용역의 공급시기가 속하는 과세기간에 대한 확정신고기한이 지난 후 세금계산서를 발급받았더라도 그 세금계산서의 발급일이 확정신고기한 다음 날로부터 1년 이내이고 수정신고서 또는 경정청구서와 함께 세금계산서를 제출한 경우(부가령 제75조 제7호 가목)
  • **부담하는 가산세**
    세금계산서 발급자 : 공급가액의 2%
    세금계산서 수취자 : 공급가액의 0.5%
	세금계산서
	작성일

㉰ 재화 또는 용역의 공급시기가 속하는 과세기간에 대한 확정신고기한이 지난 후 세금계산서를 발급받았더라도 그 세금계산서의 발급일이 확정신고기한 다음 날로부터 1년 이내이고 해당 거래사실이 확인되어 납세지 관할 세무서장등이 결정 또는 경정하는 경우(부가령 제75조 제7호 나목)
  • **부담하는 가산세**
    세금계산서 발급자 : 공급가액의 2%
    세금계산서 수취자 : 공급가액의 0.5%
	세금계산서
	작성일

사례 1 ㉮의 경우

㈜신장철강은 2023.7.22. ㈜남도건설에 철근 10톤(공급가액 1억 원)을 판매하였으나 종업원이 세금계산서를 발급한 것으로 착각하여 세금계산서 발급을 누락 하였고, ㈜신장철강 대표는 관련내용을 2023.1.24. 발견하고 2023.1.25. ㈜남도건설에 세금계산서(작성일자 2023.7.22.)를 발급하여 주었다.

⇒ ㈜신장철강이 2023.1.25. ㈜남도건설에 매출세금계산서 발급하는 것은 허용되며[㈜남도건설은 매입세액공제 가능함], 세금계산서지연발급가산세 1%를 부담하여야 한다. ㈜남도건설도 세금계산서지연수취가산세 0.5%를 부담하여야 한다.

사례 2 ㉯의 경우

㈜신장철강은 2023.7.22. ㈜남도건설에 철근 10톤(공급가액 1억 원)을 판매하였으나 종업원이 세금계산서를 발행한 것으로 착각하여 세금계산서 발급을 누락하였고, ㈜신장철강 대표는 관련내용을 2024.6.29. 발견하고 2024.6.30. ㈜남도건설에 세금계산서(작성일자 2023.7.22.)를 발급하여 주었다.

㈜남도건설은 2023년 2기 과세기간에 대한 수정신고를 하면서 2024.6.30. ㈜신장철강으로부터 발급받은 세금계산서를 반영하여 수정신고서를 제출하였다.

⇒ ㈜신장철강이 2024.6.30. ㈜남도건설에 매출세금계산서를 발급하는 것은 허용되며[㈜남도건설은 매입세액공제 가능함], 세금계산서미발급가산세 2%를 부담하여야 한다. ㈜남도건설도 세금계산서지연수취가산세 0.5%를 부담하여야 한다.

사례 3 ㉰의 경우

㈜신장철강은 2023.7.22. ㈜남도건설에 철근 10톤(공급가액 1억 원)을 판매하였으나 종업원이 세금계산서를 발급한 것으로 착각하여 세금계산서 발급을 누락하였고, ㈜신장철강 대표는 관련내용을 2024.6.29. 발견하고 2024.6.30. ㈜남도건설에 세금계산서(작성일자 2023.7.22.)를 발급하여 주었다. ㈜남도건설은 2024.9.2.~2024.9.11.까지 사업장 관할세무서의 세무조사를 받는 과정에서 2024.6.30. ㈜신장철강으로부터 발급받은 세금계산서를 제출하였다.

⇒ ㈜신장철강이 2024.6.30. ㈜남도건설에 매출세금계산서를 발급한 행위는 허용되고[㈜남도건설은 매입세액공제 가능함], 세금계산서미발행가산세 2%를 부담하여야 한다. ㈜남도건설도 세금계산서지연수취가산세 0.5%를 부담하여야 하고 매입세액은 공제받을 수 있다.

4. 세금계산서의 종류

세금계산서의 종류는 발급방법, 발급주체, 발급 시 기재사항 오류 기재 및 발행 후 상황 변동에 따라 나누어진다(부가법 제32조).

(1) 발급방법에 따른 구분(세금계산서와 전자세금계산서)

세금계산서는 발급방법에 따라 1) 전자적 외의 방법으로 발급되는 세금계산서(수기세금계산서 또는 종이세금계산서)와 2) 전자적 방법으로 발급되는 전자세금계산서로 구분한다

(부가법 제32조 제1항 및 제2항).

1) 세금계산서(전자적 외의 방법으로 발급하는 세금계산서 또는 수기세금계산서)

발급방법에 따른 구분으로서 세금계산서란 사업자가 과세되는 재화 또는 용역을 공급하고 공급받는 자에게 전자적 외의 방법으로 발급하는 세금계산서를 말한다. 여기에서 '전자적 외의 방법으로 발급하는 세금계산서'란 사람이 필기구로 세금계산서 양식에 기재하여 작성한 세금계산서 또는 컴퓨터의 프린터 등을 이용하여 출력하여 작성한 세금계산서를 말하고 수기세금계산서, 수기작성세금계산서, 종이세금계산서 등으로 칭한다. 하지만 세금계산서 발급을 규정하는 부가가치세법 제32조는 '전자적 외의 방법으로 발급하는 세금계산서'를 "수기세금계산서, 수기작성세금계산서, 종이세금계산서 등"이라 칭하지 않고 "세금계산서"라고 칭한다(부가법 제32조 제6항~제8항).

2010년 전자세금계산서제도가 도입된 후 「부가가치세법」 제32조에서 전자적 방법으로 발급되는 세금계산서는 '전자세금계산서'라고 칭하고, 전자적 방법 외의 방법으로 발급되는 세금계산서를 세금계산서라고 칭하는 관계로 '세금계산서'라는 단어의 개념이 "전자적 외의 방법으로 발급되는 세금계산서 개념"과 "전자적 외의 방법으로 발급되는 세금계산서와 전자세금계산서를 총칭하는 세금계산서 개념"을 가지게 돼 둘 중 어떤 개념인지 혼란스럽게 되었다. 이를 해결하고자 '전자적 외의 방법으로 발급되는 세금계산서'를 종이세금계산서 또는 수기세금계산서 등으로 칭하다가 현재는 종이세금계산서라는 명칭이 대세로 굳어지고 있는 실정이다[국세청에서 발간한 '전자(세금)계산서 제도의 이해'라는 책에서도 종이세금계산서라고 칭하고 있다].

그런데 우리는 일상에서 종이에 인쇄된 책은 '책'이라 부르고 전자적으로 만들어진 책은 '전자책'이라 부르며, 「부가가치세법」 제32조 제8항(세금계산서, 전자세금계산서, 수정세금계산서, 수정전자세금계산서의 작성과 발급에 필요한 사항은 대통령령으로 정한다)의 법문을 보면 '전자적 외의 방법으로 발급되는 세금계산서'를 '세금계산서'라는 명칭을 그대로 사용한다. 이 두 가지를 고려하면 '전자적 외의 방법으로 발급되는 세금계산서'를 종이세금계산서라는 부르는 것은 뭔가 어색한 면이 있다. 따라서 필자는 '전자적 외의 방법으로 발급하는 세금계산서'를 "종이세금계산서"라 칭하지 않고 「부가가치세법」 제32조에서 표기하는 명칭에 따라 세금계산서라고 칭한다.

그리고 필자는 『'전자적 외의 방법으로 발급되는 세금계산서'와 '전자세금계산서'를 총칭하는 세금계산서 개념』을 '광의의 세금계산서'라 칭하겠다.

│ 세금계산서(수기세금계산서) 양식 │

[별지 제11호 서식]

세금계산서 (공급자 보관용)		책번호	권	호
		일련번호	0 1 -	

공급자	등록번호	123-45-67890		공급받는자	등록번호	- -
	상호(법인명)	(인)			상호(법인명)	성명(대표자) (인)
	사업장 주 소	서울시			사업장 주 소	
	업태	종목			업태	종목

작성			공급가액											세액										비고
년	월	일	공란수	백	십	억	천	백	십	만	천	백	십	일	십	억	천	백	십	만	천	백	십	일	
0	-	-																							

월	일	품 목	규격	수량	단가	공급가액	세액	비고
-	-		-	-	-	-	-	
-	-		-	-	-	-	-	
-	-		-	-	-	-	-	
-	-		-	-	-	-	-	

합계금액	현금	수표	어음	외상미수금	이 금액을	영수 청구	함
₩ -							

182㎜×128㎜ (인쇄용지(특급) 34g/㎡)

[별지 제11호 서식]

세금계산서 (공급받는 자 보관용)		책번호	권	호
		일련번호	0 1 -	

공급자	등록번호	123-45-67890		공급받는자	등록번호	- -
	상호(법인명)	(인)			상호(법인명)	성명(대표자) (인)
	사업장 주 소	서울시			사업장 주 소	
	업태	종목			업태	종목

작성			공급가액											세액										비고
년	월	일	공란수	백	십	억	천	백	십	만	천	백	십	일	십	억	천	백	십	만	천	백	십	일	
0	-	-																							

월	일	품 목	규격	수량	단가	공급가액	세액	비고
-	-		-	-	-	-	-	
-	-		-	-	-	-	-	
-	-		-	-	-	-	-	
-	-		-	-	-	-	-	

합계금액	현금	수표	어음	외상미수금	이 금액을	영수 청구	함
₩ -							

182㎜×128㎜ (인쇄용지(특급) 34g/㎡)

✔️ 세금계산서(전자적 외의 방법으로 발급되는 세금계산서 또는 수기세금계산서)는 위 양식의 내용과 같이 두 매가 한 조를 이른다. 세금계산서 발급자는 붉은색 양식을 보관하고 푸른색 양식은 재화 또는 용역을 공급받는 자에게 교부한다. 위 공급자 보관용 세금계산서는 붉은색이다.

2) 전자세금계산서

전자세금계산서(E-Tax Invoice)란 과세되는 재화 또는 용역을 공급하는 사업자가 「부가가치세법 시행령」 제68조 제5항에서 정한 '전자적 방법'[주1]으로 발급하는 세금계산서를 말한다. 전자세금계산서는 공동인증서와 세금계산서 작성내용을 특정한 함수로 암호한 전자서명이 내재된 XML파일이다. 그리고 전자세금계산서 법정서식은 XML파일이고 전자세금계산서 작성화면 양식 또는 출력물은 전자세금계산서가 아니라 단순한 출력물에 불과하다. 다시 말하자면 전자세금계산서는 눈에 보이지 않는 전자파일이고 출력한 전자세금계산서는 단순한 출력물에 불과하다는 것이다[2024년 전자(세금)계산서 제도의 이해, 국세청, 4~5쪽].

주1) '전자적 방법'이란 ㉠ 표준인증을 받은 ERP 또는 ASP시스템을 이용한 발급, ㉡ 국세청장이 구축한 전자세금계산서 발급시스템을 이용한 발급(국세청 홈택스를 이용한 발급), ㉢ 현금영수증 발급장치를 이용한 발급 등을 말한다.

| 전자세금계산서를 출력할 경우 이미지(양식) |

전자세금계산서				승인번호		20231211 - 10000000 - 0000007		
공급자	등록번호		종사업장번호	공급받는자	등록번호		종사업장번호	
	상호(법인명)		성명		상호(법인명)		성명	
	사업장주소				사업장주소			
	업태		종목		업태		종목	
	이메일				이메일			
					이메일			
작성일자		공급가액		세액		수정사유		
비고								

월	일	품목	규격	수량	단가	공급가액	세액	비고

합계금액	현금	수표	어음	외상미수금	이 금액을 (영수) 함

⚲ 원래 전자세금계산서는 XML파일로 눈에 보이지 않으나 그 이미지(양식)를 출력하면 위의 이미지(양식)이다. 전자세금계산서는 XML파일 1개가 만들어져 재화 또는 용역을 공급받는 자에게 전자적으로 발급(전송)한다. 세금계산서(전자적 외의 방법으로 발급되는 세금계산서 또는 수기세금계산서)와 비교하면 전자세금계산서는 1개의 파일만 만들어진다. 따라서 이미지를 출력하면 위 이미지와 같이 1장만 출력된다.

① 전자세금계산서(전자계산서) 의무발급자 및 의무발급 기간

㉮ 전자세금계산서(전자계산서) 의무발급자

　　전자세금계산서(전자계산서) 의무발급자란 법인사업자와 직전 연도 공급액이 일정금액(아래 "개인사업자 전자세금계산서 의무발급 기준금액 및 발급시기 등" 표 참조) 이상인 개인사업자를 말한다(부가법 제32조 제2항, 부가령 제68조 제1항).

　　2010년 전자세금계산서 제도가 도입된 후 법인사업자는 2011년부터 전자세금계산서 발급을 의무화하였고, 개인사업자는 직전 연도 공급가액(사업장 기준이고 공급가액은 과세공급가액과 면세공급가액 합계액임)이 일정규모 이상인 사업자에 대해서 발급을 의무화하고 있다.

㉯ 전자세금계산서(전자계산서) 의무발급 기준금액

　　개인사업자의 직전연도 사업장별 과세공급가액과 면세공급가액의 합계액이 기준(아래 "개인사업자 전자세금계산서 의무발급 기준금액 및 발급 의무시기 등" 표 참조)이 된다.

㉰ 전자세금계산서(전자계산서) 발급시기

　　개인사업자는 사업장별 재화 및 용역의 공급가액의 합계액이 8천만 원 이상인 해의 다음 해 제2기 과세기간이 시작하는 날부터 전자세금계산서를 발급하여야 하고, 다만, 사업장별 재화와 용역의 공급가액의 합계액이 「국세기본법」 제45조에 따른 수정신고 또는 법 제57조에 따른 결정과 경정으로 8천만 원 이상이 된 경우에는 수정신고 등을 한 날이 속하는 과세기간의 다음 과세기간이 시작하는 날부터 전자세금계산서를 발급해야 한다. 그리고 전자세금계산서 의무발급대상자로 선정된 자는 계속하여 전자세금계산서를 발급하여야 한다(부가령 제68조 제2항).

| 개인사업자 전자세금계산서 의무발급 기준금액 및 발급시기 등 |

기준연도	의무발급 기준금액	전자발급 의무시기	의무발급 통지 기한[주3]
2023년	8천만 원	2023.7.1.부터~계속[주2]	2024.5.31.
2022년	1억 원	2023.7.1.~2024.6.30.	2023.5.31.
2021년	2억 원	2022.7.1.~2023.6.30.	2022.5.31.
2020년	3억 원	2021.7.1.~2022.6.30.	2021.5.31.
2019년	3억 원	2020.7.1.~2021.6.30.	2020.5.31.

주2) 2023.2.28. 시행령 개정으로 전자세금계산서 의무발급 기간이 폐지되어 2023.7.1.부터는 한 번 전자세금계산서 발급의무자가 되면 계속하여 전자세금계산서를 발급하여야 한다.

주3) 국세청은 개인사업자가 전자세금계산서 의무발급 대상자에 해당한 경우에는 의무발급 과세기간 개시 1개월 전까지 의무발급 대상자임을 해당 사업자에게 통지하여야 하며(부가령 제68조 제3항), 사업자가 통지

를 받지 못한 경우에는 의무발급을 하지 않아도 된다. 만약 의무발급 통지 기한(과세기간 개시 1개월 전)을 지나서 통지서를 받았다면 통지를 받은 날이 속하는 달의 다음 달 1일부터 의무발급을 해야 한다(부가령 제68조 제4항).

사례 1 수정신고에 의하여 공급가액이 전자세금계산서 의무발급 기준금액을 넘긴 경우

개인사업자 B는 2022.1기 과세기간 중 매출 1억 원(과세매출)이 신고누락된 사실을 발견하고 2024.9.30. 신고누락된 매출액에 대해 수정신고를 하였다. 수정신고 전 2022년 공급가액(과세공급가액+면세공급가액)이 7천만 원이었으나 수정신고 후 공급가액이 1억 7천만 원이 되었다.

⇒ 개인사업자 B는 2025.1.1.부터 계속하여 전자세금계산서를 발급하여야 됨.

② 전자세금계산서(전자계산서) 발급절차 등

순서	절차	절차 내용 설명
1	공동인증서 등 준비	• 전자세금계산서(전자계산서) 발급(전자서명)을 위해서는 사업자범용·전자세금계산서용 또는 전자계산서·ASP용 공동인증서 중 하나 필요함. * 공동인증서를 준비 못한 경우 세무서에서 보안카드를 발급받아 홈택스에서 전자세금계산서(전자계산서) 발급이 가능하고 모바일 홈택스를 이용할 경우 지문 인증 등 생체인증을 통해서도 발급 가능함.
2	회원가입	• 국세청 운영 홈택스(www.hometax.go.kr) 또는 시스템사업자가 운영하는 전자세금계산서(전자계산서) 발급사이트에 회원가입
3	발급	• 「부가가치세법」에서 정한 재화 또는 용역의 공급시기에 전자세금계산서(전자계산서)를 발급하고, 매입자의 E-mail로 전자세금계산서(전자계산서) 발송 * 월합계 전자세금계산서(전자계산서)를 발급하는 경우는 공급시기가 속하는 달의 다음 달 10일까지 발급 가능
4	전송	• 전자세금계산서(전자계산서)를 발급한 경우 발급일 다음 날까지 국세청에 전송 * 홈택스, ARS전화(126), 세무서 대리발급의 방법을 이용하여 전자세금계산서(전자계산서)를 발급하는 경우는 국세청 전송 생략
5	발급 내용 조회	• 월별·분기별 전자세금계산서(전자계산서) 목록 및 합계표 조회 가능 * 홈택스에서는 홈택스가 아닌 다른 전자세금계산서(전자계산서) 사이트에서 발급한 경우라도 국세청에 전송된 모든 전자세금계산서(전자계산서) 조회 가능함.

순서	절차	절차 내용 설명
6	매출·매입세금계산서(계산서)합계표 작성 방법	• 매출·매입처별세금계산서(계산서)합계표 작성 시 전자세금계산서(전자계산서) 합계금액만 기재하고 거래처별 명세 작성 불필요

③ 전자세금계산서(전자계산서) 발급을 위한 수단

전자세금계산서(전자계산서) 발급을 위해서는 필요한 인증수단이 있다. 인증수단은 네 가지로 공동인증서[전자세금계산서(전자계산서)용 공동인증서, ASP용 공동인증서, 사업자범용 공동인증서], 보안카드, 지문 등 생체인증, 신분증(주민등록증 또는 운전면허증)이다.

㉮ 공동인증서

공동인증서란 사업자가 홈택스 로그인 및 전자세금계산서(전자계산서) 발급을 위해 필요한 인증수단으로 은행 또는 공동인증서 발급기관에서 발급받는다. 공동인증서의 종류로는 전자세금계산서(전자계산서)용, ASP용, 사업자범용, 개인범용, 금융기관용 등이 있다. 이들 중 전자세금계산서(전자계산서) 발급을 위해 인증(전자서명) 도구로 사용되는 공동인증서는 전자세금계산서(전자계산서)용, 사업자범용, ASP용 세 가지이다. 금융기관용 공동인증서는 전자세금계산서(전자계산서)를 발급할 수 없다.

| 공동인증서 사용처 |

종류	사용처	전자세금계산서(전자계산서) 업무	
		홈택스 회원가입, 조회	발급 여부
전자세금계산서(전자계산서)용	홈택스, ERP, ASP	가능	발급 가능
국세청용	홈택스	가능	발급 불가
사업자범용	모든 사이트	가능	발급 가능
개인범용	모든 사이트	가능	발급 불가
ASP용	홈택스, 특정ASP용	가능	발급 가능
금융기관용	금융기관	가능	발급 불가

㉯ 보안카드

보안카드란 공동인증서가 없는 경우 사업자가 국세청 홈택스 또는 국세청 126전화를 이용하여 전자세금계산서(전자계산서)를 발급할 경우 사용하는 인증도구

(전자서명)로 국세청(세무서)에 신청하여 발급받는 카드를 말한다.

| 보안카드 모습 |

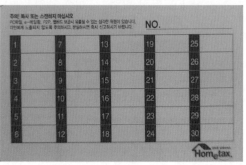

    ㉰ 지문 등 생체인증

지문 등 생체인증이란 사업자가 스마트폰의 손택스 앱(스마트폰에서 이용할 수 있는 홈택스)을 사용해 전자세금계산서(전자계산서)를 발급할 경우 지문(안드로 이드폰에서 사용) 또는 얼굴(아이폰에서 사용)을 사용하여 인증(전자서명)하는 것을 말한다. 생체(지문 또는 얼굴)를 이용하여 인증할 경우 공동인증서나 보안카 드는 없어도 된다.

    ㉱ 신분증

신분증이란 사업자가 전자세금계산서(전자계산서)를 세무서 대리발급제도를 이 용하여 발급할 경우 사업자 본인 또는 대리인의 신분확인 절차 시 필요한 인증수 단이다. 세무서에서 인정하는 신분증은 주민등록증, 운전면허증, 여권이다. 신분증 은 전자세금계산서(전자계산서) 발급 수단 중 유일하게 전자인증(전자서명)과 관 련 없는 인증수단이다.

④ 전자세금계산서(전자계산서) 발급 방법

전자세금계산서 발급 방법(전자적 발급 방법)은 네 가지로 ⓐ 국세청 홈택스(www. hometax.go.kr)를 이용하는 방법, ⓑ 사업자가 자체 구축한 전자세금계산서 발급시스 템(ERP) 또는 전자세금계산서 발급대행사업자(ASP)의 시스템을 이용하는 방법, ⓒ 국세청 전화(ARS)를 이용하는 방법, ⓓ 세무서 대리발급이다.

㉮ 국세청 홈택스(www.hometax.go.kr)를 이용하는 방법

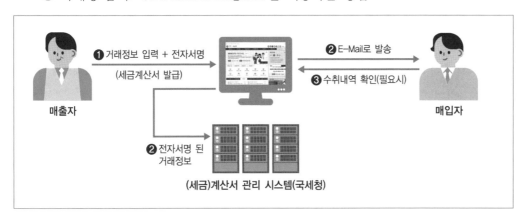

국세청 홈택스를 이용하여 전자세금계산서(전자계산서)를 발급하려면 공동인증서 또는 보안카드로 인증하여야 하고, 모바일 홈택스(스마트폰)를 이용할 경우에는 지문 또는 얼굴로 인증할 수 있다. 다만, 지문으로 인증할 경우(안드로이드폰)에는 개인사업자에 한하고 공급가액이 1천만 원 이하의 전자세금계산서(전자계산서)만 발급이 가능하다(2024년 전자(세금)계산서 제도의 이해, 국세청, 239쪽 하단). 국세청 홈택스 또는 모바일 홈택스를 이용하여 전자세금계산서(전자계산서)를 발급할 경우 국세청에 별도로 전송절차를 진행하지 않아도 된다.

🔑 국세청 홈택스를 이용하여 전자세금계산서(전자계산서)를 발급하면 국세청은 실시간으로 사업자의 전자세금계산서(전자계산서) 발급내용을 알 수 있다.

㉯ '사업자 자체 구축한 전자세금계산서(전자계산서) 발급시스템'(ERP) 또는 '전자세금계산서(전자계산서) 발급대행사업자'(ASP) 시스템을 이용하는 방법

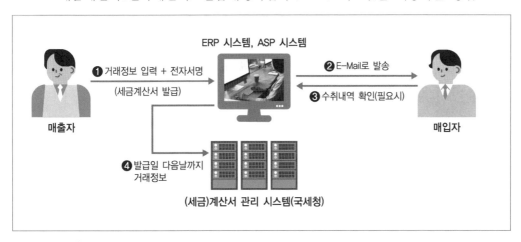

'사업자가 자체 구축한 전자세금계산서(전자계산서) 발급시스템'(ERP)[주4] 또는

'전자세금계산서(전자계산서) 발급대행사업자'(ASP)[주5] 시스템을 이용하여 전자세금계산서(전자계산서)를 발급할 경우에는 공동인증서로 인증하여야 한다. 이들 두 시스템을 이용하여 전자세금계산서(전자계산서)를 발급할 경우 발급한 다음 날까지 발급내용을 국세청에 전송하여야 한다(2024년 전자(세금)계산서 제도의 이해, 국세청, 16쪽).

⚷ 이들 두 시스템을 이용하여 전자세금계산서(전자계산서)를 발급할 경우 국세청은 사업자로부터 발급내용을 전송받은 후부터 발급내용 확인이 가능하다.

주4) ERP(Enterprise Resources Planning)란 기업 전체의 경영자원을 효과적으로 이용하기 위해 구축한 통합정보시스템이다. 우리 주위에서 볼 수 있는 ERP의 사례는 편의점에서 사용하고 있는 바코드계산 장비이다. 바코드계산 장비를 사용하면 편의점 본점에서는 전체 체인점의 매출액, 재고량 등을 정확히 파악할 수 있다.

주5) ASP(Application Service Provide)란 전자세금계산서(전자계산서) 발급을 대행하는 사업자를 말한다.

㉯ 국세청 전화(ARS)를 이용하는 방법

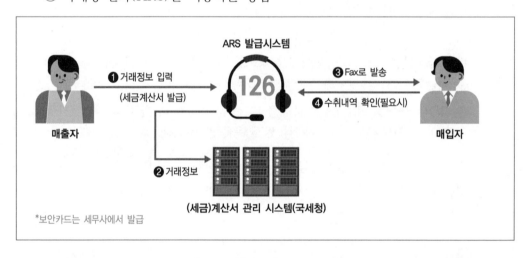

국세청 전화(ARS 126)를 이용해 전자세금계산서(전자계산서)를 발급할 경우 사업자는 국세청에서 개설한 전화(ARS 126-1-2-2)에 전화해 보안카드를 이용하여 인증하고 전자세금계산서(전자계산서)를 발급할 수 있다. 매입자에게 전자세금계산서(전자계산서) 송달은 전자세금계산서(전자계산서)를 발급하는 ARS전화시스템에서 매입자의 Fax로 전송되고, 국세청이 가지고 있는 매입자 정보에 매입자의 E-mail 주소가 수록돼 있는 경우는 세무서 대리발급과 같이 매입자의 E-mail로 전송된다. 이 경우 전자세금계산서 발급내용에 대해서는 국세청에 전송하지 않아도 된다(2024년 전자(세금)계산서 제도의 이해, 국세청, 17쪽).

⊘ 국세청은 실시간으로 사업자의 전자세금계산서(전자계산서) 발급내용을 알 수 있다.

㉑ 세무서 대리발급

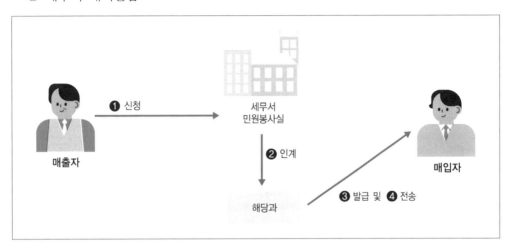

세무서 대리발급을 이용하여 전자세금계산서(전자계산서)를 발급할 경우 사업자 또는 대리인이 "전자세금계산서(전자계산서) 대리발급신청서"에 거래를 증명할 수 있는 증빙을 첨부하여 세무서 민원봉사실(전국 모든 세무서에 신청 가능)에 신청하면, 민원봉사실에서는 신청자의 신분증으로 인증(확인)하고 해당과로 인계한다. 해당과에서는 거래증빙 등을 확인 후 전자세금계산서(전자계산서)를 발급하고, 매입자에게 E-mail로 전송(매입자가 E-mail 주소가 없으면 매출자가 매입자에게 통보)한다.

⑤ 전자세금계산서(전자계산서) 발급시기

전자세금계산서(전자계산서)의 발급시기는 세금계산서(수기세금계산서 또는 수기계산서)의 발급시기와 같다(부가법 제34조).

⑥ 전자세금계산서(전자계산서) 교부시기

전자세금계산서(전자계산서)의 교부시기는 재화나 용역을 공급받는 자가 지정하는 수신함에 입력되거나 국세청 전자세금계산서(전자계산서) 발급시스템에 입력된 때에 공급받는 자가 수신여부 확인과 관계없이 전자세금계산서(전자계산서)를 교부(수신)받은 것으로 본다(부가령 제68조 제11항~제12항).

⑦ 전자세금계산서(전자계산서) 발급내용 국세청에 전송

사업자가 전자세금계산서 또는 전자계산서를 "자체 구축한 전자세금계산서(전자계산서) 발급시스템(ERP) 또는 전자세금계산서(전자계산서) 발급대행사업자(ASP)의 시스템"을 이용하여 발급하였을 경우 발급일의 다음 날까지 그 발급내용을 국세청에 전송하여야 한다(부가법 제32조 제3항, 부가령 제68조 제7항). 지연전송(확정신고기한 내 전송) 또는 미전송(확정신고기한 내 미전송) 시에는 가산세(지연전송 시 공급가액의 0.3%, 미전송 시 공급가액의 0.5%)를 부담한다.

⑧ 전자세금계산서(전자계산서) 발급 방법 또는 겸용서식 전자세금계산서(전자계산서)인지 구별 방법

| 전자세금계산서 이미지(양식) |

전자세금계산서				승인번호	20231011 - 10000000 - 0000007	
공급자	등록번호		종사업장번호	공급받는자	등록번호		종사업장번호
	상호(법인명)		성명		상호(법인명)		성명
	사업장주소				사업장주소		
	업태		종목		업태		종목
	이메일				이메일		
					이메일		
작성일자	공급가액	세액	수정사유			

위 전자세금계산서 이미지(양식)에서 승인번호를 보면 위 전자세금계산서가 언제, 어떠한 방법으로 발급되었는지를 알 수 있다. 위 전자세금계산서 이미지에서 승인번호가 담고 있는 의미는 앞에 8자리(20231011)는 작성연월일을 나타내고, 중간의 8자리(10000000)는 전자세금계산서(전자계산서) 표준인증번호이고, 끝의 8자리(00000007)는 발급 일련번호이다. 중간의 8자리(표준인증번호) 중 앞의 2자리는 전자세금계산서(전자계산서) 발급방법 또는 전자세금계산서(전자계산서)와 영수증을 겸한 전자세금계산서(전자계산서)인지를 알려준다. 표준인증번호의 앞 2자리가 10으로 시작하면 홈택스에서 발급한 것을, 20으로 시작하면 ARS(126)에서 발급한 것을, 41로 시작하면 ASP시스템에서 발급한 것을, 42로 시작하면 ERP시스템에서 발급한 것을, 50으로 시작하면 전자세금계산서(전자계산서)와 영수증을 겸한 전자세금계산서(전자계산서)라는 것을, 70으로 시작하면 스마트폰(손택스)에서 발급한 것을, 90으로 시작하면 세무서 대리발급제도를 이용하여 발급한 것을 의미한다.

전자세금계산서(전자계산서) 발급 방법 또는 겸용서식 전자세금계산서(전자계산서)인지를 구별하는 것은 세무공무원들이나 회계업무 담당자들에게는 중요한 사안이 아닐 수 있지만 세금계산서의 발급의무 위반 등 관련범을 수사하는 수사관에게는 중요한 사안이라 할 수 있다. 전자세금계산서(전자계산서) 발급방법을 파악하는 것은 범

칙장소, 범칙행위자 등을 파악하는 데 단서를 제공하기 때문이다.

3) 세금계산서(수기세금계산서)와 전자세금계산서의 차이점

세금계산서(수기세금계산서)와 전자세금계산서는 발급의무자, 발급방법, 보관방법, 교부방법, 서명 등에서 아래 표의 내용과 같은 차이점이 있다.

| 세금계산서(수기세금계산서) | | 전자세금계산서 |

세금계산서(수기세금계산서)	비교항목	전자세금계산서
• 공급가액 8천만 원 미만 개인사업자	발급의무자	• 법인사업자 • 직전연도 공급가액합계액이 8천만 원 이상인 개인사업자
• 「부가가치세법」 제15조~제17조의 재화 또는 용역의 공급시기 • 재화 또는 용역을 공급한 달의 다음 달 10일까지	발급시기	좌동
• 수기로 발급(종이로 발급)	발급방법	• 국세청 홈택스, 발급대행시스템 등을 이용하여 전자적인 방법으로 발급
• 소득세 또는 법인세 신고기한 다음 날부터 5년 동안 보관	보관기간	• 보관의무 없음.
• 직접 전달 또는 우편발송	교부방법	• 이메일(E-mail) 등으로 전송
• 없음	전송의무	• ERP 또는 ASP 시스템을 이용하여 발급한 경우 발급일 다음 날까지 전송
• 매출·매입처별세금계산서(계산서)합계표 제출 시 거래처별 명세를 기재하여야 됨	합계표 제출 방법	• 매출·매입처별세금계산서(계산서)합계표 제출 시 거래처별 명세 기재 면제
• 실제 인감 또는 싸인	발급 시 서명방법	• 공동인증서, 보안카드, 생체인증으로 전자서명

　⊘ 상기 표의 내용은 2024년 「부가가치세법」의 내용을 반영하였음.

(2) 발급주체에 따른 구분

세금계산서는 발행주체가 누구냐에 따라서 1) 세금계산서, 2) 수입세금계산서, 3) 매입자발행세금계산서로 나눌 수 있다.

1) 세금계산서

재화 또는 용역을 공급한 사업자가 발급주체가 되어 발급하는 세금계산서를 말한다.

2) 수입세금계산서(수입계산서)

수입세금계산서(수입계산서)란 수입하는 재화에 대하여 부가가치세를 징수할 때 세관장이 발급주체가 되어 수입하는 자에게 발급하는 세금계산서를 말한다(부가법 제35조 제1항). 수입세금계산서의 발급 시기는 수입하는 재화와 관련된 부가가치세를 징수할 때(관세청고시 제2021-9호 제2조 제1항)이고, 발급 방법은 전자적인 방법으로만 발급(수기수입세금계산서는 발급되지 않음)된다.

| 수입전자세금계산서 이미지(양식) |

수입전자세금계산서					승인번호		20220207 - 42000000 - 0000007		
세관장	등록번호	000 - 83 - 00000	종사업장 번호		수입자	등록번호	100 - 86 - 00000	종사업장 번호	
	세관명	김포공항세관	성명	김포공항 세관장		상호 (법인명)	㈜상엽와인	성명	최상엽
	세관주소	서울특별시 강서구 하늘길				사업장 주소	서울특별시 송파구 오금로56길		
수입신고번호 또는 일괄발급기간 (총건)		4217421300900M				업태		종목	
납부일자		과세표준		세액		수정사유	비고		
2022 - 02 - 07		15,740,203		1,574,020			04111210001000		
월	일	품목		규격	수량	단가	공급가액	세액	비고
합계금액		17,314,223							

본 인쇄물은 국세청 홈택스(www.hometex.go.kr)에서 발급 또는 전송 입력된 전자(세금)계산서입니다.
발급사실 확인은 상기 홈페이지의 "조회/발급〉 전자세금계산서〉 제3자발급조회"를 이용하시기 바랍니다.

3) 매입자발행세금계산서

매입자발행세금계산서란 사업자(납세의무자로 등록한 사업자)가 5만 원(공급대가) 이상의 과세되는 재화 또는 용역을 사업자(납세의무자로 등록한 사업자)로부터 공급받고, 그 재화 또는 용역을 공급한 사업자가 세금계산서를 발급하지 아니한 경우, 공급받은 사업자가 발급주체가 되어 공급한 사업자에게 발급하는 세금계산서를 말한다. 매입자발행세금계산서를 발급하려는 사업자는 공급받은 시기가 속하는 과세기간 종료일로부터 1년 이내에,

거래사실을 입증할 수 있는 자료를 준비해 관할세무서(공급받은 사업자)에 거래사실확인 신청서를 접수하고, 거래사실을 확인받으면, 공급자 관할 세무서장이 확인한 거래일자를 세금계산서 작성일로 하여 공급한 사업자에게 세금계산서를 발행한다(부가법 제34조의2 제1항, 부가령 제71조의2).

그뿐만 아니라 세금계산서를 발급받은 후 수정세금계산서 발급사유가 발생하였지만 당초 세금계산서를 발급한 사업자가 부도·폐업, 공급가액의 해제·변경 등의 사유로 사업자가 수정세금계산서 또는 수정전자세금계산서를 발급하지 아니한 경우에도 공급받은 사업자가 수정매입자발행세금계산서 또는 수정전자매입자발행세금계산서를 발급할 수 있다.

| 매입자발행세금계산서 양식 |

■ 부가가치세법 시행규칙 [별지 제14호의3 서식](적색)

매입자발행세금계산서(공급자 보관용)																																			

책번호 [ ] 권 [ ] 호
일련번호 [ ] [ ] - [ ] [ ] [ ] [ ]

공급자	등록번호				–			–			공급받는자	등록번호				–		–		
	상호(법인명)		성명(대표자)								상호(법인명)			성명(대표자)					
	사업장 주소										사업장 주소								
	업태		종목								업태			종목					

작성			공급가액													세액												비고
연	월	일	빈칸수	조	천	백	십	억	천	백	십	만	천	백	십	일	천	백	십	억	천	백	십	만	천	백	십	일	

월	일	품목	규격	수량	단가	공급가액	세액	비고

합 계 금 액	현 금	수 표	어 음	외상 미수금	이 금액을	영수 함 (청구)

182㎜×128㎜ (인쇄용지(특급) 34g/㎡)

매입자발행세금계산서(공급받는 자 보관용)																	책번호		권		호	
																	일련번호		–			

공급자	등록번호				–		–				공급받는자	등록번호				–		–			
	상호(법인명)			성명(대표자)							상호(법인명)			성명(대표자)					
	사업장 주소										사업장 주소								
	업태			종목							업태			종목					

작성				공급가액												세액														비고
연	월	일	빈칸수	조	천	백	십	억	천	백	십	만	천	백	십	일	천	백	십	억	천	백	십	만	천	백	십	일	

월	일	품목		규격	수량	단가	공급가액		세액		비고

합 계 금 액	현 금	수 표	어 음	외상 미수금	이 금액을	영수 함 (청구)

182㎜×128㎜ (인쇄용지(특급) 34g/㎡)

(3) 수정세금계산서

세금계산서(광의)의 기재사항을 착오로 잘못 적거나 세금계산서(광의)를 발급한 후 기재사항에 관하여 재화의 환입, 계약의 해제, 계약의 해지, 내국신용장 사후개설 등의 사유가 발생하면 사업자가 기재사항을 바로잡거나 변동상황을 반영해 세금계산서(광의)를 발급할 할 수 있는데 이를 수정세금계산서(광의)라고 한다(부가법 제32조 제7항, 부가령 제70조).

수정세금계산서(광의)의 발급방법은 '당초 세금계산서 발급방법'(전자적 방법 외 발급 또는 전자적으로 발급)과 '수정발급 사유'에 따라 발급시기, 발급매수, 발급기한, 작성일자, 반영되는 과세기간 등이 달라지고 그 발급방법을 요약하면 아래 표의 내용과 같다.

전자세금계산서가 수정되어 발급되는 경우에 세법(부가법 제32조 제7항)은 '수정전자세금계산서'라고 칭하고 있으나 수정된 전자세금계산서의 이미지를 출력하여 보면 '전자세금계산서'라고 표기되어 있어 세무실무에서 수정전자세금계산서라는 용어를 사용하지 않는다.

발행사유 (발행매수)	수정 발급시기 원칙	수정발급 기한	작성방법		세금계산서 작성일	반영되는 과세기간
			당초 수기발행			
			당초 전자발행			
㉮ 재화가 환입된 경우(1매) (부가령 제70조 제1항 제1호)	환입일	환입된 날 다음 달 10일까지	비고란에 처음 세금계산서 작성일을 적고, 환입된 금액을 붉은색 글씨로 쓰거나 음(-)의 표시를 하여 발급		환입일	작성일이 포함된 과세기간
			비고란에 처음 전자세금계산서 작성일을 적고, 환입된 금액을 음(-)의 표시를 하여 발급			
㉯ 계약의 해제 (1매) (부가령 제70조 제1항 제2호)	해제일	계약해제 일 다음 달 10일까지	비고란에 처음 세금계산서 작성일을 적고, 해제된 금액을 붉은색 글씨로 쓰거나 음(-)의 표시를 하여 발급		해제일	작성일이 포함된 과세기간
			비고란에 처음 전자세금계산서 작성일을 적고, 해제된 금액을 음(-)의 표시를 하여 발급			
㉰ 계약의 해지 (1매) (부가령 제70조 제1항 제3호)	해지일	계약해지 일 다음 달 10일까지	해지로 증감된 금액 중 증된 금액은 검은색 글씨로 쓰고 감된 금액은 붉은색 글씨로 쓰거나 음(-)의 표시를 하여 발급		해지일	작성일이 포함된 과세기간
			해지로 증감된 금액을 증된 금액은 양수(+)로 감된 금액은 감(-)으로 발급			
㉱ 과세기간 종료후 25일(그 날이 공휴일 또는 토요일인 경우 다음 영업일) 이내에 내국신용장 또는 구매확인서 개설(2매) (부가령 제70조 제1항 제4호)	내국신용장 또는 구매확인서 개설일	내국신용장 개설일 다음 달 10일까지	비고란에 내국신용장 개설일 등을 적어 검은색 글씨로 영세율세금계산서를 발행하고(1매), 당초 과세로 발행한 세금계산서에 대해 붉은색 글씨로 쓰거나 음(-)의 표시로 세금계산서 발급(1매)		당초 세금계산서 작성일	작성일이 포함된 과세기간
			비고란에 내국신용장 개설일 등을 적어 영세율전자세금계산서를 발행하고(1매), 당초 과세로 발행한 전자세금계산서는 음(-)의 표시로 전자세금계산서를 발급(1매)			

발행사유 (발행매수)	수정 발급시기 원칙	수정발급 기한	작성방법 당초 수기발행 당초 전자발행		세금계산서 작성일	반영되는 과세기간
⑪ 필요적 기재사항 등이 착오로 잘못 적힌 경우 (2매) • 단, '세무서장이 경정할 것을 미리 알고 있는 경우'[주6)]는 수정발급 불가함. (부가령 제70조 제1항 제5호)	착오 인식일	착오 사실을 인식한 날	처음에 발급한 세금계산서의 내용대로 세금계산서를 붉은색 글씨로 쓰거나 음(-)의 표시를 하여 발급(1매), 수정하여 발급하는 세금계산서는 검은색 글씨로 작성하여 발급(1매)		당초 세금계산서 작성일	작성일이 포함된 과세기간
			처음에 발급한 전자세금계산서의 내용대로 전자세금계산서를 음(-)의 표시를 하여 발급(1매), 수정한 내용으로 전자세금계산서를 발급(1매)			
⑫ 필요적 기재사항 등이 착오 외의 사유로 잘못 적힌 경우(2매) • 단, 세무서장이 경정할 것을 미리 알고 있는 경우는 수정발급 불가함. (부가령 제70조 제1항 제6호)	잘못 적은 내용을 바로 잡아야 한다는 것을 인식한 날	확정신고 기한 다음 날로부터 1년 이내	처음에 발급한 세금계산서의 내용대로 세금계산서를 붉은색 글씨로 쓰거나 음(-)의 표시를 하여 발급(1매), 수정하여 발급하는 세금계산서는 검은색 글씨로 작성하여 발급(1매)		당초 세금계산서 작성일	작성일이 포함된 과세기간
			처음에 발급한 전자세금계산서의 내용대로 전자세금계산서를 음(-)의 표시를 하여 발급(1장), 수정한 내용으로 전자세금계산서를 발급(1매)			
⑬ 착오로 전자세금계산서를 이중으로 발급한 경우 (1매) (부가령 제70조 제1항 제7호)	착오 인식일	착오 사실을 인식한 날	처음에 발급한 세금계산서의 내용대로 세금계산서를 붉은색 글씨로 쓰거나 음(-)의 표시를 하여 발급		당초 세금계산서 작성일	작성일이 포함된 과세기간
			처음에 발급한 전자세금계산서의 내용대로 음(-)의 표시를 하여 발급			

발행사유 (발행매수)	수정 발급시기 원칙	수정발급 기한	작성방법	세금계산서 작성일	반영되는 과세기간
			당초 수기발행		
			당초 전자발행		
㉘ 면세 등 발급 대상이 아닌 거래 등에 대하여 발급한 경우(1매) (부가령 제70조 제1항 제8호)	인식일	착오 사실을 인식한 날	처음에 발급한 세금계산서의 내용대로 붉은색 글씨로 쓰거나 음(−)의 표시를 하여 발급	당초 세금계산서 작성일	작성일이 포함된 과세기간
			처음에 발급한 전자세금계산서의 내용대로 음(−)의 표시를 하여 발급		
㉙ 세율을 잘못 적용하여 발급한 경우(2매) • 단, 세무서장이 경정할 것을 미리 알고 있는 경우는 수정발급 불가함 (부가령 제70조 제1항 제9호)	인식일	착오 사실을 인식한 날	처음에 발급한 세금계산서의 내용대로 세금계산서를 붉은색 글씨로 쓰거나 음(−)의 표시를 하여 발급(1매), 수정하여 발급하는 세금계산서는 검은색 글씨로 작성하여 발급(1매)	당초 세금계산서 작성일	작성일이 포함된 과세기간
			처음에 발급한 전자세금계산서의 내용대로 전자세금계산서를 음(−)의 표시를 하여 발급(1매), 수정한 내용으로 전자세금계산서를 발급(1매)		
㉚ '사업자유형 전환'[주7] (일반→간이) 후 ㉮, ㉯, ㉰의 사유가 발생된 경우(1매) (부가령 제70조 제3항)	수정사유 발생일	사유발생일 다음 달 10일까지	감된 금액은 붉은색 글씨로 쓰거나 음(−)의 표시를 하여 발급하고, 증된 금액은 검은색 글씨로 작성하여 발급	당초 세금계산서 작성일	작성일이 포함된 과세기간
			증감된 금액을 증된 금액은 양수(+)로 감된 금액은 음수(−)로 발급		
㉛ 사업자유형 전환(간이→일반) 후 ㉮, ㉯, ㉰의 사유가 발생된 경우(1매) (부가령 제70조 제3항)	수정사유 발생일	사유발생일 다음 달 10일까지	감된 금액은 붉은색 글씨로 쓰거나 음수(−)의 표시를 하여 발급하고, 증된 금액은 검은색 글씨로 작성하여 발급	당초 세금계산서 작성일	작성일이 포함된 과세기간
			증감된 금액을 증된 금액은 양수(+)로 감된 금액은 음수(−)로 발급		

주6) '세무서장이 경정할 것을 미리 알고 있는 경우'란 사업자에게 아래의 사유가 있어 사업자가 자신의 사업장에 대해 세무서에서 경정할 것을 알게 된 경우를 말한다.
　㉠ 세무조사의 통지를 받은 경우
　㉡ 세무공무원이 과세자료의 수집 또는 민원 등을 처리하기 위하여 현지출장이나 확인업무에 착수한 경우

ⓒ 세무서장으로부터 과세자료 해명안내 통지를 받은 경우

ⓔ 그 밖에 ㉠~ⓒ의 규정에 따른 사항과 유사한 경우

주7) '사업자 유형 전환'이란 개인사업자의 부가가치세 과세사업자의 유형은 일반과세자와 간이과세자가 있는데 사업하는 과정에서 사업장별 공급대가 기준금액(10,400만 원, 부동산임대업자 및 과세유흥장소를 경영하는 사업자는 4,800만 원) 초과 또는 미달(부가법 제62조 제1항), 간이과세 포기(부가법 제70조 제1항, 부가령 제116조 제1항), 일반사업자 사업장 신규개설(부가령 제110조 제8항), 일반사업자 사업장 폐업(부가령 제110조 제9항), 간이배제업종 지정(부가법 제61조 제1항 제2호) 등의 원인으로 사업자의 유형이 일반과세자에서 간이과세자로 또는 간이과세자에서 일반과세자로 전환되는 것을 말한다.

🔑 세금계산서(광의)의 작성일과 발행일 구분

세금계산서(광의)의 작성일은 재화 또는 용역의 공급일을 말하고 세금계산서(광의) 발행일은 세금계산서(광의)를 실제로 발행하는 날을 말한다. 대개의 경우 작성일과 발행일은 일치하지만 월합계세금계산서(광의)를 발급하는 경우와 세금계산서(광의) 발행 후 일부 수정사항(과세기간 종료 후 25일 이내에 내국신용장 또는 구매확인서 개설, 필요적 기재사항 등이 착오로 잘못 적힌 경우, 필요적 기재사항 등이 착오 외의 사유로 잘못 적힌 경우, 착오로 전자세금계산서를 이중으로 발급한 경우, 사업자 유형 전환 후 수정사유 발생)이 발생하여 수정세금계산서(광의)를 교부하는 경우 등에는 서로 일치하지 않는다.

1) 수정세금계산서 발급 사례

수정세금계산서(광의) 발급 사례는 먼저 세금계산서(광의) 발급방법에 따라 수기로 발급한 경우와 전자적인 방법으로 발급한 경우로 구분하고, 수정발급 사유에 따라 만들었다.

사례 1 ㉯ 계약 해제의 경우(발급 매수 1매)

당초 계약내용	㈜보성건설은 양팔당과 오피스텔 한 채를 2022.6.30. 다음 내용과 같이 분양계약을 체결하였다. • 분양가액 : 5억 원 • 계약금 : 5천만 원 • 중도금 : 1차 1억5천만 원(2022.8.31.), 2차 1억5천만 원(2022.10.31) 　잔금 1억5천만 원(2023.3.31)		
기 세금계산서 발급 내용	구분	계약금	1차 중도금	2차 중도금
	발급일	2022.6.30	2022.8.31.	2022.10.31
	공급가액	50,000,000원	150,000,000원	150,000,000원
계약 해제	2022.11.30. 양팔당이 찾아와 계약해제를 요구하여 2차 중도금까지 납입된 상태에서 분양계약을 해제하였다.		

• (주)보성건설은 계약금액 대해 양팔당의 주민등록번호(770701-1000000)로 세금계산서(광의)를 발급하였다.

• 양팔당은 분양계약 후 2022.7.2. 사업장관할 세무서에 일반사업자로 등록하였다.
　사업자등록번호 : 234-12-67890

① 당초 전자적 외 방법(수기)으로 발급된 경우

당초 전자적 외 방법(수기)으로 발급된 세금계산서들

㉠ 2022.6.30. 계약금에 대해 처음 발급된 세금계산서

■ 부가가치세법 시행규칙 [별지 제14호의3 서식](적색)

세금계산서(공급자 보관용)

책번호 ☐ 권 ☐ 호
일련번호 ☐☐ - ☐☐☐☐

공급자														공급받는자													
등록번호	1	2	3	–	8	6	–	6	7	8	9	0		등록번호	2	3	4	–	1	2	–	6	7	8	9	0
상호(법인명)	㈜보성분양			성명(대표자)			최상엽							상호(법인명)				성명(대표자)				양팔당				
사업장 주소	서울특별시 송파구 오금로56길													사업장 주소	경기도 양평군 대심리 888-888											
업태	써비스		종목			분양대행								업태			종목									

작성			공급가액												세액												비고
연	월	일	공란수	백	십	억	천	백	십	만	천	백	십	일	십	억	천	백	십	만	천	백	십	일		770701-
2022	06	30						5	0	0	0	0	0	0	0				5	0	0	0	0	0	0	0	1639617

월	일	품목	규격	수량	단가	공급가액	세액	비고
06	30	분양 계약금				50,000,000	5,000,000	

합 계 금 액	현 금	수 표	어 음	외상 미수금	이 금액을	영수 함 (청구)
55,000,000	55,000,000					

182㎜×128㎜ (인쇄용지(특급) 34g/㎡)

■ 부가가치세법 시행규칙 [별지 제14호의3 서식](청색)

세금계산서(공급받는 자 보관용)

책번호 ☐ 권 ☐ 호
일련번호 ☐☐ - ☐☐☐☐

공급자														공급받는자													
등록번호	1	2	3	–	8	6	–	6	7	8	9	0		등록번호				–			–					
상호(법인명)	㈜보성분양			성명(대표자)			최상엽							상호(법인명)				성명(대표자)				양팔당				
사업장 주소	서울특별시 송파구 오금로56길													사업장 주소	경기도 양평군 대심리 888-888											
업태	써비스		종목			분양대행								업태			종목									

작성			공급가액												세액												비고
연	월	일	공란수	백	십	억	천	백	십	만	천	백	십	일	십	억	천	백	십	만	천	백	십	일		770701-
								5	0	0	0	0	0	0	0				5	0	0	0	0	0	0	0	1639617

월	일	품목	규격	수량	단가	공급가액	세액	비고
06	30	분양 계약금				50,000,000	5,000,000	

합 계 금 액	현 금	수 표	어 음	외상 미수금	이 금액을	영수 함 (청구)
55,000,000	55,000,000					

182㎜×128㎜ (인쇄용지(특급) 34g/㎡)

⊘ 위 세금계산서는 주민등록번호로 발급된 세금계산서임.

Ⓛ 2022.8.31. 1차 중도금에 대해 처음 발급된 세금계산서

■ 부가가치세법 시행규칙 [별지 제14호의3 서식](적색)

세금계산서(공급자 보관용)

책번호	권	호
일련번호		

공급자	등록번호	1 2 3 - 8 6 - 6 7 8 9 0			공급받는자	등록번호	- -		
	상호(법인명)	㈜보성분양	성명(대표자)	최상엽		상호(법인명)		성명(대표자)	양팔당
	사업장 주소	서울특별시 송파구 오금로56길				사업장 주소	경기도 양평군 대심리 888-888		
	업태	써비스	종목	분양대행		업태		종목	

작성			공급가액										세액									비고
연	월	일	공란수	백	십	억	천	백	십	만	천	백	십	일	십	억	천	백	십	만	천	백	십	일	
2022	08	31				1	5	0	0	0	0	0	0	0			1	5	0	0	0	0	0	0	

월	일	품목	규격	수량	단가	공급가액	세액	비고
08	31	1차 중도금				150,000,000	15,000,000	

합 계 금 액	현 금	수 표	어 음	외상 미수금	이 금액을	영수 (청구) 함
165,000,000	165,000,000					

182㎜×128㎜ (인쇄용지(특급) 34g/㎡)

■ 부가가치세법 시행규칙 [별지 제14호의3 서식](청색)

세금계산서(공급받는 자 보관용)

책번호	권	호
일련번호		

공급자	등록번호	1 2 3 - 8 6 - 6 7 8 9 0			공급받는자	등록번호	- -		
	상호(법인명)	㈜보성분양	성명(대표자)	최상엽		상호(법인명)		성명(대표자)	양팔당
	사업장 주소	서울특별시 송파구 오금로56길				사업장 주소	경기도 양평군 대심리 888-888		
	업태	써비스	종목	분양대행		업태		종목	

작성			공급가액										세액									비고
연	월	일	공란수	백	십	억	천	백	십	만	천	백	십	일	십	억	천	백	십	만	천	백	십	일	
2022	08	31				1	5	0	0	0	0	0	0	0			1	5	0	0	0	0	0	0	

월	일	품목	규격	수량	단가	공급가액	세액	비고
08	31	1차 중도금				150,000,000	15,000,000	

합 계 금 액	현 금	수 표	어 음	외상 미수금	이 금액을	영수 (청구) 함
165,000,000	165,000,000					

182㎜×128㎜ (인쇄용지(특급) 34g/㎡)

216

ⓒ 2022.10.31. 2차 중도금에 처음 발급된 세금계산서

■ 부가가치세법 시행규칙 [별지 제14호의3 서식](적색)

세금계산서(공급자 보관용)

책번호		권		호	
일련번호			–		

공급자	등록번호	1 2 3 – 8 6 – 6 7 8 9 0			공급받는자	등록번호		–	–		
	상호(법인명)	㈜보성분양	성명(대표자)	최상엽		상호(법인명)		성명(대표자)		양팔당	
	사업장 주소	서울특별시 송파구 오금로56길				사업장 주소	경기도 양평군 대심리 888-888				
	업태	써비스	종목	분양대행		업태		종목			

작성			공급가액										세액										비고
연	월	일	공란수	백	십	억	천	백	십	만	천	백	십	일	십	억	천	백	십	만	천	백	십	일
2022	10	31				1	5	0	0	0	0	0	0	0		1	5	0	0	0	0	0	0	0

월	일	품목	규격	수량	단가	공급가액	세액	비고
10	31	2차 중도금				150,000,000	15,000,000	

합 계 금 액	현 금	수 표	어 음	외상 미수금	이 금액을 영수 함 (청구)
165,000,000	165,000,000				

182㎜×128㎜ (인쇄용지(특급) 34g/㎡)

■ 부가가치세법 시행규칙 [별지 제14호의3 서식](청색)

세금계산서(공급받는 자 보관용)

책번호		권		호	
일련번호			–		

공급자	등록번호	1 2 3 – 8 6 – 6 7 8 9 0			공급받는자	등록번호		–	–		
	상호(법인명)	㈜보성분양	성명(대표자)	최상엽		상호(법인명)		성명(대표자)		양팔당	
	사업장 주소	서울특별시 송파구 오금로56길				사업장 주소	경기도 양평군 대심리 888-888				
	업태	써비스	종목	분양대행		업태		종목			

작성			공급가액										세액										비고
연	월	일	공란수	백	십	억	천	백	십	만	천	백	십	일	십	억	천	백	십	만	천	백	십	일
2022	10	31				1	5	0	0	0	0	0	0	0		1	5	0	0	0	0	0	0	0

월	일	품목	규격	수량	단가	공급가액	세액	비고
10	31	2차 중도금				150,000,000	15,000,000	

합 계 금 액	현 금	수 표	어 음	외상 미수금	이 금액을 영수 함 (청구)
165,000,000	165,000,000				

182㎜×128㎜ (인쇄용지(특급) 34g/㎡)

수정발급 방법

비고란에 처음 세금계산서 작성일을 적고 해제된 금액을 붉은색 글씨(❶)로 쓰거나, 음(−)의 표시(❷)로 적어 발급

❶ 2022.11.30. 붉은색 글씨로 적어 발급하는 수정세금계산서(해제된 금액 취소 의미)

■ 부가가치세법 시행규칙 [별지 제14호의3 서식](적색)

			수정세금계산서(공급자 보관용)										책번호		권		호	

	등록번호	1 2 3 − 8 6 − 6 7 8 9 0	공급받는자	등록번호	2 3 4 − 1 2 − 6 7 8 9 0
공급자	상호(법인명)	㈜보성분양　성명(대표자)　최상엽		상호(법인명)	성명(대표자)　양팔당
	사업장 주소	서울특별시 송파구 오금로56길		사업장 주소	경기도 남양주 와부 팔당로 777
	업태	써비스　종목　분양대행		업태	부동산　종목　임대

작성			공급가액										세액								비고
연	월	일	공란수	백	십	억	천	백	십	만	천	백	십	일	십	억	천	백	십	만 천 백 십 일	계약금 2022.6.30.
2022	11	30				3	5	0	0	0	0	0	0	0			3	5	0	0 0 0 0 0	1차중도금 2022.8.31. 2차중도금 2022.8.31.

월	일	품목	규격	수량	단가	공급가액	세액	비고
11	30	분양 계약 해제				350,000,000	35,000,000	

합 계 금 액	현 금	수 표	어 음	외상 미수금	이 금액을	영수 (청구) 함
350,000,000	35,000,000					

182㎜×128㎜ (인쇄용지(특급) 34g/㎡)

■ 부가가치세법 시행규칙 [별지 제14호의3 서식](청색)

			수정세금계산서(공급받는 자 보관용)										책번호		권		호	

	등록번호	1 2 3 − 8 6 − 6 7 8 9 0	공급받는자	등록번호	2 3 4 − 1 2 − 6 7 8 9 0
공급자	상호(법인명)	㈜보성분양　성명(대표자)　최상엽		상호(법인명)	성명(대표자)　오팔당
	사업장 주소	서울특별시 송파구 오금로56길		사업장 주소	경기도 남양주 와부 팔당로 777
	업태	써비스　종목　분양대행		업태	부동산　종목　임대

작성			공급가액										세액								비고
연	월	일	공란수	백	십	억	천	백	십	만	천	백	십	일	십	억	천	백	십	만 천 백 십 일	계약금 2022.6.30.
2022	11	30				3	5	0	0	0	0	0	0	0			3	5	0	0 0 0 0 0	1차중도금 2022.8.31. 2차중도금 2022.8.31

월	일	품목	규격	수량	단가	공급가액	세액	비고
11	30	분양 계약 해제				350,000,000	35,000,000	

합 계 금 액	현 금	수 표	어 음	외상 미수금	이 금액을	영수 (청구) 함
350,000,000	350,000,000					

182㎜×128㎜ (인쇄용지(특급) 34g/㎡)

※ 책의 수정세금계산서의 글씨는 검정색이나 실제 수정세금계산서의 글씨는 붉은색임.

❷ 2022.11.30. 음(−)의 표시로 기재하여 발급되는 수정세금계산서(해제된 금액 취소 의미)

■ 부가가치세법 시행규칙 [별지 제14호의3 서식](적색)

수정세금계산서(공급자 보관용)

책번호	권	호
일련번호		−

공급자	등록번호	1 2 3 − 8 6 − 6 7 8 9 0		공급받는자	등록번호	2 3 4 − 1 2 − 6 7 8 9 0
	상호(법인명)	㈜보성분양	성명(대표자) 최상엽		상호(법인명)	성명(대표자) 양팔당
	사업장 주소	서울특별시 송파구 오금로56길			사업장 주소	경기도 남양주 와부 팔당로 777
	업태	써비스	종목 분양대행		업태 부동산	종목 임대

작성			공급가액	세액	비고
연	월	일	공란수 백 십 억 천 백 십 만 천 백 십 일	십 억 천 백 십 만 천 백 십 일	계약금 2022.6.30.
2022	11	30	− 3 5 0 0 0 0 0 0 0	− 3 5 0 0 0 0 0 0	1차중도금 2022.8.31. 2차중도금 2022.8.31

월	일	품목	규격	수량	단가	공급가액	세액	비고
11	30	분양 계약 해제				−350,000,000	−35,000,000	

합 계 금 액	현 금	수 표	어 음	외상 미수금	이 금액을 영수 함 (청구)
−350,000,000	−350,000,000				

182㎜×128㎜ (인쇄용지(특급) 34g/㎡)

■ 부가가치세법 시행규칙 [별지 제14호의3 서식](청색)

수정세금계산서(공급받는 자 보관용)

책번호	권	호
일련번호		−

공급자	등록번호	1 2 3 − 8 6 − 6 7 8 9 0		공급받는자	등록번호	2 3 4 − 1 2 − 6 7 8 9 0
	상호(법인명)	㈜보성분양	성명(대표자) 최상엽		상호(법인명)	성명(대표자) 오팔당
	사업장 주소	서울특별시 송파구 오금로56길			사업장 주소	경기도 남양주 와부 팔당로 777
	업태	써비스	종목 분양대행		업태 부동산	종목 임대

작성			공급가액	세액	비고
연	월	일	공란수 백 십 억 천 백 십 만 천 백 십 일	십 억 천 백 십 만 천 백 십 일	계약금 2022.6.30.
2022	11	30	− 3 5 0 0 0 0 0 0 0	− 3 5 0 0 0 0 0 0	1차중도금 2022.8.31. 2차중도금 2022.8.31

월	일	품목	규격	수량	단가	공급가액	세액	비고
11	30	분양 계약 해제				−350,000,000	−35,000,000	

합 계 금 액	현 금	수 표	어 음	외상 미수금	이 금액을 영수 함 (청구)
−350,000,000	−350,000,000				

182㎜×128㎜ (인쇄용지(특급) 34g/㎡)

② 당초 전자적 방법으로 발급된 경우

당초 전자적 방법으로 발급된 세금계산서들

㉠ 2022.6.30. 계약금에 대해 처음 발급된 전자세금계산서

전자세금계산서					승인번호			20220630-42000000-0000007	
공급자	등록번호	123-86-67890	종사업장번호		공급받는자	등록번호		종사업장번호	
	상호(법인명)	㈜보성분양	성명	최상엽		상호(법인명)		성명	오팔당
	사업장주소	서울특별시 송파구 오금로56길				사업장주소	서울특별시 송파구 오금로77길		
	업태	써비스	종목	분양대행		업태(/TDS)	부동산	종목	임대
	이메일	paust7889@gmail.com				이메일	mepi7777@gmail.com		
						이메일			

작성일자	공급가액	세액	수정사유		
2022.06.30	50,000,000	5,000,000			
비고					

월	일	품목	규격	수량	단가	공급가액	세액	비고
06	30	분양 계약금				50,000,000	5,000,000	770701-1639617

합계금액	현금	수표	어음	외상미수금	이 금액을 (영수) 함
55,000,000	55,000,000				

㉡ 2022.8.31. 1차 중도금에 대해 처음 발급된 전자세금계산서

전자세금계산서					승인번호			20220831-42000000-0000011	
공급자	등록번호	123-86-67890	종사업장번호		공급받는자	등록번호	234-12-67890	종사업장번호	
	상호(법인명)	㈜보성분양	성명	최상엽		상호(법인명)		성명	오팔당
	사업장주소	서울특별시 송파구 오금로56길				사업장주소	경기도 남양주 와부 팔당로 777		
	업태	써비스	종목	분양대행		업태(/TDS)	부동산	종목	임대
	이메일	paust7889@gmail.com				이메일	mepi7777@gmail.com		
						이메일			

작성일자	공급가액	세액	수정사유		
2022.08.31	150,000,000	15,000,000			
비고					

월	일	품목	규격	수량	단가	공급가액	세액	비고
08	31	1차 중도금				150,000,000	15,000,000	

합계금액	현금	수표	어음	외상미수금	이 금액을 (영수) 함
165,000,000	165,000,000				

ⓒ 2022.10.31. 2차 중도금에 대해 처음 발급된 전자세금계산서

전자세금계산서					승인번호		202201031-42000000-0000058		
공급자	등록번호	123-86-67890	종사업장번호		공급받는자	등록번호	234-12-67890	종사업장번호	
	상호(법인명)	㈜보성분양	성명	최상엽		상호(법인명)		성명	오팔당
	사업장주소	서울특별시 송파구 오금로56길				사업장주소	경기도 남양주 와부 팔당로 777		
	업태	써비스	종목	분양대행		업태(/TDS)	부동산	종목	임대
	이메일	paust7889@gmail.com				이메일	mepi7777@gmail.com		
						이메일			

작성일자	공급가액	세액	수정사유
2022.10.31	150,000,000	15,000,000	
비고			

월	일	품목	규격	수량	단가	공급가액	세액	비고
10	31	2차 중도금				150,000,000	15,000,000	

합계금액	현금	수표	어음	외상미수금	이 금액을 (영수) 함
165,000,000	165,000,000				

■ 수정발급 방법

비고란에 처음 세금계산서 작성일을 적고 해제된 금액을 음(-)의 표시(●)로 하여 발급

● 2022.11.30. 전자로 발행된 수정전자세금계산서

수정전자세금계산서					승인번호		202201130-42000000-0000077		
공급자	등록번호	123-86-67890	종사업장번호		공급받는자	등록번호	234-12-67890	종사업장번호	
	상호(법인명)	㈜보성분양	성명	최상엽		상호(법인명)		성명	오팔당
	사업장주소	서울특별시 송파구 오금로56길				사업장주소	경기도 남양주 와부 팔당로 777		
	업태	써비스	종목	분양대행		업태(/TDS)	부동산	종목	임대
	이메일	paust7889@gmail.com				이메일	mepi7777@gmail.com		
						이메일			

작성일자	공급가액	세액	수정사유
2022.11.30	-350,000,000	-35,000,000	분양계약 해제
비고			

월	일	품목	규격	수량	단가	공급가액	세액	비고
11	30	분양계약 해제				-350,000,000	-35,000,000	계약금 2022.6.30 1차 중도금 2022.8.31 2차 중도금 2022.8.31

합계금액	현금	수표	어음	외상미수금	이 금액을 (영수) 함
-350,000,000	-350,000,000				

㈀ 과세기간 종료 후 25일 이내에 내국신용장 또는 구매확인서 개설

> ㈜보성기계는 2022.2.22. 수출업자 ㈜대한상사에게 금형 1개(공급가액 : 5억 원)을 공급하고 같은 날 세금계산서(광의)를 발행하였다. 그리고 ㈜대한상사에 납품한 금형에 대해 2022.7.20. 내국신용장이 개설되었다.

1 당초 전자적 외 방법(수기)으로 발급된 경우

| 2022.2.22. 발급된 과세 매출 세금계산서 |

■ 부가가치세법 시행규칙 [별지 제14호의3 서식](적색)

세금계산서(공급자 보관용)												책번호			권			호		

	등록번호	1 2 3 – 8 6 – 6 7 8 9 0	공급받는자	등록번호	2 0 0 – 8 7 – 6 0 0 0 0
공급자	상호(법인명)	㈜보성기계	성명(대표자)	최겸백	상호(법인명)	㈜대한상사	성명(대표자)	양수출
	사업장 주소	서울특별시 구로구 디지털로77길			사업장 주소	인천광역시 연수구 연수로777길
	업태	제조	종목	기계제작	업태	도·소매	종목	무역

일련번호 □□ – □□□□

작성			공급가액										세액									비고
연	월	일	공란수	백	십	억	천	백	십	만	천	백	십	일	십	억	천	백	십	만	천	백	십	일
2022	02	22				5	0	0	0	0	0	0	0	0		5	0	0	0	0	0	0	0	0	

월	일	품목	규격	수량	단가	공급가액	세액	비고
02	22	금형		1		500,000,000	50,000,000	

합 계 금 액	현 금	수 표	어 음	외상 미수금	이 금액을 영수 함 (청구)
550,000,000	550,000,000				

182㎜×128㎜ (인쇄용지(특급) 34g/㎡)

세금계산서(공급받는 자 보관용)													책번호			권			호	

(책번호: 권 / 호, 일련번호: ☐☐ - ☐☐☐☐☐)

공급자
- 등록번호: 1 2 3 - 8 6 - 6 7 8 9 0
- 상호(법인명): ㈜보성기계 / 성명(대표자): 최겸백
- 사업장 주소: 서울특별시 구로구 디지털로77길
- 업태: 제조 / 종목: 기계제작

공급받는 자
- 등록번호: 2 0 0 - 8 7 - 6 0 0 0 0
- 상호(법인명): ㈜대한상사 / 성명(대표자): 양수출
- 사업장 주소: 인천광역시 연수구 연수로777길
- 업태: 도·소매 / 종목: 무역

작성			공급가액											세액										비고
연	월	일	공란수	백	십	억	천	백	십	만	천	백	십	일	십	억	천	백	십	만	천	백	십	일
2022	02	22				5	0	0	0	0	0	0	0	0			5	0	0	0	0	0	0	0

월	일	품목	규격	수량	단가	공급가액	세액	비고
02	22	금형		1		500,000,000	50,000,000	

합 계 금 액	현 금	수 표	어 음	외상 미수금	이 금액을 (영수/청구) 함
550,000,000	550,000,000				

182㎜×128㎜ (인쇄용지(특급) 34g/㎡)

■ 수정발급 방법

당초 과세로 발급한 세금계산서에 대해 붉은색 글씨(❶)로 적거나 음(-)의 표시(❷)로 적어 세금계산서를 발급하고, 비고란에 내국신용장 개설일 등을 적어 검은색 글씨로 영세율 세금계산서(❸) 발급

❶ 2022.7.20. 붉은색 글씨로 발행된 수정세금계산서(과세 발급 세금계산서 취소 의미)

■ 부가가치세법 시행규칙 [별지 제14호의3 서식](적색)

<table>
<tr><td colspan="4" rowspan="2" style="text-align:center">수정세금계산서(공급자 보관용)</td><td colspan="2">책번호</td><td>권</td><td>호</td></tr>
<tr><td colspan="2">일련번호</td><td colspan="2">□ □ - □ □ □</td></tr>
</table>

공급자	등록번호	1 2 3 - 8 6 - 7 0 0 0 0			공급받는자	등록번호	2 0 0 - 8 7 - 6 0 0 0 0		
	상호(법인명)	㈜보성기계	성명(대표자)	최겸백		상호(법인명)	㈜대한상사	성명(대표자)	양수출
	사업장 주소	서울특별시 구로구 디지털로77길				사업장 주소	인천광역시 연수구 연수로777길		
	업태	제조	종목	기계제작		업태	도·소매	종목	무역

작성			공급가액										세액									비고
연	월	일	공란수	백	십	억	천	백	십	만	천	백	십	일	십	억	천	백	십	만	천	백	십	일	
2022	02	22				5	0	0	0	0	0	0	0	0		5	0	0	0	0	0	0	0	내국신용장 개설일 2022.7.20

월	일	품목	규격	수량	단가	공급가액	세액	비고
02	22	금형		1		500,000,000	50,000,000	

합 계 금 액	현 금	수 표	어 음	외상 미수금	이 금액을	영수 함 (청구)
550,000,000	550,000,000					

182㎜×128㎜ (인쇄용지(특급) 34g/㎡)

■ 부가가치세법 시행규칙 [별지 제14호의3 서식](청색)

<table>
<tr><td colspan="4" rowspan="2" style="text-align:center">수정세금계산서(공급받는 자 보관용)</td><td colspan="2">책번호</td><td>권</td><td>호</td></tr>
<tr><td colspan="2">일련번호</td><td colspan="2">□ □ - □ □ □</td></tr>
</table>

공급자	등록번호	1 2 3 - 8 6 - 7 0 0 0 0			공급받는자	등록번호	2 0 0 - 8 7 - 6 0 0 0 0		
	상호(법인명)	㈜보성기계	성명(대표자)	최겸백		상호(법인명)	㈜대한상사	성명(대표자)	양수출
	사업장 주소	서울특별시 구로구 디지털로77길				사업장 주소	인천광역시 연수구 연수로777길		
	업태	제조	종목	기계제작		업태	도·소매	종목	무역

작성			공급가액										세액									비고
연	월	일	공란수	백	십	억	천	백	십	만	천	백	십	일	십	억	천	백	십	만	천	백	십	일	
2022	02	22				5	0	0	0	0	0	0	0	0		5	0	0	0	0	0	0	0	내국신용장 개설일 2022.7.20

월	일	품목	규격	수량	단가	공급가액	세액	비고
02	22	금형		1		500,000,000	50,000,000	

합 계 금 액	현 금	수 표	어 음	외상 미수금	이 금액을	영수 함 (청구)
550,000,000	550,000,000					

182㎜×128㎜ (인쇄용지(특급) 34g/㎡)

※ 책의 수정세금계산서의 글씨는 검정색이나 실제 수정세금계산서의 글씨는 붉은색임.

❷ 2022.7.20. 음수표기로 발급된 수정세금계산서(과세 발급 세금계산서 취소 의미)

■ 부가가치세법 시행규칙 [별지 제14호의3 서식](적색)

수정세금계산서(공급자 보관용)

책번호	권	호
일련번호	—	

공급자	등록번호	1 2 3 – 8 6 – 7 0 0 0 0	공급받는자	등록번호	2 0 0 – 8 7 – 6 0 0 0 0
	상호(법인명)	㈜보성기계 성명(대표자) 최겸백		상호(법인명)	㈜대한상사 성명(대표자) 양수출
	사업장 주소	서울특별시 구로구 디지털로77길		사업장 주소	인천광역시 연수구 연수로777길
	업태	제조 종목 기계제작		업태	도·소매 종목 무역

작성			공급가액										세액										비고
연	월	일	공란수	백	십	억	천	백	십	만	천	백	십	일	십	억	천	백	십	만	천	백	십	일	내국신용장
2022	02	22			–	5	0	0	0	0	0	0	0	0		–	5	0	0	0	0	0	0	0	개설일 2022.7.20

월	일	품목	규격	수량	단가	공급가액	세액	비고
02	22	금형		1		–500,000,000	–50,000,000	

합 계 금 액	현 금	수 표	어 음	외상 미수금	이 금액을	영수 함 (청구)
–550,000,000	–550,000,000					

182㎜×128㎜ (인쇄용지(특급) 34g/㎡)

■ 부가가치세법 시행규칙 [별지 제14호의3 서식](청색)

수정세금계산서(공급받는 자 보관용)

책번호	권	호
일련번호	—	

공급자	등록번호	1 2 3 – 8 6 – 7 0 0 0 0	공급받는자	등록번호	2 0 0 – 8 7 – 6 0 0 0 0
	상호(법인명)	㈜보성기계 성명(대표자) 최겸백		상호(법인명)	㈜대한상사 성명(대표자) 양수출
	사업장 주소	서울특별시 구로구 디지털로77길		사업장 주소	인천광역시 연수구 연수로777길
	업태	제조 종목 기계제작		업태	도·소매 종목 무역

작성			공급가액										세액										비고
연	월	일	공란수	백	십	억	천	백	십	만	천	백	십	일	십	억	천	백	십	만	천	백	십	일	내국신용장
2022	02	22			–	5	0	0	0	0	0	0	0	0		–	5	0	0	0	0	0	0	0	개설일 2022.7.20

월	일	품목	규격	수량	단가	공급가액	세액	비고
02	22	금형		1		–500,000,000	–50,000,000	

합 계 금 액	현 금	수 표	어 음	외상 미수금	이 금액을	영수 함 (청구)
–550,000,000	–550,000,000					

182㎜×128㎜ (인쇄용지(특급) 34g/㎡)

❸ 2022.7.20. 수기로 발행된 영세율 세금계산서(내국신용장 반영된 세금계산서)

■ 부가가치세법 시행규칙 [별지 제14호의3 서식](적색)

수정세금계산서(공급자 보관용)

책번호	권	호
일련번호	-	

공급자	등록번호	1 2 3 - 8 6 - 6 7 8 9 0		공급받는자	등록번호	2 0 0 - 8 7 - 6 0 0 0 0
	상호(법인명)	㈜보성기계	성명(대표자) 최겸백		상호(법인명)	㈜대한상사 / 성명(대표자) 양수출
	사업장 주소	서울특별시 구로구 디지털로77길			사업장 주소	인천광역시 연수구 연수로777길
	업태	제조 / 종목	기계제작		업태	도·소매 / 종목 무역

작성			공급가액	세액	비고

연	월	일	공란수	백	십	억	천	백	십	만	천	백	십	일	십	억	천	백	십	만	천	백	십	일	비고
2022	02	22				5	0	0	0	0	0	0	0	0											내국신용장 개설일 2022.7.20

월	일	품목	규격	수량	단가	공급가액	세액	비고
02	22	금형		1		500,000,000		영세율

합 계 금 액	현 금	수 표	어 음	외상 미수금	이 금액을 영수 함 (청구)
500,000,000	500,000,000				

182㎜×128㎜ (인쇄용지(특급) 34g/㎡)

■ 부가가치세법 시행규칙 [별지 제14호의3 서식](청색)

수정세금계산서(공급받는 자 보관용)

책번호	권	호
일련번호	-	

공급자	등록번호	1 2 3 - 8 6 - 6 7 8 9 0		공급받는자	등록번호	2 0 0 - 8 7 - 6 0 0 0 0
	상호(법인명)	㈜보성기계	성명(대표자) 최겸백		상호(법인명)	㈜대한상사 / 성명(대표자) 양수출
	사업장 주소	서울특별시 구로구 디지털로77길			사업장 주소	인천광역시 연수구 연수로777길
	업태	제조 / 종목	기계제작		업태	도·소매 / 종목 무역

작성			공급가액	세액	비고

연	월	일	공란수	백	십	억	천	백	십	만	천	백	십	일	십	억	천	백	십	만	천	백	십	일	비고
2022	02	22		-	5	0	0	0	0	0	0	0	0	0											내국신용장 개설일 2022.7.20

월	일	품목	규격	수량	단가	공급가액	세액	비고
02	22	금형		1		500,000,000		영세율

합 계 금 액	현 금	수 표	어 음	외상 미수금	이 금액을 영수 함 (청구)
500,000,000	500,000,000				

182㎜×128㎜ (인쇄용지(특급) 34g/㎡)

② 당초 전자적으로 발급한 세금계산서

| 2022.2.22. 전자로 발행된 과세 매출 전자세금계산서 |

전자세금계산서					승인번호		20220222-42000000-0000077		
공급자	등록번호	123-86-67890	종사업장번호		공급받는자	등록번호	234-12-67890	종사업장번호	
	상호(법인명)	㈜보성기계	성명	최겸백		상호(법인명)	㈜대한상사	성명	양수출
	사업장주소	서울특별시 구로구 디지털로77길				사업장주소	인천광역시 연수구 연수로777길		
	업태	제조	종목	기계제작		업태〈/TDS〉	도·소매	종목	무역
	이메일	jangmi777@gmail.com				이메일	memi9999@gmail.com		
						이메일			

작성일자	공급가액	세액	수정사유
2022.02.22	500,000,000	50,000,000	

비고									
월	일	품목	규격	수량	단가	공급가액	세액	비고	
02	22	금형		1		500,000,000	50,000,000		

합계금액	현금	수표	어음	외상미수금	이 금액을 (영수) 함
550,000,000	550,000,000				

■ 수정발급 방법

당초 과세로 발급한 세금계산서는 음(-)의 표시(❶)로 발급하고, 비고란에 내국신용장 개설일 등을 적어 영세율 세금계산서(❷) 발급

❶ 2022.7.20. 전자로 발행된 수정전자세금계산서(과세 매출 취소)

수정전자세금계산서					승인번호		20220720-42000000-0000088			
공급자	등록번호	123-86-70000	종사업장번호		공급받는자	등록번호	200-87-60000	종사업장번호		
	상호(법인명)	㈜보성기계	성명	최겸백		상호(법인명)	㈜대한상사	성명		양수출
	사업장주소	서울특별시 구로구 디지털로77길				사업장주소	인천광역시 연수구 연수로777길			
	업태	제조	종목	기계제작		업태(/TDS)	도·소매	종목		무역
	이메일	jangmi777@gmail.com				이메일	memi9999@gmail.com			
						이메일				

작성일자	공급가액	세액	수정사유
2022.02.22	-500,000,000	-50,000,000	내국신용장 개설
비고			

월	일	품목	규격	수량	단가	공급가액	세액	비고
02	22	금형		1		-500,000,000	-50,000,000	내국신용장 개설일 2022.7.20

합계금액	현금	수표	어음	외상미수금	이 금액을 (영수) 함
-550,000,000	-550,000,000				

❷ 2022.7.20. 전자로 발행된 영세율 전자세금계산서(내국신용장 내용 반영 세금계산서)

수정전자세금계산서					승인번호		20220720-42000000-0000089			
공급자	등록번호	123-86-70000	종사업장번호		공급받는자	등록번호	200-87-60000	종사업장번호		
	상호(법인명)	㈜보성기계	성명	최겸백		상호(법인명)	㈜대한상사	성명		양수출
	사업장주소	서울특별시 구로구 디지털로77길				사업장주소	인천광역시 연수구 연수로777길			
	업태	제조	종목	기계제작		업태(/TDS)	도·소매	종목		무역
	이메일	jangmi777@gmail.com				이메일	memi9999@gmail.com			
						이메일				

작성일자	공급가액	세액	수정사유
2022.02.22	500,000,000	0	내국신용장 개설
비고			

월	일	품목	규격	수량	단가	공급가액	세액	비고
02	22	금형		1		500,000,000	0	내국신용장 개설일 2022.7.20

합계금액	현금	수표	어음	외상미수금	이 금액을 (영수) 함
500,000,000	500,000,000				

㉕ 필요적 기재사항 등이 착오로 잘못 적힌 경우(총 2매)

㈜보성기계는 2022.3.20. ㈜춘천건설에게 건설기계 1대(공급가액 : 5억 원)를 공급하고 같은 날 세금계산서를 발행하였는데 2022.6.30. 공급가액을 5천만 원으로 기재하여 발급한 사실을 발견하였다.

① 당초 전자적 외 방법(수기)으로 발급된 경우

| 2022.3.20. 당초 착오로 발급된 세금계산서 |

■ 부가가치세법 시행규칙 [별지 제14호의3 서식](적색)

세금계산서(공급자 보관용)																책번호		권		호	
																일련번호			–		

	등록번호	1	2	3	–	8	6	–	6	7	8	9	0	공급받는자	등록번호	3	0	0	–	8	7	–	8	0	0	0	0
공급자	상호(법인명)	㈜보성기계			성명(대표자)			최겸백							상호(법인명)	㈜춘천건설			성명(대표자)			강강촌				
	사업장 주소	서울특별시 구로구 디지털로77길													사업장 주소	춘천시 서면 강촌로333길										
	업태	제조			종목			기계제작							업태	건설			종목			건물건설				

작성			공급가액										세액									비고
연	월	일	공란수	백	십	억	천	백	십	만	천	백	십	일	십	억	천	백	십	만	천	백	십	일	
2022	03	20					5	0	0	0	0	0	0	0			5	0	0	0	0	0	0	0	

월	일	품목	규격	수량	단가	공급가액	세액	비고
03	20	건설기계		1		50,000,000	5,000,000	

합 계 금 액	현 금	수 표	어 음	외상 미수금	이 금액을	영수 함 (청구)
55,000,000	55,000,000					

182㎜×128㎜ (인쇄용지(특급) 34g/㎡)

		세금계산서(공급받는 자 보관용)											책번호		권			호		

일련번호 ☐☐ - ☐☐☐☐

공급자	등록번호	1 2 3 - 8 6 - 6 7 8 9 0	공급받는자	등록번호	3 0 0 - 8 7 - 8 0 0 0 0
	상호(법인명)	㈜보성기계	성명(대표자)	최겸백		상호(법인명)	㈜춘천건설	성명(대표자)	강강촌
	사업장 주소	서울특별시 구로구 디지털로77길		사업장 주소	춘천시 서면 강촌로333길
	업태	제조	종목	기계제작		업태	건설	종목	건물건설

작성			공급가액									세액								비고
연	월	일	공란수	백	십	억	천	백	십	만	천	백	십	일	십	억	천	백	십	만	천	백	십	일	
2022	03	20					5	0	0	0	0	0	0	0				5	0	0	0	0	0	0	

월	일	품목	규격	수량	단가	공급가액	세액	비고
03	20	건설기계		1		50,000,000	5,000,000	

합 계 금 액	현 금	수 표	어 음	외상 미수금	이 금액을	영수 함 (청구)
55,000,000	55,000,000					

182㎜×128㎜ (인쇄용지(특급) 34g/㎡)

■ 수정발급 방법

처음에 발급한 세금계산서의 내용대로 붉은색 글씨(❶)로 쓰거나 음(−)의 표시(❷)로 세금계산서를 발급하고, 수정하여 발급하는 세금계산서는 검은색 글씨(❸)로 작성하여 발급

❶ 2022.6.30. 붉은색 글씨로 적어 발급하는 수정세금계산서(당초발급 취소 의미)

■ 부가가치세법 시행규칙 [별지 제14호의3 서식](적색)

수정세금계산서(공급자 보관용)													책번호			권				호		

책번호 [권   호]
일련번호 [   ] − [   ]

공급자	등록번호	1 2 3 − 8 6 − 7 0 0 0 0						공급받는자	등록번호	3 0 0 − 8 7 − 8 0 0 0 0
	상호(법인명)	㈜보성기계	성명(대표자)		최겸백				상호(법인명)	㈜춘천건설 성명(대표자) 강강촌
	사업장 주소	서울특별시 구로구 디지털로77길							사업장 주소	춘천시 서면 강촌로333길
	업태	제조	종목		기계제작				업태	건설 종목 건물건설

작성			공급가액										세액									비고
연	월	일	공란수	백	십	억	천	백	십	만	천	백	십	일	십	억	천	백	십	만	천	백 십 일
2022	03	20					5	0	0	0	0	0	0	0			5	0	0	0	0	0 0

월	일	품목	규격	수량	단가	공급가액	세액	비고
03	20	건설기계		1		50,000,000	5,000,000	

합 계 금 액	현 금	수 표	어 음	외상 미수금	이 금액을	영수 함 (청구)
55,000,000	55,000,000					

182㎜×128㎜ (인쇄용지(특급) 34g/㎡)

■ 부가가치세법 시행규칙 [별지 제14호의3 서식](청색)

수정세금계산서(공급받는 자 보관용)		

책번호 [권   호]
일련번호 [   ] − [   ]

공급자	등록번호	1 2 3 − 8 6 − 7 0 0 0 0						공급받는자	등록번호	3 0 0 − 8 7 − 8 0 0 0 0
	상호(법인명)	㈜보성기계	성명(대표자)		최겸백				상호(법인명)	㈜춘천건설 성명(대표자) 강강촌
	사업장 주소	서울특별시 구로구 디지털로77길							사업장 주소	춘천시 서면 강촌로333길
	업태	제조	종목		기계제작				업태	건설 종목 건물건설

작성			공급가액										세액									비고
연	월	일	공란수	백	십	억	천	백	십	만	천	백	십	일	십	억	천	백	십	만	천	백 십 일
2022	03	20					5	0	0	0	0	0	0	0			5	0	0	0	0	0 0

월	일	품목	규격	수량	단가	공급가액	세액	비고
03	20	건설기계		1		50,000,000	5,000,000	

합 계 금 액	현 금	수 표	어 음	외상 미수금	이 금액을	영수 함 (청구)
55,000,000	55,000,000					

182㎜×128㎜ (인쇄용지(특급) 34g/㎡)

※ 책의 수정세금계산서의 글씨는 검정색이나 실제 수정세금계산서의 글씨는 붉은색임.

❷ 2022.6.30. 음(-)의 표시로 발급하는 수정세금계산서(당초발급 취소 의미)

■ 부가가치세법 시행규칙 [별지 제14호의3 서식](적색)

수정세금계산서(공급자 보관용)																			책번호			권			호	
																			일련번호					-		

공급자	등록번호	1 2 3 - 8 6 - 7 0 0 0 0		공급받는자	등록번호	3 0 0 - 8 7 - 8 0 0 0 0
	상호(법인명)	㈜보성기계	성명(대표자)	최겸백		상호(법인명)	㈜춘천건설	성명(대표자)	강강촌
	사업장 주소	서울특별시 구로구 디지털로77길			사업장 주소	춘천시 서면 강촌로333길
	업태	제조	종목	기계제작		업태	건설	종목	건물건설

작성			공급가액											세액									비고
연	월	일	공란수	백	십	억	천	백	십	만	천	백	십	일	십	억	천	백	십	만	천	백	십	일	
2022	03	20				-	5	0	0	0	0	0	0	0		-	5	0	0	0	0	0	0	

월	일	품목	규격	수량	단가	공급가액	세액	비고
03	20	건설기계		1		-50,000,000	-5,000,000	

합 계 금 액	현 금	수 표	어 음	외상 미수금	이 금액을	영수 (청구)	함
-55,000,000	-55,000,000						

182㎜×128㎜ (인쇄용지(특급) 34g/㎡)

■ 부가가치세법 시행규칙 [별지 제14호의3 서식](청색)

수정세금계산서(공급받는 자 보관용)																			책번호			권			호	
																			일련번호					-		

공급자	등록번호	1 2 3 - 8 6 - 7 0 0 0 0		공급받는자	등록번호	3 0 0 - 8 7 - 8 0 0 0 0
	상호(법인명)	㈜보성기계	성명(대표자)	최겸백		상호(법인명)	㈜춘천건설	성명(대표자)	강강촌
	사업장주소	서울특별시 구로구 디지털로77길			사업장 주소	춘천시 서면 강촌로333길
	업태	제조	종목	기계제작		업태	건설	종목	건물건설

작성			공급가액											세액									비고
연	월	일	공란수	백	십	억	천	백	십	만	천	백	십	일	십	억	천	백	십	만	천	백	십	일	
2022	03	20				-	5	0	0	0	0	0	0	0		-	5	0	0	0	0	0	0	

월	일	품목	규격	수량	단가	공급가액	세액	비고
03	20	건설기계		1		-50,000,000	-5,000,000	

합 계 금 액	현 금	수 표	어 음	외상 미수금	이 금액을	영수 (청구)	함
-55,000,000	-55,000,000						

182㎜×128㎜ (인쇄용지(특급) 34g/㎡)

❸ 2022.6.30. 검은색 글씨로 적어 발급하는 수정세금계산서(공급가액이 바로 잡힌 수정세금계산서)

■ 부가가치세법 시행규칙 [별지 제14호의3 서식](적색)

수정세금계산서(공급자 보관용)

책번호	권	호
일련번호	□□ - □□□□	

<table>
<tr><td rowspan="4">공급자</td><td>등록번호</td><td colspan="3">1 2 3 - 8 6 - 7 0 0 0 0</td><td rowspan="4">공급받는자</td><td>등록번호</td><td colspan="3">3 0 0 - 8 7 - 8 0 0 0 0</td></tr>
<tr><td>상호(법인명)</td><td>㈜보성기계</td><td>성명(대표자)</td><td>최겸백</td><td>상호(법인명)</td><td>㈜춘천건설</td><td>성명(대표자)</td><td>강강촌</td></tr>
<tr><td>사업장 주소</td><td colspan="3">서울특별시 구로구 디지털로77길</td><td>사업장주소</td><td colspan="3">춘천시 서면 강촌로333길</td></tr>
<tr><td>업태</td><td>제조</td><td>종목</td><td>기계제작</td><td>업태</td><td>건설</td><td>종목</td><td>건물건설</td></tr>
</table>

작성			공급가액											세액										비고
연	월	일	공란수	백	십	억	천	백	십	만	천	백	십	일	십	억	천	백	십	만	천	백	십	일	
2022	03	20				5	0	0	0	0	0	0	0	0			5	0	0	0	0	0	0	0	

월	일	품목	규격	수량	단가	공급가액	세액	비고
03	20	건설기계		1		500,000,000	50,000,000	

합 계 금 액	현 금	수 표	어 음	외상 미수금	이 금액을 영수 함 (청구)
550,000,000	550,000,000				

182mm×128mm (인쇄용지(특급) 34g/㎡)

■ 부가가치세법 시행규칙 [별지 제14호의3 서식](청색)

수정세금계산서(공급받는 자 보관용)

책번호	권	호
일련번호	□□ - □□□□	

<table>
<tr><td rowspan="4">공급자</td><td>등록번호</td><td colspan="3">1 2 3 - 8 6 - 7 0 0 0 0</td><td rowspan="4">공급받는자</td><td>등록번호</td><td colspan="3">3 0 0 - 8 7 - 8 0 0 0 0</td></tr>
<tr><td>상호(법인명)</td><td>㈜보성기계</td><td>성명(대표자)</td><td>최겸백</td><td>상호(법인명)</td><td>㈜춘천건설</td><td>성명(대표자)</td><td>강강촌</td></tr>
<tr><td>사업장주소</td><td colspan="3">서울특별시 구로구 디지털로77길</td><td>사업장주소</td><td colspan="3">춘천시 서면 강촌로333길</td></tr>
<tr><td>업태</td><td>제조</td><td>종목</td><td>기계제작</td><td>업태</td><td>건설</td><td>종목</td><td>건물건설</td></tr>
</table>

작성			공급가액											세액										비고
연	월	일	공란수	백	십	억	천	백	십	만	천	백	십	일	십	억	천	백	십	만	천	백	십	일	
2022	03	20				5	0	0	0	0	0	0	0	0			5	0	0	0	0	0	0	0	

월	일	품목	규격	수량	단가	공급가액	세액	비고
03	20	건설기계		1		500,000,000	50,000,000	

합 계 금 액	현 금	수 표	어 음	외상 미수금	이 금액을 영수 함 (청구)
550,000,000	550,000,000				

182mm · 128mm (인쇄용지(특급) 34g/㎡)

2 당초 전자적으로 발급된 경우

| 2022.3.20. 전자로 발행된 전자세금계산서 |

전자세금계산서						승인번호		20220320-42000000-0000033		
공급자	등록번호	123-86-70000	종사업장번호		공급받는자	등록번호	300-87-80000	종사업장번호		
	상호(법인명)	㈜보성기계	성명	최겸백		상호(법인명)	㈜춘천건설	성명		강강촌
	사업장주소	서울특별시 구로구 디지털로77길				사업장주소	춘천시 서면 강촌로333길			
	업태	제조	종목	기계제작		업태(/TDS)	건설	종목		건물건설
	이메일	jangmi777@gmail.com				이메일	tnt9999@gmail.com			
						이메일				

작성일자	공급가액	세액	수정사유			
2022.03.20	50,000,000	5,000,000				
비고						

월	일	품목	규격	수량	단가	공급가액	세액	비고
03	20	건설기계		1		50,000,000	5,000,000	

합계금액	현금	수표	어음	외상미수금	이 금액을 (영수) 함
55,000,000	55,000,000				

■ **수정발급 방법**

처음에 발급한 세금계산서의 내용대로 음(-)의 표시(❶)로 세금계산서를 발급하고, 수정한 내용(❷)대로 세금계산서를 발급

❶ 2022.6.30. 발급되는 수정전자세금계산서(착오발급 세금계산서 취소 의미)

전자세금계산서						승인번호		20220630-42000000-0000055		
공급자	등록번호	123-86-70000	종사업장번호		공급받는자	등록번호	300-87-80000	종사업장번호		
	상호(법인명)	㈜보성기계	성명	최겸백		상호(법인명)	㈜춘천건설	성명		강강촌
	사업장주소	서울특별시 구로구 디지털로77길				사업장주소	춘천시 서면 강촌로333길			
	업태	제조	종목	기계제작		업태(/TDS)	건설	종목		건물건설
	이메일	jangmi777@gmail.com				이메일	tnt9999@gmail.com			
						이메일				

작성일자	공급가액	세액	수정사유			
2022.03.20	-50,000,000	-5,000,000	공급가액 기재 오류			
비고						

월	일	품목	규격	수량	단가	공급가액	세액	비고
03	20	건설기계		1		-50,000,000	-5,000,000	.

합계금액	현금	수표	어음	외상미수금	이 금액을 (영수) 함
-55,000,000	-55,000,000				

❷ 2022.6.30. 발급되는 수정전자세금계산서(착오내용을 수정한 세금계산서 의미)

전자세금계산서					승인번호		20220630-42000000-0000056		
공급자	등록번호	123-86-70000	종사업장번호		공급받는자	등록번호	300-87-80000	종사업장번호	
	상호(법인명)	㈜보성기계	성명	최겸백		상호(법인명)	㈜춘천건설	성명	강강촌
	사업장주소	서울특별시 구로구 디지털로77길				사업장주소	춘천시 서면 강촌로333길		
	업태	제조	종목	기계제작		업태(/TDS)	건설	종목	건물건설
	이메일	jangmi777@gmail.com				이메일	tnt9999@gmail.com		
						이메일			

작성일자	공급가액	세액	수정사유
2022.03.20	500,000,000	50,000,000	공급가액 기재 오류
비고			

월	일	품목	규격	수량	단가	공급가액	세액	비고
03	20	건설기계		1		500,000,000	50,000,000	

합계금액	현금	수표	어음	외상미수금	이 금액을 (영수) 함
550,000,000	550,000,000				

위 사례들은 수정세금계산서(광의) 발급 사유 중 중요하다고 생각되는 세 가지 사유를 세금계산서가 전자적 외 방법(수기)으로 발급된 경우와 전자적으로 발급된 경우를 구분하여 만들었으며 이는 독자들이 세금계산서(광의)와 수정세금계산서(광의) 또는 계산서(광의)와 수정계산서(광의)를 이해하는 데 도움이 될 것으로 믿는다. '사례1'에서 '주민등록번호로 발급되는 세금계산서'를 소개하였다. 이는 주민등록번호로 발급되는 세금계산서와 매출·매입처별세금계산서합계표(매출·매입처별계산서합계표)에서 '매출·매입세금계산서 총합계'란의 '주민등록번호 발급분'이라는 용어의 이해를 돕기 위하여 사례에 반영하였다. 여기에서 '계산서와 수정계산서를 이해하는데 도움이 될 것'이라는 문구를 넣은 사유는 계산서 수수규정은 세금계산서의 수수규정을 준용하므로 수정세금계산서의 발급규정이 수정계산서에도 그대로 적용되기 때문이다.

5. 세금계산서합계표

(1) 세금계산서합계표의 의의

세금계산서합계표란 세금계산서합계표 제출의무가 있는 사업자 등이 과세기간 동안 수수한 세금계산서 또는 수입세금계산서를 거래처별로 세금계산서 수수 매수, 공급가액, 세액을 합산해 매출·매입처별 명세를 기재하여 세법이 정하는 제출기한까지 사업장 또는 납세지 관할세무서에 제출하는 양식[별지 제38호 서식(매출) 또는 별지 제39호 서식(매입)]

을 말한다. 발급한 세금계산서 또는 수입세금계산서에 대하여 제출하는 합계표를 매출처별세금계산서합계표라 하고, 수취한 세금계산서 또는 수입세금계산서에 대하여 제출하는 합계표를 매입처별세금계산서합계표라고 한다.

(2) 세금계산서합계표의 제출의무자

세금계산서 또는 수입세금계산서를 발급하였거나 발급받은 사업자와 국가 등의 단체 및 대통령령이 정하는 자는 매출·매입처별세금계산서합계표를 사업장 또는 납세지를 관할하는 세무서에 제출하여야 한다(부가법 제54조).

1) 사업자

부가가치세 과세사업자는 매출·매입처별 세금계산서합계표를 예정신고·확정신고(폐업확정신고 포함)·월별조기환급신고 시 제출하여야 한다(부가법 제54조 제1항).

2) 부가가치세 납세의무가 없는 국가 등의 단체 및 대통령령이 정하는 자

세금계산서를 발급받은 국가, 지방자치단체, 지방자치단체조합, '그 밖에 대통령으로 정하는 자'[주8]는 매입처별 세금계산서합계표를 해당 과세기간이 끝난 후 25일 이내에 납세지 관할 세무서장에게 제출하여야 한다(부가법 제54조 제5항).

다만, 수입세금계산서를 발급하는 세관장은 부가가치세 예정신고 또는 확정신고를 할 때 매출처별세금계산서합계표를 사업장 관할 세무서장에게 제출하여야 한다(부가법 제54조 제4항).

주8) '그 밖에 대통령으로 정하는 자'란 ㉠ 부가가치세가 면제되는 사업자 중 소득세 또는 법인세의 납세의무가 있는 자(「조세특례제한법」에 따라 소득세 또는 법인세가 면제되는 자를 포함한다), ㉡ 「민법」 제32조에 따라 설립된 법인, ㉢ 특별법에 따라 설립된 법인, ㉣ 각급학교 기성회, 후원회 또는 이와 유사한 단체, ㉤ 「법인세법」 제94조의2에 따른 외국법인연락사무소 등을 말한다(부가령 제99조).

(3) 제출기한

구 분	제출기한
사업자	과세기간 종료일로부터 25일 이내 • 폐업하는 경우에는 폐업한 달이 속한 달의 다음 달 25일 이내
국가, 지방자치단체, 지방자치단체조합, 그 밖에 대통령령으로 정하는 자	과세기간이 끝난 후 25일 이내

(4) 사업자(과세사업자)가 세금계산서합계표 제출하지 아니할 수 있는 경우

「부가가치세법」 제54조 제2항은『전자세금계산서 발급명세를 해당 재화 또는 용역의 공급시기가 속하는 과세기간(예정신고의 경우에는 예정신고기간) 마지막 날의 다음 달 11일까지 국세청장에게 전송한 경우에는 제1항에도 불구하고 해당 예정신고 또는 확정신고(제48조 제3항 본문이 적용되는 경우에는 해당 과세기간의 확정신고) 시 매출·매입처별 세금계산서합계표를 제출하지 아니할 수 있다』라고 규정한다.

위 법문을 읽는 사람은 실제로 "매출·매입처별 세금계산서합계표를 제출하지 아니할 수 있다"는 것으로 이해하기 십상이다. 하지만 세무실무에서는 부가가치세 과세사업자의 경우 부가가치세 신고서 제출 시(특히 전자신고 시) 매출·매입처별세금계산서합계표를 제출하지 아니하면 신고서 제출이 불가하다. 따라서 부가가치세 신고서 제출 시 매출·매입처별세금계산서합계표의 제출은 반드시 필요하다.

그러면 "매출·매입처별 세금계산서합계표를 제출하지 아니할 수 있다"라는 법문은 어떠한 의미일까? 국세청이 발간한 "2022년 전자(세금)계산서 제도의 이해"(6쪽) 책에서 "합계표 작성 시 거래처별 명세 작성의무 면제"라고 기술한 것으로 보아 "합계표의 기재사항 중 매출·매입처별 명세 기재를 생략하는 것"으로 이해하여야 한다.

(5) 세금계산서합계표 기능

세금계산서합계표의 기능은 과세관청(국세청)의 입장에서 볼 때 크게 두 가지라 할 수 있다. 하나는 과세정보 수집이고 다른 하나는 조세탈루 검증이다. 과세정보 수집이란 사업자가 과세기간 동안 세금계산서를 발급하였거나 수취한 내용을 수집하여 부가가치세 등의 과세정보를 수집하는 것이다. 조세탈루 검증이란 세금계산서합계표는 매출자와 매입자 쌍방(매출자는 매출처별세금계산서합계표, 매입자는 매입처별세금계산서합계표)이 제출하기 때문에 제출 후 양측의 금액이 서로 일치하는 게 정상인데 만약 일치하지 않을 경우 불일치의 원인을 제공한 측의 매출·매입과표의 신고누락 여부를 확인할 수 있어 부가가치세 등의 탈루를 검증할 수 있는 것을 말한다.

예를 들어 ㈜하남합판이 2021년 제2기 과세기간 중 ㈜신장건축자재에게 1,200,000,000원(건수 6건, 공급가액)의 합판을 매출하였다고 가정하자. 정상적인 경우라면 ㈜하남합판이 매출처별세금계산서합계표의 거래처 명세란에『세금계산서 6매, 공급가액 1,200,000,000원, 부가가치세 120,000,000원』이라 기재하여 제출하였을 것이고, ㈜신장건축자재도 매입처별세금계산서합계표의 거래처 명세란에『세금계산서 6매, 공급가액 1,200,000,000원, 부가가치세 120,000,000원』이라 기재하여 제출하였을 것이다. 그런데 ㈜하남합판이 매출세금계산서합계표의 거래처 명세란에 ㈜신장건축자재와 거래한 내용을 『세금계산서 3매, 공급가액 600,000,000원, 부가가치세 60,000,000원』이라 기재하여 제출하고, ㈜신장건축자재는 매입처별세금계산서합계표의 거래처 명세란에 『세금계산서 6매, 공급가액 1,200,000,000원, 부가가치세 120,000,000원』이라고 기재하여 제출하였을 경우, 국세청은 ㈜하남합판이 2021년 제2기 부가가치세 신고 시 600,000,000원의 매출을 신고누락한 것으로 추정할 수 있다. 이와는 반대로 ㈜신장건축자재가 2021년 제2기 부가가치세 신고 시 매입처별세금계산서합계표의 거래처 명세란에 ㈜하남합판과 거래분을 『세금계산서 3매, 공급가액 600,000,000원, 부가가치세 60,000,000원』이라고 기재하여 제출하였다면 국세청은 ㈜신장건축자재가 ㈜하남합판으로부터 600,000,000원의 합판을 매입누락하였고 추정할 수 있다.

(6) 세금계산서합계표 작성 방법

「조세범처벌법」을 강의하면서 수사관들로부터 많이 질문받았던 내용 중 하나가 세금계산서합계표 관련 내용이다. 세금계산서합계표의 작성방법과 내용 이해는 세무업무에 종사하는 사람들에게는 어렵지 않은 일이지만 세무업무를 모르는 사람들에게는 난제인 것 같다. 따라서 세무 지식이 없는 사람도 세금계산서합계표를 작성하고 내용을 이해할 수 있도록 관련 내용들을 상세하게 기술하였으니 합계표 관련 범칙행위를 수사하는데 활용하길 바란다.

1) 매출처별세금계산서합계표 작성방법

■ 부가가치세법 시행규칙 [별지 제38호 서식(1)]   (앞쪽)

매출처별세금계산서합계표(갑)
(2022년 2기)

1. 제출자 인적사항

① 사업자등록번호	111 - 09 - 22222	② 상 호(법인명)		한라상사
③ 성 명(대표자)	한대풍	④ 사업장소재지		서울 종로 필운 1
⑤ 거 래 기 간	2022년 7월 1일~2022년 12월 31일	⑥ 작성일자		년 월 일

2. 매출세금계산서 총합계

구분		⑦ 매출처수	⑧ 매수	⑨ 공급가액						⑩ 세액					
				조	십억	백만	천	일		조	십억	백만	천	일	
합계		22	78	8	100	000	000				810	000	000		
과세기간 종료일 다음 달 11일까지 전송된 전자세금계산서 발급분	사업자등록번호 발급분	5	5		500	000	000				50	000	000		
	주민등록번호 발급분^{주9)}	5	5		500	000	000				50	000	000		
	소 계	10	10	1	000	000	000				100	000	000		
위 전자세금계산서 외의 발행분	사업자등록번호 발급분	7	58	7	000	000	000				700	000	000		
	주민등록번호 발급분	5	10		100	000	000				10	000	000		
	소 계	12	68	7	100	000	000				710	000	000		

3. 과세기간 종료일 다음 달 11일까지 전송된 전자세금계산서 외 발급분 매출처별 명세
(합계금액으로 적음)

⑪ 번호	⑫ 사업자 등록번호	⑬ 상호 (법인명)	⑭ 매수	⑮ 공급가액					⑯ 세액					비고
				조	십억	백만	천	일	조	십억	백만	천	일	
1	123 - 22 - 98741	백두상사	6		1	000	000	000			100	000	000	
2	222 - 33 - 99999	남산상사	10		1	000	000	000			100	000	000	
3	333 - 33 - 88888	강남상회	10		2	000	000	000			200	000	000	
4	444 - 44 - 44444	하남상회	6		5	000	000	000			500	000	000	
5	555 - 45 - 88888	덕풍실업	6		5	000	000	000			500	000	000	

⑰관리번호(매출)	−

210㎜×297㎜(보존용지(1종) 70 g/㎡)

매출처별 세금계산서합계표(을)
2022년 제2기(7월 1일~12월 31일)

	사업자등록번호	111-09-22222

⑪ 번호	⑫ 사업자 등록번호	⑬ 상호 (법인명)	⑭ 매수	⑮ 공급가액						⑯ 세액						비고
				조	십억	백만	천	일		조	십억	백만	천	일		
6	444-44-77777	송파상사	10		1	000	000	000				100	000	000		
7	555-55-66666	대한상사	10		1	000	000	000				100	000	000		

작 성 방 법

※ 이 서식은 과세기간 종료일 다음 날 11일까지 전송된 전자세금계산서 외 발급분 6개 이상으로서『매출
처별 세금계산서합계표(갑)』[별지 제38호 서식(1)]을 초과하는 경우에 사용한다.

( )쪽

⑰관리번호(매출)	—

210㎜×297㎜(보존용지(1종) 70g/㎡)

주9) 매출처별 세금계산서합계표의 "주민등록번호로 발급하는 세금계산서"는 매출자가 재화 또는 용역을 공급
받는 자가 사업자등록번호를 가지지 아니한 개인인 경우에 그 개인의 주민등록번호를 비고란에 기재하여
발급하는 세금계산서를 말하고 "주민등록번호 발급분"은 주민등록번호로 발급하는 세금계산서의 공급개
액 등의 합계액을 말한다. 주민등록번호 발급분은 합계표 상에 세금계산서 발급매수, 공급가액, 부가가치
세 등의 합계액만 기재하고 매출처별 명세는 기재하지 않는다.

■ "1. 제출자 인적사항" 설명

매출처별 세금계산서합계표(갑)의 "1. 제출자 인적사항"란에는 제출 사업자의 사업
자등록번호(또는 고유번호), 상호, 성명, 사업장소재지, 거래기간(신고대상 과세기간)
을 적는다.

■ "3. 과세기간 종료일 다음 달 11일까지 전송된 전자세금계산서 외 발급분 매출처별 명세"
설명

"3. 과세기간 종료일 다음 달 11일까지 전송된 전자세금계산서 외 발급분 매출처별 명
세"란에 기재해야 할 세금계산서는 매출자가 수기로 발급한 세금계산서(수기세금계산
서), 매입자발행세금계산서(해당 기에 속하는 매입자발행세금계산서), 전자세금계산
서 발급분 중 과세기간 종료일 다음 달 11일까지 전송이 안된 전자세금계산서이다.
⑪ (번호) : 기재되는 매출처 명세의 순서를 1부터 순차적으로 적는다.

⑫ (사업자등록번호) : 매출처의 사업자등록번호(또는 고유번호)를 적는다.

⑬ (상호 또는 법인명) : 매출처의 상호 또는 법인명을 적는다.

⑭ (매수) : 제출 사업자가 거래기간 동안 매출처에 발급한 세금계산서 매수를 적는다.

⑮ (공급가액) : 제출 사업자가 거래기간 동안 매출처[⑬(상호 또는 법인명)]에 발급한 전체 매출세금계산서의 공급가액 합계액을 적는다.

⑯ (세액) : 제출 사업자가 거래기간 동안 매출처[⑬(상호 또는 법인명)]에 발급한 전체 매출세금계산서의 부가가치세 합계액을 적는다.

➡ 위 매출처별 세금계산서합계표(갑)에서 '⑪번호'의 1, 2의 의미

3. 과세기간 종료일 다음 달 11일까지 전송된 전자세금계산서 외 발급분 매출처별 명세 (합계금액으로 적음)

⑪ 번호	⑫ 사업자 등록번호	⑬ 상호 (법인명)	⑭ 매수	⑮ 공급가액					⑯ 세액					비고
				조	십억	백만	천	일	조	십억	백만	천	일	
1	123－22－98741	백두상사	6		1	000	000	000			100	000	000	
2	222－33－99999	남산상사	10		1	000	000	000			100	000	000	

- 회색 줄의 의미는 "한라상사가 2022.7.1.부터 2022.12.31.까지(2022년 제2기 과세기간) 백두상사에 발급한 매출세금계산서는 6매이고, 6매의 세금계산서 공급가액 합산액은 1,000,000,000원이고, 6매의 세금계산서 부가가치세 합산액은 100,000,000원이다"라는 의미임.

- 파란색 줄의 의미는 "한라상사가 2022.7.1.부터 2022.12.31.까지(2022년 제2기 과세기간) 남산상사에 발급한 매출세금계산서는 10매이고, 10매의 세금계산서 공급가액 합산액은 1,000,000,000원이고, 10매의 세금계산서 부가가치세 합산액은 100,000,000원이다"라는 의미임.

➡ 위 매출처별 세금계산서합계표(을)에서 '⑪번호'의 6, 7의 의미

매출처별 세금계산서합계표(을)
(2022년 2기)

⑪ 번호	⑫ 사업자 등록번호	⑬ 상호 (법인명)	⑭ 매수	⑮ 공급가액					⑯ 세액					비고
				조	십억	백만	천	일	조	십억	백만	천	일	
6	444－44－77777	송파상사	10		1	000	000	000			100	000	000	
7	555－55－66666	대한상사	10		1	000	000	000			100	000	000	

매출처별 세금계산서합계표(을)" 양식은 합계표를 제출하는 사업자의 매출처가 매출처별 세금계산서합계표(갑)의 "3. 과세기간 종료일 다음 달 11일까지 전송된 전자세금계산서 외 발급분 매출처별 명세" 기록란(5줄)을 초과한 경우 이어서 기록하는 양식이다.

- 회색 줄의 의미는 "한라상사가 2022.7.1.부터 2022.12.31.까지(2022년 제2기 과세기간) 송파상사에 발급한 매출세금계산서는 10매이고, 10매의 세금계산서 공급가액 합산액은 1,000,000,000원이고, 10매의 세금계산서 부가가치세 합산액은 100,000,000원이다"라는 의미임.
- 파란색 줄의 의미는 "한라상사가 2022.7.1.부터 2022.12.31.까지(2022년 제2기 과세기간) 대한상사에 발급한 매출세금계산서는 10매이고, 10매의 세금계산서 공급가액 합산액은 1,000,000,000원이고, 10매의 세금계산서 부가가치세 합산액은 100,000,000원이다"라는 의미임.

■ "2. 매출세금계산서 총합계" 설명

"2. 매출세금계산서 총합계"란은 합계표를 제출하는 사업자가 거래기간(1.1.~6.30. 또는 7.1.~12.21.) 동안 발급한 세금계산서[전자세금계산서 및 세금계산서(수기세금계산서)]에 대한 "매출처수, 발급매수, 공급가액, 부가가치세액"의 합계액과 통보받은 매입자발행세금계산서(매입자가 발행하였지만 매출세금계산서임)의 "수보(매출)처수, 수보받은 매수, 공급가액, 부가가치세액"의 합계액을 합산하여 적는 부분이다. "2. 매출세금계산서 총합계"를 산출하는 과정은 "전자세금계산서 발급(과세기간 종료일 다음 달 11일까지 전송된 전자세금계산서 발급분)과 전자세금계산서 외 발급분으로 구별하여 각각 소계를 낸 후 둘을 합하여 총합계를 낸다.

■ 매출세금계산서 총합계 산출 과정

❶ 전자세금계산서 발급분 소계 방법

제출 사업자가 국세청 홈택스에 로그인하여 전자세금계산서 기간별 합계액을 조회하면 전자세금계산서 발급분의 항목별 합계액을 쉽게 파악할 수 있다. 조회된 내용 중 주민등록번호 발급분 항목별 합계액과 사업자등록번호 발급분 항목별 합계액을 구분하여 "주민등록번호 발급분"란과 "사업자등록번호 발급분'란에 각각 적고 두 항목을 합계하여 소계를 내면 된다.

❷ 전자세금계산서 외 발급분 소계 방법

첫째, 제출 사업자가 거래기간 동안 수기로 발급한 주민등록번호 발급분(주민등록번호로 발급한 전자세금계산서 발급분 중 과세기간 종료일 다음 달 11일까지 국세청에 전송하지 못한 전자세금계산서 포함)에 대해 항목별(매출처수, 발급한 세금계산서 매수, 공급가액, 부가가치세액)로 합계하여 "주민등록번호 발급분"란에 적는다. …A

둘째, 제출 사업자가 거래기간 동안 수기로 발급한 사업자등록번호 발급분(전자세금계산서 발급분 중 과세기간 종료일 다음 달 11일까지 국세청에 전송하지 못한 전자세금계산서 포함)에 대해 항목별(매출처수, 발급한 세금계산서 매수, 공급가액, 부가가치세액)로 합계하여 "사업자등록번호 발급분란"에 적는다. …B

셋째, A와 B을 항목별로 합산하여 소계란에 적는다.

❸ 매출처별세금계산서 총합계 방법

　매출처별세금계산서 총합계는 전자세금계산서 발급분 소계(❶)와 전자세금계산서 외 발급분 소계를 항목별로 합계(❷)하여 적는다.

⊡ 위 매출처별 세금계산서합계표(갑)에서 "2. 매출세금계산서 총합계"란의 각 줄의 의미

2. 매출세금계산서 총합계

구분		⑦ 매출처수	⑧ 매수	⑨ 공급가액					⑩ 세액				
				조	십억	백만	천	일	조	십억	백만	천	일
합계		22	78		8	100	000	000			810	000	000
과세기간 종료일 다음 달 11일까지 전송된 전자세금계산서 발급분	사업자등록번호 발급분	5	5			500	000	000			50	000	000
	주민등록번호 발급분[주9]	5	5			500	000	000			50	000	000
	소 계	10	10		1	000	000	000			100	000	000
위 전자세금계산서 외의 발행분	사업자등록번호 발급분	7	58		7	000	000	000			700	000	000
	주민등록번호 발급분	5	10			100	000	000			10	000	000
	소 계	12	68		7	100	000	000			710	000	000

- 회색 줄 합계의 의미는 "한라상사가 2022년 제2기 과세기간(2022.7.1.~2022.12.31.) 중 매출처 총 22곳에, 발급한 매출세금계산서는 총 78매이고, 78매의 공급가액 총 합산액은 8,100,000,000원이고, 78매의 부가가치세 총 합산액은 810,000,000원이다"라는 의미임.

- 파란색 줄의 소계 의미는 "한라상사가 2022년 제2기 과세기간(2022.7.1.~2022.12.31.) 중 전자적으로 발급하여 국세청에 발급명세의 전송을 완료한 전자세금계산서는 매

출처 총 10곳에, 발급한 전자매출세금계산서는 총 10매이고, 10매의 공급가액 총 합산액은 1,000,000,000원이고, 10매의 부가가치세 총 합산액은 100,000,000원이다"라는 의미임. 파란색 줄의 사업자등록 발급분은 전자매출세금계산서 발급분 중 과세기간 종료일 다음 달 11일까지 발급명세가 전송된 전자매출세금계산서에 대한 "매출처, 발급매수, 공급가액, 부가가치세"의 합계액을 의미하고, 파란색 줄의 주민등록번호 발급분은 주민등록번호로 발급된 전자매출세금계산서 발급분 중 과세기간 종료일 다음 달 11일까지 발급명세가 전송된 전자매출세금계산서에 대한 "매출처, 발급매수, 공급가액, 부가가치세"의 합계액 의미를 가지고 있음.

- 짙은파란색 줄의 소계 의미는 "한라상사가 2022년 제2기 과세기간(2022.7.1.~ 2022.12.31.) 중 수기로 발급한 매출세금계산서(전자적으로 발급한 매출세금계산서 중 발급명세를 과세기간 종료일 다음 달 11일까지 전송하지 못한 매출세금계산서)는 매출처 총 12곳에, 발급한 매출세금계산서는 총 68매이고, 68매의 공급가액 총 합산액은 7,100,000,000원이고, 68매의 부가가치세 총 합산액은 710,000,000원이다"라는 의미임. 짙은파란색 줄의 사업자등록 발급분은 사업자등록번호 매출세금계산서 발급분에 대한 "매출처, 발급매수, 공급가액, 부가가치세"의 합계액을 의미하고, 짙은파란색 줄의 주민등록번호 발급분은 "주민등록번호 매출세금계산서 발급분에 대한 "매출처, 발급매수, 공급가액, 부가가치세"의 합계액을 의미함.

2) 매입처별세금계산서합계표 작성방법

■ 부가가치세법 시행규칙 [별지 제38호 서식(1)] (앞쪽)

매 입 처 별 세 금 계 산 서 합 계 표 (갑)
2022년 제 2기(7월 1일 ～ 12월 31일)

※아래의 작성방법을 읽고 작성하시기 바랍니다. (앞쪽)

1. 제출자 인적사항

① 사업자등록번호	111 – 22 – 12345	② 상 호(법인명)		상엽상사
③ 성 명(대표자)	최상엽	④ 사업장소재지		서울 송파 거여 293
⑤ 거 래 기 간	2022년 7월 1일~2022년 12월 31일	⑥ 작성일자	년 월 일	

2. 매입세금계산서 총합계

구분		⑦ 매출처수	⑧ 매수	⑨ 공급가액 조	십억	백만	천	일	⑩ 세액 조	십억	백만	천	일
합계		21	73		5	050	000	000			505	000	000
과세기간 종료일 다음 달 11일까지 전송된 전자세금계산서 발급받은 분	사업자등록번호 수취분	5	5			500	000	000			50	000	000
	주민등록번호 수취분	5	5			500	000	000			50	000	000
	소 계	10	10		1	000	000	000			100	000	000
위 전자 세금계산서 외의 발급받은 분	사업자등록번호 수취분	7	59		3	950	000	000			395	000	000
	주민등록번호 수취분	4	4			100	000	000			10	000	000
	소 계	11	63		4	050	000	000			405	000	000

* "주민등록번호로 발급받은 세금계산서는 사업자등록 전 매입세액 공제를 받을 수 있는 세금계산서"[주10]만 적습니다.

3. 과세기간 종료일 다음 달 11일까지 전송된 전자세금계산서 외 발급받은 매입처별 명세
(합계금액으로 적음)

⑪ 번호	⑫ 사업자 등록번호	⑬ 상호 (법인명)	⑭ 매수	⑮ 공급가액 조	십억	백만	천	일	⑯ 세액 조	십억	백만	천	일	비고
1	123 – 22 – 98741	백두상사	6			600	000	000			60	000	000	
2	222 – 33 – 99999	남산상사	10		1	000	000	000			100	000	000	
3	333 – 33 – 88888	강남상회	10		2	000	000	000			200	000	000	
4	444 – 44 – 77777	송파상사	10			100	000	000			10	000	000	
5	555 – 55 – 66666	대한상사	10			100	000	000			10	000	000	

( )쪽

⑰ 관리번호(매출)	–

210㎜×297㎜(보존용지(1종) 70 g /㎡)

매입처별 세금계산서합계표(을)
2022년 제2기(7월 1일 ~ 12월 31일)

	사업자등록번호	111 - 22 -12345

⑪ 번호	⑫ 사업자 등록번호	⑬ 상호 (법인명)	⑭ 매수	⑮ 공급가액 조 십억 백만 천 일				⑯ 세액 조 십억 백만 천 일				비고
6	666 - 11 - 66666	가을상사	10		100	000	000		10	000	000	
7	789 - 35 - 99887	하남가구	3		50	000	000		5	000	000	

작성방법

※ 이 서식은 과세기간 종료일 다음 날 11일까지 전송된 전자세금계산서 외 발급받은 매입처가 6개 이상
으로서 『매입처별 세금계산서합계표(갑)』[별지 제39호 서식(1)]을 초과하는 경우에 사용합니다.

( )쪽

⑰ 관리번호(매입)	－

210㎜×297㎜(보존용지(1종) 70 g/㎡)

주10) "주민등록번호로 발급받은 세금계산서는 사업자등록 전 매입세액 공제를 받을 수 있는 세금계산서"란
사업자가 세무서에 사업자등록을 하기 전에 주민등록번호로 발급받은 매입세금계산서로서, 공급받은 과
세기간이 끝난 후 20일 이내(1기 과세기간은 7월 1일부터 7월 20일, 2기 과세기간은 1월 1일부터 1월 20
일)에 사업자등록 신청을 한 경우에만 매입세액을 공제받을 수 있다.

■ "1. 제출자 인적사항" 설명

매입처별 세금계산서합계표(갑)의 "1. 제출자 인적사항"란에는 제출 사업자의 사업자등록번호(또는 고유번호), 상호, 성명, 사업장소재지, 거래기간(신고대상 과세기간)을 적는다.

■ "3. 과세기간 종료일 다음 달 11일까지 전송된 전자세금계산서 외 발급받은 매입처별 명세" 설명

"3. 과세기간 종료일 다음 달 11일까지 전송된 전자세금계산서 외 발급받은 매입처별 명세"란에 기재해야 할 세금계산서는 매출자로부터 발급받은 수기로 작성한 매입세금계산서(수기매입세금계산서), 발급받은 전자매입세금계산서 중 과세기간 종료일 다음 달 11일(토요일, 공휴일인 경우 그 다음 날)까지 전송이 안 된 전자매입세금계산서, 사업자등록 전에 주민등록번호로 발급받은 매입세금계산서이다.

⑪ (번호) : 기재되는 매입처 명세의 순서를 1부터 순차적으로 적는다.

⑫ (사업자등록번호) : 매입처의 사업자등록번호(또는 고유번호)를 적는다.

⑬ (상호 또는 법인명) : 매입처의 상호 또는 법인명을 적는다.

⑭ (매수) : 제출 사업자가 거래기간 동안 매입처에서 발급받은 매입세금계산서 매수를 적는다.

⑮ (공급가액) : 제출 사업자가 거래기간 동안 매입처[⑬ (상호 또는 법인명)]에서 발급한 전체 매입세금계산서의 공급가액 합계액을 적는다.

⑯ (세액) : 제출 사업자가 거래기간 동안 매입처[⑬ (상호 또는 법인명)]에서 발급받은 전체 매입세금계산서의 부가가치세 합계액을 적는다.

⊡ 매입처별 세금계산서합계표(갑)에서 '⑪번호'의 1, 2의 의미

3. 과세기간 종료일 다음 달 11일까지 전송된 전자세금계산서 외 발급분 매출처별 명세 (합계금액으로 적음)

⑪ 번호	⑫ 사업자 등록번호	⑬ 상호 (법인명)	⑭ 매수	⑮ 공급가액					⑯ 세액					비고
				조	십억	백만	천	일	조	십억	백만	천	일	
1	123-22-98741	백두상사	6			600	000	000			60	000	000	
2	222-33-99999	남산상사	10		1	000	000	000			100	000	000	

• 회색 줄의 의미는 "상엽상사가 2022년 제2기 과세기간(2022.7.1.~2022.12.31.) 중 백두상사로부터 발급받은 매입세금계산서는 총 6매이고, 6매의 매입세금계산서 공급가액 총 합산액은 600,000,000원이고, 6매의 매입세금계산서 부가가치세 총 합산

액은 60,000,000원이다"라는 의미임

- 파란색 줄의 의미는 "상엽상사가 2022년 제2기 과세기간(2022.7.1.~2022.12.31.) 중 남산상사로부터 발급받은 매입세금계산서는 총 10매이고, 10매의 매입세금계산서 공급가액 총 합산액은 1,000,000,000원이고, 10매의 매입세금계산서 부가가치세 총 합산액은 100,000,000원이다"라는 의미임

➡ 위 매입처별 세금계산서합계표(을)에서 '⑪번호'의 6, 7의 의미

매 입 처 별 세 금 계 산 서 합 계 표 (을)
2022년 제2기(7월 1일 ~ 12월 31일)

사업자등록번호	111 - 22 - 12345

⑪ 번호	⑫ 사업자 등록번호	⑬ 상호 (법인명)	⑭ 매수	⑮ 공급가액 조 십억 백만 천 일			⑯ 세액 조 십억 백만 천 일			비고
6	666 - 11 - 66666	가을상사	10	100	000	000	10	000	000	
7	789 - 35 - 99887	하남가구	3	50	000	000	5	000	000	

"매입처별 세금계산서합계표(을)" 양식은 합계표를 제출하는 사업자의 매입처가 매입처별 세금계산서합계표(갑)의 "3. 과세기간 종료일 다음 달 11일까지 전송된 전자세금계산서 외 발급받은 분 매입처별 명세" 기록란(5줄)을 초과한 경우 이어서 기록하는 양식이다.

- 회색 줄의 의미는 "상엽상사가 2022년 제2기 과세기간(2022.7.1.~2022.12.31.) 중 가을상사로부터 발급받은 매입세금계산서는 총 10매이고, 10매의 세금계산서 공급가액 총 합산액은 100,000,000원이고, 10매의 세금계산서 부가가치세 총 합산액은 10,000,000원이다"라는 의미임.
- 파란색 줄의 의미는 "상엽상사가 2022년 제2기 과세기간(2022.7.1.~2022.12.31.) 중 하남가구로부터 발급받은 매입세금계산서는 총 3매이고, 3매의 세금계산서 공급가액 총 합산액은 50,000,000원이고, 3매의 세금계산의 부가가치세 총 합산액은 5,000,000원이다"라는 의미임.

■ "2. 매입세금계산서 총합계" 설명

"2. 매입세금계산서 총합계"란은 제출 사업자가 과세기간(1.1.~6.30. 또는 7.1.~12.21.) 동안 발급받은 매입세금계산서의 "총 매입처수, 총 발급받은 매수, 총 공급가

액, 총 부가가치세액"을 합산하여 적는 부분이다.

"2. 매입세금계산서 총합계"를 산출하는 과정은 "발급받은 전자매입세금계산서(과세기간 종료일 다음 달 11일까지 전송된 발급받은 전자매입세금계산서)와 전자매입세금계산서 외 발급받은 매입세금계산서 분을 각각 소계를 낸 후 둘을 항목별로 합하여 총합계를 낸다.

■ 매입세금계산서 총합계 산출 과정

❶ 전자세금계산서 발급받은 분 소계 방법

제출 사업자가 국세청 홈택스에 로그인하여 전자세금계산서 기간별 합계액을 조회하면 발급받은 전자매입세금계산서 내용(발급받은 매수, 발급받은 세금계산서 합계액)을 쉽게 파악할 수 있다. 조회된 내용 중 사업자등록번호 수취분의 항목별 합계액과 주민등록번호 수취분의 항목별 합계액을 구분하여 "사업자등록번호 수취분"과 주민등록번호 수취분에 각각 적고 두 항목을 합계하여 소계를 내면 된다.

❷ 전자세금계산서 외의 발급받은 분 소계 방법

첫째, 제출 사업자가 과세기간 동안 수기로 발급받은 주민등록번호 분에 대해 항목별(매입처수, 발급받은 세금계산서 매수, 공급가액, 부가가치세액)로 합계하여 "주민등록번호 수취분"란에 적는다. ⋯A

둘째, "과세기간 종료일 다음 달 11일까지 전송된 전자세금계산서 외 발급받은 분 매입처별 명세"의 항목별(매입처수, 발급받은 세금계산서 매수, 공급가액, 부가가치세액)로 합계하여 "사업자등록번호 수취분란"에 적는다. ⋯B

셋째, A(주민등록번호 수취분에 대해 항목별 합계액)와 B(과세기간 종료일 다음 달 11일까지 전송된 전자매입세금계산서 외 수취분 매입처별 명세의 항목별 합계액)를 합하여 항목별로 합산하여 소계란에 적는다.

❸ 매입처별세금계산서 총합계 방법

매입처별세금계산서 총합계는 전자매입세금계산서 발급받은 분 소계와 전자매입세금계산서 외 발급받은 분 소계를 합계하여 적는다.

⊡ 위 매입처별 세금계산서합계표(갑)에서 "2. 매입세금계산서 총합계"란의 각 줄의 의미

2. 매입세금계산서 총합계

구분		⑦ 매출처수	⑧ 매수	⑨ 공급가액					⑩ 세액				
				조	십억	백만	천	일	조	십억	백만	천	일
합계		21	73		5	050	000	000			505	000	000
과세기간 종료일 다음 달 11일까지 전송된 전자세금계산서 발급받은 분	사업자등록번호 수취분	5	5			500	000	000			50	000	000
	주민등록번호 수취분	5	5			500	000	000			50	000	000
	소 계	10	10		1	000	000	000			100	000	000
위 전자세금계산서 외의 발급받은 분	사업자등록번호 수취분	7	59		3	950	000	000			395	000	000
	주민등록번호 수취분	4	4			100	000	000			10	000	000
	소 계	11	63		4	050	000	000			405	000	000

* "주민등록번호로 발급받은 세금계산서는 사업자등록 전 매입세액 공제를 받을 수 있는 세금계산서"만 적습니다.

- 회색 줄 합계의 의미는 "상엽상사가 2022년 제2기 과세기간(2022.7.1.~ 2022.12. 31.) 중 매입처 총 21곳에서, 발급받은 매입세금계산서는 총 73매이고, 73매의 공급가액 합산액은 5,050,000,000원이고, 73매의 거래징수 당한 부가가치세 총 합산액은 505,000,000원이다"라는 의미임.

- 파란색 줄의 소계 의미는 "상엽상사가 2022년 제2기 과세기간(2022.7.1.~ 2022.12. 31.) 중 매입처 총 10곳에서, 발급받은 전자매입세금계산서는 총 10매이고, 10매의 공급가액 총 합산액은 1,000,000,000원이고, 10매의 거래징수 당한 부가가치세 총 합산액은 100,000,000원이다"라는 의미임. 파란색 줄의 사업자등록번호 수취분은 전자매입세금계산서 수취분 중 과세기간 종료일 다음 달 11일까지 발급명세가 전송된 전자매입세금계산서에 대한 "매입처, 발급받은 매수, 공급가액, 부가가치세"의 합계액을 의미하고, 파란색 줄의 주민등록번호 수취분은 주민등록번호로 수취한 전자매입세금계산서 수취분 중 과세기간 종료일 다음 달 11일까지 발급명세가 전송된 전자매입세금계산서에 대한 "매입처, 발급받은 매수, 공급가액, 부가가치세"의 합계액 의미를 가지고 있음.

- 짙은파란색 줄의 소계 의미는 "상엽상사가 2022년 제2기 과세기간(2022.7.1.~ 2022.12.31.) 중 매입처 총 11곳에서 매입세금계산서(수기매입세금계산서) 총 63매를 발급받았고, 수취한 매입세금계산서는 63매의 공급가액 총 합산액은 4,050,000,000원이고, 63매의 거래징수 당한 부가가치세 총 합산액은 405,000,000원이다"라는 의미임.

짙은파란색 줄의 사업자등록번호 수취분은 과세기간 중 사업자등록번호로 수취한 매입세금계산서(수기매입세금계산서) 수취분과 과세기간 종료일 다음 달 11일까지 발급명세가 전송되지 아니한 전자매입세금계산서 수취분에 대한 "매입처, 발급받은 매수, 공급가액, 부가가치세"의 합계액을 의미하고, 짙은파란색 줄의 주민등록번호 수취분은 과세기간 중 주민등록번호로 수취한 매입세금계산서(수기매입세금계산서) 수취분과 과세기간 종료일 다음 달 11일까지 발급명세가 전송되지 아니한 주민등록번호로 작성된 전자매입세금계산서 수취분에 대한 "매입처, 발급받은 매수, 공급가액, 부가가치세"의 합계액이라는 의미를 가짐.

Ⅱ 계산서

1. 계산서의 정의

법인 또는 사업자등록을 한 사업자(개인사업자)가 부가가치세가 면세되는 재화 또는 용역을 공급하고 그 거래 사실을 증명하기 위하여 공급받는 자에게 발급하는 계산서를 말한다(소득법 제163조 및 법인법 제121조).

「소득세법 시행령」 제212조 제2항 및 「법인세법 시행령」 제164조 제1항에 의하면 계산서의 작성·교부 및 매출·매입처별계산서합계표 제출 등에 관한 내용은 「소득세법」 또는 「법인세법」에 규정하고 있는 내용을 제외하고는 세금계산서(광의) 작성·교부 등에 대해 규율하고 있는 「부가가치세법」 관련 법령들을 준용한다고 규정하고 있다. 그러므로 계산서의 작성·교부 등에 관한 내용 및 매출·매입처별계산서합계표 제출 등에 관한 사안들은 세금계산서(광의) 관련 규정들을 참조하면 된다.

(1) 계산서의 필요적 기재사항과 임의적 기재사항

계산서의 필요적 기재사항은 세금계산서(광의)의 필요적 기재사항[① 공급자의 등록번호와 성명 또는 명칭, ② 공급받는 자의 등록번호(공급받는 자가 사업자가 아닌 경우는 공급받는 자의 고유번호 또는 주민등록번호 기재), ③ 공급가액과 부가가치세액, ④ 작성 연월일] 중 부가가치세액만 빠진 사항들이고 임의적 기재사항은 세금계산서(광의)의 임의적 기재사항과 같다.

(2) 계산서의 작성·발급 및 매출·매입처별계산서합계표 관련 사항 「부가가치세법」 준용

| 준용할 「부가가치세법」 주요 법령 |

준용할 내용	「부가가치세법」	「부가가치세법」 시행령
계산서의 작성·발급 등 • 기재사항 등 • 전자계산서 발급 등 • 위탁판매 등에 대한 계산서 발급 • 수정계산서 발급 등	제32조	제68조, 제69조, 제70조
계산서 발급의무의 면제 등	제33조	제71조
계산서 발급시기	제34조	
수입계산서	제35조	제72조
매출·매입처별계산서합계표 제출 등	제54조	제97조, 제98조, 제99조

2. 계산서 발급의무자 및 계산서를 발행할 수 있는 사업자

(1) 계산서 발급의무자

계산서의 발급의무자는 법인사업자냐 개인사업자에 따라 달라진다. 부가가치세가 면세되는 재화 또는 용역을 공급하는 자가 법인사업자인 경우는 사업자등록 여부와 관계없이 계산서 발급의무가 있고(법인법 제121조 제1항), 개인사업자인 경우에는 미등록 사업자와 사업자등록한 사업자 중 계산서 발급 제한 규정인 「소득세법 시행령」 제211조 제3항에 해당하는 간이과세자(직전 연도의 공급대가의 합계액이 4천800만원 미만인 자, 신규로 개업한 간이과세자로서 최초의 과세기간 중에 있는 자)를 제외한 사업자가 계산서 발급의무를 가진다(소득법 제163조 제1항). 이처럼 계산서는 면세되는 재화 또는 용역을 공급한 사업자가 법인사업자이면 미등록 사업자라도 계산서 발급의무가 있지만 개인사업자는 사업자등록을 하지 아니한 경우에 계산서 발급의무가 없다. 미등록 개인사업자가 계산서 발급의무가 없는 사유는 「소득세법」 제163조 제1항에 계산서 발급의무자를 '사업자등록을 한 사업자'라고 규정되어 있기 때문이다. 때문에 미등록 개인사업자가 면세되는 재화 또는 용역을 공급하고 계산서를 발급하지 아니하면 계산서 범칙행위(조처법 제10조 제1항 제2호 또는 제2항 제2호)로 처벌할 수 없는 등 여러 불합리한 점이 있으므로 세금계산서 미등록 사업자와 같이 미등록 사업자에게도 발급의무를 부여하는 세법개정이 요망된다.

(2) 계산서를 발급할 수 있는 자

계산서를 발급할 수 있는 자는 미등록 사업자, 부가가치세 간이과세자 중 직전연도의 공급대가의 합계액이 4천800만 원 미만인 자, 신규로 개업한 간이과세자로서 최초의 과세기간 중에 있는 사업자 외에는 모든 유형의 사업자가 계산서를 발급할 수 있다(소득법 제163조 제1항, 소득령 제211조 제3항).

3. 계산서의 발급시기

계산서의 발급시기는 세금계산서(광의) 발급시기를 준용하면 된다(소득령 제212조 제2항 및 법인령 제164조 제1항).

4. 계산서의 종류

계산서의 종류를 분류하는 방법은 세금계산서(광의)의 분류 방법과 같다.

(1) 발급방법에 따른 구분(계산서와 전자계산서)

1) 계산서(수기계산서 또는 종이계산서)

발급방법에 따른 구분으로서 계산서란 사업자가 면세되는 재화 또는 용역을 공급하고 공급받는 자에게 전자적 외의 방법으로 발급하는 계산서를 말한다.

| 계산서(수기계산서) 양식 |

[별지 제11호 서식]

세금계산서 (공급자 보관용)				책번호		권		호	
				일련번호					

공급자	등록번호				공급받는자	등록번호			
	상호 (법인명)		(인)			상호 (법인명)		성명 (대표자)	(인)
	사업장 주 소					사업장 주 소			
	업태		종목			업태		종목	

작성			공급가액										세액									비고
년	월	일	공란수	백	십	억	천	백	십	만	천	백	십	일	십	억	천	백	십	만	천	백	십	일	

월	일	품 목	규격	수량	단가	공급가액	세액	비고

합계금액	현금	수표	어음	외상미수금	이 금액을	영수 함 청구
₩ －						

182㎜×128㎜ (인쇄용지(특급) 34g/㎡)

[별지 제11호 서식]

세금계산서 (공급받는자 보관용)				책번호		권		호	
				일련번호					

공급자	등록번호				공급받는자	등록번호			
	상호 (법인명)					상호 (법인명)		성명 (대표자)	
	사업장 주 소					사업장 주 소			
	업태		종목			업태		종목	

작성			공급가액										세액									비고
년	월	일	공란수	백	십	억	천	백	십	만	천	백	십	일	십	억	천	백	십	만	천	백	십	일	

월	일	품 목	규격	수량	단가	공급가액	세액	비고

합계금액	현금	수표	어음	외상미수금	이 금액을	영수 함 청구
₩ －						

182㎜×128㎜ (인쇄용지(특급) 34g/㎡)

계산서(수기계산서)는 위 내용과 같이 두 매가 한 조를 이루고, 수기로 계산서를 발급할 경우 재화 또는 용역의 공급자가 한 장(빨간색)은 갖고 다른 한 장(파란색)은 공급받는 자에게 교부하여 준다.

2) 전자계산서

| 전자계산서를 출력할 경우 이미지(양식) |

전자계산서						승인번호		20211211 - 10000000 - 0000007	
공급자	등록번호		종사업장번호		공급받는자	등록번호		종사업장번호	
	상호(법인명)		성명			상호(법인명)		성명	
	사업장주소					사업장주소			
	업태		종목			업태		종목	
	이메일					이메일			
						이메일			
작성일자		공급가액		수정사유		비고			
비고									
월	일	품목		규격	수량	단가	공급가액	세액	비고
합계금액		현금		수표		어음	외상미수금	이 금액을 (영수) 함	

① 전자계산서의 발급의무자 및 의무발급 기간

㉮ 전자계산서의 발급의무자

2013.4.1. 전자계산서 제도가 도입된 후 법인사업자는 2015년 7월부터 전자계산서 발급하여야 하는 발급의무자가 되었고, 개인사업자는 2016년 1월부터 직전 과세기간 총수입금액(사업장 기준이고 공급가액은 과세공급가액과 면세공급가액 합계액임)이 일정금액(의무발급기준금액) 이상이면 아래 표의 내용과 같이 발급의무자가 된다(소득령 제211조의2 제2항 및 법인령 제164조 제1항).

㉯ 전자계산서의 발급 시기

개인사업자는 「부가가치세법 시행령」 제68조 제2항에 따라 전자세금계산서를 발급해야 하는 날이 될 때에는 발급해야 하는 날부터 또는 직전과세 기간의 사업장별 총수입금액이 전자계산서 의무발급 기준금액(8천만 원 이상)을 충족할 경우에는 다음 연도에 7월 1일부터 전자계산서를 발급하여야 한다. 다만, 사업장별 총수입금액이 「국세기본법」 제45조에 따른 수정신고 또는 동법 제80조에 따른 결정과경정으로 8천만 원 이상이 된 경우에는 수정신고 등을 한 날이 속하는 과세기간의 다음 과세기간의 개시일부터 발급한다(소득령 제211조의2 제3항 제1호 및 제2호 단서).

그리고 전자계산서 의무발급대상자로 선정된 자는 계속하여 전자계산서를 발급하여야 한다(소득령 제211조의2 제3항 제2호).

| 개인사업자의 전자계산서 의무발급 기준금액 및 발급 의무시기 |

기준연도	의무발급 기준금액	전자발급 의무시기
2023년	8천만 원	2024.7.1.부터~계속[11]
2022년	1억 원	2023.7.1.~2024.6.30.
2021년	2억 원	2022.7.1.~2023.6.30.
2018년	3억 원	2019.7.1.~2022.6.30.

주11) 2023.2.28. 시행령 개정으로 전자계산서 의무발급 기간이 폐지되어 2023.7.1.부터는 한 번 전자세금계산서 발급의무자가 되면 계속하여 전자세금계산서를 발급하여야 한다.

② 전자계산서 발급절차 등

전자계산서 발급절차 등은 전자세금계산서 발급절차 등 참조

(2) 발급주체에 따른 구분

1) 계산서

재화 또는 용역을 공급한 사업자가 발급주체가 되어 발급하는 계산서를 말한다(소득법 제163조 제1항).

2) 수입계산서

수입계산서란 수입되는 재화에 대하여 세관장이 발급주체가 되어 수입하는 자에게 발급하는 계산서를 말한다(소득법 제163조 제3항, 소득령 제212조의2 제1항). 수입계산서도 수입세금계산서와 같이 전자적인 방법으로만 발급된다.

전자수입계산서					승인번호			20220215 - 10000000 - 0000009	
세관장	등록번호	129 - 83 - 00000	종사업장번호		공급받는자	등록번호	123 - 45 - 67890	종사업장번호	
	상호(법인명)	성남세관	성명	성남세관장		상호(법인명)	㈜나주종묘	성명	황인자
	세관주소	경기도 성남시 분당구 야탑로205				사업장주소	전남 나주시 세지면		
수입신고번호 또는 일괄발급기간 (총건)		1058621071077M				업태		종목	
작성일자	공급가액		수정사유		비고				
2022 - 2 - 15	192,000,000		해당없음						

월	일	품목	규격	수량	단가	공급가액	비고
합계금액						192,000,000	

3) 매입자발행계산서

매입자발행계산서란 사업자(납세의무자로 등록한 사업자)가 5만 원(공급가액) 이상의 재화 또는 용역을 사업자(납세의무자로 등록한 사업자)로부터 공급받고, 공급한 사업자가 계산서를 발급하지 아니한 경우 그 재화 또는 용역을 공급받은 사업자가 발급주체가 되어 공급한 사업자에게 발급하는 계산서를 말한다(소득법 제163조의3, 법인법 제121조의2). 매입자발행계산서를 발급하려는 사업자는 공급받은 시기가 속하는 과세기간 종료일로부터 1년 이내에, 거래사실을 입증할 수 있는 자료를 준비해 관할세무서(공급받은 사업자)에 거래사실확인신청서를 접수하고, 거래사실을 확인받으면, 공급자 관할 세무서장이 확인한 거래일자를 계산서 작성일로 하여 공급한 사업자에게 계산서를 발행한다(소득령 제212조의4, 부가법 제34조의2 제1항, 부가령 제71조의2).

| 매입자발행계산서 양식 |

매입자발행세금계산서(공급자 보관용)

| 책번호 | | 권 | | 호 |
| 일련번호 | | – | | |

공급자	등록번호		–		–			공급받는자	등록번호		–		–		
	상호(법인명)		성명(대표자)					상호(법인명)		성명(대표자)				
	사업장 주소							사업장 주소						
	업태		종목					업태		종목				

작성			공급가액												세액											비고
연	월	일	빈칸수	조	천	백	십	억	천	백	십	만	천	백	십	일	십	억	천	백	십	만	천	백	십	일

월	일	품목	규격	수량	단가	공급가액	세액	비고

합 계 금 액	현 금	수 표	어 음	외상 미수금	이 금액을	영수 (청구)	함

182㎜×128㎜ (인쇄용지(특급) 34g/㎡)

매입자발행세금계산서(공급받는 자 보관용)

| 책번호 | | 권 | | 호 |
| 일련번호 | | – | | |

공급자	등록번호		–		–			공급받는자	등록번호		–		–		
	상호(법인명)		성명(대표자)					상호(법인명)		성명(대표자)				
	사업장 주소							사업장 주소						
	업태		종목					업태		종목				

작성			공급가액												세액											비고
연	월	일	빈칸수	조	천	백	십	억	천	백	십	만	천	백	십	일	십	억	천	백	십	만	천	백	십	일

월	일	품목	규격	수량	단가	공급가액	세액	비고

합 계 금 액	현 금	수 표	어 음	외상 미수금	이 금액을	영수 (청구)	함

182㎜×128㎜ (인쇄용지(특급) 34g/㎡)

(3) 수정세금계산서

수정세금계산서 내용 참조

5. 계산서합계표

(1) 계산서합계표의 의의

계산서합계표란 사업자 등이 과세기간 동안 수수한 계산서(광의) 또는 수입계산서를 거래처별로 계산서 수수 매수과 공급가액을 합산해 매출·매입처별 명세에 기재하여 사업장현황신고 등을 할 때에 사업장 소재지 관할 세무서에 제출하는 양식[별지 제29호 서식(1) 또는 별지 제29호 서식(2)]을 말한다. 발급한 계산서(광의) 또는 수입계산서에 대하여 제출하는 합계표를 매출처별계산서합계표라 하고, 수취한 계산서(광의) 또는 수입계산서에 대하여 제출하는 합계표를 매입처별계산서합계표라고 한다.

매출처별계산서합계표에서는 과세기간 동안의 매출처(거래처) 수, 매출계산서 발급 매수, 공급가액, 계산서(수기계산서) 발급내용, 전자계산서 발급내용, "주민등록번호로 발급한 계산서[12]" 내용 등을 파악할 수 있고 매입처별계산서합계표에서는 일정기간 동안의 매입처(거래처) 수, 매입계산서 발급 매수, 공급가액, 계산서(수기계산서) 발급받은(수취) 내용, 전자계산서 수취내용, 주민등록번호로 발급받은(수취) 계산서 내용 등을 파악할 수 있다.

주12) "주민등록번호로 발급(또는 수취)한 세금계산서" 참조(215쪽)

(2) 계산서합계표의 제출의무자

계산서(광의) 또는 수입계산서를 발급하였거나 발급받은 사업자와 국가 등의 단체 및 대통령령이 정하는 자는 매출·매입처별계산서합계표를 사업장을 관할하는 세무서장에게 제출하여야 한다(소득법 제163조 제5항, 법인법 제121조 제5항, 소득령 제212조 제1항, 법인령 제164조 제1항, 부가법 제54조).

1) 사업자

사업자(납세의무자로 등록한 사업자를 말함)는 사업장현황신고 등을 할 때 합계표를 제출하여야 한다(소득령 제212조 제1항, 법인령 제164조 제1항).

2) 국가 등의 단체 및 대통령령이 정하는 자

계산서를 발급받은 국가, 지방자치단체, 지방자치단체조합, 그 밖에 대통령령으로 정하는 자는 매입처별 계산서합계표를 해당 계산서를 발급받은 연도의 다음 해 2월 10일까지 사업장 관할 세무서장에게 제출하여야 한다(소득령 제212조 제1항).

다만, 수입계산서를 발급하는 세관장은 수입계산서를 발급한 연도의 2월 10일까지 사업장 관할 세무서장에게 제출하여야 한다.

(3) 제출기한

구 분	제출기한
사업자	계산서를 수수한 연도의 다음 해 2월 10일까지 (사업장현황신고 등을 할 때)
국가, 지방자치단체, 지방자치단체조합, 그 밖에 대통령령으로 정하는 자	계산서를 수수한 연도의 다음 해 2월 10일까지

(4) 사업자가 계산서합계표 제출을 아니할 수 있는 경우

사업자(사업자등록을 한 사업자)가 전자계산서를 발급하였거나 발급받고 그 전자계산서 발급명세가 발급일의 다음 날까지 국세청장에게 전송한 경우와 수입계산서를 발급받은 경우에는 매출·매입처별계산서합계표를 제출하지 아니할 수 있다(소득법 제163조 제5항, 법인법 제121조 제5항, 소득령 제211조의2 제4항).

계산서합계표의 경우도 사업자가 전자적인 방법으로 계산서를 수수하고 그 발급명세가 발급일의 다음 날까지 국세청장에게 전송된 경우에는 매출·매입처별계산서합계표의 제출을 하지 아니할 수 있는 것이 아니고 제출하는 합계표의 매출·매입처별 명세의 기재를 생략하는 것으로 이해하여야 한다.

(5) 계산서합계표 기능

세금계산서합계표의 기능 내용을 참고하면 된다.

(6) 계산서합계표 작성 방법

세금계산서합계표 작성 방법 참조

제 14 절

석유(가짜석유제품) 및 면세유 등

I ▷ 석유

1. 석유 관련 용어의 정의

(1) 석유

"석유"란 원유, 천연가스[액화(液化)한 것을 포함한다] 및 석유제품을 말한다(「석유 및 석유대체연료 사업법」 제2조 제1호).

(2) 석유제품

"석유제품"이란 휘발유, 등유, 경유, 중유, 윤활유와 이에 준하는 탄화수소유 및 석유가스(액화한 것을 포함한다)로서 다음 것들을 말한다(「석유 및 석유대체연료 사업법」 제2조 제2호).

㉮ 탄화수소유 : 항공유, 용제(溶劑), 아스팔트, 나프타, 윤활기유, 석유중간제품[석유제품 생산공정에 원료용으로 투입되는 잔사유(殘渣油) 및 유분(溜分)을 말한다] 및 부생연료유(副生燃料油 : 등유나 중유를 대체하여 연료유로 사용되는 부산물인 석유제품을 말한다)

㉯ 석유가스 : 프로판·부탄 및 이를 혼합한 연료용 가스

(3) 부산물인 석유제품

"부산물인 석유제품"이란 석유제품 외의 물품을 제조할 때 그 제조공정에서 부산물로 생기는 석유제품을 말한다(「석유 및 석유대체연료 사업법」 제2조 제3호).

(4) 석유정제업

"석유정제업"이란 석유를 정제하여 석유제품(부산물인 석유제품은 제외한다)을 제조하는 사업을 말한다(「석유 및 석유대체연료 사업법」 제2조 제4호).

(5) 석유판매업자

"석유판매업자"란 「석유 및 석유대체연료 사업법」 제10조에 따라 등록 또는 신고를 하고 석유판매업을 하는 자를 말한다(「석유 및 석유대체연료 사업법」 제2조 제9호).

(6) 가짜석유제품

"가짜석유제품"이란 조연제(助燃劑), 첨가제(다른 법률에서 규정하는 경우를 포함한다), 그 밖에 어떠한 명칭이든 다음의 방법으로 제조된 것으로서 「자동차관리법」 제2조 제1호에 따른 자동차 및 대통령령으로 정하는 차량·기계(휘발유 또는 경유를 연료로 사용하는 것만을 말한다)의 연료로 사용하거나 사용하게 할 목적으로 제조된 것(석유대체연료는 제외한다)을 말한다(「석유 및 석유대체연료 사업법」 제2조 제10호).

㉮ 석유제품에 다른 석유제품(등급이 다른 석유제품을 포함한다)을 혼합하는 방법

㉯ 석유제품에 석유화학제품(석유로부터 물리·화학적 공정을 거쳐 제조되는 제품 중 석유제품을 제외한 유기화학제품으로서 산업통상자원부령으로 정하는 것을 말한다)을 혼합하는 방법

㉰ 석유화학제품에 다른 석유화학제품을 혼합하는 방법

㉱ 석유제품이나 석유화학제품에 탄소와 수소가 들어 있는 물질을 혼합하는 방법

(7) 석유대체연료

"석유대체연료"란 석유제품 연소 설비의 근본적인 구조 변경 없이 석유제품을 대체하여 사용할 수 있는 연료(석탄과 천연가스는 제외한다)로서 대통령령이 정하는 것을 말한다(「석유 및 석유대체연료 사업법」 제2조 제11호).

2. 석유제품에 부과되는 간접세

근거 조항	세목	과세대상	단위	세율 또는 세액
개소법 제1조 제1항 제4호 가목	개소세	휘발유 및 이와 유사한 대체유류	ℓ당	475원
개소법 제1조 제1항 제4호 나목	개소세	경유 및 이와 유사한 대체유류	ℓ당	340원
개소법 제1조 제1항 제4호 다목	개소세	등유 및 이와 유사한 대체유류	ℓ당	90원

근거 조항	세목	과세대상	단위	세율 또는 세액
개소법 제1조 제1항 제4호 라목	개소세	중유 및 이와 유사한 대체유류	ℓ당	17원
개소법 제1조 제1항 제4호 마목	개소세	석유가스	kg당	20원
개소법 제1조 제1항 제4호 바목	개소세	석유가스 중 부탄	kg당	252원
개소법 제1조 제1항 제4호 사목	개소세	천연가스	kg당	60원
개소법 제1조 제1항 제4호 아목	개소세	석유제품 부산물	ℓ당	90원
개소법 제1조 제1항 제4호 자목	개소세	유연탄	kg당	46원
교통・에너지・환경세법 제2조 제1항 제1호	교통・에너지・환경세	휘발유와 이와 유사한 대체유류	ℓ당	475원
교통・에너지・환경세법 제2조 제1항 제2호	교통・에너지・환경세	경유와 이와 유사한 대체유류	ℓ당	340원
교통・에너지・환경세령 제3조 1호 나목	교통・에너지・환경세	가짜 휘발유	ℓ당	475원
교통・에너지・환경세령 제3조 2호 나목	교통・에너지・환경세	가짜 경유	ℓ당	340원
교통・에너지・환경세령 제3조 2호 다목	교통・에너지・환경세	등유, 부생연료유 및 용제	ℓ당	340원
교통・에너지・환경세령 제3조 2호 라목	교통・에너지・환경세	기계 또는 차량의 연료로 사용이 가능한 것 중 가목부터 다목 외의 것	ℓ당	340원
지방세법 제135조	주행세	휘발유, 경유 및 이와 유사한 대체유에 대한 교통・에너지・환경세의 납세의무자		교통・에너지・환경세액의 1,000분의 360
교육세법 제5조 제1항 제1호	교육세	개별소비세법에 따라 납부하여야 할 개별소비세액		100분의 30. 다만 개별소비세법 제1조 제2항 제4호 다목・라목・바목 및 아목의 물품인 경우에는 100분의 15

근거 조항	세목	과세대상	단위	세율 또는 세액
교육세법 제5조 제1항 제3호	교육세	교통·에너지·환경세법에 따라 납부하여야 할 교통·에너지·환경세액		100분의 15
부가가치세법 제30조	부가가치세	석유제품 가액 + 석유제품에 부과되는 세액(부가가치세를 제외)의 합계액		10%

위 표의 내용과 같이 석유제품에는 여러 종류의 간접세가 부과되고 있다. 여기에서 유의할 내용은 부가가치세의 과세표준은 석유제품의 가액에 부가가치세를 제외한 석유제품에 부과되는 세액(개별소비세 또는 교통·에너지·환경세, 교육세, 주행세)을 합친 금액이라는 점이다. 부가가치세가 과세되는 물품에 부과되는 간접세 등은 순수한 재화 또는 용역의 가액과 합산되어 공급가액을 구성한다.

사례 1 휘발유에 부과되는 간접세등

석유정제업자 ㈜대한석유가 휘발유 100ℓ를 제조하여 반출할 경우의 부가가치세 과세표준을 계산하면 다음과 같다. 단, 휘발유 1ℓ의 단가는 300원이라고 가정한다.

ⓐ 휘발유 가액	30,000원 = 100ℓ × 300원
ⓑ 교통·에너지·환경세	47,500원 = 100ℓ × 475원
ⓒ 교육세	7,125원 = 47,500원 × 100분의 15
ⓓ 주행세	17,100원 = 47,500원 × 1,000분의 360
과세표준(ⓐ+ⓑ+ⓒ+ⓓ)	101,727원
부가가치세	10,172원 = 101,727원(과세표준) × 10%

3. 개별소비세와 교통·에너지·환경세의 관계

개별소비세와 교통·에너지·환경세는 석유제품에 부과되는 간접세이나 석유제품 중 교통·에너지·환경세가 부과되는 석유제품에는 개별소비세가 과세되지 않는다. 이유는 '이 법(교통·에너지·환경세법) 시행중에는 특별소비세법(現 개별소비세법)을 적용하지 아니한다'라는 부칙(교통·에너지·환경세법 부칙 제9조)이 있기 때문이다. 부칙의 시행일인 1995년 1월

1일부터 석유제품 중 "휘발유 및 이와 유사한 대체유류"와 "경유 및 이와 유사한 대체유류"에는 개별소비세가 과세되지 않고 교통·에너지·환경세가 부과되고 있다. 참고로 교통·에너지·환경세는 목적세이고 교통·에너지·환경세법의 일몰기간은 2027년 12월 31일까지 이다(교통·에너지·환경세법 부칙 제2조).

Ⅱ 〉 면세유

1. 면세유의 의의

면세유란 일정 요건을 갖춘 농민·임업인·어민이 농업·임업·어업에 사용하는 석유류, 군납되는 석유류, 외교관용 등 자동차 연료로 사용되는 석유류, 외국항행선박 또는 원양어업선박에 사용되는 석유류, 도서 자가발전용 석유류 등 특정 업종 지원 또는 국가 여러 정책의 목적달성 등을 위해 사용되는 석유제품에 대해 개별소비세 등의 간접세 등이 면제되는 석유제품을 말한다.

2. 면세유의 종류

(1) 농업·임업·어업용 및 연안여객선용 석유류에 대한 부가가치세 등의 감면 등

면세유 내용	근거 법조문	면제세목			
		개별소비세 또는 교통·에너지·환경세	교육세	주행세	부가세
농업·임업·어업용 석유류에 대한 부가가치세 등의 감면 등	조특법 제106조의2 제1항 제1호	○	○	○	○
연안여객선박용 석유류에 대한 부가가치세 등의 감면 등	조특법 제106조의2 제1항 제2호	○	○	○	○

1) 농업·임업·어업용 석유류에 대한 부가가치세 등의 감면 등

일정한 요건을 충족한 농민·임업인·어민이 농업·임업·어업에 사용하도록 공급하는 석유류로 개별소비세 등 간접세가 모두 면제되는 석유류를 말한다.

① 면세유 공급대상 농·임·어업과 농민 등(면세유특례규정 제15조)

㉠ 농업과 농민

농업이란 통계청장이 고시하는 한국표준산업분류상의 농업 중 작물재배업·축산업·작물재배 및 축산복합농업 또는 농산물건조장운영업을 말하고, 농민이란 농업에 종사하는 개인(「농어업경영체 육성 및 지원에 관한 법률」 제4조 제1항에 따라 농어업경영정보를 등록한 자만 해당하되, 농산물건조장운영업에 종사하는 자는 그러하지 아니한다), 「농어업경영체 육성 및 지원에 관한 법률」에 따라 설립된 영농조합법인과 농업회사법인, 「농업협동조합법」에 따른 조합 등(같은 법에 따라 설립된 농협경제지주회사 및 그 자회사를 포함한다)을 말한다.

㉡ 임업과 임업인

임업이란 한국표준산업분류상의 임업 중 영림업 또는 벌목업을 말하고, 임업인이란 임업에 종사하는 개인과 「산림조합법」에 의하여 설립된 조합 등을 말한다.

㉢ 어업과 어민

어업이란 한국표준사업분류상의 어업 또는 수산물 자숙(煮熟)·건조장운영업을 말하고, 어민이란 어업에 종사하는 개인, 「농어업경영체 육성 및 지원에 관한 법률」 제16조에 따른 영어조합법인, 「수산업협동조합법」에 의한 수산업협동조합과 어촌계, 어업주업법인을 말한다.

② 농업·임업·어업용 면세석유류의 범위(면세석유류 지원대상 농업·임업·어업용 시설)

농업·임업·어업용 면세석유류의 범위, 즉 면세석유류 지원대상 농업·임업·어업용 시설은 「농·축산·임·어업용 기자재 및 석유류에 대한 부가가치세 영세율 및 면세 적용 등에 관한 특례규정」(이하 "면세유특례규정"이라 한다) 제15조와 「농·축산·임·어업용 기자재 및 석유류에 대한 부가가치세 영세율 및 면세 적용 등에 관한 특례규정 시행규칙」(이하 "면세유특례규칙"이라 한다) 제7조에 상세하게 규정되어 있다.

면세유특례규정 제15조와 면세유특례규칙 제7조를 정리하면 아래 표들의 내용과 같고 아래의 표들이 담고 있는 내용들만 농업·임업·어업인이 농업·임업·어업용 면세석유류를 공급받을 수 있는 시설이다.

수산업협동조합중앙회를 통해 공급하는 석유류 지원대상 시설(면세유특례규정 제15조 제1항 제1호)
㉠ 연근해 및 연안구역 어업용 선박(「어선법」 제3조에 따른 어선의 설비를 포함한다)
㉡ 나잠어업(裸潛漁業) 종사자의 탈의실용 난방시설 및 수송용 선박(「수산업법」에 다른 관리선 및 어업허가를 받은 어선만 해당한다)
㉢ 어민이 직접 운영하는 수산물생산기초시설, 양식업용 시설 및 수산종자생산시설로서 기획재정부령으로 정하는 시설(특례규칙 별표1)
㉣ 「어선법」 제2조 제1호에 따른 선박으로서 어민이 직접 포획·채취한 어획물을 어업장으로부터 양육지까지 운반하는 용도로 사용하는 해당 어민 소유의 선박(같은 법 제3조에 따른 어선의 설비를 포함한다)
㉤ 「낚시 관리 및 육성법」에 의하여 신고한 낚시어선업용 선박(「수산업·어촌 발전 기본법」 제3조 제3호에 따른 어업인이 「어선법」 제13조 제1항에 따라 등록한 선박만 해당한다)
면세유류관리기관(「농업협동조합법」에 따른 조합·중앙회, 「산림조합법」에 따른 조합·중앙회 또는 「수산업협동조합법」에 따른 조합·중앙회 등을 말함)에 석유류 지원대상으로 신고된 시설(면세유특례규정 제15조 제1항 제2호)
㉠ 기획재정부령으로 정하는 농업기계, 임업기계, 어업기계에 사용되는 석유류 지원대상 시설(면세유특례규칙 제7조 제2항 별표2, 별표3, 별표4)
면세유류관리기관(「농업협동조합법」에 따른 조합·중앙회, 「산림조합법」에 따른 조합·중앙회 또는「수산업협동조합법」에 따른 조합·중앙회 등을 말함)에 석유류 지원대상으로 신고된 내수면 어업양식업용 선박 및 내수육상양식용 시설(면세유특례규정 제15조 제2항)
㉠ 내수면 어업·양식업용 선박은 「어선법」 제13조에 따라 동력어선으로 등록된 「내수면어업법」에 따른 내수면어업에 사용되는 선박 또는 「양식산업발전법」 제10조 제1항 제7호에 따른 내수면양식업이나 같은 법 제43조 제1항 제2호에 따른 육상등 내수양식업에 사용되는 선박을 말함.
㉡ 내수면육상양식용 시설은 육상에서 인공적으로 조성된 내수면에서 사용되는 시설로서 「양식산업발전법」 제43조 제1항 제2호에 따른 육상등 내수양식업에 사용되는 시설 또는 「수산종자산업육성법」에 따른 수산종자생산업에 사용되는 시설을 말함.

[별표1]

■ 농 · 축산 · 임 · 어업용 기자재 및 석유류에 대한 부가가치세 영세율 및 면세 적용 등에 관한 특례규정 시행규칙 [별표 1] 〈개정 2022.3.18.〉

면세유류 구입카드 등 교부대상 시설(제7조 제1항 관련)

1. 김, 가시파래 건조시설
2. 멸치 자숙(煮熟) · 건조시설
3. 미역, 다시마 및 톳 자숙 · 건조시설
4. 오징어 건조시설
5. 새우 자숙 · 건조시설
6. 패류 자숙시설
7. 「양식산업발전법」 제43조 제1항 제1호에 따른 육상해수양식업용 시설
8. 「양식산업발전법 시행령」 제9조 제3항 제2호에 따른 축제식양식업용 시설
8의2. 「수산종자산업육성법 시행령」 제15조 제1호에 따른 육상수조식 수산종자생산업용 시설
8의3. 「수산종자산업육성법 시행령」 제15조 제2호에 따른 육상축제식 수산종자산업용 시설
9. 양식업용 양수기와 세척기
10. 해삼 자숙 · 건조시설

[별표3]

■ 농 · 수산 · 임 · 어업용 기자재 및 석유류에 대한 부가가치세 영세율 및 면세 적용 등에 관한 특례규정 시행규칙 [별표 3] 〈개정 2011.3.21〉

면세유류 구입카드 등 교부대상 임업기계(제7조 제2항 관련)

1. 임업용 동력기계톱
2. 임업용 동력천공기
3. 임업용 윈치
4. 임업용 동력집재기
5. 목재파쇄기
6. 톱밥제조기
7. 자동지타기
8. 동력상하차기
9. 동력임내차
10. 타워야더

[별표4]

■ 농·축산·임·어업용 기자재 및 석유류에 대하 부가가치세 영세율 및 면세 적용 등에 관한 특례규정 시행규칙 [별표 4]
〈개정 2016.3.9.〉

면세유류 구입카드 등 교부대상 어업기계(제7조 제2항 관련)

1. 어업용 화물자동차(「자동차관리법 시행규칙」 별표 1에 따른 경형 및 소형 화물자동차
   로 한정하며, 밴형 화물자동차 및 지붕구조 덮개의 탈부착이 가능하도록 제작된 화물자
   동차는 제외한다)
2. 어업용 경운기
3. 어업용 트랙터
4. 어업용 크레인
5. 패류 선별기
6. 어망 세척기

[별표2]

■ 농·축산·임·어업용 기자재 및 석유류에 대한 부가가치세 영세율 및 면세 적용 등에 관한 특례규정 [별표 2] 〈개정
2021.3.16.〉

면세유류 구입카드 등 교부대상 농업기계(제7조 제2항 관련)

1. 경운기
2. 농업용 트랙터
3. 이앙기
4. 주행형 동력분무기(액체형태의 약탱크가 부착된 것에 한한다)
5. 고속분무기(스피드스프레이어)
6. 바인더
7. 콤바인
8. 곡물건조기
9. 주행형 탈곡기
10. 예도형 예취기
11. 동력중경제초기
12. 동력수확기
13. 농산물 건조기
14. 관리기
15. 삭제 〈2008.4.24.〉
16. 정식기

17. 농업용 난방기(비닐하우스용·온실용 또는 농가의 축산용에 사용되는 것으로서 농림축산식품부장관이 정하여 고시하는 것만 해당되며, 이 난방기에는 경유 면세유 공급은 제외한다)
18. 동력절단기
19. 농업용 병충해방제기
20. 농업용 양수기
21. 예취기
22. 탈곡기
23. 삭제 〈2008.4.24.〉
24. 동력배토기
25. 비료살포기
26. 삭제 〈2008.4.24.〉
27. 동력탈피기 및 박피기
28. 농산물 결속기
29. 농산물 운반대 및 운반차
30. 농산물 세척기

🔑 상기 별표들은 면세유특례규정 시행령 제15조에서 "기획재정부령으로 정하는"이라는 법문의 내용들이다.

③ 면세유 사용시설 신고

　　농어민등이 면세유를 공급받으려면 면세유관리기관(「농업협동조합법」에 따른 조합, 「산림조합법」에 따른 조합, 「수산업협동조합법」)에 「면세유특례규정」 제7조 및 제15조에 규정된 면세유 공급 대상 시설의 보유현황과 영농·영림 또는 어업경영 사실을 신고하여야 한다. 신고 후 농기계등의 취득·양도 또는 농어민등의 사망, 이농(離農) 등으로 신고내용에 달라진 사항이 있으면 그 사유 발생일로부터 30일 이내에 달라진 내용을 신고하여야 한다(조특법 제106조의2 제3항).

④ 면세유류 구입카드등과 농어민등의 면세유 구입방법

　㉠ 면세유류 구입카드등

　　농어민등이 면세유를 공급받으려면 면세유류관리기관으로부터 면세유류구입카드등을 발급받아야 한다.

　　'면세유류구입카드등'이란 농어민등이 지정된 석유판매사업자로부터 면세유류를 구입할 수 있도록 면세유관리기관이 농어민등에게 발급하여 주는 면세유류구입카드, 출고지시서 또는 구입권을 의미한다. 면세유류구입카드는 「면세유특례규정」

제14조의 농민 및 내수면어업 선박·양식시설에 종사하는 어민에게 「농업협동조합법」에 따른 조합장(농업협동조합장)이 발급하는 직불카드 또는 신용카드를 말하고, 출고지시서는 「면세유특례규정」 제14조의 어민이 「수산업협동조합법」에 따른 조합장(수산업협동조합장)으로부터 발급받은 유류공급카드를 유류공급조합에 제시하면 유류공급조합이 어민에게 교부하여 주는 서류이고, 구입권은 「면세유특례규정」 제14조에 따른 임업 중 영림업 또는 벌목업에 종사하는 자에게 「산림조합법」에 따른 조합장(산림조합장)이 임업인에게 발급하여 주는 서류이다(조특법 제106조의2 제3항, 국세청 고시 제2020-31호 제2조).

ⓛ 농어민등의 면세유류 구입 방법

농민·어민·임업인이 면세유를 구입하는 방법은 면세유관리기관(「농업협동조합법」에 따른 조합, 「산림조합법」에 따른 조합, 「수산업협동조합법」)으로부터 발급받은 면세유류 구입카드등을 지정된 석유판매사업자에 제시하고 구입한다.

⑤ 면세유류 구입카드등 교부 및 구매 한도액 배정

면세유류관리기관이 면세유류 구입카드등을 교부 전, 먼저 농어민등이 면세유류를 구매할 수 있는 한도액을 배정하고 그 한도액 범위 안에서 면세유류구입카드등을 교부한다. 면세유류관리기관은 농어민등이 신고한 농기계등의 보유현황, 영농·영림 또는 어업경영 규모 등과 농어민등이 제출한 '생산실적 등을 확인할 수 있는 대통령령으로 정하는 서류'(농·어업생산의 개시를 증명할 수 있는 종묘·치어 등의 구입서류 사본, 농수산물 판매사실을 증명할 수 있는 도매·소매 및 중개업자 등에 대한 판매·출하량 등 판매서류 사본, 생산 실적을 증명할 수 있는 사실을 기록한 국세청장이 고시하는 생산실적신고서, 농·어업용 전기요구청구서 사본)를 고려하여 구매 한도액을 배정한다(조특법 제106조의2 제6항, 면세유특례규정 제20조).

⑥ 면세유류구매카드등 사용기간

농업협동조합이 면세유류구입카드로 배정한 면세유 한도량은 배정일이 속하는 연도 내에 사용해야 하고, 수산업협동조합이 출고지시서로 배정한 유류가 휘발유일 경우 교부일(다만 섬 또는 벽지는 교부일로부터 3일 이내)에 그 밖의 석유류는 교부일로부터 3일 이내에 사용해야 하고, 산림조합이 구입권으로 배정한 유류는 교부일로부터 1개월 이내에 사용해야 한다(면세유특례규정 제20조 제6항).

⑦ 사용실적 등 제출

농어민등이 면세유를 농기계등에 사용한 경우에는 반기별로 매 반기의 마지막 달의 말일까지 사용실적신고서(면세유특례규정 제17조 제3항) 또는 생산실적을 확인할 수 있는 서류(면세유특례규정 제17조 제5항)를 면세유관리기관에 제출하여야 한다. 제출하지 아니한 경우에는 면세유관리기관장(조합장)이 농어민등에게 제출기한으로부터 1개월이 되는 날까지 제출을 요구하여야 한다(조특법 제106조의2 제5항).

⑧ 면세유류 판매사업자 지정 등

석유판매사업자(면세유특례규정 제15조의2 제1항에 규정된 사업자들)가 농어민등에게 면세유를 판매하려면 「면세유특례규칙」 제11조 제1항에서 규정하는 시설기준과 요건을 갖추고 면세유류관리기관의 중앙회(농업협동조합중앙회, 산림조합중앙회, 수산업협동조합중앙회)에 면세유류 판매사업자 지정신청서를 제출하여 지정증을 받아야 한다. 지정신청을 받은 면세유류관리기관의 중앙회는 신청일로부터 30일 이내에 지정여부를 결정하여 면세유류판매사업자 지정증을 신청인에게 교부하여야 한다. 석유판매사업자는 면세유류판매사업자 지정을 받지 못하면 면세유류를 판매할 수 없다(조특법 제106조의2 제7항, 면세유특례규정 제20조의2).

⑨ 면세유류 판매사업자의 환급신청 등

주유소 등 석유판매사업자가 부가가치세, 개별소비세, 교통·에너지·환경세, 교육세 및 자동차세가 과세된 석유류를 공급받아 농어민등 또는 한국해운조합에 면세석유로 공급한 경우 해당 석유류를 구입할 때 부담한 부가가치세 등을 신고 또는 신청하여 환급받거나 납부 또는 징수할 세액에서 공제받을 수 있다(조특법 제106조의2 제2항, 면세유특례규정 제15조의2).

㉠ 부가가치세

부담한 부가가치세 매입세액은 부가가치세 신고 시 매출세액에서 매입세액으로 신고하여 환급받거나 납부 또는 징수할 세액에서 공제받고 부가가치세 신고서에 면세유류공급증명서를 첨부하여(면세유특례규정 제22조) 신고하여야 한다.

㉡ 개별소비세, 교통·에너지·환경세, 교육세 및 자동차세

부담한 개별소비세, 교통·에너지·환경세, 교육세 및 자동차세는 '면세유류공급명세서(국세청 고시 제1호 서식)를 첨부한 '석유판매업자의 면세유류 감면세액 환급신청서'(면세유특례규정 제19호 서식)를 면세석유를 공급한 달의 다음 달 10일까지 관할세무서장에게 신고(제출)하여 환급받는다.

환급신청서를 제출받은 관할세무서장은 환급신청 내용을 검토하여 신고내용이 정당하면 제출받은 달의 25일까지 석유판매업자에게 교통·에너지·환경세, 교육세를 환급하여야 한다.

교통·에너지·환경세, 교육세를 환급 결정한 관할세무서장은 교통세 환급을 위해 교통·에너지·환경세, 교육세의 환급내역을 환급일의 다음 달 10일까지 울산광역시장에게 통보하여야 한다.

교통·에너지·환경세, 교육세의 환급내역을 통보받은 울산광역시장은 환급신청한 날의 다음 달 20일까지 자동차세를 석유판매업자에게 환급하여야 한다.

⑩ 면세유류 판매사업자의 구분경리

면세유류를 공급하는 사업자는 자기의 사업장에서 과세로 공급하는 석유류와 면세로 공급하는 석유류를 각각 구분하여 장부에 기록·비치하여야 한다(면세유특례규정 제24조).

2) 농어민 등에 대한 면세유의 공급 및 환급 절차

① 농업용 면세유 공급 및 환급 절차(2024 개별소비세실무 311쪽 하단)

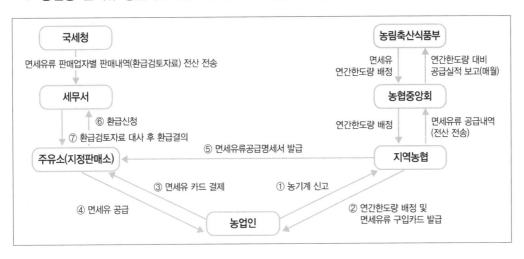

② 어업용 면세유 공급 및 환급 절차(2024 개별소비세실무 312쪽 하단)

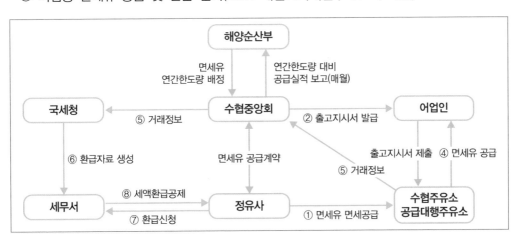

(2) 외국항행선박, 원양어업선박 또는 항공기에 사용하는 석유류

면세유 내용	근거 법조문	면제세목			
		개소세 또는 교통·에너지·환경세	교육세	주행세	부가가치세
외국항행선박, 원양어업선박 또는 항공기에 사용하는 석유류	개별소비세법 제18조 제1항 제9호 및 교통·에너지·환경세법 제15조 제1항 제3호	○	○	○	× (영세율 적용)

"외국항행선박, 원양어업선박 또는 항공기에 사용하는 석유류"란 외국항행선박, 원양어업선박 또는 항공기에 사용하는 석유류로 교통·에너지·환경세 등을 면제받은 석유류를 말한다. 「개별소비세법」 제18조 제1항 제9호의 법문은 외국항행선박, 원양어업선박 또는 항공기에 사용되는 석유류의 개별소비세 등의 면제에 대한 내용을 담고 있고, 「교통·에너지·환경세법」 제15조 제1항 제3호의 법문은 외국항행선박, 원양어업선박 또는 항공기에 사용되는 석유류의 교통·에너지·환경세의 면제에 대한 내용을 담고 있다. 그리고 외국항행선박, 원양어업선박 또는 항공기에 사용되는 석유류는 부가가치세는 면세하지 않으나 영세율이 적용(부가법 제24조 제1항 제3호, 부가령 제33조 제2항 제5호)되므로 결국 부가가치세도 면세받는 효과가 있다.

1) 외항선박(외국항행선박)과 원양어선(원양어업선박)

"외항선박"이란 외국의 선박과 해운업법의 규정에 의하여 사업면허를 얻은 외국항행사업자가 운항하는 선박으로서 실제로 외국을 항행하는 우리나라 선박을 말한다.

"원양어선(원양어업선박)"은 수산업법의 규정에 의하여 원양어선으로 허가를 얻어 주로 해외수역에서 조업을 하는 선박을 말한다(부가 통칙 24-33-6).

2) 외국항행선박 등에 면세유 공급 절차(2012. 6. 13. 기획재정부 보도자료)

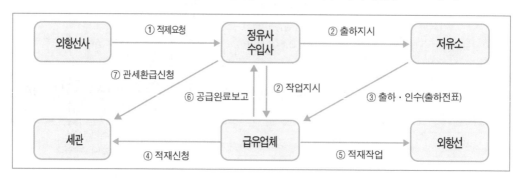

제 **2** 장

조세범처벌법

제 1 절

조세범처벌법 총칙

I 조세벌

1. 조세벌의 의의

조세벌(租稅罰)이란 국가가 조세채권을 확보하기 위해 각 개별세법에 조세의 부과·징수 및 납부 등에 관해 규정하여 놓은 각종 의무 등을 위반한 행위를 범죄로 규정하여 가하는 형사적 제재를 말한다(사법연수원 2016 조세법총론Ⅱ, 178쪽 시작부분).

형사적 제재를 가하는 법규는 내국세의 조세범에 대해서는 「조세범처벌법」, 「조세범처벌절차법」, 「특정범죄 가중처벌 등에 관한 법률」(제8조, 제8조의2)이 있고, 관세의 조세범에 대해서는 「관세법」(제11장 벌칙)이 있고, 지방세에 대해서는 「지방세기본법」(제2절 범칙행위 처벌절차)이 있다.

2. 조세범의 의의

조세범이란 「조세범처벌법」, 「특정범죄 가중처벌 등에 관한 법률」(제8조, 제8조의2), 「관세법」(제11장 벌칙), 「지방세기본법」(제2절 범칙행위 처벌절차) 등에 범칙행위로 규정된 범칙조항을 위반하는 자를 말한다. 이 개념은 광의의 조세범 개념이다. 협의의 조세범은 「조세범처벌법」을 위반한 내국세에 관한 조세범, 「지방세기본법」(제2절 범칙행위)를 위반한 지방세에 관한 조세범, 「관세법」(제11장 벌칙)을 위반한 관세에 관한 조세범 등을 말한다.

3. 조세범의 성질

조세범은 행정목적(조세의 부과·징수 및 납부, 조세행정 질서 확보)의 실현을 담보하기 위하여 개별세법에 규정해 놓은 각종 행정법규의 위반행위이므로 형식적으로는 행정범에 속한다. 그러나 조세범죄가 국가를 유지하고 운영하는 데 기본이 되는 조세의 부과·징수권을 해쳐 사회 구성원 모두에게 해악을 끼치는 범죄라는 점에서 형사범과 같이 비윤리적이고 반사회적이라는 인식이 형성돼 처벌이 강화되면서 형사범화되었다 할 수 있다. 따라서 조세범은 행정범과 형사범의 성격을 함께 가지고 있다.

II ⟩ 조세범처벌법의 의의

내국세의 부과·징수 및 납부를 위하여 각 개별세법에서 규정하여 놓은 각종 의무 등의 위반행위에 대하여 조세범의 성립과 처벌에 관한 내용을 규정하는 법이다. 즉, 어떠한 행위가 조세범칙행위에 해당하는지 그 구성요건을 규정하고 이를 충족할 경우 법률효과로 어떤 형벌이 부과되는지를 규정하는 법이다.

III ⟩ 조세범처벌법의 목적

> **조세범처벌법 제1조(목적)** 이 법은 세법을 위반한 자에 대한 형벌에 관한 사항을 규정하여 세법의 실효성을 높이고 국민의 건전한 납세의식을 확립함을 목적으로 한다. 〈개정 2018.12.31.〉

「조세범처벌법」은 세법을 위반한 자에 대한 형벌에 관한 사항을 규정하여 세법의 실효성을 높이고 국민의 건전한 납세의식 확립을 목적으로 한다. 이는 궁극적으로 국가가 내국세의 부과·징수 및 납부를 위하여 각 개별세법에 규정해 놓은 각종 의무 등을 위반한 자에 대한 형벌에 관한 사항을 규정하여 납세자에게 각종 의무의 이행을 강제하는 것이라 할 수 있다.

IV ⟩ 「조세범처벌법」의 보호법익

「조세범처벌법」의 보호법익은 세법 위반자에 대한 형벌 내용을 규정하여 세법의 실효성을 높이고, 과세권의 적정행사 등으로 조세행정을 원활하게 하며, 공평과세를 실현하여 국가 또는 지방자치단체의 조세에 대한 부과권과 징수권을 확보하는 것이라 할 수 있다.

V ⟩ 조세범처벌법의 적용대상 조세

> **조세범처벌법 제2조(정의)** 이 법에서 "조세"란 관세를 제외한 국세를 말한다.

「조세범처벌법」은 관세를 제외한 국세에 적용된다. 여기에서 관세를 제외한 국세란 내국세를 말한다. 지방세의 관한 범칙행위에 대해 「조세범처벌법」 등의 준용 조항인 「지방세기본법」 제134조가 삭제(2011.12.31.)된 후 2012년 4월 1일부터 「조세범처벌법」이 규율하는 조세는 국세 중 내국세만이다.

VI ▷ 조세범의 종류

조세범은 크게 탈세범과 조세위해범(조세질서범)으로 분류한다(사업연수원, 2016 조세법총론II, 179쪽 중간).

탈세범은 조세의 부과 · 징수권 등을 직접 침해하여 조세수입의 감소를 초래하는 조세범으로 포탈범(조처법 제3조, 제4조, 제5조), 간접탈세범(조처법 제6조), 불징수 · 불납부범(조처법 제13조), 체납처분면탈범(조처법 제7조) 등으로 세분할 수 있다. 여기에서 간접탈세범이란 주류를 무허가로 제조 · 판매하는 행위와 같이 직접적으로 조세의 부과 · 징수권 등을 직접 침해하지 않지만 궁극적으로 조세면탈로 이어질 수 있는 조세범칙행위자를 말한다.

조세위해범(조세질서범)은 직접적으로 조세수입의 감소를 초래하지는 않지만 조세행정의 질서를 확보하기 위해 세법에 규정한 각종 명령 · 금지규정을 위반하여 부과 · 징수권등의 적정한 행사를 침해할 위험이 있는 조세범으로 면세유류구입카드 등의 부정발급범(조처법 제4조의2), 성실신고 방해범(조처법 제9조), 세금계산서의 발급의무 등 위반범(조처법 제10조), 명의대여 · 차용범(조처법 제11조), 납세증명표지의 불법사용 등 관련범(조처법 제12조), 거짓으로 기재한 원천징수영수증의 발급 등 관련범(조처법 제14조), 해외금융계좌정보의 비밀유지의무 등의 위반범(조처법 제15조), 해외금융계좌 신고의무 불이행범(조처법 제16조)으로 세분할 수 있다.

VII ▷ 조세범처벌절차법

1. 조세범처벌절차법의 의의

> **조세범처벌법 제1조(목적)** 이 법은 조세범칙사건(犯則事件)을 공정하고 효율적으로 처리하기 위하여 조세범칙사건의 조사 및 그 처분에 관한 사항을 정함을 목적으로 한다.

「조세범처벌법」에서 규정하고 있는 조세범칙행위를 공정하고 효율적으로 처리하기 위하여 용어의 정의, 조세범칙사건의 관할, 조세범칙조사심의위원회, 조세범칙조사 대상자의 선정, 조세범칙처분의 종류 등을 규정하고 있는 법이다.

2. 용어의 정의

「조세범처벌절차법」에서 사용하는 용어의 뜻은 다음과 같다(절차법 제2조).

(1) 조세범칙행위

조세범칙행위란 「조세범처벌법」 제3조부터 제16조까지의 죄에 해당하는 위반행위를 말한다. 조세범칙행위는 조세포탈 범칙행위(조처법 제3조 제1항, 동법 제4조, 동법 제5조에 규정된 범칙행위), 세금계산서 범칙행위(조처법 제10조에 규정된 범칙행위), 기타 범칙행위(조세포탈 범칙행위와 세금계산서 범칙행위를 제외한 범칙행위)로 분류할 수 있다.

(2) 조세범칙사건

조세범칙사건이란 조세범칙행위의 혐의가 있는 사건을 말한다. 조세범칙사건은 크게 세가지로 분류할 수 있는데 1) 조세포탈 범칙사건(조처법 제3조 제1항, 동법 제4조, 동법 제5조에 규정된 범칙행위와 관련된 범칙사건), 2) 세금계산서 범칙사건(조처법 제10조에 규정된 범칙행위와 관련된 범칙사건), 3) 기타 범칙사건(조세포탈 범칙행위와 세금계산서 범칙행위를 제외한 범칙행위와 관련된 범칙사건)이다.

(3) 조세범칙조사

조세범칙조사란 세무공무원이 조세범칙행위 등을 확정하기 위하여 조세범칙사건에 대하여 행하는 조사활동을 말한다. 조세범칙조사는 조세포탈 범칙조사(조처법 제3조 제1항, 동법 제4조, 동법 제5조에 규정된 범칙행위와 관련된 범칙조사), 세금계산서 범칙조사(조처법 제10조에 규정된 범칙행위와 관련된 범칙조사), 기타 범칙조사(조세포탈 범칙행위와 세금계산서 범칙행위를 제외한 범칙행위와 관련된 범칙조사)로 분류할 수 있다. 이들 세 가지를 포괄하는 개념을 광의의 조세범칙조사라 하고, 협의의 조세범칙조사는 조세포탈 범칙조사를 의미한다.

(4) 세무공무원(조세범칙행위 등을 조사하는 세무공무원)

조세범칙사건을 조사하는 세무공무원은 소속 지방국세청장의 제청으로 지방국세청의 소재지 또는 세무서의 소재지를 관할하는 지방검찰청의 검사장이 지명하는 세무공무원을 말한다.

3. 세무조사, 일반세무조사, 조세범칙조사 등 구분

세무조사란 각 세법에 규정하는 질문조사권 또는 질문검사권에 근거하여 조사공무원이 납세자의 국세에 관한 정확한 과세표준과 세액을 결정 또는 경정하기 위하여 조사계획에 의해 세무조사 개시 사전통지 또는 세무조사 통지를 실시한 후 납세자 또는 납세자와 거래가 있다고 인정되는 자 등을 상대로 질문하고, 장부·서류·물건 등을 검사·조사하거나 그 제출을 명하는 행위를 말한다(조사사무처리규정 제3조 제1호).

세무조사는 일반세무조사와 조세범칙조사를 포함하는 개념이다. 일반세무조사란 특정납세자의 과세표준 또는 세액의 결정 또는 경정을 목적으로 조사대상 세목에 대한 과세요건 또는 신고사항의 적정 여부를 검증하는 세무조사를 말한다(조사사무처리규정 제3조 제18호). 조세범칙조사란 조사공무원이 「조세범처벌법」 제3조부터 제16조까지의 죄에 해당하는 위반행위 등을 확정하기 위하여 조세범칙사건에 대하여 행하는 조사활동을 말한다(조사사무처리규정 제3조 제19호).

이외에도 「조사사무처리규정」 제3조에 추적조사, 기획조사, 통합조사, 세목별조사, 전부조사, 부분조사, 동시조사, 긴급조사, 간편조사, 조사관서 사무실 조사, 자금출처조사, 이전가격조사, 위임조사, 자료상조사 등 다양한 명칭의 조사를 규정하고 있다.

4. 조세범칙사건의 관할

조세범칙사건은 해당 조세범칙사건의 납세지를 관할하는 세무서장의 관할로 하고, 중요한 사건의 경우에는 지방국세청장의 관할로 할 수 있다(절차법 제3조 제1항).

5. 조세범칙조사심의위원회

조세범칙사건에 관한 다음 표의 내용들을 심의하기 위하여 지방국세청에 둔 20명 이내의 위원회를 말한다(절차법 제5조 제1항).

심의할 내용
1[주1]. 「조세범처벌법」 제3조에 해당하는 조세범칙사건에 대한 조세범칙조사의 실시
1의2[주2]. 「조세범처벌절차법」 제13조에 따른 조세범칙처분 없이 조세범칙조사를 종결하려는 경우 그 종결에 관한 사항
2[주3]. 「조세범처벌절차법」 제14조 제1항에 따른 조세범칙처분의 결정
3[주4]. 조세범칙조사의 기간 연장 및 조사범위 확대

심의할 내용
4[주5]. 「조세범처벌법」 제18조에 따른 양벌규정의 적용
5[주6]. 그 밖에 조세범칙조사와 관련하여 위원장이 필요하다고 인정하는 사항

주1) 「조세범처벌법」 제3조에 해당하는 조세포탈혐의가 있는 자에 대하여 조세범칙조사를 실시할 여부를 심사
주2) 조세범칙 혐의자의 사망, 범칙행위의 공소시효 완성 등의 사유로 조세범칙처분 없이 조세범칙조사를 종결
하려는 경우 그 종결에 관한 사항
주3) 조세포탈 범칙행위에 대하여 조세범칙조사심의위원회(이하 '위원회'라고 한다)의 심의를 거쳤거나 또는
국세청장 또는 지방국세청장의 승인을 얻어 진행한 조세범칙사건의 조세범칙처분의 결정
주4) 조세범칙조사 중 조사 기간의 연장 및 조사범위를 확대할 사유가 있어 조사 기간을 연장하거나 조사범위를
확대하여야 하는 경우
주5) 법인 또는 개인 사업자에게 범칙행위자에 대한 관리책임이 있어 양벌규정을 적용하여야 할 경우
주6) 조세범칙조사가 위원회의 심의 대상이 아니지만 세무서장 등이 중요사건(예 : 세금계산서 범칙사건)이라
판단하여 위원회에 심의를 요구하여 위원장이 인정할 경우

6. 조세범칙조사 대상자 선정

지방국세청장 또는 세무서장은 「조세범칙행위의 혐의가 있는 자(이하 "조세범칙행위 혐의자"라 한다)를 처벌하기 위하여 증거수집 등이 필요한 경우」와 「연간 조세포탈 혐의금액 등이 대통령령으로 정하는 금액 이상인 경우」는 조세범칙조사를 실시하여야 한다(절차법 제7조 제1항). 여기에서 연간 조세포탈 혐의금액 등이 대통령령으로 정하는 금액 이상인 경우는 다음 ㉮과 ㉯의 내용과 같다(절차법 시행령 제6조 제1항).

㉮ 연간 조세포탈 혐의금액 등이 대통령령으로 정하는 금액 이상인 경우

연간 신고수입금액	연간 조세포탈 혐의금액	연간 조세포탈 혐의 비율
100억 원 이상	20억 원 이상	15% 이상
50억 원 이상 100억 원 미만	15억 원 이상	20% 이상
20억 원 이상 50억 원 미만	10억 원 이상	25% 이상
20억 원 미만	5억 원 이상	

㉯ 조세포탈 예상세액이 연간 5억 원 이상인 경우

(1) 조세범칙조사 대상자 선정과 조세범칙조사심의위원회의 관계

지방국세청장 또는 세무서장은 「조세범처벌법」 제3조에 해당하는 조세범칙사건에 대하여 조세범칙조사를 실시하려는 경우에는 위원회의 심의를 거쳐야 한다(절차법 제7조 제2항). 위원회 심의결과 승인이 나야 조세범칙조사를 할 수 있다.

다만, 「조세범처벌절차법」 제9조 제1항의 하나(㉮ 조세범칙행위가 진행 중인 경우, ㉯ 조세범칙행위 혐의자가 특가법 제8조 또는 특가법 제8조의2 제1항 제1호의 죄에 속하는 경우, ㉰ 조세범칙행위 혐의자가 도주하거나 증거를 인멸할 우려가 있어 압수수색영장을 발부받을 시간적 여유가 없는 경우)에 해당하는 경우에는 지방국세청장은 국세청장의 승인을, 세무서장은 관할 지방국세청장의 승인을 받아 위원회 심의를 거치지 아니할 수 있다.

조세포탈 범칙사건을 제외한 세금계산서 범칙사건 또는 기타 범칙사건은 위원회 심의가 없어도 조세범칙조사 대상자 선정이 가능하다.

7. 조세범칙 행위 혐의자 등에 대한 심문·압수·수색 및 압수·수색영장

세무공무원은 조세범칙조사를 하기 위하여 필요한 경우 범칙행위 혐의자 또는 참고인을 심문하거나 압수 또는 수색할 수 있다(절차법 제8조). 압수·수색 등의 강제조사를 하는 경우에는 근무지 관할 검사에게 신청하여 검사의 청구를 받은 관할 지방법원판사가 발부한 압수·수색영장이 있어야 한다. 다만, 조세범칙행위 혐의자, 범칙행위와 관련된 물건의 소유자 또는 소지자, 변호사·세무사·공인회계사로서 범칙행위 혐의자의 대리인 등에게 범칙행위가 진행 중인 경우 또는 장기 3년 이상의 형에 해당하는 조세범칙행위 혐의자가 도주하거나 증거를 인멸할 우려가 있어 압수·수색영장을 발부받을 시간적 여유가 없는 경우에는 영장 없이 압수 또는 수색할 수 있으나(절차법 제9조 제1항), 압수수색한 때부터 48시간 이내에 관할 지방법원판사에게 압수·수색영장을 청구하여야 한다(절차법 제9조 제2항).

8. 조세범칙처분의 종류

조세범칙사건에 대한 처분의 종류는 통고처분, 고발, 무혐의이다(절차법 제13조). 조사공무원이 위원회의 심의를 받아 착수한 「조세범처벌법」 제3조의 조세포탈 범칙사건에 대해 조사를 마치고 범칙처분을 하려면 위원회의 심의를 거쳐야 하고, 다만 국세청장 또는 지방국세청장의 승인을 받아 조사에 착수한 경우에는 위원회의 심의를 거치지 아니할 수 있다(절차법 제14조 제1항).

(1) 무혐의

조세범칙조사 결과 조세범칙혐의가 인정되지 않을 때 내리는 처분을 말한다.

(2) 통고처분

후술하는 「조세범처벌법」 특징에서 확인하기 바란다.

(3) 고발

1) 고발의 의의

제3자(고소권자와 범인 이외의 자)가 수사기관에 범죄사실을 신고하여 범인의 소추를 구하는 의사표시를 말한다.

조세범칙사건에 대한 고발의 주체는 국세청장, 지방국세청장, 세무서장이다(조처법 제21조).

2) 고발의 종류 및 요건

고발의 종류는 "즉시고발"과 "통고처분 미이행에 따른 고발"로 나뉜다.

"즉시고발"은 범칙행위자에게 즉시고발 요건[㉠ 정상(情狀)에 따라 징역형에 처할 것으로 판단되는 경우, ㉡ 「조세범처벌절차법」 제15조 제1항에 따른 통고대로 이행할 자금이나 납부 능력이 없다고 인정되는 경우, ㉢ 거소가 분명하지 아니하거나 서류의 수령을 거부하여 통고처분을 할 수 없는 경우, ㉣ 도주하거나 증거를 인멸할 우려가 있는 경우]이 있는 경우에 통고처분을 거치지 아니하고 고발하는 것을 말한다(절차법 제17조 제1항).

"통고처분 미이행에 따른 고발"은 「조세범처벌절차법」 제15조 제1항에 따라 통고처분을 받은 자가 통고서를 송달받은 날부터 15일 이내에 통고대로 이행하지 아니한 경우에 하는 고발을 말하며, 다만 15일이 지났더라도 고발되기 전에 통고대로 이행하였을 때에는 고발하지 않는다(절차법 제17조 제2항).

3) 고발의 요건 등을 충족하지 못한 고발의 효력

조세범칙행위에 대한 고발은 즉시고발과 통고처분 미이행에 따른 고발로 구분하는데 고발 시 세무공무원등이 즉시고발 요건 등을 충족하지 못한 고발을 하였을 경우 해당 고발의 효력이 있는지 의문이 든다.

세무공무원등이 고발 요건을 충족하지 못한 고발을 하였을 경우 고발의 효력에 대한 판례들의 공통적인 법리는 『조세범처벌절차법에 즉시고발을 할 때 고발사유를 고발서에 명기하도록 하는 규정이 없을 뿐만 아니라, 원래 즉시고발권을 세무공무원에게 부여한 것은 세무공무원으로 하여금 때에 따라 적절한 처분을 하도록 할 목적으로 특별사유의 유무에 대한 인정권까지 세무공무원에게 일임한 취지라고 볼 것이므로, 조세범칙사건에 대하여 관계 세무공무원의 즉시고발이 있으면 그로써 소추의 요건이 충족되는 것이고, 법원은 본안에 대하여 심판하면 되는 것이지 즉시고발 사유에 대하여 심사할 수 없다』(대법원 1962.1.11. 선고 4293형상883 판결, 대법원 1974.3.26. 73도2711 판결, 대법원 1996.5.31. 94도952 판결)라는 것이다. 이와 관련된 판례들을 살펴보면, 범칙행위를 법인에게 통고처분한 후 법인이 통고이행을 아니하자 범칙행위 당시 법인대표를 통고처분 통지를 받았다고 볼 수 없는데도 통고이행을 하지 않았다는 사유로 즉시고발한 경우 『위법하다고 할 수 없다』라고 판시하였고(대법원 2012.10.15. 선고 2013도5650 선고), 세무서장이 피고인들에 대하여 통고처분 없이 즉시고발 하면서 즉시고발 사유의 기재 없이 한 고발의 경우 『즉시고발이 정당하다』라고 판시하였다(대법원 2007.11.15. 선고 2007도7482 판결).

따라서 세무공무원등이 「조세범처벌절차법」 제17조에서 규정하는 즉시고발 요건 등을 충족하지 못한 고발을 하였을 경우 고발 시 고발요건과 관련된 내용은 법원이 심사할 수 없고, 고발의 효과에도 영향이 없는 것으로 판단된다(조세형사법해설, 김중근, 65쪽 상단).

4) 고발서의 피고발인 및 범죄사실의 특정

조세범칙 사실에 대하여 고발 시 고발서에 피고발인과 범죄사실이 특정되어 있어야 적법한 고발이 되어 고발의 효력이 있다.

① 피고발인 특정

조세범은 "친고죄의 공범 중 그 1인 또는 수인에 대한 고소 또는 그 취소는 다른 공범자에 대하여도 효력이 있다"라는 고소불가분원칙(형사소송법 제233조)이 적용되지 않으므로(대법원 2004.9.24. 선고 2004도4066 판결) 고발서의 피고발인을 명확히 특정하여야 한다.

이와 관련된 판례를 살펴보면 고발서에 피고발인을 "○○○외 성명미상 수명"이라고 기재한 경우 『조세에 관한 범칙사건에 대한 세무공무원의 고발은 그 대상자가 특정되어 있음을 요건으로 하는 것이므로 세무서장의 고발서에 "○○○외 성명미상 수명"…등의 사실만 기재되어 있다면 이를 피고인에 대한 고발로 볼 수 없다』라고 판시하였고(대법원 1973.9.25. 선고 72도1610 판결), 고발장(고발서)에 피고발인을 "공소외 주식회사라고 명시하고 법인의 등록번호와 대표자인 피고인의 성명·주민등록번호 주소를 기재하고 있을 뿐"인 경우 『고발장의 표시를 자연인인 피고인 개인까지를 피고발자로 표시하는 것이라고 볼 수 없다』라고 판시하였다(대법원 2004.9.24. 선고 2004도4066 판결).

② 범죄사실의 특정

고발서에 범죄사실의 특정에 관하여 판례는 『조세범처벌법에 의한 고발은 고발장에 범칙사실의 기재가 없거나 특정이 되지 아니할 때에는 부적법하나, 반드시 공소장 기재요건과 동일한 범죄의 일시·장소를 표시하여 사건의 동일성을 특정할 수 있을 정도로 표시하여야 하는 것은 아니고, 조세범처벌법이 정하는 어떠한 태양의 범죄인지를 판명할 수 있을 정도의 사실을 일응 확정할 수 있을 정도로 표시하면 족하고, 고발사실의 특정은 고발장에 기재된 범칙사실과 세무공무원의 보충진술 기타 고발장과 같이 제출된 서류 등을 종합하여 판단하여야 한다』고 밝히고 있다(대법원 2009.7.23. 선고 2009도3282 판결, 대법원 2000.4.21. 선고 99도3403 판결). 따라서 고발서의 범죄사실은 어떠한 태양의 범죄인지 판명할 수 있을 정도의 사실을 표시하면 된다고 판단할 수 있다.

5) 고발의 효력

고발의 효력에 대하여 판례는『고발은 범죄사실에 대한 소추를 요구하는 의사표시로서 그 효력은 고발장에 기재된 범죄사실과 동일성이 인정되는 사실 모두에 미치므로, 조세범처벌절차법에 따라 범칙사건에 대한 고발이 있는 경우 고발의 효력은 범칙사건에 관련된 범칙사실의 전부에 미치고 한 개의 범칙사실의 일부에 대한 고발은 전부에 대하여 효력이 생긴다. 그러나 수 개의 범칙사실 중 일부만을 범칙사건으로 하는 고발이 있는 경우 고발장에 기재된 범칙사실과 동일성이 인정되지 않는 다른 범칙사실에 대해서까지 고발의 효력이 미칠 수는 없다』라고 판시하였다(대법원 2014.10.15. 선고 2013도5650 판결). 따라서 고발의 효력은 고발서에 기재된 범죄사실과 동일성이 인정되는 사실 모두에 미치므로, 한 개의 범칙사실의 일부에 대한 고발은 전부에 효력이 생기고, 수 개의 범칙사실 중 일부분만이 고발된 경우에는 고발장에 기재된 범칙사실과 동일성이 인정되지 않는 다른 범칙사실에는 효력이 미칠 수 없다고 봄이 타당하다.

6) 세무공무원등의 고발을 받지 않고 하는 수사의 효력

수사기관에서 조세범칙사건을 접하는 경로는 세 가지로 ㉮ 세무공무원등의 고발이 있는 경우, ㉯ 민원인등으로부터 고발받은 경우, ㉰ 수사기관 자체적으로 인지한 경우이다. 이들 중 ㉮의 경우를 제외한 두 가지는 세무공무원등으로부터 고발 받지 않고 수사를 진행한다. 이 경우 세무공무원등으로부터 고발 받지 않고 진행하는 수사가 효력이 있는지에 대하여 의문이 든다.

이에 대한 판례(대법원 1995.2.24. 선고 94도252 판결)는『친고죄나 세무공무원등의 고발이 있어야 논할 수 있는 죄에 있어서 고소 또는 고발은 이른바 소추조건에 불과하고 당해 범죄의 성립 요건이나 수사의 조건은 아니므로, 위와 같은 범죄에 관하여 고소나 고발이 있기 전에 수사를 하였다고 하더라도, 그 수사가 장차 고소나 고발이 있을 가능성이 없는 상태 하에서 행해졌다는 등의 특단의 사정이 없는 한, 고소나 고발이 있기 전에 수사를 하였다는 이유만으로 그 수사가 위법하다고 볼 수는 없고, 검사 작성의 피고인에 대한 피의자신문조서, 다른 피의자에 대한 각 피의자신문조서 등본 및 제3자에 대한 각 진술조서 등본이 조세범처벌법 위반죄에 대한 세무서장의 고발이 있기 전에 작성된 것이라 하더라도 피고인이나 그 피의자 및 제3자 등에 대한 신문이 피고인의 조세범처벌법위반 범죄에 대한 고발의 가능성이 없는 상태 하에서 이루어졌다고 볼 아무런 자료도 없다면, 그들에 대한 신문이 고발 전에 이루어 졌다는 이유만으로 그 조서나 각 조서 등본의 증거능력을 부정할 수는 없다』라고 판시하였 다. 따라서 세무공무원등으로부터 고발 받지 않고 진행하는 수사는 효력이 있다고 본다.

7) 고발의 취소

세무공무원등이 행한 조세범칙 사건의 고발을 취소할 수 있는지와 취소되면 그 효력에 대하여 생각해 볼 필요가 있다.

이에 대하여 판례는 『친고죄의 고소와 같이 소송조건이라 할 것인바 비록 형사소송법전 상고소와 같이 그 취소 시기에 관하여 제1심 판결선고 전까지 취소할 수 있다(제232조 제255 조 참조)는 명문의 규정은 없으나 해당 고발의 취소시기도 전시 친고죄의 고소취소 시기에 준하여 제1심 판결선고 전까지 할 수 있고 동 판결 선고 후에 있어서는 이를 허용할 수 없 다고 해석함이 타당하다 할 것이다』라고 판시하였다(대법원 1957.3.29. 선고 4290형상58 판결). 그 뿐만 아니라 고발청인 국세청에서도 『고발 후 통고처분을 이행한 경우 세무관서장은 제1심 판결선고 전까지 고발을 취소할 수 있다』는 예규가 있다(조사기획과-173, 조사기획과-172). 따 라서 조세범칙 사건에 대해 세무공무원등이 한 고발은 제1심 판결선고 전까지는 취소할 수 있다.

그리고 고발이 취소되면 고발은 조세범에 대한 특별소송조건이므로 취소가 공소제기 전 이면 공소권 없음 처분을 해야 하고, 공소제기 후이면 법원은 공소기각 판결을 해야 한다 (조세형사법해설 김중근, 68쪽 중단).

8) 세무공무원등으로부터 고발 받는 방법

세무공무원등으로부터 고발 받은 사건 외의 경로로 접하는 조세범칙 사건 처리 시 수사 관계자는 연간 포탈세액등이 5억 원 이상인 조세포탈행위를 제외한 모든 조세범칙행위에 대해서는 고발전치주의가 적용된다는 것을 항상 염두에 두어야 한다. 일반 형사범에 대해 서는 범칙행위, 범칙행위자, 범칙금액 등을 특정하고 나면 수사가 마무리되어 검사가 공소 를 제기할 수 있지만, 조세범칙사건은 '특별 소송조건을 갖추기 위한 절차'(세무공무원등의 고발)가 남아있어 그렇지 않다.

세무공무원등에 고발을 의뢰하는 방법은 수사과정에서 확인한 범칙행위, 범칙행위자, 범 칙금액 등의 자료를 첨부한 고발의뢰 공문을 범칙행위를 조사할 수 있는 관할 지방국세청

조사국에 발송하면 된다.

고발을 요청받은 지방국세청은 고발의뢰 내용을 처리할 부서(세무서 또는 지방국세청 해당과)를 정하여 처리케 하고, 처리부서로 지정받은 부서는 세무조사등의 방법으로 고발 의뢰 내용을 확인하여 「조세범처벌절차법」에 따라 처리한다.

Ⅷ〉 조세범처벌법의 특징

「조세범처벌법」은 「형법」에 대한 특별법으로 미수범은 처벌 불가, 「형법」 적용의 일부 배제, 양벌규정 적용, 고발전치주의 적용, 공소시효의 단일성, 통고처분이라는 여러 특징을 가지고 있다.

1. 미수범은 처벌 불가

포탈범 등의 조세범은 결과범이면서 「조세범처벌법」에 미수범 처벌규정이 없으므로 미수범은 처벌받지 않는다(사법연수원 2016 조세법총론Ⅱ, 180쪽 시작부분).

2. 양벌규정 적용

조세범처벌법 제18조(양벌 규정) 법인(「국세기본법」 제13조에 따른 법인으로 보는 단체를 포함한다. 이하 같다)의 대표자, 법인 또는 개인의 대리인, 사용인, 그 밖의 종업원이 그 법인 또는 개인의 업무에 관하여 이 법에서 규정하는 범칙행위(「국제조세조정에 관한 법률」 제57조를 위반한 행위는 제외한다)를 하면 그 행위자를 벌할 뿐만 아니라 그 법인 또는 개인에게도 해당 조문의 벌금형을 과(科)한다. 다만, 법인 또는 개인이 그 위반 행위를 방지하기 위하여 해당 업무에 관하여 상당한 주의와 감독을 게을리하지 아니한 경우에는 그러하지 아니하다. 〈개정 2018.12.31, 2020.12.22.〉

국제조세조정에 관한 법률 제57조(해외금융계좌정보의 비밀유지)

① 세무공무원은 해외금융계좌정보를 타인에게 제공 또는 누설하거나 목적 외의 용도로 사용해서는 아니 된다. 다만, 「국세기본법」 제81조의13 제1항 각 호의 어느 하나에 해당하는 경우에는 그 사용 목적에 맞는 범위에서 해외금융계좌정보를 제공할 수 있다.
② 제1항에 따라 해외금융계좌정보를 알게 된 자는 이를 타인에게 제공 또는 누설하거나 그 목적 외의 용도로 사용해서는 아니 된다.

(1) 양벌규정의 의의

양벌규정이란 법인 또는 개인(이하 "사용자"라 한다)의 업무에 관하여 법인의 '대표자, 법인 또는 개인의 대리인, 사용인, 그 밖의 종업원'(이하 "사용인 등"이라 한다)이 범죄행위를 하였을 경우 행위자를 처벌할 뿐 아니라 사용자에게도 벌금형을 과하여 처벌하는 규정이다. 양벌규정을 책임벌주의라고도 하는데 이는 양벌규정이 사용자에게 사용인 등의 범죄행위에 대한 관리의 책임을 묻는 역할을 하기 때문이다.

「조세범처벌법」에서 양벌규정은 사용자의 업무에 대하여 사용인 등이 「조세범처벌법」에서 규정하는 범죄행위(「국제조세조정에 관한 법률」 제57조를 위반한 행위는 제외)를 하였을 경우 행위자는 해당 범칙행위를 규정하는 「조세범처벌법」의 조항을 적용하여 처벌하고 사용자는 벌금형을 과하여 처벌한다. 「국제조세조정에 관한 법률」 제57조를 위반한 행위를 양벌규정 적용대상 범죄행위에서 제외한 사유는 제57조의 범죄내용이 '세무공무원의 해외 금융계좌정보 비밀유지에 관한 범죄'인데 세무공무원은 사용인 등이 아니기 때문이다.

양벌규정의 적용을 받는 법인에는 「국세기본법」 제13조에서 말하는 법인으로 보는 단체가 포함되고 그 내용은 다음과 같다.

| 「국세기본법」 제13조에서 말하는 법인으로 보는 단체 |

> ㉠ 주무관청의 허가 또는 인가를 받아 설립되거나 법령에 따라 주무관청에 등록한 사단, 재단, 그 밖의 단체로서 등기되지 아니한 것
> ㉡ 공익을 목적으로 출연된 기본재산이 있는 재단으로서 등기되지 아니한 것
> ㉢ 사단, 재단, 그 밖의 단체의 조직과 운영에 관한 규정을 가지고 대표자나 관리인을 선임하고 있을 것
> ㉣ 사단, 재단, 그 밖의 단체 자신의 계산과 명의로 수익과 재산을 독립적으로 소유·관리할 것
> ㉤ 사단, 재단, 그 밖의 단체의 수익을 구성원에게 분배하지 아니할 것

① 법인이 아닌 사단, 재단, 그 밖의 단체 중 위 표의 ㉠ 또는 ㉡ 중 어느 하나에 해당하는 것으로서 수익을 구성원에게 분배하지 아니하는 단체
② 위 ①의 외의 법인 아닌 단체 중 위 표의 ㉢, ㉤, ㉣ 요건을 모두 갖춘 것으로서 대표자나 관리인이 관할 세무서장에게 신청하여 승인을 받은 단체

(2) 양벌규정 적용 요건(구성요건)

1) 적용할 대상(범죄 주체)

양벌규정의 적용(처벌)을 받는 대상은 사용인 등이 행한 조세범칙행위에 대하여 관리책임을 물을 수 있는 사용자인 법인 또는 개인이다.

2) 사용자의 업무와 관련된 사용인 등의 범죄행위

양벌규정은 사용자에게 사용인 등에 대한 관리책임을 묻는 규정으로 사용인 등이 사용자의 업무와 관련하여 행한 「조세범처벌법」에서 규정하는 범죄행위(「국제조세조정에 관한 법률」 제57조를 위반한 행위는 제외)가 있어야 한다.

3) 적용 가능한 시기(기수시기)

사용자에게 양벌규정을 적용 가능한 시기는 사용자의 업무에 대한 사용인 등의 「조세범처벌법」에서 규정하는 범죄행위(「국제조세조정에 관한 법률」 제57조를 위반한 행위는 제외)가 완료된 때이다.

(3) 사용자의 면책

「조세범처벌법」 제18조 후단에 「다만, 법인 또는 개인이 그 위반행위를 방지하기 위하여 해당 업무에 관하여 상당한 주의와 감독을 게을리하지 아니한 경우에는 그러하지 아니하다」라고 기술된 법문은 사용자의 면책을 이야기한다.

법문의 개념에 대해 판례는 「구체적인 사안에서 법인이 상당한 주의 또는 감독을 게을리하였는지 여부는 당해 위반행위와 관련된 모든 사정, 즉, 당해 법률의 입법 취지, 처벌조항 위반으로 예상되는 법익 침해의 정도, 위반행위에 관하여 양벌규정을 마련한 취지 등은 물론 위반행위의 구체적인 모습과 그로 인하여 실제 야기된 피해 또는 결과의 정도, 법인의 영업 규모 및 행위자에 대한 감독가능성이나 구체적인 지휘·감독 관계, 법인이 위반행위 방지를 위하여 실제 행한 조치 등을 전체적으로 종합하여 판단하여야 한다」라고 판시하였다(대법원 2012.5.9. 선고 2011도11274 판결). 따라서 사용자의 상당한 주의와 감독을 게을리하지 아니한 경우에 대한 판단은 쉽게 판단할 내용이 아니라 사용자가 위반행위 방지를 위하여 실제 행한 조치 등을 전체적으로 종합하여 판단해야 할 사안이다.

3. 「형법」 적용의 일부 배제

조세범처벌법 제20조(「형법」 적용의 일부 배제) 제3조부터 제6조까지, 제10조, 제12조부터 제14조까지의 범칙행위를 한 자에 대해서는 「형법」 제38조 제1항 제2호 중 벌금경합에 관한 제한가중규정을 적용하지 아니한다.

형법 제38조(경합범과 처벌례)
 ① 경합범을 동시에 판결할 때에는 다음 각 호의 구분에 따라 처벌한다.
 1. 가장 무거운 죄에 대하여 정한 형이 사형, 무기징역, 무기금고인 경우에는 가장 무거운 죄에 대하여 정한 형으로 처벌한다.
 2. 각 죄에 대하여 정한 형이 사형, 무기징역, 무기금고 외의 같은 종류의 형인 경우에는 가장 무거운 죄에 대하여 정한 형의 장기 또는 다액(多額)에 그 2분의 1까지 가중하되 각 죄에 대하여 정한 형의 장기 또는 다액을 합산한 형기 또는 액수를 초과할 수 없다. 다만, 과료와 과료, 몰수와 몰수는 병과(倂科)할 수 있다.
 3. 각 죄에 대하여 정한 형이 무기징역, 무기금고 외의 다른 종류의 형인 경우에는 병과한다.
 ② 제1항 각 호의 경우에 징역과 금고는 같은 종류의 형으로 보아 징역형으로 처벌한다.
[전문개정 2020.12.8.]

(1) 「형법」 적용의 일부 배제의 의의

「형법」 적용의 일부 배제란 「조세범처벌법」 제3조부터 제6조, 제10조, 제12조부터 제14조까지의 범칙행위를 한 자에 대해서는 「형법」 제38조 제1항 제2호 중 벌금경합에 관한 제한가중규정을 적용하지 아니한다는 것을 말한다. 단, 「조세범처벌법」 제20조의 규율 범위에 속하지 않는 제7조, 제8조, 제9조, 제11조, 제15조, 제16조의 범칙행위는 배제규정에서 빠져있으므로 제한가중규정이 적용된다고 보아야 한다.

(2) 형법적용의 일부 배제규정이 특가법 제8조에 적용되는지

형법적용의 일부 배제규정이 특가법 제8조에 적용되는지 의문이 든다. 이에 대해 판례는 『특정범죄가중처벌등에관한법률 제8조 제1항이 조세범처벌법 제9조 제1항에 규정된 죄를 범한 자를 가중처벌하도록 하면서 같은 조 제2항에서 벌금형을 병과하도록 규정하고 있는데, 이와 같이 벌금형을 병과하는 경우에도 「조세범처벌법」 제4조(현재 제20조) 소정의 형법규정 적용배제 조항은 모두 적용되는 것이며』라고 판시하였다(대법원 1995.5.31. 선고 94도952 판결). 따라서 형법적용의 일부 배제규정은 특가법 제8조에도 적용된다.

그뿐만 아니라 위에서 인용한 판례의 법리를 적용하면 형법적용의 일부 배제규정은 특가법 제8조의2에도 적용된다고 봄이 타당하다.

(3) 형법적용의 일부 배제규정이 법인 또는 개인 사업자에도 적용되는지

「조세범처벌법」 제20조가 동법 제18조(양벌규정)의 규정에 의하여 처벌받는 법인 또는 개인 사업자에도 적용되는지에 대해 판례는 『제18조는 "법인의 대표자, 법인 또는 개인의 대리인, 사용인, 그 밖의 종업원이 그 법인 또는 개인의 업무에 관하여 이 법에서 규정하는 범칙행위를 하면 그 행위자를 벌할 뿐만 아니라 그 법인 또는 개인에게도 해당 조문의 벌금형을 과한다."라고 규정하고 있는데, 위 각 조항의 문언상 조세범처벌법 제20조가 적용되는 사람은 '범칙행위를 한 자', 즉 '행위자'에 국한될 뿐 '행위자와 함께 벌금형이 부과되는 사람'에까지 확장되는 것은 아니고, 양벌규정에 의해 벌금형이 부과된다고 하여 그를 '행위자'라고 평가할 수 없는 점, 양벌규정에 따라 벌금형이 부과되는 사람에게까지 조세범처벌법 제20조를 적용하는 것은 죄형법정주의의 원칙상 허용되지 않는 확장해석 또는 유추해석의 결과에 해당하여 받아들일 수 없는 점 등을 종합하면, 양벌규정(조세범처벌법 제18조)에 따라 벌금형이 부과되는 법인에 대하여 조세범처벌법 제20조를 적용함으로써 형법 제38조 제1항 제2호 중 벌금경합에 관한 제한가중규정을 적용하지 않는 것은 허용될 수 없으므로』라고 판시하였다(서울고등법원 2021.5.20. 선고 2020노63 판결). 따라서 형법적용의 일부 배제규정은 「조세범처벌법」 제18조의 처벌대상인 법인 또는 개인 사업자에는 적용되지 아니한다고 봄이 타당하다.

4. 고발전치주의 적용

> 조세범처벌법 제21조(고발) 이 법에 따른 범칙행위에 대해서는 국세청장, 지방국세청장 또는 세무서장의 고발이 없으면 검사는 공소를 제기할 수 없다.
>
> 특정범죄 가중처벌법 등에 관한 법률 제16조(소추에 관한 특례) 제6조 및 제8조의 죄에 대한 공소(公訴)는 고소 또는 고발이 없는 경우에도 제기할 수 있다.

(1) 고발전치주의 의의

고발전치주의란 「조세범처벌법」에서 규정하고 있는 조세범칙 행위에 대해 국세청장, 지방국세청장 또는 세무서장의 고발이 없으면 검사는 공소를 제기할 수 없다는 원칙을 말한다(조처법 제21조).

조세범칙 사건은 일반 소송조건(사면·형의 개폐가 없을 것, 공소시효가 미완성, 재판권이 있을 것 등) 외에 특별 소송요건인 "국세청장, 지방청장 또는 세무서장"(이하 '세무공무원 등'이라 한다)의 고발이 있어야 법원의 심판이 가능하다. 조세범칙 행위에 대하여 세무공무원 등의 고발 없이 검사가 공소를 제기하면, 그 공소제기는 특별 소송요건을 갖추지 못해 공소제기의 절차가 법률의 규정을 위반하여 무효인 때에 해당하므로 판사는 공소기각을 선고하게 된다(형사소송법 제327조 제2호).

「조세범처벌법」의 특징들 중 고발전치주의는 조세범을 수사하는 사람이라면 반드시 숙지해야 할 내용이다. 조세범칙행위를 수사하면서 고발전치주의를 무시하고 수사를 진행하였다가는 수사에 투자한 시간과 노력 등을 허사로 만들고 범칙행위자에게 면죄부를 줄 수 있기 때문이다. 이와 관련된 사례를 살펴보면 검사가 포탈범을 연간 포탈세액등이 5억 원 이상이어서 세무공무원등의 고발을 받지 않고 특가법 제8조의 죄로 공소를 제기하여 재판 진행 중에 연간 포탈세액등이 5억 원 미만인 사실이 확인된 경우(대법원 2008.3.27. 선고 2008도680 판결), 특가법 제8조의 죄로 공소를 제기하였으나 연간 포탈세액등에 기수시기가 다른 연도의 포탈세액이 포함돼 연간 포탈세액등이 5억 원 미만이 된 경우(대법원 2011.6.30. 선고 2010도10968 판결) 등으로 이 두 사건은 공소기각을 선고받았다. 이들 사례와 같은 일을 예방하는 차원에서 특가법 제8조의 범칙행위가 확실한 경우에도 가급적이면 세무공무원등의 고발을 받아서 처리하는 게 좋다.

(2) 특가법 제8조 및 제8조의2와 고발전치주의

조세범칙 사건 중 연간 포탈세액등이 5억 원 이상인 범칙행위를 제외한 모든 범칙사건에 대하여 검사가 공소를 제기하려면 세무공무원등의 고발을 받아야 한다. 즉, 연간 포탈세액등이 5억 원 이상인 경우를 제외한 대부분의 조세범칙 사건은 고발전치주의가 적용된다. 여기에서 연간 포탈세액등이 5억 원 이상인 범칙행위는 특가법 제8조가 적용된다. 특가법 제8조에 해당하는 죄는 특가법 제16조에서 『제6조 및 제8조의 죄에 대한 공소(公訴)는 고소 또는 고발이 없는 경우에도 제기할 수 있다』라고 규정하고 있어 고발전치주의의 적용을 받지 않는다.

그러나 특가법 제8조의2에 해당하는 죄는 소추에 관한 특례규정이 없으므로 고발전치주의가 적용된다(대법원 2014.9.24. 선고 2013도5758 판결).

5. 통고처분

조세범처벌절차법 제15조(통고처분)
① 지방국세청장 또는 세무서장은 조세범칙행위의 확증을 얻었을 때에는 대통령령으로 정하는 바에 따라 그 대상이 되는 자에게 그 이유를 구체적으로 밝히고 다음 각 호에 해당하는 금액이나 물품을 납부할 것을 통고하여야 한다. 다만, 몰수 또는 몰취에 해당하는 물품에 대해서는 그 물품을 납부하겠다는 의사표시(이하 "납부신청"이라 한다)를 하도록 통고할 수 있다.
1. 벌금에 해당하는 금액(이하 "벌금상당액"이라 한다)
2. 몰수 또는 몰취에 해당하는 물품
3. 추징금에 해당하는 금액
② 제1항 단서에 따른 통고를 받은 자가 그 통고에 따라 납부신청을 하고 몰수 또는 몰취에 해당하는 물품을 가지고 있는 경우에는 공매나 그 밖에 필요한 처분을 할 때까지 그 물품을 보관하여야 한다.
③ 제1항에 따른 통고처분을 받은 자가 통고대로 이행하였을 때에는 동일한 사건에 대하여 다시 조세범칙조사를 받거나 처벌받지 아니한다.
④ 제1항에 따른 벌금상당액의 부과기준은 대통령령으로 정한다.
⑤ 제1항에 따른 벌금상당액은 「국세징수법」 제12조 제1항 각 호의 방법으로 납부한다. 〈신설 2023.1.17〉

조세범처벌절차법 제16조(공소시효의 정지) 제15조 제1항에 따른 통고처분이 있는 경우에는 통고일로부터 고발일까지 이 기간 동안 공소시효는 정지된다. 〈개정 2023.1.17.〉

(1) 통고처분의 의의

조세범칙처분의 방법 중 하나로 조세범칙조사에서 조세범칙행위의 확증을 얻었을 때에 지방국세청장 또는 세무서장은 그 대상이 되는 자에게 그 이유를 구체적으로 밝히고 벌금에 해당하는 금액(벌금상당액) 등을 납부할 것을 통고하여야 한다(절차법 제15조 제1항). 이를 통고처분이라 한다.

통고처분의 성격에 대하여 판례는 『조세범처벌절차법 제15조 제1항에 따른 지방국세청장 또는 세무서장의 조세범칙사건에 대한 통고처분은 법원에 의하여 자유형 또는 재산형에 처하는 형사절차에 갈음하여 과세관청이 조세범칙자에 대하여 금전적 제재를 통고하고 이를 이행한 조세범칙자에 대하여는 고발하지 아니하고 조세범칙사건을 신속·간이하게 처리하는 절차로서, 형사절차의 사전절차로서의 성격을 가진다』라고 밝히고 있다(대법원 2016.9.28. 선고 2014도10748 판결).

(2) 통고처분의 대상과 예외(즉시고발)

통고처분의 대상은 조세범칙조사 결과 조세범칙행위의 확증을 얻은 「조세범처벌법」 제3조부터 제16조까지의 죄에 해당하는 범칙행위이다. 다만, 확증을 얻은 해당 범칙행위가 ㉮ 정상(情狀)에 따라 징역형에 처할 것으로 판단되는 경우, ㉯ 「조세범처벌절차법」 제15조 제1항에 따른 통고대로 이행할 자금이나 납부 능력이 없다고 인정되는 경우, ㉰ 거소가 분명하지 아니하거나 서류의 수령을 거부하여 통고처분을 할 수 없는 경우, ㉱ 도주하거나 증거를 인멸할 우려가 있는 경우에는 통고처분을 거치지 아니하고 즉시고발하여야 한다(절차법 제17조 제1항).

여기에서 ㉮ 정상(情狀)에 따라 징역형에 처할 것으로 판단되는 경우에 해당하는 조세범칙행위는 법정형이 유기징역 3년 이상인 특가법 제8조가 적용되는 연간 포탈세액이 5억 원 이상인 조세포탈행위와 법정형이 유기징역 1년 이상인 특가법 제8조의2가 적용되는 영리목적으로 행한 공급가액합계액등이 30억 원 이상인 세금계산서등의 범칙행위라 할 수 있다. 특가법 제8조의 범칙행위에 대해서는 판례(대법원 1982.11.23. 선고 81도1737 판결)는 『조세포탈의 가중처벌을 규정한 특정범죄가중처벌등에관한법률 제8조에는 법정형으로 무기 또는 3년 이상의 유기징역형만이 있고 그 제16조는 이와 같은 특정범죄가중처벌등에관한법률 위반에 해당하는 조세범칙사건에 대하여는 고발을 요하지 아니한다고 규정하고 있어 동법 제8조 위반의 조세포탈죄에 대하여는 국세청장, 지방국세청장 또는 세무서장은 통고처분을 할 권한이 없으므로 동 조세포탈의 죄에 대하여 세무서장이 통고처분을 하였다면 이는 중대하고 명백한 하자있는 무효의 처분이므로 피고인이 그러한 통고처분을 받고서 이를 이행하였다 하더라도 아무런 효력이 없다』라고 판시하였다. 따라서 특가법 제8조의 범칙행위에 대한 통고처분은 무효의 처분이므로 통고처분을 범칙행위자가 통고대로 이행하여도 공소시효의 정지, 일사부재리 등 통고처분의 효력이 발생하지 않는다. 그리고 특가법 제8조의2의 범칙행위에 대하여도 관련 판례는 없으나 최저 법정형이 1년 이상의 유기징역이므로 "정상에 따라 징역형에 처할 것으로 판단되는 경우"에 해당하여 통고처분의 대상이 아니라고 봄이 타당하다.

(3) 통고처분 시기와 방법

지방국세청장 또는 세무서장은 조세범칙조사 결과 범칙행위에 대한 확증을 얻어 통고처분을 하여야 하는 경우에는 조세범칙조사를 마친 날(위원회의 심의를 거친 조세범칙사건의 경우에는 위원회의 의결이 있는 날을 말한다)부터 10일 이내에 조세범칙행위자 및 「조세범처벌법」 제18조에 따른 관리책임이 있는 법인 또는 개인사업자별로 통고서를 작성하고 통고하여야 한다(절차법 시행령 제12조 제1항).

통고서의 송달방법은 교부송달 또는 우편송달에 의하고, 교부송달하는 경우에는 수령자로부터 수령증을 받아야 하며, 우편송달하는 경우에는 등기우편 또는 배달증명에 의한다(절차법 시행령 제13조, 조사사무처리규정 제93조 제3항). 교부송달 시 범칙자가 통고서의 수령을 거부하여 송달할 수 없는 경우에는 송달하고자 한 일시, 장소, 수령거부사유 등 그 경위를 조사관서장에게 보고하고 「조세범처벌절차법」 제17조 제1항 제3호에 따라 고발하여야 한다.

통고서를 송달받은 범칙행위자가 통고서를 송달받은 날로부터 15일 이내에 통고대로 이행하지 않은 경우에는 「조세범처벌절차법」 제17조 제2항에 따라 고발하여야 한다(절차법 제17조 제2항, 조사사무처리규정 제94조 제1항).

(4) 통고처분의 효과

1) 일사부재리

통고처분을 받은 자가 통고대로 이행하였을 때에는 동일한 사건에 대하여 다시 조세범칙조사를 받거나 처벌받지 아니한다(절차법 제15조 제3항). 이는 통고처분 받고 통고대로 이행한 범칙행위에 대해서는 다시 처벌하지 아니한다는 일사부재리가 적용된다는 것이다. 통고대로 이행한 범칙사건에 대하여 이를 간과하고 기소하는 경우에는 확정판결이 있는 때에 해당하여 면소판결 하게 된다(대법원 2011.1.27. 선고 2010도11987 판결).

2) 공소시효의 정지

통고처분이 있는 경우에는 통고일로부터 고발일까지의 기간 동안 공소시효는 정지된다(절차법 제16조). 2023.1.17. 세법개정 전에는 통고처분이 있는 경우 범칙행위자가 통고서를 받은 시점에서 그간 진행된 공소시효는 사라지고 새로이 공소시효가 시작되었으나 중단에서 정지로 개정되면서 그간 진행된 공소시효는 인정되게 되었다. 이는 형사소송법의 공소시효 정지제도와 보조를 맞춘 개정이라 할 수 있다.

6. 공소시효의 단일성

> **조세범처벌법 제22조(공소시효 기간)** 제3조부터 제14조까지에 규정된 범칙행위의 공소시효는 7년이 지나면 완성된다. 다만, 제18조에 따른 행위자가 「특정범죄가중처벌 등에 관한 법률」 제8조의 적용을 받는 경우에는 제18조에 따른 법인에 대한 공소시효는 10년이 지나면 완성된다.

(1) 공소시효의 단일성의 의의

조세범의 공소시효는 법정형의 장단에 따라 공소시효 기간의 차이가 있는 일반 형사범죄의 공소시효와 달리 「조세범처벌법」 제3조부터 제14조에 규정된 범칙행위에 일률적으로 7년(2015.12.29. 개정 이전에는 일률적으로 5년이었음)이 적용된다. 이를 공소시효의 단일성이라고 한다. 다만, 법인의 경우 행위자(사용인 등)의 범칙행위가 「특정범죄가중처벌 등에 관한 법률」 제8조에 의한 가중처벌을 받으면 공소시효는 10년이 된다.

하지만 「조세범처벌법」 제15조【해외금융계좌정보의 비밀유지의무 등의 위반】 및 제16조【해외금융계좌 신고의무 불이행】의 범칙행위는 「조세범처벌법」 제22조에 언급되어 있지 않으므로 「형사소송법」 제249조를 적용해야 한다. 따라서 「조세범처벌법」 제15조의 범칙행위에 대해서는 7년의 공소시효가 적용되고, 「조세범처벌법」 제16조의 범칙행위에 대해서는 5년의 공소시효가 적용된다.

「특정범죄가중처벌 등에 관한 법률」 제8조【조세 포탈의 가중처벌】 및 제8조의2【세금계산서 교부의무 위반 등의 가중처벌】가 적용되는 범칙행위의 경우도 「형사 소송법」 제249조를 적용해야 한다. 특가법 제8조가 적용되는 범칙행위 중 조세포탈금액이 10억 원 이상인 경우는 공소시효가 15년이 적용되고, 조세포탈금액이 5억 원 이상 10억 원 미만인 경우에는 공소시효가 10년이 적용된다. 특가법 제8조의2가 적용되는 범칙행위는 공소시효가 10년이 적용된다. 조세범의 공소시효 내용을 정리하면 아래 표의 내용과 같다.

범칙 조항	공소시효
조세범처벌법 제3조부터 제14조	7년
조세범처벌법 제15조	7년
조세범처벌법 제16조	5년
특정범죄가중처벌 등에 관한 법률 제8조 제1항 제1호(10억 원 이상)	15년
특정범죄가중처벌 등에 관한 법률 제8조 제1항 제2호(5억 원 이상)	10년
특정범죄가중처벌 등에 관한 법률 제8조의2	10년

제 2 절

조세포탈죄

I ≫ 조세포탈죄의 의의

> **조세범처벌법 제3조(조세 포탈 등)**
> ①『사기나 그 밖의 부정한 행위로써 조세를 포탈하거나 조세의 환급·공제를 받은 자』
> 는 2년 이하의 징역 또는 포탈세액, 환급·공제받은 세액(이하 "포탈세액등"이라 한다)
> 의 2배 이하에 상당하는 벌금에 처한다. 다만, 다음 각 호의 어느 하나에 해당하는 경우
> 에는 3년 이하의 징역 또는 포탈세액등의 3배 이하에 상당하는 벌금에 처한다.
> 1. 포탈세액등이 3억원 이상이고, 그 포탈세액등이 신고·납부하여야 할 세액(납세의무
>   자의 신고에 따라 정부가 부과·징수하는 조세의 경우에는 결정·고지하여야 할 세
>   액을 말한다)의 100분의 30 이상인 경우
> 2. 포탈세액등이 5억원 이상인 경우

조세포탈죄는 사기나 그 밖의 부정한 행위로써 조세의 부과와 징수를 불가능하게 하거나 현저히 곤란하게 하여 조세를 포탈하거나 조세의 환급·공제를 받은 행위를 말한다(대법원 2007.10.11. 선고 2007도5577 판결). 여기에서 "사기나 그 밖의 부정한 행위"는 조세포탈행위의 실행행위이고(대법원 2008.7.24. 선고 2007도4310 판결), "조세를 포탈하거나 조세의 환급·공제를 받은"은 부정행위가 낳은 결과로 이들 결과가 있어야만 조세포탈죄가 성립한다. 따라서 조세포탈죄는 결과범이다.

조세포탈의 행태는 협의의 포탈, 부정환급, 부정공제로 구분되고 이들 세 가지를 포괄하여 "광의의 조세포탈"이라고 한다. 일반적으로 조세포탈은 이 광의의 조세포탈을 의미한다.

1. 협의의 포탈

(1) 의의

사기나 그 밖의 부정한 행위로써 납세의무가 있는 조세의 전부 또는 일부를 납부하지 아니하는 것을 말한다. 협의의 조세포탈은 부정환급과 부당공제를 제외한 포탈행위로 매출누

락, 가공경비계상, 가공원가계상 등의 부정행위를 통해 이루어지는 포탈행태이다.

사례 협의의 포탈

개인 사업자 김포탈은 조세포탈 목적으로 2021.12.26. 합판(공급가액 1,000,000,000원)을 ㈜백두가구에 공급하였으나 세금계산서를 발행하지 않았고, 2021년 제2기 부가가치세 신고와 2021년 귀속 소득세 신고 시 매출누락한 사실을 숨긴 채 부가가치세와 소득세(2021년 귀속 소득세 과세표준 1,500,000,000원)를 신고·납부하였다. 단, 수사과정에서 김포탈은 세금계산서 미발급한 매출액에 대응되는 원가를 제시하지 못하였고, 성실신고확인서 제출대상자이다.

① 부가가치세 포탈세액 : 1,000,000,000원(매출누락 공급가액) × 10% = 100,000,000원
② 소득세 포탈세액 : 1,000,000,000원[주1](탈루소득금액) × 45% = 450,000,000원

주1) 세금계산서 미발급한 매출액에 대해 수사과정에서 대응 원가를 제시하지 못하였으므로 전액 탈루소득금액이 된다.

③ 개인지방소득세[주2] : 450,000,000원(소득세 포탈세액) × 10% = 45,000,000원

주2) 소득세 포탈이 발생하면 개인지방소득세의 포탈도 함께 일어난다.

◎ 협의의 포탈세액(① + ② + ③) : 595,000,000원

✍ 국세의 포탈세액은 550,000,000원(부가가치세 포탈세액 100,000,000원이고 소득세 450,000,000원)이고, 지방세 포탈세액은 45,000,000원이다.

2. 부정환급

(1) 의의

사기나 그 밖의 부정한 행위로써 세법이 정하는 환급요건을 갖추지 못하였음에도 환급을 받거나 정당하게 환급받아야 할 세액을 초과하여 환급받는 것을 말한다.

환급이란 납세의무자가 국세 및 강제징수비로서 납부한 금액 중 잘못 납부하거나 초과하여 납부한 금액이 있거나 세법에 따라 환급하여야 할 환급세액(세법에 따라 환급세액에서 공제하여야 할 세액이 있을 때에는 공제한 후에 남은 금액을 말한다)이 있을 때에는 그 잘못 납부한 금액, 초과하여 납부한 금액 또는 환급세액을 국세환급금으로 결정하여 세무서장이 납세의무자에게 돌려주는 것을 말한다(국기법 제51조 제1항). 여기에서 "잘못 납부한 금액"(오납액)은 납부 또는 징수의 기초가 된 신고(신고납세의 경우) 또는 부과처분(부과과세의 경우)이 부존재하거나 당연무효임에도 불구하고 납부 또는 징수된 세액을 말하고, "초과하여 납부한 금액"(초과납부액)은 신고 또는 부과처분이 당연무효는 아니나 그 후 취소 또는 경정됨으로써 그 전부 또는 일부가 감소된 세액을 말하고, 환급세액은 적법히 납부

또는 징수되었으나 그 후 국가가 보유할 정당한 이유가 없게 되어 각 개별세법에서 환부하기로 정한 세액을 말한다(대법원 1989.6.15. 선고 88누6436 판결).

오납액과 초과납부세액 및 환급세액은 모두 조세채무가 처음부터 존재하지 않거나 그 후 소멸되었음에도 불구하고 국가가 법률상 원인없이 수령하거나 보유하고 있는 부당이득에 해당한다(대법원 1989.6.15. 선고 88누6436 판결). 다만, 환급세액 중 조세정책적 목적실현을 위해 환급되는 환급세액은 부당이득의 성격을 갖지 않는다.

환급금의 자금원(資金原)은 근로장려금 환급을 제외하고는 납세의무자가 국세 및 강제징수비로 납부한 금액 또는 간접세로서 거래징수당한 금액이다. 지방세의 환급금도 납세의무자가 지방세 및 강제징수비로 납부한 금액이 환급금의 자금원이다.

> **사례** **부정환급**
>
> 개인사업자 황사기(실제로 수출업자임)는 부당하게 부가가치세를 환급받을 목적으로 금강중고자동차로부터 실제로 공급받지 않았지만 중고자동차를 매입한 것처럼 2022.11.10. 세금계산서(공급가액 500,000,000원, 부가가치세 50,000,000원, 거래품목 중고자동차 1,000대)를 수취하고 세금계산서에 표기된 중고자동차 1,000대를 해외로 600,000,000원에 수출한 것처럼 영세율 관련 서류를 위조하여 2023.1.25. 세무서에 부가가치세 신고서를 제출하였다. 단, 2023.2.10. 사업용계좌로 부가가치세 50,000,000원을 입금(환급)받았고, 가공세금계산서 수취 시 부가가치세를 거래징수 당하지 않았을 뿐 아니라 가공세금계산서 발급자는 완전자료상으로 발급한 세금계산서에 대하여 부가가치세를 납부하지 않았음.
>
> ① 부가가치세 신고내용
>
> 부가가치세 : 0원(600,000,000원 × 0%) − 50,000,000원(500,000,000원 × 10%)
>
> = −50,000,000원
>
> ◎ 부정환급 세액 : −50,000,000원
>
> 🔗 본 건 사례는 가공세금계산서 수취행위와 영세율 관련 서류를 위조라는 두 가지 부정행위가 결합된 부가가치세 부정환급의 행태이다.

3. 부정공제

(1) 의의

사기나 그 밖의 부정한 행위로써 세법이 규정하는 세액공제 요건이 충족되지 않음에도 세액을 공제받거나 정당하게 공제받아야 할 세액을 초과하여 공제받는 것을 말한다.

공제(控除)의 사전적 의미는 금액 또는 수량에서 금액이나 수량을 빼거나 덜다는 개념이다. 여기에서 세액공제는 과세표준에 세율을 적용한 산출세액에서 일정한 세액을 뺀다는 개념이다.

세액공제의 개념(과세표준에 세율을 적용한 산출세액에서 일정한 세액을 뺀다)에 대하여 이견이 없으나 "공제하는 세액의 범주(종류)[주3]"에 대해서는 부가가치세 매입세액이 공제하는 세액의 범주(종류)에 포함된다는 의견과 포함되지 아니한다는 상반된 의견이 존재한다. 부가가치세의 계산식은 매출세액에서 매입세액을 빼서 계산한다. 매출세액은 매출과표에 세율을 적용한 금액이다. 즉, 매출세액은 과세표준에 세율을 적용하여 산출된 금액이므로 산출세액이다. 부가가치세 매출세액(산출세액)은 매출세액에서 매입세액등을 차감하여 계산하는 '납부할 세액'과는 명확하게 구별되고 산출세액(매출세액)에서 차감하는 매입세액은 세액공제의 개념에 부합된다. 그뿐만 아니라 우리나라의 부가가치세 제도의 특징 중 하나는 전단계세액공제법이다. 전단계세액공제법(매출세액에서 매입세액을 차감하여 부가가치세를 계산하는 방식을 말함)이라는 용어에서 세액공제는 매입세액을 의미한다. 따라서 필자는 공제하는 세액의 범주(종류)에 부가가치세 매입세액이 포함된다고 본다. 하여 이 책에서는 부가가치세 매입세액이 공제하는 세액의 범주(종류)에 포함되는 것으로 본다.

사기나 그 밖의 부정한 행위로써 세액공제를 받아 그 결과가 양수(+)가 나오면 "조세의 전부 또는 일부를 납부하지 아니하는 양태의 부정공제"가 되고, 음수(-)가 나오면 부정환급이 된다.

부가가치세 매입세액을 제외한 부정공제의 경우 납세의무자가 사기나 그 밖의 부정한 행위로써 세액공제를 받을 때 "조세의 전부 또는 일부를 납부하지 아니하거나 또는 환급을 받거나 정당하게 환급받아야 할 세액을 초과하여 환급받는다는 것을 인식하면 조세포탈의 고의가 인정된다. 그러나 부가가치세 매입세액 부정공제에 대해서 판례(대법원 1990.10.16. 90도1955 판결)는 『조세포탈죄의 고의가 있다고 하려면 과다계상된 세금계산서에 의하여 매입세액의 공제를 받는다는 인식 이외에 공급자가 과다계상된 분에 대한 매출세액을 제외하고 부가가치세의 과세표준 및 납부세액을 신고, 납부하거나 또는 세금계산서에 기재된 매출세액 전부를 신고, 납부한 후 과다계상된 분에 대한 매출세액을 환급받는 등으로 과다계상된 분에 대한 부가가치세의 납부의무를 면탈함으로써 결과적으로 자기가 과다계상분에 대한 매입세액의 공제를 받는 것이 국가의 조세수입의 감소를 가져오게 될 것이라는 인식이 있어야 한다』라고 판시하였다. 따라서 부가가치세 매입세액을 부당하게 공제받는 자의 조세포탈의 고의는 부정한 방법으로 매입세액의 공제를 받는다는 인식 외에 세금계산서를 발행한 사업자가 그 세금계산서의 매출세액을 납부하지 않아 자신이 매입세액을 공제받는 것이 국가의 조세수입의 감소를 가져오게 될 것이라는 인식도 있어야 한다.

주3) "공제하는 세액의 범주(종류)"는 「조세특례제한법」, 「소득세법」, 「법인세법」, 「부가가치세법」, 「상속・증여세법」 등 여러 세법에 규정하고 있으며 납세의무자가 과세표준신고서에 세액공제로 기재하여 신고하는

모든 세액공제 항목을 말한다. 공제하는 세액의 범주(종류)를 「조세특례제한법」에서 규정하는 세액공제로 보는 한정적인 의견도 있으나 필자는 이에 동의할 수 없다. 이유는 「조세특례제한법」에서 규정하는 세액공제 외에도 공제받을 수 있는 세액공제 대상은 많이 있다. 「조세특례제한법」에서 규정하는 세액공제 대상만 세액공제 대상으로 볼 경우 부가가치세·소득세 중간예납세액, 양도세 예정신고 납부세액, 법인의 원천징수세액 등을 부당하게 공제받았을 경우 이들은 어떻게 보아야 할지 문제가 생기기 때문이다.

> **사례** **부정공제**
>
> ㈜천윤김공업은 2021년 사업연도 법인세 신고 시 조세포탈 목적으로 창업보육센터 사업자가 아닌데도 창업중소기업 등에 대한 세액감면을 100,000,000원 공제받았다.
>
> ① 법인세(부정하게 공제받은 세액) : 100,000,000원
> ② 법인지방소득세[주4] : 100,000,000원(법인세 포탈세액) × 10% = 10,000,000원
>
> >   주4) 법인세 포탈이 발생하면 법인지방소득세의 포탈도 함께 일어난다.
>
> ◎ 부정공제 세액(① + ②) : <u>110,000,000원</u>
>
> > ☞ 본 건 사례는 ㈜천윤김공업은 창업보육센터 사업자가 아닌데도 창업중소기업 등에 대한 세액감면을 받았으므로 부정공제 세액은 100,000,000원이다.
> >
> > ☞ 국세의 포탈세액은 100,000,000원(법인세 포탈세액)이고, 지방세 포탈세액은 10,000,000원(법인지방소득세)이다.

4. 조세탈루(탈루세액)와 조세포탈(포탈세액) 구분

조세탈루(탈루세액)란 조세를 면(免)한 사유(납세의무자의 고의, 과실, 사기나 그 밖의 부정한 행위 등)를 불문하고 납세의무자가 세법에 의하여 납부하여야 할 세액을 면하는 행위를 총칭하는 개념이다. 조세포탈(포탈세액)은 납세의무자가 사기나 그 밖의 부정한 행위를 하여 조세를 면하는 행위를 의미한다. 따라서 조세탈루(탈루세액)의 개념은 조세포탈(포탈세액)을 포함한다. 조세탈루는 탈루세액(탈루세액등), 조세포탈은 포탈세액(포탈세액등)이라 칭하고 둘 다 본세를 기준으로 한다.

탈루세액(탈루세액등)과 포탈세액(포탈세액등)을 구분하는 실익은 정확한 포탈세액을 산출하는 데 있다. 포탈세액을 산출하기 위해서는 먼저 납세의무자의 탈루세액을 계산한 다음, 탈루세액 중 사기나 그 밖의 부정한 행위로 인하여 탈루된 세액을 특정하여야 한다. 그 특정된 "탈루된 세액"이 포탈세액이다.

Ⅱ 조세포탈죄의 보호법익

조세포탈죄의 보호법익에 대하여 판례(대법원 2007.10.11. 선고 2007도5577 판결)는 『조세포탈

죄는 조세의 적정한 부과·징수를 통한 국가의 조세수입의 확보를 보호법익으로 하는 것으로서, 사기 기타 부정한 행위로써 조세의 부과와 징수를 불가능하게 하거나 현저히 곤란하게 함으로써 성립하는 것인바, 조세의 징수는 납세의무자의 납세신고나 과세관청의 부과처분 등에 의하여 조세채권이 구체적으로 확정되는 것을 당연한 전제로 하므로 사기 기타 부정한 행위로써 위와 같은 조세의 확정을 불가능하게 하거나 현저히 곤란하게 한 경우에는 그에 따라 조세의 징수 역시 당연히 불가능하거나 현저히 곤란하게 되어 국가의 조세수입이 침해된다는 의미에서 조세포탈죄를 구성한다고 할 것이다』라고 판시하였다. 따라서 조세포탈죄의 보호법익은 사기 기타 부정한 행위로써 조세의 부과와 징수를 불가능하게 하거나 현저히 곤란하게 함으로써 국가의 조세수입이 침해되는 것을 막는 조세의 적정한 부과·징수를 통한 국가의 조세수입의 확보라 할 수 있다.

Ⅲ》 조세포탈의 범죄 주체

1. 조세포탈 범죄 주체의 의의

조세포탈의 범죄 주체에 대해 판례(대법원 1998.5.8. 선고 97도2429 판결)는『조세범처벌법 제9조 제1항 소정의 조세포탈범의 범죄주체는 국세기본법 제2조 제9호 소정의 납세의무자와 조세범처벌법 제3조(현. 제18조) 소정의 법인의 대표자, 법인 또는 개인의 대리인, 사용인, 기타의 종업원 등의 법정책임자이고, 이러한 신분을 가지지 아니한 자는 비록 원천징수의무자라 하더라도 납세의무자의 조세포탈에 공범이 될 수 있을 뿐, 독자적으로 조세포탈의 주체가 될 수는 없다』판시하였다. 따라서 조세포탈의 범죄주체는 납세의무자 또는「조세범처벌법」제18조의 법정행위자에 해당하는 소정의 행위자라는 신분을 가진 자연인이어야 한다. 즉, 조세포탈의 범죄 주체는 납세의무자 또는 법인의 대표자, 법인 또는 개인의 대리인, 사용인, 기타의 종업원(이하 "법정책임자"라고 한다)이라는 신분을 요하는 신분범이다. 신분범은 범칙행위자에게 일정한 신분이 있는 경우에만 범죄의 구성요건이 충족되는 범죄이다.

조세포탈행위를 행한 자의 신분이 납세의무자 또는 법정책임자라는 신분을 갖추지 못한 경우에 대하여 판례(대법원 2004.11.12. 선고 2004도5818 판결)는『조세포탈범의 범죄주체는 국세기본법 제2조 제9호 소정의 납세의무자와 조세범처벌법 제3조 소정의 법인의 대표자, 법인 또는 개인의 대리인, 사용인, 기타의 종업원 등의 법정책임자이고, 이러한 신분을 가지지 아니한 자는 납세의무자의 조세포탈에 공범이 될 수 있을 뿐, 독자적으로 조세포탈의 주체가 될 수는 없다』라고 판시하였다. 따라서 신분없는 조세포탈행위자는 공범은 될 수 있을지

언정 조세포탈의 주체(단독정범)는 될 수 없다고 보아야 한다.

조세포탈의 범죄 주체로서 법인은 범죄능력이 없어 조세포탈의 주체는 될 수 없다. 따라서 법인에게는 조세포탈행위가 있는 경우 법인에게 대하여 직접 책임을 물을 수 없어 법인에게는 「조세범처벌법」 제18조에 따라서 범칙행위자(법정책임자)에 대해 관리책임을 물어 벌금형은 과할 수 있을 뿐이다.

2. 납세의무자

납세의무자란 세법에 따라 국세를 납부할 의무(국세를 징수하여 납부할 의무는 제외한다)가 있는 자를 말한다(국기법 제2조 제9호). 납세의무자는 본래의 납세의무자(협의의 납세의무자)와 보충적 납세의무자(제2차 납세의무자)로 구분된다.

(1) 본래의 납세의무자(단독납세의무자와 연대납세의무자)

본래의 납세의무자란 세법에 따라 국세를 납부할 의무(원천징수의무자 제외)가 있는 자로 자연인과 법인을 말한다. 법인도 본래의 납세의무자에 속하지만 범죄능력이 없어 조세포탈의 주체는 될 수 없다.

본래의 납세의무자는 단독납세의무자와 연대납세의무자로 구분되고 단독납세의무자는 하나의 조세채무에 납세의무자가 1인인 납세의무자를 말하고 연대납세의무자는 하나의 조세채무에 2인 이상이 납세의무를 부담하는 납세의무자를 말한다.

세법이 규정하고 있는 연대납세의무 종류는 ㉠ 공유물, 공동사업 또는 그 공동사업에 속하는 재산에 관계되는 국세 및 강제징수비를 공유자 또는 공동사업자가 연대하여 납부할 의무를 지는 경우(국기법 제25조 제1항), ㉡ 법인이 분할되거나 분할합병된 후 분할되는 법인이 존속할 경우 분할법인·분할신설법인·분할법인의 상대방법인이 분할등기일 이전에 분할법인에 부과되거나 납세의무가 성립한 국세 및 강제징수비에 대하여 분할로 승계된 재산가액을 한도로 연대하여 납부할 의무를 지는 경우(국기법 제25조 제2항), ㉢ 법인이 분할 또는 분할합병한 후 소멸하는 경우 분할신설법인 또는 분할합병의 상대방법인이 분할법인에 부과되거나 분할법인이 납부하여야 할 국세 및 강제징수비에 대하여 분할로 승계된 재산가액을 한도로 연대하여 납세할 의무를 지는 경우(국기법 제25조 제3항), ㉣ 법인이 「채무자 회생 및 파산에 관한 법률」 제215조에 따라 신회사를 설립하는 경우 기존의 법인에 부과되거나 납세의무가 성립한 국세 및 강제징수비에 대하여 신회사가 연대하여 납부할 의무를 지는 경우(국기법 제25조 제4항), ㉤ 상속재산에 따른 상속세에 대해 상속인 또는 수유자가 각각 받았거나 받은 재산을 한도로 연대하여 납부할 의무를 지는 경우(상증법 제3조의2 제3항), ㉥ 수증자의 주소나 거소가 분명하지 아니한 경우로서 증여세에 대한 조세채권을 확보하기 곤란한 경우 등에 증여자가 수증자가 납부할 증여세에 대하여 연대하여 납부할 의무를 지는 경우(상증법 제4조의2 제6항) 등이다.　연대납세의무자는 본래의 납세의무자이기 때문에 수증자의 국세에 대한 연대납세의무자를 제외하고는 조세포탈의 주체가 될 수 있다.

(2) 보충적 납세의무자

보충적 납세의무제도란 조세징수의 확보를 위하여 원래의 납세의무자의 재산에 대하여 체납처분을 하여도 징수하여야 할 조세에 부족이 있다고 인정되는 경우에 그 원래의 납세의무자와 특수관계에 있는 제3자에 대하여 원래의 납세의무자로부터 징수할 수 없는 금액을 한도로 하여 보충적으로 납세의무를 부담케 하는 제도(대법원 1982.12.14. 선고 82누192 판결)를 말하고, 이 보충적 납세의무제도에 의하여 납세의무를 지는 자를 보충적 납세의무자라 한다.

본래의 납세의무자의 재산에 대하여 체납처분하여도 체납액 등을 징수하는데 부족분이 생길 경우 본래의 납세의무자와 특수관계에 있는 제3자에게 보충적으로 부족분에 대한 납세의무를 지우고 있어 보충적 납세의무자는 본래 납세의무자의 조세포탈행위에 대한 조세포탈의 주체는 될 수 없다.

세법이 규정하는 보충적 납세의무자(제2차 납세의무자)의 종류는 ㉠ 청산인 등의 제2차 납세의무(국기법 제38조), ㉡ 출자자의 제2차 납세의무(국기법 제39조), ㉢ 법인의 제2차 납세의무(국기법 제40조), ㉣ 사업양수인의 제2차 납세의무(국기법 제41조), ㉤ 양도담보권자의 물적납세의무(국기법 제42조 제1항), ㉥ 「조세특례제한법」에 의한 제2차 납세의무(조특법 제104조의7 제4항), ㉦ 납세보증인(국기법 제2조 제12호) 등이다.

3. 법정행위자

법정행위자는 「조세범처벌법」 제18조에서 규정하는 법인(「국세기본법」 제13조에 따른 법인으로 보는 단체를 포함한다. 이하 같다)의 대표자, 법인 또는 개인의 대리인, 사용인, 그 밖의 종업원이 그 법인 또는 개인의 업무에 관하여 「조세범처벌법」에서 규정하는 범칙행위(「국제조세조정에 관한 법률」 제57조를 위반한 행위는 제외한다)를 한 자를 말한다. 이러한 신분을 가진 행위자는 조세포탈 범죄의 주체가 된다(대법원 1998.5.8. 선고 97도2429 판결).

(1) 법인의 대표자

법인의 대표자는 그 명칭이나 직위 여하 또는 대표자로 등기되었는지 여부를 불문하고 당해 법인을 실질적으로 운영하면서 법인을 사실상 대표하여 법인의 사무를 집행하는 사람을 말한다(대법원 2011.4.28. 선고 2008다15438 판결).

(2) 법인 또는 개인의 대리인

대리인은 본인의 수권 또는 법률규정에 따라 본인을 대신하여 의사표시를 할 권한을 지닌 자를 말한다. 수권행위가 무효이거나 부존재 또는 대리권의 범위를 넘어서 적법한 대리인이 아닌 경우 조세포탈 범죄의 주체가 될 수 있는지가 문제이다. 이에 대하여 판례(대법원 1998.3.24. 선고. 97도3368 판결)는『상속인에게 상속세 문제를 처리하여 주겠다고 속여 소송대리위임장에 날인을 받은 것을 기화로 제소전화해의 방법으로 상속재산에 대하여 자신이나 제3자 앞으로 소유권이전등기를 마친 자가「조세범처벌법」제3조(현 제18조)의 대리인에 해당하지 않는다』라고 판시하였다. 따라서 적법한 대리인이 아닌 경우 대리권이 부인되므로 조세포탈 범죄의 주체가 될 수 없다고 봄이 타당하다.

(3) 사용인, 그 밖의 종업원 등

사용인, 그 밖의 종업원 등의 개념에 대하여 판례(대법원 2006.2.24. 선고 2003도4966 판결)는『법인과 정식 고용계약이 체결되어 근무하는 자뿐만 아니라 그 법인의 업무를 직접 또는 간접으로 수행하면서 법인의 통제·감독 하에 있는 자도 포함된다』라고 판시하였고, "종업원"에 대하여는『그 종업원은 영업주의 사업경영과정에 있어서 직접 또는 간접으로 영업주의 감독통제 아래 그 사업에 종사하는 자를 일컫는 것이다. 따라서 영업주 스스로 고용한 자가 아니고 타인의 고용인으로서 타인으로부터 보수를 받고 있다 하더라도 객관적 외관상으로 영업주의 업무를 처리하고 영업주의 종업원을 통하여 간접적으로 감독 통제를 받는 자라면 위에 포함된다고 할 것이다』라고 판시(대법원 1987.11.10. 선고 87도1213 판결)하였고, "사용인 기타의 종업원"에 대하여는『법인 또는 개인과 정식으로 고용계약을 체결하고 근무하는 자뿐만 아니라 법인 또는 개인의 대리인, 사용인 등이 자기의 업무보조자로서 사용하면서 직접 또는 간접으로 법인 또는 개인의 통제·감독 아래에 있는 자도 포함된다』라고 판시(대법원 2003.6.10. 선고 2001도2573 판결)하였다.

이들 세 판례들을 고려하여 보면 "사용인 또는 그 밖의 종업원 등"의 개념은 ① 법인 또는 개인과 정식으로 고용계약을 체결하고 근무하는 자, ② 타인의 고용인으로서 타인으로부터 보수를 받고 있다 하더라도 객관적 외관상으로 영업주의 업무를 처리하고 영업주의 종업원을 통하여 간접적으로 감독·통제를 받는 자, ③ 법인·개인의 대리인 또는 사용인 등이 자기의 업무보조자(법인 또는 개인이 고용하지 않은 자도 포함)로 사용하면서 직접 또는 간접으로 법인 또는 개인의 통제·감독 아래에 있는 자 등이라고 정리할 수 있다.

Ⅳ 〉 조세채무의 존재

1. 조세채무의 의의

조세채무란 법률에 규정된 과세요건에 충족되는 자가 국가 또는 지방자치단체에 조세를 갚아야 할 의무를 말한다. 조세채무는 법률이 정하는 과세요건이 충족되는 때에 그 조세채무의 성립을 위한 과세관청이나 납세의무자의 특별한 행위가 없어도 당연히 자동적으로 성립한다(대법원 1985.1.22. 선고 83누279 판결). 여기에서 과세요건이란 납세의무자, 과세물건, 과세표준, 세율 이들 네 가지를 말하고 조세채무는 네 가지 요건이 모두 충족될 때 추상적으로 성립한다. 추상적으로 성립한 조세채무는 과세관청의 부과결정 또는 납세의무자의 과세표준신고 등 납세의무를 확정시키는 행위에 의하여 구체적으로 확정된다.

조세채무(납세의무)의 성립시기 및 확정시기는 제1장 제2절(납세의무의 성립)과 제3절(납세의무의 확정)을 참고하길 바란다.

2. 조세채무의 존재

조세포탈죄는 국가 또는 지방자치단체에 조세채무를 가진 자가 부정한 행위로써 조세채무를 면하는 범죄이다. 「조세범처벌법」 제3조, 제4조 및 제5조, 「지방세기본법」 제102조 제1항, 「특정범죄 가중처벌 등에 관한 법률」 제8조에서 정한 조세포탈죄가 성립하기 위해서는 세법이 정한 과세요건이 충족되어 조세채권이 성립해야 하므로, 과세요건을 갖추지 못해 조세채무가 성립하지 않으면 조세포탈죄도 성립할 여지가 없다(대법원 2020.5.28. 선고 2018도16864 판결). 따라서 조세포탈죄가 성립하려면 부정한 행위로써 조세채무를 면할 대상인 조세채무가 존재하여야 한다.

Ⅴ 〉 사기나 그 밖의 부정한 행위

> **조세범처벌법 제3조(조세 포탈 등)**
> ⑥ 제1항에서 "사기나 그 밖의 부정한 행위"란 다음 각 호의 어느 하나에 해당하는 행위로서 조세의 부과와 징수를 불가능하게 하거나 현저히 곤란하게 하는 적극적 행위를 말한다. 〈개정 2015.12.29.〉

1. 이중장부의 작성 등 장부의 거짓 기장
2. 거짓 증빙 또는 거짓 문서의 작성 및 수취
3. 장부와 기록의 파기
4. 재산의 은닉, 소득·수익·행위·거래의 조작 또는 은폐
5. 고의적으로 장부를 작성하지 아니하거나 비치하지 아니하는 행위 또는 계산서, 세금계산서 또는 계산서합계표, 세금계산서합계표의 조작
6. 「조세특례제한법」 제5조의2 제1호에 따른 전사적 기업자원 관리설비의 조작 또는 전자세금계산서의 조작
7. 그 밖에 위계(僞計)에 의한 행위 또는 부정한 행위

1. 사기나 그 밖의 부정한 행위의 의의

「조세범처벌법」 제3조 제6항은 사기나 그 밖의 부정한 행위에 대하여 다음 각 호의 어느 하나에 해당하는 행위로서 "조세의 부과와 징수를 불가능하게 하거나 현저히 곤란하게 하는 적극적 행위를 말한다"라 정의하고 있다. 법문의 "다음 각 호의 어느 하나에 해당하는 행위"는 제1호부터 제6호까지의 예시규정과 예시적으로 열거한 부정한 행위 외에 조세의 부과와 징수를 불가능하게 하거나 현저히 곤란하게 하는 행위가 존재할 경우를 대비하여 부정한 행위로 볼 수 있는 길을 열어놓는 포괄규정인 제7호를 내용으로 한다. 사기나 그 밖의 부정한 행위에 대하여 판례(대법원 2017. 7. 8. 선고 2017두69977 판결)는 『사기나 그 밖의 부정한 행위' 또는 '부정행위'란 조세의 부과와 징수를 불가능하게 하거나 현저히 곤란하게 하는 위계 기타 부정한 적극적인 행위를 말하고, 적극적 은닉 의도가 나타나는 사정이 덧붙여지지 않은 채 단순히 세법상의 신고를 하지 않거나 허위의 신고를 함에 그치는 것은 여기에 해당하지 않는다』라고 판시하였다. 따라서 사기나 그 밖의 부정한 행위(부정한 행위)가 되려면 우선 사기나 그 밖의 부정한 행위(부정한 행위)에 대하여 정의하고 있는 「조세범처벌법」 제3조 제6항에서 열거하고 있는 제1호부터 제7호의 행위에 해당하면서 조세의 부과와 징수를 불가능하게 하거나 현저히 곤란하게 하는 적극적인 행위여야 한다.

사기나 그 밖의 부정한 행위는 조세의 확정제도에 따라 그 구조가 다르다. 부과과세제도에 속한 조세에서의 부정한 행위는 "세무공무원을 기망하거나 이에 유사한 부정한 행위를 함으로써 세무공무원을 오인시켜 진실보다 적은 세액을 부과결정하게 하고 이로 인하여 세액을 면하는 것"이고, 신고납세제도의 조세에서의 부정행위는 "납세의무자가 신고·납부기한 경과 후에 있을지도 모르는 세무공무원의 조사에 대비하여 사전에 소득을 은닉하는 행위를 하고 나아가 무신고 또는 과소신고에 이르러 세액을 면하는 것"이다(사법연수원, 조세

법총론Ⅱ, 2016, 182−183쪽).

그뿐만 아니라 사기나 그 밖의 부정한 행위에 대하여 판례(대법원 2008.7.24. 선고 2007도4310 판결)는 『범인이 조세포탈의 고의를 가지고 조세의 부과징수를 불능 또는 현저히 곤란하게 하는 위계 기타 부정한 적극적인 행위를 한 때에 위 각 포탈범죄의 실행행위에 착수한 것으로 보아야 할 것이다』라고 판시하였다. 따라서 사기나 그 밖의 부정한 행위는 조세포탈의 실행행위에 해당한다.

2. 판례 등에서 사기나 그 밖의 부정한 행위에 대한 다양한 표현

판례 등에서 사기나 그 밖의 부정한 행위에 대하여 "사기나 그 밖의 부정한 행위"(대법원 2021.7.8. 선고 2017두69977 판결), "부정행위"(대법원 2021.7.8. 선고 2017두69977 판결), "조세의 부과와 징수를 불가능하게 하거나 현저히 곤란하게 하는 적극적 행위"(조처법 제3조 제6항 본문), "사기 기타 부정한 행위"(대법원 2020.8.20. 선고 2019다301623 판결), "적극적 은닉의도"(대법원 2017.4.13. 선고 2015두44158 판결), "사전소득은닉행위"(「조세와 법」 제6권 제2호, 서울시립대학교 법학연구소, 2013, 37쪽) 등 다양한 문구로 표현된다. 이렇게 다양하게 표현된 문구들은 모두 조세포탈의 실행 행위인 "부과와 징수를 불가능하게 하거나 현저히 곤란하게 하는 적극적 행위"를 의미한다.

3. 사기나 그 밖의 부정한 행위와 조세포탈의 관계

조세포탈죄를 인정하는 판례들(대법원 2017.4.13. 선고 2015두44158 판결, 대법원 2008.7.24. 선고 2007도4310 판결, 대법원 2007.8.23. 선고 2006도5041 판결, 대법원 2012.6.14. 선고 2010도9871 판결 외 다수)의 법리를 살펴보면 조세의 부과와 징수를 불가능하게 하거나 현저히 곤란하게 하는 적극적 행위에 허위미신고나 허위과소신고가 결합된 경우에 조세포탈죄가 성립한다는 것이다. 즉, 사기나 그 밖의 부정한 행위와 "허위미신고 또는 허위과소신고"가 결합된 경우 조세포탈죄를 인정한다. 따라서 사기나 그 밖의 부정한 행위만 있어서는 조세포탈죄가 성립할 수 없고, 사기나 그 밖의 부정한 행위 외에 "허위미신고 또는 허위과소신고"가 있어야 조세포탈죄가 성립한다는 것이다. 이는 신고납세제도에 속하는 세목에 해당되는 내용이라 판단된다.

부과과세제도(정부결정제도)의 세목의 경우에는 사기나 그 밖의 부정한 행위 외에 "허위미신고 또는 허위과소신고, 과세관청(정부)의 결정 또는 조사결정과 납부고지가 있어야 조세포탈죄가 성립할 수 있다. 부과과세제도의 세목은 과세관청(정부)의 결정 또는 조사결정 후 납세고지가 없으면 기수가 되지 않거나(납세의무자가 허위과소신고를 하였을 경우 과세관청이 결정 또는 조사결정한 후 그 납부기한이 지난 때가 기수시기이므로 납부고지서의 발급이 없으면 기수가 될 수 없음) 포탈세액이 확정되지 아니하므로(납세의무자가 허위미신고하였을 경우 납부고지가 없으면 과세관청의 결정 또는 조사결정만으로는 포탈세액의 확정효력이 없음, 대법원 1998.2.27. 선고 97누18479 판결) 조세포탈죄가 성립할 수 없다.

따라서 납세의무자등의 사기나 그 밖의 부정한 행위만 있어서는 조세포탈죄는 성립할 수 없다.

4. 부작위가 부정행위에 해당하는지 여부

적극적 부정행위여야 조세포탈죄가 성립한다는 것이 판례의 법리이다. 그러면 부작위가 적극적 부정행위에 해당하는지 의문이 든다. 「조세범처벌법」제3조 제6항 제5호는 고의적으로 장부를 작성하지 아니하거나 비치하지 아니하는 행위를 부정행위로 규정하고 있다. 판례들을 살펴보면 부동산 개발업자가 사업을 영위하면서 양도차익을 얻었음에도 매입·매출에 관한 장부를 기장비치하지 아니하고 그 사업과정에 관한 세금계산서도 수수하지 아니하고 법인세 확정신고도 아니한 경우를 적극적 행위로서 사기 기타 부정한 행위에 해당한다 판시(대법원 2013.9.12. 선고 2013도865 판결)한 경우, 알루미늄샤시를 제조하여 판매하면서 세금계산서를 발급하지 아니하고 부가가치세 확정신고를 함에 있어 세금계산서를 발급하지 아니한 매출액을 고의로 신고누락한 행위에 대하여 적극적 행위라고 판시한(대법원 1985.9.24. 선고 85도842 판결) 경우, 주유소에 석유류를 공급하는 사업자가 석유정제업자로부터 공급받은 석유류를 제3자에게 공급하면서 부가가치세를 포탈할 의도로 세금계산서를 교부하지 않는 다음에 부가가치세 확정신고를 하면서 고의로 그 매출액을 누락한 행위에 대하여 사기 기타 부정한 행위로 판시(대법원 2009.1.15. 선고 2006도6687 판결)한 경우 등이 있다. 따라서 「조세범처벌법」제3조 제6항 제5호와 판례들의 판시내용을 고려하면 부작위도 부정행위에 포함된다고 봄이 타당하다.

5. 사기나 그 밖의 부정한 행위에 해당하는지 여부 판단

조세포탈혐의자가 행한 행위가 「조세범처벌법」제3조 제6항 제1호에서부터 제7호까지의 외형을 가지고 있을 경우 무조건 "사기나 그 밖의 부정한 행위"로 판단할 수 있는지가 문제이다. 이와 관련하여 국세청과 조세심판원의 심사·심판례와 법원의 판례들을 살펴보면, ㉠ 법인이 법인의 대표이사 개인계좌(차명계좌)로 법인 수입금액을 입금시켜 부가가치세와 법인세 신고에 누락하여 부가가치세와 법인세를 면한 행위에 대하여 『처분청으로서도

금융계좌 조회를 통해서 신고누락금액을 어렵지 않게 포착할 수 있었을 것으로 보이는 점과 청구법인은 쟁점계좌에 입금된 금액을 단순히 신고누락하였을 뿐 거짓 장부를 작성하거나 서류의 조작행위를 통한 적극적 부정행위를 하였다고 볼 수 없는 점』을 사유로 부정행위로 보기 어렵다고 심판하였고(조심-2014중-1657), ⓛ 법인이 대표이사의 아들 명의 개인사업용 계좌로 수입금액을 입금시키고 부가가치세와 법인세 신고에 누락하여 부가가치세와 법인세를 면한 행위에 대하여 『쟁점계좌가 대표이사의 아들 개인의 사업용계좌이며 쟁점계좌에 입금된 금액 중 매출과 무관한 금액을 제외한 매출누락금액 전액이 재차 청구법인의 계좌로 입금되었고, 처분청이 이러한 사실에 근거하면 매출 누락액을 어렵지 않게 포착할 수 있었다고 보이는 점 등으로 볼 때, 청구법인이 매출액을 차명계좌로 입금한 행위자체만으로 청구법인이 조세포탈의 의도를 가지고 과세관청에 의한 부과·징수가 불가능하거나 현저하게 곤란하게 한 경우라 볼 수 없다』라고 심사하였고(심사-부가-2018-0026), ⓒ 명의를 차용한 행위에 대하여 『명의를 위장하여 소득을 얻었더라도, 비거주자 또는 외국법인의 명의사용 등과 같이 명의위장이 조세회피 목적에서 비롯되고 나아가 여기에 허위계약서의 작성과 대금의 허위지급, 과세관청에 대한 허위의 조세 신고, 허위의 회계장부 작성·비치 등과 같은 적극적인 행위까지 부가되는 등의 특별한 사정이 없는 한 명의위장 사실만으로 '사기 기타 부정한 행위'에 해당한다고 할 수 없다』고 판시(대법원 2016.2.18. 선고 2014도3411 판결)하였고, ⓔ 허위의 세금계산서의 공급가액에 해당하는 부가가치세와 수수료(3%)를 지급하고 발급받은 매입세금계산서로 매입세액을 공제받아 부가가치세를 면한 행위에 대하여 『세금계산서를 발급받으면서 부가가치세를 공제받은 자에게 허위의 세금계산서의 부가가치세 납부의무를 면탈함으로써 결과적으로 피고인이 허위의 세금계산서에 의한 매입세액의 공제를 받는 것이 국가의 조세수입의 감소를 가져오게 될 것이라는 인식이 없던 피고인에게 부가가치세 포탈에 관한 고의가 있었다고 볼 수 없다』라고 판시(대법원 2011.4.28. 선고 2011도527 판결)하였다. ㉠과 ⓛ은 법인이 대표자 등의 차명계좌를 이용하여 수입금액을 신고누락하여 조세를 면탈한 행위는 금융계좌 조회를 통해서 신고누락금액을 어렵지 않게 포착할 수 있었을 것으로 보고 차용계좌 사용행위를 조세의 부과와 징수를 불가능하게 하거나 현저히 곤란하게 하는 행위로 보지 않았고, 사례 ⓒ은 비록 명의를 차용하여 소득을 얻었지만 허위 계약서의 작성과 대금의 허위지급, 과세관청에 대한 허위의 조세 신고, 허위의 회계장부 작성·비치 등과 같은 적극적인 행위가 없다 하여 사기 기타 부정한 행위로 보지 않았고, 사례 ⓔ은 허위의 세금계산서를 수취하고 매입세액을 공제받은 행위에 대하여 조세포탈의 고의가 없다고 하여 허위의 세금계산서를 이용한 부가가치세 면탈은 "사기나 그 밖의 부정한 행위"로 보지 않았다.

위 사례들처럼 조세포탈혐의자의 행위가 비록 「조세범처벌법」 제3조 제6항이 규정하고 있는 "사기나 그 밖의 부정한 행위"의 외형을 가졌을지라도 "사기나 그 밖의 부정한 행위"가 아니라고 부인되는 경우가 있으므로 「조세범처벌법」 제3조 제6항가 규정하는 부정행위의 외형을 가졌다 하여 무조건 "사기나 그 밖의 부정한 행위"로 판단하면 안 된다. 따라서 「조세범처벌법」 제3조 제6항에서 규정하는 "사기나 그 밖의 부정한 행위"의 외형을 갖춘 행위에 대해 진정한 "사기나 그 밖의 부정한 행위"인지 검토가 필요하다. 판례(대법원 2014.2.21. 선고 2013도13829 판결)가 제시한 "사기나 그 밖의 부정한 행위"(적극적 은닉의도)의 판단 방법은 『적극적 은닉의도가 객관적으로 드러난 것으로 볼 수 있는지 여부는 수입이나 매출 등을 기재한 기본 장부를 허위로 작성하였는지 여부뿐만 아니라, 당해 조세의 확정방식이 신고납세방식인지 부과과세방식인지, 미신고나 허위신고 등에 이른 경위 및 사실과 상이한 정도, 허위신고의 경우 허위 사항의 구체적 내용 및 사실과 다르게 가장한 방식, 허위 내용의 첨부서류를 제출한 경우에는 그 서류가 과세표준 산정과 관련하여 가지는 기능 등 제반 사정을 종합하여 사회통념상 부정이라고 인정될 수 있는지에 따라 판단하여야 한다』라고 판시하고 있다. 그러므로 위 사례들과 판례의 내용을 고려하면 "사기나 그 밖의 부정한 행위"의 외형을 갖춘 행위가 진정한 부정행위에 해당하는지를 판단할 때 ① 조세의 부과와 징수를 불가능하게 하거나 현저히 곤란하게 하는 행위인지 여부, ② 적극적 행위인지 여부 , ③ 조세포탈의 고의 존재 여부, ④ 허위미신고 또는 허위과소신고인지 여부 등을 종합적으로 검토하여야 할 것이다.

6. 부정행위의 유형

(1) 이중장부의 작성 등 장부의 거짓 기장(조처법 제3조 제6항 제1호)

사업자(국내사업장이 있거나 소득세법 119조 제3호에 따른 소득이 있는 비거주자와 법인세법 제4조 제3항 제1호 및 제7호의 수익사업을 하는 법인 포함)는 소득금액을 계산할 수 있도록 증명서류 등을 갖추어 놓고 그 사업에 관한 모든 거래 사실이 객관적으로 파악될 수 있도록 "복식부기에 따라 장부"(이하 복식부기 장부라 한다)를 기록관리하여야 한다고 소득세법(제160조 제1항)과 법인세법(제112조)에서 규정하고 있다. 개인사업자의 경우에는 업종별 일정 규모에 따라 간편장부로 기록·관리하는 것이 인정되며 이에 해당하는 사업자를 간편장부대상자[주5)라고 한다(소득법 제160조 제2항 및 제3항). 따라서 간편장부대상자를 제외한 개인사업자와 법인사업자는 복식부기 장부에 의하여 장부를 기록·관리하여야 하는 복식부기의무자이다.

복식부기 장부란 사업의 재산상태와 그 손익거래내용의 변동사항을 전표식 또는 카드식에 의한 장부와 전산조직에 의한 장부 등 그 명칭이나 형식에 불구하고 대차평균의 원리에 따라 이중으로 기록하여 계산하는 부기형식의 장부를 말한다. 간편장부란 사업의 재산상태와 그 손익거래내용의 변동사항을 매출액 등 수입에 관한 사항, 경비지출에 관한 사항, 사업용 유형자산 및 무형자산의 증감에 관한사항, 기타 참고사항 등을 파악할 수 있도록 기록하여 계산하는 장부를 말한다.

장부는 최종적으로 기업의 재무상태와 경영성과 등을 파악하기 위한 재무제표 작성을 위하여 기록하는 분개장, 계정별원장, 계정별보조부(현금출납부, 매출장, 매입장 등), 총계정원장, 합계잔액시산표 등을 말한다.

주5) 간편장부대상자(소득령 제208조 제5호)

업종별	수입금액 기준[주6]
㉠ 농업·임업 및 어업, 광업, 도매 및 소매업(상품중개업은 제외한다), 소득세법 제122조 제1항에 따른 부동산매매업, 그 밖에 ㉡ 및 ㉢에 해당하지 아니하는 사업	3억 원 미만 자
㉡ 제조업, 숙박 및 음식점업, 전기·가스·증기 및 공기조절 공급업, 수도·하수·폐기물처리·원료재생업, 건설업(비주거용 건물 개발 및 공급업에 한정), 운수업 및 창고업, 정보통신업, 금융 및 보험업, 상품중개업, 욕탕업	1억5천만 원 미만 자
㉢ 소득세법 제45조 제2항에 따른 부동산 임대업, 부동산업(소득세법 제122조 제1항에 따른 부동산매매업 제외), 전문·과학 및 기술 서비스업, 사업시설관리·사업지원 및 임대서비스업, 교육 서비스업, 보건업 및 사회복지 서비스업, 예술·스포츠 및 여가관련 서비스업, 협회 및 단체, 수리 및 기타 개인 서비스업, 가구내 고용활동	7천5백만 원 미만 자

주6) 수입금액 기준은 직전사업연도 수입금액임.

장부의 거짓 기장이란 복식부기의무자가 사업과정에서 발생한 매출액, 매입액, 각종 비용 등 거래내용을 사실과 다르게 분개장, 계정별원장, 계정별보조부(현금출납부, 매출장, 매입장 등), 총계정원장, 합계잔액시산표 등에 기록하는 것과 간편장부대상자가 거래내용 등을 사실과 다르게 간편장부에 기록하는 것을 말한다.

이중장부의 작성은 장부의 거짓 기장을 대표하는 사례로 조세포탈, 기업의 비자금 마련, 가공경비의 계상 등을 목적으로 실제 거래내용을 기록한 장부 외에 허위로 장부를 만드는 것을 말한다. 이중장부의 개념에 관하여 작성 형식이 복식부기에 따른 것이 아니어서 이중장부가 아니라는 취지의 주장에 대해 서울행정법원은 『이중장부의 작성을 부정행위의 하나로 규정한 위 국세기본법령의 취지상 여기서 말하는 '이중장부'를 반드시 복식부기에 의한 장부로 한정할 것은 아니라고 할 것이다』라고 판시(서울행정법원 2016.12.8. 선고 2016구합 58000 판결, 장기제척기간의 판단에 대한 사건임)하였다. 따라서 이중장부는 복식부기에 의한 장부가 아니어도 된다.

1) 사례

① 2009년부터 이중장부를 작성하여 각 매출신고를 누락한 것은 조세범처벌법 제3조 제6항 제4호(이중장부 작성은 조세범처벌법 제3조 제6항 제1호의 사유도 해당)에 의한 사기 기타 부정한 행위에 해당한다는 의견을 밝힌 사실을 인정할 수 있다(서울고등법원 2017.6.20. 선고 2017누31554 판결).

② 실제 매출 내역이 기재된 전산장부인 비즈프로그램을 작성, 보관하는 외에 그보다 매출금액이 적게 기재된 허위의 전산장부인 더존프로그램을 작성하여 이를 근거로 피고에게 매출금액을 실제보다 과소하게 신고한 행위는 이중장부 작성 및 거짓 기장에 기초한 것으로서 구 국세기본법 제26조의2 제1항 제1호, 구 국세기본법 시행령 제12조의2 제1항, 조세범처벌법 제3조 제6항의 '사기나 그 밖의 부정한 행위'의 유형 중 하나인 '이중장부의 작성 등 거짓 기장'(제1호)에 해당한다고 봄이 타당하다(서울행정법원 2016.12.8. 선고 2016구합58000 판결, 장기제척기간의 판단에 대한 사건임).

③ 부동산매매회사의 경영자가 토지 등의 매매금액을 감액하여 허위내용의 매입·매출장부를 작성하고, 그 차액을 차명계좌에 보관하는 한편 장부상 금액을 기준으로 법인세 신고를 한 경우, 사기 기타 부정한 방법으로 조세를 포탈한 것에 해당한다고 한 사례(대법원 2007.10.11. 선고 2007도4697 판결).

④ 회사 대표자가 회사자금을 인출하여 횡령함에 있어 경비지출을 과다계상하여 장부에 기장하고 나아가 이를 토대로 법인세 등의 조세를 납부한 경우 국가의 조세수입의 감소를 초래하여 조세를 포탈하였다고 할 것이다(대법원 1992.3.10. 선고 92도147 판결).

⑤ 허위의 생산일계표, 월말잔액시산표, 자금현황장부를 작성비치하고 이에 맞추어 총매출외형을 줄이고, 또 실제보다 값이 싼 제품의 수량을 많게 하는 내용의 신고를 하여 조세를 포탈한 일련의 행위는 조세부과를 현저하게 곤란케 하는 부정행위에 해당하고 그 신고의 근거자료가 된 위 허위의 장부 등을 세무서에 제출한 여부나 세무관서에서 조사한 여부는 부정행위 성립에 영향이 없다(대법원 1984.2.28. 선고 83도214 판결).

⑥ 금원을 관계 서류를 수정, 조작하여 위 회사의 매출에서 제외시키고 이를 적자 누적으로 인하여 법인세가 부과되지 아니하는 다른 법인에 입금처리하는 방법으로 공소외 주식회사의 소득금액을 과소신고함으로써 그 차액에 해당하는 법인세를 포탈하였다면, 이는 조세범처벌법 제9조 제1항에 정한 사기 기타 부정한 행위로써 조세를 포탈한

경우에 해당한다(대법원 1996.12.10. 선고 96도2398 판결).

(2) 거짓 증빙 또는 거짓 문서의 작성 및 수취(조처법 제3조 제6항 제2호)

증빙 또는 문서란 장부를 작성하는데 기초가 되는 자료로 거래사실을 증명하는 영수증, 신용카드매출전표, 현금영수증, 계약서, 발주서, 출고증, 운송장 등을 말한다. 거짓 증빙 또는 거짓 문서의 작성 및 수취는 거래사실과 다른 내용 또는 허위의 거래사실을 담은 증빙 또는 문서를 작성하는 행위와 수취하는 행위를 의미하고, 이들 행위에 의하여 작성되거나 수취된 거짓 증빙 또는 거짓 문서로 인하여 장부가 기록·관리되기 때문에 기록·관리된 장부의 내용에 거짓 내용이 들어있어 적법하고 정확한 조세의 부과·징수를 할 수 없으므로 거짓 증빙 또는 거짓 문서의 작성 및 수취행위는 부정행위에 해당할 수 있다.

거짓 증빙 또는 거짓 문서의 작성 및 수취는 "이중장부의 작성 등 장부의 거짓 기장(조처법 제3제 제6항 제1호)과 구별된다. 거짓 증빙 또는 거짓 문서의 작성 및 수취는 장부를 작성하기 이전에 이루어지는 행위이고 이중장부의 작성 등 장부의 거짓 기장은 거짓 증빙 또는 거짓 문서의 작성 및 수취의 결과물인 거짓 증빙 또는 거짓 문서에 근거하여 장부가 기록·관리되기 때문이다.

1) 사례

① 개인기록표상의 '총매'에 기재된 실제매출액을 감추기 위하여 개인기록표를 은닉하는 한편 신용카드 매출전표에 봉사료를 실제보다 과다·계상함으로써 매출액 산정의 기초가 되는 주대를 축소한 후 이를 기초로 과세표준과 세액을 과소하게 신고·납부하였다면, 이는 조세의 부과와 징수를 불가능하게 하거나 현저히 곤란하게 하는 위계 기타 부정한 적극적인 행위로서 사기 기타 부정한 행위에 해당한다고 한 원심의 판단을 수긍한 사례(대법원 2005.12.22. 선고 2003도6433 판결)

② 정당하게 발급된 출고증을 회수하고 납세증지를 영업소별로 안내하여 내용허위의 출고증을 각 영업소에 송부하여 이를 세무서에 제출케 하는 등 조세의 포탈을 가능하게 하는 사회통념상 부정이라고 인정되는 적극적인 행위등에 의한 것임이 인정(대법원 1985.12.10. 선고 85도1043 판결)

③ 실제 판매액과 달리 판매액을 허위기재한 판매일보를 작성하고 이에 맞추어 경리 장부와 표준계산서를 작성한 후 이를 근거로 조세를 신고납부하였다면 위 조세를 포탈할 목적으로 위와 같은 허위장부를 작성하여 조세근거서류로 구비함으로써 조세의 부과징수를 곤란하게 한 것으로서 조세범처벌법 제9조 제1항에 규정된 포탈행위에 해당한다(대법원 1981.7.28. 선고 81도154 판결).

④ 단순한 과세표준의 미신고 또는 감소신고가 아니라 지출경비에 관한 장부인 노임대장 및 출장여비정산서를 허위작성·비치하여 놓고 그에 따라 지출경비를 과대계상함으로써 법인소득금액을 감소시키는 방법으로 법인세·방위세를 포탈한 것은 사기 기타 부정한 방법으로 조세를 포탈한 행위이다(대법원 1985.7.23. 선고 85도1003 판결).

(3) 장부와 기록의 파기(조처법 제3조 제6항 제3호)

파기(破棄)란 어떤 사물을 깨뜨리거나 찢어서 내버림을 의미한다. 장부와 기록의 파기는 장부와 기록 또는 장부의 기능을 하는 전자기록을 찢어서 버리거나 깨뜨려 없애버리는 것을 의미한다. 납세의무자가 세법에 따라 장부를 갖추어 기록하고 있는 경우에 과세관청은 그 장부와 관계되는 증거자료에 의하여 해당 국세의 과세표준을 조사 및 결정하여야 한다(국기법 제16조 제1항). 이는 국세부과의 원칙 중 근거과세를 말하는 것으로 장부와 기록은 근거과세를 가능케 한다. 따라서 장부와 기록을 파기하는 행위는 근거과세를 못 하게 하는 것으로 조세의 부과와 징수를 불가능하게 하거나 현저히 곤란하게 하는 적극적 행위에 해당한다 할 수 있다.

그리고 조세를 포탈하기 위한 증거인멸의 목적으로 세법에서 비치하도록 하는 장부 또는 증빙서류(「국세기본법」 제85조의3 제3항에 따른 전산조직을 이용하여 작성한 장부 또는 증빙서류를 포함한다)를 해당 국세의 법정신고기한이 지난 날부터 5년 이내에 소각·파기 또는 은닉한 자는 「조세범처벌법」 제8조【장부의 소각·파기 등】에 의하여 처벌된다.

1) 사례

① 부가가치세를 포탈할 의도 아래 실제의 거래현황이 기재된 장부 등을 소각 등의 방법으로 없애버리고 또 일부의 매입자들에 대하여는 세금계산서를 교부하지 아니하였을 뿐만 아니라, 세무신고시에는, 교부하였던 세금계산서의 일부마저 누락시킨 채 일부의 세금계산서와 그를 토대로 만든 허위의 매입·매출장을 제출하는 방법으로 매출신고를 과소신고한 행위는 조세의 부과와 징수를 불가능하게 하거나 현저히 곤란하게 하는 적극적 행위라 아니할 수 없다(대법원 1988.3.8. 선고 85도1518 판결).

② 비즈프로그램의 매출·매입자료 중 일부를 삭제하였는 바, 구 국세기본법 제85조의3 제2항이 장부 및 증거서류를 그 거래사실이 속하는 과세기간에 대한 해당 국세의 법정신고기한이 지난 날부터 5년간 보존해야 한다고 규정하고 있는 것에 비추어 볼 때, 원고에게는 위와 같은 자료 삭제를 통하여 신고·납부기한 경과 후에 있을지도 모르는 세무공무원의 조사에 대비하여 사전에 소득을 감추려는 의도가 있었던 것으로 보이므로, 원고의 위와 같은 행위는 '장부와 기록의 파기'(조처법 제3조 제6항 제3호)에 해당한다고 할 것

이다(서울행정법원 2016.12.8. 선고 2016구합58000 판결. 장기제척기간의 판단에 대한 사건임).

(4) 재산의 은닉, 소득·수익·행위·거래의 조작 또는 은폐(조처법 제3조 제6항 제4호)

은닉(隱匿)은 어떤 사실이나 물건을 감추는 것을 의미하고, 조작(造作)은 일을 거짓으로 그럴듯하게 꾸며 냄을 의미하고, 은폐(隱蔽)는 드러나지 않도록 덮어 감추는 것을 의미한다. 따라서 재산의 은닉은 납세의무자가 재산을 감추는 것을 의미하고, 조작은 소득·수익·행위·거래를 거짓으로 그럴듯하게 꾸며 그 실질과 다르게 꾸며 냄을 의미하고, 은폐는 소득·수익·행위·거래를 드러나지 않게 감추는 것을 의미한다.

이들의 행위로 부동산 또는 주식 등의 명의신탁, 타인명의 사업자등록 등, 차명계좌 사용, 세금계산서 등 거래증빙의 미수수·거짓수수·허위수수 행위 등 다양한 유형이 존재한다.

1) 사례

① 대부업을 영위하는 사업자로서 소득세법에 따라 성실하게 장부를 비치·기록할 의무가 있고, 장기간 상당한 규모의 대부업에 종사하였음에도 아무런 장부를 작성하지 않았다는 것은 그 자체로 매우 이례적인 점 등의 사정에 비추어 볼 때, 피고인의 일련의 행위는 조세포탈의 의도를 가지고 거래장부 등을 처음부터 고의로 작성하지 않거나 이를 은닉함으로써 조세의 부과징수를 불능 또는 현저하게 곤란하게 하는 적극적인 행위로서 조세범처벌법 제3조 제1항의 '사기나 그 밖의 부정한 행위'에 해당함(대법원 2015.10.15. 선고 2013도9906 판결).

② 차명계좌의 예입에 의한 은닉행위에 있어서도 여러 곳의 차명계좌에 분산 입금한다거나 순차 다른 차명계좌에의 입금을 반복하거나 단 1회의 예입이라도 그 명의자와의 특수한 관계 때문에 은닉의 효과가 현저해지는 등으로 적극적 은닉의도가 나타나는 사정이 덧붙여진 경우에는 조세의 부과징수를 불능 또는 현저히 곤란하게 만든 것으로 인정할 수 있다(대법원 1999.4.9. 선고 98도667 판결).

③ 유흥주점을 경영함에 있어서 제3자의 이름으로 사업자등록을 한 뒤 그 이름으로 카드가맹점을 개설하고 신용카드 매출전표를 작성하여 피고인의 수입을 숨기는 등 행위를 함으로써 사기 기타 부정한 방법으로 조세를 포탈하였다고 한 사례(대법원 2004.11.12. 선고 2004도5818 판결).

④ 자신의 자녀들에게 차명주식을 증여하였는데도 적극적으로 자녀들과 차명주주들 사이에 실질적인 매매가 있는 것과 같은 외관을 만드는 방법으로 구 상속세 및 증여세법 제41조의5 제1항에서 정한 의제증여세를 포탈한 사안에서, 위 행위가 의제증여세

포탈과 관련하여 '사기 기타 부정한 행위'에 해당한다고 본 원심판단을 수긍한 사례 (대법원 2011.6.30. 선고 2010도10968 판결).

(5) 고의적으로 장부를 작성하지 아니하거나 비치하지 아니하는 행위 또는 계산서, 세금계산서 또는 계산서합계표, 세금계산서합계표의 조작(조처법 제3조 제6항 제5호)

고의적으로 장부를 작성하지 아니하거나 비치하지 아니하는 행위란 사업자가 고의적으로 세법이 기록·관리를 규정하는 장부를 작성하지 아니하거나 비치하지 아니한 행위를 말한다. 법인사업자는 복식부기에 따라 장부(법인법 제112조)를 기록·관리하여야 하고 개인사업자는 간편장부대상자(소득령 제208조 제5호)를 제외하고는 복식부기에 따라 장부(소득법 제160조 제1항)를 기록·관리하여야 한다. 따라서 사업자는 복식부기에 따라 장부 또는 간편장부를 기록·관리하여야 하며, 고의적으로 장부를 작성하지 아니하거나 비치하지 아니하는 행위는 근거과세를 할 수 없게 하므로 부정행위에 해당할 수 있다.

"계산서, 세금계산서 또는 계산서합계표, 세금계산서합계표의 조작"은 재화 또는 용역을 거래한 당사자가 그 거래사실과 다르게 계산서 또는 세금계산서 수수하거나, 재화 또는 용역의 거래 없이 계산서 또는 세금계산서를 수수하거나, 수수한 계산서 또는 세금계산서의 내용과 달리 계산서합계표 또는 세금계산서합계표를 기재하여 과세관청에 제출하거나, 수수한 계산서 또는 세금계산서 없이 계산서합계표 또는 세금계산서합계표를 기재하여 과세관청에 제출하는 행위 등을 의미한다. 조작된 계산서, 세금계산서 등은 장부의 기록·관리 전의 행위이면서 장부의 기록·관리의 대상으로 최종적으로 장부의 내용을 오염시켜 정확한 조세의 산출을 방해하므로 부정행위가 될 수 있다.

1) 사례

① 빼돌린 해상용 면세 경유를 판매하면서 부가가치세를 포탈하기 위하여 석유판매업 사업자등록을 하지 아니하고 관련 장부를 전혀 비치·기재하지 않으면서 세금계산서도 발행하지 않은 것은 조세의 부과와 징수를 불가능하게 하거나 현저하게 곤란하게 하는 적극적 행위에 해당함(대법원 2004.5.28. 선고 2004도1297 판결).

② 부동산을 개발하여 전매하는 사업을 영위하면서 상당한 양도차익을 얻었음에도 매입·매출에 관한 장부를 기장·비치하지 아니하였고 그 사업과정에 관한 세금계산서를 전혀 발급하거나 발급받지 아니하였으며 법인세 확정신고도 전혀 하지 아니한 사실을 인정한 다음, 이러한 피고인의 행위는 조세의 부과와 징수를 불가능하게 하거나 현저히 곤란하게 하는 적극적 행위로서 사기 기타 부정한 행위에 해당함(대법원

2013.9.12. 선고 2013도865 판결).

③ 재화 또는 용역을 공급받은 이가 매매계약에 따른 매입세금계산서를 교부받은 이후에 그 계약이 해제되어 수정세금계산서를 교부받아야 함에도 공급자에게 다시 재화 또는 용역을 공급한 것처럼 매출세금계산서를 발행하였다면, 설령 그 과세기간 내의 매출 세액과 매입세액의 합계액에 아무런 영향을 미치지 아니한다고 하더라도, 실제로 그 에 상응하는 재화 또는 용역을 공급하지 아니한 이상 허위의 매출세금계산서를 교부 한다는 사정에 대한 범의가 부정된다고 볼 것은 아니다 판단(대법원 2014.4.30. 선고 2012 도7768 판결)

④ 자동차의 실제 매수자는 개인들이고 그 구입대금 기타 운행에 소요되는 제세공과금 역시 개인들이 부담하여 자가용으로 사용하는 것임에도 형식상으로 렌트카 영업을 하는 회사 명의를 빌려 대여용인 것처럼 구입하게 하는 방법으로 렌트카 회사가 부가 가치세 신고시에 매입세액을 환급받았다면 이는 부가가치세 환급을 받을 수 없는 자 가 환급권이 있는 것처럼 부정환급을 받은 것이므로 조세범처벌법 제9조 제1항 소정 의 '사기 기타 부정한 행위'에 해당함(대법원 2003.6.27. 선고 2002도6088 판결).

(6) 「조세특례제한법」 제5조의2 제1호에 따른 전사적 기업자원 관리설비의 조작 또는 전자세금계산서의 조작(조처법 제3조 제6항 제6호)

전사적 기업자원 관리설비(Enterprise Resource Planning)란 구매·설계·건설·생산· 재고·인력 및 경영정보 등 기업의 인적물적 자원을 전자적 형태로 관리하기 위하여 사용 되는 컴퓨터와 그 주변기기, 소프트웨어, 통신설비, 그 밖의 유형·무형의 설비를 말한다. 기업의 회계 관련 소프트웨어도 전사적 기업자원 관리설비에 속한다. 전사적 기업자원 관 리설비를 도입한 기업은 회계, 구매, 생산, 매출, 인력 등 기업의 경영활동에서 발생하는 대 부분의 내용을 전자적 방법에 의한 장부형태로 기록·관리한다. "전사적 기업자원 관리설 비의 조작"이란 이런 "전자적 방법에 의한 장부"(전사적 기업자원 관리설비)를 경영활동 에서 발생한 사실과 다르게 거짓으로 기록·관리하는 것을 의미한다. 따라서 "전자적 기업 자원 관리설비의 조작"은 전자적 방법에 의한 장부를 거짓으로 기록·관리하는 것으로 정 확한 조세의 산출을 방해하여 부정행위에 해당할 수 있다.

전자세금계산서는 과세되는 재화 또는 용역을 공급하는 사업자가 「부가가치세법 시행령」 제68조 제5항에서 정한 전자적 방법[㉠ 표준인증을 받은 ERP시스템을 이용한 발급, ㉡ ASP시스템을 이용한 발급, ㉢ 국세청장이 구축한 전자세금계산서 발급시스템을 이용한 발 급(국세청 홈택스를 이용한 발급), ㉣ 현금영수증 발급장치를 이용한 발급]으로 발급하는 세금계산서를 말한다. 전자세금계산서는 공동인증서와 세금계산서 작성내용을 특정한 함수로 암호한 전자서명이 내재된 XML파일이다. 전자세금계산서의 조작이란 거래당사자 간에 재화 또는 용역을 거래하고 거래 사실과 다르게 전자세금계산서를 수수하거나, 재화 또는 용역의 거래 없이 전자세금계산서를 수수하는 행위를 의미한다. 전자세금계산서 조작도 세금계산서(수기세금계산서)를 조작하는 것과 마찬가지로 부정행위에 해당할 수 있다.

한편, 「조세범처벌법」 제3조 제6항 제6호의 법문에 전자세금계산서의 조작은 부정행위로 규정하여 놓았지만 전자계산서는 빠져있으므로 이에 대한 세법개정이 요망된다.

1) 사례

전자세금계산서를 발급받았으나 그 발급명세가 해당 과세기간 종료일 다음 달 11일까지 국세청장에게 전송되지 않았으므로, 이는 부가가치세법 제54조 제1항에 따라 피고인이 매입처별 세금계산서합계표를 제출할 필요가 있는 전자세금계산서 발급분에 해당하고, 따라서 피고인이 위 세금계산서합계표를 거짓으로 기재하여 제출한 행위는 구 「조세범처벌법」 제10조 제3항 제3호의 '부가가치세법에 따른 매출·매입처별 세금계산서합계표를 거짓으로 기재하여 정부에 제출한 행위'에 해당하고, 원심은 피고인이 허위의 세금계산서로 매입세액을 환급받을 당시 피고인에게 그에 관한 인식 이외에 허위의 전자세금계산서 발급업체가 허위의 전자세금계산서상의 부가가치세 납부의무를 면탈함으로써 결과적으로 피고인이 허위의 세금계산서에 의하여 매입세액의 공제를 받는 것이 국가 조세수입의 감소를 가져오게 될 것이라는 인식이 있었다고 보고, 피고인에게 조세포탈죄의 고의가 인정된다고 판단한 것에 대해, 조세포탈죄의 고의 등에 관한 법리를 오해한 잘못이 없다 판단(대법원 2022.4.14. 선고 2020도18305 판결).

(7) 그 밖에 위계(僞計)에 의한 행위 또는 부정한 행위(조처법 제3조 제6항 제7호)

「조세범처벌법」 제7호는 부정행위에 대한 포괄규정으로 예시규정인 제1호 내지 제6호에 규정하는 부정행위 외의 행위를 말하는 것으로 그 밖에 위계에 의한 행위 또는 부정한 행위를 의미한다.

위계(僞計)의 사전적 의미는 거짓으로 계략을 꾸밈이다. 판례(대법원 2017.2.21. 선고 2016도15144 판결)에서 말하는 위계의 의미는 『행위자가 행위의 목적을 달성하기 위하여 상대방에게 오인·착각 또는 부지를 일으키게 하여 이를 이용하는 것을 말한다』이다. 조세포탈 과정에서 위계의 상대방은 세무공무원 등이다(김종근, 조세형사법해설, 187쪽 중단). 따라서 "그 밖에 위계에 의한 행위"란 납세의무자가 세무공무원 등을 오인·착각 또는 부지를 일으키게 하여 조세를 포탈하는 행위라 할 수 있고, "부정한 행위"란 제1호 내지 제6호의 행위 외의 조세포탈을 야기하는 반윤리적이고 반사회적인 조세범칙행위라고 할 수 있다.

1) 사례

① 피고인이 자신의 자녀들에게 차명주식을 증여하였는데도 적극적으로 자녀들과 차명주주들 사이에 실질적인 매매가 있는 것과 같은 외관을 만들어 구 상속세 및 증여세법(2003. 12. 30. 법률 제7010호로 개정되기 전의 것) 제41조의5 제1항에서 정한 의제증여세 부과의 전제가 되는 '최대주주인 피고인과 특수관계에 있는 자녀들 사이의 차명주식 증여 사실'을 숨기는 등의 방법으로 의제증여세를 포탈한 사안에서, 피고인의 행위가 의제증여세 포탈범행과 관련하여 '사기 기타 부정한 행위'에 해당한다고 본 원심판단을 수긍한 사례(대법원 2011.6.30. 선고 2010도10968 판결)

7. 세무회계와 기업회계의 차이 등과 조세포탈의 관계

기업회계란 기업회계기준 또는 업종별 회계처리준칙에 따라 장부를 기록·관리하여 기업의 재무상태, 경영성과, 기간손익 등의 산출을 목적으로 하는 회계를 말한다. 세무회계란 세법에 따라 기업의 과세소득을 계산하여 정확한 세액산출을 목적으로 하는 회계를 말한다. 기업회계는 기업회계기준 또는 업종별 회계처리준칙에 따라 장부를 기록·관리하여 기간손익 등을 산출하고 세무회계는 세법에 따라 기업의 과세소득을 계산하기 때문에 기업의 기간손익과 세법상 과세소득은 차이가 발생하는데 이를 세무회계와 기업회계의 차이라 한다. 차이가 생기는 주요 요인은 손익의 인식시기 차이로 발생하는 익금과 손금, 업무추진비·기부금·감가상각비·대손상각비·퇴직금 등 비용의 세법의 한도액 설정으로 발생하는 익금과 손금 등이다.

세무회계와 기업회계의 차이에 세법을 적용하여 적정한 세법상의 과세소득을 계산하는 일련의 과정을 "세무조정"이라 한다.

세무조정의 과정을 거쳐 산출된 과세소득에서 세법이 규정하는 소득공제를 차감하면 과세표준이 되고 과세표준에 세율을 적용하여 세액을 산출한다.

구 조세범처벌법 제9조의2는 이러한 세무조정 과정에서 발생한 소득금액(세무회계와 기업회계의 차이)과 법인의 과세표준을 법인이 신고하거나 정부가 결정 또는 경정함에 있어서 그 법인의 주주·사원·사용인 기타 특수한 관계에 있는 자의 소득으로 처분된 금액은 사기 기타 부정한 행위로 인한 소득금액으로 보지 않는다고 규정하였다. 따라서 세무조정 과정에서 발생한 소득금액과 법인의 과세표준을 법인이 신고하거나 정부가 결정 또는 경정함에 있어서 그 법인의 주주·사원·사용인 기타 특수한 관계에 있는 자의 소득으로 처분된 금액으로 인하여 발생한 탈루세액은 포탈세액으로 보지 않았다. 그런데 2010.1.1. 「조세범처벌법」이 전면개정되면서 구 조세범처벌법 제9조의2가 삭제되었다. 세무조정 과정에서 발생한 소득금액과 법인의 과세표준을 법인이 신고하거나 정부가 결정 또는 경정함에 있어서 그 법인의 주주·사원·사용인 기타 특수한 관계에 있는 자의 소득으로 처분된 금액은 기업회계와 세무회계의 차이 등에서 발생하고 사기 기타 부정한 행위로 인하여 발생한 소득금액이 아니므로 구 조세범처벌법 제9조의2가 삭제되었더라도 당연히 사기 기타 부정한 행위로 인하여 발생한 소득으로 볼 수 없다. 하지만 기업회계와 세무회계의 차이로 인하여 발생한 소득금액이라도 적극적인 은닉행위 또는 조작행위가 결합된 경우에는 사기 기타 부정한 행위로 인하여 발생한 소득으로 볼 수 있다(대법원 2013.12.12. 선고 2013두7667 판결).

1) 사례(기업회계와 세무회계의 차이를 부정행위로 본 경우)

① 법인세법상 부당행위계산 부인으로 인한 세무조정금액 등 세무회계와 기업회계의 차이로 생긴 금액은 특별한 사정이 없는 한 구 국세기본법 제26조의2 제1항 제1호 소정의 사기 기타 부정한 행위로 얻은 소득금액으로 볼 수 없으나, 법인세법상 부당행위계산에 해당하는 거래임을 은폐하여 세무조정금액이 발생하지 않게 하기 위하여 부당행위계산의 대상이 되지 않는 자의 명의로 거래를 하고 나아가 그 사실이 발각되지 않도록 허위 매매계약서의 작성과 대금의 허위지급 등과 같이 적극적으로 서류를 조작하고 장부상 허위기재를 하는 경우에는 그것이 세무회계와 기업회계의 차이로 생긴 금액이라 하더라도 이는 사기 기타 부정한 행위로써 국세를 포탈한 경우에 해당하여 그에 관한 법인세의 부과제척기간은 10년이 된다(대법원 2013.12.12. 선고 2013두7667 판결).

② 특수관계자들로부터 주식을 시가보다 12배 이상 되는 고액으로 매수하면서 그 고가매입사실이 발각되지 않기 위하여 매수일자가 소급된 허위의 매매계약서와 회계장부를 작성, 비치하는 등 부당행위계산에 해당하는 거래임을 은폐하기 위하여 적극적으로 서류를 조작하고 장부상 허위기재하는 경우까지 세무회계와 기업회계의 차이로 인한 것으로 보아 조세포탈에 해당하지 않는 것으로 볼 수는 없다(대법원 2002.6.11. 선고 99도2814 판결).

Ⅵ > 조세포탈의 결과

조세포탈의 결과는 「조세범처벌법」 제3조 제1항에서 규정하고 있는 사기나 그 밖의 부정한 행위로써 조세를 포탈하거나 조세의 환급·공제를 받은 것을 말한다. 즉, 조세포탈의 세가지 행태인 협의의 포탈, 부정환급, 부정공제를 말한다. 조세포탈죄는 결과범으로 이들 조세포탈의 결과가 발생하여야 성립하는 죄이다. 그뿐만 아니라 「조세범처벌법」의 특징 단원에서 설명한 것처럼 모든 조세범칙행위는 미수범에 대한 처벌조항이 없으므로 범칙행위의 결과가 발생하지 아니하면 처벌을 못한다. 따라서 조세포탈을 위한 부정행위를 하였을지라도 조세포탈의 결과가 발생하지 아니하면 조세포탈죄는 성립하지 않는다. 예를 들면 법인이 법인세 등을 포탈하게 위하여 가공경비를 계상하는 등 이중장부를 만들어 기록·관리하였더라도 법인세 신고 시 정상적으로 신고한 경우와 부과과세제도에 속하는 상속세의 경우 부친으로부터 1,000억 원을 상속받은 아들이 가공부채 500억 원을 계상하여 상속세 신고를 하였는데 세무서의 상속세 조사과정에서 조사공무원이 가공부채 500억 원을 발견하고 정상적으로 상속세를 조사결정하였을 경우는 비록 부정행위가 있었으나 조세포탈의 결과가 발생하지 않았으므로 조세포탈죄는 성립하지 않는다. 그러므로 조세포탈죄가 성립하기 위해서는 반드시 포탈의 결과가 있어야 한다.

Ⅶ 포탈세액의 결정

포탈세액은 조세포탈행위의 결과로 포탈세액의 크기에 따라 죄명, 벌금의 상한선이 달라지고 객관적 구성요건 요소로서의 지위에 있으므로 공소장에 정확한 액수가 기재되어야 한다(김태희, 조세범처벌법, 박영사, 229쪽). 포탈세액의 결정에서 쟁점이 되는 점은 포탈세액의 결정방법, 포탈세액의 범위, 포탈세액의 구성요소 등이다.

1. 포탈세액의 결정방법

포탈세액을 결정방법은 실지조사결정과 추계조사결정 두 가지 방법이 있다.

(1) 실지조사결정

납세의무자가 세법에 따라 장부를 갖추어 기록하고 있는 경우에는 해당 국세 과세표준의 조사와 결정은 그 장부와 이와 관계되는 증빙자료에 의하여야 한다(국기법 제16조 제1항). 이는 실지조사결정을 의미하고 과세관청이 납세의무자의 조세를 조사 또는 결정할 때 장부와 증빙자료에 의하여 하여야 한다는 것이다. 따라서 포탈세액의 결정도 장부와 증빙자료에 의하여 실질조사결정 방법으로 결정함이 타당하다. 실지조사결정에 의하여 결정된 포탈세액은 형사소송에 있어 실체적 진실주의에 부합된다고 할 수 있다.

(2) 추계조사결정

과세관청이 과세표준을 조사하고 결정함에 있어 납세의무자가 기록한 장부와 관계되는 증빙자료가 중요 부분이 미비 되거나 허위임이 명백하여 신뢰성이 없고 세법이 규정한 추계결정 사유(㉠ 과세표준 또는 소득금액을 계산할 때 필요한 장부 또는 증명서류가 없거나 중요한 부분이 미비 또는 허위인 경우, ㉡ 기장의 내용이 시설규모, 종업원수, 원자재·상품·제품 또는 각종 요금의 시가 등에 비추어 허위임이 명백한 경우, ㉢ 기장의 내용이 원자재사용량·전력사용량 기타 조업상황에 비추어 허위임이 명백한 경우 등)가 있는 경우에는 세법이 규정한 방법으로 소득금액(소득법 제80조 제3항 단서 및 소득령 제143조 제1항, 법인법 제66조 제3항 및 법인령 제104조 제1항) 또는 수입금액(부가법 제57조 제2항 단서, 부가령 제104조 제1항, 소득령 제144조 제1항, 법인령 제105조 제1항)을 결정할 수 있으며, 이를 추계조사결정이라 한다. 소득금액 추계조사결정은 소득세와 법인세 조사결정에 적용되고 수입금액 추계조사결정은 무자료매입(계산서 또는 세금계산서 등 미수취) 등으로 수입금액(매출액)을 알 수 없는 경우에 적용한다. 추계조사결정 방법은 각 세법에 규정되어 있으며 추계조사결정 대상자의 상황을 고려해 합리적인 방법을 선택하여 적용한다.

포탈세액을 추계조사결정 방법으로 결정하였을 경우 실체적 진실의 발견이 요구되는 형사소송에서 실지조사결정에 따른 포탈세액이 아닌 세액을 형벌법규의 구성요건요소로 사용할 수 있냐는 문제와 부딪치게 된다. 이와 관련한 판례(대법원 1997.5.9. 선고 95도2653 판결, 대법원 2011.4.28. 선고 2011도527 판결, 대법원 1985.7.23. 선고 85도1003 판결 외 다수)의 법리를 정리하여 보면『조세포탈범에 있어서 그 포탈세액의 계산 기초가 되는 수입금액 등의 추정계산은 그 방법이 일반적으로 용인될 수 있는 객관적·합리적인 것이고 그 결과가 고도의 개연성과 진실성을 가진 것이라야 허용될 수 있다』라고 일관되게 판시하고 있어 추계조사결정을 허용하고 있다. 그뿐만 아니라 추계조사결정의 방법에 관해서도 판례(대법원 2011.4.28. 선고 2011도527 판결)의 법리는『법령에 추계방법이 규정되어 있는 경우에는 구체적 사안에서 그 방법이 불합리하다고 볼 특별한 사정이 없는 한 그 방법을 적용하여야 한다고 봄이 상당하다』라고 판시하고 있어 세법에 규정되어 있는 추계방법을 적용하지 말아야 할 사정이 없으면 세법이 규정하는 방법에 따라 추계조사결정을 하여야 한다. 그리고 추계조사결정 방법의 적법 여부가 다투어지는 경우에 판례(대법원 2010.10.14. 선고 2008두7687 판결)는『추계방법의 적법 여부가 다투어지는 경우에 합리성과 타당성에 대한 증명책임은 과세관청에 있지만, 과세관청이 관계 규정이 정한 방법과 절차에 따라 추계하였다면 합리성과 타당성은 일단 증명되었고, 구체적인 내용이 현저하게 불합리하여 수입금액의 실액을 반영하기에 적절하지 않다는 점에 관하여는 이를 다투는 납세자가 증명할 필요가 있다』라고 판시하고 있어 추계방법의 합리성과 타당성에 대한 증명책임은 과세관청에 있지만, 추계방법의 불합리성의 입증책임은 납세자에게 있다 할 수 있다.

2. 포탈세액의 범위

포탈세액의 범위에 대해 판례(대법원 2000.2.8. 선고 99도5191 판결)는 『조세포탈범에 대한 형사절차에서 확정하여야 할 포탈세액은 당해 포탈범에 대하여 부과하여야 할 세법상의 납세의무액수와 그 범위를 같이 하여야 하므로 매입세금계산서를 교부받지 아니하거나 제출하지 아니한 경우, 매입세액을 매출세액에서 공제하지 않고 포탈세액을 인정하여야 한다』라고 판시하였다. 따라서 포탈세액의 범위는 포탈범에게 부과하여야 할 세법상 납세의무액수이다.

3. 포탈세액의 구성요소(본세, 가산세, 부과세액 또는 추징세액의 개념)

포탈세액의 구성에 대해 판례(대법원 2002.7.26. 선고 2001도5459 판결)는 『가산세는 원래 벌과금적 성질을 가지는 것이므로, 포탈세액에 포함시킬 수 없다』라고 판시하고 있으므로 포탈세액은 가산세를 제외한 본세만을 의미한다.

포탈세액의 구성요소에서 쟁점이 되는 것은 두 가지로, 하나는 포탈세액은 가산세를 제외한 본세만이라는 것이고, 다른 하나는 과세관청의 부과세액과 포탈세액이 다를 수 있다는 것이다.

"포탈세액은 가산세를 제외한 본세"만이라는 개념은 조세포탈죄를 공부하는 사람이라면 반드시 알아야 할 내용이다. 여기에서 본세란 "부정한 행위로 탈루된 과세표준에 해당하는 무납부 또는 과소납부세액"을 의미하고, 가산세는 납세의무자가 세법에서 규정한 의무를 위반하였을 시 국세기본법 및 세법 규정에 따라서 산출된 세액에 가산하여 징수하는 금액을 말한다(국기법 제47조). "포탈세액은 가산세를 제외한 본세"만이라는 내용을 반드시 알아야 할 사유는 포탈세액 결정 시 본세와 가산세를 합산하여 계산하였을 경우 가산세로 인하여 포탈세액이 부풀려질 수 있기 때문이다. 포탈세액이 5억 원 이상이어서 세무공무원등의 고발을 받지 않고 검사가 공소를 제기한 후 재판과정에서 포탈세액에 가산세가 포함된 내용이 밝혀져 포탈세액이 5억 원 미만이 돼 세무공무원등의 고발이라는 소송요건 미비를 사유로 판사가 공소기각을 선고한 실제 사례가 존재한다(실제사례 : 대법원 2011.6.30. 선고 2010도10968 판결).

'과세관청의 부과세액과 포탈세액이 다를 수 있다'는 개념은 과세관청의 부과세액과 포탈세액의 금액이 다를 수 있다는 것을 의미한다. 여기에서 과세관청의 부과세액은 납세자가 과세표준신고서를 제출한 내용이나 과세관청이 기결정 또는 조사결정한 내용에 오류 등이 발견되어 과세관청이 그 내용을 경정 또는 조사결정하여 납세의무자에게 부과하는 세액을 말하며 본세와 각종 가산세로 구성된다. 과세관청은 부과세액을 고지서 발부를 통하여 납세의무자에게 이행을 청구하고, 고지서에 기재된 납부할 세액(부과세액)은 부과세액 또는 추징세액이라 부르며, 고지서에 기재된 부과세액(추징세액)은 본세와 가산세로 구분하여 표기되어 있다.

과세관청의 부과세액과 포탈세액이 다를 수 있는 사유는 두 가지이다. 하나는 위에서 언급한 부과세액이 본세와 가산세로 구성되어 있기 때문이고, 다른 하나는 부과세액 중 본세가 조세포탈의 실행행위인 사기나 그 밖의 부정한 행위를 원인으로 부과되는 세액(포탈세액)과 사기나 그 밖의 부정한 행위가 아닌 행위를 원인으로 부과되는 세액으로 이루어질 수 있기 때문이다. 예를 들면 윤포탈이라는 개인의 2022년 귀속 종합소득세 등에 대한 범칙조사에서 종합소득세 10억 원(종합소득세 본세)과 가산세 3억7천만 원을 조사결정하였는데, 종합소득세 10억 원 중 7억 원은 부정행위를 원인으로 하여 결정하였고, 3억 원은 기업회계기준과 세무회계의 차이 등의 원인으로 결정하였을 경우, 과세관청의 부과세액(추징세액) 13억7천만 원은 "부정행위를 원인으로 부과되는 세액 7억 원"(포탈세액), "사기나 그 밖의 부정한 행위가 아닌 기업회계기준과 세무회계의 차이를 원인으로 부과되는 세액 3억 원"(탈루세액), 가산세 3억7천만 원으로 구성된 것이다. 이 경우 과세관청의 부과세액은 13억7천만 원이고 포탈세액은 7억 원이므로 차이가 발생한다.

사례 본세, 가산세, 추징세액 구분

개인사업자 김포탈은 조세포탈 목적으로 2021. 12. 26. 합판(공급가액 1,000,000,000원)을 ㈜백두가구에 공급하였으나 세금계산서를 발행하지 않았고, 2021년 제2기 부가가치세와 2021년 귀속 소득세 신고 시 매출누락한 사실을 숨긴 채 부가가치세와 소득세 신고(소득세 과세표준 1,500,000,000원)를 마쳤다. 단, 수사과정에서 김포탈은 세금계산서를 미발급한 매출액에 대응되는 원가를 제시하지 못하였고, 성실신고확인서 제출대상자이고, 포탈세액 계산 기준일은 2023.9.11.임.

Ⓐ 부가가치세 본세, 가산세, 추징세액(부과세액) 계산

① 부가가치세 본세(포탈세액) : 1,000,000,000원(과세표준) × 10%(세율) = 100,000,000원
  ㉠ 부정과소신고가산세 : 100,000,000원(부가가치세 본세) × 40% = 40,000,000원
  ㉡ 세금계산서미발행가산세 : 1,000,000,000원(과세표준) × 2% = 20,000,000원
  ㉢ 납부지연가산세 : 100,000,000원(부가가치세 본세) × 594일(납부지연일수) × 22/100,000 = 13,068,000원
❶ 부가가치세 추징세액(①+㉠+㉡+㉢) : 173,068,000원

B 종합소득세 본세, 가산세, 추징세액(부과세액) 계산

　　② 소득세 본세(포탈세액) : 1,000,000,000원(과세표준) × 45%(세율) = 450,000,000원

　　　ⓐ 부정과소신고가산세 : 450,000,000원(소득세 본세) × 40% = 180,000,000원

　　　ⓑ 납부지연가산세 : 450,000,000원(소득세 본세) × 437일(납부지연일수) × 22/100,000
　　　　= 43,263,000원

❷ 종합소득세 추징세액(②+ⓐ+ⓑ) : 673,263,000원

C 개인지방소득세 본세, 가산세, 추징세액(부과세액) 계산

　　③ 개인지방소득세 포탈세액(본세) : 450,000,000원(과세표준) × 10%(세율) = 45,000,000원

　　　㉮ 부정과소신고가산세 : 45,000,000원(지방세소득세 본세) × 40% = 18,000,000원

　　　㉯ 납부지연가산세 : 45,000,000원(지방세소득세 본세) × 437일(납부지연일수) × 22/100,000
　　　　= 4,326,300원

❸ 개인지방소득세 추징세액(③+㉮+㉯) : 67,326,300원

　　F1 총 포탈액(①+②+③) : 595,000,000원

　　F2 총 가산세(㉠+㉡+㉢+ⓐ+ⓑ+㉮+㉯) : 318,657,300원

　　F3 총 추징세액(F1 + F2) : 913,657,300원

　　✅ 추징세액(부과세액) : 913,657,300원

　　✅ 포탈세액(본세) : 595,000,000원

　　✅ 가산세 : 318,657,300원

　　✅ 추징세액(부과세액)과 포탈세액의 차액 : 318,657,300원

　　✅ 과세관청은 추징세액(부과세액)의 이행청구를 위하여 김포탈에게 부가가치세 고지서 1부
　　　(고지서의 납부할 세액 : 173,068,000원), 종합소득세 고지서 1부(고지서의 납부할 세액
　　　: 673,263,000원), 개인지방소득세 고지서 1부(고지서의 납부할 세액 : 67,326,300원,
　　　지방자치단체에서 발부한다)를 발부한다.

Ⅷ 기수시기

조세범처벌법 제3조 【조세포탈 등】

⑤ 제1항에서 규정하는 범칙행위의 기수(旣遂) 시기는 다음의 각 호의 구분에 따른다.

1. 납세의무자의 신고에 의하여 정부가 부과·징수하는 조세 : 해당 세목의 과세표준을 정부가 결정하거나 조사결정한 후 그 납부기한이 지난 때. 다만, 납세의무자가 조세를 포탈할 목적으로 세법에 따른 과세표준을 신고하지 아니함으로써 해당 세목의 과세 표준을 정부가 결정하거나 조사결정할 수 없는 경우에는 해당 세목의 과세표준의 신 고기한이 지난 때로 한다.

2. 제1호에 해당하지 아니하는 조세 : 그 신고·납부기한이 지난 때

---

1. 기수시기의 의의

조세포탈죄의 기수시기는 납세의무자등이 부정한 행위를 하여 협의의 조세포탈, 부정공제, 부정환급의 결과가 발생한 시점을 말한다. 「조세범처벌법」 제3조 제5항은 납세의무의 확정방법에 따라 부과과세제도에 속하는 세목은 해당 세목의 과세표준을 정부가 결정하거나 조사결정한 후 그 납부기한이 지난 때(조세포탈 목적으로 무신고한 경우는 신고기한)를, 신고납세제도에 속하는 세목은 신고·납부기한이 지난 때를 조세포탈범의 기수시기로 규정하고 있다.

조세포탈의 결과발생 시점은 납부해야 할 세액이 확정된 시점에 포탈의 결과가 발생한다는 견해(확정시설)와 납세자가 조세를 납부하였어야 하는 시점에 포탈의 결과가 발생한다고 보는 견해(납기설)가 대립되어오다 1963.1.1. 시행한 개정 「조세범처벌법」에서 조세포탈죄의 기수시기를 납기설에 입각하여 명문화함으로써 납세자가 조세를 납부하여야 하는 시점(납부기한)이 조세포탈의 결과발생 시점이 되었다(김중곤, 조세범처벌법해설, 2021, 220쪽 하단).

2. 「조세범처벌법」 제3조 제5항과 인지세 및 부정환급의 관계

「조세범처벌법」 제3조 제5항은 조세포탈범의 기수시기를 규정한다. 그러나 제3조 제5항의 법문[주7]이 규정하는 기수시기가 적용되려면 포탈세목이 과세표준신고서 제출의무가 있어야 하고 조세포탈의 유형은 부정환급이 아니어야 한다는 것이다. 즉, 제3조 제5항이 규정하는 기수시기는 과세표준신고서 제출의무가 없는 세목(인지세)과 포탈의 유형 중 부정환급에는 적용할 수 없다.

따라서 조세포탈의 행태 중 부정환급과 인지세의 기수시기는 후술하는 내용과 같이 「조세범처벌법」 제3조 제5항을 적용하지 못하고 대법원 판례 등에 따라 기수시기가 정해진다.

주7) 제3조 제5항의 법문 중 제1호의 "납세의무자의 신고에 의하여" 및 단서의 "신고기한이 지난 때라 한다"라는 법문, 제2호의 "그 신고·납부기한이 지난 때"라는 법문은 포탈 세목이 과세표준신고서 제출의무가 있어야 한다는 것을 요구한다. 제3조 제5항의 법문 중 제1호의 "결정하거나 조사결정한 후 그 납부기한이 지난 때"라는 법문과 제2호의 "그 신고·납부기한이 지난 때"라는 법문은 포탈의 유형 중 부정환급이 아니어야 한다는 것을 요구한다.

3. 조세포탈범의 기수시기 판단

조세포탈범의 기수시기는 납세의무의 확정방법과 조세포탈의 행태에 따라 정해진다. 조세포탈범의 일반적인 기수시기는 납세의무의 확정방법에 따라 정해지고, 예외적인 기수시기는 조세포탈의 행태에 따라 정해진다.

납세의무의 확정방법은 세 가지로 (1) 부과과세제도(정부결정제도), (2) 신고납세제도, (3) 과세표준신고서 제출 없이 납세의무를 확정하는 제도이다. 조세포탈범의 기수시기는 이들 중 어느 제도에 속하는 세목이냐에 따라서 기수시기가 정해진다.

조세포탈의 행태는 세 가지로 협의의 포탈, 부정공제, 부정환급이다. 셋 중 부정환급은 예외적인 기수시기가 적용된다.

(1) 부과과세제도에 속하는 조세의 기수시기

부과과세제도에 속하는 세목의 기수시기는 해당 세목의 과세표준을 정부가 "결정하거나 조사결정"한 후 그 납부기한이 지난 때이다(조처법 제3조 제5항 제1호). 다만, 납세의무자가 조세를 포탈할 목적으로 세법에 따른 과세표준을 신고하지 아니함으로써 해당 세목의 과세표준을 정부가 결정하거나 조사결정할 수 없는 경우에는 해당 세목의 과세표준의 신고기한이 지난 때이다(조처법 제3조 제5항 제1호 단서). 그러나 부과과세제도에 속하는 세목일지라도 조세포탈의 행태가 부정환급일 경우에는 「조세범처벌법」 제3조 제5항 제1호를 적용할 수 없다.

부과과세제도란 납세의무자의 과세표준과 세액을 정부가 확정하여 주는 제도를 말한다. 납세의무의 확정주체는 정부이고 납세의무자의 과세표준신고서 제출 여부와 관계없이 과세표준과 세액을 정부가 결정하거나 조사결정하여 납세의무를 확정한다.

내국세 중 부과과세제도에 속하는 세목은 상속세, 증여세, 종합부동산세(납세의무자가 과세표준신고서를 제출하면 신고납세제도에 속하는 세목이 된다)가 있다.

1) 과세표준신고서 제출 후 결정 또는 조사결정 과정에서 부정행위가 적발된 경우

「조세범처벌법」의 특징 중 하나는 미수범을 처벌규정이 없으므로 처벌할 수 없다는 것이다. 납세의무자가 과세표준신고서 제출 후 과세표준을 정부가 결정하거나 조사결정하는 과정에서 세무공무원에게 부정한 행위로 조세를 과소하게 납부한 행위가 적발된 경우는 기수 전에 납세의무자의 부정한 행위로 인한 조세의 과소 납부행위가 완성되지 못하고 실패(미수)에 그쳤으므로 포탈범으로 처벌할 수 없다.

2) 과세표준신고서 제출 후 결정 또는 조사결정 과정에서 부정행위가 적발되지 않은 경우

납세의무자가 과세표준신고서를 제출 후 과세표준을 정부가 결정하거나 조사결정하는 과정에서 세무공무원이 납세의무자의 부정한 행위로 조세를 과소하게 납부한 행위를 적발하지 못하고 결정 또는 조사결정하였을 경우 기수시기를 언제로 볼 것인가에 대해 두 가지 의견이 있다.

하나는 "과세표준을 정부가 처음으로 결정하거나 조사결정한 때"(이하 "1차결정 또는 조사결정"이라고 칭한다)이고, 다른 하나는 "1차결정이 완료된 후 1차결정한 내용을 정부가 결정(경정결정)하거나 조사결정한 후 그 납부기한이 지난 때"(이하 "2차결정 또는 조사결정"이라고 칭한다)라는 것이다.

과세표준을 정부가 처음으로 결정하거나 조사결정한 때라는 의견에 대해 검토해 보면, 부과과세제도 세목은 납세의무의 확정(납세의무자의 과세표준과 세액)이 정부가 결정하거나 조사결정한 때에 이루어지나, 처음으로 결정하거나 조사결정할 때에는 포탈세액에 대한 납세의무의 확정이 이루어지지 않아 납세의무자에게 포탈세액에 대한 납부고지를 할 수 없어 기수시기 판단의 기준이 되는 납부기한이 존재할 수 없다. 따라서 과세표준을 정부가 처음으로 결정하거나 조사결정한 때에 포탈세액이 확정되지 않는 점, 납부고지가 없어 기수시기 판단의 기준이 되는 납부기한이 존재할 수 없는 점 등을 고려하면 과세표준을 정부가 처음으로 결정하거나 조사결정한 때를 기수시기로 보는 것은 타당하지 않다.

"1차결정이 완료된 후 1차결정한 내용을 정부가 결정(경정결정)하거나 조사결정한 후 그 납부기한이 지난 때"라는 의견에 대하여 검토해 보면, "과세표준을 정부가 결정하거나 조사결정한 후 그 납부기한이 지난 때"라는 문구는 정부의 결정(경정결정) 또는 조사결정에 의하여 포탈세액이 확정되고 납세의무자에게 납부고지서의 도달이 완료되어 포탈세액에 대한 납세의무의 확정(납세의무자의 과세표준과 세액)의 효력이 발생하였다는 것과 기수시기 판단의 기준인 납부기한이 존재한다는 것을 의미한다. 그뿐만 아니라 "1차결정이 완료된 후 1차결정한 내용을 정부가 결정(경정결정)하거나 조사결정한 후 그 납부기한이 지난 때"를 기수시기로 보는 것은 조세포탈의 결과발생 시점을 납세자가 조세를 납부하였어야 하는 시점에 포탈의 결과가 발생한다고 보는 납기설의 견해와도 부합된다. 따라서 포탈세액이 확정되고 납부고지서가 납세의무자에게 도달하여 포탈세액에 대한 납세의무의 확정(납세의무자의 과세표준과 세액) 효력이 발생하였다는 점, 기수시기를 판단할 수 있는 납부기한이 있다는 점, 조세포탈의 결과발생 시점을 납세자가 조세를 납부하였어야 하는 시점에 포탈의 결과가 발생한다고 보는 납기설의 견해와 부합되는 점 등을 고려하면 필자는 "1차결정이 완료된 후 1차결정한 내용을 정부가 결정(경정결정)하거나 조사결정한 후 그 납부기한이 지난 때"를 기수시기로 보는 것이 타당하다고 본다.

3) 과세표준신고서를 제출한 부과과세제도에 속하는 세목의 기수시기와 납부기한의 관계

부과과세제도에 속하는 세목의 조세포탈범은 과세표준과 세액을 정부가 결정하거나 조사결정한 후 납세의무자에게 납부고지하고 그 납부기한이 경과하여야만 처벌할 수 있다. 따라서 납부기한이 존재하기 위해서는 납부기한이 표기되어 있는 납부고지서의 발부가 반드시 있어야 한다.

그러면 정부가 납부고지 후 납세의무자가 고지세액을 전액 납부하였을 경우 처벌이 가능한지에 대한 의문이 든다. 부과과세제도에 속하는 세목의 기수시기는 납세의무자의 과세표준을 정부가 결정하거나 조사결정한 후 그 납부기한이 지난 때이다. 기수가 완료되기 전에, 즉, 납부기한 전에 납세의무자가 고지된 세액을 전액 납부하면 납세의무자의 납세의무가 소멸되어 기수 전에 포탈범으로서의 구성요건이 충족될 수 없게 되어 처벌이 불가하다는 것이 필자의 소견이다.

「국세기본법」 제26조가 규정한 납세의무의 소멸 사유는 ① 납부·충당되거나 부과가 취소된 때, ② 제26조의2에 따라 국세를 부과할 수 있는 기간에 국세가 부과되지 아니하고 그 기간이 끝난 때, ③ 제27조에 따라 국세징수권의 소멸시효가 완성된 때로 이들 세 가지 유형이다. 따라서 납세의무는 납세의무자가 세액을 납부할 경우 소멸된다. 납세의무의 존재는 포탈범의 범죄구성 중 하나로 납세의무가 존재하지 아니하면 포탈죄는 구성요건이 충족될 수 없어 범죄가 성립하지 않는다.

4) 납세의무자가 조세를 포탈할 목적으로 과세표준신고서를 제출하지 아니한 경우

부과과세제도에 속하는 세목일지라도 납세의무자가 조세를 포탈할 목적으로 세법에 따른 "과세표준을 신고하지 아니함"(과세표준신고서를 제출하지 아니하여 무신고한 경우)으로써 해당 세목의 과세표준을 정부가 결정하거나 조사결정할 수 없는 경우에 기수시기는 "해당 세목의 과세표준의 신고기한"(법정신고납부기한)이 지난 때로 한다.

납세의무자가 과세표준신고서를 제출한 경우와 조세를 포탈할 목적으로 과세표준신고서를 제출하지 아니한 경우의 구별되는 차이점은 조세를 포탈할 목적으로 과세표준신고서를 제출하지 아니한 경우는 과세표준과 세액을 정부가 결정하거나 조사결정한 후 납부고지하여 납세의무자가 납부기한 전에 고지된 세액을 전액 납부할지라도 신고기한이 지난 때에 포탈범으로서 기수가 되었기 때문에 처벌된다는 것이다.

사례 홍길동이 2023.7.1. 부친으로부터 200억 원을 상속받아 가공부채 100억 원을 계상하여 2024.1.31. 보성세무서에 상속세과세표준신고서를 제출하면서 상속세(40억 원)를 납부하였다. 신고서를 제출받은 보성세무서에서 홍길동의 신고내용을 조사하였으나 조사공무원은 가공부채 100억 원을 계상한 내용을 발견하지 못하고 2024.5.15. 신고내용대로 조사결정하였다. 조사공무원은 조사결정한 내용을 2024.5.16. 홍길동에게 통지하여 2024.5.18. 홍길동이 통지서를 수취하였다.

2024.6.1. 윤공정이 홍길동이 상속세 신고과정에서 가공부채를 계상하여 신고한 내용을 보성세무서에서 탈세제보서를 접수하였다.

보성세무서에서 탈세제보한 내용에 대하여 상속세조사를 실시하여 탈세제보한 내용이 사실임을 확인하고 2024.8.1. 상속세 7,167,200,000원〔5,000,000,000원(상속세 본세), 2,000,000,000원(부정과소신고가산세), 167,200,000원(납부불성실가산세)〕을 조사결정하여 2024.8.31. 납기로 납부고지서를 발부하여 2024.8.5. 홍길동이 납부고지서를 수령하였다.

기수시기는 언제이고 포탈세액은 얼마인가?

○ 기수시기 : 2024.8.31. 지난 때(2024.9.1.)

    🔑 1차 조사결정을 완료한 때인 2024.5.15.은 포탈세액이 확정되지 않았고, 납부고지서 발송이 없어 기수시기를 판단할 수 있는 납부기한이 없으므로 기수시기로 볼 수 없다.

○ 포탈세액 : 5,000,000,000원

(2) 신고납세제도에 속하는 조세의 기수시기

신고납세제도에 속하는 세목의 기수시기는 그 신고·납부기한이 지난 때이다(조처법 제3조 제5항 제2호). 여기에서 "그 신고·납부기한이 지난 때"란 해당 세목의 "법정신고·납부기한이 지낸 때"을 말한다.

신고납세제도란 납세의무자의 과세표준과 세액이 납세의무자가 과세표준신고서를 작성하여 정부(과세관청)에 제출하는 행위로 확정되는 제도를 말하고, 과세표준과 세액을 납세의무자가 스스로 계산하여 확정하기 때문에 납세의무의 확정주체는 납세의무자 자신이다.

신고납세제도에 속하는 세목은 국세(내국세) 중 상속세, 증여세, 종합부동산세(납세의무자가 과세표준신고서를 제출한 경우에는 신고납세제도 세목에 포함된다), 인지세를 제외한 모든 국세(내국세)이다.

신고납세제도의 세목은 원칙적으로 납세의무자 자신이 납부하고자 하는 세목의 과세표준과 세액을 계산하는 과세표준신고서를 작성하여 정부(과세관청)에 제출함으로써 납세의무가 확정된다. 그러나 납세의무자가 무신고 또는 기한후신고한 경우, 기결정하였거나 조사결정한 내용에 세액의 탈루 또는 오류가 있는 경우에 정부(과세관청)가 결정하거나 조사결정하므로 신고납세제도에 속하는 세목일지라도 정부(과세관청)가 납세의무의 확정주체가 된다.

신고납세제도에 속하는 세목의 납세의무의 확정시기는 납세자가 과세표준신고서를 작성하여 과세관청(정부)에 제출하는 때이다.

그러나 신고납세제도에 속하는 세목일지라도 법정신고·납부기한 내에 과세표준신고서를 제출하지 아니하거나 기한후신고한 경우 또는 기결정하였거나 조사결정한 내용에 세액의 탈루 또는 오류가 있는 경우에는 납세의무자의 과세표준과 세액을 정부가 결정하거나 조사결정하므로 납세의무의 확정시기도 납세의무자의 과세표준과 세액을 정부(과세관청)가 결정하거나 조사결정한 후 그 결정 또는 조사결정한 사실을 납세의무자에게 통지하여 그 통지(고지서)가 납세의무자에게 도달한 때이다. 그러면 신고납세제도의 세목을 정부(과세관청)가 결정하거나 조사결정할 경우 납세의무의 확정을 정부(과세관청)가 하므로 기수시기를 부과과세제도에 속하는 세목의 기수시기를 따라야 할지 의문이 든다. 신고납세제도의 세목을 정부(과세관청)가 결정할 경우 비록 납세의무의 확정방법과 납세의무의 확정시기가 부과과세제도의 내용과 같을지라도 「조세범처벌법」 제3조 제5항 제2호의 문언이 신고납세제도에 속하는 세목의 기수시기를 "그 신고·납부기한이 지난 때"라고 규정하고 있으므로 "그 신고·납부기한이 지난 때"를 기수시기로 보아야 한다.

그리고 신고납세제도에 속하는 세목으로서 납세의무의 성립과 납세의무의 확정이 동시에 이루어지는 일명 자동확정방식의 조세에 속하는 원천징수하는 소득세·법인세 등도 세목별로 정해진 법정신고·납부기한이 지난 때가 기수시기가 된다. 원천징수하는 소득세·법인세의 법정신고·납부기한은 원천징수의무자의 신고·납부기한인 그 징수일이 속하는 달의 다음 달 10일이 경과하면 기수가 된다.

(3) 과세표준신고서 제출 없이 납세의무를 확정하는 조세의 기수시기

과세표준신고서 제출 없이 납세의무를 확정하는 조세는 인지세와 과세관청(정부)이 결정하여 납부고지하는 종합부동산세로 이들 세목은 과세표준신고서를 제출하는 신고의무가 없어 법정신고기한이 없다.

1) 종합부동산세의 기수시기

종합부동산세는 납세의무자가 부과과세제도와 신고납세제도를 선택하여 납부하는 유일한 조세다. 따라서 기수시기를 부과과세제도와 신고납세제도로 구분하여 검토하여야 한다.

정부(과세관청)가 결정하여 납부고지하는 종합부동산세(종부법 제16조 제1항 및 제2항)는 부과과세제도에 속하지만 「조세범처벌법」 제3조 제5항 제1호를 적용하기에는 곤란한 면이 있다. 그 사유는 정부(과세관청)가 결정하여 납부고지하는 종합부동산세는 납세의무자의 신고에 의하여 정부가 부과·징수하는 조세도 아니고 납세의무자가 조세포탈 목적으로 신고하지 아니하여 과세표준을 정부가 결정하거나 조사결정할 수 없는 경우가 아니기 때문이다. 이에 대하여 판례나 국세청의 국세해설도 없으나 정부(과세관청)가 결정하여 납부고지하는 종합부동산세가 부과과세제도에 속하는 세목인 점, 납부기한이 있는 점, 「조세범처벌법」이 조세포탈의 결과발생 시점을 납기설을 취하는 점 등을 고려하면 정부가 결정하여 납부고지된 고지서의 납부기한이 지난 때를 기수시기로 보아야 한다는 것이 필자의 소견이다.

납세의무자가 과세표준과 세액을 신고하여 납부하는 종합부동산세(종부법 제16조 제3항)는 신고납세제도에 속하므로 기수시기는 신고·납부기한이 지난 때이다.

참고로 종합부동산세는 부과과세제도를 선택하든 신고납세제도를 선택하든 기수시기는 12

월 15일이 지난 때이다. 그 사유는 부과과세제도를 선택한 경우 납부고지서의 납부기한이 12월 15일이고, 신고납세제도를 선택한 경우에도 신고·납부기한이 12월 15일이기 때문이다.

2) 인지세의 기수시기

인지세는 신고·납부기한이 없었으나 2022.12.31. 인지세법 개정으로 2023.1.1.부터 작성되는 과세문서부터는 납부기한이 도입되었고 그 납부기한은 과세문서 작성일이 속하는 달의 다음 달 10일까지이다. 납부기한 도입 후 2023.12.31. 인지세법을 추가로 개정해 2024.1.1.부터 작성되는 과세문서부터는 종이문서와 전자문서로 구분하고 종이문서의 납부기한은 과세문서 작성일이 속하는 달의 다음 달 10일, 전자문서의 납부기한은 과세문서 작성일로 규정하였다(인지법 제8조 제3항). 인지세의 납부방법은 종이문서에는 종이문서용 전자수입인지를, 전자문서에는 전자문서용 전자수입인지를 구입하여 과세문서에 첨부하는 방법으로 납부한다(인지법 제8조 제1항).

인지세는 과세표준신고서 제출의무가 없으므로 신고기한이 없어 「조세범처벌법」 제3조 제5항이 규정하는 기수시기를 적용하기 곤란하다. 따라서 인지세의 기수시기에 대한 근거는 판례 등에서 찾아야 한다. 2022.12.31. 인지세법이 개정되기 전에는 인지세의 기수시기에 대해 국세청의 국세해설(2012년)은 『인지세는 과세문서의 작성과 동시에 납세의무가 성립하고 조세채권·채무도 확정되며 그 납세의무의 이행도 과세문서의 작성 시에 인지를 붙임으로써 신고·납부한 것이 되므로 인지세의 포탈행위에 기수시기는 과세문건을 작성하는 때가 된다』라고 기술하고 있다. 여기에서 "과세문건을 작성하는 때"에 대하여 판례(대법원 2005.6.23. 선고 2004다37584 판결)는 『인지세의 납세의무는 과세문서를 작성하는 때에 성립·확정되는바(국세기본법 제21조, 제22조), 이때 '과세문서를 작성하는 때'라 함은 과세문서의 조제행위 그 자체를 의미하는 것이 아니라 용지에 과세사항을 기재하고 작성자가 서명·날인하여 이를 당해 문서의 목적에 따라 사용하는 것을 말한다』라고 판시하였다. 따라서 2022.12.31. 인지세법 개정 전까지는 인지세의 기수시기는 과세문건을 작성하는 때였다.

그러나 「인지세법」의 개정으로 기존 인지세의 기수시기는 다시 검토하여야 한다. 개정된 「인지세법」의 내용에 따르면 인지세의 기수시기는 종이문서와 전자문서를 구분하여 판단하여야 한다. 전자문서는 과세문서 작성일에 전자문서용 전자수입인지를 과세문서에 첨부하여 납부하도록 규정하고 있으므로 "과세문서 작성일이 지난 때"를 기수시기로 보아야 하고, 종이문서는 "과세문서 작성일이 속하는 달의 다음 달 10일까지" 과세문서에 종이문서용 전자수입인지를 첨부하여 납부하도록 규정하고 있으므로 "과세문서 작성일이 속하는 달의 다음 달 10일이 지난 때"를 기수시기로 봄이 타당하다는 것이 필자의 소견이다. 필자가 이렇게 판단한 사유는 인지세의 납부기한이 존재하는 점, 「조세범처벌법」이 조세포탈의 결과발생 시점을 납기설을 취하는 점 등을 고려하였기 때문이다.

(4) 예외적인(부정환급) 기수시기

사기나 그 밖의 부정한 행위로써 세법이 정하는 환급요건을 갖추지 못하였음에도 환급을 받거나 정당하게 환급받아야 할 세액을 초과하여 환급받는 것을 부정환급이라 한다. 기수시기의 의의에서 설명한 것처럼 조세포탈의 행태가 부정환급인 경우에는 「조세범처벌법」 제3조 제5항의 기수시기 규정을 적용할 수 없다. 하여 부정환급의 기수시기에 대한 판단은 판례의 법리를 따르고 있다. 부정환급의 기수시기에 대하여 판례(대법원 2007.12.27. 선고 2007 도3362 판결)는『사기 기타 부정한 행위로써 부가가치세를 조기환급받았을 경우에는 신고·납부기한의 경과와 상관 없이 실제 환급을 받았을 때에 부정환급에 의한 조세포탈죄가 성립한다』라고 판시하여 부정환급에 대한 기수시기는 실제 환급을 받았을 때이다. 부정환급의 경우 기수시기를 실제로 환급을 받았을 때로 보는 사유는 환급금의 지급이 이루어지는 때에 실제로 조세수입의 감소라는 결과가 발생하기 때문이고 부과과세제도와 신고납세제도에 속하는 세목을 구분하지 않고 포탈행태가 부정환급인 경우에 기수시기는 실제로 환급을 받았을 때이다.

(5) 부정공제의 기수시기

사기나 그 밖의 부정한 행위로써 세법이 규정하는 세액공제 요건이 충족되지 않음에도 세액을 공제받거나 정당하게 공제받아야 할 세액을 초과하여 공제받는 것을 부정공제라 한다. 세액의 부정공제가 이루어져 그 결과 양수(+)가 나오면 "조세의 전부 또는 일부를 납부하지 아니하는 행태의 부정공제"가 되고, 음수(-)가 나오면 부정환급이 된다.

"조세의 전부 또는 일부를 납부하지 아니하는 행태의 부정공제"이면 기수시기는 해당 조세가 신고납세제도에 속하는 세목인 경우 신고·납부기한이 지난 때이고, 부과과세제도에 속하는 세목인 경우 "정부가 결정하거나 조사결정한 후 그 '납부기한' 지난 때"(단, 납세의무자가 조세포탈목적으로 과세표준을 신고하지 아니한 경우는 신고기한이 지난 때임)가 된다. 세액의 부정공제가 이루어져 그 결과가 음수(-)가 나오는 부정환급이면 기수시기는 실제로 환급받을 때가 된다.

부정공제 결과 "조세의 전부 또는 일부를 납부하지 아니하는 행태의 부정공제"에서 주의할 점은 부정하게 공제받은 세액이 이월공제가 인정되는 세액일 경우 공제받는 세액이 산출세액을 초과하거나 산출세액 없는 경우에는 이월되는 세액에 대한 기수시기를 언제로 할 것인가이다. 즉, 세액공제를 신고한 최초 과세기간에 해당하는 기수시기를 기수시기로 볼 것인가 아니면 이월된 세액을 공제받은 과세기간에 해당하는 기수시기를 기수시기로 볼 것인가이다. 이 경우 이월공제되는 세액은 차기에 공제받음으로써 실질적으로 국가의 조세채권이 감소하므로 공제받는 차기 과세기간에 해당하는 기수시기를 기수시기로 봄이 타당하다(김태희, 조세범처벌법, 224쪽).

(6) 수정신고와 기한 후 신고의 기수시기

1) 수정신고와 기수시기

수정신고란 과세표준신고서를 법정신고기한까지 제출한 자 및 「국세기본법」 제45조의3 제1항에 따라 기한후과세표준신고서를 제출한 자가 ① 과세표준신고서 또는 기한후과세표준신고서에 기재된 과세표준 및 세액이 세법에 따라 신고하여야 할 과세표준 및 세액에 미치지 못할 때, ② 과세표준신고서 또는 기한후과세표준신고서에 기재된 결손금액 또는 환급세액이 세법에 따라 신고하여야 할 결손금액이나 환급세액을 초과할 때 등에 관할 세무서장이 각 세법에 따라 해당 국세의 과세표준과 세액을 결정 또는 경정하여 통지하기 전까지 해당 세목의 부과제척기간 내에 과세표준과 세액을 수정하여 과세표준수정신고서를 제출하는 것을 말한다(국기법 제45조 제1항).

수정신고에 대한 기수시기는 「조세범처벌법」에 규정되지 않아 판례의 법리를 따른다. 판례(대법원 1985.3.12. 83도2540 판결; 대법원 1988.11.8. 87도1059; 대법원 2007.12.29. 2007도3362 외)는 『납부기한 이후에 수정신고를 하였다거나 포탈세액을 추가로 납부한 사실이 있다고 하더라도 이로써 이미 완성한 조세포탈죄의 성립에는 아무런 영향을 미칠 수 없다』라고 판시하였다. 따라서 이미 완성된 조세포탈죄에 대한 수정신고는 아무런 영향을 미치지 못한다. 다만, 조세포탈죄를 범한 자가 포탈세액등에 대하여 법정신고기한이 지난 후 2년 이내에 수정신고를 한 경우에는 형을 감경할 수 있을 뿐이다(조처벌 제3조 제3항).

2) 기한후신고와 기수시기

기한후신고란 법정신고기한까지 과세표준신고서를 제출하지 아니한 자가 관할 세무서장이 세법에 따라 해당 국세의 과세표준과 세액(국기법 및 세법에 따른 가산세를 포함한다)을 결정하여 통지하기 전까지 기한후과세표준신고서를 제출하는 것을 말한다(국기법 제45조의3 제1항 및 제3항).

기한후신고한 자를 조세포탈범으로 처벌하려면 기한후신고한 자의 허위미신고(부정무신고)한 행위와 부정행위가 결합된 조세포탈의 결과가 존재하여야 한다. 여기에서 "허위미신고(부정무신고)한 행위와 부정행위가 결합된 조세포탈의 결과"는 이미 완성된 조세포탈행위를 의미한다. 납세의무자가 이미 완성된 조세포탈행위를 치유하기 위해 기한후과세표준신고서를 제출할지라도 수정신고의 기수시기 논리와 같이 이미 완성된 조세포탈행위에는 영향을 미칠 수 없다고 보는 것이 타당하다.

그러면 기한후신고를 한 경우의 기수시기는 어떻게 판단하여야 할 것인지 의문이 든다. 신고납세제도에 속하는 세목의 기수시기는 해당 세목이 신고·납부기한이 지난 때이고, 부과과세제도의 속하는 세목의 기수시기는 납세의무자가 조세포탈 목적으로 무신고한 경우에는 해당 세목의 신고기한이 지난 때이다. 따라서 이미 완성된 조세포탈행위에 대하여 기한후신고한 경우에는 신고납세제도와 부과과세제도에 속하는 세목의 구분없이 당초 무신고한 세목의 신고·납부기한이 지난 때가 기수시기이다.

(7) 경정 등의 청구의 기수시기

경정 등의 청구란 과세표준신고서를 법정신고기한까지 제출한 자 및 「국세기본법」 제45조의3 제1항에 따라 기한후과세표준신고서를 제출한 자가 ⓐ 과세표준신고서 또는 기한후과세표준신고서에 기재된 과세표준 및 세액(각 세법에 따라 결정 또는 경정이 있는 경우에는 해당 결정 또는 경정 후의 과세표준 및 세액을 말한다)이 세법에 따라 신고하여야 할 과세표준과 세액을 초과할 때, ⓑ 과세표준신고서 또는 기한후과세표준신고서에 기재된 과세표준 및 세액(각 세법에 따라 결정 또는 경정이 있는 경우에는 해당 결정 또는 경정 후 결손금액 또는 환급세액을 말한다)이 세법에 따라 신고하여야 할 결손금액 또는 환급세액에 미치지 못할 때 등에 최초신고 및 수정신고한 국세의 과세표준 및 세액의 결정 또는 경정을 법정신고기한이 지난 후 5년 이내에 관할 세무서장에게 청구하는 것을 말한다(국기법 제45조의2 제1항). 다만, 결정 또는 경정으로 인하여 증가된 과세표준 및 세액에 대하여는 해당 처분이 있음을 한 날(처분의 통지를 받은 때에는 그 받은 날)부터 90일 이내(법정신고기한이 지난 후 5년 이내로 한정한다), 「국세기본법」 제45조의2 제2항 제1호 내지 제5호의 사유가 있는 경우에는 3개월 이내에 청구할 수 있다.

경정 등의 청구에 의하여 파생될 수 있는 결과는 ㉠ 경정 등의 청구 내용이 인용되어 환급되는 경우, ㉡ 경정 등의 청구 내용이 인용되어 결손금액이 증가하는 경우, ㉢ 경정 등의 청구 내용이 부인되는 경우이다. 이들 세 가지 경우 중 부정한 방법으로 경정 등의 청구를 하였을지라도 경정 등의 청구 내용이 부인되는 경우는 미수범이므로 처벌할 수 없어 기수시기를 논할 필요가 없다. 그러나 부정한 방법으로 경정 등의 청구를 하여 ㉠과 ㉡의 결과가 나왔을 때는 결과 별로 기수시기를 판단하여야 한다. ㉠의 결과일 때에는 범죄행태가 부정환급이므로 기수시기는 실제로 환급을 받았을 때를, ㉡의 결과일 때에는 결손금액이 증가하므로 이월되어 공제될 때는 이월된 결손금을 실제로 공제받는 과세기간의 신고·납부기한이 지난 때를 기수시기로 보는 것이 타당하다.

(8) 신고 · 납부기한 등의 기한연장과 기수시기

세법은 신고, 신청, 청구, 그 밖에 서류의 제출, 통지, 납부 또는 징수에 관한 기한 등에 대하여 기한을 정하고 있다. 이들 각종 기한은 '천재 등으로 인한 기한의 연장'(국기법 제6조, 국기령 제6조), '기한의 특례'(국기법 제5조), '송달 지연으로 인한 지정납부기한등의 연장'(국징법 제17조) 등의 사유가 있으면 연장된다. 이들 기한연장 사유에 대하여는 제1장 제5절(세법의 각종 신고 · 납부기한 등과 조세포탈범의 기수시기와 관계)을 참고하기 바란다. 각종 기한 중 기수시기를 판단하는 기준이 되는 신고 · 납부기한과 납부고지서의 납부기한이 연장될 경우 그 연장된 기한이 기수시기를 판단함에 있어 기준이 된다고 봄이 타당하다. 다음의 사례들을 참고하기 바란다.

사례 1 천재 등으로 인한 기한의 연장

㈜작은백은 2024.1.2. 사업장에 화재가 발생하여 사업장이 전소되었다. 화재 후 ㈜작은백의 대표이사 김연장은 사업장 관할세무서장에게 2023년 2기 부가가치세 신고에 대하여 기한을 연장(3개월)하여 줄 것을 신청해 승인을 받았다. ㈜작은백은 2023년 제2기 과세기간 중 현금 매출액 20억원(공급가액)을 매출누락하여 부가가치세를 포탈하였다. 단, 제조하여 판매하는 가방은 개별소비세 과세대상물품이 아니다.

① 2023년 제2기 부가가치세 신고 · 납부기한 : 2024.4.25.

   ⚓ 2023년 제2기 부가가치세 신고 · 납부기한은 원래 2024.1.25.이다. 화재로 부가가치세 신고를 3개월 연장신청하여 승인받았으므로 2023년 제2기 부가가치세 신고 · 납부기한은 024.4.25.이 된다.

② 2023년 제2기 부가가치세 포탈죄의 기수시기 : 2024.4.25.이 지난 때

   ⚓ 연장된 신고 · 납부기한이 기수시기 판단의 기준이 된다.

사례 2 기한의 특례(신고 · 납부 기한의 종료일이 공휴일 등인 경우)

동훈가구라는 가구제조업체를 운영하는 한FF가 2021년 제1기 과세기간 중 부가가치세를 포탈할 목적으로 현금 매출액 15억 원(공급가액)을 부가가치세 신고 시 누락하였다. 단, 2021.7.25.은 일요일이고, 제조하여 판매하는 가구는 개별소비세 과세대상물품이 아니다.

① 2021년 제1기 부가가치세 신고 · 납부기한 : 2021.7.26.

   ⚓ 2021년 제1기 부가가치세 신고납부기한이 일요일이므로 부가가치세 2021년 제1기 부가가치세 신고 · 납부기한은 2021.7.26.이 된다.

② 2021년 제1기 부가가치세 포탈죄의 기수시기 : 2021.7.26.이 지난 때

   ⚓ 연장된 신고 · 납부기한이 기수시기 판단의 기준이 된다.

사례 3 송달 지연으로 인한 지정납부기한등의 연장(납세고지서 송달 지연된 경우)

상속인 윤효녀는 2020.7.10. 아버지가 사망으로 인해 100억 원을 상속받고 2021.1.31. 상속세신고서를 ○○세무서에 제출하면서 상속세 15억 원을 신고·납부하였다. 신고서를 제출받은 ○○세무서 재산세과에서는 윤효녀의 상속세 신고내용을 조사한바 하자를 발견하지 못하여 2022.5.31. 당초 신고내용대로 조사결정하였다. 그런데 2022.6.30. 윤효녀가 상속세신고 시 피상속인의 가공부채 60억 원을 넣어서 신고하였다는 내용의 탈세제보가 접수되었다. ○○세무서 재산세과에서 탈세제보 내용을 확인코자 세무조사를 하여 확인한바 탈세제보 내용이 사실로 확인돼 2022.9.1. 포탈한 상속세 30억 원을 조사결정하였다. ○○세무서 재산세과에서는 2022.9.3. 상속세납세고지서(납부기한 : 2022.9.30.)를 윤효녀에게 등기우편으로 송달하였으나 윤효녀의 이사로 납부고지서가 반송되자 이사 간 주소지를 찾아 재송달하다 보니 2022.9.25.에야 윤효녀에게 고지서를 송달하였다. 하지만 윤효녀는 상속세납부고지서의 납부기한까지 상속세를 납부하지 않았다.

① 반송된 상속세 납세고지서의 납부기한 : 2022.10.10.
  ✍ 윤효녀에게 상속세 납세고지서가 도달한 날은 2022.9.25.이고, 9월 25일로부터 14일이 지난 날(2022.10.9.)이 납부기한이므로 송달지연을 연장된 2022.10.10.이다(초일불산입).

② 상속세 포탈범의 기수시기 : 2022.10.10.이 지난 때(2022.10.11.)
  ✍ 상속세 납세고지서의 송달지연으로 납부기한이 2022.10.10.로 연장되었으므로 기수시기는 2022.10.10.이 지난 때가 된다.

Ⅸ 인과관계

「형법」제17조는 인과관계에 대하여 "어떤 행위라도 죄의 요소되는 위험발생에 연결되지 아니한 때에는 그 결과로 인하여 벌하지 아니한다"라고 규정하고 있다. 인과관계란 발생한 결과가 행위자의 행위에 기인한 것이라는 연관성을 말한다. 인과관계는 구성요건상 행위 외에 결과 발생을 요하는 결과범과 침해범에 있어 구성요건 요소의 한 부분을 차지한다.

조세포탈죄는 결과범이므로 포탈의 결과(발생한 결과)와 행위자의 행위 사이에 인과관계가 있어야 하므로 「조세범처벌법」제3조 제1항은 『사기나 그 밖의 부정한 행위로써 조세를 포탈하거나 조세의 환급·공제를 받은 자』를 조세포탈범으로 규정하여 부정행위와 포탈세액(발생한 결과) 사이의 인과관계가 있어야 함을 명시하고 있다.

X 〉〉 고의

1. 고의의 의의

형법상 고의는 주관적 범죄구성요건으로 행위자가 행위 시 가졌던 정신적·심리적 요소로서 구성요건 실현의 인식과 의사라고 정의할 수 있다(이상재/장영민/강동범, 형법총론, 175쪽).

조세포탈죄에서 고의에 대하여 판례(대법원 1999.4.9. 선고 98도667 판결)는 『사기 기타 부정한 행위로 조세를 포탈함으로써 성립하는 조세포탈범은 고의범이지 목적범은 아니므로 피고인에게 조세를 회피하거나 포탈할 목적까지 가질 것을 요하는 것이 아니며, 이러한 조세포탈죄에 있어서 범의가 있다고 함은 납세의무를 지는 사람이 자기의 행위가 사기 기타 부정한 행위에 해당하는 것을 인식하고 그 행위로 인하여 조세포탈의 결과가 발생한다는 사실을 인식하면서 부정행위를 감행하거나 하려고 하는 것이다』라고 판시하였다.

조세포탈죄에서 행위자가 처벌받을 수 있는 고의의 정도는 확정적 고의뿐만 아니라 미필적 고의도 포함된다(대법원 1992.3.10. 선고 92도147 판결).

2. 고의의 대상

조세포탈죄에서 고의의 대상은 객관적 구성요건 요소로서 (1) 납세의무, (2) 부정행위, (3) 포탈의 결과, (4) 인과관계 등을 말하고 범칙행위자가 이들을 인식해야만 조세포탈죄가 성립한다.

(1) 납세의무

조세포탈죄의 범죄주체는 「국세기본법」 제2조 제9호에 규정된 납세의무자와 「조세범처벌법」 제18조에 규정된 법정행위자이므로, 납세의무자는 자신에게 납세의무가 있다는 것을 인식하여야 하고 법정행위자는 납세의무자의 납세의무에 대하여 인식이 있어야 한다.

(2) 부정행위

범칙행위자는 자신의 행위가 조세의 부과와 징수를 불능 또는 현저히 곤란하게 하는 부정행위라는 인식이 있어야 한다. 여기에서 부정행위의 개념은 「조세범처벌법」 제3조 제6항 제1호 내지 제7호의 행위와 허위불신고·허위과소신고를 포괄하는 개념이어야 한다. 포괄하는 개념이어야 한 사유는 조세포탈죄는 미수범은 처벌되지 않으므로 부정행위만 있을 경우 범죄가 성립하지 않고 부정행위가 허위불신고·허위과소신고라는 행위로 실현되었을 때 포탈의 결과가 발생하기 때문이다.

(3) 포탈의 결과

범칙행위자는 자신의 부정행위로 인하여 ㉠ 납부할 세액을 전액 납부하지 아니하거나 또는 납부할 세액을 과소하게 납부한다는 사실, ㉡ 환급받을 조건이 아님에도 조세를 환급받거나 또는 환급받을 세액을 초과하여 환급받다는 사실, ㉢ 공제대상자가 아님에도 세액을 공제받거나 또는 공제받을 세액을 초과하여 공제받는다는 사실 등의 인식이 있어야 한다.

(4) 인과관계

조세포탈죄는 결과범이므로 범칙행위자가 발생할 포탈의 결과는 자신의 부정한 행위와 연관성이 있다는 인식이 있어야 한다.

3. 고의와 착오

착오란 행위자의 주관적 인식과 발생한 객관적 실재가 일치하지 않는 것을 말한다. 형법 제15조는 『특별히 무거운 죄가 되는 사실을 인식하지 못한 행위는 무거운죄로 벌하지 아니한다(제1항). 결과 때문에 형이 무거워지는 죄의 경우에 그 결과의 발생을 예견할 수 없었을 때에는 무거운 죄로 벌하지 아니한다(제2항).』라고 규정하여 사실의 착오를 규정하고 있고, 형법 제16조는 『자기의 행위가 법령에 의하여 죄가 되지 아니한 것으로 오인한 행위는 그 오인에 정당한 이유가 있는 때에 한하여 벌하지 아니한다』라고 규정하여 법률의 착오를 규정하고 있다.

사실의 착오는 고의의 대상인 구성요건의 객관적 요소에 대한 인식이 없는 것을 의미하고 원칙적으로 사실의 착오인 경우에는 고의가 조각된다. 법률의 착오(금지의 착오)는 금지규정을 인식하지 못하거나 금지규정을 잘못 해석하여 자신의 행위가 위법하지 않다고 착오(오인)한 것을 말하고 그 착오에 정당한 사유가 있을 경우, 정당한 사유를 착오 회피가능성의 의미로 보고 착오를 회피할 가능성이 없는 상태에서 행위하였다면 책임의 조각 또는 고의가 조각되는 것으로 보고 있다(대법원 1974.11.12. 선고 74도2676 판결; 대법원 2008.4.10. 선고 2007도9689 판결).

조세포탈죄에서 착오가 인정된 사례를 보면 바다이야기라는 경품게임장을 운영하던 업주가 부가가치세 신고 시 과세표준을 이용자가 구입·사용한 상품권 수량으로 산출한 실제 투입금액으로 하여야 함에도 자신이 경품으로 제공한 상품권의 구입가액에 해당하는 부분을 제외한 나머지 금액을 과세표준으로 신고하였다 하여 조세포탈죄로 기소된 사건에서, 판례(대법원 2008.4.10. 선고 2007도9689 판결)는 『피고인은 ㉠ 바다이야기 게임장 사업을 시작하면서 게임장 협회나 세금신고 등의 대리를 맡긴 세무법인 우주로부터 게임 시 경품으로 제공하는 상품권은 부가가치세 과세대상에 해당하지 아니한다는 설명을 들었던 사실, 이에 피고인은 ㉡ 게임장에서 이용자가 승률 100%인 게임기에 투입한 금액(1회 10,000원) 중 자신이 경품으로 제공한 상품권의 구입가액에 해당하는 부분(4,800원 × 2장 = 9,600원)을 제외한 나머지 부분(400원)만이 부가가치세 과세대상이 되는 게임기 이용제공 용역의 대가로 알고 있었던 사실, ㉢ 세무법인 우주 소속 세무사는 이용자가 게임기에 투입한 총액에서 경품으로 지급한 상품권의 총구입가액을 차감한 금액이 상품권제공 게임장의 부가가치세 과세표준이 된다는 전제하에 피고인에 대하여도 다른 상품권제공 게임장들과 동일한 방법으로 2005년 제2기 및 2006년 제1기 부가가치세를 각 확정신고·납부한 사실을 인정할 수 있고, 이러한 사정에 ㉣ 과세관청은 상품권제공 게임장의 부가가치세 과세표준에 관하여 명확한 입장 표명을 하지 않고 있다가 2005년 말경 바다이야기와 같은 사행성 게임장 사업이 크게 사회문제로 대두되기에 이르자 2006.1.경 비로소 게임장 이용자의 게임기 투입금액에서 경품으로 나간 상품권 가액은 부가가치세 과세표준에서 공제하지 않는다는 견해를 밝힌 점 등을 아울러 살펴보면, 피고인이 상품권제공 게임장의 게임기 투입총액에서 경품으로 제공한 상품권 총구입가액을 공제한 금액을 부가가치세 과세표준이 되는 매출액으로 보고 부가가치세 신고·납부를 한 이상 피고인에게 이 사건 조세포탈의 범의가 있다고 보기 어렵다고 할 것이다』라고 판시하였다. 이 사례는 부가가치세 과세표준(과세대상)에 대하여 착오(오인)한 것으로 법률의 착오에 해당하고 ㉠·㉡·㉢·㉣을 착오의 정당한 사유로 보고 조세포탈의 고의를 부인하였다.

XI ▶ 특정범죄가중처벌등에 관한 법률과 조세포탈

특정범죄가중처벌등에 관한 법률 제8조(조세 포탈의 가중처벌)
　① 「조세범 처벌법」 제3조 제1항, 제4조 및 제5조, 「지방세기본법」 제102조 제1항에 규정된 죄를 범한 사람은 다음 각 호의 구분에 따라 가중처벌한다. 〈개정 2011.12.31., 2016.12.27.〉
　1. 포탈하거나 환급받은 세액 또는 징수하지 아니하거나 납부하지 아니한 세액(이하 "포탈세액등"이라 한다)이 연간 10억원 이상인 경우에는 무기 또는 5년 이상의 징역에 처한다.
　2. 포탈세액등이 연간 5억원 이상 10억원 미만인 경우에는 3년 이상의 유기징역에 처한다.

> ② 제1항의 경우에는 그 포탈세액등의 2배 이상 5배 이하에 상당하는 벌금을 병과한다.
> [전문개정 2010.3.31.]

1. 의의 및 입법취지

본죄는 「조세범처벌법」 제3조 제1항, 제4조 및 제5조, 「지방세기본법」 제102조 제1항에 규정된 죄를 범한 사람의 "범칙금액 합계액"(포탈세액등)이 연간 일정금액(5억 원) 이상인 경우에 성립한다.

조세는 국가 또는 지방자치단체가 운영되는데 있어 필요한 재원을 확보하기 위하여 헌법과 법률에 의해 국민으로부터 강제로 징수하는 금전급부이다. 오늘날 국민 복지에 대한 국가의 역할이 중요시 되고 있는 점 등을 고려하면 조세포탈행위는 국가 또는 지방자치단체의 운영 재원을 침해하는 범죄로 그 폐해가 '우리' 모두에게 미치게 돼 어떠한 범죄보다 피해범위가 큰 반사회적·반윤리적인 범죄라 할 수 있다. 그뿐만 아니라 사업자들 중에는 조세포탈행위를 자랑삼아 이야기하거나, 들키면 돈으로 해결하면 되지 하는 생각을 가진 사람이 있을 정도로 우리 사회는 조세포탈행위에 대하여 관대한 면을 가지고 있다. 이런 점들을 고려하여 국가존립의 근간이라 할 수 있는 국가의 재정권을 확보하고 조세포탈행위에 대한 사회의 인식을 바꾸기 위하여 고액의 조세포탈행위에 대해 가중처벌의 필요성이 대두되어 본죄가 입법되었다.

2. 특가법 제8조의 특칙

특가법 제8조의 특칙은 고발전치주의 배제와 법인에는 적용되지 않는다는 것이다. 국세와 지방세의 포탈행위를 규율하는 「조세범처벌법」 제3조 제1항, 제4조 및 제5조, 「지방세기본법」 제102조 제1항의 범칙행위에 대하여 검사가 공소를 제기하려면 세무공무원등의 고발을 받아야 한다. 하지만 특가법 제8조가 적용되는 범칙행위에 대해서는 검사는 세무공무원등의 고발없이도 공소를 제기할 수 있다(특가법 제16조). 특가법 제8조의 법문에 범칙행위자를 "「조세범처벌법」 제3조 제1항, 제4조 및 제5조, 「지방세기본법」 제102조 제1항에 규정된 죄를 범한 사람"으로 규정하고 있어 법인은 처벌에서 배제된다(대법원 1992.8.14. 선고 92도299 판결). 징역형을 부담할 수 없는 법인에게 징역형을 과할 수 없음은 당연하고 포탈세액에 상응하는 벌금도 과하지 않는다. 다만 법인이 특가법 제8조의 범칙행위를 하였을 경우에는 법정행위자의 조세포탈행위에 대한 관리책임을 묻는 「조세범처벌법」 제18조의 양벌규정에 의하여 해당 조문의 벌금형을 과(科)할 뿐이다. 이 경우 양벌규정을 적용할 수 있는 공소시효가 7년에서 10년으로 연장된다(조처법 제22조).

3. 구성요건

특가법 제8조의 구성요건은 「조세범처벌법」 제3조 제1항, 제4조 및 제5조, 「지방세기본법」 제102조 제1항의 범죄 구성요건에 일정금액 이상이라는 가중사유가 합하여진 것이다. 즉, 「조세범처벌법」 제3조 제1항, 제4조 및 제5조, 「지방세기본법」 제102조 제1항에 규정된 죄를 범한 사람의 연간 포탈세액등이 5억 원 이상인 경우에 성립하는 죄이다.

(1) 연간 포탈세액등이 5억 원 이상이라는 가중사유

조세포탈범을 가중처벌하려면 "연간 포탈세액등이 5억 원 이상이라는 가중사유"가 존재하여야 한다.

1) 연간의 개념

"연간"은 그 기산시점을 특정하지 아니한 경우에는 역법상의 한 해인 1월 1일부터 12월 31일까지의 1년간을 의미한다(대법원 2000.4.20. 선고 99도3822 판결; 대법원 2011.6.30. 선고 2010도10968 판결).

2) 연간 포탈세액등에 합산되는 세목

"연간 포탈세액등에 합산되는 세목"은 조세의 종류(관세는 제외)를 불문하고 1년간 포탈한 모든 세목이다(대법원 2000.4.20. 선고 99도3822 판결; 대법원 2011.6.30. 선고 2010도10968 판결).
따라서 연간 포탈세액에 합산되는 세목은 관세를 제외한 국세와 국세에 부가되는 기생세(부가세 : 교육세, 농어촌특별세)의 포탈세액, 지방세와 지방세에 부가되는 기생세(부가세 : 지방교육세)의 포탈세액 합산하여 계산한다. 때문에 조세포탈죄에 대한 수사 시 수사대상자의 지방세포탈행위에 대하여도 반드시 검토하여야 한다.

3) 연간 포탈세액등

"연간 포탈세액등"은 각 세목의 과세기간 등에 관계 없이 각 연도별(1월 1일부터 12월 31일까지)로 포탈한 또는 부정 환급받은 모든 세액을 합산한 금액을 의미한다(대법원 2000.4.20. 선고 99도3822 판결; 대법원 2011.6.30. 선고 2010도10968 판결).
따라서 연간 포탈세액등을 계산하려면 관세를 제외한 국세와 국세에 부가되는 기생세(부가세 : 교육세, 농어촌특별세)의 포탈세액, 지방세와 지방세에 부가되는 기생세(부가세 : 지방교육세)의 포탈세액을 합산하여 계산한다.

① 연도별 연간 포탈세액등 특정 기준

연간 포탈세액등을 합산할 연도의 특정은 범죄의 기수시기(성립시기)가 기준이 된다. 즉, 1.1.~12.31. 기간 중 세목을 불문하고 조세포탈의 기수가 완료된 세목의 포탈세액 전부를 합산하여야 한다(대법원 2011.6.30. 선고 2010도10968 판결).

② 연간 포탈세액등의 합산 방법

「조세범처벌법」 제3조 제1항은 조세포탈범의 주체를 납세의무자와 「조세범처벌법」 제18조에서 규정하는 법인의 대표자, 법인 또는 개인의 대리인, 사용인, 기타의 종업원 등 법정행위자로 규정한다. 특가법 제8조는 「조세범처벌법」 제3조 제1항의 가중처벌 규정이므로 조세포탈범의 주체도 당연히 납세의무자와 법정행위자가 된다. 따라서 특가법 제8조 적용 시 연간 포탈세액등의 합산 방법은 ① 납세의무자별로 포탈세액을 합산하는 경우, ② 법정행위자별로 포탈세액을 합산하는 경우, ③ 납세의무자별로 포탈세액(납세의무자로서 포탈한 세액)과 법정행위자로서 포탈세액을 합산(법인의 대표자 등 행위자로서 포탈한 세액)하는 경우가 있고 판례(대법원 1998.5.8. 선고 97도2429 판결: 대법원 2005.5.12. 선고 2004도7141 판결: 대법원 2011.6.30. 선고 2010도10968 판결)의 법리도 이들 세 가지라고 이야기한다. 연간 포탈세액등의 합산 방법을 이들 세 가지 방법에 따라 사례를 만들었으니 사례를 통해서 합산 방법을 익히기를 바란다.

4. 기수시기와 죄수

특가법 제8조 적용 시 기수시기와 죄수에 관하여 판례(대법원 2001.3.13. 선고 2000도4880 판결)는 『조세포탈범의 죄수는 위반사실의 구성요건 충족 횟수를 기준으로 1죄가 성립하는 것이 원칙이지만, … 조세의 종류를 불문하고 1년간 포탈한 세액을 모두 합산한 금액이 특정범죄가중처벌등에관한법률 제8조 제1항 소정의 금액 이상인 때에는 같은 항 위반의 1죄만이 성립하고, 같은 항 위반죄는 1년 단위로 하나의 죄를 구성하며 그 상호간에는 경합범 관계에 있고, …1996 사업연도의 소득에 대한 법인세포탈행위와 1997년도 1기분 부가가치세포탈행위에 따른 특정범죄가중처벌등에관한법률 제8조 제1항 제1호 위반죄는 그 중 1997년도 1기분 부가가치세포탈행위가 1997.7.25. 그 납부기한이 경과하여 기수에 이르렀으므로…』라고 판시하였다. 따라서 특가법 제8조 적용 시 죄수는 1월 1일부터 12월 31일 사이에 내국세와 지방세 조세포탈행위 중 기수가 완료된 각 세목의 조세포탈행위가 합쳐져 일죄(포괄일죄)가 되고, 특가법 제8조에 해당하는 범칙행위가 여럿일 경우에는 실체적 경합관계를 이루며, 특가법 제8조의 범칙행위에 대한 기수시기는 범칙행위를 구성하는 조세포탈행위 중 마지막 조세포탈행위의 기수시기이다.

5. 특가법 제8조에서 "포탈세액등의 구성요소"

특가법 제8조는 포탈세액등의 구성요소에 대하여 '포탈하거나 환급받은 세액 또는 징수하지 아니하거나 납부하지 아니한 세액'이라고 정의하고 있다. 법문의 내용에 따라 포탈세액등의 구성요소를 분석하면 포탈세액등은 '포탈하거나 환급받은 세액'과 '징수하지 아니하거나 납부하지 아니한 세액'으로 구성되는 것처럼 보여, 이는 포탈세액등에 포탈의 행태 중 부정공제가 제외되고 「조세범처벌법」 제13조【원천징수의무자의 처벌】가 규정하는 원천징수의무자의 범칙금액이 포함된 것처럼 보인다. 따라서 조세포탈의 행태 중 부정공제와 「조세범처벌법」 제13조가 규정하는 원천징수의무자가 "징수하지 아니하거나 납부하지 아니한 세액"(원천징수하지 아니하거나 원천징수한 세액을 납부하지 아니한 세액)을 특가법 제8조로 처벌할 수 있는지 등에 대해 의문이 든다.

(1) 조세포탈의 행태 중 부정공제를 처벌할 수 있는지

조세포탈의 행태 중 부정공제는 납세의무자가 사기나 그 밖의 부정한 행위로써 세법이 규정하는 세액공제 요건이 충족되지 않음에도 산출세액에서 세액을 공제 받거나 정당하게 공제받아야 할 세액을 초과하여 공제받는 것을 말하고, 부정한 행위로써 공제받은 세액이 산출세액보다 소액이면 "조세의 전부 또는 일부를 납부하지 아니하는 행태"의 부정공제가 되어 실질적으로 "협의의 포탈"과 같은 행태의 조세포탈이 되고, 부정한 행위로써 공제받은 세액이 산출세액보다 큰 금액이면 "환급요건을 갖추지 못하였음에도 환급을 받거나 정당하게 환급받아야 할 세액을 초과하여 환급받는 행태"의 부정공제가 되어 실질적으로 "부정환급"과 같은 행태의 조세포탈이 된다. 즉, 부정한 행위로써 공제받는 세액이 산출세액보다 소액인 경우에는 그 실질이 협의의 포탈과 같아 협의의 포탈이 되고, 부정한 행위로써 공제받는 세액이 산출세액보다 큰 금액인 경우 그 실질이 부정환급과 같아 부정환급이 된다. 따라서 포탈세액등의 구성요소에서 부정공제를 제외하더라도 특가법 제8조를 적용하여 조세포탈범을 처벌하는데는 전혀 문제가 없다.

(2) 「조세범처벌법」 제13조가 규정하는 원천징수의무자가 "징수하지 아니하거나 납부하지 아니한 세액"이 특가법 제8조의 처벌 대상인지 여부

법문의 '징수하지 아니하거나 납부하지 아니한 세액'은 마치 「조세범처벌법」 제13조가 규정하는 원천징수의무자가 원천징수를 하지 아니하거나 원천징수한 세액을 납부하지 아니한 세액처럼 보인다. 그러나 특가법 제8조는 조세포탈행위에 대한 가중처벌 규정이기 때문에 결코 「조세범처벌법」 제13조가 규정하는 원천징수의무자가 "징수하지 아니하거나 납부하지 아니한 세액"은 특가법 제8조의 처벌대상이 될 수 없다.

(3) '징수하지 아니하거나 납부하지 아니한 세액'의 의미

위에서 기술한 것처럼 특가법 제8조는 조세포탈행위에 대한 가중처벌 규정이기 때문에 결코「조세범처벌법」제13조가 규정하는 원천징수의무자가 "징수하지 아니하거나 납부하지 아니한 세액"은 특가법 제8조의 처벌대상이 될 수 없다. 그러므로 법문의 '징수하지 아니하거나 납부하지 아니한 세액'은 원천징수의무자가 단독으로 원천징수의무를 불이행하면서 징수하지 아니하거나 납부하지 아니한 세액으로 볼 수 없다.

그리고 원천징수의무자는 납세의무자가 아니다(국기법 제2조 제9호). 따라서 원천징수의무자는 조세포탈범의 단독정범은 될 수 없으나 공범은 될 수 있다(대법원 1998.5.8. 선고 97도2429 판결).

결론적으로 '징수하지 아니하거나 납부하지 아니한 세액'은 원천징수의무자가 단독으로 징수하지 아니하거나 납부하지 아니한 세액으로 볼 수 없는 점과 원천징수의무자는 조세포탈범의 단독정범은 될 수 없으나 공범은 될 수 있는 점을 고려하면 법문의 "징수하지 아니하거나 납부하지 아니한 세액"은 원천징수의무자가 원천납세의무자와 함께 공모하여 원천징수하지 아니하거나 원천징수한 세액을 납부하지 아니한 세액으로 보는 것이 타당하다.

(4) 포탈세액등의 구성요소에 대한 법문의 개정 요망

특가법 제8조의 포탈세액등의 구성요소를 말해주는『포탈하거나 환급받은 세액 또는 징수하지 아니하거나 납부하지 아니한 세액』이라는 문언 중 처벌대상에 혼란을 가져오는 "징수하지 아니하거나 납부하지 아니한 세액"이라는 문언을 삭제하는 법 개정이 요망된다.

6. 특가법 제8조 적용 시 연간 포탈세액등 계산 사례

사례 1 납세의무자별로 포탈세액을 합산하는 경우

○○경찰서 수사과에서 사업자 이황제를 조세포탈범으로 수사한바 2023.3.14. 현재 포탈세액 내용이 아래 표와 같이 확인되었다. 연간 포탈세액 계산하고 특가법 제8조 적용 여부는 판단하시오.

A. 보성갈비집 세목별 조세포탈세액

과세기간	세 목	신고·납부기한	기수시기	포탈세액
2016.1.1.~2016. 6.30.	부가가치세	2016.7.25.	신고·납부 기한이 지난 때	50,000,000원
2016.7.1.~2016.12.31.	부가가치세	2017.1.25.	신고·납부 기한이 지난 때	60,000,000원
2016.1.1.~2016.12.31.	종합소득세	2017.5.31.	신고·납부 기한이 지난 때	385,000,000원
2016.1.1.~2016.12.31.	개인지방소득세	2017.5.31.	신고·납부 기한이 지난 때	38,500,000원
2017.1.1.~2017.6.30.	부가가치세	2017.7.25.	신고·납부 기한이 지난 때	50,000,000원
2017.1.1.~2017.12.31.	종합소득세	2018.5.31.	신고·납부 기한이 지난 때	175,000,000원
2017.1.1.~2017.12.31.	개인지방소득세	2018.5.31.	신고·납부 기한이 지난 때	17,500,000원
2019.1.1.~2019.12.31.	종합소득세	2020.5.31	신고·납부 기한이 지난 때	140,000,000원
2019.1.1.~2019.12.31.	개인지방소득세	2020.5.31.	신고·납부 기한이 지난 때	14,000,000원
2020.1.1.~2020. 6.30.	부가가치세	2020.7.25.	신고·납부 기한이 지난 때	40,000,000원

B. 2015년 10월 31일 하남시에 있는 토지를 양도하고 이중계약서를 작성하여 양도가
   액을 줄여 양도소득세 300,000,000원(개인지방소득세 30,000,000원)을 포탈하였다.
C. 2017년 5월 31일 양평군에 있는 토지를 양도하고 이중계약서를 작성하여 양도가액
   을 줄여 양도소득세 290,000,000원(개인지방소득세 29,000,000원)을 포탈하였다.

① 2016년 연간 포탈세액등의 계산

과세기간	세 목	신고·납부기한 (기수시기)	포탈세액
2016.1.1.~2016. 6.30.	부가가치세	2016.7.25. (2016.7.26.)	50,000,000원
2015.1.1.~2015.12.31.	양도소득세	2016.5.31. (2016.6.1.)	300,000,000원
2015.1.1.~2015.12.31.	개인지방소득세	2016.5.31. (2016.6.1.)	30,000,000원
합계			380,000,000원

- 2016.1.1.~2016.12.31. 기간 사이에 기수시기가 완료된 세목의 포탈세액을 합산하면 된다.
  - 연간 포탈세액등 : 380,000,000원
  - 특가법 제8조 적용 여부 : 연간 포탈세액등이 5억 원 미만이므로 가중요건을 충족하지 못하여 특가법 제8조 적용 안됨.

② 2017년 연간 포탈세액등의 계산

과세기간	세 목	신고 · 납부기한 (기수시기)	포탈세액
2016.7.1.~2016.12.31.	부가가치세	2017.1.25. (2017.1.26.)	60,000,000원
2016.1.1.~2016.12.31.	종합소득세	2017.5.31. (2017.6.1.)	385,000,000원
2016.1.1.~2016.12.31.	개인지방소득세	2017.5.31. (2017.6.1.)	38,500,000원
2017.1.1.~2017.6.30.	부가가치세	2017.7.25. (2017.7.26.)	50,000,000원
합계			533,500,000원

- 2017.1.1.~2017.12.31. 기간 사이에 기수시기가 완료된 세목의 포탈세액을 합산하면 된다.
  - 연간 포탈세액등 : 533,500,000원
  - 특가법 제8조 적용 여부 : 연간 포탈세액등이 5억 원 이상이므로 가중요건을 충족하여 특가법 제8조 적용됨.
- 특가법 제8조의 기수시기 : 2017년 제1기 부가가치세의 신고 · 납부기한이 지난 때

③ 2018년 연간 포탈세액등의 계산

과세기간	세 목	신고 · 납부기한 (기수시기)	포탈세액
2017.1.1.~2017.12.31.	종합소득세	2018.5.31. (2018.6.1.)	175,000,000원
2017.1.1.~2017.12.31.	개인지방소득세	2018.5.31. (2018.6.1.)	17,500,000원
2017.1.1.~2017.12.31.	양도소득세	2018.5.31. (2018.6.1.)	290,000,000원
2017.1.1.~2017.12.31.	개인지방소득세	2018.5.31. (2018.6.1.)	29,000,000원
합계			511,500,000원

- 2018.1.1.~2018.12.31. 기간 사이에 기수시기가 완료된 세목의 포탈세액을 합산하면 된다.
  - 연간 포탈세액등 : 511,500,000원
  - 특가법 제8조 적용 여부 : 연간 포탈세액등이 5억 원 이상이므로 가중요건을 충족하여 특가법 제8조 적용됨.
- 특가법 제8조의 기수시기 : 2017년 귀속 종합소득세 등의 신고·납부기한이 지난 때

④ 2020년 연간 포탈세액등의 계산

과세기간	세 목	신고·납부기한 (기수시기)	포탈세액
2019.1.1.~2019.12.31.	종합소득세	2020.5.31. (2020.6.1.)	140,000,000원
2019.1.1.~2019.12.31.	개인지방소득세	2020.5.31. (2020.6.1.)	14,000,000원
2020.1.1.~2020.6.30.	부가가치세	2020.7.25. (2020.7.26.)	40,000,000원
합계			194,000,000원

- 2020.1.1.~2020.12.31. 기간 사이에 기수시기가 완료된 세목의 포탈세액을 합산하면 된다.
  - 연간 포탈세액등 : 194,000,000원
  - 특가법 제8조 적용 여부 : 연간 포탈세액등이 5억 원 미만이므로 가중요건을 충족하지 못하여 특가법 제8조 적용 안됨

사례 2 법정행위자별로 포탈세액을 합산하는 경우

○○경찰서 수사과에서 ㈜매미건설(대표 진시황), ㈜친구건설(대표 진시황), ㈜일류건설(대표 진시황)을 수사한 바 2024.2.8. 현재 조세포탈 내용이 아래 표와 같다. 법정행위자 진시황의 연간 포탈세액등을 계산하고 특가법 제8조의 적용 여부를 판단하시오.

A. ㈜매미건설 세목별 조세포탈세액

과세기간	세 목	신고·납부기한	기수시기	포탈세액
2018.1.1.~2018. 6.30.	부가가치세	2018.7.25.	신고·납부기한이 지난 때	50,000,000원
2018.7.1.~2018.12.31.	부가가치세	2019.1.25.	신고·납부기한이 지난 때	60,000,000원
2018.1.1.~2018.12.31.	법인세	2019.3.31.	신고·납부기한이 지난 때	385,000,000원

과세기간	세 목	신고·납부기한	기수시기	포탈세액
2018.1.1.~2018.12.31.	법인지방소득세	2019.4.30.	신고·납부기한이 지난 때	38,500,000원
2020.1.1.~2020.12.31.	법인세	2021.3.31.	신고·납부기한이 지난 때	200,000,000원
2020.1.1.~2020.12.31.	법인지방소득세	2021.4.30.	신고·납부기한이 지난 때	20,000,000원
2021.7.1.~2021.12.31.	부가가치세	2022.1.25.	신고·납부기한이 지난 때	200,000,000원

B. ㈜친구건설 세목별 조세포탈세액

과세기간	세 목	신고·납부기한	기수시기	포탈세액
2019.1.1.~2019. 6.30.	부가가치세	2019.7.25.	신고·납부기한이 지난 때	50,000,000원
2019.1.1.~2019.12.31.	법인세	2020.3.31.	신고·납부기한이 지난 때	100,000,000원
2019.1.1.~2019.12.31.	법인지방소득세	2020.4.30.	신고·납부기한이 지난 때	10,000,000원
2020.1.1.~2020.6.30.	부가가치세	2020.7.25.	신고·납부기한이 지난 때	50,000,000원
2021.7.1.~2021.12.31.	부가가치세	2022.1.25.	신고·납부기한이 지난 때	20,000,000원

C. ㈜일류건설 세목별 조세포탈세액

과세기간	세 목	신고·납부기한	기수시기	포탈세액
2020.1.1.~2020.6.30.	부가가치세	2020.7.25.	신고·납부기한이 지난 때	50,000,000원
2021.1.1.~2021.6.30.	부가가치세	2021.7.25.	신고·납부기한이 지난 때	90,000,000원
2021.7.1.~2021.12.31.	부가가치세	2022.1.25.	신고·납부기한이 지난 때	390,000,000원

1 2018년 연간 포탈세액등의 계산

과세기간	세 목 (상호)	신고·납부기한 (기수시기)	포탈세액
2018.1.1.~2018.6.30.	부가가치세 (㈜매미건설)	2018.7.25. (2018.7.26.)	50,000,000원

- 2018.1.1.~2018.12.31. 기간 사이에 기수시기가 완료된 세목의 포탈세액을 합산하면 된다.
  - 연간 포탈세액등 : 50,000,000원
  - 특가법 제8조 적용 여부 : 연간 포탈세액등이 5억 원 미만이므로 가중요건을 충족하지 못하여 특가법 제8조 적용 안됨

② 2019년 연간 포탈세액등의 계산

과세기간	세 목 (상호)	신고·납부기한 (기수시기)	포탈세액
2018.7.1.~2018.12.31.	부가가치세 (㈜매미건설)	2019.1.25. (2019.1.26.)	60,000,000원
2018.1.1.~2018.12.31.	법인세 (㈜매미건설)	2019.3.31. (2019.4.2.)[주8]	385,000,000원
2018.1.1.~2018.12.31.	법인지방소득세 (㈜매미건설)	2019.4.30. (2019.5.1.)	38,500,000원
2019.1.1.~2019. 6.30.	부가가치세 (㈜친구건설)	2019.7.25. (2019.7.26.)	50,000,000원
합계			533,500,000원

주8) 2019.3.31.이 일요일이므로 법인세 신고·납부기한은 2019.4.1.이 되기 때문임.

- 2019.1.1.~2019.12.31. 기간 사이에 기수시기가 완료된 세목의 포탈세액을 합산하면 된다.
  - 연간 포탈세액등 : 533,500,000원
  - 특가법 제8조 적용 여부 : 연간 포탈세액등이 5억 원 이상이므로 가중요건을 충족하여 특가법 제8조 적용됨.
- 특가법 제8조의 기수시기 : 2019년 제1기 부가가치세 신고·납부기한이 지난 때

③ 2020년 연간 포탈세액등의 계산

과세기간	세 목 (상호)	신고·납부기한 (기수시기)	포탈세액
2019.1.1.~2019.12.31.	법인세 (㈜친구건설)	2020.3.31. (2020.4.1.)	100,000,000원
2019.1.1.~2019.12.31.	법인지방소득세 (㈜친구건설)	2020.4.30. (2020.5.31.)	10,000,000원
2020.1.1.~2020.6.30.	부가가치세 (㈜친구건설)	2020.7.25. (2020.7.28.)	50,000,000원
2020.1.1.~2020.6.30.	부가가치세 (㈜일류건설)	2020.7.25. (2020.7.28.)[주9]	50,000,000원

과세기간	세 목 (상호)	신고·납부기한 (기수시기)	포탈세액
합계			210,000,000원

주9) 2020.7.25.이 토요일이므로 부가가치세 신고·납부기한은 2020.7.27.이 되기 때문임.

⚙ 2020.1.1.~2020.12.31. 기간 사이에 기수시기가 완료된 세목의 포탈세액을 합산하면 된다.
  • 연간 포탈세액등 : 210,000,000원
  • 특가법 제8조 적용 여부 : 연간 포탈세액등이 5억 원 미만이므로 가중요건을 충족하지 못하여 특가법 제8조 적용 안됨.

④ 2021년 연간 포탈세액등의 계산

과세기간	세 목 (상호)	신고·납부기한 (기수시기)	포탈세액
2020.1.1.~2020.12.31.	법인세 (㈜매미건설)	2021.3.31. (2021.4.1.)	200,000,000원
2020.1.1.~2020.12.31.	법인지방소득세 (㈜매미건설)	2021.4.30. (2021.5.31.)	20,000,000원
2021.1.1.~2021.6.30.	부가가치세 (㈜일류건설)	2021.7.25. (2021.7.27.)[주10]	90,000,000원
합계			310,000,000원

주10) 2021.7.25.이 일요일이므로 부가가치세 신고·납부기한은 2020.7.26.이 되기 때문임.

⚙ 2021.1.1.~2021.12.31. 기간 사이에 기수시기가 완료된 세목의 포탈세액을 합산하면 된다.
  • 연간 포탈세액등 : 310,000,000원
  • 특가법 제8조 적용 여부 : 연간 포탈세액등이 5억 원 미만이므로 가중요건을 충족하지 못하여 특가법 제8조 적용 안됨.

⑤ 2022년 연간 포탈세액등의 계산

과세기간	세 목 (상호)	신고·납부기한 (기수시기)	포탈세액
2021.7.1.~2021.12.31.	부가가치세 (㈜매미건설)	2022.1.25. (2022.1.26.)	200,000,000원
2021.7.1.~2021.12.31.	부가가치세 (㈜친구건설)	2022.1.25. (2022.1.26.)	20,000,000원

과세기간	세 목 (상호)	신고·납부기한 (기수시기)	포탈세액
2021.7.1.~2021.12.31.	부가가치세 (㈜일류건설)	2022.1.25. (2022.1.26.)	390,000,000원
합계			610,000,000원

⚙ 2022.1.1.~2022.12.31. 기간 사이에 기수시기가 완료된 세목의 포탈세액을 합산하면 된다.
- 연간 포탈세액등 : 610,000,000원
- 특가법 제8조 적용 여부 : 연간 포탈세액등이 5억 원 이상이므로 가중요건을 충족하여 특가법 제8조 적용됨.

⚙ 특가법 제8조의 기수시기 : 2021년 제2기 부가가치세 신고·납부기한이 지난 때

사례 3 납세의무자별 포탈세액과 법정행위자로서 포탈세액을 합산하는 경우

○○경찰서 수사과에서 건설업체 대표와 개인사업을 하는 이황제를 수사한 바 2024.2.28. 현재 조세포탈 내용이 아래 표와 같다. 연간 포탈세액등을 계산하고 특가법 제8조의 적용 여부를 판단하시오.

A. 치웅갈비 세목별 조세포탈세액(개인사업자임)

과세기간	세 목	신고·납부기한	기수시기	포탈세액
2021.7.1.~2021.12.31.	부가가치세	2022.1.25.	신고·납부기한이 지난 때	70,000,000원
2022.1.1.~2022.6.30.	부가가치세	2022.7.25.	신고·납부기한이 지난 때	60,000,000원
2022.1.1.~2022.12.31.	소득세	2023.5.31.	신고·납부기한이 지난 때	385,000,000원
2022.1.1.~2022.12.31	개인지방소득세	2023.5.31.	신고·납부기한이 지난 때	38,500,000원

B. ㈜백겸건설 세목별 조세포탈세액

과세기간	세 목	신고·납부기한	기수시기	포탈세액
2021.7.1.~2021.12.31.	부가가치세	2022.1.25.	신고·납부기한이 지난 때	100,000,000원
2021.1.1.~2021.12.31.	법인세	2022.3.31.	신고·납부기한이 지난 때	250,000,000원
2021.1.1.~2021.12.31.	법인지방소득세	2022.4.30.	신고·납부기한이 지난 때	25,000,000원

과세기간	세 목	신고 · 납부기한	기수시기	포탈세액
2022.7.1.~2021.12.31	부가가치세	2023.1.25.	신고 · 납부기한이 지난 때	100,000,000원

① 2022년 연간 포탈세액등의 계산

과세기간	세 목 (상호)	신고 · 납부기한 (기수시기)	포탈세액
2021.7.1.~2021.12.31.	부가가치세 (치웅갈비)	2022.1.25. (2022.1.26.)	70,000,000원
2022.1.1.~2022.6.30.	부가가치세 (치웅갈비)	2022.7.25. (2022.7.26.)	60,000,000원
2021.7.1.~2021.12.31.	부가가치세 (㈜백겸건설)	2022.1.25. (2022.1.26.)	100,000,000원
2021.1.1.~2021.12.31.	법인세 (㈜백겸건설)	2022.3.31. (2022.4.1.)	250,000,000원
2021.1.1.~2021.12.31.	법인지방소득세 (㈜백겸건설)	2022.4.30. (2022.5.3.)[주11]	25,000,000원
합계			505,000,000원

주11) 2022.4.30.이 토요일이므로 법인지방소득세 신고 · 납부기한은 2020.5.2.이 되기 때문임.

- 2022.1.1.~2022.12.31. 기간 사이에 기수시기가 완료된 개인사업자로서의 세목의 포탈세액과 법인의 법정행위자로서의 포탈세액을 합산하면 된다.
  - 연간 포탈세액등 : 505,000,000원
  - 특가법 제8조 적용 여부 : 연간 포탈세액등이 5억 원 이상이므로 가중요건을 충족하여 특가법 제8조 적용됨.

- 특가법 제8조의 기수시기 : 2022년 제1기 부가가치세 신고 · 납부기한이 지난 때

② 2023년 연간 포탈세액등의 계산

과세기간	세 목 (상호)	신고 · 납부기한 (기수시기)	포탈세액
2022.1.1.~2022.12.31.	소득세 (치웅갈비)	2023.5.31. (2023.6.1.)	385,000,000원

과세기간	세 목 (상호)	신고 · 납부기한 (기수시기)	포탈세액
2022.1.1.~2022.12.31	개인지방소득세 (치웅갈비)	2023.5.31. (2023.6.1.)	38,500,000원
2022.7.1.~2021.12.31	부가가치세 (㈜백겸건설)	2023.1.25. (2023.1.26.)	100,000,000원
합계			523,500,000원

- 2023.1.1.~2023.12.31. 기간 사이에 기수시기가 완료된 개인사업자로서의 세목의 포탈세액과 법인의 법정행위자로서의 포탈세액을 합산하면 된다.
  - 연간 포탈세액등 : 523,500,000원
  - 특가법 제8조 적용 여부 : 연간 포탈세액등이 5억 원 이상이므로 가중요건을 충족하여 특가법 제8조 적용됨.
- 특가법 제8조의 기수시기 : 2022년 귀속 소득세등 신고 · 납부기한이 지난 때

XII 〉 죄수

죄수란 1인의 행위자가 범한 범죄의 수를 말한다. 1인의 행위자가 한 개 또는 수개의 행위로 범한 죄가 1개인 경우를 일죄(一罪)라 하고 수개인 경우를 수죄(數罪)라고 하며 이를 구분하는 것을 죄수론이라 한다. 일죄는 단순일죄, 법조경합, 포괄일죄로 구분하는데 단순일죄는 1개의 행위로 1개의 구성요건을 충족시키는 것을 말하고, 법조경합은 1개 또는 수개의 행위가 외관상 수개의 구성요건을 충족하지만 수개의 구성요건 중 1개의 형벌규정만 적용되고 적용되는 형벌규정에 다른 형벌규정의 불법내용이 완전히 포섭되어 다른 형벌규정이 배척되는 것을 말하고, 포괄일죄란 개별적으로 1죄의 구성요건을 충족하는 수개의 행위가 포괄적으로 1개의 구성요건에 해당하여 일죄를 구성하는 경우를 말한다. 수죄는 상상적 경합과 실체적 경합으로 구분하는데 1개의 행위가 수개의 죄에 해당하는 경우를 상상적 경합이라 하고, 판결이 확정되지 아니한 수개의 죄 또는 금고 이상의 형에 처한 판결이 확정된 죄와 그 판결이 확정되기 전에 범한 죄의 경우를 실체적 경합(경합범)이라 한다.

조세포탈죄의 죄수는 「조세범처벌법」 제3조 제1항에 규정된 구성요건을 충족한 횟수이다. '구성요건을 충족한 횟수'(죄수)는 각 세목별로 정해진 과세기간 등의 과세단위가 기준이 된다. 세목별 과세단위는 부가가치세는 기별(1기 : 1.1.~6.30.; 2기 7.1.~12.31., 간이과세자는 1.1.~12.31.), 소득세는 1년(1.1.~12.31.)이고, 법인세는 사업연도별이고, 개별소비세는 과세물건별로 정해진 과세기간(1개월, 분기, 1년)이고, 상속세와 증여세는 건별이다. 자세한 세목

별 과세단위는 제1장 제9절(과세기간(과세시점), 과세표준, 신고·납부 기한)을 참고하기 바란다.

조세포탈죄의 죄수 판단 시 주의를 기울여야 할 세목은 소득세와 법인세이다. 국세의 세목을 규정하는 「국세기본법」 제2조 제1호에는 '소득세'라 기술되어 있으나 실무에서도 소득세라는 용어는 사용되지 않고 종합소득세, 양도소득세, 퇴직소득세라는 용어가 사용된다. 그 이유는 개인의 소득은 소득별로 분류하여 종합소득세, 양도소득세, 퇴직소득세 등으로 분류과세하는데 이들 세목을 총괄하여 소득세라는 용어로 표현하였기 때문이다. 소득세는 개인의 소득을 분류하여 종합소득세, 양도소득세, 퇴직소득세 등으로 과세되고 각기 다른 과세표준신고서의 양식으로 신고·납부를 하기 때문에 조세포탈죄도 각 세목별로 하나의 죄가 성립한다. 법인세는 법인의 양도소득을 개인의 양도소득과 달리 분류과세하지 않고 법인의 사업소득에 합산하여 과세하기 때문에 법인의 경우에는 양도소득에 대한 조세포탈죄가 별도로 존재하지 않는다. 그뿐만 아니라 납세의무의 성립과 동시에 확정되는 원천징수하는 소득세와 법인세는 신고·납부기한이 대가를 지급하는 달의 다음 달 10일이므로 월별로 1개의 죄가 성립한다(단, 반기별 납부의무자는 기별로 1개의 죄가 성립한다).

조세포탈죄의 죄수에 대하여도 일죄와 수죄를 검토해야 할 대상이 존재한다. 일죄에 대하여 검토할 대상은 본세에 일명 기생세(부가세)가 부과되는 경우와 특가법 제8조가 적용되는 경우이다. 유흥주점을 운영하는 사업자가 매출액을 누락하여 개별소비세(본세)를 포탈하였을 경우 포탈한 개별소비세에 대한 10%에 해당하는 교육세(기생세 또는 부가세)의 포탈이 함께 발생하므로 이 경우 상상적 경합에 해당한다. 특가법 제8조는 1.1.부터 12.31일 사이 세목을 불문하고 「조세범처벌법」 제3조 제1항, 제4조(면세유의 부정유통), 제5조(가짜 석유제품의 제조 또는 판매), 「지방세기본법」 제102조 제1항(지방세의 포탈)의 구성요건을 충족하는 죄를 포괄하여 각 죄의 포탈세액 합산액이 5억 원 이상인 경우 특가법 제8조의 구성요건을 충족하므로 이 경우 「조세범처벌법」 제3조 제1항 등의 각 죄는 합쳐서 하나의 죄가 된다. 「조세범처벌법」 제3조 제1항의 죄가 수개일 때는 상호 간에 실체적 경합에 해당하고 수죄의 관계에 해당한다.

XIII ≫ 조세포탈과 다른 죄와의 관계

조세포탈죄와 다른 죄와의 관계는 조세범칙 행위를 규율하는 죄와 형법에서 규정하는 죄 두 측면에서 검토하여야 한다.

1. 조세범칙 행위를 규율하는 죄와의 관계

조세범칙 행위를 규율하는 죄는 「조세범처벌법」과 「특정범죄가중처벌등에 관한 법률」에 규정되어 있고, 두 법이 규정하는 죄들은 조세포탈행위를 가중처벌하는 죄와 기타 조세범칙 행위에 관한 죄로 구분하여 조세포탈죄와의 관계를 검토한다.

(1) 조세포탈행위를 가중처벌하는 죄와의 관계

조세포탈행위를 가중처벌하는 죄는 「조세범처벌법」에 규정하는 제4조(면세유의 부정유통) 및 제5조(가짜석유제품의 제조 또는 판매)가 있고, 「특정범죄가중처벌등에 관한 법률」에는 제8조(조세포탈의 가중처벌)가 있다.

「조세범처벌법」 제4조의 면세유의 부정유통으로 인한 조세포탈행위와 제5조의 가짜석유제품의 제조 또는 판매로 인한 조세포탈행위는 「조세범처벌법」을 전면 개정 전(2010.1.1.)까지 구 「조세범처벌법」 제9조 제1항(현, 제3조 제1항)에 의하여 처벌되었으나 두 포탈행위가 다른 포탈행위에 비해 해악이 커 가중처벌의 필요성이 있어 신설된 죄이다. 따라서 「조세범처벌법」 제4조 또는 제5조는 동법 제3조 제1항의 가중처벌 조항이므로 제4조 또는 제5조, 제3조 제1항을 동시에 적용해야 할 경우 제4조 또는 제5조가 우선 적용된다.

「특정범죄가중처벌등에 관한 법률」 제8조(조세포탈의 가중처벌)도 「조세범처벌법」 제3조 제1항, 제4조 및 제5조, 「지방세기본법」 제102조 제1항의 가중처벌규정이므로 제3조 제1항, 제4조 및 제5조, 「지방세기본법」 제102조 제1항, 특가법 제8조를 동시에 적용해야 할 경우 특가법 제8조가 우선 적용된다.

(2) 기타 조세범칙 행위에 관한 죄와의 관계

조세포탈행위와 기타 조세범칙 행위에 관한 죄와의 관계 중 핵심은 조세포탈죄와 세금계산서의 발급의무 위반 등 관련 죄의 관계이다. 즉, 조세포탈행위자가 세금계산서 발급의무 위반 등 관련 죄를 수단으로 하여 조세포탈행위를 하였을 경우 조세포탈의 수단이 된 세금계산서의 발급의무 위반 등 관련 죄가 조세포탈행위에 흡수되느냐이다. 이에 대하여 판례(대법원 2011. 12. 8. 선고 2011도9242 판결)는 『세금계산서합계표를 허위기재하여 정부에 제출하는 행위를 처벌하는 구 조세범처벌법 제11조의2 제4항 제3호(현 제10조 제3항 제3호)의 죄와 사기 기타 부정한 행위로써 부가가치세 등의 조세를 포탈하거나 조세 환급・공제를 받는 행위를 처벌하는 구 조세범처벌법 제9조 제1항 제3호의 죄는 구성요건적 행위 태양과 보호법익이 서로 다를 뿐 아니라 어느 한 죄의 불법과 책임 내용이 다른 죄의 불법과 책임 내용을 모두 포함하고 있지 아니하므로, 세금계산서합계표를 허위기재하여 정부에 제출하는 방법으로 부가가치세를 포탈하거나 부가가치세의 환급·공제를 받는 경우 구 조세범처벌법 제11조의2 제4항 제3호의 죄와 같은 법 제9조 제1항 제3호의 죄는 별개로 성립한다』라고 판시하였다. 따라서 조세포탈행위자가 세금계산서 발급의무 위반 등 관련 죄를 수단으로 하여 조세포탈행위를 하였을 경우에는 별개의 죄가 성립하고 실체적 경합관계가 된다.

2. 형법에서 규정하고 있는 죄와의 관계

조세포탈행위는 사문서위조죄, 사문서위조행사죄, 업무상횡령죄, 업무상배임죄, 배임수증재죄, 뇌물공여죄, 정치자금법위반죄 등 여러 죄와 함께 발생하는 경우가 있다. 조세포탈행위가 이들의 죄와 함께 발생할 경우 판례(대법원 1984.6.26. 선고 82누518 판결 ; 대법원 1989.8.8. 선고 88도2209 판결)의 법리는 구성요건적 행위 태양과 보호법익이 서로 다를 뿐 아니라 어느 한 죄의 불법과 책임 내용이 다른 죄의 불법과 책임 내용을 모두 포함하고 있지 아니하므로 서로 별개의 죄가 성립한다고 판시하였다.

(1) 사기죄와의 관계

사기죄는 사람을 기망하여 재물을 교부받거나 재산상의 이익을 취득하고 또는 이러한 방법으로 제3자로 하여금 재물의 교부를 받거나 재산상의 이익을 취득하게 한 때에 성립하는 죄다(형법 제347조 제1항). 그런데 판례(대법원 2008.11.27. 선고 2008도7303 판결)는『기망행위에 의하여 국가적 또는 공공적 법익을 침해한 경우라도 그와 동시에 형법상 사기죄의 보호법익인 재산권을 침해하는 것과 동일하게 평가할 수 있는 때에는 당해 행정법규에서 사기죄의 특별관계에 해당하는 처벌규정을 별도로 두고 있지 않는 한 사기죄가 성립할 수 있다』라고 이야기하면서도, 기망행위로 조세를 포탈한 경우에는『기망행위에 의하여 조세를 포탈하거나 조세의 환급·공제를 받은 경우에는 조세범처벌법 제9조에서 이러한 행위를 처벌하는 규정을 별도로 두고 있을 뿐만 아니라, 조세를 강제적으로 징수하는 국가 또는 지방자치단체의 직접적인 권력작용을 사기죄의 보호법익인 재산권과 동일하게 평가할 수 없는 것이므로 조세범처벌법 위반죄가 성립함은 별론으로 하고, 형법상 사기죄는 성립하지 않는다』라고 판시하였다. 따라서 기망행위로 조세를 포탈한 행위는 사기죄에 해당하지 않는다.

1) 부정환급의 포탈행태에 사기죄를 적용한 사례

위에서 기술한 내용처럼 납세의무자가 기망하여 국세를 포탈한 경우에는 사기죄가 성립하지 않는다. 하지만 특별히 사기죄로 처벌한 경우가 있다. 국세공무원 A가 자신의 친구인 등과 함께 속칭 바지사장을 모집하여 실체가 전혀 없는 법인을 설립하여 가공의 사업자등록을 하고, 자신(A)이 관리하는 법인세적 중 휴면법인을 선정하여 그 휴면법인 사업자 명의로 전자세금계산서 보안카드를 임의로 발급하고, 선정한 휴면법인들이 가공의 사업자등록을 한 법인들에게 허위의 매출 전자세금계산서를 발급하여 가공의 사업자등록 업체 명의로 허위의 부가세 신고(부가세 환급 신청)를 하여 부가세 환급금 명목으로 6,462,000,400원을 환급받아 편취한 사건에 대하여, 피고인들이 공모해 피해자인 AA세무서 관계자들을 기망하여 6,462,000,400원을 편취하였다 하여 특정경제범죄가중처벌등에관한법률 위반(사기) 등에 해당한다고 판시하였다(서울고등법원 2016.10.14. 선고 2016노1690 판결: 참고로 대법원 2017.2.9. 선고 2016도17826 판결에서 상고내용은 모두 기각되었다). 따라서 위 판례의 내용처럼 부정환급의 조세포탈행태는 경우에 따라서는 사기죄로 처벌할 수 있다. 그러면 분명 부정환급의 조세포탈 행태인데 왜 조세포탈죄를 적용하지 않고 사기죄를 적용하였을까 하는 의문이 든다. 필자는 위 판례의 사건에서 법원이 사기죄를 적용한 사유를 두 가지라 판단하였다. 하나는 조세포탈범은 원칙적으로 납세의무자 또는 법정행위자(조처법 제18조에서 규정하는)라는 신분을 가진 자만 범죄의 주체가 될 수 있는 신분범이나 피고인들은 모두 납세의무자 또는 법정행위자가 아니어서 조세포탈죄의 주체가 될 수 없고, 다른 하나는 조세포탈죄의 범칙행위자는 추상적인 납세의무를 가져야 하는데 허위의 부가가치세 신고를 한 업체들이 모두 허위의 업체들로 추상적인 납세의무가 없기 때문이다. 즉, 피의자들이 조세포탈죄의 구성요건인 납세의무자 또는 법정행위자라는 신분과 추상적인 납세의무를 갖추지 못하여 조세포탈죄의 구성요건을 충족할 수 없기 때문이다.

부정환급의 포탈행태에 사기죄를 적용할 수 있는 경우는 세금계산서의 발급의무 위반 등 관련 죄 중 범칙행위자가 완전자료상이면서 부당환급 행태의 조세탈루 행위를 하였을 때이다. 완전자료상의 개념에 대하여는 제2장 제3절(Ⅵ. 재화 또는 용역의 거래 없이 세금계산서의 발급의무 위반 등 관련 범죄)을 참고하기 바란다.

(2) 업무상횡령죄, 뇌물공여죄, 정치자금법위반죄 등과의 관계

조세포탈죄와 업무상횡령죄, 뇌물공여죄, 정치자금법위반죄 등과의 관계는 법인사업자와 개인사업자 두 가지 측면에서 검토하여야 한다.

법인사업자가 매출누락, 허위증빙 수취에 의한 가공경비 계상, 허위 인건비 계상 등의 행위로 부외자금을 마련하고 조세포탈을 하였을 경우 조세포탈죄로 처벌하는 것 외에 마련된 부외자금이 사내에 남아있거나 부외자산을 취득하는데 사용된 경우 등을 제외하고는 부외자금의 사용처를 추적하여 귀속자에게 업무상횡령죄, 뇌물공여죄 또는 뇌물수수죄, 정치자금법위반죄 등의 적용을 검토하여야 한다. 부외자금의 사용처를 추적하여 귀속자에게 업무상횡령죄, 뇌물공여죄 또는 뇌물수수죄, 정치자금법위반죄 등이 적용될 경우 이들의 죄를 적용하여 처벌하는 것과는 별도로 세무실무에서는 법인사업자의 경우 조세포탈 과정에서 허위증빙 수취 등으로 마련된 자금의 행방을 추적해 그 귀속자에게 소득처분하여 소득세를 과세한다(법인법 제67조). 만약 귀속자를 특정할 수 없는 경우에는 법인의 대표자가 자금을 가져간 것으로 추정해 대표자에게 소득처분하여 소득세를 과세한다.

개인사업자가 매출누락, 허위증빙 수취에 의한 가공경비 계상, 허위 인건비 계상 등의 행위로 자금을 마련하고 조세포탈을 하였을 경우 조세포탈죄로 처벌하는 것 외에 마련된 자금의 사용처를 추적하여 귀속자에게 뇌물공여죄 또는 뇌물수수죄, 정치자금법위반죄 등의 적용을 검토하여야 한다. 하지만 개인사업자의 경우 대표자가 조세포탈행위를 하였을 경우 업무상횡령죄는 적용하지 아니한다. 그러나 개인사업자의 경우 개인사업자에게 고용된 법정행위자(조처법 제18조)가 매출누락, 허위증빙 수취 등의 방법으로 업무상 횡령을 하여 조세포탈이 발생하였을 경우에는 법인사업자의 처리방법과 달리 처리된다. 개인사업자와 법인사업자의 처리방법이 다른 사유는 개인사업자의 경우 소득처분 하는 제도가 없고, 소득세법이 횡령금액(업무상 횡령금액)을 과세소득으로 규정(소득법 제21조 제1항)하지 않기 때문이다. 따라서 개인사업자의 법정행위자가 매출누락, 허위증빙 수취에 의한 가공경비 계상, 허위 인건비 계상 등의 행위로 자금을 마련하여 횡령한 행위로 인해 조세포탈을 하였을 경우에는 소득처분도 없고 법정행위자에게 소득세도 과세하지 아니한다. 때문에 개인사업자의 법정행위자가 매출누락, 허위증빙 수취에 의한 가공경비 계상, 허위 인건비 계상 등의 행위로 자금을 마련하여 횡령한 행위로 인해 조세포탈을 하였을지라도 개인사업자가 포탈세액을 부담한다.

제 **3** 절

세금계산서의 발급의무 위반 등 관련 범죄

Ⅰ 제10조의 입법 취지

세금계산서(전자세금계산서 등 포함)와 계산서(전자계산서 등 포함)의 기능은 ① 거래 증빙 등, ② 과세 근거 자료 등, ③ 공사의 입찰자격, 은행에서 자금을 차입할 조건, 증권시 장에 상장하려는 조건 충족 등의 기업의 경영활동 보조, ④ 조세포탈, 분식회계, 횡령 등의 각종 범죄의 수단 등으로 구분할 수 있다.

① 거래증빙 등의 측면에서 살펴보면 세금계산서와 계산서는 사업자가 재화 또는 용역을 공급(공급하는 재화 또는 용역이 과세대상이면 세금계산서이고 면세대상이면 계산 서)하고 그 거래 사실을 증명하기 위하여 공급받는 자에게 발급하여주는 대표적인 거 래증빙이다. 거래증빙 외에 영수증, 거래송장, 거래대금 청구서 등의 기능을 한다.

② 과세 근거 자료 등의 측면에서 살펴보면 공급자에게는 부가가치세의 매출과표와 매출 세액(세금계산서의 경우) 또는 소득세와 법인세에 있어 수입금액 등의 과세 근거자료 역할을 하고, 공급받는 자에게는 부가가치세의 매입과표와 매입세액(세금계산서의 경우) 또는 소득세와 법인세 등에 있어 원가·필요경비 등의 근거자료 기능을 한다.

③ 기업의 경영활동 보조 측면에서 살펴보면 기업이 은행에서 자금을 차입할 조건, 지자 체 등 공공기관 및 업체 등에서 발주하는 각종 공사의 입찰자격, 증권시장에 진입 자 격 등은 세금계산서 또는 계산서의 수수 규모에 따라 결정된다.

④ 각종 범죄의 수단의 측면에서 살펴보면 세금계산서 또는 계산서의 미발급·미수취행 위, 재화·용역의 거래 없이 또는 거짓으로 기재하여 세금계산서와 계산서를 수수하 는 행위, 매출·매입처별세금계산서합계표 또는 매출·매입처별계산서합계표를 거짓 기재하여 제출하는 행위 등 세금계산서의 발급의무 위반 등 관련 범죄(이하 "세금계 산서등의 범칙행위"라 한다)는 부가가치세·소득세·법인세 등의 조세포탈, 기업의 분식회계, 기업자금의 횡령 등 각종 범죄의 수단으로 이용된다. 특히, 조세포탈과의 관계에 있어 "세금계산서등의 범칙행위"는 조세포탈과 직결된다.

위의 같은 내용을 고려할 때 세금계산서등의 범칙행위를 방치하면 유통구조와 경제질서,

국가 유지의 근간인 재정권을 해하고 각종 범죄를 양성하는 결과를 가져올 수 있기 때문에 건전한 세금계산서 등의 거래질서를 확립할 목적하에 「조세범처벌법」 제10조를 입법하였다.

세금계산서등의 범칙행위 중 「조세범처벌법」 제10조 제3조 및 제4조의 행위를 영리목적으로 일정금액 이상(공급가액등이 30억 원 이상)의 범칙행위를 한 자에 대해서는 「특정범죄가중처벌등에 관한 법률」 제8조의2로 가중처벌하고 있다.

Ⅱ 제10조에서 '거짓으로 기재'의 의미

「조세범처벌법」 제10조를 이해하는데 있어 중요한 내용은 '거짓으로 기재'라는 문구의 의미를 파악하는 것이라 생각된다. 제10조의 법문에 '거짓으로 기재'라는 문구는 총 10번 쓰여 있고 '거짓으로 기재'의 대상은 세금계산서 또는 계산서, 세금계산서 합계표 또는 계산서합계표이다. '거짓으로 기재'라는 개념은 각 항마다 의미를 달리하고 세무업무를 해 본 경험이 있지 않고서는 이해하기 어려운 내용을 가지고 있으며, 제10조에서 규정하고 있는 세금계산서의 발급의무 위반 등의 범죄행태를 구분하는데 있어 반드시 필요한 개념이므로 그 개념을 확실히 이해하여야 한다.

1. 세금계산서 또는 계산서의 '거짓으로 기재'

세금계산서 또는 계산서의 '거짓으로 기재'란 세금계산서 또는 계산서 발급의무자 등이 "거래의 실질과 다르게" 또는 "재화나 용역의 거래 없이" 세금계산서 또는 계산서의 필요적 기재사항(세금계산서 및 계산서 단원 참조)과 임의적 기재사항(세금계산서 및 계산서 단원 참조)을 기재(전자적으로 발급하는 경우는 입력)하는 행위를 말한다. 세금계산서 또는 계산서를 거짓으로 기재한 행위만으로는 처벌되지 않고 교부를 하여야만 처벌할 수 있다.

세금계산서 또는 계산서를 거짓으로 기재하여 수수하였을 경우 거짓으로 기재하여 수수한 모든 행위가 처벌되는 것은 아니다. 실무에서 세금계산서 또는 계산서를 거짓으로 기재하여 수수한 경우 처벌되는 대표적인 유형은 ① 재화 또는 용역을 거래하고 공급가액(세금계산서의 경우 공급가액과 부가가치세)을 사실과 다르게 기재하여 세금계산서 또는 계산서 수수행위, ② 재화 또는 용역을 거래하고 공급자 또는 공급받는 자의 사업자등록번호를 사실과 다르게 기재하여 세금계산서 또는 계산서 수수행위, ③ 재화 또는 용역의 거래 없이 세금계산서 또는 계산서 수수행위이다. 이들 세 가지 경우를 제외한 기타 유형의 거짓으로 기재하여 세금계산서 또는 계산서를 수수한 행위가 처벌받은 사례는 발견하기 어렵다.

① 재화 또는 용역을 거래하고 공급가액(세금계산서의 경우 공급가액과 부가가치세)을

사실과 다르게 기재하여 세금계산서 또는 계산서를 수수한 행위는 두 가지 행위로 구분된다. 하나는 공급자가 공급한 재화 또는 용역의 ⓐ "공급가액(세금계산서의 경우 공급가액과 부가가치세)을 과다하게 기재하여 세금계산서 또는 계산서를 수수하는 행위"이고, 다른 하나는 ⓑ "공급가액(세금계산서의 경우 공급가액과 부가가치세)을 과소하게 기재하여 세금계산서 또는 계산서를 수수하는 행위"이다. 두 행위는 분명히 재화 또는 용역의 공급사실과 다르게 거짓으로 기재하여 세금계산서 또는 계산서를 수수한 행위에 해당한다. 하지만 두 가지 행위 중 ⓐ "공급가액(세금계산서의 경우 공급가액과 부가가치세)을 과다하게 기재하여 세금계산서 또는 계산서를 수수하는 행위"만 세금계산서 또는 계산서를 거짓으로 기재하여 수수한 행위(조처법 제10조 제1항 제1호 또는 제2호, 동법 제10조 제1항 또는 제2호)로 처벌하고 ⓑ "공급가액(세금계산서의 경우 공급가액과 부가가치세)을 과소하게 기재하여 세금계산서 또는 계산서를 수수하는 행위"는 세금계산서 또는 계산서를 거짓으로 기재하여 수수한 행위로 처벌하지 않는다. ⓑ "공급가액(세금계산서의 경우 공급가액과 부가가치세)을 과소하게 기재하여 세금계산서 또는 계산서를 수수하는 행위"가 처벌되지 않는 사유는 ⓑ 행위로 수수한 세금계산서 또는 계산서가 정상적인 세금계산서 또는 계산서로 인정되고, "과소하게 수수한 공급가액"(세금계산서의 경우 공급가액과 부가가치세)은 세금계산서 또는 계산서를 "발급하지 아니하거나 발급받지 아니한 행위"(조처법 제10조 제1항 제1호 또는 제2호, 동법 제2항 제1호 또는 제2호)로 처벌하기 때문이다. 다만 「조세범처벌법」 제10조 제2항 제1호 또는 제2호의 범칙행위자는 동법 제10조 제1항 제1호 또는 제2호의 범칙행위자와 통정하였을 때만 처벌된다.

② 재화 또는 용역을 거래하고 공급자 또는 공급받는 자의 사업자등록번호를 사실과 다르게 기재하여 세금계산서 또는 계산서 수수행위와

③ 재화 또는 용역의 거래 없이 세금계산서 또는 계산서 수수행위는 분명히 거짓으로 기재하여 수수행위에 해당한다. 하지만 이들의 행위는 거짓으로 기재하여 세금계산서 또는 계산서 수수행위로 처벌하지 않고 「조세범처벌법」 제10조 제3항 제1호 또는 제2호에서 규정하는 재화 또는 용역의 거래 없이 세금계산서 수수행위(조처법 제10조 제3항 제1호) 또는 계산서 수수행위(조처법 제10조 제3항 제2호)로 처벌한다.

사례 1 재화 또는 용역을 거래하고 공급가액(세금계산서의 경우 공급가액과 부가가치세)을 과다·과소하게 기재하여 수수한 경우

장흥합판(사업자등록번호 : 888-09-88888)의 대표 김QQ가 1,000,000,000원(공급가액)

의 합판을 홍재합판(777 – 08 – 77777)의 대표 홍BB에게 공급하고 세금계산서의 공급가액란에 ① 10,000,000,000원(부가가치세 1,000,000,000원)으로 기재하여 수수한 경우 또는 ② 100,000,000원(부가가치세 10,000,000원)으로 기재하여 수수한 경우. 단, 세금계산서는 전자적인 방법으로 수수하고, 김QQ와 홍BB는 서로 통정하였다.

◎ 세금계산서 발급자(김QQ)

1 과다발급

• 세금계산서를 거짓으로 기재하여 발급한 행위

①의 행위는 '세금계산서를 거짓으로 기재하여 발급한 행위'(조처법 제10조 제1항 제1호)에 해당하고, 범칙금액은 9,000,000,000원(부가가치세 900,000,000원)이다.

그러나 발급된 세금계산서의 공급가액 중 1,000,000,000원(부가가치세 100,000,000원)은 정상적인 세금계산서 발급금액으로 인정된다.

2 과소발급

• 세금계산서를 발급하지 아니한 행위

②의 행위는 '세금계산서를 발급하지 아니한 행위'(조처법 제10조 제1항 제1호)에 해당하고, 범칙금액은 900,000,000원(부가가치세 90,000,000원)이다.

그러나 발급된 세금계산서(공급가액 100,000,000원, 부가가치세 10,000,000원)는 정상적인 세금계산서 발급으로 인정된다.

◎ 세금계산서를 발급받은 자(홍BB)

1 과다수취

• 거짓으로 기재한 세금계산서를 발급받은 행위

①의 행위는 홍BB가 김QQ와 통정하여 과다하게 기재한 세금계산서를 발급받았으므로, 이는 '거짓으로 기재한 세금계산서를 발급받은 행위'(조처법 제10조 제2항 제1호)에 해당하고, 범칙금액은 9,000,000,000원(부가가치세 900,000,000원)이다.

그러나 발급받은 세금계산서의 공급가액 중 1,000,000,000원(부가가치세 100,000,000원)은 정상적인 세금계산서 수취금액으로 인정된다.

2 과소수취

• 세금계산서를 발급받지 아니한 행위

②의 행위는 홍BB가 김QQ와 통정하여 과소하게 기재한 세금계산서를 발급받았으므로 이는 '세금계산서를 발급받지 아니한 행위'(조처법 제10조 제2항 제1호)에 해당하고, 범칙금액은 900,000,000원(부가가치세 90,000,000원)이다.

그러나 발급받은 세금계산서(공급가액 100,000,000원, 부가가치세 10,000,000원)는 정상적인 세금계산서로 인정된다.

사례 2 재화 또는 용역을 거래하고 공급자의 등록번호를 사실과 다르게 기재하여 세금계산서를 수수한 경우

장흥합판(888-09-88888)의 대표 김QQ는 1,000,000,000원(공급가액)의 합판을 홍재합판(777-08-77777)의 홍BB에게 공급하고 백겸합판(사업자등록번호 : 777-08-99999, 대표 김길동)의 사업자등록번호를 기재하여 세금계산서(공급가액 1,000,000,000원, 부가가치세 100,000,000원)를 발급하여 주었다. 김QQ는 백겸합판의 사업자등록번호를 기재하여 발급하는 과정에서 김길동과 상의하여 동의를 받았고 세금계산서는 전자적인 방법으로 수수하였다. 하지만 홍재합판의 대표 홍BB는 공급자의 사업자등록번호가 사실과 다르게 기재된 사실을 모르고 세금계산서를 발급받았다.

◎ 세금계산서 발급자(김QQ)

장흥합판의 대표 김QQ가 합판을 홍BB에게 공급하고 공급자를 백겸합판의 사업자등록번호를 기재하여 세금계산서를 발급한 행위는 '재화 또는 용역의 거래 없이 세금계산서를 수수한 행위'와 '세금계산서를 발급하지 아니한 행위에 해당한다.

- 세금계산서를 발급하지 아니한 행위

  장흥합판의 대표 김QQ는 합판을 홍BB에게 공급하였으나, 장흥합판의 사업자등록번호를 기재한 세금계산서를 발급하지 않았으므로, 이는 '세금계산서 발급하지 아니한 행위'(조처법 제10조 제1항 제1호)에 해당하고, 범칙금액은 1,000,000,000원(부가가치세 100,000,000원)이다.

- 재화 또는 용역의 거래 없이 세금계산서를 수수한 행위

  김QQ가 공급자를 백겸합판의 사업자등록번호를 기재하여 세금계산서를 발급한 행위는 '재화 또는 용역의 거래 없이 세금계산서를 수수한 행위'(조처법 제10조 제3항 제1호, 형법 제30조)에 해당하고, 백겸합판의 대표 김길동과 공범이 된다. 범칙금액은 1,000,000,000원(부가가치세 100,000,000원)이다.

◎ 발급된 세금계산서의 명의자(김길동)

- 재화 또는 용역의 거래 없이 세금계산서를 수수한 행위

  김길동이 재화 또는 용역의 거래 없이 김QQ가 백겸합판의 사업자등록번호를 기재하여 세금계산서를 홍재합판의 홍BB에게 발급하는데 동의한 행위는 '재화 또는 용역의 거래 없이 세금계산서를 수수한 행위'(조처법 제10조 제3항 제1호, 형법 제30조)에 해당하고, 김QQ와 공범(형법 제30조)이 된다. 범칙금액은 1,000,000,000원(부가가치세 100,000,000원)이다.

◎ 세금계산서를 발급받은 자(홍BB)

- 재화 또는 용역의 거래 없이 세금계산서를 수수한 행위

  홍BB가 김QQ로부터 백겸합판 명의의 세금계산서를 발급받은 행위는 "재화 또는 용역의 거래 없이 세금계산서를 수수한 행위"에 해당하나, 김QQ로부터 실제로 합판을 공급

받고 김QQ가 장흥합판 명의 대신 백겸합판 명의로 세금계산서를 발급한 사실을 몰랐으므로 처벌할 수 없고, 해당 세금계산서의 매입세액 공제도 허용된다.

사례 3 재화 또는 용역을 거래하고 공급받는 자의 사업자등록번호를 사실과 다르게 기재하여 수수한 경우

장흥합판(888-09-88888)의 대표 김QQ는 1,000,000,000원(공급가액)의 합판을 홍재합판(777-08-77777)의 홍BB에게 공급하고, 세금계산서(공급가액 1,000,000,000원, 부가가치세 100,000,000원)는 공급받는 자를 백학건설(666-87-99999, 대표 최길동)의 사업자등록번호를 기재하여 수수하였다. 김QQ와 홍BB는 서로 통정하여 세금계산서를 수수하지 않기로 하였고, 백학건설 대표 최길동은 부가가치세를 공제받을 목적으로 김QQ에게 부탁하여 백학건설의 사업자등록번호로 세금계산서를 발급(전자적인 방법)받았으나 세금계산서 수취에 대한 대가는 없었다.

◎ 세금계산서 발급자(김QQ)

장흥합판의 대표 김QQ가 합판을 홍BB에게 공급하고 공급받는 자를 백학건설의 사업자등록번호를 기재하여 최길동에게 세금계산서를 발급한 행위는 '재화 또는 용역의 거래 없이 세금계산서를 수수한 행위'와 '세금계산서를 발급하지 아니한 행위'에 해당한다.

- 세금계산서를 발급하지 아니한 행위
  장흥합판의 대표 김QQ는 홍BB에게 합판을 공급하고 장흥합판의 사업자등록번호를 기재한 세금계산서를 발급하지 않았으므로, 이는 '세금계산서를 발급하지 아니한 행위'(조처법 제10조 제1항 제1호)에 해당하고, 범칙금액은 1,000,000,000원(부가가치세 100,000,000원)이다.
- 재화 또는 용역의 거래 없이 세금계산서를 수수한 행위
  김QQ가 합판을 홍BB에게 공급하고 세금계산서의 공급받는 자를 백학건설의 사업자등록번호를 기재하여 세금계산서를 발급한 행위는 '재화 또는 용역의 거래 없이 세금계산서를 수수한 행위'(조처법 제10조 제3항 제1호)에 해당한다. 김QQ와 홍BB 사이에 실물거래는 있었으나, 세금계산서 수수자 사이에는 재화 또는 용역의 거래 없이 세금계산서가 수수되었기 때문에 가공세금계산서로 보고 세무실무에서는 이를 위장가공세금계산서라고 칭한다. 범칙금액은 1,000,000,000원(부가가치세 100,000,000원)이다.

◎ 세금계산서를 발급받은 자(최길동)

- 재화 또는 용역의 거래 없이 세금계산서를 수수한 행위
  백학건설 대표 최길동이 재화 또는 용역의 거래 없이 장흥합판의 대표 김QQ로 부터 세금계산서를 발급받은 행위는 '재화 또는 용역의 거래 없이 세금계산서를 수수한 행위'(조처법 제10조 제3항 제1호)에 해당하고, 범칙금액은 1,000,000,000원(부가가치세 100,000,000원)이다.

◎ 세금계산서를 발급받지 아니한 자(홍BB)

- 세금계산서를 발급받지 아니한 행위
  홍BB가 김QQ로부터 합판을 공급받고 김QQ와 통정하여 세금계산서를 발급받지 아니한 행위는 '세금계산서를 발급받지 아니한 행위'(조처법 제10조 제2항 제1호)에 해당하고, 범칙금액은 1,000,000,000원(부가가치세 100,000,000원)이다.

사례 4 재화 또는 용역의 거래 없이 세금계산서를 수수한 경우

장흥합판(888-09-88888)의 대표 김QQ는 합판을 공급하지 않았는데도 홍재합판(777-08-77777)의 홍BB에게 공급한 것처럼 세금계산서(공급가액 1,000,000,000원, 부가가치세 100,000,000원)를 작성(전자적인 방법)하여 수수하였다. 단, 세금계산서 발급에 대한 대가는 없었다.

◎ 세금계산서 발급자(김QQ)

- 재화 또는 용역의 거래 없이 세금계산서를 수수한 행위
  김QQ가 합판을 공급한 사실이 없는데도 홍BB에게 세금계산서를 발급한 행위는 '재화 또는 용역의 거래 없이 세금계산서를 수수한 행위'(조처법 제10조 제3항 제1호)에 해당하고, 범칙금액은 1,000,000,000원(부가가치세 100,000,000원)이다.

◎ 세금계산서 발급받은 자(홍BB)

- 재화 또는 용역의 거래 없이 세금계산서를 수수한 행위
  홍BB가 합판을 공급받은 사실이 없는데도 김QQ로부터 세금계산서를 발급받은 행위는 '재화 또는 용역의 거래 없이 세금계산서를 수수한 행위'(조처법 제10조 제3항 제1호)에 해당하고, 범칙금액은 1,000,000,000원(부가가치세 100,000,000원)이다.

2. 세금계산서합계표 또는 계산서합계표의 거짓으로 기재

세금계산서합계표 또는 계산서합계표의 "거짓으로 기재"란 세금계산서·계산서 수수 없이 합계표의 기재사항(공급하는 사업자 또는 공급받는 사업자의 등록번호와 성명 또는 명칭, 거래기간, 작성 연월일, 거래기간의 공급가액의 합계액 및 세액의 합계액, 그 밖에 대통령령으로 정하는 사항)을 기재하는 행위, 거래 사실과 다르게 또는 재화·용역의 거래 없이 수수된 세금계산서·계산서를 근거로 합계표의 기재사항을 기재하는 행위, 거래 사실과 다르게 또는 재화·용역의 거래 없이 수수된 세금계산서·계산서의 내용과 다르게 합계표의 기재사항을 기재하는 행위 등을 말한다. 다만, 재화 또는 용역을 실지 거래하고 공급가액을 과소하게 기재하여 수수한 세금계산서 또는 계산서를 근거로 하여 합계표의 기재사항을 기

재하는 행위는 거짓으로 기재하는 행위로 보지 않는다. 세금계산서합계표 또는 계산서합계표를 거짓으로 기재한 행위만으로는 처벌되지 않고 거짓으로 기재한 합계표를 과세관청에 제출하여야만 처벌할 수 있다. 세금계산서합계표 또는 계산서합계표를 거짓으로 기재하여 제출하였다 하여 모두 처벌되는 것은 아니다. 실무에서 세금계산서합계표 또는 계산서합계표를 거짓으로 기재하여 제출한 행위로 처벌되는 유형은 ① 재화·용역을 거래하고 거래의 실질과 다르게 세금계산서·계산서를 수수한 자 등(합계표 제출의무자)이 그 수수한 세금계산서·계산서를 근거로 세금계산서합계표·계산서합계표의 기재사항을 거짓으로 기재하여 제출한 행위, ② 재화·용역의 거래 없이 세금계산서·계산서를 수수한 자 등(합계표 제출의무자)이 그 수수한 세금계산서·계산서를 근거로 세금계산서합계표·계산서합계표의 기재사항을 거짓으로 기재하여 제출한 행위, ③ 재화·용역의 거래도 없으면서 세금계산서·계산서 수수도 없이 세금계산서합계표·계산서합계표의 기재사항을 거짓으로 기재하여 제출한 행위, ④ 재화·용역의 거래 없이 수수한 세금계산서·계산서의 내용과 달리 세금계산서합계표·계산서합계표의 기재사항을 거짓으로 기재하여 제출한 행위 등이다.

①의 행위는 두 가지 행위로 구분된다. 하나는 ⓐ "재화 또는 용역을 거래하고 공급가액을 과다하게 기재한 세금계산서 또는 계산서를 수수하고 그 수수한 세금계산서 또는 계산서를 근거로 합계표의 기재사항을 기재하여 합계표를 제출하는 행위"이고, 다른 하나는 ⓑ "재화 또는 용역을 거래하고 공급가액을 과소하게 기재한 세금계산서 또는 계산서를 수수하고 그 수수한 세금계산서 또는 계산서를 근거로 합계표의 기재사항을 기재하여 합계표를 제출하는 행위"이다. 두 행위 중 ⓐ는 세금계산서합계표 또는 계산서합계표를 거짓으로 기재하여 제출한 행위(조처법 제10조 제1항 제3호 또는 제4호, 동법 제10조 제2항 제3호 또는 제4호)로 처벌되고, ⓑ는 공급가액을 과소하게 수수한 세금계산서 또는 계산서는 거짓으로 기재한 세금계산서 또는 계산서가 아니므로 그 세금계산서 또는 계산서를 근거로 합계표의 기재사항을 기재하여 합계표를 제출한 행위는 "세금계산서합계표 또는 계산서합계표를 거짓으로 기재하여 제출한 행위"로 처벌하지 않는다. 다만 「조세범처벌법」 제10조 제2항 제3호부터 4호의 범칙행위는 동법 제10조 제1항 제3호 또는 제4호의 범칙행위자와 통정하였을 때만 처벌된다.

②, ③, ④의 행위는 '재화 또는 용역의 거래 없이 매출·매입처별 세금계산서합계표 또는 매출·매입처별 계산서합계표를 거짓으로 기재하여 제출한 행위'(조처법 제10조 제3항 제3호 또는 제4호)로 처벌한다.

그런데 위 ⓐ의 행위 중 매입처별세금계산서합계표의 기재사항을 거짓으로 기재하여 제출한 행위에 대하여 대법원은 『매입처별세금계산서합계표의 의의와 기능 등을 종합하면,

위 합계표에 기재된 매입처의 공급가액에 해당하는 실물거래가 전혀 존재하지 않거나 일부 실물거래가 존재하더라도 전체적으로 그 공급가액을 부풀려 허위로 기재한 합계표를 정부에 제출한 경우에는 그 가공 혹은 허위의 공급가액 부분 전체에 관하여 위 허위기재를 내용으로 하는 구 조세범처벌법 제10조 제3항 제3호에 해당하고, 이 경우에 통정하여 일부 실물거래가 존재하나 전체적으로 공급가액을 부풀려 거짓으로 기재한 매입처별세금계산서합계표를 정부에 제출한 부분에 대하여는 구 조세범처벌법 제10조 제2항 제2호(제10조 제2항 제3호의 오기임)가 별도로 성립하며, 양자는 상상적 경합범의 관계에 있다』라는 내용으로 일관되게 판시(대법원 2021.2. 4. 선고 2019도10999 판결 ; 대법원 2017.12.5. 선고 2017도11564 판결 ; 대법원 2015.10.15. 선고 2015도9651 판결 ; 대법원 2010.5.13. 선고 2010도336 판결)하고 있다. 위 판례 등이 말하는 "일부 실물거래가 존재하더라도 전체적으로 그 공급가액을 부풀려 허위로 기재한 합계표를 정부에 제출한 경우"라는 행위는 ⓐ의 범칙행위와 같은 개념(행위)이다. 즉, 위 판례 등이 일관되게 "일부 실물거래가 존재하더라도 전체적으로 그 공급가액을 부풀려 허위로 기재한 합계표를 정부에 제출한 경우"를 「조세범처벌법」 제10조 제3항 제3호의 행위로 판시하고 있으므로 ⓐ의 범칙행위도 「조세범처벌법」 제10조 제3항 제3호의 행위에 해당한다고 보아야 한다. 따라서 ⓐ의 범칙행위는 「조세범처벌법」 제10조 제1항 제3호 또는 제4호, 동법 제10조 제2항 제3호 또는 제4호의 행위에 해당하면서도 동법 제10조 제3항 제3호 또는 제4호의 행위에도 해당한다고 봄이 타당하다. 여기에서 판례 등에서 언급 안 된 「조세범처벌법」 제10조 제1항 제4호와 동법 제10조 제2항 제4호의 행위를 동법 제10조 제3항 제4호의 행위에 포함시킨 것은 세금계산서의 범칙행위에 적용되는 법리는 계산서의 범칙행위에도 동일하게 적용되기 때문이다.

(1) '대법원 2019도10999 판결' 등의 판시 배경 등

'대법원 2019도10999 판결'의 요점은 ⓙ "매입처별세금계산서합계표의 의의와 기능 등을 종합하면, 위 합계표에 기재된 매입처의 공급가액에 해당하는 실물거래가 전혀 존재하지 않거나 일부 실물거래가 존재하더라도 전체적으로 그 공급가액을 부풀려 허위로 기재한 합계표를 정부에 제출한 경우에는 그 가공 혹은 허위의 공급가액 부분 전체에 관하여 위 허위기재를 내용으로 하는 구 조세범처벌법 제10조 제3항 제3호에 해당"과 ⓜ "통정하여 일부 실물거래가 존재하나 전체적으로 공급가액을 부풀려 거짓으로 기재한 매입처별세금계산서합계표를 정부에 제출한 부분에 대하여는 구 조세범처벌법 제10조 제2항 제3호가 별도로 성립한다"라는 내용이다.

이들 두 가지 요점은 그간 「조세범처벌법」 제10조 제3항의 범칙행위들이 "재화 또는 용역의 거래 없이"를 전제로 하여 이루어지는 범죄라는 인식을 깨는 것으로 이는 "세금계산서의 발급의무 위반 등에 관련한 범죄"의 기틀을 흔드는 것이라 할 수 있다. 위 판례 등의 판시 배경과 판시 내용이 미치는 영향을 세금계산서 또는 계산서, 세금계산서합계표 또는 계산서합계표, 「조세범처벌법」 제10조 제3항의 측면에서 살펴보면 다음에 기술한 내용과 같다.

1) 판시 배경 등

㉮ "재화 또는 용역을 거래하고 공급가액을 과다하게 기재한 세금계산서 또는 계산서 수수행위"(조처법 제10조 제1항 제1호 또는 제2호, 동법 제10조 제2항 제1호 또는 제2호)의 범칙금액(과다하게 기재한 공급가액)은 그 실질이 "재화 또는 용역의 거래 없이 수수한 세금계산서 또는 계산서의 공급가액"과 같은 허위의 공급가액이다.

㉯ "재화 또는 용역의 거래 없이 세금계산서 또는 계산서를 수수한 행위"(조처법 제10조 제3항 제1호 또는 제2호)의 범칙금액도 허위의 공급가액이다.

위 ㉮와 ㉯는 범죄행태가 다르지만, 범칙행위의 결과는 "허위의 공급가액"으로 서로 같다.

ⓒ "㉮의 범칙행위로 수수한 세금계산서 또는 계산서를 근거로 매출·매입처별 세금계산서합계표 또는 매출·매입처별 계산서합계표를 기재하여 제출한 행위"의 범칙금액(합계표에 과다하게 기재한 공급가액)은 그 실질이 "재화 또는 용역의 거래 없이 수수한 세금계산서 또는 계산서를 근거로 매출·매입처별 계산서합계표 또는 매출·매입처별 계산서합계표를 기재하여 제출한 행위의 공급가액"과 같이 허위의 공급가액이다.

ⓓ "㉯의 범칙행위로 수수한 세금계산서 또는 계산서를 근거로 매출·매입처별 세금계산서합계표 또는 매출·매입처별 계산서합계표를 기재하여 제출한 행위"의 범칙금액도 허위의 공급가액이다.

위 ⓒ와 ⓓ는 범죄행태가 다르지만, 범칙행위의 결과는 "허위의 공급가액"으로 서로 같다. 그런데 ㉮와 ⓒ는 가중처벌 규정이 없지만 ㉯와 ⓓ는 가중처벌 조건을 충족할 경우 특가법 제8조의2에 의하여 가중처벌 된다. ㉮와 ⓒ의 법정형량은 1년 이하의 징역 또는 공급가액에 부가가치세의 세율을 적용하여 계산한 세액의 2배 이하에 상당하는 벌금(임의병과)이다. ㉯와 ⓓ의 법정형량은 3년 이하의 징역 또는 공급가액에 부가가치세의 세율을 적용한 세액의 3배 이하의 벌금(임의병과)이면서, 가중처벌의 요건에 충족될 경우 특가법 제8조의2가 적용되어 1년 이상의 유기징역 또는 공급가액에 부가가치세의 세율을 적용한 세액의 2배 이상 5배 이하의 벌금(강제병과)이다. 때문에 범칙행위자는 같은 결과를 얻을 수 있다면 특가법 제8조의2 적용을 피할 수 있는 범칙행위를 선택하여야 할 것이다. 즉, 허위 공급가액이 필요한 사업자라면 ㉯와 ⓓ 대신에 ㉮와 ⓒ의 범칙행위를 선택할 것이다. 이는 「조세범처벌법」 제10조 제3항이 규율하는 범칙행위들의 범죄 구성요건의 하나인 "재화 또는 용역의 거래 없이"라는 요건을 회피하여 「조세범처벌법」 제10조 제3항의 적용을 피해 궁극적으로 특가법 제8조의2를 적용받지 않으려는 행위이다. ㉯와 ⓓ 대신에 ㉮와 ⓒ를 하여 특가법 제8조의2의 적용을 피하는 방법은 세금계산서의 발급의무 위반 등 처벌 법규의 빈틈이었고 실제로 세무 현장에서 현재도 발생하고 있다.

㉯와 ⓓ 대신에 ㉮와 ⓒ를 하여 특가법 제8조의2의 적용을 피하는 세금계산서의 발급의무 위반 등 처벌 법규의 빈틈이 대법원 2019도10999 판결 등의 판례들이 나오게 된 배경이다.

2) 세금계산서합계표 또는 계산서합계표 관련 범죄에 미치는 영향

합계표 관련 범죄에 미치는 영향 중 검토할 내용은 위 판례의 요점들이 매출·매입처별 세금계산서합계표 및 매출·매입처별 계산서합계표 모두에 적용될 수 있는지이다.

위의 대법원 2019도10999 판결의 두 요점 중 ⓜ는 "통정하여 일부 실물거래가 존재하나 전체적으로 공급가액을 부풀려 거짓으로 기재한 매입처별세금계산서합계표를 정부에 제출한 부분에 대하여 구 조세범처벌법 제10조 제2항 제3호가 별도로 성립한다"라는 내용이므로 "통정하여 일부 실물거래가 존재하나 전체적으로 공급가액을 부풀려 거짓으로 기재한 매입처별세금계산서합계표를 정부에 제출한 행위"는 대향범의 법리가 적용되는 범죄로 "통정하여 일부 실물거래가 존재하나 전체적으로 공급가액을 부풀려 거짓으로 기재한 매입처별세금계산서합계표를 정부에 제출한 행위"의 범죄가 성립하면 대응되는 "통정하여 일부 실물거래가 존재하나 전체적으로 공급가액을 부풀려 거짓으로 기재한 매출처별세금계산서합계표를 정부에 제출한 행위"가 당연히 존재하게 되고, "통정하여 일부 실물거래가 존재하나 전체적으로 공급가액을 부풀려 거짓으로 기재한 매입처별세금계산서합계표를 정부에 제출한 행위"가 구 조세범처벌법 제10조 제3항 제3호의 행위에 해당하면 당연히 대응되는 "통정하여 일부 실물거래가 존재하나 전체적으로 공급가액을 부풀려 거짓으로 기재한 매출처별세금계산서합계표를 정부에 제출한 행위"도 구 조세범처벌법 제10조 제3항 제3호의 행위에 해당된다.

그리고 일반적으로 세금계산서의 수수에 관한 사항이나 세금계산서의 범칙행위에 관한 사항은 계산서에 그대로 준용되므로 계산서합계표에도 판례의 요점인 ⓙ과 ⓜ, 대향범의 법리에 관한 내용들이 적용되어야 할 것이다.

따라서 판례의 요점들은 매입처별 세금계산서합계표뿐만 아니라 매출처별 세금계산서합계표와 매출·매입처별 계산서합계표에도 적용되어야 한다는 것이 필자의 소견이다.

3) 세금계산서 또는 계산서 수수 관련 범죄에 미치는 영향

「조세범처벌법」 제10조 제1항 제3호 또는 제4호, 동법 제10조 제2항 제3호 또는 제4호의 죄는 "재화·용역을 거래하고 공급가액을 과다하게 기재한 세금계산서·계산서를 수수하고 그 수수한 세금계산서·계산서를 근거로 합계표의 기재사항을 기재하여 합계표를 제출하는 행위"로 거짓으로 기재하여 수수한 세금계산서·계산서(공급가액을 과다하게 기재하여 수수된 세금계산서 또는 계산서)가 있어야 성립할 수 있는 죄이다. 여기에서의 세금계산서·계산서 수수행위는 세금계산서·계산서를 거짓으로 기재(공급가액을 과다하게 기재)하여 수수한 행위(조처법 제10조 제1항 제1호 또는 제2호, 동법 제10조 제2항 제1호 또는 제2호)에 해당한다.

「조세범처벌법」 제10조 제1항 제3호 또는 제4호, 동법 제10조 제2항 제3호 또는 제4호의 행위가 위 판례 등의 요점 법리에 의하여 「조세범처벌법」 제10조 제3항 제3호 또는 제4호의 범칙행위에 해당하므로 「조세범처벌법」 제10조 제1항 제3호 또는 제4호, 동법 제10조 제2항 제3호 또는 제4호의 행위의 구성요소인 세금계산서·계산서를 거짓으로 기재(공급가액을 과다하게 기재)하여 수수한 행위(조처법 제1항 제1호 또는 제2호, 조처법 제2항 제1호 또는 제2호)도 「조세범처벌법」 제10조 제3항 제1호 또는 제2호의 범칙행위에도 해당한다. 그 사유는 「조세범처벌법」 제10조 제1항 제3호 또는 제4호, 동법 제10조 제2항 제3호 또는 제4호의 행위가 「조세범처벌법」 제10조 제3항 제3호 또는 제4호의 범칙행위에 해당하면 「조세범처벌법」 제10조 제1항 제3호 또는 제4호, 동법 제10조 제2항 제3호 또는 제4호의 행위의 구성요건인 거짓으로 기재하여 수수한 세금계산서·계산서도 「조세범처벌법」 제10조 제3항 제1호 또는 제2호에 해당하는 세금계산서·계산서라는 논리이다.

4) 「조세범처벌법」 제10조 제3항에 미치는 영향

위 대법원 2019도10999 판결 등의 요점 법리에 의하여 「조세범처벌법」 제10조 제3항의 범칙행위들은 "재화 또는 용역의 거래 없이"라는 전제 하에 성립하는 범죄라는 관념이 깨져 "재화 또는 용역의 거래가 있는 경우"에도 성립하게 되고, 「조세범처벌법」 제10조 제3항으로 처벌할 수 있는 범위가 넓혀졌다. 즉, 「조세범처벌법」 제10조 제1항 제1호 또는 제2호, 동법 제10조 제2항 제1호 또는 제2호의 범칙행위 중 세금계산서 또는 계산서 미발급·미수취한 행위를 제외한 모든 세금계산서 또는 계산서의 범칙행위들이 동법 제10조 제3항의 처벌 대상이 된다.

5) 「조세범처벌법」 제10조 및 특가법 제8조의2 개정요망

「조세범처벌법」 제10조 제1항 제3호 또는 제4호, 동법 제10조 제2항 제3호 또는 제4호의 범칙행위가 「조세범처벌법」 제10조 제3항 제3호 또는 제4호의 범칙행위에도 해당한다는 판례는 2010년부터 일관되게 계속하여 나오고 있는데 「조세범처벌법」 제10조와 특가법 제8조의2의 개정은 이루어지지 않고 있다. "매입처별세금계산서합계표의 의의와 기능 등을 종합하면, 위 합계표에 기재된 매입처의 공급가액에 해당하는 실물거래가 전혀 존재하지 않거나 일부 실물거래가 존재하더라도 전체적으로 그 공급가액을 부풀려 허위로 기재한 합계표를 정부에 제출한 경우에는 그 가공 혹은 허위의 공급가액 부분 전체에 관하여 위 허위기재를 내용으로 하는 구 조세범 처벌법 제10조 제3항 제3호에 해당"이라는 내용으로 일관되게 판례가 나온다는 것은 "재화 또는 용역을 거래하고 공급가액을 과다하게 기재하여 수수한 세금계산서 또는 계산서를 근거로 합계표의 기재사항을 기재하여 합계표를 제출한 행위"와 "재화 또는 용역을 거래하고 공급가액을 과다하게 기재하여 세금계산서 또는 계산서를 수수하는 행위'가 「조세범처벌법」 제10조 제3항의 범칙행위에도 해당한다는 하나의 법리가 형성되었다고 볼 수 있으므로 이에 따른 관련 법규의 개정이 이루어져야 한다.

> **사례 1** 재화 또는 용역을 거래하고 공급가액을 과다·과소하게 기재하여 세금계산서를 수수하고 그 수수한 세금계산서를 근거로 세금계산서합계표를 제출한 경우

장흥합판(사업자등록번호 : 888-09-88888)의 대표 김QQ가 1,000,000,000원(공급가액)의 합판을 홍재합판(777-08-77777)의 대표 홍BB에게 공급하고 세금계산서의 공급가액란에 ①10,000,000,000원(부가가치세 1,000,000,000원)으로 기재하여 수수한 경우 또는 ② 100,000,000원(부가가치세 10,000,000원)으로 기재하여 수수한 경우. 김QQ와 홍BB는 통정하였으며 세금계산서는 수기로 작성하여 수수하고, 각자 수수한 세금계산서를 근거로 하여 세금계산서 합계표를 작성하여 세무서에 제출하였다.

◎ 세금계산서 발급자(김QQ)

  ① 과다발급

  • 세금계산서를 거짓으로 기재하여 발급한 행위

    ①의 행위는 '세금계산서를 거짓으로 기재하여 발급한 행위'(조처법 제10조 제1항 제1호)에 해당하고, 범칙금액은 9,000,000,000원(부가가치세 900,000,000원)이다.

    그러나 발급된 세금계산서의 공급가액 중 1,000,000,000원 정상적인 세금계산서 발급금액으로 인정된다.

    ✍ "대법원 2019도10999 판결" 등의 판시 내용을 반영하면 '세금계산서를 거짓으로 기재하여 발급한 행위'(조처법 제10조 제1항 제1호)는 재화 또는 용역의 거래 없이 세금계산서를 수수한 행위(조처법 제10조 제3항 제1호)에도 해당한다.

  • 매출처별 세금계산서합계표를 거짓으로 기재하여 제출한 행위

김QQ가 거짓으로 기재하여 발급한 세금계산서를 근거로 매출처별 세금계산서합계표를 작성하여 제출한 행위는 '매출처별 세금계산서합계표를 거짓으로 기재하여 제출한 행위'(조처법 제10조 제1항 제3호)에 해당하고, 범칙금액은 9,000,000,000원(부가가치세 900,000,000원)이다.

그러나 '매출처별 세금계산서합계표에 거짓으로 기재하여 제출한 공급가액합계액 중 1,000,000,000원(부가가치세 100,000,000원)은 정상적인 공급가액합계액으로 인정된다. 사유는 공급가액합계액 중 1,000,000,000원(부가가치세 100,000,000원)은 실지로 거래한 세금계산서 수수금액이기 때문이다.

3. 과세기간 종료일 다음 달 11일까지 전송된 전자세금계산서 외 발급분 매출처별 명세(합계금액으로 적음)													
⑪ 번호	⑫ 사업자 등록번호	⑬ 상호 (법인명)	⑭ 매 수	⑮ 공급가액					⑯ 세액				비고
				조	십억	백만	천	일	조	십억	백만	천	일	
1	777 – 08 – 77777	홍재합판	1		10	000	000	000		1	000	000	000	
2														

🔑 "대법원 2019도10999 판결" 등의 판시 내용을 반영하면 '매출처별 세금계산서합계표를 거짓으로 기재하여 제출한 행위'(조처법 제10조 제1항 제3호)는 "재화 또는 용역의 공급 없이 매출·매입처별 세금계산서합계표를 거짓으로 기재하여 제출한 행위"(조처법 제10조 제3항 제3호)에도 해당한다.

② 과소발급

• 세금계산서를 발급하지 아니한 행위

②의 행위는 '세금계산서를 발급하지 아니한 행위'(조처법 제10조 제1항 제1호)에 해당하고, 범칙금액은 900,000,000원(부가가치세 90,000,000원)이다.

그러나 발급된 세금계산서는 정상적인 세금계산서로 인정된다.

• 과소하게 발급한 세금계산서를 근거로 매출처별세금계산서합계표를 작성하여 제출한 행위

김QQ가 공급가액을 축소하여 거짓으로 기재하여 발급한 세금계산서(공급가액 100,000,000원; 부가가치세 10,000,000원)를 근거로 "매출처별세금계산서합계표를 작성하여 제출한 행위"는 발급된 세금계산서가 정상적인 세금계산서로 인정되므로 처벌할 수 없다.

그리고 세금계산서 과소발급액(공급가액 900,000,000원, 부가가치세 90,000,000원)은 세금계산서를 발급하지 않았으므로 합계표 제출대상이 아니므로 처벌대상이 아니다.

3. 과세기간 종료일 다음 달 11일까지 전송된 전자세금계산서 외 발급분 매출처별 명세(합계금액으로 적음)													
⑪ 번호	⑫ 사업자 등록번호	⑬ 상호 (법인명)	⑭ 매수	⑮ 공급가액					⑯ 세액				비고
				조	십억	백만	천	일	조	십억	백만	천	일	
1	777 – 07 – 77777	홍재합판	1			100	000	000			10	000	000	
2													

◎ 세금계산서를 발급받은 자(홍BB)

① 과다수취

- 거짓으로 기재한 세금계산서를 발급받은 행위

  ①의 행위는 홍BB가 김QQ와 통정하여 과다하게 기재한 세금계산서를 발급받았으므로, 이는 '거짓으로 기재한 세금계산서를 발급받은 행위'(조처법 제10조 제2항 제1호)에 해당하고, 범칙금액은 9,000,000,000원(부가가치세 900,000,000원)이다.

  그러나 발급받은 세금계산서의 공급가액 중 1,000,000,000원은 실제 거래한 공급가액이기 때문에 정상적인 세금계산서 수취금액으로 인정된다.

  ⚙ "대법원 2019도10999 판결" 등의 판시 내용을 반영하면 '거짓으로 기재한 세금계산서를 발급받은 행위'(조처법 제10조 제2항 제1호)는 재화 또는 용역의 거래 없이 세금계산서를 수수한 행위(조처법 제10조 제3항 제1호)에도 해당한다.

- 매입처별세금계산서합계표를 거짓으로 기재하여 제출한 행위

  홍BB가 김QQ로부터 '거짓으로 기재한 세금계산서(공급가액 10,000,000,000원, 부가가치세 1,000,000,000원)를 발급받아 매입처별세금계산서합계표를 기재하여 제출한 행위는 '매입처별세금계산서합계표를 거짓으로 기재하여 제출한 행위'(조처법 제10조 제2항 제3호)에 해당하고, 범칙금액은 9,000,000,000원(부가가치세 900,000,000원)이다.

  그러나 매입처별세금계산서합계표에 거짓으로 기재하여 제출한 공급가액합계액 중 1,000,000,000원(부가가치세 100,000,000원)은 실제 거래한 공급가액이기 때문에 정상적인 공급가액합계액으로 인정된다.

3. 과세기간 종료일 다음 달 11일까지 전송된 전자세금계산서 외 발급분 매출처별 명세(합계금액으로 적음)													
⑪ 번호	⑫ 사업자 등록번호	⑬ 상호 (법인명)	⑭ 매수	⑮ 공급가액					⑯ 세액				비고
				조	십억	백만	천	일	조	십억	백만	천	일	
1	888 – 09 – 88888	장흥합판	1		10	000	000	000		1	000	000	000	

⚙ "대법원 2019도10999 판결" 등의 판시 내용을 반영하면 '매입처별 세금계산서합계표를 거짓으로 기재하여 제출한 행위'(조처법 제10조 제2항 제3호)는 "재화 또는 용역의 공급 없이 매출·매입처별 세금계산서합계표를 거짓으로 기재하여 제출한 행위"(조처법 제10조 제3항 제3호)

에도 해당한다.

② 과소수취
- 세금계산서를 발급받지 아니한 행위

②의 행위는 홍BB가 김QQ와 통정하여 과소하게 기재한 세금계산서를 발급받았으므로 이는 '세금계산서를 발급받지 아니한 행위'(조처법 제10조 제2항 제1호)에 해당하고, 범칙금액은 900,000,000원(부가가치세 90,000,000원)이다.

그러나 발급받은 세금계산서는 정상적인 세금계산서로 인정된다.

- 과소하게 발급받은 세금계산서를 근거로 하여 매입처별 세금계산서합계표를 기재하여 제출한 행위

홍BB가 김QQ로부터 '공급가액을 과소하게 기재한 세금계산서(공급가액 100,000,000원, 부가가치세 10,000,000원)'를 발급받아 그 세금계산서를 근거로 "매입처별 세금계산서합계표를 기재하여 제출한 행위"는 발급받은 세금계산서가 정상적인 세금계산서로 인정되기 때문에 '거짓으로 기재하여 매입처별 세금계산서합계표를 제출한 행위'로 처벌할 수 없다.

그리고 세금계산서 과소하게 발급받아 축소된 공급가액(공급가액 900,000,000원, 부가가치세 90,000,000원)은 세금계산서를 발급받지 않았으므로 합계표 제출대상이 아니므로 처벌대상이 아니다.

3. 과세기간 종료일 다음 달 11일까지 전송된 전자세금계산서 외 발급분 매입처별 명세(합계금액으로 적음)													
⑪ 번호	⑫ 사업자 등록번호	⑬ 상호 (법인명)	⑭ 매수	⑮ 공급가액					⑯ 세액				비고
				조	십억	백만	천	일	조	십억	백만	천 일	
1	888 – 09 – 88888	장흥합판	1			100	000	000			10	000	000	

사례 2 재화 또는 용역을 거래하고 공급자의 등록번호를 사실과 다르게 기재하여 세금계산서를 수수한 후, 그 세금계산서를 근거로 세금계산서 합계표를 제출한 경우

장흥합판(888-09-88888)의 대표 김QQ는 합판(공급가액 1,000,000,000원)을 홍재합판(777-08-77777)의 홍BB에게 공급하고, 공급자를 백겸합판(사업자등록번호 : 777-08-99999, 대표 김길동)으로 기재하여 세금계산서(공급가액 1,000,000,000원, 부가가치세 100,000,000원)를 발급하여 주었다. 김QQ는 백겸합판의 사업자등록번호를 기재하여 발급하는 과정에서 김길동과 상의하여 동의를 받았으며 세금계산서는 수기로 작성해 수수하였다. 하지만 홍재합판의 대표 홍BB는 공급자의 사업자등록번호가 사실과 다르게 기재된 사실을 모르고 세금계산서를 발급받았다. 김QQ, 김길동, 홍BB는 각자 수수한 세금계산서를 근거로 세금계산서 합계표를 기재하여 세무서에 제출하였음.

◎ 세금계산서 발급자(김QQ)

장흥합판의 대표 김QQ가 합판을 홍BB에게 공급하였으나, 공급자를 백겸합판의 사업자등록번호를 기재하여 세금계산서를 발급한 행위는 세금계산서를 발급하지 아니한 행위와 재화 또는 용역의 거래 없이 세금계산서를 수수한 행위에 해당한다.

- 세금계산서를 발급하지 아니한 행위

  장흥합판의 대표 김QQ는 합판을 홍BB에게 공급하고, 장흥합판의 사업자등록번호를 기재한 세금계산서를 발급하지 않았으므로, 이는 '세금계산서 발급하지 아니한 행위'(조처법 제10조 제1항 제1호)에 해당하고, 범칙금액은 1,000,000,000원(부가가치세 100,000,000원)이다.

- 재화 또는 용역의 거래 없이 세금계산서를 수수한 행위

  김QQ가 공급자를 백겸합판의 사업자등록번호를 기재하여 세금계산서를 발급한 행위는 '재화 또는 용역의 거래 없이 세금계산서를 수수한 행위'(조처법 제10조 제3항 제1호, 형법 제30조)에 해당하고, 백겸합판의 대표 김길동과 공범이 된다. 범칙금액은 1,000,000,000원(부가가치세 100,000,000원)이다.

◎ 발급된 세금계산서의 명의자(김길동)

- 재화 또는 용역의 거래 없이 세금계산서를 수수한 행위

  김길동이 재화 또는 용역의 거래 없이 김QQ가 백겸합판의 사업자등록번호를 기재하여 세금계산서를 홍재합판의 홍BB에게 발급하는데 동의한 행위는 '재화 또는 용역의 거래 없이 세금계산서를 수수한 행위'(조처법 제10조 제3항 제1호, 형법 제30조)에 해당하고, 김QQ와 공범이 된다. 범칙금액은 1,000,000,000원(부가가치세 100,000,000원)이다.

- 재화 또는 용역의 거래 없이 세금계산서합계표를 거짓으로 기재하여 제출한 행위

  김길동이 김QQ와 상의하여 김QQ가 백겸합판의 사업자등록번호를 기재하여 세금계산서를 발급하게 하고 그 세금계산서를 근거로 매출처별 세금계산서합계표를 기재하여 제출한 행위는 '재화 또는 용역의 공급 없이 매출·매입처별 세금계산서합계표를 거짓으로 기재하여 제출한 행위'(조처법 제10조 제3항 제3호)에 해당되, 범칙금액은 1,000,000,000원(100,000,000원)이다.

3. 과세기간 종료일 다음 달 11일까지 전송된 전자세금계산서 외 발급분 매출처별 명세(합계금액으로 적음)													
⑪ 번호	⑫ 사업자 등록번호	⑬ 상호 (법인명)	⑭ 매수	⑮ 공급가액					⑯ 세액				비고
				조	십억	백만	천	일	조	십억	백만	천	일	
1	777 - 08 - 77777	홍재합판	1		1	000	000	000			100	000	000	
2													

◎ 세금계산서를 발급받은 자(홍BB)

- 재화 또는 용역의 거래 없이 세금계산서를 수수한 행위

  세금계산서를 발급받은 홍BB는 공급자의 사업자등록번호가 사실과 다르게 기재된 사

실을 몰랐으므로 "재화 또는 용역의 거래 없이 세금계산서"를 수수하였지만 처벌할 수 없다.

- 재화 또는 용역의 거래 없이 수수한 세금계산서를 근거로 매입처별 세금계산서합계표를 거짓으로 기재하여 제출한 행위

비록 홍BB의 "재화 또는 용역의 거래 없이 수수한 세금계산서를 근거로 매입처별 세금계산서합계표를 기재하여 제출한 행위"가 "재화 또는 용역의 거래 없이 수수한 세금계산서를 근거로 매입처별 세금계산서합계표를 거짓으로 기재하여 제출한 행위"에 해당하지만 홍BB가 세금계산서를 발급받으면서 공급자의 사업자등록번호가 사실과 다르게 기재된 사실을 몰랐으므로 처벌할 수 없다.

3. 과세기간 종료일 다음 달 11일까지 전송된 전자세금계산서 외 발급분 매입처별 명세(합계금액으로 적음)													
⑪ 번호	⑫ 사업자 등록번호	⑬ 상호 (법인명)	⑭ 매수	⑮ 공급가액					⑯ 세액				비고
				조	십억	백만	천	일	조	십억	백만	천	일	
1	777-08-99999	백겸합판	1		1	000	000	000			100	000	000	

사례 3 재화 또는 용역을 거래하고 공급받는 자의 사업자등록번호를 사실과 다르게 기재하여 수수하고, 세금계산서 합계표를 기재하여 제출한 경우

장흥합판(888-09-88888)의 대표 김QQ는 합판(공급가액 1,000,000,000원)을 홍재합판(777-08-77777)의 홍BB에게 공급하였으나, 세금계산서(공급가액 1,000,000,000원, 부가가치세 100,000,000원)는 공급받는 자를 백학건설(666-87-99999, 대표 최길동)의 사업자등록번호를 기재하여 수수하였다. 김QQ와 홍BB는 서로 통정하여 세금계산서를 수수하지 않기로 하였고, 김QQ와 최길동은 세금계산서 수수 후 수수한 세금계산서를 근거로 하여 세금계산서 합계표를 세무서에 제출하였다.

◎ 세금계산서 발급자(김QQ)

장흥합판의 대표 김QQ가 합판을 홍BB에게 공급하였으나, 공급받는 자를 백학건설의 사업자등록번호를 기재하여 최길동에게 세금계산서를 발급하고, 발급한 세금계산서를 근거로 하여 세금계산서 합계표를 작성하여 세무서에 제출한 행위는 '세금계산서를 발급하지 아니한 행위', '재화 또는 용역의 거래 없이 세금계산서를 수수한 행위', 재화 또는 용역의 거래 없이 매출·매입처별 세금계산서합계표를 거짓으로 기재하여 제출한 행위'에 해당한다.

- 세금계산서를 발급하지 아니한 행위

장흥합판의 대표 김QQ는 홍BB에게 합판을 공급하고 장흥합판의 사업자등록번호를 기재한 세금계산서를 발급하지 않았으므로, 이는 '세금계산서를 발급하지 아니한 행위'(조처법 제10

조 제1항 제1호)에 해당하고, 범칙금액은 1,000,000,000원(부가가치세 100,000,000원)이다.

- 재화 또는 용역의 거래 없이 세금계산서를 수수한 행위
  김QQ가 합판을 홍BB에게 공급하였으나 세금계산서의 공급받는 자를 백학건설의 사업자등록번호를 기재하여 세금계산서를 발급한 행위는 '재화 또는 용역의 거래 없이 세금계산서를 수수한 행위'(조처법 제10조 제3항 제1호)에 해당하고, 범칙금액은 1,000,000,000원(부가가치세 100,000,000원)이다.
- 재화 또는 용역의 거래 없이 세금계산서합계표를 거짓으로 기재하여 제출한 행위
  김QQ가 합판을 홍BB에게 공급하였는데도 공급받는 자를 백학건설의 사업자등록번호를 기재하여 세금계산서를 발급하고 그 세금계산서를 근거로 하여 매출처별 세금계산서합계표를 기재하여 제출한 행위는 '재화 또는 용역의 거래 없이 매출·매입처별 세금계산서합계표를 거짓으로 기재하여 제출한 행위'(조처법 제10조 제3항 제3호, 범칙금액 1,000,000,000원)에 해당한다.

3. 과세기간 종료일 다음 달 11일까지 전송된 전자세금계산서 외 발급분 매출처별 명세(합계금액으로 적음)													
⑪ 번호	⑫ 사업자 등록번호	⑬ 상호 (법인명)	⑭ 매수	⑮ 공급가액					⑯ 세액				비고
				조	십억	백만	천	일	조	십억	백만	천	일	
1	666 - 87 - 99999	백학건설	1		1	000	000	000			100	000	000	
2													

◎ 세금계산서를 발급받은 자(최길동)

- 재화 또는 용역의 거래 없이 세금계산서를 수수한 행위
  백학건설 대표 최길동이 재화 또는 용역의 거래 없이 장흥합판의 대표 김QQ로부터 세금계산서를 발급받은 행위는 '재화 또는 용역의 거래 없이 세금계산서를 수수한 행위'(조처법 제10조 제3항 제1호)에 해당하고, 범칙금액은 1,000,000,000원(부가가치세 100,000,000원)이다.
- 재화 또는 용역의 거래 없이 세금계산서합계표를 거짓으로 기재하여 제출한 행위
  백학건설 대표 최길동이 재화 또는 용역의 거래 없이 장흥합판의 대표 김QQ로부터 세금계산서를 발급받아 그 세금계산서를 근거로 매입처별 세금계산서합계표를 기재하여 제출한 행위는 '재화 또는 용역의 거래 없이 매출·매입처별 세금계산서합계표를 거짓으로 기재하여 제출한 행위'(조처법 제10조 제3항 제3호)에 해당하고, 범칙금액은 1,000,000,000원(부가가치세 100,000,000원)이다.

3. 과세기간 종료일 다음 달 11일까지 전송된 전자세금계산서 외 발급분 매입처별 명세(합계금액으로 적음)													
⑪ 번호	⑫ 사업자 등록번호	⑬ 상호 (법인명)	⑭ 매수	⑮ 공급가액 조 십억 백만 천 일					⑯ 세액 조 십억 백만 천 일				비고
1	888－09－88888	장흥합판	1		1	000	000	000		100	000	000	
2													

◎ 세금계산서를 발급받지 아니한 자(홍BB)

- 발급받지 아니한 행위

  홍BB가 김QQ로부터 합판을 공급받고 김QQ와 통정하여 세금계산서를 발급받지 아니한 행위는 '세금계산서를 발급받지 아니한 행위'(조처법 제10조 제2항 제1호)에 해당하고, 범칙금액은 1,000,000,000원(부가가치세 100,000,000원)이다.

사례 4 재화 또는 용역의 거래 없이 세금계산서를 수수하고 세금계산서합계표를 제출한 경우

장흥합판(888－09－88888)의 대표 김QQ는 합판을 공급하지 않았는데도 홍재합판(777－08－77777)의 홍BB에게 공급한 것처럼 세금계산서(공급가액 1,000,000,000원, 부가가치세 100,000,000원)를 수기로 작성하여 수수하였다. 김QQ와 홍BB는 수수한 세금계산서를 근거로 세금계산서 합계표를 기재하여 제출하였음.

◎ 세금계산서 발급자(김QQ)

- 재화 또는 용역의 거래 없이 세금계산서를 수수한 행위

  김QQ가 합판을 공급한 사실이 없는데도 홍BB에게 세금계산서를 발급한 행위는 '재화 또는 용역의 거래 없이 세금계산서를 수수한 행위'(조처법 제10조 제3항 제1호)에 해당하고, 범칙금액은 1,000,000,000원(부가가치세 100,000,000원)이다.

- 재화 또는 용역의 거래 없이 세금계산서합계표를 거짓으로 기재하여 제출한 행위

  김QQ가 합판을 홍BB에게 거래 없이 세금계산서를 발급하고 발급한 세금계산서를 근거로 매출처별 세금계산서합계표를 기재하여 제출한 행위는 '재화 또는 용역의 거래 없이 매출·매입처별 세금계산서합계표를 거짓으로 하여 제출한 행위'(조처법 제10조 제3항 제3호)에 해당하고, 범칙금액은 1,000,000,000원(부가가치세 100,000,000원)이다.

3. 과세기간 종료일 다음 달 11일까지 전송된 전자세금계산서 외 발급분 매출처별 명세(합계금액으로 적음)													
⑪ 번호	⑫ 사업자 등록번호	⑬ 상호 (법인명)	⑭ 매수	⑮ 공급가액 조 십억 백만 천 일					⑯ 세액 조 십억 백만 천 일				비고
1	777－07－77777	홍재합판	1		1	000	000	000		100	000	000	
2													

◎ 세금계산서를 발급받은 자(홍BB)

- 재화 또는 용역의 거래 없이 세금계산서를 수수한 행위
  홍BB가 합판을 공급받은 사실이 없는데도 김QQ로부터 세금계산서를 발급받은 행위는 '재화 또는 용역의 거래 없이 세금계산서를 수수한 행위'(조처법 제10조 제3항 제1호)에 해당하고, 범칙금액은 1,000,000,000원(부가가치세 100,000,000원)이다

- 재화 또는 용역의 거래 없이 세금계산서합계표를 거짓으로 기재하여 제출한 행위
  홍BB가 합판을 공급받은 사실도 없이 장흥합판의 대표 김QQ로부터 세금계산서를 발급받아 그 세금계산서를 근거로 매입처별 세금계산서합계표를 기재하여 제출한 행위는 '재화 또는 용역의 거래 없이 매출·매입처별 세금계산서합계표를 거짓으로 기재하여 제출한 행위'(조처법 제10조 제3항 제3호)에 해당하고, 범칙금액은 1,000,000,000원(공급가액 100,000,000원)이다.

3. 과세기간 종료일 다음 달 11일까지 전송된 전자세금계산서 외 발급분 매입처별 명세(합계금액으로 적음)													
⑪ 번호	⑫ 사업자 등록번호	⑬ 상호 (법인명)	⑭ 매 수	⑮ 공급가액					⑯ 세액				비고
				조	십억	백만	천	일	조	십억	백만	천	일	
1	888-09-88888	장흥합판	1		1	000	000	000			100	000	000	
2													

사례 5 재화 또는 용역의 거래와 세금계산서 수수 없이 세금계산서합계표를 기재하여 제출한 경우

장흥합판(888-09-88888)의 대표 김QQ는 세금계산서를 발급하여 수수료를 챙기기 위해 2024년 제2기 과세기간 중 재화 또는 용역의 거래 없이 ㈜휴건설(666-87-22222, 대표 이길동)에 국세청 홈택스의 전자세금계산서 발급시스템을 이용하여 전자세금계산서(거래품목 합판, 공급가액 1,000,000,000원, 부가가치세 100,000,000원)를 발급하면서, 발급할 매출세금계산서에 대응되는 매입자료를 맞추기 위해 재화 또는 용역의 거래와 세금계산서 수수도 없이 매입처별 세금계산서합계표에 "매입처 청솔제재(444-06-11111), 대표 홍청솔, 공급가액 950,000,000원(부가가치세 95,000,000원), 발급받은 세금계산서 1장"이라고 기재하여 부가가치세 신고 시 제출하였다. 홍청솔도 김QQ가 기재하여 제출한 내용과 대응되는 내용으로 세금계산서합계표를 기재하여 제출하였다.

◎ 세금계산서 발급자(김QQ)

- 재화 또는 용역의 거래 없이 세금계산서를 수수한 행위
  김QQ가 재화 또는 용역의 거래 없이 ㈜휴건설에 전자세금계산서를 발급한 행위는 '재화 또는 용역의 거래 없이 세금계산서를 수수한 행위'(조처법 제10조 제3항 제1호)에 해당하고, 범칙금액은 1,000,000,000원(부가가치세 100,000,000원)이다.

✅ 김QQ가 가공세금계산서를 국세청 홈택스를 이용하여 전자적인 방법으로 세금계산서를 발급하였으므로 매출처별 세금계산서합계표 제출의무는 없음.

• 재화 또는 용역의 거래 없이 세금계산서합계표를 거짓으로 기재하여 제출한 행위
  김QQ가 재화 또는 용역의 거래와 세금계산서 수수 없이 청솔제재로부터 매입세금계산서를 수취한 것처럼 매입처별 세금계산서합계표를 거짓으로 기재하여 제출한 행위는 '재화 또는 용역을 거래 없이 매출·매입처별 세금계산서합계표를 거짓으로 기재하여 제출한 행위'(조처법 제10조 제3항 제3호)에 해당하고, 범칙금액은 950,000,000원(부가가치세 95,000,000원)이다.

3. 과세기간 종료일 다음 달 11일까지 전송된 전자세금계산서 외 발급분 매입처별 명세(합계금액으로 적음)														
⑪ 번호	⑫ 사업자 등록번호	⑬ 상호 (법인명)	⑭ 매수	⑮ 공급가액					⑯ 세액					비고
				조	십억	백만	천	일	조	십억	백만	천	일	
1	444-06-11111	청솔제재	1			950	000	000			95	000	000	
2														

✅ 매입처별세금계산서합계표는 제출하였지만 매입세금계산서는 발급받지 않았기 때문에 매입세금계산서 수취행위는 없어 처벌할 수 없음.

◎ 세금계산서를 발급받은 자((주)휴건설)

• 재화 또는 용역의 거래 없이 세금계산서를 수수한 행위
  ㈜휴건설이 재화 또는 용역의 거래 없이 김QQ로부터 전자세금계산서를 발급한 행위는 '재화 또는 용역의 거래 없이 세금계산서를 수수한 행위'(조처법 제10조 제3항 제1호)에 해당하고, 범칙금액은 1,000,000,000원(부가가치세 100,000,000원)이다.

✅ ㈜휴건설이 전자세금계산서를 발급받았으므로 매입처별 세금계산서합계표 제출의무는 없음.

◎ 매출처별 세금계산서합계표 제출자(홍청솔)

• 재화 또는 용역의 거래 없이 세금계산서합계표를 거짓으로 기재하여 제출한 행위
  홍청솔이 재화 또는 용역의 거래와 세금계산서 수수 없이 김QQ에게 매출세금계산서를 발급한 것처럼 매출처별 세금계산서합계표에 기재하여 제출한 행위는 '재화 또는 용역의 거래 없이 매출·매입처별 세금계산서합계표를 거짓으로 기재하여 제출한 행위'(조처법 제10조 제3항 제3호)에 해당하고, 범칙금액은 950,000,000원(부가가치세 95,000,000원)이다.

3. 과세기간 종료일 다음 달 11일까지 전송된 전자세금계산서 외 발급분 매출처별 명세(합계금액으로 적음)

⑪ 번호	⑫ 사업자 등록번호	⑬ 상호 (법인명)	⑭ 매수	⑮ 공급가액 조 십억 백만 천 일					⑯ 세액 조 십억 백만 천 일					비고
1	888-09-88888	장흥합판	1			950	000	000			95	000	000	
2														

✒ 매출처별 세금계산서합계표는 제출하였으나 매출세금계산서는 발급하지 않았기 때문에 세금계산서 발급행위는 처벌할 수 없음.

Ⅲ ▷ 세금계산서 또는 계산서의 미발급·수취 관련 범죄

조세범처벌법 제10조(세금계산서의 발급의무 위반 등)

① 다음 각 호의 어느 하나에 해당하는 행위를 한 자는 1년 이하의 징역 또는 공급가액에 부가가치세의 세율을 적용하여 계산한 세액의 2배 이하에 상당하는 벌금에 처한다. 〈개정 2018. 12. 31.〉

1. 「부가가치세법」에 따라 세금계산서(전자세금계산서를 포함한다. 이하 이 조에서 같다)를 발급하여야 할 자가 세금계산서를 발급하지 아니하거나 거짓으로 기재하여 발급한 행위

2. 「소득세법」 또는 「법인세법」에 따라 계산서(전자계산서를 포함한다. 이하 이 조에서 같다)를 발급하여야 할 자가 계산서를 발급하지 아니하거나 거짓으로 기재하여 발급한 행위

(생략)

② 다음 각 호의 어느 하나에 해당하는 행위를 한 자는 1년 이하의 징역 또는 공급가액에 부가가치세의 세율을 적용하여 계산한 세액의 2배 이하에 상당하는 벌금에 처한다. 〈개정 2018. 12. 31.〉

1. 「부가가치세법」에 따라 세금계산서를 발급받아야 할 자가 통정하여 세금계산서를 발급받지 아니하거나 거짓으로 기재한 세금계산서를 발급받은 행위

2. 「소득세법」 또는 「법인세법」에 따라 계산서를 발급받아야 할 자가 통정하여 계산서를 발급받지 아니하거나 거짓으로 기재한 계산서를 발급받은 행위

(생략)

1. 세금계산서 또는 계산서의 미발급

(1) 의의

본죄는 「부가가치세법」(세금계산서)·「소득세법」(계산서)·「법인세법」(계산서)에 의하여 재화 또는 용역을 공급한 자(법인 포함)가 공급받은 자에게 세금계산서·계산서를 발급하지 않은 행위를 말한다(조처법 제10조 제1항 제1호 또는 제2호).

그뿐만 아니라 「부가가치세법」·「소득세법」·「법인세법」에 의하여 재화 또는 용역을 공급한 자(법인 포함)가 실지 거래 공급가액보다 과소하게 공급가액(세금계산서의 경우 공급가액과 부가가치세)을 기재하여 세금계산서·계산서를 발급하는 행위도 세금계산서·계산서의 미발급 행위에 포함된다. 이 경우에는 과소하게 기재하여 발급된 세금계산서·계산서는 정상적인 세금계산서 또는 계산서로 인정되고, 축소되어 발급되지 않은 공급가액(세금계산서의 경우 공급가액과 부가가치세)이 미발급죄의 범칙금액이 된다.

따라서 세금계산서·계산서 미발급죄에 있어 미발급이란 재화 또는 용역을 공급하고 세금계산서·계산서를 거래상대방에게 교부하지 않는 행위와 실지 거래 공급가액보다 과소하게 공급가액(세금계산서의 경우 공급가액과 부가가치세)을 기재하여 발급하는 행위를 의미한다. 세금계산서·계산서의 미발급죄는 미수취죄와 함께 거래를 은닉하여 조세의 부과와 징수를 불가능하게 하는 부정한 행위로 공평과세 실현과 건전한 경제질서의 확립 등을 위해서는 근절하여야 할 범죄이다.

(2) 구성요건

1) 범죄주체

세금계산서 또는 계산서를 발급하여야 할 자는 「부가가치세법」(제32조 제1항), 「소득세법」(제163조 제1항), 「법인세법」(제121조 제1항)에서 각각 규정하고 있으며, 이들 법에 의하여 세금계산서 또는 계산서의 발급의무를 부여받은 사업자라는 신분을 가진 자를 말한다. 즉, 세금계산서 또는 계산서 미발급죄의 범죄주체는 사업자라는 신분을 가져야 하는 신분범이다.

① 세금계산서를 발급하여야 할 자(세금계산서 발급의무자)

세금계산서를 '발급하여야 할 자'(세금계산서 발급의무자)는 「부가가치세법」 제32조 제1항의 법문에 "사업자가 재화 또는 용역을 공급하는 경우에…그 공급을 받는 자에게 발급하여야 한다"라고 규정하고 있어 재화 또는 용역을 공급하는 사업자라고 정의할 수 있다. 여기에서 사업자란 사업 목적이 영리이든 비영리이든 관계없이 사업상 독립적으로 재화 또는 용역을 공급하는 자를 말한다(부가법 제2항 제3호). 2013.7.1. 이전에는 세금계산서를 발급하여야 할 사업자가 '납세의무자로 등록한 사업자'이었으나 세법 개정으로 '납세의무자로 등록한'이라는 문언이 빠지면서 세금계산서를 발급하여야 할 사업자는 사업자등록 여부를 따지지 않게 되었다. 즉, 미등록 사업자도 부가가치세가 과세되는 재화 또는 용역을 공급할 경우에는 세금계산서를 발급하여야 할 의무를 가지게 되었다. 그러므로 미등록 사업자라도 부가가치세가 과세되는 재화 또는 용역을 공급하고 세금계산서를 미발급하였을 경우에는 세금계산서 미발급행위로 처벌할 수 있다(대법원 2019.6.27. 선고 2018도14148 판결).

「부가가치세법」은 사업의 종류를 공급하는 재화 또는 용역의 부가가치세 과세 여부에 따라 과세사업과 면세사업으로 구분하고(부가법 제2조 제6호), 사업자의 종류는 과세표준의 크기에 따라 일반과세자와 간이과세자로 구분한다(부가법 제2조 제5호). 세무실무에서는 사업자가 공급하는 재화 또는 용역의 부가가치세 과세 여부에 따라 사업자의 종류를 과세사업자(부가가치세가 과세되는 재화 또는 용역을 공급하는 사업자), 면세사업자(부가가치세가 면세되는 재화 또는 용역을 공급하는 사업자), 겸영사업자(과세되는 재화 또는 용역과 면세되는 재화 또는 용역 둘 다 공급하는 사업자)로 구분한다. 이들 다섯 가지로 구분되는 사업자 유형 중 면세사업자(개인 면세사업자, 면세법인)와 간이과세자는 세금계산서의 발급의무가 없으므로 미발급행위의 범죄주체가 될 수 없고 세금계산서도 발급할 수 없다는 의견이 있다. 그러나 ⓐ 「부가가치세법」에서 사업자를 "사업 목적이 영리이든 비영리이든 관계없이 사업상 독립적으로 재화 또는 용역을 공급하는 자"로 규정하고 있는 점, ⓑ 미등록 사업자도 부가가치세가 과세 되는 재화 또는 용역을 공급할 경우에는 세금계산서를 발급하여야 할 의무를 가지게 된 점, ⓒ 미등록 사업자라도 부가가치세가 과세되는 재화 또는 용역을 공급하고 세금계산서를 발급하지 아니하였을 경우 세금계산서를 발급하지 아니한 행위로 처벌되는 점, ⓓ "세금계산서를 발급하여야 할 자(세금계산서 발급의무자)"를 규정하는 부가가치세법 제32조 제1항의 법문에 "사업자"의 범주에서 면세사업자(개인 면세사업자, 면세법인)를 제외한다는 내용이 없는 점 등을 고려하면 면세사업자가 과세 되는 재화 또는 용역을 공급할 경우 "세금계산서를 발급하여야 할 자"(세금계산서 발급의무자)에 당연히 포함된다고 보아야 한다는 것이 필자의 소견이다. 간이과세자는 ㉠ 사업자등록을 한 사업자이기 때문에 부가가치세법에서 규정하는 "사업자"의 범주에 포함되는 점, ㉡ 2021.7.1. 공급부터는 직전과세기간의 공급대가가 4,800만원 이상인 간이과세자에게도 세금계산서 발급의무가 부여(부가법 제36조 제1항)된 점 등을 고려하면 간이과세자 중 「부가가치세법」 제36조 제1항 제2호에 의하여 세금계산서의 발급이 제한된 간이과세자(직전 연도의 공급대가의 합계액이 4천800만원 미만인 자, 신규로 개업한 간이과세자로서 최초의 과세기간 중에 있는 자)를 제외하고는 "세금계산서를 발급하여야 할 자"(세금계산서 발급의무자)에 포함된다.

그뿐만 아니라 면세사업자와 간이과세자는 위탁판매(부가법 제10조 제7항, 부가령 제21조) 또는 공동매입(부가령 제69조 제14항 및 제15항) 등의 거래를 할 경우 세금계산서를 발급할 수 있고, 특히 간이과세자는 2020.12.22. 세법개정으로 2021.7.1. 공급분부터는 직전 과세기간의 공급대가의 합계액이 4,800만원(직전 과세기간에 신규로 사업을 시작한 개인사업자의 경우에는 연간으로 환산한 금액) 이상인 경우 세금계산서를 발급하여야 할 의무가 부여되었기(부가법 제36조 제1항) 때문에 면세사업자와 간이과세자가 세금계산서를 발급할 수 없다고 단정하면 안 된다.

② 계산서를 발급하여야 할 자(계산서 발급의무자)

계산서를 '발급하여야 할 자'는 「소득세법」 제163조 제1항은 "제168조에 따라 사업자등록을 한 사업자가 재화 또는 용역을 공급하는 경우에…재화 또는 용역을 공급받는 자에게 발급하여야 한다"라고 규정하고, 「법인세법」 제121조 제1항은 "법인이 재화나 용역을 공급하면…공급받는 자에게 발급하여야 한다"라고 규정하고 있어 두 법은 계산서를 발급하여야 할 자의 자격을 달리 규정하고 있다. 「소득세법」에서 규정하고 있는 계산서를 발급하여야 할 자는 "재화 또는 용역을 공급하는 제168조에 따라 사업자등록을 한 사업자"이다. "제168조에 따라 사업자등록을 한 사업자"의 의미는 "새로 사업을 시작하는 사업자는 대통령령으로 정하는 바에 따라 사업장 소재지 관할 세무서장에게 등록자(소득법 제168조 제1항)와 「부가가치세법」에 따라 사업자등록을 한 사업자(소득법 제168조 제2항)를 의미한다. 따라서 「소득세법」에서 규정하는 계산서를 발급하여야 할 자는 「소득세법」 제168조 제1항 및 「부가가치세법」 제8조에 의하여 사업자등록을 한 사업자의 신분이어야 한다. 즉, 미등록 개인사업자가 재화 또는 용역을 공급하고 계산서를 발급하지 않았을 경우에는 계산서 발급의무자가 아니므로 계산서를 발급하지 아니한 행위(조처법 제10조 제1항 제2호)로 처벌할 수 없다. 「법인세법」에서 규정하고 있는 계산서를 발급하여야 할 자는 "법인이 재화나 용역을 공급하면"으로 표현되어 있다. 여기에서 '법인'이라는 문언에 사업자등록 여부를 구분하는 수식어가 없으므로 '법인'의 개념은 미등록법인을 포함한 법인으로 해석된다. 따라서 「법인세법」에서 규정하는 계산서를 발급하여야 할 자는 재화 또는 용역을 공급하는 법인으로 미등록법인을 포함한 법인이다. 즉, 미등록법인은 계산서 발급의무자에 해당하므로 면세되는 재화 또는 용역을 공급하고 계산서를 발급 하지 아니하였을 경우에는 그 행위자를 계산서를 발급하지 아니한 행위(조처법 제10조 제1항 제2호)로 처벌할 수 있다.

사업자의 유형(일반사업자, 간이과세자, 과세사업자, 면세사업자, 겸영사업자)에 따라 계산서의 발급이 제한되는지를 살펴보면, 「소득세법 시행령」 제211조 제3항이 규정하는 간이과세자(직전 연도의 공급대가의 합계액이 4천800만원 미만인 자, 신규로 개업한 간이과세자로서 최초의 과세기간 중에 있는 자)인 경우를 제외하고는 모든 사업자 유형이 계산서를 발급할 수 있다. 과세사업자가 계산서를 발급할 수 있는 근거는 「소득세법」 제163조 제1항의 "제168조에 따라 사업자등록을 한 사업자"라는 법문의 개념은 「부가가치세법」에 따라 사업자등록을 한 사업자가 포함되고, 「법인세법」 제121조 제1항의 "법인이 재화나 용역을 공급하면"이라는 법문의 개념은 사업자등록을 아니한 법인까지 포함하기 때문이다.

③ 계산서의 미발급범의 범죄주체에 관한 문제점

「법인세법」의 규정에 의하여 발급되는 계산서는 미등록사업자도 발급의무자에 포함되지만 「소득세법」의 규정에 근거하여 발급되는 계산서는 발급의무자가 사업자등록을 한 사업자로 규정되어 있어, ㉠ 사업자등록을 하지 않은 개인사업자의 경우 세금계산서 미발급범은 처벌할 수 있지만 계산서 미발급범은 처벌할 수 없는 점, ㉡ 미등록 법인사업자가 계산서를 미발급하였을 경우는 처벌할 수 있지만 미등록 개인사업자가 계산서를 미발급하였을 경우 처벌할 수 없는 점 등의 문제점이 있으므로 개인사업자의 계산서 발급의무자 범위에 미등록사업자를 포함시키는 세법 개정이 요망된다.

2) 재화 또는 용역의 공급 존재

세금계산서 또는 계산서의 발급 대상인 재화 또는 용역의 공급이 존재하여야 한다. 원칙적으로 재화 또는 용역의 공급이 실재하지 아니하면 세금계산서 선발급 사유가 있는 경우(부가법 제34조 제2항)를 제외하고는 세금계산서 또는 계산서를 발급할 수 없다. 따라서 재화 또는 용역의 공급 존재는 본죄의 구성요건이 된다. 만약 재화 또는 용역의 공급이 존재하지 아니하면서 세금계산서 또는 계산서를 발급하면 재화 또는 용역을 공급하지 아니하거나 공급받지 아니하고 세금계산서 또는 계산서를 수수한 행위(조처법 제3조 제1항 제1호)가 된다.

3) 세금계산서 또는 계산서의 발급 시기 경과(기수시기)

세금계산서 또는 계산서 미발급죄가 성립하려면 재화 또는 용역을 공급한 사업자가 세금계산서 또는 계산서의 발급시기까지 거래상대방에게 세금계산서 또는 계산서를 발급하지 아니하였어야 한다.

세금계산서 또는 계산서의 발급시기는 미발급죄에 있어 기수시기의 기준이 되고 발급시기가 경과되어야 기수가 된다. 계산서의 발급시기는 세금계산서의 발급시기를 준용한다(소득령 제212조 제2항, 법인령 제164조 제1항).

세금계산서의 발급시기는 ⓐ 원칙적 발급시기(부가법 제34조 제1항), ⓑ 공급시기의 특례에 따른 발급시기(부가법 제34조 제2항), ⓒ 발급시기 특례에 따른 발급시기(부가법 제34조 제3항), ⓓ 매입세액 불공제 특례에 따른 발급시기(부가법 제39조 제1항 제2호, 부가령 제75조 제3호 및 제7호)로 나눌 수 있다.

ⓐ 원칙적 발급시기란 사업자는 「부가가치세법」 제15조 및 제16조에 따른 재화 또는 용역의 공급시기에 재화 또는 용역을 공급받은 자에게 세금계산서를 발급하여야 하며, 이를 "원칙적 발급시기"라 한다(부가법 제34조 제1항).

ⓑ 공급시기의 특례에 따른 발급시기란 「부가가치세법」 제15조 및 제16조가 규정하는 재화·용역의 공급시기 전에 세금계산서를 발급할 수 있도록 「부가가치세법」 제17조가 규정하는 재화 또는 용역의 공급시기를 말한다. 즉, 재화·용역의 공급시기 전이라도 "세금계산서 선발급 사유"가 있는 경우에는 재화나 용역의 공급시기가 되기 전에 세금계산서를 먼저 발급할 수 있으며 이를 세금계산서 선발급 규정이라고 한다. 따라서 공급시기의 특례에 따른 발급시기는 세금계산서 또는 계산서의 미발급·미수취행위의 기수시기와는 관련이 없다.

ⓒ 발급시기 특례에 따른 발급시기란 사업자는 「부가가치세법」 제15조 및 제16조에 따른 재화 또는 용역의 공급시기에 재화 또는 용역을 공급받는 자에게 세금계산서를 발급하여야 하나 ㉠거래처별로 달의 1일부터 말일까지의 공급가액을 합하여 달의 말일을 작성 연월일로 하여 세금계산서를 발급하는 경우, ㉡거래처별로 달의 1일부터 말일까지의 기간 이내에 사업자가 임의로 정한 기간의 공급가액을 합하여 그 기간의 종료일을 작성 연월일로 하여 세금계산서를 발급하는 경우, ㉢관계 증명서류 등에 따라 실제 거래사실이 확인되는 경우로서 해당 거래일을 작성 연월일로 하여 세금계산서를 발급하는 경우에 재화 또는 용역의 공급일이 속하는 달의 다음 달 10일(그 날이 공휴일 또는 토요일인 경우에는 바로 다음 영업일을 말한다)까지 세금계산서를 발급할 수 있는데, 이와 같이 세금계산서를 발급할 수 있는 재화 또는 용역의 공급일부터 공급일이 속하는 달의 다음 달 10일까지의 기간을 말한다.

ⓓ 매입세액 불공제 특례에 따른 발급시기란 사업자는 「부가가치세법」 제34조가 규정하는 세금계산서 발급시기에 세금계산서를 발급하지 아니한 경우 「부가가치세법」 제39조 제1항 제2호의 단서 및 「부가가치세법 시행령」 제75조 제7호에 따라 재화 또는 용역의 공급시기가 속하는 확정신고기한이 지난 후 확정신고기한 다음 날부터 1년 이내에 세금계산서를 발급할 수 있는데, 이와 같이 세금계산서를 발급할 수 있는 재화 또

는 용역의 공급시기가 속하는 확정신고기한이 지난 후 확정신고기한 다음 날부터 1년 이내의 기간을 말한다.

이들 네 종류의 발급시기 중 기수시기의 기준이 되는 세금계산서 발급시기는 "③ 발급시기 특례에 따른 발급시기"이다. 따라서 세금계산서 또는 계산서의 미발급범의 기수시기는 "재화 또는 용역을 공급한 달의 다음 달 10일(그 날이 공휴일 또는 토요일인 경우에는 바로 다음 영업일을 말한다)이 지난 때이다. 재화 또는 용역을 공급한 달의 다음 달 10일이 지난 때를 기수시기로 보는 사유는 원칙적인 발급시기에 세금계산서를 발급하지 않았더라도 발급시기의 특례에 따른 발급시기에 따라 재화 또는 용역을 거래 후 거래한 달의 다음 달 10일까지 세금계산서를 발급하면 정상적인 발급으로 인정되기 때문이다.

4) 세금계산서 · 계산서의 미발급 또는 공급가액등을 과소하게 기재하여 발급

본죄가 성립하기 위해서는 재화 또는 용역을 공급한 사업자가 세금계산서 · 계산서의 발급시기까지 거래상대방에게 세금계산서 · 계산서를 발급하지 아니하였어야 한다.

또한 재화 또는 용역을 공급한 자(법인 포함)가 실지 거래 공급가액보다 과소하게 공급가액(세금계산서의 경우 공급가액과 부가가치세)을 기재하여 세금계산서 · 계산서를 발급하는 행위도 세금계산서 · 계산서의 미발급 행위에 포함되므로 실지 거래 공급가액보다 세금계산서 · 계산서의 공급가액(세금계산서의 경우 공급가액과 부가가치세)을 과소하게 기재하여 발급하였어야 한다.

5) 고의

세금계산서 또는 계산서의 미발급죄는 고의범이므로 고의가 인정되지 않으면 처벌할 수 없다. 따라서 재화 또는 용역을 공급하고 세금계산서 또는 계산서를 발급하지 아니한다는 사실 등의 인식과 의사가 있어야 한다.

(3) 죄수

세금계산서 또는 계산서의 미발급죄의 죄수는 재화 또는 용역을 공급하고 세금계산서를 발급하지 아니한 각 세금계산서 또는 계산서마다 1죄가 성립한다(대법원 2006.10.26. 선고 2006도5147 판결 ; 대법원 1982.2.14. 선고 82도1362 판결). 그 사유는 재화 또는 용역을 공급하고 각 거래 시 세금계산서 또는 계산서의 발급시기가 경과할 때마다 미발급죄의 구성요건이 1회 충족되기 때문이다.

(4) 세금계산서가 발급된 경우에도 세금계산서 미발급죄로 처벌하여야 할 경우

세금계산서 미발급죄에서 "세금계산서가 발급된 경우에도 세금계산서 미발급죄로 처벌하여야 할 경우"가 있다. "세금계산서가 발급된 경우에도 세금계산서 미발급죄로 처벌하여야 할 경우"라는 문구는 머리를 갸우뚱하게 만들 것이다. 하지만 이런 사례는 실제 존재한다. 사업자가 재화 또는 용역을 공급하고 공급한 달이 속하는 달의 다음 달 10일까지 세금계산서를 발급하지 아니하고, "매입세액 불공제 특례에 따른 발급시기" 이내에 세금계산서를 발급하였을 경우에는 해당 행위는「조세범처벌법」제10조 제1항 제1호가 규정하는 세금계산서를 발급하지 아니한 행위에 해당한다. 세금계산서가 발급되었는데 세금계산서를 발급하지 아니한 행위가 되는 사유는 비록 세금계산서가 발급되었더라도「부가가치세법」제34조 제3항이 규정하는 세금계산서 발급시기(재화 또는 용역을 공급한 달의 다음달 10일)를 넘겨서 발급하였기에 이미 미발급범으로서 기수가 되었기 때문이다.

그러면 수사과정에서 "세금계산서가 발급된 경우에도 세금계산서 미발급죄로 처벌하여야 할 경우"에 해당하는 세금계산서를 어떻게 찾아내야 할까? 방법은 두 가지가 있다. 하나는 세금계산서를 보고 직접 찾는 방법이다. 하지만 이는 세금계산서를 전자세금계산서로 발급하였을 경우와 수기로 발급되었더라도 발급된 세금계산서가 다수일 경우에는 해당 세금계산서를 찾아내는 것은 어려운 일이다. 다른 하나는 사업자의 부가가치세 수정신고서(세금계산서를 발급받은 자는 경정청구서)의 내용을 검토하여 찾는 방법이다. 필자는 두 번째 방법이 합리적인 방법이라 생각된다.

2. 세금계산서 또는 계산서의 미수취

(1) 의의

본죄는 재화 또는 용역을 공급받은 자(법인 포함)가 공급자와 통정하여 세금계산서 또는 계산서를 발급받지 아니한 행위를 말한다(조처법 제10조 제2항 제1호 또는 제2호).

그뿐만 아니라 재화 또는 용역을 공급받은 자(법인 포함)가 공급자와 통정하여 실지 거래 공급가액보다 과소하게 공급가액(세금계산서의 경우 공급가액과 부가가치세)을 기재한 세금계산서・계산서를 발급받은 행위도 세금계산서・계산서의 미수취 행위에 포함된다. 이 경우에는 과소하게 기재하여 발급받은 세금계산서・계산서는 정상적인 세금계산서 또는 계산서로 인정되고, 축소되어 발급받지 않은 공급가액(세금계산서의 경우 공급가액과 부가가치세)이 미수취 죄의 범칙금액이 된다.

(2) 구성요건

1) 범죄주체

세금계산서 또는 계산서를 발급받아야 할 자는 「부가가치세법」(제32조 제1항), 「소득세법」(제163조 제1항), 「법인세법」(제121조 제1항)에서 각각 규정하고 있는 세금계산서 또는 계산서를 발급하여야 할 자의 상대방으로서 세금계산서 또는 계산서를 발급하여야 할 자와 통정한 사업자의 신분을 가진 자라야 한다.

2) 재화 또는 용역의 공급 존재

세금계산서 또는 계산서의 발급받아야 하는 대상인 재화 또는 용역의 공급이 실재하여야 한다. 원칙적으로 재화 또는 용역의 공급이 실재하지 아니하면 세금계산서 선발급 사유가 있는 경우(부가법 제34조 제2항)를 제외하고는 세금계산서 또는 계산서를 발급받을 수 없다. 만약 재화 또는 용역의 공급이 실재하지 아니하면서 세금계산서 또는 계산서를 발급받으면 재화 또는 용역을 공급하지 아니하거나 공급받지 아니하고 세금계산서 또는 계산서를 수수한 행위(조처법 제3조 제1항 제1호 또는 제2호)가 된다.

3) 통정

「조세범처벌법」 제10조 제2항 제1호 또 제2호의 법문은 범죄행태를 세금계산서 또는 계산서를 발급받아야 할 자가 통정하여 세금계산서 또는 계산서를 발급받지 아니한 행위로 규정하고 있으므로 본죄는 "세금계산서 또는 계산서를 발급받아야 할 자"와 "「조세범처벌법」 제10조 제1항 제1호 또는 제2호의 범칙행위자"의 통정이 요구되는 죄이다. 여기에서 통정(通情)의 사전적 의미는 서로 마음을 주고받는 것을 말하고, 미수취죄에서 통정이란 재화 또는 용역을 공급받는 자가 세금계산서 또는 계산서를 수취하여야 한다는 사실을 알면서도 공급자와 공모하여 세금계산서 또는 계산서를 수수하지 아니하자는 의사를 주고받는 것을 말한다. 미수취죄에서 통정이 요구되는 사유는 공급자가 세금계산서 또는 계산서를 미발급하더라도 공급받는 자가 매입자발행세금계산서 제도(부가법 제34조의2 제1항, 부가령 제71조의2) 또는 매입자발행계산서 제도(소득령 제212조의4)를 통하여 세금계산서 또는 계산서를 수취할 수 있고, 공급받는 자가 세금계산서 또는 계산서를 발급받지 아니하려고 하여도 공급자가 발급하면 공급받는 자는 발급받게 되기 때문이다. 즉, 공급자와 공급받는 자는 세금계산서 또는 계산서를 수수할 의사만 있으면 상대방의 협력 없이도 수수할 수 있기 때문에 "수수하지 말자는 서로 간의 의사의 일치"(통정)가 없으면 미수취행위는 발생할 수 없기 때문이다.

법문에는 통정의 대상에 대하여 언급한 내용은 없으나 법문의 통정은 범칙행위자의 통정이고 본죄가 대향범의 법리가 적용되는 죄인 점을 고려하면 통정의 대상자는 「조세범처벌법」 제10조 제1항 제1호 또 제2호가 규정하는 "세금계산서 또는 계산서 미발급죄"의 범칙행위자로 해석하는 것이 타당하다.

4) 세금계산서 또는 계산서의 발급받을 시기 경과(기수시기)

재화 또는 용역을 공급받고 세금계산서 또는 계산서의 발급받을 시기가 경과되어야 한다. 발급받을 시기는 세금계산서 또는 계산서의 발급시기와 같고 발급시기가 경과될 때 기수가 된다.

5) 세금계산서 · 계산서의 미수취 또는 과소하게 수취

본죄가 성립하기 위해서는 재화 또는 용역을 공급받은 자가 공급자와 통정하여 세금계산서 또는 계산서의 발급시기까지 세금계산서 또는 계산서를 발급받지 아니하였어야 한다.
또한 재화 또는 용역을 공급받은 자(법인 포함)가 실지 거래 공급가액보다 과소하게 공급가액(세금계산서의 경우 공급가액과 부가가치세)을 기재한 세금계산서 · 계산서를 발급받은 행위도 세금계산서 · 계산서 미수취 행위에 포함되므로, 세금계산서 · 계산서의 공급가액(세금계산서의 경우 공급가액과 부가가치세)을 과소하게 기재하여 발급받았어야 한다.

6) 고의

세금계산서 또는 계산서의 미수취죄는 고의범이므로 고의가 인정되지 않으면 처벌할 수 없다. 따라서 재화 또는 용역을 공급받고 세금계산서 또는 계산서를 수취하지 아니한다는 사실 등의 인식과 의사가 있어야 한다.

(3) 죄수

세금계산서 또는 계산서의 미수취죄의 죄수는 재화 또는 용역을 공급받고 발급받지 아니한 각 세금계산서 또는 계산서마다 1죄가 성립한다.

(4) 세금계산서를 발급받은 경우에도 세금계산서 미수취죄로 처벌하여야 할 경우

세금계산서 미수취죄에서 "세금계산서를 발급받은 경우에도 세금계산서 미수취죄로 처벌하여야 할 경우"가 있다. 이는 "세금계산서가 발급된 경우에도 세금계산서 미발급죄로 처벌하여야 할 경우"의 반대 개념으로 사업자가 "매입세액 불공제 특례에 따른 발급시기"

즉, "재화 또는 용역을 공급한 달의 다음 달 10일(그 날이 공휴일 또는 토요일인 경우에는 바로 다음 영업일을 말한다)이 지난 후 "매입세액 불공제 특례에 따른 발급시기" 이내에 세금계산서를 발급받은 경우를 말한다. 세금계산서가 발급받았는데 세금계산서를 발급받지 아니한 행위가 되는 사유는 비록 세금계산서를 발급받았더라도 부가가치세법 제34조 제3항이 규정하는 세금계산서 발급시기(재화 또는 용역을 공급한 달의 다음 달 10일)를 넘겨서 발급받았기에 이미 미수취범으로서 기수가 되었기 때문이다. 따라서 세금계산서를 발급받은 경우에도 세금계산서 발급시기를 넘겨서 발급받은 행위는 「조세범처벌법」 제10조 제2항 제1호가 규정하는 세금계산서를 발급받지 아니한 행위에 해당한다.

Ⅳ. 거짓으로 기재한 세금계산서 또는 계산서의 발급·수취 관련 범죄

조세범처벌법 제10조(세금계산서의 발급의무 위반 등)

① 다음 각 호의 어느 하나에 해당하는 행위를 한 자는 1년 이하의 징역 또는 공급가액에 부가가치세의 세율을 적용하여 계산한 세액의 2배 이하에 상당하는 벌금에 처한다. 〈개정 2018.12.31.〉

1. 「부가가치세법」에 따라 세금계산서(전자세금계산서를 포함한다. 이하 이 조에서 같다)를 발급하여야 할 자가 세금계산서를 발급하지 아니하거나 거짓으로 기재하여 발급한 행위

2. 「소득세법」 또는 「법인세법」에 따라 계산서(전자계산서를 포함한다. 이하 이 조에서 같다)를 발급하여야 할 자가 계산서를 발급하지 아니하거나 거짓으로 기재하여 발급한 행위

(생략)

② 다음 각 호의 어느 하나에 해당하는 행위를 한 자는 1년 이하의 징역 또는 공급가액에 부가가치세의 세율을 적용하여 계산한 세액의 2배 이하에 상당하는 벌금에 처한다. 〈개정 2018.12.31.〉

1. 「부가가치세법」에 따라 세금계산서를 발급받아야 할 자가 통정하여 세금계산서를 발급받지 아니하거나 거짓으로 기재한 세금계산서를 발급받은 행위

2. 「소득세법」 또는 「법인세법」에 따라 계산서를 발급받아야 할 자가 통정하여 계산서를 발급받지 아니하거나 거짓으로 기재한 계산서를 발급받은 행위

(생략)

---

1. 거짓으로 기재한 세금계산서 또는 계산서의 발급

(1) 의의

본죄는 재화 또는 용역을 공급한 자(법인 포함)가 공급받은 자에게 세금계산서 또는 계산서를 거짓으로 기재하여 발급한 것을 말한다(조처법 제1항 제1호 및 제2호).

세금계산서 또는 계산서의 "거짓으로 기재"의 개념은 '제10조에서 거짓으로 기재의 의미' 단원을 참고하길 바란다.

"거짓으로 기재한 세금계산서 또는 계산서의 발급죄에서 주의하여야 할 점이 있다. 그것은 범칙금액 특정 시 발급된 세금계산서 또는 계산서에 기재된 공급가액(세금계산서의 경우 공급가액과 부가가치세)에서 실제로 거래한 공급가액(세금계산서의 경우 공급가액과 부가가치세)을 차감하여 계산하여야 한다는 것이다. 즉, "거짓으로 기재한 세금계산서 또는 계산서의 발급죄"는 "재화 또는 용역을 실제로 거래하고 공급가액을 과다하게 기재하여 세금계산서 또는 계산서를 발급하는 행위"이므로 발급한 세금계산서 또는 계산서에 기재된 공급가액(세금계산서의 경우 공급가액과 부가가치세)에서 실제로 거래한 공급가액을 차감하여야 한다.

그뿐만 아니라 "대법원 2019도10999 판결 등의 판례들"의 요점 법리에 의하여 "거짓으로 기재한 세금계산서 또는 계산서 발급행위"도 「조세범처벌법」 제10조 제3항 제1호 또는 제2호에 해당하는 죄로 의율하여야 한다는 것이 필자의 소견이다.

(2) 구성요건

1) 범죄주체

거짓으로 세금계산서 또는 계산서 발급죄는 재화 또는 용역을 공급한 자가 그 공급한 내용과 다르게 세금계산서 또는 계산서를 발급하는 죄로 범죄주체는 세금계산서 또는 계산서를 발급할 수 있는 사업자로 등록한 자(법인 포함)이여야 한다.

2) 재화 또는 용역의 공급 존재

거짓으로 기재한 세금계산서 또는 계산서 발급죄는 재화 또는 용역을 공급하고 그 공급한 내용과 다르게 세금계산서 또는 계산서를 발급하는 죄이므로 본죄가 성립하기 위해서는 반드시 재화 또는 용역의 공급이 존재하여야 한다.

3) 세금계산서 또는 계산서의 거짓으로 기재

재화 또는 용역을 공급하고 공급내용과 다르게 세금계산서 또는 계산서의 기재사항을 거짓으로 기재하는 행위가 있어야 한다. 세금계산서 또는 계산서의 기재사항을 공급 사실과 다르게 기재하였다고 하여 모두 처벌되는 것은 아니고 본죄로 처벌되는 "거짓으로 기재"는 세금계산서 또는 계산서의 기재사항 중 공급가액(세금계산서의 경우는 공급가액과 세액)란을 거래하는 공급가액(세금계산서의 경우는 공급가액과 세액)보다 과다하게 기재하는 행위를 말한다.

4) 거짓으로 기재하여 세금계산서 또는 계산서 발급(기수시기)

거짓으로 기재한 세금계산서 또는 계산서의 발급죄는 세금계산서 또는 계산서를 거짓으로 기재하여 발급(교부)한 행위가 있어야 성립하는 죄이다. 따라서 세금계산서 또는 계산서를 거짓으로 기재하여 작성하였으나 발급받아야 할 자에게 발급(교부)하지 아니하면 본죄는 성립하지 아니한다. 본죄는 세금계산서 또는 계산서를 발급받아야 할 자에게 발급(교부)할 때에 기수가 된다.

5) 고의

거짓으로 기재한 세금계산서 또는 계산서의 발급죄는 고의범이므로 고의가 인정되지 않으면 처벌할 수 없다. 따라서 재화 또는 용역을 공급하고 공급내용과 달리 세금계산서 또는 계산서를 거짓으로 기재하여 발급한다는 사실 등의 인식과 의사가 있어야 한다.

(3) 죄수

거짓으로 기재한 세금계산서 또는 계산서의 발급죄는 재화 또는 용역을 공급하고 공급내용과 달리 거짓으로 기재하여 세금계산서 또는 계산서를 발급할 때 세금계산서 또는 계산서마다 각 1죄가 성립한다.

2. 거짓으로 기재한 세금계산서 또는 계산서의 수취

(1) 의의

본죄는 재화 또는 용역을 공급받은 자(법인 포함)가 공급자와 통정하여 공급자가 거짓으로 기재하여 발급한 세금계산서 또는 계산서를 수취한 것을 말한다(조처법 제2항 제1호 및 제2호).

세금계산서 또는 계산서의 "거짓으로 기재"의 개념은 '제10조에서 거짓으로 기재의 의미' 단원을 참고하길 바란다.

"거짓으로 기재한 세금계산서 또는 계산서의 수취죄"의 범칙금액은 "거짓으로 기재한 세금계산서 또는 계산서의 발급죄"와 같이 발급받은 세금계산서 또는 계산서에 기재된 공급가액(세금계산서의 경우 공급가액과 부가가치세)에서 실제로 공급받은 공급가액(세금계산서의 경우 공급가액과 부가가치세)을 차감하여 계산하여야 한다.

그뿐만 아니라 "대법원 2019도10999 판결 등의 판례들"의 요점 법리에 의하여 "거짓으로 기재한 세금계산서 또는 계산서 수취행위"도 「조세범처벌법」 제10조 제3항 제1호 또는 제2호에 해당하는 죄로 의율하여야 한다는 것이 필자의 소견이다.

(2) 구성요건

1) 범죄주체

세금계산서 또는 계산서를 발급받아야 할 자는 「부가가치세법」(제32조 제1항), 「소득세법」(제163조 제1항), 「법인세법」(제121조 제1항)에서 각각 규정하고 있는 세금계산서 또는 계산서를 발급하여야 할 자의 상대방으로서 사업자의 신분을 가진 자(법인 포함)라야 한다.

2) 재화 또는 용역의 공급 존재

거짓으로 기재한 세금계산서 또는 계산서 수취죄는 재화 또는 용역을 공급받고 그 공급받은 내용과 달리 세금계산서 또는 계산서를 발급받은 죄이므로 본죄가 성립하기 위해서는 반드시 재화 또는 용역의 공급이 존재하여야 한다.

3) 통정

「조세범처벌법」 제10조 제2항 제1호 또 제2호의 법문이 범죄행태를 "세금계산서 또는 계산서를 발급받아야 할 자가 통정하여 거짓으로 기재한 세금계산서 또는 계산서를 발급받은 행위"로 규정하고 있으므로 본죄는 범칙행위자의 통정이 요구되는 죄이다. 법문에는 통정의 대상에 대하여 언급한 내용은 없으나 법문의 통정은 범칙행위자의 통정이고 본죄가 대향범의 법리가 적용되는 죄인 점을 고려하면 통정의 대상자는 「조세범처벌법」 제10조 제1항 제1호 또 제2호가 규정하는 "거짓으로 기재한 세금계산서 또는 계산서 발급죄"의 범칙행위자로 해석하는 것이 타당하다.

4) 거짓으로 기재한 세금계산서 또는 계산서를 수취(기수시기)

거짓으로 기재한 세금계산서 또는 계산서의 수취죄는 범칙행위자가 통정하여 거짓으로 기재한 세금계산서 또는 계산서를 수취하는 행위가 있어야 성립하는 죄다. 따라서 거짓으로 기재한 세금계산서 또는 계산서의 수취는 구성요건이 되고, 세금계산서 또는 계산서를 발급받은 때에 기수가 된다.

5) 고의

거짓으로 기재한 세금계산서 또는 계산서의 수취죄는 고의범이므로 고의가 인정되지 않으면 처벌할 수 없다. 따라서 재화 또는 용역을 공급받고 공급자와 통정하여 거래내용과 달리 거짓으로 기재한 세금계산서 또는 계산서를 수취한다는 사실 등의 인식과 의사가 있어야 한다.

(3) 죄수

거짓으로 기재한 세금계산서 또는 계산서의 수취죄는 재화 또는 용역을 공급받고 공급내용과 달리 거짓으로 기재하여 발급받는 세금계산서 또는 계산서마다 각 1죄가 성립한다.

Ⅴ 〉 세금계산서합계표 또는 계산서합계표의 거짓 기재 제출 관련 범죄

> **조세범처벌법 제10조(세금계산서의 발급의무 위반 등)**
> ① 다음 각 호의 어느 하나에 해당하는 행위를 한 자는 1년 이하의 징역 또는 공급가액에 부가가치세의 세율을 적용하여 계산한 세액의 2배 이하에 상당하는 벌금에 처한다. 〈개정 2018.12.31.〉
>
> (생략)
>
> 3. 「부가가치세법」에 따라 매출처별 세금계산서합계표를 제출하여야 할 자가 매출처별 세금계산서합계표를 거짓으로 기재하여 제출한 행위
> 4. 「소득세법」 또는 「법인세법」에 따라 매출처별 계산서합계표를 제출하여야 할 자가 매출처별 계산서합계표를 거짓으로 기재하여 제출한 행위
> ② 다음 각 호의 어느 하나에 해당하는 행위를 한 자는 1년 이하의 징역 또는 공급가액에 부가가치세의 세율을 적용하여 계산한 세액의 2배 이하에 상당하는 벌금에 처한다. 〈개정 2018.12.31.〉
>
> (생략)
>
> 3. 「부가가치세법」에 따라 매입처별 세금계산서합계표를 제출하여야 할 자가 통정하여 매입처별 세금계산서합계표를 거짓으로 기재하여 제출한 행위
> 4. 「소득세법」 또는 「법인세법」에 따라 매입처별 계산서합계표를 제출하여야 할 자가 통정하여 매입처별 계산서합계표를 거짓으로 기재하여 제출한 행위

1. 매출처별 세금계산서합계표 또는 매출처별 계산서합계표를 거짓으로 기재하여 제출

(1) 의의

본죄는 「부가가치세법」에 의한 매출처별 세금계산서합계표를 제출하여야 할 자와 「소득세법」 또는 「법인세법」에 의하여 매출처별 계산서합계표를 제출하여야 할 자가 거짓으로 기재하여 발급한 세금계산서 또는 계산서를 근거로 매출처별 세금계산서합계표 또는 매출처별 계산서합계표를 거짓으로 기재하여 제출한 경우에 성립하는 죄이다(조처법 제10조 제1항 제3호 또는 제4호).

세금계산서합계표 또는 계산서합계표의 "거짓으로 기재"의 개념은 '제10조에서 거짓으로 기재의 의미' 단원을 참고하길 바란다.

"매출처별 세금계산서합계표 또는 매출처별 계산서합계표를 거짓으로 기재하여 제출한 죄"는 거짓으로 발급한 세금계산서 또는 계산서를 근거로 매출처별 세금계산서합계표 또는 매출처별 계산서합계표를 거짓으로 기재하여 제출하므로 합계표에 기재된 공급가액(세금계산서의 경우 공급가액과 부가가치세)에서 실제로 거래한 공급가액(세금계산서의 경우 공급가액과 부가가치세)을 차감한 공급금액이 "매출처별 세금계산서합계표 또는 매출처별 계산서합계표를 거짓으로 기재하여 제출한 죄"의 범칙금액이 된다.

그뿐만 아니라 "매출처별 세금계산서합계표 또는 매출처별 계산서합계표를 거짓으로 기재하여 제출한 죄"는 "대법원 2019도10999 판결 등의 판례들"의 법리에 의하여 「조세범처벌법」 제10조 제3항 제3호 또는 제4호의 행위에도 해당한다는 것이 필자의 소견이다.

(2) 구성요건

1) 범죄주체

① 매출처별 세금계산서합계표를 거짓으로 기재하여 제출한 죄의 범죄주체

매출처별 세금계산서합계표를 거짓으로 기재하여 제출한 죄의 범죄주체는 「부가가치세법」에 따라 매출처별 세금계산서합계표 제출대상인 세금계산서 또는 수입세금계산서를 발급하여 매출처별 세금계산서합계표를 제출하여야 할 의무를 가진 사업자이다. 여기에서 사업자는 "세금계산서 발급의무자"가 아니라 "세금계산서를 발급할 수 있는 자"(사업자등록을 한 사업자)를 말한다. 즉, 미등록 사업자는 세금계산서를 발급할 수 없으므로 매출처별 세금계산서합계표를 거짓으로 기재하여 제출한 죄의 범죄주체가 될 수 없다.

수입세금계산서 또는 수입계산서를 발급하는 세관장은 합계표 제출의무자이나, 세관이 재화의 수입자에게 수입세금계산서와 수입계산서를 전자적인 방법으로만 발급하고 있어 실질적으로 세관장은 합계표를 제출하지 아니할 수 있다.

② 매출처별 계산서합계표를 거짓으로 기재하여 제출한 죄의 범죄주체

매출처별 계산서합계표를 거짓으로 기재하여 제출한 죄의 범죄주체는 「소득세법」 또는 「법인세법」에 따라 매출처별 계산서합계표 제출대상인 계산서 또는 수입계산서를 발급하여 매출처별 계산서합계표를 제출하여야 할 의무를 가진 사업자이다. 여기에서 사업자는 "계산서 발급의무자"가 아니라 "계산서를 발급할 수 있는 자"(사업자등록을 한 사업자)를 말한다. 즉, 미등록 사업자는 계산서를 발급할 수 없으므로 매출처별 계산서합계표를 거짓으로 기재하여 제출한 죄의 범죄주체가 될 수 없다.

2) 거짓으로 기재하여 발급한 세금계산서 또는 계산서 발급

매출처별 세금계산서합계표 또는 매출처별 계산서합계표를 거짓으로 기재하여 제출한 죄는 거짓으로 기재하여 발급한 세금계산서 또는 계산서를 근거로 매출처별 세금계산서합계표 또는 매출처별 계산서합계표를 거짓으로 기재하여 과세관청에 제출하면 성립하는 죄다. 따라서 본죄가 성립하기 위해서는 거짓으로 기재하여 발급한 세금계산서 또는 계산서가 반드시 존재하여야 한다.

3) 재화 또는 용역의 공급

거짓으로 기재하여 발급한 세금계산서 또는 계산서는 재화 또는 용역의 공급내용과 달리 발급되는 세금계산서 또는 계산서이므로 반드시 재화 또는 용역의 공급이 존재하여야 한다.

4) 매출처별 세금계산서합계표 또는 매출처별 계산서합계표의 거짓으로 기재

본죄가 성립되려면 거짓으로 기재하여 발급한 세금계산서 또는 계산서를 근거로 매출처별 세금계산서합계표 또는 매출처별 계산서합계표의 기재사항을 거짓으로 기재하는 행위가 있어야 한다. 매출처별 세금계산서합계표 또는 매출처별 계산서합계표의 기재사항을 거짓으로 발급한 세금계산서 또는 계산서를 근거로 기재하였다 하여 모두 처벌되는 것은 아니고 본죄의 처벌 대상은 합계표의 기재사항 중 공급가액(세금계산서인 경우는 공급가액과 세액)을 과다하게 기재하여 합계표를 과세관청에 제출하는 행위이다 .

5) 매출처별 세금계산서합계표 또는 매출처별 계산서합계표를 거짓으로 기재하여 제출

(기수시기)

매출처별 세금계산서합계표 또는 매출처별 계산서합계표를 거짓으로 기재하여 제출한 죄는 과세관청에 거짓으로 기재한 매출처별 세금계산서합계표 또는 매출처별 계산서합계표를 제출하여야만 성립한다. 따라서 과세관청에 합계표의 제출행위는 구성요건이 되고, 합계표를 제출하는 때에 기수가 된다.

6) 고의

매출처별 세금계산서합계표 또는 매출처별 계산서합계표를 거짓으로 기재하여 제출한 죄는 고의범이므로 고의가 인정되지 않으면 처벌할 수 없다. 따라서 매출처별 세금계산서합계표 또는 매출처별 계산서합계표 제출의무자가 거짓으로 기재하여 발급한 세금계산서 또는 계산서를 근거로 매출처별 세금계산서합계표 또는 매출처별 계산서합계표를 거짓으로 기재하여 제출한다는 사실 등의 인식과 의사가 있어야 한다.

(3) 죄수

매출처별 세금계산서합계표 또는 매출처별 계산서합계표를 거짓으로 기재하여 제출한 죄의 죄수에 대하여 판례(대법원 2010.5.13. 선고 2010도336 판결 ; 대법원 2009.8.20. 선고 2008도9634 판결)는『합계표 안에 여러 매출처별로 각 허위의 사실이 기재되어 있다 하더라도 하나의 조세범처벌법 위반죄가 성립할 뿐』이라고 판시하였다. 따라서 제출한 각 합계표별로 1죄가 성립한다.

2. 매입처별 세금계산서합계표 또는 매입처별 계산서합계표를 거짓으로 기재하여 제출

(1) 의의

본죄는 "「부가가치세법」에 의하여 매입처별 세금계산서합계표를 제출하여야 할 자와 「소득세법」 또는 「법인세법」에 의하여 매입처별 계산서합계표를 제출하여야 할 자"가 "매출처별 세금계산서합계표를 제출하여야 할 자·매출처별 계산서합계표를 제출하여야 할 자"와 통정하여 거짓으로 기재하여 발급받은 세금계산서·계산서를 근거로 매입처별 세금계산서합계표·매입처별 계산서합계표를 거짓으로 기재하여 제출한 경우에 성립하는 죄이다 (조처법 제10조 제2항 제3호 또는 제4호). 즉, 매입처별 세금계산서합계표·매입처별 계산서합계표를 제출하여야 할 자[재화 또는 용역을 공급받으면서 통정하여 공급내용과 다르게 거짓으로 기재(계산서는 공급가액, 세금계산서는 공급가액과 부가가치세를 과다하게 기재)한 세금계산서 또는 계산서를 발급받은 자]가 "재화 또는 용역을 공급하면서 공급내용과 다르게 거짓으로 기재(계산서는 공급가액, 세금계산서는 공급가액과 부가가치세를 과다하게 기재)하여 세금계산서·계산서를 발급하고 그 세금계산서·계산서를 근거로 매출처별 세금계산서합계표·매출처별 계산서합계표를 기재하여 제출한 자"와 통정하여 거짓으로 기재하여 발급받은 세금계산서·계산서를 근거로 매입처별 세금계산서합계표 또는 매입처별 계산서합계표를 거짓으로 기재하여 제출한 행위를 말한다.

그뿐만 아니라 "매입처별 세금계산서합계표 또는 매입처별 계산서합계표를 거짓으로 기재하여 제출한 죄"는 "대법원 2019도10999 판결 등의 판례들"의 법리에 의하여 「조세범처벌법」 제10조 제3항 제3호 또는 제4호의 행위에도 해당한다.

(2) 구성요건

1) 범죄주체

① 매입처별 세금계산서합계표를 거짓으로 기재하여 제출한 죄의 범죄주체

매입처별 세금계산서합계표를 거짓으로 기재하여 제출한 죄의 범죄주체는 「부가가치세법」에 따라 매입처별 세금계산서합계표 제출대상인 세금계산서 또는 수입세금계산서를 발급받아 매입처별 세금계산서합계표를 제출하여야 할 의무를 가진 사업자 등이다(부가법 제54조 제1항, 부가령 제99조). 매입처별 세금계산서합계표를 제출하여야 할 의무를 가진 사업자는 "재화 또는 용역을 공급하는 자의 상대방으로 세금계산서를 발급받은 사업자 등이다. 매입처별 세금계산서합계표를 제출하여야 할 사업자 등은 재화 또는 용역을 공급한 자의 상대방으로 사업자등록을 한 사업자(「조세특례제한법」에 따라 소득세 또는 법인세가 면제되는 자 포함), 국가·지방자치단체·지방자치단체조합, "고유번호를 부여받은 단체"(「민법」 제32조에 따라 설립된 법인, 특별법에 따라 설립된 법인, 각급학교 기성회, 후원회 또는 이와 유사한 단체, 「법인세법」 제94조의2에 따른 외국법인연락사무소)이다.

② 매입처별 계산서합계표를 거짓으로 기재하여 제출한 죄의 범죄주체

매입처별 계산서합계표를 거짓으로 기재하여 제출한 죄의 범죄주체는 「소득세법」 또는 「법인세법」에 따라 매입처별 계산서합계표의 제출대상인 계산서 또는 수입계산서를 발급받아 매입처별 계산서합계표를 제출할 의무를 가진 사업자 등이다(소득법 제163조 제5항, 소득령 제212조 제1항부터 제2항, 법인법 제121조 제5항, 법인령 제164조 제1항부터 제2항).

매입처별 계산서합계표를 제출하여야 할 사업자는 재화 또는 용역을 공급하는 자의 상대방으로서 계산서를 발급받은 사업자 등으로 사업자등록을 한 사업자(「조세특례제한법」에 따라 소득세 또는 법인세가 면제되는 자 포함), 국가·지방자치단체·지방자치단체조합, 고유번호를 부여받은 단체(「민법」 제32조에 따라 설립된 법인, 특별법에 따라 설립된 법인, 각급학교 기성회, 후원회 또는 이와 유사한 단체, 「법인세법」 제94조의2에 따른 외국법인연락사무소)이다.

2) 거짓으로 기재한 세금계산서 또는 계산서 수취

매입처별 세금계산서합계표 또는 매입처별 계산서합계표를 거짓으로 기재하여 제출한 죄는 재화 또는 용역을 공급받고 그 공급받은 내용과 달리 "거짓으로 기재"(계산서는 공급가액, 세금계산서는 공급가액과 부가가치세를 과다하게 기재)하여 발급받은 세금계산서 또는 계산서를 근거로 매입처별 세금계산서합계표 또는 매입처별 계산서합계표를 거짓으로 기재하기 때문에 본죄가 성립하기 위해서는 거짓으로 기재한 세금계산서 또는 계산서를 수취하여야 한다.

3) 재화 또는 용역의 공급

본죄가 성립하려면 거짓으로 기재하여 발급받은 세금계산서·계산서가 반드시 존재하여야 하고, 거짓으로 기재하여 발급받은 세금계산서·계산서가 존재하려면 재화 또는 용역의 공급이 있어야 한다.

4) 통정

「조세범처벌법」 제10조 제2항 제3호 또 제4호의 법문이 범죄행태를 "합계표를 제출하여야 할 자가 통정하여 매입처별 세금계산서합계표 또는 매입처별 계산서합계표를 거짓으로 기재하여 제출한 행위"로 규정하고 있으므로 "매입처별 세금계산서합계표 또는 매입처별 계산서합계표를 거짓으로 기재하여 제출한 죄"는 범칙행위자의 통정이 요구되는 죄이다. 따라서 통정은 구성요건이 된다. 법문에는 통정의 대상에 대하여 언급한 내용은 없으나 법문의 통정은 범칙행위자의 통정이고 본죄가 대향범의 법리가 적용되는 죄인 점을 고려하면 통정의 대상자는 「조세범처벌법」 제10조 제1항 제3호 또 제4호가 규정하는 "매출처별 세금계산서합계표 또는 매출처별 계산서합계표를 거짓으로 기재하여 제출한 죄"의 범칙행위자로 해석하는 것이 타당하다.

5) 매입처별 세금계산서합계표 또는 매입처별 계산서합계표의 거짓으로 기재

매입처별 세금계산서합계표 또는 매입처별 계산서합계표를 거짓으로 기재하여 제출한

죄는 매입처별 세금계산서합계표 또는 매입처별 계산서합계표를 거짓으로 기재하여 과세
관청에 제출하여야만 성립하므로 "거짓으로 기재하여 발급받은 세금계산서·계산서를 근
거로 매입처별 세금계산서합계표 또는 매입처별 계산서합계표의 기재사항을 거짓으로 기
재하는 행위"가 있어야 한다.

6) 매입처별 세금계산서합계표 또는 매입처별 계산서합계표를 거짓으로 기재하여 제출 (기수시기)

매입처별 세금계산서합계표 또는 매입처별 계산서합계표를 거짓으로 기재하여 제출한
죄는 매입처별 세금계산서합계표 또는 매입처별 계산서합계표를 거짓으로 기재하여 과세
관청에 제출하여야만 성립하므로 합계표의 제출이 구성요건의 한 요소가 되고, 합계표를
제출하는 때에 기수가 된다.

7) 고의

매입처별 세금계산서합계표 또는 매입처별 계산서합계표를 거짓으로 기재하여 제출한
죄는 고의범이므로 고의가 인정되지 않으면 처벌할 수 없다. 따라서 매입처별 세금계산서
합계표 또는 매입처별 계산서합계표 제출의무자가 매입처별 세금계산서합계표 또는 매입
처별 계산서합계표를 거짓으로 기재하여 제출한다는 사실 등의 인식과 의사가 있어야 한다.

(3) 죄수

매입처별 세금계산서합계표 또는 매입처별 계산서합계표를 거짓으로 기재하여 제출한
죄의 죄수는 각 합계표별로 1죄가 성립한다(대법원 2010.5.13. 선고 2010도336 판결 ; 대법원 2009.8.20.
선고 2008도9634 판결).

(4) 세금계산서합계표 또는 계산서합계표를 기재하여 제출하여야 할 세금계산서와 계산서

"전자적인 외의 방법으로 수수"(수기세금계산서 또는 수기계산서)되었거나 "전자적인
방법으로 수수"(전자세금계산서 또는 전자계산서) 후 그 발급명세가 발급한 과세기간의
마지막 날 다음 달 11일까지 국세청에 전송되지 아니한 세금계산서 또는 계산서가 매출·
매입처별 세금계산서합계표 또는 매출·매입 계산서합계표를 기재하여 제출하여야 할 대
상이다.

전자적인 방법으로 발급되고 그 발급명세를 발급된 과세기간의 마지막 날 다음 달 11일
까지 국세청에 전송된 세금계산서 또는 계산서는 세금계산서합계표 또는 계산서합계표 제

출의무가 없다(부가법 제54조 제2항, 소득법 제163조 제5항, 법인법 제121조 제5항). 그러면 거짓으로 입력(기재)하여 전자적인 방법으로 세금계산서 또는 계산서를 발급하고 그 발급명세를 발급된 과세기간의 마지막 날 다음 달 11일까지 국세청에 전송한 세금계산서 또는 계산서에 대하여 세금계산서합계표 또는 계산서합계표를 제출하였을 경우 거짓으로 기재한 세금계산서합계표 또는 계산서합계표 제출죄로 처벌할 수 있는지에 의문이 든다. 이에 대하여 판례(대법원 2017.12.28. 선고 2017도11628 판결)는 세금계산서합계표를 거짓으로 기재하여 제출한 죄를 인정하지 않고 있다.

Ⅵ 재화 또는 용역의 거래 없이 세금계산서의 발급의무 위반 등 관련 범죄

> 조세범처벌법 제10조(세금계산서의 발급의무 위반 등)
> ③ 재화 또는 용역을 공급하지 아니하거나 공급받지 아니하고 다음 각 호의 어느 하나에 해당하는 행위를 한 자는 3년 이하의 징역 또는 공급가액에 부가가치세의 세율을 적용하여 계산한 세액의 3배 이하에 상당하는 벌금에 처한다. 〈개정 2012.1.26., 2018.12.31.〉
> 1. 「부가가치세법」에 따른 세금계산서를 발급하거나 발급받은 행위
> 2. 「소득세법」 및 「법인세법」에 따른 계산서를 발급하거나 발급받은 행위
> 3. 「부가가치세법」에 따른 매출·매입처별 세금계산서합계표를 거짓으로 기재하여 제출한 행위
> 4. 「소득세법」 및 「법인세법」에 따른 매출·매입처별계산서합계표를 거짓으로 기재하여 제출한 행위

1. 재화 또는 용역을 공급하지 아니하거나 공급받지 아니하고 세금계산서 또는 계산서를 수수

(1) 의의

본죄는 재화 또는 용역의 거래가 없는데도 있는 것처럼 세금계산서 또는 계산서를 발급하거나 발급받는 행위를 말한다(조처법 제10조 제3항 제1호 또는 제2호).

하지만 '제10조에서 거짓으로 기재의 의미' 단원에서 언급한 내용과 같이 재화 또는 용역의 거래 없이 세금계산서·계산서 수수죄는 "대법원 2019도10999 판결 등의 판례들"의 법리에 의하여 「조세범처벌법」 제10조 제3항의 범칙행위들은 "재화 또는 용역의 거래 없이"라는 전제하에 성립하는 범죄라는 관념이 깨져 "재화 또는 용역의 거래가 있는 경우"에도

성립하게 되었고,「조세범처벌법」제10조 제3항으로 처벌할 수 있는 범위가 넓혀졌다. 즉,「조세범처벌법」제10조 제1항 제1호 또는 제2호(세금계산서 또는 계산서 미발급죄 제외), 동법 제10조 제2항 제1호 또는 제2호(세금계산서 또는 계산서 미수취죄 제외)의 범칙행위도「조세범처벌법」제10조 제3항 제1호 또는 제2호의 행위에 해당된다는 것이 필자의 소견이다.

(2) 구성요건

1) 범죄주체

'재화 또는 용역을 공급하지 아니하거나 공급받지 아니하고(재화 또는 용역의 거래 없이) 세금계산서를 교부하거나 교부받는 자'에 대하여 판례(대법원 2004.6.25. 선고 2004도655 판결)는『부가가치세법의 규정에 의한 ⓝ "재화 또는 용역을 공급함이 없이 세금계산서를 교부한 자라 함은 실물거래 없이 가공의 세금계산서를 발행하는 행위를 하는 자"(이른바 자료상)를 의미하는 것으로 보아야 할 것이고』라고 판시하였고, 또 다른 판례(대법원 2014.7.10. 선고 2013도10554 판결)는『'재화 또는 용역을 공급하지 아니하거나 공급받지 아니하고 세금계산서를 발급하거나 발급받은 행위'를 처벌하고 있는데, 여기에는 ⓟ "재화 또는 용역을 아예 공급하지 아니하거나 공급받지 아니하고 세금계산서만을 발급하거나 발급받는 행위"뿐만 아니라, ⓠ "재화 또는 용역을 공급받은 자가 재화 또는 용역을 실제로 공급한 자가 아닌 다른 사람이 작성한 세금계산서를 발급받은 경우도 포함되고, 마찬가지로 재화 또는 용역을 공급한 자가 재화 또는 용역을 실제로 공급받은 자가 아닌 다른 사람에게 세금계산서를 발급한 경우"도 포함된다』라고 판시하였다. 따라서 '재화 또는 용역을 공급하지 아니하거나 공급받지 아니하고 세금계산서를 교부하거나 교부받는 자'란 ㉠ 재화 또는 용역을 공급하지 아니하고 세금계산서를 발급하는 자, ㉡ 재화 또는 용역을 공급받지 아니하고 세금계산서만을 발급받는 자, ㉢ 재화 또는 용역을 공급받으나 세금계산서는 실제로 공급한 자가 아닌 다른 사람이 작성한 세금계산서를 발급받은 자, ㉣ 재화 또는 용역을 공급한 자가 재화 또는 용역을 실제로 공급받은 자가 아닌 다른 사람에게 세금계산서를 발급한 자"를 포함한다. "두 판례에서 ⓝ(㉠)과 ⓟ(㉠+㉡)는 이른바 자료상(완전자료상)에 의한 자료상행위"를 의미하고, ⓠ(㉢+㉣)는 위장거래와 결합된 자료상행위를 의미한다. 세무실무에서는 ⓝ과 ⓟ의 행위자가 수수한 세금계산서를 가공세금계산서라 하고, ⓠ의 행위자가 수수한 세금계산서를 위장가공세금계산서라 한다. ⓠ의 행위자가 수수한 세금계산서를 세무실무에서는 위장가공세금계산서라고 구분하지만 그 실질은 가공세금계산서와 같으므로 판례(대법원 2014.7.10. 선고 2013도10554 판결)는 가공세금계산서로 본다.

그리고 자료상행위자 중 ⓟ(ㄱ+ㄴ)의 행위를 하는 자는 사업자의 신분을 가지지 아니한 자도 자료상행위의 범죄주체가 될 수 있기 때문에 사업자의 신분을 갖추지 아니한 비신분자도 자료상행위의 범죄주체가 될 수 있다.

그러므로 「조세범처벌법」 제10조 제3항의 범죄주체는 동법 제1항 또는 제2항의 범죄주체와 달리 비신분범도 범죄주체가 될 수 있으므로 「조세범처벌법」 제10조 제3항의 범죄주체는 재화 또는 용역의 거래 없이 세금계산서 또는 계산서를 수수한 자라면 누구든지 범죄의 주체가 될 수 있다.

2) 재화 또는 용역을 공급하지 아니하거나 공급받지 아니하고(재화 또는 용역의 거래 없이)

"재화 또는 용역을 공급하지 아니하거나 공급받지 아니하고"(재화 또는 용역의 거래 없이) 세금계산서 또는 계산서를 수수한 죄가 성립하려면 재화 또는 용역의 거래 없이 세금계산서 또는 계산서를 수수하여야 한다. 따라서 재화 또는 용역의 거래가 없을 것이 구성요건의 한 요소가 된다. 여기에서 재화 또는 용역의 거래 없이(재화 또는 용역을 공급하지 아니하거나 공급받지 아니하고)라는 개념은 「부가가치세법」이 재화의 공급을 "계약상 또는 법률상 모든 원인에 따라 재화를 인도하거나 양도하는 것으로 한다"라고 정의하고(부가법 제9조), 용역의 공급은 "계약상 또는 법률상의 모든 원인에 따른 것으로서 역무를 제공하는 것 또는 시설물·권리 등을 사용하게 하는 것이라고 정의하고(부가법 제11조 제1항) 있으므로 계약상 또는 법률상의 모든 원인에 따라 재화를 인도하거나 양도하는 거래 또는 역무를 제공하거나 시설물·권리 등을 사용하게 하는 거래가 없는 것을 의미한다.

그러나 "재화 또는 용역의 거래 없이"(실물거래 없이)라는 구성요건은 "대법원 2019도10999 판결 등 판례들"의 요점 법리에 의하여 「조세범처벌법」 제10조 제3항이 규정하는 죄가 "재화 또는 용역의 거래 없이"(실물거래 없이) 행하여진다는 전제가 깨졌으므로 동법 제10조 제3항의 범죄는 "재화 또는 용역의 거래 없이"(실물거래 없이) 뿐만 아니라 "일부 재화 또는 용역을 거래할 때"도 성립할 수 있다는 것이 필자의 소견이다.

3) 가공세금계산서 또는 가공계산서 수수(기수시기)

재화 또는 용역의 거래 없이 세금계산서 또는 계산서를 수수한 죄가 성립하려면 실물거래 없이 「부가가치세법」에 따른 세금계산서 발급하거나 발급받는 행위, 「소득세」 및 「법인세법」에 따른 계산서를 발급하거나 발급받은 행위가 있어야 한다. 구성요건 요소로서의 실물거래 없이 세금계산서 또는 계산서를 발급하거나 발급받은 행위는 전자적인 방법 외의 방법으로 세금계산서 또는 계산서를 작성한 경우에는 교부행위가 있어야 하고, 전자적인 방법으로 작성하여 수수하는 경우에는 상대방 이메일 주소에 세금계산서 또는 계산서를 전송행위가 있어야 한다(수신자가 열어 보지 않아도 수신된 것으로 봄).

재화 또는 용역의 거래 없이 세금계산서 또는 계산서를 수수한 죄는 상대방에게 세금계산서 또는 계산서를 수수하는 때 또는 상대방의 이메일 주소에 전송하는 때에 기수가 된다.

4) 고의

재화 또는 용역의 거래 없이 세금계산서 또는 계산서를 수수죄는 고의범이므로 고의가 인정되지 않으면 처벌할 수 없다. 따라서 재화 또는 용역의 거래 없이 세금계산서 또는 계산서를 수수하는 행위가 범칙행위라는 등의 인식과 의사가 있어야 한다.

(3) 죄수

재화 또는 용역의 거래 없이 세금계산서 또는 계산서 수수죄의 죄수는 각 세금계산서 또는 계산서마다 하나의 죄가 성립한다(대법원 2010.1.14. 선고 2008도8868 판결; 대법원 2007.6.29. 선고 2007도2076 판결).

(4) 가공세금계산서와 위장가공세금계산서

세무실무에서는 재화 또는 용역의 거래 없이 수수되는 세금계산서를 "가공세금계산서와 위장가공세금계산서"(계산서의 경우는 가공계산서와 위장가공계산서)로 구분한다. 이처럼 두 종류로 구분되지만 둘 다 가공세금계산서로 처벌되고, 「조세범처벌법」을 공부하는 사람이라면 둘을 반드시 구분할 수 있어야 한다.

구분의 실익은 세무실무에서는 가산세 부과율 차이, 원가인정 여부, 소득처분 등이고 「조세범처벌법」 등에서는 조세포탈죄 외에 업무상횡령죄, 뇌물공여죄 또는 뇌물수수죄, 정치자금법위반죄 등의 판단이라 할 수 있다. 세무실무에서는 가산세 부과율 차이는 가공세금계산서일 경우는 세금계산서불성실가산세가 3%가 적용되나 위장가공세금계산서일 경우에는 2%가 적용되고, 원가인정 여부는 소득세 또는 법인세 계산 시 가공세금계산서일 경우는 원가가 인정되지 않고 위장가공세금계산서일 경우에는 원가가 인정되고, 소득처분 여부는 법인세 계산 시 가공세금계산서일 경우 부외자금이 조성되었을 시에는 귀속자에게 소득처분을 하여야 하지만 위장가공세금계산서일 경우에는 소득처분이 없다. 「조세범처벌법」 등에서 조세포탈죄 외에 업무상횡령죄, 뇌물공여죄 또는 뇌물수수죄, 정치자금법위반죄 등은 부외자금이 조성될 수 없는 위장가공세금계산서와는 관련이 없지만 부외자금을 조성할 수 있는 가공세금계산서일 경우에 관련이 있다. 사업자가 가공세금계산서를 수취하여 부외자금을 조성한 경우 그 부외자금의 사용처를 확인해 업무상횡령죄, 뇌물공여죄, 정치자금법위반죄 등의 적용 여부를 고려하여야 한다.

① 가공세금계산서

가공세금계산서란 재화 또는 용역의 거래 없이 수수되는 세금계산서를 말한다.

② 위장가공세금계산서

사례 1 재화 또는 용역을 공급하고 공급자를 공급자가 아닌 사업자를 기재하여 세금계
산서 또는 계산서를 수수하는 경우

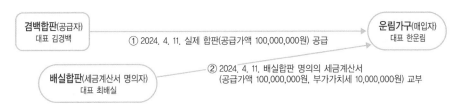

사례 2 재화 또는 용역을 공급하고 공급받은 자를 공급받은 자가 아닌 사업자를 기재
하여 세금계산서 또는 계산서를 수수하는 경우

위장세금계산서란 위 표의 내용과 같이 재화 또는 용역을 실제로 거래하고 공급자 또는
공급받는 자를 사실과 다르게 기재하여 수수하는 세금계산서를 말한다. 위 표의 사례 1)의
내용은 겸백합판의 김겸백이 2024.4.11. 합판을 실제로 운림가구에 공급하였는데 세금계산
서는 배실합판 명의의 세금계산서를 발급하였고, 사례 2)의 내용은 겸백합판의 김겸백이
2024.4.11. 합판을 실제로 운림가구에 공급하였는데 세금계산서는 배실합판에 발급하였다.
사례 1)과 사례 2)에서 수수된 세금계산서가 전형적인 위장가공세금계산서의 유형이다.

사례 1)의 거래내용에 대한 정당한 세금계산서 수수는 겸백합판이 운림가구에 합판을 공
급하였으므로 겸백합판 명의의 매출세금계산서를 운림가구에 교부하여야 한다. 그런데 겸
백합판의 김겸백은 운림가구에 배실합판 명의의 매출세금계산서를 발급하여 주었다. 배실
합판과 운림가구 사이에 수수된 세금계산서는 두 업체 사이에 실물거래가 없는데도 수수된
세금계산서이므로 가공세금계산서이다. 배실합판 명의로 발급된 세금계산서가 가공세금계
산서인데 위장가공세금계산서라고 칭하는 사유는 겸백합판의 김겸백이 자신의 매출거래를

감추기 위하여 배실합판이 매출한 것처럼 거짓으로 세금계산서를 발급하였기 때문이다.

사례 2)의 거래내용에 대한 정당한 세금계산서 수수는 겸백합판이 운림가구에 합판을 공급하였으므로 겸백합판 명의의 매출세금계산서를 운림가구에 교부하여야 한다.

그런데 겸백합판의 김겸백은 실제 매입처인 운림가구에 매출세금계산서를 발급하지 않고 배실합판에 매출세금계산서를 발급하였다. 겸백합판과 배실합판 사이에 수수된 세금계산서는 두 업체 사이에 실물거래가 없는데도 수수된 세금계산서이므로 가공세금계산서이다. 배실합판 명의로 발급된 세금계산서가 가공세금계산서인데 위장가공세금계산서라고 칭하는 사유는 겸백합판의 김겸백이 운림가구와의 매출거래를 감추기 위하여 배실합판에 매출한 것처럼 거짓으로 세금계산서를 발급하였기 때문이다.

위와 같은 위장가공세금계산서는 가공세금계산서에 해당하고 수수자는 자료상행위로 처벌한다(대법원 2014.7.10. 선고 2013도10554 판결).

가공계산서와 위장가공계산서의 개념과 구분의 실익에도 가공세금계산서와 위장가공세금계산서의 개념과 구분의 실익을 적용하면 된다.

(5) 완전자료상과 부분자료상

자료상행위를 하는 자의 유형은 완전자료상과 부분자료상으로 구분하며, 완전자료상은 재화 또는 용역의 거래 없이 오로지 세금계산서 또는 계산서를 수수하는 자(법인 포함)를 말하고, 부분자료상은 실제 사업을 하면서 재화 또는 용역의 거래 없이 세금계산서 또는 계산서를 수수하는 자(법인 포함)를 말한다. 따라서 자료상행위는 완전자료상이 하는 자료상행위와 실제로 사업을 하는 자가 하는 자료상행위로 구분할 수 있다. 구분의 실익은 범칙행위자의 신분, 조세포탈죄의 적용 여부 등의 측면에서 찾을 수 있다.

완전자료상은 재화 또는 용역의 거래 없이 오로지 세금계산서 또는 계산서를 수수하는 자이기 때문에 수수하는 세금계산서 또는 계산서의 가액이 모두 허위의 금액이므로 추상적 납세의무를 가진 사업자(납세의무자)가 아니다. 때문에 완전자료상은 「조세범처벌법」 제10조 제3항 또는 특가법 제8조의2에 의하여 처벌할 수 있지만 납세의무를 가지지 않았으므로 「조세범처벌법」 제3조 제1항이 규정하는 조세포탈죄의 범죄주체는 될 수 없다. 그러므로 완전자료상이 가공세금계산서를 수수 후 허위의 부가가치세 신고를 하여 부정공제로 부정환급을 받았을 경우에는 포탈범으로 처벌하지 않고 사기죄로 처벌한다(서울지방법원 1996.9.17. 96노4431 판결; 서울고등법원 2016.10.14. 선고 2016노1690 판결 ; 대법원 2017.2.9. 선고 2016도17826 판결. 안대희 조세형사법 395page 상단).

부분자료상은 사업자의 신분을 가진 자이므로 자료상행위를 하였을 경우 「조세범처벌법」

제10조 제3항 또는 특가법 제8조의2에 의하여 처벌받는 것을 물론이고, 자료상행위로 인하여 조세포탈이 발생하였을 경우에는 당연히 조세포탈죄의 주체가 된다. 따라서 부분자료상이 가공세금계산서를 수수 후 허위의 부가가치세 신고를 하여 부정환급을 받았을 경우에는 가공세금계산서 수수행위는 재화 또는 용역의 거래 없이 가공 세금계산서를 수수한 행위로 처벌하고, 부정환급을 받은 행위는 조세포탈죄로 처벌한다(대법원 2011.12.8. 선고 2011도9242 판결).

2. 재화 또는 용역을 공급하지 아니하거나 공급받지 아니하고(재화 또는 용역의 거래 없이) 세금계산서합계표 또는 계산서합계표를 거짓으로 기재하여 제출

(1) 의의

본죄는 ① 재화 또는 용역의 거래 없이 세금계산서·계산서를 수수 후 그 세금계산서·계산서를 근거로 매출·매입처별 세금계산서합계표 또는 매출·매입처별 계산서합계표를 거짓으로 기재하여 제출한 행위, ② 재화 또는 용역의 거래가 없을 뿐만 아니라 세금계산서·계산서 수수도 없이 매출·매입처별 세금계산서합계표 또는 매출·매입처별 계산서합계표를 거짓으로 기재하여 제출한 행위, ③ 재화 또는 용역의 거래 없이 세금계산서·계산서를 수수한 후 그 세금계산서·계산서의 내용과 다르게 매출·매입처별 세금계산서합계표 또는 매출·매입처별 계산서합계표를 거짓으로 기재하여 제출한 행위 등을 말한다(조처법 제10조 제3항 제3호 또는 제4호).

그뿐만 아니라 "대법원 2019도10999 판결 등 판례들"의 요점 법리에 의하면 매출·매입처별 세금계산서합계표를 거짓으로 기재하여 제출한 행위(조처법 제10조 제1항 제3호 또는 제4호)와 매출·매입처별 계산서합계표를 거짓으로 거재하여 제출한 행위(조처법 제10조 제2항 제3호 또는 제4호)도 "재화 또는 용역의 거래 없이 매출·매입처별 세금계산서합계표 또는 매출·매입처별 계산서합계표를 거짓으로 기재하여 제출한 죄"로 의율할 수 있다는 것이 필자의 소견이다.

(2) 구성요건

1) 범죄주체

재화 또는 용역의 거래 없이 세금계산서합계표 또는 계산서합계표를 거짓으로 기재하여 제출한 죄의 범죄주체는 재화 또는 용역의 거래 없이 세금계산서합계표 또는 계산서합계표를 거짓으로 기재하여 과세관청에 제출한 자이고 누구든지 범죄주체가 될 수 있는 비신분범이다.

2) 세금계산서합계표 또는 계산서합계표의 거짓으로 기재

재화 또는 용역의 거래 없이 세금계산서합계표 또는 계산서합계표를 거짓으로 기재하여 제출한 죄가 성립하려면 구성요건으로서 ㉠ 재화 또는 용역의 거래 없이 세금계산서·계산서를 수수 후 그 세금계산서·계산서를 근거로 매출·매입처별 세금계산서합계표 또는 매출·매입처별 계산서합계표의 기재사항을 거짓으로 기재하는 행위, ㉡ 재화 또는 용역의 거래가 없을 뿐만 아니라 세금계산서·계산서 수수도 없이 매출·매입처별 세금계산서합계표 또는 매출·매입처별 계산서합계표의 기재사항을 거짓으로 기재하는 행위, ㉢ 재화 또는 용역의 거래 없이 세금계산서·계산서를 수수한 후 그 세금계산서·계산서의 내용과 다르게 매출·매입처별 세금계산서합계표 또는 매출·매입처별 계산서합계표의 기재사항을 거짓으로 기재하는 행위 등이 있어야 한다.

3) 세금계산서합계표 또는 계산서합계표 제출(기수기시)

재화 또는 용역의 거래 없이 매출·매입처별 세금계산서합계표 또는 매출·매입처별 계산서합계표를 거짓으로 기재하여 제출한 죄가 성립하려면 위 구성요건으로서 거짓으로 기재한 행위(㉠, ㉡, ㉢)로 기재된 매출·매입처별 세금계산서합계표 또는 매출·매입처별 계산서합계표의 제출행위가 있어야 한다.

재화 또는 용역의 거래 없이 매출·매입처별 세금계산서합계표 또는 매출·매입처별 계산서합계표를 거짓으로 기재하여 제출한 죄는 합계표를 과세관청에 제출할 때 기수가 된다.

4) 고의

재화 또는 용역의 거래 없이 세금계산서합계표 또는 계산서합계표를 거짓으로 기재하여 제출한 죄는 고의범이므로 고의가 인정되지 않으면 처벌할 수 없다. 따라서 재화·용역의 거래 없이 수수한 세금계산서·계산서를 근거로 매출·매입처별 세금계산서합계표 또는 매출·매입처별 계산서합계표를 거짓으로 기재하여 제출한다는 등의 인식과 의사가 있어야 한다.

(3) 죄수

재화 또는 용역의 거래 없이 세금계산서합계표 또는 계산서합계표를 거짓으로 기재하여 제출한 죄의 죄수는 제출한 합계표의 각 문서마다 1개의 죄가 성립한다(대법원 2011.9.29. 선고 2009도3355 판결).

Ⅶ 재화 또는 용역의 거래 없이 세금계산서 발급 등에 관한 알선·중개 관련 범죄

> **조세범처벌법 제10조 (세금계산서의 발급의무 위반 등)**
> ④ 제3항의 행위를 알선하거나 중개한 자도 제3항과 같은 형에 처한다. 이 경우 세무를 대리하는 세무사·공인회계사 및 변호사가 제3항의 행위를 알선하거나 중개한 때에는 「세무사법」 제22조 제2항에도 불구하고 해당 형의 2분의 1을 가중한다.

1. 의의

본죄는 「조세범처벌법」 제10조 제3항의 범칙행위인 재화 또는 용역을 공급하지 아니하거나 공급받지 아니하고 ① 세금계산서 또는 계산서를 수수한 행위, ② 매출·매입처별 세금계산서합계표 또는 매출·매입처별 계산서합계표를 거짓으로 기재하여 제출한 행위를 알선하거나 중개한 경우에 성립한다.

알선(斡旋)의 사전적 개념은 남의 일이 잘되도록 주선하는 행위이고, 중개(仲介)의 사전적 의미는 제3자로서 두 당사자 사이에 서서 일을 주선하는 행위를 말한다. 중개의 개념은 두 당사자 사이에서 일을 주선하는 행위이므로 중개의 개념이 알선의 개념에 포함되는 개념이라 할 수 있다.

「조세범처벌법」 제10조 제4항에서의 알선·중개행위는 재화 또는 용역의 공급 없이 세금계산서·계산서를 발급하려는 자와 재화 또는 용역을 공급받지 않고 세금계산서·계산서를 발급받으려는 자 사이에 서서 양측을 소개하는 등의 방법으로 연결하여 세금계산서·계산서를 수수케 하거나, 재화 또는 용역의 공급 없이 매출처별 세금계산서합계표 또는 매출처별 계산서합계표를 거짓으로 기재하여 제출하려는 자와 재화 또는 용역을 공급받지 않고 매입처별 세금계산서합계표 또는 매입처별 계산서합계표를 거짓으로 기재하여 제출하려는 자 사이에 서서 양측을 소개하는 등의 방법으로 연결하여 양측이 재화 또는 용역의 거래 없이 매출·매입처별 세금계산서합계표 또는 매출·매입처별 계산서합계표를 거짓으로 기재하여 제출케 하는 행위 등을 말한다.

2. 구성요건

(1) 범죄주체

본죄의 범죄주체는 「조세범처벌법」 제10조 제3항의 범칙행위를 알선·중개한 자이고 누구든지 범죄주체가 될 수 있는 비신분범이다.

(2) 알선·중개로 이루어진 「조세범처벌법」 제10조 제3항의 범칙행위 존재

조세범은 미수범처벌조항이 없고, 「조세범처벌법」 제10조 제3항의 법문에 『제3항의 행위를 알선하거나 중개한 자도 제3항과 같은 형에 처한다』라고 표현되어 있으므로 이는 범칙행위자의 알선·중개행위로 기수가 완료된 제10조 제3항의 범칙행위가 존재하여야 본죄가 성립한다는 것을 의미한다. 따라서 본죄가 성립하려면 범칙행위자의 알선·중개행위로 기수가 완료된 제10조 제3항의 범칙행위가 존재하여야 한다.

(3) 고의

가공세금계산서 발급 등에 대한 알선·중개죄는 고의범이므로 고의가 인정되지 않으면 처벌할 수 없다. 따라서 「조세범처벌법」 제10조 제3항의 범칙행위를 알선·중개 하는 것이 범죄행위라는 등의 인식과 의사가 있어야 한다.

3. 기수시기

가공세금계산서 발급 등에 대한 알선·중개죄의 기수시기는 알선·중개행위로 인하여 「조세범처벌법」 제10조 제3항의 범칙행위의 기수가 되는 때이다.

4. 죄수

알선·중개행위로 인하여 기수된 「조세범처벌법」 제10조 제3항의 범칙행위의 죄수와 같다.

5. 세무대리인의 가중처벌

「세무사법」 제22조 제2항은 『세무사로서 조세범처벌법에 규정된 범죄와 형법 중 공무원의 직무에 관한 죄를 교사(敎唆)한 자는 그에 대하여 적용할 해당 조문의 형기(刑期) 또는

벌금의 3분의 1까지 가중하여 벌한다』라고 규정하고 있다. 그런데 제10조 제4항의 법문은
『세무를 대리하는 세무사·공인회계사 및 변호사가 제3항의 행위를 알선하거나 중개한 때
에는 「세무사법」 제22조 제2항에도 불구하고 해당 형의 2분의 1을 가중한다』라고 규정하여
세무대리인의 가중처벌을 규정하고 있어 세무대리인 등이 「조세범처벌법」 제10조 제3항의
행위를 알선하거나 중개한 때에는 가중처벌된다.

Ⅷ 특정범죄가중처벌 등에 관한 법률 제8조의2에 의한 가중처벌

> 특정범죄가중처벌 등에 관한 법률 제8조의2(세금계산서 교부의무 위반 등의 가중처벌)
> ① 영리를 목적으로 「조세범 처벌법」 제10조 제3항 및 제4항 전단의 죄를 범한 사람은
> 다음 각 호의 구분에 따라 가중처벌한다.
> 1. 세금계산서 및 계산서에 기재된 공급가액이나 매출처별세금계산서합계표·매입처별
>   세금계산서합계표에 기재된 공급가액 또는 매출·매입금액의 합계액(이하 이 조에서
>   "공급가액등의 합계액"이라 한다)이 50억원 이상인 경우에는 3년 이상의 유기징역에
>   처한다.
> 2. 공급가액등의 합계액이 30억원 이상 50억원 미만인 경우에는 1년 이상의 유기징역에
>   처한다.
> ② 제1항의 경우에는 공급가액등의 합계액에 부가가치세의 세율을 적용하여 계산한 세
> 액의 2배 이상 5배 이하의 벌금을 병과한다. [전문개정 2010.3.31.]

1. 입법 취지

「특정범죄 가중처벌 등에 관한 법률」 제8조의2의 입법취지는 세금계산서 교부의무 위반
등의 범칙행위 중 「조세범처벌법」 제10조 제3항의 가공세금계산서 수수 등의 범칙행위가
다른 세금계산서등의 범칙행위와 비교할 때 세금계산서 거래질서, 유통구조, 건전한 세정
질서 등을 해치는 해악의 정도가 크고 각종 범죄의 수단이 되는 점 등을 고려하여 가공세금
계산서 수수 등의 범칙행위와 가공세금계산서 수수 등의 범칙행위를 알선·중개행위가 가
중처벌 요건(범칙행위를 영리목적으로 하고 범칙금액이 30억 원 이상)을 충족할 경우에는
가중처벌해 세금계산서 수수질서를 확립하여 궁극적으로 근거과세와 공평과세를 실현하기
위한 것이다(대법원 2020.2.13. 선고 2019도12842 판결).

2. 의의

본죄는 영리의 목적으로 「조세범처벌법」 제10조 제3항 및 제4항 전단의 죄를 범한 사람의 범칙금액(공급가액등의 합계액)이 30억 원 이상인 경우에 성립하는 죄이다. 즉, 범칙행위자가 영리의 목적으로 재화 또는 용역의 거래 없이 ① 세금계산서 또는 계산서를 수수한 행위, ② 매출·매입처별 세금계산서합계표 또는 매출·매입처별 계산서합계표를 거짓으로 기재하여 제출한 행위, ③ ①·②의 행위를 알선·중개한 행위 등의 범칙금액이 30억 원 이상인 경우에 본죄가 성립한다.

그뿐만 아니라 "대법원 2019도10999 판결 등 판례들"의 요점 법리에 의하면 거짓으로 '매출·매입처별 세금계산서합계표 제출행위(조처법 제10조 제1항 제3호 또는 제4호) 또는 매출·매입처별 계산서합계표를 거짓으로 기재하여 제출한 행위(조처법 제10조 제2항 제3호 또는 제4호)"와 "거짓으로 기재하여 세금계산서 또는 계산서를 수수한 행위(조처법 제10조 제1항 제1호 또는 제2호, 동법 제10조 제2항 제1호 또는 제2호)"도 특가법 제8조의2로 가중처벌할 수 있다는 것이 필자의 소견이다.

3. 공급가액등의 합계액

특가법 제8조의2의 법문은 "공급가액등의 합계액"의 개념에 대하여 『세금계산서 및 계산서에 기재된 공급가액이나 매출처별세금계산서합계표·매입처별세금계산서합계표에 기재된 공급가액 또는 매출·매입금액의 합계액』이라고 규정하고 있다. 이처럼 "공급가액등의 합계액"의 개념이 법문에 명문화되어 있음에도 불구하고 "공급가액등의 합계액"의 개념에는 두 가지 논점이 존재하는데 하나는 (1) 공급가액등의 합계액이 「조세범처벌법」 제10조 제3항의 각 호별 범칙금액 합산액인지 아니면 각 호별 범칙금액 모두의 합산액인지, 다른 하나는 (2) "공급가액등의 합계액"에 매출처별계산서합계표·매입처별계산서합계표에 기재된 공급가액이 포함되는지 여부이다.

(1) 각 호별 범칙금액 합산액인지 아니면 각 호별 범칙금액 모두의 합산액인지

특가법 제8조의2에서 공급가액등의 합계액 산정 시 「조세범처벌법」 제10조 제3항 각 호별 범칙금액을 합산할 것인지 아니면 각 호별 범칙금액 모두를 합산할 것인지에 대하여 논쟁이 있으나, 이 점에 대해 판례(대법원 2011.9.29. 선고 2009도3355 판결 ; 대법원 2011.9.29. 선고 2011도4397 판결)는 『이 사건 법률조항(특가법 제8조의2 제1항)은 공급가액등의 합계액이 일정액 이상이라는 가중사유를 구성요건화하여 구 조세범처벌법 제11조의2 제4항(현 조세범처벌법 제

10조 제3항)의 행위와 합쳐서 하나의 범죄유형으로 하고 그에 대한 법정형을 규정한 것이므로, 세금계산서, 계산서, 매출·매입처별세금계산서합계표에 기재된 공급가액을 합산한 금액이 이 사건 법률조항 소정의 금액 이상인 때에는 이 사건 법률조항 위반의 1죄만이 성립한다. 따라서 이 사건 법률조항 소정의 공급가액등의 합계액을 산정함에 있어서는 구 조세범처벌법 제11조의2 제4항 제1호 소정의 세금계산서와 같은 항 제3호 소정의 매입처별세금계산서합계표상의 공급가액을 합산하여야 할 것이다』라고 판시하였다. 따라서 특가법 제8조의2를 적용함에 있어 "공급가액등의 합계액"은 「조세범처벌법」 제10조 제3항의 각 호별 범칙금액을 모두 합산하여 계산하여야 한다.

(2) 매출처별계산서합계표·매입처별계산서합계표에 기재된 공급가액이 포함되는지 여부

본 논점은 "공급가액등의 합계액"의 개념에 대하여 정의하는 특가법 제8조의2의 법문 중 "매출·매입금액의 합계액"이라는 문언의 해석이다. "매출·매입금액의 합계액"이라는 문언을 "매출·매입처별계산서합계표에 기재된 공급가액"으로 해석하면 "공급가액등의 합계액"의 개념에 "매출·매입처별계산서합계표에 기재된 공급가액"이 포함되고 "매출·매입처별계산서합계표에 기재된 공급가액"이 아닌 것으로 해석하면 "매출·매입처별계산서합계표의 공급가액"은 "공급가액등의 합계액"에서 빠지게 된다. 즉 재화 또는 용역의 거래 없이 매출·매입처별계산서합계표를 거짓으로 기재하여 제출하거나 일부 재화 또는 용역 거래를 하고 매출·매입처별계산서합계표에 공급가액을 과다하게 거짓으로 기재하여 제출한 행위에 대하여 특가법 제8조의2를 적용하여 처벌할 수 있느냐 없느냐의 문제이다. 그러나 "매출·매입금액의 합계액"이라는 문언을 "매출·매입처별계산서합계표에 기재된 공급가액"으로 해석할지, 아니면 "매출·매입처별계산서합계표에 기재된 공급가액"이 아닌 것으로 해석할지 아직도 의견이 나뉘고 있다.

1) 매출·매입금액의 합계액의 의미

일반적으로 매출금액의 개념은 부가가치세가 과세되는 재화 또는 용역은 공급대가(공급가액 + 부가가치세)를 의미하고, 면세되는 재화 또는 용역은 공급가액을 의미한다. 그뿐만 아니라 매출금액의 범주에는 세금계산서 또는 계산서를 발급하고 매출한 금액과 세금계산서 또는 계산서를 발급하지 않고 매출한 금액이 포함되는 개념이다. 매입금액의 개념은 매출금액의 개념과 반대의 개념을 갖는다. 따라서 부가가치세가 면세되는 재화 또는 용역의 경우에 "매출·매입금액의 합계액"은 "계산서를 발급하고 매출한 매출금액과 계산서를 발급하지 아니하고 매출한 금액의 합계액" 또는 "계산서를 발급받고 매입한 매입금액과 계산서를 발급받지 아니하고 매입한 금액의 합계액"을 의미한다.

2) 매출 · 매입처별계산서합계표에 기재된 공급가액의 의미

"매출 · 매입처별계산서합계표에 기재된 공급가액"은 ㉠ 재화 또는 용역의 거래 내용과 동일하게 계산서를 수수하고 그 수수한 계산서를 근거로 기재한 공급가액, ㉡ 재화 또는 용역의 거래내용과 다르게 거짓으로 기재(과다하게 기재하여)한 계산서를 수수하고 그 수수한 계산서를 근거로 거짓으로 기재한 공급가액, ㉢ 재화 또는 용역의 거래 없이 계산서를 수수하고 그 수수한 계산서를 근거로 거짓으로 기재한 공급가액, ㉣ 재화 또는 용역의 거래도 없고 계산서 수수도 없이 거짓으로 기재한 공급가액, ㉤ 재화 또는 용역의 거래 없이 수수한 계산서의 내용과 달리 거짓으로 기재한 공급가액 등을 포함하는 개념이다.

이들 다섯 가지 경우 중 ㉡, ㉢, ㉣, ㉤의 공급가액은 「조세범처벌법」 제10조 제3항 제4호의 범칙금액(범칙행위)에 해당된다. 즉, 특가법 제8조의2가 「조세범처벌법」 제10조 제3항의 가중처벌조항이므로 ㉡, ㉢, ㉣, ㉤의 범칙금액이 가중처벌 요건을 충족할 경우 특가법 제8조의2의 처벌대상이 된다.

3) 판례들이 말하는 "공급가액등의 합계액" 산정 방법

판례들(대법원 2011.9.29. 선고 2009도3355 판결 ; 대법원 2011.9.29. 선고 2011도4397 판결 외 다수)이 말하는 특가법 제8조의2에서 "공급가액등의 합계액" 산정 방법에 대한 법리는 『세금계산서, 계산서, 매출 · 매입처별세금계산서합계표에 기재된 공급가액을 합산한 금액을 기준으로 특가법 제8조의2 제1항의 적용 여부를 가려야 한다』라는 내용으로 요약할 수 있다.

여러 대법원 판례를 검토하더라도 "공급가액등의 합계액" 산정 시 "매출 · 매입금액의 합계액" 또는 "매출 · 매입처별계산서합계표에 기재된 공급가액"을 합산한다는 판례는 존재하지 않는다.

4) 「조세범처벌법」 제10조 제3항의 범죄객체

「조세범처벌법」 제10조 제3항의 범죄객체는 재화 또는 용역의 거래 없이 수수된 세금계산서 또는 계산서, 위 2)에서 기술한 ㉡, ㉢, ㉣, ㉤ 행태의 매출 · 매입처별 세금계산서합계표에 기재된 공급가액과 매출 · 매입처별 계산서합계표에 기재된 공급가액이다.

5) 세무실무

세금계산서등 범칙행위는 비록 특가법 제8조의2의 범죄구성요건을 충족한 범칙행위에 해당할지라도 세무공무원등의 고발이 없으면 검사는 공소를 제기할 수 없다. 세금계산서등의 범칙행위에 대하여 고발권한을 가지고 있는 국세청의 세무실무에서는 「조세범처벌법」

제10조 제3항의 범칙행위에 대하여 특가법 제8조의2 적용을 위한 "공급가액등의 합계액" 산정 시 "매출·매입처별계산서합계표에 기재된 공급가액"은 "공급가액등의 합계액"에 포함하지 않고 있다.

위에서 기술한 ⓐ 특가법 제8조의2의 법문 "매출·매입금액의 합계액"의 개념은 "매출·매입처별계산서합계표에 기재된 공급가액"의 개념과 다르고, ⓑ 판례들이 말하는 "공급가액등의 합계액"의 산정방법에서 "매출·매입처별계산서합계표에 기재된 공급가액"이 제외된 점, ⓒ "매출·매입금액의 합계액"의 개념에는 「조세범처벌법」 제10조 제3항 및 제4항의 범죄객체가 아닌 계산서를 수수하지 아니한 매출·매입액이 포함되는 점, ⓓ 실무집행 기관인 국세청에서도 "공급가액등의 합계액"의 산정 시 "매출·매입처별계산서합계표에 기재된 공급가액"을 포함하지 아니한 점 등을 고려하면 특가법 제8조의2의 법문 중 "매출·매입금액의 합계액"을 "매출·매입처별계산서합계표에 기재된 공급가액"으로 해석하는 것은 지나친 확대해석이라는 판단이다.

따라서 특가법 제8조의2 적용 시 "공급가액등의 합계액"에 "매출·매입처별계산서합계표에 기재된 공급가액"은 포함되지 않는다는 것이 필자의 소견이다.

4. 범칙기간에 대한 특정이 없는 것과 "공급가액등의 합계액" 산정

「조세범처벌법」 제3조 제1항의 조세포탈죄는 과세기간별로 1죄가 성립하고 특가법 제8조에 의하여 가중처벌 되는 조세포탈죄는 "연간 포탈세액"이 일정금액 이상인 경우에 적용하므로 1년 단위로 1죄가 성립하는데 특가법 제8조의2에 의하여 가중처벌 되는 세금계산서의 발급의무 위반 등 관련 죄는 죄수를 구획 짓는 기간단위가 특정되어 있지 않다. 때문에 특가법 제8조의2에 해당하는 범칙행위 수사 시 공소시효가 남아 있는 「조세범처벌법」 제10조 제3항 또는 제4항의 모든 범칙행위에 해당하는 공급가액을 합산하여 "공급가액등의 합계액"을 산정하여야 한다.

공급가액등의 합계액 산정 시 주의하여야 할 점은 두 가지로 연속범과 특가법 제8조의2 적용을 회피하기 위해 범칙업체를 여럿 설립하여 범칙행위를 한 경우이다. 이들에 대해 판례(대법원 2018.10.25. 선고 2018도9810 판결 : 대법원 2015.6.23. 선고 2015도2207 판결)는 『조세범처벌법』 제10조 제3항의 각 위반행위가 영리를 목적으로 단일하고 계속된 범의 아래 일정기간 계속하여 행해지고 그 행위들 사이에 시간적·장소적 연관성이 있으며 범행의 방법 간에도 동일성이 인정되는 등 하나의 이 사건 법률조항 위반행위로 평가될 수 있고, 그 행위들에 해당하는 문서에 기재된 공급가액등을 모두 합산한 금액이 이 사건 법률조항에 정한 금액에 해당하면 그 행위들에 대하여 포괄하여 이 사건 법률조항 위반의 1죄가 성립될 수 있다』

라고 판시하였다. 따라서 공소시효가 완성된 범칙행위인지 여부에 관계없이 연속되어 온 범칙행위와 특가법 제8조의2 적용을 회피하려 범칙업체를 여럿 설립해 분산하여 범칙행위를 한 경우 영리를 목적으로 단일하고 계속된 범의 아래 일정기간 계속하여 행해지고 그 행위들 사이에 시간적·장소적 연관성이 있으며 범행의 방법 간에도 동일성이 인정될 때에는 포괄하여 하나의 죄로 처벌할 수 있다.

5. 특가법 제8조의2와 법인

특가법 제8조의2 제1항의 죄를 범한 범칙행위자에 대하여 법문에 "「조세범처벌법」 제10조 제3항 및 제4항 전단의 죄를 범한 사람"으로 표현되어 있고 법인에게는 징역형을 과할 수 없는 점 등을 고려하면 특가법 제8조의2 제1항은 특가법 제8조의 범죄주체와 같이 법인이 아닌 행위자(법정책임자)인 사람을 가중처벌 하기 위한 규정으로 여겨진다. 따라서 법인은 특가법 제8조의2로 처벌할 수 없다.

법인에서 행위자가 특가법 제8조의2의 죄로 처벌받을 경우 법인에게는 「조세범처벌법」 제18조에 의하여 범칙행위자가 「조세범처벌법」 제10조 제3항 또는 제4항의 죄를 범한 것에 대한 관리책임만 물을 수 있을 뿐이다.

그뿐만 아니라 법인에서 행위자가 특가법 제8조의2의 죄로 처벌받아 법인에게 그 관리에 대한 책임을 물을 경우(양벌규정 적용)「조세범처벌법」 제22조 【공소시효 기간】에 특가법 제8조의2에 대한 단서규정이 없고 법인은 「조세범처벌법」 제10조 제3항 또는 제4항의 죄를 범한 것에 대한 관리책임을 지는 것이므로 공소시효는 7년이 적용된다.

6. 특가법 제8조의2와 고발전치주의

「조세범처벌법」 제21조는 동법에서 규정하는 모든 조세범칙행위에 대해서는 "국세청장, 지방국세청장, 세무서장"(이하 '세무공무원등'이라 한다)의 고발이 있어야 검사는 공소제기가 가능하다 규정하고 있다(고발전치주의). 조세범칙행위 중 「조세범처벌법」 제3조 제1항이 규정하는 조세포탈죄와 동법 제10조 제3항 및 제4항이 규정하는 세금계산서의 발급의무 위반 등 관련 죄는 특가법 제8조와 동법 제8조의2에 의하여 가중처벌되는데, 조세포탈죄를 가중처벌하는 특가법 제8조의 죄는 특가법 제16조에 의하여 세무공무원등의 고발이 없이도 검사가 공소를 제기할 수 있으나, 특가법 제8조의2의 죄는 특가법 제16조와 같은 예외규정이 없다. 따라서 특가법 제8조의2의 죄는 세무공무원등의 고발이 있어야 검사가 공소제기를 할 수 있다고 봄이 타당하다.

판례(대법원 2014.9.24. 선고 2013도5758 판결)도『특가법 제16조는 예외적으로 고소 또는 고발 없이 공소를 제기할 수 있는 범죄로 특가법 제6조, 제8조의 죄만 열거하고 있을 뿐이고, 그 밖에 다른 예외 규정을 두고 있지 아니하므로, 특가법 제8조의2 제1항의 죄는 조세범처벌법 제21조에 따라 국세청장 등의 고발을 소추요건으로 한다고 봄이 타당하다』라고 판시하고 있다.

7. 구성요건

(1) 영리의 목적

"영리의 목적"에 대한 개념에 대하여 판례들이 판시한 내용들을 살펴보면 ① 널리 경제적인 이익을 취득할 목적을 말하는 것으로서, 과세자료의 거래를 통하여 조세를 포탈함으로써 경제적인 이익을 얻고자 하는 목적이나 부정한 이익을 얻으려는 범행의 수단으로서 재화 또는 용역을 공급하지 아니하거나 공급받지 아니하고 부가가치세법에 따른 세금계산서를 발급하거나 발급받아 경제적인 이익을 취득하려는 목적(대법원 2015.5.28. 선고 2015도146 판결), ② 널리 경제적인 이익을 취득할 목적을 말하는 것으로서, 거짓으로 기재한 매입처별 세금계산서합계표를 제출하여 부당하게 부가가치세를 환급·공제받으려는 목적(대법원 2014.9.24. 선고 2013도5758 판결), ③ 널리 경제적인 이익을 취득할 목적을 말하므로, 실제 거래 없이 가공의 세금계산서를 이용하여 부당하게 부가가치세를 환급·공제받으려는 목적(대법원 2014.4.9. 선고 2014도6479 판결), ④ 허위의 거래실적을 만들어 은행에서 대출을 받으려는 목적 또는 기존 대출금의 상환을 연장받으려는 목적(대법원 2010.2.11. 선고 2009도13342 판결), ⑤ 매출처별 세금계산서합계표 또는 매입처별 세금계산서합계표를 허위로 작성하여 제출함에 있어 위 피고인에게는 주식회사 AAAA의 매출을 부풀려 ○○전자 등 대기업이나 해외로부터 수주를 유지하거나 받기 위한 주된 목적과 AAAA를 코스닥에 상장시키는 데 도움이 되도록 하기 위한 부수적인 목적이 있었고, 이러한 목적은 널리 경제적인 이익을 취득하기 위한 것으로 볼 수 있으므로 구 특가법 제8조의2 제1항에서 정하고 있는 영리의 목적에 해당(대법원 2011.9.29. 선고 2011도4397 판결), ⑥ 행위자가 재화 또는 용역의 공급 없이 세금계산서를 수수하는 행위 자체에 관하여 대가를 받는 등 직접적인 경제적 이익을 취득할 목적뿐만 아니라 가공의 외형을 창출하거나 불법에 가담함으로써 얻을 수 있는 간접적인 경제적 이익을 취득할 목적까지 포섭하는 것으로 넓게 해석하는 것이 타당(서울고법 2013.6.14. 2013노981 판결, 대법원 2013.9.27. 2013도7953 판결로 상고기각 확정) 등이 있다. 따라서 이들 판례의 법리를 요약하면 영리의 목적은 재화 또는 용역의 거래 없이 세금계산서 등을 수수하거나 매출·매입처별 세금계산서합계표 등을 거짓으로 기재하여 제출한 행위 등을 통하여 조세포탈(직접적인 경제적 이익), 세금계산서 등의 수수행위 등으로 인한 대가(수수료) 취득(직접적인 경제적 이익), 공사 수주 자격 취득(간접적인 경제적 이익), 코스닥 시장 등 진입 자격 취득(간접적인 경제적 이익), 은행 대출 및 대출 연장(간접적인 경제적 이익) 등의 직·간접적인 경제적 이익 취득이라 할 수 있다.

(2) 공급가액등의 합계액이 30억 원 이상일 것

특가법 제8조의2는 범칙행위자의 범칙금액(공급가액등의 합계액)이 일정금액 이상(30억 원)일 것을 구성요건으로 한다. 즉, 범칙행위자의 범칙금액인 "공급가액등의 합계액"이 30억 원 이상이어야 한다.

그뿐만 아니라 "대법원 2019도10999 판결 등 판례들"의 요점 법리에 의하면 세금계산서 등의 범칙행위 중 "세금계산서 또는 계산서를 미발급 또는 미수취 행위"를 제외한 거짓으로 기재하여 세금계산서 또는 계산서를 수수한 행위(조처법 제10조 제1항 제1호 또는 제2호, 동법 제10조 제2항 제1호 또는 제2호), 매출·매입처별 세금계산서합계표를 거짓으로 기재하여 제출한 행위(조처법 제10조 제1항 제3호 또는 동법 제2항 제3호), 매출·매입처별 계산서합계표를 거짓으로 기재하여 제출한 행위(조처법 제10조 제1항 제4호 또는 동법 제2항 제4호) 등의 범칙금액도 특가법 제8조의2의 "공급가액등의 합계액"에 포함시켜야 한다는 것이 필자의 소견이다.

(3) 기수시기

1개의 「조세범처벌법」 제10조 제3항 및 제4호의 죄가 특가법 제8조의2의 죄를 구성할 때는 세금계산서·계산서를 수수할 때 혹은 매출·매입처별 세금계산서합계표 또는 매출·매입처별 계산서합계표를 제출할 때에 기수시기가 되고, 수 개의 「조세범처벌법」 제10조 제3항 및 제4호의 죄가 포괄하여 1개의 죄를 구성할 때의 기수시기는 맨 마지막 행해진 범죄의 기수시기와 같다(대법원 1996.10.25. 선고 96도1088 판결).

(4) 고의

특가법 제8조의2의 죄는 고의범으로 영리의 목적으로 재화 또는 용역의 거래 없이 세금계산서 또는 계산서를 수수한 행위, 재화 또는 용역의 거래 없이 매출·매입처별 세금계산서합계표를 거짓으로 기재하여 제출한 행위, 「조세범처벌법」 제10조 제3항 및 제4호의 행위 등을 알선·중개하는 행위 등이 범죄행위라는 등의 인식과 의사가 있어야 한다.

8. 죄수

「조세범처벌법」제10조 제3항 및 제4호의 죄가 특가법 제8조의2의 죄를 구성할 때의 죄수는 포괄하여 1죄만 구성한다(대법원 2011.9.29. 선고 2009도3355 판결 : 대법원 2011.9.29. 선고 2011도4397 판결).

다만, 법인에서 범칙행위자가 특가법 제8조의2의 죄를 범하여 처벌받아 법인에게 관리책임을 지울 경우 법인은 특가법 제8조의2로 처벌할 수 없어 조세범처벌법 제10조 제3항 또는 제4항의 죄에 대한 관리책임을 물어야 하므로 이 경우에는 세금계산서 등 문서마다 1개의 죄가 성립된다고 보아야 한다(대법원 2015.6.24. 선고 2014도16273 판결).

Ⅸ 〉 세금계산서등의 범칙행위와 수정세금계산서등과의 관계

「조세범처벌법」제10조 제1항부터 제3항까지의 범칙행위 중 세금계산서 또는 계산서 미발급·미수취행위를 제외한 범칙행위가 행하여진 후 그 행하여진 세금계산서등의 범칙행위에 대하여 수정세금계산서 또는 수정계산서를 발급하거나 세금계산서합계표 또는 계산서합계표를 수정하여 제출한 경우에 기 행하여진 세금계산서등의 범칙행위에 어떠한 영향을 미치는지 검토할 필요가 있다.

1. 수정세금계산서 또는 수정계산서와의 관계

재화 또는 용역의 거래 없이 세금계산서를 수수한 후 그 수수한 세금계산서를 취소하는 의미에서 같은 공급가액에 음의 표시를 하여 작성한 수정세금계산서를 수수한 경우 해당 수정세금계산서에 대하여 판례(대법원 2020.11.26. 선고 2020도11345 판결)는 『한편 구 조세범처벌법 제10조 제3항의 문언과 체계, 입법 취지 등을 종합하면, 재화나 용역을 공급하지 아니하거나 공급받지 아니하고 가공의 세금계산서를 발급·수취한 후 이를 취소하는 의미에서 같은 공급가액에 음의 표시를 하여 작성한 수정세금계산서를 발급·수취한 경우, 뒤의 공급가액이 음수인 수정세금계산서를 발급·수취한 행위는 새로이 재화나 용역을 공급하거나 공급받은 것을 내용으로 하는 가공의 세금계산서를 발급·수취하기 위한 것이 아니라 앞선 실물거래 없이 가공의 세금계산서를 발급·수취한 행위를 바로잡기 위한 방편에 불과하므로, 구 조세범처벌법 제10조 제3항 제1호에서 정한 죄에 해당하지 않는다고 봄이 타당하다.

나아가 실물거래 없이 가공의 세금계산서를 발급·수취함으로써 구 조세범처벌법 제10

조 제3항 제1호의 죄가 기수에 이르고, 그 후 이러한 가공의 세금계산서를 취소하는 취지로 음수의 수정세금계산서를 발급·수취하였다 하더라도 이미 완성된 위 범죄의 성립에 아무런 영향을 미칠 수 없다.

따라서 특정범죄가중법 제8조의2 제1항에 따라 가중처벌을 하기 위한 기준인 '공급가액 등의 합계액'을 산정할 때에도 이와 같이 실물거래 없이 발급·수취한 가공의 세금계산서를 취소하는 의미에서 발급·수취한 음수의 수정세금계산서의 공급가액은 고려할 필요가 없다(대법원 2020.10.15. 선고 2018도17244 판결, 대법원 2020.10.15. 선고 2020도118 판결 참조)』라고 판시하였다.

따라서 재화 또는 용역의 거래 없이 세금계산서를 수수한 후 그 세금계산서에 대하여 음수의 수정세금계산서를 수수한 경우에는 당초 재화 또는 용역의 거래 없이 세금계산서를 수수한 행위에는 아무런 영향을 미칠 수 없다.

하지만 재화 또는 용역의 거래 없이 세금계산서를 수수한 후 그 세금계산서에 대하여 공급가액을 증가시키는 양수의 수정세금계산서를 수수한 경우에는 새로운 재화 또는 용역의 거래 없이 수수한 세금계산서의 공급가액을 증액시키므로 「조세범처벌법」 제10조 제3항 제1호에서 정한 죄에 해당하고 특가법 제8조의2 제1항에 따라 가중처벌을 하기 위한 기준인 '공급가액 등의 합계액'을 산정할 때에도 합산하여야 한다고 봄이 타당하다.

그런데 세무실무에서 재화 또는 용역의 거래 없이 수수한 음수의 수정세금계산서에 대하여 세금계산서불성실가산세(3% 또는 2%)를 적용해야 할지 의문이 든다. 위 판례의 법리에 의하면 음수의 수정세금계산서는 「조세범처벌법」 제10조 제3항 제1호에서 정한 죄에 해당하지 않고, 당초 재화 또는 용역의 거래 없이 세금계산서를 수수한 행위에는 아무런 영향을 미칠 수 없을 뿐만 아니라, 음수의 수정세금계산서의 공급가액에 가산세를 적용하면 음수의 가산세가 산출되어 오히려 세액을 줄이는 효과가 발생하므로 가산세를 적용하면 안 된다는 것이 필자의 소견이다. 그리고 수정세금계산서에 대한 판례들의 법리는 재화 또는 용역의 거래 없이 수수한 음수의 수정세금계산서에만 적용되는 것이 아니라 거짓으로 수수한 세금계산서의 범칙행위에도 적용되고, 수정계산서에도 적용된다고 봄이 타당하다.

2. 세금계산서합계표 또는 계산서합계표의 수정 제출과 관계

재화 또는 용역의 거래 없이 세금계산서합계표 또는 계산서합계표를 거짓으로 기재하여 제출한 후 그 제출한 세금계산서합계표 또는 계산서합계표의 거짓으로 기재한 내용을 취소하는 의미에서 같은 공급가액을 음수로 수정(기재)하여 제출한 경우에 대하여 관련 판례 등이 존재하지 않지만 위 수정세금계산서에 대한 판례들의 법리를 준용하면 된다.

따라서 재화 또는 용역의 거래 없이 세금계산서합계표 또는 계산서합계표를 거짓으로 기재하여 제출한 후 그 제출한 세금계산서합계표 또는 계산서합계표의 거짓으로 기재한 내용을 취소하는 의미에서 같은 공급가액을 음수로 수정(기재)하여 제출한 경우에는 당초 재화 또는 용역의 거래 없이 세금계산서합계표 또는 계산서합계표를 거짓으로 기재하여 제출한 행위에는 아무런 영향을 미칠 수 없다.

그리고 재화 또는 용역의 거래 없이 세금계산서합계표 또는 계산서합계표를 거짓으로 기재하여 제출한 후 당초 제출한 세금계산서합계표 또는 계산서합계표의 공급가액을 증가시키는 수정을 하여 제출한 경우와 세무실무에서 재화 또는 용역의 거래 없이 세금계산서합계표 또는 계산서합계표를 거짓으로 기재하여 제출한 범칙금액(공급가액)에 대하여 합계표제출불성실가산세(0.5% 또는 0.3%) 적용에 관해서도 수정세금계산서의 처리 방법을 준용하면 된다.

X 〉 세금계산서의 발급의무 위반 등 행위 수사 시 실행위자 특정 방법

세금계산서 등의 범칙행위에 대한 수사 시 가장 중요한 내용은 범칙행위의 '실행위자 특정'이라 할 수 있다. 세금계산서 등의 범칙행위 중 수사관 등이 실행위자 특정에 어려움을 겪는 범칙행위는 "재화 또는 용역의 거래 없이 세금계산서 또는 계산서 수수행위"라 할 수 있다. 따라서 이 단원에서 기술하는 실행위자 특정 방법은 "재화 또는 용역의 거래 없이 세금계산서 또는 계산서 수수행위"에 대한 것이다.

세금계산서 또는 계산서가 대부분 전자적인 방법으로 발급되고 있는 현재 상황을 고려하면 세금계산서 등의 범칙사건에서 실행위자 특정은 쉽지 않은 일이다. "재화 또는 용역의 거래 없이 세금계산서 또는 계산서 수수 사건"에서 우선 파악해야 할 내용은 세금계산서 또는 계산서의 수수방법으로 세금계산서 또는 계산서를 수기로 발급하였느냐, 전자적인 방법으로 발급하였느냐이다. 수기로 발급된 경우에는 세금계산서 또는 계산서에 발급자의 성명(법인의 경우에는 상호)과 함께 도장 찍혀 있거나 또는 서명이 되어 있으므로 명의도용 등의 특별한 경우가 아니면 실행위자를 특정하는 것이 비교적 용이하다. 하지만 전자적인 방법으로 발급되었을 경우에는 범칙행위자가 진술하지 않으면 실행위자를 특정하는 것은 쉬운 일이 아니다. 하여 필자는 실행위자를 특정하는 데 도움이 될 수 있는 방법으로 IP추적, 사업자등록신청서 등 검토, 보안카드신청서 등 검토, 거래처 조사, 범칙업체 사업장 등 조사, 세금계산서 등의 범칙행위를 하고 받은 대가의 수취자 확인 등을 소개한다.

1. IP추적

전자적인 방법으로 발급된 세금계산서 또는 계산서의 발급 당시의 IP를 추적하면 IP와 발급 시간 등을 알 수 있다. 수사기관이 IP를 추적하려면 두 단계의 절차를 밟아야 하며, 첫 단계는 범칙행위를 한 사업체의 사업장 관할세무서에 압수수색영장을 제시하여 세금계산서 또는 계산서를 발급한 IP와 발급 시간을 제공받은 후, 두 번째 단계로 통신사에 IP의 소유자와 소재지를 조회하면 된다.

2. 사업자등록신청서 등 검토

사업자는 사업자등록을 하기 위해 사업자·사업자의 대리인이 직접 세무서 민원봉사실에 방문해 사업자등록신청서를 작성하여 신청하거나 또는 사업자·국세청에 수임 등록된 세무대리인이 홈택스를 이용하여 전자적으로 신청한다. 여기에서 국세청에 수임 등록된 세무대리인이란 사업자가 "홈택스 세무대리정보 이용(해지)신청서"(별지 제6호 서식)에 의하여 국세청에 등록한 세무대리인을 말한다. 국세청 홈택스에서 사업자등록 신청은 공동인증서 없이도 가능하다.

세무서 민원봉사실에 방문해 사업자등록을 신청하는 방법은 사업자가 본인이 방문하여 신청하는 경우와 대리인을 보내 신청하는 경우가 있다. 사업자 본인이 민원봉사실에 방문해 사업자등록을 신청하는 경우에는 반드시 본인의 신분증(주민등록증, 운전면허증, 여권)을 지참하여 민원봉사실 접수창구의 세무공무원에게 제시(세무공무원은 신분증을 스캔하여 저장한다)하여야 하고 사업자등록 시 필요한 임대차계약서(사업장을 임차한 경우 제출하고, 사업장을 전차한 경우에는 건물주의 전대동의서를 전대차계약서와 같이 제출하여야 됨), 인·허가증 사본(인·허가 사업인 경우) 등을 사업자등록신청서와 함께 제출한다. 사업자가 아닌 대리인이 사업자등록을 신청하는 경우에는 반드시 대리로 방문한 사람이 신분증을 지참하여 민원봉사실 접수창구의 세무공무원에게 제시(세무공무원은 신분증을 스캔하여 저장한다)하여야 하고 사업자등록 시 필요한 '대리로 보낸 사업자의 신분증 사본', 위임장(위임장은 실제로 제출하는 경우도 있으나 사업자등록신청서의 위임장란에 위임하는 사람의 성명을 기재하고 서명 또는 도장을 찍는 방법으로 대체한다), 임대차계약서(사업장을 임차한 경우 제출하고, 사업장을 전차한 경우에는 건물주의 전대동의서를 전대차계약서와 같이 제출하여야 됨), 인·허가증 사본(인·허가 사업이인 경우) 등을 사업자등록신청서와 함께 제출한다.

홈택스를 이용하여 사업자등록을 신청한 경우에는 사업자·국세청에 수임 등록된 세무대리인이 신분증은 제출할 필요는 없지만 사업자등록 시 필요한 임대차계약서(사업장을 임차한 경우), 인·허가증 사본(인·허가 사업인 경우) 등의 서류를 업로드(upload)하고 사업장의 기본사항 등을 입력하는 방법으로 사업자등록을 신청한다.

세무서 민원봉사실에 방문하여 하는 사업자등록 신청은 전국 어느 세무서에서도 가능하며, 신청 후 사업등록증이 발급되기까지의 기간은 대부분 즉시(3시간 이내) 발급되지만, 사업자등록 신청서 접수 시 필요한 서류를 첨부하지 않았다거나 기타 확인할 내용이 있는 경우에는 해당 과(개인 과세사업자와 겸영사업자는 부가가치세과, 개인 면세사업자는 소득세과, 법인사업자는 법인세과)에서 확인(소속과 직원들이 사업장에 출장하여 확인할 사항을 확인한다)하여 발급케 하는데 이때는 2일 이내(접수일은 포함 안됨)에 발급된다. 하지만 해당 과에서 확인하여 발급 시 사업자가 필요한 서류를 제출하지 않거나 기타 확인할 내용을 확인하여 주지 아니한 경우에는 세무공무원은 사업자등록을 거부할 수 있다.

사업자가 제출한 사업자등록신청서 등에 세금계산서 등 범칙행위의 실행위자를 파악할 수 있는 단서가 들어있을 가능성이 높다. 따라서 사업자등록신청서 등의 검토는 실행위자를 파악하는데 있어 살펴야 할 중요 부분이다.

참고로 국세청에서 사업자의 사업자등록신청서 등을 수사기관이 받아보려면 사업장관할 세무서에 영장을 제시하여야 하고, 국세청 홈택스를 이용하여 사업자등록을 신청하였을 경우 홈택스 접속 IP를 추적하려면 국세청에 영장을 제시하여야 한다.

3. '보안카드' 발급신청서 등 검토

'보안카드'란 사업자가 국세청 홈택스를 이용하여 전자세금계산서나 전자계산서를 발급하기 위해 국세청(세무서)에서 발급받는 카드를 말한다.

보안카드는 사업자·사업자의 대리인이 세무서(전국 어느 세무서에서도 발급가능함)의 '국세신고안내센터'에 직접 방문해 '전자(세금)계산서 보안카드 사용자 신청서'를 작성하여 제출하여야만 발급받을 수 있고, 발급요건을 갖추어 신청하면 즉시 발급하여 준다. 사업자가 세무서에 직접 방문해 신청할 경우 본인의 신분증을 지참하여 신청서를 접수받는 세무공무원에게 제시하여야 하고, 대리인을 시켜 신청할 때는 대리인이 자신(대리인)의 신분증과 대리로 보낸 사업자의 신분증 사본(법인의 경우 법인인감증명서 또는 법인 대표자 신분증사본)을 함께 제시하여야 한다.

보안카드는 사업자가 국세청 홈택스를 이용하여 전자세금계산서 또는 전자계산서 발급시 인증도구이다. 사업자가 아닌 자가 사업자의 홈택스 아이디와 비번을 알고 보안카드를 가지면 홈택스에 접속하여 전자세금계산서 또는 전자계산서 발급이 가능하다. 때문에 보안카드는 세금계산서 등의 범칙행위에서 중요한 도구가 된다.

국세청에서 사업자의 보안카드신청서 등을 수사기관이 받아보려면 사업장 관할세무서에 영장을 제시하여야 한다.

4. 거래처 조사

거래처 조사란 세금계산서 등의 범칙행위자가 세금계산서 또는 계산서를 발급한 업체(이하 매출처라 한다)와 발급받은 업체(이하 매입처라 한다)를 조사하는 것을 말한다.

매출처는 범칙행위자가 세금계산서 또는 계산서를 발급한 업체이므로 매출처는 재화 또는 용역을 매입한 자이다. 따라서 매출처에게 범칙행위자로부터 ㉠ 무엇을 매입하였는지, ㉡ 매입대금은 언제·어떻게·누가 지급하였는지, ㉢ 매입한 제품은 어떤 교통편으로 어떻게 운송하여 왔는지, ㉣ 매입한 제품은 어떻게 처리하였는지 등을 확인하여 실제로 매입이 있었는지를 확인한다.

매입처는 범칙행위자가 세금계산서 또는 계산서를 발급받은 업체이므로 매입처는 재화 또는 용역을 매출한 자이다. 따라서 매입처에게서 범칙행위자에게 ㉠ 무엇을 매출하였는지, ㉡ 매출대금은 언제·어떻게·누가 수령하였는지, ㉢ 매출한 제품은 어떤 교통편으로 어떻게 운송하였는지, ㉣ 매출한 제품은 자체 생산하였는지 매입하였는지 등을 확인하여 실제로 매출이 있었는지를 확인한다.

재화·용역의 거래 없이 세금계산서·계산서를 수수한 범칙행위자가 세무조사에서는 재화·용역의 거래 없이 세금계산서·계산서를 수수하였다고 진술한 후, 수사기관의 수사과정에는 세무조사에서 진술한 내용을 번복하는 경우가 있다. 이런 경우에는 거래처 조사를 통해 수사관이 재화 또는 용역의 거래가 없었다는 것을 입증하여야 한다.

5. 범칙행위 업체의 사업장 등 조사

범칙행위 업체가 사업장을 임차하여 사업자등록하였을 경우에는 사업자등록신청 시 임대차계약서를 제출하였을 것이다. 임대차계약서가 제출되었을 경우 임대인에게 ⓐ 임대차계약을 한 사람이 누구이고, ⓑ 임차보증금은 누구에게서 얼마를 어떻게 받았고, ⓒ 월세가 있는 경우 월세는 누구로부터 얼마를 어떻게 수령하였는지, ⓓ 사업장의 전기료·수도료·관리비는 누가 어떻게 얼마를 납부하였는지, ⓔ 세입자가 무슨 사업을 하는지 등을 조사하여야 한다. 그뿐만 아니라 사업장 주변의 사업자나 거주자 등에게 '사업장에서 실지로 사업을 하였는지, 무슨 사업을 하였는지 등'도 확인하면 좋다.

사업장이 자가인 경우에는 사업장의 전기료·수도료·관리비는 누가 어떻게 얼마를 납부하였는지 등을 조사하여 실제로 사업을 하였는지 등을 확인한다. 이 경우에도 사업장 주변의 사업자나 거주자 등에게 '사업장에서 실지로 사업을 하였는지, 무슨 사업을 하였는지 등'도 확인하면 좋다.

6. 세금계산서 등의 범칙행위를 하고 받은 대가의 수취자 조사

세금계산서등의 범칙행위를 수사하는 수사관은 범칙행위자가 어떠한 목적을 가지고 세금계산서등을 발급하는 범칙행위를 하였는지 확인하여야 한다.

확인결과 세금계산서등의 수취자로부터 수수료를 받는 것이면 세금계산서 등을 발급받은 자로부터 ㉠ 수수료 지급 여부, ㉡ 지급한 수수료 비율, ㉢ 지급 방법(계좌 이체 또는 현금 지급 등), ㉣ 지급받은 사람 등을 확인하여 수수료의 수취자를 특정하여야 한다. 대개의 경우 수수료 수취자가 실행위자이다.

제 4 절

면세유의 부정 유통 관련 조세포탈 등

I ▷ 입법 취지

석유류 제품 중 휘발유의 경우 간접세로 부가가치세(공급가액의 10%), 개별소비세(리터당 475원) 또는 교통·에너지·환경세(리터당 475원), 교육세(개별소비세 또는 교통·에너지·환경세의 15%), 자동차주행세(교통·에너지·환경세의 1,000분의 360, 지방세임)가부과되고 있어 이들 간접세가 석유류 제품 가격에 있어 큰 비중을 차지한다. 때문에 석유류제품에 포함된 간접세는 석유류 제품을 사용하여 제품을 생산하거나 영업하는 업체에게 부담을 준다. 따라서 국가는 국민복지 증진, 수출경쟁력 확보 등과 관련된 "농업·임업·어업용 및 연안여객선박용 석유류"와 "외국항행선박 또는 원양어업선박에 사용하는 석유류"에대해서는 간접세를 면제하고 있다. 이처럼 간접세를 면제받는 석유류 제품을 면세유라 한다. 면세유제도가 도입된 후 석유판매업자가 면세유를 「조세특례제한법」 제106조의2 제1항제1호, 「개별소비세법」 제18조 제1항 제9호에서 규정하고 있는 용도 외의 다른 용도로 사용·판매·반출하여 조세를 포탈하거나 조세의 환급·공제받은 행위가 빈번하여지고 대규모화되어 세수 일실, 석유류 유통질서 왜곡, 환경오염 등의 폐해를 가져옴에 따라 면세유관련 조세포탈행위를 가중처벌 하여 해당 범죄를 예방할 목적으로 본죄를 입법하였다.

II ▷ 농·어민 등에 면세유의 부정유통 관련 조세포탈

> **조세범처벌법 제4조(면세유의 부정 유통)**
> ① 「조세특례제한법」 제106조의2 제1항 제1호에 따른 석유류를 같은 호에서 정한 용도외의 다른 용도로 사용·판매하여 조세를 포탈하거나 조세의 환급·공제를 받은 석유판매업자(같은 조 제2항에 따른 석유판매업자를 말한다)는 3년 이하의 징역 또는 포탈세액등의 5배 이하의 벌금에 처한다.

1. 의의

본죄는 석유판매업자가 「조세특례제한법」 제106조의2 제1항 제1호에서 규정하는 면세유를 같은 호(제106조의2 제1항 제1호)에서 정한 용도 외의 다른 용도로 사용·판매하여 조세를 포탈하거나 조세의 환급·공제를 받을 경우 성립하는 범죄를 말한다(조처법 제4조 제1항).

법문은 본죄의 조세포탈의 실행행위를 "「조세특례제한법」 제106조의2 제1항 제1호에 따른 석유류를 같은 호에서 정한 용도 외의 다른 용도로 사용·판매하여"라 규정하고 있다. 여기에서 "「조세특례제한법」 제106조의2 제1항 제1호에 따른 석유류를 같은 호에서 정한 용도 외의 다른 용도로 사용·판매하여"는 「조세범처벌법」 제3조 제6항에서 규정하는 사기나 그밖의 부정한 행위 중 "거래의 조작"(제4호) 또는 "그 밖에 위계(僞計)에 의한 행위·부정한 행위"(제7호)에 해당한다. 따라서 법문의 "「조세특례제한법」 제106조의2 제1항 제1호에 따른 석유류를 같은 호에서 정한 용도 외의 다른 용도로 사용·판매하여"는 면세유의 부정유통에 의한 조세포탈행위에 있어 사기나 그 밖의 부정한 행위의 행태를 구체적으로 적시하여 놓은 것이라 할 수 있다.

(1) 석유판매업자

석유판매업자란 석유정제업자(「석유 및 석유대체연료 사업법」 제2조 제7호), 석유수출입업자(「석유 및 석유대체연료 사업법」 제2조 제8호), 석유판매업자(「석유 및 석유대체연료 사업법」 제2조 제9호), 액화석유가스 충전사업자(「액화석유가스의 안전관리 및 사업법」 제2조 제5호), 액화석유가스 판매사업자(「액화석유가스의 안전관리 및 사업법」 제2조 제8호), 액화석유가스 특정사용자(「액화석유가스의 안전관리 및 사업법」 제44조 제2항), 고압가스제조자(「고압가스 안전관리법」 제4조 제1항) 등을 총칭한다(조특법 시행령 제15조의2 제1항).

위에 기술된 석유판매업자는 석유정제업자 등과 같은 면세유류 제조업자, 석유수출입업자, 석유판매업자(「석유 및 석유대체연료 사업법」 제2조 제9호) 세 가지로 분류할 수 있는데 이들 중 면세유류 제조업자와 석유수출·입업자의 범칙행위는 찾아보기 어렵다. 본죄의 일반적인 범칙행태는 「석유 및 석유대체연료 사업법」 제2조 제9호에서 규정하고 있는 석유판매업자가 농·어민 등으로부터 면세유류구입카드(농민), 출고지시서(어민), 구입권(임업인) 등을 제시받아 면세유를 공급한 것처럼 위장하여 확보한 면세유를 다른 용도로 사용하거나 판매하여 조세를 포탈하거나 조세의 환급·공제를 받는 것이다.

2. 구성요건

(1) 범죄주체

본죄의 범죄주체는 「조세특례제한법」 제106조의2 제2항에서 규정하는 석유판매업자이다. 다만, 농·어민등은 본죄의 주체가 될 수 없으나 농·어민등이 석유판매업자에게 면세유류구매카드 등을 제시하고 공급받은 면세유를 용도 외로 사용한 경우(조특법 제106조의2 제9항)와 타인에게 양도한 경우(조특법 제106조의2 제12항)에는 본죄로 처벌받지 아니하나 과세관청에서 감면받은 간접세와 감면받은 간접세의 40%에 해당하는 가산세를 추징받고, 석유판매업자와 공모하여 본죄를 범하였을 경우에는 석유판매업자의 공범으로 처벌된다.

(2) 법정 용도 외 사용 또는 판매

법정 용도 외 사용 또는 판매는 석유판매업자의 법정 용도 외 사용 또는 판매와 농·어민등의 법정 용도 외 사용 또는 판매로 구분된다.

석유판매업자의 법정 용도 외 사용 또는 판매의 일반적인 행태는 네 가지로 ㉠ 농업용기계 등에 배정받은 면세유를 농업용 외의 용도로 사용하거나, ㉡ 면세유 중 일부를 농민이 아닌 제3자에게 부정판매하는 경우, ㉢ 어민이 불법포획 단속 등으로 어업 정지된 이후에도 면세유를 공급하는 경우, ㉣ 소형어선(5톤 미만)이 출항하지 않고 허위신고로 면세유를 부정수급한 경우"이다(기획재정부 관계부처합동 2012.6.13. 면세유 관리제도 개선방안 3쪽 상단).

농·어민등의 법정 용도 외 사용 또는 판매의 일반적인 행태는 두 가지로 ⓐ 농·어민등이 면세유류카드 등을 석유 판매업자에게 제시하고 공급받은 면세유를 용도 외로 사용하는 경우, ⓑ 타인에게 양도하는 경우라 할 수 있다. 해당 행위를 한 농·어민은 본죄로 처벌받지 않고 과세관청에서 감면받은 세액과 가산세를 추징받을 뿐이다.

(3) 조세포탈의 결과 발생과 기수시기

농·어민등에 면세유 부정유통 관련 조세포탈죄는 「조세범처벌법」 제3조 제1항이 규정하는 조세포탈죄에 대한 가중처벌법이므로 범죄가 성립하려면 조세포탈의 결과가 발생하여야 한다.

농·어민등에 면세유의 부정유통 관련 조세포탈죄의 객체인 간접세의 세목들은 모두 신고납세제도에 속하는 세목들이므로 「조세범처벌법」 제3조 제1항이 규정하는 조세포탈죄의 기수시기와 같이 신고·납부기한이 지난 때가 기수시기이다. 다만 조세포탈의 행태가 부정환급일 경우에는 실지로 환급금을 수령하는 때에 기수가 된다.

(4) 고의

본죄는 고의범으로 석유판매업자가 자신의 「조세특례제한법」 제106조의2 제1항 제1호에 따른 석유류를 용도 외 사용 또는 판매하는 행위로 조세를 포탈하거나 조세의 환급·공제를 받는다는 사실 등을 인식하여야 한다.

3. 죄수

본죄는 포탈하는 세목별로 1죄가 성립한다. 개별소비세 또는 교통·에너지·환경세의 포탈이 발생하면 이들과 관련된 기생세(부가세)인 교육세, 자동차주행세의 포탈이 동시에 발생하므로 본세의 세목과 기생세의 세목별로 각 1죄가 성립하고 이들 상호 간은 상상적 경합이 된다.

본죄와 「조세범처벌법」 제3조 제1항의 죄가 동시에 적용될 경우 본죄가 제3조 제1항에 대한 가중처벌 조항이므로 본죄를 우선하여 적용한다.

4. 특가법 제8조에 의한 가중처벌

본죄로 인한 포탈세액과 「조세범처벌법」 제3조 제1항 및 제5조, 「지방세기본법」 제102조 제1항의 포탈세액 합계액을 같은 연도별로 합산하여 연간 5억 원 이상인 경우에는 특가법 제8조에 의하여 가중처벌된다.

5. 교통·에너지·환경세 등과 함께 포탈되는 자동차주행세(지방세)

농·어민등에 면세유의 부정유통 관련 조세포탈 시 함께 포탈되는 자동차주행세는 지방세이므로 본죄를 적용할 수 없고 「지방세기본법」 제102조 제1항이 적용된다. 포탈한 자동차주행세에 특가법 제8조가 적용되지 아니한 경우 포탈세액에 대하여 검사가 공소를 제기하려면 해당 지방자치단체장의 고발을 받아야 한다. 지방세도 고발전치주의가 적용된다(지기법 제111조).

Ⅲ 외국항행선박등에 대한 면세유의 부정유통 관련 조세포탈

> **조세범처벌법 제4조(면세유의 부정 유통)**
> ②「개별소비세법」제18조 제1항 제11호 및「교통·에너지·환경세법」제15조 제1항 제3호에 따른 외국항행선박 또는 원양어업선박에 사용할 목적으로 개별소비세 및 교통·에너지·환경세를 면제받는 석유류를 외국항행선박 또는 원양어업선박 외의 용도로 반출하여 조세를 포탈하거나, 외국항행선박 또는 원양어업선박 외의 용도로 사용된 석유류에 대하여 외국항행선박 또는 원양어업선박에 사용한 것으로 환급·공제받은 자는 3년 이하의 징역 또는 포탈세액등의 5배 이하의 벌금에 처한다. 〈개정 2018.12.31.〉

1. 의의

본죄는「개별소비세법」제18조 제1항 제9호 및「교통·에너지·환경세법」제15조 제1항 제3호 따른 외국항행선박 또는 원양어업선박에 사용할 목적으로 개별소비세 및 교통·에너지·환경세를 면제받는 석유류를 외국항행선박 또는 원양어업선박 외의 용도로 반출하여 조세를 포탈하거나, 외국항행선박 또는 원양어업선박 외의 용도로 사용된 석유류에 대하여 외국항행선박 또는 원양어업선박에 사용한 것으로 환급·공제받은 경우에 성립하는 죄이다(조처법 제4조 제2항).

법문은 본죄의 조세포탈의 실행행위를 "「개별소비세법」제18조 제1항 제9호 및「교통·에너지·환경세법」제15조 제1항 제3호 따른 외국항행선박 또는 원양어업선박에 사용할 목적으로 개별소비세 및 교통·에너지·환경세를 면제받는 석유류를 외국항행선박 또는 원양어업선박 외의 용도로 반출하여 조세를 포탈하거나, 외국항행선박 또는 원양어업선박 외의 용도로 사용된 석유류에 대하여 외국항행선박 또는 원양어업선박에 사용한 것으로 환급·공제받은 경우"는「조세범처벌법」제3조 제6항에서 규정하는 사기나 그 밖의 부정한 행위 중 "거래의 조작"(제4호) 또는 "그 밖에 위계(僞計)에 의한 행위·부정한 행위"(제7호)에 해당한다. 따라서 법문에서 규정하는 조세포탈의 실행행위는 사기나 그밖의 부정한 행위의 행태를 구체적으로 적시하여 놓은 것이라 할 수 있다.

그리고「조세범처벌법」제4조 제2항의 법문에 "「개별소비세법」제18조 제1항 제11호"라는 문언의 제11호(외국 무역선, 원양어업선박 또는 외국항행 항공기에서 사용할 것으로 인정되는 연료 외의 소모품)는 동법 제18조 제1항 제9호(외국항행선박, 원양어업선박 또는 항공기에 사용하는 석유류)를 잘못 표기한 것이다. 이 책에서는 바로잡아서 제9호라고 표기하였고 이를 바로잡는 세법개정이 요망된다.

2. 구성요건

(1) 범죄주체

법문은 본죄의 범죄주체를 "외국항행선박 또는 원양어업선박에 사용할 목적으로 개별소비세 및 교통·에너지·환경세를 면제받는 석유류를 외국항행선박 또는 원양어업선박 외의 용도로 반출하여 조세를 포탈하거나, 외국항행선박 또는 원양어업선박 외의 용도로 사용된 석유류에 대하여 외국항행선박 또는 원양어업선박에 사용한 것으로 환급·공제받은 자"로 규정하고 있다.

본죄의 범죄주체는 농·어민 등에 면세유의 부정유통 관련 조세포탈죄(조처법 제4조 제1항)의 범죄주체(석유판매업자)와 달리 "자"로 규정되어 있어 석유판매업자가 아닌 자도 범죄주체가 될 수 있는지 의문이 든다. 본죄는 조세포탈죄이므로 범죄주체는 사업자(납세의무자)라는 신분을 갖추어야 하고, "면세유 관리제도 개선방안"에 대한 보도자료(기획재정부 2012.6.13. 배포)에서 "면세유 부정유출에 대한 제재 강화 등"의 대상자를 '석유판매업자'와 '급유업체'로 기재하여 배포한 내용 등을 고려하면 본죄의 범죄주체는 석유판매사업자등의 신분을 갖춘 사업자로 봄이 타당하다.

(2) 법정 용도 외 반출 또는 사용

정상적인 해상면세유 유통과정은 석유정제업자, 석유수출입업자 등이 외국항행선박 또는 원양어업선박과 해상면세유 공급계약을 하면, ㉠ 저유소에 출하지시를 하고, ㉡ 급유대행계약을 한 급유업체에 해상면세유를 출하하고, ㉢ 급유업체는 세관에 면세유 적재허가를 신청하여 허가를 받으면, ㉣ 급유업체가 벙커선을 이용하여 외국항행선박 등에 적재허가를 받은 양의 면세유를 급유하는 것이다. 법정 용도 외 반출 또는 사용은 일반적으로 두 가지 행태가 존재한다. 그 하나는 급유대행업체가 외국항행선사 등과 공모하여 당초 적재하기로 허가받은 양의 면세유 보다 적게 외국항행선박 등에 급유하고 잔유(殘油)를 해상유판매점 등으로 빼돌려 유통시키는 행태이다(국세청 "국민 안전을 위협하는 탈세의 원천. 해상면세유 불법유통 세무조사"에 대한 보도자료, 2024.2.26. 1쪽 하단). 다른 하나는 석유정제업자 등이 "외항선사 등에 면세유를 공급한 것처럼 서류를 위조한 후 면세유를 공급하는 경우이다(기획재정부 관계부처합동 2012.6.13. 면세유 관리제도 개선방안 3쪽 하단).

(3) 조세포탈의 결과 발생과 기수시기

외국항행선박 등에 해상면세유의 부정유통 관련 조세포탈죄는 「조세범처벌법」 제3조 제

1항이 규정하는 조세포탈죄에 대한 가중처벌법이므로 범죄가 성립하려면 조세포탈의 결과가 발생하여야 한다.

외국항행선박 등에 해상면세유의 부정유통 관련 조세포탈죄의 객체인 간접세의 세목들은 모두 신고납세제도에 속하는 세목들이므로 「조세범처벌법」 제3조 제1항이 규정하는 조세포탈죄의 기수시기와 같이 신고·납부기한이 지난 때가 기수시기이다. 다만 조세포탈의 행태가 부정환급일 경우에는 실지로 환급금을 수령하는 때에 기수가 된다.

(4) 고의

본죄는 고의범으로 석유판매업자 등이 해상면세유를 외국항행선박의 직원 등과 공모하여 용도 외 반출 또는 사용하는 행위가 조세를 포탈하거나, 조세의 환급·공제를 받는다는 사실 등을 인식하여야 한다.

3. 죄수

본죄는 포탈하는 세목별로 1죄가 성립한다. 개별소비세 또는 교통·에너지·환경세의 포탈이 발생하면 이들과 관련된 기생세(부가세)인 교육세, 자동차주행세의 포탈이 동시에 발생하므로 본세의 세목과 기생세의 세목별로 각 1죄가 성립하고 이들 상호 간은 상상적 경합이 된다.

본죄와 「조세범처벌법」 제3조 제1항의 죄가 동시에 적용되는 경우 본죄가 제3조 제1항에 대한 가중처벌법이므로 본죄를 우선하여 적용한다.

4. 특가법 제8조에 의한 가중처벌

본죄로 인한 포탈세액과 「조세범처벌법」 제3조 제1항 및 제5조, 「지방세기본법」 제102조 제1항의 포탈세액 합계액을 같은 연도별로 합산하여 연간 5억 원 이상인 경우에는 특가법 제8조에 의하여 가중처벌된다.

5. 교통·에너지·환경세 등과 함께 포탈되는 자동차주행세(지방세)

외국항행선박 등에 해상면세유의 부정유통 관련 조세포탈 시 함께 포탈되는 자동차주행세는 지방세이므로 본죄를 적용할 수 없고 「지방세기본법」 제102조 제1항이 적용된다. 포탈한 자동차주행세에 특가법 제8조가 적용되지 아니한 경우 포탈세액에 대하여 검사가 공소를 제기하려면 해당 지방자치단체장의 고발을 받아야 한다(지기법 제111조).

Ⅳ〉 면세유류구입카드 등의 부정발급

> 조세범처벌법 제4조의2(면세유류구입카드 등의 부정발급) 「조세특례제한법」 제106의2 제11항 제1호의 행위를 한 자는 3년 이하의 징역 또는 3천만 원 이하의 벌금에 처한다.
> [본조신설 2014.1.1.]

1. 입법 취지 및 의의

농・어민등이 면세유를 공급받으려면 면세유류 관리기관에 면세유 사용시설에 관한 내역을 신고하고 면세유류 관리기관이 검토하여 농・어민등에게 면세유류구입카드 등을 발급한다. 면세유류구입카드 등을 발급받은 농・어민등은 석유판매업자에게 면세유류구입카드 등을 제시하고 면세유를 공급받는다. 때문에 면세유류구입카드 등은 농・어민등에 대한 면세유의 부정유통범죄에 있어 반드시 있어야만 하는 장비라 할 수 있다. 이런 면세유류구입카드 등이 부정하게 발급된다면 그 자체가 면세유 부정유통범죄의 길을 열어주는 것이다. 따라서 면세유류관리기관이 거짓이나 그 밖의 부정한 방법으로 면세유류구입카드 등을 발급하는 것을 예방할 목적으로 본죄를 입법하였다.

본죄는 면세유류 관리기관인 조합이 거짓이나 그 밖의 부정한 방법으로 면세유류구입카드 등을 발급하였을 경우에 성립하는 죄다.

2. 구성요건 등

「조세특례제한법」 제106조의2 제11항 제1호에 따르면 본죄의 범죄주체는 면세유류 관리기관인 조합이나, 조합은 법인이므로 실제로 면세유류구입카드 등을 발급자(법정행위자)가 범죄주체가 되고 조합은 「조세범처벌법」 제18조의 양벌규정(조처법 제18조)에 의하여 처벌된다.

거짓이나 그 밖의 부정한 방법으로 면세유류구매카드등을 발급한 경우는 면세유류 관리기관인 조합이 농・어민등이 제출한 면세유 사용시설 신고서의 내용을 검토한 바 발급받을 자격을 갖추지 못하였음에도 면세유류구매카드 등을 발급하는 경우 등을 말한다.

면세유류 관리기관인 조합이 거짓이나 그 밖의 부정한 방법으로 면세유류구매카드 등을 발급할 때 기수가 되고, 죄수는 발급하는 면세유류구매카드, 출고지시서, 구입권 각각마다

1죄가 성립한다.

(1) 면세유구입카드

제 5 절

가짜석유제품의 제조 또는 판매 관련 조세포탈

> 조세범처벌법 제5조(가짜석유제품의 제조 또는 판매) 「석유 및 석유대체연료 사업법」 제2
> 조 제10호에 따른 가짜석유제품을 제조 또는 판매하여 조세를 포탈한 자는 5년 이하의
> 징역 또는 포탈한 세액의 5배 이하의 벌금에 처한다. 〈개정 2013.1.1.〉

I ⟩⟩ 입법취지 및 의의

석유류 제품 중 휘발유의 경우 간접세로 부가가치세(공급가액의 10%), 개별소비세(리터
당 475원) 또는 교통·에너지·환경세(리터당 475원), 교육세(개별소비세 또는 교통·에
너지·환경세의 15%), 자동차주행세(교통·에너지·환경세의 1,000분의 360)가 부과되고
있어 가짜 휘발유를 제조 또는 판매하여 유통하면 이들 간접세 정도의 차익을 얻을 수 있
다. 때문에 휘발유 등의 가짜석유제품을 제조 또는 판매하는 사례가 빈번해지고 대규모화
되어 세수 일실, 석유류 유통질서 왜곡, 환경오염 등의 폐해를 가져옴에 따라 가짜석유제품
을 제조 또는 판매하여 조세를 포탈하는 행위를 가중처벌하여 관련 범죄를 예방할 목적으
로 본죄를 입법하였다.

본죄는 「석유 및 석유대체연료 사업법」 제2조 제10호에 따른 가짜석유세품을 제조 또는
판매하여 조세를 포탈한 경우에 성립한다.

가짜석유제품의 개념 등은 "석유(가짜석유제품) 및 면세유 등"의 단원에서 가짜석유제
품에 대한 내용을 참고하기 바란다.

II ⟩⟩ 구성요건

1. 범죄주체

법문은 본죄의 범죄주체를 「석유 및 석유대체연료 사업법」 제2조 제10호에 따른 가짜석유
세품을 제조 또는 판매하여 조세를 포탈한 자로 규정하고 있다. 따라서 범죄주체는 납세의무

자 또는 「조세범처벌법」 제18조에서 규정하는 법정행위자의 신분을 가진 자이어야 한다.

2. 가짜석유제품의 제조 또는 판매하여 조세포탈

본죄는 "가짜석유제품을 제조 또는 판매하여 조세를 포탈"한 경우에 성립한다. 판례(대법원 2017.12.5. 선고 2013도7649 판결)는 본죄의 가짜석유제품을 제조 또는 판매하여 조세를 포탈한 행위에 대하여 『'유사석유제품을 제조하여 조세를 포탈'하는 행위란 유사석유제품을 제조하여 물품을 반출하거나 사업상 독립적으로 재화를 공급함으로써 교통·에너지·환경세, 교육세, 부가가치세 등의 납세의무를 부담하는 자가 그 조세의 부과와 징수를 피하여 면하는 것을 말한다. 처벌조항의 문언, 입법 연혁과 목적, 조세범처벌법의 체계 등에 비추어보면, 조세의 부과와 징수를 불가능하게 하거나 현저히 곤란하게 하는 적극적인 행위를 하지 않고 단순히 유사석유제품의 제조와 관련하여 납세신고를 하지 않거나 거짓으로 신고하는 행위도 여기서 말하는 조세포탈의 포탈행위에 해당한다』라고 판시하였다. 따라서 본죄는 사기나 그 밖의 부정한 행위가 없이 "단순히 유사석유제품의 제조와 관련하여 납세신고를 하지 않거나 거짓으로 신고한 경우에도 성립한다"고 봄이 타당하다.

3. 조세포탈의 결과발생, 기수시기

본죄는 「조세범처벌법」 제3조 제1항의 범칙행위를 가중처벌하는 죄로 결과범에 해당하여 조세포탈의 결과가 있어야 범죄가 성립한다.

기수시기는 본죄의 객체가 되는 세목들이 모두 신고납세제도에 속하는 세목들이므로 신고·납부기한이 경과한 때에 기수가 된다.

4. 고의

본죄는 고의범으로 가짜석유제품을 제조하여 반출하거나 소비자 등에게 판매하여 개별소비세 또는 교통·에너지·환경세, 교육세, 부가가치세 등의 납세의무를 가진 자가 신고하지 아니하거나 거짓으로 신고·납부하여 조세를 포탈한다는 인식하에 범행을 하여야 한다.

Ⅲ 죄수

본죄의 객체가 되는 개별소비세 또는 교통·에너지·환경세 포탈이 발생하면 기생세인 교육세 또는 자동차주행세, 부가가치세 등의 포탈이 함께 발생하기 때문에 각 세목별로 1죄가 성립하고 각 죄 상호간에는 상상적 경합이 된다.

　본죄와 「조세범처벌법」 제3조 제1항의 죄가 동시에 적용될 경우 본죄가 제3조 제1항에 대한 가중처벌조항이므로 본죄를 우선하여 적용한다.

Ⅳ〉 특가법 제8조에 의한 가중처벌

　본죄로 인한 포탈세액과 「조세범처벌법」 제3조 제1항 및 제5조, 「지방세기본법」 제102조 제1항의 포탈세액 합계액을 같은 연도별로 합산하여 연간 5억 원 이상인 경우에는 특가법 제8조에 의하여 가중처벌 된다.

Ⅴ〉 교통 · 에너지 · 환경세 등과 함께 포탈되는 자동차주행세(지방세)

　본죄 관련 조세포탈 시 함께 포탈되는 자동차주행세는 지방세이므로 본죄를 적용할 수 없고 「지방세기본법」 제102조 제1항이 적용된다. 포탈세액이 특가법 제8조가 적용되지 아니한 경우 검사가 공소를 제기하려면 해당 지방세를 관할하는 지방자치단체장의 고발을 받아야 한다(지기법 제111조).

무면허 주류의 제조 및 판매 관련 범죄

> 조세범처벌법 제6조(무면허 주류의 제조 및 판매) 「주류 면허 등에 관한 법률」에 따른 면허를 받지 아니하고 주류, 밑술·술덧을 제조(개인의 자가소비를 위한 제조는 제외한다)하거나 판매한 자는 3년 이하의 징역 또는 3천만원(해당 주세 상당액의 3배의 금액이 3천만원을 초과할 때에는 그 주세 상당액의 3배의 금액) 이하의 벌금에 처한다. 이 경우 밑술과 술덧은 탁주로 본다. 〈개정 2020.12.29.〉

Ⅰ ≫ 입법취지 및 의의

　　주류는 중요 세원(稅源)이면서 건강 등의 국민복지에 영향을 미쳐 국가차원에서 생산과 유통에 관리가 필요한 재화라 할 수 있다. 주류의 제조와 판매를 국가차원에서 관리하지 아니하여 불량 주류가 생산되어 유통되면 그 주류를 먹은 국민의 건강을 해칠 수 있고, 제조와 판매를 관리하지 아니하면 무자료 주류가 유통되어 주류와 관련된 주세, 교육세, 부가가치세 등 각종 조세의 탈루라는 결과를 낳아 국가재정을 해할 수 있다. 때문에 주류는 제조부터 판매까지 엄격한 관리가 필요하다는 판단하에 국가는 주류의 제조와 판매에 있어 면허제도를 도입하였다. 이러한 주류의 제조 또는 판매 면허제도를 확고히 유지하기 위하여 본죄를 입법하였다.

　　본죄는 「주류 면허 등에 관한 법률」에 따른 면허를 받지 아니하고 주류 등을 제조(개인의 자가소비를 위한 제조는 제외한다)하거나 판매하는 경우에 성립한다. 범칙행위자가 주류 등을 제조하거나 판매하여 주세 등의 조세를 포탈할 경우에는 본죄와 별도로 「조세범처벌법」 제3조 제1항의 조세포탈죄가 성립한다. 두 죄는 상호간에 실체적 경합이 된다.

　　주세 등에 관한 내용은 제1장 제9절[과세기간(과세시점), 과세표준, 세목별 신고·납부기한]을 참고하기 바란다.

Ⅱ 》 구성요건 등

법문은 본죄의 범죄주체를 「주류 면허 등에 관한 법률」에 따른 면허를 받지 아니하고 주류, 밑술·술덧을 제조(개인의 자가소비를 위한 제조는 제외한다)하거나 판매한 자로 규정하고 있다. 따라서 범죄주체는 「주류 면허 등에 관한 법률」에 따른 면허를 받지 아니하고 주류 등을 제조하거나 판매하는 자(법인 포함)를 말한다.

면허를 받지 아니하고 주류 등을 제조 또는 판매 행위 중 제조행위(개인의 자가소비를 위한 제조는 제외한다)는 관할 세무서장으로부터 제조면허를 득하지 아니하고 주류 등을 제조하거나 제조한 주류 등을 판매하는 것으로서 기 제조면허를 가진 자가 그 면허의 정지처분을 받은 기간에 제조한 행위를 포함하고(대법원 1995.6.30. 95도571 판결), 판매행위는 관할 세무서장으로부터 주류 등의 판매면허를 받지 아니하고 주류 등을 도매 또는 소매로 판매하는 행위를 말한다.

본죄의 기수시기는 면허를 받지 아니하고 주류 등을 제조한 행위는 제조하는 때에 기수가 되고, 판매행위는 판매하는 때에 기수가 된다.

제 7 절

체납처분의 면탈 관련 범죄

I. 체납처분면탈죄

> **조세범처벌법 제7조(체납처분 면탈)**
> ① 납세의무자 또는 납세의무자의 재산을 점유하는 자가 체납처분의 집행을 면탈하거나 면탈하게 할 목적으로 그 재산을 은닉·탈루하거나 거짓 계약을 하였을 때에는 3년 이하의 징역 또는 3천만원 이하의 벌금에 처한다.

1. 입법취지 및 의의

체납처분면탈죄는 납세의무자 또는 납세의무자의 재산을 점유하는 자가 체납처분의 집행을 면탈하거나 면탈하게 할 목적으로 그 재산을 은닉·탈루하거나 거짓 계약을 하였을 경우에 성립한다.

하지만 납세의무자 또는 납세의무자의 재산을 점유하는 자가 조세채무를 가진 상태에서 재산을 은닉·탈루하거나 거짓 계약을 하였다고 무조건 본죄가 성립하는 것은 아니다. 조세채무를 가진 납세의무자 등이 재산을 은닉·탈루하거나 거짓 계약을 하였을지라도 가지고 있는 잔여재산이 조세채무를 충당하기에 충분하다면 본죄로 책임을 묻기 어렵다. 사유는 기 행한 은닉·탈루하거나 거짓 계약 행위가 잔여재산이 있어 국가의 징수권과 과세관청의 체납처분(강제징수제도)의 집행권을 해할 염려가 없기 때문이다.

납세의무자는 추상적인 납세의무를 가지는 순간부터 해당 세목에 대한 납세의무를 지게 된다. 일반적인 경우 추상적인 납세의무가 성립하면 납세의무의 확정을 거쳐 납세의무자는 납부 등의 절차를 통하여 납세의무를 이행한다. 이 과정에서 납세의무자가 사기나 그 밖의 부정한 방법으로 국가의 부과·징수권을 해쳐 조세를 포탈하거나, 재산의 은닉·탈루 또는 거짓 계약 등의 방법을 통해 징수권을 해치는 경우가 있다. 이 중 납세의무자가 재산의 은닉·탈루 또는 거짓 계약 등의 방법을 통해 국가의 징수권을 해치는 행위 등을 벌하기 위하여 본죄를 입법하였다.

본죄의 보호법익은 국가의 징수권과 과세관청의 체납처분(강제징수제도)의 집행권 확보라 할 수 있다.

2. 구성요건

(1) 범죄주체

본죄의 범죄주체는 납세의무자 또는 납세의무자의 재산을 점유하는 자이다. 따라서 범죄주체는 납세의무자 또는 납세의무자의 재산을 점유하는 자라는 신분을 가져야 하는 신분범이다. 여기에서 납세의무자의 범위는 체납처분(강제징수)의 대상이 될 수 있는 법인의 합병 또는 상속으로 인한 납세의무승계자(국기법 제23조 또는 제24조), 연대납세의무자(국기법 제25조), 제2차 납세의무자(국기법 제38조부터 제41조) 등이 포함된다.

(2) 범죄객체

본죄의 범죄객체는 동산, 유가증권, 채권, 부동산, 전세권 등의 물권, 특허권 등의 무체재산권 등으로 공매 등의 체납처분 절차를 통해 환가가 가능한 재산이다.

(3) 「국세징수법」 등에 의하여 체납처분[주1](강제징수)의 집행을 받을 우려가 있는 객관적인 상태

체납처분이란 조세 및 기타 공법상의 채권이 정해진 납부기한까지 이행되지 아니한 경우 납세의무자 등의 재산을 행정상의 강제력에 의하여 압류, 공매, 청산 등의 절차를 거쳐 환가하여 조세 또는 공법상의 채권을 충당하는 일련의 절차를 말한다. 국세의 체납처분(강제징수)은 「국세징수법」에 규정되어 있고 압류, 매각 또는 추심, 청산의 절차에 따라 진행된다(국징법 제24조).

체납처분(강제징수)의 집행은 압류로부터 시작된다. 과세관청이 체납처분의 시작 즉, 압류를 진행하려면 "납세의무자 등이 압류를 받을 수 있는 조건"에 있어야 한다. 이에 대하여 법원의 판례[대법원 2018.11.15. 선고 2017도18758 판결(대구지방법원 2017.10.19. 선고 2016노5397 판결), 대법원 2018.10.12. 선고 2017도10630 판결(수원지방법원 2017.6.19. 선고 2016노3133 판결)]는 "국세징수법 등에 의하여 체납처분의 집행을 받을 우려가 있는 객관적인 상태"라고 표현하고 있다.

「국세징수법」 제24조는 과세관청이 압류를 할 수 있는 조건 즉, "국세징수법 등에 의하여 체납처분의 집행을 받을 우려가 있는 객관적인 상태"(납세의무자 등이 압류를 받을 수 있는 조건)에 대하여 "납세자가 제10조(국세징수법)에 따른 독촉 또는 제9조 제2항(국세징수법)에 따른 납부기한 전 징수의 고지를 받고 지정된 기한까지 국세 또는 체납액을 완납하지 아니한 경우"라고 규정하고 있다. 여기에서 "제10조에 따른 독촉기한"은 독촉장(독촉장은 납세의무자가 국세를 지정한 납부기한까지 완납하지 아니한 경우 지정납부기한이 지난 후 10일 이내에 발급한다)에 기재된 납부기한(독촉장을 발급하는 경우 독촉하는 날부터 20일 이내의 범위 내에서 기한을 정함)을 말하고, "제9조 제2항에 따른 납부기한 전 징수의 고지를 받고 지정된 기한"은 납세자에게 "납부기한 전 징수 사유"(국징법 제9조 제1항)가 발생하면 관할 세무서장이 당초의 납부기한보다 단축된 기한을 정하여 납부고지를 하는데 그 정해진 납부기한을 말한다. 따라서 「국세징수법」에서 규정하는 "「국세징수법」 등에 의하여 체납처분의 집행을 받을 우려가 있는 객관적인 상태"(납세의무자 등이 압류를 받을 수 있는 조건)는 납세의무자 등에게 독촉장의 독촉기한 또는 납부기한 전 징수 사유로 납부고지 받은 납부기한까지 납부하지 아니한 체납액 또는 국세가 있는 상태라 할 수 있다.

판례가 말하는 "국세징수법 등에 의하여 체납처분의 집행을 받을 우려가 있는 객관적인 상태"(납세의무자 등이 압류를 받을 수 있는 조건)에 대한 내용을 살펴보면 "피고인이 3회에 걸쳐 부동산을 양도하고 그 양도대금을 부인에게 증여한 행위와 관련하여 재산을 은닉해 체납처분을 면탈한 행위로 고발된 사건"에 대하여 『피고인은 2011.10.11., 2011.12.19., 2012.2.14. 공소사실 기재 각 부동산을 매도하였다. 피고인이 납부할 세금의 납부기한은 2012.3.31.(부가가치세), 2013.1.31.(양도소득세, 종합소득세)로 고지되었다. 피고인이 G(부인)에게 금원을 교부한 일시는 2011.11.3.부터 2012.2.6.까지였는데, 이는 납부기한 전이고, 당시 과세관청의 체납 처분 집행이 임박하였다거나 그 밖에 피고인이 체납처분의 집행을 받을 우려가 있었다고 볼 증거가 없다』라고 판시[대법원 2018.11.15. 선고 2017도18758 판결(대구지방법원 2017.10.19. 선고 2016노5397 판결)]하였고, "피고인이 2014.3.5. 수원시청 생태공원과로부터 피고인의 SC제일은행 계좌로 수원시 장안구 D 외 1필지 매도대금 722,454,060원을 수령하고, 양도소득세를 납부해야 함에도 2014.3.6. 600,000,000원을 현금으로 인출하여 그 재산을 은닉하였다고 체납처분을 면탈한 행위로 고발된 사건"에 대하여 『피고인은 수원시 장안구 D외 1필지(이하 '이 사건토지'라고 한다)를 2014.2.24. 수원시에 매도하여 2014.2.28. 양도소득세 납세의무가 성립하였고, 2014.3.5. 매도대금 722,452,060원을 수령하였으며 2014.4.8. 양도소득세 예정신고를 하였다. 피고인이 공소사실 기재와 같이 현금을 인출한 2014.3.6.경은 납세의무가 성립하기는 하였으나 이 사건 양도소득세 14,872,410원의 고지일(2014.7.10.) 및 납부기한(2014.7.31.) 이전일 뿐만 아니라, 당시 과세관청이 피고인에게 어떠한 독촉을 하였다는 등 과세관청의 체납처분 집행이 임박하였다거나 그 밖에 피고인이 체납처분의 집행을 받을 우려가 있었다고 볼 만한 증거가 없다』라고 판시〔대법원 2018.10.12. 선고 2017도10630 판결(수원지방법원 2017.6.19. 선고 2016노3133 판결)〕하였다. 두 판례의 판시내용을 요약하면 '체납처분(강제징수) 집행을 받을 우려가 있는 상태'(국세징수법 등에 의하여 체납처분의 집행을 받을 우려가 있는 객관적인 상태)는 과세관청으로부터 체납처분(강제징수)의 집행이 있을 것이라는 예고 성격인 독촉 등을 받은 상태임을 의미하고, 재산을 은닉하는 등의 체납처분면탈범죄가 성립하려면 납세의무자 또는 납세의무자의 재산은 점유하는 자가 과세관청에서 체납처분(강제징수)을 집행할 우려가 있는 상태(시기)에서 재산을 은닉하는 등의 면탈한 행위가 있어야 한다는 것이다.

주1) "체납처분"이라는 용어는 2021.1.1. 「국세징수법」 개정 시 "강제징수"라는 용어로 변경되었으나 본죄의 법문은 체납처분이라는 용어를 계속 사용하고 있어 체납처분이라는 용어를 그대로 표현한다.

(4) 재산을 은닉·탈루하거나 거짓 계약

본죄가 성립하려면 납세의무자 또는 납세의무자의 재산은 점유하는 자가 과세관청에서 체납처분(강제징수)을 집행할 우려가 있는 상태(시기)에서 재산을 은닉·탈루하거나 거짓 계약 등의 면탈한 행위가 있어야 한다.

재산을 은닉한다는 것의 개념에 대해 판례[대법원 2018.10.12. 선고 2017도10630판결(수원지방법원 2017.6.19. 선고 2016노3133 판결) ; 대법원 2018.11.15. 선고 2017도18758 판결(대구지방법원 2017.10.19. 선고 2016노5397 판결)]는 『체납처분을 실시하려는 과세관청이 납세의무자의 재산을 발견하는 것을 불가능하게 하거나 곤란하게 만드는 것이고, 납세의무자가 납세의무의 성립 전 또는 납세의무의 성립 후라도 체납처분의 집행 우려가 없는 상태에서 자신의 소득 등 재산을 진의에 의하여 정상적인 방법으로 소비한 경우라면 이러한 소비행위가 조세징수권자인 국가에 불이익을 초래하는 결과가 되었다는 사정만으로 체납처분의 집행을 면탈할 목적으로 재산을 은닉하였다고 단정할 수 없다』라고 판시하였다.

재산을 탈루한다는 것은 매매·증여·명의신탁·멸실 등의 방법으로 납세의무자 등의 재산을 매매·증여·명의신탁·멸실 등의 방법으로 소유권을 이전하거나 그 효용을 해하여 납세의무자 등의 재산을 체납처분(강제징수)에서 일탈시키는 행위를 말한다.

거짓 계약은 허위 양도 또는 허위 채무부담, 이중계약서 작성 등 방법으로 진정한 의사와 달리 양도 또는 재산의 감소를 가져오는 계약을 말한다.

(5) 고의

본죄는 고의범으로 납세의무자 또는 납세의무자의 재산을 점유하는 자가 재산을 은닉·탈루, 거짓 계약하여 체납처분(강제징수)을 면탈한다는 인식하에 면탈행위를 하여야 한다.

(6) 체납처분(강제징수) 면탈의 목적

본죄는 목적범이므로 고의 외에 체납처분(강제징수)의 면탈이라는 목적이 있어야 범죄가 성립한다. 이에 대하여 판례[대법원 2018.10.12. 선고 2017도10630판결(수원지방법원 2017.6.19. 선고 2016노3133 판결) ; 대법원 2018.11.15. 선고 2017도18758 판결(대구지방법원 2017.10.19. 선고 2016노5397 판결)]는 『국세징수법 등에 의한 체납처분의 집행을 받을 우려가 있는 객관적인 상태에서 납세의무자가 주관적으로 체납처분을 면탈하려는 목적으로 재산을 은닉하는 등의 행위를 하여 체납처분 집행에 위험이 발생하면 성립한다』라고 판시하여 본죄가 목적범인 것과 위험범임을 말하고 있다.

(7) 기수시기

본죄는 위험범에 해당하여 법익침해의 위험만 있어도 기수가 된다. 따라서 체납처분을 면탈하려는 목적으로 재산을 은닉·탈루, 거짓 계약에 의하여 국가의 징수권 또는 과세관청의 체납처분(강제징수)의 집행권을 해할 위험만 있으면 법익침해의 결과가 없어도 범죄가 성립한다(대법원 2018.4.12. 선고 2013도6962 판결).

Ⅱ 압수·압류물건 은닉 등 범죄

> 조세범처벌법 제7조(체납처분 면탈)
> ① (생략)
> ②「형사소송법」제130조 제1항에 따른 압수물건의 보관자 또는「국세징수법」제49조 제1항에 따른 압류물건의 보관자가 그 보관한 물건을 은닉·탈루하거나 손괴 또는 소비하였을 때에도 제1항과 같다. 〈개정 2015.12.29., 2020.12.29.〉
> ③ (생략)

1. 의의

본죄는「형사소송법」제130조 제1항에 따른 압수물건의 보관자 또는「국세징수법」제49조 제1항에 따른 압류물건의 보관자가 그 보관한 물건을 은닉·탈루하거나 손괴 또는 소비하였을 때에 성립한다.

2. 구성요건 등

본죄의 범죄주체는 「형사소송법」 제130조 제1항에 따른 압수물건 또는 「국세징수법」 제49조 제1항에 따른 압류물건의 보관자이다.

「조세범처벌법」 처벌조항의 법문에 「형사소송법」 제130조 제1항에 따른 압수물건의 보관자가 언급된 사유는 세무공무원이 조세범칙조사를 하기 위하여 조세범칙행위자 등을 심문하거나 압수 또는 수색할 필요가 있는 경우 「조세범처벌절차법」에서 규정한 사항 외에 압수 또는 수색과 압수·수색영장에 관하여는 「형사소송법」 중 압수 또는 수색과 압수·수색영장에 관한 규정을 준용한다고 「조세범처벌절차법」에 규정해 놓았기 때문이다(조세범처벌절차법 제10조). 「조세범처벌절차법」이 규정하는 내용을 벗어난 압수 등에 관한 사안들에는 「형사소송법」 제130조 제1항이 준용된다. 「형사소송법」 제130조 제1항은 "운반 또는 보관에 불편한 압수물에 관하여는 간수자를 두거나 소유자 또는 적당한 자의 승낙을 얻어 보관하게 할 수 있다"라는 내용이다. 따라서 법문의 "「형사소송법」 제130조 제1항에 따른 압수물건"은 「조세범처벌절차법」과 관련된 압수물건이라고 봄이 타당하다.

「국세징수법」 제49조 제1항은 "제48조에도 불구하고 운반하기 곤란한 동산은 체납자 또는 제3자에게 보관하게 할 수 있다. 이 경우 봉인(封印)이나 그 밖의 방법으로 압류재산임을 명백히 하여야 한다"라는 내용이다. 「국세징수법」 제48조는 동산과 유가증권에 대한 압류를 규정하는 법 조항으로 동산 또는 유가증권의 압류는 세무공무원이 점유함으로써 하고, 압류의 효력은 세무공무원이 점유한 때에 발생한다고 규정하고 있다. 「국세징수법」 제49조 제1항은 동산을 압류할 경우 세무공무원이 점유를 위하여 운반하기 곤란한 동산은 봉인 등의 방법으로 압류재산임을 명백히 하여 체납자 또는 제3자에게 보관하게 할 수 있다는 내용이다. 따라서 "「국세징수법」 제49조 제1항에 따른 압류물건"은 체납처분(강제징수)에 의하여 압류한 동산 등을 의미한다.

III ▷ 체납처분(강제징수) 면탈 등의 방조

> **조세범처벌법 제7조(체납처분 면탈)**
> ① (생략)
> ② (생략)
> ③ 제1항과 제2항의 사정을 알고도 제1항과 제2항의 행위를 방조하거나 거짓 계약을 승낙한 자는 2년 이하의 징역 또는 2천만원 이하의 벌금에 처한다.

1. 의의 등

본죄는 체납처분면탈범행(조처법 제7조 제1항)과 압수·압류물건의 은닉 등의 범행(조처법 제7조 제2항)의 사정을 알고도 이들 범죄행위를 방조하거나 거짓 계약을 승낙한 경우에 성립한다.

본죄의 행위들은 형법상 방조범에 해당한다고 볼 수 있지만 「조세범처벌법」에 별도로 본죄를 규정해 놓았다. 본죄가 규정됨으로 인하여 체납처분면탈죄에서 거짓 계약의 상대방을 처벌할 수 있게 되었고 방조자도 형법상의 방조범보다 중하게 처벌할 수 있게 되었다.

제 **8** 절

장부의 소각·파기 등 관련 범죄

조세범처벌법 제8조(장부의 소각·파기 등) 조세를 포탈하기 위한 증거인멸의 목적으로 세법에서 비치하도록 하는 장부 또는 증빙서류(「국세기본법」 제85조의3 제3항에 따른 전산조직을 이용하여 작성한 장부 또는 증빙서류를 포함한다)를 해당 국세의 법정신고기한이 지난 날부터 5년 이내에 소각·파기 또는 은닉한 자는 2년 이하의 징역 또는 2천만원 이하의 벌금에 처한다.

I 〉 의의 및 입법취지

  본죄는 조세를 포탈하기 위한 증거인멸의 목적으로 세법에서 비치하도록 하는 장부 또는 증빙서류(「국세기본법」 제85조의3 제3항에 따른 전산조직을 이용하여 작성한 장부 또는 증빙서류를 포함한다)를 해당 국세의 법정신고기한이 지난 날부터 5년 이내에 소각·파기 또는 은닉한 경우에 성립한다.

  「국세기본법」 제16조 제1항은 "납세의무자가 세법에 따라 장부를 갖추어 기록하고 있는 경우에는 해당 국세 과세표준의 조사와 결정은 그 장부와 이와 관계되는 증거자료에 의하여야 한다"라고 하여 근거과세를 규정하고 있다. 「국세기본법」 제85조의3 제1항은 납세자의 모든 거래에 관한 장부 및 증거서류를 성실하게 작성하여 비치할 것을 규정하고, 동법 제85조의3 제2항은 제1항에 따른 장부 및 증거서류를 해당 국세의 법정신고기한이 지난 날로부터 5년간(역외거래의 경우 7년간) 보존할 것을 규정하고 있다. 그뿐만 아니라 「법인세법」 제112조 【장부의 비치·기장】, 「법인세법」 제112조의2 【기부금영수증 발급명세의 작성·보관 의무 등】, 「법인세법」 제116조 【지출증명서류의 수취 및 보관】, 「소득세법」 제160조 【장부의 비치·기록】, 「소득세법」 제160조의2 【경비 등이 지출증명 수취 및 보관】, 「소득세법」 제160조의3 【기부금영수증 발급명세의 작성보관의무 등】, 「부가가치세법」 제71조 【장부의 작성·보관】 등의 개별세법에 장부, 증빙서류 등을 작성·비치·보관에 대하여 규정하고 있다.

  위 내용과 같이 「국세기본법」과 개별세법에 장부의 비치·기록·보관에 관하여 법제화한 사유는 장부의 비치·기록·보관이 국세 부과의 원칙 중 하나인 근거과세를 할 수 있는 근간이기 때문이다. 사업자의 장부의 비치·기록·보관은 국가의 부과·징수권을 확립하는데 반드시 지켜져야 할 사안이라 인식하여 이를 해하는 장부의 소각·파기 또는 은닉한 행위를 중하게 처벌하기 위해 본죄를 입법하였다.

Ⅱ 구성요건

1. 범죄주체

본죄의 범죄주체는 조세를 포탈하기 위한 증거인멸의 목적으로 세법에서 비치하도록 하는 장부 또는 증빙서류(「국세기본법」 제85조의3 제3항에 따른 전산조직을 이용하여 작성한 장부 또는 증빙서류를 포함한다)를 해당 국세의 법정신고기한이 지난 날부터 5년 이내에 소각·파기 또는 은닉한 자이다.

2. 세법에서 비치·기록하도록 하는 장부 또는 증빙서류

장부란 기업의 재산상태, 손익거래, 자산 또는 부채의 증감, 자본 변동 등의 내용을 기록하는 회계서류로서 복식부기장부와 간편장부로 구분한다. 복식부기장부란 사업의 재산상태와 그 손익거래내용의 변동을 빠짐없이 이중으로 기록하여 계산하는 부기형식의 장부를 말한다(소득령 제208조 제1항). 간편장부란 회계지식이 없는 영세사업자를 위하여 수입과 비용을 가계부 작성하듯이 쉽고 간편하게 작성할 수 있게 국세청장이 고시한 장부를 말한다(소득령 제208조 제9항). 장부는 종이 서류로 작성된 것뿐만 아니라 전산조직을 이용하여 작성할 수 있고 이 경우 그 처리과정 등을 보관한 자기테이프, 디스켓 또는 그 밖의 정보보존장치에 보존하였을 때 장부를 비치·기장한 것으로 보므로 전산조직을 이용한 장부도 인정된다(국기법 제85조의3, 소득령 제208조 제2항 제2호).

「소득세법」은 사업자는 소득금액을 계산할 수 있도록 증명서류 등을 갖춰 놓고 그 사업에 관한 모든 거래 사실이 객관적으로 파악될 수 있도록 복식부기에 따라 장부에 기록·관리하여야 한다고 규정한다(소득법 제160조 제1항). 다만, 업종규모 등을 고려하여 업종별 일정규모 미만의 사업자일 경우 간편장부에 의한 기록을 허용한다(소득법 160조 제2항).

「법인세법」은 납세의무가 있는 법인은 장부를 갖추어 두고 복식부기 방식으로 장부를 기장하여야 하며, 장부와 관계있는 중요한 증명서류를 비치·보존하여야 하고, 다만, 비영리법인은 「법인세법」 제4조 제3항 제1호 및 제7호의 수익사업을 하는 경우에만 복식부기방식으로 장부를 기장하여야 한다고 규정한다(법인법 제112조).

복식부기 방식으로 장부를 기장할 경우 만들어지는 대표적인 장부들은 재무상태표, 손익계산서, 합계잔액시산표, 계정별원장, 생산일계표, 판매일보, 일기장 등이 있다.

증빙서류(증거자료)란 이중으로 대차평균하게 기표된 전표 또는 장부에 기재된 내용을 증명하는 세금계산서, 계산서, 신용카드매출·매입전표, 현금영수증, 계약서, 영수증, 송장 등을 총칭하는 말이다.

3. 해당 국세의 법정신고기한이 지난 날로부터 5년 이내에 장부 등을 소각, 파기, 은닉

본죄가 성립하려면 해당 국세의 법정신고기한이 지난 날로부터 5년 이내에 세법에서 비치하도록 하는 장부 또는 증빙서류를 소각, 파기, 은닉 행위가 있어야 한다. 소각이란 불로 태워 없애는 것을 말하고, 파기란 파쇄하거나 기타 방법으로 없애는 것을 말하고, 은닉이란 감추어 발견하지 못하게 하는 것을 말한다.

4. 고의

본죄는 고의범으로 조세를 포탈하기 위한 증거인멸의 목적으로 세법에서 비치하도록 하는 장부 또는 증빙서류를 해당 국세의 법정신고기한이 지난 날로부터 5년 이내에 소각·파기 또는 은닉한다는 인식하에 범행을 하여야 한다.

5. 조세포탈을 위한 증거인멸 목적

본죄는 고의범이면서 목적범이므로 고의 외에 추가적으로 조세포탈을 위한 증거인멸의 목적이 있어야 범죄가 성립한다. 따라서 과실 또는 조세포탈을 위한 증거인멸의 목적 외의 의도로 범행을 하였을 경우에는 본죄가 성립하지 않는다.

6. 기수시기

본죄는 위험범으로 조세포탈을 위한 증거인멸의 목적으로 장부 또는 증빙서류를 소각·파기 또는 은닉할 때 기수가 된다. 조세포탈의 결과가 없어도 본죄에 대한 책임을 물을 수 있다.

Ⅲ 》 조세포탈죄와의 관계

본죄의 실행행위인 조세를 포탈하기 위한 증거인멸의 목적으로 세법에서 비치하도록 하는 장부 또는 증빙서류(「국세기본법」 제85조의3 제3항에 따른 전산조직을 이용하여 작성한 장부 또는 증빙서류를 포함한다)를 해당 국세의 법정신고기한이 지난 날부터 5년 이내에 소각·파기 또는 은닉한 행위는 조세포탈죄에 있어 부정행위에 해당한다.

본죄의 실행행위로 조세포탈이 발생하였을 경우에는 본죄와 조세포탈죄가 각각 성립하고 둘의 관계는 실체적 경합 관계에 해당한다.

본죄가 발생하였지만 본죄로 인하여 조세포탈의 결과가 없을 경우에는 본죄만 성립한다.

제 9 절

성실신고 방해 행위 관련 범죄

> 조세범처벌법 제9조(성실신고 방해 행위)
> ① 납세의무자를 대리하여 세무신고를 하는 자가 조세의 부과 또는 징수를 면하게 하기
> 위하여 타인의 조세에 관하여 거짓으로 신고를 하였을 때에는 2년 이하의 징역 또는 2
> 천만원 이하의 벌금에 처한다.
> ② (생략)

1. 의의 및 입법취지

본죄는 납세의무자를 대리하여 세무신고를 하는 자가 부과 또는 징수를 면하게 하기 위
하여 타인의 조세에 관하여 거짓으로 신고하였을 경우 성립한다.

납세의무자로부터 세무신고를 위임받은 세무대리인 등이 납세의무자와 신뢰 관계를 쌓
아 기장수임 유지 등의 목적으로 납세의무자의 조세에 관하여 거짓으로 신고하는 행위가
조세포탈로 이어진다는 위험성을 인식하고 해당 행위를 형벌로 처벌할 필요가 있어 본죄를
입법하였다. 판례(대법원 2019.11.14. 선고 2019도9269 판결)는 본죄의 입법취지를 『이 사건 처벌
조항은 납세의무자를 대리하여 거짓으로 세무신고를 하는 경우 그 자체로 조세포탈의 결과
가 발생할 위험이 매우 크다는 점 등을 고려하여 조세포탈행위와 별도로 그 수단이자 전
단계인 거짓신고행위를 처벌하는 것으로 볼 수 있다』라고 판시하고 있다.

2. 구성요건

(1) 범죄주체

본죄의 범죄주체는 "납세의무자를 대리하여 세무신고를 하는 자"이다. "납세의무자를
대리하여 세무신고를 하는 자"란 일반적인 경우 세무사, 공인회계사, 변호사의 신분을 갖춘

자라 생각할 수 있으나, 세무대리를 할 자격이 없는 사람은 본죄의 행위주체인 "납세의무자를 대리하여 세무신고를 하는 자"에 해당하지 않는다고 하여 본죄에 해당하는 범칙행위를 한 자에 대하여 무죄로 판단한 것에 대하여 판례(대법원 2019.11.14. 선고 2019도9269 판결)는 『이 사건 처벌조항은 행위주체를 단순히 '납세의무자를 대리하여 세무신고를 하는 자'로 정하고 있을 뿐, 세무사법등의 법령에 따라 세무대리를 할 수 있는 자격과 요건을 갖춘 자 등으로 한정하고 있지 않다.…'납세의무자를 대리하여 세무신고를 하는 자'에는 세무사 자격이 없더라도 납세의무자의 위임을 받아 대여받은 세무사 명의로 납세의무자를 대리하여 세무신고를 하는 자도 포함된다고 봄이 상당하다』라고 판시하였다. 따라서 "납세의무자를 대리하여 세무신고를 하는 자"는 세무사, 공인회계사, 변호사의 신분을 갖춘 자만이 아니라 일명 '명의대여 세무사'도 본죄의 범죄주체가 될 수 있다. 이는 납세의무자를 대리하여 세무신고를 하는 자가 반드시 세무사, 공인회계사, 변호사의 자격을 갖추지 아니하였을지라도 조세의 부과 또는 징수를 면하게 하기 위해 타인의 조세에 관하여 거짓으로 신고한 자라면 본죄의 주체가 될 수 있을 것으로 판단된다.

(2) 타인의 조세에 관하여 거짓으로 신고

본죄는 세무대리인등이 타인의 조세에 관하여 거짓으로 신고한 행위를 처벌한다. 하지만 세무대리인등이 타인의 조세에 관하여 거짓으로 신고한 행위 모두가 본죄의 처벌대상은 아니다. 세무대리인등이 세무신고를 대리하는 납세의무자와 통정하여 거짓으로 신고해 조세포탈이 발생하였을 경우 조세포탈죄가 성립하고, 거짓으로 신고한 행위는 조세포탈의 실행행위의 일부를 구성하여 조세포탈죄에 흡수되어 본죄로 처벌하지 않고, 세무대리인등은 조세포탈죄의 공동정범 또는 방조범으로 처벌된다. 「조세범처벌법」 제18조의 법정행위자가 고용주인 법인 또는 개인사업자의 조세에 대하여 거짓으로 신고하여 조세포탈을 하였을 경우도 조세포탈죄가 성립하므로 거짓으로 신고한 행위는 조세포탈죄의 실행행위의 일부분을 구성하고, 납세의무자와 관계가 세금신고를 대리하는 것이 아닌 고용관계에 있으므로 법정행위자는 본죄의 주체가 될 수 없다.

(3) 고의

본죄는 고의범으로 납세의무자를 대리하여 세무신고를 하는 자가 조세의 부과 또는 징수를 면하게 하기 위하여 타인의 조세에 관하여 거짓으로 신고한다는 사실을 인식하면서 거짓 신고를 하여야 한다.

(4) 타인의 조세에 대하여 부과 또는 징수를 면하게 할 목적

본죄는 고의 외에 타인의 조세에 대하여 부과 또는 징수를 면하게 할 목적으로 거짓으로 세무신고를 하여야 한다.

3. 기수시기

본죄는 위험범이므로 거짓으로 신고를 하는 때에 기수가 된다. 거짓으로 신고가 이루어 졌으나 타인의 조세에 대한 부과 또는 징수를 면하게 하는 결과가 없더라도 본죄는 성립한다.

Ⅱ 〉 과세표준 미신고 또는 거짓 신고 교사 등 관련 범죄

> **조세범처벌법 제9조(성실신고 방해 행위)**
> ① (생략)
> ② 납세의무자로 하여금 과세표준의 신고(신고의 수정을 포함한다. 이하 "신고"라 한다)를 하지 아니하게 하거나 거짓으로 신고하게 한 자 또는 조세의 징수나 납부를 하지 않을 것을 선동하거나 교사한 자는 1년 이하의 징역 또는 1천만원 이하의 벌금에 처한다.

1. 의의 및 입법취지

본죄는 납세의무자로 하여금 과세표준의 신고(신고의 수정을 포함한다. 이하 "신고"라 한다)를 하지 아니하게 하거나 거짓으로 신고하게 하거나 또는 조세의 징수나 납부를 하지 않을 것을 선동하거나 교사한 경우에 성립한다.

납세의무자로 하여금 과세표준의 신고를 하지 아니하게 하거나 거짓으로 신고하게 한 자 또는 조세의 징수나 납부를 하지 않을 것을 선동하거나 교사한 자의 행위는 궁극적으로 조세의 부과 또는 징수권을 해하는 위험성이 있음을 인식하여 이를 형벌로 처벌하고자 본죄를 입법하였다.

2. 구성요건 등

본죄의 범죄주체는 납세의무자로 하여금 과세표준의 신고를 하지 아니하게 하거나 거짓으로 신고하게 하는 자와 조세의 징수나 납부를 하지 않을 것을 선동하거나 교사한 자를 말한다. 따라서 범죄주체는 세무사 등의 특별한 신분이 요구되지 않는 자연인이다.

납세의무자로 하여금 과세표준의 신고를 하지 아니하게 하거나 거짓으로 신고하게 하는 행위는 피교사자인 납세의무자가 교사한 대로 과세표준을 신고하지 아니하거나 거짓으로 신고하여야 범죄가 성립한다. 만약 피교사자인 납세의무자가 교사내용과 달리 과세표준을 신고하거나 정상적으로 신고한 경우에는 본죄는 성립하지 않는다.

조세의 징수나 납부를 하지 않을 것을 선동하거나 교사한 행위는 납세의무자가 선동 또는 교사를 받은 내용대로 실행하여야만 범죄가 성립한다. 여기에서 선동이나 교사의 대상자는 조세의 징수 또는 납부를 행하는 납세의무자, 세무공무원, 원천징수의무자, 부가가치세 대리납부자(부가법 제52조 제1항) 등을 말한다.

납세의무자로 하여금 과세표준의 신고를 하지 아니하게 하거나 거짓으로 신고하게 하는 행위는 교사로 과세표준의 신고를 하지 아니하거나 거짓으로 신고하는 때에 기수가 되고, 조세의 징수나 납부를 하지 않을 것을 선동하거나 교사한 행위는 선동 또는 교사를 받은 내용대로 실행되는 때에 기수가 된다.

제 10 절

명의대여행위 등 관련 범죄

I 의의 및 입법취지

본죄는 조세의 회피 또는 강제집행의 면탈을 목적으로 타인의 성명을 사용하여 사업자등록을 하거나 타인 명의의 사업자등록을 이용하여 사업을 영위하는 경우 또는 조세의 회피 또는 강제집행의 면탈을 목적으로 자신의 성명을 사용하여 타인에게 사업자등록을 할 것을 허락하거나 자신 명의의 사업자등록을 타인이 이용하여 사업을 영위하도록 허락한 경우에 성립한다.

타인의 성명을 사용하여 사업자등록을 하거나 타인 명의의 사업자등록을 이용하여 사업을 영위하는 행위는 소득을 분산시켜 누진과세 회피, 체납처분등의 강제집행 면탈, 자료상 등의 조세 관련 불법행위를 하고 수사기관의 추적을 회피, 유흥주점 등의 일명 "모자바꿔쓰기" 행태의 조세포탈 등 궁극적으로 조세의 부과와 징수를 해치는 여러 폐해를 야기하므로 "타인의 성명을 사용하여 사업자등록을 하거나 타인명의의 사업자등록을 이용하여 사업을 영위하는 행위"와 "타인이 자신의 성명을 사용하여 타인에게 사업자등록을 할 것을 허락하거나 자신 명의의 사업자등록을 타인이 이용하여 사업을 영위하도록 허락한 행위" 중 조세의 회피 또는 강제집행의 면탈이 목적인 경우에는 형벌로서 처벌하기 위하여 본죄를 입법하였다.

Ⅱ 》 구성요건

1. 범죄 주체

「조세범처벌법」 제11조 제1항의 범죄주체는 조세의 회피 또는 강제집행의 면탈을 목적으로 타인의 성명을 사용하여 사업자등록을 하거나 타인 명의의 사업자등록을 이용하여 사업을 영위하는 자이고, 동법 제11조 제2항은 범죄 주체는 조세의 회피 또는 강제집행의 면탈을 목적으로 자신의 성명을 사용하여 타인에게 사업자등록을 할 것을 허락하거나 자신 명의의 사업자등록을 타인이 이용하여 사업을 영위하도록 허락하는 자이다.

제1항의 범칙행위자인 명의차용자와 제2항의 범칙행위자인 명의대여자는 필요적 공범이고 대향범의 관계에 있다 할 수 있다. 하지만 대향범의 관계가 성립하지 아니한 경우도 있다. 명의차용자가 명의차용 시 명의대여자에게 자신이 신용불량자라 자신의 명의로 사업을 하는 것이 곤란하다 이야기하고, 명의대여자가 명의차용자의 말을 믿고 사업자등록을 허락한 경우에는 "조세의 회피 또는 강제집행의 면탈 목적"이 없으므로 명의대여자에게 명의대여에 대한 책임을 묻기 어렵기 때문이다.

2. 사업자등록

사업자등록이란 사업자의 신청이나 과세관청의 직권으로 사업자를 정부에 등록하는 것을 말한다. 사업자등록은 사업자·사업자의 대리인 등이 세무서에 사업자등록신청서를 작성하여 제출하면 세무서장이 사업자에게 등록번호가 부여된 사업자등록증을 발급하여 주는 것으로 이루어진다(부가법 제8조 제7항). 만약 사업자가 사업자등록을 하지 않는 경우에는 관할 세무서장이 조사하여 직권으로 사업자등록을 한다(부가령 제11조 제6항).

사업자등록제도는 과세관청이 납세의무자를 파악하고 그 과세자료를 쉽게 확보하기 위해 도입한 것으로 사업자는 사업개시일로부터 20일 이내에 사업장 관할 세무서장에게 사업자등록 신청을 하여야 한다(부가법 제8조 제1항, 소득법 제168조, 법인법 제111조). 판례(대법원 2000.2. 1. 선고 98두2119 판결)는 사업자등록의 개념에 대하여 『부가가치세법상의 사업자등록은 과세관청으로 하여금 부가가치세의 납세의무자를 파악하고 그 과세자료를 확보케 하려는 데 입법취지가 있는 것으로서, 이는 단순한 사업사실의 신고로서 사업자가 소관 세무서장에게 소정의 사업자등록신청서를 제출함으로써 성립되는 것이고, 사업자등록증의 교부는 이와 같은 등록사실을 증명하는 증서의 교부행위에 불과한 것이다』라고 이야기한다.

3. 사업자등록의 차용·대여 등

본죄의 구성요건적 행위는 제1항은 "타인의 성명을 사용하여 사업자등록을 하거나 타인 명의의 사업자등록을 이용하여 사업을 영위하는 행위"이고 제2항은 "자신의 성명을 사용하여 타인에게 사업자등록을 할 것을 허락하거나 자신 명의의 사업자등록을 타인이 이용하여 사업을 영위하도록 허락하는 행위"이다.

"타인의 성명을 사용하여 사업자등록을 하거나 타인의 명의의 사업자등록을 이용하여 사업을 영위하는 행위"는 명의차용자가 타인(명의대여자)의 성명으로 사업자등록을 하는 것과 타인의 성명으로 등록된 사업자등록을 이용하여 사업하는 것을 말한다.

"자신의 성명을 사용하여 타인에게 사업자등록을 할 것을 허락하거나 자신 명의의 사업자등록을 타인이 이용하여 사업을 영위하도록 허락하는 행위"는 명의대여자가 타인(명의차용자)에게 자신의 명의로 사업자등록을 하는 것을 허락하는 것과 자신이 명의로 등록된 사업자등록을 타인(명의차용자)이 이용하여 사업을 하게 하는 것을 말한다.

본죄는 개인사업자에게만 적용되고 법인사업자에게는 적용되지 않는다(대법원 2016.11.10. 선고 2016도10770 판결). 법인사업자에게 본죄가 적용되지 않는 사유는 법인의 대표자는 법인사업자의 종업원이기 때문이다. 즉, 대법원이 법인사업자에게는 본죄가 적용되지 않는다고 판단한 사유는 법인사업자는 대표자를 누구로 하더라도 개인사업자의 명의대여행위 등의 폐해인 소득을 분산시켜 누진과세 회피, 체납처분등의 강제집행 면탈 등이 발생하지 않기 때문인 것으로 보인다.

4. 고의

본죄는 고의범으로 명의대여자는 조세의 회피 또는 강제집행의 면탈을 목적으로 자신의 성명을 사용하여 타인에게 사업자등록을 할 것을 허락하거나 자신 명의의 사업자등록을 타인이 이용하여 사업을 영위하도록 허락한다는 인식을 가지고 범행을 하여야 하고, 명의차용자는 조세의 회피 또는 강제집행의 면탈을 목적으로 타인의 성명을 사용하여 사업자등록을 하거나 타인 명의의 사업자등록을 이용하여 사업을 영위한다는 인식을 가지고 범행을 하여야 한다.

5. 조세의 회피 또는 강제집행 면탈의 목적

본죄는 목적범으로 고의 외에 조세의 회피 또는 강제집행 면탈의 목적이 있어야 한다. 여기에서 강제집행은 「국세징수법」상의 체납처분(강제징수)을 의미한다.

따라서 조세의 회피 또는 강제집행 면탈의 목적 없이 명의차용자의 신용불량, 인허가 문제 등을 원인으로 명의를 차용한 경우에는 본죄가 성립하지 않는다.

6. 기수시기

본죄는 위험범으로 명의차용행위의 기수시기는 타인 명의의 사업자등록을 한 때 또는 타인 명의 사업자등록으로 사업을 시작한 때 기수가 되고, 명의대여행위의 기수시기는 명의차용자가 타인 명의의 사업자등록을 한 때 또는 타인 명의 사업자등록으로 사업을 시작한 때 기수가 된다.

제 11 절

납세증명표지의 불법사용 등 관련 범죄

I ▷ 납세증명표지의 불법사용 등

> 조세범처벌법 제12조(납세증명표지의 불법사용 등) 다음 각 호의 어느 하나에 해당하는 자는 2년 이하의 징역 또는 2천만원 이하의 벌금에 처한다. 〈개정 2018. 12. 31., 2020. 12. 29.〉
> 1. 「주류 면허 등에 관한 법률」 제22조에 따른 납세증명표지(이하 이 조에서 "납세증명표지"라 한다)를 재사용하거나 정부의 승인을 받지 아니하고 이를 타인에게 양도한 자
> 2. 납세증명표지를 위조하거나 변조한 자
> 3. 위조하거나 변조한 납세증명표지를 소지 또는 사용하거나 타인에게 교부한 자
> 4. (생략)

1. 의의 및 입법취지

본죄는 「주류 면허 등에 관한 법률」 제22조에 따른 납세증명표지(이하 이 조에서 "납세증명표지"라 한다)를 재사용하거나 정부의 승인을 받지 아니하고 이를 타인에게 양도하는 경우, 위조하거나 변조하는 경우, 위조하거나 변조한 납세증명표지를 소지 또는 사용하거나 타인에게 교부한 경우에 성립한다.

주세는 전체 세수에 있어 큰 비중을 차지하는 주요 세원이다. 따라서 국세청장은 주세 보전을 위하여 필요하다고 인정되면 대통령령으로 정하는 바에 따라 주류제조자가 반출하는 주류의 용기에 「주세법」 제10조 및 제13조에 따른 납세 또는 「주세법」 제20조에 따른 면세 사실을 증명하는 표지(이하 "납세증명표지"라 한다)를 하게 할 수 있다(「주류 면허 등에 관한 법률」 제22조). 납세증명표지의 종류로는 납세병마개, 납세증표(납세증지)가 있고 주류 제조자가 주류의 반출을 객관적으로 확인할 수 있는 자동계수기를 설치한 경우에는 관할 지방국세청장의 승인을 받아 납세증지를 붙이지 않을 수 있다(주류 면허 등에 관한 법률 시행령 제30조 제1항 및 제2항).

납세증명표지는 주세를 확보하고 주류유통질서를 확립하는데 중요한 역할을 하므로 납세증명표지를 재사용, 위조·변조 등의 행위를 처벌하기 위하여 본죄를 입법하였다.

2. 구성요건 등

본죄의 범칙행위들은 일반적인 경우 주류제조자가 행하는 범칙행위들이라 할 수 있으나 납세증명표지를 위조하거나 변조하는 행위, 위조하거나 변조한 납세증명표지를 소지하는 행위 등은 주류제조자가 아닌 자라도 행할 수 있는 범칙행위들이므로 범칙행위자에게 일정한 신분이 요구되지 않는다.

재사용하거나 정부의 승인을 받지 아니하고 이를 타인에게 양도한 행위는 이미 주류용기에 첨부하여 사용한 납세증명표지를 주류용기에 다시 첨부하는 행위와 과세관청에 신청하여 받은 납세증명표지를 과세관청의 승인 없이 타인에게 양도하는 행위를 말한다.

위조 또는 변조 행위는 정당한 권한이 없는 자가 승인 없이 납세증명표지를 새로이 만들거나 정당한 권한이 있다하더라도 승인받은 내용과 다른 납세증명표지를 만든 행위와 기존의 납세증명표지의 내용에 동일성을 해하지 않을 정도로 변경을 가하여 새로운 증명력을 작출한 행위이다(김태희, 조세범처벌법, 2010년 325쪽 하단).

"위조하거나 변조한 납세증명표지를 소지 또는 사용하거나 타인에게 교부"란 납세증명표지를 위조하거나 변조한 행위와 별도로 본 행위를 규정한 것으로 보아 위조하거나 변조한 자의 행위가 아닌 자의 행위로 볼 수 있어 본 행위는 타인이 위조하거나 변조한 납세증명표지를 가지고 있거나 주류용기에 부착하거나 타인에게 양도한 행위라 할 수 있다.

Ⅱ 종이문서용 전자수입인지 재사용

> 조세범처벌법 제12조(납세증명표지의 불법사용 등) 다음 각 호의 어느 하나에 해당하는 자는 2년 이하의 징역 또는 2천만원 이하의 벌금에 처한다. 〈개정 2018.12.31., 2020.12.29.〉
> 1. (생략)
> 2. (생략)
> 3. (생략)
> 4. 「인지세법」 제8조 제1항 본문에 따라 첨부한 종이문서용 전자수입인지를 재사용한 자

1. 의의 및 입법취지

본죄는 종이문서용 전자수입인지를 재사용한 경우에 성립한다. 「인지세법」이 개정되기 전에는 처벌대상자가 "소인(消印)된 인지를 재사용한 자"였으나 2019.1.1. 「인지세법」이 "종이문서용 전자수입인지를 재사용한 자"로 개정되면서 소인(消印)이라는 용어가 사라졌다.

인지세는 국내에서 재산에 관한 권리 등의 창설·이전 또는 변경에 관한 계약서나 이를 증명하는 그 밖의 문서를 작성하는 자가 그 문서에 대하여 부과하는 세금이다(인지세법 제1조). 인지세는 다른 조세들과 달리 과세표준신고서 제출의무가 없는 조세로 납세의무자가 금융기관 등에서 전자수입인지를 구입하여 과세문건에 첨부하는 방법으로 납부가 이루어진다. 따라서 납세의무자가 이미 사용한 종이문서용 전자수입인지를 재사용하여 인지세를 탈루하는 경우가 있어 이를 처벌하고 자 본죄를 입법하였다.

2. 인지세의 납부기한

인지세 신고·납부기한이 없다가 2022.12.31. 인지세법 개정으로 2023.1.1.부터 작성되는 과세문건부터는 납부기한이 도입되었다. 새로 도입된 납부기한은 종이문서와 전자문서를 구분하지 않고 과세문건을 작성한 달의 다음 달 10일이다. 납부기한 도입 후 2023.12.31. 인지세법을 추가로 개정하여 2024.1.1.부터는 과세문건을 종이문서와 전자문서로 구분해 납부기한을 달리하여 종이문서의 납부기한은 과세문건을 작성한 달의 다음 달 10일로, 전자문서의 납부기한은 과세문건 작성일로 규정하였다(인지세법 제8조 제3항).

3. 구성요건 등

본죄의 범칙행위자는 "국내에서 재산에 관한 권리 등의 창설·이전 또는 변경에 관한 계약서나 이를 증명하는 그 밖의 문서(이하 "과세문건"이라 한다)를 작성하면서 종이문서용 전자수입인지를 재사용한 자이다. 전자문서용 전자수입인지는 재사용이 불가능하기 때문에 재사용죄의 처벌대상이 될 수 없다.

종이문서용 전자수입인지를 재사용하여 인지세를 포탈한 경우 종이문서용 전자수입인지 재사용죄와 조세포탈죄는 각각 성립하고 둘의 관계는 실체적 경합이 된다.

종이문서용 전자수입인지 재사용죄의 기수시기는 종이과세문서에 종이문서용 전자수입인지를 재사용하는 때이다.

제 12 절

원천징수의무 위반 관련 범죄

> 조세범처벌법 제13조(원천징수의무자의 처벌)
> ① 조세의 원천징수의무자가 정당한 사유 없이 그 세금을 징수하지 아니하였을 때에는 1천만원 이하의 벌금에 처한다.
> ② 조세의 원천징수의무자가 정당한 사유 없이 징수한 세금을 납부하지 아니하였을 때에는 2년 이하의 징역 또는 2천만원 이하의 벌금에 처한다.

I ▷ 의의 및 입법취지

본죄는 조세(법인세 또는 소득세)의 원천징수의무자가 정당한 사유 없이 그 세금을 징수하지 아니하였을 경우 또는 징수한 세금을 납부하지 않았을 경우에 성립한다.

조세징수제도의 한 방법인 원천징수제도의 원활한 이행을 확보하기 위하여 원천징수의무자가 정당한 사유 없이 원천징수를 이행하지 아니하거나 원천징수한 세액을 정당한 사유 없이 납부하지 아니한 행위를 처벌하기 위해 본죄를 입법하였다.

원천징수란 '세법(소득법 제127조 제1항 및 법인법 제73조 제1항)에서 규정한 원천징수 대상 소득금액 또는 수입금액을 지급하는 자'(원천징수의무자)가 소득금액 또는 수입금액 지급 시 지급금액과 관련된 조세를 지급받는 자(납세의무자)에게서 징수하여 지급한 달의 다음 달 10일(반기별 납부 대상자는 기 반기 마지막 달의 다음 달 10일)까지 과세관청에 납부하는 것을 말한다.

원천징수의무자란 국내에서 거주자, 비거주자 및 법인에게 세법에 따른 원천징수 대상 소득금액이나 수입금액을 지급하는 개인이나 법인으로서 세무서에 사업자등록이나 고유번호등록 여부에 관계 없이 지급받는 자로부터 소득세·법인세를 원천징수하여 국고에 납부하여야 할 의무를 지는 자를 말한다(원천징수사무처리규정 제2조 제1호).

원천징수의무자와 국가(과세관청)의 관계는 원천징수의무자가 국가로부터 징수를 위탁받은 것이다(서울중앙지방법원 2010.6.17. 선고 2009고합768 판결).

Ⅱ 〉 구성요건

1. 범죄주체

본죄의 범죄주체는 원천징수의무자이며 원천징수의무자라는 신분을 가져야 하는 신분범이다. 원천징수의무자의 범위는 사업자, 법인세의 납세의무자, 국가·지방자치단체 또는 지방자치단체조합,「민법」기타 법률에 의하여 설립된 법인,「국세기본법」제13조 제4항의 규정에 의하여 법인으로 보는 단체, 이자소득 등을 지급하는 개인이다(소득법 제127조 제1항, 소득령 제184조 제3항, 법인법 제73조 제1항).

2. 원천징수 대상소득 존재

원천징수의무자가 지급하는 원천징수 대상 소득금액 또는 수입금액[제1장 제6절(원천징수, 근로장려금) 참조]이 존재하여야 한다. 원천징수의무는 「소득세법」또는 「법인세법」에서 규정하는 원천징수 대상 소득금액 또는 수입금액을 원천징수의무자가 지급받는 자에게 실질적으로 지급하는 때에 발생하므로 여기에서의 원천징수 대상소득은 현실적으로 지급이 일어난 원천징수 대상 소득이어야 한다.

3. 정당한 사유 없이 원천징수 미이행 또는 원천징수 세액 무납부

원천징수의무자가 원천징수 대상 소득금액 또는 수입금액을 지급할 때 정당한 사유 없이 원천징수를 아니하거나 또는 원천징수한 세액을 납부하지 아니하여야 한다.

원천징수의 대상이 된 직원들이 급여에서 의료보험료 등의 명목으로 10만 원 정도가 공제되는 것을 꺼려 스스로 원천세 신고를 원치 않았고, 피고인(원천징수의무자)도 정식 직원이 아닌 일용직, 아르바이트 직원들은 신고하지 않아도 무방한 것으로 알아 원천징수의무를 이행하지 않은 것에 '정당한 사유'가 존재한다는 주장에 대하여 판례(서울중앙지방법원 2010.6.17. 선고 2009고합768 판결)는『'정당한 사유'라 함은 천재·지변·화재·전화 기타 재해를 입거나 도난을 당하는 등 원천징수의무자가 마음대로 할 수 없는 사유 즉 위법성을 조각시키거나 책임을 조각할 만한 사유를 의미한다』라고 판시하였다.

따라서 원천징수의무자가 정당한 사유 없이 원천징수를 아니하거나 또는 원천징수한 세액을 납부하지 아니한 경우라 함은 천재·지변·화재·전화 기타 재해를 입거나 도난을 당하는 등 원천징수의무자가 마음대로 할 수 없는 사유 즉 위법성을 조각시키거나 책임을 조각할 만한 사유 없이 원천징수를 아니하거나 또는 원천징수한 세액을 납부하지 아니한 경우라고 봄이 타당하다.

4. 고의

본죄는 고의범으로 원천징수 대상소득을 지급하면서 원천징수를 이행하지 아니한다는 인식하에 원천징수를 이행하지 않거나 원천징수한 세액을 납부하지 아니한다는 인식하에서 세액을 납부하지 않아야 한다.

Ⅲ 기수시기, 죄수

원천징수의무자가 원천징수 대상소득을 지급하고 원천징수를 불이행한 경우는 원천징수 대상소득을 지급하는 때에 기수가 되고 원천징수한 세액을 납부하지 아니한 경우는 납부기한이 지난 때가 기수가 된다.

원천징수를 하지 않거나 원천징수한 세액을 납부하지 아니한 행위는 각 행위별로 일죄가 성립한다. 다만 원천징수의무자가 다수인 근로소득자에 대해 원천징수를 불이행한 것에 대하여 판례(대법원 2011.3.24. 선고 2010도13345 판결)는 『근로소득에 대한 원천징수를 이행하지 않음으로 인한 구 조세범처벌법 위반죄의 구성요건은 근로소득 지급이 아니라 근로소득에 대하여 원천징수를 하지 아니하였다는 것이므로 근로소득자 전부에 대하여 하나의 포괄일죄가 성립하되, 매월분의 근로소득을 지급하는 때에 소득세를 원천징수하지 아니한 죄와 연말정산에 따른 소득세를 원천징수하지 아니한 죄가 각 성립하여 이들은 실체적 경합범의 관계에 있다고 할 것이다』라고 판시하였다. 따라서 원천징수의무자가 수인의 근로자에 대하여 원천징수를 불이행한 행위는 포괄하여 일죄에 해당하고, 월별 원천징수 불이행 행위와 연말정산에 따른 원천징수 불이행 행위는 각 일죄에 해당하며 서로 실체적 경합이다.

제 13 절

거짓으로 기재한 근로소득 원천징수영수증의 발급 등 관련 범죄

조세범처벌법 제14조(거짓으로 기재한 근로소득 원천징수영수증의 발급 등)
① 타인이 근로장려금(「조세특례제한법」 제2장 제10절의2에 따른 근로장려금을 말한다)
을 거짓으로 신청할 수 있도록 근로를 제공받지 아니하고 다음 각 호의 어느 하나에 해당
하는 행위를 한 자는 2년 이하의 징역 또는 그 원천징수영수증 및 지급명세서에 기재된
총급여·총지급액의 100분의 20 이하에 상당하는 벌금에 처한다. 〈개정 2018.12.31.〉
1. 근로소득 원천징수영수증을 거짓으로 기재하여 타인에게 발급한 행위
2. 근로소득 지급명세서를 거짓으로 기재하여 세무서에 제출한 행위
② 제1항의 행위를 알선하거나 중개한 자도 제1항과 같은 형에 처한다.

I 거짓으로 기재한 근로소득 원천징수영수증 등 발급·제출

1. 의의 및 입법취지

본죄는 타인이 근로장려금을 거짓으로 신청할 수 있도록 ① 근로소득 원천징수영수증을
거짓으로 기재하여 타인에게 발급한 경우 또는 ② 근로소득 지급명세서를 거짓으로 기재하
여 세무서에 제출한 경우에 성립한다.

근로장려금을 부당하게 받게 할 수 있게 하는 근로소득 원천징수영수증을 거짓으로 기재
하여 타인에게 발급한 행위와 근로소득 지급명세서를 거짓으로 기재하여 세무서에 제출한
행위를 처벌하여 근로장려금제도의 안정적 운영을 확보하기 위해 본죄를 입법하였다.

근로장려금이란 저소득자의 근로를 장려하고 소득을 지원하기 위하여 근로자, 사업자
(전문직 제외), 종교인 가구에 대해 국가가 가구원 구성의 근로소득, 사업소득 또는 종교인
소득, 재산 규모 등에 따라 지급하는 장려금을 말한다(조특법 제100조의2).

'근로소득 원천징수영수증'과 '근로소득 지급명세서'는 명칭은 달리 불리지만 실제로는
같은 서식으로 그 의미는 원천징수의무자가 급여를 지급하는 때에 그에 대한 소득세 등을
원천징수하고 소득금액과 원천징수세액, 상대자의 납세자번호 또는 주민등록번호 기타 필
요한 사항을 기재하는 일정 형식의 세무서식[소득세법 시행규칙 별지 제24호 서식 (1)]으

로 근로자에게 발급하는 "소득자 보관용"을 "근로소득 원천징수영수증"이라 칭하고 과세 관청에 제출하는 "발행자 보고용"을 "근로소득지급명세서"라 칭한다. 일용근로소득자의 원천징수 내용을 기재하여 근로자에게 발급하는 소득자 보관용은 "일용근로소득 원천징수 영수증"[소득세법 시행규칙 별지 제24호 서식 (4)]이라 칭하고 지급자제출용을 "일용근로 소득 지급명세서"[소득세법 시행규칙 별지 제24호 서식 (3)]라 칭한다.

2. 구성요건

(1) 범죄주체

본죄의 범죄주체는 원천징수의무자이며 원천징수의무자라는 신분을 가져야 하는 신분범 이다. 그러나 본죄에 있어서 원천징수의무자의 범위는 「조세범처벌법」 제13조의 원천징수 의무자의 범위(원천징수의무가 있는 모든 원천징수의무자)와 달리 근로장려금을 거짓으로 신청할 수 있도록 근로를 제공받지 아니하고 근로소득 원천징수영수증을 거짓으로 기재하 여 타인에게 발급하거나 또는 근로소득 지급명세서를 거짓으로 기재하여 세무서에 제출하 는 원천징수의무자로 한정된다. 즉, 원천징수의무자가 근로소득을 제외한 사업소득, 이자소 득, 기타소득(종교인소득 포함), 배당소득 등의 원천징수 대상 소득금액 또는 수입금액을 지급하고 거짓으로 기재하여 원천징수영수증을 타인에게 발급하거나 또는 지급명세서를 거짓으로 기재하여 세무서에 제출하는 경우 본죄로 처벌할 수 없다.

(2) 근로소득 원천징수영수증을 거짓으로 기재하여 타인에게 발급하거나 근로소득 지급명세서를 거짓으로 기재하여 세무서에 제출행위

본죄는 원천징수의무자가 타인이 근로장려금을 거짓으로 신청할 수 있도록 근로를 제공 받지 아니하고 근로소득 원천징수영수증을 거짓으로 기재하여 타인에게 발급한 행위와 근 로소득 지급명세서를 거짓으로 기재하여 세무서에 제출한 행위를 처벌대상으로 하므로 두 행위가 있어야 한다.

원천징수의무자는 소득세 납세의무가 있는 개인에게 원천징수 대상 소득금액 또는 수입 금액을 국내에서 지급하는 자로 지급명세서를 그 지급일이 속하는 과세기간의 다음 연도 2월 말일까지 원천징수 관할 세무서장, 지방국세청장 또는 국세청장에게 제출하여야 한다. 다만, 원천징수 대상 사업소득, 근로소득 또는 퇴직소득, 기타소득 중 종교인소득, 대통령령 에 따른 봉사료의 경우에는 다음 연도 3월 10일까지 제출하여야 한다. 휴업, 폐업 또는 해산 한 경우에는 휴업일, 폐업일 또는 해산일이 속하는 달의 다음다음 달 말일까지 제출하여야 한다. 그리고 일용근로자의 근로소득에 대하여 원천징수한 경우에는 그 지급일이 속하는 달의 다음 달 말일(휴업, 폐업 또는 해산한 경우에는 휴업일, 폐업일 또는 해산일이 속하는 달의 다음 달 말일)까지 제출하여야 한다(소득법 제164조 제1항).

(3) 고의

본죄는 고의범이므로 타인이 근로장려금을 거짓으로 신청할 수 있도록 근로를 제공받지 아니하고 근로소득 원천징수영수증을 거짓으로 기재하여 타인에게 발급한다는 인식 또는 근로소득 지급명세서를 거짓으로 기재하여 세무서에 제출한다는 인식이 있어야 한다.

(4) 타인이 근로장려금을 거짓으로 신청할 수 있도록 할 목적

본죄는 고의 외에 타인이 근로장려금을 거짓으로 신청할 수 있도록 할 목적이 있어야 한다.

(5) 기수시기

타인이 근로장려금을 거짓으로 신청할 수 있도록 근로를 제공받지 아니하고 근로소득 원천징수영수증을 거짓으로 기재하여 타인에게 발급하는 행위는 원천징수영수증을 타인에게 교부하는 때 기수가 되고, 근로소득 지급명세서를 거짓으로 기재하여 세무서에 제출하는 행위는 제출하는 때에 기수가 된다.

3. 법문의 개정 필요

근로장려금제도 도입 시에는 장려금 지급대상자가 근로소득자만이었으나 현재는 사업소득자, 종교인소득자까지 확대되었다. 그런데 본죄는 원천징수의무자가 근로장려금을 거짓으로 신청할 수 있도록 근로를 제공받지 아니하고 근로소득 원천징수영수증을 거짓으로 기재하여 타인에게 발급한 행위와 근로소득 지급명세서를 거짓으로 기재하여 세무서에 제출한 행위만을 처벌대상으로 하고 있다. 하여 원천징수의무자가 사업소득 또는 종교인소득을 지급한 것처럼 허위로 사업소득 또는 종교인소득에 대한 원천징수영수증을 타인에게 발급하거나 허위의 지급명세서를 세무서에 제출하는 경우 본죄로 처벌할 수 없다. 따라서 이에 대한 세법개정이 필요하다.

그뿐만 아니라 종교인소득은 기타소득(소득법 제21조 제1항 제26호)에 해당하나 근로소득으로 원천징수 또는 소득세 확정신고를 한 경우에는 근로소득으로 보게 되어 있어(소득법 제21조 제4항) 본죄의 처벌을 피하기 위하여 기타소득으로 원천징수 또는 소득세 확정신고를 하는 경우에는 처벌할 수 없다.

Ⅱ 거짓으로 기재한 근로소득 원천징수영수증 발급 등에 관한 알선·중개

1. 의의

본죄는 타인이 근로장려금을 거짓으로 신청할 수 있도록 근로소득 원천징수영수증을 거짓으로 기재하여 타인에게 발급한 행위 또는 근로소득 지급명세서를 거짓으로 기재하여 세무서에 제출한 행위를 알선·중개한 경우에 성립한다.

2. 구성요건 등

본죄의 범죄주체는 「조세범처벌법」 제14조 제1항의 범칙행위를 알선·중개한 자는 누구든지 범죄의 주체가 될 수 있는 비신분범이다.

조세범은 미수범처벌조항이 없어 범칙행위자의 알선·중개행위로 기수가 완료된 근로소득 원천징수영수증을 거짓으로 기재하여 타인에게 발급한 행위 또는 근로소득 지급명세서를 거짓으로 기재하여 세무서에 제출한 행위가 존재하여야 본죄가 성립할 수 있다.

제 14 절

해외금융계좌정보의 비밀유지 의무 등의 위반 관련 범죄

 Ⅰ 금융정보 불법제공, 누설 등

조세범처벌법 제15조(해외금융계좌정보의 비밀유지 의무 등의 위반)
① 「국제조세조정에 관한 법률」 제38조 제2항부터 제4항까지 및 제57조를 위반한 사람은 5년 이하의 징역 또는 3천만원 이하의 벌금에 처한다.
② 제1항의 죄를 범한 자에 대해서는 정상(情狀)에 따라 징역형과 벌금형을 병과할 수 있다.

국제조세조정에 관한 법률 제38조(비밀유지의무 등)
① (생략)
② 금융회사등 또는 금융거래회사등에 종사하는 사람은 제36조 제3항·제4항 및 제6항을 위반하여 금융정보 또는 금융정보등의 제공을 요구받으면 그 요구를 거부하여야 한다.
③ 제36조 제3항·제4항·제6항 및 제7항에 따라 금융정보 또는 금융정보등을 알게 된 사람은 그 금융정보 또는 금융정보등을 체약상대국의 권한 있는 당국 외의 자에게 제공 또는 누설하거나 그 목적 외의 용도로 이용해서는 아니 되며, 누구든지 금융정보 또는 금융정보등을 알게 된 사람에게 그 금융정보 또는 금융정보등의 제공을 요구해서는 아니 된다.
④ 제3항과 제36조 제3항, 제4항 및 제6항을 위반하여 제공되거나 누설된 금융정보 또는 금융정보등을 취득한 사람은 그 위반 사실을 알게 된 경우 그 금융정보 또는 금융정보등을 타인에게 제공하거나 누설해서는 아니 된다.

국제조세조정에 관한 법률 제36조(조세정보 및 금융정보 등의 교환)
① (생략)
② (생략)
③ 우리나라의 권한 있는 당국은 체약상대국의 권한 있는 당국이 조세조약에 따라 거주자·내국법인 또는 비거주자·외국법인의 금융정보(「금융실명거래 및 비밀보장에 관한 법률」 제2조 제3호에 따른 금융거래의 내용에 대한 정보 또는 자료를 말한다. 이하 같다)를 요청하는 경우 「금융실명거래 및 비밀보장에 관한 법률」 제4조에도 불구하고 다음 각 호의 어느 하나에 해당하는 금융정보의 제공을 금융회사등(같은 법 제2조 제1호

에 따른 금융회사등을 말한다. 이하 같다)의 특정 점포에 요구할 수 있다. 이 경우 그 금융회사등에 종사하는 사람은 요구받은 금융정보를 제공하여야 한다.

1. 조세에 관한 법률에 따라 제출의무가 있는 과세자료에 해당하는 금융정보
2. 상속·증여재산의 확인에 필요한 금융정보
3. 체약상대국의 권한 있는 당국이 조세 탈루 혐의를 인정할 만한 명백한 자료를 확인하기 위하여 필요한 금융정보
4. 체약상대국 체납자의 재산조회에 필요한 금융정보
5. 체약상대국의 권한 있는 당국이 「국세징수법」 제9조 제1항 각 호의 어느 하나에 해당하는 사유로 필요한 금융정보

④ 우리나라의 권한 있는 당국은 제3항에 따라 체약상대국의 권한 있는 당국이 요청하는 정보가 다음 각 호에 해당하는 경우에는 그 금융정보의 제공을 금융회사등의 장에게 요구할 수 있다. 이 경우 그 금융회사등에 종사하는 사람은 요구받은 금융정보를 제공하여야 한다.

1. 특정 금융거래와 관련된 명의인의 인적 사항을 특정할 수 없는 집단과 관련된 정보인 경우
2. 「상속세 및 증여세법」 제83조 제1항에 따른 금융재산 일괄 조회에 해당하는 정보인 경우

⑤ 제3항 및 제4항에도 불구하고 우리나라의 권한 있는 당국은 상호주의 원칙에 따라 체약상대국에 금융정보를 제공하는 것을 제한할 수 있다.

⑥ 우리나라의 권한 있는 당국은 조세조약에 따라 체약상대국과 상호주의에 따른 정기적인 금융정보등(금융정보 및 그 밖에 금융거래의 내용에 관한 정보 또는 자료로서 대통령령으로 정하는 정보 또는 자료를 말한다. 이하 같다)의 교환을 위하여 필요한 경우 「금융실명거래 및 비밀보장에 관한 법률」 제4조 및 그 밖에 금융거래 정보·자료의 제공에 관한 법률에도 불구하고 체약상대국의 조세 부과 및 징수와 납세의 관리에 필요한 거주자·내국법인 또는 비거주자·외국법인의 금융정보등의 제공을 금융거래회사등(금융거래를 하는 법인 또는 단체로서 대통령령으로 정하는 법인 또는 단체를 말한다. 이하 같다)의 장에게 요구할 수 있다. 이 경우 그 금융거래회사등에 종사하는 사람은 대통령령으로 정하는 바에 따라 이를 제공하여야 한다. 〈개정 2023.12.31.〉

⑦ 금융거래회사등은 국가 간 금융정보등의 교환을 지원하기 위하여 제6항에 따른 요구가 없는 경우에도 그 사용 목적에 필요한 최소한의 범위에서 해당 금융거래회사등의 금융거래 상대방(조세조약에 따른 체약상대국이 아닌 다른 국가의 금융거래 상대방을 포함한다. 이하 같다)에 대한 납세자번호(개별 국가에서 납세자 식별을 위하여 부여된 고유번호를 말한다)를 포함한 인적 사항 등을 미리 확인·보유할 수 있다. 〈개정 2023.12.31.〉

⑧ (생략)
⑨ (생략)

⑩ (생략)

1. 의의 및 입법취지

본죄는 우리나라의 권한 있는 당국과 조세조약 체결 당사국간 조세의 부과와 징수, 불복에 대한 심리 및 형사소추 등을 위하여 필요한 조세정보와 국제적 관행으로 일반화 되어 있는 조세정보를 교환하는 과정에서 「국제조세조정에 관한 법률」 제38조 제2항 내지 제4항이 규정하고 있는 내용을 위반하였을 경우에 성립한다.

입법취지는 우리나라의 권한 있는 당국과 조세조약 당사국간 조세정보 등의 교환과정에서 금융거래회사등에서 종사하는 사람의 금융정보 등을 불법 제공, 누설, 목적 외 사용 등의 불법행위를 예방하기 위하여 본죄를 입법하였다.

2. 구성요건

(1) 범죄주체

본죄의 범죄주체는 금융회사등에 종사하는 자, "조세의 부과와 징수, 불복에 대한 심리 및 형사소추 등을 위하여 필요한 조세정보와 국제적 관행으로 일반화되어 있는 조세정보를 알게 된 자", 「국제조세조정에 관한 법률」 제36조 제3항 내지 제6의 규정을 위반하여 금융정보 등을 제공되거나 누설된 금융정보를 취득한 사람 등이다.

(2) 우리나라의 권한 있는 당국으로부터 금융정보의 요구·제공 요청에 응할 의무

우리나라의 권한 있는 당국은 체약상대국의 권한 있는 당국이 조세조약에 따라 거주자·내국법인 또는 비거주자·외국법인의 금융정보를 요청하는 경우 「금융실명거래 및 비밀보장에 관한 법률」 제4조 등의 법률에도 불구하고 ① 조세에 관한 법률에 따라 제출의무가 있는 과세자료에 해당하는 금융정보, ② 상속·증여재산의 확인에 필요한 금융정보, ③ 체약상대국의 권한 있는 당국이 조세 탈루 혐의를 인정할 만한 명백한 자료를 확인하기 위하여 필요한 금융정보, ④ 체약상대국 체납자의 재산조회에 필요한 금융정보, ⑤ 체약상대국의 권한 있는 당국이 「국세징수법」 제9조 제1항(납부기한 전 징수) 각 호의 어느 하나에 해당하는 사유로 필요한 금융정보, ⑥ 특정 금융거래와 관련된 명의인의 인적 사항을 특정할 수 없는 집단과 관련된 정보, ⑦ 「상속세 및 증여세법」 제83조 제1항에 따른 금융재산 일괄 조회에 해당하는 정보 등의 제공을 금융회사 등의 장에게 요구할 수 있고 이 경우 그 금융회사 등에 종사하는 사람은 요구받은 금융정보 등을 제공하여야 한다(「국제조세조정에 관한 법률」 제36조 제3항 내지 제7항).

위 기술한 내용처럼 우리나라의 권한 있는 당국이 체약상대국과 조세조약에 따라 체약상대국의 조세의 부과 및 징수와 납세의 관리에 필요한 조세정보 등을 교환하기 위하여 금융회사 등의 장에게 금융정보 등을 요구할 경우 금융회사 등에 종사하는 사람은 요구받은 금융정보 등을 제공할 의무가 있어야 한다.

(3) 금융정보의 요구 · 제공 또는 확보 과정 등에서 관련 규정의 위반

금융회사, 금융거래회사 등의 종사자등이 「국제조세조정에 관한 법률」 제36조 제3항 · 제4항 및 제6항을 위반하여 금융정보의 제공을 요구받아 그 요구에 응한 경우(국조법 제38조 제2항), 「국제조세조정에 관한 법률」 제36조 제3항 · 제4항 · 제6항 및 제7항에 따라 금융정보를 알게 된 사람이 그 금융정보를 체약상대국의 권한 있는 당국 외의 자에게 제공 또는 누설하거나 그 목적 외의 용도로 이용한 경우(국조법 제38조 제3항), "「국제조세조정에 관한 법률」 제36조 제3항 · 제4항 · 제6항 및 제7항에 따라 금융정보를 알게 된 사람"에게 그 금융정보의 제공을 요구한 경우(국조법 제38조 제3항 후단), "「국제조세조정에 관한 법률」 제38조 제3항과 제36조 제3항 · 제4항 · 제6항 및 제7항을 위반하여 제공되거나 누설된 금융정보를 취득한 사람이 그 위반 사실을 알게 된 경우 그 금융정보를 타인에게 제공하거나 누설한 경우(국조법 제38조 제4항) 등의 위반행위가 있어야 한다.

(4) 공소시효

본죄는 「조세범처벌법」 특징 중의 하나인 공소시효의 단일성이 적용되지 아니하므로 「형사소송법」 제249조가 적용되어 공소시효는 5년이다.

Ⅱ 해외금융계좌정보의 비밀유지 의무 등의 위반

조세범처벌법 제15조(해외금융계좌정보의 비밀유지 의무 등의 위반)
① 「국제조세조정에 관한 법률」 제38조 제2항부터 제4항까지 및 제57조를 위반한 사람은 5년 이하의 징역 또는 3천만원 이하의 벌금에 처한다.
② 제1항의 죄를 범한 자에 대해서는 정상(情狀)에 따라 징역형과 벌금형을 병과할 수 있다.

국제조세조정에 관한 법률 제57조(해외금융계좌정보의 비밀유지)

　① 세무공무원은 해외금융계좌정보를 타인에게 제공 또는 누설하거나 목적 외의 용도로 사용해서는 아니 된다. 다만, 「국세기본법」 제81조의13 제1항 각 호의 어느 하나에 해당하는 경우에는 그 사용 목적에 맞는 범위에서 해외금융계좌정보를 제공할 수 있다.

　② 제1항에 따라 해외금융계좌정보를 알게 된 자는 이를 타인에게 제공 또는 누설하거나 그 목적 외의 용도로 사용해서는 아니 된다.

1. 의의

　본죄는 세무공무원이 해외금융계좌정보를 타인에게 제공 또는 누설하거나 목적 외의 용도로 사용한 경우와 「국제조세조정에 관한 법률」 제57조 제1항의 단서에 따라 해외금융계좌 정보를 알게 된 자가 그 정보를 타인에게 제공 또는 누설하거나 그 목적 외의 용도로 사용한 경우에 성립한다.

2. 구성요건

　본죄의 범죄주체는 해외금융계좌정보를 타인에게 제공 또는 누설하거나 목적 외의 용도로 사용한 세무공무원과 「국제조세조정에 관한 법률」 제57조 제1항의 단서에 따라 알게 된 해외금융계좌정보를 타인에게 제공 또는 누설하거나 그 목적 외의 용도로 사용한 자이다.

　따라서 세무공무원이 해외금융계좌정보를 법적 근거 없이 타인에게 제공·누설하거나 또는 목적 외의 용도로 사용한 행위와 「국제조세조정에 관한 법률」 제57조 제1항의 단서에 따라 해외금융계좌정보를 알게 된 자가 법적 근거 없이 타인에게 제공·누설하거나 그 목적 외의 용도로 사용한 행위가 있어야 한다.

　그리고 「국제조세조정에 관한 법률」 제57조 제1항의 단서, 즉 「국세기본법」 제81조의13 제1항에 의하여 과세정보(해외금융계좌정보)를 제공받아 알게 된 사람 중 공무원이 아닌 사람에게 「형법」이나 그 밖의 법률에 따른 벌칙을 적용할 때에는 공무원으로 본다.

3. 공소시효, 양벌규정

　본죄는 「조세범처벌법」의 특징인 공소시효의 단일성과 양벌규정이 적용되지 아니하여 공소시효는 「형사소송법」 제249조가 적용되므로 공소시효는 5년이고 양벌규정은 적용되지 않는다(조처법 제18조 및 제22조).

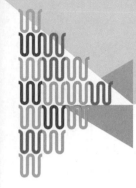

제 **15** 절

해외금융계좌 신고의무 불이행 관련 범죄

> **조세범처벌법 제16조(해외금융계좌 신고의무 불이행)**
> ① 「국제조세조정에 관한 법률」 제53조 제1항에 따른 계좌신고의무자로서 신고기한 내에 신고하지 아니한 금액이나 과소 신고한 금액(이하 이 항에서 "신고의무 위반금액"이라 한다)이 50억원을 초과하는 경우에는 2년 이하의 징역 또는 신고의무 위반금액의 100분의 13 이상 100분의 20 이하에 상당하는 벌금에 처한다. 다만, 정당한 사유가 있는 경우에는 그러하지 아니하다.
> ② (생략)
>
> **국제조세조정에 관한 법률 제53조(해외금융계좌의 신고)**
> ① 해외금융계좌를 보유한 거주자 및 내국법인 중에서 해당 연도의 매월 말일 중 어느 하루의 해외금융계좌 잔액(해외금융계좌가 여러 개인 경우에는 각 해외금융계좌 잔액을 합산한 금액을 말한다)이 대통령령으로 정하는 금액을 초과하는 자(이하 "계좌신고의무자"라 한다)는 해외금융계좌정보를 다음 연도 6월 1일부터 30일까지 납세지 관할 세무서장에게 신고하여야 한다.
> ② (생략)
> ③ (생략)

I ▶ 의의 및 입법취지

본죄는 「국제조세조정에 관한 법률」 제53조 제1항에 따른 계좌신고의무자로서 정당한 사유 없이 신고기한 내에 신고하지 아니한 금액이나 과소 신고한 금액이 50억 원을 초과하는 경우에 성립한다. 여기에서 계좌신고의무자는 해외금융회사에 해외금융계좌를 보유한 거주자 및 내국법인 중에서 해당 연도의 매월 말일 중 어느 하루의 해외금융계좌 잔액(해외금융계좌가 여러 개인 경우에는 각 해외금융계좌 잔액을 합산한 금액을 말한다)이 5억 원을 초과하는 자를 말한다.

입법취지는 일정 규모 이상의 해외금융 자산을 신고하게 하여 해외금융회사에 해외금융 자산을 은닉하거나 역외소득의 은닉을 통한 역외탈세를 차단하기 위해 도입된 해외금융계좌 신고제도를 강제하기 위해서이다.

해외금융계좌 신고제도에 관하여 자세한 내용은 제1장 제7절(해외금융계좌의 신고)을 참고하기 바란다.

Ⅱ 구성요건

1. 범죄주체

본죄의 범죄주체는 해외금융회사에 해외금융계좌를 보유한 거주자 및 내국법인 중에서 해당 연도의 매월 말일 중 어느 하루의 해외금융계좌 잔액(해외금융계좌가 여러 개인 경우에는 각 해외금융계좌 잔액을 합산한 금액을 말한다)이 5억 원을 초과하는 자(법인 포함)이다.

2. 신고하지 아니한 금액이나 과소신고한 금액이 50억 원 초과

본죄는 계좌신고의무자로서 신고하지 아니하거나 과소신고한 금액이 50억 원을 초과한 경우에만 처벌하므로 신고의무위반금액이 50억 원을 초과하여야 한다.

3. 신고의무를 위반하게 된 정당한 사유가 부존재

원천징수의무를 이행하지 않은 것에 '정당한 사유'가 존재한다는 주장에 대하여 판례(서울중앙지방법원 2010.6.17. 선고 2009고합768 판결)는『'정당한 사유'라 함은 천재·지변·화재·전화 기타 재해를 입거나 도난을 당하는 등 원천징수의무자가 마음대로 할 수 없는 사유 즉 위법성을 조각시키거나 책임을 조각할 만한 사유를 의미한다』라고 판시하였다. 「국세기본법」 제5조 제3항은 「이 법 또는 세법에서 규정하는 신고기한 만료일 또는 납부기한 만료일에 국세정보통신망이 대통령령으로 정하는 장애(정전, 통신상의 장애, 프로그램의 오류, 그 밖의 부득이한 사유로 국세정보통신망의 가동이 정지되어 전자신고 또는 전자납부를 할 수 없게 되는 경우)로 가동이 정지되어 전자신고나 전자납부(이 법 또는 세법에 따라 납부할 국세를 정보통신망을 이용하여 납부하는 것을 말한다)를 할 수 없는 경우에는 그 장애가 복구되어 신고 또는 납부할 수 있게 된 날의 다음 날을 기한으로 한다」라고 기한의 특례를 규정하고 있다.

따라서 판례와 「국세기본법」 제5조 제3항를 고려하면 신고의무를 위반하게 된 정당한 사유라 함은 천재·지변·화재·전화 기타 재해를 입거나 도난, 정전·통신상의 장애·프로그램의 오류 그 밖의 부득이한 사유로 국세정보통신망의 가동이 정지되어 전자신고 또는 전자납부를 할 수 없게 되는 경우 등 계좌신고의무자가 마음대로 할 수 없는 사유, 즉 위법성을 조각시키거나 책임을 조각할 만한 사유를 의미한다라고 할 수 있다.

4. 고의

본죄는 고의범으로 신고 대상 연도에 매월 말일 중 모든 보유 계좌 잔액의 합계액이 50억 원을 초과하여 자신이 계좌신고의무자라는 사실과 50억 원 초과한 금액을 신고하지 아니하거나 과소신고한다는 사실을 인식하여야 한다. 신고과정에서 단순히 숫자의 입력 또는 기재를 잘못한 경우는 고의가 인정될 수 없다.

Ⅲ 기수시기, 공소시효

본죄의 기수시기는 신고기한(신고기한 : 신고대상 연도의 다음 해 6.1. ~ 6.30.)이 경과하면 기수가 된다. 공소시효는 「조세범처벌법」의 특징인 공소시효의 단일성이 적용되지 아니하므로 「형사소송법」 제249조가 적용되어 5년이다.

제 **3** 장

세금계산서등의
범칙행위와 조세포탈의
관계

제1절

제3장의 집필 동기

I▷ 제3장의 집필동기

제2장 제3절(세금계산서의 발급의무 위반 등 관련 범죄)에서 "세금계산서등의 범칙행위"는 조세포탈과 직결된다고 언급하였다. 이 단원을 집필한 목적은 세금계산서등의 범칙행위가 조세포탈과 직결된다는 사실을 실증하여 보이기 위해서이다.

세금계산서등의 범칙행위와 조세포탈의 관계를 다룬 사례는 조세범칙행위 중 핵심이라 할 수 있는 세금계산서등의 범칙행위, 조세포탈행위 등의 범칙행위를 이해하고 그 처리방법을 습득하는데 있어 최적의 방안이라 생각된다. 이렇게 생각하게 된 사유는 사업자가 세금계산서등의 범칙행위를 조세포탈행위의 수단으로 삼았을 경우 세금계산서등의 범칙행위의 행태에 따라 조세포탈의 세 가지 행태인 ① 협의의 포탈, ② 부정공제, ③ 부정환급을 연결하여 설명할 수 있기 때문이다. 이 경우 세금계산서등의 범칙행위와 조세포탈행위의 관계는 별개의 죄가 성립되고 둘의 관계는 실체적 경합관계이다.

사례는 개인사업자와 법인사업자로 구분하고 사업자 유형별(과세사업자, 면세사업자, 겸영사업자)로 서로 대응되는 범칙행위로 짝을 지어 다섯 가지로 분류하여 만들었다. 다섯 가지는 ① 제3절 세금계산서 또는 계산서를 발급하지 아니한 행위와 발급받지 아니한 행위에 대한 사례, ② 제4절 거짓으로 기재하여 세금계산서 또는 계산서를 발급한 행위와 거짓으로 기재한 세금계산서 또는 계산서를 발급받은 행위에 대한 사례, ③ 제5절 부분자료상의 가공세금계산서 또는 가공계산서 수수행위에 대한 사례, ④ 제6절 부분자료상의 위장가공세금계산서(가공세금계산서) 또는 위장가공계산서(가공계산서) 수수행위에 대한 사례, ⑤ 제7절 완전자료상의 가공세금계산서 또는 가공계산서 수수행위에 대한 사례이다.

자료상에 대한 사례를 제5절 부분자료상의 가공세금계산서 또는 가공계산서 수수행위에 대한 사례, 제6절 부분자료상의 위장가공세금계산서(가공세금계산서) 또는 위장가공계산서(가공계산서) 수수행위에 대한 사례, 제7절 완전자료상의 가공세금계산서 또는 가공계산서 수수행위에 대한 사례로 구분하여 소개하는 사유는 이들 세 가지 중 어디에 속하는 범칙행위냐에 따라 사건을 처리하는 방법에 있어 여러 차이가 있기 때문이다. 그 차이점은 사례를 풀어보면 체험할 수 있다.

각 사례는 ㉠ 범칙사실, ㉡ 소득세 또는 법인세 신고내용 등, ㉢ 세금계산서등의 범칙행위 검토 및 실행위자 확인, ㉣ 신고누락 수입금액 및 탈루소득금액, ㉤ 부가가치세, 소득세 또는 법인세, 개·법인지방소득세 포탈세액등 계산, ㉥ 법인 또는 개인사업자에 대한 양벌규정 적용 검토, ㉦ 조세범칙행위 외 범죄행위 검토, ㉧ 세무대리인 등에 대한 공범 또는 방조범 해당 여부 검토, ㉨ 총 범칙행위 수 순서로 구성되어 있다. 각 사례에 "㉦ 조세범칙행위 외 범죄행위 검토"라는 요소를 넣은 것은 세금계산서등의 범칙행위 또는 조세포탈행위가 발생하면 횡령행위 등의 기타범죄행위도 수반된다는 것을 보여주기 위해서이다. 따라서 수사관 등은 세금계산서등의 범칙행위, 조세포탈행위 등 조세범칙사건에 횡령행위 등 기타범죄행위가 수반될 수 있다는 사실을 염두에 두고 수사를 진행하여야 한다.

제 2 절

세금계산서등의 범칙행위와 조세포탈 관계 사례를 익히기 위한 세무실무

Ⅰ ▶ 세금계산서·계산서 미수취 시 수입금액과 소득금액 추계

사업자가 "세금계산서 또는 계산서를 수취하지 않고 매입한 재화 또는 용역"(이하 "무자료매입"이라 한다)에 대하여 재고가 없고 무자료매입과 관련된 수입금액 신고도 없는 경우에는 무자료매입한 재화 또는 용역이 매출되었고 매출된 수입금액이 부가가치세, 소득세 또는 법인세 신고에서 신고누락된 것으로 추정한다. 이 경우 사업자가 무자료매입한 재화 또는 용역에 대해 그 행방이나 매출내용 등에 관하여 소명하지 못하면 과세관청은 무자료매입한 재화 또는 용역이 매출된 것으로 추정하여 수입금액(매출액)과 소득금액을 추계하여 과세한다. 수입금액(매출액)을 추계하는 것은 수입금액 추계라 하고, 소득금액을 추계하는 것은 소득금액 추계라 한다.

세금계산서등의 범칙행위 중 「조세범처벌법」 제10조 제2항 제1호 및 제2호가 규정하는 세금계산서 또는 계산서 미수취행위에 대한 포탈세액 계산 시 탈루수입금액과 탈루소득금액을 계산하려면 수입금액과 소득금액을 추계하는 방법은 반드시 알아야 할 내용이다.

세금계산서 또는 계산서 미수취행위자에 대한 포탈세액은 ① 추계수입금액(추계매출액) 계산 → ② 추계소득금액 계산 → ③ 부가가치세 등 간접세, 소득세 또는 법인세 계산 → ④ 개·법인지방소득세 계산 순서로 계산하면 된다.

🔖 제3장의 사례들에서 포탈세액등, 추계수입금액, 추계소득금액 등의 계산 시 원 미만 금액은 절사하였다.

1. 추계수입금액(추계매출액)의 의의 및 계산 방법

(1) 추계수입금액(추계매출액)의 의의

추계수입금액(추계매출액)이란 사업자에게 ① 사업자가 재화 또는 용역을 공급받았지만 세금계산서 또는 계산서를 수취하지 아니하고, 그 공급받은 재화 또는 용역을 매출 또는 원재료로 사용해 제품을 제조하여 매출하였을 것으로 추정되나 그 수입금액(매출액)을 알 수 없을 경우, ② 장부 또는 그 밖의 증명 자료의 내용이 시설 규모, 종업원 수와 원자재·상품·제품 또는 각종 요금의 시가에 비추어 거짓임이 명백한 경우, ③ 장부 또는 그 밖의 증명 자료의 내용이 원자재 규모·동력 사용량이나 그 밖의 조업 상황에 비추어 거짓임이 명백한 경우 등의 추계결정 사유가 있을 시 과세관청이 세법(부가령 제104조 제1항, 소득령 제144조 제1항, 법인령 제105조 제1항)에 규정하고 있는 방법에 따라 계산한 금액을 말한다. 추계수입금액(추계매출액)은 소득세 또는 법인세에서는 추계수입금액으로 칭하고, 부가가치세에서는 추계과세표준이라 칭한다.

(2) 추계수입금액 계산 방법

세법(부가령 제104조 제1항, 소득령 제144조 제1항, 법인령 제105조 제1항)은 추계수입금액 계산 방법으로 ㉮ 동업자 균형에 의한 방법, ㉯ 생산수율에 의한 방법, ㉰ 영업효율에 의한 방법, ㉱ 부가가치율을 적용하여 계산하는 방법, ㉲ 매매총이익률을 적용하여 계산하는 방법 등을 규정하고 있다. 이들 중 "사업자가 재화 또는 용역을 공급받았지만 세금계산서 또는 계산서를 수취하지 아니하고 그 공급받은 재화 또는 용역을 매출 또는 원재료로 사용해 제품을 제조하여 매출하였을 것으로 추정되나 그 수입금액(매출액)을 알 수 없을 경우"에 세무실무에서 일반적으로 사용하는 추계수입금액 계산 방법인 '부가가치율을 적용하여 계산하는 방법'과 '매매총이익률을 적용하여 계산하는 방법'을 소개한다. 두 방법 중 어느 방법을 사용할지는 사업의 종류에 따라 정해지는데 업태가 도매 또는 소매업인 경우에는 '매매총이익률을 적용하여 계산하는 방법'을 사용하고, 도매 또는 소매업을 제외한 전 업종은 '부가가치율을 적용하여 계산하는 방법'을 사용한다.

1) 부가가치율을 적용하여 계산하는 방법

도매 또는 소매업을 영위하는 사업자가 아닌 사업자가 무자료매입한 재화 또는 용역을 모두 판매 또는 원재료로 사용하여 제품을 제조 후 판매하였으나, 그 수입금액(매출액)을 알 수 없을 경우에는 아래 계산식의 내용과 같이 부가가치율을 적용하여 추계수입금액(추계매출액)을 계산한다.

추계수입금액(추계 과세표준) = 매입금액 ÷ (1 - 부가가치율)

🔧 부가가치율이란 매출과표(과세표준)에서 매입금액을 차감한 금액을 매출과표(과세표준)로 나눈 비율을 말하고 이는 기업의 총매출액에 대한 부가가치의 비율을 의미한다. 부가가치율은 추계수입금액 계산(부가령 제104조 제1항 제4호 마목, 소득령 제144조 제1항 제4호 마목, 법인령 제105조 제1항 제4호 마목)을 위해 국세청장이 사업의 종류별 또는 지역별 등을 고려하여 정하는 것으로 외부에 고시하지 않아 국세청 소속 직원들만 알 수 있는 관계로 수사 과정 등에서 부가가치율을 알고 싶은 경우에는 국세청, 지방국세청, 일선 세무서에 질의하여야 한다.

2) 매매총이익률에 의한 계산 방법

도매 또는 소매업을 영위하는 사업자가 무자료매입한 재화 또는 용역을 모두 판매 또는 원재료로 사용하여 제품을 제조 후 판매하였으나, 그 수입금액(매출액)을 알 수 없을 경우에는 아래 계산식의 내용과 같이 매매총이익률을 적용하여 추계수입금액(추계매출액)을 계산한다.

$$추계수입금액(추계\ 과세표준) = 매출원가 \div (1 - 매매총이익률)$$

ⓖ 매매총이익률이란 매출과표(과세표준)에서 매출원가를 차감한 금액을 매출과표(과세표준)로 나눈 비율을 말하고 이는 기업이 매출한 상품에 대하여 얼마만큼의 이윤을 남겼는지를 의미한다. 매매총이익률은 추계수입금액 계산(부가령 제104조 제1항 제4호 라목, 소득령 제144조 제1항 제4호 라목, 법인령 제105조 제1항 제4호 라목)을 위해 국세청장이 사업의 종류별 또는 지역별 등을 고려하여 정하는 것으로 외부에 고시하지 않아 국세청 소속 직원들만 알 수 있는 관계로 수사 과정 등에서 매매총이익률을 알고 싶은 경우에는 국세청, 지방국세청, 일선 세무서에 질의하여야 한다.

2. 추계소득금액의 의의 및 계산 방법

(1) 추계소득금액의 의의

추계소득금액이란 사업자에게 ① 수입금액을 계산함에 있어 필요한 장부 또는 증명서류가 없거나 그 중요한 부분이 미비 또는 허위인 경우, ② 기장 내용이 시설규모, 종업원 수, 원자재·상품·제품 또는 각종 요금의 시가 등에 비추어 허위임이 명백한 경우, ③ 기장 내용이 원자재 사용량·전력 사용량 기타 조업상황에 비추어 허위임이 명백한 경우 등의 추계사유가 있어 장부 기타 증명서류에 의하여 소득금액을 계산할 수 없을 시 과세관청이 세법(소득법 제80조 제3항, 소득령 제143조 제3항, 법인법 제66조 제3항, 법인령 제104조 제2항)에 규정하고 있는 방법에 따라 계산한 금액을 말한다.

(2) 추계소득금액 계산 방법

세법(소득령 제143조 제3항, 법인령 제104조 제2항)은 추계소득금액 계산 방법으로 ㉮ 기준경비율에 의한 방법, ㉯ 단순경비율에 의한 방법, ㉰ 동업자 권형에 의한 방법, ㉱ 소기업에 대한 추계결정 특례(법인사업자) 등을 규정하고 있다. 하지만 수입금액을 추계하여 계산한 경우에는 이들의 방법을 적용할 수 없고, 아래 표의 내용과 같이 계산한다(소득령 제144조 제4항, 법인령 제105조 제2항).

> 추계소득금액 = 추계수입금액 - 무자료매입금액

II ▶ 부가가치세 등 간접세, 소득세 또는 법인세, 개·법인지방소득세 포탈세액등 계산 방법

포탈세액등을 계산하는 방법은 납세의무자의 탈루세액등을 계산한 후, 탈루세액등 중 "부정행위(사기나 그 밖의 부정한 행위)"로서 탈루한 탈루세액등을 특정하여야 한다. 그 특정한 "부정행위(사기나 그 밖의 부정한 행위)로서 탈루한 탈루세액등"이 포탈세액등이다.

> 포탈세액등 = 탈루세액등 × 〔부정행위(사기나 그 밖의 부정한 행위)와 관련된
> 탈루소득금액(탈루과세표준)/총 탈루소득금액(총 탈루과세표준)〕

납세의무자가 행한 부정행위가 세금계산서등의 범칙행위만 있을 경우 총 탈루소득금액(총 탈루과세표준)과 부정행위(사기나 그 밖의 부정한 행위)와 관련된 탈루소득금액(탈루과세표준)이 동일하므로 세금계산서등의 범칙행위로 인하여 발생한 탈루세액등이 포탈세액등과 같으므로 위 산식의 계산은 생략하여도 된다.

참고로 제3장에서 소개하는 사례들은 납세의무자가 행한 부정행위가 세금계산서등의 범칙행위만 있는 것으로 가정하여 만들어졌으므로 탈루세액등과 포탈세액등이 동일하여 위 산식의 계산과정은 생략하였다.

1. 부가가치세등 간접세 탈루세액(본세) 계산 방법

세금계산서등의 범칙행위와 관련하여 부가가치세등의 탈루세액이 발생할 수 있는 경우는 (1) 부가가치세가 과세되는 재화 또는 용역을 공급하였으나 세금계산서 등을 미발급하여 해당 매출액을 부가가치세 신고에 누락한 경우, (2) 부가가치세가 과세되는 재화 또는 용역을 무자료매입하여 해당 재화 또는 용역에 대해 수입금액이 추계로 결정 또는 경정되는 경우, (3) 거짓으로 기재한 세금계산서 또는 가공세금계산서 등을 수취하여 부가가치세 매입세액을 공제받은 경우 등이다.

(1) 부가가치세가 과세되는 재화 또는 용역을 공급하였으나 세금계산서 등을 미발급하여 해당 매출액을 부가가치세 신고에 누락한 경우

이 경우 아래 표의 내용과 같이 부가가치세 탈루세액을 계산하면 된다.

구분	탈루세액 계산 방법
일반사업자	탈루세액 = 미발급한 공급가액 × 10%
간이과세자	탈루세액 = 미발급한 공급가액 × 1.1 × 부가가치율

(2) 부가가치세가 과세되는 재화 또는 용역을 무자료매입하여 해당 재화 또는 용역에 대해 수입금액이 추계로 결정 또는 경정되는 경우

이 경우 아래 표의 내용과 같이 부가가치세 탈루세액을 계산하면 된다.

구분	탈루세액 계산 방법
일반사업자	탈루세액 = 추계수입금액(추계과세표준) × 10%
간이과세자	탈루세액 = 추계수입금액(추계과세표준) × 1.1 × 부가가치율

(3) 거짓으로 기재한 세금계산서 또는 가공세금계산서 등을 수취하여 부가가치세 매입세액을 공제받은 경우

이 경우 아래 표의 내용과 같이 부가가치세 탈루세액을 계산하면 된다.

구분	탈루세액 계산 방법
일반사업자	탈루세액 = 수취한 거짓으로 기재한 세금계산서 또는 가공세금계산서의 공급가액 × 10%
간이과세자	탈루세액 = 수취한 거짓으로 기재한 세금계산서 또는 가공세금계산서의 매입세액 × 해당 업종별 부가가치율

2. 소득세 또는 법인세 탈루세액(본세) 계산 방법

세금계산서등의 범칙행위와 관련하여 소득세 또는 법인세의 탈루세액이 발생할 수 있는 경우는 (1) 재화 또는 용역을 공급하였으나 세금계산서 또는 계산서 등을 미발급하여 해당 수입금액(매출액)을 소득세 또는 법인세 신고에 누락한 경우, (2) 재화 또는 용역을 무자료매입하여 해당 재화 또는 용역에 대해 수입금액이 추계로 결정 또는 경정되는 경우, (3) 거짓으로 기재한 계산서 · 세금계산서 등 또는 가공세금계산서 · 가공계산서 등을 수취하여 가공원가 등을 계상한 경우 등이다.

(1) 재화 또는 용역을 공급하였으나 세금계산서 또는 계산서 등을 미발급하여 해당 수입금액(매출액)을 소득세 또는 법인세 신고에 누락한 경우

이 경우 아래 표의 내용과 같이 소득세 또는 법인세의 탈루세액을 계산하면 된다.

구분	탈루세액 계산 방법
거주자 (개인사업자)	탈루세액 = 기결정 또는 경정된 소득세 과세표준 + 세금계산서 또는 계산서를 미발행하여 신고누락한 탈루소득금액 × 세율 - 누진공제세액 - 기납부한 세액
법인사업자	탈루세액 = 기신고 또는 경정된 법인세 과세표준 + 세금계산서 또는 계산서를 미발행하여 신고누락한 탈루소득금액 × 세율 - 누진공제세액 - 기납부한 세액

(2) 재화 또는 용역을 무자료매입하여 해당 재화 또는 용역에 대해 수입금액이 추계로 결정 또는 경정된 경우

이 경우 아래 표의 내용과 같이 소득세 또는 법인세의 탈루세액을 계산하면 된다.

구분	탈루세액 계산 방법
거주자 (개인사업자)	탈루세액 = 기결정 또는 경정된 소득세 과세표준 + 추계하여 계산한 탈루소득금액 × 세율 - 누진공제세액 - 기납부한 세액
법인사업자	탈루세액 = 기신고 또는 경정된 법인세 과세표준 + 추계하여 계산한 탈루소득금액 × 세율 - 누진공제세액 - 기납부한 세액

(3) 거짓으로 기재한 계산서·세금계산서 또는 가공세금계산서·가공계산서를 수취하여 가공원가 등을 계상한 경우

이 경우 아래 표의 내용과 같이 소득세 또는 법인세의 탈루세액을 계산하면 된다.

구분	탈루세액 계산 방법
거주자 (개인사업자)	탈루세액 = 기결정 또는 경정된 소득세 과세표준 + 거짓으로 기재한 계산서·세금계산서 또는 가공세금계산서·가공계산서를 수취하여 가공원가 계상으로 탈루한 소득금액 × 세율 - 누진공제세액 - 기납부한 세액
법인사업자	탈루세액 = 기결정 또는 경정된 법인세 과세표준 + 거짓으로 기재한 계산서·세금계산서 또는 가공세금계산서·가공계산서를 수취하여 가공원가 계상으로 탈루한 소득금액 × 세율 - 누진공제세액 - 기납부한 세액

3. 개인지방소득세 또는 법인지방소득세 탈루세액(본세) 계산 방법

국세의 과세표준 또는 본세를 과세표준으로 하는 개인지방소득세 또는 법인지방소득세의 탈루는 소득세(종합소득세, 양도소득세, 퇴직소득세) 또는 법인세의 탈루가 발생하면 동시에 발생한다.

구분	탈루세액 계산 방법
개인지방소득세	탈루세액 = 소득세 탈루세액 × 세율(10%)
법인지방소득세	탈루세액 = 법인세 탈루세액 × 세율(10%)

🔩 후술한 지방세의 세율표와 달리 간편식으로 표기하였다. 상기 표의 내용과 같이 개·법인지방소득세는 소득세 또는 법인세의 탈루세액에 10%를 곱하면 개·법인지방소득세 탈루세액이 산출된다.

Ⅲ 국세의 과세표준 또는 본세를 과세표준으로 하는 지방세

국세의 과세표준 또는 본세를 과세표준으로 하는 지방세는 세 가지로 개인지방소득세, 법인지방소득세, 자동차세(자동차 주행에 대한 자동차세)이다.

국세와 지방세의 관계에서 기술한 바와 같이 지방세의 포탈세액도 특가법 제8조의 처벌 대상에 포함되므로 연간 포탈세액등의 계산 시 합산하여야 한다. 따라서 지방세의 과세표준이 되는 국세의 포탈이 있을 경우 반드시 연관된 지방세가 있는지 확인하여 특가법 제8조의 적용 여부를 검토하여야 한다.

1. 개인지방소득세와 법인지방소득세

(1) 의의

「소득세법」에 따른 소득세의 납부의무가 있는 개인이 납부하는 지방세를 개인지방소득세라 하고, 「법인세법」에 따른 법인세의 납세의무가 있는 법인이 납부하는 지방세를 법인지방소득세라 한다(지방세법 제86조).

(2) 신고·납부기한

개인지방소득세의 신고·납부기한은 소득세(종합소득세, 양도소득세, 퇴직소득세)의 신고·납부기한과 같고(지방세법 제95조 제1항), 법인지방소득세의 신고·납부기한은 법인의 사업연도 종료일이 속하는 달의 말일부터 4개월 이내이다(지방세법 제103조의23 제1항).

1) 개인지방소득세 신고 · 납부기한

매년 5월 1일~5월 31일(성실신고확인서 제출대상자는 6월 30일)

2) 법인지방소득세 신고 · 납부기한

법인의 사업연도 종료일이 속하는 달의 말일부터 4개월 이내

(3) 과세표준

개인지방소득세의 과세표준은 개인의 종합소득세 · 퇴직소득세 · 양도소득세의 과세표준과 동일한 금액으로 한다(지방세법 제91조 제1항 및 제2항, 동법 제103조 제2항). 법인지방소득세의 과세표준은 「법인세법」 제13조에 따라 계산한 법인세의 과세표준과 동일한 금액으로 하고, 다만 내국법인의 각 사업연도의 소득에 대한 법인세 과세표준에 국외원천징수소득이 포함되어 있는 경우로서 「법인세법」 제57조에 따라 외국 납부 세액공제를 하는 경우에는 같은 조 제1항에 따른 외국법인세액을 이 조 제1항에 따른 금액에서 차감한 금액을 법인지방소득세의 과세표준으로 한다(지방세법 제103조의19 제1항 및 제2항).

(4) 세율

개인지방소득세		법인지방소득세	
과세표준	세율	과세표준	세율
1천200만원 이하	과세표준의 1천분의 6	2억원 이하	과세표준의 1천분의 10
1천200만원 초과 4천600만원 이하	7만2천원 + (1천200만원을 초과하는금액의 1천분의 15)	2억원 초과 200억원 이하	200만원 + (2억원을 초과하는 금액의 1천분의20)
4천600만원 초과 8천800만원 이하	58만2천원 + (4천600만원을 초과하는 금액의 1천분의 24)	200억원 초과 3천억원 이하	3억9천800만원 + (200억원을 초과하는 금액의 1천분의 22)
8천800만원 초과 1억5천만원 이하	159만원 + (8천800만원을 초과하는 금액의 1천분의 35)	3천억원 초과	65억5천800만원 + (3천억원을 초과하는 금액의 1천분의 25)
1억5천만원 초과 3억원 이하	376만원 + (1억5천만원을 초과하는 금액의 1천분의 38)		
3억원 초과 5억원 이하	946만원 + (3억원을 초과하는 금액의 1천분의 40)		
5억원 초과 10억원 이하	1천746만원 + (5억원을 초과하는 금액의 1천분의 42)		

개인지방소득세		법인지방소득세	
과세표준	세율	과세표준	세율
10억원 초과	3천846만원 + (10억원을 초과하는 금액의 1천분의 45)		

🐾 위 표의 내용과 같이 개·법인지방소득세 세액 계산식이 복잡하지만, 소득세 또는 법인세의 탈루세액에 10%를 곱하여 간편하게 계산할 수 있다. 따라서 이 책에서는 간편한 방법을 택하여 개·법인지방소득세를 계산한다.

2. 자동차세(자동차 주행에 대한 자동차세)

(1) 의의

자동차세(자동차 주행에 대한 자동차세)는 휘발유, 경유 및 이와 유사한 대체유류에 대한 교통·에너지·환경세의 납세의무가 있는 자에게 부과하는 조세이다(지방세법 제135조).

(2) 신고·납부기한

자동차세(자동차 주행에 대한 자동차세)의 신고·납부기한은 「교통·에너지·환경세법」 제8조에 따라 과세물품에 대한 교통·에너지·환경세 납부기한까지 교통·에너지·환경세의 납세지를 관할하는 지방자치단체의 장에게 과세표준과 세액을 신고하고 납부하여야 한다(지방세법 제137조 제1항). 교통·에너지·환경세 납세의무자는 매월 제조장 등으로부터 반출한 물품의 물품별 수량 및 가격과 산출세액·미납세액·면제세액·공제세액·환급세액·납부세액등을 기재한 신고서를 반출한 달의 다음 달 말일까지 제조장을 관할하는 세무서장에게 제출하여야 하고, 신고서의 제출기한 내에 납부하여야 한다(교통·에너지·환경세법 제7조 및 제8조). 따라서 자동차세(자동차 주행에 대한 자동차세)의 신고·납부기한은 과세물품을 제조장 등에서 반출한 달의 다음 달 말일까지이다.

(3) 과세표준 및 세율

자동차세(자동차 주행에 대한 자동차세)의 과세표준은 교통·에너지·환경세이고 세율은 교통·에너지·환경세의 1천분의 360이다(교통·에너지·환경세법 제136조 제1항). 세율은 교통·에너지·환경세율의 변동 등으로 조정이 필요하면 그 세율의 100분의 30의 범위에서 대통령령으로 정하는 바에 따라 가감하여 조정할 수 있다(교통·에너지·환경세법 제136조 제2항).

3. 가산세

「지방세기본법」제52조 제1항은 지방자치단체의 장이 이 법 또는 지방세관계법에 따른 의무를 위반한 자에게 이 법 또는 지방세관계법에서 정하는 바에 따라 가산세를 부과할 있다라고 규정하여 가산세를 부과할 수 있는 근거를 제공한다.

지방세의 가산세는 「지방세기본법」에 무신고가산세(지방세기본법 제53조), 과소신고가산세·초과환급신고가산세(지방세기본법 제54조), 납부지연가산세(지방세기본법 제55조)로 규정되어 있고, 「지방세법」에 "소득세와 법인세의 결정·경정 시 더해지는 가산세에 부과하는 가산세"를 규정(지방세법 제99조, 동법 제103조의30)하고 있다.

(1) 무신고가산세

납세의무자가 법정신고기한까지 과세표준 신고를 하지 아니한 경우에 부과하는 가산세로 일반 무신고가산세와 부정 무신고가산세로 구분된다.

1) 일반 무신고가산세

사기나 그 밖의 부정한 행위 외 사유로 법정신고기한까지 신고를 하지 아니한 경우에 무신고납부세액의 100분의 20에 상당하는 금액을 가산세로 부과한다(지방세기본법 제53조 제1항).

2) 부정 무신고가산세

사기나 그 밖의 부정한 행위로 법정신고기한까지 과세표준 신고를 하지 아니한 경우에 무신고납부세액의 100분의 40에 상당하는 금액을 가산세로 부과한다(지방세기본법 제2항).

(2) 과소신고가산세·초과환급신고가산세

납세의무자가 법정신고기한까지 과세표준 신고를 한 경우로서 신고하여 납부하여야 할 세액보다 납부세액을 적게 신고(과소신고)하거나 지방소득세 과세표준 신고를 하면서 환급받을 세액을 신고하여야 할 금액보다 많이 신고(초과환급신고)한 경우에는 과소신고한 납부세액과 초과환급신고한 환급세액을 합한 금액에 부과하는 가산세로 일반 과소신고가산세와 부정 과소신고가산세로 구분된다.

1) 일반 과소신고가산세·초과환급신고가산세

사기나 그 밖의 부정한 행위 외의 행위로 과소신고하거나 초과환급신고하였을 경우에 과소신고납부세액등의 100분의 10에 상당하는 금액을 가산세로 부과한다(지방세기본법 제54조 제1항).

2) 부정 과소신고가산세 · 초과환급신고가산세

사기나 그 밖의 부정한 행위로 과소신고하거나 초과환급신고하였을 경우에 부정과소신고 납부세액등의 100분의 40에 상당하는 금액을 가산세로 부과한다(지방세기본법 제54조 제2항).

(3) 납부지연가산세

납세의무자(연대납세의무자, 제2차 납세의무자 및 보증인 포함)가 납부기한까지 지방세를 납부하지 아니하거나 납부하여야 할 세액보다 적게 납부하거나 환급받아야 할 세액보다 많이 환급받은 경우에 부과하는 가산세를 말한다. 납부지연가산세는 납부하지 아니한 세액, 납부지연한 세액 또는 초과환급받은 세액의 100분의 75에 해당하는 금액을 한도로 한다(지방세기본법 제55조 제1항).

1) 계산 방법

① 납부지연가산세

납부지연가산세 = 과세표준과 세액을 지방자치단체에 신고납부하는 지방세의 법정납부기한까지 납부하지 아니한 세액 또는 과소납부세액 × 법정납부기한의 납부기한의 다음 날부터 자진납부일 또는 납세고지일까지의 일수 × 금융회사 등이 연체대출금에 대하여 적용하는 이자율 등을 고려하여 대통령령으로 정하는 이자율(100,000분의 22)

② 초과환급가산세

납부지연가산세 = 초과환급분 세액 × 환급받은 날의 다음 날부터 자진납부일 또는 납세고지일까지의 일수 × 금융회사 등이 연체대출금에 대하여 적용하는 이자율 등을 고려하여 대통령령으로 정하는 이자율(100,000분의 22)

③ 납세고지서의 납부기한까지 납부하지 아니한 가산세

납부지연가산세 = 납세고지서에 따른 납부기한까지 납부하지 아니한 세액 또는 과소납부한 세액 × 100분의 3

④ 납세고지서의 납부기한이 지난 날로부터 1개월이 지날 때마다 부과하는 가산세

> 납부지연가산세 = 납부하지 아니한 세액 또는 과소납부분 세액 × 금융회사 등이 연체대출금액
> 에 대하여 적용하는 이자율 등을 고려하여 대통령령으로 정하는 이자율
> (100,000분의 22)

✔ 납세고지서의 납부기한이 지난 날로부터 1개월이 지날 때마다 부과하는 가산세의 부과기간은 60개
월을 초과할 수 없음(지방세기본법 제55조 제1항 후단).

(4) 소득세와 법인세 결정·경정 시 더해지는 가산세에 부과하는 가산세

1) 소득세의 결정·경정 시 더해지는 가산세에 부과하는 가산세

「소득세법」 제81조, 제81조의2부터 81조의14까지의 규정에 따라 소득세 결정세액에 가
산세를 더하는 경우에는 그 더하는 금액의 100분의 10에 해당하는 금액을 개인지방소득세
결정세액에 더한다(지방세법 제9조 제1항). 다만, 「소득세법」 제81조의5 【장부의 기록·보관
불성실 가산세】에 따라 더해지는 가산세의 100분의 10에 해당하는 개인지방소득세와 「지
방세기본법」 제53조 또는 제54조에 따른 가산세가 동시에 적용되는 경우에는 그 중 큰 가
산세만 적용하고, 가산세액이 같은 경우에는 「지방세기본법」 제53조 또는 제54조에 따른
가산세만 적용한다(지방세법 제9조 제1항 후단).

2) 법인세의 결정·경정 시 더해지는 가산세에 부과하는 가산세

「법인세법」 제74조의2, 제75조의2부터 제75조의9까지의 규정에 따라 법인세의 가산세를
징수하는 경우에는 그 징수하는 가산세의 100분의 10에 해당하는 금액을 법인지방소득세
의 가산세로 징수한다(지방세법 제103조의30 제1항). 「법인세법」 제75조의3 【장부의 기록·보
관 불성실 가산세】에 따라 징수하는 가산세의 100분의 10에 해당하는 법인지방소득세 가
산세와 「지방세기본법」 제53조 또는 제54조에 따른 가산세가 동시에 적용되는 경우에는 그
중 큰 가산세액만 적용하고, 가산세액이 같은 경우에는 「지방세기본법」 제53조 또는 제54
조에 따른 가산세만 적용한다(지방세법 제103조의30 제1항 후단).

제 3 절

세금계산서 또는 계산서를 발급하지 아니한 행위와 발급 받지 아니한 행위에 대한 사례

I ≫ 개인사업자

1. 과세 개인사업자

> 하영건축자재의 대표 최QQ가 2021.9.12. 웅치인테리어에 합판(공급가액 1,000,000,000 원)을 공급하였으나, 웅치인테리어의 대표 왕CC와 통정하여 세금계산서를 미발급하였고, 판매대금은 거래사실을 감추기 위해 9월 말일부터 매월 말일에 250,000,000원씩 받기로 하여 2021.12.31.까지 모두 현금으로 받았다.
> - 세금계산서를 발급하지 않은 매출액은 부가가치세와 소득세 신고에서 누락하였음.
> - 대표 최QQ와 대표 왕CC는 세금계산서를 미교부하기 때문에 부가가치세는 거래징수 하지 않기로 약정하였음.
> - 하영건축자재는 수사과정에서 매출누락금액(세금계산서 미발행금액)에 대응하는 원가(경비)를 제시하지 못하였음.
> - 대표 최QQ가 세금계산서를 미발급한 목적은 부가가치세 등 조세를 포탈하기 위해서임.
> - 대표 최QQ는 웅치인테리어에서 받은 합판대금 1,000,000,000원을 친구의 은행 계좌에 은닉하였음.
> - 하영건축자재의 장부를 기장하는 단비세무회계사무소는 하영건축자재의 세금계산서 미발급 사실 등을 몰랐음.
> - 수사 개시일 2023.9.1.

가. 재화 또는 용역을 공급하고 세금계산서를 발급하지 아니한 행위

A 소득세 신고내용 등

> ○ 최QQ(하영건축자재)의 2021년 귀속 소득세 신고내용 등
> - 2021년 귀속 총 수입금액 10,000,000,000원
> - 소득세 과세표준 : 500,000,000원

- 납부할 세액 : 174,600,000원(소득세와 개인지방소득세는 신고 시 납부하였음)
※ 복식부기 장부로 신고하였음.

B 세금계산서등의 범칙행위 검토 및 실행위자 확인

(a) 세금계산서 범칙행위 검토

ⓐ 세금계산서를 발급하지 아니한 행위

하영건축자재의 대표 최QQ가 웅치인테리어에 합판(공급가액 1,000,000,000원)을 공급하고 웅치인테리어의 대표 왕CC와 통정하여 세금계산서를 발급하지 아니하였으므로, 이는 세금계산서를 발급하지 아니한 행위(조처법 제10조 제1항 제1호)에 해당한다.

(b) 실행위자(범칙행위자) 판단

하영건축자재의 대표 최QQ가 웅치인테리어의 대표 왕CC와 통정하여 세금계산서를 발급하지 아니하였으므로 하영건축자재에서 세금계산서를 발급하지 아니한 행위의 실행위자는 대표 최QQ이다.

| 적용 법조항 정리 |

적용 법조항	범칙행위 종류	범칙행위 금액 (건수)	범 칙 행위자
조처법 제10조 제1항 제1호	세금계산서를 발급하지 아니한 행위	1,000,000,000원 (1건)	최QQ

✦ 「조세범처벌법」 제10조 제1항 제1호의 범칙행위는 가중처벌조항이 없으므로 특가법 제8조의2의 적용은 고려하지 않아도 된다.

C 신고누락 수입금액 및 탈루소득금액

(a) 수입금액

하영건축자재의 대표 최QQ가 웅치인테리어에 합판(공급가액 1,000,000,000원)을 공급하고 세금계산서를 발급하지 아니한 매출액을 2021년 귀속 소득세 신고 시 신고누락하였기 때문에 신고누락한 수입금액은 1,000,000,000원이다. 그리고 세금계산서 미발급액을 2021년 제2기 부가가치세 신고 시 신고누락하였으므로 부가가치세도 경정하여야 한다.

(b) 탈루소득금액

수사과정에서 세금계산서를 발급하지 아니한 매출액에 대한 대응원가(경비)를 하영건축자재의 대표 최QQ가 제시하지 못하였으므로 세금계산서를 발급하지 아니하고 신고누락한 수입금액 전액이 탈루소득금액이 된다. 따라서 탈루소득금액은 1,000,000,000원이다.

Ⓓ 부가가치세, 소득세, 개인지방소득세 포탈세액등 계산(포탈세액등 계산 기준일 : 2023.9.30.)

(a) 부가가치세 탈루세액등 계산(2021년 2기 과세기간)

㉮ 부가가치세 본세 : [1,000,000,000원(매출과표)$^{주1)}$ × 10%] − [0(매입과표) × 10%]
= 100,000,000원

주1) 1,000,000,000원은 하영건축자재의 대표 최QQ가 웅치인테리어에 세금계산서를 발급하지 아니하고 신고누락한 부가가치세 매출과표(수입금액)를 의미한다.

🔧 세금계산서를 발급하지 아니하여 부가가치세 신고를 누락한 매출액으로 인해 매출과표가 1,000,000,000원 증가하고, 증가된 매출과표의 매출세액만큼의 부가가치세가 증가한다. 따라서 부가가치세가 100,000,000원만큼 증가하였으므로 탈루세액등은 100,000,000원이다.

㉯ 부정과소신고가산세 : 100,000,000원 × 40% = 40,000,000원

🔧 부정과소신고가산세를 적용한 사유는 하영건축자재의 최QQ가 조세포탈 목적으로 세금계산서를 발급하지 아니하여 합판의 매출액을 부가가치세와 소득세 신고 시 신고누락한 행위는 「조세범처벌법」 제3조 제6항 제4호가 규정하는 거래의 은폐에 해당하는 부정행위이기 때문이다.

㉰ 납부지연가산세(㉠ + ㉡) : 13,546,000원

㉠ 100,000,000원(본세) × 20일(2022.1.26.~2022.2.14.) × 25/100,000 = 500,000원
㉡ 100,000,000원(본세) × 593일(2022.2.15.~2023.9.30.) × 22/100,000 = 13,046,000원

㉱ 세금계산서불성실가산세$^{주2)}$: 1,000,000,000원 × 2% = 20,000,000원

주2) 가산세 부과 사유는 세금계산서 미발급임.

◎ 부가가치세 추징예상세액(㉮ + ㉯ + ㉰ + ㉱) : 173,546,000원

(b) 소득세 탈루세액등 계산(2021년 귀속)

㉮ 소득세 본세 : 1,500,000,000원$^{주3)}$(과세표준) × 45% − 65,400,000원(누진세액공제)
− 174,600,000원(기납부세액) = 435,000,000원

주3) 과세표준 금액 1,500,000,000원은 당초 과세표준(500,000,000원)에 신고누락한 탈루소득금액(1,000,000,000원)을 합산한 금액이다.

✅ 기신고한 소득세 과세표준(500,000,000원)에 탈루소득금액(1,000,000,000원)을 합산하니 소득세가 435,000,000원이 증가하였다. 따라서 소득세 탈루세액등은 435,000,000원이다.

㉯ 부정과소신고가산세(㉠과 ㉡ 중 큰 것) : 174,000,000원

   ㉠ 435,000,000원 × 40% = 174,000,000원

   ㉡ 1,000,000,000원(부정과소신고 수입금액) × 14/10,000 = 1,400,000원

㉰ 납부지연가산세 : 435,000,000원(본세) × 487일(2022.6.1.~2023.9.30.) × 22/100,000
   = 46,605,900원

◎ 소득세 추징예상세액(㉮ + ㉯ + ㉰) : 655,605,900원

(c) 개인지방소득세 탈루세액등 계산(2021년 귀속)

   ㉮ 개인지방소득세 본세 : 435,000,000원(과세표준) × 10% = 43,500,000원

   ✅ 소득세 435,000,000원의 탈루가 발생하면 개인지방소득세도 소득세 탈루세액의 10%만큼 탈루가 발생한다. 따라서 개인지방소득세 탈루세액등은 43,500,000원이다.

   ㉯ 부정과소신고가산세 : 43,500,000원 × 40% = 17,400,000원

   ㉰ 납부지연가산세 : 43,500,000원(본세) × 487일(2022.6.1.~2023.9.30.) × 22/100,000
      = 4,660,590원

   ✅ 개인지방소득세는 신고납세제도에 속하는 세목이고 신고·납부기한은 소득세의 신고·납부기한과 같다. 따라서 납부지연가산세 기산일은 2022.6.1.이 된다.

   ◎ 개인지방소득세 추징예상세액(㉮ + ㉯ + ㉰) : 65,560,590원

(d) 총 탈루세액등

납세의무 확정 연도	세목	탈루세액등 (추징예상세액)	기수시기
2022년	소득세 (2021년 귀속)	435,000,000원 (655,605,900원)	2022.5.31. 지난 때
2022년	개인지방소득세 (2021년 귀속)	43,500,000원 (65,560,590원)	2022.5.31. 지난 때
2022년	부가가치세 (2021년 2기)	100,000,000원 (173,546,000원)	2022.1.25. 지난 때
합계		578,500,000원 (894,712,490원)	

ⓔ 조세포탈 여부 판단 및 조세포탈행위의 실행위자 특정

세금계산서를 발급하지 아니하는 부정한 방법으로 소득세 435,000,000원, 부가가치세 100,000,000원, 개인지방소득세 43,500,000원을 과소하게 납부한 행위는 소득세 포탈행위(조처법 제3조 제1항), 부가가치세 포탈행위(조처법 제3조 제1항), 개인지방소득세 포탈행위(지기법 제102조 제1항)에 해당하고, 조세포탈의 실행행위인 세금계산서 발급하지 아니한 행위를 대표 최QQ가 하였으므로 조세포탈의 실행위자는 대표 최QQ이다. 그리고 연간 포탈세액등[주4)](2022년)이 5억 원 이상이므로 특가법 제8조 제1항 제2호에 의하여 조세포탈의 가중처벌대상이다.

주4) 578,500,000원 = 435,000,000원(소득세 포탈세액) + 43,500,000원(개인지방소득세 포탈세액) + 100,000,000원(부가가치세 포탈세액)

| 적용 법조항 정리 |

적용 법조항	범칙행위 종류	실행위자	포탈세액등
특가법 제8조 제1항 제2호	조세포탈의 가중처벌 (2022년)	최QQ	578,500,000원
조처법 제3조 제1항	소득세 포탈행위 (2021년 귀속)	최QQ	435,000,000원
지기법 제102조 제1항	개인지방소득세 포탈행위 (2021년 귀속)	최QQ	43,500,000원
조처법 제3조 제1항	부가가치세 포탈행위 (2021년 2기)	최QQ	100,000,000원

Ⓔ 법인 또는 개인사업자에 대한 양벌규정 적용 검토

하영건축자재는 개인사업자이고 조세범칙행위의 실행위자가 사업주인 최QQ이므로 최QQ에게 「조세범처벌법」 제18조와 「지방세기본법」 제109조에서 규정하는 양벌규정에 대한 책임을 물을 수 없다.

Ⓕ 조세범칙행위 외 범죄행위 검토

하영건축자재가 개인사업자이면서 조세범칙행위자가 대표자인 최QQ이므로 횡령행위가 발생할 수 없고, 세금계산서를 발급하지 않은 매출누락금액을 친구의 은행 계좌에 은닉하였으므로 뇌물공여행위 등의 범죄행위는 검토할 필요가 없다.

G 세무대리인 등에 대한 공범 또는 방조범 해당 여부 검토

단비세무회계사무소는 하영건축자재의 대표 최QQ가 웅치인테리어에 세금계산서를 미발급한 사실 등을 몰랐으므로 최QQ의 범칙행위에 대해 세무대리인 등의 공범 또는 방조범은 없다.

H 총 범칙행위 수

구분		범칙행위 종류	범칙행위자	포탈세액등	세금계산서 등 범칙행위 금액 (건수)
조세포탈 관련		조세포탈의 가중처벌(2022년) (특가법 제8조 제1항 제2호)	최QQ	578,500,000원	
		소득세 포탈행위(2021년 귀속) (조처법 제3조 제1항)	최QQ	435,000,000원	
		개인지방소득세 포탈행위 (2021년 귀속) (지기법 제102조 제1항)	최QQ	43,500,000원	
		부가가치세 포탈행위 (2021년 2기) (조처법 제3조 제1항)	최QQ	100,000,000원	
세금계산서등 범칙 관련		세금계산서를 발급하지 아니한 행위 (조처법 제10조 제1항 제1호)	최QQ		1,000,000,000원 (1건)
총 범칙행위 수			– 국세 관련 조세범칙 죄 수 : 4개 – 지방세 관련 조세범칙 죄 수 : 1개		

나. 재화 또는 용역을 공급받고 세금계산서를 발급받지 아니한 행위

A 소득세 신고내용 등

○ 왕CC(웅치인테리어)의 2021년 귀속 소득세 신고내용 등
 - 업태·종목 : 건설/인테리어(도배, 실내 장식 및 내장 목공사업 등)
 - 2021년 귀속 총 수입금액 20,000,000,000원
 - 소득세 과세표준 : 1,000,000,000원
 - 납부할 세액 : 384,600,000원(소득세 신고 시 개인지방소득세와 함께 납부함)
 • '무자료 매입한 합판'(세금계산서를 발급받지 아니하고 매입한 합판)은 2021년 2기 과

세기간(2021.7.1.~2021.12.31.) 중 인테리어공사에 모두 사용하였으나 무자료 매입한 합판이 투여된 인테리어공사의 매출을 은폐하기 위해 고의로 장부에 기록하지 않아 매출처와 매출액이 얼마인지 알 수 없음.

• 대표 왕CC가 세금계산서를 발급받지 않고 합판을 무자료로 매입한 사유는 부가가치세 등을 포탈하기 위해서임.

• 대표 왕CC는 수사과정에서 무자료매입한 합판이 사용된 인테리어 공사의 매출액이 얼마인지 정확한 액수를 밝히지 못하였으나, 2021년 2기 과세기간 중 무자료매입한 합판을 투입하여 인테리어 공사를 한 고객들로 받은 대금을 내연녀의 토지 매입(1,000,000,000원), 자동차 구입(100,000,000원), 골프장비 구입(20,000,000원) 등에 사용하였다고 진술하여 확인결과 사실로 확인됨.

• 무자료매입한 합판이 투여된 인테리어공사는 모두 현금으로 거래하여 외상매출채권이 전혀 없다고 대표 왕CC가 진술함.

• 복식부기 장부로 신고하였음.

• 물수리세무회계사무소는 웅치인테리어가 2021년 2기 중 합판을 무자료매입한 사실 등을 몰랐음.

• 성실신고확인서 제출대상자로 소득세 신고 시 제출하였음.

B 세금계산서등의 범칙행위 검토 및 실행위자 확인

(a) 세금계산서 범칙행위 검토

ⓐ 세금계산서를 발급받지 아니한 행위

웅치인테리어의 대표 왕CC가 하영건축자재로부터 합판(공급가액 1,000,000,000원)을 공급받았으나 하영건축자재의 대표 최QQ와 통정하여 세금계산서를 발급받지 아니하였으므로, 이는 세금계산서를 발급받지 아니한 행위(조처법 제10조 제2항 제1호)에 해당한다.

(b) 실행위자(범칙행위자) 판단

웅치인테리어의 대표 왕CC가 하영건축자재로부터 합판을 공급받았으나 하영건축자재의 대표 최QQ와 통정하여 세금계산서를 발급받지 아니하였으므로 세금계산서를 발급받지 아니한 행위의 실행위자는 대표 왕CC이다.

적용 법조항	범칙행위 종류	범칙행위 금액 (건수)	범 칙 행위자
조처법 제10조 제2항 제1호	세금계산서를 발급받지 아니한 행위	1,000,000,000원 (1건)	왕CC

🔎 「조세범처벌법」 제10조 제2항 제1호의 범칙행위는 가중처벌조항이 없으므로 특가법 제8조의2의 적용은 고려하지 않아도 된다.

Ⓒ 신고누락 수입금액 및 탈루소득금액

(a) 수입금액

세금계산서를 발급받지 아니하고 매입한 합판이 2021년 2기 과세기간 중 모두 판매되었으나, 매출 은폐하기 위해 매출내용을 장부에 기록하지 않아 수입금액(매출액)이 얼마인지 알 수 없으므로 수입금액(매출액)은 아래 표의 내용과 같이 추계하여 계산하여야 하고, 추계로 계산한 수입금액(매출액)은 1,510,574,018원이다. 따라서 2021년 귀속 소득세 신고에서 신고누락한 수입금액은 1,510,574,018원이다.

그리고 과세 재화인 합판의 추계수입금액을 2021년 제2기 부가가치세 신고 시 신고누락하였으므로 부가가치세도 경정하여야 한다.

○ 추계수입금액(추계매출액) 계산

1,510,574,018원 = 1,000,000,000원(무자료매입한 합판의 공급가액) × [1/(1 − 0.33.8[주1])]

주1) 인테리어(도배, 실내 장식 및 내장 목공사업 등)의 부가가치율(업종코드 : 452106)은 33.80%임.

(b) 탈루소득금액

무자료매입분의 추계매출액에 대한 탈루소득금액은 아래 표의 내용과 같이 추계수입금액(추계매출액)에서 무자료매입 시 지급한 금액을 차감하여 계산하여야 하고, 그 계산된 금액은 510,574,018원이다. 따라서 왕CC의 2021년 귀속 소득세 신고 시 신고누락한 탈루소득금액은 510,574,018원이다.

○ 탈루소득금액 계산

510,574,018원 = 1,510,574,018원(추계수입금액)
　　　　　　　 −1,000,000,000원(무자료매입 시 지급한 금액)

Ⓓ 부가가치세, 소득세, 개인지방소득세 포탈세액등 계산(포탈세액 계산 기준일 : 2023.9.30.)

ⓐ 부가가치세 탈루세액등 계산(2021년 2기 과세기간)

㉮ 부가가치세 본세 : [1,510,574,018원(매출과표) × 10%] － [0(매입과표) × 10%]

= 151,057,401원

⚙ 무자료매입한 합판에 대해 추계로 계산한 추계수입금액(추계과세표준)은 부가가치세 신고 시 신고누락된 매출과표이므로 매출과표가 1,510,574,018원 증가하고, 증가된 매출과표의 매출세액만큼의 부가가치세가 증가하였다. 따라서 부가가치세 탈루세액등은 151,057,401원이다.

㉯ 부정과소신고가산세 : 151,057,401원 × 40% = 60,422,960원

⚙ 부정과소신고가산세를 적용한 사유는 웅치인테리어의 대표 왕CC가 조세포탈 목적으로 합판을 공급받고 공급자와 통정하여 세금계산서를 발급받지 않았으므로 이는 「조세범처벌법」 제3조 제6항 제4호가 규정하는 거래의 은폐에 해당하는 부정행위이기 때문이다.

㉰ 납부지연가산세(㉠ ＋ ㉡) : 20,462,235원

㉠ 151,057,401원(본세) × 20일(2022.1.26.~2022.2.14.) × 25/100,000 = 755,287원

㉡ 151,057,401원(본세) × 593일 (2022.2.15.~2023.9.30.) × 22/100,000 = 19,706,948원

㉱ 세금계산서불성실가산세^{주2)} : 1,510,574,018원 × 2% = 30,211,480원

주2) 가산세 부과 사유는 추계매출액에 대한 세금계산서 미발급임.

◎ 부가가치세 추징예상세액(㉮ ＋ ㉯ ＋ ㉰ ＋ ㉱) : 262,154,076원

ⓑ 소득세 탈루세액등 계산(2021년 귀속)

㉮ 소득세 본세 : 1,510,574,018원^{주3)}(과세표준) × 45% － 65,400,000원(누진세액공제)

－ 384,600,000원(기납부세액) = 229,758,308원

주3) 과세표준 금액 1,510,574,018원은 당초 과세표준(1,000,000,000원)에 신고누락한 탈루소득금액(510,574,018원)을 합산한 금액이다.

⚙ 기신고한 소득세 과세표준(1,000,000,000원)에 탈루소득금액(510,574,018원)을 합산하니 소득세가 229,758,308원이 증가하였다. 따라서 소득세 탈루세액등은 229,758,308원이다.

㉯ 부정과소신고가산세(㉠과 ㉡ 중 큰 것) : 91,903,323원

㉠ 229,758,308원 × 40% = 91,903,323원

㉡ 1,510,574,018원(부정과소신고 수입금액) × 14/10,000 = 2,114,803원

㉰ 납부지연가산세 : 229,758,308원(본세) × 457일(2022.7.1.~2023.9.30.)

× 22/100,000 = 23,099,900원

◎ 소득세 추징예상세액(㉮ + ㉯ + ㉰) : 344,761,531원

(c) 개인지방소득세 탈루세액등 계산(2021년 귀속)

㉮ 개인지방소득세 본세 : 229,758,308원(과세표준) × 10% = 22,975,830원

🔑 소득세 229,758,308원의 탈루가 발생하면 개인지방소득세도 소득세 탈루세액의 10%만큼 탈루가 발생한다. 따라서 개인지방소득세 탈루세액등은 22,975,830원이다.

㉯ 부정과소신고가산세 : 22,975,830원 × 40% = 9,190,332원

㉰ 납부지연가산세 : 22,975,830원(본세) × 457일(2022.7.1.~2023.9.30.) × 22/100,000
= 2,309,989원

🔑 개인지방소득세는 신고납세제도에 속하는 세목이고 신고·납부기한은 소득세의 신고·납부기한과 같다. 따라서 납부지연가산세 기산일은 2022.7.1.이 된다.

◎ 개인지방소득세 추징예상세액(㉮ + ㉯ + ㉰) : 34,476,151원

(d) 총 탈루세액등

납세의무 확정 연도	세목	탈루세액등 (추징예상세액)	기수시기
2022년	소득세 (2021년 귀속)	229,758,308원 (344,761,531원)	2022.6.30. 지난 때
2022년	개인지방소득세 (2021년 귀속)	22,975,830원 (34,476,151원)	2022.6.30. 지난 때
2022년	부가가치세 (2021년 2기)	151,057,401원 (262,154,076원)	2022.1.25. 지난 때
합계		403,791,539원 (641,391,758원)	

🔑 소득세와 개인지방소득세의 경우 기수시기가 2022.6.30. 지난 때인 사유는 사업자 왕CC가 성실신고확인서 제출대상자이기 때문이다.

(e) 조세포탈 여부 판단 및 조세포탈행위의 실행위자 특정

세금계산서 발급받지 아니하는 부정한 방법으로 소득세 229,758,308원, 부가가치세 151,057,401원, 개인지방소득세 22,975,830원을 과소하게 납부한 행위는 소득세 포탈행위(조처법 제3조 제1항), 부가가치세 포탈행위(조처법 제3조 제1항), 개인지방세포탈행위(지기법 제102조 제1항)에 해당하고, 조세포탈의 실행행위인 세금계산서 발급받지 아니한 행위를 대표 왕CC가 하였음으로 조세포탈의 실행위자는 대표 왕CC이다.

그리고 연간 포탈세액등[주4](2022년)이 5억 원 이상인 연도가 없으므로 특가법 제8조

는 적용되지 않는다.

| 적용 법조항 정리 |

적용 법조항	범칙행위 종류	실행위자	포탈세액등
조처법 제3조 제1항	소득세 포탈행위 (2021년 귀속)	왕CC	229,758,308원
지기법 제102조 제1항	개인지방소득세 포탈행위 (2021년 귀속)	왕CC	22,975,830원
조처법 제3조 제1항	부가가치세 포탈행위 (2021년 2기)	왕CC	151,057,401원

E 법인 또는 개인사업자에 대한 양벌규정 적용 검토

웅치인테리어는 개인사업자이고 조세범칙행위의 실행위자가 사업주인 왕CC이므로 왕
CC에게 「조세범처벌법」 제18조와 「지방세기본법」 제109조에서 규정하는 양벌규정에 대한
책임을 물을 수 없다.

F 조세범칙행위 외 범죄행위 검토

웅치인테리어가 개인사업자이면서 조세범칙행위자가 대표자인 왕CC이므로 횡령행위는
발생할 수 없고, 무자료 매입한 합판이 투여된 공사의 매출누락금액을 내연녀의 토지 매입
등에 사용하였으므로 뇌물공여행위 등의 범죄행위는 검토할 필요가 없다.

G 세무대리인 등에 대한 공범 또는 방조범 해당 여부 검토

물수리세무회계사무소는 웅치인테리어의 대표 왕CC가 세금계산서를 발급받지 아니한
사실 등을 몰랐으므로 왕CC의 범칙행위에 대해 세무대리인 등의 공범 또는 방조범은 없다.

Ⓗ 총 범칙행위 수

구분	범칙행위 종류	범 칙 행위자	포탈세액등	세금계산서 등 범칙행위 금액 (건수)
조세포탈 관련	소득세 포탈행위(2021년 귀속) (조처법 제3조 제1항)	왕CC	229,758,308원	
	개인지방소득세 포탈행위(2021년 귀속) (지기법 제102조 제1항)	왕CC	22,975,830원	
	부가가치세 포탈행위(2021년 2기) (조처법 제3조 제1항)	왕CC	151,057,401원	
세금계산서 등 범칙 관련	세금계산서를 발급받지 아니한 행위 (조처법 제10조 제2항 제1호)	왕CC		1,000,000,000원 (1건)
총 범칙행위 수		- 국세 관련 조세범칙 죄 수 : 3개 - 지방세 관련 조세범칙 죄 수 : 1개		

2. 면세 개인사업자

한성돼지농장 대표 최HH가 2021.9.12. 맛최고정육점에 1,000,000,000원(공급가액)의 돼지삼겹살(면세물품)을 공급하였으나, 맛최고정육점의 대표 윤WW와 통정하여 계산서를 미발급하였고, 판매대금은 거래사실을 감추기 위해 9월 말일부터 매월 말일에 250,000,000원씩 받기로 하여 2021.12.31.까지 모두 현금으로 받았다.
- 계산서를 발급하지 않은 매출액은 소득세 신고 시 누락하였음.
- 한성돼지농장의 최HH는 수사과정에서 매출누락금액(계산서 미발행금액)에 대응하는 원가(경비)를 제시하지 못하였음.
- 대표 최HH가 계산서를 미발급한 목적은 소득세 등을 포탈하기 위해서임.
- 대표 최HH는 맛최정육점에서 받은 정육대금 1,000,000,000원으로 내연녀의 아파트를 구입하는데 사용하였음.
- 한성돼지농장의 장부를 기장하는 너구리세무회계사무소는 한성돼지농장의 계산서 미발급 사실 등을 몰랐음.
- 수사 개시일 2023.9.1.

가. 재화 또는 용역을 공급하고 계산서를 발급하지 아니한 행위

A 소득세 신고내용 등

○ 최HH(한성돼지농장)의 2021년 귀속 소득세 신고내용 등
  - 2021년 귀속 총 수입금액 20,000,000,000원
  - 소득세 과세표준 : 500,000,000원
  - 납부할 세액 : 174,600,000원(소득세와 개인지방소득세는 신고 시 납부하였음)
  ※ 복식부기 장부로 신고하였음.

B 세금계산서등의 범칙행위 검토 및 실행위자 확인

(a) 계산서 범칙행위 검토

ⓐ 계산서를 발급하지 아니한 행위

한성돼지농장의 대표 최HH가 맛최고정육점에 돼지삼겹살(공급가액 1,000,000,000원)을 공급하고 맛최고정육점의 대표 윤WW와 통정하여 계산서를 발급하지 아니하였으므로, 이는 계산서를 발급하지 아니한 행위(조처법 제10조 제1항 제2호)에 해당한다.

(b) 실행위자(범칙행위자) 판단

한성돼지농장의 대표 최HH가 맛최고정육점의 대표 윤WW와 통정하여 계산서를 발급하지 아니하였으므로, 계산서를 발급하지 아니한 행위의 실행위자는 대표 최HH이다.

| 적용 법조항 정리 |

적용 법조항	범칙행위 종류	범칙행위 금액 (건수)	범 칙 행위자
조처법 제10조 제1항 제2호	계산서를 발급하지 아니한 행위	1,000,000,000원 (1건)	최HH

✏️ 「조세범처벌법」 제10조 제1항 제2호의 범칙행위는 가중처벌조항이 없으므로 특가법 제8조의2의 적용은 고려하지 않아도 된다.

C 신고누락 수입금액 및 탈루소득금액

(a) 수입금액

한성돼지농장의 대표 최HH가 맛최고정육점에 돼지삼겹살(공급가액 1,000,000,000원)을 공급하고 계산서를 발급하지 아니한 매출액을 2021년 귀속 소득세 신고 시 누락하

였으므로 신고누락한 수입금액은 1,000,000,000원이다.

ⓑ 탈루소득금액

수사과정에서 계산서를 발급하지 아니한 매출액에 대한 대응원가(경비)를 한성돼지농
장의 대표 최HH가 제시하지 못하였으므로 계산서를 발급하지 아니하고 신고누락한
수입금액 전액이 탈루소득금액이 된다. 따라서 탈루소득금액은 1,000,000,000원이다.

D 소득세, 개인지방소득세 포탈세액등 계산(포탈세액등 계산 기준일 : 2023.9.30.)

ⓐ 소득세 탈루세액등 계산(2021년 귀속)

㉮ 소득세 본세 : 1,500,000,000원[주1](과세표준) × 45% - 65,400,000원(누진세액공제)
- 174,600,000원(기납부세액) = 435,000,000원

주1) 과세표준 금액 1,500,000,000원은 당초 과세표준(500,000,000원)에 신고누락한 탈루소득금액
(1,000,000,000원)을 합산한 금액이다.

✍ 기신고한 소득세 과세표준(500,000,000원)에 탈루소득금액(1,000,000,000원)을 합산하니
소득세가 435,000,000원이 증가하였다. 따라서 소득세 탈루세액등은 435,000,000원이다.

㉯ 부정과소신고가산세(㉠과 ㉡ 중 큰 것) : 174,000,000원

㉠ 435,000,000원 × 40% = 174,000,000원

㉡ 1,000,000,000원(부정과소신고 수입금액) × 14/10,000 = 1,400,000원

✍ 부정과소신고가산세를 적용한 사유는 한성돼지농장 대표 최HH가 조세포탈 목적으로 맛최고
정육점 대표 윤WW와 통정하여 계산서를 발급하지 아니한 행위는 「조세범처벌법」제3조 제
6항 제4호가 규정하는 거래의 은폐에 해당하는 부정행위이기 때문이다.

㉰ 납부지연가산세 : 435,000,000원(본세) × 487일(2022.6.1.~2023.9.30.) × 22/100,000
= 46,605,900원

㉱ 계산서불성실가산세[주2] : 1,000,000,000원 × 2% = 20,000,000원

주2) 가산세 부과 사유는 계산서 미발급임.

◎ 소득세 추징예상세액(㉮ + ㉯ + ㉰ + ㉱) : 675,605,900원

ⓑ 개인지방소득세 탈루세액등 계산(2021년 귀속)

㉮ 개인지방소득세 본세 : 435,000,000원(과세표준) × 10% = 43,500,000원

✍ 소득세 435,000,000원의 탈루가 발생하면 개인지방소득세도 소득세 탈루세액의 10%만큼
탈루가 발생한다. 따라서 개인지방소득세 탈루세액등 43,500,000원이다.

㉯ 부정과소신고가산세 : 43,500,000원 × 40% = 17,400,000원

㉓ 납부지연가산세 : 43,500,000원(본세) × 487일(2022.6.1.~2023.9.30.) × 22/100,000

　　　　　　　= 4,660,590원

　　🔹 개인지방소득세는 신고납세제도에 속하는 세목이고 신고·납부기한은 소득세의 신고·납부기한과 같다. 따라서 납부지연가산세 기산일은 2022.6.1.이 된다.

㉑ 소득세의 가산세에 부과하는 가산세 : 20,000,000원[주3] × 10% = 2,000,000원

　　주3) 계산서불성실가산세(계산서 미발급)임.

◎ 개인지방소득세 추징예상세액(㉮ + ㉯ + ㉓ + ㉑) : 67,560,590원

(c) 총 탈루세액등

납세의무 확정 연도	세목	탈루세액등 (추징예상세액)	기수시기
2022년	소득세 (2021년 귀속)	435,000,000원 (675,605,900원)	2022.5.31. 지난 때
2022년	개인지방소득세 (2021년 귀속)	43,500,000원 (67,560,590원)	2022.5.31. 지난 때
합계		478,500,000원 (743,166,490원)	

(d) 조세포탈 여부 판단 및 조세포탈행위의 실행위자 특정

계산서를 발급하지 아니하는 부정한 방법으로 소득세 435,000,000원, 개인지방소득세 43,500,000원을 과소하게 납부한 행위는 소득세 포탈행위(조처법 제3조 제1항)와 개인지방소득세 포탈행위(지기법 제102조 제1항)에 해당하고, 조세포탈의 실행행위인 계산서 발급하지 아니한 행위를 대표 최HH가 하였음으로 조세포탈의 실행위자는 대표 최HH이다. 그리고 연간 포탈세액등[주4](2022년)이 5억 원 이상인 연도가 없으므로 특가법 제8조는 적용되지 않는다.

주4) 478,500,000원 = 435,000,000원(소득세 포탈세액) + 43,500,000원(개인지방소득세 포탈세액)

| 적용 법조항 정리 |

적용 법조항	범칙행위 종류	실행위자	포탈세액등
조처법 제3조 제1항	소득세 포탈행위 (2021년 귀속)	최HH	435,000,000원
지기법 제102조 제1항	개인지방소득세 포탈행위 (2021년 귀속)	최HH	43,500,000원

E 법인 또는 개인사업자에 대한 양벌규정 적용 검토

한성돼지농장은 개인사업자이고 조세범칙행위의 실행위자가 사업주인 최HH이므로 최HH에게 「조세범처벌법」 제18조와 「지방세기본법」 제109조에서 규정하는 양벌규정에 대한 책임을 물을 수 없다.

F 조세범칙행위 외 범죄행위 검토

한성돼지농장이 개인사업자이면서 조세범칙행위자가 대표자인 최HH이므로 횡령행위는 발생할 수 없고, 계산서를 발급하지 않은 매출누락금액을 내연녀의 아파트 매입에 사용하였으므로 뇌물공여행위 등의 범죄행위도 검토할 필요가 없다.

G 세무대리인 등에 대한 공범 또는 방조범 해당 여부 검토

너구리세무회계사무소는 한성돼지농장의 대표 최HH가 맛최고정육점에 계산서를 발급하지 아니한 사실 등을 몰랐으므로 최HH의 범칙행위에 대해 세무대리인 등의 공범 또는 방조범은 없다.

H 총 범칙행위 수

구분	범칙행위 종류	범칙 행위자	포탈세액등	세금계산서 등 범칙행위 금액 (건수)
조세포탈 관련	소득세 포탈행위 (2021년 귀속) (조처법 제3조 제1항)	최HH	435,000,000원	
	개인지방소득세 포탈행위 (2021년 귀속) (지기법 제102조 제1항)	최HH	43,500,000원	
세금계산서등 범칙 관련	계산서를 발급하지 아니한 행위 (조처법 제10조 제1항 제2호)	최HH		1,000,000,000원 (1건)
총 범칙행위 수		- 국세 관련 조세범칙 죄 수 : 2개 - 지방세 관련 조세범칙 죄 수 : 1개		

나. 재화 또는 용역을 공급받고 계산서를 발급받지 아니한 행위

Ⓐ 소득세 신고내용 등

○ 윤WW(맛최고정육점)의 2021년 귀속 소득세 신고내용 등
  - 업태·종목 : 도·소매/식육점
  - 2021년 귀속 총 수입금액 20,000,000,000원
  - 소득세 과세표준 : 1,000,000,000원
  - 납부할 세액 : 384,600,000원(소득세 신고 시 개인지방소득세와 함께 납부함)

• '무자료 매입한 돼지삼겹살'(계산서를 발급받지 아니하고 매입한 돼지삼겹살)은 2021년 12월말까지 소비자 등에게 모두 판매하였으나 매출내용을 은폐하기 위해 고의로 장부에 기장하지 않아 매출처와 매출액이 얼마인지 알 수 없음.

• 대표 윤WW가 계산서를 발급받지 아니하고 돼지삼겹살을 매입한 사유는 소득세 등 조세포탈을 위해서임.

• 대표 윤WW가 수사과정에서 무자료매입한 돼지삼겹살의 매출액이 얼마인지를 정확히 밝히지는 못하였으나 돼지삼겹살을 판매하고 받은 대금을 내연녀의 아파트 매입(1,000,000,000원), 자동차 구입(100,000,000원), 골프장비 구입(20,000,000원) 등에 사용하였다고 진술하여 확인결과 사실로 확인됨.

• 복식부기 장부로 신고하였음.

• 오소리세무회계사무소는 맛최고정육점의 대표 윤WW가 2021년 2기 중 돼지삼겹살을 무자료매입한 사실 등을 몰랐음.

• 성실신고확인서 제출대상자로 소득세 신고 시 제출하였음.

Ⓑ 세금계산서등의 범칙행위 검토 및 실행위자 확인

(a) 계산서 범칙행위 검토

ⓐ 계산서를 발급받지 아니한 행위

맛최고정육점의 대표 윤WW가 한성돼지농장으로부터 돼지삼겹살(공급가액 1,000,000,000원)을 공급받았으나 한성돼지농장의 대표 최HH와 통정하여 계산서를 발급받지 아니하였으므로, 이는 계산서를 발급받지 아니한 행위(조처법 제10조 제2항 제2호)에 해당한다.

(b) 실행위자(범칙행위자) 판단

맛최고정육점의 대표 윤WW가 한성돼지농장으로부터 돼지삼겹살을 공급받았으나 한성돼지농장의 대표 최HH와 통정하여 계산서를 발급받지 아니하였으므로 계산서를 발급받지 아니한 행위의 실행위자는 대표 윤WW이다.

적용 법조항	범칙행위 종류	범칙행위 금액 (건수)	범 칙 행위자
조처법 제10조 제2항 제2호	계산서를 발급받지 아니한 행위	1,000,000,000원 (1건)	윤WW

✒️ 「조세범처벌법」 제10조 제2항 제2호의 범칙행위는 가중처벌조항이 없으므로 특가법 제8조의2의 적용은 고려하지 않아도 된다.

ⓒ 신고누락 수입금액 및 탈루소득금액

ⓐ 수입금액

계산서를 발급받지 아니하고 매입한 돼지삼겹살을 2021년 12월말까지 모두 판매하였으나, 매출을 은폐하기 위해 매출내용을 장부에 기록하지 않아 매출액이 얼마인지 알 수 없으므로 매출액은 아래 표의 내용과 같이 추계하여 계산하여야 하고, 그 계산된 추계수입금액은 1,215,953,307원이다. 따라서 윤WW가 2021년 귀속 소득세 신고 시 신고누락한 수입금액은 1,215,953,307원이다.

○ 추계수입금액(추계매출액) 계산

1,215,953,307원 = 1,000,000,000원(무자료 매입한 돼지삼겹살의 공급가액)
× [1/(1−0.1776[주1])]

주1) 육류 도매업의 매매총이익률(업종코드 : 512223)은 17.76%임, 육류 소매업(업종코드 : 522020)에 대한 매매총이익률이 없어 도매업의 매매총이익률을 적용함.

위 신고누락한 추계수입금액(추계매출액)은 돼지삼겹살의 매출액이므로 부가가치세가 면세되는 재화이므로 부가가치세 탈루세액은 계산할 필요가 없다.

ⓑ 탈루소득금액

무자료매입분의 추계수입금액(추계매출액)에 대한 탈루소득금액은 아래 표의 내용과 같이 추계수입금액(추계매출액)에서 무자료매입 시 지급한 금액을 차감하여 계산하여야 하고, 그 계산된 추계소득금액은 215,953,307원이다. 따라서 윤WW가 2021년 귀속 소득세 신고 시 신고누락한 탈루소득금액은 215,953,307원)이다.

○ 탈루소득금액 계산

215,953,307원 = 1,215,953,307원(추계수입금액)
                − 1,000,000,000원(무자료매입 시 지급한 금액)

Ⓓ 소득세, 개인지방소득세 포탈세액등 계산(포탈세액등 계산 기준일 : 2023.9.30.)

(a) 소득세 탈루세액등 계산(2021년 귀속)

㉮ 소득세 본세 : 1,215,953,307원[주2] (과세표준) × 45% − 65,400,000원(누진세액공제)
             − 384,600,000원(기납부세액) = 97,178,988원

주2) 과세표준 금액 1,215,953,307원은 당초 과세표준(1,000,000,000원)에 신고누락한 탈루소득금액
(215,953,307원)을 합산한 금액이다.

✒ 기신고한 소득세 과세표준(1,000,000,000원)에 탈루소득금액(215,953,307원)을 합산하니
소득세가 97,178,988원이 증가하였다. 따라서 소득세 탈루세액등은 97,178,988원이다.

㉯ 부정과소신고가산세(㉠과 ㉡ 중 큰 것) : 38,871,595원

㉠ 97,178,988원 × 40% = 38,871,595원

㉡ 1,215,953,307원(부정과소신고 수입금액) × 14/10,000 = 1,702,334원

㉰ 납부지연가산세 : 97,178,988원(본세) × 457일(2022.7.1.~2023.9.30.) × 22/100,000
         = 9,770,375원

㉱ 계산서불성실가산세[주3] : 1,215,953,307원 × 2% = 24,319,066원

주3) 가산세 부과 사유는 계산서 미발급임.

◎ 소득세 추징예상세액(㉮ + ㉯ + ㉰ + ㉱) : 170,140,024원

(b) 개인지방소득세 탈루세액등 계산(2021년 귀속)

㉮ 개인지방소득세 본세 : 97,178,988원(과세표준) × 10% = 9,717,898원

✒ 소득세 97,178,988원의 탈루가 발생하면 개인지방소득세도 소득세 탈루세액의 10%만큼
탈루가 발생한다. 따라서 개인지방소득세 탈루세액등은 9,717,898원이다.

㉯ 부정과소신고가산세 : 9,717,898원 × 40% = 3,887,159원

㉰ 납부지연가산세 : 9,717,898원(본세) × 457일(2022.7.1.~2023.9.30.) × 22/100,000
         = 977,037원

✒ 개인지방소득세는 신고납세제도에 속하는 세목이고 신고·납부기한은 소득세의 신고·납부
기한과 같다. 따라서 납부지연가산세 기산일은 2022.7.1.이 된다.

㉣ 소득세의 가산세에 부과하는 가산세 : 24,319,066원^{주4)} × 10% = 2,431,906원

주4) 계산서불성실가산세(계산서 미발급)임

◎ 개인지방소득세 추징예상세액(㉮ + ㉯ + ㉰ + ㉣) : 17,014,000원

(c) 총 탈루세액등

납세의무 확정 연도	세목	탈루세액등 (추징예상세액)	기수시기
2022년	소득세 (2021년 귀속)	97,178,988원 (170,140,024원)	2022.6.30. 지난 때
2022년	개인지방소득세 (2021년 귀속)	9,717,898원 (17,014,000원)	2022.6.30. 지난 때
합계		106,896,886원 (187,154,024원)	

⌗ 소득세와 개인지방소득세의 경우 기수시기가 2022.6.30. 지난 때인 사유는 사업자 윤WW가 성실신고확인서 제출대상자이기 때문이다.

(d) 조세포탈 여부 판단 및 조세포탈행위의 실행위자 특정

계산서 발급받지 아니하는 부정한 방법으로 소득세 97,178,988원과 개인지방소득세 9,717,898원을 과소하게 납부한 행위는 소득세 포탈행위(조처법 제3조 제1항)와 개인지방소득세 포탈행위(지기법 제102조 제1항)에 해당하고, 조세포탈의 실행행위인 계산서 발급받지 아니한 행위를 대표 윤WW가 하였으므로 조세포탈의 실행위자는 대표 윤WW이다. 그리고 연간 포탈세액등^{주5)}(2022년)이 5억 원 이상인 연도가 없으므로 특가법 제8조는 적용되지 않는다.

주5) 106,896,886원 = 97,178,988원(소득세 포탈세액) + 9,717,898원(개인지방소득세 포탈세액)

| 적용 법조항 정리 |

적용 법조항	범칙행위 종류	실행위자	포탈세액등
조처법 제3조 제1항	소득세 포탈행위 (2021년 귀속)	윤WW	97,178,988원
지기법 제102조 제1항	개인지방소득세 포탈행위 (2021년 귀속)	윤WW	9,717,898원

E 법인 또는 개인사업자에 대한 양벌규정 적용 검토

맛최고정육점은 개인사업자이고 조세범칙행위의 실행위자가 사업주인 윤WW이므로 윤WW에게 「조세범처벌법」 제18조와 「지방세기본법」 제109조에서 규정하는 양벌규정에 대한 책임을 물을 수 없다.

F 조세범칙행위 외 범죄행위 검토

맛최고정육점이 개인사업자이면서 조세범칙행위자가 대표자인 윤WW이므로 횡령행위는 발생할 수 없고, 무자료 매입한 돼지삼겹살에 대한 매출누락금액을 내연녀의 아파트 매입 등에 사용하였으므로 뇌물공여행위 등의 범죄행위는 검토할 필요가 없다.

G 세무대리인 등에 대한 공범 또는 방조범 해당 여부 검토

오소리세무회계사무소는 맛최고정육점의 대표 윤WW가 계산서를 발급받지 아니한 사실 등을 몰랐으므로 윤WW의 범칙행위에 대해 세무대리인 등의 공범 또는 방조범은 없다.

H 총 범칙행위 수

구분	범칙행위 종류	범칙행위자	포탈세액등	세금계산서 등 범칙행위 금액 (건수)
조세포탈 관련	소득세 포탈행위(2021년 귀속) (조처법 제3조 제1항)	윤WW	97,178,988원	
	개인지방소득세 포탈행위 (2021년 귀속) (지기법 제102조 제1항)	윤WW	9,717,898원	
세금계산서등 범칙 관련	계산서를 발급받지 아니한 행위 (조처법 제10조 제2항 제2호)	윤WW		1,000,000,000원 (1건)
총 범칙행위 수		- 국세 관련 조세범칙 죄 수 : 2개 - 지방세 관련 조세범칙 죄 수 : 1개		

3. 과·면세 겸영 개인사업자

> 한성돼지농장 대표 최HH가 농장의 부가가치를 높일 목적으로 생산한 돼지삼겹살 중 일부를 농장에서 직접 양념을 하여 거래처에 공급하기로 하였다. 한성돼지농장의 대표 최HH는 맛최고정육점에 2021.10.1. 돼지삼겹살(공급가액 1,000,000,000원)과 양념돼지 삼겹살(공급가액 1,000,000,000원)을 공급하였으나 맛최고정육점의 대표 윤WW와 통정하여 세금계산서와 계산서를 발행하지 않았다.
> - 세금계산서와 계산서를 발급하지 않은 매출액은 부가가치세 및 소득세 신고 시 누락하였음.
> - 세금계산서 미발급한 양념삼겹살 거래분에 대해서는 부가가치세를 거래징수하지 않기로 약정하였음.
> - 한성돼지농장의 최HH는 수사과정에서 세금계산서와 계산서를 미발급하고 매출누락한 금액에 대응하는 원가(경비)를 제시하지 못하였음.
> - 대표 최HH가 세금계산서를 미발급한 목적은 부가가치세 등 조세포탈을 위해서임.
> - 대표 최HH는 맛최정육점으로부터 세금계산서와 계산서 미발급분의 매출액을 감추기 위해 내연녀의 은행계좌로 입금받아 은닉하였음.
> - 한성돼지농장의 장부를 기장하는 너구리세무회계사무소는 한성돼지농장의 대표 최HH가 세금계산서와 계산서를 미발급한 사실 등을 몰랐음.
> - 수사 개시일 2023.9.1.

가. 재화 또는 용역을 공급하고 세금계산서 또는 계산서를 발급하지 아니한 행위

Ⓐ 소득세 신고내용 등

> ○ 최HH(한성돼지농장)의 2021년 귀속 소득세 신고내용 등
> - 2021년 귀속 총 수입금액 20,000,000,000원
> - 소득세 과세표준 : 500,000,000원
> - 납부할 세액 : 174,600,000원(소득세와 개인지방소득세는 신고 시 완납하였음)
> ※ 복식부기 장부로 신고하였음.

B 세금계산서등의 범칙행위 검토 및 실행위자 확인

ⓐ 세금계산서 범칙행위 검토

ⓐ 세금계산서를 발급하지 아니한 행위

한성돼지농장의 대표 최HH가 맛최고정육점에 양념돼지삼겹살(공급가액 1,000,000,000원)을 공급하고 맛최고정육점의 대표 윤WW와 통정하여 세금계산서를 발급하지 아니하였으므로, 이는 세금계산서를 발급하지 아니한 행위(조처법 제10조 제1항 제1호)에 해당한다.

ⓑ 계산서 범칙행위 검토

ⓐ 계산서를 발급하지 아니한 행위

한성돼지농장의 대표 최HH가 맛최고정육점에 돼지삼겹살(공급가액 1,000,000,000원)을 공급하고 맛최고정육점의 대표 윤WW와 통정하여 계산서를 발급하지 아니하였으므로, 이는 계산서를 발급하지 아니한 행위(조처법 제10조 제1항 제2호)에 해당한다.

ⓒ 실행위자(범칙행위자) 판단

한성돼지농장의 대표 최HH가 맛최고정육점에 양념돼지삼겹살과 돼지삼겹살을 공급하고 맛최고정육점의 대표 윤WW와 통정하여 세금계산서와 계산서를 발급하지 아니하였으므로 세금계산서와 계산서를 발급하지 아니한 행위의 실행위자는 대표 최HH이다.

| 적용 법조항 정리 |

적용 법조항	범칙행위 종류	범칙행위 금액 (건수)	범 칙 행위자
조처법 제10조 제1항 제1호	세금계산서를 발급하지 아니한 행위	1,000,000,000원 (1건)	최HH
조처법 제10조 제1항 제2호	계산서를 발급하지 아니한 행위	1,000,000,000원 (1건)	최HH

⚓ 「조세범처벌법」 제10조 제1항 제1호 및 제2호의 범칙행위는 가중처벌조항이 없으므로 특가법 제8조의2의 적용은 고려하지 않아도 된다.

© 신고누락 수입금액 및 탈루소득금액

(a) 수입금액

한성돼지농장의 대표 최HH가 맛최고정육점에 돼지삼겹살(공급가액 1,000,000,000원)과 양념돼지삼겹살(공급가액 1,000,000,000원)을 공급하였으나 세금계산서와 계산서를 발급하지 아니하고 관련 수입금액을 2021년 귀속 소득세 신고 시 신고누락하였으므로 신고누락한 수입금액은 2,000,000,000원이다.

그리고 부가가치세 과세대상인 양념돼지삼겹살의 세금계산서 미발급액(매출과표 1,000,000,000원)이 2021년 제2기 부가가치세 신고 시 신고누락되었으므로 부가가치세를 경정하여야 한다.

(b) 탈루소득금액

수사과정에서 세금계산서와 계산서를 발급하지 아니한 매출액에 대응되는 원가(경비)를 한성돼지농장의 대표 최HH가 제시하지 못하였으므로 세금계산서와 계산서를 발급하지 아니하고 신고누락한 수입금액 전액(2,000,000,000원)이 탈루소득금액이다.

① 부가가치세, 소득세, 개인지방소득세 포탈세액등 계산(포탈세액등 계산 기준일 : 2023.9.30.)

(a) 부가가치세 탈루세액등 계산(2021년 2기 과세기간)

㉮ 부가가치세 본세 : [1,000,000,000원(매출과표)[주1] × 10%] − [0(매입과표) × 10%]
= 100,000,000원

주1) 1,000,000,000원은 한성돼지농장의 대표 최HH가 맛최고정육점에 세금계산서를 발급하지 아니하고 신고 누락한 매출과표(수입금액)를 의미한다.

🔑 세금계산서를 발급하지 아니하여 신고 누락한 매출액으로 인해 매출과표가 1,000,000,000원 증가하고, 증가된 매출과표의 매출세액만큼의 부가가치세가 증가하였다. 따라서 부가가치세 탈루세액등은 100,000,000원이다.

㉯ 부정과소신고가산세 : 100,000,000원 × 40% = 40,000,000원

🔑 부정과소신고가산세를 적용한 사유는 한성돼지농장의 최HH가 조세포탈 목적으로 맛최고정육점에 양념돼지삼겹살을 공급하고 세금계산서를 발급하지 아니한 행위는 「조세범처벌법」 제3조 제6항 제4호가 규정하는 거래의 은폐에 해당하는 부정행위이기 때문이다.

㉰ 납부지연가산세(㉠ + ㉡) : 13,546,000원

㉠ 100,000,000원(본세) × 20일(2022.1.26.~2022.2.14.) × 25/100,000 = 500,000원
㉡ 100,000,000원(본세) × 593일 (2022.2.15.~2023.9.30.) × 22/100,000 = 13,046,000원

㉱ 세금계산서불성실가산세[주2] : 1,000,000,000원 × 2% = 20,000,000원

주2) 가산세 부과 사유는 세금계산서 미발급임.

◎ 부가가치세 추징예상세액(㉮ + ㉯ + ㉰ + ㉱) : 173,546,000원

(b) 소득세 탈루세액등 계산(2021년 귀속)

㉮ 소득세 본세 : 2,500,000,000원^{주3)}(과세표준) × 45% − 65,400,000원(누진세액공제)

− 174,600,000원(기납부세액) = 885,000,000원

　　주3) 과세표준 금액 2,500,000,000원은 당초 과세표준(500,000,000원)에 신고누락한 탈루소득금액
　　　　(2,000,000,000원)을 합산한 금액이다

🔑 기신고한 소득세 과세표준(500,000,000원)에 탈루소득금액(2,000,000,000원)을 합산하
니 소득세가 885,000,000원이 증가하였다. 따라서 소득세 탈루세액등은 885,000,000원
이다.

㉯ 부정과소신고가산세(㉠과 ㉡ 중 큰 것) : 354,000,000원

　㉠ 885,000,000원 × 40% = 354,000,000원

　㉡ 2,000,000,000원(부정과소신고 수입금액) × 14/10,000 = 2,800,000원

㉰ 납부지연가산세 : 885,000,000원(본세) × 487일(2022.6.1.~2023.9.30.) × 22/100,000
　　　　　　　　　= 94,818,900원

㉱ 계산서불성실가산세^{주4)} : 1,000,000,000원 × 2% = 20,000,000원

　　주4) 가산세 부과 사유는 계산서 미발급임.

◎ 소득세 추징예상세액(㉮ + ㉯ + ㉰ + ㉱) : 1,353,818,900원

(c) 개인지방소득세 탈루세액등 계산(2021년 귀속)

㉮ 개인지방소득세 본세 : 885,000,000원(과세표준) × 10% = 88,500,000원

🔑 소득세 885,000,000원의 탈루가 발생하면 개인지방소득세도 소득세 탈루세액의 10%만큼
탈루가 발생한다. 따라서 개인지방소득세 탈루세액등은 88,500,000원이다.

㉯ 부정과소신고가산세 : 88,500,000원 × 40% = 35,400,000원

㉰ 납부지연가산세 : 88,500,000원(본세) × 487일(2022.6.1.~2023.9.30.) × 22/100,000
　　　　　　　　　= 9,481,890원

🔑 개인지방소득세는 신고납세제도에 속하는 세목이고 신고·납부기한은 소득세의 신고·납부
기한과 같다. 따라서 납부지연가산세 기산일은 2022.6.1.이 된다.

㉱ 소득세의 가산세에 부과하는 가산세 : 20,000,000원^{주5)} × 10% = 2,000,000원

　　주5) 계산서불성실가산세(계산서 미발급)임.

◎ 개인지방소득세 추징예상세액(㉮ + ㉯ + ㉰ + ㉱) : 135,381,890원

(d) 총 탈루세액등

납세의무 확정 연도	세목	탈루세액등 (추징예상세액)	기수시기
2022년	소득세 (2021년 귀속)	885,000,000원 (1,353,818,900원)	2022.5.31. 지난 때
2022년	개인지방소득세 (2021년 귀속)	88,500,000원 (135,381,890원)	2022.5.31. 지난 때
2022년	부가가치세 (2021년 2기)	100,000,000원 (173,546,000원)	2022.1.25. 지난 때
합 계		1,073,500,000원 (1,662,746,790원)	

(e) 조세포탈 여부 판단 및 조세포탈행위의 실행위자 특정

세금계산서와 계산서를 발급하지 아니하는 부정한 방법으로 소득세 885,000,000원, 부가가치세 100,000,000원, 개인지방소득세 88,500,000원을 과소하게 납부한 행위는 소득세 포탈행위(조처법 제3조 제1항), 부가가치세 포탈행위(조처법 제3조 제1항), 개인지방소득세 포탈행위(지기법 제102조 제1항)에 해당하고, 조세포탈의 실행행위인 세금계산서와 계산서를 발급하지 아니한 행위를 대표 최HH가 하였으므로 조세포탈의 실행위자는 대표 최HH이다.

그리고 연간 포탈세액등[주6](2022년)이 10억 원 이상이므로 특가법 제8조 제1항 제1호에 의하여 조세포탈의 가중처벌대상이다.

주6) 1,073,500,000원 = 885,000,000원(소득세 포탈세액) + 88,500,000원(개인지방소득세 포탈세액) + 100,000,000원(부가가치세 포탈세액)

| 적용 법조항 정리 |

적용 법조항	범칙행위 종류	실행위자	포탈세액등
특가법 제8조 제1항 제1호	조세포탈의 가중처벌 (2022년)	최HH	1,073,500,000원
조처법 제3조 제1항	소득세 포탈행위 (2021년 귀속)	최HH	885,000,000원
지기법 제102조 제1항	개인지방소득세 포탈행위 (2021년 귀속)	최HH	88,500,000원
조처법 제3조 제1항	부가가치세 포탈행위 (2021년 2기)	최HH	100,000,000원

E 법인 또는 개인사업자에 대한 양벌규정 적용 검토

한성돼지농장은 개인사업자이고 조세범칙행위의 실행위자가 사업주인 최HH이므로 최HH에게 「조세범처벌법」 제18조와 「지방세기본법」 제109조에서 규정하는 양벌규정에 대한 책임을 물을 수 없다.

F 조세범칙행위 외 범죄행위 검토

한성돼지농장은 개인사업자이면서 조세범칙행위자가 대표자인 최HH이므로 횡령행위는 발생할 수 없고, 세금계산서와 계산서를 발급하지 않은 매출누락금액을 내연녀의 은행 계좌에 은닉하였으므로 뇌물공여행위 등의 범죄행위는 검토할 필요가 없다.

G 세무대리인 등에 대한 공범 또는 방조범 해당 여부 검토

너구리세무회계사무소는 한성돼지농장의 대표 최HH가 맛최고정육점에 세금계산서와 계산서를 미발급한 사실 등을 몰랐으므로 최HH의 범칙행위에 대해 세무대리인 등의 공범 또는 방조범은 없다.

H 총 범칙행위 수

구분	범칙행위 종류	범칙행위자	포탈세액등	세금계산서 등 범칙행위 금액 (건수)
조세포탈 관련	조세포탈의 가중처벌(2022년) (특가법 제8조 제1항 제1호)	최HH	1,073,500,000원	
	소득세 포탈행위(2021년 귀속) (조처법 제3조 제1항)	최HH	885,000,000원	
	개인지방소득세 포탈행위 (2021년 귀속) (지기법 제102조 제1항)	최HH	88,500,000원	
	부가가치세 포탈행위 (2021년 2기) (조처법 제3조 제1항)	최HH	100,000,000원	
세금계산서 등 범칙 관련	세금계산서를 발급하지 아니한 행위 (조처법 제10조 제1항 제1호)	최HH		1,000,000,000원 (1건)
	계산서를 발급하지 아니한 행위 (조처법 제10조 제1항 제2호)	최HH		1,000,000,000원 (1건)
총 범칙행위 수		- 국세 관련 조세범칙 죄 수 : 5개 - 지방세 관련 조세범칙 죄 수 : 1개		

나. 재화 또는 용역을 공급받고 세금계산서 또는 계산서를 발급받지 아니한 행위

Ⓐ 소득세 신고내용 등

○ 윤WW(맛최고정육점)의 2021년 귀속 소득세 신고내용 등
  - 업태·종목 : 도·소매/식육점
  - 2021년 귀속 총 수입금액 20,000,000,000원
  - 소득세 과세표준 : 1,000,000,000원
  - 납부할 세액 : 384,600,000원(소득세 신고 시 개인지방소득세와 함께 납부함)
- '무자료 매입한 양념돼지삼겹살(세금계산서를 발급받지 아니하고 매입한 양념돼지삼겹살)과 돼지삼겹살'(계산서를 발급받지 아니하고 매입한 돼지삼겹살)은 2021년 12월 말까지 소비자 등에게 모두 판매하였으나 매출내용을 은폐하기 위해 고의로 장부에 기장하지 않아 매출처와 매출액이 얼마인지 알 수 없음
- 대표 윤WW가 세금계산서와 계산서를 발급받지 아니한 양념돼지삼겹살과 돼지삼겹살을 매입한 사유는 부가가치세 등의 조세포탈을 위해서임
- 대표 윤WW가 수사과정에서 무자료매입한 양념돼지삼겹살과 돼지삼겹살의 매출액이 얼마인지를 정확히 밝히지는 못하였으나 양념돼지삼겹살과 돼지삼겹살을 판매하고 받은 대금을 내연녀의 아파트 매입(2,000,000,000원), 자동차 구입(100,000,000원) 등에 사용하였다고 진술하여 확인결과 사실로 확인됨
- 복식부기 장부로 신고하였음
- 오소리세무회계사무소는 맛최고정육점의 대표 윤WW가 2021년 2기 중 양념돼지삼겹살과 돼지삼겹살을 무자료매입한 사실 등을 몰랐음
- 성실신고확인서 제출대상자로 소득세 신고 시 제출하였음

Ⓑ 세금계산서등의 범칙행위 검토 및 실행위자 확인

(a) 세금계산서 범칙행위 검토

ⓐ 세금계산서를 발급받지 아니한 행위

맛최고정육점의 대표 윤WW가 한성돼지농장으로부터 양념돼지삼겹살(공급가액 1,000,000,000원)을 공급받았으나 한성돼지농장의 대표 최HH와 통정하여 세금계산서를 발급받지 아니하였으므로, 이는 세금계산서를 발급받지 아니한 행위(조처법 제10조 제2항 제1호)에 해당한다.

(b) 계산서 범칙행위 검토

ⓐ 계산서를 발급받지 아니한 행위

맛최고정육점의 대표 윤WW가 한성돼지농장으로부터 돼지삼겹살(공급가액 1,000,000,000원)을 공급받았으나 한성돼지농장의 대표 최HH와 통정하여 계산서를 발급받지 아니하였으므로, 이는 계산서를 발급받지 아니한 행위(조처법 제10조 제2항 제2호)에 해당한다.

(c) 실행위자(범칙행위자) 판단

맛최고정육점의 대표 윤WW가 한성돼지농장으로부터 양념삼겹살과 돼지삼겹살을 공급받았으나 한성돼지농장의 대표 최HH와 통정하여 세금계산서와 계산서를 발급받지 아니하였으므로 세금계산서와 계산서를 발급받지 아니한 행위의 실행위자는 대표 윤WW이다.

| 적용 법조항 정리 |

적용 법조항	범칙행위 종류	범칙행위 금액 (건수)	범 칙 행위자
조처법 제10조 제2항 제1호	세금계산서를 발급받지 아니한 행위	1,000,000,000원 (1건)	윤WW
조처법 제10조 제2항 제2호	계산서를 발급받지 아니한 행위	1,000,000,000원 (1건)	윤WW

🖉 「조세범처벌법」 제10조 제2항 제1호 및 제2호의 범칙행위는 가중처벌조항이 없으므로 특가법 제8조의2의 적용은 고려하지 않아도 된다.

ⓒ 신고누락 수입금액 및 탈루소득금액

(a) 수입금액

세금계산서와 계산서를 발급받지 아니하고 매입한 양념돼지삼겹살과 돼지삼겹살을 2021년 12월말까지 모두 판매하였으나, 매출을 은폐하기 위해 매출내용을 장부에 기록하지 않아 매출액이 얼마인지 알 수 없으므로 수입금액(매출액)은 아래 표의 내용과 같이 추계로 계산하여야 하고, 그 계산된 금액은 2,431,906,614원(ⓐ + ⓑ)이다. 따라서 2021년 귀속 소득세 신고 시 신고누락한 수입금액은 2,431,906,614원이다.

그리고 양념돼지삼겹살의 추계수입금액(추계매출액)은 부가가치세 과세대상이나 2021년 제2기 부가가치세 신고 시 신고누락된 매출과표이므로 부가가치세도 경정하여야 한다.

ⓐ 양념돼지삼겹살 추계수입금액(추계매출액, 2021년 2기 과세기간)

○ 추계수입금액(추계매출액) 계산

> 1,215,953,307원 = 1,000,000,000원(무자료매입한 양념돼지삼겹살의 공급가액)
> × 〔1/(1-0.1776$^{주1)}$)〕

주1) 육류 도매업의 매매총이익률(업종코드 : 512223)은 17.76%임

ⓑ 돼지삼겹살 추계수입금액(추계매출액)

○ 추계수입금액(추계매출액) 계산

> 1,215,953,307원 = 1,000,000,000원(무자료매입한 돼지삼겹살의 공급가액)
> × 〔1/(1-0.1776$^{주2)}$)〕

✔ 양념돼지삼겹살과 돼지삼겹살은 같은 매입누락인데 양념돼지삼겹살은 기별로 구분하여 매출액을 추계하였고 돼지삼겹살은 기별로 구분하지 않고 매출액을 추계하였다. 이는 양념돼지삼겹살은 부가가치세 과세물품으로 매출된 과세기간을 특정하여 매출액을 추계결정하여야 하고 돼지삼겹살은 면세물품으로 기별로 부가가치세 신고의무가 없으므로 굳이 기를 특정하지 않아도 된다.

주2) 육류 도매업의 매매총이익률(업종코드 : 512223)은 17.76%임

(b) 탈루소득금액

무자료매입분의 추계수입금액(추계매출액)에 대한 탈루소득금액은 아래 표의 내용과 같이 추계수입금액(추계매출액)에서 무자료매입 시 지급한 금액을 차감하여 계산하여야 하고, 그 계산된 금액은 431,906,614원(ⓐ+ⓑ)이다. 따라서 2021년 귀속 소득세 신고 시 신고누락한 탈루소득금액은 431,906,614원이다.

ⓐ 양념돼지삼겹살 추계수입금액(추계매출액)에 대한 탈루소득금액

○ 탈루소득금액 계산

> 215,953,307원 = 1,215,953,307원 − 1,000,000,000원
> (추계수입금액)   (무자료 매입한 금액)

ⓑ 돼지삼겹살 추계수입금액(추계매출액)에 대한 탈루소득금액

○ 탈루소득금액 계산

> 215,953,307원 = 1,215,953,307원 − 1,000,000,000원
> (추계수입금액)   (무자료 매입한 금액)

D 부가가치세, 소득세, 개인지방소득세 포탈세액등 계산(포탈세액등 계산 기준일 : 2023. 9. 30.)

(a) 부가가치세 탈루세액등 계산(2021년 2기 과세기간)

㉮ 부가가치세 본세 : [1,215,953,307원(매출과표)$^{주3)}$ × 10%] - [0(매입과표) × 10%]

= 121,595,330원

⚙ 무자료매입한 양념돼지삼겹살에 대해 추계로 계산한 추계수입금액(추계매출액)은 부가가치세 신고 시 신고누락한 매출과표이므로 매출과표가 1,215,953,307원 증가하고, 증가된 매출과표의 매출세액만큼의 부가가치세가 증가하였다. 따라서 부가가치세 탈루세액등은 121,595,330원이다.

주3) 1,215,953,307원은 맛최고정육점의 대표 윤WW가 무자료매입한 양념돼지삼겹살의 매출액을 추계로 계산한 금액으로 부가가치세 신고에 누락된 매출과표를 의미한다.

㉯ 부정과소신고가산세 : 121,595,330원 × 40% = 48,638,132원

⚙ 부정과소신고가산세를 적용한 사유는 맛최고정육점의 대표 윤WW가 조세포탈 목적으로 양념돼지삼겹살을 공급받고 공급자와 통정하여 세금계산서를 수취하지 아니하였기 때문이고, 이는 「조세범처벌법」 제3조 제6항 제4호가 규정하는 거래의 은폐에 해당하는 부정행위이기 때문이다.

㉰ 납부지연가산세(㉠ + ㉡) : 16,471,302원

㉠ 121,595,330원(본세) × 20일(2022.1.26.~2022.2.14.) × 25/100,000 = 607,976원

㉡ 121,595,330원(본세) × 593일(2022.2.15.~2023.9.30.) × 22/100,000 = 15,863,326원

㉱ 세금계산서불성실가산세$^{주4)}$: 1,215,953,307원 × 2% = 24,319,066원

주4) 가산세 부과 사유는 세금계산서 미발급임

◎ 부가가치세 추징예상세액(㉮ + ㉯ + ㉰ + ㉱) : 211,023,830원

(b) 소득세 탈루세액등 계산(2021년 귀속)

㉮ 소득세 본세 : 1,431,906,614원$^{주5)}$ (과세표준) × 45% - 65,400,000원(누진세액공제)

- 384,600,000원(기납부세액) = 194,357,976원

⚙ 기신고한 소득세 과세표준(1,000,000,000원)에 탈루소득금액(431,906,614원)을 합산하니 소득세가 194,357,976원이 증가하였다. 따라서 소득세 탈루세액등은 194,357,976원이다.

주5) 과세표준 금액 1,431,906,614원은 당초 과세표준(1,000,000,000원)에 신고누락한 탈루소득금액(431,906,614원)을 합산한 금액이다.

㉯ 부정과소신고가산세(㉠과 ㉡ 중 큰 것) : 77,743,190원

㉠ 194,357,976원 × 40% = 77,743,190원

㉡ 2,431,906,614원(부정과소신고 수입금액) × 14/10,000 = 3,404,669원

ⓒ 납부지연가산세 : 194,357,976원(본세) × 457일(2022.7.1.~2023.9.30.) × 22/100,000
　　　　　　　　　　 = 19,540,750원

ⓓ 계산서불성실가산세^{주6)} : 1,215,953,307원 × 2% = 24,319,066원

　　주6) 가산세 부과 사유는 계산서 미발급임.

◎ 소득세 추징예상세액(㉮ + ㉯ + ㉰ + ㉱) : 315,960,982원

(c) 개인지방소득세 탈루세액등 계산(2021년 귀속)

㉮ 개인지방소득세 본세 : 194,357,976원(과세표준) × 10% = 19,435,797원

　　☞ 소득세 194,357,976원의 탈루가 발생하면 개인지방소득세도 소득세 탈루세액의 10%만큼 탈루가 발생한다. 따라서 개인지방소득세 탈루세액등은 19,435,797원이다.

㉯ 부정과소신고가산세 : 19,435,797원 × 40% = 7,774,318원

㉰ 납부지연가산세 : 19,435,797원(본세) × 457일(2022.7.1.~2023.9.30.) × 22/100,000
　　　　　　　　　　 = 1,954,075원

　　☞ 개인지방소득세는 신고납세제도에 속하는 세목이고 신고·납부기한은 소득세의 신고·납부기한과 같다. 따라서 납부지연가산세 기산일은 2022.7.1.이 된다.

㉱ 소득세의 가산세에 부과하는 가산세 : 24,319,066원^{주7)} × 10% = 2,431,096원

　　주7) 계산서불성실가산세(계산서 미발급)임.

◎ 개인지방소득세 추징예상세액(㉮ + ㉯ + ㉰ + ㉱) : 31,595,286원

(d) 총 탈루세액등

납세의무 확정 연도	세목	탈루세액등 (추징예상세액)	기수시기
2022	소득세 (2021년 귀속)	194,357,976원 (315,960,982원)	2022.6.30. 지난 때
2022	개인지방소득세 (2021년 귀속)	19,435,797원 (31,595,286원)	2022.6.30. 지난 때
2022	부가가치세 (2021년 2기)	121,595,330원 (211,023,830원)	2022.1.25. 지난 때
합　계		335,389,103원 (558,580,098원)	

(e) 조세포탈 여부 판단 및 조세포탈행위의 실행위자 특정

세금계산서와 계산서를 발급받지 아니하는 부정한 방법으로 소득세 194,357,976원, 부가가치세 121,595,330원, 개인지방소득세 19,435,797원을 과소하게 납부한 행위는 소

득세 포탈행위(조처법 제3조 제1항), 부가가치세 포탈행위(조처법 제3조 제1항), 개인지방세포탈행위(지기법 제102조 제1항)에 해당하고, 조세포탈의 실행행위인 세금계산서와 계산서를 발급받지 아니한 행위는 대표 윤WW가 하였음으로 조세포탈의 실행위자는 대표 윤WW이다.

그리고 연간 포탈세액등[주8](2022년)이 5억 원 이상인 연도가 없으므로 특가법 제8조는 적용되지 않는다.

주8) 335,389,103원 = 194,357,976원(소득세 포탈세액) + 19,435,797원(개인지방소득세 포탈세액) + 121,595,330원(부가가치세 포탈세액)

| 적용 법조항 정리 |

적용 법조항	범칙행위 종류	실행위자	포탈세액등
조처법 제3조 제1항	소득세 포탈행위 (2021년 귀속)	윤WW	194,357,976원
지기법 제102조 제1항	개인지방소득세 포탈행위 (2021년 귀속)	윤WW	19,435,797원
조처법 제3조 제1항	부가가치세 포탈행위 (2021년 2기)	윤WW	121,595,330원

E 법인 또는 개인사업자에 대한 양벌규정 적용 검토

맛최고정육점은 개인사업자이고 조세범칙행위의 실행위자가 사업주인 윤WW이므로 윤WW에게 「조세범처벌법」 제18조와 「지방세기본법」 제109조에서 규정하는 양벌규정에 대한 책임을 물을 수 없다.

F 조세범칙행위 외 범죄행위 검토

맛최고정육점이 개인사업자이면서 조세범칙행위자가 대표자인 윤WW이므로 횡령행위는 발생할 수 없고, 세금계산서와 계산서를 발급받지 아니하고 매입한 양념돼지삼겹살과 돼지삼겹살의 매출누락금액을 내연녀의 아파트 등을 매입하는데 사용하였으므로 뇌물제공행위 등의 범죄행위를 검토할 필요가 없다.

G 세무대리인 등에 대한 공범 또는 방조범 해당 여부 검토

오소리세무회계사무소는 맛최고정육점의 대표 윤WW가 세금계산서와 계산서를 발급받지 아니한 사실 등을 몰랐으므로 윤WW의 범칙행위에 대해 세무대리인 등의 공범 또는 방조범은 없다.

구분	범칙행위 종류	범칙 행위자	포탈세액등	세금계산서 등 범칙행위 금액 (건수)
조세포탈 관련	소득세 포탈행위(2021년 귀속) (조처법 제3조 제1항)	윤WW	194,357,976원	
	개인지방소득세 포탈행위 (2021년 귀속) (지기법 제102조 제1항)	윤WW	19,435,797원	
	부가가치세 포탈행위 (2021년 2기) (조처법 제3조 제1항)	윤WW	121,595,330원	
세금계산서 등 범칙 관련	세금계산서를 발급받지 아니한 행위 (조처법 제10조 제2항 제1호)	윤WW		1,000,000,000원 (1건)
	계산서를 발급받지 아니한 행위 (조처법 제10조 제2항 제2호)	윤WW		1,000,000,000원 (1건)
총 범칙행위 수		− 국세 관련 조세범칙 죄 수 : 4개 − 지방세 관련 조세범칙 죄 수 : 1개		

Ⅱ 》 법인사업자

1. 과세 법인사업자

㈜하영건축자재의 대표 최QQ가 2021.9.12. ㈜웅치인테리어에 합판(1,000,000,000원)을 공급하였으나, ㈜웅치인테리어의 대표 왕CC와 통정하여 세금계산서를 미발급하였고, 판매대금은 거래사실을 감추기 위해 9월 말일부터 매월 말일에 250,000,000원씩 받기로 하여 2021.12.31.까지 모두 현금으로 받았다.

• 세금계산서를 발급하지 않은 매출액은 부가가치세와 법인세 신고에서 누락하였음.
• 대표 최QQ와 대표 왕CC는 세금계산서를 미교부하기 때문에 부가가치세는 거래징수 하지 않기로 약정하였음.
• ㈜하영건축자재는 수사과정에서 매출누락금액(세금계산서 미발행금액)에 대응하는 원가(경비)를 제시하지 못하였음.
• 대표 최QQ가 세금계산서를 미발급한 목적은 부가가치세 등의 조세포탈 및 부외자금을 만들어 법인자금을 횡령하기 위해서임.

- 대표 최QQ는 ㈜웅치인테리어에서 받은 합판대금 1,000,000,000원으로 내연녀의 아파트를 구입하는데 사용하였음.
- ㈜하영건축자재의 장부를 기장하는 단비세무회계사무소는 ㈜하영건축자재의 세금계산서 미발급 사실 등을 몰랐음.
- 수사 개시일 2023.9.1.

가. 재화 또는 용역을 공급하고 세금계산서를 발급하지 아니한 행위

A 법인세 신고내용 등

○ ㈜하영건축자재의 2021년 사업연도 법인세 신고내용 등
- 2021년 사업연도 총 수입금액 10,000,000,000원
- 법인세 과세표준 : 500,000,000원
- 총 부담세액 : 80,000,000원(법인세와 법인지방소득세는 신고 시 납부하였음)
※ 복식부기 장부로 신고하였음.
※ 사업연도 기간 : 1.1.~12.31.

B 세금계산서등의 범칙행위 검토 및 실행위자 확인

(a) 세금계산서 범칙행위 검토

ⓐ 세금계산서를 발급하지 아니한 행위

㈜하영건축자재의 대표 최QQ가 ㈜웅치인테리어에 합판(공급가액 1,000,000,000원)을 공급하고 ㈜웅치인테리어의 대표 왕CC와 통정하여 세금계산서를 발급하지 아니하였으므로, 이는 세금계산서를 발급하지 아니한 행위(조처법 제10조 제1항 제1호)에 해당한다.

(b) 실행위자(범칙행위자) 판단

㈜하영건축자재의 대표 최QQ가 ㈜웅치인테리어의 대표 왕CC와 통정하여 세금계산서를 발급하지 아니하였으므로 ㈜하영건축자재에서 세금계산서를 발급하지 아니한 행위의 실행위자는 대표 최QQ이다.

적용 법조항	범칙행위 종류	범칙행위 금액 (건수)	범 칙 행위자
조처법 제10조 제1항 제1호	세금계산서를 발급하지 아니한 행위	1,000,000,000원 (1건)	최QQ

🔑 「조세범처벌법」 제10조 제1항 제1호의 범칙행위는 가중처벌조항이 없으므로 특가법 제8조의2의 적용은 고려하지 않아도 된다.

© 신고누락 수입금액 및 탈루소득금액

ⓐ 수입금액

㈜하영건축자재의 대표 최QQ가 ㈜웅치인테리어에 합판(공급가액 1,000,000,000원)을 공급하고 세금계산서를 발급하지 아니한 수입금액(매출액)을 2021년 사업연도 법인세 신고 시 누락하였으므로 신고누락한 수입금액은 1,000,000,000원이다.

그리고 세금계산서를 미발급한 합판은 2021년 제2기 부가가치세 신고 시 신고누락되었으므로 부가가치세도 경정하여야 한다.

ⓑ 탈루소득금액

수사과정에서 세금계산서를 발급하지 아니한 매출액에 대한 대응원가(경비)를 ㈜하영건축자재의 대표 최QQ가 제시하지 못하였으므로 세금계산서를 발급하지 아니하고 신고누락한 수입금액 전액이 탈루소득금액이 된다. 따라서 2021년 사업연도 법인세 신고 시 신고누락한 탈루소득금액은 1,000,000,000원이다.

⑩ 부가가치세, 법인세, 법인지방소득세 포탈세액등 계산(포탈세액등 계산 기준일 : 2023.9.30.)

ⓐ 부가가치세 탈루세액등 계산(2021년 2기 과세기간)

㉮ 부가가치세 본세 : [1,000,000,000원(매출과표)[주1] × 10%] − [0(매입과표) × 10%]

= 100,000,000원

주1) 1,000,000,000원은 ㈜하영건축자재의 대표 최QQ가 ㈜웅치인테리어에 세금계산서를 발급하지 아니하고 신고누락한 공급가액을 의미한다.

🔑 세금계산서를 발급하지 아니하여 부가가치세 신고를 누락한 매출액으로 인해 매출과표가 1,000,000,000원 증가하고, 증가된 매출과표의 매출세액만큼의 부가가치세가 증가한다. 따라서 부가가치세 탈루세액등은 100,000,000원이다.

㉯ 부정과소신고가산세 : 100,000,000원 × 40% = 40,000,000원

🔑 부정과소신고가산세를 적용한 사유는 ㈜하영건축자재의 최QQ가 조세포탈 등의 목적으로 세

금계산서를 발급하지 아니한 행위는 「조세범처벌법」 제3조 제6항 제4호가 규정하는 거래의 은폐에 해당하는 부정한 행위이기 때문이다.

⑭ 납부지연가산세(㉠ + ㉡) : 13,546,000원

㉠ 100,000,000원(본세) × 20일(2022.1.26.~2022.2.14.) × 25/100,000 = 500,000원

㉡ 100,000,000원(본세) × 593일 (2022.2.15.~2023.9.30.) × 22/100,000 = 13,046,000원

⑮ 세금계산서불성실가산세[주2] : 1,000,000,000원 × 2% = 20,000,000원

주2) 가산세 부과 사유는 세금계산서 미발급임.

◎ 부가가치세 추징예상세액(㉮ + ㉯ + ㉰ + ㉱) : 173,546,000원

(b) 법인세 탈루세액등 계산(2021년 사업연도)

㉮ 법인세 본세 : 1,500,000,000원[주3](과세표준) × 20% − 20,000,000원(누진세액공제) − 80,000,000원(기납부세액) = 200,000,000원

주3) 과세표준 금액 1,500,000,000원은 당초 과세표준(500,000,000원)에 신고누락한 탈루소득금액 (1,000,000,000원)을 합산한 금액이다.

🔗 기신고한 법인세 과세표준(500,000,000원)에 탈루소득금액(1,000,000,000원)을 합산하니 법인세가 200,000,000원이 증가하였다. 따라서 법인세 탈루세액등은 200,000,000원이다.

㉯ 부정과소신고가산세(㉠과 ㉡ 중 큰 것) : 80,000,000원

㉠ 200,000,000원 × 40% = 80,000,000원

㉡ 1,000,000,000원(부정과소신고 수입금액) × 14/10,000 = 1,400,000원

㉰ 납부지연가산세 : 200,000,000원(본세) × 548일(2022.4.1.~2023.9.30.) × 22/100,000 = 24,112,000원

◎ 법인세 추징예상세액(㉮ + ㉯ + ㉰) : 304,112,000원

(c) 법인지방소득세 탈루세액등 계산(2021년 사업연도)

㉮ 법인지방소득세 본세 : 200,000,000원(과세표준) × 10% = 20,000,000원

🔗 법인세 200,000,000원의 탈루가 발생하면 법인지방소득세도 법인세 탈루세액의 10%만큼 탈루가 발생한다. 따라서 법인지방소득세 탈루세액등은 20,000,000원이다.

㉯ 부정과소신고가산세 : 20,000,000원 × 40% = 8,000,000원

㉰ 납부지연가산세 : 20,000,000원(본세) × 518일(2022.5.1.~2023.9.30.) × 22/100,000 = 2,279,200원

🔗 법인지방소득세는 신고납세제도에 속하는 세목이고 신고·납부기한은 법인의 과세기간 종료 일부터 4개월 이내이다. 따라서 납부지연가산세 기산일은 2022.5.1.이 된다.

◎ 법인지방소득세 추징예상세액(㉮ + ㉯ + ㉰) : 30,279,200원

(d) 총 탈루세액등

납세의무 확정 연도	세목	탈루세액등 (추징예상세액)	기수시기
2022년	법인세 (2021년 사업연도)	200,000,000원 (304,112,000원)	2022.3.31. 지난 때
2022년	법인지방소득세 (2021년 사업연도)	20,000,000원 (30,279,200원)	2022.4.30. 지난 때
2022년	부가가치세 (2021년 2기)	100,000,000원 (173,546,000원)	2022.1.25. 지난 때
합　계		320,000,000원 (507,937,200원)	

(e) 조세포탈 여부 판단 및 조세포탈행위의 실행위자 특정

세금계산서를 발급하지 아니하는 부정한 방법으로 법인세 200,000,000원, 부가가치세 100,000,000원, 법인지방소득세 20,000,000원을 과소하게 납부한 행위는 법인세 포탈행위(조처법 제3조 제1항), 부가가치세 포탈행위(조처법 제3조 제1항), 법인지방세포탈행위(지기법 제102조 제1항)에 해당하고, 조세포탈의 실행행위인 세금계산서 발급하지 아니한 행위를 대표 최QQ가 하였음으로 조세포탈의 실행위자는 대표 최QQ이다.

그리고 연간 포탈세액등[주4](2022년)이 5억 원 이상인 연도가 없으므로 특가법 제8조는 적용되지 않는다.

주4) 320,000,000원 = 200,000,000원(법인세 포탈세액) + 20,000,000원(법인지방소득세 포탈세액) + 100,000,000원(부가가치세 포탈세액)

| 적용 법조항 정리 |

적용 법조항	범칙행위 종류	실행위자	포탈세액등
조처법 제3조 제1항	법인세 포탈행위 (2021년 사업연도)	최QQ	200,000,000원
지기법 제102조 제1항	법인지방소득세 포탈행위 (2021년 사업연도)	최QQ	20,000,000원
조처법 제3조 제1항	부가가치세 포탈행위 (2021년 2기)	최QQ	100,000,000원

E 법인 또는 개인사업자에 대한 양벌규정 적용 검토

㈜하영건축자재는 범칙행위자 최QQ가 업무와 관련하여 사기 그 밖의 부정한 행위로 인한 조세포탈행위 등을 하지 않도록 상당한 주의를 가지고 감독할 의무가 있으나, 범칙행위자 최QQ의 사기 그 밖의 부정한 행위로 인한 조세포탈행위 등을 방지하기 위한 책임을 게을리하였으므로 「조세범처벌법」 제18조와 「지방세기본법」 제109조에서 규정하는 양벌규정에 대해 책임이 있다.

| 적용 법조항 정리 |

적용 법조항	범칙행위 종류	범칙행위자
조처법 제18조	양벌규정	㈜하영건축자재
지기법 제109조	양벌규정	㈜하영건축자재

F 조세범칙행위 외 범죄행위 검토

(a) 횡령행위

㈜하영건축자재의 최QQ가 ㈜웅치인테리어에 합판(공급가액 1,000,000,000원)을 공급하고 세금계산서를 미발급하는 부정한 방법으로 수입금액을 탈루하여 조성한 부외자금(1,000,000,000원)을 불법영득의사로 영득한 행위는 업무상 횡령행위(형법 제356조)에 해당한다.

그리고 업무상 횡령금액(1,000,000,000원[주4])이 5억 원 이상이므로 특경법 제3조 제1항 제2호에 의하여 특정재산범죄의 가중처벌대상이다.

주4) 1,000,000,000원은 합판을 공급하고 세금계산서를 발급하지 아니한 매출누락금이다. 여기에서 부가가치세가 횡령금액에 포함되지 않은 사유는 대표 최QQ와 왕CC가 거래를 하면서 부가가치세를 거래징수하지 않기로 약정하고 거래징수하지 않아 최QQ가 실제로 횡령한 금액이 1,000,000,000원이기 때문이다.

| 적용 법조항 정리 |

적용 법조항	범칙행위 종류	범칙행위자	횡령금액
특경법 제3조 제1항 제2호	특정재산범죄의 가중처벌	최QQ	1,000,000,000원
형법 제356조	업무상 횡령행위	최QQ	1,000,000,000원

(b) 뇌물공여행위, 불법정치자금제공행위 등

대표 최QQ가 횡령한 금액을 내연녀의 아파트를 매입하였으므로 뇌물공여행위, 불법정치자금제공행위 등에 대해 검토할 필요가 없다.

Ⓖ 세무대리인 등에 대한 공범 또는 방조범 해당 여부 검토

단비세무회계사무소는 ㈜하영건축자재의 대표 최QQ가 ㈜옹치인테리어에 세금계산서를 미발급한 사실 등을 몰랐으므로 최QQ의 범칙행위에 대해 세무대리인 등의 공범 또는 방조범은 없다.

Ⓗ 총 범칙행위 수

구분	범칙행위 종류	범칙행위자	포탈세액등	세금계산서 등 범칙행위 금액 (건수)
조세포탈 관련	법인세 포탈행위 (2021년 사업연도) (조처법 제3조 제1항)	최QQ	200,000,000원	
	법인지방소득세 포탈행위 (2021년 사업연도) (지기법 제102조 제1항)	최QQ	20,000,000원	
	부가가치세 포탈행위 (2021년 2기) (조처법 제3조 제1항)	최QQ	100,000,000원	
세금계산서 등 범칙 관련	세금계산서를 발급하지 아니한 행위 (조처법 제10조 제1항 제1호)	최QQ		1,000,000,000원 (1건)
기타 조세 범칙 관련	양벌규정(조처법 제18조)	㈜하영건축 자재		
	양벌규정(지기법 제109조)	㈜하영건축 자재		
조세범칙 외	특정재산범죄의 가중처벌 (특경법 제3조 제1항 제2호)	최QQ		1,000,000,000원
	업무상 횡령행위 (형법 제356조)	최QQ		1,000,000,000원
총 범칙행위 수		- 국세 관련 조세범칙 죄 수 : 4개 - 지방세 관련 조세범칙 죄 수 : 2개 - 기타범칙 죄 수 : 2개		

나. 재화 또는 용역을 공급받고 세금계산서를 발급받지 아니한 행위

A 법인세 신고내용 등

○ ㈜웅치인테리어의 2021년 사업연도 법인세 신고내용 등
- 업태·종목 : 건설/인테리어(도배, 실내 장식 및 내장 목공사업 등)
- 2021년 사업연도 총 수입금액 20,000,000,000원
- 법인세 과세표준 : 1,000,000,000원
- 총 부담세액 : 180,000,000원(법인세 신고 시 법인지방소득세와 함께 납부함)

- '무자료 매입한 합판'(세금계산서를 발급받지 아니하고 매입한 합판)은 2021년 제2기 과세기간(2021.7.1.~2021.12.31.) 중 인테리어공사에 모두 사용하였으나 무자료 매입한 합판이 투여된 인테리어공사의 매출을 은폐하기 위해 고의로 장부에 기록하지 않아 매출처와 매출액이 얼마인지 알 수 없음.
- 대표 왕CC가 세금계산서를 발급받지 않고 합판을 무자료로 매입한 사유는 조세포탈 및 법인자금을 횡령하기 위해서임.
- 대표 왕CC는 수사과정에서 무자료매입한 합판이 사용된 인테리어 공사의 매출액이 얼마인지 정확한 액수를 밝히지 못하였으나, 2021년 제2기 과세기간 중 무자료매입한 합판을 투입하여 인테리어공사를 한 고객들로부터 받은 대금으로 내연녀의 아파트 매입(1,000,000,000원), 자동차 구입(100,000,000원), 골프장비 구입(20,000,000원) 등에 사용하였다고 진술하여 확인결과 사실로 확인됨.
- 무자료매입한 합판이 투여된 인테리어공사는 모두 현금으로 거래하여 외상매출채권은 전혀 없다고 대표 왕CC가 진술함.
- 왕CC가 무자료 합판을 구입하면서 ㈜하영건축자재에 지급한 10억 원은 ㈜웅치인테리어의 자금임.
- 복식부기 장부로 신고하였음.
- 물수리세무회계사무소는 ㈜웅치인테리어가 2021년 2기 중 합판을 무자료매입한 사실 등을 몰랐음
- 성실신고확인서 제출대상 법인으로 법인세 신고 시 제출하였음.
- 사업연도 기간 : 1.1.~12.31.

B 세금계산서등의 범칙행위 검토 및 실행위자 확인

(a) 세금계산서 범칙행위 검토

ⓐ 세금계산서를 발급받지 아니한 행위

㈜웅치인테리어의 대표 왕CC가 ㈜하영건축자재로부터 합판(공급가액 1,000,000,000

원)을 공급받았으나 ㈜하영건축자재의 대표 최QQ와 통정하여 세금계산서를 발급받지 아니하였으므로, 이는 세금계산서를 발급받지 아니한 행위(조처법 제10조 제2항 제1호)에 해당한다.

(b) 실행위자(범칙행위자) 판단

㈜웅치인테리어의 대표 왕CC가 ㈜하영건축자재로부터 합판을 공급받았으나 ㈜하영건축자재의 대표 최QQ와 통정하여 세금계산서를 발급받지 아니하였으므로 세금계산서를 발급받지 아니한 행위의 실행위자는 대표 왕CC이다.

| 적용 법조항 정리 |

적용 법조항	범칙행위 종류	범칙행위 금액 (건수)	범 칙 행위자
조처법 제10조 제2항 제1호	세금계산서를 발급받지 아니한 행위	1,000,000,000원 (1건)	왕CC

👉 「조세범처벌법」 제10조 제2항 제1항의 범칙행위는 가중처벌조항이 없으므로 특가법 제8조의2의 적용은 고려하지 않아도 된다.

Ⓒ 신고누락 수입금액 및 탈루소득금액

(a) 수입금액

세금계산서를 발급받지 아니하고 매입한 합판이 2021년 제2기 과세기간 중 모두 판매되었으나, 매출 은폐하기 위해 매출내용을 장부에 기록하지 않아 매출액이 얼마인지 알 수 없으므로 수입금액(매출액)은 아래 표의 내용과 같이 추계로 계산하여야 하고, 그 계산한 추계수입금액(매출액)은 1,510,574,018원이다. 따라서 2021년 사업연도 법인세 신고 시 신고누락한 수입금액은 1,510,574,018원이다.

그리고 합판의 추계수입금액(추계매출액)은 부가가치세 과세대상이나 2021년 제2기 부가가치세 신고 시 신고누락되었으므로 부가가치세를 경정하여야 한다.

○ 추계수입금액(추계매출액) 계산

1,510,574,018원 = 1,000,000,000원(무자료 매입한 합판의 공급가액)
× [1/(1 - 0.338[주1])]

주1) 인테리어(도배, 실내 장식 및 내장 목공사업 등)의 부가가치율(업종코드 : 452106)은 33.80%임.

(b) 탈루소득금액

무자료매입분의 추계수입금액(추계매출액)에 대한 탈루소득금액은 아래 표의 내용과 같이 추계수입금액(추계매출액)에서 무자료매입 시 지급한 금액을 차감하여 계산하여야 하고, 그 계산된 금액은 510,574,018원이다. 따라서 2021년 사업연도 법인세 신고 시 신고누락한 탈루소득금액은 510,574,018원이다.

○ 탈루소득금액 계산

$$510,574,018원 = \underset{(추계수입금액)}{1,510,574,018원} - \underset{(무자료매입한 금액)}{1,000,000,000원}$$

Ⓓ 부가가치세, 법인세, 법인지방소득세 포탈세액등 계산(포탈세액등 계산 기준일 : 2023.9.30.)

(a) 부가가치세 탈루세액등 계산(2021년 2기 과세기간)

㉮ 부가가치세 본세 : [1,510,574,018원(매출과표)$^{주2)}$ × 10%] − [0(매입과표) × 10%]
= 151,057,401원

주2) 1,510,574,018원은 ㈜웅치인테리어의 대표 왕CC가 무자료매입한 합판의 추계수입금액(추계과세표준)을 추계로 계산한 금액으로 신고누락된 추계매출액을 의미한다.

✒ 무자료매입한 합판에 대해 추계로 계산한 추계수입금액(추계과세표준)은 부가가치세 신고 시 신고누락된 매출과표이므로 매출과표가 1,510,574,018원 증가하고, 증가된 매출과표의 매출세액만큼의 부가가치세가 증가한다. 따라서 탈루세액등은 151,057,401원이다.

㉯ 부정과소신고가산세 : 151,057,401원 × 40% = 60,422,960원

✒ 부정과소신고가산세를 적용한 사유는 ㈜웅치인테리어의 대표 왕CC가 조세포탈 등의 목적으로 무자료매입한 행위가 「조세범처벌법」 제3조 제6항 제4호가 규정하는 거래의 은폐에 해당하는 부정행위이기 때문이다.

㉰ 납부지연가산세(㉠ + ㉡) : 20,462,235원

㉠ 151,057,401원(본세) × 20일(2022.1.26.~2022.2.14.) × 25/100,000 = 755,287원
㉡ 151,057,401원(본세) × 593일(2022.2.15.~2023.9.30.) × 22/100,000 = 19,706,948원

㉱ 세금계산서불성실가산세$^{주3)}$: 1,510,574,018원 × 2% = 30,211,480원

주3) 가산세 부과 사유는 추계매출액에 대한 세금계산서 미발급임.

◎ 부가가치세 추징예상세액(㉮ + ㉯ + ㉰ + ㉱) : 262,154,076원

(b) 법인세 탈루세액등 계산(2021년 사업연도)

㉮ 법인세 본세 : 1,510,574,018원$^{주4)}$(과세표준) × 20% − 20,000,000원(누진세액공제)

$-$ 180,000,000원(기납부세액) $=$ 102,114,803원

◈ 기신고한 법인세 과세표준(1,000,000,000원)에 탈루소득금액(510,574,018원)을 합산하니 법인세가 102,114,803원이 증가하였다. 따라서 법인세 탈루세액등은 102,114,803원이다.

주4) 과세표준 금액 1,510,574,018원은 당초 신고한 과세표준(1,000,000,000원)에 신고누락한 탈루소득금액(510,574,018원)을 합산한 금액이다.

㉯ 부정과소신고가산세(㉠과 ㉡ 중 큰 것) : 40,845,921원

㉠ 102,114,803원 × 40% $=$ 40,845,921원

㉡ 1,510,574,018원(부정과소신고 수입금액) × 14/10,000 $=$ 2,114,803원

㉰ 납부지연가산세 : 102,114,803원(본세) × 518일(2022.5.1.~2023.9.30.) × 22/100,000
$=$ 11,637,002원

◎ 법인세 추징예상세액(㉮ + ㉯ + ㉰) : 154,597,726원

(c) 법인지방소득세 탈루세액등 계산(2021년 사업연도)

㉮ 법인지방소득세 본세 : 102,114,803원(과세표준) × 10% $=$ 10,211,480원

◈ 법인세 102,114,803원의 탈루가 발생하면 법인지방소득세도 법인세 탈루세액의 10%만큼 탈루가 발생한다. 따라서 법인지방소득세 탈루세액등은 10,211,480원이다.

㉯ 부정과소신고가산세 : 10,211,480원 × 40% $=$ 4,084,592원

㉰ 납부지연가산세 : 10,211,480원(본세) × 518일(2022.5.1.~2023.9.30.) × 22/100,000
$=$ 1,163,700원

◈ 법인지방소득세는 신고납세제도에 속하는 세목이고 신고·납부기한은 법인의 과세기간 종료일부터 4개월 이내이다. 따라서 납부지연가산세 기산일은 2022.5.1.이 된다.

◎ 법인지방소득세 추징예상세액(㉮ + ㉯ + ㉰) : 15,459,772원

(d) 총 탈루세액등

납세의무 확정 연도	세목	탈루세액등 (추징예상세액)	기수시기
2022년	법인세 (2021년 사업연도)	102,114,803원 (154,597,726원)	2022.4.30. 지난 때
2022년	법인지방소득세 (2021년 사업연도)	10,211,480원 (15,459,772원)	2022.4.30. 지난 때
2022년	부가가치세 (2021년 2기)	151,057,401원 (262,154,076원)	2022.1.25. 지난 때
합 계		263,383,684원 (432,211,574원)	

(e) 조세포탈 여부 판단 및 조세포탈행위의 실행위자 특정

세금계산서 발급받지 아니하는 부정한 방법으로 법인세 102,114,803원, 부가가치세 151,057,401원, 법인지방소득세 10,211,480원을 과소하게 납부한 행위는 법인세 포탈행위(조처법 제3조 제1항), 부가가치세 포탈행위(조처법 제3조 제1항), 법인지방소득세 포탈행위(지기법 제102조 제1항)에 해당하고, 조세포탈의 실행행위인 세금계산서 발급받지 아니한 행위를 대표 왕CC가 하였음으로 조세포탈의 실행위자는 대표 왕CC이다. 그리고 연간 포탈세액등[주5](2022년)이 5억 원 이상인 연도가 없으므로 특가법 제8조는 적용되지 않는다.

주5) 263,383,684원 = 102,114,803원(법인세 포탈세액) + 10,211,480원(법인지방소득세 포탈세액) + 151,057,401원(부가가치세 포탈세액)

| 적용 법조항 정리 |

적용 법조항	범칙행위 종류	실행위자	포탈세액등
조처법 제3조 제1항	법인세 포탈행위 (2021년 사업연도)	왕CC	102,114,803원
지기법 제102조 제1항	법인지방소득세 포탈행위 (2021년 사업연도)	왕CC	10,211,480원
조처법 제3조 제1항	부가가치세 포탈행위 (2021년 2기)	왕CC	151,057,401원

E 법인 또는 개인사업자에 대한 양벌규정 적용 검토

㈜웅치인테리어는 범칙행위자 왕CC가 업무와 관련하여 사기 그 밖의 부정한 행위로 인한 조세포탈행위 등을 하지 않도록 상당한 주의를 가지고 감독할 의무가 있으나, 범칙행위자 왕CC의 사기 그 밖의 부정한 행위로 인한 조세포탈행위 등을 방지하기 위한 책임을 게을리하였으므로 「조세범처벌법」 제18조와 「지방세기본법」 제109조에서 규정하는 양벌규정에 대해 책임이 있다.

| 적용 법조항 정리 |

적용 법조항	범칙행위 종류	범칙행위자
조처법 제18조	양벌규정	㈜웅치인테리어
지기법 제109조	양벌규정	㈜웅치인테리어

F 조세범칙행위 외 범죄행위 검토

(a) 횡령행위

무자료매입한 합판이 투입된 인테리어 공사의 매출액이 얼마인지 정확한 액수를 밝히지 못하였으나 대표 왕CC가 2021년 제2기 과세기간 중 무자료매입한 합판을 투입하여 인테리어공사를 해준 고객들로부터 받은 대금으로 내연녀의 아파트 매입(1,000,000,000원), 자동차 구입(100,000,000원), 골프장비 구입(20,000,000원) 등에 사용하였다고 진술하여 확인결과 사실로 확인되었으므로, 이는 법인자금 1,120,000,000원[주6](1,000,000,000원 + 100,000,000원 + 20,000,000원)을 불법영득의사로 영득한 행위로 업무상 횡령행위(형법 제356조)에 해당한다.

그리고 업무상 횡령금액(1,120,000,000원)이 5억 원 이상이므로 특경법 제3조 제1항 제2호에 의하여 특정재산범죄의 가중처벌대상이다.

주6) 업무상 횡령금액은 확인된 금액만 범칙금액으로 보아야 한다.

| 적용 법조항 정리 |

적용 법조항	범칙행위 종류	범칙행위자	횡령금액
특경법 제3조 제1항 제2호	특정재산범죄의 가중처벌	왕CC	1,120,000,000원
형법 제356조	업무상 횡령행위	왕CC	1,120,000,000원

(b) 뇌물공여행위, 불법정치자금제공행위 등

대표 왕CC가 횡령한 금액을 내연녀의 아파트 등을 매입하는데 사용하였음이 확인되므로 뇌물공여행위, 불법정치자금제공행위 등은 검토할 필요가 없다.

G 세무대리인 등에 대한 공범 또는 방조범 해당 여부 검토

물수리세무회계사무소는 ㈜웅치인테리어의 대표 왕CC가 세금계산서를 발급받지 아니한 사실 등을 몰랐으므로 왕CC의 범칙행위에 대해 세무대리인 등의 공범 또는 방조범은 없다.

Ⓗ 총 범칙행위 수

구분	범칙행위 종류	범 칙 행위자	포탈세액등	세금계산서 등 범칙행위 금액 (건수)
조세포탈 관련	법인세 포탈행위(2021년 사업연도) (조처법 제3조 제1항)	왕CC	102,114,803원	
	법인지방소득세 포탈행위 (2021년 사업연도) (지기법 제102조 제1항)	왕CC	10,211,480원	
	부가가치세 포탈행위(2021년 2기) (조처법 제3조 제1항)	왕CC	151,057,401원	
세금계산서등 범칙 관련	세금계산서를 발급받지 아니한 행위 (조처법 제10조 제2항 제1호)	왕CC		1,000,000,000원 (1건)
기타 조세 범칙 관련	양벌규정(조처법 제18조)	㈜웅치 인테리어		
	양벌규정(지기법 제109조)	㈜웅치 인테리어		
조세범칙 외	특정재산범죄의 가중처벌 (특경법 제3조 제1항 제2호)	왕CC		1,120,000,000원
	업무상 횡령행위(형법 제356조)	왕CC		1,120,000,000원
총 범칙행위 수		− 국세 관련 조세범칙 죄 수 : 4개 − 지방세 관련 조세범칙 죄 수 : 2개 − 기타범칙 죄 수 : 2개		

2. 면세 법인사업자

㈜한성돼지농장 대표 최HH가 2021.9.12. ㈜맛최고정육점에 1,000,000,000원(공급가액)의 돼지삼겹살(면세물품)을 공급하였으나, ㈜맛최고정육점의 대표 윤WW와 통정하여 계산서를 미발급하였고, 판매대금은 거래사실을 감추기 위해 9월 말일부터 매월 말일에 250,000,000원씩 현금으로 받기로 약정하여 2021.12.31.까지 모두 수령하였다.

- 계산서를 발급하지 않은 매출액은 법인세 신고 시 누락하였음.
- ㈜한성돼지농장의 최HH는 수사과정에서 매출누락금액(계산서 미발행금액)에 대응하는 원가(경비)를 제시하지 못하였음.

- 대표 최HH가 계산서를 미발급한 목적은 조세를 포탈하고 법인자금을 횡령하기 위해서임.
- 대표 최HH는 ㈜맛최고정육점에서 받은 돼지삼겹살 대금 1,000,000,000원으로 내연녀의 아파트를 구입하였음.
- ㈜한성돼지농장의 장부를 기장하는 너구리세무회계사무소는 ㈜한성돼지농장의 계산서 미발급 사실 등을 몰랐음.
- 수사 개시일 2023.9.1.

가. 재화 또는 용역을 공급하고 계산서를 발급하지 아니한 행위

Ⓐ 법인세 신고내용 등

○ ㈜한성돼지농장의 2021년 사업연도 법인세 신고내용 등
- 2021년 사업연도 총 수입금액 20,000,000,000원
- 법인세 과세표준 : 500,000,000원
- 총 부담세액 : 80,000,000원(법인세와 법인지방소득세는 신고 시 납부하였음)
※ 복식부기 장부로 신고하였음.
※ 사업연도 기간 : 1.1.~12.31.

Ⓑ 세금계산서등의 범칙행위 검토 및 실행위자 확인

(a) 계산서 범칙행위 검토

ⓐ 계산서를 발급하지 아니한 행위

㈜한성돼지농장의 대표 최HH가 ㈜맛최고정육점에 돼지삼겹살(공급가액 1,000,000,000원)을 공급하고 ㈜맛최고정육점의 대표 윤WW와 통정하여 계산서를 발급하지 아니하였으므로, 이는 계산서를 발급하지 아니한 행위(조처법 제10조 제1항 제2호)에 해당한다.

(b) 실행위자(범칙행위자) 판단

㈜한성돼지농장의 대표 최HH가 ㈜맛최고정육점의 대표 윤WW와 통정하여 계산서를 발급하지 아니하였으므로 계산서를 발급하지 아니한 행위의 실행위자는 대표 최HH이다.

적용 법조항	범칙행위 종류	범칙행위 금액 (건수)	범 칙 행위자
조처법 제10조 제1항 제2호	계산서를 발급하지 아니한 행위	1,000,000,000원 (1건)	최HH

☞ 「조세범처벌법」 제10조 제1항 제2호의 범칙행위는 가중처벌조항이 없으므로 특가법 제8조의2의 적용은 고려하지 않아도 된다.

ⓒ 신고누락 수입금액 및 탈루소득금액

ⓐ 수입금액

㈜한성돼지농장의 대표 최HH가 ㈜맛최고정육점에 돼지삼겹살(면세재화)을 공급하였으나 계산서를 발급하지 아니하고 2021년 사업연도 법인세 신고 시 누락하였으므로 신고누락한 수입금액은 1,000,000,000원이다.

ⓑ 탈루소득금액

수사과정에서 계산서를 발급하지 아니한 수입금액(매출액)에 대한 대응원가(경비)를 ㈜한성돼지농장의 대표 최HH가 제시하지 못하였으므로 계산서를 발급하지 아니하고 신고누락한 수입금액 전액이 탈루소득금액이 된다. 따라서 2021년 사업연도 법인세 신고 시 신고누락한 탈루소득금액은 1,000,000,000원이다.

Ⓓ 법인세, 법인지방소득세 포탈세액등 계산(포탈세액등 계산 기준일 : 2023.9.30.)

ⓐ 법인세 탈루세액등 계산(2021년 사업연도)

㉮ 법인세 본세 : 1,500,000,000원$^{주1)}$(과세표준) × 20% − 20,000,000원(누진세액공제) − 80,000,000원(기납부세액) = 200,000,000원

> 주1) 과세표준 금액 1,500,000,000원은 당초 과세표준(500,000,000원)에 신고누락한 탈루소득금액 (1,000,000,000원)을 합산한 금액이다.

☞ 기신고한 법인세 과세표준(500,000,000원)에 탈루소득금액(1,000,000,000원)을 합산하니 법인세가 200,000,000원이 증가하였다. 따라서 법인세 탈루세액등은 200,000,000원이다.

㉯ 부정과소신고가산세(㉠과 ㉡ 중 큰 것) : 80,000,000원

㉠ 200,000,000원 × 40% = 80,000,000원

㉡ 1,000,000,000원(부정과소신고 수입금액) × 14/10,000 = 1,400,000원

부정과소신고가산세를 적용한 사유는 ㈜한성돼지농장 대표 최HH가 조세포탈 등의 목적으로 ㈜맛최고정육점 대표 윤WW와 통정하여 계산서를 발급하지 아니한 행위는 「조세범처벌법」 제3조 제6항 제4호가 규정하는 거래의 은폐에 해당하는 부정행위이기 때문이다.

㉰ 납부지연가산세 : 200,000,000원(본세) × 548일(2022.4.1.~2023.9.30.) × 22/100,000
= 24,112,000원

㉱ 계산서불성실가산세주2) : 1,000,000,000원 × 2% = 20,000,000원

주2) 가산세 부과 사유는 계산서 미발급임.

◎ 법인세 추징예상세액(㉮ + ㉯ + ㉰ + ㉱) : 324,112,000원

(b) 법인지방소득세 탈루세액등 계산(2021년 사업연도)

㉮ 법인지방소득세 본세 : 200,000,000원(과세표준) × 10% = 20,000,000원

법인세 200,000,000원의 탈루가 발생하면 법인지방소득세도 법인세 탈루세액의 10%만큼 탈루가 발생한다. 따라서 법인지방소득세 탈루세액등은 20,000,000원이다.

㉯ 부정과소신고가산세 : 20,000,000원 × 40% = 8,000,000원

㉰ 납부지연가산세 : 20,000,000원(본세) × 518일(2022.5.1.~2023.9.30.) × 22/100,000
= 2,279,200원

법인지방소득세는 신고납세제도에 속하는 세목이고 신고・납부기한은 법인의 과세기간 종료일부터 4개월 이내이다. 따라서 납부지연가산세 기산일은 2022.5.1.이 된다.

㉱ 법인세의 가산세에 부과하는 가산세 : 20,000,000원주3) × 10% = 2,000,000원

주3) 계산서불성실가산세(계산서 미발급)임.

◎ 법인지방소득세 추징예상세액(㉮ + ㉯ + ㉰ + ㉱) : 32,279,200원

(c) 총 탈루세액등

납세의무 확정 연도	세목	탈루세액등 (추징예상세액)	기수시기
2022년	법인세 (2021년 사업연도)	200,000,000원 (324,112,000원)	2022.3.31. 지난 때
2022년	법인지방소득세 (2021년 사업연도)	20,000,000원 (32,279,200원)	2022.4.30. 지난 때
합 계		220,000,000원 (356,391,200)	

(d) 조세포탈 여부 판단 및 조세포탈행위의 실행위자 특정

계산서를 발급하지 아니하는 부정한 방법으로 법인세 200,000,000원과 법인지방소득세 20,000,000원을 과소하게 납부한 행위는 법인세 포탈행위(조처법 제3조 제1항)와 법인지방소득세 포탈행위(지기법 제102조 제1항)에 해당하고, 조세포탈의 실행행위인 계산서 발급하지 아니한 행위를 대표 최HH가 하였으므로 조세포탈의 실행위자는 대표 최HH이다. 그리고 연간 포탈세액등[주4](2022년)이 5억 원 이상인 연도가 없으므로 특가법 제8조는 적용되지 않는다.

주4) 220,000,000원 = 200,000,000원(법인세 포탈세액) + 20,000,000원(법인지방소득세 포탈세액)

| 적용 법조항 정리 |

적용 법조항	범칙행위 종류	실행위자	포탈세액등
조처법 제3조 제1항	법인세 포탈행위 (2021년 사업연도)	최HH	200,000,000원
지기법 제102조 제1항	법인지방소득세 포탈행위 (2021년 사업연도)	최HH	20,000,000원

E 법인 또는 개인사업자에 대한 양벌규정 적용 검토

㈜한성돼지농장은 범칙행위자 최HH가 업무와 관련하여 사기 그 밖의 부정한 행위로 인한 조세포탈행위 등을 하지 않도록 상당한 주의를 가지고 감독할 의무가 있으나, 범칙행위자 최HH의 사기 그 밖의 부정한 행위로 인한 조세포탈행위 등을 방지하기 위한 책임을 게을리하였으므로 「조세범처벌법」 제18조와 「지방세기본법」 제109조에서 규정하는 양벌규정에 대해 책임이 있다.

| 적용 법조항 정리 |

적용 법조항	범칙행위 종류	범칙행위자
조처법 제18조	양벌규정	㈜한성돼지농장
지기법 제109조	양벌규정	㈜한성돼지농장

F 조세범칙행위 외 범죄행위 검토

(a) 횡령행위

㈜한성돼지농장의 대표 최HH가 ㈜맛최고정육점에 1,000,000,000원(공급가액)의 돼지삼겹살을 공급하고 계산서를 발급하지 아니하는 부정한 방법으로 조성한 부외자금

(1,000,000,000원)을 불법영득의사로 영득한 행위는 업무상 횡령행위(형법 제356조)에 해당한다.

그리고 업무상 횡령금액(1,000,000,000원)이 5억 원 이상이므로 특경법 제3조 제1항 제2호에 의하여 특정재산범죄의 가중처벌대상이다.

| 적용 법조항 정리 |

적용 법조항	범칙행위 종류	범칙행위자	횡령금액
특경법 제3조 제1항 제2호	특정재산범죄의 가중처벌	최HH	1,000,000,000원
형법 제356조	업무상 횡령행위	최HH	1,000,000,000원

ⓑ 뇌물공여행위, 불법정치자금제공행위 등

대표 최HH가 횡령한 금액을 내연녀의 아파트를 매입하는데 사용하였으므로 뇌물공여행위, 불법정치자금제공행위등에 대해 검토할 필요가 없다.

Ⓖ 세무대리인 등에 대한 공범 또는 방조범 해당 여부 검토

너구리세무회계사무소는 ㈜한성돼지농장의 대표 최HH가 ㈜맛최고정육점에 계산서를 발급하지 아니한 사실 등을 몰랐으므로 최HH의 범칙행위에 대해 세무대리인 등의 공범 또는 방조범은 없다.

Ⓗ 총 범칙행위 수

구분	범칙행위 종류	범칙행위자	포탈세액등	세금계산서 등 범칙행위 금액 (건수)
조세포탈 관련	법인세 포탈행위(2021년 사업연도) (조처법 제3조 제1항)	최HH	200,000,000원	
	법인지방소득세 포탈행위 (2021년 사업연도) (지기법 제102조 제1항)	최HH	20,000,000원	
세금계산서등 범칙 관련	계산서를 발급하지 아니한 행위 (조처법 제10조 제1항 제2호)	최HH		1,000,000,000원 (1건)
기타 조세 범칙 관련	양벌규정(조처법 제18조)	㈜한성 돼지농장		
	양벌규정(지기법 제109)	㈜한성 돼지농장		

구분	범칙행위 종류	범 칙 행위자	포탈세액등	세금계산서 등 범칙행위 금액 (건수)
조세범칙 외	특정재산범죄의 가중처벌 (특경법 제3조 제1항 제2호)	최HH		1,000,000,000원
	업무상 횡령행위(형법 제356조)	최HH		1,000,000,000원
총 범칙행위 수		– 국세 관련 조세범칙 죄 수 : 3개 – 지방세 관련 조세범칙 죄 수 : 2개 – 기타범칙 죄 수 : 2개		

나. 재화 또는 용역을 공급받고 계산서를 발급받지 아니한 행위

A 법인세 신고내용 등

○ ㈜맛최고정육점의 2021년 사업연도 법인세 신고내용 등
 – 업태·종목 : 도·소매/식육점
 – 2021년 사업연도 총 수입금액 20,000,000,000원
 – 법인세 과세표준 : 1,000,000,000원
 – 총 부담세액 : 180,000,000원(법인세 신고 시 법인지방소득세와 함께 납부함)

• '무자료 매입한 돼지삼겹살'(계산서를 발급받지 아니하고 매입한 돼지삼겹살)은 2021년 12월말까지 소비자 등에게 모두 판매하였으나 매출내용을 은폐하기 위해 고의로 장부에 기장하지 않아 매출처와 매출액이 얼마인지 알 수 없음.
• 대표 윤WW가 계산서를 발급받지 아니한 돼지삼겹살을 매입한 사유는 조세포탈 및 법인자금을 횡령하기 위해서임.
• 대표 윤WW가 수사과정에서 무자료매입한 돼지삼겹살의 매출액이 얼마인지를 정확히 밝히지는 못하였으나 돼지삼겹살을 판매하고 받은 대금으로 내연녀의 아파트 구입(1,000,000,000원), 자동차 구입(100,000,000원), 골프채 구입(20,000,000원) 등에 사용하였다고 진술하여 확인결과 사실로 확인됨.
• 윤WW가 무자료 돼지삼겹살을 구입하면서 ㈜한성돼지농장에 지급한 10억 원은 ㈜맛최고정육점의 자금임.
• 복식부기 장부로 신고하였음.
• 오소리세무회계사무소는 ㈜맛최고정육점의 대표 윤WW가 2021년 사업연도 중 돼지삼겹살을 무자료매입한 사실 등을 몰랐음.
• 성실신고확인서 제출대상 법인으로 법인세 신고 시 제출하였음.
• 사업연도 기간 : 1.1.~12.31.

B 세금계산서등의 범칙행위 검토 및 실행위자 확인

(a) 계산서 범칙행위 검토

ⓐ 계산서를 발급받지 아니한 행위

㈜맛최고정육점의 대표윤WW가 ㈜한성돼지농장으로부터 돼지삼겹살(공급가액 1,000,000,000원)을 공급받았으나 ㈜한성돼지농장의 대표 최HH와 통정하여 계산서를 발급받지 아니하였으므로, 이는 계산서를 발급받지 아니한 행위(조처법 제10조 제2항 제2호)에 해당한다.

(b) 실행위자(범칙행위자) 판단

㈜맛최고정육점의 대표 윤WW가 ㈜한성돼지농장으로부터 돼지삼겹살을 공급받았으나 ㈜한성돼지농장의 대표 최HH와 통정하여 계산서를 발급받지 아니하였으므로 계산서를 발급받지 아니한 행위의 실행위자는 대표 윤WW이다.

| 적용 법조항 정리 |

적용 법조항	범칙행위 종류	범칙행위 금액 (건수)	범 칙 행위자
조처법 제10조 제2항 제2호	계산서를 발급하지 아니한 행위	1,000,000,000원 (1건)	윤WW

☞ 「조세범처벌법」 제10조 제2항 제2항의 범칙행위는 가중처벌조항이 없으므로 특가법 제8조의2의 적용은 고려하지 않아도 된다.

C 신고누락 수입금액 및 탈루소득금액

(a) 수입금액

계산서를 발급받지 아니하고 매입한 돼지삼겹살이 2021년 12월말까지 모두 판매하였으나, 매출을 은폐하기 위해 매출내용을 장부에 기록하지 않아 매출액이 얼마인지 알 수 없으므로 매출액은 아래 표의 내용과 같이 추계로 계산하여야 하고, 그 계산된 금액은 1,215,953,307원이다. 따라서 2021년 사업연도 법인세 신고 시 신고누락한 수입금액은 1,215,953,307원이다.

○ 추계매출액 계산

$$1,215,953,307원 = 1,000,000,000원(무자료매입한 돼지삼겹살의 공급가액) \times \{1/(1-0.1776^{주1})\}$$

주1) 육류 도매업의 매매총이익률(업종코드 : 512223)은 17.76%임. 육류 소매업(업종코드 : 522020)에 대한 매매총이익률이 없어 도매업의 매매총이익률을 적용함.

(b) 탈루소득금액

무자료매입분의 추계수입금액(추계매출액)에 대한 탈루소득금액은 아래 표의 내용과 같이 추계수입금액(추계매출액)에서 무자료매입 시 지급한 금액을 차감하여 계산하여야 하고, 그 계산된 금액은 215,953,307원이다. 따라서 2021년 사업연도 법인세 신고 시 신고누락한 탈루소득금액은 215,953,307원이다.

○ 탈루소득금액 계산

215,953,307원 = 1,215,953,307원(추계수입금액)
       − 1,000,000,000원(무자료매입 시 지급한 금액)

Ⓓ 법인세, 법인지방소득세 포탈세액등 계산(포탈세액등 계산 기준일 : 2023.9.30.)

(a) 법인세 탈루세액등 계산(2021년 사업연도)

㉮ 법인세 본세 : 1,215,953,307원[주2](과세표준) × 20% − 20,000,000원(누진세액공제)
       − 180,000,000원(기납부세액) = 43,190,661원

주2) 과세표준 금액 1,215,953,307원은 당초 과세표준(1,000,000,000원)에 신고누락한 탈루소득금액(215,953,307원)을 합산한 금액이다.

🗨 기신고한 법인세 과세표준(1,000,000,000원)에 탈루소득금액(215,953,307원)을 합산하니 법인세가 43,190,661원이 증가하였다. 따라서 법인세 탈루세액등은 43,190,661원이다.

㉯ 부정과소신고가산세(㉠과 ㉡ 중 큰 것) : 17,276,264원

 ㉠ 43,190,661원 × 40% = 17,276,264원

 ㉡ 1,215,953,307원(부정과소신고 수입금액) × 14/10,000 = 1,702,334원

㉰ 납부지연가산세 : 43,190,661원(본세) × 518일(2022.5.1.~2023.9.30.) × 22/100,000
       = 4,922,007원

㉱ 계산서불성실가산세[주3] : 1,215,953,307원 × 2% = 24,319,066원

주3) 가산세 부과 사유는 계산서 미발급임.

◎ 법인세 추징예상세액(㉮ + ㉯ + ㉰ + ㉱) : 89,707,998원

(b) 법인지방소득세 탈루세액등 계산(2021년 사업연도)

㉮ 법인지방소득세 본세 : 43,190,661원(과세표준) × 10% = 4,319,066원

ⓞ 법인세 43,190,661원의 탈루가 발생하면 법인지방소득세도 법인세 탈루세액의 10%만큼 탈루가 발생한다. 따라서 법인지방소득세 탈루세액등은 4,319,066원이다.

㉯ 부정과소신고가산세 : 4,319,066원 × 40% = 1,727,626원

㉰ 납부지연가산세 : 4,319,066원(본세) × 518일(2022.5.1.~2023.9.30.) × 22/100,000
= 492,200원

ⓞ 법인지방소득세는 신고납세제도에 속하는 세목이고 신고·납부기한은 법인의 과세기간 종료일부터 4개월 이내이다. 따라서 납부지연가산세 기산일은 2022.5.1.이 된다.

㉱ 법인세의 가산세에 부과하는 가산세 : 24,319,066원[주4] × 10% = 2,431,906원

주4) 계산서불성실가산세(계산서 미발급)임.

◎ 법인지방소득세 추징예상세액(㉮ + ㉯ + ㉰ + ㉱) : 8,970,798원

(c) 총 탈루세액등

납세의무 확정 연도	세목	탈루세액등 (추징예상세액)	기수시기
2022년	법인세 (2021년 사업연도)	43,190,661원 (89,707,998원)	2022.4.30. 지난 때[주5]
2022년	법인지방소득세 (2021년 사업연도)	4,319,066원 (8,970,798원)	2022.4.30. 지난 때
합계		47,509,727원 (98,678,796원)	

주5) 기수시기가 2022.3.31. 지난 때가 아니라 2022.4.30. 지난 때인 사유는 ㈜맛최고정육점이 성실신고확인서 제출대상 법인이기 때문임.

(d) 조세포탈 여부 판단 및 조세포탈행위의 실행위자 특정

계산서 발급받지 아니하는 부정한 방법으로 법인세 43,190,661원과 법인지방소득세 4,319,066원을 과소하게 납부한 행위는 법인세 포탈행위(조처법 제3조 제1항)와 법인지방소득세 포탈행위(지기법 제102조 제1항)에 해당하고, 조세포탈의 실행행위인 계산서 발급받지 아니한 행위를 대표 윤WW가 하였으므로 조세포탈의 실행위자는 대표 윤WW이다.

그리고 연간 포탈세액등[주6](2022년)이 5억 원 이상인 연도가 없으므로 특가법 제8조는 적용되지 않는다.

주6) 47,509,727원 = 43,190,661원(법인세 포탈세액) + 4,319,066원(법인지방소득세 포탈세액)

적용 법조항	범칙행위 종류	실행위자	포탈세액등
조처법 제3조 제1항	법인세 포탈행위 (2021년 사업연도)	윤WW	43,190,661원
지기법 제102조 제1항	법인지방소득세 포탈행위 (2021년 사업연도)	윤WW	4,319,066원

E 법인 또는 개인사업자에 대한 양벌규정 적용 검토

㈜맛최고정육점은 범칙행위자 윤WW가 업무와 관련하여 사기 그 밖의 부정한 행위로 인한 조세포탈행위 등을 하지 않도록 상당한 주의를 가지고 감독할 의무가 있으나, 범칙행위자 윤WW의 사기 그 밖의 부정한 행위로 인한 조세포탈행위 등을 방지하기 위한 책임을 게을리하였으므로 「조세범처벌법」 제18조와 「지방세기본법」 제109조에서 규정하는 양벌규정에 대해 책임이 있다.

| 적용 법조항 정리 |

적용 법조항	범칙행위 종류	범칙행위자
조처법 제18조	양벌규정	㈜맛최고정육점
지기법 제109조	양벌규정	㈜맛최고정육점

F 조세범칙행위 외 범죄행위 검토

(a) 횡령행위

무자료매입한 돼지삼겹살의 매출액이 얼마인지를 정확히 밝히지는 못하였으나 대표 윤WW가 돼지삼겹살을 판매하고 받은 대금으로 대표 윤WW가 내연녀의 아파트 구입(1,000,000,000원), 자동차 구입(100,000,000원), 골프채 구입(20,000,000원) 등에 사용하였다고 진술하여 확인결과 사실로 확인되었으므로 이는 법인자금 1,120,000,000원[주7] (1,000,000,000원 + 100,000,000원 + 20,000,000원)을 불법영득의사로 영득한 행위로 업무상 횡령행위(형법 제356조)에 해당한다.

그리고 업무상 횡령금액(1,120,000,000원)이 5억 원 이상이므로 특경법 제3조 제1항 제2에 의하여 특정재산범죄의 가중처벌대상이다.

주7) 업무상 횡령금액은 확인된 금액만 범칙금액으로 보아야 한다.

적용 법조항	범칙행위 종류	범칙행위자	횡령금액
특경법 제3조 제1항 제2호	특정재산범죄의 가중처벌	윤WW	1,120,000,000원
형법 제356조	업무상 횡령행위	윤WW	1,120,000,000원

ⓑ 뇌물공여행위, 불법정치자금제공행위 등

대표 윤WW가 횡령한 금액을 내연녀의 아파트 매입 등에 사용하였음이 확인되므로 뇌물공여행위, 불법정치자금제공행위 등에 대해 검토할 필요가 없다.

Ⓖ 세무대리인 등에 대한 공범 또는 방조범 해당 여부 검토

오소리세무회계사무소는 ㈜맛최고정육점의 대표 윤WW가 계산서를 발급받지 아니한 사실 등을 몰랐으므로 윤WW의 범칙행위에 대해 세무대리인 등의 공범 또는 방조범은 없다.

Ⓗ 총 범칙행위 수

구분	범칙행위 종류	범칙행위자	포탈세액등	세금계산서 등 범칙행위 금액 (건수)
조세포탈 관련	법인세 포탈행위(2021년 사업연도) (조처법 제3조 제1항)	윤WW	43,190,661원	
	법인지방소득세 포탈행위 (2021년 사업연도) (지기법 제102조 제1항)	윤WW	4,319,066원	
세금계산서등 범칙 관련	계산서를 발급받지 아니한 행위 (조처법 제10조 제2항 제2호)	윤WW		1,000,000,000원 (1건)
기타 조세 범칙 관련	양벌규정(조처법 제18조)	㈜맛최고 정육점		
	양벌규정(지기법 제109조)	㈜맛최고 정육점		
조세범칙 외	특정재산범죄의 가중처벌 (특경법 제3조 제1항 제2호)	윤WW		1,120,000,000원
	업무상 횡령행위(형법 제356조)	윤WW		1,120,000,000원
총 범칙행위 수		− 국세 관련 조세범칙 죄 수 : 3개 − 지방세 관련 조세범칙 죄 수 : 2개 − 기타범칙 죄 수 : 2개		

3. 과·면세 겸영 법인사업자

㈜한성돼지농장 대표 최HH가 농장의 부가가치를 높일 목적으로 생산한 돼지삼겹살 중 일부를 농장에서 직접 양념을 하여 거래처에 공급하기로 하였다. ㈜한성돼지농장의 대표 최HH는 ㈜맛최고정육점에 2021.10.1. 돼지삼겹살(공급가액 1,000,000,00원)과 양념 돼지삼겹살(공급가액 1,000,000,00원)을 공급하였으나 ㈜맛최고정육점의 대표 윤WW와 통정하여 세금계산서와 계산서를 발급하지 않았다.

- 세금계산서와 계산서를 발급하지 않은 매출액은 부가가치세 또는 법인세 신고 시 누락하였음.
- 세금계산서 미발급한 양념삼겹살 거래분에 대해서는 부가가치세를 거래징수하지 않기로 약정하였음.
- ㈜한성돼지농장의 최HH는 수사과정에서 세금계산서와 계산서를 미발급하고 매출누락한 금액에 대응하는 원가(경비)를 제시하지 못하였음.
- 대표 최HH가 세금계산서와 계산서를 미발급한 목적은 조세포탈 및 부외자금을 만들어 법인자금을 횡령하기 위해서임.
- 대표 최HH는 ㈜맛최고정육점으로부터 세금계산서와 계산서 미발급분에 대한 대금을 본인 명의의 은행계좌로 입금받았고, 입금받은 금액을 현금으로 인출하여 내연녀의 아파트를 구입하였음.
- ㈜한성돼지농장의 장부를 기장하는 너구리세무회계사무소는 ㈜한성돼지농장의 대표 최HH가 세금계산서와 계산서를 미발급한 사실 등을 몰랐음.
- 수사 개시일 2023.9.1.

가. 재화 또는 용역을 공급하고 세금계산서 또는 계산서를 발급하지 아니한 행위

Ⓐ 법인세 신고내용 등

○ ㈜한성돼지농장의 2021년 사업연도 법인세 신고내용 등
- 2021년 사업연도 총 수입금액 20,000,000,000원
- 법인세 과세표준 : 500,000,000원
- 총 부담세액 : 80,000,000원(법인세와 법인지방소득세는 신고 시 완납하였음)
- ※ 복식부기 장부로 신고하였음
- ※ 사업연도 기간 : 1.1.~12.31.

B 세금계산서등의 범칙행위 검토 및 실행위자 확인

(a) 세금계산서 범칙행위 검토

ⓐ 세금계산서를 발급하지 아니한 행위

㈜한성돼지농장의 대표 최HH가 ㈜맛최고정육점에 양념돼지삼겹살(공급가액 1,000,000,000원)을 공급하고 ㈜맛최고정육점의 대표 윤WW와 통정하여 세금계산서를 발급하지 아니하였으므로, 이는 세금계산서를 발급하지 아니한 행위(조처법 제10조 제1항 제1호)에 해당한다.

(b) 계산서 범칙행위 검토

ⓐ 계산서를 발급하지 아니한 행위

㈜한성돼지농장의 대표 최HH가 ㈜맛최고정육점에 돼지삼겹살(공급가액 1,000,000,000원)을 공급하고 ㈜맛최고정육점의 대표 윤WW와 통정하여 계산서를 발급하지 아니하였으므로, 이는 계산서를 발급하지 아니한 행위(조처법 제10조 제1항 제2호)에 해당한다.

(c) 실행위자(범칙행위자) 판단

㈜한성돼지농장의 대표 최HH가 ㈜맛최고정육점에 양념돼지삼겹살과 돼지삼겹살을 공급하고 ㈜맛최고정육점의 대표 윤WW와 통정하여 세금계산서와 계산서를 발급하지 아니하였으므로 세금계산서와 계산서를 발급하지 아니한 행위의 실행위자는 대표 최HH이다.

| 적용 법조항 정리 |

적용 법조항	범칙행위 종류	범칙행위 금액 (건수)	범 칙 행위자
조처법 제10조 제1항 제1호	세금계산서를 발급하지 아니한 행위	1,000,000,000원 (1건)	최HH
조처법 제10조 제1항 제2호	계산서를 발급하지 아니한 행위	1,000,000,000원 (1건)	최HH

☞ 「조세범처벌법」 제10조 제1항 제1호 및 제2호의 범칙행위는 가중처벌조항이 없으므로 특가법 제8조의2의 적용은 고려하지 않아도 된다.

C 신고누락 수입금액 및 탈루소득금액

(a) 수입금액

㈜한성돼지농장의 대표 최HH가 ㈜맛최고정육점에 돼지삼겹살(공급가액 1,000,000,000

원)과 양념돼지삼겹살(공급가액 1,000,000,000원)을 공급하였으나 세금계산서와 계산서를 발급하지 아니하고 거래를 은폐하여 2021년 사업연도 법인세 신고 시 신고누락하였으므로 신고누락한 수입금액은 2,000,000,000원이다.

그리고 양념돼지삼겹살의 세금계산서 미발급액(매출과표 1,000,000,000원)도 부가가치세 과세대상이나 2021년 제2기 부가가치세 신고 시 신고누락되었으므로 부가가치세를 경정하여야 한다.

(b) 탈루소득금액

수사과정에서 세금계산서와 계산서를 발급하지 아니한 매출액에 대한 대응원가(경비)를 ㈜한성돼지농장의 대표 최HH가 제시하지 못하였으므로 세금계산서와 계산서를 발급하지 아니고 신고누락한 수입금액 전액이 탈루소득금액이 된다. 따라서 2021년 사업연도 법인세 신고 시 신고누락한 탈루소득금액은 2,000,000,000원이다.

Ⓓ **부가가치세, 법인세, 법인지방소득세 포탈세액등 계산(포탈세액등 계산 기준일 : 2023.9.30.)**

(a) **부가가치세 탈루세액등 계산(2021년 2기 과세기간)**

㉮ 부가가치세 본세 : [1,000,000,000원(매출과표)$^{주1)}$ × 10%] − [0(매입과표) × 10%]
= 100,000,000원

주1) 1,000,000,000원은 ㈜한성돼지농장의 대표 최HH가 ㈜맛최고정육점에 세금계산서를 발급하지 아니하고 신고누락한 공급가액(매출액)을 의미한다.

⚙ 세금계산서를 발급하지 아니하여 부가가치세 신고를 누락한 수입금액(매출액)으로 인해 매출과표가 1,000,000,000원 증가하고, 증가된 매출과표의 매출세액만큼의 부가가치세가 증가한다. 따라서 부가가치세 탈루세액등은 100,000,000원이다.

㉯ 부정과소신고가산세 : 100,000,000원 × 40% = 40,000,000원

⚙ 부정과소신고가산세를 적용한 사유는 ㈜한성돼지농장의 최HH가 조세포탈 등의 목적으로 세금계산서를 발급하지 아니한 행위는 「조세범처벌법」 제3조 제6항 제4호가 규정하는 거래의 은폐에 해당하는 부정행위이기 때문이다.

㉰ 납부지연가산세(㉠ + ㉡) : 13,546,000원

㉠ 100,000,000원(본세) × 20일(2022.1.26.~2022.2.14.) × 25/100,000 = 500,000원

㉡ 100,000,000원(본세) × 593일(2022.2.15.~2023.9.30.) × 22/100,000 = 13,046,000원

㉱ 세금계산서불성실가산세$^{주2)}$: 1,000,000,000원 × 2% = 20,000,000원

주2) 가산세 부과 사유는 세금계산서 미발급임.

◎ 부가가치세 추징예상세액(㉮ + ㉯ + ㉰ + ㉱) : 173,546,000원

(b) 법인세 탈루세액등 계산(2021년 사업연도)

㉮ 법인세 본세 : 2,500,000,000원$^{주3)}$(과세표준) × 20% - 20,000,000원(누진세액공제)

－ 80,000,000원(기납부세액) ＝ 400,000,000원

주3) 과세표준 금액 2,500,000,000원은 당초 과세표준(500,000,000원)에 신고누락한 탈루소득금액 (2,000,000,000원)을 합산한 금액이다.

🔑 기신고한 법인세 과세표준(500,000,000원)에 탈루소득금액(2,000,000,000원)을 합산하니 법인세가 400,000,000원이 증가하였다. 따라서 법인세 탈루세액등은 400,000,000원이다.

㉯ 부정과소신고가산세(㉠과 ㉡ 중 큰 것) : 160,000,000원

㉠ 400,000,000원 × 40% ＝ 160,000,000원

㉡ 2,000,000,000원(부정과소신고 수입금액) × 14/10,000 ＝ 2,800,000원

㉰ 납부지연가산세 : 400,000,000원(본세) × 548일(2022.4.1.~2023.9.30.) × 22/100,000 ＝ 48,224,000원

㉱ 계산서불성실가산세$^{주4)}$: 1,000,000,000원 × 2% ＝ 20,000,000원

주4) 가산세 부과 사유는 계산서 미발급임.

◎ 법인세 추징예상세액(㉮ + ㉯ + ㉰ + ㉱) : 628,224,000원

(c) 법인지방소득세 탈루세액등 계산(2021년 사업연도)

㉮ 법인지방소득세 본세 : 400,000,000원(과세표준) × 10% ＝ 40,000,000원

🔑 법인세 400,000,000원의 탈루가 발생하면 법인지방소득세도 법인세 탈루세액의 10%만큼 탈루가 발생한다. 따라서 법인지방소득세 탈루세액등은 40,000,000원이다.

㉯ 부정과소신고가산세 : 40,000,000원 × 40% ＝ 16,000,000원

㉰ 납부지연가산세 : 40,000,000원(본세) × 518일(2022.5.1.~2023.9.30.) × 22/100,000 ＝ 4,558,400원

🔑 법인지방소득세는 신고납세제도에 속하는 세목이고 신고·납부기한은 법인의 과세기간 종료일부터 4개월 이내이다. 따라서 납부지연가산세 기산일은 2022.5.1.이 된다.

㉱ 법인세의 가산세에 부과하는 가산세 : 20,000,000원$^{주5)}$ × 10% ＝ 2,000,000원

주5) 계산서불성실가산세(계산서 미발급)임.

◎ 법인지방소득세 추징예상세액(㉮ + ㉯ + ㉰ + ㉱) : 62,558,400원

(d) 총 탈루세액등

납세의무 확정 연도	세목	탈루세액등 (추징예상세액)	기수시기
2022년	법인세 (2021년 사업연도)	400,000,000원 (628,224,000원)	2022.3.31. 지난 때
2022년	법인지방소득세 (2021년 사업연도)	40,000,000원 (62,558,400원)	2022.4.30. 지난 때
2022년	부가가치세 (2021년 2기)	100,000,000원 (173,546,000원)	2022.1.25. 지난 때
합계		540,000,000원 (864,328,400원)	

(e) 조세포탈 여부 판단 및 조세포탈행위의 실행위자 특정

세금계산서와 계산서를 발급하지 아니하는 부정한 방법으로 법인세 400,000,000원, 부가가치세 100,000,000원, 법인지방소득세 40,000,000원을 과소하게 납부한 행위는 법인세 포탈행위(조처법 제3조 제1항), 부가가치세 포탈행위(조처법 제3조 제1항), 법인지방소득세 포탈행위(지기법 제102조 제1항)에 해당하고, 조세포탈의 실행행위인 세금계산서와 계산서를 발급하지 아니한 행위를 대표 최HH가 하였으므로 조세포탈의 실행위자는 대표 최HH이다.

그리고 연간 포탈세액등[주6](2022년)이 5억 원 이상이므로 특가법 제8조 제1항 제2호에 의하여 조세포탈의 가중처벌대상이다.

주6) 540,000,000원 = 400,000,000원(법인세 포탈세액) + 40,000,000원(법인지방소득세 포탈세액)
　　　　 + 100,000,000원(부가가치세 포탈세액)

| 적용 법조항 정리 |

적용 법조항	범칙행위 종류	실행위자	포탈세액등
특가법 제8조 제1항 제2호	조세포탈의 가중처벌(2022년)	최HH	540,000,000원
조처법 제3조 제1항	법인세 포탈행위 (2021년 사업연도)	최HH	400,000,000원
지기법 제102조 제1항	법인지방소득세 포탈행위 (2021년 사업연도)	최HH	40,000,000원
조처법 제3조 제1항	부가가치세 포탈행위 (2021년 2기)	최HH	100,000,000원

E 법인 또는 개인사업자에 대한 양벌규정 적용 검토

㈜한성돼지농장은 범칙행위자 최HH가 업무와 관련하여 사기 그 밖의 부정한 행위로 인한 조세포탈행위 등을 하지 않도록 상당한 주의를 가지고 감독할 의무가 있으나, 범칙행위자 최HH의 사기 그 밖의 부정한 행위로 인한 조세포탈행위 등을 방지하기 위한 책임을 게을리하였으므로 「조세범처벌법」 제18조와 「지방세기본법」 제109조에서 규정하는 양벌규정에 대해 책임이 있다.

| 적용 법조항 정리 |

적용 법조항	범칙행위 종류	범칙행위자
조처법 제18조	양벌규정	㈜한성돼지농장
지기법 제109조	양벌규정	㈜한성돼지농장

F 조세범칙행위 외 범죄행위 검토

(a) 횡령행위

㈜한성돼지농장의 대표 최HH가 ㈜맛최고정육점에 1,000,000,000원(공급가액)의 양념돼지삼겹살과 1,000,000,000원(공급가액)의 돼지삼겹살을 공급하고 세금계산서와 계산서를 발급하지 아니하는 부정한 방법으로 조성한 부외자금(2,000,000,000원)을 불법영득의사로 영득한 행위는 업무상 횡령행위(형법 제356조)에 해당한다.

그리고 업무상 횡령금액(2,000,000,000원[주7])이 5억 원 이상이므로 특경법 제3조 제1항 제2호에 의하여 특정재산범죄의 가중처벌대상이다.

주7) 2,000,000,000원은 양념돼지삼겹살과 돼지삼겹살을 공급하고 세금계산서와 계산서를 발급하지 아니하여 거래를 은폐하고 신고누락한 매출액의 합계액이다. 여기에서 양념돼지삼겹살의 공급가액에 해당하는 부가가치세가 횡령금액에 포함되지 않은 사유는 대표 최HH와 윤WW가 거래를 하면서 부가가치세를 거래징수하지 않기로 약정하고 거래징수하지 않아 최HH가 실제로 횡령한 금액이 1,000,000,000원이기 때문이다.

| 적용 법조항 정리 |

적용 법조항	범칙행위 종류	범칙행위자	횡령금액
특경법 제3조 제1항 제2호	특정재산범죄의 가중처벌	최HH	2,000,000,000원
형법 제356조	업무상 횡령행위	최HH	2,000,000,000원

(b) 뇌물공여행위, 불법정치자금제공행위 등

대표 최HH가 횡령한 금액을 내연녀의 아파트 매입등에 사용하였음으로 뇌물공여행위, 불법정치자금제공행위 등에 대해 검토할 필요가 없다.

Ⓖ 세무대리인 등에 대한 공범 또는 방조범 해당 여부 검토

너구리세무회계사무소는 ㈜한성돼지농장의 대표 최HH가 ㈜맛최고정육점에 세금계산서와 계산서를 미발급한 사실 등을 몰랐으므로 최HH의 범칙행위에 대해 세무대리인 등의 공범 또는 방조범은 없다.

Ⓗ 총 범칙행위 수

구분	범칙행위 종류	범칙행위자	포탈세액등	세금계산서 등 범칙행위 금액 (건수)
조세포탈 관련	조세포탈의 가중처벌(2022년) (특가법 제8조 제1항 제2호)	최HH	540,000,000원	
	법인세 포탈행위 (2021년 사업연도) (조처법 제3조 제1항)	최HH	400,000,000원	
	법인지방소득세 포탈행위 (2021년 사업연도) (지기법 제102조 제1항)	최HH	40,000,000원	
	부가가치세 포탈행위 (2021년 2기) (조처법 제3조 제1항)	최HH	100,000,000원	
세금계산서등 범칙 관련	세금계산서를 발급하지 아니한 행위 (조처법 제10조 제1항 제1호)	최HH		1,000,000,000원 (1건)
	계산서를 발급하지 아니한 행위 (조처법 제10조 제1항 제2호)	최HH		1,000,000,000원 (1건)
기타 조세 범칙 관련	양벌규정(조처법 제18조)	㈜한성돼지농장		
	양벌규정(지기법 제109조)	㈜한성돼지농장		
조세범칙 외	특정재산범죄의 가중처벌 (특경법 제3조 제1항 제2호)	최HH		2,000,000,000원
	업무상 횡령행위 (형법 제356조)	최HH		2,000,000,000원

구분	범칙행위 종류	범칙행위자	포탈세액등	세금계산서 등 범칙행위 금액 (건수)
총 범칙행위 수	– 국세 관련 조세범칙 죄 수 : 6개 – 지방세 관련 조세범칙 죄 수 : 2개 – 기타범칙 죄 수 : 2개			

나. 재화 또는 용역을 공급받고 세금계산서 또는 계산서를 발급받지 아니한 행위

Ⓐ 법인세 신고내용 등

○ ㈜맛최고정육점의 2021년 사업연도 법인세 신고내용 등
  - 업태·종목 : 도·소매/식육점
  - 2021년 사업연도 총 수입금액 20,000,000,000원
  - 법인세 과세표준 : 1,000,000,000원
  - 총 부담세액 : 180,000,000원(법인세 신고 시 법인지방소득세와 함께 납부함)

• '무자료 매입한 양념돼지삼겹살(계산서를 발급받지 아니하고 매입한 돼지삼겹살)과 돼지삼겹살'(계산서를 발급받지 아니하고 매입한 돼지삼겹살)은 2021년 12월말까지 소비자 등에게 모두 판매하였으나 매출내용을 은폐하기 위해 고의로 장부에 기장하지 않아 매출처와 매출액이 얼마인지 알 수 없음
• 대표 윤WW가 세금계산서와 계산서를 발급받지 아니한 양념돼지삼겹살과 돼지삼겹살을 매입한 사유는 법인자금을 횡령하기 위해서임
• 대표 윤WW가 수사과정에서 무자료매입한 양념돼지삼겹살과 돼지삼겹살의 매출액이 얼마인지를 정확히 밝히지는 못하였으나 양념돼지삼겹살과 돼지삼겹살을 판매하고 받은 대금으로 내연녀의 아파트 매입(2,000,000,000원), 자동차 구입(100,000,000원), 골프용품 구입(20,000,000원) 등에 사용하였다고 진술하여 확인결과 사실로 확인됨
• 윤WW가 무자료 돼지삼겹살과 양념돼지삼겹살을 구입하면서 ㈜한성돼지농장에 지급한 20억 원은 ㈜맛최고정육점의 자금임
• 복식부기 장부로 신고하였음
• 오소리세무회계사무소는 ㈜맛최고정육점의 대표 윤WW가 2021년 2기 중 양념돼지삼겹살과 돼지삼겹살을 무자료매입한 사실 등을 몰랐음
• 성실신고확인서 제출대상 법인으로 법인세 신고 시 제출하였음
• 사업연도 기간 : 1.1. ~ 12.31.

B 세금계산서등의 범칙행위 검토 및 실행위자 확인

(a) 세금계산서 범칙행위 검토

ⓐ 세금계산서를 발급받지 아니한 행위

㈜맛최고정육점의 대표 윤WW가 ㈜한성돼지농장으로부터 양념돼지삼겹살(공급가액 1,000,000,000원)을 공급받았으나 ㈜한성돼지농장의 대표 최HH와 통정하여 세금계산서를 발급받지 아니하였으므로, 이는 세금계산서를 발급받지 아니한 행위(조처법 제10조 제2항 제1호)에 해당한다.

(b) 계산서 범칙행위 검토

ⓐ 계산서를 발급받지 아니한 행위

㈜맛최고정육점의 대표 윤WW가 ㈜한성돼지농장으로부터 돼지삼겹살(공급가액 1,000,000,000원)을 공급받았으나 ㈜한성돼지농장의 대표 최HH와 통정하여 계산서를 발급받지 아니하였으므로, 이는 계산서를 발급받지 아니한 행위(조처법 제10조 제2항 제2호)에 해당한다.

(c) 실행위자(범칙행위자) 판단

㈜맛최고정육점의 대표 윤WW가 ㈜한성돼지농장으로부터 양념돼지삼겹살과 돼지삼겹살을 공급받았으나 ㈜한성돼지농장의 대표 최HH와 통정하여 세금계산서와 계산서를 발급받지 아니하였으므로 세금계산서와 계산서를 발급받지 아니한 행위의 실행위자는 대표 윤WW이다.

| 적용 법조항 정리 |

적용 법조항	범칙행위 종류	범칙행위 금액 (건수)	범 칙 행위자
조처법 제10조 제2항 제1호	세금계산서를 발급받지 아니한 행위	1,000,000,000원 (1건)	윤WW
조처법 제10조 제2항 제2호	계산서를 발급받지 아니한 행위	1,000,000,000원 (1건)	윤WW

🔧 「조세범처벌법」 제10조 제2항 제1호 및 제2호의 범칙행위는 가중처벌조항이 없으므로 특가법 제8조의2의 적용은 고려하지 않아도 된다.

Ⓒ 신고누락 수입금액 및 탈루소득금액

ⓐ 수입금액

세금계산서와 계산서를 발급받지 아니하고 매입한 양념돼지삼겹살과 돼지삼겹살을 2021년 12월말까지 모두 판매하였으나, 매출을 은폐하기 위해 매출내용을 장부에 기록하지 않아 매출액이 얼마인지 알 수 없으므로 수입금액(매출액)은 아래 표의 내용과 같이 추계로 계산하여야 하고, 그 계산된 금액은 2,431,906,614원(ⓐ + ⓑ)이다. 따라서 2021년 사업연도 법인세 신고 시 신고누락한 수입금액은 2,431,906,614원이다. 그리고 양념돼지삼겹살의 추계수입금액(추계매출액)은 부가가치세 과세대상이나 2021년 제2기 부가가치세 신고 시 신고누락하였으므로 부가가치세를 경정하여야 한다.

    ⓐ 양념돼지삼겹살 추계수입금액(2021년 2기 과세기간)

        ○ 추계매출액 계산

$$1,215,953,037원 = 1,000,000,000원(무자료매입한 양념돼지삼겹살의 공급가액) \times [1/(1-0.1776^{주1)})]$$

주1) 육류 도매업의 매매총이익률(업종코드 : 512223)은 17.76%임

    ⓑ 돼지삼겹살 추계수입금액(추계매출액)

        ○ 추계매출액 계산

$$1,215,953,307원 = 1,000,000,000원(무자료매입한 돼지삼겹살의 공급가액) \times [1/(1-0.1776^{주2)})]$$

주2) 육류 도매업의 매매총이익률(업종코드 : 512223)은 17.76%임.

🖝 양념돼지삼겹살과 돼지삼겹살은 같은 매입누락인데 양념돼지삼겹살은 기별로 구분하여 매출액을 추계하였고 돼지삼겹살은 기별로 구분하지 않고 매출액을 추계하였다. 이는 양념돼지삼겹살은 부가가치세 과세물품으로 매입된 과세기간별로 매출액을 추계결정하여야 하고 돼지삼겹살은 면세물품으로 기별로 부가가치세 신고의무가 없으므로 굳이 기별로 매출액을 추계결정하지 않아도 된다.

ⓑ 탈루소득금액

무자료매입분의 추계매출액에 대한 탈루소득금액은 아래 표의 내용과 같이 추계수입금액(추계매출액)에서 무자료매입 시 지급한 금액을 차감하여 계산하여야 하고, 그 계산된 금액은 431,906,614원(ⓐ+ⓑ)이다. 따라서 2021년 사업연도 법인세 신고 시 신고누락한 탈루소득금액은 431,906,614원이다.

ⓐ 양념돼지삼겹살 추계수입금액(추계매출액)에 대한 탈루소득금액

　　○ 탈루소득금액 계산

215,953,307원 ＝ 1,215,953,307원(추계수입금액)
　　　　　　　　 － 1,000,000,000원(무자료매입 시 지급한 금액)

ⓑ 돼지삼겹살 추계수입금액(추계매출액)에 대한 탈루소득금액

　　○ 탈루소득금액 계산

215,953,307원 ＝ 1,215,953,307원(추계수입금액)
　　　　　　　　 － 1,000,000,000원(무자료매입 시 지급한 금액)

Ⅾ **부가가치세, 법인세, 법인지방소득세 포탈세액등 계산**(포탈세액등 계산 기준일 : 2023.9.30.)

ⓐ 부가가치세 탈루세액등 계산(2021년 2기 과세기간)

㉮ 부가가치세 본세 : $[1,215,953,307원(매출과표)^{주3)} \times 10\%]$ － $[0(매입과표) \times 10\%]$
　　　　　　　　 ＝ 121,595,330원

🔑 무자료매입한 양념돼지삼겹살에 대해 추계로 계산한 수입금액(추계매출액)은 부가가치세 신고 시 신고누락된 매출과표이므로 매출과표가 1,215,953,307원 증가하고, 증가된 매출과표의 매출세액만큼의 부가가치세가 증가한다. 따라서 탈루세액등은 121,595,330원이다.

주3) 무자료매입한 양념돼지삼겹살에 대해 추계하여 계산된 추계매출액이다.

㉯ 부정과소신고가산세 : 121,595,330원 × 40% ＝ 48,638,132원

🔑 부정과소신고가산세를 적용한 사유는 ㈜맛최고정육점의 대표 윤WW가 조세포탈 등의 목적으로 무자료매입한 행위는 「조세범처벌법」 제3조 제6항 제4호가 규정하는 거래의 은폐에 해당하는 부정행위이기 때문이다.

㉰ 납부지연가산세(㉠ ＋ ㉡) : 16,471,302원

㉠ 121,595,330원(본세) × 20일(2022.1.26.~2022.2.14.) × 25/100,000 ＝ 607,976원

㉡ 121,595,330원(본세) × 593일 (2022.2.15.~2023.9.30.) × 22/100,000 ＝ 15,863,326원

㉱ 세금계산서불성실가산세$^{주4)}$: 1,215,953,307원 × 2% ＝ 24,319,066원

주4) 가산세 부과 사유는 세금계산서 미발급임

◎ 부가가치세 추징예상세액(㉮ ＋ ㉯ ＋ ㉰ ＋ ㉱) : 211,023,830원

(b) 법인세 탈루세액등 계산(2021년 사업연도)

㉮ 법인세 본세 : 1,431,906,614원[주5](과세표준) × 20% - 20,000,000원(누진세액공제)

　　　　　　　- 180,000,000원(기납부세액) = 86,381,322원

　⚙ 기신고한 법인세 과세표준(1,000,000,000원)에 탈루소득금액(431,906,614원)을 합산하니
　　법인세가 86,381,322원이 증가하였다. 따라서 법인세 탈루세액등은 86,381,322원이다.

　주5) 과세표준 금액 1,431,906,614원은 당초 과세표준(1,000,000,000원)에 신고누락한 탈루소득금액
　　　(431,906,614원)을 합산한 금액이다.

㉯ 부정과소신고가산세(㉠과 ㉡ 중 큰 것) : 34,552,528원

　㉠ 86,381,322원 × 40% = 34,552,528원

　㉡ 2,431,906,614원(부정과소신고 수입금액) × 14/10,000 = 3,404,669원

㉰ 납부지연가산세 : 86,381,322원(본세) × 518일(2022.5.1.~2023.9.30.) × 22/100,000

　　　　　　　= 9,844,015원

㉱ 계산서불성실가산세[주6] : 1,215,953,307원 × 2% = 24,319,066원

　주6) 가산세 부과 사유는 계산서 미발급임

◎ 법인세 추징예상세액(㉮ + ㉯ + ㉰ + ㉱) : 155,096,931원

(c) 법인지방소득세 탈루세액등 계산(2021년 사업연도)

㉮ 법인지방소득세 본세 : 86,381,322원(과세표준) × 10% = 8,638,132원

　⚙ 법인세 86,381,322원의 탈루가 발생하면 법인지방소득세도 법인세 탈루세액의 10%만큼
　　탈루가 발생한다. 따라서 법인지방소득세 탈루세액등은 8,638,132원이다.

㉯ 부정과소신고가산세 : 8,638,132원 × 40% = 3,455,252원

㉰ 납부지연가산세 : 8,638,132원(본세) × 518일(2022.5.1.~2023.9.30.) × 22/100,000

　　　　　　　= 984,401원

　⚙ 법인지방소득세는 신고납세제도에 속하는 세목이고 신고·납부기한은 법인의 과세기간 종료
　　일부터 4개월 이내이다. 따라서 납부지연가산세 기산일은 2022.5.1.이 된다.

㉱ 법인세의 가산세에 부과하는 가산세 : 24,319,066원[주7] × 10% = 2,431,906원

　주7) 계산서불성실가산세(계산서 미발급)임.

◎ 법인지방소득세 추징예상세액(㉮ + ㉯ + ㉰ + ㉱) : 15,509,691원

(d) 총 탈루세액등

납세의무 확정 연도	세목	탈루세액등 (추징예상세액)	기수시기
2022	법인세 (2021년 사업연도)	86,381,322원 (155,096,931원)	2022.4.30. 지난 때[주8]
2022	법인지방소득세 (2021년 사업연도)	8,638,132원 (15,509,691원)	2022.4.30. 지난 때
2022	부가가치세 (2021년 2기)	121,595,330원 (211,023,830원)	2022.1.25. 지난 때
합계		216,614,784원 (381,630,452원)	

주8) 기수시기가 2022.3.31. 지난 때가 아니라 2022.4.30. 지난 때인 사유는 ㈜맛최고정육점이 성실신고확인서 제출대상 법인이기 때문임.

(e) 조세포탈 여부 판단 및 조세포탈행위의 실행위자 특정

세금계산서와 계산서를 발급받지 아니하는 부정한 방법으로 법인세 86,381,322원, 부가가치세 121,595,330원, 법인지방소득세 8,638,132원을 과소하게 납부한 행위는 법인세 포탈행위(조처법 제3조 제1항), 부가가치세 포탈행위(조처법 제3조 제1항), 법인지방소득세 포탈행위(지기법 제102조 제1항)에 해당하고, 조세포탈의 실행행위인 세금계산서와 계산서를 발급받지 아니한 행위는 대표 윤WW가 하였으므로 조세포탈의 실행위자는 대표 윤WW이다.

그리고 연간 포탈세액등[주9](2022년)이 5억 원 이상인 연도가 없으므로 특가법 제8조는 적용되지 않는다.

주9) 216,614,784원 = 86,381,322원(법인세 포탈세액) + 8,638,132원(법인지방소득세 포탈세액) + 121,595,330원(부가가치세 포탈세액)

| 적용 법조항 정리 |

적용 법조항	범칙행위 종류	실행위자	포탈세액등
조처법 제3조 제1항	법인세 포탈행위 (2021년 사업연도)	윤WW	86,381,322원
지기법 제102조 제1항	법인지방소득세 포탈행위 (2021년 사업연도)	윤WW	8,638,132원
조처법 제3조 제1항	부가가치세 포탈행위 (2021년 2기)	윤WW	121,595,330원

E 법인 또는 개인사업자에 대한 양벌규정 적용 검토

㈜맛최고정육점은 범칙행위자 윤WW가 업무와 관련하여 "세금계산서등 범칙행위와 사기 그 밖의 부정한 행위로 인한 조세포탈행위"를 하지 않도록 상당한 주의를 가지고 감독할 의무가 있으나, 범칙행위자 윤WW의 "세금계산서등 범칙행위와 사기 그 밖의 부정한 행위로 인한 조세포탈행위"를 방지하기 위한 책임을 게을리하였으므로 「조세범처벌법」 제18조와 「지방세기본법」 제109조에서 규정하는 양벌규정에 대해 책임이 있다.

| 적용 법조항 정리 |

적용 법조항	범칙행위 종류	범칙행위자
조처법 제18조	양벌규정	㈜맛최고정육점
지기법 제109조	양벌규정	㈜맛최고정육점

F 조세범칙행위 외 범죄행위 검토

(a) 횡령행위

자료매입한 돼지삼겹살과 양념돼지삼겹살의 매출액이 얼마인지를 정확히 밝히지는 못하였으나 대표 윤WW가 돼지삼겹살과 양념돼지삼겹살을 판매한 대금으로 내연녀의 아파트 매입(2,000,000,000원), 자동차 구입(100,000,000원), 골프채 구입(20,000,000원) 등에 사용하였다고 진술하여 확인결과 사실로 확인되었으므로 이는 법인자금 2,120,000,000원[10](2,000,000,000원 + 100,000,000원 + 20,000,000원)을 불법영득의사로 영득한 행위로 업무상 횡령행위(형법 제356조)에 해당한다.

그리고 업무상 횡령금액(2,120,000,000원)이 5억 원 이상이므로 특경법 제3조 제1항 제2호에 의하여 특정재산범죄의 가중처벌대상이다.

주10) 업무상 횡령금액은 확인된 금액만 범칙금액으로 보아야 한다.

| 적용 법조항 정리 |

적용 법조항	범칙행위 종류	범칙행위자	횡령금액
특경법 제3조 제1항 제2호	특정재산범죄의 가중처벌	윤WW	2,120,000,000원
형법 제356조	업무상 횡령행위	윤WW	2,120,000,000원

(b) 뇌물제공 행위, 불법정치자금제공 행위 등

대표 윤WW가 횡령한 금액을 내연녀의 아파트 매입등에 사용하였음이 확인되므로 뇌물제공행위, 불법정치자금제공행위 등에 대해 검토할 필요가 없다.

Ⓖ 세무대리인 등에 대한 공범 또는 방조범 해당 여부 검토

오소리세무회계사무소는 ㈜맛최고정육점의 대표 윤WW가 세금계산서와 계산서를 발급받지 아니한 사실 등을 몰랐으므로 윤WW의 범칙행위에 대해 세무대리인 등의 공범 또는 방조범은 없다.

Ⓗ 총 범칙행위 수

구분	범칙행위 종류	범칙행위자	포탈세액등	세금계산서 등 범칙행위 금액 (건수)
조세포탈 관련	법인세 포탈행위 (2021년 사업연도) (조처법 제3조 제1항)	윤WW	86,381,322원	
	법인지방소득세 포탈행위 (2021년 사업연도) (지기법 제102조 제1항)	윤WW	8,638,132원	
	부가가치세 포탈행위 (2021년 2기) (조처법 제3조 제1항)	윤WW	121,595,330원	
세금계산서등 범칙 관련	세금계산서를 발급받지 아니한 행위 (조처법 제10조 제2항 제1호)	윤WW		1,000,000,000원 (1건)
	계산서를 발급받지 아니한 행위 (조처법 제10조 제2항 제2호)	윤WW		1,000,000,000원 (1건)
기타 조세 범칙 관련	양벌규정 (조처법 제18조)	㈜맛최고 정육점		
	양벌규정 (지기법 제109조)	㈜맛최고 정육점		
조세범칙 외	특정재산범죄의 가중처벌 (특경법 제3조 제1항 제2호)	윤WW		2,120,000,000원
	업무상 횡령행위 (형법 제356조)	윤WW		2,120,000,000원
총 범칙행위 수		− 국세 관련 조세범칙 죄 수 : 5개 − 지방세 관련 조세범칙 죄 수 : 2개 − 기타범칙 죄 수 : 2개		

거짓으로 기재하여 세금계산서 또는 계산서를 발급한 행위와 거짓으로 기재한 세금계산서 또는 계산서를 발급받는 행위에 대한 사례

I ≫ 개인사업자

1. 과세사업자

> 한성목재의 대표 김QQ는 2021.9.12. 성한건축자재에 10,000,000원(공급가액)의 합판을 공급하고 성한건축자재의 대표(윤ZZ)와 통정하여 세금계산서의 공급가액란에 500,000,000 원(부가가치세 50,000,000원)으로 기재(입력)하여 세금계산서를 발급하였다.
> • 거짓으로 기재하여 발급한 세금계산서는 부가가치세 신고와 소득세 신고 시 반영되었음.
> • 세금계산서는 대표 김QQ가 국세청 홈택스 전자세금계산서 발급화면에 접속하여 전자세금계산서를 작성하고 성한건축자재에 전송(발급)하였음.
> • 한성목재의 대표 김QQ가 성한건축자재에 거짓으로 기재한 세금계산서를 발급한 사유는 은행대출 연장을 위해 매출을 늘릴 필요 때문이었고, 때문에 성한건축자재에 거짓으로 기재하여 발급한 세금계산서에 대한 부가가치세를 한성목재가 신고·납부하였음.
> • 한성목재의 대표 김QQ는 거짓으로 기재한 세금계산서 발급과 관련하여 어떠한 금품도 받지 않았음.
> • 사슴세무회계사무소는 한성목재의 대표 김QQ가 세금계산서를 거짓으로 기재하여 발급한 사실을 몰랐음.
> • 한성목재와 성한건축자재는 실제로 합판 도·소매업하는 개인사업자임.
> • 수사착수일 : 2023.9.1.

가. 거짓으로 기재하여 세금계산서를 발급한 행위

A 소득세 신고내용 등

> ○ 김QQ(한성목재)의 2021년 귀속 소득세 신고내용 등
>   - 2021년 귀속 총 수입금액 10,000,000,000원

– 소득세 과세표준 : 500,000,000원

– 납부할 세액 : 174,600,000원(소득세 신고 시 개인지방소득세와 같이 납부하였음)

※ 복식부기 장부로 신고하였음.

※ 성실신고확인서 제출대상자로 소득세 신고 시 제출하였음.

Ⓑ 세금계산서등의 범칙행위 검토

⒜ 세금계산서 범칙행위

ⓐ 거짓으로 기재하여 세금계산서를 발급한 행위

한성목재의 대표 김QQ가 성한건축자재에 10,000,000원(공급가액)의 합판을 공급하였으나 성한건축자재의 대표 윤ZZ과 통정해 세금계산서의 공급가액란에 500,000,000원(부가가치세 50,000,000원)으로 기재(입력)하여 세금계산서를 발급하였으므로, 이는 거짓으로 기재(과다 기재금액 : 공급가액 490,000,000원, 부가가치세 49,000,000원)하여 세금계산서를 발급한 행위(조처법 제10조 제1항 제1호)에 해당한다.

'대법원 2019도10999 판결' 등의 판시 내용을 반영하면 김QQ가 세금계산서의 공급가액과 부가가치세를 과다하게 기재하여 세금계산서를 발급한 행위는 「조세범처벌법」 제10조 제3항 제1호의 행위로도 의율하여야 하고 동법 제10조 제1항 제1호의 행위와는 상상적 경합관계라는 것이 필자의 소견이다.

⒝ 실행위자(범칙행위자) 판단

한성목재의 대표 김QQ가 성한건축자재의 대표 윤ZZ와 통정하여 세금계산서의 공급가액을 거짓으로 기재하여 성한건축자재에 발급하였으므로 거짓으로 기재하여 세금계산서를 발급한 행위의 실행위자는 대표 김QQ이다.

| 적용 법조항 정리 |

적용 법조항	범칙행위 종류	범칙행위 금액 (건수)	범 칙 행위자
조처법 제10조 제1항 제1호	거짓으로 기재하여 세금계산서를 발급한 행위	490,000,000원 (1건)	김QQ

© 신고누락 수입금액 및 탈루소득금액

(a) 수입금액

한성목재의 대표 김QQ가 성한건축자재에 10,000,000원(공급가액)의 합판을 공급하였으나 성한건축자재의 대표 윤ZZ와 통정해 세금계산서의 공급가액을 500,000,000원(부가가치세 50,000,000원)으로 기재하여 세금계산서를 발급하고 소득세 신고에 이를 반영하여 신고하였기 때문에 김QQ의 2021년 귀속 소득세 신고내용에 거짓으로 기재(과다하게 기재)하여 발급한 세금계산서의 공급가액이 포함돼 있으므로 과다하게 기재된 공급가액(490,000,000원)을 수입금액에서 차감하여야 한다. 따라서 2021년 귀속 소득세 신고 시 신고누락한 수입금액은 −490,000,000원이 된다.

그리고 2021년 제2기 부가가치세 매출과표에 거짓으로 기재(과다하게 기재)하여 발급한 세금계산서의 금액(공급가액 490,000,000원, 부가가치세 49,000,000원)이 포함되어 있으므로 부가가치세도 경정하여야 한다.

(b) 탈루소득금액

한성목재의 김QQ의 2021년 귀속 소득세 신고내용에 거짓으로 기재(과다하게 기재)하여 발급된 세금계산서의 금액이 소득금액에 포함되어 있으므로 소득금액에서 해당 금액을 차감하여야 한다. 따라서 2021년 귀속 소득세 신고 시 신고누락한 소득금액은 −490,000,000원이 된다.

Ⓓ 부가가치세, 소득세, 개인지방소득세 포탈세액등 계산(포탈세액등 계산 기준일 : 2023.9.30.)

(a) 부가가치세 탈루세액등 계산(2021년 제2기 과세기간)

㉮ 부가가치세 본세 : [−490,000,000원(매출과표)$^{주1)}$ × 10%] − [0원(매입과표) × 10%]
 = −49,000,000원

주1) 과세표준 −490,000,000원은 한성목재의 대표 김QQ가 '거짓으로 기재'(과다하게 기재)하여 발급한 세금계산서의 공급가액이 기신고한 매출과표에서 차감된 것을 의미한다.

♂ (−)음수 매출과표는 매출과표가 줄어드는 것을 의미하고, 매출과표가 감소하면 부가가치세 매출세액은 (−)음수 세액이 나오며, 이는 (−)음수 세액만큼의 부가가치세가 감소됨을 의미한다. 따라서 부가가치세가 49,000,000원만큼 감소하였으므로 부가가치세의 탈루세액등은 없다.

㉯ 세금계산서불성실가산세$^{주2)}$: 490,000,000원 × 2% = 9,800,000원

주2) 가산세 부과 사유는 거짓으로 기재하여 세금계산서 발급임.

◎ 부가가치세 추징예상세액(㉮ + ㉯) : −39,200,000원

✐ 부가가치세 추징예상세액 −39,200,000원은 한성목재의 김QQ에게 부가가치세 39,200,000원이 환급된다는 것을 의미한다.

(b) 소득세 탈루세액등 계산(2021년 귀속)

㉮ 소득세 본세 : 10,000,000원[주3] (과세표준) × 6% − 174,600,000원(기납부세액)

= −174,000,000원

> 주3) 과세표준 금액 10,000,000원은 당초 과세표준(500,000,000원)에 신고누락한 탈루소득금액 (−490,000,000원)을 합산한 금액이다.

🔧 거짓으로 기재하여 발급한 금액 490,000,000원이 소득금액에서 차감돼 과세표준이 줄어들어 소득세도 174,000,000원이 감소하였다. 따라서 소득세 탈루세액등은 없다.

◎ 소득세 추징예상세액(㉮) : −174,000,000원

🔧 소득세 추징예상세액 −174,000,000원은 한성목재의 김QQ에게 소득세 174,000,000원이 환급된다는 것을 의미한다.

(c) 개인지방소득세 탈루세액등 계산(2021년 귀속)

㉮ 개인지방소득세 본세 : −174,000,000원(과세표준) × 10% = −17,400,000원

🔧 개인지방소득세 본세가 −17,400,000원인 것은 한성목재의 김QQ가 부담할 개인지방소득세가 17,400,000원만큼 감소하였다는 것을 의미한다. 따라서 개인지방소득세 탈루세액등은 없다.

◎ 개인지방소득세 추징예상세액(㉮) : −17,400,000원

🔧 개인지방소득세 추징예상세액 −17,400,000원은 한성목재의 김QQ에게 개인지방소득세 17,400,000원이 환급된다는 것을 의미한다.

(d) 총 탈루세액등

납세의무 확정 연도	세목	탈루세액등 (추징예상세액)	기수시기
2022년	소득세 (2021년 귀속)	−174,000,000원 (−174,000,000원)	
2022년	개인지방소득세 (2021년 귀속)	−17,400,000원 (−17,400,000원)	
2022년	부가가치세 (2021년 2기)	−49,000,000원 (−39,200,000원)	
합계		−240,400,000원 (−230,600,000원[주4])	

> 주4) 추징예상세액 −230,600,000원은 한성목재의 김QQ에게 230,600,000원(소득세 환급액 174,000,000원 + 개인지방소득세 환급액 17,400,000원, 부가가치세 환급액 39,200,000원)이 환급된다는 것을 의미한다.

🔧 상기 표의 내용과 같이 탈루세액등이 발생하지 아니하였다.

ⓔ 조세포탈 여부 판단 및 조세포탈행위의 실행위자 특정

한성목재의 김QQ가 거짓으로 기재하여 세금계산서를 발급한 세금계산서 범칙행위를 하였지만, 거짓으로 기재(과다기재)하여 발급한 세금계산서 금액을 없애면 소득금액과 부가가치세 매출과표가 줄어들어 포탈세액이 발생하지 않는다. 따라서 조세포탈행위가 발생하지 않았으므로 조세포탈의 실행위자도 없다.

Ⓔ 법인 또는 개인사업자에 대한 양벌규정 적용 검토

한성목재는 개인사업자이고 조세범칙행위의 실행위자가 사업주인 김QQ이므로 김QQ에게 「조세범처벌법」 제18조와 「지방세기본법」 제109조에서 규정하는 양벌규정에 대한 책임을 물을 수 없다.

Ⓕ 조세범칙행위 외 범죄행위 검토

한성목재가 개인사업자이면서 조세범칙행위자가 대표자인 김QQ이고 세금계산서 범칙행위로 인해 자금이 조성되지 않았으므로 뇌물공여행위 등의 범죄행위는 검토할 필요가 없다.

Ⓖ 세무대리인 등에 대한 공범 또는 방조범 해당 여부 검토

사슴세무회계사무소는 한성목재의 대표 김QQ가 행한 세금계산서 범칙행위를 몰랐으므로 김QQ의 범칙행위에 세무대리인 등의 공범 또는 방조범은 없다.

Ⓗ 총 범칙행위 수

구분	범칙행위 종류	범칙행위자	포탈세액등	세금계산서 등 범칙행위 금액 (건수)
세금계산서등 범칙 관련	거짓으로 기재하여 세금계산서를 발급한 행위 (조처법 제10조 제1항 제1호)	김QQ		490,000,000원 (1건)

나. 거짓으로 기재한 세금계산서를 발급받은 행위

Ⓐ 소득세 신고내용 등

○ 윤ZZ(성한건축자재)의 2021년 귀속 소득세 신고내용 등
- 업태·종목 : 도·소매/건축자재
- 2021년 귀속 총 수입금액 10,000,000,000원

- 소득세 과세표준 : 300,000,000원
- 납부할 세액 : 94,600,000원

- 거짓으로 기재하여 발급받은 세금계산서는 부가가치세와 소득세 신고에 반영되었음.
- 윤ZZ이 거짓으로 기재한 세금계산서를 발급받은 목적은 소득세 등 조세포탈이었다.
- 성한건축자재의 대표 윤ZZ는 한성목재의 대표 김QQ로부터 공급가액이 거짓기재(과다 기재액 : 공급가액 490,000,000원, 부가가치세 49,000,000원)된 세금계산서를 발급받아 가공원가(경비)를 계상하여 조성한 자금으로 내연녀의 아파트를 매입하였고, 거짓으로 기재된 세금계산서를 발급받은 대가로 어떠한 금품도 한성목재에 지급하지 않았음.
- 토끼세무회계사무소는 성한건축자재의 대표 윤ZZ가 한성목재로부터 거짓으로 기재한 세금계산서 발급받은 사실 등을 몰랐음.
- 복식부기 장부로 신고하였음.

B 세금계산서등의 범칙행위 검토

ⓐ 세금계산서 범칙행위

ⓐ 거짓으로 기재한 세금계산서를 발급받은 행위

성한건축자재의 대표 윤ZZ는 한성목재로부터 10,000,000원(공급가액)의 합판을 공급받고 한성목재의 대표 김QQ와 통정하여 공급가액을 500,000,000원(부가가치세 50,000,000원)으로 기재한 세금계산서를 발급받았으므로, 이는 거짓으로 기재(과다 기재액 : 공급가액 490,000,000원, 부가가치세 49,000,000원)한 세금계산서를 발급받은 행위(조처법 제10조 제2항 제1호)에 해당한다.

> '대법원 2019도10999 판결' 등의 판시 내용을 반영하면 윤ZZ이 세금계산서의 공급가액과 부가가치세를 과다하게 기재한 세금계산서를 발급받은 행위는 「조세범처벌법」 제10조 제3항 제1호의 행위로도 의율하여야 하고 동법 제10조 제2항 제1호의 행위와는 상상적 경합관계를 이룬다는 것이 필자의 소견이다.

ⓑ 실행위자(범칙행위자) 판단

성한건축자재의 대표 윤ZZ는 한성목재의 대표 김QQ와 통정하여 실제로 10,000,000원(공급가액)의 합판을 공급받고 공급가액을 500,000,000원(부가가치세 50,000,000원)으로 기재한 세금계산서를 발급받았으므로 거짓으로 기재한 세금계산서를 발급받은 행위의 실행위자는 대표 윤ZZ이다.

적용 법조항	범칙행위 종류	범칙행위 금액 (건수)	범 칙 행위자
조처법 제10조 제2항 제1호	거짓으로 기재한 세금계산서를 발급받은 행위	490,000,000원 (1건)	윤ZZ

Ⓒ 신고누락 수입금액 및 탈루소득금액

ⓐ 수입금액

성한건축자재에 매출누락 등의 수입금액을 신고누락한 행위가 없으므로 윤ZZ의 2021년 귀속 소득세 신고에서 신고누락한 수입금액은 없다.

그리고 성한건축자재의 윤ZZ이 2021년 제2기 부가가치세 신고 시 거짓으로 기재한 세금계산서를 발급받아 매입세액을 공제받았기 때문에 부가가치세도 경정하여야 한다.

ⓑ 탈루소득금액

성한건축자재의 대표 윤ZZ이 한성목재로부터 거짓으로 기재한 세금계산서(과다 기재액 : 공급가액 490,000,000원, 부가가치세 49,000,000원)를 발급받아 부가가치세와 소득세 신고에 반영하였으므로, 이는 2021년 귀속 소득세 신고 시 가공원가(경비)를 계상하였다는 것을 의미한다. 따라서 윤ZZ이 2021년 귀속 소득세 신고 시 가공원가 490,000,000원을 계상하였으므로 탈루소득금액은 490,000,000원이다.

Ⓓ 부가가치세, 소득세, 소득지방소득세 포탈세액등 계산(포탈세액등 계산 기준일 : 2023.9.30.)

ⓐ 부가가치세 탈루세액등 계산(2021년 제2기 과세기간)

㉮ 부가가치세 본세 : [0원(매출과표) × 10%] − [−490,000,000원[주1](매입과표) × 10%]
= 49,000,000원

주1) −490,000,000원은 윤ZZ이 한성목재로부터 발급받은 거짓으로 기재한 세금계산서의 공급가액이 기신고한 매입과표에서 차감된 것을 의미한다.

🖋 기신고한 부가가치세 매입과표에서 거짓으로 기재(입력)하여 발급받은 세금계산서 금액이 차감되고, 차감된 매입과표(490,000,000원)에 해당하는 매입세액(49,000,000원)만큼의 부가가치세가 증가한다. 따라서 부가가치세 탈루세액등은 49,000,000원이다.

㉯ 부정과소신고가산세 : 49,000,000원 × 40% = 19,600,000원

🖋 부정과소신고가산세를 적용한 사유는 성한건축자재의 윤ZZ이 조세포탈 목적으로 공급가액을 거짓으로 기재한 세금계산서를 발급받은 행위는 「조세범처벌법」 제3조 제6항 제2호가 규정하는 거짓 증빙 수취에 해당하는 부정한 행위이기 때문이다.

④ 납부지연가산세(㉠ + ㉡) : 6,637,540원

　㉠ 49,000,000원(본세) × 20일(2022.1.26.~2022.2.14.) × 25/100,000 = 245,000원

　㉡ 49,000,000원(본세) × 593일 (2022.2.15.~2023.9.30.) × 22/100,000 = 6,392,540원

④ 세금계산서불성실가산세[주2] : 490,000,000원 × 2% = 9,800,000원

　주2) 가산세 부과 사유는 거짓으로 기재한 세금계산서 수취임.

◎ 부가가치세 추징예상세액(㉮ + ㉯ + ㉰ + ㉱) : 85,037,540원

(b) 소득세 탈루세액등 계산(2021년 귀속)

㉮ 소득세 본세 : 790,000,000원[주3](과세표준) × 42% − 35,400,000원(누진세액공제)

　　　　　　　− 94,600,000원(기납부세액) = 201,800,000원

　주3) 과세표준 금액 790,000,000원은 당초 과세표준(300,000,000원)에 가공원가계상액(490,000,000원)
　　　을 합산한 금액이다.

　⚙ 기신고한 소득세 과세표준(300,000,000원)에 가공원가계상액(490,000,000원)을 합산하니
　　소득세가 201,800,000원이 증가한다. 따라서 소득세 탈루세액등은 201,800,000원이다.

㉯ 부정과소신고가산세(㉠과 ㉡ 중 큰 것) : 80,720,000원

　㉠ 201,800,000원 × 40% = 80,720,000원

　㉡ 신고누락 수입금액이 없으므로 가산세 비교과세는 하지 않는다.

㉰ 납부지연가산세 : 201,800,000원(본세) × 487일(2022.6.1.~2023.9.30.) × 22/100,000

　　　　　　　= 21,620,852원

◎ 소득세 추징예상세액(㉮ + ㉯ + ㉰) : 304,140,852원

(c) 개인지방소득세 탈루세액등 계산(2021년 귀속)

㉮ 개인지방소득세 본세 : 201,800,000원(과세표준) × 10% = 20,180,000원

　⚙ 소득세 201,800,000원의 탈루가 발생하면 개인지방소득세도 소득세 탈루세액의 10%만큼
　　탈루가 발생한다. 따라서 개인지방소득세 탈루세액등은 20,180,000원이다.

㉯ 부정과소신고가산세 : 20,180,000원 × 40% = 8,072,000원

㉰ 납부지연가산세 : 20,180,000원(본세) × 487일(2022.6.1.~2023.9.30.) × 22/100,000

　　　　　　　= 2,162,085원

　⚙ 개인지방소득세는 신고납세제도에 속하는 세목이고 신고·납부기한은 소득세의 신고·납부
　　기한과 같다. 따라서 납부지연가산세 기산일은 2022.6.1.이 된다.

◎ 개인지방소득세 추징예상세액(㉮ + ㉯ + ㉰) : 30,414,085원

(d) 총 탈루세액등

납세의무 확정 연도	세목	탈루세액등 (추징예상세액)	기수시기
2022년	소득세 (2021년 귀속)	201,800,000원 (304,140,852원)	2022.5.31. 지난 때
2022년	개인지방소득세 (2021년 귀속)	20,180,000원 (30,414,085원)	2022.5.31. 지난 때
2022년	부가가치세 (2021년 2기)	49,000,000원 (85,037,540원)	2022.1.25. 지난 때
합계		270,980,000원 (419,592,477원)	

(e) 조세포탈 여부 판단 및 조세포탈행위의 실행위자 특정

대표 윤ZZ이 공급가액 등을 거짓으로 기재한 세금계산서 수취라는 부정한 방법으로 소득세 201,800,000원, 부가가치세 49,000,000원, 개인지방소득세 20,180,000원을 과소하게 납부한 행위 중 소득세와 개인지방소득세를 과소하게 납부한 행위는 소득세 포탈행위(조처법 제3조 제1항)와 개인지방세포탈행위(지기법 제102조 제1항)에 해당하지만, 부가가치세를 과소하게 납부한 행위는 세금계산서를 발급한 한성목재의 김QQ가 거짓으로 기재하여 발급한 세금계산서의 부가가치세를 신고·납부하였으므로 조세포탈행위로 의율할 수 없다(대법원 1990.10.16. 90도1955 판결). 따라서 소득세와 개인지방소득세의 과소 납부세액은 포탈세액등이 되고, 부가가치세는 과소 납부세액은 탈루세액등이 된다.

소득세와 개인지방소득세 포탈행위의 원인이 된 거짓으로 기재한 세금계산서 수취행위를 윤ZZ이 하였으므로 조세포탈행위의 실행위자는 윤ZZ이다.

그리고 연간 포탈세액등[주4](2022년)이 5억 원 이상인 연도가 없으므로 특가법 제8조는 적용되지 않는다.

주4) 221,980,000원 = 201,800,000원(소득세 포탈세액) + 20,180,000원(개인지방소득세 포탈세액)

| 적용 법조항 정리 |

적용 법조항	범칙행위 종류	실행위자	포탈세액등
조처법 제3조 제1항	소득세 포탈행위 (2021년 귀속)	윤ZZ	201,800,000원
지기법 제102조 제1항	개인지방소득세 포탈행위 (2021년 귀속)	윤ZZ	20,180,000원

E 법인 또는 개인사업자에 대한 양벌규정 적용 검토

성한건축자재는 개인사업자이고 조세범칙행위의 실행위자가 사업주인 윤ZZ이므로 윤ZZ에게 「조세범처벌법」 제18조와 「지방세기본법」 제109조에서 규정하는 양벌규정에 대한 책임을 물을 수 없다.

F 조세범칙행위 외 범죄행위 검토

성한건축자재가 개인사업자이면서 조세범칙행위자가 대표자인 윤ZZ이고 거짓으로 기재한 세금계산서를 수취하여 마련한 자금을 내연녀의 아파트 매입에 사용하였으므로 뇌물공여행위 등의 범죄행위는 검토할 필요가 없다.

G 세무대리인 등에 대한 공범 또는 방조범 해당 여부 검토

토끼세무회계사무소는 성한건축자재의 대표 윤ZZ이 한성목재로부터 거짓으로 기재한 세금계산서를 수취한 사실 등을 몰랐으므로 윤ZZ의 범칙행위에 대해 세무대리인 등의 공범 또는 방조범은 없다.

H 총 범칙행위 수

구분	범칙행위 종류	범칙행위자	포탈세액등	세금계산서 등 범칙행위 금액 (건수)
조세포탈 관련	소득세 포탈행위(2021년 귀속) (조처법 제3조 제1항)	윤ZZ	201,800,000원	
	개인지방소득세 포탈행위 (2021년 귀속) (지기법 제102조 제1항)	윤ZZ	20,180,000원	
세금계산서 등 범칙 관련	거짓으로 기재한 세금계산서를 발급받은 행위 (조처법 제10조 제2항 제1호)	윤ZZ		490,000,000원
총 범칙행위 수		- 국세 관련 조세범칙 죄 수 : 2개 - 지방세 관련 조세범칙 죄 수 : 1개		

2. 면세사업자

한성돼지농장의 대표 최HH가 2021.9.12. 맛최고정육점에 10,000,000원(공급가액)의 돼지삼겹살을 공급하고 맛최고정육점의 대표(윤JY)와 통정하여 계산서의 공급가액란에 500,000,000원으로 기재(입력)하여 계산서를 발급하였다.

- 계산서는 대표 최HH가 국세청 홈택스 전자세금계산서 발급화면에 접속하여 전자계산 서를 작성하고 맛최고정육점에 전송(발급)하였음.
- 거짓으로 기재하여 발급한 계산서는 소득세 신고 시 장부에 반영되었음.
- 한성돼지농장의 대표 최HH가 맛최고정육점에 거짓으로 기재한 계산서를 발급한 사유 는 고액의 외형을 높여 은행대출 자격을 갖추기 위해서였음.
- 한성돼지농장의 대표 최HH는 거짓으로 기재한 계산서 발급과 관련하여 맛최고정육점 윤JY로부터 어떠한 금품도 받지 않았음.
- 반달곰세무회계사무소는 한성돼지농장의 최HH가 계산서를 거짓으로 기재하여 발급 한 사실을 몰랐음.
- 한성돼지농장과 맛최고정육점은 실제로 사업을 하는 개인사업체임.
- 수사착수일 2023.9.1.

가. 거짓으로 기재하여 계산서를 발급한 행위

A 소득세 신고내용 등

○ 최HH(한성돼지농장)의 2021년 귀속 소득세 신고내용 등
  - 2021년 귀속 총 수입금액 10,000,000,000원
  - 소득세 과세표준 : 500,000,000원
  - 납부할 세액 : 174,600,000원(소득세 신고 시 개인지방소득세와 같이 납부함)

- 복식부기 장부로 신고하였음.
- 성실신고확인서 제출대상자로 소득세 신고 시 제출하였음.

B 세금계산서등의 범칙행위 검토

(a) 계산서 범칙행위

ⓐ 거짓으로 기재하여 계산서를 발급한 행위

한성돼지농장의 대표 최HH가 10,000,000원(공급가액)의 돼지삼겹살을 공급하고 맛최고정육점의 대표 윤JY와 통정하여 계산서의 공급가액란에 500,000,000원으로

기재해 계산서를 발급하였으므로, 이는 거짓으로 기재(과다 기재액 : 공급가액 490,000,000원)하여 계산서를 발급한 행위(조처법 제10조 제1항 제2호)에 해당한다.

> '대법원 2019도10999 판결' 등의 판시 내용을 반영하면 최HH가 계산서의 공급가액을 과다하게 기재하여 계산서를 발급한 행위는 「조세범처벌법」 제10조 제3항 제2호의 행위로도 의율하여야 하고 동법 제10조 제1항 제2호의 행위와는 상상적 경합관계에 있다는 것이 필자의 소견이다.

(b) 실행위자(범칙행위자) 판단

한성돼지농장의 대표 최HH가 맛최고정육점의 대표 윤JY와 통정하여 계산서의 공급가액을 거짓으로 기재해 맛최고정육점에 발급하여 주었으므로 거짓으로 기재하여 계산서를 발급한 행위의 실행위자는 대표 최HH이다.

| 적용 법조항 정리 |

적용 법조항	범칙행위 종류	범칙행위 금액 (건수)	범 칙 행위자
조처법 제10조 제1항 제2호	거짓으로 기재하여 계산서를 발급한 행위	490,000,000원 (1건)	최HH

ⓒ 신고누락 수입금액 및 탈루소득금액

(a) 수입금액

한성돼지농장의 대표 최HH가 10,000,000원의 돼지삼겹살을 맛최고정육점에 공급하였으나 맛최고정육점의 대표 윤JY와 통정해 계산서의 공급가액을 500,000,000원으로 기재(입력)하여 계산서를 발급하고, 이를 소득세 신고에 반영하였기 때문에 최HH의 2021년 귀속 소득세 신고내용에 거짓으로 기재(과다하게 기재)하여 발급한 계산서의 금액이 포함돼 있으므로 해당금액(490,000,000원)을 수입금액에서 차감하여야 한다. 따라서 2021년 귀속 소득세 신고 시 신고누락한 수입금액은 -490,000,000원이 된다.

(b) 탈루소득금액

최HH의 2021년 귀속 소득세 신고내용에 거짓으로 기재(과다하게 기재)하여 발급한 계산서의 금액이 소득금액에 포함되어 있으므로 소득금액에서 과다하게 기재한 공급가액을 차감하여야 한다. 따라서 2021년 귀속 소득세 신고 시 신고누락한 소득금액은 -490,000,000원이 된다.

☐ 소득세, 개인지방소득세 포탈세액등 계산(포탈세액등 계산 기준일 : 2023.9.30.)

(a) 소득세 탈루세액등 계산(2021년 귀속)

㉮ 소득세 본세 : 10,000,000원[주1](과세표준) × 6% − 174,600,000원(기납부세액)

$$= -174,000,000원$$

　　주1) 과세표준 금액 10,000,000원은 당초 과세표준(500,000,000원)에 신고누락한 탈루소득금액 (−490,000,000원)을 합산한 금액이다.

　🐷 거짓으로 기재하여 발급한 금액 490,000,000원이 소득금액에서 차감돼 과세표준이 줄어들 어 소득세 174,000,000원이 감소하였다. 따라서 소득세 탈루세액등은 없다.

㉯ 계산서불성실가산세[주2] : 490,000,000원 × 2% = 9,800,000원

　　주2) 가산세 부과 사유는 거짓으로 기재하여 계산서 발행임.

◎ 소득세 추징예상세액(㉮ + ㉯) : −164,200,000원

　🐷 소득세 추징예상세액 −164,200,000원은 한성돼지농장의 최HH에게 소득세 164,200,000원 이 환급된다는 것을 의미한다.

(b) 개인지방소득세 탈루세액등 계산(2021년 귀속)

㉮ 개인지방소득세 본세 : −174,000,000원(과세표준) × 10% = −17,400,000원

　🐷 개인지방소득세 본세가 −17,400,000원인 것은 한성돼지농장의 최HH가 부담할 개인지방 소득세가 17,400,000원만큼 감소하였다는 것을 의미한다. 따라서 개인지방소득세 탈루세액 등은 없다.

㉯ 소득세의 가산세에 부과하는 가산세 : 9,800,000원[주3] × 10% = 980,000원

　　주3) 계산서불성실가산세(거짓으로 기재하여 계산서 발급)

◎ 개인지방소득세 추징예상세액(㉮ + ㉯) : −16,420,000원

　🐷 개인지방소득세 추징예상세액 −16,420,000원은 한성돼지농장의 최HH에게 개인지방소득 세 16,420,000원이 환급된다는 것을 의미한다.

(c) 총 탈루세액등

납세의무 확정 연도	세목	탈루세액등 (추징예상세액)	기수시기
2022년	소득세 (2021년 귀속)	−174,000,000원 (−164,200,000원)	
2022년	개인지방소득세 (2021년 귀속)	−17,400,000원 (−16,420,000원)	
합계		−191,400,000원 (−180,620,000원[주4])	

주4) 추징예상세액 −180,620,000원은 한성돼지농장의 최HH에게 180,620,000원(소득세 환급액 164,200,000원 + 개인지방소득세 환급액 16,420,000원)이 환급된다는 것을 의미한다.

✔️ 상기 표의 내용과 같이 탈루세액등이 발생하지 아니하였다.

(d) 조세포탈 여부 판단 및 조세포탈행위의 실행위자 특정

한성돼지농장의 최HH가 거짓으로 기재하여 계산서를 발급한 계산서 범칙행위를 하였지만, 거짓으로 기재(과다기재)하여 발급한 계산서 금액을 없애면 수입금액과 소득금액이 줄어들어 포탈세액이 발생하지 않는다. 따라서 조세포탈행위가 발생하지 않았으므로 조세포탈의 실행위자도 없다.

E 법인 또는 개인사업자에 대한 양벌규정 적용 검토

한성돼지농장은 개인사업자이고 조세범칙행위의 실행위자가 사업주인 최HH이므로 최HH에게「조세범처벌법」제18조와「지방세기본법」제109조에서 규정하는 양벌규정에 대한 책임을 물을 수 없다.

F 조세범칙행위 외 범죄행위 검토

한성돼지농장은 개인사업자이면서 조세범칙행위자가 대표자인 최HH이고 계산서 범칙행위로 인하여 부외자금이 조성되지 않았으므로 뇌물공여행위 등의 범죄행위는 검토할 필요가 없다.

G 세무대리인 등에 대한 공범 또는 방조범 해당 여부 검토

반달곰세무회계사무소는 한성돼지농장의 대표 최HH가 행한 계산서 범칙행위를 몰랐으므로 최HH의 범칙행위에 세무대리인 등의 공범 또는 방조범은 없다.

H 총 범칙행위 수

구분	범칙행위 종류	범칙행위자	포탈세액등	세금계산서 등 범칙행위 금액 (건수)
세금계산서등 범칙 관련	거짓으로 기재하여 계산서를 발급한 행위 (조처법 제10조 제1항 제2호)	최HH		490,000,000원 (1건)

나. 거짓으로 기재한 계산서를 발급받은 행위

Ⓐ 소득세 신고내용 등

○ 윤JY(맛최고정육점)의 2021년 귀속 소득세 신고내용 등
  - 업태·종목 : 도·소매/식육점
  - 2021년 귀속 총 수입금액 10,000,000,000원
  - 소득세 과세표준 : 300,000,000원
  - 납부할 세액 : 94,600,000원(소득세 신고 시 개인지방소득세와 함께 납부함)

• 거짓으로 기재하여 발급받은 계산서는 소득세 신고에 반영되었음.
• 윤JY가 거짓으로 기재한 계산서를 발급받은 사유는 조세포탈을 위한 것임.
• 맛최고정육점의 대표 윤JY는 한성돼지농장의 대표 최HH로부터 공급가액이 거짓으로 기재(과다 기재액 : 공급가액 490,000,000원)된 계산서를 발급받아 가공원가(경비)를 계상하여 조성한 자금을 내연녀의 은행 계좌에 은닉하였고, 한성돼지농장에 거짓으로 기재한 계산서를 발급받은 대가로 어떠한 금품도 지급하지 않았음.
• 원앙세무회계사무소는 맛최고정육점의 대표 윤JY가 한성돼지농장으로부터 거짓으로 기재한 계산서 발급받은 사실 등을 몰랐음.
• 복식부기 장부로 신고하였음.

Ⓑ 세금계산서등의 범칙행위 검토

(a) 계산서 범칙행위

ⓐ 거짓으로 기재한 계산서를 발급받은 행위

맛최고정육점의 대표 윤JY가 한성돼지농장으로부터 10,000,000원(공급가액)의 돼지삼겹살을 공급받고 한성돼지농장의 대표 최HH와 통정해 계산서의 공급가액을 500,000,000원으로 기재한 계산서를 발급받았으므로, 이는 거짓으로 기재(과다 기재액 : 490,000,000원)한 계산서를 발급받은 행위(조처법 제10조 제2항 제2호)에 해당한다.

> '대법원 2019도10999 판결' 등의 판시 내용을 반영하면 윤JY가 계산서의 공급가액을 과다하게 기재한 계산서를 발급받은 행위는 「조세범처벌법」 제10조 제3항 제2호의 행위로도 의율하여야 하고 동법 제10조 제2항 제2호의 행위와는 상상적 경합관계이 있다는 것이 필자의 소견이다.

(b) 실행위자(범칙행위자) 판단

맛최고정육점의 대표 윤JY가 10,000,000원(공급가액)의 돼지삼겹살을 공급받고 한성

돼지농장의 대표 최HH와 통정해 공급가액을 500,000,000원으로 기재한 계산서를 발급받았으므로 거짓으로 기재한 계산서를 발급받은 행위의 실행위자는 대표 윤JY이다.

| 적용 법조항 정리 |

적용 법조항	범칙행위 종류	범칙행위 금액 (건수)	범 칙 행위자
조처법 제10조 제2항 제2호	거짓으로 기재한 계산서를 발급받은 행위	490,000,000원 (1건)	윤JY

Ⓒ 신고누락 수입금액 및 탈루소득금액

ⓐ 수입금액

맛최고정육점에 매출누락 등의 수입금액을 신고누락한 행위가 없으므로 윤JY의 2021년 귀속 소득세 신고에서 신고누락한 수입금액은 없다.

ⓑ 탈루소득금액

맛최고정육점의 대표 윤JY가 한성돼지농장으로부터 거짓으로 기재한 계산서(과다기재액 : 공급가액 490,000,000원)를 발급받아 소득세 신고에 반영하였으므로, 이는 2021년 귀속 소득세 신고 시 가공원가(경비)를 계상하여 신고하였다는 것을 의미한다. 따라서 윤JY가 2021년 귀속 소득세 신고 시 490,000,000원의 가공원가를 계상하였으므로 탈루소득금액은 490,000,000원이다.

Ⓓ 소득세, 개인지방소득세 포탈세액등 계산(포탈세액등 계산 기준일 : 2023.9.30.)

ⓐ 소득세 탈루세액등 계산(2021년 귀속)

㉮ 소득세 본세 : 790,000,000원[주1](과세표준) × 42% － 35,400,000원(누진세액공제)
－ 94,600,000원(기납부세액) ＝ 201,800,000원

> 주1) 과세표준 금액 790,000,000원은 당초 과세표준(300,000,000원)에 신고누락한 탈루소득금액(490,000,000원)을 합산한 금액이다.

> ☞ 기신고한 소득세 과세표준(300,000,000원)에 탈루소득금액(490,000,000원)을 합산하니 소득세가 201,800,000원이 증가하였다. 따라서 소득세 탈루세액등은 201,800,000원이다.

㉯ 부정과소신고가산세(㉠과 ㉡ 중 큰 것) : 80,720,000원

㉠ 201,800,000원 × 40% ＝ 80,720,000원

㉡ 신고누락 수입금액이 없으므로 가산세 비교과세는 하지 않는다.

㉰ 납부지연가산세 : 201,800,000원(본세) × 487일(2022.6.1.~2023.9.30.) × 22/100,000
＝ 21,620,852원

㉣ 계산서불성실가산세$^{주2)}$: 490,000,000원 × 2% = 9,800,000원

주2) 가산세 부과 사유는 거짓으로 기재한 계산서 수취임.

◎ 소득세 추징예상세액(㉮ + ㉯ + ㉰ + ㉣) : 313,940,852원

(b) 개인지방소득세 탈루세액등 계산(2021년 귀속)

㉮ 개인지방소득세 본세 : 201,800,000원(과세표준) × 10% = 20,180,000원

🔩 소득세 201,800,000원의 탈루가 발생하면 개인지방소득세도 소득세 탈루세액의 10%만큼 탈루가 발생한다. 따라서 개인지방소득세 탈루세액등 20,180,000원이다.

㉯ 부정과소신고가산세 : 20,180,000원 × 40% = 8,072,000원

㉰ 납부지연가산세 : 20,180,000원(본세) × 487일(2022.6.1.~2023.9.30.) × 22/100,000
　　　　　　　　　　= 2,162,085원

🔩 개인지방소득세는 신고납세제도에 속하는 세목이고 신고·납부기한은 소득세의 신고·납부기한과 같다. 따라서 납부지연가산세 기산일은 2022.6.1.이 된다.

㉣ 소득세의 가산세에 부과하는 가산세 : 9,800,000원$^{주3)}$ × 10% = 980,000원

주3) 계산서불성실가산세임(거짓으로 기재한 계산서 수취).

• 개인지방소득세 추징예상세액(㉮ + ㉯ + ㉰ + ㉣) : 31,394,085원

(c) 총 탈루세액등

납세의무 확정 연도	세목	탈루세액등 (추징예상세액)	기수시기
2022년	소득세 (2021년 귀속)	201,800,000원 (313,940,852원)	2022.5.31. 지난 때
2022년	개인지방소득세 (2021년 귀속)	20,180,000원 (31,394,085원)	2022.5.31. 지난 때
합계		221,980,000원 (345,334,937원)	

(d) 조세포탈 여부 판단 및 조세포탈행위의 실행위자 특정

공급가액을 거짓으로 기재한 계산서 수취라는 부정한 방법으로 가공원가(경비)를 계상하여 소득세 201,800,000원과 개인지방소득세 20,180,000원을 과소하게 납부한 행위는 소득세 포탈행위(조처법 제3조 제1항)와 개인지방소득세 포탈행위(지기법 제102조 제1항)에 해당하고, 조세포탈의 실행행위인 거짓으로 기재한 계산서를 발급받은 행위를 대표 윤JY가 하였음으로 조세포탈의 실행위자는 대표 윤JY이다.

그리고 연간 포탈세액등$^{주4)}$(2022년)이 5억 원 이상인 연도가 없으므로 특가법 제8조

는 적용되지 않는다.

주4) 221,980,000원 = 201,800,000원(소득세 포탈세액) + 20,180,000원(개인지방소득세 포탈세액)

| 적용 법조항 정리 |

적용 법조항	범칙행위 종류	실행위자	포탈세액등
조처법 제3조 제1항	소득세 포탈행위(2021년 귀속)	윤JY	201,800,000원
지기법 제102조 제1항	개인지방소득세 포탈행위(2021년 귀속)	윤JY	20,180,000원

E 법인 또는 개인사업자에 대한 양벌규정 적용 검토

맛최고정육점은 개인사업자이고 조세범칙행위의 실행위자가 사업주인 윤JY이므로 윤JY에게 「조세범처벌법」 제18조와 「지방세기본법」 제109조에서 규정하는 양벌규정에 대한 책임을 물을 수 없다.

F 조세범칙행위 외 범죄행위 검토

맛최고정육점이 개인사업자이면서 조세범칙행위자가 대표자인 윤JY이고 거짓으로 기재한 계산서를 수취하여 마련한 자금을 내연녀의 은행 계좌에 은닉하였으므로 뇌물공여행위 등의 범죄행위는 검토할 필요가 없다.

G 세무대리인 등에 대한 공범 또는 방조범 해당 여부 검토

원앙세무회계사무소는 맛최고정육점의 대표 윤JY가 한성돼지농장으로부터 거짓으로 기재한 계산서를 수취한 사실 등을 몰랐으므로 윤JY의 범칙행위에 대해 세무대리인 등의 공범 또는 방조범은 없다.

H 총 범칙행위 수

구분	범칙행위 종류	범칙행위자	포탈세액등	세금계산서 등 범칙행위 금액 (건수)
조세포탈 관련	소득세 포탈행위(2021년 귀속) (조처법 제3조 제1항)	윤JY	201,800,000원	
	개인지방소득세 포탈행위 (2021년 귀속) (지기법 제102조 제1항)	윤JY	20,180,000원	

구분	범칙행위 종류	범칙행위자	포탈세액등	세금계산서 등 범칙행위 금액 (건수)
세금계산서 등 범칙 관련	거짓으로 기재한 계산서를 발급받은 행위 (조처법 제10조 제2항 제2호)	윤JY		490,000,000원 (1건)
총 범칙행위 수			− 국세 관련 조세범칙 죄 수 : 2개 − 지방세 관련 조세범칙 죄 수 : 1개	

3. 과·면세 겸영사업자

한성돼지농장의 대표 최HH가 2021.9.12. 맛최고정육점에 10,000,000원(공급가액)의 돼지삼겹살과 10,000,000원(공급가액)의 양념돼지갈비를 공급하였으나 맛최고정육점의 대표 윤JY와 통정하여 2021.9.12. 계산서는 공급가액란에 500,000,000원으로 기재(입력)하고 세금계산서는 공급가액란에 500,000,000원(부가가치세 50,000,000원)으로 기재(입력)하여 발급하였다.

• 세금계산서와 계산서는 대표 최HH가 국세청 홈택스 전자세금계산서 발급화면에 접속하여 전자세금계산서와 전자계산서를 작성하고 맛최고정육점에 전송(발급)하였음.

• 거짓으로 기재하여 발급한 세금계산서와 계산서는 부가가치세와 소득세 신고에 반영되었음.

• 한성돼지농장의 대표 최HH가 맛최고정육점에 거짓으로 기재한 세금계산서와 계산서를 발급한 사유는 은행대출연장을 위해 매출액을 늘리기 위해서였고, 때문에 거짓으로 기재하여 발급한 세금계산서의 부가가치세를 한성돼지농장이 신고·납부하였음.

• 한성돼지농장의 대표 최HH는 거짓으로 기재한 세금계산서와 계산서 발급과 관련하여 맛최고정육점 윤JY로부터 어떠한 금품도 받지 않았음.

• 반달곰세무회계사무소는 한성돼지농장의 최HH가 세금계산서와 계산서를 거짓으로 기재하여 발급한 사실을 몰랐음.

• 한성돼지농장과 맛최고정육점은 실제로 사업을 하는 개인사업체임.

• 수사개시일 2023.9.1.

가. 거짓으로 기재하여 세금계산서 또는 계산서를 발급한 행위

A 소득세 신고내용 등

○ 최HH(한성돼지농장)의 2021년 귀속 소득세 신고내용 등
 - 2021년 귀속 총 수입금액 10,000,000,000원
 - 소득세 과세표준 : 1,000,000,000원
 - 납부할 세액 : 384,600,000원(소득세 신고 시 개인지방소득세와 함께 납부함)

• 복식부기 장부로 신고하였음.
• 성실신고확인서 제출대상자로 소득세 신고 시 제출하였음.

B 세금계산서등의 범칙행위 검토

(a) 세금계산서 범칙행위

ⓐ 거짓으로 기재하여 세금계산서를 발급한 행위

한성돼지농장의 대표 최HH가 맛최고정육점에 10,000,000원(공급가액)의 돼지양념갈비를 공급하였으나 맛최고정육점의 대표 윤JY와 통정해 세금계산서의 공급가액란에 500,000,000원(부가가치세 50,000,000원)으로 기재(입력)하여 세금계산서를 발급하였으므로, 이는 거짓으로 기재(과다 기재액 : 공급가액 490,000,000원, 부가가치세 49,000,000원)하여 세금계산서를 발급한 행위(조처법 제10조 제1항 제1호)에 해당한다.

> '대법원 2019도10999 판결' 등의 판시 내용을 반영하면 최HH가 세금계산서의 공급가액과 부가가치세를 과다하게 기재하여 세금계산서를 발급한 행위는 「조세범처벌법」 제10조 제3항 제1호의 행위로도 의율하여야 하고 동법 제10조 제1항 제1호의 행위와는 상상적 경합관계에 있다는 것이 필자의 소견이다.

(b) 계산서 범칙행위

ⓐ 거짓으로 기재하여 계산서를 발급한 행위

한성돼지농장의 대표 최HH가 맛최고정육점에 10,000,000원(공급가액)의 돼지삼겹살을 공급하였으나 맛최고정육점의 대표 윤JY와 통정해 계산서의 공급가액란에 500,000,000원으로 기재(입력)하여 계산서를 발급하였으므로, 이는 거짓으로 기재(과다 기재액 : 공급가액 490,000,000원)하여 계산서를 발급한 행위(조처법 제10조 제1항 제2호)에 해당한다.

> '대법원 2019도10999 판결' 등의 판시 내용을 반영하면 최HH가 계산서의 공급
> 가액을 과다하게 기재하여 계산서를 발급한 행위는 「조세범처벌법」 제10조 제3
> 항 제2호의 행위로도 의율하여야 하고 동법 제10조 제1항 제2호의 행위와는 상
> 상적 경합관계에 있다는 것이 필자의 소견이다.

ⓒ 실행위자(범칙행위자) 판단

한성돼지농장의 대표 최HH가 맛최고정육점의 대표 윤JY와 통정하여 거짓으로 기재
하여 세금계산서와 계산서를 발급하였으므로 세금계산서등 범칙행위의 실행위자는
대표 최HH이다.

| 적용 법조항 정리 |

적용 법조항	범칙행위 종류	범칙행위 금액 (건수)	범 칙 행위자
조처법 제10조 제1항 제1호	거짓으로 기재하여 세금계산서를 발급한 행위	490,000,000원 (1건)	최HH
조처법 제10조 제1항 제2호	거짓으로 기재하여 계산서를 발급한 행위	490,000,000원 (1건)	최HH

Ⓒ 신고누락 수입금액 및 탈루소득금액

ⓐ 수입금액

한성돼지농장의 대표 최HH가 맛최고정육점에 10,000,000원의 돼지삼겹살과
10,000,000원(공급가액)의 양념돼지갈비를 공급하였으나 맛최고정육점의 대표 윤JY
와 통정해 세금계산서의 공급가액을 500,000,000원(부가가치세 50,000,000원)으로 기
재(입력)하고 계산서의 공급가액을 500,000,000원으로 기재(입력)하여 세금계산서와
계산서를 발급하고, 이를 소득세 신고에 반영하였기 때문에 최HH의 2021년 귀속 소득
세 신고내용에 거짓으로 기재(과다하게 기재)하여 발급된 세금계산서(490,000,000원)
와 계산서(490,000,000원)의 금액이 포함돼 있으므로 수입금액에서 과다하게 기재된
세금계산서와 계산서의 공급가액을 차감하여야 한다. 따라서 2021년 귀속 소득세 신고
에서 신고누락한 수입금액은 -980,000,000원이 된다.

그리고 2021년 제2기 부가가치세 신고내용에도 매출과표에 거짓으로 기재하여 발급
된 세금계산서 금액(공급가액 490,000,000원, 부가가치세 49,000,000원)이 포함돼 있
어 해당금액을 제거하는 부가가치세 경정을 하여야 한다.

(b) 탈루소득금액

최HH의 2021년 귀속 소득세 신고내용에 거짓으로 기재(과다하게 기재)하여 발급된 세금계산서(490,000,000원)와 계산서(490,000,000원)의 금액이 소득금액에 포함되어 있으므로 소득금액에서 과다하게 기재된 세금계산서와 계산서의 공급가액을 차감하여야 한다. 따라서 2021년 귀속 소득세 신고에서 신고누락한 소득금액은 -980,000,000원이 된다.

Ⓓ 부가가치세, 소득세, 개인지방소득세 포탈세액등 계산(포탈세액등 계산 기준일 : 2023.9.30.)

(a) 부가가치세 탈루세액등 계산(2021년 제2기 과세기간)

　㉮ 부가가치세 본세 : [-490,000,000원(매출과표)[주1] × 10%] - [0원(매입과표) × 10%]

　　　　= -49,000,000원

　　주1) 과세표준 -490,000,000원은 한성돼지농장의 대표 최HH가 거짓으로 기재(과다하게 기재)하여 발급한 세금계산서의 공급가액이 기신고한 매출과표에서 차감된 것을 의미한다.

　🔑 매출과표(-490,000,000원)가 (-)음수로 이는 음수만큼의 매출과표가 줄어들었음을 의미하고 줄어든 매출과표의 10%만큼의 부가가치세(-49,000,000원)가 감소된다. 따라서 부가가치세의 탈루세액등은 없다.

　㉯ 세금계산서불성실가산세[주2] : 490,000,000원 × 2% = 9,800,000원

　　주2) 가산세 부과 사유는 거짓으로 기재하여 세금계산서 발급임.

　◎ 부가가치세 추징예상세액(㉮ + ㉯) : -39,200,000원

　🔑 부가가치세 추징예상세액 -39,200,000원은 한성돼지농장의 최HH에게 부가가치세 39,200,000원이 환급된다는 것을 의미한다.

(b) 소득세 탈루세액등 계산(2021년 귀속)

　㉮ 소득세 본세 : 20,000,000원[주3](과세표준) × 15% - 1,080,000원(누진세액공제)

　　　　- 384,600,000원(기납부세액) = -382,680,000원

　　주3) 과세표준 금액 20,000,000원은 당초 과세표준(1,000,000,000원)에 신고누락한 탈루소득금액(-980,000,000원)을 합산한 금액이다.

　🔑 거짓으로 기재하여 발급한 세금계산서와 계산서의 금액 980,000,000원이 소득금액에서 차감돼 과세표준이 줄어들어 소득세 382,680,000원이 감소하였고, 이는 한성돼지농장의 최HH가 부담하는 소득세가 382,680,000원만큼 줄어들었다는 것을 의미한다. 따라서 소득세 탈루세액등은 없다.

　㉯ 계산서불성실가산세[주4] : 490,000,000원 × 2% = 9,800,000원

　　주4) 가산세 부과 사유는 거짓으로 기재하여 계산서 발행임.

◎ 소득세 추징예상세액(㉮ + ㉯) : −372,880,000원

　　🗝 소득세 추징예상세액 −372,880,000원은 한성돼지농장의 최HH에게 소득세 372,880,000원이 환급된다는 것을 의미한다.

(c) 개인지방소득세 탈루세액등 계산(2021년 귀속)

　㉮ 개인지방소득세 본세 : −382,680,000원(과세표준) × 10% = −38,268,000원

　　🗝 개인지방소득세 본세가 −38,268,000원인 것은 한성돼지농장의 최HH가 부담할 개인지방소득세가 38,268,000원만큼 감소하였다는 것을 의미한다. 따라서 개인지방소득세 탈루세액등은 없다.

　㉯ 소득세의 가산세에 부과하는 가산세 : 9,800,000원[주5] × 10% = 980,000원

　　주5) 계산서불성실가산세(거짓으로 기재하여 계산서 발급)

◎ 개인지방소득세 추징예상세액(㉮ + ㉯) : −37,288,000원

　　🗝 개인지방소득세 추징예상세액 −37,288,000원은 한성돼지농장의 최HH에게 개인지방소득세 37,288,000원이 환급된다는 것을 의미한다.

(d) 총 탈루세액등

납세의무 확정 연도	세목	탈루세액등 (추징예상세액)	기수시기
2022년	소득세 (2021년 귀속)	−382,600,000원 (−372,880,000원)	
2022년	개인지방소득세 (2021년 귀속)	−38,268,000원 (−37,288,000원)	
2022년	부가가치세 (2021년 2기)	−49,000,000원 (−39,200,000원)	
합계		−469,868,000원 (−449,368,000원[주6])	

🗝 상기 표의 내용과 같이 탈루세액등이 발생하지 아니하였다.

　주6) 추징예상세액 −449,368,000원은 한성돼지농장의 최HH에게 449,368,000원(소득세 환급세액 372,880,000원 + 개인지방소득세 환급세액 37,288,000원 + 부가가치세 환급세액 39,200,000원)이 환급된다는 것을 의미한다.

(e) 조세포탈 여부 판단 및 조세포탈행위의 실행위자 특정

한성돼지농장의 최HH가 거짓으로 기재하여 세금계산서와 계산서를 발급한 범칙행위를 하였지만, 거짓으로 기재(과다기재)하여 발급한 세금계산서와 계산서 금액을 없애면 수입금액과 소득금액이 줄어들어 포탈세액이 발생하지 않는다. 따라서 조세포탈행위가 발생하지 않았으므로 조세포탈의 실행위자도 없다.

법인 또는 개인사업자에 대한 양벌규정 적용 검토

한성돼지농장은 개인사업자이고 조세범칙행위의 실행위자가 사업주인 최HH이므로 최HH에게 「조세범처벌법」 제18조와 「지방세기본법」 제109조에서 규정하는 양벌규정에 대한 책임을 물을 수 없다.

F 조세범칙행위 외 범죄행위 검토

한성돼지농장이 개인사업자이면서 조세범칙행위자가 대표자인 최HH이고 세금계산서 등의 범칙행위로 인하여 자금을 조성하지 않았으므로 뇌물공여행위 등의 범죄행위를 검토할 필요가 없다.

G 세무대리인 등에 대한 공범 또는 방조범 해당 여부 검토

반달곰세무회계사무소는 한성돼지농장의 대표 최HH가 세금계산서등의 범칙행위를 한 사실을 몰랐으므로 최HH의 범칙행위에 세무대리인 등의 공범 또는 방조범은 없다.

H 총 범칙행위 수

구분	범칙행위 종류	범칙행위자	포탈세액등	세금계산서 등 범칙행위 금액 (건수)
세금계산서등 범칙 관련	거짓으로 기재하여 세금계산서를 발급한 행위 (조처법 제10조 제1항 제1호)	최HH		490,000,000원 (1건)
	거짓으로 기재하여 계산서를 발급한 행위 (조처법 제10조 제1항 제2호)	최HH		490,000,000원 (1건)
총 범칙행위 수		− 국세 관련 조세범칙 죄 수 : 2개		

나. 거짓으로 기재한 세금계산서 또는 계산서를 발급받은 행위

Ⓐ 소득세 신고내용 등

○ 윤JY(맛최고정육점)의 2021년 귀속 소득세 신고내용 등
- 업태·종목 : 도·소매/식육점
- 2021년 귀속 총 수입금액 10,000,000,000원
- 소득세 과세표준 : 300,000,000원
- 납부할 세액 : 94,600,000원

- 거짓으로 기재(입력)하여 발급(전송)받은 세금계산서와 계산서는 부가가치세와 소득세 신고에 반영되었음.
- 윤JY가 거짓으로 기재한 세금계산서와 계산서를 발급받은 사유는 조세포탈을 위해서임.
- 맛최고정육점의 대표 윤JY는 한성돼지농장의 대표 최HH로부터 거짓으로 기재(입력)한 세금계산서(과다 기재액 : 공급가액 490,000,000원, 부가가치세 49,000,000원)와 계산서(과다 기재액 : 공급가액 490,000,000원)를 발급받아 가공원가(경비)를 계상하여 조성한 자금을 내연녀의 은행 계좌에 은닉하였고, 한성돼지농장에 거짓으로 기재(입력)한 세금계산서와 계산서를 발급(전송)받은 대가로 어떠한 금품도 지급하지 않았음.
- 족제비세무회계사무소는 맛최고정육점의 대표 윤JY가 한성돼지농장으로부터 거짓으로 기재(입력)한 세금계산서와 계산서 발급(전송)받은 사실 등을 몰랐음.
- 복식부기 장부로 신고하였음.

Ⓑ 세금계산서등의 범칙행위 검토

ⓐ 세금계산서 범칙행위

ⓐ 거짓으로 기재한 세금계산서를 발급받은 행위

맛최고정육점의 대표 윤JY는 한성돼지농장으로부터 10,000,000원(공급가액)의 양념돼지갈비를 공급받았으나 한성돼지농장의 대표 최HH와 통정하여 공급가액을 500,000,000원(부가가치세 50,000,000원)으로 기재(입력)한 세금계산서를 발급받았으므로, 이는 거짓으로 기재(과다기재액 : 공급가액 490,000,000원, 부가가치세 49,000,000원)한 세금계산서를 발급받은 행위(조처법 제10조 제2항 제1호)에 해당한다.

> '대법원 2019도10999 판결' 등의 판시 내용을 반영하면 윤JY가 세금계산서의 공급가액과 세액을 과다하게 기재한 세금계산서를 발급받은 행위는 「조세범처벌법」 제10조 제3항 제1호의 행위로도 의율하여야 하고 동법 제10조 제2항 제1호의 행위와는 상상적 경합관계에 있다는 것이 필자의 소견이다.

ⓑ 계산서 범칙행위

ⓐ 거짓으로 기재한 계산서를 발급받은 행위

맛최고정육점의 대표 윤JY는 한성돼지농장으로부터 10,000,000원(공급가액)의 돼지삼겹살을 공급받았으나 한성돼지농장의 대표 최HH와 통정하여 공급가액을 500,000,000원으로 기재(입력)한 계산서를 발급받았으므로, 이는 거짓으로 기재(과다기재액 490,000,000원)한 계산서를 발급받은 행위(조처법 제10조 제2항 제2호)에 해당한다.

> '대법원 2019도10999 판결' 등의 판시 내용을 반영하면 윤JY가 계산서의 공급가액을 과다하게 기재한 계산서를 발급받은 행위는 「조세범처벌법」 제10조 제3항 제2호의 행위로도 의율하여야 하고 동법 제10조 제2항 제2호의 행위와는 상상적 경합관계에 있다는 것이 필자의 소견이다.

ⓒ 실행위자(범칙행위자) 판단

맛최고정육점의 대표 윤JY는 한성돼지농장의 대표 최HH와 통정하여 거짓으로 기재(입력)한 세금계산서와 계산서를 발급받았으므로 거짓으로 기재(입력)한 세금계산서와 계산서를 발급(전송)받은 행위의 실행위자는 대표 윤JY이다.

| 적용 법조항 정리 |

위반 법조항	범칙행위 종류	범칙행위 금액 (건수)	범 칙 행위자
조처법 제10조 제2항 제1호	거짓으로 기재한 세금계산서를 발급받은 행위	490,000,000원 (1건)	윤JY
조처법 제10조 제2항 제2호	거짓으로 기재한 계산서를 발급받은 행위	490,000,000원 (1건)	윤JY

Ⓒ 신고누락 수입금액 및 탈루소득금액

ⓐ 수입금액

맛최고정육점에 매출누락 등의 수입금액을 신고누락한 행위가 없으므로 윤JY 2021년 귀속 소득세 신고 시 신고누락한 수입금액은 없다.

그러나 맛최고정육점 대표 윤JY가 2021년 제2기 부가가치세 신고 시 거짓으로 기재하여 발급받은 세금계산서로 매입세액 공제를 받았기 때문에 과다하게 기재된 공급가액(490,000,000원)과 부가가치세(49,000,000원)에 대해 경정하여야 한다.

(b) 탈루소득금액

맛최고정육점의 대표 윤JY가 한성돼지농장으로부터 거짓으로 기재한 세금계산서(과다기재액 : 공급가액 490,000,000원, 부가가치세 49,000,000원)와 계산서(과다기재액 : 공급가액 490,000,000원)를 발급받아 소득세 신고에 반영하였으므로, 이는 2021년 귀속 소득세 신고 시 가공원가(경비) 980,000,000원을 계상하였다는 것을 의미한다. 따라서 윤JY가 2021년 귀속 소득세 신고 시 가공원가를 계상하여 탈루한 소득금액은 980,000,000원이 된다.

Ⓓ 부가가치세, 소득세, 개인지방소득세 포탈세액등 계산(포탈세액등 계산 기준일 : 2023.9.30.)

(a) 부가가치세 탈루세액등 계산(2021년 제2기 과세기간)

㉮ 부가가치세 본세 : [0원(매출과표) × 10%] − [−490,000,000원[주1](매입과표) × 10%] = 49,000,000원

주1) −490,000,000원은 맛최고정육점의 윤JY가 한성돼지농장으로부터 발급받은 거짓으로 기재(입력)한 세금계산서의 공급가액이 기신고한 매입과표에서 차감된 것을 의미한다.

⚙ 기신고한 부가가치세 매입과표에서 거짓으로 기재(입력)하여 발급받은 세금계산서 금액(과다하게 기재한 금액)이 차감되고, 차감된 매입과표(490,000,000원)에 해당하는 매입세액(49,000,000원)만큼의 부가가치세가 증가한다. 따라서 부가가치세 탈루세액등은 49,000,000원이다.

㉯ 부정과소신고가산세 : 49,000,000원 × 40% = 19,600,000원

⚙ 부정과소신고가산세를 적용한 사유는 맛최고정육점의 윤JY가 조세포탈 목적으로 공급가액을 거짓으로 기재(입력)한 세금계산서를 발급(전송)받은 행위는 「조세범처벌법」 제3조 제6항 제2호가 규정하는 거짓 증빙 수취에 해당하는 부정행위이기 때문이다.

㉰ 납부지연가산세(㉠ + ㉡) : 6,637,540원

㉠ 49,000,000원(본세) × 20일(2022.1.26.~2022.2.14.) × 25/100,000 = 245,000원

㉡ 49,000,000원(본세) × 593일(2022.2.15.~2023.9.30.) × 22/100,000 = 6,392,540원

㉱ 세금계산서불성실가산세[주2] : 490,000,000원 × 2% = 9,800,000원

주2) 가산세 부과 사유는 거짓으로 기재한 세금계산서 수취임.

◎ 부가가치세 추징예상세액(㉮ + ㉯ + ㉰ + ㉱) : 85,037,540원

(b) 소득세 탈루세액등 계산(2021년 귀속)

㉮ 소득세 본세 : 1,280,000,000원[주3](과세표준) × 45% − 65,400,000원(누진세액공제) − 94,600,000원(기납부세액) = 416,000,000원

주3) 과세표준 금액 1,280,000,000원은 당초 과세표준(300,000,000원)에 신고누락한 탈루소득금액

(980,000,000원)을 합산한 금액이다.

- 🔑 기신고한 소득세 과세표준(300,000,000원)에 탈루소득금액(980,000,000원)을 합산하니 소득세가 416,000,000원이 증가하였다. 따라서 소득세 탈루세액등은 416,000,000원이다.

ⓝ 부정과소신고가산세(㉠과 ㉡ 중 큰 것) : 166,400,000원

   ㉠ 416,000,000원 × 40% = 166,400,000원

   ㉡ 신고누락 수입금액이 없으므로 가산세 비교과세는 하지 않는다.

ⓓ 납부지연가산세 : 416,000,000원(본세) × 487일(2022.6.1.~2023.9.30.) × 22/100,000
   = 44,570,240원

ⓡ 계산서불성실가산세[주4] : 490,000,000원 × 2% = 9,800,000원

   주4) 가산세 부과 사유는 거짓으로 기재한 계산서 수취임.

◎ 소득세 추징예상세액(㉮ + ㉯ + ㉰ + ㉱) : 636,770,240원

(c) 개인지방소득세 탈루세액등 계산(2021년 귀속)

ⓐ 개인지방소득세 본세 : 416,000,000원(과세표준) × 10% = 41,600,000원

   🔑 소득세 416,000,000원의 탈루가 발생하면 개인지방소득세도 소득세 탈루세액의 10%만큼 탈루가 발생한다. 따라서 개인지방소득세 탈루세액등은 41,600,000원이다.

ⓝ 부정과소신고가산세 : 41,600,000원 × 40% = 16,640,000원

ⓓ 납부지연가산세 : 41,600,000원(본세) × 487일(2022.5.1.~2023.9.30.) × 22/100,000
   = 4,457,024원

   🔑 개인지방소득세는 신고납세제도에 속하는 세목이고 신고·납부기한은 소득세의 신고·납부기한과 같다. 따라서 납부지연가산세 기산일은 2022.6.1.이 된다.

ⓡ 소득세의 가산세에 부과하는 가산세 : 9,800,000원[주5] × 10% = 980,000원

   주5) 계산서불성실가산세임(거짓으로 기재한 계산서 수취).

◎ 개인지방소득세 추징예상세액(㉮ + ㉯ + ㉰ + ㉱) : 63,677,024원

(d) 총 탈루세액등

납세의무 확정 연도	세목	탈루세액등 (추징예상세액)	기수시기
2022년	소득세 (2021년 귀속)	416,000,000원 (636,770,240원)	2022.5.31. 지난 때
2022년	개인지방소득세 (2021년 귀속)	41,600,000원 (63,677,024원)	2022.5.31. 지난 때

납세의무 확정 연도	세목	탈루세액등 (추징예상세액)	기수시기
2022년	부가가치세 (2021년 2기)	49,000,000원 (85,037,540원)	2022.1.25. 지난 때
합계		506,600,000원 (785,484,804원)	

ⓔ 조세포탈 여부 판단 및 조세포탈행위의 실행위자 특정

대표 윤JY가 공급가액 등을 거짓으로 기재한 세금계산서와 계산서 수취라는 부정한 방법으로 소득세 416,000,000원, 부가가치세 49,000,000원, 개인지방소득세 41,600,000원을 과소하게 납부한 행위 중 소득세와 개인지방소득세를 과소하게 납부한 행위는 소득세 포탈행위(조처법 제3조 제1항)와 개인지방소득세 포탈행위(지기법 제102조 제1항)에 해당하지만, 부가가치세를 과소하게 납부한 행위는 세금계산서를 발급한 한성돼지농장의 최HH가 거짓으로 기재하여 발급한 세금계산서의 부가가치세를 신고·납부하였으므로 조세포탈행위로 의율할 수 없다(대법원 1990.10.16. 90도1955 판결). 따라서 소득세와 개인지방소득세의 과소 납부세액은 포탈세액등이 되고, 부가가치세는 과소 납부세액은 탈루세액등이 된다.

소득세와 개인지방소득세 포탈행위의 원인이 된 거짓으로 기재한 세금계산서와 계산서 수취행위를 윤JY가 하였으므로 조세포탈행위의 실행위자는 윤JY이다.

그리고 연간 포탈세액등^{주6)}(2022년)이 5억 원 이상인 연도가 없으므로 특가법 제8조는 적용되지 않는다.

주6) 457,600,000원 = 416,000,000원(소득세 포탈세액) + 41,600,000원(개인지방소득세 포탈세액)

| 적용 법조항 정리 |

적용 법조항	범칙행위 종류	실행위자	포탈세액등
조처법 제3조 제1항	소득세 포탈행위(2021년 귀속)	윤JY	416,000,000원
지기법 제102조 제1항	개인지방소득세 포탈행위(2021년 귀속)	윤JY	41,600,000원

Ⓔ 법인 또는 개인사업자에 대한 양벌규정 적용 검토

맛최고정육점은 개인사업자이고 조세범칙행위의 실행위자가 사업주인 윤JY이므로 윤JY에게 「조세범처벌법」 제18조와 「지방세기본법」 제109조에서 규정하는 양벌규정에 대한 책임을 물을 수 없다.

F 조세범칙행위 외 범죄행위 검토

맛최고정육점이 개인사업자이면서 조세범칙행위자가 대표자인 윤JY이고 거짓으로 기재한 세금계산서 또는 계산서를 수취하여 마련한 자금을 내연녀의 은행 계좌에 은닉하였으므로 뇌물공여행위 등의 범죄행위는 검토할 필요가 없다.

G 세무대리인 등에 대한 공범 또는 방조범 해당 여부 검토

족제비세무회계사무소는 맛최고정육점의 대표 윤JY가 한성돼지농장으로부터 거짓으로 기재한 세금계산서와 계산서를 수취한 사실 등을 몰랐으므로 윤JY의 범칙행위에 대해 세무대리인 등의 공범 또는 방조범은 없다.

H 총 범칙행위 수

구분	범칙행위 종류	범칙행위자	포탈세액등	세금계산서 등 범칙행위 금액 (건수)
조세포탈 관련	소득세 포탈행위(2021년 귀속) (조처법 제3조 제1항)	윤JY	416,000,000원	
	개인지방소득세 포탈행위 (2021년 귀속) (지기법 102조 제1항)	윤JY	41,600,000원	
세금계산서등 범칙 관련	거짓으로 기재한 세금계산서를 발급받은 행위 (조처법 제10조 제2항 제1호)	윤JY		490,000,000원 (1건)
	거짓으로 기재한 계산서를 발급받은 행위 (조처법 제10조 제2항 제2호)	윤JY		490,000,000원 (1건)
총 범칙행위 수		− 국세 관련 조세범칙 죄 수 : 3개 − 지방세 관련 조세범칙 죄 수 : 1개		

Ⅱ 〉 법인사업자

1. 과세 법인사업자

> ㈜한성목재의 대표 김QQ는 2021.9.12. ㈜성한건축자재에 10,000,000원(공급가액)의 합판을 공급하였으나 ㈜성한건축자재의 대표(윤ZZ)와 통정하여 세금계산서의 공급가액란에 500,000,000원(부가가치세 50,000,000원)으로 기재(입력)하여 세금계산서를 발급하였다.
> • 거짓으로 기재하여 발급한 세금계산서는 부가가치세 신고와 법인세 신고 시 반영되었음.
> • 세금계산서는 대표 김QQ가 국세청 홈택스 전자세금계산서 발급화면에 접속하여 전자세금계산서를 작성하고 ㈜성한건축지재에 전송(발급)하였음.
> • ㈜한성목재의 대표 김QQ가 ㈜성한건축자재에 거짓으로 기재한 세금계산서를 발급한 사유는 외형을 키워 은행 대출조건을 갖추기 위해서였고, 때문에 거짓으로 기재하여 발급한 세금계산서의 부가가치세를 ㈜한성목재에서 신고·납부하였음.
> • ㈜한성목재의 대표 김QQ는 거짓으로 기재한 세금계산서 발급과 관련하여 ㈜성한건축자재로부터 어떠한 금품도 받지 않았음.
> • 사슴세무회계사무소는 ㈜한성목재의 세금계산서를 거짓으로 기재하여 발급한 사실을 몰랐음.
> • ㈜한성목재와 ㈜성한건축자재는 실제로 합판 도·소매업하는 법인임.
> • 수사착수일 2023.9.1.

가. 거짓으로 기재하여 세금계산서를 발급한 행위

Ⓐ 법인세 신고내용 등

> ○ ㈜한성목재의 2021년 사업연도 법인세 신고내용 등
> - 2021년 사업연도 총 수입금액 10,000,000,000원
> - 법인세 과세표준 : 500,000,000원
> - 총 부담세액 : 80,000,000원(법인세 신고 시 지방소득세와 같이 납부함)
> ※ 복식부기 장부로 신고하였음.
> ※ 성실신고확인서 제출대상자로 법인세 신고 시 제출하였음.
> ※ 사업연도 기간 : 1.1.~12.31.

Ⓑ 세금계산서등의 범칙행위 검토

ⓐ 세금계산서 범칙행위

ⓐ 거짓으로 기재하여 세금계산서를 발급한 행위

㈜한성목재의 대표 김QQ가 ㈜성한건축자재에 10,000,000원(공급가액)의 합판을 공급하였으나 ㈜성한건축자재의 대표 윤ZZ과 통정해 세금계산서의 공급가액란에 500,000,000원(부가가치세 50,000,000원)으로 기재하여 세금계산서를 발급하였으므로, 이는 거짓으로 기재(과다기재금액 : 공급가액 490,000,000원, 부가가치세 49,000,000원)하여 세금계산서를 발급한 행위(조처법 제10조 제1항 제1호)에 해당한다.

> '대법원 2019도10999 판결' 등의 판시 내용을 반영하면 김QQ가 세금계산서의 공급가액과 부가가치세를 과다하게 기재하여 세금계산서를 발급한 행위는 「조세 범처벌법」 제10조 제3항 제1호의 행위로도 의율하여야 하고 동법 제10조 제1항 제1호의 행위와는 상상적 경합관계에 있다는 것이 필자의 소견이다.

ⓑ 실행위자(범칙행위자) 판단

㈜한성목재의 대표 김QQ가 ㈜성한건축자재의 대표 윤ZZ와 통정해 세금계산서의 공급가액을 거짓으로 기재하여 ㈜성한건축자재에 발급하였으므로 거짓으로 기재하여 세금계산서를 발급한 행위의 실행위자는 대표 김QQ이다.

| 적용 법조항 정리 |

적용 법조항	범칙행위 종류	범칙행위 금액 (건수)	범 칙 행위자
조처법 제10조 제1항 제1호	거짓으로 기재하여 세금계산서를 발급한 행위	490,000,000원 (1건)	김QQ

Ⓒ 신고누락 수입금액 및 탈루소득금액

ⓐ 수입금액

㈜한성목재의 대표 김QQ가 ㈜성한건축자재에 10,000,000원의 합판을 공급하였으나 ㈜성한건축자재의 대표 윤ZZ와 통정해 세금계산서의 공급가액을 500,000,000원(부가가치세 50,000,000원)으로 기재하여 세금계산서를 발급하고, 이를 법인세 신고에 반영하였기 때문에 ㈜한성목재의 2021년 사업연도 법인세 신고내용에 거짓으로 기재(과다하게 기재)하여 발급한 세금계산서의 수입금액이 포함돼 있으므로 해당 수입금액(490,000,000원)을 수입금액에서 차감하여야 한다. 따라서 ㈜한성목재가 2021년 사업

연도 법인세 신고 시 신고누락한 수입금액은 −490,000,000원이 된다.

그리고 ㈜한성목재가 기신고한 2021년 제2기 부가가치세 매출과표에 거짓으로 기재(과다하게 기재)하여 발급한 세금계산서의 금액(공급가액 490,000,000원, 부가가치세 49,000,000원)이 포함되어 있으므로 부가가치세도 경정하여야 한다.

(b) 탈루소득금액

㈜한성목재의 2021년 사업연도 법인세 신고내용에 거짓으로 기재(과다하게 기재)하여 발급된 세금계산서의 금액이 소득금액에 포함되어 있으므로 소득금액에서 과다하게 기재된 세금계산서의 공급가액을 차감하여야 한다. 따라서 ㈜한성목재가 2021년 사업연도 법인세 신고 시 신고누락한 탈루소득금액은 −490,000,000원이 된다.

🄳 부가가치세, 법인세, 법인지방소득세 포탈세액등 계산(포탈세액등 계산 기준일 : 2023.9.30.)

(a) 부가가치세 탈루세액등 계산(2021년 제2기 과세기간)

㉮ 부가가치세 본세 : [−490,000,000원(매출과표)[주1] × 10%] − [0원(매입과표) × 10%]
= −49,000,000원

주1) 과세표준이 −490,000,000원은 ㈜한성목재의 대표 김QQ가 거짓으로 기재(과다하게 기재)하여 발급한 세금계산서의 공급가액이 기신고한 매출과표에서 차감된 것을 의미한다.

🗝 (−)음수 매출과표는 매출과표가 줄어드는 것을 의미하고 매출과표에 해당하는 매출세액만큼의 부가가치세가 감소를 의미한다. 따라서 부가가치세 탈루세액등은 없다.

㉯ 세금계산서불성실가산세[주2] : 490,000,000원 × 2% = 9,800,000원

주2) 가산세 부과는 거짓으로 기재하여 세금계산서 발급임.

◎ 부가가치세 추징예상세액(㉮ + ㉯) : −39,200,000원

🗝 부가가치세 추징예상세액 −39,200,000원은 ㈜한성목재에 부가가치세 39,200,000원이 환급된다는 것을 의미한다.

(b) 법인세 탈루세액등 계산(2021년 사업연도)

㉮ 법인세 본세 : 10,000,000원[주3](과세표준) × 10% − 80,000,000원(기납부세액)
= −78,000,000원

주3) 과세표준 금액 10,000,000원은 당초 과세표준(500,000,000원)에 신고누락한 탈루소득금액(−490,000,000원)을 합산한 금액이다.

🗝 거짓으로 기재하여 발급한 금액 490,000,000원이 소득금액에서 차감돼 과세표준이 줄어들어 법인세 78,000,000원이 감소 되었다. 이는 ㈜한성목재가 부담하는 법인세가 78,000,000원만큼 줄어들었다는 것을 의미한다. 따라서 법인세 탈루세액등은 없다.

◎ 법인세 추징예상세액(㉮) : −78,000,000원

⚙ 법인세 추징예상세액 −78,000,000원은 ㈜한성목재에 법인세 78,000,000원이 환급된다는 것을 의미한다.

(c) 법인지방소득세 탈루세액등 계산(2021년 사업연도)

㉮ 법인지방소득세 본세 : −78,000,000원(과세표준) × 10% = −7,800,000원

⚙ 법인지방소득세 본세가 −7,800,000원인 것은 ㈜한성목재가 부담할 법인지방소득세가 7,800,000원만큼 감소하였다는 것을 의미한다. 따라서 법인지방소득세 탈루세액은 없다.

◎ 법인지방소득세 추징예상세액(㉮) : −7,800,000원

⚙ 법인지방소득세 추징예상세액 −7,800,000원은 ㈜한성목재에 법인지방소득세 7,800,000원이 환급된다는 것을 의미한다.

(d) 총 탈루세액등

납세의무 확정 연도	세목	탈루세액등 (추징예상세액)	기수시기
2022년	법인세 (2021년 사업연도)	−78,000,000원 (−78,000,000원)	
2022년	법인지방소득세 (2021년 사업연도)	−7,800,000원 (−7,800,000원)	
2022년	부가가치세 (2021년 2기)	−49,000,000원 (−39,200,000원)	
합계		−134,800,000원 (−125,000,000원[주4])	

주4) 추징예상세액 −125,000,000원은 ㈜한성목재에게 125,000,000원(법인세 환급세액 78,000,000원 + 법인지방소득세 환급세액 7,800,000원 + 부가가치세 환급세액 39,200,000원)이 환급된다는 것을 의미한다.

⚙ 상기 표의 내용과 같이 탈루세액등이 발생하지 아니하였다.

(e) 조세포탈 여부 판단 및 조세포탈행위의 실행위자 특정

㈜한성목재가 거짓으로 기재하여 세금계산서를 발급한 범칙행위를 하였지만, 거짓으로 기재(과다기재)하여 발급한 세금계산서 금액을 없애면 수입금액과 소득금액이 줄어들어 포탈세액이 발생하지 않는다. 따라서 조세포탈행위가 발생하지 않았으므로 조세포탈의 실행위자도 없다.

E 법인 또는 개인사업자에 대한 양벌규정 적용 검토

㈜한성목재는 범칙행위자 김QQ가 업무와 관련하여 "세금계산서 범칙행위"를 하지 않도록 상당한 주의를 가지고 감독할 의무가 있으나, 범칙행위자 김QQ의 "세금계산서 범칙행위"를 방지하기 위한 책임을 게을리하였으므로 「조세범처벌법」에서 규정하는 양벌규정(제18조)에 대한 책임을 물을 수 있다.

| 적용 법조항 정리 |

적용 법조항	범칙행위 종류	범칙행위자
조처법 제18조	양벌규정	㈜한성목재

F 조세범칙행위 외 범죄행위 검토

본 건 세금계산서 범칙행위와 관련하여 ㈜한성목재에서 부외자금이 조성되지 않았으므로 횡령행위, 뇌물공여행위 등에 대한 범죄행위는 검토할 필요가 없다.

G 세무대리인 등에 대한 공범 또는 방조범 해당 여부 검토

사슴세무회계사무소는 ㈜한성목재의 대표 김QQ가 행한 세금계산서 범칙행위를 몰랐으므로 김QQ의 범칙행위에 세무대리인 등의 공범 또는 방조범은 없다.

H 총 범칙행위 수

구분	범칙행위 종류	범칙행위자	포탈세액등	세금계산서 등 범칙행위 금액 (건수)
세금계산서등 범칙 관련	거짓으로 기재하여 세금계산서를 발급한 행위 (조처법 제10조 제1항 제1호)	김QQ		490,000,000원 (1건)
기타 조세 범칙 관련	양벌규정(조처법 제18조)	㈜한성목재		
총 범칙행위 수			– 국세 관련 조세범칙 죄 수 : 2개	

나. 거짓으로 기재한 세금계산서를 발급받은 행위

A 법인세 신고내용 등

> ○ ㈜성한건축자재의 2021년 사업연도 법인세 신고내용 등
>   – 업태·종목 : 도·소매/건축자재
>   – 2021년 사업연도 총 수입금액 10,000,000,000원
>   – 법인세 과세표준 : 300,000,000원
>   – 총 부담세액 : 40,000,000원
>
> • 거짓으로 기재하여 발급받은 세금계산서는 부가가치세와 법인세 신고에 반영되었음.
> • ㈜성한건축자재의 대표 윤ZZ는 ㈜한성목재의 대표 김QQ로부터 공급가액이 거짓기재 (과다 기재액 : 공급가액 490,000,000원, 부가가치세 49,000,000원)된 세금계산서를 발급받아 가공원가(경비)를 계상하여 조성한 부외자금을 친구의 은행 계좌에 은닉하였고, ㈜한성목재에 거짓으로 기재한 세금계산서를 발급받은 대가로 어떠한 금품도 지급하지 않았음.
> • 토끼세무회계사무소는 ㈜성한건축자재의 대표 윤ZZ가 ㈜한성목재으로부터 거짓으로 기재한 세금계산서 발급받은 사실 등을 몰랐음.
> • 복식부기 장부로 신고하였음.
> • 사업연도 기간 : 1.1.~12.31.

B 세금계산서등의 범칙행위 검토

(a) 세금계산서 범칙행위

ⓐ 거짓으로 기재한 세금계산서를 발급받은 행위

㈜성한건축자재의 대표 윤ZZ는 ㈜한성목재로부터 10,000,000원(공급가액)의 합판을 공급받았으나 ㈜한성목재의 대표 김QQ와 통정하여 공급가액을 500,000,000원(부가가치세 50,000,000원)으로 기재한 세금계산서를 발급받았으므로, 이는 거짓으로 기재(과다 기재액 : 공급가액 490,000,000원, 부가가치세 49,000,000원)한 세금계산서를 발급받은 행위(조처법 제10조 제2항 제1호)에 해당한다.

> '대법원 2019도10999 판결' 등의 판시 내용을 반영하면 윤ZZ이 세금계산서의 공급가액과 부가가치세를 과다하게 기재한 세금계산서를 발급받은 행위는 「조세범처벌법」 제10조 제3항 제1호의 행위로도 의율하여야 하고 동법 제10조 제2항 제1호의 행위와는 상상적 경합관계에 있다는 것이 필자의 소견이다.

(b) 실행위자(범칙행위자) 판단

㈜성한건축자재의 대표 윤ZZ가 ㈜한성목재로부터 실제로 10,000,000원(공급가액)의 합판을 공급받았으나 ㈜한성목재의 대표 김QQ와 통정하여 공급가액을 500,000,000원(부가가치세 50,000,000원)으로 기재한 세금계산서를 발급받았으므로 거짓으로 기재(과다기재액 : 공급가액 490,000,000원, 부가가치세 49,000,000원)한 세금계산서를 발급받은 행위의 실행위자는 대표 윤ZZ이다.

| 적용 법조항 정리 |

적용 법조항	범칙행위 종류	범칙행위 금액 (건수)	범 칙 행위자
조처법 제10조 제2항 제1호	거짓으로 기재한 세금계산서를 발급받은 행위	490,000,000원 (1건)	윤ZZ

Ⓒ 신고누락 수입금액 및 탈루소득금액

(a) 수입금액

㈜성한건축자재에 매출누락 등의 수입금액을 신고누락한 행위가 없으므로 ㈜성한건축자재이 2021년 사업연도 법인세 신고에서 신고누락한 수입금액은 없다.

그러나 ㈜성한건축자재가 2021년 제2기 부가가치세 신고 시 거짓으로 기재한 세금계산서를 발급받아 매입세액 공제를 받았기 때문에 과다하게 기재된 공급가액(490,000,000원)과 부가가치세(49,000,000원)에 대해 경정하여야 한다.

(b) 탈루소득금액

㈜성한건축자재의 대표 윤ZZ이 ㈜한성목재로부터 거짓으로 기재한 세금계산서(과다기재액 : 공급가액 490,000,000원, 부가가치세 49,000,000원)를 발급받아 법인세 신고에 반영하였으므로, 이는 2021년 사업연도 법인세 신고에서 가공원가(경비)를 계상하였다는 것을 의미한다. 따라서 ㈜성한건축자재가 2021년 사업연도 법인세 신고 시 490,000,000원의 가공원가를 계상하였으므로 탈루소득금액은 490,000,000원이다.

Ⓓ 부가가치세, 법인세, 법인지방소득세 포탈세액등 계산(포탈세액등 계산 기준일 : 2023.9.30.)

(a) 부가가치세 탈루세액등 계산(2021년 제2기 과세기간)

㉮ 부가가치세 본세 : [0원(매출과표) × 10%] − [−490,000,000원[주1)](매입과표) × 10%] = 49,000,000원

주1) −490,000,000원은 ㈜성한건축자재가 ㈜한성목재로부터 발급받은 거짓으로 기재한 세금계산서의 공급가액이 기신고한 매입과표에서 차감된 것을 의미한다.

- 🔑 기신고한 부가가치세 매입과표에서 과다하게 발급받은 세금계산서 금액이 차감되므로, 차감된 매입과표(490,000,000원)에 해당하는 매입세액(49,000,000원)만큼의 부가가치세가 증가하였다. 따라서 부가가치세 탈루세액등은 49,000,000원이다.

- ㉯ 부정과소신고가산세 : 49,000,000원 × 40% = 19,600,000원

  - 🔑 부정과소신고가산세를 적용한 사유는 ㈜성한건축자재의 윤ZZ이 법인자금 횡령 등의 목적으로 공급가액을 거짓으로 기재한 세금계산서를 발급받은 행위는 「조세범처벌법」 제3조 제6항 제2호가 규정하는 거짓 증빙 수취에 해당하는 부정행위이기 때문이다.

- ㉰ 납부지연가산세(㉠ + ㉡) : 6,637,540원

  - ㉠ 49,000,000원(본세) × 20일(2022.1.26.~2022.2.14.) × 25/100,000 = 245,000원
  - ㉡ 49,000,000원(본세) × 593일(2022.2.15.~2023.9.30.) × 22/100,000 = 6,392,540원

- ㉱ 세금계산서불성실가산세$^{주2)}$: 490,000,000원 × 2% = 9,800,000원

  주2) 가산세 부과 사유는 거짓으로 기재한 세금계산서 수취임.

- ◎ 부가가치세 추징예상세액(㉮ + ㉯ + ㉰ + ㉱) : 85,037,540원

(b) 법인세 탈루세액등 계산(2021년 사업연도)

- ㉮ 법인세 본세 : 790,000,000원$^{주3)}$(과세표준) × 20% − 20,000,000원(누진세액공제)
  − 40,000,000원(기납부세액) = 98,000,000원

  주3) 과세표준 금액 790,000,000원은 당초 과세표준(300,000,000원)에 신고누락한 탈루소득금액(490,000,000원)을 합산한 금액이다.

  - 🔑 기신고한 법인세 과세표준(300,000,000원)에 탈루소득금액(490,000,000원)을 합산하니 법인세가 98,000,000원이 증가하였다. 따라서 법인세 탈루세액등은 98,000,000원이다.

- ㉯ 부정과소신고가산세(㉠과 ㉡ 중 큰 것) : 39,200,000원

  - ㉠ 98,000,000원 × 40% = 39,200,000원
  - ㉡ 신고누락 수입금액이 없으므로 가산세 비교과세는 하지 않는다.

- ㉰ 납부지연가산세 : 98,000,000원(본세) × 548일(2022.4.1.~2023.9.30.) × 22/100,000
  = 11,814,880원

- ◎ 법인세 추징예상세액(㉮ + ㉯ + ㉰) : 149,014,880원

(c) 법인지방소득세 탈루세액등 계산(2021년 사업연도)

- ㉮ 법인지방소득세 본세 : 98,000,000원(과세표준) × 10% = 9,800,000원

  - 🔑 법인세 98,000,000원의 탈루가 발생하면 법인지방소득세도 법인세 탈루세액의 10%만큼 탈루가 발생한다. 따라서 법인지방소득세 탈루세액등은 9,800,000원이다.

- ㉯ 부정과소신고가산세 : 9,800,000원 × 40% = 3,920,000원

㉳ 납부지연가산세 : 9,800,000원(본세) × 518일(2022.5.1.~2023.9.30.) × 22/100,000

= 1,116,808원

⚓ 법인지방소득세는 신고납세제도에 속하는 세목이고 신고·납부기한은 법인의 과세기간 종료일부터 4개월 이내이다. 따라서 납부지연가산세 기산일은 2022.5.1.이 된다.

◎ 법인지방소득세 추징예상세액(㉮ + ㉯ + ㉳) : 14,836,808원

(d) 총 탈루세액등

납세의무 확정 연도	세목	탈루세액등 (추징예상세액)	기수시기
2022년	법인세 (2021년 사업연도)	98,000,000원 (149,014,880원)	2022.3.31. 지난 때
2022년	법인지방소득세 (2021년 사업연도)	9,800,000원 (14,836,808원)	2022.4.30. 지난 때
2022년	부가가치세 (2021년 2기)	49,000,000원 (85,037,540원)	2022.1.25. 지난 때
합계		156,800,000원 (248,889,228)	

(e) 조세포탈 여부 판단 및 조세포탈행위의 실행위자 특정

대표 윤ZZ이 공급가액 등을 거짓으로 기재한 세금계산서 수취라는 부정한 방법으로 법인세 98,000,000원, 부가가치세 49,000,000원, 법인지방소득세 9,800,000원을 과소하게 납부한 행위 중 법인세와 법인지방소득세를 과소하게 납부한 행위는 법인세 포탈행위(조처법 제3조 제1항)와 법인지방소득세 포탈행위(지기법 제102조 제1항)에 해당하지만, 부가가치세를 과소하게 납부한 행위는 세금계산서를 발급한 ㈜한성목재의 김QQ가 거짓으로 기재하여 발급한 세금계산서의 부가가치세를 신고·납부하였으므로 조세포탈행위로 의율할 수 없다(대법원 1990.10.16. 90도1955 판결). 따라서 법인세와 법인지방소득세의 과소 납부세액은 포탈세액등이 되고, 부가가치세는 과소 납부세액은 탈루세액등이 된다.

법인세와 법인지방소득세 포탈행위의 원인이 된 거짓으로 기재한 세금계산서 수취행위를 윤ZZ이 하였으므로 조세포탈행위의 실행위자는 윤ZZ이다.

그리고 연간 포탈세액등[주4](2022년)이 5억 원 이상인 연도가 없으므로 특가법 제8조는 적용되지 않는다.

주4) 107,800,000원 = 98,000,000원(법인세 포탈세액) + 9,800,000원(법인지방소득세 포탈세액)

적용 법조항	범칙행위 종류	실행위자	포탈세액등
조처법 제3조 제1항	법인세 포탈행위 (2021년 사업연도)	윤ZZ	98,000,000원
지기법 제102조 제1항	법인지방소득세 포탈행위 (2021년 사업연도)	윤ZZ	9,800,000원

E 법인 또는 개인사업자에 대한 양벌규정 적용 검토

㈜성한건축자재는 범칙행위자 윤ZZ가 업무와 관련하여 사기 그 밖의 부정한 행위로 인한 조세포탈행위 등을 하지 않도록 상당한 주의를 가지고 감독할 의무가 있으나, 범칙행위자 윤ZZ의 사기 그 밖의 부정한 행위로 인한 조세포탈행위 등을 방지하기 위한 책임을 게을리하였으므로 「조세범처벌법」 제18조와 「지방세기본법」 제109조에서 규정하는 양벌규정에 대해 책임이 있다.

| 적용 법조항 정리 |

적용 법조항	범칙행위 종류	범칙행위자
조처법 제18조	양벌규정	㈜성한건축자재
지기법 제109조	양벌규정	㈜성한건축자재

F 조세범칙행위 외 범죄행위 검토

(a) 횡령행위

㈜성한건축자재의 대표 윤ZZ이 ㈜한성목재로부터 공급가액을 거짓으로 기재한 세금계산서를 수취해 가공원가(경비)를 계상하여 마련한 부외자금(539,000,000원)을 불법영득 의사로 영득한 행위는 업무상 횡령행위(형법 제356조)에 해당한다.

그리고 업무상 횡령금액(539,000,000원[주5])이 5억 원 이상이므로 특경법 제3조 제1항 제2호에 의하여 특정재산범죄의 가중처벌대상이다.

주5) 539,000,000원 = 490,000,000원(과대 기재한 공급가액) + 49,000,000원(과대 기재한 부가가치세 49,000,000원)

| 적용 법조항 정리 |

적용 법조항	범칙행위 종류	범칙행위자	횡령금액
특경법 제3조 제1항 제2호	특정재산범죄의 가중처벌	윤ZZ	539,000,000원
형법 제356조	업무상 횡령행위	윤ZZ	539,000,000원

ⓑ 뇌물공여행위, 불법정치자금제공행위 등

대표 윤ZZ이 횡령한 금액을 친구의 은행 계좌에 은닉하였으므로 뇌물공여행위, 불법정치자금제공행위 등에 대해 검토할 필요가 없다.

Ⓖ 세무대리인 등에 대한 공범 또는 방조범 해당 여부 검토

토끼세무회계사무소는 ㈜성한건축자재의 대표 윤ZZ이 ㈜한성목재로부터 거짓으로 기재한 세금계산서를 수취한 사실 등을 몰랐으므로 윤ZZ의 범칙행위에 대해 세무대리인 등의 공범 또는 방조범은 없다.

Ⓗ 총 범칙행위 수

구분	범칙행위 종류	범칙행위자	포탈세액등	세금계산서 등 범칙행위 금액 (건수)
조세포탈 관련	법인세 포탈행위(2021년 사업연도) (조처법 제3조 제1항)	윤ZZ	98,000,000원	
	법인지방소득세 포탈행위 (2021년 사업연도) (지기법 제102조 제1항)	윤ZZ	9,800,000원	
세금계산서등 범칙 관련	거짓으로 기재한 세금계산서를 발급받은 행위 (조처법 제10조 제2항 제1호)	윤ZZ		490,000,000원 (1건)
기타 조세 범칙 관련	양벌규정(조처법 제18조)	㈜성한 건축자재		
	양벌규정(지기법 제109조)	㈜성한 건축자재		
조세범칙 외	특정재산범죄의 가중처벌 (특정법 제3조 제1조 제2항)	윤ZZ		539,000,000원
	업무상 횡령행위(형법 제356조)	윤ZZ		539,000,000원
총 범칙행위 수	- 국세 관련 조세범칙 죄 수 : 3개 - 지방세 관련 조세범칙 죄 수 : 2개 - 기타범칙 죄 수 : 2개			

2. 면세 법인사업자

㈜한성돼지농장의 대표 최HH가 2021.9.12. ㈜맛최고정육점에 10,000,000원(공급가액)의 돼지삼겹살을 공급하였으나 ㈜맛최고정육점의 대표(윤JY)와 통정해 계산서의 공급가액란에 500,000,000원으로 기재(입력)하여 계산서를 발급하였다.
- 계산서는 대표 최HH가 국세청 홈택스 전자계산서 발급화면에 접속하여 전자계산서를 작성하고 ㈜맛최고정육점에 전송(발급)하였음.
- 거짓으로 기재하여 발급한 계산서는 법인세 신고 시 장부에 반영되었음.
- ㈜한성돼지농장의 대표 최HH가 ㈜맛최고정육점에 거짓으로 기재한 계산서를 발급한 사유는 외형을 높여 은행대출 조건을 갖추기 위해서였음.
- ㈜한성돼지농장의 대표 최HH는 거짓으로 기재한 계산서 발급과 관련하여 ㈜맛최고정육점의 대표 윤JY로부터 어떠한 금품도 받지 않았음.
- 반달곰세무회계사무소는 ㈜한성돼지농장이 계산서를 거짓으로 기재하여 발급한 사실을 몰랐음.
- ㈜한성돼지농장과 ㈜맛최고정육점은 실제로 사업을 하는 법인임.
- 수사개시일 2023.9.1.

가. 거짓으로 기재하여 계산서를 발급한 행위

A 법인세 신고내용 등

○ ㈜한성돼지농장의 2021년 사업연도 법인세 신고내용 등
  - 2021년 사업연도 총 수입금액 10,000,000,000원
  - 법인세 과세표준 : 500,000,000원
  - 총 부담세액 : 80,000,000원(법인세 신고 시 법인지방소득세와 함께 납부함)
  ※ 복식부기 장부로 신고하였음.
  ※ 성실신고확인서 제출대상자로 법인세 신고 시 제출하였음.
  ※ 사업연도 기간 : 1.1.~12.31.

B 세금계산서등의 범칙행위 검토

(a) 계산서 범칙행위

ⓐ 거짓으로 기재하여 계산서를 발급한 행위

㈜한성돼지농장의 대표 최HH가 ㈜맛최고정육점에 10,000,000원(공급가액)의 돼

지삼겹살을 공급하였으나 ㈜맛최고정육의 대표 윤JY와 통정해 계산서의 공급가액란에 500,000,000원으로 기재하여 계산서를 발급하였으므로, 이는 거짓으로 기재(과다기재액 : 공급가액 490,000,000원)하여 계산서를 발급한 행위(조처법 제10조 제1항 제2호)에 해당한다.

> '대법원 2019도10999 판결' 등의 판시 내용을 반영하면 최HH가 계산서의 공급가액을 과다하게 기재하여 계산서를 발급한 행위는 「조세범처벌법」 제10조 제3항 제2호의 행위로도 의율하여야 하고 동법 제10조 제1항 제2호의 행위와는 상상적 경합관계라는 것이 필자의 소견이다.

(b) 실행위자(범칙행위자) 판단

㈜한성돼지농장의 대표 최HH가 ㈜맛최고정육점의 대표 윤JY와 통정해 계산서의 공급가액을 거짓으로 기재하여 발급하여 주었으므로 거짓으로 기재하여 계산서를 발급한 행위의 실행위자는 대표 최HH이다.

| 적용 법조항 정리 |

적용 법조항	범칙행위 종류	범칙행위 금액 (건수)	범 칙 행위자
조처법 제10조 제1항 제2호	거짓으로 기재하여 계산서를 발급한 행위	490,000,000원 (1건)	최HH

ⓒ 신고누락 수입금액 및 탈루소득금액

(a) 수입금액

㈜한성돼지농장의 대표 최HH가 10,000,000원의 돼지삼겹살을 ㈜맛최고정육점에 공급하였으나 ㈜맛최고정육점의 대표 윤JY와 통정해 계산서의 공급가액을 500,000,000원으로 기재(입력)하여 계산서를 발급하고, 이를 법인세에 반영하였기 때문에 ㈜한성돼지농장의 2021년 사업연도 법인세 신고내용에 거짓으로 기재(과다하게 기재)하여 발급한 계산서의 금액이 포함돼 있으므로 해당금액(490,000,000원)을 수입금액에서 차감하여야 한다. 따라서 ㈜한성돼지농장이 2021년 사업연도 법인세 신고 시 신고누락한 수입금액은 －490,000,000원이 된다.

(b) 탈루소득금액

㈜한성돼지농장의 2021년 사업연도 법인세 신고내용에 거짓으로 기재(과다하게 기재)하여 발급된 계산서의 금액이 소득금액에 포함되어 있으므로 소득금액에서 과다하게 기재한 계산서의 공급가액을 차감하여야 한다. 따라서 ㈜한성돼지농장이 2021년 사업연도 법인세 신고에서 신고누락한 탈루소득금액은 −490,000,000원이 된다.

Ⓓ 법인세, 법인지방소득세 포탈세액등 계산(포탈세액등 계산 기준일 : 2023.9.30.)

(a) 법인세 탈루세액등 계산(2021년 사업연도)

㉮ 법인세 본세 : 10,000,000원[주1](과세표준) × 10% − 80,000,000원(기납부세액)

= −78,000,000원

주1) 과세표준 금액 10,000,000원은 당초 과세표준(500,000,000원)에 신고누락한 탈루소득금액 (−490,000,000원)을 합산한 금액이다.

⚽ 거짓으로 기재하여 발급한 금액 490,000,000원이 소득금액에서 차감돼 과세표준이 줄어들어 법인세 78,000,000원이 감소되었고, 이는 ㈜한성돼지농장이 부담하는 법인세가 78,000,000원만큼 줄어들었다는 것을 의미한다. 따라서 법인세 탈루세액등은 없다.

㉯ 계산서불성실가산세[주2] : 490,000,000원 × 2% = 9,800,000원

주2) 가산세 부과 사유는 거짓으로 기재하여 계산서 발행임.

◎ 법인세 추징예상세액(㉮ + ㉯) : −68,200,000원

⚽ 법인세 추징예상세액 −68,200,000원은 ㈜한성돼지농장에 법인세 68,200,000원이 환급된다는 것을 의미한다.

(b) 법인지방소득세 탈루세액등 계산(2021년 사업연도)

㉮ 법인지방소득세 본세 : −78,000,000원(과세표준) × 10% = −7,800,000원

⚽ 법인지방소득세 본세가 −7,800,000원인 것은 ㈜한성돼지농장이 부담할 법인지방소득세가 7,800,000원만큼 감소하였다는 것을 의미한다. 따라서 법인지방소득세 탈루세액은 없다.

㉯ 법인세의 가산세에 부과하는 가산세 : 9,800,000원[주3] × 10% = 980,000원

주3) 계산서불성실가산세(거짓으로 기재하여 계산서 발급)

◎ 법인지방소득세 추징예상세액(㉮ + ㉯) : −6,820,000원

⚽ 법인지방소득세 추징예상세액 −6,820,000원은 ㈜한성돼지농장에 법인지방세소득세 6,820,000원이 환급된다는 것을 의미한다.

(c) 총 탈루세액등

납세의무 확정 연도	세목	탈루세액등 (추징예상세액)	기수시기
2022년	법인세 (2021년 사업연도)	−78,000,000원 (−68,200,000원)	
2022년	법인지방소득세 (2021년 사업연도)	−7,800,000원 (−6,820,000원)	
합계		−85,800,000원 (−75,020,000원^{주4)})	

주4) 추징예상세액 −75,020,000원은 ㈜한성돼지농장에 75,020,000원(법인세 환급세액 68,200,000원 + 법인지방소득세 환급세액 6,820,000원)이 환급된다는 것을 의미한다.

♂ 상기 표의 내용과 같이 탈루세액등이 발생하지 아니하였다.

(d) 조세포탈 여부 판단 및 조세포탈행위의 실행위자 특정

㈜한성돼지농장이 거짓으로 기재하여 계산서를 발급한 계산서 범칙행위를 하였지만, 거짓으로 기재(과다기재)하여 발급한 계산서 금액을 없애면 수입금액과 소득금액이 줄어들어 포탈세액이 발생하지 않는다. 따라서 조세포탈행위가 발생하지 않았으므로 조세포탈의 실행위자도 없다.

E 법인 또는 개인사업자에 대한 양벌규정 적용 검토

㈜한성돼지농장은 범칙행위자 최HH가 업무와 관련하여 "계산서 범칙행위"를 하지 않도록 상당한 주의를 가지고 감독할 의무가 있으나, 범칙행위자 최HH의 "계산서 범칙행위"를 방지하기 위한 책임을 게을리하였으므로「조세범처벌법」에서 규정하는 양벌규정(제18조)에 대한 책임을 물을 수 있다.

| 적용 법조항 정리 |

적용 법조항	범칙행위 종류	범칙행위자
조처법 제18조	양벌규정	㈜한성돼지농장

F 조세범칙행위 외 범죄행위 검토

본 건 계산서 범칙행위와 관련하여 ㈜한성돼지농장에서 부외자금이 조성되지 않았으므로 횡령행위, 뇌물공여행위 등에 대한 범죄행위는 검토할 필요가 없다.

Ⓖ 세무대리인 등에 대한 공범 또는 방조범 해당 여부 검토

반달곰세무회계사무소는 ㈜한성돼지농장의 대표 최HH가 세금계산서 범칙행위를 한 사실을 몰랐으므로 최HH의 범칙행위에 세무대리인 등의 공범 또는 방조범은 없다.

Ⓗ 총 범칙행위 수

구분	범칙행위 종류	범칙행위자	포탈세액등	세금계산서 등 범칙행위 금액 (건수)
세금계산서등 범칙 관련	거짓으로 기재하여 계산서를 발급한 행위 (조처법 제10조 제1항 제2호)	최HH		490,000,000원 (1건)
기타 조세 범칙 관련	양벌규정 (조처법 제18조)	㈜한성돼지 농장		
총 범칙행위 수		− 국세 관련 조세범칙 죄 수 : 2개		

나. 거짓으로 기재한 계산서를 발급받은 행위

Ⓐ 법인세 신고내용 등

○ ㈜맛최고정육점의 2021년 사업연도 법인세 신고내용 등
- 업태·종목 : 도·소매/식육점
- 2021년 사업연도 총 수입금액 10,000,000,000원
- 법인세 과세표준 : 300,000,000원
- 총 부담세액 : 40,000,000원(법인세와 법인지방소득세는 신고 시 납부하였음)

• 거짓으로 기재하여 발급받은 계산서는 법인세 신고에 반영되었음.
• ㈜맛최고정육점의 대표 윤JY는 ㈜한성돼지농장의 대표 최HH로부터 공급가액이 거짓으로 기재(과다 기재액 : 공급가액 490,000,000원)된 계산서를 발급받아 가공원가(경비)를 계상하여 조성한 부외자금을 내연녀의 은행 계좌에 은닉하였고, ㈜한성돼지농장에 거짓으로 기재한 계산서를 발급받은 대가로 어떠한 금품도 지급하지 않았음.
• 원앙세무회계사무소는 ㈜맛최고정육점의 대표 윤JY가 ㈜한성돼지농장으로부터 거짓으로 기재한 계산서 발급받은 사실 등을 몰랐음.
• 복식부기 장부로 신고하였음.
• 사업연도 기간 : 1.1.~12.31.

Ⓑ 세금계산서등의 범칙행위 검토

(a) 계산서 범칙행위

ⓐ 거짓으로 기재한 계산서를 발급받은 행위

㈜맛최고정육점의 대표 윤JY는 ㈜한성돼지농장으로부터 10,000,000원(공급가액)의 돼지삼겹살을 공급받았으나 ㈜한성돼지농장의 대표 최HH와 통정하여 공급가액을 500,000,000원으로 기재한 계산서를 발급받았으므로, 이는 거짓으로 기재(과다기재액 490,000,000원)한 계산서를 발급받은 행위(조처법 제10조 제2항 제2호)에 해당한다.

> '대법원 2019도10999 판결' 등의 판시 내용을 반영하면 윤JY가 계산서의 공급가액을 과다하게 기재한 계산서를 발급받은 행위는 「조세범처벌법」 제10조 제3항 제2호의 행위로도 의율하여야 하고 동법 제10조 제2항 제2호의 행위와는 상상적 경합관계라는 것이 필자의 소견이다.

(b) 실행위자(범칙행위자) 판단

㈜맛최고정육점의 대표 윤JY가 ㈜한성돼지농장으로부터 10,000,000원(공급가액)의 돼지삼겹살을 공급받았으나 ㈜한성돼지농장의 대표 최HH와 통정하여 공급가액을 500,000,000원으로 기재한 계산서를 발급받았으므로 거짓으로 기재한 계산서를 발급받은 행위의 실행위자는 대표 윤JY이다.

| 적용 법조항 정리 |

적용 법조항	범칙행위 종류	범칙행위 금액 (건수)	범 칙 행위자
조처법 제10조 제2항 제2호	거짓으로 기재한 계산서를 발급받은 행위	490,000,000원 (1건)	윤JY

Ⓒ 신고누락 수입금액 및 탈루소득금액

(a) 수입금액

㈜맛최고정육점에 매출누락 등의 수입금액을 신고누락한 행위가 없으므로 ㈜맛최고정육점이 2021년 사업연도 법인세 신고에서 신고누락한 수입금액은 없다.

(b) 탈루소득금액

㈜맛최고정육점의 대표 윤JY가 ㈜한성돼지농장으로부터 거짓으로 기재한 계산서(과다기재액 : 공급가액 490,000,000원)를 발급받아 법인세 신고에 반영하였으므로, 이는

2021년 사업연도 법인세 신고 시 가공원가(경비)를 계상하여 신고하였다는 것을 의미한다. 따라서 ㈜맛최고정육점이 2021년 사업연도 법인세 신고 시 490,000,000원의 가공원가를 계상하였으므로 탈루소득금액은 490,000,000원이다.

Ⓓ 법인세, 법인지방소득세 포탈세액등 계산(포탈세액등 계산 기준일 : 2023.9.30.)

ⓐ 법인세 탈루세액등 계산(2021년 사업연도)

㉮ 법인세 본세 : 790,000,000원[주1](과세표준) × 20% − 20,000,000원(누진세액공제)

　　　　　 − 40,000,000원(기납부세액) = 98,000,000원

주1) 과세표준 금액 790,000,000원은 당초 과세표준(300,000,000원)에 신고누락한 탈루소득금액(490,000,000원)을 합산한 금액이다.

⚙ 기신고한 법인세 과세표준(300,000,000원)에 탈루소득금액(490,000,000원)을 합산하니 법인세가 98,000,000원이 증가하였다. 따라서 법인세 탈루세액등은 98,000,000원이다.

㉯ 부정과소신고가산세(㉠과 ㉡ 중 큰 것) : 39,200,000원

　㉠ 98,000,000원 × 40% = 39,200,000원

　㉡ 신고누락 수입금액이 없으므로 가산세 비교과세는 하지 않는다.

㉰ 납부지연가산세 : 98,000,000원(본세) × 548일(2022.4.1.~2023.9.30.) × 22/100,000

　　　　　 = 11,814,880원

㉱ 계산서불성실가산세[주2] : 490,000,000원 × 2% = 9,800,000원

주2) 가산세 부과 사유는 거짓으로 기재한 계산서 수취임.

◎ 법인세 추징예상세액(㉮ + ㉯ + ㉰ + ㉱) : 158,814,880원

ⓑ 법인지방소득세 탈루세액등 계산(2021년 사업연도)

㉮ 법인지방소득세 본세 : 98,000,000원(과세표준) × 10% = 9,800,000원

⚙ 법인세 98,000,000원의 탈루가 발생하면 법인지방소득세도 법인세 탈루세액의 10%만큼 탈루가 발생한다. 따라서 법인지방소득세 탈루세액등은 9,800,000원이다

㉯ 부정과소신고가산세 : 9,800,000원 × 40% = 3,920,000원

㉰ 납부지연가산세 : 9,800,000원(본세) × 518일(2022.5.1.~2023.9.30.) × 22/100,000

　　　　　 = 1,116,808원

⚙ 법인지방소득세는 신고납세제도에 속하는 세목이고 신고·납부기한은 법인의 과세기간 종료일부터 4개월 이내이다. 따라서 납부지연가산세 기산일은 2022.5.1.이 된다.

㉱ 법인세의 가산세에 부과하는 가산세 : 9,800,000원[주3] × 10% = 980,000원

주3) 계산서불성실가산세임(거짓으로 기재한 계산서 수취).

◎ 법인지방소득세 추징예상세액(㉮ + ㉯ + ㉰ + ㉱) : 15,816,808원

(c) 총 탈루세액등

납세의무 확정 연도	세목	탈루세액등 (추징예상세액)	기수시기
2022년	법인세 (2021년 사업연도)	98,000,000원 (158,814,880원)	2022.3.31. 지난 때
2022년	법인지방소득세 (2021년 사업연도)	9,800,000원 (15,816,808원)	2022.4.30. 지난 때
합계		107,800,000원 (174,631,688원)	

(d) 조세포탈 여부 판단 및 조세포탈행위의 실행위자 특정

공급가액을 거짓으로 기재한 계산서 수취라는 부정한 방법으로 법인세 98,000,000원과 법인지방소득세 9,800,000원을 과소하게 납부한 행위는 법인세 포탈행위(조처법 제3조 제1항)와 법인지방소득세 포탈행위(지기법 제102조 제1항)에 해당하고, 조세포탈의 실행행위인 거짓으로 기재한 계산서를 발급받은 행위를 대표 윤JY가 하였으므로 조세포탈의 실행위자는 대표 윤JY이다.

그리고 연간 포탈세액등[주4](2022년)이 5억 원 이상인 연도가 없으므로 특가법 제8조는 적용되지 않는다.

주4) 107,800,000원 = 98,000,000원(법인세 포탈세액) + 9,800,000원(법인지방소득세 포탈세액)

| 적용 법조항 정리 |

적용 법조항	범칙행위 종류	실행위자	포탈세액등
조처법 제3조 제1항	법인세 포탈행위(2021년 사업연도)	윤JY	98,000,000원
지기법 제102조 제1항	법인지방소득세 포탈행위(2021년 사업연도)	윤JY	9,800,000원

E 법인 또는 개인사업자에 대한 양벌규정 적용 검토

㈜맛최고정육점은 범칙행위자 윤JY가 업무와 관련하여 사기 그 밖의 부정한 행위로 인한 조세포탈행위 등을 하지 않도록 상당한 주의를 가지고 감독할 의무가 있으나, 범칙행위자 윤JY의 사기 그 밖의 부정한 행위로 인한 조세포탈행위 등을 방지하기 위한 책임을 게을리 하였으므로 「조세범처벌법」 제18조와 「지방세기본법」 제109조에서 규정하는 양벌규정에 대해 책임이 있다.

적용 법조항	범칙행위 종류	범칙행위자
조처법 제18조	양벌규정	㈜맛최고정육점
지기법 제109조	양벌규정	㈜맛최고정육점

F 조세범칙행위 외 범죄행위 검토

(a) 횡령행위

㈜맛최고정육점의 윤JY가 ㈜한성돼지농장으로부터 공급가액을 거짓으로 기재한 계산서를 수취해 가공원가(경비)를 계상하여 마련한 부외자금(490,000,000원)을 불법 영득 의사로 영득한 행위는 업무상 횡령행위(형법 제356조)에 해당한다.

| 적용 법조항 정리 |

적용 법조항	범칙행위 종류	범칙행위자	횡령금액
형법 제356조	업무상 횡령행위	윤JY	490,000,000원

(b) 뇌물공여행위, 불법정치자금제공행위 등

대표 윤JY가 횡령한 금액을 내연녀의 은행 계좌에 은닉하였으므로 뇌물공여행위, 불법정치자금제공행위 등에 대해 검토할 필요가 없다.

G 세무대리인 등에 대한 공범 또는 방조범 해당 여부 검토

원앙세무회계사무소는 ㈜맛최고정육점의 대표 윤JY가 ㈜한성돼지농장으로부터 거짓으로 기재한 계산서를 수취한 사실등을 몰랐으므로 윤JY의 범칙행위에 대해 세무대리인 등의 공범 또는 방조범은 없다.

H 총 범칙행위 수

구분	범칙행위 종류	범칙행위자	포탈세액등	세금계산서 등 범칙행위 금액 (건수)
조세포탈 관련	법인세 포탈행위(2021년 사업연도) (조처법 제3조 제1항)	윤JY	98,000,000원	
	법인지방소득세 포탈행위 (2021년 사업연도) (지기법 제102조 제1항)	윤JY	9,800,000원	

구분	범칙행위 종류	범칙행위자	포탈세액등	세금계산서 등 범칙행위 금액 (건수)
세금계산서등 범칙 관련	거짓으로 기재한 계산서를 수취 행위 (조처법 제10조 제2항 제2호)	윤JY		490,000,000원 (1건)
기타 조세 범칙 관련	양벌규정(조처법 제18조)	㈜맛최고 정육점		
	양벌규정(지기법 제109조)	㈜맛최고 정육점		
조세범칙 외	업무상 횡령행위(형법 제356조)	윤JY		490,000,000원
총 범칙행위 수		- 국세 관련 조세범칙 죄 수 : 3개 - 지방세 관련 조세범칙 죄 수 : 2개 - 기타범칙 죄 수 : 1개		

3. 과·면세 겸영 법인사업자

㈜한성돼지농장의 대표 최HH가 2021.9.12. ㈜맛최고정육점에 10,000,000원(공급가액) 의 돼지삼겹살과 10,000,000원(공급가액)의 양념돼지갈비를 공급하였으나 ㈜맛최고정육 점의 대표 윤JY와 통정해 2021.9.12. 계산서는 공급가액란에 500,000,000원으로 기재(입 력)하고 세금계산서는 공급가액란에 500,000,000원(부가가치세 50,000,000원)으로 기재 (입력)하여 발급하였다.

- 세금계산서와 계산서는 대표 최HH가 국세청 홈택스 전자세금계산서 발급화면에 접속 하여 전자세금계산서와 전자계산서를 작성하고 ㈜맛최고정육점에 전송(발급)하였음.
- 거짓으로 기재하여 발급한 세금계산서와 계산서는 부가가치세와 법인세 신고 시 장부 에 반영되었음.
- ㈜한성돼지농장의 대표 최HH가 ㈜맛최고정육점에 거짓으로 기재한 세금계산서와 계 산서를 발급한 사유는 외형을 높여 군납조건을 갖추기 위해서였고, 따라서 거짓으로 기재하여 발급한 세금계산서에 대해 부가가치세를 신고·납부하였음.
- ㈜한성돼지농장의 대표 최HH는 거짓으로 기재한 세금계산서와 계산서 발급과 관련하 여 ㈜맛최고정육점의 윤JY로부터 어떠한 금품도 받지 않았음.
- 반달곰세무회계사무소는 ㈜한성돼지농장이 세금계산서와 계산서를 거짓으로 기재하 여 발급한 사실을 몰랐음.
- ㈜한성돼지농장과 ㈜맛최고정육점은 실제로 사업을 하는 법인임.
- 수사개시일 2023.9.1.

가. 거짓으로 기재하여 세금계산서 또는 계산서를 발급한 행위

A 법인세 신고내용 등

○ ㈜한성돼지농장의 2021년 사업연도 법인세 신고내용 등
 - 2021년 사업연도 총 수입금액 10,000,000,000원
 - 법인세 과세표준 : 1,000,000,000원
 - 총 부담세액 : 180,000,000원(법인세 신고 시 법인지방소득세와 함께 납부함)
 ※ 복식부기 장부로 신고하였음.
 ※ 성실신고확인서 제출대상자로 법인세 신고 시 제출하였음.
 ※ 사업연도 기간 : 1.1.~12.31.

B 세금계산서등의 범칙행위 검토

(a) 세금계산서 범칙행위

ⓐ 거짓으로 기재하여 세금계산서를 발급한 행위

㈜한성돼지농장의 대표 최HH가 ㈜맛최고정육점에 10,000,000원(공급가액)의 돼지양념갈비를 공급하였으나 ㈜맛최고정육점의 대표 윤JY와 통정하여 세금계산서의 공급가액란에 500,000,000원(부가가치세 50,000,000원)으로 기재하여 세금계산서를 발급하였으므로, 이는 거짓으로 기재(과다 기재액 : 공급가액 490,000,000원, 부가가치세 49,000,000원)하여 세금계산서를 발급한 행위(조처법 제10조 제1항 제1호)에 해당한다.

> '대법원 2019도10999 판결' 등의 판시 내용을 반영하면 최HH가 세금계산서의 공급가액과 부가가치세를 과다하게 기재하여 세금계산서를 발급한 행위는 「조세범처벌법」 제10조 제3항 제1호의 행위로도 의율하여야 하고 동법 제10조 제1항 제1호의 행위와는 상상적 경합관계라는 것이 필자의 소견이다.

(b) 계산서 범칙행위

ⓐ 거짓으로 기재하여 계산서를 발급한 행위

㈜한성돼지농장의 대표 최HH가 ㈜맛최고정육점에 10,000,000원(공급가액)의 돼지삼겹살을 공급하였으나 ㈜맛최고정육점의 대표 윤JY와 통정해 계산서의 공급가액란에 500,000,000원으로 기재하여 계산서를 발급하였으므로, 이는 거짓으로 기재(과다 기재액 : 공급가액 490,000,000원)하여 계산서를 발급한 행위(조처법 제

10조 제1항 제2호)에 해당한다.

> '대법원 2019도10999 판결' 등의 판시 내용을 반영하면 최HH가 계산서의 공급
> 가액을 과다하게 기재하여 계산서를 발급한 행위는 「조세범처벌법」 제10조 제3
> 항 제2호의 행위로도 의율하여야 하고 동법 제10조 제1항 제2호의 행위와는 상
> 상적 경합관계라는 것이 필자의 소견이다.

(c) 실행위자(범칙행위자) 판단

㈜한성돼지농장의 대표 최HH가 ㈜맛최고정육점의 대표 윤JY와 통정하여 세금계산
서와 계산서의 공급가액을 거짓으로 기재하여 세금계산서와 계산서를 발급하였음으
로 세금계산서등 범칙행위의 실행위자는 대표 최HH이다.

| 적용 법조항 정리 |

적용 법조항	범칙행위 종류	범칙행위 금액 (건수)	범 칙 행위자
조처법 제10조 제1항 제1호	거짓으로 기재하여 세금계산서를 발급한 행위	490,000,000원 (1건)	최HH
조처법 제10조 제1항 제2호	거짓으로 기재하여 계산서를 발급한 행위	490,000,000원 (1건)	최HH

ⓒ 신고누락 수입금액 및 탈루소득금액

(a) 수입금액

㈜한성돼지농장의 대표 최HH가 ㈜맛최고정육점에 10,000,000원의 돼지삼겹살과
10,000,000원(공급가액)의 양념돼지갈비를 공급하였으나 ㈜맛최고정육점의 대표 윤
JY와 통정해 세금계산서의 공급가액을 500,000,000원(부가가치세 50,000,000원)으로
기재(입력)하고 계산서의 공급가액은 500,000,000원으로 기재(입력)하여 세금계산서
와 계산서를 발급하고, 이를 2021년 사업연도 법인세 시 반영하였기 때문에 ㈜한성돼
지농장의 2021년 사업연도 법인세 신고내용에 거짓으로 기재(과다하게 기재)하여 발
급된 세금계산서와 계산서의 금액이 포함돼 있으므로 수입금액에서 해당금액을 차감
하여야 한다. 따라서 ㈜한성돼지농장이 2021년 사업연도 법인세 신고 시 신고누락한
수입금액은 −980,000,000원이 된다.

그리고 2021년 제2기 부가가치세 신고내용에도 매출과표에 거짓으로 기재하여 발급
된 세금계산서 금액(공급가액 490,000,000원, 부가가치세 49,000,000원)이 포함돼 있

어 해당금액을 제거하기 위해 부가가치세를 경정하여야 한다.

(b) 탈루소득금액

㈜한성돼지농장의 2021년 사업연도 법인세 신고내용에 거짓으로 기재(과다하게 기재)하여 발급한 세금계산서와 계산서의 금액이 소득금액에 포함되어 있으므로 소득금액에서 해당금액을 차감하여야 한다. 따라서 ㈜한성돼지농장이 2021년 사업연도 법인세 신고 시 신고누락한 탈루소득금액은 −980,000,000원이 된다.

Ⓓ 부가가치세, 법인세, 법인지방소득세 포탈세액등 계산(포탈세액등 계산 기준일 : 2023.9.30.)

(a) 부가가치세 탈루세액등 계산(2021년 제2기 과세기간)

㉮ 부가가치세 본세 : [−490,000,000원(매출과표)[주1] × 10%] − [0원(매입과표) × 10%]
　　　　　= −49,000,000원

　　주1) 과세표준 −490,000,000원은 ㈜한성돼지농장의 대표 최HH가 거짓으로 기재(과다하게 기재)하여 발급한 세금계산서의 공급가액이 기신고한 매출과표에서 차감된 것을 의미한다.

　　✔ 매출과표(−490,000,000원)가 (−)음수로 이는 (−)음수만큼의 매출과표가 줄어들었음을 의미하고 줄어든 매출과표에 해당하는 부가가치세(−49,000,000원)가 감소되었다. 따라서 부가가치세 탈루세액등은 없다.

㉯ 세금계산서불성실가산세[주2] : 490,000,000원 × 2% = 9,800,000원

　　주2) 가산세 부과 사유는 거짓으로 기재하여 세금계산서 발급임.

◎ 부가가치세 추징예상세액(㉮ + ㉯) : −39,200,000원

　　✔ 부가가치세 추징예상세액 −39,200,000원은 ㈜한성돼지농장에 부가가치세 39,200,000원이 환급된다는 것을 의미한다.

(b) 법인세 탈루세액등 계산(2021년 사업연도)

㉮ 법인세 본세 : 20,000,000원[주3](과세표준) × 10% − 180,000,000원(기납부세액)
　　　　　= −178,000,000원

　　주3) 과세표준 금액 20,000,000원은 당초 과세표준(1,000,000,000원)에 신고누락한 탈루소득금액(−980,000,000원)을 합산한 금액이다.

　　✔ 거짓으로 기재하여 발급한 세금계산서와 계산서의 금액 980,000,000원이 소득금액에서 차감돼 과세표준이 줄어들어 법인세 178,000,000원이 감소하였고, 이는 ㈜한성돼지농장이 부담하는 법인세가 178,000,000원만큼 줄어들었다는 것을 의미한다. 따라서 법인세 탈루세액등은 없다.

㉯ 계산서불성실가산세[주4] : 490,000,000원 × 2% = 9,800,000원

　　주4) 가산세 부과 사유는 거짓으로 기재하여 계산서 발행임.

◎ 법인세 추징예상세액(㉮ + ㉯) : −168,200,000원

> ✔ 법인세 추징예상세액 −168,200,000원은 ㈜한성돼지농장에 법인세 168,200,000원이 환급된다는 것을 의미한다.

(c) 법인지방소득세 탈루세액등 계산(2021년 사업연도)

㉮ 법인지방소득세 본세 : −178,000,000원(과세표준) × 10% = −17,800,000원

> ✔ 법인지방소득세 본세가 −17,800,000원인 것은 ㈜한성돼지농장이 부담할 법인지방소득세가 17,800,000원만큼 감소하였다는 것을 의미한다. 따라서 법인지방소득세 탈루세액등은 없다.

㉯ 법인세의 가산세에 부과하는 가산세 : 9,800,000원[주5] × 10% = 980,000원

주5) 계산서불성실가산세(거짓으로 기재하여 계산서 발급)

◎ 법인지방소득세 추징예상세액(㉮ + ㉯) : −16,820,000원

> ✔ 법인지방소득세 추징예상세액 −16,820,000원은 ㈜한성돼지농장에 법인지방소득세 16,820,000원이 환급된다는 것을 의미한다.

(d) 총 탈루세액등

납세의무 확정 연도	세목	탈루세액등 (추징예상세액)	기수시기
2022년	법인세 (2021년 사업연도)	−178,000,000원 (−168,200,000원)	
2022년	법인지방소득세 (2021년 사업연도)	−17,800,000원 (−16,820,000원)	
2022년	부가가치세 (2021년 2기)	−49,000,000원 (−39,200,000원)	
합계		−244,800,000원 (−224,220,000원[주6])	

주6) 추징예상세액 −224,220,000원은 ㈜한성돼지농장에 224,220,000원(법인세 환급세액 168,200,000원 + 법인지방소득세 환급세액 16,820,000원 + 부가가치세 환급세액 39,200,000원)이 환급된다는 것을 의미한다.

> ✔ 상기 표의 내용과 같이 탈루세액등이 발생하지 아니하였다.

(e) 조세포탈 여부 판단 및 조세포탈행위의 실행위자 특정

㈜한성돼지농장의 대표 최HH가 거짓으로 기재하여 세금계산서와 계산서를 발급한 세금계산서등의 범칙행위를 하였지만, 거짓으로 기재(과다기재)하여 발급한 세금계산서와 계산서 금액을 없애면 수입금액과 소득금액이 줄어들어 포탈세액이 발생하지 않는다. 따라서 조세포탈행위가 발생하지 않았으므로 조세포탈의 실행위자도 없다.

E 법인 또는 개인사업자에 대한 양벌규정 적용 검토

㈜한성돼지농장은 범칙행위자 최HH가 업무와 관련하여 "세금계산서등의 범칙행위"를 하지 않도록 상당한 주의를 가지고 감독할 의무가 있으나, 범칙행위자 최HH의 "세금계산서등의 범칙행위"를 방지하기 위한 책임을 게을리하였으므로 「조세범처벌법」에서 규정하는 양벌규정(제18조)에 대한 책임을 물을 수 있다.

| 적용 법조항 정리 |

적용 법조항	범칙행위 종류	범칙행위자
조처법 제18조	양벌규정	㈜한성돼지농장

F 조세범칙행위 외 범죄행위 검토

세금계산서등의 범칙행위와 관련하여 ㈜한성돼지농장에서 부외자금을 조성하지 않았으므로 뇌물공여행위 등에 대한 범죄행위는 검토할 필요가 없다.

G 세무대리인 등에 대한 공범 또는 방조범 해당 여부 검토

반달곰세무회계사무소는 ㈜한성돼지농장의 대표 최HH가 세금계산서등의 범칙행위를 한 사실을 몰랐으므로 최HH의 범칙행위에 세무대리인 등의 공범 또는 방조범은 없다.

H 총 범칙행위 수

구분	범칙행위 종류	범칙행위자	포탈세액등	세금계산서 등 범칙행위 금액 (건수)
세금계산서등 범칙 관련	거짓으로 기재하여 세금계산서를 발급한 행위 (조처법 제10조 제1항 제1호)	최HH		490,000,000원 (1건)
	거짓으로 기재하여 계산서를 발급한 행위 (조처법 제10조 제1항 제2호)	최HH		490,000,000원 (1건)
기타 조세 범칙 관련	양벌규정(조처법 제18조)	㈜한성돼지농장		
총 범칙행위 수		- 국세 관련 조세범칙 죄 수 : 3개		

나. 거짓으로 기재한 세금계산서 또는 계산서를 발급받은 행위

Ⓐ 법인세 신고내용 등

○ ㈜맛최고정육점의 2021년 사업연도 법인세 신고내용 등
- 업태·종목 : 도·소매/식육점
- 2021년 사업연도 총 수입금액 10,000,000,000원
- 법인세 과세표준 : 300,000,000원
- 총 부담세액 : 40,000,000원

- 거짓으로 기재(입력)하여 발급(전송)받은 세금계산서와 계산서는 부가가치세와 법인세 신고에 반영되었음.
- ㈜맛최고정육점의 대표 윤JY는 ㈜한성돼지농장의 대표 최HH로부터 거짓으로 기재(입력)한 세금계산서(과다 기재액 : 공급가액 490,000,000원, 부가가치세 49,000,000원)와 계산서(과다 기재액 : 공급가액 490,000,000원)를 발급받아 가공원가(경비)를 계상하여 조성한 부외자금을 친구 아들의 은행 계좌에 은닉하였고, ㈜한성돼지농장에 거짓으로 기재(입력)된 세금계산서와 계산서를 발급받은 대가로 어떠한 금품도 지급하지 않았음.
- 족제비세무회계사무소는 ㈜맛최고정육점의 대표 윤JY가 ㈜한성돼지농장으로부터 거짓으로 기재(입력)한 세금계산서와 계산서 발급(전송)받은 사실 등을 몰랐음.
- 복식부기 장부로 신고하였음.
- 사업연도 기간 : 1.1.~12.31.

Ⓑ 세금계산서등의 범칙행위 검토

ⓐ 세금계산서 범칙행위

ⓐ 거짓으로 기재한 세금계산서를 발급받은 행위

㈜맛최고정육점의 대표 윤JY가 ㈜한성돼지농장으로부터 10,000,000원(공급가액)의 양념돼지갈비를 공급받았으나 ㈜한성돼지농장의 대표 최HH와 통정하여 공급가액을 500,000,000원(부가가치세 50,000,000원)으로 기재(입력)한 세금계산서를 발급(전송)받았으므로, 이는 거짓으로 기재(과다 기재액 : 공급가액 490,000,000원, 부가가치세 49,000,000원)한 세금계산서를 발급받은 행위(조처법 제10조 제2항 제1호)에 해당한다.

> '대법원 2019도10999 판결' 등의 판시 내용을 반영하면 윤JY가 세금계산서의 공급가액과 세액을 과다하게 기재한 세금계산서를 발급받은 행위는 「조세범처벌법」 제10조 제3항 제1호의 행위로도 의율하여야 하고 동법 제10조 제2항 제1호의 행위와는 상상적 경합관계라는 것이 필자의 소견이다.

(b) 계산서 범칙행위

ⓐ 거짓으로 기재한 계산서를 발급받은 행위

㈜맛최고정육점의 대표 윤JY가 ㈜한성돼지농장으로부터 10,000,000원(공급가액)의 돼지삼겹살을 공급받았으나 ㈜한성돼지농장의 대표 최HH와 통정하여 공급가액을 500,000,000원으로 기재(입력)한 계산서를 발급(전송)받았으므로, 이는 거짓으로 기재(과다 기재액 490,000,000원)한 계산서를 발급받은 행위(조처법 제10조 제2항 제2호)에 해당한다.

> '대법원 2019도10999 판결' 등의 판시 내용을 반영하면 윤JY가 계산서의 공급가액을 과다하게 기재한 계산서를 발급받은 행위는 「조세범처벌법」 제10조 제3항 제2호의 행위로도 의율하여야 하고 동법 제10조 제2항 제2호의 행위와는 상상적 경합관계라는 것이 필자의 소견이다.

(c) 실행위자(범칙행위자) 판단

㈜맛최고정육점의 대표 윤JY가 ㈜한성돼지농장의 대표 최HH와 통정하여 거짓으로 기재(입력)한 세금계산서와 계산서를 발급(전송)받았으므로 거짓으로 기재(입력)한 세금계산서와 계산서를 발급(전송)받은 행위의 실행위자는 대표 윤JY이다.

| 적용 법조항 정리 |

적용 법조항	범칙행위 종류	범칙행위 금액 (건수)	범칙 행위자
조처법 제10조 제2항 제1호	거짓으로 기재한 세금계산서를 발급받은 행위	490,000,000원 (1건)	윤JY
조처법 제10조 제2항 제2호	거짓으로 기재한 계산서를 발급받은 행위	490,000,000원 (1건)	윤JY

Ⓒ 신고누락 수입금액 및 탈루소득금액

ⓐ 수입금액

㈜맛최고정육점에 매출누락 등의 수입금액을 신고누락한 행위가 없으므로 ㈜맛최고정육점이 2021년 사업연도 법인세 신고 시 신고누락한 수입금액은 없다.

그러나 ㈜맛최고정육점 대표 윤JY가 2021년 제2기 부가가치세 신고 시 거짓으로 기재한 세금계산서를 발급받아 매입세액(49,000,000원) 공제를 받았기 때문에 부가가치세를 경정하여야 한다.

ⓑ 탈루소득금액

㈜맛최고정육점의 대표 윤JY가 ㈜한성돼지농장으로부터 거짓으로 기재한 세금계산서(과다기재액 : 공급가액 490,000,000원, 부가가치세 49,000,000원)와 계산서(과다기재액 : 공급가액 490,000,000원)를 발급받아 법인세 신고에 반영하였으므로, 이는 ㈜맛최고정육점이 2021년 사업연도 법인세 신고 시 가공원가(경비) 980,000,000원을 계상하였다는 것을 의미한다. 따라서 ㈜맛최고정육점이 2021년 사업연도 법인세 신고 시 가공원가를 계상하여 탈루한 소득금액은 980,000,000원이 된다.

Ⓓ 부가가치세, 법인세, 법인지방소득세 포탈세액등 계산(포탈세액등 계산 기준일 : 2023.9.30.)

ⓐ 부가가치세 탈루세액등 계산(2021년 제2기 과세기간)

㉮ 부가가치세 본세 : [0원(매출과표) × 10%] − [−490,000,000원[주1)](매입과표) × 10%]
= 49,000,000원

주1) −490,000,000원은 ㈜맛최고정육점이 ㈜한성돼지농장으로부터 발급받은 거짓으로 기재(입력)한 세금계산서의 공급가액이 기신고한 매입과표에서 차감된 것을 의미한다.

⚓ 기신고한 부가가치세 매입과표에서 수취한 거짓으로 기재(입력)한 세금계산서의 공급가액이 차감되고, 차감된 매입과표(490,000,000원)에 해당하는 매입세액(49,000,000원)만큼의 부가가치세가 증가한다. 따라서 부가가치세 탈루세액등은 49,000,000원이다.

㉯ 부정과소신고가산세 : 49,000,000원 × 40% = 19,600,000원

⚓ 부정과소신고가산세를 적용한 사유는 ㈜맛최고정육점의 윤JY가 부외자금을 마련할 목적으로 공급가액을 거짓으로 기재(입력)한 세금계산서를 발급(전송)받은 행위가 「조세범처벌법」 제3조 제6항 제2호가 규정하는 거짓 증빙 수취에 해당하는 부정행위이기 때문이다.

㉰ 납부지연가산세(㉠ + ㉡) : 6,637,540원

㉠ 49,000,000원(본세) × 20일(2022.1.26.~2022.2.14.) × 25/100,000 = 245,000원
㉡ 49,000,000원(본세) × 593일(2022.2.15.~2023.9.30.) × 22/100,000 = 6,392,540원

㉱ 세금계산서불성실가산세[주2)] : 490,000,000원 × 2% = 9,800,000원

주2) 가산세 부과 사유는 거짓으로 기재한 세금계산서 수취임.

◎ 부가가치세 추징예상세액(㉮ + ㉯ + ㉰ + ㉱) : 85,037,540원

(b) 법인세 탈루세액등 계산(2021년 사업연도)

㉮ 법인세 본세 : 1,280,000,000원[주3](과세표준) × 20% - 20,000,000원(누진세액공제)
- 40,000,000원(기납부세액) = 196,000,000원

주3) 과세표준 금액 1,280,000,000원은 당초 과세표준(300,000,000원)에 신고누락한 탈루소득금액(980,000,000원)을 합산한 금액이다.

🗝 기신고한 법인세 과세표준(300,000,000원)에 탈루소득금액(980,000,000원)을 합산하니 법인세가 196,000,000원이 증가하였다. 따라서 법인세 탈루세액등은 196,000,000원이다.

㉯ 부정과소신고가산세(㉠과 ㉡ 중 큰 것) : 78,400,000원

㉠ 196,000,000원 × 40% = 78,400,000원

㉡ 신고누락 수입금액이 없으므로 가산세 비교과세는 하지 않는다.

㉰ 납부지연가산세 : 196,000,000원(본세) × 548일(2022.4.1.~2023.9.30.) × 22/100,000
= 23,629,760원

㉱ 계산서불성실가산세[주4] : 490,000,000원 × 2% = 9,800,000원

주4) 가산세 부과 사유는 거짓으로 기재한 계산서 수취임.

◎ 법인세 추징예상세액(㉮ + ㉯ + ㉰ + ㉱) : 307,829,760원

(c) 법인지방소득세 탈루세액등 계산(2021년 사업연도)

㉮ 법인지방소득세 본세 : 196,000,000원(과세표준) × 10% = 19,600,000원

🗝 법인세 196,000,000원의 탈루가 발생하면 법인지방소득세도 법인세 탈루세액의 10%만큼 탈루가 발생한다. 따라서 법인지방소득세 탈루세액등은 19,600,000원이다.

㉯ 부정과소신고가산세 : 19,600,000원 × 40% = 7,840,000원

㉰ 납부지연가산세 : 19,600,000원(본세) × 518일(2022.5.1.~2023.9.30.) × 22/100,000
= 2,233,616원

🗝 법인지방소득세는 신고납세제도에 속하는 세목이고 신고·납부기한은 법인의 과세기간 종료일부터 4개월 이내이다. 따라서 납부지연가산세 기산일은 2022.5.1.이 된다.

㉱ 법인세의 가산세에 부과하는 가산세 : 9,800,000원[주5] × 10% = 980,000원

주5) 계산서불성실가산세임(거짓으로 기재한 계산서 수취).

◎ 법인지방소득세 추징예상세액(㉮ + ㉯ + ㉰ + ㉱) : 30,653,616원

(d) 총 탈루세액등

납세의무 확정 연도	세목	탈루세액등 (추징예상세액)	기수시기
2022년	법인세 (2021년 사업연도)	196,000,000원 (307,829,760원)	2022.3.31. 지난 때
2022년	법인지방소득세 (2021년 사업연도)	19,600,000원 (30,653,616원)	2022.4.30. 지난 때
2022년	부가가치세 (2021년 2기)	49,000,000원 (85,037,540원)	2022.1.25. 지난 때
합계		264,600,000원 (423,520,916원)	

(e) 조세포탈 여부 판단 및 조세포탈행위의 실행위자 특정

대표 윤JY가 공급가액 등을 거짓으로 기재한 세금계산서와 계산서 수취라는 부정한 방법으로 법인세 196,000,000원, 부가가치세 49,000,000원, 법인지방소득세 19,600,000원을 과소하게 납부한 행위 중 법인세와 법인지방소득세를 과소하게 납부한 행위는 법인세 포탈행위(조처법 제3조 제1항)와 법인지방소득세 포탈행위(지기법 제102조 제1항)에 해당하지만, 부가가치세를 과소하게 납부한 행위는 세금계산서를 발급한 ㈜한성돼지농장의 대표 최HH가 거짓으로 기재하여 발급한 세금계산서에 해당하는 부가가치세를 신고·납부하였으므로 조세포탈행위로 의율할 수 없다(대법원 1990.10.16. 90도1955 판결). 따라서 법인세와 법인지방소득세의 과소 납부세액은 포탈세액등이 되고, 부가가치세는 과소 납부세액은 탈루세액등이 된다.

법인세와 법인지방소득세 포탈행위의 원인이 된 거짓으로 기재한 세금계산서와 계산서 수취행위를 윤JY가 하였으므로 조세포탈행위의 실행위자는 윤JY이다.

그리고 연간 포탈세액등[주6](2022년)이 5억 원 이상인 연도가 없으므로 특가법 제8조는 적용되지 않는다.

주6) 215,600,000원 = 196,000,000원(법인세 포탈세액) + 19,600,000원(법인지방소득세 포탈세액)

| 적용 법조항 정리 |

적용 법조항	범칙행위 종류	실행위자	포탈세액등
조처법 제3조 제1항	법인세 포탈행위 (2021년 사업연도)	윤JY	196,000,000원
지기법 제102조 제1항	법인지방소득세 포탈행위 (2021년 사업연도)	윤JY	19,600,000원

E 법인 또는 개인사업자에 대한 양벌규정 적용 검토

㈜맛최고정육점은 범칙행위자 윤JY가 업무와 관련하여 사기 그 밖의 부정한 행위로 인한 조세포탈행위 등을 하지 않도록 상당한 주의를 가지고 감독할 의무가 있으나, 범칙행위자 윤JY의 사기 그 밖의 부정한 행위로 인한 조세포탈행위 등을 방지하기 위한 책임을 게을리하였으므로 「조세범처벌법」 제18조와 「지방세기본법」 제109조에서 규정하는 양벌규정에 대해 책임이 있다.

| 적용 법조항 정리 |

적용 법조항	범칙행위 종류	범칙행위자
조처법 제18조	양벌규정	㈜맛최고정육점
지기법 제109조	양벌규정	㈜맛최고정육점

F 조세범칙행위 외 범죄행위 검토

(a) 횡령행위

㈜맛최고정육점의 윤JY가 ㈜한성돼지농장으로부터 공급가액을 거짓으로 기재(입력)한 세금계산서와 계산서를 수취해 가공원가(경비)를 계상하여 마련한 부외자금(1,029,000,000원)을 불법영득 의사로 영득한 행위는 업무상 횡령행위(형법 제356조)에 해당한다.

그리고 업무상 횡령금액(1,029,000,000원[주7])이 5억 원 이상이므로 특경법 제3조 제1항 제2호에 의하여 특정재산범죄의 가중처벌대상이다.

주7) 1,029,000,000원 = 490,000,000원[거짓으로 기재(입력)하여 발급(전송)받은 세금계산서 공급가액]
       + 49,000,000원[거짓으로 기재(입력)하여 발급(전송)받은 부가가치세]
       + 490,000,000원[거짓으로 기재(입력)하게 발급(전송)받은 계산서 공급가액]

| 적용 법조항 정리 |

적용 법조항	범칙행위 종류	범칙행위자	횡령금액
특경법 제3조 제1항 제2호	특정재산범죄의 가중처벌	윤JY	1,029,000,000원
형법 제356조	업무상 횡령행위	윤JY	1,029,000,000원

(b) 뇌물공여행위, 불법정치자금제공행위 등

대표 윤JY가 횡령한 금액을 친구 아들의 은행 계좌에 은닉하였으므로 뇌물공여행위, 불법정치자금제공행위 등에 대해 검토할 필요가 없다.

Ⓖ 세무대리인 등에 대한 공범 또는 방조범 해당 여부 검토

족제비세무회계사무소는 ㈜맛최고정육점의 대표 윤JY가 ㈜한성돼지농장으로부터 거짓으로 기재(입력)한 세금계산서와 계산서를 수취한 사실등을 몰랐으므로 윤JY의 범칙행위에 대해 세무대리인 등의 공범 또는 방조범은 없다.

Ⓗ 총 범칙행위 수

구분	범칙행위 종류	범칙행위자	포탈세액등	세금계산서 등 범칙행위 금액 (건수)
조세포탈 관련	법인세 포탈행위 (2021년 사업연도) (조처법 제3조 제1항)	윤JY	196,000,000원	
	법인지방소득세 포탈행위 (2021년 사업연도) (지기법 102조 제1항)	윤JY	19,600,000원	
세금계산서 등 범칙 관련	거짓으로 기재한 세금계산서를 발급받은 행위 (조처법 제10조 제2항 제1호)	윤JY		490,000,000원 (1건)
	거짓으로 기재한 계산서를 발급받은 행위 (조처법 제10조 제2항 제2호)	윤JY		490,000,000원 (1건)
기타 조세 범칙 관련	양벌규정(조처법 제18조)	㈜맛최고 정육점		
	양벌규정(지기법 제109조)	㈜맛최고 정육점		
조세범칙 외	특정재산범죄의 가중처벌 (특경법 제3조 제1항 제2호)	윤WW		1,029,000,000원
	업무상 횡령행위(형법 제356조)	윤WW		1,029,000,000원
총 범칙행위 수		- 국세 관련 조세범칙 죄 수 : 4개 - 지방세 관련 조세범칙 죄 수 : 2개 - 기타 범칙 관련 죄 수 : 2개		

제 5 절

부분자료상의 가공세금계산서 또는 가공계산서 수수행위에 대한 사례

I ≫ 개인사업자

1. 과세사업자

합판 도매업을 하는 보성합판의 대표 최QQ는 2021.9.12. 재화 또는 용역의 공급 없이 웅치건축의 대표 윤CC에게 전자적인 방법으로 세금계산서(공급가액 500,000,000원, 부가가치세 50,000,000원, 발급매수 1장)를 발급하였다.

- 발급한 전자세금계산서는 대표 최QQ가 국세청 홈택스 전자세금계산서 발급화면에 접속하여 전자세금계산서를 작성해 웅치건축에 전송(발급)하였음.
- 보성합판과 웅치건축은 수수한 가공세금계산서를 부가가치세 신고와 소득세 신고 시 반영하였음.
- 최QQ가 웅치건축에 가공세금계산서를 발급하여 준 사유는 외형을 높여 은행대출 연장조건을 갖추기 위해서였고, 때문에 발급한 가공세금계산서의 부가가치세를 보성합판이 신고·납부하였음.
- 보성합판의 대표 최QQ는 웅치건축 윤CC에게 가공세금계산서를 발급하여 주는 대가로 어떠한 금품도 받지 않았음.
- 까치세무회계사무소는 보성합판의 대표 최QQ가 가공세금계산서를 발급한 사실을 몰랐음.
- 보성합판과 웅치건축은 실제 사업을 하는 개인사업자임.
- 수사착수일 2023.9.1.

가. 가공세금계산서를 수수(발급)한 행위

Ⓐ 소득세 신고내용 등

○ 최QQ(보성합판)의 2021년 귀속 소득세 신고내용
- 2021년 귀속 총 수입금액 10,000,000,000원
- 소득세 과세표준 : 1,000,000,000원
- 납부할 세액 : 384,600,000원(소득세와 개인지방소득세 신고 시 납부하였음)
※ 복식부기의무자로 복식부기 장부로 신고하였음.
※ 성실신고확인서 제출대상자로 소득세 신고 시 제출하였음.

Ⓑ 세금계산서등의 범칙행위 검토

ⓐ 세금계산서 범칙행위

ⓐ 가공세금계산서를 수수(발급)한 행위

보성합판의 대표 최QQ가 웅치건축에 재화 또는 용역의 공급 없이 세금계산서를 발급하였으므로, 이는 재화 또는 용역을 공급하지 아니하거나 공급받지 아니하고 세금계산서를 수수(1건, 공급가액 500,000,000원, 부가가치세 50,000,000원)한 행위(조처법 제10조 제3항 제1호)에 해당한다.

ⓑ 실행위자(범칙행위자) 특정

보성합판의 대표 최QQ가 재화 또는 용역의 공급 없이 세금계산서를 웅치건축에 발급하여 주었으므로 세금계산서 범칙행위의 실행위자는 대표 최QQ이다.

ⓒ 가공세금계산서를 수수(발급)한 목적(영리목적)

보성합판의 대표 최QQ가 재화 또는 용역의 공급 없이 세금계산서를 수수(발급)한 목적은 은행대출연장 조건을 갖추기 위해서였다.

ⓓ 특가법 제8조의2 적용 여부

외형을 높여 은행대출 연장조건을 갖추기 위한 영리목적은 있으나, 공급가액등의 합계액(500,000,000원)이 30억 원 미만이므로 특가법 제8조의2 제1항에 의한 가중처벌 대상은 아니다.

| 적용 법조항 정리 |

| 적용 법조항 | 범칙행위 종류 | 범칙행위 금액 | 범 칙 |
	영리목적	(건수)	행위자
조처법 제10조 제3항 제1호	재화 또는 용역의 거래 없이 세금계산서를 수수(발급)한 행위	500,000,000원 (1건)	최QQ
	은행대출 연장조건을 갖추기 위함.		

ⓒ 신고누락 수입금액 및 탈루소득금액

(a) 수입금액

　　보성합판의 최QQ가 2021년 귀속 소득세 신고 시 재화 또는 용역의 거래 없이 발급한 세금계산서의 공급가액을 수입금액에 포함하여 신고하였으므로 기신고한 수입금액 (10,000,000,000원)에서 허위의 공급가액(500,000,000원)을 차감하여야 한다. 따라서 2021년 귀속 소득세 신고 시 신고누락한 수입금액은 －500,000,000원이다.

　　그리고 최QQ가 2021년 제2기 부가가치세 신고 시 발급한 가공세금계산서의 금액을 매출과표에 포함하여 신고하였으므로 허위의 공급가액(500,000,000원)과 부가가치세 (50,000,000원)를 차감하기 위해 부가가치세도 경정하여야 한다.

(b) 탈루소득금액

　　보성합판의 대표 최QQ가 2021년 귀속 소득세 신고 시 재화 또는 용역의 거래 없이 발급한 세금계산서의 공급가액을 소득금액에 포함하여 신고하였으므로 기신고한 소득금액에서 허위의 공급가액(500,000,000원)을 차감하여야 한다. 따라서 2021년 귀속 소득세 신고 시 신고누락한 탈루소득금액은 －500,000,000원이다.

Ⓓ 부가가치세, 소득세, 개인지방소득세 포탈세액등 계산(포탈세액등 계산 기준일 : 2023.9.30.)

(a) 부가가치세 탈루세액등 계산(2021년 제2기 과세기간)

　㉮ 부가가치세 본세 : [－500,000,000원(매출과표)[주1] × 10%] － [0원(매입과표) × 10%]

　　　　　　　　　 ＝ －50,000,000원

　　주1) 과세표준 －500,000,000원은 보성합판의 대표 최QQ가 발급한 가공세금계산서 공급가액이 기신고한 매출과표에서 차감된 것을 의미한다.

　⚲ (－)음수 매출과표는 매출과표가 줄어드는 것을 의미하고 감소한 매출과표에 해당하는 (－)음수의 매출세액만큼 부가가치세가 감소됨을 의미한다. 따라서 부가가치세 탈루세액등은 없다.

ⓝ 세금계산서불성실가산세[주2)] : 500,000,000원 × 3% = 15,000,000원

　　주2) 가산세 부과 사유는 가공세금계산서 발급임.

◎ 부가가치세 추징예상세액(㉮ + ⓝ) : −35,000,000원

　🔑 부가가치세 추징예상세액 −35,000,000원은 보성합판의 대표 최QQ에게 부가가치세 35,000,000원이 환급된다는 것을 의미한다.

(b) 소득세 탈루세액등 계산(2021년 귀속)

㉮ 소득세 본세 : 500,000,000원[주3)](과세표준) × 40% − 25,400,000원(누진세액공제)
　　　　　− 384,600,000원(기납부세액) = −210,000,000원

　　주3) 과세표준이 금액 500,000,000원인 사유는 당초 신고 과세표준(1,000,000,000원)에 신고누락한 탈루소득금액(−500,000,000원)을 합산하였기 때문이다.

　🔑 가공세금계산서 발급액 500,000,000원이 소득금액에서 차감돼 과세표준이 줄어들어 소득세 210,000,000원이 감소하였다. 따라서 소득세 탈루세액등은 없다.

◎ 소득세 추징예상세액 : −210,000,000원

　🔑 소득세 추징예상세액 −210,000,000원은 보성합판의 최QQ에게 소득세 210,000,000원이 환급된다는 것을 의미한다.

(c) 개인지방소득세 탈루세액등 계산(2021년 귀속)

㉮ 개인지방소득세 본세 : −210,000,000원(과세표준) × 10% = −21,000,000원

　🔑 개인지방소득세 본세가 −21,000,000원인 것은 보성합판의 최QQ가 부담할 개인지방소득세가 21,000,000원만큼 감소하였다는 것을 의미한다. 따라서 개인지방소득세 탈루세액등은 없다.

◎ 개인지방소득세 추징예상세액(㉮) : −21,000,000원

　🔑 개인지방소득세 추징예상세액 −21,000,000원은 보성합판의 최QQ에게 개인지방소득세 21,000,000원이 환급된다는 것을 의미한다.

(d) 총 탈루세액등

납세의무 확정 연도	세목	탈루세액등 (추징예상세액)	기수시기
2022년	소득세 (2021년 귀속)	−210,000,000원 (−210,000,000원)	
2022년	개인지방소득세 (2021년 귀속)	−21,000,000원 (−21,000,000원)	
2022년	부가가치세 (2021년 2기)	−50,000,000원 (−35,000,000원)	

납세의무 확정 연도	세목	탈루세액등 (추징예상세액)	기수시기
합계		−281,000,000원 (−266,000,000원[주4])	

주4) 추징예상세액 −266,000,000원은 보성합판의 최QQ에게 266,000,000원(소득세 환급액 210,000,000원 + 개인지방소득세 환급액 21,000,000원, 부가가치세 환급액 35,000,000원)이 환급된다는 것을 의미한다.

⊘ 상기 표의 내용과 같이 탈루세액등이 발생하지 아니하였다.

ⓔ 조세포탈 여부 판단 및 조세포탈행위의 실행위자 특정

보성합판의 최QQ가 가공세금계산서를 발급하는 세금계산서 범칙행위를 하였지만, 가공세금계산서 발급액을 없애면 수입금액과 소득금액이 줄어들어 포탈세액이 발생하지 않는다. 따라서 조세포탈행위가 발생하지 않았으므로 조세포탈의 실행위자도 없다.

Ⓔ 법인 또는 개인사업자에 대한 양벌규정 적용 검토

보성합판은 개인사업자이고 조세범칙행위의 실행위자가 사업주인 최QQ이므로 최QQ에게 「조세범처벌법」 제18조에서 규정하는 양벌규정에 대한 책임을 물을 수 없다.

Ⓕ 조세범칙행위 외 범죄행위 검토

보성합판이 개인사업자이고 범칙행위자가 최QQ이므로 횡령행위 등의 범죄행위는 검토할 필요가 없다.

Ⓖ 세무대리인 등에 대한 공범 또는 방조범 해당 여부 검토

까치세무회계사무소는 보성합판의 대표 최QQ가 웅치건축에 재화 또는 용역의 공급 없이 세금계산서를 발급한 사실을 몰랐으므로 대표 최QQ의 세금계산서 범칙행위에 세무대리인등의 공범 또는 방조범은 없다.

Ⓗ 총 범칙행위 수

구분	범칙행위 종류	범칙행위자	포탈세액등	세금계산서 등 범칙행위 금액 (건수)
세금계산서등 범칙 관련	재화·용역의 거래 없이 세금계산서를 수수(발급) 행위 (조처법 제10조 제3항 제1호)	최QQ		500,000,000원 (1건)

나. 가공세금계산서를 수수(수취)한 행위

A 소득세 신고내용 등

○ 윤CC(웅치건축)의 2021년 귀속 소득세 등 신고내용
- 업태 · 종목 : 도 · 소매/건축자재
- 2021년 귀속 총 수입금액 10,000,000,000원
- 소득세 과세표준 : 500,000,000원
- 납부할 세액 : 174,600,000원(소득세 신고 시 개인지방소득세와 함께 납부하였음)

- 복식부기의무자로 복식부기 장부로 신고하였음.
- 재화 또는 용역의 공급 없이 발급받은 세금계산서는 부가가치세 신고와 소득세 신고에 반영되었음.
- 대표 윤CC가 재화 또는 용역의 공급 없이 세금계산서를 발급받은 목적은 소득세와 부가가치세를 포탈하기 위해서임.
- 대표 윤CC가 재화 또는 용역의 공급 없이 세금계산서를 발급받은 가공원가를 계상하여 마련한 자금을 친구의 은행 계좌에 은닉하였고, 세금계산서를 발급받은 대가를 보성합판에 지급하지 않았음.
- 참새세무회계사무소는 웅치건축의 대표 윤CC가 재화 또는 용역을 공급 없이 세금계산서를 발급받은 사실을 몰랐음.
- 성실신고확인서 제출대상자로 소득세 신고 시 제출하였음.

B 세금계산서등의 범칙행위 검토

(a) 세금계산서 범칙행위

 ⓐ 가공세금계산서를 수수(수취)한 행위

  웅치건축의 대표 윤CC가 재화 또는 용역을 공급받지 않고 보성합판으로부터 전자세금계산서(1건, 공급가액 500,000,000원, 부가가치세 50,000,000원)를 발급받았으므로, 이는 재화 또는 용역을 공급하지 아니하거나 공급받지 아니하고 세금계산서를 수수(수취)한 행위(조처법 제10조 제3항 제1호)에 해당된다.

(b) 실행위자(범칙행위자) 특정

 웅치건축의 대표 윤CC가 보성합판으로부터 재화 또는 용역을 공급받지 않고의 세금계산서를 발급받았으므로 세금계산서 범칙행위의 실행위자는 대표 윤CC이다.

(c) 가공세금계산서를 수수(수취)한 목적(영리목적)

 대표 윤CC가 보성합판으로부터 가공세금계산서를 수수(발급받은)한 목적은 부가가

치세 등의 조세를 포탈하기 위해서이다.

(d) 특가법 제8조의2 적용 여부

부가가치세 등의 조세포탈이라는 영리목적은 있으나, 공급가액등의 합계액 (500,000,000원)이 30억 원 미만이므로 특가법 제8조의2 제1항에 의한 가중처벌대상 은 아니다.

| 적용 법조항 정리 |

적용 법조항	범칙행위 종류		범칙행위 금액 (건수)	범 칙 행위자
	영리목적			
조처법 제10조 제3항 제1호	재화 또는 용역의 거래 없이 세금계산서를 수수(수취)행위		500,000,000원 (1건)	윤CC
	부가가치세 등 조세포탈			

ⓒ 신고누락 수입금액 및 탈루소득금액

(a) 수입금액

웅치건축에 매출누락 등의 수입금액을 신고누락한 행위가 없으므로 윤CC의 2021년 귀속 소득세 신고에서 신고누락한 수입금액은 없다.

그러나 웅치건축의 윤CC가 2021년 제2기 부가가치세 신고 시 수취한 가공세금계산서 로 매입세액(50,000,000원) 공제를 받았기 때문에 부가가치세를 경정하여야 한다.

(b) 탈루소득금액

윤CC가 수취한 가공세금계산서를 부가가치세 및 소득세 신고에 반영하였으므로, 이 는 2021년 귀속 소득세 신고 시 가공원가(경비)를 계상하였다는 것을 의미한다. 따라 서 윤CC가 2021년 귀속 소득세 신고 시 가공원가 500,000,000원을 계상하였으므로 탈 루소득금액은 500,000,000원이다.

ⓓ 부가가치세, 소득세, 소득지방소득세 포탈세액등 계산(포탈세액등 계산 기준일 : 2023.9.30.)

(a) 부가가치세 탈루세액등 계산(2021년 2기 과세기간)

㉮ 부가가치세 본세 : [0원(매출과표) × 10%] − [−500,000,000원(매입과표) × 10%]

= 50,000,000원

🗲 부가가치세 계산식에서 매입과표가 −500,000,000원 것은 기신고된 매입과표에서 가공세 금계산서 수취액 500,000,000원을 차감한다는 것을 의미하고 차감된 매입과표에 해당하는 부가가치세 증가한다. 따라서 부가가치세 탈루세액등은 50,000,000원이다.

㉯ 부당 과소신고가산세 : 50,000,000원 × 40% = 20,000,000원

✏️ 부정과소신고가산세를 적용한 사유는 웅치건축의 윤CC가 조세포탈 목적으로 가공세금계산서를 수취한 행위가 「조세범처벌법」 제3조 제6항 제2호가 규정하는 거짓 증빙 수취에 해당하는 부정한 행위이기 때문이다.

㉰ 세금계산서불성실가산세[주1] : 500,000,000원 × 3% = 15,000,000원

주1) 가산세 부과 사유는 가공세금계산서 수취임.

㉱ 납부지연가산세(㉠ + ㉡) : 6,773,000원

㉠ 50,000,000원(본세) × 20일(2022.1.26.~2022.2.14.) × 25/100,000 = 250,000원

㉡ 50,000,000원(본세) × 593일(2022.2.15.~2023.9.30.) × 22/100,000 = 6,523,000원

◎ 부가가치세 추징예상세액(㉮ + ㉯ + ㉰ + ㉱) : 91,773,000원

(b) 소득세 탈루세액등 계산(2021년 귀속)

㉮ 소득세 본세 : 1,000,000,000원[주2](과세표준) × 42% − 35,400,000원(누진세액공제) − 174,600,000원(기납부세액) = 210,000,000원

주2) 과세표준 금액 1,000,000,000원은 소득세 신고 당시 과세표준 금액(500,000,000원)에 신고누락한 탈루소득금액(가공세금계산서 수취금액 500,000,000원)을 합산한 금액임.

㉯ 부당 과소신고가산세(㉠과 ㉡ 중 큰 것) : 84,000,000원

㉠ 210,000,000원 × 40% = 84,000,000원

㉡ 가공세금계산서 수취금액은 부정과소신고 수입금액이 아니므로 가산세 비교과세는 없다.

㉰ 납부지연가산세 : 210,000000원(본세) × 457일(2022.7.1.~2023.9.30.) × 22/100,000 = 21,113,400원

✏️ 윤CC가 성실신고확인서 제출대상자로 소득세 신고·납부기한이 2022.6.30.이므로 납부지연가산세 기산일은 2022.7.1.이 된다.

◎ 소득세 추징예상세액(㉮+㉯+㉰) : 315,113,400원

(c) 개인지방소득세 탈루세액등 계산(2021년 귀속)

㉮ 개인지방소득세 본세 : 210,000,000원(과세표준) × 10% = 21,000,000원

㉯ 부정과소신고가산세 : 21,000,000원 × 40% = 8,400,000원

㉰ 납부지연가산세 : 21,000,000원(본세) × 457일(2022.7.1.~ 2022.9.30.) × 22/100,000 = 2,111,340원

✏️ 개인지방소득세는 신고납세제도에 속하는 세목이고 신고·납부기한은 소득세 신고·납부기한과 같다. 윤CC가 성실신고확인서 제출대상자로 소득세 신고·납부기한이 2022.6.30.이

므로 납부지연가산세 기산일은 2022.7.1.이 된다.

◎ 개인지방소득세 추징예상세액(㉮ + ㉯ + ㉰) : 31,511,340원

(d) 총 탈루세액등

납세의무 확정 연도	세목	탈루세액등 (추징예상세액)	기수시기
2022년	소득세 (2021년 귀속)	210,000,000원 (315,113,400원)	2022.6.30. 지난 때
2022년	개인지방소득세 (2021년 귀속)	21,000,000원 (31,511,340원)	2022.6.30. 지난 때
2022년	부가가치세 (2021년 2기)	50,000,000원 (91,773,000원)	2022.1.25. 지난 때
합계		281,000,000원 (438,397,740원)	

(e) 조세포탈 여부 판단 및 조세포탈행위의 실행위자 특정

가공세금계산서 수취라는 부정한 방법으로 소득세 210,000,000원, 부가가치세 50,000,000원, 개인지방소득세 21,000,000원을 과소하게 납부한 행위 중 소득세와 개인지방소득세를 과소하게 납부한 행위는 소득세 포탈행위(조처법 제3조 제1항)와 개인지방소득세 포탈행위(지기법 제102조 제1항)에 해당하지만, 부가가치세를 과소하게 납부한 행위는 세금계산서를 발급한 보성합판의 최QQ가 거짓으로 기재하여 발급한 세금계산서의 부가가치세를 신고·납부하였으므로 조세포탈행위로 의율할 수 없다(대법원 1990.10.16. 90도1955 판결). 따라서 소득세와 개인지방소득세의 과소 납부세액은 포탈세액등이 되고, 부가가치세는 과소 납부세액은 탈루세액등이 된다.

소득세와 개인지방소득세 포탈행위의 원인이 된 가공세금계산서 수취행위를 윤CC이 하였으므로 조세포탈행위의 실행위자는 윤CC이다.

그리고 연간 포탈세액등[주3](2022년)이 5억 원 이상인 연도가 없으므로 특가법 제8조는 적용되지 않는다.

주3) 231,000,000원 = 210,000,000원(소득세 포탈세액) + 21,000,000원(개인지방소득세 포탈세액)

적용 법조항	범칙행위 종류	실행위자	포탈세액등
조처법 제3조 제1항	소득세 포탈행위(2021년 귀속)	윤CC	201,800,000원
지기법 제102조 제1항	개인지방소득세 포탈행위(2021년 귀속)	윤CC	20,180,000원

E 법인 또는 개인사업자에 대한 양벌규정 적용 검토

웅치건축은 개인사업자이고 조세범칙행위의 실행위자가 사업주인 윤CC이므로 윤CC에게 「조세범처벌법」 제18조와 「지방세기본법」 제109조에서 규정하는 양벌규정에 대한 책임을 물을 수 없다.

F 조세범칙행위 외 범죄행위 검토

윤CC가 개인사업자이고 가공세금계산서를 수취하여 마련한 자금을 친구의 은행 계좌에 은닉하였으므로 횡령행위 등의 범죄행위는 검토할 필요가 없다.

G 세무대리인 등에 대한 공범 또는 방조범 해당 여부 검토

참새세무회계사무소는 웅치건축의 대표가 가공세금계산서를 수취한 사실을 몰랐으므로 윤CC의 범칙행위에 대해서는 세무대리인등의 공범 또는 방조범은 없다.

H 총 범칙행위 수

구분	범칙행위 종류	범칙행위자	포탈세액등	세금계산서 등 범칙행위 금액 (건수)
조세포탈 관련	소득세 포탈행위(2021년 귀속) (조처법 제3조 제1항)	윤CC	210,000,000원	
	개인지방소득세 포탈행위 (2021년 귀속) (지기법 102조 제1항)	윤CC	21,000,000원	
세금계산서등 범칙 관련	재화·용역의 거래 없이 세금계산서를 수수(수취)한 행위 (조처법 제10조 제3항 제1호)	윤CC		500,000,000원 (1건)
총 범칙행위 수		- 국세 관련 조세범칙 죄 수 : 2개 - 지방세 관련 조세범칙 죄 수 : 1개		

2. 면세사업자

한성돼지농장의 대표 최HH는 2021.7.31. 돼지삼겹살을 공급하지 않았으나 공급한 것처럼 맛최고정육점의 대표 윤WW에게 전자적인 방법으로 계산서(1건, 공급가액 500,000,000원)를 발급하였다.
- 발급한 전자계산서는 대표 최HH가 국세청 홈택스 전자계산서 발급화면에 접속하여 전자계산서를 작성해 맛최고정육점에 전송하였음.
- 한성돼지농장과 맛최고정육점은 수수한 가공계산서를 소득세 신고 시 반영하였음.
- 한성돼지농장의 대표 최HH가 맛최고정육점에 가공계산서를 발급하여 준 사유는 외형을 높여 군납업체 자격을 갖추기 위해서였음.
- 한성돼지농장의 대표 최HH는 맛최고정육점의 대표 윤WW에게 가공계산서를 발급하여 주는 대가로 어떠한 금품도 받지 않았음.
- 까마귀세무회계사무소는 한성돼지농장의 대표 최HH가 재화 또는 용역의 공급없이 계산서를 발급한 사실을 몰랐음.
- 한성돼지농장과 맛최고정육점은 실제 사업을 하는 업체임.
- 수사착수일 2023.9.1.

가. 가공계산서를 수수(발급)한 행위

Ⓐ 소득세 신고내용 등

○ 최HH(한성돼지농장)의 2021년 귀속 소득세 신고내용 등
  - 2021년 귀속 총 수입금액 10,000,000,000원
  - 소득세 과세표준 : 2,000,000,000원
  - 납부할 세액 : 834,600,000원(소득세 신고 시 개인지방소득세와 함께 납부하였음)
  ※ 복식부기의무자로 복식부기 장부로 신고하였음.
  ※ 성실신고확인서 제출대상자로 소득세 신고 시 제출하였음.

Ⓑ 세금계산서등의 범칙행위 검토

(a) 계산서 범칙행위

ⓐ 가공계산서를 수수(발급)한 행위

한성돼지농장의 대표 최HH가 돼지삼겹살을 공급하지 아니하고 맛최고정육점에 계산서(1건, 공급가액 500,000,000원)를 발급하였으므로, 이는 재화 또는 용역을 공급하지

아니하거나 공급받지 아니하고 계산서를 수수(발급)한 행위(조처법 제10조 제3항 제2호)에 해당한다.

(b) 실행위자(범칙행위자) 특정

한성돼지농장의 대표 최HH가 돼지삼겹살을 공급하지 아니하고 맛최고정육점 윤WW에게 계산서를 발급하였으므로 계산서 범칙행위의 실행위자는 최HH이다.

(c) 가공계산서를 수수(발급)한 목적(영리목적)

대표 최HH가 맛최고정육점에 가공계산서를 발급한 목적은 외형을 높여 군납업체 자격을 갖추기 위해서였다.

(d) 특가법 제8조의2 적용 여부

군납업체 자격을 갖추기 위함이라는 영리목적은 있으나, 공급가액등의 합계액(500,000,000원)이 30억 원 미만이므로 특가법 제8조의2 제1항에 의한 가중처벌대상은 아니다.

| 적용 법조항 정리 |

| 적용 법조항 | 범칙행위 종류 | 범칙행위 금액 | 범 칙 |
	영리목적	(건수)	행위자
조처법 제10조 제3항 제2호	재화 또는 용역의 거래 없이 계산서를 수수(발급)행위	500,000,000원 (1건)	최HH
	군납업체 자격을 갖추기 위함		

ⓒ 신고누락 수입금액 및 탈루소득금액

(a) 수입금액

한성돼지농장의 대표 최HH가 2021년 귀속 소득세 신고 시 재화 또는 용역의 거래 없이 발급한 계산서의 공급가액을 수입금액에 포함하여 신고하였으므로 기신고한 수입금액(10,000,000,000원)에서 허위의 공급가액(500,000,000원)을 차감하여야 한다. 따라서 2021년 귀속 소득세 신고 시 신고누락한 수입금액은 −500,000,000원이다.

(b) 탈루소득금액

한성돼지농장의 대표 최HH가 2021년 귀속 소득세 신고 시 재화 또는 용역의 거래 없이 발급한 계산서의 공급가액을 소득금액에 포함하여 신고하였으므로 소득금액에서 허위의 공급가액(500,000,000원)을 차감하여야 한다. 따라서 2021년 귀속 소득세 신고 시 신고누락한 탈루소득금액은 −500,000,000원이다.

☐ 소득세, 개인지방소득세 포탈세액등 계산(포탈세액등 계산 기준일 : 2023.9.30.)

ⓐ 소득세 탈루세액등 계산(2021년 귀속)

    ㉮ 소득세 본세 : 1,500,000,000원[주1] (과세표준) × 45% − 65,400,000원(누진공제세액)

              − 834,600,000원(기납부세액) = −225,000,000원

        주1) 과세표준 금액 1,500,000,000원은 당초 과세표준(2,000,000,000원)에 신고누락한 탈루소득금액
           (−500,000,000원)을 합산한 금액임.

    ㉯ 계산서불성실가산세[주2] : 500,000,000원 × 2% = 10,000,000원

        주2) 가산세 부과 사유는 가공계산서 발급임.

    ◎ 소득세 추징예상세액(㉮ + ㉯) : −215,000,000원

        ⊘ 추징예상액 −215,000,000원은 한성돼지농장의 대표 최HH에게 소득세 215,000,000원
        이 환급된다는 것을 의미한다.

ⓑ 개인지방소득세 탈루세액등 계산(2021년 귀속)

    ㉮ 개인지방소득세 본세 : −225,000,000(과세표준) × 10% = −22,500,000원

    ㉯ 소득세의 가산세에 부과하는 가산세 : 10,000,000원[주3] × 10% = 1,000,000원

        주3) 계산서불성실가산세임.

    ◎ 개인지방소득세 추징예상세액(㉮ + ㉯) : −21,500,000원

        ⊘ 추징예상액 −21,500,000원은 한성돼지농장의 대표 최HH에게 개인지방소득세 21,500,000
        원이 환급된다는 것을 의미한다.

ⓒ 총 탈루세액등

납세의무 확정 연도	세목	탈루세액등 (추징예상세액)	기수시기
2022년	소득세 (2021년 귀속)	−225,000,000원 (−215,000,000원)	
2022년	개인지방소득세 (2021년 귀속)	−22,500,000원 (−21,500,000원)	
합계		−247,500,000원 (−236,500,000원[주4])	

    주4) 추징예상세액 −236,500,000원은 한성돼지농장의 최HH에게 236,500,000원(소득세 환급액 215,000,000
        원 + 개인지방소득세 환급액 21,500,000원)이 환급된다는 것을 의미한다.

    ⊘ 상기 표의 내용과 같이 탈루세액등이 발생하지 아니하였다.

(d) 조세포탈 여부 판단 및 조세포탈행위의 실행위자 특정

최HH가 가공계산서를 발급하는 계산서 범칙행위를 하였지만, 가공계산서 발급액을 없애면 오히려 수입금액과 소득금액이 줄어들어 포탈세액이 발생하지 않는다. 따라서 조세포탈행위가 발행하지 않았으므로 조세포탈의 실행위자도 없다.

Ⓔ 법인 또는 개인사업자에 대한 양벌규정 적용 검토

한성돼지농장은 개인사업자이고 조세범칙행위의 실행위자가 사업주인 최HH이므로 「조세범처벌법」 제18에서 규정하는 양벌규정에 대한 책임을 물을 수 없다.

Ⓕ 조세범칙행위 외 범죄행위 검토

한싱돼지농장의 최HH가 개인사업사이고 범칙행위자가 최HH이므로 횡령행위 등의 범죄행위는 검토할 필요없다.

Ⓖ 세무대리인 등에 대한 공범 또는 방조범 해당 여부 검토

까마귀세무회계사무소는 한성돼지농장의 대표 최HH가 맛최고정육점에 재화 또는 용역을 공급없이 계산서를 발급한 사실을 몰랐으므로 대표 최HH의 계산서 범칙행위에 세무대리인등의 공범 또는 방조범은 없다.

Ⓗ 총 범칙행위 수

구분	범칙행위 종류	범칙행위자	포탈세액등	세금계산서 등 범칙행위 금액 (건수)
세금계산서등 범칙 관련	재화·용역의 거래 없이 계산서를 수수(발급)한 행위 (조처법 제10조 제3항 제2호)	최HH		500,000,000원 (1건)

나. 가공계산서를 수수(수취)한 행위

Ⓐ 소득세 신고내용 등

○ 윤WW(맛최고정육점)의 2021년 귀속 소득세 신고내용 등
 - 업태·종목 : 도·소매/식육점
 - 2021년 귀속 총 수입금액 10,000,000,000원
 - 소득세 과세표준 : 500,000,000원

- 납부할 세액 : 174,600,000원
※ 복식부기의무자로 복식부기 장부로 신고하였음.
※ 재화 또는 용역의 공급없이 발급받은 계산서는 소득세 신고에 반영되었음.
※ 대표 윤WW가 가공계산서를 발급받은 목적은 가공경비를 계상하여 소득세 등을 포탈하기 위한 것임.
※ 대표 윤WW가 가공계산서를 발급받아 가공원가를 계상하고 마련한 자금을 내연녀의 은행 계좌에 은닉하였음.
※ 노루세무회계사무소는 맛최고정육점의 대표 윤WW가 가공계산서를 발급받은 사실을 몰랐음.

Ⓑ 세금계산서등의 범칙행위 검토

(a) 계산서 범칙행위

ⓐ 가공계산서를 수수(수취)한 행위

맛최고정육점 대표 윤WW가 재화 또는 용역을 공급받지 않고 한성돼지농장으로부터 전자계산서(1건, 공급가액 500,000,000원)를 발급받았으므로, 이는 재화 또는 용역을 공급하지 아니하거나 공급받지 아니하고 계산서를 수수(수취)한 행위(조처법 제10조 제3항 제2호)에 해당한다.

(b) 실행위자(범칙행위자) 특정

맛최고정육점의 대표 윤WW가 재화 또는 용역을 공급받지 않고 한성돼지농장으로부터 계산서를 발급받았으므로 계산서 범칙행위의 실행위자는 대표 윤WW이다.

(c) 가공계산서를 수수(수취)한 목적(영리목적)

대표 윤WW가 한성돼지농장으로부터 가공계산서를 수수(수취)한 목적은 소득세 등의 조세포탈을 위해서이다.

(d) 특가법 제8조의2 적용 여부

소득세 등의 조세포탈이라는 영리목적은 있으나, 공급가액등의 합계액(500,000,000원)이 30억 원 미만이므로 특가법 제8조의2 제1항에 의한 가중처벌대상은 아니다.

| 적용 법조항 정리 |

적용 법조항	범칙행위 종류	범칙행위 금액 (건수)	범 칙 행위자
	영리목적		
조처법 제10조 제3항 제2호	재화 또는 용역의 거래 없이 계산서를 수수(수취)행위	500,000,000원 (1건)	윤WW
	소득세 등 조세포탈		

Ⓒ 신고누락 수입금액 및 탈루소득금액

ⓐ 수입금액

맛최고정육점에 매출누락 등의 수입금액을 신고누락한 행위가 없으므로 윤WW의 2021년 귀속 소득세 신고에서 신고누락한 수입금액은 없다.

ⓑ 탈루소득금액

윤WW가 수취한 가공계산서를 소득세 신고에 반영하였으므로, 이는 2021년 귀속 소득세 신고 시 가공원가(경비)를 계상하였다는 것을 의미한다. 따라서 윤WW가 2021년 귀속 소득세 신고 시 가공원가 500,000,000원을 계상하였으므로 탈루소득금액은 500,000,000원이다.

Ⓓ 소득세, 개인지방소득세 포탈세액등 계산(포탈세액등 계산 기준일 : 2023.9.30.)

ⓐ 소득세 탈루세액등 계산(2021년 귀속)

㉮ 소득세 본세 : 1,000,000,000원[주1](과세표준) × 42% − 35,400,000원(누진세액공제)
　　　　　　　− 174,600,000원(기납부세액) = 210,000,000원

　　주1) 과세표준 금액 1,000,000,000원은 당초 과세표준 금액(500,000,000원)에 신고누락한 탈루소득금액(가공계산서 수취금액 500,000,000원)을 합산한 금액임.

㉯ 부당 과소신고가산세(㉠과 ㉡ 중 큰 것) : 84,000,000원

　　㉠ 210,000,000원 × 40% = 84,000,000원

　　㉡ 가공계산서 수취금액은 부정과소신고 수입금액이 아니므로 가산세 비교 과세는 없다.

㉰ 계산서불성실가산세[주2] : 500,000,000원 × 2% = 10,000,000원

　　주2) 가산세 부과 사유는 가공계산서 수취임.

㉱ 납부지연가산세 : 210,000000원(본세) × 487일(2022.6.1.~2023.9.30.) × 22/100,000
　　　　　　　= 22,499,400원

◎ 소득세 추징예상세액(㉮+㉯+㉰+㉱) : 326,499,400원

(b) 개인지방소득세 탈루세액등 계산(2021년 귀속)

㉮ 개인지방소득세 본세 : 210,000,000원(과세표준) × 10% = 21,000,000원

㉯ 부정과소신고가산세 : 21,000,000원 × 40% = 8,400,000원

㉰ 납부지연가산세 : 21,000,000원(본세) × 487일(2022.6.1.~2023.9.30.) × 22/100,000
= 2,249,940원

🖊 개인지방소득세는 신고납세제도에 속하는 세목이고 신고·납부기한은 개인의 소득세의 신고·납부기한과 같다. 따라서 납부지연가산세 기산일은 2022.6.1.이 된다.

㉱ 소득세의 가산세에 부과하는 가산세 : 10,000,000원[주3] × 10% = 1,000,000원

주3) 계산서불성실가산세임.

◎ 개인지방소득세 추징예상세액(㉮ + ㉯ + ㉰ + ㉱) : 32,649,940원

(c) 총 탈루세액등

납세의무 확정 연도	세목	탈루세액등 (추징예상세액)	기수시기
2022년	소득세 (2021년 귀속)	210,000,000원 (326,499,400원)	2022.5.31. 지난 때
2022년	개인지방소득세 (2021년 귀속)	21,000,000원 (32,649,940원)	2022.5.31. 지난 때
합계		231,000,000원 (359,149,340원)	

(d) 조세포탈 여부 판단 및 조세포탈행위의 실행위자 특정

가공계산서 발급받은 부정한 방법으로 소득세 210,000,000원과 개인지방소득세 21,000,000원을 과소하게 납부한 행위는 소득세 포탈행위(조처법 제3조 제1항)와 개인지방소득세 포탈행위(지기법 제102조 제1항)에 해당하고, 조세포탈의 실행행위인 가공계산서 발급받은 행위를 대표 윤WW가 하였으므로 조세포탈의 실행위자는 대표 윤WW이다.

그리고 연간 포탈세액등[주4](2022년)이 5억 원 이상인 연도가 없으므로 특가법 제8조는 적용되지 않는다.

주4) 231,000,000원 = 210,000,000원(소득세 포탈세액) + 21,000,000원(개인지방소득세 포탈세액)

적용 법조항	범칙행위 종류	실행위자	포탈세액등
조처법 제3조 제1항	소득세 포탈행위(2021년 귀속)	윤WW	210,000,000원
지기법 제102조 제1항	개인지방소득세 포탈행위(2021년 귀속)	윤WW	21,000,000원

Ⓔ 법인 또는 개인사업자에 대한 양벌규정 적용 검토

맛최고정육점은 개인사업자이고 조세범칙행위의 실행위자가 사업주인 윤WW이므로 「조세범처벌법」 제18조와 「지방세기본법」 제109조에서 규정하는 양벌규정에 대한 책임을 물을 수 없다.

Ⓕ 조세범칙행위 외 범죄행위 검토

맛최고정육점의 윤WW가 개인사업자이고 가공계산서를 수취하여 마련한 자금을 내연녀의 은행 계좌에 은닉하였으므로 횡령행위 등의 범죄행위를 검토할 필요 없다.

Ⓖ 세무대리인 등에 대한 공범 또는 방조범 해당 여부 검토

노루세무회계사무소는 맛최고정육점의 대표가 가공계산서를 수취한 사실을 몰랐으므로 윤WW의 범칙행위에 대해서는 세무대리인등의 공범 또는 방조범은 없다.

Ⓗ 총 범칙행위 수

구분	범칙행위 종류	범칙행위자	포탈세액등	세금계산서 등 범칙행위 금액 (건수)
조세포탈 관련	소득세 포탈행위(2021년 귀속) (조처법 제3조 제1항)	윤WW	210,000,000원	
	개인지방소득세 포탈행위 (2021년 귀속) (지기법 102조 제1항)	윤WW	21,000,000원	
세금계산서등 범칙 관련	재화·용역의 거래 없이 계산서를 수수(수취)행위 (조처법 제10조 제3항 제2호)	윤WW		500,000,000원 (1건)
총 범칙행위 수		- 국세 관련 조세범칙 죄 수 : 2개 - 지방세 관련 조세범칙 죄 수 : 1개		

3. 과·면세 겸영 사업자

한성돼지농장의 대표 최HH가 돼지생갈비와 양념돼지갈비를 실제로 공급하지 않았으나 공급한 것처럼 계산서(2021.9.30., 1건, 공급가액 500,000,000원)와 세금계산서(2021.11.10., 1건, 공급가액 500,000,000원, 부가가치세 50,000,000원)를 전자적인 방법으로 맛최고정육점의 윤WW에게 발급하였다.

- 발급한 전자세금계산서와 전자계산서는 대표 최HH가 국세청 홈택스 전자세금계산서 발급화면에 접속하여 전자세금계산서와 전자계산서를 작성해 맛최고정육점에 전송(발급)하였음.
- 대표 최HH가 맛최고정육점의 윤WW에게 재화 또는 용역의 공급 없이 세금계산서와 계산서를 발급한 사유는 외형을 높여 군납업체 자격을 갖추기 위해서였고, 때문에 발급한 가공세금계산서의 부가가치세를 맛치고정육점으로부터 받지 않고 한성돼지농장에서 신고·납부하였음.
- 대표 최HH는 맛최고정육점의 대표 윤WW로부터 재화 또는 용역의 공급 없이 세금계산서와 계산서를 발급한 대가로 어떠한 금품도 받지 않았음.
- 단비세무회계사무소는 대표 최HH가 맛최고정육점에 재화 또는 용역의 공급없이 세금계산서와 계산서를 수수(발급)한 사실을 몰랐음.
- 발급한 가공세금계산서와 가공계산서에 대해서 한성돼지농장과 맛최고정육점은 부가가치세와 소득세 신고 시 모두 반영하였음.
- 한성돼지농장과 맛최고정육점은 실제 사업을 하는 사업체임.
- 수사개시일은 2023.9.1.

가. 가공세금계산서 또는 가공계산서를 수수(발급)한 행위

Ⓐ 소득세 신고내용 등

○ 최HH(한성돼지농장)의 2021년 귀속 소득세 신고내용 등
  - 2021년 귀속 총 수입금액 10,000,000,000원
  - 소득세 과세표준 : 2,000,000,000원
  - 납부할 세액 : 834,600,000원(소득세와 개인지방소득세는 신고 기한 내에 납부하였음)
  ※ 복식부기의무자로 복식부기 장부로 신고하였음.
  ※ 성실신고확인서 제출대상자로 소득세 신고 시 제출하였음.

B 세금계산서등의 범칙행위 검토

(a) 세금계산서 범칙행위

ⓐ 가공세금계산서를 수수(발급)한 행위

한성돼지농장의 대표 최HH가 양념돼지갈비를 공급하지 아니하고 공급한 것처럼 맛최고정육점에 세금계산서(1건, 공급가액 500,000,000원, 부가가치세 50,000,000원)를 발급하였으므로, 이는 재화 또는 용역을 공급하지 아니하거나 공급받지 아니하고 세금계산서를 수수(발급)한 행위(조처법 제10조 제3항 제1호)에 해당한다.

(b) 계산서 범칙행위

ⓐ 가공계산서를 수수(발급)한 행위

한성돼지농장의 대표 최HH가 돼지생갈비를 공급하지 아니하고 공급한 것처럼 맛최고정육점에 계산서(1건, 공급가액 500,000,000원)를 발급하였으므로, 이는 재화 또는 용역을 공급하지 아니하거나 공급받지 아니하고 계산서를 수수(발급)한 행위(조처법 제10조 제3항 제2호)에 해당한다.

(c) 실행위자(범칙행위자) 특정

한성돼지농장의 대표 최HH가 재화 또는 용역을 공급하지 아니하고 세금계산서와 계산서를 맛최고정육점에 발급하였으므로 세금계산서등의 범칙행위의 실행위자는 최HH이다.

(d) 가공세금계산서와 가공계산서를 수수(발급)한 목적(영리목적)

한성돼지농장에서 대표 최HH가 맛최고정육점에 가공세금계산서와 가공계산서를 수수(발급)한 목적은 외형을 높여 군납업체 자격을 갖추기 위해서였다.

(e) 특가법 제8조의2 적용 여부

군납업체 자격 조건을 갖추기 위해서라는 영리목적은 있으나, 공급가액등의 합계액(1,000,000,000원)이 30억 원 미만이므로 특가법 제8조의2 제1항에 의한 가중처벌대상은 아니다.

적용 법조항	범칙행위 종류		범칙행위 금액 (건수)	범 칙 행위자
	영리목적			
조처법 제10조 제3항 제1호	재화 또는 용역의 거래 없이 세금계산서를 수수(발급)한 행위		500,000,000원 (1건)	최HH
	군납업체 자격을 갖추기 위함.			
조처법 제10조 제3항 제2호	재화 또는 용역의 거래 없이 계산서를 수수(발급)한 행위		500,000,000원 (1건)	최HH
	군납업체 자격을 갖추기 위함.			

ⓒ 신고누락 수입금액 및 탈루소득금액

ⓐ 수입금액

한성돼지농장의 대표 최HH가 2021년 귀속 소득세 신고 시 재화 또는 용역의 거래 없이 발급한 세금계산서와 계산서의 공급가액을 수입금액에 포함하여 신고하였으므로 기신고한 수입금액(10,000,000,000원)에서 허위 수입금액인 가공세금계산서와 가공계산서의 공급가액(1,000,000,000원)을 차감하여야 한다. 따라서 2021년 귀속 소득세 신고 시 신고누락한 수입금액은 −1,000,000,000원이다.

그리고 최HH가 2021년 제2기 부가가치세 신고 시 발급한 가공세금계산서의 금액을 매출과표에 포함하여 신고하였으므로 해당금액을 차감하기 위해 부가가치세도 경정하여야 한다.

ⓑ 탈루소득금액

한성돼지농장의 대표 최HH가 2021년 귀속 소득세 신고 시 재화 또는 용역의 거래 없이 발급한 세금계산서와 계산서의 공급가액을 소득금액에 포함하여 신고하였으므로 소득금액에서 가공세금계산서(500,000,000원)와 가공계산서(500,000,000원)의 공급가액을 차감하여야 한다. 따라서 2021년 귀속 소득세 신고 시 신고누락한 탈루소득금액은 −1,000,000,000원이다.

ⓓ 부가가치세, 소득세, 개인지방소득세 포탈세액등 계산(포탈세액등 계산 기준일 : 2023.9.30.)

ⓐ 부가가치세 탈루세액등 계산(2021년 제2기 과세기간)

㉮ 부가가치세 본세 : [−500,000,000원(매출과표)[주1] × 10%] − [0원(매입과표) × 10%]
= −50,000,000원

주1) 과세표준 −500,000,000원은 한성돼지농장의 대표 최HH가 발급한 가공세금계산서 공급가액이

기신고한 매출과표에서 차감된 것을 의미한다.

- ⚲ (-)음수 매출과표는 매출과표가 줄어드는 것을 의미하고 감소한 매출과표에 해당하는 (-)음수의 매출세액만큼 부가가치세가 감소 됨을 의미한다. 따라서 부가가치세 탈루세액등은 없다.

ⓒ 세금계산서불성실가산세[주2] : 500,000,000원 × 3% = 15,000,000원

주2) 가산세 부과 사유는 가공세금계산서 발급임.

◎ 부가가치세 추징예상세액(㉮ + ㉯) : -35,000,000원

- ⚲ 부가가치세 추징예상세액 -35,000,000원은 한성돼지농장의 최HH에게 부가가치세 35,000,000원이 환급된다는 것을 의미한다.

(b) 소득세 탈루세액등 계산(2021년 귀속)

㉮ 소득세 본세 : 1,000,000,000원[주3] (과세표준) × 42% - 35,400,000원(누진세액공제) - 834,600,000원(기납부세액) = -450,000,000원

주3) 과세표준이 1,000,000,000원인 사유는 당초 과세표준(2,000,000,000원)에 신고누락한 탈루소득금액(-1,000,000,000원)을 합산하였기 때문이다.

- ⚲ 과세표준이 1,000,000,000원이 감소하면서 소득세 450,000,000원이 감소하였다. 따라서 소득세 탈루세액등은 없다.

㉯ 계산서불성실가산세[주4] : 500,000,000원 × 2% = 10,000,000원

주4) 가산세 부과 사유는 가공계산서 발급임.

◎ 소득세 추징예상세액(㉮ + ㉯) : -440,000,000원

- ⚲ 소득세 추징예상세액 -440,000,000원은 한성돼지농장의 최HH에게 소득세 440,000,000원이 환급된다는 것을 의미한다.

(c) 개인지방소득세 탈루세액등 계산(2021년 귀속)

㉮ 개인지방소득세 본세 : -450,000,000원(과세표준) × 10% = -45,000,000원

- ⚲ 개인지방소득세 본세가 -45,000,000원이라는 것은 개인지방소득세가 45,000,000원만큼 감소하였다는 것을 의미한다. 따라서 개인지방소득세 탈루세액등은 없다.

㉯ 소득세의 가산세에 부과하는 가산세 : 10,000,000원[주5] × 10% = 1,000,000원

주5) 계산서불성실가산세임.

◎ 개인지방소득세 추징예상세액(㉮ + ㉯) : -44,000,000원

- ⚲ 개인지방소득세 추징예상세액 -44,000,000원은 한성돼지농장의 최HH에게 개인지방소득세 44,000,000원이 환급된다는 것을 의미한다.

(d) 총 탈루세액등

납세의무 확정 연도	세목	탈루세액등 (추징예상세액)	기수시기
2022년	소득세 (2021년 귀속)	−450,000,000원 (−440,000,000원)	
2022년	개인지방소득세 (2021년 귀속)	−45,000,000원 (−44,000,000원)	
2022년	부가가치세 (2021년 2기)	−50,000,000원 (−35,000,000원)	
합계		−545,000,000원 (−519,000,000원[주6])	

주6) 추징예상세액 −519,000,000원은 한성돼지농장의 최HH에게 519,000,000원(소득세 환급액 440,000,000원 + 개인지방소득세 환급액 44,000,000원 + 부가가치세 환급액 35,000,000원)이 환급된다는 것을 의미한다.

☞ 상기 표의 내용과 같이 탈루세액등이 발생하지 아니하였다.

(e) 조세포탈 여부 판단 및 조세포탈행위의 실행위자 특정

한성돼지농장의 최HH가 가공세금계산서와 가공계산서를 발급하는 세금계산서등의 범칙행위를 하였지만, 수입금액과 소득금액에서 가공세금계산서와 가공계산서 발급 금액을 차감하면 수입금액과 소득금액이 줄어들어 포탈세액이 발생하지 않는다. 따라서 조세포탈행위가 발생하지 않았으므로 조세포탈의 실행위자도 없다.

E 법인 또는 고용주에 대한 양벌규정 적용 검토

최HH가 개인사업자이고 조세범칙행위의 실행위자가 사업주인 최HH이므로 최HH에게 「조세범처벌법」 제18에서 규정하는 양벌규정에 대한 책임을 물을 수 없다.

F 조세범칙행위 외 범죄행위 검토

한성돼지농장이 개인사업자이고 세금계산서와 계산서 범칙행위로 인하여 자금이 마련된 사실이 없으므로 횡령행위 등의 범죄행위는 검토할 필요는 없다.

G 세무대리인 등에 대한 공범 또는 방조범 해당 여부 검토

단비세무회계사무소는 한성돼지농장의 대표 최HH가 맛최고정육점에 재화 또는 용역의 공급없이 세금계산서와 계산서를 발급한 사실을 몰랐으므로 대표 최HH의 세금계산서등의 범칙행위에 세무대리인등의 공범 또는 방조범은 없다.

구분	범칙행위 종류	범칙행위자	포탈세액등	세금계산서 등 범칙행위 금액 (건수)
세금계산서등 범칙 관련	재화·용역의 거래 없이 세금계산서를 수수(발급)한 행위 (조처법 제10조 제3항 제1호)	최HH		500,000,000원 (1건)
	재화·용역의 거래 없이 계산서를 수수(발급)한 행위 (조처법 제10조 제3항 제2호)	최HH		500,000,000원 (1건)
총 범칙행위 수		− 국세 관련 조세범칙 죄 수 : 2개		

나. 가공세금계산서 또는 가공계산서를 수수(수취)한 행위

A 소득세 신고내용 등

○ 윤WW(맛최고정육점)의 2021년 귀속 소득세 신고내용 등
  – 업태·종목 : 도·소매/식육점
  – 2021년 귀속 총 수입금액 : 10,000,000,000원
  – 소득세 과세표준 : 1,000,000,000원
  – 납부할 세액 : 384,600,000원(소득세 신고 시 개인지방소득세와 함께 납부하였음)

• 복식부기의무자로 복식부기 장부로 신고하였음.
• 한성돼지농장으로부터 재화 또는 용역의 공급없이 발급받은 세금계산서와 계산서는 부가가치세와 소득세 신고에 반영되었음.
• 대표 윤WW가 한성돼지농장으로부터 재화 또는 용역의 공급 없이 세금계산서와 계산서를 발급받은 사유는 조세포탈을 위해서임.
• 윤WW는 한성돼지농장으로부터 재화 또는 용역의 공급 없이 세금계산서와 계산서를 수취하여 마련한 자금을 내연녀 아들의 은행 계좌에 은닉하였고, 세금계산서와 계산서 수취대가는 지급하지 않았음.
• 표범세무회계사무소는 맛최고정육점의 대표 윤WW가 '재화 또는 용역의 공급없이 세금계산서와 계산서를 수수한(발급받은) 행위와 조세포탈행위에 대해 몰랐음.

B 세금계산서등의 범칙행위 검토

(a) 세금계산서 법칙행위

ⓐ 가공세금계산서를 수수(수취)한 행위

맛최고정육점의 대표 윤WW가 양념돼지갈비를 공급받지 않았는데도 공급받은 것처럼 한성돼지농장으로부터 세금계산서(1건, 공급가액 500,000,000원, 부가가치세 50,000,000원)를 발급받았으므로, 이는 재화 또는 용역을 공급하지 아니하거나 공급받지 아니하고 세금계산서를 수수한 행위(조처법 제10조 제3항 제1호)에 해당한다.

(b) 계산서 범칙행위

ⓐ 가공계산서를 수수(수취)한 행위

맛최고정육점의 대표 윤WW가 돼지생갈비를 공급받지 않았는데도 공급받은 것처럼 한성돼지농장으로부터 계산서(1건, 공급가액 500,000,000원)를 발급받았으므로, 이는 재화 또는 용역을 공급하지 아니하거나 공급받지 아니하고 계산서를 수수한 행위(조처법 제10조 제3항 제2호)에 해당한다.

(c) 실행위자(범칙행위자) 특정

맛최고정육점의 윤WW가 한성돼지농장으로부터 재화 또는 용역의 공급 없이 세금계산서와 계산서를 발급받았으므로 세금계산서등의 범칙행위의 실행위자는 윤WW이다.

(d) 가공세금계산서와 가공계산서를 수수(수취)한 목적(영리목적)

맛최고정육점의 대표 윤WW가 한성돼지농장으로부터 가공세금계산서와 가공계산서를 발급받은 목적은 부가가치세 등의 조세포탈을 위해서이다.

(e) 특가법 제8조의2 적용 여부

부가가치세 등 조세포탈이라는 영리목적은 있으나, 공급가액등의 합계액(1,000,000,000원)이 30억 원 미만이므로 특가법 제8조의2 제1항에 의한 가중처벌대상은 아니다.

| 적용 법조항 정리 |

적용 법조항	범칙행위 종류	범칙행위 금액 (건수)	범 칙 행위자
	영리목적		
조처법 제10조 제3항 제1호	재화 또는 용역이 거래 없이 세금계산서를 수수(수취)한 행위	500,000,000원 (1건)	윤WW
	부가가치세등 조세포탈을 위해서임.		

적용 법조항	범칙행위 종류	범칙행위 금액 (건수)	범 칙 행위자
	영리목적		
조처법 제10조 제3항 제2호	재화 또는 용역이 거래 없이 계산서를 수수(수취)한 행위	500,000,000원 (1건)	윤WW
	부가가치세등 조세포탈을 위해서임.		

Ⓒ 신고누락 수입금액 및 탈루소득금액

ⓐ 수입금액

맛최고정육점은 매출누락등의 수입금액 신고누락 요인이 없으므로 소득세 신고 시 신고누락한 수입금액은 없다.

그러나 맛최고정육점의 윤WW가 2021년 제2기 부가가치세 신고 시 수취한 가공세금계산서로 매입세액(50,000,000원) 공제를 받았기 때문에 부가가치세를 경정하여야 한다.

ⓑ 탈루소득금액

윤WW가 수취한 가공세금계산서와 가공계산서를 부가가치세 및 소득세 신고에 반영하였으므로, 이는 2021년 귀속 소득세 신고 시 가공원가(경비)를 계상하였다는 것을 의미한다. 따라서 윤WW가 2021년 귀속 소득세 신고 시 가공원가 1,000,000,000원(가공세금계산서의 공급가액 500,000,000원 + 가공계산서의 공급가액 500,000,000원)을 계상하였으므로 탈루소득금액은 1,000,000,000원이다.

Ⓓ 부가가치세, 소득세, 개인지방소득세 포탈세액등 계산(포탈세액등 계산 기준일 : 2023.9.30.)

ⓐ 부가가치세 탈루세액등 계산(2021년 2기 과세기간)

㉮ 부가가치세 본세 : [0원(매출과표) × 10%] − [−500,000,000원(매입과표) × 10%]
= 50,000,000원

  ⚓ 부가가치세 계산식에서 매입과표가 −500,000,000원인 것은 기신고된 매입과표에서 가공세금계산서 수취액 500,000,000원을 차감한다는 의미이다. 매입과표가 차감되면 매입과표에 해당하는 매입세액만큼의 부가가치세가 증가하게 된다. 따라서 부가가치세 탈루세액등은 50,000,000원이다.

㉯ 부당 과소신고가산세 : 50,000,000원 × 40% = 20,000,000원

  ⚓ 부정과소신고가산세를 적용한 사유는 맛최고정육점의 윤WW가 부가가치세등 탈루목적으로 가공세금계산서를 수취한 행위가 「조세범처벌법」 제3조 제6항 제2호가 규정하는 거짓 증빙 수취에 해당하는 부정한 행위이기 때문이다.

ⓒ 세금계산서불성실가산세$^{주1)}$: 500,000,000원 × 3% = 15,000,000원

주1) 가산세 부과 사유는 가공세금계산서 수취임.

ⓓ 납부지연가산세(㉠ + ㉡) : 6,773,000원

㉠ 50,000,000원(본세) × 20일 × 25/100,000 = 250,000원

㉡ 50,000,000원(본세) × 593일 × 22/100,000 = 6,523,000원

◎ 부가가치세 추징예상세액(㉮ + ㉯ + ⓒ + ⓓ) : 91,773,000원

(b) 소득세 탈루세액등 계산(2021년 귀속)

㉮ 소득세 본세 : 2,000,000,000원$^{주2)}$(과세표준) × 45% − 65,400,000원(누진세액공제)

− 384,600,000원(기납부세액) = 450,000,000원

주2) 과세표준 2,000,000,000원은 당초 과세표준 금액(1,000,000,000원)에 신고누락한 탈루소득금액
(가공세금계산서 수취금액 500,000,00원 + 가공계산서 수취금액 500,000,000원)을 합산한 금액
임.

㉯ 부당 과소신고가산세(㉠과 ㉡ 중 큰 것) : 180,000,000원

㉠ 450,000,000원 × 40% = 180,000,000원

㉡ 가공세금계산서와 가공계산서 수취금액은 부정 과소신고 수입금액이 아니므로
가산세 비교 과세는 없다.

⚙ 부정과소신고가산세를 적용한 사유는 맛최고정육점의 윤WW가 부가가치세 등의 조세포탈
목적으로 가공세금계산서와 가공계산서를 수취한 행위는 「조세범처벌법」 제3조 제6항 제2
호가 규정하는 거짓 증빙 수취에 해당하는 부정한 행위이기 때문이다.

ⓒ 납부지연가산세 : 450,000,000원(본세) × 487일(2022.6.1.~2023.9.30.) × 22/100,000
= 48,213,000원

ⓓ 계산서불성실가산세$^{주3)}$: 500,000,000원 × 2% = 10,000,000원

주3) 가산세 부과 사유는 가공계산서 수취임.

◎ 소득세 추징예상세액(㉮ + ㉯ + ⓒ + ⓓ) : 688,213,000원

(c) 개인지방소득세 탈루세액등 계산(2021년 귀속)

㉮ 개인지방소득세 본세 : 450,000,000원(과세표준) × 10% = 45,000,000원

㉯ 부정과소신고가산세 : 45,000,000원 × 40% = 18,000,000원

ⓒ 납부지연가산세 : 45,000,000원(본세) × 487일(2022.6.1.~2022.9.30.)
× 22/100,000 = 4,821,300원

⚙ 개인지방소득세는 신고납세제도에 속하는 세목이고 신고·납부기한은 소득세의 신고·납부기한
과 같다. 따라서 납부지연가산세 기산일은 2022.6.1.이 된다.

㉱ 소득세의 가산세에 부과하는 가산세 : 10,000,000원^{주4)} × 10% = 1,000,000원

주4) 계산서불성실가산세임.

◎ 개인지방소득세 추징예상세액(㉮ + ㉯ + ㉰) : 68,821,300원

(d) 총 탈루세액등

납세의무 확정 연도	세목	탈루세액등 (추징예상세액)	기수시기
2022년	소득세 (2021년 귀속)	450,000,000원 (688,213,000원)	2022.5.31. 지난 때
2022년	개인지방소득세 (2021년 귀속)	45,000,000원 (68,821,300원)	2022.5.31. 지난 때
2022년	부가가치세 (2021년 2기)	50,000,000원 (91,773,000원)	2022.1.25. 지난 때
합계		545,000,000원 (848,807,300원)	

(e) 조세포탈 여부 판단 및 조세포탈행위의 실행위자 특정

대표 윤WW가 가공세금계산서와 가공계산서 수취라는 부정한 방법으로 소득세 450,000,000원, 부가가치세 50,000,000원, 개인지방소득세 45,000,000원을 과소하게 납부한 행위 중 소득세와 개인지방소득세를 과소하게 납부한 행위는 소득세 포탈행위(조처법 제3조 제1항)와 개인지방소득세 포탈행위(지기법 제102조 제1항)에 해당하지만, 부가가치세를 과소하게 납부한 행위는 세금계산서를 발급한 한성돼지농장의 최HH가 가공세금계산서의 부가가치세를 신고·납부 하였으므로 조세포탈행위로 의율할 수 없다(대법원 1990.10.16. 90도1955 판결). 따라서 소득세와 개인지방소득세의 과소 납부세액은 포탈세액등이 되고, 부가가치세는 과소 납부세액은 탈루세액등이 된다.

소득세와 개인지방소득세 포탈행위의 원인이 된 가공세금계산서와 가공계산서 수취 행위를 윤WW이 하였으므로 조세포탈행위의 실행위자는 윤WW이다.

그리고 연간 포탈세액등^{주3)}(2022년)이 5억 원 이상인 연도가 없으므로 특가법 제8조는 적용되지 않는다.

주3) 495,000,000원 = 450,000,000원(소득세 포탈세액) + 45,000,000원(개인지방소득세 포탈세액)

적용 법조항	범칙행위 종류	실행위자	포탈세액등
조처법 제3조 제1항	소득세 포탈행위(2021년 귀속)	윤WW	450,000,000원
지기법 제102조 제1항	개인지방소득세 포탈행위(2021년 귀속)	윤WW	45,000,000원

E 법인 또는 개인사업자에 대한 양벌규정 적용 검토

맛최고정육점은 개인사업자이고 조세범칙행위의 실행위자가 사업주인 윤WW이므로 윤WW에게 「조세범처벌법」 제18조와 「지방세기본법」 제109조에서 규정하는 양벌규정에 대한 책임을 물을 수 없다.

F 조세범칙행위 외 범죄행위 검토

맛최고정육점은 개인사업자이고 가공세금계산서와 가공계산서를 수취하여 마련한 자금을 내연녀 아들의 은행 계좌에 은닉하였으므로 횡령행위 등의 범죄행위는 검토할 필요가 없다.

G 세무대리인 등에 대한 공범 또는 방조범 해당 여부 검토

표범세무회계사무소는 맛최고정육점의 대표가 가공세금계산서와 가공계산서를 수취한 사실을 몰랐으므로 윤WW의 범칙행위에 대해서는 세무대리인등의 공범 또는 방조범은 없다.

H 총 범칙행위 수

구분	범칙행위 종류	범칙행위자	포탈세액등	세금계산서 등 범칙행위 금액 (건수)
조세포탈 관련	소득세 포탈행위(2021년 귀속) (조처법 제3조 제1항)	윤WW	450,000,000원	
	개인지방소득세 포탈행위 (2021년 귀속) (지기법 제102조 제1항)	윤WW	45,000,000원	
세금계산서등 범칙 관련	재화·용역의 거래 없이 세금계산서를 수수(수취)한 행위 (조처법 제10조 제3항 제1호)	윤WW		500,000,000원 (1건)
	재화·용역의 거래 없이 계산서를 수수(수취)한 행위 (조처법 제10조 제3항 제2호)	윤WW		500,000,000원 (1건)

구분	범칙행위 종류	범칙행위자	포탈세액등	세금계산서 등 범칙행위 금액 (건수)
총 범칙행위 수		− 국세 관련 조세범칙 죄 수 : 3개 − 지방세 관련 조세범칙 죄 수 : 1개		

Ⅱ 법인사업자

1. 과세 법인사업자

> 합판 도매업을 하는 ㈜보성합판의 대표 최QQ는 2021.9.12. 실물거래 없이 ㈜옹치건축 대표 윤CC에게 전자적인 방법으로 세금계산서(공급가액 500,000,000원, 부가가치세 50,000,000원, 발급매수 1장)를 교부하였다.
> • 발급한 전자세금계산서는 대표 최QQ가 국세청 홈택스 전자세금계산서 발급화면에 접속하여 전자세금계산서를 작성해 ㈜옹치건축에 전송(발급)하였음.
> • ㈜보성합판과 ㈜옹치건축은 수수한 가공세금계산서를 부가가치세 신고와 법인세 신고 시 반영하였음.
> • ㈜보성합판의 대표 최QQ가 ㈜옹치건축에 가공세금계산서를 발급하여 준 사유는 외형을 높여 은행대출 연장조건을 갖추기 위해서였고, 때문에 발급한 가공세금계산서에 대한 부가가치세를 ㈜보성합판이 부담하여 신고·납부하였음.
> • ㈜보성합판의 대표 최QQ는 ㈜옹치건축 윤CC에게 가공세금계산서를 발급하여 주는 대가로 어떠한 금품도 받지 않았음.
> • 반달곰세무회계사무소는 ㈜보성합판의 대표 최QQ가 재화 또는 용역의 공급없이 세금계산서를 발급한 사실을 몰랐음.
> • ㈜보성합판과 ㈜옹치건축은 실제 사업을 하는 법인임.
> • 수사개시일 2023.9.1.

가. 가공세금계산서를 수수(발급)한 행위

Ⓐ 법인세 신고내용 등

> ○ ㈜보성합판의 2021년 사업연도 법인세 신고내용
>   − 2021년 사업연도 총 수입금액 10,000,000,000원
>   − 법인세 과세표준 : 1,000,000,000원

- 총 부담세액 : 180,000,000원(법인세와 법인지방소득세는 신고 기한 내에 납부하였음)
※ 복식부기의무자로 복식부기 장부로 신고하였음.
※ 성실신고확인서 제출대상자로 법인세 신고 시 제출하였음.
※ 사업연도 기간 : 1.1.~12.31.

B 세금계산서등의 범칙행위 검토

(a) 세금계산서 범칙행위

ⓐ 가공세금계산서를 수수(발급)한 행위

㈜보성합판의 대표 최QQ가 ㈜웅치건축에 재화 또는 용역의 공급 없이 세금계산서를 발급하였으므로, 이는 재화 또는 용역을 공급하지 아니하거나 공급받지 아니하고 세금계산서(공급가액 500,000,000원, 부가가치세 50,000,000원, 발급매수 1장)를 수수(발급)한 행위(조처법 제10조 제3항 제1호)에 해당한다.

(b) 실행위자(범칙행위자) 특정

㈜보성합판의 대표 최QQ가 재화 또는 용역의 공급없이 세금계산서를 ㈜웅치건축에 발급하여 주었으므로 세금계산서 범칙행위의 실행위자는 대표 최QQ이다.

(c) 가공세금계산서를 수수(발급)한 목적(영리목적)

㈜보성합판의 대표 최QQ가 재화 또는 용역의 공급 없이 세금계산서를 수수(발급)한 목적은 외형을 높여 은행대출 연장조건을 갖추기 위해서였다.

(d) 특가법 제8조의2 적용 여부

은행대출 연장조건을 갖추기 위해서라는 영리목적은 있으나, 공급가액등의 합계액(500,000,000원)이 30억 원 미만이므로 특가법 제8조의2 제1항에 의한 가중처벌대상은 아니다.

| 적용 법조항 정리 |

적용 법조항	범칙행위 종류	범칙행위 금액 (건수)	범 칙 행위자
	영리목적		
조처법 제10조 제3항 제1호	재화 또는 용역의 거래 없이 세금계산서를 수수(발급)한 행위	500,000,000원 (1건)	최QQ
	은행대출 연장조건을 갖추기 위함		

© 신고누락 수입금액 및 탈루소득금액

(a) 수입금액

㈜보성합판의 대표 최QQ가 2021년 사업연도 법인세 신고 시 재화 또는 용역의 거래 없이 발급한 세금계산서의 공급가액을 수입금액에 포함하여 신고하였으므로 기신고한 수입금액(10,000,000,000원)에서 허위의 공급가액(500,000,000원)을 차감하여야 한다. 따라서 2021년 사업연도 법인세 신고 시 신고누락한 수입금액은 −500,000,000원이다.

그리고 ㈜보성합판이 2021년 제2기 부가가치세 신고 시 발급한 가공세금계산서의 금액을 매출과표에 포함하여 신고하였으므로 해당 공급가액(500,000,000원)과 부가가치세(50,000,000원)을 차감하기 위해 부가가치세도 경정하여야 한다.

(b) 탈루소득금액

㈜보성합판의 대표 최QQ가 2021년 사업연도 법인세 신고 시 재화 또는 용역의 거래 없이 발급한 세금계산서의 공급가액을 소득금액에 포함하여 신고하였으므로 소득금액에서 허위의 공급가액(500,000,000원)을 차감하여야 한다. 따라서 2021년 사업연도 법인세 신고 시 신고누락한 탈루소득금액은 −500,000,000원이다.

⑩ 부가가치세, 법인세, 법인지방소득세 포탈세액등 계산(포탈세액등 계산 기준일 : 2023.9.30.)

(a) 부가가치세 탈루세액등 계산(2021년 2기)

㉮ 부가가치세 본세 : [−500,000,000원(매출과표)$^{주1)}$ × 10%] − [0원(매입과표) × 10%]
= −50,000,000원

주1) 과세표준 −500,000,000원은 ㈜보성합판의 대표 최QQ가 발급한 가공세금계산서 공급가액이 기신고한 매출과표에서 차감된 것을 의미한다.

✍ (−)음수 매출과표는 매출과표가 줄어든 것을 의미하고 감소한 매출과표에 해당하는 (−)음수의 매출세액만큼의 부가가치세가 감소됨을 의미한다. 따라서 부가가치세 탈루세액등은 없다.

㉯ 세금계산서불성실가산세$^{주2)}$: 500,000,000원 × 3% = 15,000,000원

주2) 가산세 부과 사유는 가공세금계산서 발급임.

◎ 부가가치세 추징예상세액(㉮ + ㉯) : −35,000,000원

✍ 부가가치세 추징예상세액 −35,000,000원은 ㈜보성합판에 부가가치세 35,000,000원이 환급된다는 것을 의미한다.

(b) 법인세 탈루세액등 계산(2021년 사업연도)

⑦ 법인세 본세 : 500,000,000원^{주3)}(과세표준) × 20% − 20,000,000원(누진세액공제)

− 180,000,000원(기납부세액) = −100,000,000원

주3) 과세표준이 500,000,000원인 사유는 당초 과세표준(1,000,000,000원)에 신고누락한 탈루소득금
액(−500,000,000원)을 합산하였기 때문이다.

✪ 과세표준 500,000,000원이 줄어 법인세 100,000,000원이 감소하였다. 따라서 법인세 탈
루세액등은 없다.

◎ 법인세 추징예상세액 : −100,000,000원

✪ 법인세 추징예상세액 −100,000,000원은 ㈜보성합판에 법인세 100,000,000원이 환급된
다는 것을 의미한다.

(c) 법인지방소득세 탈루세액등 계산(2021년 사업연도)

⑦ 법인지방소득세 본세 : −100,000,000원(과세표준) × 10% = −10,000,000원

✪ 법인지방소득세 본세가 −10,000,000원이라는 것은 ㈜보성합판이 부담할 법인지방소득세
가 10,000,000원만큼 감소하였다는 것을 의미한다. 따라서 법인지방소득세 탈루세액등은
없다.

◎ 법인지방소득세 추징예상세액(⑦) : −10,000,000원

✪ 법인지방소득세 추징예상세액 −10,000,000원은 ㈜보성합판에 법인지방소득세 10,000,000원
이 환급된다는 것을 의미한다.

(d) 총 탈루세액등

납세의무 확정 연도	세목	탈루세액등 (추징예상세액)	기수시기
2022년	법인세 (2021년 사업연도)	−100,000,000원 (−100,000,000원)	
2022년	법인지방소득세 (2021년 사업연도)	−10,000,000원 (−10,000,000원)	
2022년	부가가치세 (2021년 2기)	−50,000,000원 (−35,000,000원)	
합계		−160,000,000원 (−145,000,000원^{주3)})	

주3) 추징예상세액 −145,000,000원은 ㈜보성합판에 145,000,000원(법인세 환급액 100,000,000원 + 법인지방
소득세 환급액 10,000,000원, 부가가치세 환급액 35,000,000원)이 환급된다는 것을 의미한다.

✪ 상기 표의 내용과 같이 탈루세액등이 발생하지 아니하였다.

ⓔ 조세포탈 여부 판단 및 조세포탈행위의 실행위자 특정

㈜보성합판이 가공세금계산서를 발급하는 세금계산서 범칙행위를 하였지만, 수입금액과 소득금액에서 가공세금계산서 발급금액을 차감하면 수입금액과 소득금액이 줄어들어 포탈세액이 발생하지 않는다. 따라서 조세포탈행위가 발생하지 않았으므로 조세포탈의 실행위자도 없다.

Ⓔ 법인 또는 개인사업자에 대한 양벌규정 적용 검토

㈜보성합판은 범칙행위자 최QQ가 업무와 관련하여 "세금계산서 범칙행위"를 하지 않도록 상당한 주의를 가지고 감독할 의무가 있으나, 범칙행위자 최QQ의 "세금계산서 범칙행위"를 방지하기 위한 책임을 게을리하였으므로 「조세범처벌법」 제18조에서 규정하는 양벌규정에 대한 책임을 물을 수 있다.

| 적용 법조항 정리 |

적용 법조항	범칙행위 종류	범칙행위자
조처법 제18조	양벌규정	㈜보성합판

Ⓕ 조세범칙행위 외 범죄행위 검토

㈜보성합판의 대표 최QQ가 재화 또는 용역의 공급 없이 세금계산서를 수수(발급)한 행위로 인하여 부외자금이 마련되지 않았으므로 뇌물공여행위 등의 범죄행위는 검토할 필요가 없다.

Ⓖ 세무대리인 등에 대한 공범 또는 방조범 해당 여부 검토

반달곰세무회계사무소는 ㈜보성합판 대표 최QQ가 ㈜웅치건축에 재화 또는 용역의 공급 없이 세금계산서를 발급한 사실을 몰랐으므로 대표 최QQ의 세금계산서 범칙행위에 세무대리인등의 공범 또는 방조범은 없다.

Ⓗ 총 범칙행위 수

구분	범칙행위 종류	범칙행위자	포탈세액등	세금계산서 등 범칙행위 금액 (건수)
세금계산서등 범칙 관련	재화·용역의 거래 없이 세금계산서를 수수(발급)한 행위 (조처법 제10조 제3항 제1호)	최QQ		500,000,000원 (1건)

구분	범칙행위 종류	범칙행위자	포탈세액등	세금계산서 등 범칙행위 금액 (건수)
기타 조세 범칙 관련	양벌규정(조처법 제18조)	㈜보성합판		
총 범칙행위 수		– 국세 관련 조세범칙 죄 수 : 2개		

나. 가공세금계산서를 수수(수취)한 행위

Ⓐ 법인세 신고내용 등

○ ㈜웅치건축의 2021년 사업연도 법인세 등 신고내용
  – 업태·종목 : 도·소매/건축자재
  – 2021년 사업연도 총 수입금액 10,000,000,000원
  – 법인세 과세표준 : 500,000,000원
  – 총 부담세액 : 80,000,000원(법인세 신고 시 법인지방소득세와 함께 납부하였음)

• 복식부기의무자로 복식부기 장부로 신고하였음.
• 성실신고확인서 제출대상자로 법인세 신고 시 제출하였음.
• 재화 또는 용역을 공급없이 발급받은 세금계산서는 부가가치세 신고와 법인세 신고에 반영되었음.
• 대표 윤CC가 재화 또는 용역의 공급 없이 세금계산서를 발급받은 목적은 법인세 등을 포탈하고 부외자금을 만들어 횡령하기 위해서였으며, 횡령한 부외자금은 내연녀의 은행 계좌에 은닉하였음.
• 독수리세무회계사무소는 ㈜웅치건축의 대표 윤CC가 재화 또는 용역의 공급 없이 세금계산서를 발급받은 사실을 몰랐음.
• 사업연도 기간 : 1.1.~12.31.

Ⓑ 세금계산서등의 범칙행위 검토

(a) 세금계산서 범칙행위

ⓐ 가공세금계산서를 수수(수취)한 행위

㈜웅치건축의 대표 윤CC가 재화 또는 용역을 공급받지 않고 ㈜보성합판으로부터 세금계산서(1건, 공급가액 500,000,000원, 부가가치세 50,000,000원)를 발급받았으므로, 이는 재화 또는 용역을 공급하지 아니하거나 공급받지 아니하고 세금계산서를 수수(수취)한 행위(조처법 제10조 제3항 제1호)에 해당한다.

(b) 실행위자(범칙행위자) 특정

㈜웅치건축의 대표 윤CC가 재화 또는 용역을 공급받지 않고 ㈜보성합판으로부터 세금계산서를 발급받았으므로 세금계산서 범칙행위의 실행위자는 대표 윤CC이다.

(c) 가공세금계산서를 수수(수취)한 목적(영리목적)

대표 윤CC가 ㈜보성합판으로부터 가공세금계산서를 수수(발급받은)한 목적은 법인세 등 조세포탈 및 부외자금을 만들어 횡령하기 위해서이다.

(d) 특가법 제8조의2 적용 여부

법인세 등 조세포탈 및 부외자금을 만들어 횡령하기 위해서라는 영리목적은 있으나, 공급가액등의 합계액(500,000,000원)이 30억 원 미만이므로 특가법 제8조의2 제1항에 의한 가중처벌대상은 아니다.

| 적용 법조항 정리 |

적용 법조항	범칙행위 종류	범칙행위 금액 (건수)	범 칙 행위자
	영리목적		
조처법 제10조 제3항 제1호	재화 또는 용역의 거래 없이 세금계산서 수수(수취)한 행위	500,000,000원 (1건)	윤CC
	법인세 등 조세포탈 및 부외자금을 만들어 횡령		

ⓒ 신고누락 수입금액 및 탈루소득금액

(a) 수입금액

㈜웅치건축에 매출누락 등의 수입금액을 신고누락한 행위가 없으므로 2021년 사업연도 법인세 신고 시 신고누락한 수입금액은 없다.

그러나 ㈜웅치건축의 윤CC가 2021년 제2기 부가가치세 신고 시 수취한 가공세금계산서로 매입세액(50,000,000원) 공제를 받았기 때문에 부가가치세를 경정하여야 한다.

(b) 탈루소득금액

㈜웅치건축이 수취한 가공세금계산서를 부가가치세 및 법인세 신고에 반영하였으므로, 이는 2021년 사업연도 법인세 신고 시 가공원가(경비)를 계상하였다는 것을 의미한다. 따라서 ㈜웅치건축이 2021년 사업연도 법인세 신고 시 가공원가 500,000,000원을 계상하였으므로 탈루소득금액은 500,000,000원이다.

ⓓ 부가가치세, 법인세, 법인지방소득세 포탈세액등 계산(포탈세액등 계산 기준일 : 2023.9.30.)

(a) 부가가치세 탈루세액등 계산(2021년 2기 과세기간)

㉮ 부가가치세 본세 : [0원(매출과표) × 10%] - [-500,000,000원(매입과표) × 10%]

= 50,000,000원

🎯 부가가치세 계산식에서 매입과표가 -500,000,000원 것은 기신고된 매입과표에서 가공세금계산서 수취액 500,000,000원을 차감한다는 것을 의미하고, 차감된 매입과표에 해당하는 매입세액만큼의 부가가치세가 증가한다. 따라서 부가가치세 탈루세액등은 50,000,000원이다.

㉯ 부당 과소신고가산세 : 50,000,000원 × 40% = 20,000,000원

🎯 부정과소신고가산세를 적용한 사유는 ㈜웅치건축의 대표 윤CC가 조세포탈 목적으로 가공세금계산서를 수취한 행위는 「조세범처벌법」 제3조 제6항 제2호가 규정하는 거짓 증빙 수취에 해당하는 부정한 행위이기 때문이다.

㉰ 세금계산서불성실가산세$^{주1)}$: 500,000,000원 × 3% = 15,000,000원

주1) 가산세 부과 사유는 가공세금계산서 수취임.

㉱ 납부지연가산세(㉠ + ㉡) : 6,773,000원

㉠ 50,000,000원(본세) × 20일(2022.1.26.~2022.2.14.) × 25/100,000 = 250,000원
㉡ 50,000,000원(본세) × 593일(2022.2.15.~2023.9.30.) × 22/100,000 = 6,523,000원

◎ 부가가치세 추징예상세액(㉮ + ㉯ + ㉰ + ㉱) : 91,773,000원

(b) 법인세 탈루세액등 계산(2021년 사업연도)

㉮ 법인세 본세 : 1,000,000,000원$^{주2)}$ (과세표준) × 20% - 20,000,000원(누진세액공제)

- 80,000,000원(기납부세액) = 100,000,000원

주2) 과세표준 1,000,000,000원은 법인세 당초 과세표준 금액(500,000,000원)에 신고누락한 탈루소득 금액(가공세금계산서 수취금액 500,000,000원)을 합산한 금액임.

㉯ 부당 과소신고가산세(㉠과 ㉡ 중 큰 것) : 40,000,000원

㉠ 100,000,000원 × 40% = 40,000,000원

㉡ 가공세금계산서 수취금액은 부정 과소신고 수입금액이 아니므로 가산세 비교 과세는 없다.

㉰ 납부지연가산세 : 100,000000원(본세) × 518일(2022.5.1.$^{주3)}$~2023.9.30.) × 22/100,000

= 11,396,000원

주3) 납부지연가산세 기산일이 2022.5.1.인 사유는 ㈜웅치건축이 성실신고확인서 제출대상자로 법인으로 법인세 신고·납부기한이 2022.4.30.이기 때문임.

◎ 법인세 추징예상세액(㉮ + ㉯ + ㉰) : 151,396,000원

(c) 법인지방소득세 탈루세액등 계산(2021년 사업연도)

㉮ 법인지방소득세 본세 : 100,000,000원(과세표준) × 10% = 10,000,000원

㉯ 부정과소신고가산세 : 10,000,000원 × 40% = 4,000,000원

㉰ 납부지연가산세 : 10,000,000원(본세) × 518일(2022.5.1.~2023.9.30.) × 22/100,000
= 1,139,600원

🔧 법인지방소득세는 신고납세제도에 속하는 세목이고 신고·납부기한은 법인의 과세기간 종료일
부터 4개월 이내이다. 따라서 납부지연가산세 기산일은 2022.5.1.이 된다.

◎ 법인지방소득세 추징예상세액(㉮ + ㉯ + ㉰) : 15,139,600원

(d) 총 탈루세액등

납세의무 확정 연도	세목	탈루세액등 (추징예상세액)	기수시기
2022년	법인세 (2021년 사업연도)	100,000,000원 (151,396,000원)	2022.4.30. 지난 때[주4]
2022년	법인지방소득세 (2021년 사업연도)	10,000,000원 (15,139,600원)	2022.4.30. 지난 때
2022년	부가가치세 (2021년 2기)	50,000,000원 (91,773,000원)	2022.1.25. 지난 때
합계		160,000,000원 (258,308,600원)	

주4) 기수시기가 "2022.4.30. 지난 때"인 사유는 ㈜웅치건축이 성실신고확인서 제출대상자 법인이기 때문이다.

(e) 조세포탈 여부 판단 및 조세포탈행위의 실행위자 특정

대표 윤CC가 가공세금계산서 수취라는 부정한 방법으로 법인세 100,000,000원, 부가가
치세 50,000,000원, 법인지방소득세 10,000,000원을 과소하게 납부한 행위 중 법인세와
법인지방소득세를 과소하게 납부한 행위는 법인세 포탈행위(조처법 제3조 제1항)와 법인
지방소득세 포탈행위(지기법 제102조 제1항)에 해당하지만, 부가가치세를 과소하게 납부
한 행위는 세금계산서를 발급한 ㈜보성합판의 대표 최QQ가 가공세금계산서의 부가가
치세를 신고·납부 하였으므로 조세포탈행위로 의율할 수 없다(대법원 1990.10.16. 90도
1955 판결). 따라서 법인세와 법인지방소득세의 과소 납부세액은 포탈세액등이 되고,
부가가치세는 과소 납부세액은 탈루세액등이 된다.

법인세와 법인지방소득세 포탈행위의 원인이 된 가공세금계산서 수취행위를 윤CC가

하였으므로 조세포탈행위의 실행위자는 윤CC이다.

그리고 연간 포탈세액등[주4](2022년)이 5억 원 이상인 연도가 없으므로 특가법 제8조는 적용되지 않는다.

주4) 110,000,000원 = 100,000,000원(법인세 포탈세액) + 10,000,000원(법인지방소득세 포탈세액)

| 적용 법조항 정리 |

적용 법조항	범칙행위 종류	실행위자	포탈세액등
조처법 제3조 제1항	법인세 포탈행위(2021년 사업연도)	윤CC	100,000,000원
지기법 제102조 제1항	법인지방소득세 포탈행위 (2021년 사업연도)	윤CC	10,000,000원

E 법인 또는 개인사업자에 대한 양벌규정 적용 검토

㈜웅치건축은 범칙행위자 윤CC가 업무와 관련하여 사기 그 밖의 부정한 행위로 인한 조세포탈행위 등을 하지 않도록 상당한 주의를 가지고 감독할 의무가 있으나, 범칙행위자 윤CC의 사기 그 밖의 부정한 행위로 인한 조세포탈행위 등을 방지하기 위한 책임을 게을리하였으므로 「조세범처벌법」 제18조와 「지방세기본법」 제109조에서 규정하는 양벌규정에 대해 책임이 있다.

| 적용 법조항 정리 |

적용 법조항	범칙행위 종류	범칙행위자
조처법 제18조	양벌규정	㈜웅치건축
지기법 제109조	양벌규정	㈜웅치건축

F 조세범칙행위 외 범죄행위 검토

(a) 횡령행위

㈜웅치건축의 대표 윤CC가 가공세금계산서(공급가액 500,000,000원, 부가가치세액 50,000,000원)를 수취하여 가공원가(경비)를 계상해 부외자금(550,000,000원)을 마련하고 그 금액을 불법영득의사로 영득한 행위는 업무상 횡령행위(형법 제356조)에 해당한다.

그리고 업무상 횡령금액(550,000,000원[주5])이 5억 원 이상이므로 특경법 제3조 제1항 제2호에 의하여 특정재산범죄의 가중처벌대상이다.

주5) 550,000,000원 = 500,000,000원(공급가액) + 50,000,000원(부가가치세)

적용 법조항	범칙행위 종류	범칙행위자	횡령금액
특경법 제3조 제1항 제2호	특정재산범죄의 가중처벌	윤CC	550,000,000원
형법 제356조	업무상 횡령행위	윤CC	550,000,000원

ⓑ 뇌물공여행위, 불법정치자금제공행위 등

가공세금계산서를 수취하여 마련한 부외자금을 내연녀의 은행 계좌에 은닉하였으므로 뇌물공여행위 등에 대한 범죄행위는 검토할 필요가 없다.

Ⓖ 세무대리인 등에 대한 공범 또는 방조범 해당 여부 검토

독수리세무회계사무소는 ㈜웅치건축의 대표가 가공세금계산서를 수취한 사실을 몰랐으므로 윤CC의 범칙행위에 대해서는 세무대리인등의 공범 또는 방조범은 없다.

Ⓗ 총 범칙행위 수

구분	범칙행위 종류	범칙행위자	포탈세액등	세금계산서 등 범칙행위 금액 (건수)
조세포탈 관련	법인세 포탈행위 (2021년 사업연도) (조처법 제3조 제1항)	윤CC	100,000,000원	
	법인지방소득세 포탈행위 (2021년 사업연도) (지기법 102조 제1항)	윤CC	10,000,000원	
세금계산서등 범칙 관련	재화·용역의 거래 없이 세금계산서를 수수(수취)한 행위 (조처법 제10조 제3항 제1호)	윤CC		500,000,000원 (1건)
기타 조세 범칙 관련	양벌규정(조처법 제18조)	㈜웅치건축		
	양벌규정(지기법 제109조)	㈜웅치건축		
조세범칙 외	특정재산범죄의 가중처벌 (특경법 제3조 제1항 제2호)	윤CC		550,000,000원
	업무상 횡령행위 (형법 제356조)	윤CC		550,000,000원
총 범칙행위 수		- 국세 관련 조세범칙 죄 수 : 3개 - 지방세 관련 조세범칙 죄 수 : 2개 - 기타 범칙 관련 죄 수 : 2		

2. 면세 법인사업자

㈜한성돼지농장의 대표 최HH는 2021.7.31. 돼지삼겹살을 공급하지 않았으나 공급한 것처럼 ㈜맛최고정육점의 대표 윤WW에게 전자적인 방법으로 계산서(1건, 공급가액 500,000,000원)를 발급하였다.

• 발급한 전자계산서는 대표 최HH가 국세청 홈택스 전자계산서 발급화면에 접속하여 전자계산서를 작성해 ㈜맛최고정육점에 전송하였음.
• ㈜한성돼지농장과 ㈜맛최고정육점은 수수한 가공계산서를 법인세 신고 시 반영하였음.
• ㈜한성돼지농장의 대표 최HH가 ㈜맛최고정육점에 가공계산서를 발급하여 준 사유는 외형을 높여 은행대출 연장조건을 갖추기 위해서였음.
• ㈜한성돼지농장의 대표 최HH는 ㈜맛최고정육점의 대표 윤WW에게 가공계산서를 발급하여 주는 대가로 어떠한 금품도 받지 않았음.
• 까치세무회계사무소는 ㈜한성돼지농장의 대표 최HH가 재화 또는 용역의 공급없이 계산서를 발급한 사실을 몰랐음.
• ㈜한성돼지농장과 ㈜맛최고정육점은 실제 사업을 하는 법인임.
• 수사개시일 2023.9.1.

가. 가공계산서를 수수(발급)한 행위

A 법인세 신고내용 등

○ ㈜한성돼지농장의 2021년 사업연도 법인세 신고내용 등
 - 2021년 사업연도 총 수입금액 10,000,000,000원
 - 법인세 과세표준 : 2,000,000,000원
 - 총 부담세액 : 380,000,000원(법인세 신고 시 법인지방소득세와 함께 납부하였음)
 ※ 복식부기의무자로 복식부기 장부로 신고하였음.
 ※ 성실신고확인서 제출대상자로 법인세 신고 시 제출하였음.
 ※ 사업연도 기간 : 1.1.~12.31.

B 세금계산서등의 범칙행위 검토

(a) 계산서 범칙행위

　ⓐ 가공계산서를 수수(발급)한 행위

　　㈜한성돼지농장의 대표 최HH가 돼지삼겹살을 공급하지 아니하고 ㈜맛최고정육점에 계산서(1건, 공급가액 500,000,000원)를 발급하였으므로, 이는 재화 또는 용

역을 공급하지 아니하거나 공급받지 아니하고 계산서를 수수한 행위(조처법 제10조 제3항 제2호)에 해당한다.

(b) 실행위자(범칙행위자) 특정

㈜한성돼지농장의 대표 최HH가 돼지삼겹살을 공급하지 아니하고 ㈜맛최고정육점에 계산서를 발급하였으므로 계산서 범칙행위의 실행위자는 최HH이다.

(c) 가공계산서를 수수(발급)한 목적(영리목적)

대표 최HH가 ㈜맛최고정육점에 가공계산서를 발급한 목적은 외형을 높여 은행대출 연장조건을 갖추기 위해서였다.

(d) 특가법 제8조의2 적용 여부

은행대출 연장조건을 갖추기 위해서라는 영리목적은 있으나, 공급가액등의 합계액 (500,000,000원)이 30억 원 미만이므로 특가법 제8조의2 제1항에 의한 가중처벌대상 은 아니다.

| 적용 법조항 정리 |

적용 법조항	범칙행위 종류	범칙행위 금액 (건수)	범 칙 행위자
	영리목적		
조처법 제10조 제3항 제2호	재화 또는 용역의 거래 없이 계산서를 수수(발급)한 행위	500,000,000원 (1건)	최HH
	은행대출 연장조건을 갖추기 위함.		

ⓒ 신고누락 수입금액 및 탈루소득금액

(a) 수입금액

㈜한성돼지농장의 대표 최HH가 2021년 사업연도 법인세 신고 시 재화 또는 용역의 거래 없이 발급한 계산서의 공급가액을 수입금액에 포함하여 신고하였으므로 기신고 한 수입금액(10,000,000,000원)에서 허위의 공급가액(500,000,000원)을 차감하여야 한 다. 따라서 2021년 사업연도 법인세 신고 시 신고누락한 수입금액은 −500,000,000원 이다.

(b) 탈루소득금액

㈜한성돼지농장의 대표 최HH가 2021년 사업연도 법인세 신고 시 재화 또는 용역의 거래 없이 발급한 계산서의 공급가액을 소득금액에 포함하여 신고하였으므로 소득금

액에서 허위의 공급가액(500,000,000원)을 차감하여야 한다. 따라서 2021년 사업연도 법인세 신고 시 신고누락한 탈루소득금액은 −500,000,000원이다.

Ⓓ 법인세, 법인지방소득세 포탈세액등 계산(포탈세액등 계산 기준일 : 2023.9.30.)

(a) 법인세 탈루세액등 계산(2021년 사업연도)

㉮ 법인세 본세 : 1,500,000,000원[주1](과세표준) × 20% − 20,000,000원(누진공제세액)
  − 380,000,000원(기납부세액) = −100,000,000원

  주1) 과세표준 1,500,000,000원은 당초 과세표준(2,000,000,000원)에 신고누락한 탈루소득금액(−500,000,000원)을 합산한 금액임.

㉯ 계산서불성실가산세[주2] : 500,000,000원 × 2% = 10,000,000원

  주2) 가산세 부과 사유는 가공계산서 발급임.

◎ 법인세 추징예상세액(㉮ + ㉯) : −90,000,000원

  🔩 추징예상액 −90,000,000원은 ㈜한성돼지농장에 법인세 90,000,000원이 환급된다는 것을 의미한다.

(b) 법인지방소득세 탈루세액등 계산(2021년 사업연도)

㉮ 법인지방소득세 본세 : −100,000,000(과세표준) × 10% = −10,000,000원

㉯ 법인세의 가산세에 부과하는 가산세 : 10,000,000원[주3] × 10% = 1,000,000원

  주3) 계산서불성실가산세임.

◎ 법인지방소득세 추징예상세액(㉮ + ㉯) : −9,000,000원

  🔩 추징예상액 −9,000,000원은 ㈜한성돼지농장에 법인지방소득세 9,000,000원이 환급된다는 것을 의미한다.

(c) 총 탈루세액등

납세의무 확정 연도	세목	탈루세액등 (추징예상세액)	기수시기
2022년	법인세 (2021년 사업연도)	−100,000,000원 (−90,000,000원)	
2022년	법인지방소득세 (2021년 사업연도)	−10,000,000원 (−9,000,000원)	
합계		−110,000,000원 (−99,000,000원[주4])	

주4) 추징예상세액 −99,000,000원은 ㈜한성돼지농장에 99,000,000원(법인세 환급액 90,000,000원 + 법인지방소득세 환급액 9,000,000원)이 환급된다는 것을 의미한다.

✅ 상기 표의 내용과 같이 탈루세액등이 발생하지 아니하였다.

ⓓ 조세포탈 여부 판단 및 조세포탈행위의 실행위자 특정

　　대표 최HH가 가공계산서를 발급하는 계산서 범칙행위를 하였지만, 수입금액과 소득
금액에서 가공계산서 발급금액을 차감하면 수입금액과 소득금액이 줄어들어 환급이
발생하고 포탈세액은 발생하지 않는다. 따라서 조세포탈행위가 발생하지 않았으므로
조세포탈의 실행위자도 없다.

Ⓔ 법인 또는 개인사업자에 대한 양벌규정 적용 검토

　㈜한성돼지농장은 범칙행위자 최HH가 업무와 관련하여 "계산서 범칙행위"를 하지 않도
록 상당한 주의를 가지고 감독할 의무가 있으나, 범칙행위자 최HH의 "계산서 범칙행위"를
방지하기 위한 책임을 게을리하였으므로 「조세범처벌법」 제18조에서 규정하는 양벌규정에
대한 책임을 물을 수 있다.

| 적용 법조항 정리 |

적용 법조항	범칙행위 종류	범칙행위자
조처법 제18조	양벌규정	㈜한성돼지농장

Ⓕ 조세범칙행위 외 범죄행위 검토

　㈜한성돼지농장의 대표 최HH가 재화 또는 용역의 거래 없이 계산서를 수수(발급)한 행
위로 인하여 부외자금이 마련되지 않았으므로 뇌물공여행위 등의 범죄행위는 검토할 필요
가 없다.

Ⓖ 세무대리인 등에 대한 공범 또는 방조범 해당 여부 검토

　까치세무회계사무소는 ㈜한성돼지농장의 대표 최HH가 ㈜맛최고정육점에 재화 또는 용
역을 공급 없이 계산서를 발급한 사실을 몰랐으므로 대표 최HH의 계산서 범칙행위에 세무
대리인등의 공범 또는 방조범은 없다.

구분	범칙행위 종류	범칙행위자	포탈세액등	세금계산서 등 범칙행위 금액 (건수)
세금계산서등 범칙 관련	재화·용역의 거래 없이 계산서를 수수(발급)한 행위 (조처법 제10조 제3항 제2호)	최HH		500,000,000원 (1건)
기타 조세 범칙 관련	양벌규정(조처법 제18조)	㈜한성돼지 농장		
총 범칙행위 수		– 국세 관련 조세범칙 죄 수 : 2개		

나. 가공계산서를 수수(수취)한 행위

Ⓐ 법인세 신고내용 등

○ ㈜맛최고정육점의 2021년 사업연도 법인세 신고내용 등
- 업태·종목 : 도·소매/식육점
- 2021년 귀속 총 수입금액 10,000,000,000원
- 법인세 과세표준 : 500,000,000원
- 총 부담세액 : 80,000,000원

• 복식부기의무자로 복식부기 장부로 신고하였음.
• 재화 또는 용역의 공급 없이 발급받은 계산서는 법인세 신고에 반영되었음.
• 대표 윤WW가 가공계산서를 발급받은 목적은 법인세 등을 포탈하고 부외자금을 만들어 횡령하기 위해서였으며, 횡령한 부외자금은 친구 아들의 은행 계좌에 은닉하였음.
• 노루세무회계사무소는 ㈜맛최고정육점의 대표 윤WW가 가공계산서를 발급받은 사실을 몰랐음.
• 사업연도 기간 : 1.1.~12.31.

B 세금계산서등의 범칙행위 검토

(a) 계산서 범칙행위

ⓐ 가공계산서를 수수(수취)한 행위

㈜맛최고정육점 대표 윤WW가 재화 또는 용역을 공급받지 않고 ㈜한성돼지농장으로부터 전자계산서(1건, 공급가액 500,000,000원)를 발급받았으므로, 이는 재화 또는 용역을 공급하지 아니하거나 공급받지 아니하고 계산서를 수수한 행위(조처법 제10조 제3항 제2호)에 해당된다.

(b) 실행위자(범칙행위자) 특정

㈜맛최고정육점의 대표 윤WW가 재화 또는 용역을 공급받지 않고 ㈜한성돼지농장으로부터 가공계산서를 발급받았으므로 계산서 범칙행위의 실행위자는 대표 윤WW이다.

(c) 가공계산서를 수수(수취)한 목적(영리목적)

대표 윤WW가 ㈜한성돼지농장으로부터 가공계산서를 수수(발급받은)한 목적은 법인세 등 조세포탈 및 부외자금을 만들어 횡령하기 위해서이다.

(d) 특가법 제8조의2 적용 여부

법인세 등 조세포탈 및 부외자금을 만들어 횡령하기 위해서라는 영리목적은 있으나 공급가액등의 합계액(500,000,000원)이 30억 원 미만이므로 특가법 제8조의2 제1항에 의한 가중처벌대상은 아니다.

| 적용 법조항 정리 |

적용 법조항	범칙행위 종류	범칙행위 금액 (건수)	범 칙 행위자
	영리목적		
조처법 제10조 제3항 제2호	재화 또는 용역의 거래 없이 계산서를 수수(수취)한 행위	500,000,000원 (1건)	윤WW
	부외자금을 만들어 횡령 및 법인세등 포탈		

C 신고누락 수입금액 및 탈루소득금액

(a) 수입금액

㈜맛최고정육점에 매출누락 등의 수입금액을 신고누락한 행위가 없으므로 2021년 사업연도 법인세 신고에서 신고누락한 수입금액은 없다.

(b) 탈루소득금액

㈜맛최고정육점의 윤WW가 수취한 가공계산서를 법인세 신고에 반영하였으므로, 이는 2021년 사업연도 법인세 신고 시 가공원가(경비)를 계상하였다는 것을 의미한다. 따라서 ㈜맛최고정육점이 2021년 사업연도 법인세 신고 시 가공원가 500,000,000원을 계상하였으므로 탈루소득금액은 500,000,000원이다.

Ⓓ 법인세, 법인지방소득세 포탈세액등 계산(포탈세액등 계산 기준일 : 2023.9.30.)

(a) 법인세 탈루세액등 계산(2021년 사업연도)

㉮ 법인세 본세 : 1,000,000,000원[주1](과세표준) × 20% − 20,000,000원(누진세액공제)
     − 80,000,000원(기납부세액) = 100,000,000원

> 주1) 과세표준 1,000,000,000원은 당초 과세표준 금액(500,000,000원)에 신고누락한 탈루소득금액(가공계산서 수취금액 500,000,00원)을 합산한 금액임.

㉯ 부당 과소신고가산세(㉠과 ㉡ 중 큰 것) : 40,000,000원

   ㉠ 100,000,000원 × 40% = 40,000,000원

   ㉡ 가공계산서 수취금액은 부정 과소신고 수입금액이 아니므로 가산세 비교 과세는 없다.

㉰ 계산서불성실가산세[주2] : 500,000,000원 × 2% = 10,000,000원

> 주2) 가산세 부과 사유는 가공계산서 수취임.

㉱ 납부지연가산세 : 100,000000원(본세) × 548일(2022.4.1.~2023.9.30.) × 22/100,000
     = 12,056,000원

◎ 법인세 추징예상세액(㉮ + ㉯ + ㉰ + ㉱) : 162,056,000원

(b) 법인지방소득세 탈루세액등 계산(2021년 사업연도)

㉮ 법인지방소득세 본세 : 100,000,000원(과세표준) × 10% = 10,000,000원

㉯ 부정과소신고가산세 : 10,000,000원 × 40% = 4,000,000원

㉰ 납부지연가산세 : 10,000,000원(본세) × 518일(2022.5.1.~2022.9.30.) × 22/100,000
     = 1,139,600원

   🔸 법인지방소득세는 신고납세제도에 속하는 세목이고 신고·납부기한은 법인의 과세기간 종료일부터 4개월 이내이다. 따라서 납부지연가산세 기산일은 2022.5.1.이 된다.

㉱ 법인세의 가산세에 부과하는 가산세 : 10,000,000원[주3] × 10% = 1,000,000원

> 주3) 계산서불성실가산세임.

◎ 법인지방소득세 추징예상세액(㉮ + ㉯ + ㉰ + ㉱) : 16,139,600원

(c) 총 탈루세액등

납세의무 확정 연도	세목	탈루세액등 (추징예상세액)	기수시기
2022년	법인세 (2021년 사업연도)	100,000,000원 (162,056,000원)	2022.3.31. 지난 때
2022년	법인지방소득세 (2021년 사업연도)	10,000,000원 (16,139,600원)	2022.4.30. 지난 때
합계		110,000,000원 (167,362,600원)	

(d) 조세포탈 여부 판단 및 조세포탈행위의 실행위자 특정

가공계산서 발급받은 부정한 방법으로 법인세 100,000,000원과 법인지방소득세 10,000,000원을 과소하게 납부한 행위는 법인세 포탈행위(조처법 제3조 제1항)와 법인지방소득세 포탈행위(지기법 제102조 제1항)에 해당하고, 조세포탈의 실행행위인 가공계산서 발급받은 행위를 대표 윤WW가 하였으므로 조세포탈의 실행위자는 대표 윤WW이다. 그리고 연간 포탈세액등[주4](2022년)이 5억 원 이상인 연도가 없으므로 특가법 제8조는 적용되지 않는다.

주4) 110,000,000원 = 100,000,000원(법인세 포탈세액) + 10,000,000원(법인지방소득세 포탈세액)

| 적용 법조항 정리 |

적용 법조항	범칙행위 종류	실행위자	포탈세액등
조처법 제3조 제1항	법인세 포탈행위 (2021년 사업연도)	윤WW	100,000,000원
지기법 제102조 제1항	법인지방소득세 포탈행위 (2021년 사업연도)	윤WW	10,000,000원

E 법인 또는 개인사업자에 대한 양벌규정 적용 검토

㈜맛최고정육점은 범칙행위자 윤WW가 업무와 관련하여 사기 그 밖의 부정한 행위로 인한 조세포탈행위 등을 하지 않도록 상당한 주의를 가지고 감독할 의무가 있으나, 범칙행위자 윤WW의 사기 그 밖의 부정한 행위로 인한 조세포탈행위 등을 방지하기 위한 책임을 게을리하였으므로 「조세범처벌법」 제18조와 「지방세기본법」 제109조에서 규정하는 양벌규정에 대해 책임이 있다.

적용 법조항	범칙행위 종류	범칙행위자
조처법 제18조	양벌규정	㈜맛최고정육점
지기법 제109조	양벌규정	㈜맛최고정육점

F 조세범칙행위 외 범죄행위 검토

(a) 횡령행위

㈜맛최고정육점의 대표 윤WW가 가공계산서(공급가액 500,000,000원)를 수취하여 가공원가를 계상하고 마련한 부외자금(500,000,000원)을 불법영득의사로 영득한 행위는 업무상 횡령행위(형법 제356조)에 해당한다.

그리고 업무상 횡령금액(500,000,000원[주5])이 5억 원 이상이므로 특경법 제3조 제1항 제2호에 의하여 특정재산범죄의 가중처벌대상이다.

주5) 가공계산서 수수 금액임.

| 적용 법조항 정리 |

적용 법조항	범칙행위 종류	범칙행위자	횡령금액
특경법 제3조 제1항 제2호	특정재산범죄의 가중처벌	윤WW	500,000,000원
형법 제356조	업무상 횡령행위	윤WW	500,000,000원

(b) 뇌물공여행위, 불법정치자금제공행위 등

가공계산서를 수취하여 마련한 부외자금을 친구 아들의 은행 계좌에 은닉하였으므로 뇌물공여행위 등의 범죄행위는 검토할 필요가 없다.

G 세무대리인 등에 대한 공범 또는 방조범 해당 여부 검토

노루세무회계사무소는 ㈜맛최고정육점의 대표 윤WW가 가공계산서를 수취한 사실을 몰랐으므로 윤WW의 범칙행위에 대해서는 세무대리인등의 공범 또는 방조범은 없다.

Ⓗ 총 범칙행위 수

구분	범칙행위 종류	범칙행위자	포탈세액등	세금계산서 등 범칙행위 금액 (건수)
조세포탈 관련	법인세 포탈행위(2021년 사업연도) (조처법 제3조 제1항)	윤WW	100,000,000원	
	법인지방소득세 포탈행위 (2021년 사업연도) (지기법 102조 제1항)	윤WW	10,000,000원	
세금계산서 등 범칙 관련	재화·용역의 거래 없이 계산서를 수수(수취)한 행위 (조처법 제10조 제3항 제2호)	윤WW		500,000,000원 (1건)
기타 조세 범칙 관련	양벌규정(조처법 제18조)	㈜맛최고 정육점		
	양벌규정(지기법 제109조)	㈜맛최고 정육점		
조세범칙 외	특정재산범죄의 가중처벌 (특정법 제3조 제1항 제2호)	윤WW		500,000,000원
	업무상 횡령행위(형법 제356조)	윤WW		500,000,000원
총 범칙행위 수		– 국세 관련 조세범칙 죄 수 : 3개 – 지방세 관련 조세범칙 죄 수 : 2개 – 기타 범칙 관련 죄 수 : 2개		

3. 과·면세 겸영 법인사업자

㈜한성돼지농장의 대표 최HH가 돼지생갈비와 양념돼지갈비를 실제로 거래하지 않았으나 거래한 것처럼 ㈜맛최고정육점에 전자적인 방법으로 2021.9.30. 계산서(1건, 공급가액 500,000,000원)를, 2021.11.10. 세금계산서(1건, 공급가액 500,000,000원, 부가가치세 50,000,000원)를 발급하였다.

• 발급한 전자세금계산서와 전자계산서는 대표 최HH가 국세청 홈택스 전자세금계산서 발급화면에 접속하여 전자세금계산서와 전자계산서를 작성해 ㈜맛최고정육점에 전송(발급)하였음.

• 대표 최HH가 윤WW에게 재화 또는 용역의 공급 없이 세금계산서와 계산서를 발급한 사유는 외형을 높여 은행대출 연장조건을 갖추기 위해서였고, 때문에 발급한 가공세금

계산서에 대한 부가가치세를 ㈜한성돼지농장이 부담하여 신고·납부하였음.

• 대표 최HH는 ㈜맛치고정육점의 대표 윤WW로부터 재화 또는 용역의 공급 없이 세금계산서와 계산서를 발급한 대가로 어떠한 금품도 받지 않았음.

• 단비세무회계사무소는 대표 최HH가 ㈜맛최고정육점에 재화 또는 용역의 공급없이 세금계산서와 계산서를 수수(발급)한 사실을 몰랐음.

• 발급한 가공세금계산서와 가공계산서에 대해서 ㈜한성돼지농장과 ㈜맛최고정육점은 부가가치세와 법인세 신고 시 모두 반영하였음.

• ㈜한성돼지농장과 ㈜맛최고정육점은 실제 사업을 하는 법인임.

• 수사개시일 2023.9.1.

가. 가공세금계산서 또는 가공계산서를 수수(발급)한 행위

Ⓐ 법인세 신고내용 등

○ ㈜한성돼지농장의 2021년 사업연도 법인세 신고내용 등
  - 2021년 사업연도 총 수입금액 10,000,000,000원
  - 법인세 과세표준 : 2,000,000,000원
  - 납부할 세액 : 380,000,000원(법인세와 법인지방소득세는 신고 기한 내에 납부하였음)
  ※ 복식부기의무자로 복식부기 장부로 신고하였음.
  ※ 성실신고확인서 제출대상자로 법인세 신고 시 제출하였음.
  ※ 사업연도 기간 : 1.1.~12.31.

Ⓑ 세금계산서등의 범칙행위 검토

(a) 세금계산서 범칙행위

ⓐ 가공세금계산서를 수수(발급)한 행위

㈜한성돼지농장의 대표 최HH가 양념돼지갈비를 공급하지 아니하고 공급한 것처럼 ㈜맛최고정육점에 세금계산서(1건, 공급가액 500,000,000원, 부가가치세 50,000,000원)를 발급하였으므로, 이는 재화 또는 용역을 공급하지 아니하거나 공급받지 아니하고 세금계산서를 수수한 행위(조처법 제10조 제3항 제1호)에 해당한다.

(b) 계산서 범칙행위

ⓐ 가공계산서를 수수(발급)한 행위

㈜한성돼지농장의 대표 최HH가 돼지생갈비를 공급하지 아니하고 공급한 것처럼

㈜맛최고정육점에 계산서(1건, 공급가액 500,000,000원)를 발급하였으므로, 이는 재화 또는 용역을 공급하지 아니하거나 공급받지 아니하고 계산서를 수수한 행위 (조처법 제10조 제3항 제2호)에 해당한다.

(c) 실행위자(범칙행위자) 특정

㈜한성돼지농장의 대표 최HH가 재화 또는 용역을 공급하지 아니하고 세금계산서와 가공계산서를 ㈜맛최고정육점에 발급하였으므로 세금계산서등의 범칙행위의 실행위자는 최HH이다.

(d) 가공세금계산서와 가공계산서를 수수(발급)한 목적(영리목적)

㈜한성돼지농장에서 대표 최HH가 ㈜맛최고정육점에 가공세금계산서와 가공계산서를 수수(발급)한 목적은 외형을 높여 은행대출 연상조건을 갖추기 위해서였다.

(e) 특가법 제8조의2 적용 여부

은행대출 연장조건을 갖추기 위해서라는 영리목적은 있으나, 공급가액등의 합계액 (1,000,000,000원)이 30억 원 미만이므로 특가법 제8조의2 제1항에 의한 가중처벌대상은 아니다.

| 적용 법조항 정리 |

| 적용 법조항 | 범칙행위 종류 | 범칙행위 금액 | 범 칙 |
	영리목적	(건수)	행위자
조처법 제10조 제3항 제1호	재화 또는 용역의 거래 없이 세금계산서를 수수(발급)한 행위	500,000,000원 (1건)	최HH
	은행대출 연장조건 갖추기 위함.		
조처법 제10조 제3항 제2호	재화 또는 용역의 거래 없이 계산서를 수수(발급)한 행위	500,000,000원 (1건)	최HH
	은행대출 연장조건 갖추기 위함.		

ⓒ 신고누락 수입금액 및 탈루소득금액

(a) 수입금액

㈜한성돼지농장의 대표 최HH가 2021년 사업연도 법인세 신고 시 재화 또는 용역의 거래 없이 발급한 세금계산서와 계산서의 공급가액을 수입금액에 포함하여 신고하였으므로 기신고한 수입금액(10,000,000,000원)에서 허위의 공급가액을 차감하여야 한다. 따라서 2021년 사업연도 법인세 신고 시 신고누락한 수입금액은 −1,000,000,000원이다.

그리고 ㈜한성돼지농장이 2021년 제2기 부가가치세 신고 시 발급한 가공세금계산서의 금액을 매출과표에 포함하여 신고하였으므로 해당 금액을 차감하기 위해 부가가치세도 경정하여야 한다.

(b) 탈루소득금액

㈜한성돼지농장의 대표 최HH가 2021년 사업연도 법인세 신고 시 재화 또는 용역의 거래 없이 발급한 세금계산서와 계산서의 공급가액을 소득금액에 포함하여 신고하였으므로 소득금액에서 허위의 공급가액(1,000,000,000원)을 차감하여야 한다. 따라서 2021년 사업연도 법인세 신고 시 신고누락한 탈루소득금액은 −1,000,000,000원이다.

Ⓓ **부가가치세, 법인세, 법인지방소득세 포탈세액등 계산**(포탈세액등 계산 기준일 : 2023.9.30.)

(a) 부가가치세 탈루세액등 계산(2021년 제2기 과세기간)

㉮ 부가가치세 본세 : [−500,000,000원(매출과표)$^{주1)}$ × 10%] − [0원(매입과표) × 10%]
= −50,000,000원

✏ (−)음수 매출과표는 매출과표가 줄어드는 것을 의미하고 감소한 매출과표에 해당하는 (−)음수의 매출세액만큼 부가가치세가 감소 됨을 의미한다. 따라서 부가가치세 탈루세액등은 없다.

주1) 과세표준 −500,000,000원은 ㈜한성돼지농장의 대표 최HH가 발급한 가공세금계산서 공급가액이 기신고한 매출과표에서 차감된 것을 의미한다.

㉯ 세금계산서불성실가산세$^{주2)}$: 500,000,000원 × 3% = 15,000,000원

주2) 가산세 부과 사유는 가공세금계산서 발급임.

◎ 부가가치세 추징예상세액(㉮ + ㉯) : −35,000,000원

✏ 부가가치세 추징예상세액 −35,000,000원은 ㈜한성돼지농장에 부가가치세 35,000,000원이 환급된다는 것을 의미한다.

(b) 법인세 탈루세액등 계산(2021년 사업연도)

㉮ 법인세 본세 : 1,000,000,000원$^{주3)}$ (과세표준) × 20% − 20,000,000원(누진세액공제)
− 380,000,000원(기납부세액) = −200,000,000원

주3) 과세표준이 1,000,000,000원인 사유는 당초 과세표준(2,000,000,000원)에 신고누락한 탈루소득금액(−1,000,000,000원)을 합산하였기 때문이다.

✏ 탈루소득금액이 반영돼 과세표준이 1,000,000,000원이 감소하여 법인세 200,000,000원이 감소하였다. 따라서 법인세 탈루세액등은 없다.

㉯ 계산서불성실가산세$^{주4)}$: 500,000,000원 × 2% = 10,000,000원

주4) 가산세 부과 사유는 가공계산서 발급임.

◎ 법인세 추징예상세액(㉮ + ㉯) : −190,000,000원

　　● 법인세 추징예상세액 −190,000,000원은 ㈜한성돼지농장에 법인세 190,000,000원이 환급된다는 것을 의미한다.

(c) 법인지방소득세 탈루세액등 계산(2021년 사업연도)

　㉮ 법인지방소득세 본세 : −200,000,000원(과세표준) × 10% = −20,000,000원

　　● 법인지방소득세 본세가 −20,000,000원이라는 것은 법인지방소득세가 20,000,000원 감소하였다는 것을 의미한다. 따라서 법인지방소득세 탈루세액등은 없다.

　㉯ 법인세의 가산세에 부과하는 가산세 : 10,000,000원[주5] × 10% = 1,000,000원

　　주5) 계산서불성실가산세임.

　◎ 법인지방소득세 추징예상세액(㉮ + ㉯) : −19,000,000원

　　● 법인지방소득세 추징예상세액 −19,000,000원은 ㈜한성돼지농장에 법인지방소득세 19,000,000원이 환급된다는 것을 의미한다.

(d) 총 탈루세액등

납세의무 확정 연도	세목	탈루세액등 (추징예상세액)	기수시기
2022년	법인세 (2021년 사업연도)	−200,000,000원 (−190,000,000원)	
2022년	법인지방소득세 (2021년 사업연도)	−20,000,000원 (−19,000,000원)	
2022년	부가가치세 (2021년 2기)	−50,000,000원 (−35,000,000원)	
합계		−270,000,000원 (−244,000,000원[주6])	

주6) 추징예상세액 −244,000,000원은 ㈜한성돼지농장에 244,000,000원(법인세 환급액 190,000,000원 + 법인지방소득세 환급액 19,000,000원 + 부가가치세 환급액 35,000,000원)이 환급된다는 것을 의미한다.

● 상기 표의 내용과 같이 탈루세액등이 발생하지 아니하였다.

(e) 조세포탈 여부 판단 및 조세포탈행위의 실행위자 특정

　㈜한성돼지농장이 가공세금계산서와 가공계산서를 발급하는 세금계산서등의 범칙행위를 하였지만, 수입금액과 소득금액에서 가공세금계산서와 가공계산서 발급금액을 차감하면 수입금액과 소득금액이 줄어들어 포탈세액이 발생하지 않는다. 따라서 조세포탈행위가 발생하지 않았으므로 조세포탈의 실행위자도 없다.

E 법인 또는 개인사업자에 대한 양벌규정 적용 검토

㈜한성돼지농장은 범칙행위자 최HH가 업무와 관련하여 "세금계산서등의 범칙행위"를 하지 않도록 상당한 주의를 가지고 감독할 의무가 있으나, 범칙행위자 최HH의 "세금계산서등의 범칙행위"를 방지하기 위한 책임을 게을리하였으므로 「조세범처벌법」 제18조에서 양벌규정에 대한 책임을 물을 수 있다.

| 적용 법조항 정리 |

적용 법조항	범칙행위 종류	범칙행위자
조처법 제18조	양벌규정	㈜한성돼지농장

F 조세범칙행위 외 범죄행위 검토

㈜한성돼지농장의 대표 최HH가 재화 또는 용역의 공급 없이 세금계산서와 계산서를 수수(발급)한 행위로 부외자금이 마련되지 않았으므로 뇌물공여행위 등의 범죄행위는 검토할 필요가 없다.

G 세무대리인 등에 대한 공범 또는 방조범 해당 여부 검토

단비세무회계사무소는 ㈜한성돼지농장의 대표 최HH가 ㈜맛최고정육점에 재화 또는 용역의 공급 없이 세금계산서와 계산서를 발급한 사실을 몰랐으므로 대표 최HH의 세금계산서등의 범칙행위에 세무대리인등의 공범 또는 방조범은 없다.

H 총 범칙행위 수

구분	범칙행위 종류	범칙행위자	포탈세액등	세금계산서 등 범칙행위 금액 (건수)
세금계산서등 범칙 관련	재화 또는 용역의 거래 없이 세금계산서를 수수(발급)한 행위 (조처법 제10조 제3항 제1호)	최HH		500,000,000원 (1건)
	재화 또는 용역의 거래 없이 계산서를 수수(발급)한 행위 (조처법 제10조 제3항 제2호)	최HH		500,000,000원 (1건)
기타 조세 범칙 관련	양벌책임(조처법 제18조)	㈜한성돼지농장		
총 범칙행위 수		– 국세 관련 조세범칙 죄 수 : 3개		

나. 가공세금계산서 또는 가공계산서를 수수(수취)한 행위

Ⓐ 법인세 신고내용 등

○ ㈜맛최고정육점의 2021년 사업연도 법인세 신고내용 등
  - 업태·종목 : 도·소매/식육점
  - 2021년 사업연도 총 수입금액 10,000,000,000원
  - 법인세 과세표준 : 1,000,000,000원
  - 총 부담세액 : 180,000,000원
  ※ 복식부기의무자로 복식부기 장부로 신고하였음.
  ※ ㈜한성돼지농장으로부터 재화 또는 용역의 공급 없이 발급받은 세금계산서와 계산서는 부가가치세와 법인세 신고에 반영되었음.
  ※ 대표 윤WW가 ㈜한성돼지농장으로부터 가공세금계산서와 가공계산서를 수취한 사유는 법인세 등을 포탈하고 가공원가(경비)를 계상하여 법인자금을 횡령하기 위한 것임.
  ※ ㈜한성돼지농장으로부터 재화 또는 용역의 공급없이 발급받은 세금계산서와 계산서에 대해 어떠한 대가도 지급하지 않았음.
  ※ 대표 윤WW는 ㈜한성돼지농장으로부터 재화 또는 용역의 공급 없이 발급받은 세금계산서와 계산서를 수취하여 마련한 부외자금을 내연녀의 은행 계좌에 은닉하였음.
  ※ 표범세무회계사무소는 ㈜맛최고정육점의 대표 윤WW가 '재화 또는 용역의 공급 없이 세금계산서와 계산서를 수수한(발급받은) 행위와 조세포탈행위에 대해 몰랐음.
  ※ 사업연도 기간 : 1.1.~12.31.

Ⓑ 세금계산서등의 범칙행위 검토

(a) 세금계산서 범칙행위

  ⓐ 가공세금계산서를 수수(수취)한 행위

   ㈜맛최고정육점의 대표 윤WW가 양념돼지갈비를 공급받지 않았는데도 공급받은 것처럼 ㈜한성돼지농장으로부터 세금계산서(1건, 공급가액 500,000,000원, 부가가치세 50,000,000원)를 발급받았으므로, 이는 재화 또는 용역을 공급하지 아니하거나 공급받지 아니하고 세금계산서를 수수한 행위(조처법 제10조 제3항 제1호)에 해당한다.

(b) 계산서 범칙행위

  ⓐ 가공계산서를 수수(수취)한 행위

   ㈜맛최고정육점의 대표 윤WW가 돼지생갈비를 공급받지 않았는데도 공급받은

것처럼 ㈜한성돼지농장으로부터 계산서(1건, 공급가액 500,000,000원)를 발급받았으므로, 이는 재화 또는 용역을 공급하지 아니하거나 공급받지 아니하고 계산서를 수수한 행위(조처법 제10조 제3항 제2호)에 해당한다.

ⓒ 실행위자(범칙행위자) 특정

㈜맛최고정육점의 윤WW가 ㈜한성돼지농장으로부터 재화 또는 용역을 공급받지 아니하고 세금계산서와 계산서를 발급받았으므로 세금계산서등의 범칙행위의 실행위자는 윤WW이다.

ⓓ 가공세금계산서와 가공계산서를 수수(수취)한 목적(영리 목적)

㈜맛최고정육점의 대표 윤WW가 ㈜한성돼지농장으로부터 가공세금계산서와 가공계산서를 발급받은 목적은 조세포탈 및 법인자금 횡령을 하기 위해서이다.

ⓔ 특가법 제8조의2 적용 여부

조세포탈 및 부외자금을 마련하여 법인자금 횡령을 하기 위해서라는 영리목적은 있으나, 공급가액등의 합계액(1,000,000,000원)이 30억 원 미만이므로 특가법 제8조의2 제1항에 의한 가중처벌대상은 아니다.

| 적용 법조항 정리 |

적용 법조항	범칙행위 종류		범칙행위 금액 (건수)	범 칙 행위자
	영리목적			
조처법 제10조 제3항 제1호	재화 또는 용역의 거래 없이 세금계산서를 수수(수취)한 행위		500,000,000원 (1건)	윤WW
	조세포탈 및 법인자금 횡령			
조처법 제10조 제3항 제2호	재화 또는 용역의 거래 없이 계산서를 수수(수취)한 행위		500,000,000원 (1건)	윤WW
	조세포탈 및 법인자금 횡령			

ⓒ 신고누락 수입금액 및 탈루소득금액

ⓐ 수입금액

㈜맛최고정육점은 매출누락등의 수입금액 신고누락 요인이 없으므로 법인세 신고 시 신고누락한 수입금액은 없다.

그러나 ㈜맛최고정육점의 윤WW가 2021년 제2기 부가가치세 신고 시 수취한 가공세금계산서로 매입세액(50,000,000원) 공제를 받았기 때문에 부가가치세를 경정하여야 한다.

(b) 탈루소득금액

㈜맛최고정육점이 수취한 가공세금계산서와 가공계산서를 부가가치세 및 법인세 신고에 반영하였으므로, 이는 2021년 사업연도 법인세 신고 시 가공원가(경비)를 계상하였다는 것을 의미한다. 따라서 ㈜맛최고정육점이 2021년 사업연도 법인세 신고 시 가공원가 1,000,000,000원(가공세금계산서의 공급가액 500,000,000원 + 가공계산서의 공급가액 500,000,000원)을 계상하였으므로 탈루소득금액은 1,000,000,000원이다.

Ⓓ 부가가치세, 법인세, 법인지방소득세 포탈세액등 계산(포탈세액등 계산 기준일 : 2023.9.30.)

(a) 부가가치세 탈루세액등 계산(2021년 2기 과세기간)

㉮ 부가가치세 본세 : [0원(매출과표) × 10%] − [−500,000,000원(매입과표) × 10%]
= 50,000,000원

🔧 부가가치세 계산식에서 매입과표가 −500,000,000원인 것은 기신고된 매입과표에서 가공세금계산서 수취액 500,000,000원을 차감한다는 의미이다. 매입과표가 차감되면, 매입과표에 해당하는 매입세액만큼의 부가가치세가 증가하게 된다. 따라서 부가가치세 탈루세액등은 50,000,000원이다.

㉯ 부당 과소신고가산세 : 50,000,000원 × 40% = 20,000,000원

🔧 부정과소신고가산세를 적용한 사유는 ㈜맛최고정육점의 윤WW가 조세포탈 등의 목적으로 가공세금계산서를 수취한 행위가 「조세범처벌법」 제3조 제6항 제2호가 규정하는 거짓 증빙 수취에 해당하는 부정한 행위이기 때문이다.

㉰ 세금계산서불성실가산세[주1] : 500,000,000원 × 3% = 15,000,000원

주1) 가산세 부과 사유는 가공세금계산서 수취임.

㉱ 납부지연가산세(㉠ + ㉡) : 6,773,000원

㉠ 50,000,000원(본세) × 20일(2022.1.26.~2022.2.14.) × 25/100,000 = 250,000원

㉡ 50,000,000원(본세) × 593일(2022.2.15.~2023.9.30.) × 22/100,000 = 6,523,000원

◎ 부가가치세 추징예상세액(㉮ + ㉯ + ㉰ + ㉱) : 91,773,000원

(b) 법인세 탈루세액등 계산(2021년 사업연도)

㉮ 법인세 본세 : 2,000,000,000원[주2](과세표준) × 20% − 20,000,000원(누진세액공제)
− 180,000,000원(기납부세액) = 200,000,000원

주2) 과세표준 2,000,000,000원은 당초 과세표준 금액(1,000,000,000원)에 탈루소득금액(가공세금계산서 수취금액 500,000,00원 + 가공계산서 수취금액 500,000,000원)을 합산한 금액임.

㉯ 부당 과소신고가산세(㉠과 ㉡ 중 큰 것) : 80,000,000원

㉠ 200,000,000원 × 40% = 80,000,000원

㉡ 가공세금계산서와 가공계산서 수취금액은 부정 과소신고 수입금액이 아니므로 가산세 비교 과세는 없다.

㉰ 납부지연가산세 : 200,000,000원(본세) × 548일(2022.4.1.~2023.9.30.) × 22/100,000
= 24,112,000원

㉱ 계산서불성실가산세[주3] : 500,000,000원 × 2% = 10,000,000원

주3) 가산세 부과 사유는 가공계산서 수취임.

◎ 법인세 추징예상세액(㉮ + ㉯ + ㉰ + ㉱) : 314,112,000원

(c) 법인지방소득세 탈루세액등 계산(2021년 사업연도)

㉮ 법인지방소득세 본세 : 200,000,000원(과세표준) × 10% = 20,000,000원

㉯ 부정과소신고가산세 : 20,000,000원 × 40% = 8,000,000원

㉰ 납부지연가산세 : 20,000,000원(본세) × 518일(2022.5.1.~2023.9.30.) × 22/100,000
= 2,279,200원

🎯 법인지방소득세는 신고납세제도에 속하는 세목이고 신고·납부기한은 법인의 과세기간 종료일 부터 4개월 이내이다. 따라서 납부지연가산세 기산일은 2022.5.1.이 된다.

㉱ 법인세의 가산세에 부과하는 가산세 : 10,000,000원[주4] × 10% = 1,000,000원

주4) 계산서불성실가산세임.

◎ 법인지방소득세 추징예상세액(㉮ + ㉯ + ㉰) : 31,279,200원

(d) 총 탈루세액등

납세의무 확정 연도	세목	탈루세액등 (추징예상세액)	기수시기
2022년	법인세 (2021년 사업연도)	200,000,000원 (314,112,000원)	2022.3.31. 지난 때
2022년	법인지방소득세 (2021년 사업연도)	20,000,000원 (31,279,200원)	2022.4.30. 지난 때
2022년	부가가치세 (2021년 2기)	50,000,000원 (91,773,000원)	2022.1.25. 지난 때
합계		270,000,000원 (437,164,200원)	

(e) 조세포탈 여부 판단 및 조세포탈행위의 실행위자 특정

대표 윤WW가 가공세금계산서와 가공계산서 수취라는 부정한 방법으로 법인세 200,000,000원, 부가가치세 50,000,000원, 법인지방소득세 20,000,000원을 과소하게 납부한 행위 중 법인세와 법인지방소득세를 과소하게 납부한 행위는 법인세 포탈행위(조처법 제3조 제1항)와 법인지방소득세 포탈행위(지기법 제102조 제1항)에 해당하지만, 부가가치세를 과소하게 납부한 행위는 세금계산서를 발급한 한성돼지농장의 최HH가 가공세금계산서의 부가가치세를 신고·납부 하였으므로 조세포탈행위로 의율할 수 없다(대법원 1990.10.16. 90도1955 판결). 따라서 법인세와 법인지방소득세의 과소 납부세액은 포탈세액등이 되고, 부가가치세는 과소 납부세액은 탈루세액등이 된다.

법인세와 법인지방소득세 포탈행위의 원인이 된 가공세금계산서와 가공계산서 수취 행위를 윤WW이 하였으므로 조세포탈행위의 실행위자는 윤WW이다.

그리고 연간 포탈세액등(220,000,000원[주5])이 5억 원 이상인 연도가 없으므로 특가법 제8조는 적용되지 않는다.

주5) 220,000,000원 = 200,000,000원(법인세 포탈세액) + 20,000,000원(법인지방소득세 포탈세액)

| 적용 법조항 정리 |

적용 법조항	범칙행위 종류	실행위자	포탈세액등
조처법 제3조 제1항	법인세 포탈행위(2021년 사업연도)	윤WW	200,000,000원
지기법 제102조 제1항	법인지방소득세 포탈행위 (2021년 사업연도)	윤WW	20,000,000원

E 법인 또는 개인사업자에 대한 양벌규정 적용 검토

㈜맛최고정육점은 범칙행위자 윤WW가 업무와 관련하여 사기 그 밖의 부정한 행위로 인한 조세포탈행위 등을 하지 않도록 상당한 주의를 가지고 감독할 의무가 있으나, 범칙행위자 윤WW의 사기 그 밖의 부정한 행위로 인한 조세포탈행위 등을 방지하기 위한 책임을 게을리하였으므로 「조세범처벌법」 제18조와 「지방세기본법」 제109조에서 규정하는 양벌규정에 대해 책임이 있다.

| 적용 법조항 정리 |

적용 법조항	범칙행위 종류	범칙행위자
조처법 제18조	양벌규정	㈜맛최고정육점
지기법 제109조	양벌규정	㈜맛최고정육점

F 조세범칙행위 외 범죄행위 검토

(a) 횡령행위

㈜맛최고정육점의 대표 윤WW가 가공세금계산서(1건, 공급가액 500,000,000원, 부가가치세액 50,000,000원)와 가공계산서(1건 공급가액 500,000,000원)를 수취하여 가공원가(경비)를 계상해 마련한 부외자금(1,050,000,000원)을 불법영득의사로 영득한 행위는 업무상 횡령행위(형법 제356조)에 해당한다.

그리고 업무상 횡령금액(1,050,000,000원[주6])이 5억 원 이상이므로 특경법 제3조 제1항 제2호에 의하여 특정재산범죄의 가중처벌대상이다.

주6) 1,050,000,000원 = 500,000,000원(가공세금계산서 공급가액) + 50,000,000원(부가가치세)
     + 500,000,000원(가공계산서 공급가액)

| 적용 법조항 정리 |

적용 법조항	범칙행위 종류	범칙행위자	횡령금액
특경법 제3조 제1항 제2호	특정재산범죄의 가중처벌	윤WW	1,050,000,000원
형법 제356조	업무상 횡령행위	윤WW	1,050,000,000원

(b) 뇌물공여행위, 불법정치자금제공행위 등

가공세금계산서와 가공계산서를 수취하여 마련한 부외자금을 내연녀의 은행 계좌에 은닉하였으므로 뇌물공여행위 등에 대한 범죄행위는 검토할 필요가 없다.

G 세무대리인 등에 대한 공범 또는 방조범 해당 여부 검토

표범세무회계사무소는 ㈜맛최고정육점의 대표가 가공세금계산서와 가공계산서를 수취한 사실을 몰랐으므로 윤WW의 범칙행위에 대해서는 세무대리인등의 공범 또는 방조범은 없다.

Ⓗ 총 범칙행위 수

구분	범칙행위 종류	범칙행위자	포탈세액등	세금계산서 등 범칙행위 금액 (건수)
조세포탈 관련	법인세 포탈행위(2021년 사업연도) (조처법 제3조 제1항)	윤WW	200,000,000원	
	법인지방소득세 포탈행위 (2021년 사업연도) (지기법 102조 제1항)	윤WW	20,000,000원	
세금계산서등 범칙 관련	재화 또는 용역의 거래 없이 세금계산서를 수수(수취)한 행위 (조처법 제10조 제3항 제1호)	윤WW		500,000,000원 (1건)
	재화 또는 용역의 거래 없이 계산서를 수수(수취)한 행위 (조처법 제10조 제3항 제2호)	윤WW		500,000,000원 (1건)
기타 조세 범칙 관련	양벌규정(조처법 제18조)	㈜맛최고 정육점		
	양벌규정(지기법 제109조)	㈜맛최고 정육점		
조세범칙 외	특정재산범죄의 가중처벌 (특경법 제3조 제1항 제2호)	윤WW		1,050,000,000원
	업무상 횡령행위(형법 제356조)	윤WW		1,050,000,000원
총 범칙행위 수		– 국세 관련 조세범칙 죄 수 : 4개 – 지방세 관련 조세범칙 죄 수 : 2개 – 기타 범칙 관련 죄 수 : 2개		

부분자료상의 위장가공세금계산서(가공세금계산서) 또는 위장가공계산서(가공계산서) 수수행위에 대한 사례

I 》 개인사업자

1. 과세사업자

합판 도매업을 하는 보성합판 대표 황UU가 2021.9.12. 웅치건축 대표 윤TT(개인사업자)에게 합판(공급가액 1,000,000,000원)을 공급하였으나, 공급자를 복건축자재(개인사업자, 대표 황BS)로 기재(입력)한 세금계산서를 전자적인 방법으로 교부하여 주었다. 황UU와 황BS(황UU의 아들임)는 사전에 복건축자재 명의로 세금계산서를 발급하기로 공모하였고, 황UU가 합판을 공급하면서 윤TT에게 세금계산서는 복건축자재 명의로 발급한다고 하자 윤TT가 동의하였다.

- 발급한 세금계산서는 전송 기한 내에 국세청에 전송하였음.
- 웅치건축과 복건축자재는 수수한 위장가공세금계산서(가공세금계산서)를 부가가치세 및 소득세 신고에 반영하여 신고·납부하였음.
- 황UU가 위장가공세금계산서(가공세금계산서)를 발급한 목적은 복건축자재의 외형을 높여 아들 황BS가 은행대출을 받을 수 있는 조건을 갖추게 하기 위해서였음.
- 보성합판의 황UU는 위장가공세금계산서(가공세금계산서)를 발급한 매출액에 대하여 부가가치세 및 소득세 신고 시 신고누락하였을 뿐만 아니라 수사과정에서 신고누락분(1,000,000,000원)에 대한 대한 대응원가를 제시하지 못하였음.
- 윤TT는 합판 매입대금(1,100,000,000원)을 복건축자재의 사업용계좌로 입금하였음.
- 황BS는 윤TT로부터 받은 합판 매입대금 중 1,000,000,000원을 황UU 명의 개인통장계좌로 입금하였고, 황UU는 입금받은 금액을 전액 현금으로 인출한 후 내연녀 아들의 은행 계좌에 은닉하였음.
- 수사개시일 2023.9.1.

가. 위장가공세금계산서(가공세금계산서)를 수수(발급)한 행위

Ⓐ 소득세 신고내용 등

○ 황UU(보성합판)의 2021년 사업연도 소득세 신고내용
- 2021년 귀속 총 수입금액 10,000,000,000원
- 소득세 과세표준 : 1,000,000,000원
- 납부할 세액 : 384,600,000원(납부할 세액은 개인지방소득세와 함께 신고 시 납부함)
- ※ 복식부기의무자로 복식부기장부로 신고하였음.
- ※ 너구리세무회계사무소는 보성합판의 위장가공세금계산서를 교부한 사실을 몰랐음.

Ⓑ 세금계산서등의 범칙행위 검토

ⓐ 세금계산서 범칙행위

ⓐ 세금계산서를 발급하지 아니한 행위

보성합판의 대표 황UU가 웅치건축에 합판(공급가액 1,000,000,000원)을 공급하였으나 보성합판 명의로 세금계산서를 발급하지 않았으므로, 이는 세금계산서를 발급하지 아니한 행위(조처법 제10조 제1항 제1호)에 해당한다.

ⓑ 가공세금계산서(위장가공세금계산서)를 수수(발급)한 행위

보성합판의 대표 황UU가 웅치건축에 합판(공급가액 1,000,000,000원)을 공급하고 황BS와 공모하여 세금계산서를 복건축자재 명의로 발급하여 주었으므로, 이는 위장가공세금계산서(가공세금계산서)를 수수(발급)한 행위, 즉 재화 또는 용역을 공급하지 아니하거나 공급받지 아니하고 세금계산서(1건, 공급가액 1,000,000,000원, 부가가치세 100,000,000원)를 수수(발급)한 행위(조처법 제10조 제3항 제1호)에 해당하고 복건축자재 대표 황BS와 함께 공범(형법 제30조)이 된다.

ⓑ 실행위자(범칙행위자) 특정

황UU가 웅치건축의 대표 윤TT와 통정하여 세금계산서를 발급하지 아니하였으므로 세금계산서를 발급하지 아니한 행위의 실행위자는 황UU이고, 복건축자재의 대표 황BS와 공모하여 복건축자재 명의의 세금계산서를 발급하였으므로 위장가공세금계산서(가공세금계산서) 수수(발급)행위의 실행위자는 황UU와 황BS이다.

ⓒ 가공세금계산서(위장가공세금계산서)를 수수(발급)한 목적(영리목적)

황UU가 웅치건축에 합판(공급가액 1,000,000,000원)을 공급하고 복건축자재 명의의

위장세금계산서(가공세금계산서)를 발급한 목적은 복건축자재의 외형을 높여 아들 황BS가 은행대출을 받을 수 있는 요건을 갖추게 하는 것이었다.

(d) 특가법 제8조의2 적용 여부

세금계산서를 발급하지 아니한 행위는 가중처벌조항이 없고, 가공세금계산서(위장가공세금계산서)를 발급한 행위는 황UU가 아들 황BS의 은행대출 받을 자격을 갖추어 주기 위해서라는 영리목적은 있으나, 공급가액등의 합계액(1,000,000,000원)이 30억원 미만이므로 특가법 제8조의2 제1항에 의한 가중처벌대상은 아니다.

| 적용 법조항 정리 |

적용 법조항	범칙행위 종류	범칙행위 금액 (건수)	범 칙 행위자
	영리목적		
조처법 제10조 제1항 제1호	세금계산서를 발급하지 아니한 행위	1,000,000,000원 (1건)	황UU
	아들 은행대출 받을 자격 확보		
조처법 제10조 제3항 제1호, 형법 제30조	재화 또는 용역의 거래 없이 세금계산서를 수수(발급)한 행위	1,000,000,000원 (1건)	황UU 황BS
	아들 은행대출 받을 자격 확보		

ⓒ 신고누락 수입금액 및 탈루소득금액

(a) 수입금액

보성합판의 대표 황UU가 웅치건축에 실제로 합판(공급가액 1,000,000,000원)을 공급하였으나 보성합판 명의의 세금계산서를 발행하지 않고 복건축자재의 명의로 발급하여 거래를 은폐해 2021년 귀속 소득세 신고 시 신고누락하였기 때문에 신고누락한 수입금액은 1,000,000,000원이다.

그리고 세금계산서를 발급하지 아니한 합판 매출액(공급가액 1,000,000,000원, 부가가치세 100,000,000원)을 2021년 제2기 부가가치세 신고 시 신고누락하였으므로 부가가치세도 경정하여야 한다.

(b) 탈루소득금액

보성합판의 항UU가 웅치건축에 위장가공세금계산서(가공세금계산서)를 발급하고 거래를 은폐하여 신고누락한 수입금액(매출액)에 대해 수사과정에서 대응되는 원가를 제시하지 못하였으므로 2021년 귀속 소득세 신고 시 신고누락한 수입금액 1,000,000,000원이 탈루소득금액이 된다.

Ⓓ 부가가치세, 소득세, 개인지방소득세 포탈세액등 계산(포탈세액등 계산 기준일 : 2023.9.30.)

(a) 부가가치세 탈루세액등 계산(2021년 2기 과세기간)

㉮ 부가가치세 본세 : 1,000,000,000원[주1](매출과표) × 10% = 100,000,000원

주) 1,000,000,000원은 황UU가 웅치건축에 발급하지 아니한 세금계산서의 공급가액이다.

㉯ 부정과소신고가산세 : 100,000,000원 × 40% = 40,000,000원

☞ 부정과소신고가산세를 적용한 사유는 황UU가 아들의 은행대출 자격 등을 갖추기 위한 목적으로 위장가공세금계산서를 교부하고 실제 매출액을 신고누락한 행위는 「조세범처벌법」 제3조 제6항 제4호가 규정하는 거래의 은폐에 해당하는 부정행위이기 때문이다.

㉰ 납부지연가산세(㉠ + ㉡) : 13,546,000원

㉠ 100,000,000원(본세) × 20일(2022.1.26.~2022.2.14.) × 25/100,000 = 500,000원

㉡ 100,000,000원(본세) × 593일 (2022.2.15.~2023.9.30.) × 22/100,000
    = 13,046,000원

㉱ 세금계산서불성실가산세[주2] : 1,000,000,000원 × 2% = 20,000,000원

주2) 가산세 부과 사유는 세금계산서 미발급임.

◎ 부가가치세 추징예상세액(㉮ + ㉯ + ㉰ + ㉱) : 173,546,000원

(b) 소득세 탈루세액등 계산(2021년 귀속)

㉮ 소득세 본세 : 2,000,000,000원[주3](과세표준) × 45% − 65,400,000원(누진세액공제)
    − 384,600,000원(기납부세액) = 450,000,000원

주3) 과세표준 2,000,000,000원은 당초 과세표준 금액(1,000,000,000원)에 신고누락한 탈루소득금액(1,000,000,000원)을 합산한 금액임.

㉯ 부정과소신고가산세(㉠과 ㉡ 중 큰 것) : 180,000,000원

㉠ 450,000,000원 × 40% = 180,000,000원

㉡ 1,000,000,000원(부정과소신고 수입금액) × 14/10,000 = 1,400,000원

㉰ 납부지연가산세 : 450,000,000원(본세) × 487일(2022.6.1.~2023.9.30.) × 22/100,000
    = 48,213,000원

◎ 소득세 추징예상세액(㉮ + ㉯ + ㉰) : 678,213,000원

(c) 개인지방소득세 탈루세액등 계산(2021년 귀속)

㉮ 개인지방소득세 본세 : 450,000,000원(과세표준) × 10% = 45,000,000원

㉯ 부정과소신고가산세 : 45,000,000원 × 40% = 18,000,000원

㉰ 납부지연가산세 : 45,000,000원(본세) × 487일(2022.6.1.~2023.9.30.) × 22/100,000
　　　　　　　　 = 4,821,300원

　　● 개인지방소득세는 신고납세제도에 속하는 세목이고 신고·납부기한은 소득세의 신고·납부기한
　　　과 같다. 따라서 납부지연가산세 기산일은 2022.6.1.이 된다.

◎ 개인소득지방세 추징예상세액(㉮ + ㉯) : 67,821,300원

(d) 총 탈루세액등

납세의무 확정 연도	세목	탈루세액등 (추징예상세액)	기수시기
2022년	소득세 (2021년 귀속)	450,000,000원 (678,213,000원)	2022.5.31. 지난 때
2022년	개인소득지방세 (2021년 귀속)	45,000,000원 (67,821,300원)	2022.5.31. 지난 때
2022년	부가가치세 (2021년 2기)	100,000,000원 (173,546,000원)	2022.1.25. 지난 때
합계		595,000,000원 (919,580,300원)	

(e) 조세포탈 여부 판단 및 조세포탈행위의 실행위자 특정

세금계산서를 발급하지 아니한 부정한 방법으로 소득세 450,000,000원, 부가가치세 100,000,000원, 개인지방소득세 45,000,000원을 과소하게 납부한 행위는 소득세 포탈행위(조처법 제3조 제1항), 부가가치세 포탈행위(조처법 제3조 제1항), 개인지방소득세 포탈행위(지기법 제102조 제1항)에 해당하고, 조세포탈의 실행행위인 세금계산서 발급하지 아니한 행위를 대표 황UU가 하였으므로 조세포탈의 실행위자는 대표 황UU이다. 그리고 2022년 연간 포탈세액등[주4](2022년)이 5억 원 이상이므로 특가법 제8조 제1항 제2호에 의하여 조세포탈의 가중처벌대상이다.

주4) 595,000,000원 = 450,000,000원(소득세 포탈세액) + 45,000,000원(개인지방소득세 포탈세액)
　　　　　　　 + 100,000,000원(부가가치세 포탈세액)

| 적용 법조항 정리 |

적용 법조항	범칙행위 종류	실행위자	포탈세액등
특가법 제8조 제1항 제2호	조세포탈의 가중처벌 (2021년)	황UU	595,000,000원

적용 법조항	범칙행위 종류	실행위자	포탈세액등
조처법 제3조 제1항	소득세 포탈행위 (2021년 귀속)	황UU	450,000,000원
지기법 제102조 제1항	개인지방소득세 포탈행위 (2021년 귀속)	황UU	45,000,000원
조처법 제3조 제1항	부가가치세 포탈행위 (2021년 2기)	황UU	100,000,000원

E 법인 또는 개인사업자에 대한 양벌규정 적용 검토

보성합판은 개인사업자이고 세금계산서 범칙행위와 조세포탈행위의 실행위자가 사업주인 황UU이므로 「조세범처벌법」 제18조와 「지방세기본법」 제109조에서 규정하는 양벌규정에 대한 책임을 물을 수 없다.

F 조세범칙행위 외 범죄행위 검토

보성합판은 개인사업자이고, 매출누락 금액을 내연녀 아들의 은행 계좌에 은닉하였으므로 뇌물공여행위 등의 범죄행위는 검토할 필요가 없다.

G 세무대리인 등에 대한 공범 또는 방조범 해당 여부 검토

너구리세무회계사무소는 보성합판의 대표 황UU가 위장가공세금계산서(가공세금계산서)를 발급한 사실 등을 몰랐으므로 황UU의 세금계산서등의 범칙행위에 세무대리인 등의 공범 또는 방조범은 없다.

H 총 범칙행위 수

구분	범칙행위 종류	범칙행위자	포탈세액등	세금계산서 등 범칙행위 금액 (건수)
조세포탈 관련	조세포탈의 가중처벌 (특가법 제8조 제1항 제2호)	황UU	595,000,000원	
	소득세 포탈행위(2021년 귀속) (조처법 제3조 제1항)	황UU	450,000,000원	

구분	범칙행위 종류	범칙행위자	포탈세액등	세금계산서 등 범칙행위 금액 (건수)
조세포탈 관련	개인지방소득세 포탈행위 (2021년 귀속) (지기법 제102조 제1항)	황UU	45,000,000원	
	부가가치세 포탈행위 (2021년 2기) (조처법 제3조 제1항)	황UU	100,000,000원	
세금계산서등 범칙 관련	세금계산서를 발급하지 아니한 행위 (조처법 제10조 제1항 제1호)	황UU		1,000,000,000원 (1건)
	재화·용역의 거래 없이 세금계산서를 수수(발급)한 행위 (조처법 제10조 제3항 제1호, 형법 제30조)	황UU 황BS		1,000,000,000원 (1건)
총 범칙행위 수				– 국세 관련 조세범칙 죄 수 : 5개 – 지방세 관련 조세범칙 죄 수 1개

나. 위장세금계산서(가공세금계산서)를 수수(수취)한 행위

Ⓐ 소득세 신고내용 등

○ 윤TT(웅치건축)의 2021년 귀속 소득세 신고내용
  – 업태·종목 : 도·소매/건축자재
  – 2021년 귀속 총 수입금액 10,000,000,000원
  – 소득세 과세표준 : 300,000,000원
  – 납부할 세액 : 94,600,000원(납부할 세액은 개인지방소득세와 함께 신고 시 납부함)
  ※ 위장가공세금계산서를 수취하여 매입한 합판은 2021년 2기 과세기간에 전량 판매하였고 매출처와 매출액에 대해서는 장부에 기록하여 부가가치세 및 소득세 신고 시 반영하였음.
  ※ 윤TT가 보성합판으로부터 복건축자재 명의의 위장가공세금계산서(가공세금계산서)를 수취한 목적은 황UU와 관계를 돈독히 하여 품귀현상이 있는 합판을 다른 업체에 비해 우선 공급받기 위해서였음.
  ※ 복식부기의무자로 복식부기 장부로 신고하였음.
  ※ 성실신고확인서 제출대상자로 소득세 신고 시 제출하였음.
  ※ 토마토세무회계사무소는 웅치건축 윤TT의 범칙행위를 몰랐음.

Ⓑ 세금계산서등의 범칙행위 검토

ⓐ 세금계산서 범칙행위

ⓐ 세금계산서를 발급받지 아니한 행위

보성합판으로부터 실제로 합판(공급가액 1,000,000,000원)을 공급받았으나 대표 황UU와 통정하여 보성합판 명의의 세금계산서를 발급받지 않았으므로, 이는 세금계산서를 발급받지 아니한 행위(조처법 제10조 제2항 제1호)에 해당한다.

ⓑ 가공세금계산서(위장가공세금계산서)를 수수(수취)한 행위

보성합판으로부터 실제로 합판(공급가액 1,000,000,000원)을 공급받았으나 대표 황UU와 통정하여 복건축자재(대표 황BS) 명의의 세금계산서를 발급받았으므로, 이는 위장가공세금계산서(가공세금계산서)를 수수(수취)한 행위, 즉 재화 또는 용역을 공급하지 아니하거나 공급받지 아니하고 세금계산서(1건, 공급가액 1,000,000,000원, 부가가치세 100,000,000원)를 수수(수취)행위(조처법 제10조 제3항 제1호)에 해당된다.

ⓑ 실행위자(범칙행위자) 특정

윤TT가 보성합판의 대표 황UU와 통정하여 보성합판 명의의 세금계산서를 발급받지 않고 복건축자재 명의의 세금계산서(위장가공세금계산서)를 발급받았으므로 세금계산서를 발급받지 아니한 행위와 위장가공세금계산서(가공세금계산서)를 발급받은 행위의 실행위자는 윤TT이다.

ⓒ 가공세금계산서(위장가공세금계산서)를 수수(수취)한 목적(영리목적)

윤TT가 보성합판으로부터 합판(공급가액 1,000,000,000원)을 공급받았으나 복건축자재 명의의 위장세금계산서(가공세금계산서)를 수취한 목적은 보성합판 황UU의 부탁을 들어주고 품귀현상이 있어 확보하기 어려운 합판을 우선 공급받기 위해서였다.

ⓓ 특가법 제8조의2 적용 여부

세금계산서를 발급받지 아니한 행위는 가중처벌조항이 없고, 가공세금계산서(위장가공세금계산서)를 발급받은 행위는 윤TT가 품귀현상이 있는 합판을 우선확보하기 위해서라는 영리목적은 있으나, 공급가액등의 합계액(1,000,000,000원)이 30억 원 미만이므로 특가법 제8조의2 제1항에 의한 가중처벌대상은 아니다.

적용 법조항	범칙행위 종류	범칙행위 금액 (건수)	범 칙 행위자
	영리목적		
조처법 제10조 제2항 제1호	세금계산서를 발급받지 아니한 행위	1,000,000,000원 (1건)	윤TT
	품귀현상이 있는 합판을 우선 공급받기 위해		
조처법 제10조 제3항 제1호	재화 또는 용역의 거래 없이 세금계산서를 수수(수취)한 행위	1,000,000,000원 (1건)	윤TT
	품귀현상이 있는 합판을 우선 공급받기 위해		

ⓒ 신고누락 수입금액 및 탈루소득금액

ⓐ 수입금액

윤TT가 보성합판으로부터 합판을 매입하면서 비록 복건축자재(대표 황BS) 명의의 세금계산서를 발급받았지만, 매입한 합판(공급가액 1,000,000,000원)을 2021년 제2기 과세기간 중 모두 매출하고 매출내용을 장부에 기장하여 부가가치세와 소득세 신고 시 반영하였기 때문에 신고누락 수입금액은 없다.

그러나 보상합판으로부터 수취한 복건축자재 명의의 위장가공세금계산서(가공세금계산서)는 매입세액을 공제받을 수 없는 세금계산서인데도 2021년 제2기 부가가치세 신고 시 매입세액(100,000,000원) 공제를 받았으므로 부가가치세를 경정하여야 한다.

ⓑ 탈루소득금액

윤TT가 보성합판으로부터 합판(공급가액 1,000,000,000원)을 매입하고 위장가공세금계산서(가공세금계산서)를 수취하여 가공원가를 계상하였으나, 매입한 합판의 대가(1,000,000,000원)를 복건축자재를 통해 보성합판에 지급하였으므로 지급한 대가를 원가로 인정하여 주어야 한다. 원가로 인정하여 주는 금액과 가공원가로 계상한 금액을 아래 표의 내용과 같이 서로 상계하면 탈루소득금액은 없게 된다. 따라서 탈루소득금액은 없다.

○ 탈루소득금액 계산

－1,000,000,000원(가공원가 계상액) ＋ 1,000,000,000원(추가로 원가 인정액) ＝ 0원

□ 부가가치세, 소득세, 지방소득세 탈루세액등 계산(포탈세액등 계산 기준일 : 2023.9.30.)

(a) 부가가치세 탈루세액등 계산(2021년 2기 과세기간)

㉮ 부가가치세 본세 : [0(매출과표) × 10%] − [−1,000,000,000원[주1)](매입과표) × 10%]

= 100,000,000원

주1) −1,000,000,000원은 위장가공세금계산서(가공세금계산서)의 공급가액이 매입과표에서 차감된 것을 의미한다.

⚓ 위장가공세금계산서(가공세금계산서)의 수취금액은 매입세액 불공제 대상이므로 기신고한 부가가치세 매입과표에서 차감되고, 차감된 매입과표(1,000,000,000원)에 해당하는 매입세액(100,000,000원)만큼의 부가가치세가 증가한다. 따라서 부가가치세 탈루세액등은 100,000,000원이다.

㉯ 부당과소신고가산세 : 100,000,000원 × 40% = 40,000,000원

㉰ 세금계산서불성실가산세[주2)] : 1,000,0000,000원 × 2% = 20,000,000원

주2) 가산세 부과 사유는 위장가공세금계산서 수취임.

㉱ 납부지연가산세(㉠ + ㉡) : 13,546,000원

㉠ 100,000,000원(본세) × 20일(2022.1.26.~2022.2.14.) × 25/100,000 = 500,000원

㉡ 100,000,000원(본세) × 593일(2022.2.15.~2023.9.30.) × 22/100,000 = 13,046,000원

◎ 부가가치세 추징예상세액(㉮ + ㉯ + ㉰ + ㉱) : 173,546,000원

(b) 소득세 탈루세액등 계산(2021년 귀속)

㉮ 소득세 본세 : 탈루세액등 없음.

⚓ 2021년 귀속 소득세 신고 시 신고누락한 탈루소득금액이 없으므로 소득세 탈루세액등은 없다.

(c) 개인지방소득세 포탈세액 계산(2021년 귀속)

㉮ 개인지방소득세 본세 : 탈루세액등 없음.

⚓ 소득세 탈루세액등이 없으므로 개인지방소득세 탈루세액등이 발생할 수 없다.

(d) 총 탈루세액등

납세의무 확정 연도	세목	탈루세액등 (추징예상세액)	기수시기
2022년	부가가치세 (2021년 2기)	100,000,000원 (173,546,000원)	2022.1.25. 지난 때
합계		100,000,000원 (173,546,000원)	

ⓔ 조세포탈 여부 판단 및 조세포탈행위의 실행위자 특정

윤TT가 위장가공세금계산서(가공세금계산서)를 수취라는 부정한 방법으로 매입세액을 공제받아 부가가치세 100,000,000원을 과소하게 납부한 행위는 윤TT가 위장가공세금계산서(가공세금계산서)를 수취하면서 세금계산서 명의자인 복건축자재에 보성합판으로부터 공급받은 합판의 공급가액(1,000,000,000원)과 부가가치세(100,000,000원)에 해당하는 금액(1,100,000,000원)을 입금하였고, 복건축자재가 발급한 위장가공세금계산서(가공세금계산서)의 부가가치세를 신고·납부하였으므로 조세포탈행위로 의율할 수 없다(대법원 1990.10.16. 90도1955 판결). 따라서 조세포탈행위가 발생하지 않았으므로 조세포탈의 실행위자도 없다.

그러므로 부가가치세 탈루세액등 100,000,000원은 포탈세액등이 되지 않는다.

Ｅ 법인 또는 개인사업자에 대한 양벌책임 적용 검토

웅치건축은 개인사업자이고 세금계산서 범칙행위의 실행위자가 사업주인 윤TT이므로 윤TT에게 「조세범처벌법」 제18조에서 규정하는 양벌규정에 대한 책임을 물을 수 없다.

Ｆ 조세범칙행위 외 범죄행위 검토

웅치건축이 개인사업자이고 조세범칙행위자가 대표자인 윤TT이면서 위장가공세금계산서(가공세금계산서) 수수로 자금을 조성하지 않았으므로 횡령행위, 뇌물공여행위 등의 범죄행위는 검토할 필요가 없다.

Ｇ 세무대리인 등에 대한 공범 또는 방조범 해당 여부 검토

토마토세무회계사무소는 웅치건축의 대표 윤TT가 위장가공세금계산서를 수취한 사실 등을 몰랐으므로 윤TT의 세금계산서 범칙행위에 세무대리인 등의 공범 또는 방조범은 없다.

Ｈ 총 범칙행위 수

구분	범칙행위 종류	범칙행위자	포탈세액 등	세금계산서 등 범칙행위 금액 (건수)
세금계산서 등 범칙 관련	세금계산서를 발급받지 아니한 행위 (조처법 제10조 제2항 제1호)	윤TT		1,000,000,000원 (1건)
	재화·용역의 공급 없이 세금계산서를 수수(수취)한 행위 (조처법 제10조 제3항 제1호)	윤TT		1,000,000,000원 (1건)
총 범칙행위 수		- 국세 관련 조세범칙 죄 수 : 2개		

다. 위장가공세금계산서(가공세금계산서)를 수수(발급)한 행위(위장가공세금계산서의 명의자)

Ⓐ 소득세 신고내용 등

○ 황BS(복건축자재)의 2021년 귀속 소득세 신고내용
- 2021년 귀속 총 수입금액 10,000,000,000원
- 소득세 과세표준 : 2,000,000,000원
- 납부할 세액 : 834,600,000원(납부할 세액은 개인지방소득세와 함께 신고 시 납부함)
※ 2021년 2기 부가가치세 신고 시 발급한 위장가공세금계산서(가공세금계산서)를 부가가치세에 반영하여 납부할 세액을 전액 납부하였음.
※ 복식부기 장부로 신고하였음.
※ 황BS가 웅치건축에 위장가공세금계산서를 발급한 사유는 외형을 높여 복건축자재의 은행대출 자격을 갖추기 위해서였으며, 때문에 가공세금계산서(위장가공세금계산서) 발급과 관련하여 어떠한 금품도 받지 않았음.
※ 성실신고확인서 제출대상자로 소득세 신고 시 제출하였음.
※ 멜론세무회계사무소는 복건축자재 황BS의 범칙행위를 몰랐음.

Ⓑ 세금계산서등의 범칙행위 검토

ⓐ 세금계산서 범칙행위

　ⓐ 가공세금계산서(위장가공세금계산서)를 수수(발급)한 행위

　　보성합판이 합판(공급가액 1,000,000,000원)을 웅치건축에 공급하였으나, 황BS가 보성합판의 대표 황UU와 통정하여 복건축자재 명의의 세금계산서를 웅치건축 윤TT에게 발급하였으므로, 이는 위장가공세금계산서(가공세금계산서)를 수수(발급)한 행위 즉, 재화 또는 용역을 공급하지 아니하거나 공급받지 아니하고 세금계산서(1건, 공급가액 1,000,000,000원, 부가가치세 100,000,000원)를 수수(발급)한 행위(조처법 제10조 제3항 제1호)에 해당하고 황UU와 함께 공범(형법 제30조)이 된다.

ⓑ 실행위자(범칙행위자) 특정

　황BS가 보성합판의 대표 황UU와 통정하여 복건축자재 명의의 위장가공세금계산서(가공세금계산서)를 웅치건축에 발급하였으므로 실행위자는 황BS와 황UU이다.

ⓒ 가공세금계산서(위장가공세금계산서)를 수수(발급)한 목적(영리목적)

　황BS가 웅치건축에 위장가공세금계산서(가공세금계산서)를 발급한 목적은 복건축자재의 외형을 높여 자신의 은행대출 자격을 갖추기 위해서였다.

(d) 특가법 제8조의2 적용 여부

복건축자재의 외형을 높여 자신의 은행대출 자격을 갖추기 위해서라는 영리목적은 있으나, 공급가액등의 합계액(1,000,000,000원)이 30억 원 미만이므로 특가법 제8조의2 제1항에 의한 가중처벌대상은 아니다.

| 적용 법조항 정리 |

적용 법조항	범칙행위 종류	범칙행위 금액 (건수)	범 칙 행위자
	영리목적		
조처법 제10조 제3항 제1호, 형법 제30조	재화 또는 용역의 거래 없이 세금계산서를 수수(발급)한 행위	1,000,000,000원 (1건)	황BS 황UU
	복건축자재의 외형을 높여 은행대출 자격을 갖추기 위해		

Ⓒ 신고누락 수입금액 및 탈루소득금액

(a) 수입금액

복건축자재의 황BS가 2021년 귀속 소득세 신고 시 "재화 또는 용역의 거래 없이 발급한 위장가공세금계산서(가공세금계산서)의 공급가액"(허위 공급가액)을 수입금액에 포함하여 신고하였으므로 기신고한 수입금액(10,000,000,000원)에서 허위의 공급가액(1,000,000,000원)을 차감하여야 한다. 따라서 2021년 귀속 소득세 신고 시 신고누락한 수입금액은 −1,000,000,000원이다.

그리고 황BS가 2021년 제2기 부가가치세 신고 시 발급한 위장가공세금계산서(가공세금계산서)의 공급가액을 매출과표에 포함하여 신고하였으므로 허위의 공급가액(1,000,000,000원)과 부가가치세(100,000,000원)를 차감하기 위해 부가가치세도 경정하여야 한다.

(b) 탈루소득금액

복건축자재의 대표 황BS가 2021년 귀속 소득세 신고 시 "재화 또는 용역의 거래 없이 발급한 위장가공세금계산서(가공세금계산서)의 공급가액"(허위 공급가액)을 소득금액에 포함하여 신고하였으므로 기신고한 소득금액에서 허위의 공급가액(1,000,000,000원)을 차감하여야 한다. 따라서 2021년 귀속 소득세 신고 시 신고누락한 탈루소득금액은 −1,000,000,000원이다.

☐ 부가가치세, 소득세, 개인소득지방세 탈루세액등 계산(포탈세액등 계산 기준일 : 2023.9.30.)

ⓐ 부가가치세 탈루세액등 계산(2021년 2기 과세기간)

  ㉮ 부가가치세 본세 : [−1,000,000,000원[주1](매출과표) × 10%] − [0원(매입과표) × 10%]

  = −100,000,000원

  주1) 매출과표 −1,000,000,000원의 의미는 복건축자재가 발급한 위장가공세금계산서 공급가액이 차감된 것을 의미한다.

  ✍ 매출과표(1,000,000,000원)가 감소하면 매출과표에 해당하는 부가가치세(100,000,000원)가 감소한다. 따라서 부가가치세 탈루세액등은 없다.

  ㉯ 세금계산서불성실가산세[주2] : 1,000,000,000원 × 2% = 20,000,000원

  주2) 가산세 부과 사유는 위장가공세금계산서 발급임.

  ◎ 부가가치세 추징예상세액(㉮ + ㉯) : −80,000,000원

  ✍ 추징예상세액 − 80,000,000원은 황BS에게 부가가치세 80,000,000원이 환급된다는 것을 의미한다.

ⓑ 소득세 탈루세액등 계산(2021년 귀속)

  ㉮ 소득세 본세 : 1,000,000,000원[주3](과세표준) × 42% − 35,400,000원(누진세액공제) 834,600,000원(기납부세액) = −450,000,000원

  주3) 과세표준 1,000,000,000원은 당초 과세표준(2,000,000,000원)에서 신고누락한 탈루소득금액(−1,000,000,000원)을 합산한 금액이다.

  ✍ 소득금액 1,000,000,000원이 감소함으로 인해 소득세 450,000,000원이 감소하였다. 따라서 소득세 탈루세액등은 없다.

  ◎ 소득세 추징예상세액(㉮) : −450,000,000원

  ✍ 소득세 추징예상세액 −450,000,000원은 황BS에 소득세 −450,000,000원이 환급된다는 것을 의미한다.

ⓒ 개인지방소득세 탈루세액등 계산(2021년 귀속)

  ㉮ 개인지방소득세 본세 : −450,000,000원(과세표준) × 10% = −45,000,000원

  ✍ 개인지방소득세 본세가 −45,000,000원은 개인지방소득세가 45,000,000원 감소한 것을 의미한다. 따라서 지방소득세 탈루세액등은 없다.

  ◎ 개인지방소득세 추징예상세액(㉮) : −45,000,000원

  ✍ 개인지방소득세 추징예상세액 −45,000,000원은 황BS에게 개인지방소득세 45,000,000원이 환급된다는 것을 의미한다.

(d) 총 탈루세액등

납세의무 확정 연도	세목	탈루세액등 (추징예상세액)	기수시기
2022년	소득세 (2021년 귀속)	−450,000,000원 (−450,000,000원)	
2022년	개인지방소득세 (2021년 귀속)	−45,000,000원 (−45,000,000원)	
2022년	부가가치세 (2021년 2기)	−100,000,000원 (−80,000,000원)	
합계		−595,000,000원 (−575,000,000원[주4])	

주4) 추징예상세액 −575,000,000원은 황BS에게 575,000,000원(소득세 환급액 450,000,000원 + 개인지방소득세 환급액 45,000,000원, 부가가치세 환급액 80,000,000원)이 환급된다는 것을 의미한다.

✅ 상기 표의 내용과 같이 탈루세액등이 발생하지 아니하였다.

ⓔ 조세포탈 여부 판단 및 조세포탈행위의 실행위자 특정

위장가공세금계산서를 발급하는 세금계산서 범칙행위를 하였지만, 위장가공세금계산서 발급액을 없애면 오히려 수입금액과 소득금액이 줄어들어 포탈세액이 발생하지 않는다. 따라서 조세포탈행위가 없으므로 조세포탈의 실행위자도 없다.

E 법인 또는 개인사업자에 대한 양벌규정 적용 검토

복건축자재는 개인사업자이고 조세범칙행위의 실행위자가 사업주인 황BS이므로 황BS에게 「조세범처벌법」 제18에서 양벌규정에 대한 책임을 물을 수 없다.

F 조세범칙행위 외 범죄행위 검토

복건축자재가 개인사업자이고, 조세범칙행위자가 사업주이며, 세금계산서 범칙행위로 자금을 조성하지 않았으므로 횡령행위, 뇌물공여행위 등의 범죄행위는 검토할 필요가 없다.

G 세무대리인 등에 대한 공범 또는 방조범 해당 여부 검토

멜론세무회계사무소는 복건축자재의 대표 황BS가 가공세금계산서(위장가공세금계산서)를 발급한 행위에 대해 몰랐으므로 황BS의 세금계산서 범칙행위에 세무대리인 등의 공범 또는 방조범은 없다.

총 범칙행위 수

구분	범칙행위 종류	범칙행위자	포탈세액등	세금계산서 등 범칙행위 금액 (건수)
세금계산서등 범칙 관련	재화·용역의 거래 없이 세금계산서를 수수(발급)한 행위 (조처법 제10조 제3항 제1호, 형법 제30조)	황BS 황UU		1,000,000,000원 (1건)

2. 면세 개인사업자

대박돼지농장의 대표 황UU는 2021.9.12. 웅치정육점의 대표 윤TT(개인사업자)에게 돼지생육(공급가액 1,000,000,000원)을 공급하였으나, 공급자를 황금농장(개인사업자, 대표 황BS)으로 기재(입력)한 계산서를 전자적인 방법으로 발급하여 주었다. 황UU와 황BS(황UU의 아들임)는 사전에 황금농장 명의로 계산서를 발급하기로 합의하였고, 황UU가 돼지생육을 공급하면서 윤TT에게 계산서는 황금농장 명의로 발급한다고 하자 윤TT가 동의하였다.

- 발급한 계산서는 전송 기한 내에 국세청에 전송하였음.
- 웅치정육점과 황금농장은 수수한 위장가공계산서(가공계산서)를 소득세 신고 시 반영하여 신고·납부하였음.
- 황UU가 위장가공계산서를 발급한 목적은 황금농장의 외형을 높여 아들 황BS의 은행 대출을 받을 수 있는 조건을 갖추게 하기 위해서였음.
- 황UU는 위장가공계산서(가공계산서)를 발급하고 소득세 신고 시 신고누락한 돼지생육 1,000,000,000원에 대한 대응원가는 수사과정에서 제시하지 못하였음.
- 윤TT는 돼지생육을 공급받은 후 2021.9.13. 황금농장의 사업용계좌로 1,000,000,000원을 입금하였음.
- 황BS는 2021.9.13. 윤TT로부터 입금받은 1,000,000,000원을 황UU의 개인계좌로 입금하였음.
- 황UU는 황BS로부터 입금받은 금액으로 내연녀의 아파트를 구입하였음.
- 세 개 업체는 실제 사업자들임.
- 수사개시일 2023.9.1.

가. 위장가공계산서(가공계산서)를 수수(발급)한 행위

A 소득세 신고내용 등

○ 황UU(대박돼지농장)의 2021년 귀속 소득세 신고내용 등
- 2021년 귀속 총 수입금액 10,000,000,000원
- 소득세 과세표준 : 2,000,000,000원
- 납부할 세액 : 834,600,000원(납부할 세액은 개인지방소득세와 함께 신고 시 납부함)
※ 소득세는 복식부기 장부로 신고하였음.
※ 고라니세무회계사무소는 대박돼지농장이 위장가공계산서(가공계산서)를 발급하고 매출을 누락한 사실을 몰랐음.

B 세금계산서등의 범칙행위 검토

(a) 계산서 범칙행위

ⓐ 계산서를 발급하지 아니한 행위

대박돼지농장의 대표 황UU가 웅치정육점에 돼지생육(공급가액 1,000,000,000원)을 공급하였으나 대박돼지농장 명의로 계산서를 발급하지 않았으므로, 이는 계산서를 발급하지 아니한 행위(조처법 제10조 제1항 제2호)에 해당한다.

ⓑ 가공계산서(위장가공계산서)를 수수(발급)한 행위

대박돼지농장의 대표 황UU가 웅치정육점에 돼지생육(공급가액 1,000,000,000원)을 공급하고 황BS와 공모하여 계산서를 황금농장 명의로 발급하여 주었으므로, 이는 위장가공계산서(가공계산서)를 수수(발급)한 행위 즉, 재화 또는 용역을 공급하지 아니하거나 공급받지 아니하고 계산서(1건, 공급가액 1,000,000,000원)를 수수(발급)한 행위(조처법 제10조 제3항 제2호)에 해당하고 황금농장 황BS와 함께 공범(형법 제30조)이 된다.

(b) 실행위자(범칙행위자) 특정

황UU가 웅치정육점의 대표 윤TT와 통정하여 계산서를 발급하지 아니하였으므로 계산서를 발급하지 아니한 행위의 실행위자는 황UU이고, 황금농장의 대표 천BS와 공모하여 황금농장 명의의 위장가공계산서(가공계산서)를 웅치정육점에 발급하였으므로 위장가공계산서(가공계산서) 수수(발급)행위의 실행위자는 황UU와 황BS이다.

(c) 가공계산서(위장가공계산서)를 수수(발급)한 목적(영리목적)

황UU가 웅치정육점에 돼지생육(공급가액 1,000,000,000원)을 공급하고 황금농장 명의의 위장가공계산서(가공계산서)를 발급한 목적은 황금농장의 외형을 높여 황BS가 은행대출을 받을 수 있는 요건을 갖추게 하는 것이었다.

(d) 특가법 제8조의2 적용 여부

계산서를 발급하지 아니한 행위는 가중처벌조항이 없고, 가공계산서(위장가공계산서)를 발급한 행위는 황UU가 아들 황BS의 은행대출 받을 자격을 갖추어 주기 위해서라는 영리목적은 있으나, 공급가액등의 합계액(1,000,000,000원)이 30억 원 미만이므로 특가법 제8조의2 제1항에 의한 가중처벌대상은 아니다.

| 적용 법조항 정리 |

적용 법조항	범칙행위 종류	범칙행위 금액	범 칙
	영리목적	(건수)	행위자
조처법 제10조 제1항 제2호	계산서를 발급하지 아니한 행위	1,000,000,000원 (1건)	황UU
	아들의 은행대출 자격을 갖추기 위함.		
조처법 제10조 제3항 제2호, 형법 제30조	재화 또는 용역의 거래 없이 계산서를 수수(발급)한 행위	1,000,000,000원 (1건)	황UU 황BS
	아들의 은행대출 자격을 갖추기 위함.		

Ⓒ 신고누락 수입금액 및 탈루소득금액

(a) 수입금액

대박돼지농장의 대표 황UU가 웅치정육점에 돼지생육(공급가액 1,000,000,000원)을 공급하였으나 대박돼지농장 명의의 계산서를 발행하지 않고 황금농장의 명의로 발급하여 거래를 은폐해 2021년 귀속 소득세 신고 시 신고누락하였기 때문에 신고누락한 수입금액은 1,000,000,000원이다.

(b) 탈루소득금액

대박돼지농장의 대표 황UU가 웅치정육점에 위장가공계산서를 발급하고 거래를 은폐하여 신고누락한 수입금액(매출액)에 대해 수사과정에서 대응되는 원가를 제시하지 못하였으므로 2021년 귀속 소득세 신고 시 신고누락한 수입금액 전액(1,000,000,000원)이 탈루소득금액이 된다.

D 소득세, 개인지방소득세 탈루세액등 계산(포탈세액등 계산 기준일 : 2023.9.30.)

(a) 소득세 탈루세액등 계산(2021년 귀속)

　㉮ 소득세 본세 : 3,000,000,000원$^{주1)}$(과세표준) × 45% − 65,400,000원(누진공제세액)
　　　　　　　　− 834,600,000원(기납부세액) = 450,000,000원

　　주1) 과세표준 3,000,000,000원은 당초 과세표준(2,000,000,000원)에 신고누락한 탈루소득금액
　　　　(1,000,000,000원)을 합산한 금액임

　㉯ 부정과소신고가산세(㉠과 ㉡ 중 큰 것) : 180,000,000원

　　㉠ 450,000,000원 × 40% = 180,000,000원

　　㉡ 1,000,000,000원(부정과소신고 수입금액) × 14/10,000 = 14,000,000원

　㉰ 납부지연가산세 : 450,000,000원 × 487일(2022.6.1.~2023.9.30.) × 22/100,000 =
　　　　　　　　48,213,000원

　㉱ 계산서불성실가산세$^{주2)}$: 1,000,000,000원 × 2% = 20,000,000원

　　주2) 가산세 부과 사유는 계산서 미발급임.

　◎ 소득세 추징예상세액(㉮ + ㉯ + ㉰ + ㉱) : 698,213,000원

(b) 개인지방소득세 탈루세액등 계산(2021년 귀속)

　㉮ 개인지방소득세 본세 : 450,000,000(과세표준) × 10% = 45,000,000원

　㉯ 부정과소신고가산세 : 45,000,000(과세표준) × 40% = 18,000,000원

　㉰ 납부지연가산세 : 45,000,000원(본세) × 487일(2022.6.1.~2023.9.30.) × 22/100,000
　　　　　　　　= 4,821,300원

　🖝 개인지방소득세는 신고납세제도에 속하는 세목이고 신고·납부기한은 소득세 신고·납부기
　　한과 같다. 따라서 납부지연가산세 기산일은 2022.6.1.이 된다.

　㉱ 소득세의 가산세에 부과하는 가산세 : 20,000,000원$^{주3)}$ × 10% = 2,000,000원

　　주3) 계산서불성실가산세임.

　◎ 개인지방소득세 추징예상세액(㉮ + ㉯ + ㉰ + ㉱) : 69,821,300원

(c) 총 탈루세액등

납세의무 확정 연도	세목	탈루세액등 (추징예상세액)	기수시기
2022년	소득세 (2021년 귀속)	450,000,000원 (698,213,000원)	2022.5.31. 지난 때

납세의무 확정 연도	세목	탈루세액등 (추징예상세액)	기수시기
2022년	개인지방소득세 (2021년 귀속)	45,000,000원 (69,821,300원)	2022.5.31. 지난 때
합계		495,000,000원 (768,034,300원)	

(d) 조세포탈 여부 판단 및 조세포탈행위의 실행위자 특정

대표 황UU가 계산서를 발급하지 아니한 부정한 방법으로 소득세 450,000,000원과 개인지방소득세 45,000,000원을 과소하게 납부한 행위는 소득세 포탈행위(조처법 제3조 제1항)와 개인지방소득세 포탈행위(지기법 제102조 제1항)에 해당하고, 조세포탈의 실행행위인 계산서를 발급하지 아니한 행위를 대표 황UU가 하였으므로 조세포탈의 실행위자는 대표 황UU이다.

그리고 연간 포탈세액등[주4](2022년)이 5억 원 이상인 연도가 없으므로 특가법 제8조는 적용되지 않는다.

주4) 495,000,000원 = 450,000,000원(소득세 포탈세액) + 45,000,000원(개인지방소득세 포탈세액)

| 적용 법조항 정리 |

적용 법조항	범칙행위 종류	실행위자	포탈세액등
조처법 제3조 제1항	소득세 포탈행위 (2021년 귀속)	황UU	450,000,000원
지기법 제102조 제1항	개인지방소득세 포탈행위 (2021년 귀속)	황UU	45,000,000원

E 법인 또는 개인사업자에 대한 양벌규정 적용 검토

대박돼지농장은 개인사업자이고 조세범칙행위의 실행위자가 사업주인 황UU이므로 황UU에게 「조세범처벌법」 제18조와 「지방세기본법」 제109조에서 규정하는 양벌규정에 대한 책임을 물을 수 없다.

F 조세범칙행위 외 범죄행위 검토

대박돼지농장은 개인사업자이고, 황UU가 매출누락 금액을 내연녀의 아파트 매입대금으로 사용하였으므로 횡령행위, 뇌물공여행위 등의 범죄행위는 검토할 필요가 없다.

고라니세무회계사무소는 대박돼지농장의 대표 황UU가 위장가공계산서(가공계산서)를 발급한 사실 등을 몰랐으므로 황UU의 세금계산서등의 범칙행위에 세무대리인 등의 공범 또는 방조범은 없다.

Ⓗ 총 범칙행위 수

구분	범칙행위 종류	범 칙 행위자	포탈세액등	세금계산서 등 범칙행위 금액 (건수)
조세포탈 관련	소득세 포탈행위(2021년 귀속) (조세범 제3조 제1항)	황UU	450,000,000원	
	개인지방소득세 포탈행위 (2021년 귀속) (지기법 102조 제1항)	황UU	45,000,000원	
세금계산서등 범칙 관련	계산서를 발급하지 아니한 행위 (조처법 제10조 제2항 제1호)	황UU		1,000,000,000원 (1건)
	재화·용역의 거래 없이 계산서를 수수(발급)한 행위 (조처법 제10조 제3항 제2호, 형법 제30조)	황UU 황BS		1,000,000,000원 (1건)
총 범칙행위 수		− 국세 관련 조세범칙 죄 수 : 3개 − 지방세 관련 조세범칙 죄 수 : 1개		

나. 위장가공계산서(가공계산서)를 수수(수취)한 행위

Ⓐ 소득세 신고내용 등

○ 윤TT(웅치정육점)의 2021년 귀속 소득세 신고내용
  − 업태·종목 : 도·소매/식육점
  − 2021년 귀속 총 수입금액 10,000,000,000원
  − 소득세 과세표준 : 300,000,000원
  − 납부할 세액 : 94,600,000원(납부할 세액은 개인지방소득세와 함께 신고 시 납부함)
  ※ 윤TT는 대박돼지농장으로부터 위장가공계산서를 수취하여 매입한 돼지생육을 2021년 12월말까지 전량 판매하였고 매출액은 장부에 기록하여 소득세 신고에 반영하였음.

※ 윤TT가 황UU로부터 황금농장 명의의 위장가공계산서(가공계산서)를 받은 목적
은 황UU와 유대관계를 돈독히 하여 품귀현상이 있는 무항생제 돼지생육을 우선
공급받기 위해서였음.

※ 복식부기의무자로 복식부기 장부로 신고하였음.

※ 성실신고확인서 제출대상자로 소득세 신고 시 제출하였음.

※ 올빼미세무회계사무소는 윤TT가 실제로 돼지생육을 공급받고 위장가공계산서
(가공계산서)를 수취한 사실을 몰랐음.

B 세금계산서등의 범칙행위 검토

(a) 계산서 범칙행위

ⓐ 계산서를 발급받지 아니한 행위

대박돼지농장으로부터 실제로 돼지생육(공급가액 1,000,000,000원)을 공급받았으
나 대표 황UU와 통정하여 대박돼지농장 명의의 계산서를 발급받지 않았음으로,
이는 계산서를 발급받지 아니한 행위(조처법 제10조 제2항 제2호)에 해당한다.

ⓑ 가공계산서(위장가공계산서)를 수수(수취)한 행위

대박돼지농장으로부터 돼지생육(공급가액 1,000,000,000원)을 공급받았으나 대표
황UU와 통정하여 황금농장(대표 황BS) 명의의 계산서를 발급받았으므로, 이는
위장가공계산서(가공계산서)를 수수(수취)한 행위 즉, 재화 또는 용역을 공급하
지 아니하거나 공급받지 아니하고 계산서(1건, 공급가액 1,000,000,000원)를 수수
(수취)한 행위(조처법 제10조 제3항 제2호)에 해당 된다.

(b) 실행위자(범칙행위자) 특정

윤TT가 대박돼지농장의 대표 황UU와 통정하여 계산서를 발급받지 아니하고 황금농
장 명의의 계산서를 수취하였으므로 계산서를 미수취한 행위와 위장가공계산서(가공
계산서)를 수수(수취)한 행위의 실행위자는 윤TT이다.

(c) 가공계산서(위장가공계산서)를 수수(수취)한 목적(영리목적)

윤TT가 대박돼지농장으로부터 실제 돼지생육을 공급받고 황금농장 명의의 위장가공
계산서(가공계산서)를 수취한 목적은 대박돼지농장의 대표 황UU와 관계를 돈독히
하여 품귀현상이 있는 무항생제 돼지생육을 우선 공급받기 위해서였다.

(d) 특가법 제8조의2 적용 여부

계산서를 발급받지 아니한 행위는 가중처벌조항이 없고, 가공계산서(위장가공계산서)
를 발급받은 행위는 윤TT가 대박돼지농장으로부터 품귀현상이 있는 무항생제 돼지생

육을 우선 공급받기 위해서라는 영리목적은 있으나, 공급가액등의 합계액(1,000,000,000 원)이 30억 원 미만이므로 특가법 제8조의2 제1항에 의한 가중처벌대상은 아니다.

| 적용 법조항 정리 |

적용 법조항	범칙행위 종류		범칙행위 금액 (건수)	범 칙 행위자
	영리목적			
조처법 제10조 제2항 제2호	계산서를 발급받지 아니한 행위		1,000,000,000원 (1건)	윤TT
	무항생제 돼지생육을 우선 공급받기 위해			
조처법 제10조 제3항 제2호	재화 또는 용역의 거래 없이 계산서를 수수(수취)한 행위		1,000,000,000원 (1건)	윤TT
	무항생제 돼지생육을 우선 공급받기 위해			

ⓒ 신고누락 수입금액 및 탈루소득금액

ⓐ 수입금액

웅치정육점의 윤TT가 대박돼지농장으로부터 돼지생육을 매입하면서 비록 황금농장 (대표 황BS) 명의의 계산서를 발급받았지만, 매입한 돼지생육(공급가액 1,000,000,000 원)을 2021년 중 전량 매출하고 매출내용을 장부에 기장하여 2021년 귀속 소득세 신고 시 반영하였기 때문에 신고누락 수입금액은 없다.

ⓑ 탈루소득금액

윤TT가 대박돼지농장으로부터 돼지생육(공급가액 1,000,000,000원)을 매입하고 위장 가공계산서(가공계산서)를 수취하여 가공원가를 계상하였으나, 매입한 돼지생육의 대가(1,000,000,000원)를 황금농장을 통하여 대박돼지농장에 지급하였으므로 지급한 대가를 원가로 인정하여 주어야 한다. 원가로 인정하여 주는 금액과 가공원가로 계상한 금액을 아래 표의 내용과 같아 서로 상계하면 탈루소득금액은 없게 된다. 따라서 탈루소득금액은 없다.

○ 탈루소득금액 계산

−1,000,000,000원(가공 계상된 원가로 제거되는 금액) + 1,000,000,000원(추가 원가로 인정되는 돼지생육 금액) = 0원

D 소득세, 개인지방소득세 탈루세액등 계산(포탈세액등 계산 기준일 : 2023.9.30.)

(a) 소득세 탈루세액등 계산(2021년 귀속)

㉮ 소득세 본세 : 탈루세액등 없음.

🔑 2021년 귀속 소득세 신고 시 신고누락한 탈루소득금액이 없으므로 소득세 탈루세액등은 없다.

㉯ 계산서불성실가산세[주1] : $1,000,000,000$원 × 2% = $20,000,000$원

주1) 가산세 부과 사유는 위장가공계산서 수취임.

◎ 소득세 추징예상세액(㉮ + ㉯) : $20,000,000$원

(b) 개인지방소득세 탈루세액등 계산(2021년 귀속)

㉮ 개인지방소득세 본세 : 탈루세액등 없음.

🔑 소득세 탈루세액등이 없으므로 개인지방소득세 탈루세액등이 발생할 수 없다.

㉯ 소득세의 가산세에 부과하는 가산세 : $20,000,000$원[주2] × 10% = $2,000,000$원

주2) 계산서불성실가산세임.

◎ 개인지방소득세 추징예상세액(㉮ + ㉯) : $2,000,000$원

(c) 총 탈루세액등

납세의무 확정 연도	세목	탈루세액등 (추징예상세액)	기수시기
2022년	소득세 (2021년 귀속)	0원 (20,000,000원)	
2022년	개인지방소득세 (2021년 귀속)	0원 (2,000,000원)	
합계		0원 (22,000,000원)	

(d) 조세포탈 여부 판단 및 조세포탈행위의 실행위자 특정

위장가공계산서(가공계산서)를 수취하여 계산서 범칙행위를 하였지만, 신고누락한 탈루소득이 없으므로 조세포탈행위는 발생할 수 없다. 따라서 조세포탈행위가 없으므로 조세포탈의 실행위자도 없다.

E 법인 또는 개인사업자에 대한 양벌규정 적용 검토

웅치정육점은 개인사업자이고 조세범칙행위의 실행위자가 사업주인 윤TT이므로 윤TT에게 「조세범처벌법」 제18조에서 규정하는 양벌규정에 대한 책임을 물을 수 없다.

F 조세범칙행위 외 범죄행위 검토

웅치정육점은 개인사업자이고, 조세범칙행위자와 사업주이면서 위장가공계산서(가공계산서) 수취행위로 자금을 조성하지 않았으므로 횡령행위, 뇌물공여행위 등의 범죄행위는 검토할 필요가 없다.

G 세무대리인 등에 대한 공범 또는 방조범 해당 여부 검토

올빼미세무회계사무소는 웅치정육점의 대표 윤TT가 위장가공계산서(가공계산서)를 수취한 행위에 대해 몰랐으므로 윤TT의 세금계산서등의 범칙행위에 세무대리인 등의 공범 또는 방조범은 없다.

H 총 범칙행위 수

구분	범칙행위 종류	범칙행위자	포탈세액등	세금계산서 등 범칙행위 금액 (건수)
세금계산서등 범칙 관련	계산서를 발급받지 아니한 행위 (조처법 제10조 제2항 제2호)	윤TT		1,000,000,000원 (1건)
	재화·용역의 거래 없이 계산서를 수수(수취)한 행위 (조처법 제10조 제3항 제2호)	윤TT		1,000,000,000원 (1건)

다. 위장가공계산서(가공계산서)를 수수(발급)한 행위(위장가공계산서의 명의자)

A 소득세 신고내용 등

○ 황BS(황금농장)의 2021년 귀속 소득세 신고내용
 – 2021년 귀속 총 수입금액 10,000,000,000원
 – 소득세 과세표준 : 2,000,000,000원
 – 납부할 세액 : 834,600,000원(소득세 신고 시 개인지방소득세와 함께 납부하였음)
 ※ 황금농장의 황BS가 대박돼지농장의 대표 황UU와 통정하여 웅치정육점에 위장가공계산서(가공계산서)를 발급한 사유는 외형을 높여 은행대출 조건을 갖추기 위해서였으며, 위장가공계산서(가공계산서) 발급과 관련하여 어떠한 금품도 받지 않았다.
 ※ 복식부기 장부로 신고하였음.
 ※ 멧돼지세무회계사무소는 황금농장이 위장가공계산서(가공계산서)를 발급한 사실을 몰랐음.

B 세금계산서등의 범칙행위 검토

(a) 계산서 범칙행위

ⓐ 가공계산서(위장가공계산서)를 수수(발급)한 행위

대박돼지농장이 돼지생육(공급가액 1,000,000,000원)을 웅치정육점에 공급하였으나 황BS가 대박돼지농장 대표 황UU와 공모하여 황금농장 명의의 계산서를 웅치정육점 윤TT에게 발급하였으므로, 이는 위장가공계산서(가공계산서)를 수수(발급)한 행위 즉, 재화 또는 용역을 공급하지 아니하거나 공급받지 아니하고 계산서를 수수(발급)한 행위(조처법 제10조 제3항 제2호)에 해당하고 황UU와 함께 공범(형법 제30조)이 된다.

(b) 실행위자(범칙행위자) 특정

황BS가 대박돼지농장의 대표 황UU와 공모하여 황금농장 명의의 위장가공계산서(가공계산서)를 웅치정육점에 발급하였으므로 계산서 범칙행위의 실행위자는 황BS와 황UU이다.

(c) 가공계산서(위장가공계산서)를 수수(발급)한 목적(영리목적)

황BS가 대박돼지농장의 대표 황UU와 공모하여 웅치정육점에 황금농장 명의의 위장가공계산서(가공계산서)를 발급한 사유는 외형을 높여 은행대출 조건을 갖추기 위해서였다.

(d) 특가법 제8조의2 적용 여부

황금농장의 외형을 높여 은행대출 조건을 갖추기 위함이라는 영리목적은 있으나, 공급가액등의 합계액(1,000,000,000원)이 30억 원 미만이므로 특가법 제8조의2 제1항에 의한 가중처벌대상은 아니다.

| 적용 법조항 정리 |

적용 법조항	범칙행위 종류	범칙행위 금액 (건수)	범 칙 행위자
	영리목적		
조처법 제10조 제3항 제2호, 형법 제30조	재화 또는 용역의 거래 없이 계산서를 수수(발급)한 행위	1,000,000,000원 (1건)	황BS 황UU
	황금농장의 외형을 높여 은행대출 조건을 갖추기 위해		

© 신고누락 수입금액 및 탈루소득금액

(a) 수입금액

　　황금농장의 황BS가 2021년 귀속 소득세 신고 시 "재화 또는 용역의 거래 없이 발급한 위장가공계산서(가공계산서)의 공급가액"(허위의 공급가액)을 수입금액에 포함하여 신고하였으므로 기신고한 수입금액(10,000,000,000원)에서 허위의 공급가액(1,000,000,000원)을 차감하여야 한다. 따라서 2021년 귀속 소득세 신고 시 신고누락한 수입금액은 −1,000,000,000원이다.

(b) 탈루소득금액

　　황금농장의 대표 황BS가 2021년 귀속 소득세 신고 시 "재화 또는 용역의 거래 없이 발급한 위장가공계산서(가공계산서)의 공급가액"(허위의 공급가액)을 소득금액에 포함하여 신고하였으므로 기신고한 소득금액(2,000,000,000원)에서 허위의 공급가액(1,000,000,000원)을 차감하여야 한다. 따라서 2021년 귀속 소득세 신고 시 신고누락한 탈루소득금액은 −1,000,000,000원이다.

© 소득세, 개인지방소득세 탈루세액등 계산(포탈세액등 계산 기준일 : 2023.9.30.)

(a) 소득세 탈루세액등 계산(2021년 귀속)

　　㉮ 소득세 본세 : 1,000,000,000원[주1] (과세표준) × 42% − 35,400,000원(누진세액공제)
　　　　　　　　　 − 834,600,000원(기납부세액) = −450,000,000원

　　　주1) 과세표준 1,000,000,000원은 당초 신고한 과세표준(2,000,000,000원)에 신고누락한 탈루소득금액(−1,000,000,000원)을 합산한 금액이다.

　　　🔧 신고누락한 탈루소득금액(−1,000,000,000원)을 반영하니 과세표준이 1,000,000,000원 감소하여 소득세가 450,000,000원 감소하였다. 따라서 소득세 탈루세액등은 없다.

　　㉯ 계산서불성실가산세[주2] : 1,000,000,000원 × 2% = 20,000,000원

　　　주2) 가산세 부과 사유는 위장가공계산서 발급임.

　　◎ 소득세 추징예상세액(㉮ + ㉯) : −430,000,000원

　　　🔧 소득세 추징예상세액 −430,000,000원은 황BS에게 소득세 430,000,000원이 환급된다는 것을 의미한다..

(b) 개인지방소득세 탈루세액등 계산(2021년 귀속)

　　㉮ 개인지방소득세 본세 : −450,000,000원(과세표준) × 10% = −45,000,000원
　　㉯ 소득세의 가산세에 부과하는 가산세 : 20,000,000원[주3] × 10% = 2,000,000원

　　　주3) 계산서불성실가산세임.

◎ 개인지방소득세 추징예상세액(㉮ + ㉯) : −43,000,000원

　　🔧 개인지방소득세 추징예상세액 −43,000,000원은 황BS에게 개인지방소득세 43,000,000
　　　원이 환급된다는 것을 의미한다.

(c) 총 탈루세액등

납세의무 확정 연도	세목	탈루세액등 (추징예상세액)	기수시기
2022년	소득세 (2021년 귀속)	−450,000,000원 (−430,000,000원)	
2022년	개인지방소득세 (2021년 귀속)	−45,000,000원 (−43,000,000원)	
합계		−495,000,000원 (−473,000,000원[주4])	

주4) 추징예상세액 −473,000,000원은 황BS에게 473,000,000원(소득세 환급액 430,000,000원 + 개인지방소득
　　세 환급액 43,000,000원)이 환급된다는 것을 의미한다.

🔧 상기 표의 내용과 같이 탈루세액등이 발생하지 아니하였다.

(d) 조세포탈 여부 판단 및 조세포탈행위의 실행위자 특정

　　가공계산서를 발급하는 계산서 범칙행위를 하였지만, 수입금액과 소득금액에서 가공
　　계산서 발급금액을 차감하면 오히려 수입금액과 소득금액이 줄어들어 포탈세액이 발
　　생하지 않는다. 따라서 조세포탈행위가 없으므로 조세포탈의 실행위자도 없다.

Ⓔ 법인 또는 개인사업자에 대한 양벌규정 적용 검토

　　황금농장은 개인사업자이고 조세범칙행위의 실행위자가 사업주인 황BS이므로 황BS
　　에게 「조세범처벌법」 제18조에서 규정하는 양벌규정에 대한 책임을 물을 수 없다.

Ⓕ 조세범칙행위 외 범죄행위 검토

　　황금농장이 개인사업자이고, 위장가공계산서(가공계산서) 발급행위로 자금이 조성되
　　지 않았으므로 횡령행위, 뇌물공여행위 등의 범죄행위는 검토할 필요가 없다.

Ⓖ 세무대리인 등에 대한 공범 또는 방조범 해당 여부 검토

　　멧돼지세무회계사무소는 황금농장의 대표 황BS가 위장가공계산서(가공계산서)를
　　발급한 행위에 대해 몰랐으므로 황BS의 계산서 범칙행위에 세무대리인 등의 공범 또
　　는 방조범은 없다.

구분	범칙행위 종류	범칙행위자	포탈세액등	세금계산서 등 범칙행위 금액 (건수)
세금계산서등 범칙 관련	재화·용역의 거래 없이 계산서를 수수(발급)한 행위 (조처법 제10조 제3항 제2호, 형법 제30조)	황BS 황UU		1,000,000,000원 (1건)

3. 과·면세겸영 개인사업자

한성돼지농장 대표 황UU가 맛최고정육점(대표 윤WW)에 2021.10.30. 돼지생갈비(공급가액 1,000,000,000원)와 양념돼지갈비(공급가액 1,000,000,000원)를 공급하였으나, 황금농장의 대표 황BS(황UU의 아들)와 공모하여 황금농장 명의의 세금계산서(1장, 공급가액 1,000,000,000원, 부가가치세 100,000,000원)와 계산서(1장, 공급가액 1,000,000,000원)를 발급하였다. 황UU는 윤WW에게 한성돼지농장 명의가 아닌 황금농장 명의의 세금계산서와 계산서를 발급할 것이라는 사실을 사전에 알려 윤WW의 동의를 얻었다.

- 황UU와 공모한 황BS는 국세청 홈택스 전자세금계산서 발급화면에 접속하여 세금계산서와 계산서를 작성한 후 윤WW에게 전송하였음.
- 황UU와 황BS가 위장가공세금계산서와 위장가공계산서를 발급한 사유는 황금농장의 외형을 높여 황BS의 은행대출 요건을 확보하기 위해서였음.
- 황BS와 윤WW는 수수한 위장가공세금계산서(가공세금계산서)와 위장가공계산서(가공계산서)를 부가가치세 및 소득세 신고 시 반영하였음.
- 황UU는 맛최고정육점에 공급한 돼지생갈비(공급가액 1,000,000,000원)와 양념돼지갈비(공급가액 1,000,000,000원)를 부가가치세 및 소득세 신고 시 신고누락하였으나, 수사과정에서 신고누락분(2,000,000,000원)에 대한 대응원가를 제시하지 못하였음.
- 맛최고정육점의 윤WW는 한성돼지농장으로부터 공급받은 돼지생갈비와 양념돼지갈비의 대금(2,100,000,000원)을 황금농장의 사업용계좌로 입금하여 주었다. 입금한 2,100,000,000원 속에는 양념돼지갈비에 대한 부가가치세(100,000,000원)가 포함되었음.
- 황BS는 윤WW에게서 입금받은 2,100,000,000원 중 부가가치세를 제외한 2,000,000,000원을 을 황UU의 개인통장으로 2021.11.30. 입금하였음.
- 황BS는 2021년 제2기 부가가치세 신고 시 맛최고정육점에 발급한 위장가공세금계산서(가공세금계산서)를 신고내용에 반영하여 납부할 세액을 전액 납부하였음.
- 황UU는 맛최고정육점에 위장가공세금계산서(가공세금계산서)와 위장가공계산서(가공계산서)를 발급하고 신고누락한 매출대금 전액으로 내연녀의 아파트를 구입하였음.

- 한성돼지농장, 황금농장, 맛최고정육점 세 업체는 실제 사업을 하는 업체임.
- 수사개시일 2023.9.1.

가. 위장가공세금계산서(가공세금계산서) 또는 위장가공계산서(가공계산서)를 수수(발급)한 행위

A 소득세 신고내용 등

○ 최HH(한성돼지농장)의 2021년 귀속 소득세 신고내용
  - 2021년 사업연도 총 수입금액 10,000,000,000원
  - 소득세 과세표준 : 2,500,000,000원
  - 납부할 세액 : 1,059,600,000원(소득세 신고 시 개인지방소득세와 함께 납부하였음)
  ※ 복식부기의무자로 복식부기 장부로 신고하였음.
  ※ 코끼리세무회계사무소는 한성돼지농장의 위장가공세금계산서(가공세금계산서)와 위장가공계산서(가공계산서)를 교부하고 매출을 누락한 사실을 몰랐음.

B 세금계산서등의 범칙행위 검토

(a) 세금계산서 범칙행위

　ⓐ 세금계산서를 발급하지 아니한 행위

　　한성돼지농장의 대표 황UU가 맛최고정육점에 양념돼지갈비(공급가액 1,000,000,000원)를 공급하고 한성돼지농장 명의로 세금계산서를 발급하지 않았으므로, 이는 세금계산서를 발급하지 아니한 행위(조처법 제10조 제1항 제1호)에 해당한다.

　ⓑ 가공세금계산서(위장가공세금계산서)를 수수(발급)한 행위

　　한성돼지농장의 대표 황UU가 맛최고정육점에 양념돼지갈비(공급가액 1,000,000,000원)를 공급하고 황금농장 대표 황BS와 공모하여 황금농장 명의로 세금계산서를 발급하여 주었으므로, 이는 위장가공세금계산서(가공세금계산서)를 수수(발급)한 행위 즉, 재화 또는 용역을 공급하지 아니하거나 공급받지 아니하고 세금계산서를 수수한 행위(조처법 제10조 제3항 제1호)에 해당하고 황금농장 대표 황BS와 함께 공범(형법 제30조)이 된다.

(b) 계산서 범칙행위

　ⓐ 계산서를 발급하지 아니한 행위

　　한성돼지농장의 대표 황UU가 맛최고정육점에 돼지생갈비(공급가액 1,000,000,000

원)를 공급하고 한성돼지농장 명의로 계산서를 발급하지 않았으므로, 이는 계산서를 발급하지 아니한 행위(조처법 제10조 제1항 제2호)에 해당한다.

ⓑ 가공계산서(위장가공계산서)를 수수(발급)한 행위

한성돼지농장의 대표 황UU가 맛최고정육점에 돼지생갈비(공급가액 1,000,000,000원)를 공급하고 황금농장 대표 황BS와 공모하여 황금농장 명의로 계산서를 발급하여 주었으므로, 이는 위장가공계산서(가공계산서)를 수수(발급)한 행위 즉, 재화 또는 용역을 공급하지 아니하거나 공급받지 아니하고 계산서를 수수(발급)한 행위(조처법 제10조 제3항 제2호)에 해당하고 황금농장 대표 황BS와 함께 공범(형법 제30조)이 된다.

ⓒ 실행위자(범칙행위자) 특정

한성돼지농장의 대표 황UU가 양념돼지갈비와 돼지생갈비를 공급하였으나 한성돼지농장 명의의 세금계산서와 계산서를 발급하지 아니하고 황금농장의 대표 황BS와 공모하여 황금농장 명의의 세금계산서와 계산서를 맛최고정육점에 발급하여 주었으므로, 세금계산서와 계산서를 발급하지 아니한 행위의 실행위자는 황UU이고, 위장가공세금계산서(가공세금계산서)와 위장가공계산서(가공계산서)를 발급한 행위의 실행위자는 황UU와 황BS이다.

ⓓ 가공세금계산서(위장가공세금계산서)와 가공계산서(위장가공계산서)를 수수(발급)한 목적(영리목적)

한성돼지농장에서 대표 황UU와 황BS가 위장가공세금계산서(가공세금계산서)와 위장가공계산서(가공계산서)를 발급한 목적은 황금농장의 외형을 높여 황BS의 은행대출 요건을 확보하기 위한 것이었다.

ⓔ 특가법 제8조의2 적용 여부

세금계산서와 계산서를 발급하지 아니한 행위는 가중처벌조항이 없고, 가공세금계산서(위장가공세금계산서)와 가공계산서(위장가공계산서) 발급한 행위는 황UU와 황BS가 황금농장의 외형을 높여 은행대출 받을 자격을 갖추어 주기 위해서라는 영리목적은 있으나, 공급가액등의 합계액(2,000,000,000원[주1])이 30억 원 미만이므로 특가법 제8조의2 제1항에 의한 가중처벌대상은 아니다.

주1) 2,000,000,000원 = 1,000,000,000원(위장가공세금계산서 발급액) + 1,000,000,000원(위장가공계산서 발급액)

| 적용 법조항 정리 |

적용 법조항	범칙행위 종류	범칙행위 금액 （건수）	범 칙 행위자
	영리목적		
조처법 제10조 제1항 제1호	세금계산서를 발급하지 아니한 행위	1,000,000,000원 （1건）	황UU
	황금농장의 외형을 높여 은행대출 요건 확보		
조처법 제10조 제1항 제2호	계산서를 발급하지 아니한 행위	1,000,000,000원 （1건）	황UU
	황금농장의 외형을 높여 은행대출 요건 확보		
조처법 제10조 제3항 제1호, 형법 제30조	재화 또는 용역의 거래 없이 세금계 산서를 수수(발급)한 행위	1,000,000,000원 （1건）	황UU 황BS
	황금농장의 외형을 높여 은행대출 요건 확보		
조처법 제10조 제3항 제2호, 형법 제30조	재화 또는 용역의 거래 없이 계산서 를 수수(발급)한 행위	1,000,000,000원 （1건）	황UU 황BS
	황금농장의 외형을 높여 은행대출 요건 확보		

ⓒ 신고누락 수입금액 및 탈루소득금액

ⓐ 수입금액

　한성돼지농장의 대표 황UU 맛최고정육점에 양념돼지갈비(공급가액 1,000,000,000원)와 돼지생육(공급가액 1,000,000,000원)을 공급하였으나, 세금계산서와 계산서를 한성돼지농장 명의로 발급하지 않고, 황금농장 명의로 발급하여 주는 방법으로 거래(매출)를 은폐하여 2021년 귀속 소득세 신고 시 신고누락하였으므로 신고누락한 수입금액은 2,000,000,000원이다.

　그리고 부가가치세 과세 대상인 양념돼지갈비에 대한 세금계산서를 발급하지 아니한 금액(공급가액 1,000,000,000원, 부가가치세 100,000,000원)이 2021년 제2기 부가가치세 신고 시 신고누락되었으므로 부가가치세도 경정하여야 한다.

ⓑ 탈루소득금액

　한성돼지농장의 대표 황UU가 맛최고정육점에 위장가공세금계산서(가공세금계산서)와 위장가공계산서(가공계산서)를 발급하여 주고 거래(매출)를 은폐하여 신고누락한 수입금액(매출액) 2,000,000,000원에 대해 대응되는 원가를 수사과정에서 제시하지 못하였으므로 소득세 신고 시 신고누락한 수입금액 전액(2,000,000,000원)이 탈루소득금액이 된다.

Ⓓ 부가가치세, 소득세, 개인지방소득세 탈루세액등 계산(포탈세액등 계산 기준일 : 2023.9.30.)

ⓐ 부가가치세 탈루세액등 계산(2021년 2기 과세기간)

㉮ 부가가치세 본세 : [1,000,000,000원(매출과표)$^{주2)}$ × 10%] −[0원(매입과표) × 10%]
= 100,000,000원

주2) 1,000,000,000원은 한성돼지농장의 대표 황UU가 맛최고정육점에 위장세금계산서(가공세금계산서)를 발급하여 신고 누락한 매출과표(수입금액)를 의미한다.

⚙ 세금계산서를 발급하지 아니하여 신고 누락한 매출액으로 인해 매출과표가 1,000,000,000원 증가하고, 증가된 매출과표의 매출세액만큼의 부가가치세가 증가하였다. 따라서 부가가치세 탈루세액등은 100,000,000원이다.

㉯ 부정과소신고가산세 : 100,000,000원 × 40% = 40,000,000원

⚙ 부정과소신고가산세를 적용한 사유는 황UU가 아들 황BS의 은행대출 자격확보 등의 목적으로 위장가공세금계산서(가공세금계산서)를 교부하고 실제 매출액을 신고누락한 행위는 「조세범처벌법」 제3조 제6항 제4호가 규정하는 거래의 은폐에 해당하는 부정행위이기 때문이다.

㉰ 납부지연가산세(㉠ + ㉡) : 13,546,000원

㉠ 100,000,000원(본세) × 20일(2022.1.26.~2022.2.14.) × 25/100,000 = 500,000원

㉡ 100,000,000원(본세) × 593일(2022.2.15.~2023.9.30.) × 22/100,000 = 13,046,000원

㉱ 세금계산서불성실가산세$^{주3)}$: 1,000,000,000원 × 2% = 20,000,000원

주3) 가산세 부과 사유는 세금계산서 미발급임.

◎ 부가가치세 추징예상세액(㉮ + ㉯ + ㉰ + ㉱) : 173,546,000원

ⓑ 소득세 탈루세액등 계산(2021년 귀속)

㉮ 소득세 본세 : 4,500,000,000원$^{주4)}$(과세표준) × 45% − 65,400,000원(누진세액공제)
− 1,059,600,000원(기납부세액) = 900,000,000원

주4) 과세표준 금액 4,500,000,000원은 당초 과세표준 금액(2,500,000,000원)에 신고누락한 탈루소득 금액(2,000,000,000원)을 합산한 금액임.

㉯ 부정과소신고가산세(㉠과 ㉡ 중 큰 것) : 360,000,000원

㉠ 900,000,000원 × 40% = 360,000,000원

㉡ 2,000,000,000원(부정과소신고 수입금액) × 14/10,000 = 28,000,000원

㉰ 납부지연가산세 : 900,000,000원(본세) × 487일(2022.6.1.~2023.9.30.) × 22/100,000
= 96,426,000원

④ 계산서불성실가산세^{주5)} : 1,000,000,000원 × 2% = 20,000,000원

주5) 가산세 부과 사유는 계산서 미발급임.

◎ 소득세 추징예상세액(㉮ + ㉯ + ㉰ + ㉱) : 1,376,426,000원

(c) 개인지방소득세 탈루세액등 계산(2021년 귀속)

㉮ 개인지방소득세 본세 : 900,000,000원(과세표준) × 10% = 90,000,000원

㉯ 부정과소신고가산세 : 90,000,000원 × 40% = 36,000,000원

㉰ 납부지연가산세 : 90,000,000원(본세) × 487일(2022.6.1.~2023.9.30.) × 22/100,000
= 9,642,600원

🔑 개인지방소득세는 신고납세제도에 속하는 세목이고 신고·납부기한은 소득세의 신고·납부기한과 같다. 따라서 납부지연가산세 기산일은 2022.6.1.이 된다.

㉱ 소득세의 가산세에 부과하는 가산세 : 20,000,000원^{주6)} × 10% = 2,000,000원

주6) 계산서불성실가산세임.

◎ 개인지방소득세 추징예상세액(㉮ + ㉯ + ㉰ + ㉱) : 137,642,600원

(d) 총 탈루세액등

납세의무 확정 연도	세목	탈루세액등 (추징예상세액)	기수시기
2022년	소득세 (2021년 귀속)	900,000,000원 (1,376,426,000원)	2022.5.31. 지난 때
2022년	개인지방소득세 (2021년 귀속)	90,000,000원 (137,642,600원)	2022.5.31. 지난 때
2022년	부가가치세 (2021년 2기)	100,000,000원 (173,546,000원)	2022.1.25. 지난 때
합계		1,090,000,000원 (1,687,614,600원)	

(e) 조세포탈 여부 판단 및 조세포탈행위의 실행위자 특정

세금계산서와 계산서를 발급하지 아니하는 등 부정한 방법으로 거래를 은폐하여 소득세 900,000,000원, 부가가치세 100,000,000원, 개인지방소득세 90,000,000원을 과소하게 납부한 행위는 소득세 포탈행위(조처법 제3조 제1항), 부가가치세 포탈행위(조처법 제3조 제1항), 개인지방소득세 포탈행위(지기법 제102조 제1항)에 해당하고, 조세포탈의 실행행위인 세금계산서와 계산서 발급하지 아니하는 등의 행위를 대표 황UU가 하였으므로 조세포탈의 실행위자는 대표 황UU이다.

그리고 연간 포탈세액등^{주7)}(2022년)이 5억 원 이상이므로 특가법 제8조 제1항 제1호에 의하여 조세포탈의 가중처벌대상이다.

주7) 1,090,000,000원 = 900,000,000원(소득세 포탈세액) + 90,000,000원(개인지방소득세 포탈세액)
     + 100,000,000원(부가가치세 포탈세액)

| 적용 법조항 정리 |

적용 법조항	범칙행위 종류	실행위자	포탈세액등
특가법 제8조 제1항 제1호	조세포탈의 가중처벌 (2022년)	황UU	1,090,000,000원
조처법 제3조 제1항	소득세 포탈행위 (2021년 귀속)	황UU	900,000,000원
지기법 제102조 제1항	개인지방소득세 포탈행위 (2021년 귀속)	황UU	90,000,000원
조처법 제3조 제1항	부가가치세 포탈행위 (2021년 2기)	황UU	100,000,000원

E 법인 또는 개인사업자에 대한 양벌규정 적용 검토

한성돼지농장은 개인사업자이고 조세범칙행위의 실행위자가 사업주인 황UU이므로 황UU에게 「조세범처벌법」 제18조와 「지방세기본법」 제109조에서 규정하는 양벌규정에 대한 책임을 물을 수 없다.

F 조세범칙행위 외 범죄행위 검토

한성돼지농장은 개인사업자이고, 매출누락 금액을 내연녀의 아파트 매입에 사용하였으므로 횡령행위, 뇌물공여행위 등의 범죄행위는 검토할 필요가 없다.

G 세무대리인 등에 대한 공범 또는 방조범 해당 여부 검토

코끼리세무회계사무소는 한성돼지농장의 대표 황UU가 위장가공세금계산서(가공세금계산서)와 위장가공계산서(가공계산서)를 발급한 사실 등을 몰랐으므로 황UU의 세금계산서 등의 범칙행위와 조세포탈행위에 세무대리인 등의 공범 또는 방조범은 없다.

Ⓗ 총 범칙행위 수

구분	범칙행위 종류	범칙행위자	포탈세액등	세금계산서 등 범칙행위 금액 (건수)
조세포탈 관련	조세포탈의 가중처벌 (특가법 제8조 제1항 제1호)	황UU	1,09,000,000원	
	소득세 포탈행위(2021년 귀속) (조처법 제3조 제1항)	황UU	900,000,000원	
	개인지방소득세 포탈행위 (2021년 귀속) (지기법 제102조 제1항)	황UU	90,000,000원	
	부가가치세 포탈행위(2021년 2기) (조처법 제3조 제1항)	황UU	100,000,000원	
세금계산서등 범칙 관련	세금계산서를 발급하지 아니한 행위 (조처법 제10조 제1항 제1호)	황UU		1,000,000,000원 (1건)
	계산서를 발급하지 아니한 행위 (조처법 제10조 제1항 제2호)	황UU		1,000,000,000원 (1건)
	재화·용역의 거래 없이 세금계산서를 수수(발급)한 행위 (조처법 제10조 제3항 제1호, 형법 제30조)	황UU 황BS		1,000,000,000원 (1건)
	재화·용역의 거래 없이 계산서를 수수(발급)한 행위 (조처법 제10조 제3항 제2호, 형법 제30조)	황UU 황BS		1,000,000,000원 (1건)
총 범칙행위 수		− 국세 관련 조세범칙 죄 수 : 7개 − 지방세 관련 조세범칙 죄 수 : 1개		

나. 위장가공세금계산서(가공세금계산서) 또는 위장가공계산서(가공계산서)를 수수(수취)한 행위

Ⓐ 소득세 신고내용 등

○ 윤WW(맛최고정육점)의 2021년 귀속 소득세 신고내용
  - 업태·종목 : 도·소매/식육점
  - 2021년 귀속 총 수입금액 10,000,000,000원
  - 소득세 과세표준 : 300,000,000원
  - 납부할 세액 : 94,600,000원(소득세 신고 시 개인지방소득세와 함께 납부하였음)
  ※ 복식부기의무자로 복식부기 장부로 신고하였음.
  ※ 성실신고확인서 제출대상자로 소득세 신고 시 제출하였음.
  ※ 한성돼지농장으로부터 위장가공세금계산서(가공세금계산서)와 위장가공계산서(가공계산서)를 수취하고 공급받은 양념돼지갈비와 돼지생육은 2021년 12월까지 전량 판매하였으며, 판매내용은 장부에 기록하여 부가가치세와 소득세 신고 시 반영하였음.
  ※ 윤WW가 한성돼지농장으로부터 위장가공세금계산서(가공세금계산서)와 위장가공계산서(가공계산서)를 수취한 목적은 황UU로부터 품귀현상이 있는 양념돼지갈비를 우선 공급받기 위해서였음.
  ※ 산양세무회계사무소는 맛최고정육점의 세금계산서와 계산서의 범칙행위를 몰랐음.

Ⓑ 세금계산서등의 범칙행위 검토

ⓐ 세금계산서 범칙행위

　ⓐ 세금계산서를 발급받지 아니한 행위
　　한성돼지농장으로부터 실제로 양념돼지갈비(공급가액 1,000,000,000원)를 공급받았으나 대표 황UU와 통정하여 한성돼지농장 명의의 세금계산서(1건, 공급가액 1,000,000,000원 부가가치세 100,000,000원)를 발급받지 않았으므로, 이는 세금계산서를 발급받지 아니한 행위(조처법 제10조 제2항 제1호)에 해당한다.

　ⓑ 가공세금계산서(위장가공세금계산서)를 수수(수취)한 행위
　　한성돼지농장으로부터 양념돼지갈비(공급가액 1,000,000,000원)를 공급받았으나 대표 황UU와 통정하여 황금농장(대표 황BS) 명의의 세금계산서(1건, 공급가액 1,000,000,000원 부가가치세 100,000,000원)를 교부받았으므로, 이는 위장가공세금계산서(가공세금계산서)를 수수(수취)한 행위 즉, 재화 또는 용역을 공급하지 아

니하거나 공급받지 아니하고 세금계산서를 수수(수취)한 행위(조처법 제10조 제3항 제1호)에 해당된다.

(b) 계산서 범칙행위

ⓐ 계산서를 발급받지 아니한 행위

한성돼지농장으로부터 돼지생육(공급가액 1,000,000,000원)을 공급받았으나 대표 황UU와 통정하여 한성돼지농장 명의의 계산서(1건, 공급가액 1,000,000,000원)를 발급받지 않았으므로, 이는 계산서를 미수취한 행위(조처법 제10조 제2항 제2호)에 해당된다.

ⓑ 가공계산서(위장가공계산서)를 수수(수취)한 행위

한성돼지농장으로터 돼지생육(공급가액 1,000,000,000원)을 공급받고 대표 황UU와 통정하여 황금농장(대표 황BS) 명의의 계산서(1건, 공급가액 1,000,000,000원)를 발급받았으므로 이는 위장가공계산서(가공계산서)를 수수(수취)한 행위 즉, 재화 또는 용역을 공급하지 아니하거나 공급받지 아니하고 계산서를 수수(수취)한 행위(조처법 제10조 제3항 제2호)에 해당된다.

(c) 실행위자(범칙행위자) 특정

윤WW가 한성돼지농장의 대표 최HH와 통정하여 한성돼지농장 명의의 세금계산서와 계산서를 발급받지 아니하고 황금농장 명의의 위장가공세금계산서(가공세금계산서)와 위장가공계산서(가공계산서)를 발급받았으므로 세금계산서등의 범칙행위의 실행위자는 윤WW이다.

(d) 가공세금계산서(위장가공세금계산서)와 가공계산서(위장가공계산서)를 수수(수취)한 목적 (영리목적)

윤WW가 한성돼지농장에서 실물을 공급받고 황금농장 명의의 위장가공세금계산서(가공세금계산서)와 위장가공계산서(가공계산서)를 발급받은 목적은 황UU로부터 품귀 현상이 있는 양념돼지갈비를 우선 공급받기 위한 것이었다.

(e) 특가법 제8조의2 적용 여부

세금계산서와 계산서를 발급하지 아니한 행위는 가중처벌조항이 없고, 가공세금계산서(위장가공세금계산서)와 가공계산서(위장가공계산서) 발급받은 행위는 황UU로부터 품귀현상이 있는 양념돼지갈비를 우선 공급받기 위해서라는 영리목적은 있으나, 공급가액등의 합계액(2,000,000,000원[주1])이 30억 원 미만이므로 특가법 제8조의2 제1항에 의한 가중처벌대상은 아니다.

주1) 2,000,000,000원 ＝ 1,000,000,000원(위장가공세금계산서 수취액) ＋ 1,000,000,000원(위장가공계산서 수취액)

| 적용 법조항 정리 |

적용 법조항	범칙행위 종류	범칙행위 금액 (건수)	범 칙 행위자
	영리목적		
조처법 제10조 제2항 제1호	세금계산서를 발급받지 아니한 행위	1,000,000,000원 (1건)	윤WW
	품귀현상이 있는 양념돼지갈비를 우선 공급받기 위해		
조처법 제10조 제2항 제2호	계산서를 발급받지 아니한 행위	1,000,000,000원 (1건)	윤WW
	품귀현상이 있는 양념돼지갈비를 우선 공급받기 위해		
조처법 제10조 제3항 제1호	재화 또는 용역의 거래 없이 세금계산서를 수수(수취)한 행위	1,000,000,000원 (1건)	윤WW
	품귀현상이 있는 양념돼지갈비를 우선 공급받기 위해		
조처법 제10조 제3항 제2호	재화 또는 용역이 거래 없이 계산서를 수수(수취)한 행위	1,000,000,000원 (1건)	윤WW
	품귀현상이 있는 양념돼지갈비를 우선 공급받기 위해		

ⓒ 신고누락 수입금액 및 탈루소득금액

(a) 수입금액

맛최고정육점의 윤WW가 위장가공세금계산서(가공계산서)와 위장가공계산서(가공계산서)를 수취하고 한성돼지농장으로부터 매입한 양념돼지갈비와 돼지생육을 2021년 중 전량 판매하고 매출내용을 장부에 기록하여 부가가치세 및 소득세 신고 시 반영하였으므로 신고누락한 수입금액은 없다.

그러나 한성돼지농장으로부터 수취한 황금농장 명의의 세금계산서는 위장가공세금계산서(가공세금계산서)로 매입세액을 공제받을 수 없는 세금계산서인데도 2021년 제2기 부가가치세 신고 시 매입세액(100,000,000원)을 공제받았으므로 부가가치세를 경정하여야 한다.

(b) 탈루소득금액

윤WW가 한성돼지농장으로부터 양념돼지갈비(공급가액 1,000,000,000원)와 돼지생육(공급가액 1,000,000,000원)을 공급받고 위장가공세금계산서(가공세금계산서)와 위장가공계산서(가공계산서)를 수취하여 가공원가(2,000,000,000원)를 계상하였으나, 매입한 양념돼지갈비와 돼지생육의 대가(2,000,000,000원)를 황금농장을 통해 한성돼지농장에 지급하였으므로 지급한 대가를 원가로 인정하여 주어야 한다. 원가로 인정하여 주는 금액과 가공원가로 계상한 금액을 아래 표의 내용과 같이 서로 상계하면 탈루소득금액은 없게 된다. 따라서 탈루소득금액은 없다.

○ 탈루소득금액 계산

> $-1,000,000,000$원(가공매입세금계산서로 가공원가 계상액)
> \+
> $-1,000,000,000$원(가공매입계산서로 가공원가 계상액)
> \+
> $1,000,000,000$원(추가로 원가 인정액 : 양념돼지갈비 대가 지급액)
> \+
> $1,000,000,000$원(추가로 원가 인정액 : 돼지생육 대가 지급액)
> _____
> 0원

Ⓓ **부가가치세, 소득세, 지방소득세 포탈세액등 계산**(포탈세액등 계산 기준일 : 2023.9.30.)

ⓐ 부가가치세 탈루세액등 계산(2021년 2기 과세기간)

　㉮ 부가가치세 본세 : [0원(매출과표) × 10%] − [−1,000,000,000원(매입과표) × 10%]
　　　　　　　　　　　= 100,000,000원

　🔧 신고누락한 수입금액(매출액)이 없어 매출세액의 변동은 없으나, 위장가공세금계산서(가공세금계산서) 수취액(공급가액 1,000,000,000원, 부가가치세 100,000,000원)은 매입세액불공제 대상이므로 기신고한 매입과표에서 차감하여야 한다. 따라서 매입과표가 줄어들면 매입과표에 해당하는 매입세액(100,000,000원)만큼의 세액이 증가하게 된다. 따라서 부가가치세 탈루세액등은 100,000,000원이다.

　㉯ 부당 과소신고가산세 : 100,000,000원 × 40% = 40,000,000원

　㉰ 납부지연가산세(㉠ + ㉡) : 13,546,000원

　　㉠ 100,000,000원(본세) × 20일 × 25/100,000 = 500,000원

　　㉡ 100,000,000원(본세) × 593일(2022.2.15.~2023.9.30.) × 22/100,000 = 13,046,000원

　㉱ 세금계산서불성실가산세[주1] : 100,000,000원 × 2% = 20,000,000원

　　주1) 가산세 부과 사유는 위장가공세금계산서 수취임.

　◎ 부가가치세 추징예상세액(㉮ + ㉯ + ㉰ + ㉱) : 173,546,000원

(b) 소득세 탈루세액등 계산(2021년 귀속)

   ㉮ 소득세 본세 : 탈루세액등 없음.

   　　⚔ 2021년 귀속 소득세 신고 시 신고누락한 탈루소득금액이 없으므로 소득세 탈루세액등은 없다.

   ㉯ 계산서불성실가산세[주2] : 1,000,000,000원 × 2% = 20,000,000원

   　　주2) 가산세 부과 사유는 위장가공계산서 수취임.

   ◎ 소득세 추징예상세액(㉮ + ㉯) : 20,000,000원

(c) 개인지방소득세 탈루세액등 계산(2021년 귀속)

   ㉮ 개인지방소득세 본세 : 탈루세액등 없음.

   　　⚔ 소득세 탈루세액등이 없으므로 개인지방소득세 탈루세액등이 발생할 수 없다.

   ㉯ 소득세의 가산세에 부과하는 가산세 : 20,000,000원[주3] × 10% = 2,000,000원

   　　주3) 계산서불성실가산세임.

   ◎ 개인지방소득세 추징예상세액(㉮ + ㉯) : 2,000,000원

(d) 총 탈루세액등

납세의무 확정 연도	세목	탈루세액등 (추징예상세액)	기수시기
2022년	소득세 (2021년 귀속)	0원 (20,000,000원)	2022.6.30. 지난 때
2022년	개인지방소득세 (2021년 귀속)	0원 (2,000,000원)	2022.6.30. 지난 때
2022년	부가가치세 (2021년 2기)	100,000,000원 (173,546,000원)	2022.1.25. 지난 때
합계		100,000,000원 (193,546,000원)	

(e) 조세포탈 여부 판단 및 조세포탈행위의 실행위자 특정

　　탈루소득금액이 없으므로 소득세와 개인지방소득세는 포탈세액등이 발생할 수 없고, 위장가공세금계산서(가공세금계산서)를 수취하여 부당하게 매입세액을 공제받아 부가가치세 100,000,000원을 과소하게 납부한 행위는 윤TT가 위장가공세금계산서(가공세금계산서)를 수취하면서 세금계산서 명의자인 황금농장에 위장가공세금계산서(가공세금계산서)의 공급가액(1,000,000,000원)과 부가가치세(100,000,000원)에 해당하는 금액(1,100,000,000원)을 입금하였고, 황금농장이 발급한 위장가공세금계산서

(가공 세금계산서)에 대한 부가가치세를 신고·납부하였으므로 조세포탈행위로 의율할 수 없다(대법원 1990.10.16. 90도1955 판결).

따라서 조세포탈행위가 발생하지 않았으므로 조세포탈의 실행위자도 없다. 그러므로 부가가치세 탈루세액등 100,000,000원은 포탈세액등이 되지 않는다.

E 법인 또는 개인사업자에 대한 양벌규정 적용 검토

맛최고정육점은 개인사업자이고 세금계산서등 범칙행위의 실행위자가 윤WW이므로 윤WW에게 「조세범처벌법」 제18에서 규정하는 양벌규정에 대한 책임을 물을 수 없다.

F 조세범칙행위 외 범죄행위 검토

맛최고정육점은 개인사업자이고 조세범칙행위자가 사업주이면서 위장가공세금계산서(가공세금계산서)와 위장가공계산서 범칙행위로 자금을 조성하지 않았으므로 횡령행위 등의 범죄행위는 검토할 필요가 없다.

G 세무대리인 등에 대한 공범 또는 방조범 해당 여부 검토

산양세무회계사무소는 맛최고정육점의 대표 윤WW가 위장가공세금계산서(가공세금계산서)와 위장가공계산서(가공계산서)를 발급받은 등의 사실을 몰랐으므로 윤WW의 세금계산서등의 범칙행위에 세무대리인 등의 공범 또는 방조범은 없다.

H 총 범칙행위 수

구분	범칙행위 종류	범칙행위자	포탈세액등	세금계산서 등 범칙행위 금액 (건수)
세금계산서등 범칙 관련	세금계산서를 발급받지 아니한 행위 (조처법 제10조 제2항 제1호)	윤WW		1,000,000,000원 (1건)
	계산서를 발급받지 아니한 행위 (조처법 제10조 제2항 제2호)	윤WW		1,000,000,000원 (1건)
	재화·용역의 거래 없이 세금계산서를 수수(수취)한 행위 (조처법 제10조 제3항 제1호)	윤WW		1,000,000,000원 (1건)
	재화·용역의 거래 없이 계산서를 수수(수취)한 행위 (조처법 제10조 제3항 제2호)	윤WW		1,000,000,000원 (1건)
총 범칙행위 수		- 국세 관련 조세범칙 죄 수 : 4개		

다. 위장가공세금계산서(가공세금계산서) 또는 위장가공계산서(가공계산서)를 수수 (발급)한 행위(위장가공세금계산서 또는 위장가공계산서의 명의자)

A 소득세 신고내용 등

○ 황BS(황금농장)의 2021년 귀속 소득세 신고내용
- 2021년 귀속 총 수입금액 12,000,000,000원
- 소득세 과세표준 : 2,500,000,000원
- 납부할 세액 : 1,059,600,000원(소득세와 개인지방소득세는 신고서 제출 시 납부함)
※ 황BS가 위장가공세금계산서(가공세금계산서)와 위장가공계산서(가공계산서)를 발급한 사유는 황금농장의 외형을 높여 은행대출 자격을 확보하기 위해서였음.
※ 복식부기 장부로 신고하였음.
※ 호랑이세무회계사무소는 황금농장이 위장가공세금계산서(가공세금계산서)와 위장가공계산서(가공계산서)를 발급한 사실을 몰랐음.

B 세금계산서등의 범칙행위 검토

(a) 세금계산서 범칙행위

ⓐ 가공세금계산서(위장가공세금계산서)를 수수(발급)한 행위
한성돼지농장이 맛최고정육점에 양념돼지갈비(공급가액 1,000,000,000원)을 공급 하였으나 황BS가 한성돼지농장 대표 황UU와 공모하여 세금계산서를 황금농장 명의로 발급하였으므로, 이는 위장가공세금계산서(가공세금계산서)를 수수(발 급)한 행위 즉, 재화 또는 용역을 공급하지 아니하거나 공급받지 아니하고 세금계 산서를 수수(발급)한 행위(조처법 제10조 제1항 제1호)에 해당하고 황UU와 함께 공 범(형법 제30조)이 된다.

(b) 계산서 범칙행위

ⓐ 가공계산서(위장가공계산서)를 수수(발급)한 행위
한성돼지농장이 맛최고정육점에 돼지생육(공급가액 1,000,000,000원)을 공급하였 으나 황BS가 한성돼지농장 대표 황UU와 공모하여 황금농장 명의의 계산서를 발 급하였으므로, 이는 위장가공계산서(가공계산서)를 수수(발급)한 행위 즉, 재화 또는 용역을 공급하지 아니하거나 공급받지 아니하고 계산서를 수수(발급)한 행 위(조처법 제10조 제1항 제2호)에 해당하고 황UU와 함께 공범(형법 제30조)이 된다.

(c) 실행위자(범칙행위자) 특정

한성돼지농장이 맛최고정육점에 양념돼지갈비(공급가액 1,000,000,000원)와 돼지생육(공급가액 1,000,000,000원)을 공급하였으나 황금농장 대표 천BS가 한성돼지농장의 대표 황UU와 공모하여 위장가공세금계산서(가공세금계산서)와 위장가공계산서(가공계산서)를 발급하였으므로 세금계산서등 범칙행위의 실행위자는 황BS와 황UU이다.

(d) 가공세금계산서(위장가공세금계산서)와 가공계산서(위장가공계산서)를 수수(발급)한 목적 (영리목적)

황BS가 위장가공세금계산서(가공세금계산서)와 위장가공계산서(가공계산서)를 발급한 목적은 황금농장의 외형을 높여 은행대출 자격을 갖추기 위해서였다.

(e) 특가법 제8조의2 적용 여부

외형을 높여 은행대출 자격을 확보하기 위해서라는 영리목적은 있으나, 공급가액등의 합계액(2,000,000,000원[주1])이 30억 원 미만이므로 특가법 제8조의2 제1항에 의한 가중처벌대상은 아니다.

주1) 2,000,000,000원 = 1,000,000,000원(위장가공세금계산서 발급액) + 1,000,000,000원(위장가공계산서 발급액)

| 적용 법조항 정리 |

적용 법조항	범칙행위 종류	범칙행위 금액 (건수)	범 칙 행위자
	영리목적		
조처법 제10조 제3항 제1호, 형법 제30조	재화 또는 용역의 거래 없이 세금계산서를 수수(발급)한 행위	1,000,000,000원 (1건)	황BS 황UU
	황금농장의 외형을 높여 은행대출 자격을 갖추기 위함		
조처법 제10조 제3항 제2호, 형법 제30조	재화 또는 용역의 거래 없이 계산서를 수수(발급)한 행위	1,000,000,000원 (1건)	황BS 황UU
	황금농장의 외형을 높여 은행대출 자격을 갖추기 위함		

ⓒ 신고누락 수입금액 및 탈루소득금액

(a) 수입금액

황금농장의 황BS가 2021년 귀속 소득세 신고 시 "재화 또는 용역의 거래 없이 발급한 위장가공세금계산서(가공세금계산서)와 위장가공계산서(가공계산서)의 공급가액"(허위의 공급가액)을 수입금액에 포함하여 신고하였으므로 기신고한 수입금액(12,000,000,000원)에서 허위의 공급가액(2,000,000,000원)을 차감하여야 한다. 따라서 2021년 귀속 소득세 신고 시 신고누락한 수입금액은 −2,000,000,000원이다.

그리고 황BS가 2021년 제2기 부가가치세 신고 시 발급한 위장가공세금계산서(가공세금계산서)의 공급가액을 매출과표에 포함하여 신고하였으므로 허위의 공급가액(1,000,000,000원)과 부가가치세(100,000,000원)를 차감하기 위해 부가가치세도 경정하여야 한다.

(b) 탈루소득금액

대표 황BS가 2021년 귀속 소득세 신고 시 "재화 또는 용역의 거래 없이 발급한 위장가공세금계산서(가공세금계산서)와 위장가공계산서(가공계산서)의 공급가액"(허위의 공급가액)을 소득금액에 포함하여 신고하였으므로 기신고한 소득금액(2,500,000,000원)에서 허위의 공급가액(2,000,000,000원)을 차감하여야 한다. 따라서 2021년 귀속 소득세 신고 시 신고누락한 탈루소득금액은 −2,000,000,000원이다.

Ⓓ **부가가치세, 소득세, 개인지방소득세 포탈세액등 계산**(포탈세액등 계산 기준일 : 2023.9.30.)

ⓐ **부가가치세 탈루세액등 계산(2021년 2기 과세기간)**

㉮ 부가가치세 본세 : $[-1{,}000{,}000{,}000$원(매출과표)$^{주1)} \times 10\%] - [0$원(매입과표)$ \times 10\%]$
$= -100{,}000{,}000$원

주1) 과세표준 −1,000,000,000원은 황BS가 발급한 위장가공세금계산서(가공세금계산서) 공급가액이 당초 매출과표에서 차감된 것을 의미한다.

🔧 허위의 공급가액(−1,000,000,000원)가 차감되면서 차감된 공급가액(매출과표)에 해당하는 매출세액(100,000,000원)도 감소한다. 따라서 부가가치세 탈루세액등은 없다.

㉯ 세금계산서불성실가산세$^{주2)}$: 1,000,000,000원 × 2% = 20,000,000원

주2) 가산세 부과 사유는 가공세금계산서 발급임.

◎ 부가가치세 추징예상세액(㉮ + ㉯) : −80,000,000원

🔧 추징예상액 −70,000,000원은 황BS에게 부가가치세 80,000,000원이 환급된다는 것을 의미한다.

ⓑ **소득세 탈루세액등 계산(2021년 귀속)**

㉮ 소득세 본세 : 500,000,000원$^{주3)}$(과세표준) × 40% − 25,400,000원(누진세액공제)
− 1,059,600,000원(기납부세액) = −885,000,000원

주3) 과세표준 500,000,000원은 당초 과세표준(2,500,000,000원)에 신고누락한 탈루소득금액(−2,000,000,000원)을 합산한 것임.

🔧 신고누락한 탈루소득금액(−2,000,000,000원)을 소득금액에서 차감하니 과세표준이 줄어

들고, 줄어든 과세표준에 해당하는 소득세(885,000,000원)가 감소하였다. 따라서 소득세 탈루세액등은 없다.

㉯ 계산서불성실가산세[주4] : 1,000,000,000원 × 2% = 20,000,000원

주4) 가산세 부과 사유는 위장가공계산서 발급임.

◎ 소득세 추징예상세액(㉮ + ㉯) : -865,000,000원

🔗 추징예상세액 -865,000,000원은 황BS에게 소득세 865,000,000원이 환급된다는 것을 의미한다.

(c) 개인지방소득세 탈루세액등 계산(2021년 귀속)

㉮ 개인지방소득세 본세 : -885,000,000원(과세표준) × 10% = -88,500,000원

🔗 소득세가 885,000,000원 감소하니 감소한 소득세에 해당하는 개인지방소득세(88,500,000원)도 감소하였다. 따라서 개인지방소득세 탈루세액등은 없다.

㉯ 소득세의 가산세에 부과하는 가산세 : 20,000,000원[주5] × 10% = 2,000,000원

주5) 계산서불성실가산세임.

◎ 개인지방소득세 추징예상세액(㉮ + ㉯) : -86,500,000원

🔗 추징예상세액 -86,500,000원은 황BS에게 개인지방소득세 86,500,000원이 환급된다는 것을 의미한다.

(d) 총 탈루세액등

납세의무 확정 연도	세목	탈루세액등 (추징예상세액)	기수시기
2022년	소득세 (2021년 귀속)	-885,000,000원 (-865,000,000원)	
2022년	개인지방소득세 (2021년 귀속)	-88,500,000원 (-86,500,000원)	
2022년	부가가치세 (2021년 2기)	-100,000,000원 (-80,000,000원)	
합계		-1,073,500,000원 (-1,031,500,000원[주6])	

주6) 추징예상세액 -1,031,500,000원은 황BS에게 1,031,500,000원(소득세 환급액 865,000,000원 + 개인지방소득세 환급액 86,500,000원 + 부가가치세 환급액 80,000,000원)이 환급된다는 것을 의미한다.

🔗 상기 표의 내용과 같이 탈루세액등이 발생하지 아니하였다

ⓔ 조세포탈 여부 판단 및 조세포탈행위의 실행위자 특정

위장가공세금계산서(가공세금계산서)와 위장가공계산서(가공계산서)를 발급하는 세금계산서등의 범칙행위를 하였지만, 수입금액과 소득금액에서 위장가공세금계산서(가공세금계산서)와 위장가공계산서(가공계산서) 발급금액을 차감하면 수입금액과 소득금액이 줄어들어 포탈세액등이 발생하지 않는다. 따라서 조세포탈행위가 발생하지 않았으므로 조세포탈의 실행위자도 없다.

Ⓔ 법인 또는 개인사업자에 대한 양벌규정 적용 검토

황금농장은 개인사업자이고, 조세범칙행위의 실행위자가 황BS이므로 사업주인 황BS에게 「조세범처벌법」 제18조에서 규정하는 양벌규정에 대한 책임을 물을 수 없다.

Ⓕ 조세범칙행위 외 범죄행위 검토

황금농장이 개인사업자이고, 위장가공세금계산서(가공세금계산서)와 위장가공계산서(가공계산서) 발급행위로 자금이 조성되지 않았으므로 횡령행위 등의 범죄행위는 검토할 필요가 없다.

Ⓖ 세무대리인 등에 대한 공범 또는 방조범 해당 여부 검토

호랑이세무회계사무소는 황금농장의 대표 황BS가 위장가공세금계산서(가공세금계산서)와 위장가공계산서(가공계산서)를 발급한 행위 등의 사실에 대해 몰랐으므로 황천BS의 세금계산서 범칙행위에 세무대리인 등의 공범 또는 방조범은 없다.

Ⓗ 총 범칙행위 수

구분	범칙행위 종류	범칙행위자	포탈세액등	세금계산서 등 범칙행위 금액 (건수)
세금계산서등 범칙 관련	재화 또는 용역의 거래 없이 세금계산서를 수수(발급)한 행위 (조처법 제10조 제3항 제1호, 형법 제30조)	황BS 황UU		1,000,000,000원 (1건)
	재화 또는 용역의 거래 없이 계산서를 수수(발급)한 행위 (조처법 제10조 제3항 제2호, 형법 제30조)	황BS 황UU		1,000,000,000원 (1건)

Ⅱ 〉 법인사업자

1. 과세 법인사업자

> 합판 도매업을 하는 ㈜보성합판 대표 황UU가 2021.9.12. 웅치건축 대표 윤TT(개인사업자)에게 합판(공급가액 1,000,000,000원)을 공급하였으나, 공급자를 복건축자재(개인사업자, 대표 황BS)로 기재한 세금계산서를 전자적인 방법으로 교부하여 주었다. 황UU와 황BS(황UU의 아들)는 사전에 복건축자재 명의로 세금계산서를 발급하기로 공모하였고, 황UU가 합판을 공급하면서 윤TT에게 세금계산서는 복건축자재 명의로 발급한다고 하자 윤TT가 동의하였다.
>
> - 발급한 세금계산서는 전송 기한 내에 국세청에 전송하였다.
> - 윤TT, 황BS는 수수한 세금계산서를 부가가치세 신고와 소득세 신고 시 반영하였다.
> - 윤TT는 ㈜보성합판으로부터 공급받은 합판의 공급가액과 부가가치세를 복건축자재의 사업용계좌로 전액 (1,100,000,000원)을 입금하였음.
> - 황BS는 윤TT로부터 입금받은 금액 중 발급한 위장가공세금계산서(가공세금계산서)에 해당하는 부가가치세(100,000,000원)를 신고·납부하였고, 합판의 공급가액에 해당하는 1,000,000,000원을 황UU의 개인계좌로 입금하여 주었음.
> - ㈜보성합판의 대표 황UU는 위장가공세금계산서(가공세금계산서)를 발급한 웅치건축에 공급한 합판의 수입금액(매출액)을 부가가치세 및 법인세 신고 시 전액 신고누락하였음.
> - ㈜보성합판은 위장가공세금계산서(가공세금계산서)를 발급하고 부가가치세 및 법인세 신고에서 신고누락한 매출액(1,000,000,000원)에 대응되는 원가를 수사과정에서 제시하지 못하였음.
> - ㈜보성합판의 대표 황UU가 복건축자재 명의로 위장가공세금계산서를 발급한 사유는 아들의 회사인 복건축자재의 외형을 높여 아들 황BS의 은행대출 요건을 갖추기 위해서임.
> - 황UU는 복건축자재로부터 입금받은 1,000,000,000원을 내연녀의 집을 마련하는데 사용하였음.
> - 너구리세회계사무소는 ㈜보성합판이 위장가공세금계산서(가공세금계산서)를 교부한 사실을 몰랐음.
> - 수사개시일 2023.9.30.

가. 위장가공세금계산서(가공세금계산서)를 수수(발급)한 행위

Ⓐ 법인세 신고내용 등

○ ㈜보성합판의 2021년 사업연도 법인세 신고내용
 - 2021년 사업연도 총 수입금액 10,000,000,000원
 - 법인세 과세표준 : 1,000,000,000원
 - 총 부담세액 : 180,000,000원(법인세와 법인지방소득세는 신고서 제출 시 납부함)
 ※ 복식부기의무자로 복식부기 장부로 신고하였음.
 ※ 사업연도 기간 : 1.1.~12.31.

Ⓑ 세금계산서등의 범칙행위 검토

ⓐ 세금계산서 범칙행위

ⓐ 세금계산서를 발급하지 아니한 행위

㈜보성합판의 대표 황UU가 웅치건축에 실제로 합판(공급가액 1,000,000,000원)을 공급하였으나 ㈜보성합판 명의로 세금계산서를 발급하지 않았으므로, 이는 세금계산서(1건, 공급가액 1,000,000,000원, 부가가치세 100,000,000원)를 발급하지 아니한 행위(조처법 제10조 제1항 제1호)에 해당한다.

ⓑ 가공세금계산서(위장가공세금계산서)를 수수(발급)한 행위

㈜보성합판의 대표 황UU가 웅치건축에 실제로 합판(공급가액 1,000,000,000원)을 공급하고 복건축자재 대표 황BS와 공모하여 세금계산서를 복건축자재 명의로 발급하여 주었으므로, 이는 위장가공세금계산서(가공세금계산서)를 수수(발급)한 행위 즉, 재화 또는 용역을 공급하지 아니하거나 공급받지 아니하고 세금계산서를 수수(발급)한 행위(조처법 제10조 제3항 제1호)에 해당하고 복건축자재 대표 황BS와 함께 공범(형법 제30조)이 된다.

ⓑ 실행위자(범칙행위자) 특정

황UU가 웅치건축의 대표 윤TT와 통정하여 세금계산서를 발급하지 아니하였으므로 세금계산서를 발급하지 아니한 행위의 실행위자는 황UU이고, 복건축자재의 대표 황BS와 공모하여 복건축자재 명의의 세금계산서를 발급하였으므로 위장가공세금계산서(가공세금계산서) 수수(발급)행위의 실행위자는 황UU와 황BS이다.

ⓒ 가공세금계산서(위장가공세금계산서)를 수수(발급)한 목적(영리목적)

황UU가 웅치건축에 합판(공급가액 1,000,000,000원)을 공급하고 복건축자재 명의의 위장세금계산서(가공세금계산서)를 발급한 목적은 복건축자재의 외형을 높여 아들 황BS의 은행대출을 받을 수 있는 요건을 갖추기 위한 것이었다.

ⓓ 특가법 제8조의2 적용 여부

세금계산서를 발급하지 아니한 행위는 가중처벌조항이 없고, 가공세금계산서(위장가공세금계산서)를 발급한 행위는 황UU가 아들 황BS의 은행대출 받을 자격을 갖추어주기 위해서라는 영리목적은 있으나, 공급가액등의 합계액(1,000,000,000원)이 30억 원 미만이므로 특가법 제8조의2 제1항에 의한 가중처벌대상은 아니다.

| 적용 법조항 정리 |

적용 법조항	범칙행위 종류		범칙행위 금액 (건수)	범 칙 행위자
	영리목적			
조처법 제10조 제1항 제1호	세금계산서를 발급하지 아니한 행위		1,000,000,000원 (1건)	황UU
	아들의 은행대출 자격을 갖추기 위함.			
조처법 제10조 제3항 제1호, 형법 제30조	재화 또는 용역의 거래 없이 세금계산서를 수수(발급)한 행위		1,000,000,000원 (1건)	황UU 황BS
	아들의 은행대출 자격을 갖추기 위함.			

ⓒ 신고누락 수입금액 및 탈루소득금액

ⓐ 수입금액

㈜보성합판의 대표 황UU가 웅치건축에 실제로 합판(공급가액 1,000,000,000원)을 공급하였으나 보성합판 명의의 세금계산서를 발행하지 않고 복건축자재의 명의로 발급하여 거래를 은폐해 2021년 사업연도 법인세 신고 시 신고누락하였기 때문에 신고누락한 수입금액은 1,000,000,000원이다.

그리고 세금계산서를 발급하지 아니한 합판 매출액(공급가액 1,000,000,000원, 부가가치세 100,000,000원)을 2021년 제2기 부가가치세 신고 시 신고누락하였으므로 부가가치세도 경정하여야 한다.

ⓑ 탈루소득금액

㈜보성합판의 황UU가 웅치건축에 위장가공세금계산서(가공세금계산서)를 발급하고 거래를 은폐하여 신고누락한 수입금액(매출액)에 대해 수사과정에서 대응되는 원가

를 제시하지 못하였으므로 2021년 사업연도 법인세 신고 시 신고누락한 수입금액(1,000,000,000원)이 탈루소득금액이다.

Ⓓ 부가가치세, 법인세, 법인지방소득세 포탈세액등 계산(포탈세액등 계산 기준일 : 2023.9.30.)

(a) 부가가치세 탈루세액등 계산(2021년 2기 과세기간)

㉮ 부가가치세 본세 : 1,000,000,000원 × 10% = 100,000,000원

㉯ 부정과소신고가산세 : 100,000,000원 × 40% = 40,000,000원

㉰ 납부지연가산세(㉠ + ㉡) : 13,546,000원

　　㉠ 100,000,000원(본세) × 20일(2022.1.26.~2022.2.14.) × 25/100,000 = 500,000원

　　㉡ 100,000,000원(본세) × 593일 (2022.2.15.~2023.9.30.) × 22/100,000 = 13,046,000원

㉱ 세금계산서불성실가산세[주1) : 1,000,000,000원 × 2% = 20,000,000원

　　주1) 가산세 부과 사유는 세금계산서 미발급임.

◎ 부가가치세 추징예상세액(㉮ + ㉯ + ㉰ + ㉱) : 173,546,000원

(b) 법인세 탈루세액등 계산(2021년 사업연도)

㉮ 법인세 본세 : 2,000,000,000원[주2) (과세표준) × 20% − 20,000,000원(누진세액공제)
　　　　　　− 180,000,000원(기납부세액) = 200,000,000원

　　주2) 과세표준 금액 2,000,000,000원은 당초 과세표준 금액(1,000,000,000원)에 신고누락한 탈루소득
　　　　금액(1,000,000,000원)을 합산한 금액임.

㉯ 부정과소신고가산세(㉠과 ㉡ 중 큰 것) : 80,000,000원

　　㉠ 200,000,000원 × 40% = 80,000,000원

　　㉡ 1,000,000,000원(부정과소신고 수입금액) × 14/10,000 = 1,400,000원

㉰ 납부지연가산세 : 200,000,000원(본세) × 548일(2022.4.1.~ 2023.9.30.) × 22/100,000
　　　　　　= 24,112,000원

◎ 법인세 추징예상세액(㉮ + ㉯ + ㉰) : 304,112,000원

(c) 법인지방소득세 탈루세액등 계산(2021년 사업연도)

㉮ 법인지방소득세 본세 : 200,000,000원(과세표준) × 10% = 20,000,000원

㉯ 부정과소신고가산세 : 20,000,000원 × 40% = 8,000,000원

㉰ 납부지연가산세 : 20,000,000원(본세) × 518일(2022.5.1.~2023.9.30.) × 22/100,000
　　　　　　= 2,279,200원

　　✪ 법인지방소득세는 신고납세제도에 속하는 세목이고 신고·납부기한은 법인의 과세기간 종료일

부터 4개월 이내이다. 따라서 납부지연가산세 기산일은 2022.5.1.이 된다.

◎ 법인지방소득세 추징예상세액(㉮ + ㉯ + ㉰) : 30,279,200원

(d) 총 탈루세액등

납세의무 확정 연도	세목	탈루세액등 (추징예상세액)	기수시기
2022년	법인세 (2021년 사업연도)	200,000,000원 (304,112,000원)	2022.3.31. 지난 때
2022년	법인지방소득세 (2021년 사업연도)	20,000,000원 (30,279,200원)	2022.4.30. 지난 때
2022년	부가가치세 (2021년 2기)	100,000,000원 (173,546,000원)	2022.1.25. 지난 때
합계		320,000,000원 (507,937,200원)	

(e) 조세포탈 여부 판단 및 조세포탈행위의 실행위자 특정

세금계산서 미발급 등의 부정한 방법으로 법인세 200,000,000원, 부가가치세 100,000,000원, 법인지방소득세 20,000,000원을 과소하게 납부한 행위는 법인세 포탈행위(조처법 제3조 제1항), 부가가치세 포탈행위(조처법 제3조 제1항), 법인지방소득세 포탈행위(지기법 제102조 제1항)에 해당하고, 조세포탈의 실행행위인 세금계산서 미발급 등의 행위를 대표 황UU가 하였으므로 조세포탈의 실행위자는 대표 황UU이다.

그리고 연간 포탈세액등[주3](2022년)이 5억 원 이상인 연도가 없으므로 특가법 제8조는 적용되지 않는다.

주3) 320,000,000원 = 320,000,000원(법인세 포탈세액) + 20,000,000원(법인지방소득세포탈세액)
　　　　 + 100,000,000원(부가가치세 포탈세액)

| 적용 법조항 정리 |

적용 법조항	범칙행위 종류	실행위자	포탈세액등
조처법 제3조 제1항	법인세 포탈행위(2021년 사업연도)	황UU	320,000,000원
지기법 제102조 제1항	법인지방소득세 포탈행위 (2021년 사업연도)	황UU	20,000,000원
조처법 제3조 제1항	부가가치세 포탈행위 (2021년 2기)	황UU	100,000,000원

E 법인 또는 개인사업자에 대한 양벌규정 적용 검토

㈜보성합판은 범칙행위자 황UU가 업무와 관련하여 사기 그 밖의 부정한 행위로 인한 조세포탈행위 등을 하지 않도록 상당한 주의를 가지고 감독할 의무가 있으나, 범칙행위자 황UU의 사기 그 밖의 부정한 행위로 인한 조세포탈행위 등을 방지하기 위한 책임을 게을리하였으므로「조세범처벌법」제18조와「지방세기본법」제109조에서 규정하는 양벌규정에 대해 책임이 있다.

| 적용 법조항 정리 |

적용 법조항	범칙행위 종류	범칙행위자
조처법 제18조	양벌규정	㈜보성합판
지기법 제109조	양벌규정	㈜보성합판

F 조세범칙행위 외 범죄행위 검토

(a) 횡령행위

㈜보성합판의 대표 황UU가 웅치건축에 1,000,000,000원의 합판을 공급하고 웅치건축으로부터 받은 매출대금을 불법영득 의사로 영득한 행위는 업무상 횡령행위(형법 제356조)에 해당한다.

그리고 업무상 횡령금액(1,000,000,000원)이 5억 원 이상이므로 특경법 제3조 제1항 제2호에 의하여 특정재산범죄의 가중처벌대상이다.

| 적용 법조항 정리 |

적용 법조항	범칙행위 종류	범칙행위자	횡령금액
특경법 제3조 제1항 제2호	특정재산범죄의 가중처벌	황UU	1,000,000,000원
형법 제356조	업무상 횡령행위	황UU	1,000,000,000원

(b) 뇌물공여행위, 불법정치자금제공행위 등

매출누락한 대금을 황UU의 내연녀의 집에 보관하였으므로 뇌물공여행위 등에 대한 범죄행위는 검토할 필요가 없다.

G 세무대리인 등에 대한 공범 또는 방조범 해당 여부 검토

너구리세무회계사무소는 ㈜보성합판의 위장가공세금계산서(가공세금계산서) 발급에 의한 매출누락 사실을 몰랐으므로 황UU의 범칙행위에 대해서는 세무대리인등의 공범 또는 방조범은 없다.

Ⓗ 총 범칙행위 수

구분	범칙행위 종류	범칙행위자	포탈세액등	세금계산서 등 범칙행위 금액 (건수)
조세포탈 관련	법인세 포탈행위 (2021년 사업연도) (조처법 제3조 제1항)	황UU	200,000,000원	
	법인지방소득세 포탈행위 (2021년 사업연도) (조처법 제3조 제1항)	황UU	20,000,000원	
	부가가치세 포탈행위 (2021년 2기) (조처법 제3조 제1항)	황UU	100,000,000원	
세금계산서등 범칙 관련	세금계산서를 발급하지 아니한 행위 (조처법 제10조 제1항 제1호)	황UU		1,000,000,000원 (1건)
	재화 또는 용역의 거래 없이 세금계산서를 수수(발급)한 행위 (조처법 제10조 제3항 제1호, 형법 제30조)	황UU 황BS		1,000,000,000원 (1건)
기타 조세 범칙 관련	양벌규정(조처법 제18조)	㈜보성합판		
	양벌규정(지기법 제109조)	㈜보성합판		
조세범칙 외	특정재산범죄의 가중처벌 (특경법 제3조 제1항 제2호)	황UU		1,000,000,000원
	업무상 횡령행위 (형법 제356조)	황UU		1,000,000,000원
총 범칙행위 수		- 국세 관련 조세범칙 죄 수 : 5개 - 지방세 관련 조세범칙 죄 수 : 2개 - 기타 범칙 관련 죄 수 : 2개		

나. 위장가공세금계산서(가공세금계산서)를 수수(수취)한 행위

Ａ 소득세 신고내용 등

○ 윤TT(웅치건축)의 2021년 귀속 소득세 신고내용
- 업태·종목 : 도·소매/건축자재
- 2021년 귀속 총 수입금액 10,000,000,000원
- 소득세 과세표준 : 300,000,000원
- 납부할 세액 : 94,600,000원(소득세와 개인지방소득세는 신고서 제출 시 납부함)
※ 위장가공세금계산서를 수취하고 매입한 합판은 2021년 2기 과세기간에 전량 판매하였고 매출처와 매출액에 대해서는 장부에 기록하여 부가가치세와 소득세 신고 시 반영하였음.
※ 윤TT가 ㈜보성합판으로부터 복건축자재 명의의 위장가공세금계산서(가공세금계산서)를 수취한 목적은 황UU와 관계를 돈독히 하여 품귀현상이 있는 합판을 다른 업체에 비해 우선 공급받기 위해서였음.
※ 복식부기의무자로 복식부기 장부로 신고하였음.
※ 성실신고확인서 제출대상자로 소득세 신고 시 제출하였음.
※ 토마토세무회계사무소는 웅치건축 윤TT의 범칙행위를 몰랐음.

Ｂ 세금계산서등의 범칙행위 검토

ⓐ 세금계산서 범칙행위

ⓐ 세금계산서를 발급받지 아니한 행위

㈜보성합판으로부터 실제로 합판(공급가액 1,000,000,000원)을 공급받았으나 대표 황UU와 통정하여 ㈜보성합판 명의의 세금계산서를 발급받지 않았으므로, 이는 세금계산서(1건, 공급가액 1,000,000,000원, 부가가치세 100,000,000원)를 발급받지 아니한 행위(조처법 제10조 제2항 제1호)에 해당한다.

ⓑ 가공세금계산서(위장가공세금계산서)를 수수(수취)한 행위

㈜보성합판으로부터 실제로 합판(공급가액 1,000,000,000원)을 공급받았으나 대표 황UU와 통정하여 복건축자재(대표 황BS) 명의의 세금계산서를 발급받았으므로, 이는 위장가공세금계산서(가공세금계산서)를 수수(수취)한 행위 즉, 재화 또는 용역을 공급하지 아니하거나 공급받지 아니하고 세금계산서(1건, 공급가액 1,000,000,000원, 부가가치세 100,000,000원)를 수수(수취)행위(조처법 제10조 제3항 제1호)에 해당된다.

ⓑ 실행위자(범칙행위자) 특정

윤TT가 ㈜보성합판의 대표 황UU와 통정하여 ㈜보성합판 명의의 세금계산서를 발급받지 않고 복건축자재 명의의 세금계산서(위장가공세금계산서)를 발급받았으므로 세금계산서를 발급받지 아니한 행위와 위장가공세금계산서(가공세금계산서)를 발급받은 행위의 실행위자는 윤TT이다.

ⓒ 가공세금계산서(위장가공세금계산서)를 수수(수취)한 목적(영리목적)

윤TT가 ㈜보성합판으로부터 합판(공급가액 1,000,000,000원)을 공급받았으나 복건축자재 명의의 위장세금계산서(가공세금계산서)를 수취한 목적은 ㈜보성합판 황UU의 부탁을 들어주고 품귀현상이 있어 확보하기 어려운 합판을 우선 공급받기 위해서였다.

ⓓ 특가법 제8조의2 적용 여부

세금계산서를 발급받지 아니한 행위는 가중처벌조항이 없고, 가공세금계산서(위장가공세금계산서)를 발급받은 행위는 윤TT가 품귀현상이 있는 합판을 우선확보하기 위해서라는 영리목적은 있으나, 공급가액등의 합계액(1,000,000,000원)이 30억 원 미만이므로 특가법 제8조의2 제1항에 의한 가중처벌대상은 아니다.

| 적용 법조항 정리 |

적용 법조항	범칙행위 종류	범칙행위 금액	범 칙
	영리목적	(건수)	행위자
조처법 제10조 제2항 제1호	세금계산서를 발급받지 아니한 행위	1,000,000,000원 (1건)	윤TT
	품귀현상이 있는 합판을 우선 공급받기 위해		
조처법 제10조 제3항 제1호	재화 또는 용역의 거래 없이 세금계산서를 수수(수취) 한 행위	1,000,000,000원 (1건)	윤TT
	품귀현상이 있는 합판을 우선 공급받기 위해		

ⓒ 신고누락 수입금액 및 탈루소득금액

ⓐ 수입금액

윤TT가 ㈜보성합판으로부터 합판을 매입하면서 비록 복건축자재(대표 황BS) 명의의 세금계산서를 발급받았지만, 매입한 합판(공급가액 1,000,000,000원)을 2021년 2기 과세기간 중 전량 매출하고 매출내용을 장부에 기장하여 부가가치세와 법인세 신고 시 반영하였기 때문에 신고누락 수입금액은 없다.

그러나 ㈜보상합판으로부터 수취한 복건축자재 명의의 위장가공세금계산서(가공세금계산서)는 매입세액을 공제받을 수 없는 세금계산서인데도 2021년 제2기 부가가치세 신고 시 매입세액(100,000,000원) 공제를 받았으므로 부가가치세를 경정하여야 한다.

(b) 탈루소득금액

윤TT가 ㈜보성합판으로부터 합판(공급가액 1,000,000,000원)을 매입하고 위장가공세금계산서(가공세금계산서)를 수취하여 가공원가를 계상하였으나, 매입한 합판의 공급가액(1,000,000,000원)을 복건축자재를 통해 ㈜보성합판에 지급하였으므로 지급한 대가를 원가로 인정하여 주어야 한다. 원가로 인정하여 주는 금액과 가공원가로 계상한 금액을 아래 표의 내용과 같이 서로 상계하면 탈루소득금액은 없게 된다. 따라서 탈루소득금액은 없다.

○ 탈루소득금액 계산

－1,000,000,000원(가공원가 계상액)＋1,000,000,000원(추가로 원가 인정액) ＝ 0원

Ⓓ 부가가치세, 소득세, 개인지방소득세 포탈세액등 계산(포탈세액등 계산 기준일 : 2023.9.30.)

(a) 부가가치세 탈루세액등 계산(2021년 2기 과세기간)

㉮ 부가가치세 본세 : [0(매출과표) × 10%] － [－1,000,000,000원[주1](매입과표) × 10%]
　　　　　　　　　 ＝ 100,000,000원

　주1) －1,000,000,000원은 위장가공세금계산서(가공세금계산서)의 공급가액을 매입과표에서 차감하는 것을 의미한다.

　　🗸 위장가공세금계산서(가공세금계산서)는 매입세액 불공제 대상이므로 기신고한 부가가치세 매입과표에서 차감되고, 차감된 매입과표(1,000,000,000원)에 해당하는 매입세액(100,000,000원)만큼의 부가가치세가 증가한다. 따라서 부가가치세 탈루세액등은 100,000,000원이다.

㉯ 부당과소신고가산세 : 100,000,000원 × 40% ＝ 40,000,000원

㉰ 세금계산서불성실가산세[주2] : 1,000,0000,000원 × 2% ＝ 20,000,000원

　주2) 가산세 부과 사유는 위장가공세금계산서 수취임.

㉱ 납부지연가산세(㉠ ＋ ㉡) : 13,546,000원

　㉠ 100,000,000원(본세) × 20일(2022.1.26.~2022.2.14.) × 25/100,000 ＝ 500,000원

　㉡ 100,000,000원(본세) × 593일(2022.2.15.~2023.9.30.) × 22/100,000 ＝ 13,046,000원

◎ 부가가치세 추징예상세액(㉮ ＋ ㉯ ＋ ㉰ ＋ ㉱) : 173,546,000원

(b) 소득세 탈루세액등 계산(2021년 귀속)

  ㉮ 소득세 본세 : 탈루세액등 없음.

  ⦿ 2021년 귀속 소득세 신고 시 신고누락한 탈루소득금액이 없으므로 소득세 탈루세액등은 없다.

(c) 개인지방소득세 탈루세액등 계산(2021년 귀속)

  ㉮ 개인지방소득세 본세 : 탈루세액등 없음.

  ⦿ 소득세 탈루세액등이 없으므로 개인지방소득세 탈루세액등이 발생할 수 없다.

(d) 총 탈루세액등

납세의무 확정 연도	세목	탈루세액등 (추징예상세액)	기수시기
2022년	부가가치세 (2021년 2기)	100,000,000원 (173,546,000원)	
합계		100,000,000원 (173,546,000원)	

(e) 조세포탈 여부 판단 및 조세포탈행위의 실행위자 특정

탈루소득금액이 없으므로 소득세와 개인지방소득세의 포탈이 발생할 수 없고, 위장가공세금계산서(가공세금계산서)를 수취라는 부정한 방법으로 매입세액을 공제받아 부가가치세 100,000,000원을 과소하게 납부한 행위는 윤TT가 위장세금계산서 발급자인 복건축자재에 공급가액(1,000,000,000원)과 부가가치세(100,000,000원)에 해당하는 금액(1,100,000,000원)을 입금하였고, 복건축자재가 발급한 위장가공세금계산서(가공세금계산서)의 부가가치세를 신고·납부하였으므로 조세포탈행위로 의율할 수 없다(대법원 1990.10.16. 90도1955 판결). 따라서 조세포탈행위가 발생하지 않았으므로 조세포탈의 실행위자도 없다.

그러므로 부가가치세 탈루세액등 100,000,000원은 포탈세액등이 되지 않는다.

E 법인 또는 개인사업자에 대한 양벌규정 적용 검토

옹치건축은 개인사업자이고 세금계산서 범칙행위의 실행위자가 사업주인 윤TT이므로 윤TT에게 「조세범처벌법」 제18조에서 규정하는 양벌규정에 대한 책임을 물을 수 없다.

F 조세범칙행위 외 범죄행위 검토

옹치건축이 개인사업자이고 조세범칙행위자가 대표자인 윤TT이면서 위장가공세금계산서(가공세금계산서) 수취행위로 자금을 조성하지 않았으므로 횡령행위, 뇌물공여행위 등

의 범죄행위는 검토할 필요가 없다.

G 세무대리인 등에 대한 공범 또는 방조범 해당 여부 검토

토마토세무회계사무소는 웅치건축의 대표 윤TT가 위장가공세금계산서를 수취한 사실 등을 몰랐으므로 윤TT의 세금계산서 범칙행위에 세무대리인 등의 공범 또는 방조범은 없다.

H 총 범칙행위 수

구분	범칙행위 종류	범칙행위자	포탈세액등	세금계산서 등 범칙행위 금액 (건수)
세금계산서등 범칙 관련	세금계산서를 발급하지 아니한 행위(조처법 제10조 제2항 제1호)	윤TT		1,000,000,000원 (1건)
	재화 또는 용역의 거래 없이 세금계산서를 수수(수취)한 행위 (조처법 제10조 제3항 제1호)	윤TT		1,000,000,000원 (1건)
총 범칙행위 수		- 국세 관련 조세범칙 죄 수 : 2개		

다. 위장가공세금계산서(가공세금계산서)를 수수(발급)한 행위(위장가공세금계산서의 명의자)

A 소득세 신고내용 등

○ 황BS(복건축자재)의 2021년 귀속 소득세 신고내용
 - 2021년 귀속 총 수입금액 10,000,000,000원
 - 소득세 과세표준 : 2,000,000,000원
 - 납부할 세액 : 834,600,000원(납부할 세액은 개인지방소득세와 함께 신고 시 납부함)
 ※ 2021년 제2기 부가가치세 신고 시 발급한 위장가공세금계산서에 해당하는 부가가치세를 반영하여 납부할 세액을 전액 납부하였음.
 ※ 복식부기 장부로 신고하였음.
 ※ 황BS가 웅치건축에 위장가공세금계산서를 발급한 사유는 복건축자재의 은행대출 한도를 높이기 위해 외형을 키우기 위해서였으며, 위장가공세금계산서(가공세금계산서) 발급과 관련하여 어떠한 금품도 받지 않았음.
 ※ 성실신고확인서 제출대상자로 소득세 신고 시 제출하였음.
 ※ 멜론세무회계사무소는 복건축자재 황BS의 범칙행위를 몰랐음.

B 세금계산서등의 범칙행위 검토

(a) 세금계산서 범칙행위

ⓐ 가공세금계산서(위장가공세금계산서)를 수수(발급)한 행위

㈜보성합판이 합판(공급가액 1,000,000,000원)을 웅치건축에 공급하였으나, 황BS
가 ㈜보성합판의 대표 황UU와 공모하여 복건축자재 명의의 세금계산서를 웅치건
축 윤TT에게 발급하였으므로, 이는 위장가공세금계산서(가공세금계산서)를 수수
(발급)한 행위 즉, 재화 또는 용역을 공급하지 아니하거나 공급받지 아니하고 세금
계산서(1건, 공급가액 1,000,000,000원, 부가가치세 100,000,000원)를 수수(발급)한
행위(조처법 제10조 제3항 제1호)에 해당하고 황UU와 함께 공범(형법 제30조)이 된다.

(b) 실행위자(범칙행위자) 특정

황BS가 ㈜보성합판의 대표 황UU와 공모하여 복건축자재 명의의 위장가공세금계산
서(가공세금계산서)를 웅치건축에 발급하였으므로 실행위자는 황BS와 황UU이다.

(c) 가공세금계산서(위장가공세금계산서)를 수수(발급)한 목적(영리목적)

황BS가 웅치건축에 위장가공세금계산서(가공세금계산서)를 발급한 목적은 복건축
자재의 외형을 높여 자신의 은행대출 요건을 갖추기 위해서였다.

(d) 특가법 제8조의2 적용 여부

복건축자재의 외형을 높여 은행대출 자격을 갖추기 위해서라는 영리목적은 있으나,
공급가액등의 합계액(1,000,000,000원)이 30억 원 미만이므로 특가법 제8조의2 제1항
에 의한 세금계산서 교부의무 위반 등의 가중처벌대상은 아니다.

| 적용 법조항 정리 |

| 적용 법조항 | 범칙행위 종류 | 범칙행위 금액 | 범 칙 |
	영리목적	(건수)	행위자
조처법 제10조 제3항 제1호, 형법 제30조	재화 또는 용역의 거래 없이 세금계 산서를 수수(발급)한 행위	1,000,000,000원 (1건)	황BS 황UU
	복건축자재의 외형을 높여 은행 대 출 조건을 갖추기 위해		

© 신고누락 수입금액 및 탈루소득금액

ⓐ 수입금액

복건축자재의 황BS가 2021년 귀속 소득세 신고 시 "재화 또는 용역의 거래 없이 발급한 위장가공세금계산서(가공세금계산서)의 공급가액"(허위의 공급가액)을 수입금액에 포함하여 신고하였으므로 기신고한 수입금액(10,000,000,000원)에서 허위의 공급가액(1,000,000,000원)을 차감하여야 한다. 따라서 2021년 귀속 소득세 신고 시 신고누락한 수입금액은 −1,000,000,000원이다.

그리고 황BS가 2021년 제2기 부가가치세 신고 시 발급한 위장가공세금계산서(가공세금계산서)의 공급가액을 매출과표에 포함하여 신고하였으므로 허위의 공급가액(1,000,000,000원)과 부가가치세(100,000,000원)를 차감하기 위해 부가가치세도 경정하여야 한다.

ⓑ 탈루소득금액

복건축자재의 대표 황BS가 2021년 귀속 소득세 신고 시 "재화 또는 용역의 거래 없이 발급한 위장가공세금계산서(가공세금계산서)의 공급가액"(허위 공급가액)을 소득금액에 포함하여 신고하였으므로 기신고한 소득금액에서 허위의 공급가액(1,000,000,000원)을 차감하여야 한다. 따라서 2021년 귀속 소득세 신고 시 신고누락한 탈루소득금액은 −1,000,000,000원이다.

Ⓓ 부가가치세, 소득세, 개인소득지방세 포탈세액등 계산(포탈세액등 계산 기준일 : 2023.9.30.)

ⓐ 부가가치세 탈루세액등 계산(2021년 2기 과세기간)

㉮ 부가가치세 본세 : [−1,000,000,000원[주1](매출과표) × 10%] − [0원(매입과표) × 10%]
$$= -100,000,000원$$

주1) 매출과표 −1,000,000,000원은 복건축자재가 발급한 위장가공세금계산서의 공급가액이 기신고한 매출과표에서 차감된 것을 의미한다.

🗸 매출과표(1,000,000,000원)가 감소하면 매출과표에 해당하는 부가가치세(100,000,000원)가 감소한다. 따라서 부가가치세 탈루세액등은 없다.

㉯ 세금계산서불성실가산세[주2] : 1,000,000,000원 × 2% = 20,000,000원

주2) 가산세 부과 사유는 위장가공세금계산서 발급임.

◎ 부가가치세 추징예상세액(㉮ + ㉯) : −80,000,000원

🗸 추징예상세액 −80,000,000원은 황BS에게 부가가치세 80,000,000원이 환급된다는 것을 의미한다.

(b) 소득세 탈루세액등 계산(2021년 귀속)

⑦ 소득세 본세 : 1,000,000,000원^{주3)} (과세표준) × 42% − 35,400,000원(누진세액공제)

− 834,600,000원(기납부세액) = −450,000,000원

주3) 과세표준 1,000,000,000원은 당초 과세표준(2,000,000,000원)에서 신고누락한 탈루소득금액(−1,000,000,000원)을 합산한 금액이다.

◈ 소득금액 1,000,000,000원이 감소함으로 인해 소득세 450,000,000원이 감소하였다. 따라서 소득세 포탈세액은 없다.

◎ 소득세 추징예상세액(⑦) : −450,000,000원

◈ 소득세 추징예상세액 −450,000,000원은 황BS에 소득세 −450,000,000원이 환급된다는 것을 의미한다.

(c) 개인지방소득세 탈루세액등 계산(2021년 귀속)

⑦ 개인지방소득세 본세 : −450,000,000원(과세표준) × 10% = −45,000,000원

◈ 개인지방소득세 본세가 −45,000,000원은 개인지방소득세가 45,000,000원 감소한 것을 의미한다. 따라서 개인지방소득세 탈루세액등은 없다.

◎ 개인지방소득세 추징예상세액(⑦) : −45,000,000원

◈ 개인지방소득세 추징예상세액 −45,000,000원은 황BS에게 개인지방소득세 45,000,000원이 환급된다는 것을 의미한다.

(d) 총 탈루세액등

납세의무 확정 연도	세목	탈루세액등 (추징예상세액)	기수시기
2022년	소득세 (2021년 귀속)	−450,000,000원 (−450,000,000원)	
2022년	개인지방소득세 (2021년 귀속)	−45,000,000원 (−45,000,000원)	
2022년	부가가치세 (2021년 2기)	−100,000,000원 (−80,000,000원)	
합계		−595,000,000원 (−575,000,000원^{주4)})	

주4) 추징예상세액 −575,000,000원은 황BS에게 575,000,000원(소득세 환급액 450,000,000원 + 개인지방소득세 환급액 45,000,000원, 부가가치세 환급액 80,000,000원)이 환급된다는 것을 의미한다.

◈ 상기 표의 내용과 같이 탈루세액등이 발생하지 아니하였다.

ⓔ 조세포탈 여부 판단 및 조세포탈행위의 실행위자 특정

위장가공세금계산서를 발급하는 세금계산서 범칙행위를 하였지만, 수입금액과 소득금액에서 위장가공세금계산서(가공세금계산서) 발급금액을 차감하면 오히려 수입금액과 소득금액이 줄어들어 포탈세액이 발생하지 않는다. 따라서 조세포탈행위가 발생하지 않았으므로 조세포탈의 실행위자도 없다.

Ⓔ 법인 또는 개인사업자에 대한 양벌규정 적용 검토

복건축자재는 개인사업자이고 조세범칙행위의 실행위자가 사업주이므로 황BS에게 「조세범처벌법」 제18조에서 규정하는 양벌규정에 대한 책임을 물을 수 없다.

Ⓕ 조세범칙행위 외 범죄행위 검토

복건축자재가 개인사업자이고, 조세범칙행위자가 사업주이며, 위장가공세금계산서(가공세금계산서) 발급행위로 자금을 조성하지 않았으므로 횡령행위, 뇌물공여행위 등의 범죄행위는 검토할 필요가 없다.

Ⓖ 세무대리인 등에 대한 공범 또는 방조범 해당 여부 검토

멜론세무회계사무소는 복건축자재의 대표 황BS가 가공세금계산서(위장가공세금계산서)를 발급한 행위에 대해 몰랐으므로 황BS의 세금계산서 범칙행위에 세무대리인 등의 공범 또는 방조범은 없다.

Ⓗ 총 범칙행위 수

구분	범칙행위 종류	범칙행위자	포탈세액등	세금계산서 등 범칙행위 금액 (건수)
세금계산서등 범칙 관련	재화 또는 용역의 거래 없이 세금계산서를 수수(발급)한 행위 (조처법 제10조 제3항 제1호, 형법 제30조)	황BS 황UU		1,000,000,000원 (1건)

2. 면세 법인사업자

㈜대박돼지농장의 대표 황UU는 2021.9.12. 응치정육점의 대표 윤TT(개인사업자)에게 돼지생육(공급가액 1,000,000,000원)을 공급하였으나, 공급자를 황금농장(개인사업자, 대표 황BS)으로 기재(입력)한 계산서를 전자적인 방법으로 발급하여 주었다. 황UU와 황BS(황UU의 아들임)는 사전에 황금농장 명의로 계산서를 발급하여 주기로 공모하였고, 황UU가 돼지생육을 공급하면서 윤TT에게 계산서는 황금농장 명의로 발급한다고 하자 윤TT가 동의하였다.

- 발급한 계산서는 전송 기한 내에 국세청에 전송하였음.
- 응치정육점과 황금농장은 수수한 위장가공계산서(가공계산서)를 소득세 신고 시 반영하여 신고·납부하였음.
- 황UU가 위장가공계산서를 발급한 목적은 황금농장의 외형을 높여 아들 황BS의 은행대출을 받을 수 있는 조건을 갖추게 하기 위해서였음.
- 황UU는 위장가공계산서(가공계산서)를 발급하고 법인세 신고 시 신고누락한 돼지생육 1,000,000,000원에 대한 대응원가를 수사과정에서 제시하지 못하였음.
- 윤TT는 돼지생육을 공급받은 후 2021.9.13. 황금농장의 사업용계좌로 1,000,000,000원을 입금하였음.
- 황BS는 2021.9.13. 윤TT로부터 입금받은 1,000,000,000원을 황UU의 개인계좌로 입금하였음.
- 황UU는 황BS로부터 입금받은 금액으로 내연녀의 아파트를 구입하였음.
- 수달세무회계사무소는 ㈜대박돼지농장의 대표 황UU의 계산서 범칙행위를 몰랐음.
- 세 개 업체는 실제 사업자들임.
- 수사개시일 2023.9.1.

가. 위장가공계산서(가공계산서)를 수수(발급)한 행위

Ⓐ 법인세 신고내용 등

○ ㈜대박돼지농장의 2021년 사업연도 법인세 신고내용 등
  - 2021년 사업연도 총 수입금액 10,000,000,000원
  - 법인세 과세표준 : 2,000,000,000원
  - 총 부담세액 : 380,000,000원(납부할 세액은 법인지방소득세와 함께 신고 시 납부함)

- 법인세는 복식부기 장부로 신고하였음.
- 사업연도 기간 : 1.1.~12.31.

B 세금계산서등의 범칙행위 검토

(a) 계산서 범칙행위

ⓐ 계산서를 발급하지 아니한 행위

㈜대박돼지농장의 대표 황UU가 웅치정육점에 돼지생육(공급가액 1,000,000,000 원)을 공급하였으나, ㈜대박돼지농장 명의로 계산서를 발급하지 않았으므로, 이는 계산서를 발급하지 아니한 행위(조처법 제10조 제1항 제2호)에 해당된다.

ⓑ 가공계산서(위장가공계산서)를 수수(발급)한 행위

㈜대박돼지농장의 대표 황UU가 웅치정육점에 돼지생육(공급가액 1,000,000,000 원)을 공급하고 황BS와 공모하여 계산서를 황금농장 명의로 발급하였으므로, 이는 위장가공계산서를 수수(발급)한 행위 즉, 재화 또는 용역을 공급하지 아니하거나 공급받지 아니하고 계산서 수수(발급)한 행위(조처법 제10조 제3항 제2호)에 해당하고 황금농장 황BS와 함께 공범(형법 제30조)이 된다.

(b) 실행위자(범칙행위자) 특정

대표 황UU가 웅치정육점의 대표 윤TT와 통정하여 계산서를 발급하지 아니하였으므로 계산서 발급하지 아니한 행위의 실행위자는 황UU이고, 황금농장의 대표 천BS와 통정하여 황금농장 명의의 위장가공계산서(가공계산서)를 웅치정육점에 발급하였으므로 위장가공계산서(가공계산서) 수수(발급)행위의 실행위자는 황UU와 황BS이다.

(c) 가공계산서(위장가공계산서)를 수수(발급)한 목적(영리목적)

황UU가 웅치정육점에 돼지생육(공급가액 1,000,000,000원)을 공급하고 황금농장 명의의 위장가공계산서(가공계산서)를 발급한 목적은 황금농장의 외형을 높여 황BS가 은행대출을 받을 수 있는 요건을 갖추게 하는 것이었다.

(d) 특가법 제8조의2 적용 여부

계산서를 발급하지 아니한 행위는 가중처벌조항이 없고, 가공계산서(위장가공계산서)를 발급한 행위는 황UU가 아들 황BS의 은행대출 받을 자격을 갖추어 주기 위해서라는 영리목적은 있으나, 공급가액등의 합계액(1,000,000,000원)이 30억 원 미만이므로 특가법 제8조의2 제1항에 의한 가중처벌대상은 아니다.

적용 법조항	범칙행위 종류	범칙행위 금액 (건수)	범 칙 행위자
	영리목적		
조처법 제10조 제1항 제2호	계산서를 발급하지 아니한 행위	1,000,000,000원 (1건)	황UU
	아들의 은행대출 자격을 갖추기 위함.		
조처법 제10조 제3항 제2호, 형법 제30조	재화 또는 용역의 거래 없이 계산서를 수수(발급)한 행위	1,000,000,000원 (1건)	황UU 황BS
	아들의 은행대출 자격을 갖추기 위함.		

Ⓒ 신고누락 수입금액 및 탈루소득금액

(a) 수입금액

　㈜대박돼지농장의 대표 황UU가 웅치정육점에 돼지생육(공급가액 1,000,000,000원)을 공급하였으나, ㈜대박돼지농장 명의의 계산서를 발행하지 않고 황금농장의 명의로 발급하여 거래를 은폐해, 2021년 사업연도 법인세 신고 시 신고누락하였기 때문에 신고누락한 수입금액은 1,000,000,000원이다.

(b) 탈루소득금액

　㈜대박돼지농장의 대표 황UU가 웅치정육점에 위장가공계산서를 발급하고 거래를 은폐하여 신고누락한 수입금액(매출액)에 대해 수사과정에서 대응되는 원가를 제시하지 못하였으므로 2021년 사업연도 법인세 신고 시 신고누락한 수입금액 전액(1,000,000,000원)이 탈루소득금액이다.

Ⓓ 법인세, 법인지방소득세 포탈세액등 계산(포탈세액등 계산 기준일 : 2023.9.30.)

(a) 법인세 탈루세액등 계산(2021년 사업연도)

　㉮ 법인세 본세 : 3,000,000,000원[주1](과세표준) × 20% − 20,000,000원(누진공제세액)
　　　− 380,000,000원(기납부세액) = 200,000,000원

　　주1) 과세표준 3,000,000,000원은 당초 과세표준(2,000,000,000원)에 신고누락한 탈루소득금액 (1,000,000,000원)을 합산한 금액임.

　㉯ 부정과소신고가산세(㉠과 ㉡ 중 큰 것) : 80,000,000원

　　㉠ 200,000,000원 × 40% = 80,000,000원

　　㉡ 1,000,000,000원(부정과소신고 수입금액) × 14/10,000 = 14,000,000원

　　● 부정과소신고가산세를 적용한 사유는 ㈜대박돼지농장의 대표 황UU가 위장가공계산서를 발

급한 행위는 「조세범처벌법」 제3조 제6항 제4호가 규정하는 거래의 은폐에 해당하는 부정한 행위이기 때문이다.

㉰ 납부지연가산세 : 200,000,000원 × 548일(2022.4.1.~2023.9.30.) × 22/100,000
= 24,112,000원

㉱ 계산서불성실가산세[주2] : 1,000,000,000원 × 2% = 20,000,000원

주2) 가산세 부과 사유는 계산서 미발급임.

◎ 법인세 추징예상세액(㉮ + ㉯ + ㉰ + ㉱) : 324,112,000원

(b) 법인지방소득세 탈루세액등 계산(2021년 사업연도)

㉮ 법인지방소득세 본세 : 200,000,000(과세표준) × 10% = 20,000,000원

㉯ 부정과소신고가산세 : 20,000,000(과세표준) × 40% = 8,000,000원

㉰ 납부지연가산세 : 20,000,000원(본세) × 518일 × 22/100,000 = 2,279,200원

🔑 법인지방소득세는 신고납세제도에 속하는 세목이고 신고·납부기한은 법인의 과세기간 종료일부터 4개월 이내이다. 따라서 납부지연가산세 기산일은 2022.5.1.이 된다.

㉱ 법인세의 가산세에 부과하는 가산세 : 20,000,000원[주3] × 10% = 2,000,000원

주3) 계산서불성실가산세임.

◎ 법인지방소득세 추징예상세액(㉮ + ㉯ + ㉰ + ㉱) : 32,279,200원

(c) 총 탈루세액등

납세의무 확정 연도	세목	탈루세액등 (추징예상세액)	기수시기
2022년	법인세 (2021년 사업연도)	200,000,000원 (324,112,000원)	2022.3.31. 지난 때
2022년	법인지방소득세 (2021년 사업연도)	20,000,000원 (32,279,200원)	2022.4.30. 지난 때
합 계		220,000,000원 (356,391,200원)	

(d) 조세포탈 여부 판단 및 조세포탈행위의 실행위자 특정

계산서를 발급하지 아니하는 등 부정한 방법으로 법인세 200,000,000원과 법인지방소득세 20,000,000원을 과소하게 납부한 행위는 법인세 포탈행위(조처법 제3조 제1항)와 법인지방소득세 포탈행위(지기법 제102조 제1항)에 해당하고, 조세포탈의 실행행위인 계산서를 발급하지 아니한 행위를 대표 황UU가 하였으므로 조세포탈의 실행위자는 대표

황UU이다.

그리고 연간 포탈세액등[주4)](2022년)이 5억 원 이상인 연도가 없으므로 특가법 제8조는 적용되지 않는다.

주4) 220,000,000원 = 200,000,000,000원(법인세 포탈세액) + 20,000,000원(법인지방세 포탈세액)

| 적용 법조항 정리 |

적용 법조항	범칙행위 종류	실행위자	포탈세액등
조처법 제3조 제1항	법인세 포탈행위 (2021년 사업연도)	황UU	200,000,000원
지기법 제102조 제1항	법인지방소득세 포탈행위 (2021년 사업연도)	황UU	20,000,000원

E 법인 또는 개인사업자에 대한 양벌규정 적용 검토

㈜대박돼지농장은 범칙행위자 황UU가 업무와 관련하여 사기 그 밖의 부정한 행위로 인한 조세포탈행위 등을 하지 않도록 상당한 주의를 가지고 감독할 의무가 있으나, 범칙행위자 황UU의 사기 그 밖의 부정한 행위로 인한 조세포탈행위 등을 방지하기 위한 책임을 게을리하였으므로 「조세범처벌법」 제18조와 「지방세기본법」 제109조에서 규정하는 양벌규정에 대해 책임이 있다.

| 적용 법조항 정리 |

적용 법조항	범칙행위 종류	범칙행위자
조처법 제18조	양벌규정	㈜대박돼지농장
지기법 제109조	양벌규정	㈜대박돼지농장

F 조세범칙행위 외 범죄행위 검토

(a) 횡령행위

㈜대박돼지농장의 대표 황UU가 돼지생육(공급가액 1,000,000,000원)을 웅치정육점에 판매하였으나 ㈜대박돼지농장 명의의 계산서를 발급하지 않고 황금농장 명의의 위장가공계산서(가공계산서)를 발급하여 거래(매출)를 은폐하고 마련한 부외자금 1,000,000,000원을 불법영득 의사로 영득한 행위는 업무상 횡령행위(형법 제356조)에 해당한다.

그리고 업무상 횡령금액(1,000,000,000원)이 5억 원 이상이므로 특경법 제3조 제1항 제2호에 의하여 특정재산범죄의 가중처벌대상이다.

적용 법조항	범칙행위 종류	범칙행위자	횡령금액
특경법 제3조 제1항 제2호	특정재산범죄의 가중처벌	황UU	1,000,000,000원
형법 제356조	업무상 횡령행위	황UU	1,000,000,000원

ⓑ 뇌물공여행위, 불법정치자금제공행위 등

㈜대박돼지농장의 대표 황UU가 횡령한 금전으로 내연녀의 아파트를 구입하는데 사용하였으므로 뇌물공여행위 등에 대한 범죄행위는 검토할 필요가 없다.

Ⓖ 세무대리인 등에 대한 공범 또는 방조범 해당 여부 검토

수달세무회계사무소는 ㈜대박돼지농장의 대표 황UU가 위장가공계산서(가공계산서)를 발급하여 거래(매출)를 은폐하고 조세포탈등의 범칙행위를 한 사실을 몰랐으므로 황UU의 세금계산서 범칙행위와 조세포탈행위에 세무대리인 등의 공범 또는 방조범은 없다.

Ⓗ 총 범칙행위 수

구분	범칙행위 종류	범칙행위자	포탈세액등	세금계산서 등 범칙행위 금액 (건수)
조세포탈 관련	법인세 포탈행위 (2021년 사업연도) (조처법 제3조 제1항)	황UU	200,000,000원	
	법인지방소득세 포탈행위 (2021년 사업연도) (지기법 102조 제1항)	황UU	20,000,000원	
세금계산서등 범칙 관련	계산서를 발급하지 아니한 행위 (조처법 제10조 제2항 제1호)	황UU		1,000,000,000원 (1건)
	재화·용역의 거래 없이 계산서를 수수(발급)한 행위 (조처법 제10조 제3항 제2호, 형법 제30조)	황UU 황BS		1,000,000,000원 (1건)
기타 조세 범칙 관련	양벌규정(조처법 제18조)	㈜대박돼지농장		
	양벌규정(지기법 제109조)	㈜대박돼지농장		

구분	범칙행위 종류	범칙행위자	포탈세액등	세금계산서 등 범칙행위 금액 (건수)
조세범칙 외	특정재산범죄의 가중처벌 (특정법 제3조 제1항 제2호)	황UU		1,000,000,000원
	업무상 횡령행위(형법 제356조)	황UU		1,000,000,000원
총 범칙행위 수		- 국세 관련 조세범칙 죄 수 : 4개 - 지방세 관련 조세범칙 죄 수 : 2개 - 기타 범칙 관련 죄 수 : 2개		

나. 위장가공계산서(가공계산서)를 수수(수취)한 행위

A 소득세 신고내용 등

○ 윤TT(웅치정육점)의 2021년 귀속 소득세 신고내용
- 업태·종목 : 도·소매/식육점
- 2021년 귀속 총 수입금액 10,000,000,000원
- 소득세 과세표준 : 300,000,000원
- 납부할 세액 : 94,600,000원(납부할 세액은 개인지방소득세와 함께 신고 시 납부함)
※ 윤TT는 ㈜대박돼지농장으로부터 위장가공계산서를 수취하여 매입한 돼지생육을 2021년 12월말까지 전량 판매하였고 매출액은 장부에 기록하여 소득세 신고에 반영하였음.
※ 윤TT가 황UU로부터 황금농장 명의의 위장가공계산서(가공계산서)를 받은 목적는 황UU와 유대관계를 돈독히 하여 품귀현상이 있는 무항생제 돼지생육을 우선 공급받기 위해서였음.
※ 복식부기의무자로 복식부기 장부로 신고하였음.
※ 성실신고확인서 제출대상자로 소득세 신고 시 제출하였음.
※ 올빼미세무회계사무소는 윤TT가 실제로 돼지생육을 공급받고 위장가공계산서(가공계산서)를 수취한 사실을 몰랐음.

B 세금계산서등의 범칙행위 검토

(a) 계산서 범칙행위

ⓐ 계산서를 발급받지 아니한 행위

㈜대박돼지농장으로부터 실제로 돼지생육(공급가액 1,000,000,000원)을 공급받았으나 대표 황UU와 통정하여 ㈜대박돼지농장 명의의 계산서를 발급받지 않았음으

로, 이는 계산서(1건, 공급가액 1,000,000,000원)를 발급받지 아니한 행위(조처법 제10조 제2항 제2호)에 해당한다.

ⓑ 가공계산서(위장가공계산서)를 수수(수취)한 행위

㈜대박돼지농장으로부터 돼지생육(공급가액 1,000,000,000원)을 공급받았으나 대표 황UU와 통정하여 황금농장(대표 황BS) 명의의 계산서(1장, 공급가액 1,000,000,000원)를 발급받았으므로, 이는 위장가공계산서(가공계산서)를 수수(수취)한 행위 즉, 재화 또는 용역을 공급하지 아니하거나 공급받지 아니하고 계산서(1건, 공급가액 1,000,000,000원)를 수수(수취)한 행위(조처법 제10조 제3항 제2호)에 해당된다.

(b) 실행위자(범칙행위자) 특정

윤TT가 ㈜대박돼지농장의 대표 황UU와 통정하여 계산서를 발급받지 아니하고 황금농장 명의의 계산서를 수취하였으므로 계산서를 발급받지 아니한 행위와 위장가공계산서(가공계산서) 수수(수취)한 행위의 실행위자는 윤TT이다.

(c) 가공계산서(위장가공계산서)를 수수(수취)한 목적(영리목적)

윤TT가 ㈜대박돼지농장으로부터 실제 돼지생육을 공급받고 황금농장 명의의 위장가공계산서(가공계산서)를 수취한 목적은 ㈜대박돼지농장의 대표 황UU와 관계를 돈독히 하여 품귀현상이 있는 무항생제 돼지생육을 우선 공급받기 위해서였다.

(d) 특가법 제8조의2 적용 여부

계산서를 발급받지 아니한 행위는 가중처벌조항이 없고, 가공계산서(위장가공세금계산서)를 발급받은 행위는 윤TT가 품귀현상이 있는 돼지생육을 우선확보하기 위해서라는 영리목적은 있으나, 공급가액등의 합계액(1,000,000,000원)이 30억 원 미만이므로 특가법 제8조의2 제1항에 의한 가중처벌대상은 아니다.

| 적용 법조항 정리 |

적용 법조항	범칙행위 종류	범칙행위 금액 (건수)	범 칙 행위자
	영리목적		
조처법 제10조 제2항 제2호	계산서를 발급받지 아니한 행위	1,000,000,000원 (1건)	윤TT
	무항생제 돼지생육을 우선 공급받기 위해		
조처법 제10조 제3항 제2호	재화 또는 용역의 거래 없이 계산서를 수수(수취)한 행위	1,000,000,000원 (1건)	윤TT
	무항생제 돼지생육을 우선 공급받기 위해		

© 신고누락 수입금액 및 탈루소득금액

(a) 수입금액

웅치정육점의 윤TT가 ㈜대박돼지농장으로부터 돼지생육을 매입하면서 비록 황금농장 (대표 황BS) 명의의 계산서를 발급받았지만, 매입한 돼지생육(공급가액 1,000,000,000 원)을 2021년 중 전량 매출하고 매출내용을 장부에 기장하여 2021년 사업연도 법인세 신고 시 반영하였기 때문에 신고누락 수입금액은 없다.

(b) 탈루소득금액

윤TT가 ㈜대박돼지농장으로부터 돼지생육(공급가액 1,000,000,000원)을 매입하고 위 장가공계산서(가공계산서)를 수취하여 가공원가를 계상하였으나, 매입한 돼지생육의 대가(1,000,000,000원)를 황금농장을 통하여 ㈜대박돼지농장에 지급하였으므로 지급 한 대가를 원가로 인정하여 주어야 한다. 원가로 인정하여 주는 금액과 가공원가로 계상한 금액을 아래 표의 내용과 같아 서로 상계하면 탈루소득금액은 없게 된다. 따라 서 탈루소득금액은 없다.

○ 탈루소득금액 계산

－1,000,000,000원(가공 계상된 원가로 제거되는 금액)
＋
1,000,000,000원(추가 원가로 인정되는 돼지생육 금액)
──────────────────────────────
0원

Ⓓ 소득세, 개인지방소득세 포탈세액등 계산(포탈세액 계산 기준일 : 2023.9.30.)

(a) 소득세 탈루세액등 계산(2021년 귀속)

㉮ 소득세 본세 : 탈루세액등 없음.

☞ 2021년 귀속 소득세 신고 시 신고누락한 탈루소득금액이 없으므로 소득세 탈루세액등은 없다.

㉯ 계산서불성실가산세[주1] : 1,000,000,000원 × 2% ＝ 20,000,000원

주1) 가산세 부과 사유는 위장가공계산서 수취임.

◎ 소득세 추징예상세액(㉮ ＋ ㉯) : 20,000,000원

(b) 개인지방소득세 탈루세액등 계산(2021년 귀속)

㉮ 개인지방소득세 본세 : 탈루세액등 없음.

☞ 소득세 탈루세액등이 없으므로 개인지방소득세 탈루세액등이 발생할 수 없다.

Ⓝ 소득세의 가산세에 부과하는 가산세 : 20,000,000원[주2] × 10% = 2,000,000원

　주2) 계산서불성실가산세임.

◎ 개인지방소득세 추징예상세액(㉮ + Ⓝ) : 2,000,000원

(c) 총 탈루세액등

납세의무 확정 연도	세목	탈루세액등 (추징예상세액)	기수시기
2022년	소득세 (2021년 귀속)	0원 (20,000,000원)	
2022년	개인지방소득세 (2021년 귀속)	0원 (2,000,000원)	
합계		0원 (22,000,000원)	

(d) 조세포탈 여부 판단 및 조세포탈행위의 실행위자 특정

　위장가공계산서(가공계산서)를 수취하여 계산서 범칙행위를 하였지만, 신고누락한 탈루소득이 없으므로 조세포탈행위는 발생할 수 없다. 따라서 조세포탈행위가 발생하지 않았으므로 조세포탈의 실행위자도 없다.

Ⓔ 법인 또는 개인사업자에 대한 양벌규정 적용 검토

　웅치정육점은 개인사업자이고 조세범칙행위의 실행위자가 사업주인 윤TT이므로 윤TT에게 「조세범처벌법」 제18조에서 규정하는 양벌규정에 대한 책임을 물을 수 없다.

Ⓕ 조세범칙행위 외 범죄행위 검토

　웅치정육점은 개인사업자이고, 조세범칙행위자가 사업주이면서 위장가공계산서(가공계산서) 수취행위로 자금이 조성되지 않았으므로 횡령행위, 뇌물공여행위 등의 범죄행위는 검토할 필요가 없다.

Ⓖ 세무대리인 등에 대한 공범 또는 방조범 해당 여부 검토

　올빼미세무회계사무소는 웅치정육점의 대표 윤TT가 위장가공계산서(가공계산서)를 수취한 행위에 대해 몰랐으므로 윤TT의 세금계산서등의 범칙행위에 세무대리인 등의 공범 또는 방조범은 없다.

구분	범칙행위 종류	범칙행위자	포탈세액등	세금계산서 등 범칙행위 금액 (건수)
세금계산서등 범칙 관련	계산서를 미수취한 행위 (조처법 제10조 제2항 제2호)	윤TT		1,000,000,000원 (1건)
	재화 또는 용역의 거래 없이 계산서를 수수(수취)한 행위 (조처법 제10조 제3항 제2호)	윤TT		1,000,000,000원 (1건)

다. 위장가공계산서(가공계산서)를 수수(발급)한 행위(위장가공계산서의 명의자)

Ⓐ 소득세 신고내용 등

○ 천BS(황금농장) 2021년 귀속 소득세 신고내용
 - 2021년 귀속 총 수입금액 10,000,000,000원
 - 소득세 과세표준 : 2,000,000,000원
 - 납부할 세액 : 834,600,000원(소득세 신고 시 개인지방소득세와 함께 납부하였음)
 ※ 황금농장의 황BS가 ㈜대박돼지농장의 대표 황UU와 공모하여 웅치정육점에 위장가공계산서(가공계산서)를 발급한 사유는 외형을 높여 은행대출 조건을 갖추기 위해서였으며, 위장가공계산서(가공계산서) 발급과 관련하여 어떠한 금품도 받지 않았음.
 ※ 복식부기 장부로 신고하였음.
 ※ 멧돼지세무회계사무소는 황금농장이 위장가공계산서(가공계산서)를 발급한 사실을 몰랐음.

Ⓑ 세금계산서등의 범칙행위 검토

(a) 계산서 범칙행위

ⓐ 가공계산서(위장가공계산서)를 수수(발급)한 행위

㈜대박돼지농장이 돼지생육(공급가액 1,000,000,000원)을 웅치정육점에 공급하였으나 황BS가 ㈜대박돼지농장 대표 황UU와 공모하여 황금농장 명의의 계산서를 웅치정육점 윤TT에게 발급하였으므로, 이는 위장가공계산서(가공계산서)를 수수(발급)한 행위 즉, 재화 또는 용역을 공급하지 아니하거나 공급받지 아니하고 계산서를 수수(발급)한 행위(조처법 제10조 제3항 제2호)에 해당하고 황UU와 함께 공

범(형법 제30조)이 된다.

(b) 실행위자(범칙행위자) 특정

황BS가 ㈜대박돼지농장의 대표 황UU와 통정하여 황금농장 명의의 위장가공계산서 (가공계산서)를 웅치정육점에 발급하였으므로 실행위자는 황BS와 황UU이다.

(c) 가공계산서(위장가공계산서)를 수수(발급)한 목적(영리목적)

황BS가 ㈜대박돼지농장의 대표 황UU와 공모하여 웅치정육점에 황금농장 명의의 위장가공계산서(가공계산서)를 발급한 사유는 외형을 높여 은행대출 조건을 갖추기 위해서였다.

(d) 특가법 제8조의2 적용 여부

은행대출 받을 자격을 갖추어 주기 위해서라는 영리목적은 있으나, 공급가액등의 합계액(1,000,000,000원)이 30억 원 미만이므로 특가법 제8조의2 제1항에 의한 가중처벌 대상은 아니다.

| 적용 법조항 정리 |

적용 법조항	범칙행위 종류		범칙행위 금액 (건수)	범 칙 행위자
	영리목적			
조처법 제10조 제3항 제2호, 형법 제30조	재화 또는 용역의 거래 없이 계산서를 수수(발급)한 행위		1,000,000,000원 (1건)	황BS 황UU
	황금농장의 외형을 높여 은행대출 조건을 갖추기 위해			

ⓒ 신고누락 수입금액 및 탈루소득금액

(a) 수입금액

황금농장의 황BS가 2021년 귀속 소득세 신고 시 "재화 또는 용역의 거래 없이 발급한 위장가공계산서(가공계산서)의 공급가액"(허위의 공급가액)을 수입금액에 포함하여 신고하였으므로 기신고한 수입금액(10,000,000,000원)에서 허위의 공급가액(1,000,000,000원)을 차감하여야 한다. 따라서 2021년 귀속 소득세 신고 시 신고누락한 수입금액은 -1,000,000,000원이다.

(b) 탈루소득금액

황금농장의 대표 황BS가 2021년 귀속 소득세 신고 시 "재화 또는 용역의 거래 없이 발급한 위장가공계산서(가공계산서)의 공급가액"(허위의 공급가액)을 소득금액에 포함하여 신고하였으므로 기신고한 소득금액(2,000,000,000원)에서 허위의 공급가액 (1,000,000,000원)을 차감하여야 한다. 따라서 2021년 귀속 소득세 신고 시 신고누락한 탈루소득금액은 −1,000,000,000원이다.

Ｄ 소득세, 개인지방소득세 포탈세액등 계산(포탈세액등 계산 기준일 : 2023.9.30.)

(a) 소득세 탈루세액등 계산(2021년 귀속)

㉮ 소득세 본세 : 1,000,000,000원[주1](과세표준) × 42% − 35,400,000원(누진세액공제)
    − 834,600,000원(기납부세액) = −450,000,000원

주1) 과세표준 1,000,000,000원은 당초 신고한 과세표준(2,000,000,000원)에 신고누락한 탈루소득금액 (−1,000,000,000원)을 합산한 금액이다.

☞ 신고누락한 탈루소득금액(−1,000,000,000원)을 반영하여 과세표준이 1,000,000,000원 감소하여 소득세가 450,000,000원 감소하였다. 따라서 소득세 탈루세액등은 없다.

㉯ 계산서불성실가산세[주2] : 1,000,000,000원 × 2% = 20,000,000원

주2) 가산세 부과 사유는 위장가공계산서 발급임.

◎ 소득세 추징예상세액(㉮ + ㉯) : −430,000,000원

☞ 소득세 추징예상세액 −430,000,000원은 황BS에게 소득세 430,000,000원이 환급된다는 것을 의미한다.

(b) 개인지방소득세 탈루세액등 계산(2021년 귀속)

㉮ 개인지방소득세 본세 : −450,000,000원(과세표준) × 10% = −45,000,000원

㉯ 소득세의 가산세에 부과하는 가산세 : 20,000,000원[주3] × 10% = 2,000,000원

주3) 계산서불성실가산세임.

◎ 개인지방소득세 추징예상세액(㉮ + ㉯) : −43,000,000원

☞ 개인지방소득세 추징예상세액 −43,000,000원은 황BS에게 개인지방소득세 43,000,000원이 환급된다는 것을 의미한다.

(c) 총 탈루세액등

납세의무 확정 연도	세목	탈루세액등 (추징예상세액)	기수시기
2022년	소득세 (2021년 귀속)	−450,000,000원 (−430,000,000원)	
2022년	개인지방소득세 (2021년 귀속)	−45,000,000원 (−43,000,000원)	

납세의무 확정 연도	세목	탈루세액등 (추징예상세액)	기수시기
합계		−495,000,000원 (−473,000,000원[주4])	

주4) 추징예상세액 −473,000,000원은 황BS에게 473,000,000원(소득세 환급액 430,000,000원 + 개인지방소득세 환급액 43,000,000원)이 환급된다는 것을 의미한다.

🔘 상기 표의 내용과 같이 탈루세액등이 발생하지 아니하였다.

(d) 조세포탈 여부 판단 및 조세포탈행위의 실행위자 특정

가공계산서(위장가공계산서)를 발급하는 계산서 범칙행위를 하였지만, 위장가공계산서 발급액을 없애면 오히려 수입금액과 소득금액이 줄어들어 포탈세액이 발생하지 않는다. 따라서 조세포탈행위가 발생하지 않았으므로 조세포탈의 실행위자도 없다.

E 법인 또는 개인사업자에 대한 양벌규정 적용 검토

황금농장은 개인사업자이고 조세범칙행위의 실행위자가 사업주인 황BS이므로 황BS에게 「조세범처벌법」 제18조에서 규정하는 양벌규정에 대한 책임을 물을 수 없다.

F 조세범칙행위 외 범죄행위 검토

황금농장이 개인사업자이고, 위장가공계산서(가공계산서) 발급행위로 자금이 조성되지 않았으므로 횡령행위, 뇌물공여행위 등의 범죄행위는 검토할 필요가 없다.

G 세무대리인 등에 대한 공범 또는 방조범 해당 여부 검토

멧돼지세무회계사무소는 황금농장의 대표 황BS가 위장가공계산서(가공계산서)를 발급한 행위에 대해 몰랐으므로 황BS의 계산서 범칙행위에 세무대리인 등의 공범 또는 방조범은 없다.

H 총 범칙행위 수

구분	범칙행위 종류	범칙 행위자	포탈세액 등	세금계산서 등 범칙행위 금액 (건수)
세금계산서 등 범칙 관련	재화 또는 용역의 거래 없이 계산서를 수수(발급)한 행위 (조처법 제10조 제3항 제2호, 형법 제30조)	황BS 황UU		1,000,000,000원 (1건)

3. 과·면세 겸영 법인사업자

㈜한성돼지농장 대표 황UU가 맛최고정육점(대표 윤WW)에 2021.10.30. 돼지생갈비(공급가액 1,000,000,000원)와 양념돼지갈비(공급가액 1,000,000,000원)를 공급하였으나, 황금농장의 대표 황BS(황UU의 아들)와 공모하여 황금농장 명의의 세금계산서(1장, 공급가액 1,000,000,000원, 부가가치세 100,000,000원)와 계산서(1장, 공급가액 1,000,000,000원)를 발급하였다. 황UU는 윤WW에게 한성돼지농장 명의가 아닌 황금농장 명의의 세금계산서와 계산서를 발급할 것이라는 사실을 사전에 알려 윤WW의 동의를 얻었다.

- 황UU와 통정한 황BS는 국세청 홈택스 전자세금계산서 발급화면에 접속하여 세금계산서와 계산서를 작성한 후 윤WW에게 전송하였음.
- 황UU가 위장가공세금계산서와 위장가공계산서를 발급한 사유는 황금농장의 외형을 높여 황BS의 은행대출 요건을 확보하기 위해서였음.
- 황BS와 윤WW는 수수한 위장가공세금계산서(가공세금계산서)와 위장가공계산서(가공계산서)를 반영하여 부가가치세와 소득세 신고를 하였음.
- 황UU는 맛최고정육점에 공급한 돼지생갈비(공급가액 1,000,000,000원)와 양념돼지갈비(공급가액 1,000,000,000원)를 부가가치세 및 소득세 신고 시 신고누락하였으나, 수사과정에서 신고누락분(2,000,000,000원)에 대한 대응원가를 제시하지 못하였음.
- 맛최고정육점의 윤WW는 ㈜한성돼지농장으로부터 공급받은 돼지생갈비와 양념돼지갈비의 대금(2,100,000,000원)을 황금농장의 사업용계좌를 입금하여 주었다. 입금한 2,100,000,000원 속에는 양념돼지갈비에 대한 부가가치세(100,000,000원)가 포함되었음.
- 황BS는 윤WW에게서 입금받은 2,100,000,000원 중 부가가치세를 제외한 2,000,000,000원을 황UU의 개인통장으로 2021.11.30. 입금하였음.
- 황BS는 2021년 제2기 부가가치세 신고 시 맛최고정육점에 발급한 위장가공세금계산서(가공세금계산서)의 부가가치세를 신고·납부하였음.
- 황UU는 맛최고정육점에 위장가공세금계산서(가공세금계산서)와 위장가공계산서(가공계산서)를 발급하고 신고누락한 매출대금 전액을 내연녀 아들의 은행 계좌에 은닉하였음.
- ㈜한성돼지농장, 황금농장, 맛최고정육점 세 업체는 실제 사업을 하는 업체임.
- 수사개시일 2023.9.1.

가. 위장가공세금계산서(가공세금계산서) 또는 위장가공계산서(가공계산서)를 수수(발급)한 행위

Ⓐ 법인세 신고내용 등

○ ㈜한성돼지농장의 2021년 사업연도 법인세 신고내용 등
  - 2021년 사업연도 총 수입금액 10,000,000,000원
  - 법인세 과세표준 : 2,500,000,000원
  - 총 부담세액 : 480,000,000원(법인세 신고 시 법인지방소득세와 함께 납부하였음)
  ※ 복식부기의무자로 복식부기 장부로 신고하였음.
  ※ 코끼리세무회계사무소는 ㈜한성돼지농장의 위장가공세금계산서(가공세금계산서)와 위장가공계산서(가공계산서)를 교부하고 매출을 누락한 사실을 몰랐음.
  ※ 사업연도 기간 : 1.1.~12.21.

Ⓑ 세금계산서등의 범칙행위 검토

(a) 세금계산서 범칙행위

ⓐ 세금계산서를 발급하지 아니한 행위

㈜한성돼지농장의 대표 황UU가 맛최고정육점에 양념돼지갈비(공급가액 1,000,000,000원)를 공급하고 ㈜한성돼지농장 명의로 세금계산서를 발급하지 않았으므로, 이는 세금계산서(1건, 공급가액 1,000,000,000원, 부가가치세 100,000,000원)를 발급하지 아니한 행위(조처법 제10조 제1항 제1호)에 해당한다.

ⓑ 가공세금계산서(위장가공세금계산서)를 수수(발급)한 행위

㈜한성돼지농장의 대표 황UU가 맛최고정육점에 양념돼지갈비(공급가액 1,000,000,000원)를 공급하고 황금농장 대표 황BS와 공모하여 황금농장 명의로 세금계산서를 발급하였으므로, 이는 위장가공세금계산서(가공세금계산서)를 수수(발급)한 행위, 즉 재화 또는 용역을 공급하지 아니하거나 공급받지 아니하고 세금계산서(1건, 공급가액 1,000,000,000원, 부가가치세 100,000,000원) 를 수수한 행위(조처법 제10조 제3항 제1호)에 해당하고 황금농장 대표 황BS와 함께 공범(형법 제30조)이 된다.

(b) 계산서 범칙행위

ⓐ 계산서를 발급하지 아니한 행위

㈜한성돼지농장의 대표 황UU가 맛최고정육점에 돼지생갈비(공급가액 1,000,000,000원)를 공급하고 한성돼지농장 명의로 계산서를 발급하지 않았으므로, 이는 계산서

(1건, 공급가액 1,000,000,000원)를 발급하지 아니한 행위(조처법 제10조 제1항 제2호)에 해당한다.

ⓑ 가공계산서(위장가공계산서)를 수수(발급)한 행위

㈜한성돼지농장의 대표 황UU가 맛최고정육점에 돼지생갈비(공급가액 1,000,000,000원)를 공급하고 황금농장 대표 황BS와 통정하여 황금농장 명의로 계산서를 발급하였으므로, 이는 위장가공계산서(가공계산서)를 수수(발급)한 행위 즉, 재화 또는 용역을 공급하지 아니하거나 공급받지 아니하고 계산서(1건, 공급가액 1,000,000,000원)를 수수(발급)한 행위(조처법 제10조 제3항 제2호)에 해당하고 황금농장 대표 황BS와 함께 공범(형법 제30조)이 된다.

(c) 실행위자(범칙행위자) 특정

㈜한성돼지농장의 대표 황UU가 양념돼지갈비와 돼지생갈비를 공급하였으나 ㈜한성돼지농장 명의의 세금계산서와 계산서를 발급하지 아니하였으므로 세금계산서와 계산서를 발급하지 아니한 행위의 실행위자는 황UU이고, 황금농장의 대표 황BS와 통정하여 황금농장 명의의 세금계산서와 계산서를 맛최고정육점에 발급하였으므로 위장가공세금계산서(가공세금계산서)와 위장가공계산서(가공계산서)를 발급한 행위의 실행위자는 황UU와 황BS이다.

(d) 가공세금계산서(위장가공세금계산서)와 가공계산서(위장가공계산서)를 수수(발급)한 목적(영리목적)

㈜한성돼지농장에서 대표 황UU가 위장가공세금계산서(가공세금계산서)와 위장가공계산서(가공계산서)를 발급한 목적은 황금농장의 외형을 높여 황BS의 은행대출 자격을 갖추는 것이었다.

(e) 특가법 제8조의2 적용 여부

세금계산서와 계산서를 발급하지 아니한 행위는 가중처벌조항이 없고, 가공세금계산서(위장가공세금계산서)와 가공계산서(위장가공계산서)를 발급한 행위는 황UU와 황BS가 황금농장의 외형을 높여 은행대출 받을 자격을 갖추어 주기 위해서라는 영리목적은 있으나, 공급가액등의 합계액(2,000,000,000원[주1])이 30억 원 미만이므로 특가법 제8조의2 제1항에 의한 가중처벌대상은 아니다.

주1) 2,000,000,000원 = 1,000,000,000원(위장가공세금계산서 발급액) + 1,000,000,000원(위장가공계산서 발급액)

적용 법조항	범칙행위 종류	범칙행위 금액 (건수)	범 칙 행위자
	영리목적		
조처법 제10조 제1항 제1호	세금계산서를 발급하지 아니한 행위	1,000,000,000원 (1건)	황UU
	황금농장의 외형을 높여 은행대출 자격을 갖추기 위함.		
조처법 제10조 제1항 제2호	계산서를 발급하지 아니한 행위	1,000,000,000원 (1건)	황UU
	황금농장의 외형을 높여 은행대출 자격을 갖추기 위함.		
조처법 제10조 제3항 제1호, 형법 제30조	재화 또는 용역의 거래 없이 세금계 산서를 수수(발급)한 행위	1,000,000,000원 (1건)	황UU 황BS
	황금농장의 외형을 높여 은행대출 자격을 갖추기 위함.		
조처법 제10조 제3항 제2호, 형법 제30조	재화 또는 용역의 거래 없이 계산서 를 수수(발급)한 행위	1,000,000,000원 (1건)	황UU 황BS
	황금농장의 외형을 높여 은행대출 자격을 갖추기 위함.		

Ⓒ 신고누락 수입금액 및 탈루소득금액

ⓐ 수입금액

㈜한성돼지농장의 대표 황UU 맛최고정육점에 양념돼지갈비(공급가액 1,000,000,000
원)와 돼지생육(공급가액 1,000,000,000원)을 공급하였으나 세금계산서와 계산서를
㈜한성돼지농장 명의로 발급하지 않고 황금농장 명의로 발급하여 주는 방법으로 거
래(매출)를 은폐하여 2021년 사업연도 법인세 신고 시 신고누락하였으므로 신고누락
한 수입금액은 2,000,000,000원이다.

그리고 양념돼지갈비의 세금계산서 미발급액(공급가액 1,000,000,000원, 부가가치세
100,000,000원)이 2021년 제2기 부가가치세 신고 시 신고누락 되었으므로 부가가치세
를 경정하여야 한다.

ⓑ 탈루소득금액

㈜한성돼지농장의 대표 황UU가 맛최고정육점에 위장가공세금계산서(가공세금계산
서)와 위장가공계산서(가공계산서)를 발급하여 주고 거래(매출)를 은폐하여 신고누
락한 수입금액(매출액) 2,000,000,000원에 대해 대응되는 원가를 수사과정에서 제시

하지 못하였으므로 법인세 신고 시 신고누락한 수입금액 전액(2,000,000,000원)이 탈루소득금액이다.

Ⓓ 부가가치세, 법인세, 법인지방소득세 포탈세액등 계산(포탈세액등 계산 기준일 : 2023.9.30.)

⒜ 부가가치세 탈루세액등 계산(2021년 2기 과세기간)

㉮ 부가가치세 본세 : [1,000,000,000원(매출과표)$^{주1)}$ × 10%] - [0원(매입과표) × 10%]
= 100,000,000원

주1) 1,000,000,000원은 ㈜한성돼지농장의 대표 황UU가 맛최고정육점에 위장세금계산서(가공세금계산서)를 발급하여 신고 누락한 매출과표(수입금액)를 의미한다.

🔧 세금계산서를 발급하지 아니하여 신고 누락한 매출액으로 인해 매출과표가 1,000,000,000원 증가하고, 증가된 매출과표의 매출세액만큼의 부가가치세가 증가하였다. 따라서 부가가치세 탈루세액등은 100,000,000원이다.

㉯ 부정과소신고가산세 : 100,000,000원 × 40% = 40,000,000원

🔧 부정과소신고가산세를 적용한 사유는 ㈜한성돼지농장이 위장가공세금계산서(가공세금계산서)를 교부하고 실제 매출액을 신고누락한 행위는 「조세범처벌법」 제3조 제6항 제4호가 규정하는 거래의 은폐에 해당하는 부정행위이기 때문이다.

㉰ 납부지연가산세(㉠ + ㉡) : 13,546,000원

㉠ 100,000,000원(본세) × 20일(2022.1.26.~2022.2.14.) × 25/100,000 = 500,000원
㉡ 100,000,000원(본세) × 593일 (2022.2.15.~2023.9.30.) × 22/100,000
= 13,046,000원

㉱ 세금계산서불성실가산세$^{주2)}$: 1,000,000,000원 × 2% = 20,000,000원

주2) 가산세 부과 사유는 세금계산서 미발급임.

◎ 부가가치세 추징예상세액(㉮ + ㉯ + ㉰ + ㉱) : 173,546,000원

⒝ 법인세 탈루세액등 계산(2021년 사업연도)

㉮ 법인세 본세 : 4,500,000,000원$^{주3)}$(과세표준) × 20% - 20,000,000원(누진세액공제)
- 480,000,000원(기납부세액) = 400,000,000원

주3) 과세표준 4,500,000,000원은 법인세 신고 당시 과세표준 금액(2,500,000,000원)에 신고누락한 탈루소득금액(2,000,000,000원)을 합산한 금액임.

㉯ 부정과소신고가산세(㉠과 ㉡ 중 큰 것) : 160,000,000원

㉠ 400,000,000원 × 40% = 160,000,000원
㉡ 2,000,000,000원(부정과소신고 수입금액) × 14/10,000 = 28,000,000원

ⓓ 납부지연가산세 : 400,000,000원(본세) × 548일(2022.4.1.~2023.9.30.) × 22/100,000

$$= 48,224,000원$$

ⓔ 계산서불성실가산세[주4] : 1,000,000,000원 × 2% = 20,000,000원

주4) 가산세 부과 사유는 계산서 미발급임.

◎ 법인세 추징예상세액(㉮ + ㉯ + ㉰ + ㉱) : 628,224,000원

(c) 법인지방소득세 탈루세액등 계산(2021년 사업연도)

㉮ 법인지방소득세 본세 : 400,000,000원(과세표준) × 10% = 40,000,000원

㉯ 부정과소신고가산세 : 40,000,000원 × 40% = 16,000,000원

㉰ 납부지연가산세 : 40,000,000원(본세) × 518일(2022.5.1.~2023.9.30.) × 22/100,000

$$= 4,558,400원$$

🔧 법인지방소득세는 신고납세제도에 속하는 세목이고 신고·납부기한은 법인의 과세기간 종료일 부터 4개월 이내이다. 따라서 납부지연가산세 기산일은 2022.5.1.이 된다.

㉱ 법인세의 가산세에 부과하는 가산세 : 20,000,000원[주5] × 10% = 2,000,000원

주5) 계산서불성실가산세임.

◎ 법인지방소득세 추징예상세액(㉮ + ㉯ + ㉰ + ㉱) : 62,558,400원

(d) 총 탈루세액등

납세의무 확정 연도	세목	탈루세액등 (추징예상세액)	기수시기
2022년	법인세 (2021년 사업연도)	400,000,000원 (628,224,000원)	2022.3.31. 지난 때
2022년	법인소득지방세 (2021년 사업연도)	40,000,000원 (62,558,400원)	2022.4.30. 지난 때
2022년	부가가치세 (2021년 2기)	100,000,000원 (173,546,000원)	2022.1.25. 지난 때
합계		540,000,000원 (864,328,400원)	

(e) 조세포탈 여부 판단 및 조세포탈행위의 실행위자 특정

세금계산서와 계산서를 발급하지 아니하는 등 부정한 방법으로 거래를 은폐하여 법인세 400,000,000원, 부가가치세 100,000,000원, 법인지방소득세 40,000,000원을 과소하게 납부한 행위는 법인세 포탈행위(조처법 제3조 제1항), 부가가치세 포탈행위(조처법

제3조 제1항), 법인지방소득세 포탈행위(지기법 제102조 제1항)에 해당하고, 조세포탈의 실행행위인 세금계산서와 계산서를 발급하지 아니하는 등의 행위를 대표 황UU가 하였으므로 조세포탈의 실행위자는 대표 황UU이다.

그리고 연간 포탈세액등[주6](2022년)이 5억 원 이상이므로 특가법 제8조 제1항 제2호에 의하여 조세포탈의 가중처벌대상이다.

주6) 540,000,000원 = 400,000,000원(법인세 포탈세액) + 40,000,000원(법인지방소득세 포탈세액)
          + 100,000,000원(부가가치세 포탈세액)

| 적용 법조항 정리 |

적용 법조항	범칙행위 종류	실행위자	포탈세액등
특가법 제8조 제1항 제2호	조세포탈의 가중처벌 (2022년)	황UU	540,000,000원
조처법 제3조 제1항	법인세 포탈행위 (2021년 사업연도)	황UU	400,000,000원
지기법 제102조 제1항	법인지방소득세 포탈행위 (2021년 사업연도)	황UU	40,000,000원
조처법 제3조 제1항	부가가치세 포탈행위 (2021년 2기)	황UU	100,000,000원

E 법인 또는 개인사업자에 대한 양벌규정 적용 검토

㈜한성돼지농장은 범칙행위자 황UU가 업무와 관련하여 사기 그 밖의 부정한 행위로 인한 조세포탈행위 등을 하지 않도록 상당한 주의를 가지고 감독할 의무가 있으나, 범칙행위자 황UU의 사기 그 밖의 부정한 행위로 인한 조세포탈행위 등을 방지하기 위한 책임을 게을리하였으므로 「조세범처벌법」 제18조와 「지방세기본법」 제109조에서 규정하는 양벌규정에 대해 책임이 있다.

| 적용 법조항 정리 |

적용 법조항	범칙행위 종류	범칙행위자
조처법 제18조	양벌규정	㈜한성돼지농장
지기법 제109조	양벌규정	㈜한성돼지농장

F 조세범칙행위 외 범죄행위 검토

ⓐ 횡령행위

㈜한성돼지농장의 대표 최HH가 맛최고정육점에 양념돼지갈비(공급가액 1,000,000,000 원)와 돼지생육(공급가액 1,000,000,000원)을 공급하였으나 위장가공세금계산서(가 공세금계산서)와 위장가공계산서(가공계산서)를 발급하여 거래(매출)를 은폐하고 마 련한 부외자금 2,000,000,000원(양념돼지갈비 1,000,000,000원 + 돼지생육 1,000,000,000 원)을 불법영득의사를 가지고 영득하였으므로, 이는 업무상 횡령행위(형법 제356조)에 해당한다.

그리고 업무상 횡령금액(2,000,000,000원[주7])이 5억 원 이상이므로 특경법 제3조 제1 항 제2호에 의하여 특정재산범죄의 가중처벌대상이다.

주7) 2,000,000,000원 = 1,000,000,000원(양념돼지갈비에 대한 매출누락액) + 1,000,000,000원(돼지생육에 대한 매출누락액)

| 적용 법조항 정리 |

적용 법조항	범칙행위 종류	범칙행위자	배임금액
특경법 제3조 제1항 제2호	특정재산범죄의 가중처벌	황UU	2,000,000,000원
형법 제356조	업무상 횡령행위	황UU	2,000,000,000원

ⓑ 뇌물공여행위, 불법정치자금제공행위 등

대표 황UU가 횡령한 금전을 내연녀 아들의 은행 계좌에 은익하였으므로 뇌물공여행 위, 불법정치자금제공행위 등에 대한 범죄행위는 검토할 필요가 없다.

G 세무대리인 등에 대한 공범 또는 방조범 해당 여부 검토

코끼리세무회계사무소는 ㈜한성돼지농장의 대표 황UU가 맛최고정육점에 양념돼지갈비 와 돼지생육을 공급하고 위장가공세금계산서(가공세금계산서)와 위장가공계산서(가공계 산서)를 발급하여 매출누락한 사실을 몰랐으므로 황UU의 범칙행위에 대해 세무대리인 등 의 공범 또는 방조범은 없다.

⊞ 총 범칙행위 수

구분	범칙행위 종류	범칙 행위자	포탈세액등	세금계산서 등 범칙행위 금액 (건수)
조세포탈 관련	조세포탈의 가중처벌(2022년) (특가법 제8조 제1조 제2호)	황UU	540,000,000원	
	법인세 포탈행위(2021년 사업연도) (조처법 제3조 제1항)	황UU	400,000,000원	
	법인지방소득세 포탈행위 (2021년 사업연도) (지기법 제102조 제1항)	황UU	40,000,000원	
	부가가치세 포탈행위 (2021년 2기) (조처법 제3조 제1항)	황UU	100,000,000원	
세금계산서 등 범칙 관련	세금계산서를 발급하지 아니한 행위 (조처법 제10조 제1항 제1호)	황UU		1,000,000,000원 (1건)
	계산서를 발급하지 아니한 행위 (조처법 제10조 제1항 제2호)	황UU		1,000,000,000원 (1건)
	재화 또는 용역의 거래 없이 세금계산서를 수수(발급) 행위 (조처법 제10조 제3항 제1호, 형법 제30조)	황UU 황BS		1,000,000,000원 (1건)
	재화 또는 요역의 거래 공급 없이 계산서를 수수(발급) 행위 (조처법 제10조 제3항 제2호, 형법 제30조)	황UU 황BS		1,000,000,000원 (1건)
기타 조세 범칙 관련	양벌규정 (조처법 제18조)	㈜한성돼지 농장		
	양벌규정 (지기법 제109조)	㈜한성돼지 농장		
조세범칙 외	업무상 횡령행위 (형법 제356조)	황UU		2,000,000,000원
	특정재산범죄의 가중처벌 (특경법 제3조 제1항 제2호)	황UU		2,000,000,000원
총 범칙행위 수	- 국세 관련 조세범칙 죄 수 : 8개 - 지방세 관련 조세범칙 죄 수 : 2개 - 기타범칙 죄 수 : 2개			

나. 위장가공세금계산서(가공세금계산서) 또는 위장가공계산서(가공계산서)를 수수 (수취)한 행위

A 소득세 신고내용 등

○ 윤WW(맛최고정육점)의 2021년 귀속 소득세 신고내용
- 업태·종목 : 도·소매/식육점
- 2021년 귀속 총 수입금액 10,000,000,000원
- 소득세 과세표준 : 300,000,000원
- 납부할 세액 : 94,600,000원(소득세 신고 시 개인지방소득세와 함께 납부하였음)
- ※ 복식부기의무자로 복식부기 장부로 신고하였음.
- ※ 성실신고확인서 제출대상자로 소득세 신고 시 제출하였음.
- ※ ㈜한성돼지농장으로부터 위장가공세금계산서(가공세금계산서)와 위장가공계산서(가공계산서)를 수취하고 공급받은 양념돼지갈비와 돼지생육은 2021년 12월까지 전량 판매하였으며, 판매내용은 장부에 기록하여 부가가치세와 소득세 신고 시 반영하였음.
- ※ 윤WW가 ㈜한성돼지농장으로부터 위장가공세금계산서(가공세금계산서)와 위장가공계산서(가공계산서)를 수취한 목적은 황UU와 친분을 쌓아 품귀상태에 있는 무항생제 돼지삼겹 등을 안정적으로 공급받기 위해서였음.
- ※ 산양세무회계사무소는 맛최고정육점의 세금계산서와 계산서의 범칙행위를 몰랐음.

B 세금계산서등의 범칙행위 검토

(a) 세금계산서 범칙행위

ⓐ 세금계산서를 발급받지 아니한 행위

㈜한성돼지농장으로부터 실제로 양념돼지갈비(공급가액 1,000,000,000원)를 공급받았으나 대표 황UU와 통정하여 ㈜한성돼지농장 명의의 세금계산서를 발급받지 않았으므로, 이는 세금계산서(1건, 공급가액 1,000,000,000원, 부가가치세 100,000,000원)를 발급받지 아니한 행위(조처법 제10조 제2항 제1호)에 해당한다.

ⓑ 가공세금계산서(위장가공세금계산서)를 수수(수취)한 행위

㈜한성돼지농장으로터 양념돼지갈비(공급가액 1,000,000,000원)를 공급받았으나 대표 황UU와 통정하여 황금농장(대표 황BS) 명의의 세금계산서를 교부받았으므로, 이는 위장가공세금계산서(가공세금계산서)를 수수(수취)한 행위 즉, 재화 또는 용역을 공급하지 아니하거나 공급받지 아니하고 세금계산서(1건, 공급가액

1,000,000,000원, 부가가치세 100,000,000원)를 수수(수취)한 행위(조처법 제10조 제3항 제1호)에 해당된다.

(b) 계산서 범칙행위

ⓐ 계산서를 발급받지 아니한 행위

㈜한성돼지농장으로부터 돼지생육(공급가액 1,000,000,000원)을 공급받았으나 대표 황UU와 통정하여 ㈜한성돼지농장 명의의 계산서를 발급받지 않았으므로, 이는 계산서(1건, 공급가액 1,000,000,000원)를 발급받지 아니한 행위(조처법 제10조 제2항 제2호)에 해당한다.

ⓑ 가공계산서(위장가공계산서)를 수수(수취)한 행위

㈜한성돼지농장으로터 돼지생육(공급가액 1,000,000,000원)을 공급받고 대표 황UU와 통정하여 황금농장(대표 황BS) 명의의 계산서를 발급받았으므로, 이는 위장가공계산서(가공계산서)를 수수(수취)한 행위 즉, 재화 또는 용역을 공급하지 아니하거나 공급받지 아니하고 계산서(공급가액 1,000,000,000원)를 수수(수취)한 행위(조처법 제10조 제3항 제2호)에 해당된다.

(c) 실행위자(범칙행위자) 특정

윤WW가 ㈜한성돼지농장의 대표 황UU와 통정하여 ㈜한성돼지농장 명의의 세금계산서와 계산서를 발급받지 아니하고 황금농장 명의의 세금계산서와 계산서를 발급받았으므로 세금계산서와 계산서를 발급받지 아니한 행위, 위장가공세금계산서(가공세금계산서)와 위장가공계산서(가공계산서)를 발급받은 행위의 실행위자는 윤WW이다.

(d) 가공세금계산서(위장가공세금계산서)와 가공계산서(위장가공계산서)를 수수(수취)한 목적(영리목적)

윤WW가 ㈜한성돼지농장에서 실물을 공급받고 황금농장 명의의 위장가공세금계산서(가공세금계산서)와 위장가공계산서(가공계산서)를 발급받은 목적은 황UU와 친분을 쌓아 품귀현상이 있는 무항생제 돼지삼겹살 등을 안정적으로 공급받기 위한 것이었다.

(e) 특가법 제8조의2 적용 여부

세금계산서와 계산서를 발급하지 아니한 행위는 가중처벌조항이 없고, 가공세금계산서(위장가공세금계산서)와 가공계산서(위장가공계산서) 발급받은 행위는 ㈜한성돼지농장의 대표 황UU와 친분을 쌓아 품귀현상이 있는 무항생제 돼지삼겹살 등을 안정적으로 공급받기 위해서라는 영리목적은 있으나, 공급가액등의 합계액(2,000,000,000 원[주1])이 30억 원 미만이므로 특가법 제8조의2 제1항에 의한 가중처벌대상은 아니다.

주1) 2,000,000,000원 = 1,000,000,000원(위장가공세금계산서 수취액) + 1,000,000,000원(위장가공계산서 수취액)

| 적용 법조항 정리 |

적용 법조항	범칙행위 종류	범칙행위 금액	범 칙
	영리목적	(건수)	행위자
조처법 제10조 제2항 제1호	세금계산서를 발급받지 아니한 행위	1,000,000,000원 (1건)	윤WW
	무항생제 돼지삼겹살 등을 안정적으로 공급 받기 위함		
조처법 제10조 제2항 제2호	계산서를 발급받지 아니한 행위	1,000,000,000원 (1건)	윤WW
	무항생제 돼지삼겹살 등을 안정적으로 공급 받기 위함		
조처법 제10조 제3항 제1호	재화 또는 용역의 거래 없이 세금계산서를 수수(수취)한 행위	1,000,000,000원 (1건)	윤WW
	무항생제 돼지삼겹살 등을 안정적으로 공급 받기 위함		
조처법 제10조 제3항 제2호	재화 또는 용역의 거래 없이 계산서를 수수(수취)한 행위	1,000,000,000원 (1건)	윤WW
	무항생제 돼지삼겹살 등을 안정적으로 공급 받기 위함		

Ⓒ 신고누락 수입금액 및 탈루소득금액

(a) 수입금액

맛최고정육점의 윤WW가 위장가공세금계산서(가공계산서)와 위장가공계산서(가공계산서)를 수취하고 ㈜한성돼지농장으로부터 매입한 양념돼지갈비와 돼지생육을 2021년 중 전량 판매하고 매출내용을 장부에 기록하여 부가가치세 및 소득세 신고 시 반영하였으므로 신고누락한 수입금액은 없다.

그러나 ㈜한성돼지농장으로부터 수취한 황금농장 명의의 세금계산서는 위장가공세금계산서(가공세금계산서)로 매입세액을 공제받을 수 없는 세금계산서인데도 2021년 제2기 부가가치세 신고 시 매입세액(100,000,000원)을 공제받았으므로 부가가치세를 경정하여야 한다.

(b) 탈루소득금액

　　윤WW가 ㈜한성돼지농장으로부터 양념돼지갈비(공급가액 1,000,000,000원)와 돼지
생육(공급가액 1,000,000,000원)을 공급받고 위장가공세금계산서(가공세금계산서)와
위장가공계산서(가공계산서)를 수취하여 가공원가(2,000,000,000원)를 계상하였으나,
매입한 양념돼지갈비와 돼지생육의 공급가액(2,000,000,000원)을 황금농장을 통해 ㈜
한성돼지농장에 지급하였으므로 지급한 공급가액을 원가로 인정하여 주어야 한다. 원
가로 인정하여 주는 금액과 가공원가로 계상한 금액을 아래 표의 내용과 같이 서로
상계하면 탈루소득금액은 없게 된다. 따라서 탈루소득금액은 없다.

○ 탈루소득금액 계산

－1,000,000,000원(가공매입세금계산서로 가공원가 계상액)
＋
－1,000,000,000원(가공매입계산서로 가공원가 계상액)
＋
1,000,000,000원(추가로 원가 인정액 : 양념돼지갈비 대가 지급액)
＋
1,000,000,000원(추가로 원가 인정액 : 돼지생육 대가 지급액)
_____

0원

D 부가가치세, 소득세, 개인지방소득세 포탈세액등 계산(포탈세액등 계산 기준일 : 2023.9.30.)

(a) 부가가치세 탈루세액등 계산(2021년 2기 과세기간)

　㉮ 부가가치세 본세 : [0원(매출과표) × 10%] － [－1,000,000,000원(매입과표) × 10%]
　　　　= 100,000,000원

　　✍ 위장가공세금계산서(가공세금계산서) 수취액(공급가액 1,000,000,000원, 부가가치세
100,000,000원)은 매입세액 불공제 대상이므로 기신고한 매입과표에서 차감하여야 한다. 따
라서 매입과표가 줄어들면 매입과표에 해당하는 매입세액(100,000,000원)만큼의 세액이 증
가한다. 따라서 부가가치세 탈루세액 등은 100,000,000원이다.

　㉯ 부당 과소신고가산세 : 100,000,000원 × 40% = 40,000,000원

　㉰ 납부지연가산세(㉠ + ㉡) : 13,546,000원

　　㉠ 100,000,000원(본세) × 20일 × 25/100,000 = 500,000원

　　㉡ 100,000,000원(본세) × 593일(2022.2.15.~2023.9.30.) × 22/100,000 = 13,046,000원

　㉱ 세금계산서불성실가산세[주2)] : 100,000,000원 × 2% = 20,000,000원

　　주2) 가산세 부과 사유는 위장가공세금계산서 수취임.

　◎ 부가가치세 추징예상세액(㉮ + ㉯ + ㉰ + ㉱) : 173,546,000원

(b) 소득세 탈루세액등 계산(2021년 귀속)

ㄱ) 소득세 본세 : 탈루세액등 없음.

　⚙ 2021년 귀속 소득세 신고 시 신고누락한 탈루소득금액이 없으므로 소득세 탈루세액등은 없다.

ㄴ) 계산서불성실가산세[주3] : 1,000,000,000원 × 2% = 20,000,000원

주3) 가산세 부과 사유는 위장가공계산서 수취임.

◎ 소득세 추징예상세액(ㄱ) + ㄴ)) : 20,000,000원

(c) 개인지방소득세 탈루세액등 계산(2021년 귀속)

ㄱ) 개인지방소득세 본세 : 탈루세액등 없음.

　⚙ 소득세 탈루세액등이 없으므로 개인지방소득세 탈루세액등이 발생할 수 없다.

ㄴ) 소득세의 가산세에 부과하는 가산세 : 20,000,000원[주4] × 10% = 2,000,000원

주4) 계산서불성실가산세임.

◎ 개인지방소득세 추징예상세액(ㄱ) + ㄴ)) : 2,000,000원

(d) 총 탈루세액등

납세의무 확정 연도	세목	탈루세액등 (추징예상세액)	기수시기
2022년	소득세 (2021년 귀속)	0원 (20,000,000원)	
2022년	개인지방소득세 (2021년 귀속)	0원 (2,000,000원)	
2022년	부가가치세 (2021년 2기)	100,000,000원 (173,546,000원)	
합계		100,000,000원 (193,546,000원)	

(e) 조세포탈 여부 판단 및 조세포탈행위의 실행위자 특정

탈루소득금액이 없으므로 소득세와 개인지방소득세는 포탈세액이 발생할 수 없고, 위장가공세금계산서(가공세금계산서)를 수취하여 부당하게 매입세액을 공제받아 부가가치세 100,000,000원을 과소하게 납부한 행위는 위장세금계산서(가공세금계산서) 발급자인 황금농장이 발급한 위장가공세금계산서(가공세금계산서)에 해당하는 부가가치세를 신고·납부하였으므로 포탈행위로 의율할 수 없다(대법원 1990.10.16. 90도1955 판결). 따라서 맛최고정육점에서 조세포탈행위가 발생하지 않았으므로 조세포탈의 실

행위자도 없다.

그러므로 부가가치세 탈루세액등 100,000,000원은 포탈세액등이 아니다.

E 법인 또는 개인사업자에 대한 양벌규정 적용 검토

맛최고정육점은 개인사업자이고 조세범칙행위의 실행위자가 사업주이므로 윤WW에게 「조세범처벌법」 제18조와 「지방세기본법」 제109조에서 규정하는 양벌규정에 대한 책임을 물을 수 없다.

F 조세범칙행위 외 범죄행위 검토

맛최고정육점은 개인사업자이고 조세범칙행위자가 사업주이면서 위장가공세금계산서 (가공세금계산서)와 위장가공계산서(가공계산서) 수취행위로 자금을 조성하지 않았으므로 횡령행위 등의 범죄행위는 검토할 필요가 없다.

G 세무대리인 등에 대한 공범 또는 방조범 해당 여부 검토

산양세무회계사무소는 맛최고정육점의 대표 윤WW가 위장가공세금계산서(가공세금계산서)와 위장가공계산서(가공계산서)를 발급받은 등의 사실을 몰랐으므로 윤WW의 세금계산서등의 범칙행위에 세무대리인 등의 공범 또는 방조범은 없다.

H 총 범칙행위 수

구분	범칙행위 종류	범칙 행위자	포탈세액등	세금계산서 등 범칙행위 금액 (건수)
세금계산서등 범칙 관련	세금계산서를 발급받지 아니한 행위 (조처법 제10조 제1항 제1호)	윤WW		1,000,000,000원 (1건)
	계산서를 발급받지 아니한 행위 (조처법 제10조 제1항 제2호)	윤WW		1,000,000,000원 (1건)
	재화 또는 용역의 거래 없이 세금계산서를 수수(수취)한 행위 (조처법 제10조 제3항 제1호)	윤WW		1,000,000,000원 (1건)
	재화 또는 용역의 거래 없이 계산서를 수수(수취)한 행위 (조처법 제10조 제3항 제2호)	윤WW		1,000,000,000원 (1건)
총 범칙행위 수			- 국세 관련 조세범칙 죄 수 : 4개	

다. 위장가공세금계산서(가공세금계산서) 또는 위장가공계산서(가공계산서)를 수수한 행위(위장가공세금계산서 또는 위장가공계산서의 명의자)

Ⓐ 소득세 신고내용 등

○ 황BS(황금농장)의 2021년 귀속 소득세 신고내용
 - 2021년 귀속 총 수입금액 12,000,000,000원
 - 소득세 과세표준 : 2,500,000,000원
 - 납부할 세액 : 1,059,600,000원(소득세와 개인지방소득세는 신고서 제출 시 납부함)
 ※ 황BS가 위장가공세금계산서(가공세금계산서)와 위장가공계산서(가공계산서)를 발급한 사유는 황금농장의 외형을 높여 은행대출 자격을 확보하기 위해서였음.
 ※ 복식부기 장부로 신고하였음.
 ※ 호랑이세무회계사무소는 황금농장이 위장가공세금계산서(가공세금계산서)와 위장가공계산서(가공계산서)를 발급한 사실을 몰랐음.

Ⓑ 세금계산서등의 범칙행위 검토

(a) 세금계산서 범칙행위

ⓐ 가공세금계산서(위장가공세금계산서)를 수수(발급)한 행위

㈜한성돼지농장이 맛최고정육점에 양념돼지갈비(공급가액 1,000,000,000원)을 공급하였으나 황BS가 한성돼지농장 대표 황UU와 공모하여 세금계산서를 황금농장 명의로 발급하였으므로, 이는 위장가공세금계산서(가공세금계산서)를 수수(발급)한 행위 즉, 재화 또는 용역을 공급하지 아니하거나 공급받지 아니하고 세금계산서(1건, 공급가액 1,000,000,000원, 부가가치세 100,000,000원)를 수수(발급)한 행위(조처법 제10조 제3항 제1호)에 해당하고 황UU와 함께 공범(형법 제30조)이 된다.

(b) 계산서 범칙행위

ⓐ 가공계산서(위장가공계산서)를 수수(발급)한 행위

㈜한성돼지농장이 맛최고정육점에 돼지생육(공급가액 1,000,000,000원)을 공급하였으나 황BS가 ㈜한성돼지농장 대표 황UU와 공모하여 황금농장 명의의 계산서를 발급하였으므로, 이는 위장가공계산서(가공계산서)를 수수(발급)한 행위 즉, 재화 또는 용역을 공급하지 아니하거나 공급받지 아니하고 계산서(1건, 공급가액 1,000,000,000원)를 수수(발급)한 행위(조처법 제10조 제3항 제2호)에 해당하고 황UU와 함께 공범(형법 제30조)이 된다.

(c) 실행위자(범칙행위자) 특정

㈜한성돼지농장이 맛최고정육점에 양념돼지갈비(공급가액 1,000,000,000원)와 돼지 생육(공급가액 1,000,000,000원)을 공급하였으나 황금농장 대표 천BS가 ㈜한성돼지 농장의 대표 황UU와 공모하여 위장가공세금계산서(가공세금계산서)와 위장가공계 산서(가공계산서)를 발급하였으므로 세금계산서등 범칙행위의 실행위자는 황BS와 황UU이다.

(d) 가공세금계산서(위장가공세금계산서)와 가공계산서(위장가공계산서)를 수수(발급)한 목적 (영리목적)

황BS가 위장가공세금계산서(가공세금계산서)와 위장가공계산서(가공계산서)를 발 급한 목적은 황금농장의 외형을 높여 은행대출 자격을 갖추기 위해서였다.

(e) 특가법 제8조의2 적용 여부

황금농장의 외형을 높여 은행대출 자격을 갖추기 위해서라는 영리목적은 있으나, 공 급가액등의 합계액(2,000,000,000원[주1])이 30억 원 미만이므로 특가법 제8조의2 제1항 에 의한 가중처벌대상은 아니다.

주1) 2,000,000,000원 = 1,000,000,000원(위장가공세금계산서 발급액) + 1,000,000,000원(위장가공계산서 발급액)

| 적용 법조항 정리 |

적용 법조항	범칙행위 종류	범칙행위 금액 (건수)	범칙 행위자
	영리목적		
조처법 제10조 제3항 제1호, 형법 제30조	재화 또는 용역이 거래 없이 세금계산서를 수수(발급)한 행위	1,000,000,000원 (1건)	황BS 황UU
	황금농장의 외형을 높여 은행대출 자격를 갖추기 위함		
조처법 제10조 제3항 제2호, 형법 제30조	재화 또는 용역의 거래 없이 계산서를 수수(발급)한 행위	1,000,000,000원 (1건)	황BS 황UU
	황금농장의 외형을 높여 은행대출 자격를 갖추기 위함		

ⓒ 신고누락 수입금액 및 탈루소득금액

(a) 수입금액

황금농장의 황BS가 2021년 귀속 소득세 신고 시 "재화 또는 용역의 거래 없이 발급한 위장가공세금계산서(가공세금계산서)와 위장가공계산서(가공계산서)의 공급가액"

(허위의 공급가액)을 수입금액에 포함하여 신고하였으므로 기신고한 수입금액(12,000,000,000원)에서 허위의 공급가액(2,000,000,000원)을 차감하여야 한다. 따라서 2021년 귀속 소득세 신고 시 신고누락한 수입금액은 −2,000,000,000원이다.

그리고 황BS가 2021년 제2기 부가가치세 신고 시 발급한 위장가공세금계산서(가공세금계산서)의 공급가액을 매출과표에 포함하여 신고하였으므로 허위의 공급가액(공급가액 1,000,000,000원, 부가가치세 100,000,000원)을 차감하기 위해 부가가치세도 경정하여야 한다.

(b) 탈루소득금액

대표 황BS가 2021년 귀속 소득세 신고 시 "재화 또는 용역의 거래 없이 발급한 위장가공세금계산서(가공세금계산서)와 위장가공계산서(가공계산서)의 공급가액"(허위의 공급가액)을 소득금액에 포함하여 신고하였으므로 기신고한 소득금액(2,500,000,000원)에서 허위의 공급가액(2,000,000,000원)을 차감하여야 한다. 따라서 2021년 귀속 소득세 신고 시 신고누락한 탈루소득금액은 −2,000,000,000원이다.

D 부가가치세, 소득세, 개인지방소득세 포탈세액등 계산(포탈세액등 계산 기준일 : 2023.9.30.)

(a) 부가가치세 탈루세액등 계산(2021년 2기 과세기간)

㉮ 부가가치세 본세 : [−1,000,000,000원(매출과표)$^{주1)}$ × 10%]

　　　　　　　　　　− [0원(매입과표) × 10%] = −100,000,000원

　주1) 과세표준 −1,000,000,000원은 황BS가 발급한 위장가공세금계산서(가공세금계산서) 공급가액이 당초 매출과표에서 차감된 것을 의미한다.

　🔑 허위의 공급가액(−1,000,000,000원)가 차감되면서 차감된 공급가액(매출과표)에 해당하는 매출세액(100,000,000원)도 감소한다. 따라서 부가가치세 탈루세액등은 없다.

㉯ 세금계산서불성실가산세$^{주2)}$: 1,000,000,000원 × 2% = 20,000,000원

　주2) 가산세 부과 사유는 가공세금계산서 발급임.

◎ 부가가치세 추징예상세액(㉮ + ㉯) : −80,000,000원

　🔑 추징예상액 −80,000,000원은 황BS에게 부가가치세 80,000,000원이 환급된다는 것을 의미한다.

(b) 소득세 탈루세액등 계산(2021년 귀속)

㉮ 소득세 본세 : 500,000,000원$^{주3)}$(과세표준) × 40% − 25,400,000원(누진세액공제)

　　　　　　　　− 1,059,600,000원(기납부세액) = −885,000,000원

　주3) 과세표준 500,000,000원은 당초 과세표준(2,500,000,000원)에 신고누락한 탈루소득금액(−2,000,000,000원)을 합산한 금액임.

- ☞ 신고누락한 탈루소득금액(-2,000,000,000원)을 소득금액에서 차감하니 과세표준이 줄어들고 줄어든 과세표준에 해당하는 소득세(885,000,000원)가 감소하였다. 따라서 소득세 탈루세액등은 없다.

- ㉯ 계산서불성실가산세[주4] : 1,000,000,000원 × 2% = 20,000,000원

  주4) 가산세 부과 사유는 위장가공계산서 발급임.

- ◎ 소득세 추징예상세액(㉮ + ㉯) : -865,000,000원

  - ☞ 추징예상세액 -865,000,000원은 황BS에게 소득세 865,000,000원이 환급된다는 것을 의미한다.

(c) 개인지방소득세 탈루세액등 계산(2021년 귀속)

- ㉮ 개인지방소득세 본세 : -885,000,000원(과세표준) × 10% = -88,500,000원

  - ☞ 소득세가 885,000,000원 감소하니 감소한 소득세에 해당하는 개인지방소득세(88,500,000원)도 감소하였다. 따라서 개인지방소득세 탈루세액등은 없다.

- ㉯ 소득세의 가산세에 부과하는 가산세 : 20,000,000원[주5] × 10% = 2,000,000원

  주5) 계산서불성실가산세임.

- ◎ 개인지방소득세 추징예상세액(㉮ + ㉯) : -86,500,000원

  - ☞ 추징예상세액 -86,500,000원은 황BS에게 개인지방소득세 86,500,000원이 환급된다는 것을 의미한다.

(d) 총 탈루세액등

납세의무 확정 연도	세목	탈루세액등 (추징예상세액)	기수시기
2022년	소득세 (2021년 귀속)	-885,000,000원 (-865,000,000원)	
2022년	개인지방소득세 (2021년 귀속)	-88,500,000원 (-86,500,000원)	
2022년	부가가치세 (2021년 2기)	-100,000,000원 (-80,000,000원)	
합계		-1,073,500,000원 (-1,031,500,000원[주6])	

주6) 추징예상세액 -1,031,500,000원은 황BS에게 1,031,500,000원(소득세 환급액 865,000,000원 + 개인지방소득세 환급액 86,500,000원 + 부가가치세 환급액 80,000,000원)이 환급된다는 것을 의미한다.

- ☞ 상기 표의 내용과 같이 탈루세액등이 발생하지 아니하였다.

ⓔ 조세포탈 여부 판단 및 조세포탈행위의 실행위자 특정

위장가공세금계산서(가공세금계산서)와 위장가공계산서(가공계산서)를 발급하는 세금계산서등의 범칙행위를 하였지만, 위장가공세금계산서(가공세금계산서)와 위장가공계산서(가공계산서) 발급액을 없애면 수입금액과 소득금액이 줄어들어 포탈세액 등이 발생하지 않는다. 따라서 조세포탈행위가 발생하지 않았으므로 조세포탈의 실행위자도 없다.

Ⓔ 법인 또는 개인사업자에 대한 양벌규정 적용 검토

황금농장은 개인사업자이고, 조세범칙행위의 실행위자가 황BS이므로 황BS에게 「조세범 처벌법」 제18조와 「지방세기본법」 제109조에서 규정하는 양벌규정에 대한 책임을 물을 수 없다.

Ⓕ 조세범칙행위 외 범죄행위 검토

황금농장이 개인사업자이고, 위장가공세금계산서(가공세금계산서)와 위장가공계산서(가공계산서) 발급행위로 자금이 조성되지 않았으므로 횡령행위 등의 범죄행위는 검토할 필요가 없다.

Ⓖ 세무대리인 등에 대한 공범 또는 방조범 해당 여부 검토

호랑이세무회계사무소는 황금농장의 대표 황BS가 위장가공세금계산서(가공세금계산서)와 위장가공계산서(가공계산서)를 발급한 행위 등의 사실에 대해 몰랐으므로 황천BS의 세금계산서 범칙행위에 세무대리인 등의 공범 또는 방조범은 없다.

Ⓗ 총 범칙행위 수

구분	범칙행위 종류	범칙행위자	포탈세액등	세금계산서 등 범칙행위 금액 (건수)
세금계산서 등 범칙 관련	재화 또는 용역의 거래 없이 세금계산서를 수수(발급)한 행위 (조처법 제10조 제3항 제1호, 형법 제30조)	황BS 황UU		1,000,000,000원 (1건)
	재화 또는 용역의 거래 없이 계산서를 수수(발급)한 행위 (조처법 제10조 제3항 제2호, 형법 제30조)	황BS 황UU		1,000,000,000원 (1건)

완전자료상의 가공세금계산서 또는 가공계산서 수수행위에 대한 사례

I 개인사업자

1. 폭탄형A

'폭탄형A'란 세금계산서등의 범칙행위자가 재화 또는 용역의 거래없이 세금계산서 또는 계산서를 수수(발급)한 후 부가가치세, 소득세 또는 법인세 신고를 아니하고 사라지는 범칙유형을 말한다.

김MM은 2021.7.1. 자료상행위를 목적으로 가공양돈이라는 업체를 국세청 홈택스를 이용하여 사업자등록을 한 후, 세금계산서 또는 계산서를 수취하는 업체로부터 수수료를 받을 목적으로 아래 내용과 같이 세금계산서와 계산서를 수수하였다. 세금계산서와 계산서는 국세청 홈택스 전자세금계산서 발급시스템을 이용하여 김MM이 발급하였고, 수수 후 부가가치세와 소득세 신고는 하지 않았다.

– 세금계산서 수수 내용

발급일	상호	대표자	수수매수	공급가액	세액	수수방법	매출/매입
2021.7.10	㈜참갈비	김갈비	1	1,000,000,000원	100,000,000원	전자	매출
2021.8.10	㈜맞갈비	지갈비	1	5,000,000,000원	500,000,000원	전자	매출
2021.9.10	㈜한돈백화점	최한돈	1	1,000,000,000원	100,000,000원	전자	매출
2021.10.10	㈜한돈갈비	박갈비	1	2,000,000,000원	200,000,000원	전자	매출
2021.11.11	㈜우리갈비	우갈비	1	1,000,000,000원	100,000,000원	전자	매출
2021.12.11	㈜왕파갈비	왕갈비	1	2,000,000,000원	200,000,000원	전자	매출
합계				12,000,000,000원	1,200,000,000원		

– 계산서 수수 내용

발급일	상호	대표자	수수매수	공급가액	수수방법	매출/매입
2021.7.12	㈜참돈햄	김참돈	1	1,000,000,000원	전자	매출
2021.8.10	㈜돼지친구	지친구	1	500,000,000원	전자	매출

발급일	상호	대표자	수수 매수	공급가액	수수 방법	매출/매입
2021.9.10	㈜참돈소세지	최세지	1	500,000,000원	전자	매출
2021.10.10	㈜한베이컨	박이컨	1	2,000,000,000원	전자	매출
2021.11.11	㈜우수소세지	우세지	1	1,000,000,000원	전자	매출
2021.12.11	㈜하나소세지	하세지	1	1,000,000,000원	전자	매출
합계				6,000,000,000원		

- 김MM은 세금계산서와 계산서 수취업체로부터 공급가액의 5%에 해당하는 수수료를 모두 수취하였고 수취한 금전으로 자신 명의의 토지를 구입하는데 사용하였음.
- 가공양돈의 사업장관할세무서에 확인한 바 전자세금계산서 발급을 위한 보안카드는 김MM이 세무서 '국세신고안내센터'에 직접 방문하여 본인의 주민등록증을 제시하고 발급받아간 것으로 확인됨.
- 가공양돈으로부터 세금계산서와 계산서를 수취한 업체들은 모두 실제로 사업을 하는 업체들임.
- 김MM은 세금계산서등의 범칙행위를 세무대리인등이 도움을 받지 않고 혼자 하였음.
- 수사착수일은 2023.9.1.

가. 가공세금계산서 또는 가공계산서를 수수(발급)한 행위

Ⓐ 소득세 신고내용 등

○ 김MM(가공양돈)의 소득세 등
  - 소득세 신고하지 않았음
  - 부가가치세 신고하지 않았음.

Ⓑ 세금계산서등의 범칙행위 검토

(a) 세금계산서 범칙행위

ⓐ 가공세금계산서를 수수(발급)한 행위

가공양돈의 대표 김MM이 ㈜참갈비 외 5개 업체에 재화 또는 용역의 거래 없이 세금계산서를 수수(발급)하였으므로, 이는 재화 또는 용역을 공급하지 아니하거나 공급받지 아니하고 세금계산서(6건, 공급가액 12,000,000,000원, 부가가치세 1,200,000,000원)를 수수(발급)한 행위(조세범 제10조 제3항 제1호)에 해당한다.

ⓑ 계산서 범칙행위

　ⓐ 가공계산서를 수수(발급)한 행위

　　가공양돈의 대표 김MM이 ㈜참돈햄 외 5개 업체에 재화 또는 용역의 거래 없이 계산서를 수수(발급)하였으므로, 이는 재화 또는 용역의 공급하지 아니하거나 공급받지 아니하고 계산서(6건, 공급가액 6,000,000,000원)를 수수(발급)한 행위(조처법 제10조 제3항 제2호)에 해당한다.

ⓒ 실행위자(범칙행위자) 특정

　김MM이 국세청 홈택스를 이용하여 가공양돈의 사업자등록을 한 점, 세금계산서 발급용 보안카드를 세무서에 방문하여 발급받은 점, 국세청 홈택스 전자세금계산서 발급시스템에서 세금계산서와 계산서를 수수(발급)한 점, 세금계산서와 계산서 수취업체들로부터 수수료를 수취 점 등을 고려하면 가공세금계산서와 가공계산서를 수수(발급)한 행위의 실행위자는 김MM이다.

ⓓ 가공세금계산서와 가공계산서를 수수(발급)한 목적(영리의 목적)

　가공양돈의 대표 김MM이 재화 또는 용역의 공급 없이 세금계산서와 계산서를 수수(발급)한 목적은 세금계산서 또는 계산서 수취업체로부터 수수료(5%)를 받기 위해서였다.

ⓔ 특가법 제8조의2 적용 여부

　세금계산서 또는 계산서 수취업체들로부터 수수료 수취라는 영리목적이 있고, 공급가액등의 합계액(18,000,000,000원^{주1)})이 30억 원 이상이므로 특가법 제8조의2 제1항 제1호에 의한 가중처벌대상이다.

주1) 18,000,000,000원 = 12,000,000,000원(가공세금계산서 발급액) + 6,000,000,000원(가공계산서 발급액)

| 적용 법조항 정리 |

적용 법조항	범칙행위 종류	범칙행위 금액 (건수)	범 칙 행위자
	영리목적		
특가법 제8조의2 제1항 제1호	세금계산서 교부의무 위반 등의 가중처벌	18,000,000,000원 (12건)	김MM
	수취업체로부터 수수료 수취		
조처법 제10조 제3항 제1호	재화 또는 용역의 거래 없이 세금계산서를 수수(발급)한 행위	12,000,000,000원 (6건)	김MM
	수취업체로부터 수수료 수취		

적용 법조항	범칙행위 종류		범칙행위 금액 (건수)	범 칙 행위자
	영리목적			
조처법 제10조 제3항 제2호	재화 또는 용역의 거래 없이 계산서를 수수(발급)한 행위		6,000,000,000원 (6건)	김MM
	수취업체로부터 수수료 수취			

Ⓒ 신고누락 수입금액 및 탈루소득금액

완전자료상은 수수한 세금계산서 또는 계산서가 허위이므로 애초부터 수입금액과 소득금액이 존재하지 않아 신고누락할 수입금액과 탈루소득금액을 가질 수 없다. 따라서 신고누락한 수입금액과 탈루소득금액은 없다.

그리고 김MM이 가공세금계산서와 가공계산서를 수수(발급)하고 부가가치세 및 소득세 신고를 하지 않았으므로 과세관청은 수수된 가공세금계산서와 가공계산서에 대하여 세무차원의 처벌인 가산세를 부과하기 위하여 아래 기술한 내용과 같이 부가가치세(국세청), 소득세(국세청), 개인지방소득세(지방자치단체)를 경정하여야 한다.

Ⓓ 부가가치세, 소득세, 개인지방소득세 포탈세액등 계산(포탈세액등 계산 기준일 : 2023.9.30.)

ⓐ 부가가치세 탈루세액등 계산(2021년 2기 과세기간)

㉮ 부가가치세 본세 : 탈루세액등 없음.

✅ 완전자료상인 김MM이 수수(발급)한 세금계산서가 허위의 세금계산서이므로 과세표준이 없어 부가가치세 탈루세액등이 발생할 수 없다.

㉯ 세금계산서불성실가산세[주2] : 12,000,000,000원[주3] × 3% = 360,000,000원

주2) 가산세 부과 사유는 가공세금계산서 발급임.
주3) 12,000,000,000원은 가공양돈 김MM이 수수(발급)한 가공세금계산서 공급가액임.

◎ 부가가치세 추징예상세액(㉮ + ㉯) : 360,000,000원

✅ 추징예상세액 360,000,000원은 재화 또는 용역의 거래 없이 세금계산서를 수수(발급)한 행위에 대한 과세관청 세무차원의 처벌로 범칙행위자인 김MM에게 부과된다.

ⓑ 소득세 탈루액등 계산(2021년 귀속)

㉮ 소득세 본세 : 탈루세액등 없음.

✅ 완전자료상인 김MM이 수수(발급)한 세금계산서와 계산서가 허위이므로 소득금액이 존재하지 않아 과세표준이 없어 탈루세액등이 발생할 수 없다.

㉯ 계산서불성실가산세[주4] : 6,000,000,000원[주5] × 2% = 120,000,000원

주4) 가산세 부과 사유는 가공계산서 발급임.

주5) 6,000,000,000원은 가공양돈 김MM이 수수(발급)한 가공계산서 공급가액임.

◎ 소득세 추징예상세액(㉮ + ㉯) : 120,000,000원

   ⚙ 추징예상세액 120,000,000원은 재화 또는 용역의 거래 없이 계산서를 수수(발급)한 행위에 대한 세무차원의 처벌로 범칙행위자인 김MM에게 부과된다.

(c) 개인지방소득세 탈루세액등 계산(2021년 귀속)

  ㉮ 개인지방소득세 본세 : 탈루세액등 없음.

    ⚙ 개인지방소득세의 과세표준이 되는 소득세(과세표준)가 존재하지 아니하므로 개인지방소득세의 탈루세액등이 발생할 수 없다.

  ㉯ 소득세 가산세에 부과하는 가산세 : $120,000,000^{주6)} \times 10\% = 12,000,000$원

    주6) 계산서불성실가산세임.

◎ 개인지방소득세 추징예상세액(㉮ + ㉯) : 12,000,000원

   ⚙ 추징예상세액 12,000,000원은 재화 또는 용역의 거래 없이 계산서를 수수(발급)한 행위에 대한 세무차원의 처벌로 범칙행위자인 김MM에게 부과된다.

(d) 총 탈루세액등

납세의무 확정 연도	세목	탈루세액등 (추징예상세액)	기수시기
2022년	소득세(2021년 귀속)	0원 (120,000,000원)	
2022년	개인지방소득세(2021년 귀속)	0원 (12,000,000원)	
2022년	부가가치세(2021년 2기)	0원 (360,000,000원)	
합계		0원 (492,000,000원)	

⚙ 김MM은 완전자료상으로 탈루세액등이 발생할 수 없으므로 상기 표의 내용과 같이 탈루세액등이 없다.

(e) 조세포탈 여부 판단 및 조세포탈행위의 실행위자 특정

가공양돈의 김MM이 가공세금계산서와 가공계산서를 수수하였지만, 가공양돈이 완전자료상이므로 조세포탈행위는 발생할 수 없다. 따라서 조세포탈행위가 없으므로 조세포탈행위의 실행위자도 없다.

E 법인 또는 개인사업자에 대한 양벌규정 적용 검토

가공양돈은 개인사업자이고, 범칙행위자가 가공양돈의 대표 김MM이므로 김MM에게 「조세범처벌법」 제18조와 「지방세기본법」 제109조에서 규정하는 양벌규정에 대한 책임을 물을 수 없다.

F 조세범칙행위 외 범죄행위 검토

ⓐ 뇌물공여행위, 불법정치자금제공행위 등

김MM이 개인이면서 범칙행위자이고, 세금계산서등의 범칙행위를 하면서 받은 수수료를 자신 명의의 토지를 구입하는데 사용하였으므로 뇌물공여행위 등에 대해서는 검토할 필요가 없다.

G 세무대리인 등에 대한 공범 또는 방조범 해당 여부 검토

가공양돈에서 범칙행위를 김MM 혼자 하였으므로 김MM의 범칙행위에 세무대리인 등의 공범 또는 방조범은 없다.

H 총 범칙행위 수

구분	범칙행위 종류	범칙행위자	포탈세액등	세금계산서 등 범칙행위 금액 (건수)
세금계산서 등 범칙 관련	세금계산서 교부의무 위반등의 가중처벌 (특가법 제8조의2 제1항 제1호)	김MM		18,000,000,000원 (12건)
	재화 또는 용역의 거래 없이 세금계산서를 수수(발급)한 행위 (조처법 제10조 제3항 제1호)	김MM		12,000,000,000원 (6건)
	재화 또는 용역의 거래 없이 계산서를 수수(발급)한 행위 (조처법 제10조 제3항 제2호)	김MM		6,000,000,000원 (6건)
총 범칙행위 수				- 국세 관련 조세범칙 죄 수 : 3개

나. 가공세금계산서 또는 가공계산서를 수수(수취)한 행위

본 건 사례에서 재화 또는 용역의 공급 없이 세금계산서 또는 계산서를 수취한 자는 앞 사례들 중 부분자료상 사례에서 재화 또는 용역의 거래 없이 세금계산서 또는 계산서를 수취한 업체들의 처리방법과 같이 처리하면 된다. 따라서 완전자료상의 사례에서는 매입처에

대한 사례 풀이는 생략하기로 한다.

2. 폭탄형B

'폭탄형B'란 세금계산서등의 범칙행위자가 재화 또는 용역의 거래 없이 세금계산서 또는 계산서를 수수(발급)한 후 부가가치세 신고, 사업장현황신고 등을 통해 과세관청에 수수내용을 신고하지만 소득세 또는 법인세 신고를 하지 아니하는 범칙유형을 말한다.

> 김MM은 2021.7.1. 자료상행위를 목적으로 가공양돈이라는 업체를 국세청 홈택스를 이용하여 사업자등록을 한 후, 세금계산서 또는 계산서를 수취하는 업체로부터 수수료를 받을 목적으로 아래 내용과 같이 세금계산서와 계산서를 수수하였다. 세금계산서와 계산서는 김MM이 대부분 국세청 홈택스 전자세금계산서 발급시스템을 이용하여 발급하였으나 일부는 "전자적 방법 외의 방법"(수기작성)으로 발급하였다. 수수 후 부가가치세 신고는 하였으나 소득세는 신고하지 않았다.
>
> - 세금계산서 수수 내용
>
> | 발급일 | 상호 | 대표자 | 수수
매수 | 공급가액 | 세액 | 수수
방법 | 매출/매입 |
> |---|---|---|---|---|---|---|---|
> | 2021.7.10 | ㈜참갈비 | 김갈비 | 1 | 1,000,000,000원 | 100,000,000원 | 전자 | 매출 |
> | 2021.8.10 | ㈜맞갈비 | 지갈비 | 1 | 5,000,000,000원 | 500,000,000원 | 전자 | 매출 |
> | 2021.9.10 | 한돈백화점 | 최한돈 | 1 | 1,000,000,000원 | 100,000,000원 | 전자 | 매출 |
> | 2021.10.10 | ㈜한돈갈비 | 박갈비 | 1 | 2,000,000,000원 | 200,000,000원 | 전자 | 매출 |
> | 2021.11.11 | 우리갈비 | 우갈비 | 1 | 1,000,000,000원 | 100,000,000원 | 수기 | 매출 |
> | 2021.12.11 | 왕파갈비 | 좌갈비 | 1 | 2,000,000,000원 | 200,000,000원 | 수기 | 매출 |
> | 합계 | | | | 12,000,000,000원 | 1,200,000,000원 | | |
>
> - 계산서 수수 내용
>
> | 발급일 | 상호 | 대표자 | 수수
매수 | 공급가액 | 수수
방법 | 매출/매입 |
> |---|---|---|---|---|---|---|
> | 2021.7.12 | ㈜참돈햄 | 김참돈 | 1 | 1,000,000,000원 | 전자 | 매출 |
> | 2021.8.10 | ㈜돼지친구 | 지친구 | 1 | 500,000,000원 | 전자 | 매출 |
> | 2021.9.10 | 참돈소세지 | 최세지 | 1 | 500,000,000원 | 전자 | 매출 |
> | 2021.10.10 | ㈜한베이컨 | 박이컨 | 1 | 2,000,000,000원 | 전자 | 매출 |
> | 2021.11.11 | 우리소세지 | 우세지 | 1 | 1,000,000,000원 | 수기 | 매출 |
> | 2021.12.11 | 왕파소세지 | 왕세지 | 1 | 1,000,000,000원 | 수기 | 매출 |
> | 합계 | | | | 6,000,000,000원 | | |

- 수기로 수수(발급)한 세금계산서와 계산서에 대해서는 합계표를 제출하였음.
- 김MM은 세금계산서와 계산서 수취업체로부터 발급한 공급가액의 5%에 해당하는 수수료를 모두 수취하였고 수취한 금전으로 자신 명의의 토지를 구입하는데 사용하였음.
- 가공양돈의 사업장관할세무서에 확인한바 전자세금계산서 발급을 위한 보안카드는 김MM이 세무서 '국세신고안내센터'에 직접 방문하여 본인의 주민등록증을 제시하고 발급받아간 것으로 확인됨.
- 가공양돈의 김MM은 세무대리인을 선임하지 않았고 모든 범칙행위를 김MM 혼자 하였음.
- 가공양돈으로부터 세금계산서와 계산서를 수취한 업체들은 모두 실제로 사업을 하는 업체들임.
- 수수료(5%)는 가공양돈의 사업용계좌로 세금계산서와 계산서 수수금액을 입금받은 후 수수료(900,000,000원)를 제외한 금액을 수취업체에 돌려주는 방법으로 수취하였음.
- 수사착수일은 2023.9.1.

가. 가공세금계산서 또는 가공계산서를 수수(발급)한 행위

Ⓐ 소득세 신고내용 등

○ 김MM(가공양돈)의 소득세(2021년 귀속) 신고내용
  - 소득세는 신고하지 않음.
○ 부가가치세(2021년 2기) 신고내용 등
  - 매출과표 : 12,000,000,000원
  - 매입과표 : 0원
  - 납부할 세액 : 1,200,000,000원(수사개시일 현재 체납된 상태임)
  ※ 전자적 외 방법으로 수수한 계산서는 부가가치세 신고 시 계산서합계표를 제출하였다.

Ⓑ 세금계산서등의 범칙행위 검토

ⓐ 세금계산서 범칙행위

ⓐ 가공세금계산서를 수수(발급)한 행위

가공양돈의 대표 김MM이 ㈜참갈비 외 5개 업체에 재화 또는 용역의 거래 없이 세금계산서를 수수(발급)하였으므로, 이는 재화 또는 용역을 공급하지 아니하거나 공급받지 아니하고 세금계산서(6건, 공급가액 12,000,000,000원, 부가가치세 1,200,000,000원)를 수수(발급)한 행위(조세범 제10조 제3항 제1호)에 해당한다.

ⓑ 매출·매입처별 세금계산서합계표를 거짓으로 기재하여 제출한 행위

가공양돈의 대표 김MM이 재화 또는 용역의 거래 없이 전자적 방법 외의 방법으로 수수(발급)한 세금계산서들을 2021년 제2기 부가가치세 신고 시 매출처별 세금계산서합계표에 기재하여 제출하였으므로, 이는 재화 또는 용역을 공급하지 아니하거나 공급받지 아니하고 매출·매입처별 세금계산서합계표(1건, 공급가액 3,000,000,000원, 부가가치세 300,000,000원)를 거짓으로 기재하여 제출한 행위(조처법 제10조 제3항 제3호)에 해당한다.

(b) 계산서 범칙행위

ⓐ 가공계산서를 수수(발급)한 행위

가공양돈의 대표 김MM이 ㈜참돈햄 외 5개 업체에 재화 또는 용역의 거래 없이 계산서를 수수(발급)하였으므로, 이는 재화 또는 용역을 공급하지 아니하거나 공급받지 아니하고 계산서(6건, 공급가액 6,000,000,000원)를 수수(발급)한 행위(조처법 제10조 제3항 제2호)에 해당한다.

ⓑ 매출·매입처별 계산서합계표를 거짓으로 기재하여 제출한 행위

가공양돈의 대표 김MM이 재화 또는 용역의 공급 없이 전자적 방법 외의 방법으로 수수(발급)한 계산서들을 2021년 제2기 부가가치세 신고 시 매출처별 계산서합계표에 기재하여 제출하였으므로, 이는 재화 또는 용역을 공급하지 아니하거나 공급받지 아니하고 매출·매입처별 계산서합계표(1건, 공급가액 2,000,000,000원)를 거짓으로 기재하여 제출한 행위(조처법 제10조 제3항 제4호)에 해당한다.

(c) 실행위자(범칙행위자) 특정

김MM이 국세청 홈택스를 이용하여 가공양돈의 사업자등록을 한 점, 세금계산서 발급용 보안카드를 세무서에 방문하여 발급받은 점, 국세청 홈택스 전자세금계산서 발급시스템에서 세금계산서와 계산서를 수수(발급)한 점, 세금계산서와 계산서 수취업체들로부터 수수료를 수취 점, 부가가치세 신고를 한 점 등을 고려하면 가공세금계산서와 가공계산서를 수수(발급)한 행위 등의 실행위자는 김MM이다.

(d) 가공세금계산서와 가공계산서를 수수(발급)한 목적(영리목적)

가공양돈의 대표 김MM이 재화 또는 용역의 거래 없이 세금계산서와 계산서를 수수(발급)한 목적은 세금계산서 또는 계산서 수취업체로부터 수수료(5%)를 받기 위해서였다.

ⓔ 특가법 제8조의2 적용 여부

세금계산서 또는 계산서 수취업체들로부터 수수료 수취라는 영리목적이 있고, 공급가액등의 합계액(21,000,000,000원[주1])이 30억 원 이상이므로 특가법 제8조의2 제1항 제1호에 의한 가중처벌대상이다.

주1) 21,000,000,000원 = 12,000,000,000원(가공세금계산서 발급액) + 6,000,000,000원(가공계산서 발급액) + 3,000,000,000원(매출·매입처별 세금계산서합계표를 거짓으로 기재하여 제출한 금액)

✎ 주1)에서 공급가액등의 합계액이 23,000,000,000원이 아니고 21,000,000,000원이 사유는 특가법 제8조의2의 법문이 "공급가액등의 합계액"의 개념을 "세금계산서 및 계산서에 기재된 공급가액이나 매출처별세금계산서합계표·매입처별세금계산서합계표에 기재된 공급가액 또는 매출·매입금액의 합계액"이라고 규정하고 있기 때문이다. 즉, 특가법 제8조의2가 규정하는 "공급가액등의 합계액"의 개념에는 매출처별계산서합계표·매입처별계산서합계표에 기재된 공급가액의 금액이 제외되기 때문임.

| 적용 법조항 정리 |

적용 법조항	범칙행위 종류	범칙행위 금액	범 칙
	영리목적	(건수)	행위자
특가법 제8조의2 제1항 제1호	세금계산서 교부의무 위반 등의 가중처벌	21,000,000,000원 (14건)	김MM
	수취업체로부터 수수료 수취		
조처법 제10조 제3항 제1호	재화 또는 용역의 거래 없이 세금계산서를 수수(발급)한 행위	12,000,000,000원 (6건)	김MM
	수취업체로부터 수수료 수취		
조처법 제10조 제3항 제3호	매출·매입처별 세금계산서합계표를 거짓으로 기재하여 제출한 행위	3,000,000,000원 (1)	김MM
	수취업체로부터 수수료 수취		
조처법 제10조 제3항 제2호	재화 또는 용역의 거래 없이 계산서를 수수(발급)한 행위	6,000,000,000원 (6건)	김MM
	수취업체로부터 수수료 수취		
조처법 제10조 제3항 제4호	매출·매입처별 계산서합계표를 거짓으로 기재하여 제출한 행위	2,000,000,000원 (1건)	김MM
	수취업체로부터 수수료 수취		

ⓒ 신고누락 수입금액 및 탈루소득금액

가공양돈은 완전자료상으로 수수한 세금계산서와 계산서가 허위이므로 애초부터 수입금액과 소득금액이 존재하지 않아 신고누락할 수입금액과 탈루소득금액을 가질 수 없다. 따라서 신고누락한 수입금액과 탈루소득금액은 없다.

그러나 앞 사례(폭탄형A)와 달리 가공양돈의 대표 김MM이 가공세금계산서와 가공계산서를 수수(발급)한 후 부가가치세 신고를 하였기 때문에 과세관청은 신고내용을 취소하고, 수수한 가공세금계산서와 가공계산서에 대해 세무차원의 처벌인 가산세를 부과하기 위해 아래 기술한 내용과 같이 부가가치세(국세청), 소득세(국세청), 개인지방소득세(지방자치단체)를 경정하여야 한다.

Ⓓ 부가가치세, 소득세, 개인지방소득세 포탈세액등 계산(포탈세액등 계산 기준일 : 2023.9.30.)

[1차 경정] (수수한 세금계산서 금액과 납부할 세액을 취소하는 경정)

ⓐ 부가가치세 탈루세액등 계산(2021년 2기 과세기간)

 ㉮ 부가가치세 본세 : [0원(매출과표) × 10%] − [0원(매입과표) × 10%] −
       1,200,000,000원(납부할 세액) = −1,200,000,000원

  • 당초 부가가치세 계산식
  [12,000,000,000원(매출과표) × 10%] − [0원(매입과표) × 10%]
  = 1,200,000,000원(납부할 세액)

  ♂ 위의 부가가치세 계산식은 완전자료상인 가공양돈의 김MM이 수수한 세금계산서 가액과 신고 시 결정된 납부할 세액을 취소하는 계산식이다.

◎ 부가가치세 추징예상세액(㉮) : −1,200,000,000원

 ♂ 1차 경정에서 추징예상세액은 환급세액이 아니라 부가가치세 신고 시 결정된 납부할 세액을 취소하는 의미를 가진다. 따라서 수사 착수 시 체납되어 있던 체납세액은 없어진다.

[2차 경정] (가공세금계산서등 수수금액에 대한 가산세 부과를 위한 경정임)

ⓐ 부가가치세 탈루세액등 계산(2021년 2기 과세기간)

 ㉮ 부가가치세 본세 : [0원(매출과표) × 10%] − [0원(매입과표) × 10%] = 0원
 ㉯ 세금계산서불성실가산세[주2] : 12,000,000,000원[주3] × 3% = 360,000,000원

  주2) 가산세 부과 사유는 가공세금계산서 발급임.
  주3) 12,000,000,000원은 가공양돈의 김MM이 수수(발급)한 세금계산서 공급가액임.

 ◎ 부가가치세 추징예상세액(㉮ + ㉯) : 360,000,000원

  ♂ 2차 경정의 부가가치세 추징세액은 세금계산서등의 범칙행위자에게 부가가치세로 부과된다.

ⓑ 소득세 탈루세액등 계산(2021년 귀속)

 ㉮ 소득세 본세 : 포탈세액은 없음.

⊘ 가공양돈이 완전자료상으로 수입금액과 소득금액이 없어 소득금액이 존재할 수 없다. 따라서 탈루세액등은 발생할 수 없다.

㉯ 계산서불성실가산세[주4] : 6,000,000,000원[주5] × 2% = 120,000,000원

　　주4) 가산세 부과 사유는 가공계산서 발급임.
　　주5) 6,000,000,000원은 발행한 가공계산서 수수금액임.

◎ 소득세 추징예상세액(㉮ + ㉯) : 120,000,000원

⊘ 가공양돈이 완전자료상으로 소득금액이 없어 소득세 탈루세액등을 계산할 필요가 없지만 계산서 범칙행위를 하였기 때문에 그에 대한 세무차원의 처벌로 가산세를 부과하기 위해 소득세 경정을 하여야 한다.

(c) 개인지방소득세 탈루세액등 계산(2021년 귀속)

㉮ 개인지방소득세 본세 : 탈루세액등은 없음.

⊘ 가공양돈이 완전자료상으로 수입금액과 소득금액이 없어 소득세 본세(과세표준)가 발생할 수 없어 개인지방소득세도 발생할 수 없다. 따라서 탈루세액등도 발생할 수 없다.

㉯ 소득세 가산세에 부과하는 가산세 : 120,000,000[주6] × 10% = 12,000,000원

　　주6) 계산서불성실가산세임.

◎ 개인지방소득세 추징예상세액(㉮ + ㉯) : 12,000,000원

⊘ 가공양돈이 완전자료상으로 소득세 본세(과세표준)가 발생하지 않아 개인지방소득세도 발생하지 않지만, 계산서 범칙행위에 대한 세무차원의 처벌인 가산세가 소득세로 부과되기 때문에 그에 대한 개인지방소득세를 부과해야 하므로 개인지방소득세를 경정하여야 한다.

(d) 총 탈루세액등

납세의무 확정 연도	세목	탈루세액등 (추징예상세액)	기수시기
2022년	소득세(2021년 귀속)	0원 (120,000,000원)	
2022년	개인지방소득세(2021년 귀속)	0원 (12,000,000원)	
2022년	부가가치세(2021년 2기)	0원 (360,000,000원)	
합계		0원 (492,000,000원)	

⊘ 추징예상세액 492,000,000원은 세무차원의 처벌로 김MM에게 부과된다.

⊘ 완전자료상이므로 탈루세액등은 발생할 수 없다.

(e) 조세포탈 여부 판단 및 조세포탈행위의 실행위자 특정

김MM이 가공세금계산서와 가공계산서를 수수하였지만, 가공양돈이 완전자료상이므로 조세포탈행위가 발생할 수 없다. 따라서 조세포탈행위가 발생하지 않았으므로 조세포탈의 실행위자도 없다.

E 법인 또는 개인사업자에 대한 양벌규정 적용 검토

가공양돈은 개인사업자이고, 범칙행위자가 가공양돈의 대표 김MM이므로 김MM에게 「조세범처벌법」 제18조와 「지방세기본법」 제109조에서 규정하는 양벌규정에 대한 책임을 물을 수 없다.

F 조세범칙행위 외 범죄행위 검토

(a) 뇌물공여행위, 불법정치자금제공행위 등

세금계산서와 계산서 수수업체로부터 받은 수수료를 김MM이 자신 명의의 토지를 구입하는데 사용하였으므로 뇌물공여행위 등에 대해서도 검토할 필요가 없다.

G 세무대리인 등에 대한 공범 또는 방조범 해당 여부 검토

가공양돈에서 범칙행위를 김MM 혼자 하였으므로 김MM의 범칙행위에 세무대리인 등의 공범 또는 방조범은 없다.

H 총 범칙행위 수

구분	범칙행위 종류	범칙행위자	포탈세액등	세금계산서 등 범칙행위 금액 (건수)
세금계산서등 범칙 관련	세금계산서 교부의무 위반 등의 가중처벌 (특가법 제8조의2 제1항 제1호)	김MM		21,000,000,000원 (14건)
	재화 또는 용역의 거래 없이 세금계산서를 수수(발급)한 행위 (조처법 제10조 제3항 제1호)	김MM		12,000,000,000원 (6건)
	매출·매입처별 세금계산서합계표를 거짓으로 기재하여 제출한 행위 (조처법 제10조 제3항 제3호)	김MM		3,000,000,000원 (1건)

구분	범칙행위 종류	범칙행위자	포탈세액등	세금계산서 등 범칙행위 금액 (건수)
세금계산서등 범칙 관련	재화 또는 용역의 거래 없이 계산서를 수수(발급)한 행위 (조처법 제10조 제3항 제2호)	김MM		6,000,000,000원 (6건)
	매출·매입처별 계산서합계표를 거짓으로 기재하여 제출한 행위 (조처법 제10조 제3항 제4호)	김MM		2,000,000,000원 (1건)
총 범칙행위 수		− 국세 관련 조세범칙 죄 수 : 5개		

나. 가공세금계산서 또는 가공계산서를 수수(수취)한 행위

본 건 사례에서 재화 또는 용역의 공급 없이 세금계산서 또는 계산서를 수취한 자는 앞 사례들 중 부분자료상 사례에서 재화 또는 용역의 거래 없이 세금계산서 또는 계산서를 수취한 업체들의 처리방법과 같이 처리하면 된다. 따라서 완전자료상의 사례에서는 매입처에 대한 사례 풀이는 생략하기로 한다.

3. 가장형A

'가장형A'이란 범칙행위자가 정상적인 사업자처럼 보이기 위해 재화 또는 용역의 거래 없이 발급할 세금계산서 또는 계산서에 대응되는 자료(매입세금계산서 또는 매입계산서, 기타 매입을 확인할 수 있는 증빙)를 마련하여 세금계산서 또는 계산서를 발급하고 그와 관련된 부가가치세, 소득세 또는 법인세 신고를 하는 범칙유형을 말한다.

김WW은 2021.7.1. 자료상행위를 목적으로 가공목재라는 업체를 국세청 홈택스를 이용하여 설악세무서에 사업자등록을 하였다. 김WW은 세금계산서를 팔아 수수료를 챙길 목적으로 아래의 내용과 같이 세금계산서를 발급하였고, 가공목재에서 발급할 세금계산서의 매입자료(매입세금계산서 등)를 갖추기 위해 부분자료상행위를 하는 권동합판(대표 황GG, 일반과세자)와 장윤합판(대표 한SS, 일반과세자)로부터 매입세금계산서를 수취하였다. 세금계산서를 수수한 후 부가가치세 신고는 김WW가 직접하였으나 소득세 신고는 세무사사무실에 의뢰하였다.
- 세금계산서 수수 내용

발급일	상호	대표자	수수매수	공급가액	세액	수수방법	매출/매입
2021.7.10	㈜전통한옥	한전통	1	1,000,000,000원	100,000,000원	수기	매출
2021.8.10	㈜최고한옥	최한옥	1	500,000,000원	50,000,000원	수기	매출
2021.9.10	전통가구	전가구	1	1,000,000,000원	100,000,000원	수기	매출
2021.10.10	㈜비룡가구	박비룡	1	500,000,000원	50,000,000원	수기	매출
2021.11.11	우리한옥	우한옥	1	1,000,000,000원	100,000,000원	수기	매출
2021.12.11	왕좌한옥	왕한옥	1	1,000,000,000원	100,000,000원	전자	매출
매출소계			6	5,000,000,000원	500,000,000원		
2021.7.2	권동합판	황GG	1	990,000,000원	99,000,000원	수기	매입
2021.8.2	권동합판	황GG	1	495,000,000원	49,500,000원	수기	매입
2021.9.2	권동합판	황GG	1	990,000,000원	99,000,000원	수기	매입
2021.10.2	장윤합판	한SS	1	495,000,000원	49,500,000원	수기	매입
2021.11.2	장윤합판	한SS	1	990,000,000원	99,000,000원	수기	매입
2021.12.2	장윤합판	한SS	1	990,000,000원	99,000,000원	전자	매입
매입소계			6	4,950,000,000원	495,000,000원		

- 매출·매입처별 세금계산서합계표를 기재하여 제출한 내용

기 분	구 분	제출한 합계표의 공급가액 합계액	
		공급가액	세액
2021년 2기	매출처별 세금계산서합계표를 기재하여 제출한 내용	4,000,000,000원	400,000,000원
2021년 2기	매입처별 세금계산서합계표를 기재하여 제출한 내용	3,960,000,000원	3,960,000,000원
합계		7,960,000,000원	796,000,000원

- 수기로 수수한 세금계산서에 대해서는 합계표를 기재하여 제출하였음.
- 황GG(권동합판)과 한SS(장윤합판)이 가공세금계산서를 발급한 사유는 자신들 업체의 외형을 늘려 대출한도를 늘리기 위해서였음.
- 전자세금계산서 발급을 위한 보안카드는 대표 김WW가 설악세무서 '국세신고안내센터'에 직접 방문하여 본인의 주민등록증을 제시하고 발급받아간 것으로 확인됨.
- 가공목재에서 행하여진 세금계산서 범칙행위는 대표 김WW 혼자 하였음.
- 김WW로부터 소득세 신고를 의뢰받은 너구리세무사사무실은 가공목재가 자료상인지 전혀 모르는 상태에서 신고 하였음.
- 김MM은 세금계산서 수취업체로부터 수수료(5%)를 수취하였고 그 수수료를 부인명의의 토지를 구입하였음.
- 수사개시일 2023.9.1.

가. 가공세금계산서 또는 가공계산서를 수수(발급 또는 수취)한 행위

Ⓐ 소득세 신고내용 등

○ 김WW(가공목재)의 소득세(2021년 귀속) 신고내용 등
- 업태/종목 : 도·소매/ 목재
- 2021년 귀속 총 수입금액 5,000,000,000원
- 소득세 과세표준 : 40,000,000원
- 납부할 세액 : 4,920,000원(소득세와 개인지방소득세는 신고 시 납부하지 않음)
- ※ 소득세는 복식부기장부로 신고하였음.
- ※ 수사개시일 현재 납부하지 아니한 소득세와 개인지방소득세는 체납돼 있음.

○ 가공목재의 부가가치세(2021년 제2기) 신고내용 등
- 매출과표 : 5,000,000,000원
- 매입과표 : 4,950,000,000원
- 납부할 세액 : 5,000,000원(부가가치세 신고 시 납부하지 않음)
- ※ 수사개시일 현재 납부하지 아니한 부가가치세는 체납돼 있음.

Ⓑ 세금계산서등의 범칙행위 검토

ⓐ 세금계산서 범칙행위

ⓐ 가공세금계산서를 수수한 행위

가공목재의 대표 김WW가 ㈜전통한옥 외 7개 업체와 재화 또는 용역의 거래 없이 세금계산서를 수수하였으므로, 이는 재화 또는 용역을 공급하지 아니하거나 공급받지 아니하고 세금계산서를 수수(12건, 공급가액 9,950,000,000원, 부가가치세 995,000,000원)한 행위(조세범 제10조 제3항 제1호)에 해당한다.

ⓑ 매출·매입처별 세금계산서합계표를 거짓으로 기재하여 제출한 행위

가공목재의 대표 김WW가 재화 또는 용역의 거래 없이 전자적 방법 외의 방법으로 수수한 세금계산서들을 2021년 제2기 부가가치세 신고 시 매출·매입처별 세금계산서합계표에 기재하여 제출하였으므로, 이는 재화 또는 용역을 공급하지 아니하거나 공급받지 아니하고 매출·매입처별 세금계산서합계표(2건, 공급가액 7,960,000,000원[주1], 부가가치세 796,000,000원)를 거짓으로 기재하여 제출한 행위(조처법 제10조 제3항 제3호)에 해당한다.

주1) 7,960,000,000원 = 4,000,000,000원(매출처별 세금계산서합계표를 거짓으로 기재하여 제출한 금액) + 3,960,000,000원(매입처별 세금계산서합계표를 거짓으로 기재하여 제출한 금액)

(b) 실행위자(범칙행위자) 특정

김WW가 가공목재의 사업자등록을 한 점, 세금계산서를 수취한 업체들로부터 수수료를 받은 점, 세금계산서 발급을 위한 보안카드를 본인이 직접 발급받은 점, 부가가치세 신고를 한 점 등을 고려하면 가공세금계산서 수수 등 범칙행위의 실행위자는 김WW이다.

(c) 가공세금계산서를 수수한 목적(영리목적)

가공목재의 대표 김WW가 재화 또는 용역의 거래 없이 세금계산서를 수수한 목적은 세금계산서 수취업체들로부터 수수료(공급가액의 5%)를 받기 위해서였다.

(d) 특가법 제8조의2 적용 여부

세금계산서 수취업체들로부터 수수료 수취라는 영리목적이 있고, 공급가액등의 합계액(17,910,000,000원[주2])이 30억 원 이상이므로 특가법 제8조의2 제1항 제1호에 의한 가중처벌대상이다.

주2) 17,910,000,000원 = 5,000,000,000원(가공세금계산서 발급액) + 4,950,000,000원(가공세금계산서 수취액) + 4,000,000,000원(매출처별 세금계산서합계표를 거짓으로 기재하여 제출한 금액) + 3,960,000,000원(매입처별 세금계산서합계표를 거짓으로 기재하여 제출한 금액)

| 적용 법조항 정리 |

적용 법조항	범칙행위 종류		범칙행위 금액 (건수)	범 칙 행위자
	영리목적			
특가법 제8조의2 제1항 제1호	세금계산서 교부의무 위반 등의 가중처벌		17,910,000,000원 (14건)	김WW
	수취업체로부터 수수료 수취			
조처법 제10조 제3항 제1호	재화 또는 용역의 공급 없이 세금계산서를 수수한 행위		9,950,000,000원 (12건)	김WW
	수취업체로부터 수수료 수취			
조처법 제10조 제3항 제3호	매출·매입처별 세금계산서합계표를 거짓으로 기재하여 제출한 행위		7,960,000,000원 (2)	김WW
	수취업체로부터 수수료 수취			

ⓒ 신고누락 수입금액 및 탈루소득금액

가공목재는 완전자료상으로 수수한 세금계산서가 허위이므로 애초부터 수입금액과 소득금액이 존재하지 않아 신고누락할 수입금액과 탈루소득금액을 가질 수 없다. 따라서 신고누락한 수입금액과 탈루소득금액은 없다.

그리고 앞 사례(폭탄형A)와 달리 가공목재의 대표 김WW가 가공세금계산서를 수수한 후 부가가치세와 소득세 신고를 하였기 때문에 과세관청은 신고내용을 취소하고, 수수한 가공세금계산서에 대해 세무차원의 처벌인 가산세를 부과하기 위해 아래 기술한 내용과 같이 부가가치세(국세청), 소득세(국세청), 개인지방소득세(지방자치단체)를 경정하여야 한다.

Ⓓ **부가가치세, 소득세, 개인지방소득세 포탈세액등 계산**(포탈세액등 계산 기준일 : 2023.9.30.)

[1차 경정] (수수한 세금계산서 금액과 납부할 세액을 취소하는 경정)

ⓐ **부가가치세 탈루세액등 계산**(2021년 2기 과세기간)

㉮ 부가가치세 본세 : [0원(매출과표) × 10%] − [0원(매입과표) × 10%]

− 5,000,000원(납부할 세액) = −5,000,000원

• 당초 부가가치세 계산식

[5,000,000,000원(매출과표) × 10%] − [4,950,000,000원(매입과표) × 10%]

= 5,000,000원(납부할 세액)

🔧 위의 부가가치세 계산식은 완전자료상인 가공목재의 부가가치세 신고내용과 신고 당시 결정된 납부할 세액을 취소하는 계산식이다.

◎ 부가가치세 추징예상세액(㉮) : −5,000,000원

🔧 1차 경정에서 추징예상세액은 신고한 당초 납부할 세액의 취소를 의미한다. 따라서 수사 착수 시 체납되어 있던 체납세액은 없어진다.

[2차 경정] (가공세금계산서등 수수금액에 대한 가산세 부과를 위한 경정임.)

ⓐ **부가가치세 탈루세액등 계산**(2021년 2기 과세기간)

㉮ 부가가치세 본세 : [0원(매출과표) × 10%] − [0원(매입과표) × 10%] = 0원

㉯ 세금계산서불성실가산세[주2] : 9,950,000,000원[주3] × 3% = 298,500,000원

주2) 가산세 부과 사유는 가공세금계산서 수수임.

주3) 9,950,000,000원 = 5,000,000,000원(가공세금계산서 발급액) + 4,950,000,000원(가공세금계산서 수취액)

◎ 부가가치세 추징예상세액(㉮ + ㉯) : 298,500,000원

🔧 2차 경정의 부가가치세 추징세액은 세금계산서등의 범칙행위자(김WW)에게 부가가치세로 부과된다.

ⓑ **소득세 탈루세액등 계산**(2021년 귀속)

㉮ 소득세 본세 : [0원(과세표준) × 6%] − 4,920,000원(납부할 세액) = −4,920,000원

• 당초 소득세 계산식

40,000,000원(과세표준) × 15% − 1,080,000원(누진세액공제)

= 4,920,000원(납부할 세액)

☞ 위 소득세 계산식은 완전자료상인 가공목재의 김WW가 신고한 소득세 신고내용과 소득세 신고 시 결정된 납부할 소득세를 취소하는 계산식이다.

◎ 소득세 추징예상세액(㉮) : −4,920,000원

☞ 추징세액 −4,920,000원은 당초 소득세 신고 시 납부할 세액과 상계되고 체납액이 없어지고 범칙행위자에게 환급되지 않는다.

(c) 개인지방소득세 탈루세액등 계산(2021년 귀속)

㉮ 개인지방소득세 본세 : [0원(과세표준) × 10%] − 492,000원(납부할 세액) = −492,000원

• 당초 개인지방소득세 계산식

4,920,000원(과세표준) × 10% = 492,000원(납부할 세액)

☞ 위 개인지방소득세 계산식은 완전자료상인 가공목재의 개인지방소득세 신고내용과 신고 시 결정된 납부할 개인지방소득세를 취소하는 계산식이다.

◎ 개인지방소득세 추징예상세액(㉮) : −492,000원

☞ 추징세액 −492,000원은 당초 개인지방소득세 신고 시 납부할 세액과 상계되어 체납액이 없어지고 범칙행위자에게 환급되지 않는다.

(d) 총 탈루세액등

납세의무 확정 연도	세목	탈루세액등 (추징예상세액)	기수시기
2022년	소득세 (2021년 귀속)	0원 (0원)	
2022년	개인지방소득세 (2021년 귀속)	0원 (0원)	
2022년	부가가치세 (2021년 2기)	0원 (298,500,000원)	
합계		0원 (298,500,000원)	

☞ 완전자료상의 경우 탈루세액등은 발생할 수 없으므로 포탈세액등은 없다.

(e) 조세포탈 여부 판단 및 조세포탈행위의 실행위자 특정

가공목재의 김WW가 가공세금계산서를 수수하였지만, 가공목재가 완전자료상이므로 조세포탈행위는 없다. 따라서 조세포탈행위가 발생하지 않았으므로 조세포탈행위의 실행위자도 없다.

E 법인 또는 개인사업자(사용자)에 대한 양벌규정 적용 검토

가공목재는 개인사업자이고, 범칙행위자가 사업주인 김WW이므로 김WW에게 「조세범처벌법」 제18조와 「지방세기본법」 제109조에서 규정하는 양벌규정에 대한 책임을 물을 수 없다.

F 조세범칙행위 외 범죄행위 검토

ⓐ 뇌물공여행위, 불법정치자금제공행위 등

세금계산서와 계산서 수수업체로부터 받은 수수료를 김WW가 부인 명의의 토지를 구입하는데 사용하였으므로 뇌물공여행위 등에 대해서도 검토할 필요가 없다.

G 세무대리인 등에 대한 공범 또는 방조범 해당 여부 검토

가공목재에서 범칙행위를 김WW 혼자 하고 너구리세무사사무실은 가공목재가 자료상인지 몰랐으므로 김WW의 범칙행위에 세무대리인 등의 공범 또는 방조범은 없다.

H 총 범칙행위 수

구분	범칙행위 종류	범칙행위자	포탈세액등	세금계산서 등 범칙행위 금액 (건수)
세금계산서등 범칙 관련	세금계산서 교부의무 위반 등의 가중처벌 (특가법 제8조의2 제1항 제1호)	김WW		17,910,000,000원 (14건)
	재화 또는 용역의 거래 없이 세금계산서를 수수한 행위 (조처법 제10조 제3항 제1호)	김WW		9,950,000,000원 (12건)
	매출·매입처별 세금계산서합계표를 거짓으로 기재하여 제출한 행위(조처법 제10조 제3항 제3호)	김WW		7,960,000,000원 (2건)
총 범칙행위 수		− 국세 관련 조세범칙 죄 수 : 3개		

나. 가공세금계산서 또는 가공계산서를 수수(수취)한 행위

본 건 사례에서 가공목재로부터 재화 또는 용역의 공급 없이 세금계산서를 수취한 자는 앞 사례들 중 부분자료상 사례에서 가공세금계산서를 발급받은 자의 처리방법과 같이 처리하면 되므로 가공세금계산서를 수수한 업체들에 대한 사례 풀이는 생략한다.

다. 가공세금계산서 또는 가공계산서를 수수(발급)한 행위

가공목재에 가공세금계산서를 발급한 권동합판과 장윤합판의 처리 방법은 앞 사례들 중 부분자료상 사례에서 가공세금계산서 발급자 처리방법과 같이 처리하면 되므로 권동합판과 장윤합판에 대한 사례 풀이는 생략한다.

4. 가장형B(부가가치세 편취형)

'가장형B'란 범칙행위자의 자료상행위 목적이 부가가치세 편취인 범칙유형을 말한다. 부가가치세를 편취하기 위해서는 매입자료가 있어야 하는데 그 매입자료를 마련하는 방법은 자료상으로부터 재화 또는 용역의 거래 없이 매입세금계산서등을 수취하거나, 명의를 차용하여 실체가 없는 사업체를 만든 후 그 업체로부터 매입세금계산서등을 수취하거나, 명의를 도용하여 세무서에 사업자등록 후 그 업체로부터 매입세금계산서등을 수취하거나, 제3자와 부가가치세를 편취하기로 공모하여 제3자에게 사업자등록을 하게 하여 그 업체로부터 매입세금계산서등을 수취하는 등의 다양한 방법이 존재한다. 여기에서 "매입세금계산서등"에 '등'이 첨가된 이유는 부가가치세를 공제받을 수 있는 거래증빙(영수증)에 매입세금계산서 외에 신용카드매출전표, 현금영수증 등이 포함되기 때문이다.

허위의 부가가치세 신고를 하여 부가가치세를 편취하는 유형인 "가장형B"는 다른 자료상 유형과는 확연히 다른 특징을 가진다. 그 특징은 부가가치세를 환급받은 행위는 분명히 조세포탈의 행태 중 "부당공제"에 해당하는 조세포탈행위 모양새를 취하지만 "조세포탈행위으로 처벌하지 않고 사기행위로 처벌한다는 것"이다. 사기행위로 처벌하는 사유는 조세포탈행위로 처벌하려면 범칙행위자가 추상적인 납세의무를 가진 사업자의 신분을 가져야 하는데 완전자료상 행위자는 추상적인 납세의무를 가지는 사업자의 신분이 아니기 때문이다(서울지방법원 1996.9.17. 96노4431 판결 ; 서울고등법원 2016.10.14. 선고 2016노1690 판결 ; 대법원 2017.2.9. 선고 2016도17826 판결, 안대희 조세형사법 395page 상단). 따라서 조세포탈범으로 처벌하지 못하고 사기범으로 처벌한다.

> 김편취는 2023.2.1. 부가가치세를 편취할 목적으로 실체가 없는 가공목재라는 업체를 국세청 홈택스를 이용하여 설악세무서에 사업자등록을 하고, ㈜KK종합건설로부터 가공세금계산서(3건, 공급가액 3,000,000,000원, 부가가치세 300,000,000원)를 수취하여 2023.7.25. 전자적인 방법으로 부가가치세 신고서를 설악세무서에 제출하였다.
>
> 설악세무서는 부가가치세 신고내용을 검토한 후 2023.8.10. 가공목재의 사업용계좌로 부가가치세 환급금 300,000,000원을 입금하였다. 김편취는 2023.8.10. 입금된 환급금을 인

출하여 자신명의의 토지를 구입하면서 잔금으로 사용하였다.
- 세금계산서 수수 내용

발급일	상호	대표자	수수 매수	공급가액	세액	수수 방법	매출/매입
2023.4.2	㈜KK종합건설	황GG	1	1,000,000,000원	100,000,000원	전자	매입
2023.5.3	㈜KK종합건설	황GG	1	1,000,000,000원	100,000,000원	전자	매입
2023.6.30	㈜KK종합건설	황GG	1	1,000,000,000원	100,000,000원	전자	매입
합계			3	3,000,000,000원	300,000,000원		

- 가공목재의 사업용계좌(한성은행)는 김편취가 2023.7.10. 설악세무서 민원봉사실에 방문하여 신고하였음.
- ㈜KK종합건설이 가공세금계산서를 발급한 목적은 외형을 높여 관공서 입찰자격을 확보하기 위해서였음.
- 모든 범칙행위는 김편취 혼자 하였고 선임한 세무대리인은 없음.
- 수사착수일 2023.9.1.

가. 가공세금계산서등을 수취하여 허위의 부가가치세 신고를 하고 부가가치세를 편취하는 행위

Ⓐ 소득세 신고내용 등

○ 김편취(가공목재)의 소득세(2023년 귀속) 신고내용 등
  - 소득세 신고기한 전에 사건화되어 소득세 신고내용 없음.
○ 부가가치세(2023년 제1기) 신고내용 등
  - 매출과표 : 0원
  - 매입과표 : 3,000,000,000원
  - 납부할 세액 : −300,000,000원(환급받음)

Ⓑ 세금계산서등의 범칙행위 검토

ⓐ 세금계산서 범칙행위

　ⓐ 가공세금계산서를 수수한 행위

　　가공목재의 대표 김편취가 재화 또는 용역의 거래 없이 세금계산서를 수취하였으므로, 이는 재화 또는 용역을 공급하지 아니하거나 공급받지 아니하고 세금계산서(3건, 공급가액 3,000,000,000원, 부가가치세 300,000,000원)를 수수한 행위(조처법

제10조 제3항 제1호)에 해당한다.

(b) 실행위자(범칙행위자) 특정

대표 김WW가 가공목재의 사업자등록을 한 점, ㈜KK종합건설로부터 전자세금계산서를 수취한 점, 사업용계좌를 신고한 점, 사업용계좌에서 부가가치세 환급금을 인출하여 사용한 점 등을 고려하면 세금계산서 범칙행위의 실행위자는 김편취이다.

(c) 가공세금계산서를 수수한 목적(영리목적)

김편취가 가공목재에서 재화 또는 용역의 거래 없이 세금계산서 수수행위를 한 목적은 허위의 부가가치세 신고(환급신고)를 하여 부가가치세를 편취하기 위해서였다.

(d) 특가법 제8조의2 적용 여부

허위의 부가가치세 신고를 하여 부가가치세 편취라는 영리목적이 있고, 공급가액등의 합계액(3,000,000,000원[주1])이 30억 원 이상이므로 특가법 제8조의2 제1항 제2호에 의한 가중처벌대상이다.

주1) 3,000,000,000원은 가공세금계산서 수취액임.

| 적용 법조항 정리 |

적용 법조항	범칙행위 종류	범칙행위 금액 (건수)	범 칙 행위자
	영리목적		
특가법 제8조의2 제1항 제1호	세금계산서 교부의무 위반 등의 가중처벌	3,000,000,000원 (3건)	김편취
	부가가치세 편취		
조처법 제10조 제3항 제1호	재화 또는 용역의 거래 없이 세금계산서를 수수(수취)한 행위	3,000,000,000원 (3건)	김편취
	부가가치세 편취		

ⓒ 신고누락 수입금액 및 탈루소득금액

가공목재는 부가가치세를 편취할 목적으로 설립된 완전자료상으로 수수한 세금계산서등이 허위이므로 애초부터 수입금액과 소득금액이 존재하지 않아 신고누락할 수입금액과 탈루소득금액을 가질 수 없다. 따라서 신고누락한 수입금액과 탈루소득금액은 없다.

그리고 앞 사례(폭탄형A)와 달리 가공목재의 대표 김편취가 가공세금계산서를 수수 후 부가가치세 신고를 하였기 때문에 과세관청은 신고내용을 취소하고, 환급하여 준 부가가치세의 회수 및 수수한 가공세금계산서에 대해 세무차원의 처벌인 가산세를 부과하기 위해 아래 기술한 내용과 같이 부가가치세(국세청)를 경정하여야 한다. 이 경우 소득세와 개인지방소득세는 소득세 신고도 없었고 계산서 범칙행위도 없었기 때문에 경정할 필요가 없다.

Ⓓ 부가가치세, 소득세, 개인지방소득세 포탈세액등 계산(포탈세액등 계산 기준일 : 2023.9.30.)

(a) 부가가치세 탈루세액등 계산(2023년 1기 과세기간)

㉮ 부가가치세 본세 : [0원(매출과표) × 10%] − [0원(매입과표) × 10%]
  − [−300,000,000원(기 환급받은 세액)] = 300,000,000원

- 당초 부가가치세 계산식
  [0원(매출과표) × 10%] − [3,000,000,000원(매입과표) × 10%] = −300,000,000원
  (환급받을 세액)

🔑 위 부가가치세 본세 계산식은 김편취가 수취한 가공세금계산서의 매입과표를 취소하고 부정하게 환급받은 세액을 부과결정하는 계산식이다. 매입과표가 취소되면서 감소한 매입과표에 해당하는 매입세액만큼의 세액이 증가하여 부가가치세 탈루세액등은 300,000,000원이다.

🔑 위 당초 계산식은 가공목재의 김편취가 부가가치세 매입세액을 부정하게 공제받아 부정하게 환급받은 세액(포탈세액)이 300,000,000원이라는 것을 보여준다.

㉯ 부당과소신고가산세 : 300,000,000원 × 40% = 120,000,000원

㉰ 세금계산서불성실가산세[주2] : 3,000,000,000원 × 3% = 90,000,000원

주2) 가산세 부과 사유는 가공세금계산서 수취임.

㉱ 납부불성실가산세(초과환급가산세[주3]) : 300,000,000원(본세) × 51일(2023.8.11.~
  2023.9.30.) × 22/100,000 = 3,366,000원

주3) 초과환급가산세는 부당하게 환급받은 세액에 대한 이자 성격의 가산세이다. 초과환급가산세의 기산일은 환급받은 날의 다음 날부터 납부일까지이다.

◎ 부가가치세 추징예상세액(㉮ + ㉯ + ㉰ + ㉱) : 513,366,000원

(b) 소득세 탈루세액등 계산(2021년 귀속)

㉮ 소득세 본세 : 탈루세액등 없음.

🔑 가공목재가 완전자료상이므로 소득세 탈루세액등이 발생할 수 없다.

🔑 소득세 신고도 하지 않고 계산서 범칙행위도 없으므로 소득세를 경정할 필요가 없다.

(c) 개인지방소득세 탈루세액등 계산(2021년 귀속)

㉮ 개인지방소득세 본세 : 탈루세액등 없음.

🔑 가공목재가 완전자료상이므로 소득세(과세표준)가 발생할 수 없어 탈루세액등이 발생할 수 없다.

(d) 총 탈루세액등

납세의무 확정 연도	세목	탈루세액등 (추징예상세액)	기수시기
2023년	부가가치세 (2023년 1기)	300,000,000원 (513,366,000원)	2023.8.10. 지난 때

(e) 조세포탈 여부 판단 및 조세포탈행위의 실행위자 특정

김편취가 부가가치세를 편취할 목적으로 가공세금계산서를 수취하여 허위의 부가가치세 신고를 하고 부정하게 300,000,000원을 환급받은 행위는 조세포탈의 행태 중 부정환급의 행태를 취하지만 김편취는 완전자료상으로 추상적인 납세의무를 가지는 사업자가 아니므로 부정하게 환급받은 행위를 조세포탈행위로 의율할 수 없다. 따라서 조세포탈행위가 발생하지 않았으므로 조세포탈의 실행위자도 없다.

그러므로 부가가치세 탈루세액등 300,000,000원은 포탈세액등이 아니다.

E 법인 또는 개인사업자에 대한 양벌규정 적용 검토

가공목재가 개인사업자이고 범칙행위자가 가공목재의 대표 김편취이므로 김편취에게 「조세범처벌법」 제18조와 「지방세기본법」 제109조에서 규정하는 양벌규정에 대한 책임을 물을 수 없다.

F 조세범칙행위 외 범죄행위 검토

(a) 사기행위

가공목재의 대표 김편취가 가공세금계산서를 수취하고 그 세금계산서를 근거로 허위의 부가가치세 신고를 하여 세무공무원을 기망해 부가가치세 300,000,000원을 편취한 행위는 사기행위(형법 제347조)에 해당한다.

| 적용 법조항 정리 |

적용 법조항	범칙행위 종류	범칙행위자	편취금액
형법 제347조	사기행위	김편취	300,000,000원

(b) 뇌물공여행위, 불법정치자금제공행위 등

가공목재의 대표 김편취가 부당하게 편취한 환급금액으로 자신 명의로 토지를 구입하는 데 사용하였으므로 뇌물공여행위 등에 대한 범죄행위는 검토할 필요가 없다.

Ⓖ 세무대리인 등에 대한 공범 또는 방조범 해당 여부 검토

김편취가 세무사를 선임하지 않았고 범칙행위를 혼자 하였으므로 세금계산서 범칙행위와 부가가치세를 부당하게 편취한 행위에 세무대리인등의 공범 또는 방조범은 없다.

Ⓗ 총 범칙행위 수

구분	범칙행위 종류	범칙행위자	포탈세액등	세금계산서 등 범칙행위 금액 (건수)
세금계산서등 범칙 관련	세금계산서 교부의무 위반 등의 가중처벌 (특가법 제8조의2 제1항 제2호)	김편취		3,000,000,000원 (3건)
	재화 또는 용역의 거래 없이 세금계산서를 수수(수취)한 행위 (조처법 제10조 제3항 제1호)	김편취		3,000,000,000원 (3건)
조세범칙 외	사기행위(형법 제347조)	김편취		300,000,000원
총 범칙행위 수		– 국세 관련 조세범칙 죄 수 : 2개 – 기타범칙 죄 수 : 1개		

나. 가공세금계산서를 수수(발급)한 행위

가공목재에 가공세금계산서를 수수(발급)한 ㈜KK종합건설의 처리 방법은 앞 사례들 중 부분자료상 사례에서 가공세금계산서 발급자 처리방법과 같이 처리하면 되므로 ㈜KK종합건설에 대한 사례 풀이는 생략한다.

Ⅱ ▶ 법인사업자

1. 폭탄형A

김MM은 2021.7.1. 자료상행위를 목적으로 ㈜가공양돈이라는 업체를 국세청 홈택스를 이용하여 사업자등록을 한 후, 세금계산서 또는 계산서를 수취하는 업체로부터 수수료를 받을 목적으로 아래 내용과 같이 세금계산서와 계산서를 수수하였다. 세금계산서와 계산서는 국세청 홈택스 전자세금계산서 발급시스템을 이용하여 김MM이 발급하였고, 수수 후 부가가치세와 법인세 신고는 하지 않았다.
– 세금계산서 수수 내용

발급일	상호	대표자	수수매수	공급가액	세액	수수방법	매출/매입
2021.7.10	㈜참갈비	김갈비	1	1,000,000,000원	100,000,000원	전자	매출
2021.8.10	㈜맞갈비	지갈비	1	5,000,000,000원	500,000,000원	전자	매출
2021.9.10	㈜한돈백화점	최한돈	1	1,000,000,000원	100,000,000원	전자	매출
2021.10.10	㈜한돈갈비	박갈비	1	2,000,000,000원	200,000,000원	전자	매출
2021.11.11	㈜우리갈비	우갈비	1	1,000,000,000원	100,000,000원	전자	매출
2021.12.11	㈜왕파갈비	왕갈비	1	2,000,000,000원	200,000,000원	전자	매출
합계				12,000,000,000원	1,200,000,000원		

- 계산서 수수 내용

발급일	상호	대표자	수수매수	공급가액	세액	수수방법	매출/매입
2021.7.12	㈜참돈햄	김참돈	1	1,000,000,000원		전자	매출
2021.8.10	㈜돼지친구	지친구	1	500,000,000원		전자	매출
2021.9.10	㈜참돈소세지	최세지	1	500,000,000원		전자	매출
2021.10.10	㈜한베이컨	박이컨	1	2,000,000,000원		전자	매출
2021.11.11	㈜우수소세지	우세지	1	1,000,000,000원		전자	매출
2021.12.11	㈜하나소세지	하세지	1	1,000,000,000원		전자	매출
합계				6,000,000,000원			

- 김MM은 세금계산서와 계산서 수취업체로부터 발급한 공급가액의 5%에 해당하는 수수료를 모두 수취하였고 수취한 금전으로 자신 명의의 토지를 구입하는데 사용하였음.
- ㈜가공양돈의 사업장관할세무서에 확인한바 전자세금계산서 발급을 위한 보안카드는 김MM이 세무서 '국세신고안내센터'에 직접 방문하여 본인의 주민등록증을 제시하고 발급받아간 것으로 확인됨.
- ㈜가공양돈으로부터 세금계산서와 계산서를 수취한 업체들은 모두 실제로 사업을 하는 업체들임.
- 김MM은 세금계산서등의 범칙행위를 세무대리인등이 도움을 받지 않고 혼자 하였음.
- ㈜가공양돈의 법인설립은 김MM이 법원에 방문하여 설립하였음.
- 수사착수일은 2023.9.1.

가. 가공세금계산서 또는 가공계산서를 수수(발급)한 행위

Ⓐ 법인세 신고내용 등

○ ㈜가공양돈의 법인세 등 신고내용
- 법인세 신고하지 않았음
- 부가가치세 신고하지 않았음
• 사업연도 : 1.1.~12.31.

Ⓑ 세금계산서등의 범칙행위 검토

(a) 세금계산서 범칙행위

ⓐ 가공세금계산서를 수수(발급)한 행위

㈜가공양돈의 대표 김MM이 ㈜참갈비 외 5개 업체에 재화 또는 용역의 거래 없이 세금계산서를 수수(발급)하였으므로, 이는 재화 또는 용역을 공급하지 아니하거나 공급받지 아니하고 세금계산서(6건, 공급가액 12,000,000,000원, 부가가치세 1,200,000,000원)를 수수(발급)한 행위(조세범 제10조 제3항 제1호)에 해당한다.

(b) 계산서 범칙행위

ⓐ 가공계산서를 수수(발급)한 행위

㈜가공양돈의 대표 김MM이 ㈜참돈햄 외 5개 업체에 재화 또는 용역의 거래 없이 계산서를 수수(발급)하였으므로, 이는 재화 또는 용역을 공급하지 아니하거나 공급받지 아니하고 계산서(6건, 공급가액 6,000,000,000원)를 수수(발급)한 행위(조처법 제10조 제3항 제2호)에 해당한다.

(c) 실행위자(범칙행위자) 특정

김MM이 국세청 홈택스를 이용하여 ㈜가공양돈의 사업자등록을 한 점, 세금계산서 발급용 보안카드를 세무서에 방문하여 발급받은 점, 국세청 홈택스 전자세금계산서 발급시스템에서 세금계산서와 계산서를 수수(발급)한 점, 세금계산서와 계산서 수취 업체들로부터 수수료를 수취한 점, ㈜가공양돈의 법인 설립을 위해 법원에 방문한 점 등을 고려하면 가공세금계산서와 가공계산서를 수수(발급)한 행위의 실행위자는 김MM이다.

ⓓ 가공세금계산서와 가공계산서 수수(발급)한 목적(영리목적)

㈜가공양돈의 대표 김MM이 재화 또는 용역의 거래 없이 세금계산서와 계산서를 수수(발급)한 목적은 세금계산서 또는 계산서 수취업체로부터 수수료(5%)를 받아 수취하기 위해서였다.

ⓔ 특가법 제8조의2 적용 여부

세금계산서 또는 계산서 수취업체들로부터 수수료를 받아 수취하기 위해서라는 영리목적이 있고, 공급가액등의 합계액(18,000,000,000원[주1])이 30억 원 이상이므로 특가법 제8조의2 제1항 제1호에 의한 가중처벌대상이다.

주1) 18,000,000,000원 = 12,000,000,000원(가공세금계산서 발급액) + 6,000,000,000원(가공계산서 발급액)

| 적용 법조항 정리 |

적용 법조항	범칙행위 종류	범칙행위 금액 (건수)	범 칙 행위자
	영리목적		
특가법 제8조의2 제1항 제1호	세금계산서 교부의무 위반 등의 가중처벌	18,000,000,000원 (12건)	김MM
	수취업체로부터 수수료 수취		
조처법 제10조 제3항 제1호	재화 또는 용역의 거래 없이 세금계산서를 수수(발급)한 행위	12,000,000,000원 (6건)	김MM
	수취업체로부터 수수료 수취		
조처법 제10조 제3항 제2호	재화 또는 용역의 거래 없이 계산서를 수수(발급)한 행위	6,000,000,000원 (6건)	김MM
	수취업체로부터 수수료 수취		

ⓒ 신고누락 수입금액 및 탈루소득금액

완전자료상은 수수한 세금계산서 또는 계산서가 허위이므로 애초부터 수입금액과 소득금액이 존재하지 않아 신고누락할 수입금액과 탈루소득금액을 가질 수 없다. 따라서 신고누락한 수입금액과 탈루소득금액은 없다.

그리고 ㈜가공양돈이 대표 김MM이 가공세금계산서와 가공계산서를 수수(발급)하고 부가가치세 및 법인세 신고를 하지 않았으므로 과세관청은 수수한 가공세금계산서와 가공계산서에 대해 세무차원의 처벌인 가산세를 부과하기 위하여 아래 기술한 내용과 같이 부가가치세(국세청), 법인세(국세청), 법인지방소득세(지방자치단체)를 경정하여야 한다.

Ⓓ 부가가치세, 법인세, 법인지방소득세 포탈세액등 계산(포탈세액등 계산 기준일 : 2023.9.30.)

(a) 부가가치세 탈루세액등 계산(2021년 2기 과세기간)

㉮ 부가가치세 본세 : 탈루세액등 없음.

- 완전자료상인 ㈜가공양돈의 대표 김MM이 수수(발급)한 세금계산서가 허위이므로 과세표준이 존재할 수 없어 탈루세액등이 발생할 수 없다.

㉯ 세금계산서불성실가산세[주2] : 12,000,000,000원[주3] × 3% = 360,000,000원

주2) 가산세 부과 사유는 가공세금계산서 발급임.
주3) 12,000,000,000원은 ㈜가공양돈의 대표 김MM이 수수(발급)한 가공세금계산서 공급가액임.

◎ 부가가치세 추징예상세액(㉮ + ㉯) : 360,000,000원

- 추징예상세액 360,000,000원은 재화 또는 용역의 거래 없이 세금계산서를 수수(발급)한 행위에 대한 세무차원의 처벌로 ㈜가공양돈에 부과된다.

(b) 법인세 탈루세액등 계산(2021년 귀속)

㉮ 법인세 본세 : 탈루세액등 없음.

- 완전자료상인 ㈜가공양돈의 대표 김MM이 수수(발급)한 세금계산서와 계산서가 허위이므로 소득금액이 존재하지 않아 탈루세액등이 발생할 수 없다.

㉯ 계산서불성실가산세[주4] : 6,000,000,000원[주5] × 2% = 120,000,000원

주4) 가산세 부과 사유는 가공계산서 발급임.
주5) 6,000,000,000원은 ㈜가공양돈의 대표 김MM이 수수(발급)한 가공계산서 공급가액임.

◎ 법인세 추징예상세액(㉮ + ㉯) : 120,000,000원

- 추징예상세액 120,000,000원은 재화 또는 용역의 거래 없이 계산서를 수수(발급)한 행위에 대한 세무차원의 처벌로 ㈜가공양돈에 부과된다.

(c) 법인지방소득세 탈루세액등 계산(2021년 귀속)

㉮ 법인지방소득세 본세 : 탈루세액등 없음.

- 법인지방소득세의 과세표준이 되는 법인세(과세표준)가 존재하지 아니하므로 법인지방소득세의 탈루세액등이 발생할 수 없다.

㉯ 법인세 가산세에 부과하는 가산세 : 120,000,000[주6] × 10% = 12,000,000원

주6) 계산서불성실가산세임.

◎ 법인지방소득세 추징예상세액(㉮ + ㉯) : 12,000,000원

- 추징예상세액 12,000,000원은 재화 또는 용역의 거래 없이 계산서를 수수(발급)한 행위에 대한 세무차원의 처벌로 ㈜가공양돈에 부과된다.

(d) 총 탈루세액등

납세의무 확정 연도	세목	탈루세액등 (추징예상세액)	기수시기
2022년	법인세 (2021년 사업연도)	0원 (120,000,000원)	
2022년	법인지방소득세 (2021년 사업연도)	0원 (12,000,000원)	
2022년	부가가치세 (2021년 2기)	0원 (360,000,000원)	
합계		0원 (492,000,000원)	

🖉 ㈜가공양돈은 완전자료상이므로 탈루세액등이 발생할 수 없다.

(e) 조세포탈 여부 판단 및 조세포탈행위의 실행위자 특정

㈜가공양돈은 의 대표 김MM이 가공세금계산서와 가공계산서를 수수하였지만, ㈜가공양돈이 완전자료상이므로 조세포탈행위는 발생할 수 없다. 따라서 조세포탈행위가 발생하지 않았으므로 조세포탈의 실행위자도 없다.

Ｅ 법인 또는 개인사업자에 대한 양벌규정 적용 검토

㈜가공양돈은 범칙행위자 김MM의 업무와 관련하여 "세금계산서등 범칙행위"를 하지 않도록 상당한 주의를 가지고 감독할 의무가 있으나, 범칙행위자 김MM의 "세금계산서등 범칙행위"를 방지하기 위한 책임을 게을리하였으므로 「조세범처벌법」 제18조에서 규정하는 양벌규정에 대해 책임이 있다.

| 적용 법조항 정리 |

적용 법조항	범칙행위 종류	범칙행위자
조처법 제18조	양벌규정	㈜가공양돈

Ｆ 조세범칙행위 외 범죄행위 검토

(a) 횡령행위

㈜가공양돈의 대표 김MM은 재화 또는 용역의 거래 없이 세금계산서(6건, 공급가액 12,000,000,000원, 부가가치세 1,200,000,000원)와 계산서(6건, 공급가액 6,000,000,000원)를 수수(발급)하고, 수수업체들로부터 수수료 명목으로 발급한 세금계산서와 계

산서의 공급가액 5%에 해당하는 금액(900,000,000원)을 불법영득 의사로 영득한 행위는 업무상 횡령행위(형법 제356조)에 해당한다.

그리고 업무상 횡령금액(900,000,000원)이 5억 원 이상이므로 특경법 제3조 제1항 제2호에 의하여 특정재산범죄의 가중처벌대상이다.

| 적용 법조항 정리 |

적용 법조항	범칙행위 종류	범칙행위자	횡령금액
특경법 제3조 제1항 제2호	특정재산범죄의 가중처벌	김MM	900,000,000원
형법 제356조	업무상 횡령행위	김MM	900,000,000원

ⓑ 뇌물공여행위, 불법정치자금제공행위 등

㈜가공양돈의 대표 김MM이 수수료로 수취한 금전(900,000,000원)을 본인 명의의 토지를 구입하는데 사용하였으므로 뇌물공여행위 등에 대한 범죄행위는 검토할 필요가 없다.

Ⓖ 세무대리인 등에 대한 공범 또는 방조범 해당 여부 검토

㈜가공양돈에서 범칙행위를 김MM 혼자 하였으므로 김MM의 범칙행위에 세무대리인 등의 공범 또는 방조범은 없다.

Ⓗ 총 범칙행위 수

구분	범칙행위 종류	범칙행위자	포탈세액등	세금계산서 등 범칙행위 금액 (건수)
세금계산서등 범칙 관련	세금계산서 교부의무 위반등의 가중처벌 (특가법 제8조의2 제1항 제1호)	김MM		18,000,000,000원 (12건)
	재화 또는 용역의 거래 없이 세금계산서를 수수(발급)한 행위 (조처법 제10조 제3항 제1호)	김MM		12,000,000,000원 (6건)
	재화 또는 용역의 거래 없이 계산서를 수수(발급)한 행위 (조처법 제10조 제3항 제2호)	김MM		6,000,000,000원 (6건)

구분	범칙행위 종류	범칙행위자	포탈세액등	세금계산서 등 범칙행위 금액 (건수)
기타 조세 범칙 관련	양벌규정(조처법 제18조)	㈜가공양돈		
조세범칙 외	특정재산범죄의 가중처벌 (특정법 제3조 제1항 제2호)	김MM		900,000,000원
	업무상 횡령행위(형법 제356조)	김MM		900,000,000원
총 범칙행위 수		- 국세 관련 조세범칙 죄 수 : 4개 - 조세범칙 외 죄 수 : 2개		

나. 가공세금계산서 또는 가공계산서를 수수(수취)한 행위

본 건 사례에서 ㈜가공양돈으로부터 재화 또는 용역의 거래 없이 세금계산서 또는 계산서를 수취한 자는 앞 사례들 중 부분자료상 사례에서 재화 또는 용역의 거래 없이 세금계산서 또는 계산서를 수취한 업체들의 처리방법과 같이 처리하면 된다.

2. 폭탄형B

> 김MM은 2021.7.1. 자료상행위를 목적으로 ㈜가공양돈이라는 업체를 국세청 홈택스를 이용하여 사업자등록을 한 후, 세금계산서 또는 계산서를 수취하는 업체로부터 수수료를 받을 목적으로 아래 내용과 같이 세금계산서와 계산서를 수수하였다. 세금계산서와 계산서는 김MM이 대부분 국세청 홈택스 전자세금계산서 발급시스템을 이용하여 발급하였으나 일부는 "전자적 방법 외의 방법"(수기작성)으로 발급하였다. 수수 후 김MM이 부가가치세 신고는 하였으나 법인세는 신고하지 않았다.
>
> - 세금계산서 수수 내용
>
> | 발급일 | 상호 | 대표자 | 수수 매수 | 공급가액 | 세액 | 수수 방법 | 매출/매입 |
> |---|---|---|---|---|---|---|---|
> | 2021.7.10 | ㈜참갈비 | 김갈비 | 1 | 1,000,000,000원 | 100,000,000원 | 전자 | 매출 |
> | 2021.8.10 | ㈜맞갈비 | 지갈비 | 1 | 5,000,000,000원 | 500,000,000원 | 전자 | 매출 |
> | 2021.9.10 | 한돈백화점 | 최한돈 | 1 | 1,000,000,000원 | 100,000,000원 | 전자 | 매출 |
> | 2021.10.10 | ㈜한돈갈비 | 박갈비 | 1 | 2,000,000,000원 | 200,000,000원 | 전자 | 매출 |
> | 2021.11.11 | 우리갈비 | 우갈비 | 1 | 1,000,000,000원 | 100,000,000원 | 수기 | 매출 |
> | 2021.12.11 | 왕파갈비 | 왕갈비 | 1 | 2,000,000,000원 | 200,000,000원 | 수기 | 매출 |
> | 합계 | | | | 12,000,000,000원 | 1,200,000,000원 | | |

- 계산서 수수 내용

발급일	상호	대표자	수수 매수	공급가액	세액	수수 방법	매출/매입
2021.7.12	㈜참돈햄	김참돈	1	1,000,000,000원	전자	매출	
2021.8.10	㈜돼지친구	지친구	1	500,000,000원	전자	매출	
2021.9.10	참돈소세지	최세지	1	500,000,000원	전자	매출	
2021.10.10	㈜한베이컨	박이컨	1	2,000,000,000원	전자	매출	
2021.11.11	우리소세지	우세지	1	1,000,000,000원	수기	매출	
2021.12.11	왕파소세지	왕세지	1	1,000,000,000원	수기	매출	
합계				6,000,000,000원			

- 수기로 수수(발급)한 세금계산서와 계산서에 대해서는 합계표를 제출하였음.
- 김MM은 세금계산서와 계산서 수취업체로부터 발급한 공급가액의 5%에 해당하는 수수료를 모두 수취하였고 수취한 금전으로 자신 명의의 토지를 구입하는데 사용하였음.
- ㈜가공양돈의 사업장관할세무서에 확인한바 전자세금계산서 발급을 위한 보안카드는 김MM이 세무서 '국세신고안내센터'에 직접 방문하여 본인의 주민등록증을 제시하고 발급받아간 것으로 확인됨.
- ㈜가공양돈의 대표 김MM은 세무대리인을 선임하지 않았고 모든 범칙행위를 김MM 혼자 하였음.
- ㈜가공양돈으로부터 세금계산서와 계산서를 수취한 업체들은 모두 실제로 사업을 하는 업체들임.
- ㈜가공양돈의 법인설립은 김MM이 법원에 방문하여 설립하였음.
- 수사착수일은 2023.9.1.

가. 가공세금계산서 또는 가공계산서를 수수(발급)한 행위

A 법인세 신고내용 등

○ ㈜가공양돈의 법인세(2021년 사업연도) 신고내용
  - 법인세는 신고하지 않음.
○ 부가가치세(2021년 제2기) 신고내용 등
  - 매출과표 : 12,000,000,000원
  - 매입과표 : 0원
  - 납부할 세액 : 1,200,000,000원(수사개시일 현재 체납된 상태임)

※ 전자적 외 방법으로 수수한 계산서는 부가가치세 신고 시 계산서 합계표를 제출하였음.

B 세금계산서등의 범칙행위 검토

(a) 세금계산서 범칙행위

ⓐ 가공세금계산서를 수수(발급)한 행위

㈜가공양돈의 대표 김MM이 ㈜참갈비 외 5개 업체에 재화 또는 용역의 공급 없이 세금계산서를 수수(발급)하였으므로, 이는 재화 또는 용역을 공급하지 아니하거나 공급받지 아니하고 재화 또는 용역을 공급하지 아니하거나 공급받지 아니하고 세금계산서(6건, 공급가액 12,000,000,000원, 부가가치세 1,200,000,000원)를 수수(발급)한 행위(조세범 제10조 제3항 제1호)에 해당한다.

ⓑ 매출·매입처별 세금계산서합계표를 거짓으로 기재하여 제출한 행위

㈜가공양돈의 대표 김MM이 재화 또는 용역의 거래 없이 전자적 방법 외의 방법으로 수수(발급)한 세금계산서들을 2021년 제2기 부가가치세 신고 시 매출처별 세금계산서합계표에 기재하여 제출하였으므로, 이는 매출·매입처별 세금계산서합계표(1건, 공급가액 3,000,000,000원, 부가가치세 300,000,000원)를 거짓으로 기재하여 제출한 행위(조처법 제10조 제3항 제3호)에 해당한다.

(b) 계산서 범칙행위

ⓐ 가공계산서를 수수(발급)한 행위

㈜가공양돈의 대표 김MM이 ㈜참돈햄 외 5개 업체에 재화 또는 용역의 공급 없이 계산서를 수수(발급)하였으므로, 이는 재화 또는 용역을 공급하지 아니하거나 공급받지 아니하고 계산서(6건, 공급가액 6,000,000,000원)를 수수(발급)한 행위(조처법 제10조 제3항 제2호)에 해당한다.

ⓑ 매출·매입처별 계산서합계표를 거짓으로 기재하여 제출한 행위

㈜가공양돈의 대표 김MM이 재화 또는 용역의 거래 없이 전자적 방법 외의 방법으로 수수(발급)한 계산서들을 2021년 제2기 부가가치세 신고 시 매출처별 계산서합계표에 기재하여 제출하였으므로, 이는 재화 또는 용역을 공급하지 아니하거나 공급받지 아니하고 매출·매입처별 계산서합계표(1건, 공급가액 2,000,000,000원)를 거짓으로 기재하여 제출한 행위(조처법 제10조 제3항 제4호)에 해당한다.

(c) 실행위자(범칙행위자) 특정

　　김MM이 국세청 홈택스를 이용하여 ㈜가공양돈의 사업자등록을 한 점, 세금계산서 발급용 보안카드를 세무서에 방문하여 발급받은 점, 국세청 홈택스 전자세금계산서 발급시스템에서 세금계산서와 계산서를 수수(발급)한 점, 세금계산서와 계산서 수취업체들로부터 수수료를 수취한 점, 부가가치세 신고를 한 점 등을 고려하면 가공세금계산서와 가공계산서를 수수(발급)한 행위 등의 실행위자는 김MM이다.

(d) 가공세금계산서와 가공계산서를 수수(발급)한 목적(영리목적)

　　㈜가공양돈의 대표 김MM이 재화 또는 용역의 거래 없이 세금계산서와 계산서를 수수(발급)한 목적은 세금계산서 또는 계산서 수취업체로부터 수수료(5%)를 받기 위해서였다.

(e) 특가법 제8조의2 적용 여부

　　세금계산서 또는 계산서 수취업체들로부터 수수료 수취라는 영리목적이 있고, 공급가액등의 합계액(21,000,000,000원[주1])이 30억 원 이상이므로 특가법 제8조의2 제1항 제1호에 의한 가중처벌대상이다.

　　주1) 21,000,000,000원 = 12,000,000,000원(가공세금계산서 발급액) + 6,000,000,000원(가공계산서 발급액) + 3,000,000,000원(매출·매입처별 세금계산서합계표를 거짓으로 기재하여 제출한 금액)

　　🔑 주1)에서 공급가액등의 합계액이 23,000,000,000원이 아니고 21,000,000,000원이 사유는 특가법 제8조의2의 법문이 "공급가액등의 합계액"의 개념을 "세금계산서 및 계산서에 기재된 공급가액이나 매출처별세금계산서합계표·매입처별세금계산서합계표에 기재된 공급가액 또는 매출·매입금액의 합계액"이라고 규정하고 있기 때문이다. 즉, 특가법 제8조의2가 규정하는 "공급가액등의 합계액"의 개념에는 매출처별계산서합계표·매입처별계산서합계표에 기재된 공급가액의 금액이 제외되기 때문임.

| 적용 법조항 정리 |

적용 법조항	범칙행위 종류	범칙행위 금액 (건수)	범 칙 행위자
	영리목적		
특가법 제8조의2 제1항 제1호	세금계산서 교부의무 위반 등의 가중처벌	21,000,000,000원 (14건)	김MM
	수취업체로부터 수수료 수취		
조처법 제10조 제3항 제1호	재화 또는 용역의 거래 없이 세금계산서를 수수(발급)한 행위	12,000,000,000원 (6건)	김MM
	수취업체로부터 수수료 수취		

적용 법조항	범칙행위 종류	범칙행위 금액 (건수)	범 칙 행위자
	영리목적		
조처법 제10조 제3항 제3호	매출·매입처별 세금계산서합계표를 거짓으로 기재하여 제출한 행위	3,000,000,000원 (1)	김MM
	수취업체로부터 수수료 수취		
조처법 제10조 제3항 제2호	재화 또는 용역의 거래 없이 계산서를 수수(발급)한 행위	6,000,000,000원 (6건)	김MM
	수취업체로부터 수수료 수취		
조처법 제10조 제3항 제4호	매출·매입처별 계산서합계표를 거짓으로 기재하여 제출한 행위	2,000,000,000원 (1건)	김MM
	수취업체로부터 수수료 수취		

ⓒ 신고누락 수입금액 및 탈루소득금액

㈜가공양돈은 완전자료상으로 수수한 세금계산서와 계산서의 가액이 허위이므로 애초부터 수입금액과 소득금액이 존재하지 않아 신고누락할 수입금액과 탈루소득금액을 가질 수 없다. 따라서 신고누락한 수입금액과 탈루소득금액은 없다.

그러나 앞 사례(폭탄형A)와 달리 ㈜가공양돈의 대표 김MM이 가공세금계산서와 가공계산서를 수수(발급)한 후 부가가치세 신고를 하였기 때문에 과세관청은 신고내용을 취소하고, 수수한 가공세금계산서와 가공계산서에 대해 세무차원의 처벌인 가산세를 부과하기 위해 아래 기술한 내용과 같이 부가가치세(국세청), 법인세(국세청), 법인지방소득세(지방자치단체)를 경정하여야 한다.

ⓓ 부가가치세, 법인세, 법인지방소득세 포탈세액등 계산(포탈세액등 계산 기준일 : 2023.9.30.)

[1차 경정] (수수한 세금계산서 금액과 납부할 세액을 취소하는 경정)

ⓐ 부가가치세 탈루세액등 계산(2021년 2기 과세기간)

㉮ 부가가치세 본세 : [0원(매출과표) × 10%] − [0원(매입과표) × 10%]

− 1,200,000,000원(납부할 세액) = −1,200,000,000원

• 당초 부가가치세 계산식

[12,000,000,000원(매출과표) × 10%] − [0원(매입과표) × 10%]

= 1,200,000,000원(납부할 세액)

⚲ 위의 부가가치세 계산식은 완전자료상인 ㈜가공양돈의 대표 김MM이 수수한 세금계산서 가액과 신고 당시 확정된 납부할 세액을 취소하는 계산식이다.

◎ 부가가치세 추징예상세액(㉮) : -1,200,000,000원

 🔧 1차 경정에서 추징예상세액은 (-)음의 세액이만 환급세액이 아니고 부가가치세 신고 당시 납부할 세액과 상계되어 체납액이 없어진다.

[2차 경정] (가공세금계산서등 수수금액에 대한 가산세 부과를 위한 경정임.)

(a) **부가가치세 탈루세액등 계산(2021년 2기 과세기간)**

㉮ 부가가치세 본세 : [0원(매출과표) × 10%] − [0원(매입과표) × 10%] = 0원

㉯ 세금계산서불성실가산세[주2] : 12,000,000,000원[주3] × 3% = 360,000,000원

주2) 가산세 부과 사유는 가공세금계산서 발급임.
주3) 12,000,000,000원은 ㈜가공양돈의 대표 김MM이 수수(발급)한 세금계산서 공급가액임.

◎ 부가가치세 추징예상세액(㉮ + ㉯) : 360,000,000원

 🔧 2차 경정의 부가가치세 추징세액은 ㈜가공양돈에 부가가치세로 부과된다.

(b) **법인세 탈루세액등 계산(2021년 사업연도)**

㉮ 법인세 본세 : 탈루세액등 없음.

 🔧 ㈜가공양돈이 완전자료상으로 수입금액과 소득금액이 없어 탈루세액등이 발생할 수 없다.

㉯ 계산서불성실가산세[주4] : 6,000,000,000원[주5] × 2% = 120,000,000원

주4) 가산세 부과 사유는 가공계산서 발급임.
주5) 6,000,000,000원은 발행한 가공계산서 수수금액임.

◎ 법인세 추징예상세액(㉮ + ㉯) : 120,000,000원

 🔧 ㈜가공양돈이 완전자료상으로 탈루세액등이 발행하지 않아 법인세 탈루세액등을 계산할 필요가 없지만 계산서 범칙행위를 하였기 때문에 세무차원의 처벌인 가산세를 부과하기 위해 법인세 경정을 하여야 한다.

(c) **법인지방소득세 탈루세액등 계산(2021년 사업연도)**

㉮ 법인지방소득세 본세 : 탈루세액등은 없음.

 🔧 ㈜가공양돈이 완전자료상으로 수입금액과 소득금액이 없어 법인세(과세표준)가 발생할 수 없어 법인지방소득세 탈루세액등도 발생할 수 없다.

㉯ 법인세 가산세에 부과하는 가산세 : 120,000,000[주6] × 10% = 12,000,000원

주6) 계산서불성실가산세임.

◎ 법인지방소득세 추징예상세액(㉮ + ㉯) : 12,000,000원

 🔧 ㈜가공양돈이 완전자료상으로 법인세 본세(과세표준)가 발생하지 않아 법인지방소득세가 발생하지 않지만 계산서 범칙행위에 대해 세무차원의 처벌인 가산세가 법인세로 부과되기 때문에 부과되는 법인세에 대한 법인지방소득세를 부과해야 하므로 법인지방소득세를 경정하여야 한다.

(d) 총 탈루세액등

납세의무 확정 연도	세목	탈루세액등 (추징예상세액)	기수시기
2022년	법인세 (2021년 사업연도)	0원 (120,000,000원)	
2022년	법인지방소득세 (2021년 사업연도)	0원 (12,000,000원)	
2022년	부가가치세 (2021년 2기)	0원 (360,000,000원)	
합계		0원 (492,000,000원)	

- 추징예상세액은 세무차원의 처벌로 ㈜가공양돈에 부과된다.

- 완전자료상이므로 탈루세액등은 발생할 수 없다.

(e) 조세포탈 여부 판단 및 조세포탈행위의 실행위자 특정

대표 김MM이 가공세금계산서와 가공계산서를 수수하였지만 ㈜가공양돈이 완전자료 상이므로 조세포탈행위는 발생하지 않아 포탈세액은 없다. 따라서 조세포탈행위가 발 생하지 않았으므로 조세포탈행위의 실행위자도 없다.

E 법인 또는 개인사업자에 대한 양벌규정 적용 검토

㈜가공양돈은 범칙행위자 김MM이 업무와 관련하여 "세금계산서등 범칙행위"를 하지 않도록 상당한 주의를 가지고 감독할 의무가 있으나, 범칙행위자 김MM의 "세금계산서등 범칙행위"를 방지하기 위한 책임을 게을리하였으므로 「조세범처벌법」 제18조에서 규정하 는 양벌규정에 대해 책임이 있다.

| 적용 법조항 정리 |

적용 법조항	범칙행위 종류	범칙행위자
조처법 제18조	양벌규정	㈜가공양돈

F 조세범칙행위 외 범죄행위 검토

(a) 횡령행위

㈜가공양돈의 대표 김MM은 재화 또는 용역의 거래 없이 세금계산서(6건, 공급가액 12,000,000,000원, 부가가치세 1,200,000,000원)와 계산서(6건, 공급가액 6,000,000,000원)

를 수수(발급)하고, 수수업체들로부터 수수료 명목으로 발급한 가공세금계산서와 가공계산서의 공급가액 5%에 해당하는 금액(900,000,000원)을 불법영득 의사로 영득한 행위는 업무상 횡령행위(형법 제356조)에 해당한다.

그리고 업무상 횡령금액(900,000,000원)이 5억 원 이상이므로 특경법 제3조 제1항 제2호에 의하여 특정재산범죄의 가중처벌대상이다.

| 적용 법조항 정리 |

적용 법조항	범칙행위 종류	범칙행위자	횡령금액
특경법 제3조 제1항 제2호	특정재산범죄의 가중처벌	김MM	900,000,000원
형법 제356조	업무상 횡령행위	김MM	900,000,000원

ⓑ 뇌물공여행위, 불법정치자금제공행위 등

㈜가공양돈의 대표 김MM이 수수한 수수료(900,000,000원)를 본인 명의의 토지를 구입하는데 사용하였으므로 뇌물공여행위 등에 대한 범죄행위는 검토할 필요가 없다.

Ⓖ 세무대리인 등에 대한 공범 또는 방조범 해당 여부 검토

㈜가공양돈에서 범칙행위를 김MM 혼자 하였으므로 김MM의 범칙행위에 세무대리인 등의 공범 또는 방조범은 없다.

Ⓗ 총 범칙행위 수

구분	범칙행위 종류	범칙행위자	포탈세액등	세금계산서 등 범칙행위 금액 (건수)
세금계산서 등 범칙 관련	세금계산서 교부의무 위반등의 가중처벌 (특가법 제8조의2 제1항 제1호)	김MM		21,000,000,000원 (14건)
	재화 또는 용역의 거래 없이 세금 계산서를 수수(발급)한 행위 (조처법 제10조 제3항 제1호)	김MM		12,000,000,000원 (6건)
	매출·매입처별 세금계산서합계표 를 거짓으로 기재하여 제출한 행위 (조처법 제10조 제3항 제3호)	김MM		3,000,000,000원 (1건)

구분	범칙행위 종류	범칙행위자	포탈세액등	세금계산서 등 범칙행위 금액 (건수)
	재화 또는 용역의 거래 없이 계산서를 수수(발급)한 행위 (조처법 제10조 제3항 제2호)	김MM		6,000,000,000원 (6건)
	매출·매입처별 계산서합계표를 거짓으로 기재하여 제출한 행위 (조처법 제10조 제3항 제4호)	김MM		2,000,000,000원 (1건)
기타 조세 범칙 관련	양벌규정(조처법 제18조)	㈜가공양돈		
조세범칙 외	특정재산범죄의 가중처벌 (특경법 제3조 제1항 제2호)	김MM		900,000,000원
	업무상 횡령행위(형법 제356조)	김MM		900,000,000원
총 범칙행위 수		− 국세 관련 조세범칙 죄 수 : 6개 − 조세범칙 외 죄 수 : 2개		

나. 가공세금계산서 또는 가공계산서를 수수(수취)한 행위

본 건 사례에서 ㈜가공양돈으로부터 재화 또는 용역의 공급 없이 세금계산서 또는 계산서를 수취한 자는 앞 사례들 중 부분자료상 사례에서 재화 또는 용역의 공급 없이 세금계산서 또는 계산서를 수취한 업체들의 처리방법과 같이 처리하면 된다.

3. 가장형A

김WW는 2021.7.1. 자료상행위를 목적으로 ㈜가공목재라는 업체를 국세청 홈택스를 이용하여 설악세무서에 사업자등록을 하였다. 김WW는 세금계산서를 팔아 수수료를 챙길 목적으로 아래의 내용과 같이 세금계산서를 발급하였고, ㈜가공목재에서 발급할 세금계산서의 매입자료(매입세금계산서 등)를 갖추기 위해 부분자료상행위를 하는 권동합판(대표 황GG, 일반과세자)과 장윤합판(대표 한SS, 일반과세자)로부터 매입세금계산서를 수취하였다. 세금계산서를 수수한 후 부가가치세 신고는 김WW가 직접하였으나 법인세 신고는 세무사사무실에 의뢰하여 하였다.
− 세금계산서 수수 내용

발급일	상호	대표자	수수매수	공급가액	세액	수수방법	매출/매입
2021.7.10	㈜전통한옥	한전통	1	1,000,000,000원	100,000,000원	수기	매출
2021.8.10	㈜최고한옥	최한옥	1	500,000,000원	50,000,000원	수기	매출
2021.9.10	전통가구	전가구	1	1,000,000,000원	100,000,000원	수기	매출
2021.10.10	㈜비룡가구	박비룡	1	500,000,000원	50,000,000원	수기	매출
2021.11.11	우리한옥	우한옥	1	1,000,000,000원	100,000,000원	수기	매출
2021.12.11	왕좌한옥	왕한옥	1	1,000,000,000원	100,000,000원	전자	매출
매출소계			6	5,000,000,000원	500,000,000원		
2021.7.2	권동합판	황GG	1	990,000,000원	99,000,000원	수기	매입
2021.8.2	권동합판	황GG	1	495,000,000원	49,500,000원	수기	매입
2021.9.2	권동합판	황GG	1	990,000,000원	99,000,000원	수기	매입
2021.10.2	장윤합판	한SS	1	495,000,000원	49,500,000원	수기	매입
2021.11.2	장윤합판	한SS	1	990,000,000원	99,000,000원	수기	매입
2021.12.2	장윤합판	한SS	1	990,000,000원	99,000,000원	전자	매입
매입소계			6	4,950,000,000원	495,000,000원		
총 합계			12	9,950,000,000원	995,000,000원		

- 매출·매입처별 세금계산서합계표를 기재하여 제출한 내용

기 분	분	제출한 합계표의 공급가액 합계액	
		공급가액	세액
2021년 2기	매출처별 세금계산서합계표를 기재하여 제출한 내용	4,000,000,000원	400,000,000원
2021년 2기	매입처별 세금계산서합계표를 기재하여 제출한 내용	3,960,000,000원	3,960,000,000원
합계		7,960,000,000원	796,000,000원

- 수기로 수수한 세금계산서에 대해서는 합계표를 기재하여 제출하였음.
- ㈜가공목재의 법인설립은 김WW가 법원에 방문하여 설립하였음.
- 황GG(권동합판)과 한SS(장윤합판)이 가공세금계산서를 발급한 사유는 자신들 업체의 외형을 늘려 대출한도를 늘리기 위해서였음.
- 전자세금계산서 발급을 위한 보안카드는 대표 김WW가 설악세무서 '국세신고안내센터'에 직접 방문하여 본인의 주민등록증을 제시하고 발급받아간 것으로 확인됨.
- ㈜가공목재에서 행하여진 세금계산서 범칙행위는 대표 김WW 혼자 하였음.
- 김WW로부터 법인세 신고를 의뢰받은 너구리세무사사무실은 ㈜가공목재가 자료상인지 전혀 모르는 상태에서 신고하였음.
- 대표 김WW는 ㈜가공목재로부터 세금계산서를 수취한 업체에서 받은 수수료(250,000,000원)를 자신 명의의 토지를 구입하는데 사용하였음.
- 수사개시일 2023.9.1.

가. 가공세금계산서 또는 가공계산서를 수수(발급 또는 수취)한 행위

Ⓐ 법인세 신고내용 등

○ ㈜가공목재의 법인세(2021년 사업연도) 신고내용 등

- 업태/종목 : 도·소매/목재
- 2021년 사업연도 총 수입금액 5,000,000,000원
- 법인세 과세표준 : 40,000,000원
- 총 부담세액 : 4,000,000원(법인세와 법인지방소득세는 신고 시 납부하지 않음)
- ※ 법인세는 복식부기장부로 신고하였음.
- ※ 수사개시일 현재 납부하지 아니한 법인세와 법인지방소득세는 체납돼 있음.

○ ㈜가공목재의 부가가치세(2021년 제2기) 신고내용 등

- 매출과표 : 5,000,000,000원
- 매입과표 : 4,950,000,000원
- 납부할 세액 : 5,000,000원(부가가치세 신고 시 납부하지 않음)
- ※ 수사개시일 현재 납부하지 아니한 법인세와 법인지방소득세는 체납돼 있음.

Ⓑ 세금계산서등의 범칙행위 검토

ⓐ 세금계산서 범칙행위

ⓐ 가공세금계산서를 수수한 행위

㈜가공목재의 대표 김WW가 ㈜전통한옥 외 7개 업체와 재화 또는 용역의 거래 없이 세금계산서를 수수하였으므로, 이는 재화 또는 용역을 공급하지 아니하거나 공급받지 아니하고 세금계산서(12건, 공급가액 9,950,000,000원, 부가가치세 995,000,000원)를 수수한 행위(조세범 제10조 제3항 제1호)에 해당한다.

ⓑ 매출·매입처별 세금계산서합계표를 거짓으로 기재하여 제출한 행위

㈜가공목재의 대표 김WW가 재화 또는 용역의 거래 없이 전자적 방법 외의 방법으로 수수한 세금계산서들을 2021년 제2기 부가가치세 신고 시 매출처별 세금계산서합계표와 매입처별 세금계산서합계표에 기재하여 제출하였으므로, 이는 재화 또는 용역을 공급하지 아니하거나 공급받지 아니하고 매출·매입처별 세금계산서합계표(2건, 공급가액 7,960,000,000원[주1), 부가가치세 796,000,000원)를 거짓으로 기재하여 제출한 행위(조처법 제10조 제3항 제3호)에 해당한다.

주1) 7,960,000,000원 = 4,000,000,000원(매출처별 세금계산서합계표를 거짓으로 기재하여 제출한 금액) + 3,960,000,000원(매입처별 세금계산서합계표를 거짓으로 기재하여 제출한 금액)

(b) 실행위자(범칙행위자) 특정

김WW가 ㈜가공목재의 사업자등록을 한점, 세금계산서를 수취한 업체들로부터 수수료를 받은 점, 세금계산서 발급을 위한 보안카드를 본인이 직접 발급받은 점, 부가가치세 신고를 한 점, 법원에 방문하여 ㈜가공목재를 설립한 점 등을 고려하면 가공세금계산서 수수 등 범칙행위의 실행위자는 김WW이다.

(c) 가공세금계산서를 수수한 목적(영리목적)

㈜가공목재의 대표 김WW가 재화 또는 용역의 거래 없이 세금계산서를 수수한 목적은 세금계산서 수취업체들로부터 수수료(공급가액의 5%)를 받기 위해서였다.

(d) 특가법 제8조의2 적용 여부

세금계산서 수취업체들로부터 수수료 수취라는 영리목적이 있고, 공급가액등의 합계액(17,910,000,000원$^{주2)}$)이 30억 원 이상이므로 특가법 제8조의2 제1항 제1호에 의한 가중처벌대상이다.

> 주2) 17,910,000,000원 = 5,000,000,000원(가공세금계산서 발급액) + 4,950,000,000원(가공세금계산서 수취액) + 4,000,000,000원(매출처별 세금계산서합계표를 거짓으로 기재하여 제출한 금액) + 3,960,000,000원(매입처별 세금계산서합계표를 거짓으로 기재하여 제출한 금액)

| 적용 법조항 정리 |

적용 법조항	범칙행위 종류	범칙행위 금액 (건수)	범 칙 행위자
	영리목적		
특가법 제8조의2 제1항 제1호	세금계산서 교부의무 위반 등의 가중처벌	17,910,000,000원 (14건)	김WW
	수취업체로부터 수수료 수취		
조처법 제10조 제3항 제1호	재화 또는 용역의 거래 없이 세금계산서를 수수한 행위	9,950,000,000원 (12건)	김WW
	수취업체로부터 수수료 수취		
조처법 제10조 제3항 제3호	매출·매입처별 세금계산서합계표를 거짓으로 기재하여 제출한 행위	7,960,000,000원 (2)	김WW
	수취업체로부터 수수료 수취		

ⓒ 신고누락 수입금액 및 탈루소득금액

㈜가공목재는 완전자료상으로 수수한 세금계산서가 허위이므로 신고누락할 수입금액과 소득금액을 가질 수 없다. 따라서 신고누락한 수입금액과 탈루소득금액은 없다.

그리고 대표 김WW가 세금계산서를 수수하고 부가가치세와 법인세 신고를 하였기 때문에 과세관청은 신고내용을 취소하고, 수수한 가공세금계산서에 대해 세무차원에서 처벌인 가산세를 부과하기 위하여 아래 기술한 내용과 같이 부가가치세(국세청), 법인세(국세청), 법인지방소득세(지방자치단체)를 경정하여야 한다.

Ⓓ 부가가치세, 법인세, 법인지방소득세 포탈세액등 계산(포탈세액등 계산 기준일 : 2023.9.30.)

[1차 경정] (수수한 세금계산서 금액과 납부할 세액을 취소하는 경정)

(a) 부가가치세 탈루세액등 계산(2021년 2기 과세기간)

㉮ 부가가치세 본세 : [0원(매출과표) × 10%] − [0원(매입과표) × 10%] − 5,000,000원(납부할 세액) = −5,000,000원

• 당초 부가가치세 계산식

[5,000,000,000원(매출과표) × 10%] − [4,950,000,000원(매입과표) × 10%] = 5,000,000원(납부할 세액)

☞ 위의 부가가치세 계산식은 완전자료상인 ㈜가공목재의 김WW가 부가가치세 신고 내용과 신고 당시 결정된 납부할 세액을 취소하는 계산식이다.

◎ 부가가치세 추징예상세액(㉮) : −5,000,000원

☞ 1차 경정에서 추징예상세액은 (−)음의 세액이지만 환급세액이 아니고 부가가치세 신고 당시 결정된 납부할 세액과 상계되어 체납액이 없어진다.

[2차 경정] (가공세금계산서등 수수금액에 대한 가산세 부과를 위한 경정임)

(a) 부가가치세 탈루세액등 계산(2021년 2기 과세기간)

㉮ 부가가치세 본세 : [0원(매출과표) × 10%] − [0원(매입과표) × 10%] = 0원

㉯ 세금계산서불성실가산세[주2] : 9,950,000,000원[주3] × 3% = 298,500,000원

주2) 가산세 부과 사유는 가공세금계산서 수수임.
주3) 9,950,000,000원 = 5,000,000,000원(가공세금계산서 발급액) + 4,950,000,000원(가공세금계산서 수취액)

◎ 부가가치세 추징예상세액(㉮ + ㉯) : 298,500,000원

☞ 2차 경정의 부가가치세 추징세액은 ㈜가공목재에 부가가치세로 부과된다.

(b) 법인세 탈루세액등 계산(2021년 사업연도)

[1차 경정] (법인세 신고내용과 납부할 세액을 취소하는 경정)

㉮ 법인세 본세 : 0원(과세표준) × 10% − 4,000,000원(총 부담세액) = −4,000,000원

• 당초 소득세 계산식

40,000,000원(과세표준) × 10% = 4,000,000원(총 부담세액)

      ⊙ 위 법인세 계산식은 완전자료상인 ㈜가공목재의 법인세 신고 내용과 법인세 신고 시 결정된 총 부담세액이 취소되는 것을 의미하는 계산식이다.

◎ 법인세 추징예상세액(㉮) : −4,000,000원

      ⊙ 추징예상세액은 (−)음의 세액이지만 환급세액이 아니고 법인세 신고 당시 결정된 총 부담세액과 상계되어 체납액이 없어진다.

(c) 법인지방소득세 탈루세액등 계산(2021년 사업연도)

    ㉮ 법인지방소득세 본세 : 0원(과세표준) × 10% − 400,000원(납부할 세액)

                               = −400,000원

     • 당초 개인지방소득세 계산식

      4,000,000원(과세표준) × 10% = 400,000원(납부할 세액)

◎ 법인지방소득세 추징예상세액(㉮) : −400,000원

      ⊙ 추징세액 −400,000원은 (−)음의 세액이지만 환급세액이 아니고 법인지방소득세 신고 시 당시 결정된 납부할 세액과 상계되어 체납액이 없어진다.

(d) 총 탈루세액등

납세의무 확정 연도	세목	탈루세액등 (추징예상세액)	기수시기
2022년	법인세 (2021년 사업연도)	0원 (0원)	
2022년	법인지방소득세 (2021년 사업연도)	0원 (0원)	
2022년	부가가치세 (2021년 2기)	0원 (298,500,000원)	
합계		0원 (298,500,000원)	

⊙ ㈜가공목재가 완전자료상이므로 탈루세액등이 발생할 수 없다.

(e) 조세포탈 여부 판단 및 조세포탈행위의 실행위자 특정

    ㈜가공목재의 대표 김WW가 가공세금계산서를 수수하였지만, ㈜가공목재가 완전자료상이므로 조세포탈행위는 발생할 수 없다. 따라서 조세포탈행위가 발생하지 않았으므로 조세포탈행위의 실행위자도 없다.

E 법인 또는 개인사업자에 대한 양벌규정 적용 검토

㈜가공목재는 범칙행위자 김WW가 업무와 관련하여 세금계산서등 범칙행위를 하지 않도록 상당한 주의를 가지고 감독할 의무가 있으나, 범칙행위자 김WW의 세금계산서등 범칙행위를 방지하기 위한 책임을 게을리하였으므로 「조세범처벌법」 제18조에서 규정하는 양벌규정에 대해 책임이 있다.

| 적용 법조항 정리 |

적용 법조항	범칙행위 종류	범칙행위자
조처법 제18조	양벌규정	㈜가공목재

F 조세범칙행위 외 범죄행위 검토

(a) 횡령행위

㈜가공목재의 대표 김WW은 재화 또는 용역의 거래 없이 세금계산서(12건, 공급가액 5,000,000,000원, 부가가치세 500,000,000원)를 수수(발급)하고, 수수업체들로부터 수수료 명목으로 발급한 세금계산서의 공급가액 5%에 해당하는 금액(250,000,000원)을 불법영득 의사로 영득한 행위는 업무상 횡령행위(형법 제356조)에 해당한다.

| 적용 법조항 정리 |

적용 법조항	범칙행위 종류	범칙행위자	횡령금액
형법 제356조	업무상 횡령행위	김WW	250,000,000원

(b) 뇌물공여행위, 불법정치자금제공행위 등

㈜가공목재의 대표 김WW가 횡령한 금전(250,000,000원)을 본인 명의의 토지를 구입하는데 사용하였으므로 뇌물공여행위 등에 대한 범죄행위는 검토할 필요가 없다.

G 세무대리인 등에 대한 공범 또는 방조범 해당 여부 검토

㈜가공목재에서 범칙행위를 김WW 혼자 하였으므로 김WW의 범칙행위에 세무대리인 등의 공범 또는 방조범은 없다.

구분	범칙행위 종류	범칙행위자	포탈세액등	세금계산서 등 범칙행위 금액 (건수)
세금계산서등 범칙 관련	세금계산서 교부의무 위반 등의 가중처벌 (특가법 제8조의2 제1항 제1호)	김WW		17,910,000,000 원 (14건)
	재화 또는 용역의 거래 없이 세금계산서를 수수한 행위 (조처법 제10조 제3항 제1호)	김WW		9,950,000,000원 (12건)
	매출·매입처별 세금계산서합계표를 거짓으로 기재하여 제출한 행위 (조처법 제10조 제3항 제3호)	김WW		7,960,000,000원 (2건)
기타 조세 범칙 관련	양벌규정 (조처법 제18조)	㈜가공목재		
조세범칙 외	업무상 횡령행위(형법 제356조)	김WW		250,000,000원
총 범칙행위 수		- 국세 관련 조세범칙 죄 수 : 4개 - 조세범칙 외 죄 수 : 1개		

나. 가공세금계산서 또는 가공계산서를 수수(수취)한 행위

본 건 사례에서 ㈜가공목재로부터 재화 또는 용역의 공급 없이 세금계산서를 수취한 업체는 앞 사례들 중 부분자료상 사례에서 가공세금계산서를 발급받은 자의 처리방법과 같이 처리하면 되므로 가공계금계산서를 수수한 업체들에 대한 사례 풀이는 생략한다.

다. 가공세금계산서 또는 가공계산서를 수수(발급)한 행위

㈜가공목재에 가공세금계산서를 발급한 권동합판과 장윤합판의 처리 방법은 앞 사례들 중 부분자료상 사례에서 가공세금계산서 발급자 처리내용과 같이 처리하면 되므로 권동합판과 장윤합판에 대한 사례 풀이는 생략한다.

4. 가장형B(부가가치세 편취형)

김편취는 2023.2.1. 부가가치세를 편취할 목적으로 실체가 없는 ㈜가공목재라는 업체를 국세청 홈택스를 이용하여 설악세무서에 사업자등록을 하고, ㈜KK종합건설로부터 가공세금계산서(3건, 공급가액 3,000,000,000원, 부가가치세 300,000,000원)를 수취하여 2023.7.25. 전자적인 방법으로 부가가치세 신고서를 설악세무서에 제출하였다.

설악세무서는 부가가치세 신고내용을 검토한 후 2023.8.10. ㈜가공목재의 사업용계좌로 부가가치세 환급금 300,000,000원을 입금하였다. 김편취는 2023.8.10. 입금된 환급금을 인출하여 자신명의의 토지를 구입하면서 잔금으로 사용하였다.

- 세금계산서 수수 내용

발급일	상호	대표자	수수 매수	공급가액	세액	수수 방법	매출/매입
2023. 4. 2	㈜KK종합건설	황GG	1	1,000,000,000원	100,000,000원	전자	매입
2023. 5. 3	㈜KK종합건설	황GG	1	1,000,000,000원	100,000,000원	전자	매입
2023. 6. 30	㈜KK종합건설	황GG	1	1,000,000,000원	100,000,000원	전자	매입
합계			3	3,000,000,000원	300,000,000원		

- ㈜가공목재의 사업용계좌(한성은행)는 김편취가 2023.7.10. 설악세무서 민원봉사실에 방문하여 신고하였음.
- ㈜KK종합건설이 가공세금계산서를 발급한 목적은 외형을 높여 관공서 입찰자격을 확보하기 위해서였음.
- ㈜가공목재의 법인설립은 김편취가 법원에 방문하여 설립하였음.
- 모든 범칙행위는 김편취 혼자 하였고 선임한 세무대리인은 없음.
- 수사착수일 2023.9.1.

가. 가공세금계산서등을 수취하여 허위의 부가가치세 신고를 하고 부가가치세를 편취하는 행위

Ⓐ 법인세 신고내용 등

○ ㈜가공목재의 소득세(2023년 사업연도) 신고내용 등
  - 법인세 신고기한 전에 사건화 되어 법인세 신고내용 없음.
○ 부가가치세(2023년 제1기) 신고내용 등
  - 매출과표 : 0원
  - 매입과표 : 3,000,000,000원

- 납부할 세액 : -300,000,000원(환급받음)

B 세금계산서등의 범칙행위 검토

ⓐ 세금계산서 범칙행위

ⓐ 가공세금계산서를 수수한 행위

㈜가공목재의 대표 김편취가 재화 또는 용역의 거래 없이 세금계산서를 수수하였으므로, 이는 재화 또는 용역을 공급하지 아니하거나 공급받지 아니하고 세금계산서(3건, 공급가액 3,000,000,000원, 부가가치세 300,000,000원)를 수수한 행위(조처법 제10조 제3항 제1호)에 해당한다.

ⓑ 실행위자(범칙행위자) 특정

대표 김WW가 ㈜가공목재의 사업자등록을 한 점, ㈜KK종합건설로부터 전자세금계산서를 수취한 점, 사업용계좌를 신고한 점, 사업용계좌에서 부가가치세 환급금을 인출하여 사용한 점 등을 고려하면 세금계산서 범칙행위의 실행위자는 김편취이다.

ⓒ 가공세금계산서를 수수한 목적(영리목적)

김편취가 ㈜가공목재에서 재화 또는 용역의 거래 없이 세금계산서 수수행위를 한 목적은 허위의 부가가치세 신고(환급신고)를 하여 부가가치세를 편취하기 위해서였다.

ⓓ 특가법 제8조의2 적용 여부

허위의 부가가치세 신고를 하여 부가가치세 편취라는 영리목적이 있고, 공급가액등의 합계액(3,000,000,000원[주1])이 30억 원 이상이므로 특가법 제8조의2 제1항 제2호에 의한 가중처벌대상이다.

주1) 3,000,000,000원은 가공세금계산서 수취액임.

| 적용 법조항 정리 |

적용 법조항	범칙행위 종류	범칙행위 금액 (건수)	범 칙 행위자
	영리목적		
특가법 제8조의2 제1항 제1호	세금계산서 교부의무 위반 등의 가중처벌	3,000,000,000원 (3건)	김편취
	부가가치세 편취		
조처법 제10조 제3항 제1호	재화 또는 용역의 거래 없이 세금계산서를 수수(수취)한 행위	3,000,000,000원 (3건)	김편취
	부가가치세 편취		

Ⓒ 신고누락 수입금액 및 탈루소득금액

㈜가공목재는 부가가치세를 편취할 목적으로 설립된 완전자료상으로 수수한 세금계산서 등이 허위이므로 애초부터 수입금액과 소득금액이 존재하지 않아 신고누락할 수입금액과 탈루소득금액을 가질 수 없다. 따라서 신고누락한 수입금액과 탈루소득금액은 없다.

그리고 앞 사례(폭탄형A)와 달리 ㈜가공목재의 대표 김편취가 가공세금계산서를 수수(수취)한 후 부가가치세 신고를 하였기 때문에 과세관청은 신고내용을 취소하고, 환급하여 준 부가가치세의 회수 및 수수한 가공세금계산서에 대해 세무차원의 처벌인 가산세를 부과하기 위해 아래 기술한 내용과 같이 부가가치세(국세청)를 경정하여야 한다. 이 경우 법인세와 법인지방소득세는 계산서 범칙행위도 없고 신고를 하지 않았기 때문에 경정할 필요가 없다.

Ⓓ 부가가치세, 법인세, 법인지방소득세 포탈세액등 계산(포탈세액등 계산 기준일 : 2023.9.30.)

(a) 부가가치세 탈루세액등 계산(2023년 1기 과세기간)

㉮ 부가가치세 본세 : [0원(매출과표) × 10%] - [0원(매입과표) × 10%]

　　　　　　　　　　　　- [- 300,000,000원(기 환급받은 세액)] = 300,000,000원

• 당초 부가가치세 계산식

[0원(매출과표) × 10%] - [3,000,000,000원(매입과표) × 10%]

= -300,000,000원(환급받은 세액)

🔧 위 계산식의 매입과표와 취소하고 부당하게 환급받은 세액을 부과하는 계산식이다. 매입과표가 취소됨에 따라 매입과표에 해당하는 매입세액만큼 부가가치세가 증가하여 탈루세액등은 300,000,000원이다.

㉯ 부당과소신고가산세 : 300,000,000원 × 40% = 120,000,000원

㉰ 세금계산서불성실가산세[주2] : 3,000,000,000원 × 3% = 90,000,000원

　　주2) 가산세 부과 사유는 가공세금계산서 수취임.

㉱ 납부불성실가산세(초과환급가산세[주3]) = 300,000,000원(본세) × 51일(2023.8.11.

　　　　　　　　　　　　　　　　　　　　　　～2023.9.30.) × 22/100,000

　　　　　　　　　　　　　　　　　　= 3,366,000원

　　주3) 초과환급가산세는 부당하게 환급받은 세액에 대한 이자 성격의 가산세이다. 초과환급가산세의 기산일은 환급받은 날의 다음 날부터 납부일까지이다.

◎ 부가가치세 추징예상세액(㉮ + ㉯ + ㉰ + ㉱) : 513,366,000원

(b) 법인세 탈루세액등 계산(2021년 사업연도)

㉮ 법인세 본세 : 탈루세액등 없음.

● ㈜가공목재가 완전자료상이므로 법인세 탈루세액등이 발생할 수 없다.

(c) 법인지방소득세 탈루세액등 계산(2021년 사업연도)

　㉮ 법인지방소득세 본세 : 탈루세액등 없음.

　　● ㈜가공목재가 완전자료상으로 법인세(과세표준) 탈루세액등이 발생할 수 없어 법인지방소득세 탈루세액등의 발생할 수 없다.

(d) 총 탈루세액등

납세의무 확정 연도	세목	탈루세액등 (추징예상세액)	기수시기
2023	부가가치세 (2023년 1기)	300,000,000원 (513,366,000원)	2023.8.10. 지난 때

(e) 조세포탈 여부 판단 및 조세포탈행위의 실행위자 특정

㈜가공목재의 대표 김편취가 부가가치세를 편취할 목적으로 가공세금계산서를 수수하여 허위의 부가가치세 신고를 하고 부정하게 300,000,000원을 환급받은 행위는 조세포탈의 행태 중 부정환급의 행태를 취하지만 ㈜가공목재가 완전자료상으로 추상적인 납세의무를 가지는 사업자가 아니므로 부정하게 환급받은 행위를 조세포탈행위로 의율할 수 없다. 따라서 ㈜가공목재에서 조세포탈행위가 발생하지 않았으므로 조세포탈의 실행위자도 없다.

그러므로 부가가치세 탈루세액등 300,000,000원은 포탈세액등이 아니다.

E 법인 또는 개인사업자에 대한 양벌규정 적용 검토

㈜가공목재는 범칙행위자 김편취가 업무와 관련하여 "세금계산서등 범칙행위"를 하지 않도록 상당한 주의를 가지고 감독할 의무가 있으나, 범칙행위자 김편취의 "세금계산서등 범칙행위"를 방지하기 위한 책임을 게을리하였으므로 「조세범처벌법」 제18조에서 규정하는 양벌규정에 대해 책임이 있다.

| 적용 법조항 정리 |

적용 법조항	범칙행위 종류	범칙행위자
조처법 제18조	양벌규정	㈜가공목재

F 조세범칙행위 외 범죄행위 검토

(a) 사기행위

㈜가공목재의 대표 김편취가 가공세금계산서를 수수하고 그 세금계산서를 근거로 허위의 부가가치세 신고를 하여 세무공무원을 기망해 부가가치세 300,000,000원을 편취한 행위는 사기행위(형법 제347조)에 해당한다.

| 적용 법조항 정리 |

적용 법조항	범칙행위 종류	범칙행위자	편취금액
형법 제347조	사기행위	김편취	300,000,000원

(b) 뇌물공여행위, 불법정치자금제공행위 등

㈜가공목재의 대표 김편취가 부당하게 편취한 환급금액으로 자신 명의로 토지를 구입하는 데 사용하였으므로 뇌물공여행위 등에 대한 범죄행위는 검토할 필요가 없다.

G 세무대리인 등에 대한 공범 또는 방조범 해당 여부 검토

김편취가 세무사를 선임하지 않았고 범칙행위를 혼자 하였으므로 세금계산서 범칙행위와 부가가치세를 부당하게 편취한 행위에 세무대리인등의 공범 또는 방조범은 없다.

H 총 범칙행위 수

구분	범칙행위 종류	범칙행위자	포탈세액등	세금계산서 등 범칙행위 금액 (건수)
세금계산서등 범칙 관련	세금계산서 교부의무 위반 등의 가중처벌 (특가법 제8조의2 제1항 제2호)	김편취		3,000,000,000원 (3건)
	재화·용역의 공급 없이 세금계산서를 수수(수취)한 행위 (조처법 제10조 제3항 제1호)	김편취		3,000,000,000원 (3건)
조세범칙 외	사기행위(형법 제347조)	김편취		300,000,000원
총 범칙행위 수		- 국세 관련 조세범칙 죄 수 : 2개 - 기타범칙 죄 수 : 1개		

나. 가공세금계산서를 수수(발급)한 행위

㈜가공목재에 가공세금계산서를 발급한 ㈜KK종합건설의 처리 방법은 앞 사례들 중 부분자료상 사례에서 가공세금계산서 발급자 처리방법과 같이 처리하면 되므로 ㈜KK종합건설에 대한 사례 풀이는 생략한다.

| 저 | 자 | 소 | 개 |

▌최 상 림

[경력]

- 1989. 10. 국세공무원 시작
- (현) 구리세무서 근무

[학력]

- 광주대학교 법학과
- 아신대학교 대학원 목회학(M. Div)

[강의]

- 경찰수사연수원
- 서울경찰청
- 경기남부경찰청
- 경기북부경찰청(2020~현재) 강의 중

최신판 사례와 함께하는 **조세범처벌법**

2025년 3월 17일 초판 인쇄
2025년 3월 31일 초판 발행

저　　　자　최　　상　　림
발　행　인　이　　희　　태
발　행　처　**삼일피더블유씨솔루션**

저자협의
인지생략

서울특별시 용산구 한강대로 273 용산빌딩 4층
등록번호 : 1995. 6. 26 제3-633호
전　　　화 : (02) 3489-3100
F A X : (02) 3489-3141
I S B N : 979-11-6784-335-7　93320

※ '삼일인포마인'은 '삼일피더블유씨솔루션'의 단행본 브랜드입니다.
※ 파본은 교환하여 드립니다.

정가 60,000원